Wilfrid Haubeck und
Heinrich von Siebenthal

Neuer sprachlicher Schlüssel zum griechischen Neuen Testament

Römer bis Offenbarung

BRUNNEN
VERLAG GIESSEN

Die THEOLOGISCHE VERLAGSGEMEINSCHAFT (TVG)
ist eine Arbeitsgemeinschaft der Verlage
Brunnen Gießen und R. Brockhaus Wuppertal.
Sie hat das Ziel, schriftgemäße theologische Arbeiten
zu veröffentlichen.

Die Deutsche Bibliothek - CIP-Einheitsaufnahme

Haubeck, Wilfrid
Neuer sprachlicher Schlüssel
zum griechischen Neuen Testament/
Wilfrid Haubeck und Heinrich von Siebenthal. -
Bd. 2. Römer - Offenbarung. - 1. Aufl. - 1994
Giessen : Brunnen-Verl.
(TVG : Lehrbücher)
NE: Siebenthal, Heinrich von:
ISBN 3-7655-9392-3

© 1994 Brunnen Verlag Gießen
Umschlag: Eva Joneleit
Herstellung: Hubert & Co., Göttingen
ISBN 3-7655-9392-3 (Brunnen)

Inhalt

Vorwort

Martin Luthers Wort, das er 1524 an die Ratsherren aller Städte deutschen Landes richtete, ist für Theologen und Nichttheologen, die die Bibel gründlich erforschen wollen, auch heute noch aktuell: „Denn das können wir nicht leugnen: Obwohl das Evangelium allein durch den heiligen Geist gekommen ist und täglich kommt, so ist's doch durch das Mittel der Sprachen gekommen und hat auch dadurch zugenommen, muß auch dadurch behalten werden ... So lieb nun wie uns das Evangelium ist, so eifrig laßt uns über den Sprachen wachen. Denn Gott hat seine Schrift nicht umsonst allein in den zwei Sprachen schreiben lassen: das Alte Testament in der hebräischen, das Neue in der griechischen. Wenn Gott sie nun nicht verachtet, sondern vor allen andern zu seinem Wort erwählt hat, sollen auch wir sie vor allen andern ehren ... So kann auch die griechische Sprache wohl ‚heilig‘ heißen, weil sie vor andern dazu erwählt ist, daß das Neue Testament drin geschrieben würde ... Und laßt uns das gesagt sein, daß wir das Evangelium ohne die Sprachen nicht gut behalten werden ... Darum haben's die Apostel auch selbst für nötig angesehen, daß sie das Neue Testament in die griechische Sprache faßten und anbanden ... Darum ist's sicher: Wo nicht die Sprachen bleiben, da muß zuletzt das Evangelium untergehen ... Und in Summa: Der heilige Geist ist kein Narr, gehet auch nicht mit leichtfertigen, unnötigen Sachen um, der hat die Sprachen in der Christenheit für so von Nutzen und von Nöten erachtet, daß er sie oftmals vom Himmel mit sich gebracht hat, was uns allein genugsam bewegen sollte, dieselben mit Fleiß und Ehren zu suchen und nicht zu verachten ...“

Der *Neue sprachliche Schlüssel* will dazu helfen, das Neue Testament in seiner ursprünglichen Sprachgestalt besser zu verstehen und so den Schatz neu zu entdecken, den Gott uns mit seinem Wort gegeben hat.

Um den Sinn eines biblischen Textes zu verstehen, genügt es nicht, die einzelnen Wörter ins Deutsche zu übersetzen. Sie sind vielmehr in ihrem jeweiligen Kontext zu verstehen, in dem sie stets in besondere inhaltliche Bezüge treten, die sich allein nicht ohne weiteres auf Grund der lexikalischen Bedeutung des Einzelwortes bestimmen lassen. Ein wesentlicher Faktor bei der Erschließung sowohl dieser Bezüge als auch der gedanklichen Struktur des Textes ist die Kenntnis der Regeln des griechischen Satzbaus (der Syntax).

Darum waren wir bestrebt, diesen beiden Erfordernissen für das Verstehen gerecht zu werden. Wir haben besonderen Wert auf die Angabe kontextbezogener Bedeutungen der griechischen Wörter und auf die Erklärung der Syntax gelegt. Der *Neue sprachliche Schlüssel* will dabei helfen, neutestamentliche Texte in ihrer ursprünglichen Sprache zu verstehen und philologisch sauber begründbar zu übersetzen.

Als wir vor einigen Jahren die Aufgabe vom Brunnen Verlag übernahmen, den *Sprachlichen Schlüssel* von Fritz Rienecker zu überarbeiten, der erstmals 1938 erschienen war und seitdem vielen Bibellesern einen guten Dienst erwiesen hat, ahnten wir nicht, wieviel Arbeit, aber auch wieviel Entdeckerfreude damit verbunden sein würde. Es stellte sich bald heraus, daß es nicht genügt, inzwischen erschienene Kommentare und Wörterbücher heranzuziehen, um den Schlüssel an den derzeitigen Stand der Erforschung des Neuen Testaments heranzuführen. So ist dann im Laufe der Erarbeitung ein *Neuer sprachlicher Schlüssel* entstanden, in dem der Syntax und ihrer Bedeutung für das Verstehen und Übersetzen der neutestamentlichen Texte besonderer Stellenwert zugemessen wurde. Auch der grammatische Anhang, der von H. von Siebenthal erarbeitet wurde, dient diesem Zweck.

Als befruchtend hat sich die Zusammenarbeit zwischen einem Sprachwissenschaftler und einem Neutestamentler erwiesen. Wir haben die neutestamentlichen Bücher wie folgt aufgeteilt: H. von Siebenthal hat die synoptischen Evangelien, die Apostelgeschichte, den Hebräerbrief und die Johannesbriefe übernommen, W. Haubeck das Johannesevangelium, die paulinischen und die übrigen katholischen Briefe sowie die Offenbarung. Die erstellten Manuskripte wurden vom Mitherausgeber gegengelesen, mit zahlreichen Verbesserungsvorschlägen versehen und noch einmal gründlich überarbeitet. So ist der *Neue sprachliche Schlüssel* ein gemeinsames Werk beider Autoren geworden, auch wenn die letzte Verantwortung jeweils beim Hauptbearbeiter liegt.

Leider ist es uns nicht gelungen, jetzt schon die sprachliche Analyse aller neutestamentlichen Schriften vorzulegen. Auf vielfachen Wunsch haben wir uns deshalb entschlossen, zunächst in einem ersten Band die neutestamentlichen Briefe und die Offenbarung sowie den grammatischen Anhang herauszugeben. Ende nächsten Jahres — so hoffen wir — wird der zweite Band mit den Evangelien und der Apostelgeschichte folgen.

Danken möchten wir allen, die uns bei unserer Arbeit ermutigt und unterstützt haben, in erster Linie unseren Ehefrauen, den Kollegen und Studenten. Unser Dank gilt dem Brunnen Verlag — besonders den Herren Wilfried Jerke, Helmut Jablonski und Rudolf Horn — für alle ideelle und finanzielle Unterstützung und für die Geduld, die sie mit ihren Autoren aufgebracht haben. Für Hilfe beim Lesen der Korrekturen möchten wir den Herren Martin Plücker, Wolfgang Ertl und Gennaro Iazzetta danken.

Möge Gott es schenken, daß der *Neue sprachliche Schlüssel* dazu hilft, sein uns im Neuen Testament vorliegendes Wort gründlicher zu erforschen, besser zu verstehen und dabei altvertraute oder auch bisher unbekannte Texte neu zu entdecken.

Im August 1994   Wilfrid Haubeck und Heinrich von Siebenthal

Einführung

1 Der Grundtext

Der *Neue sprachliche Schlüssel* (im weiteren „Schlüssel" genannt) geht vom griechischen Text des Neuen Testaments aus, wie er in der 27. Auflage des *Novum Testamentum Graece* (Nestle-Aland [NA]) vorliegt. Dieser Text ist bis auf eine Ausnahme in 2Tim 2,25 mit dem der 26. Auflage identisch und stimmt mit dem der 4. Auflage des *Greek New Testament* (UBS) überein.

Textvarianten aus dem Apparat werden berücksichtigt (durch eckige Klammern und die Abkürzung „Var." gekennzeichnet; z.B. οἴομαι in Röm 1,13), wenn sie auf Grund ihrer Bezeugung einen gewissen Anspruch auf Ursprünglichkeit erheben können. Damit sollen keine textkritischen Entscheidungen getroffen werden. Es geht lediglich darum, dem Benutzer zu helfen, den Text der Varianten zu verstehen. Dabei werden die in den Varianten vorkommenden Ausdrücke nur soweit erläutert, wie dies der Fall wäre, wenn sie im Grundtext stünden. Die Auswahl bleibt bis zu einem gewissen Grad notwendig subjektiv.

2 Der Schlüssel

2.1 Die einzelnen Teile

2.1.1 Die *Wörter mit 40 und mehr Vorkommen* sind zu einem Grundwortschatz zusammengefaßt und der Analyse des Grundtextes auf S. XV-XXXI vorangestellt. Für diese Wörter werden im Schlüssel gewöhnlich nur dann Bedeutungen angegeben, wenn diese von den im Grundwortschatz genannten abweichen.

2.1.2 Die *Abkürzungen* werden auf S. XXXII-XXXIV aufgelöst. Darüber hinaus werden Adjektive mit der Endung „-lich" abgekürzt (z.B. „wahrscheinl.").

2.1.3 Den *Hauptteil* des Schlüssels bilden die Erläuterungen zum Grundtext.

2.1.4 Dem Schlüssel ist ein *grammatischer Anhang* beigegeben. Auf diesen wird im Schlüssel mit „A" und einer beigefügten Ziffer (z.B. „A281"; bei Querverweisen innerhalb des Anhangs ohne „A") verwiesen. Dieser Anhang umfaßt drei Teile (s.a. spezielles Inhaltsverzeichnis auf S. 413f; auf die ersten beiden Teile wird in der Regel durch eine Hochziffer hingewiesen [s.u. 2.2.2]):

(1) *Flexionstabellen* (A1-32).

(2) *Stammformenreihen wichtiger Verben* (A33, Ziffern 1-228).

(3) *Abriß der Syntax* (A34-386): Darin ist die Syntax des neutestamentlichen Griechisch systematisch dargestellt. Dieser Teil dient nicht nur dazu, die knappen Angaben des Schlüssels zu erläutern, sondern er kann auch als kleines Nachschlagewerk verwendet werden.

Der Lerneffekt bei der Benutzung des Schlüssels erhöht sich durch das Nachschlagen im grammatischen Anhang beträchtlich.

2.1.5 Ein *Literaturverzeichnis* listet die im Schlüssel zitierten Werke auf.

2.2 Die im Schlüssel enthaltene Information und ihre Darstellung

Der Grundtext wird Vers für Vers erläutert, und zwar auf folgende Weise.

2.2.1 In *griechischem Fettdruck* steht jeweils der zu erklärende Ausdruck (ein Wort oder eine Wortgruppe), z.B. in Röm 1,2:

κλητός, ἀφ-ωρισμένος und εἰς εὐαγγέλιον.

In *griechischer Normalschrift* erscheinende Ausdrücke gehören zu den Erläuterungen, z.B. die Grundform zum genannten Verb von Röm 1,2:

ἀφ-ωρισμένος ... -ορίζω;

oder der Genitivausgang und der Artikel zu folgendem Substantiv von Röm 1,9:

μάρτυς[6] υρος ὁ.

Dabei werden nicht selten für die Erläuterungen benötigte Grundtextteile (ungewöhnliche Wendungen und grammatisch schwierige Konstruktionen) zitiert, z.B. in Röm 1,4:

ἁγιωσύνη ... κατὰ πνεῦμα ἁγιωσύνης.

Die wichtigeren Grenzen zwischen Wortbestandteilen (Morphemgrenzen) werden durch *Bindestrich* gekennzeichnet. Haben Ausgangswort und Grundform gemeinsame (durch Bindestrich zu markierende) Vorsilben, so werden diese bei der Grundform nicht wiederholt (s. oben genannte Verbform von Röm 1,2).

Zum besseren Verständnis eines Wortes wird manchmal nach der Grundform in Klammern mit dem Zeichen „<" auf die *Herleitung* von einem verwandten Ausdruck hingewiesen, z.B. in Röm 1,19:

φανερός (< φαίνομαι sichtbar werden).

2.2.2 Die *Hochziffern,* die in Verbindung mit griechischen Wörtern stehen, verweisen auf den grammatischen Anhang, gewöhnlich auf eine Flexionstabelle, bei Verben jedoch auf die dazugehörige Stammformenreihe (unter A33 aufgelistet), z.B. in Röm 1,11:

χάρισμα[3] [die dazugehörige Flexionstabelle findet sich unter A3];
μετα-δῶ ... -δίδωμι[201] [A33 enthält unter Ziffer 201 die dazugehörige Stammformenreihe].

Fehlt im Stammformenverzeichnis für ein bestimmtes Verb ein eigener Eintrag, wird häufig in Klammern auf analoge Stammformen verwiesen, z.B. in Röm 1,1:

ἀφ-ωρισμένος ... -ορίζω (vgl. A33[91ff]) [die Stammformen von -ορίζω werden in Analogie zu den unter A33, Ziffer 91ff, aufgelisteten Reihen gebildet].

Die *Hochziffern fehlen* bei „regelmäßigen" Wörtern, so vor allem: bei Substantiven der O-Deklination (Tabelle 2) sowie femininen Substantiven der A-Deklination (Tabelle 1); bei dreiendigen Adjektiven mit Maskulin- und Neutrum-Stämmen auf -o (Tabelle 9); bei Verben mit unveränderlichem Stamm (wie z.B. A33[1]) sowie bei Formen des Präsensstammes; z.B. folgende Ausdrücke in Röm 1,23-25.27:

φθαρτός, πετεινόν, ἐπι-θυμία, ἐ-λάτρευσαν ... λατρεύω

und **κατ-εργαζόμενοι**.

Wörter, die im Grundwortschatzverzeichnis bereits eine Hochziffer bei sich haben, erscheinen im Schlüssel ohne eine solche (z.B. γίνομαι in Röm 1,3).

2.2.3 In *lateinischer Kursivschrift* erscheinen Bedeutungsangaben bzw. Übersetzungsmöglichkeiten (in Klammern stehen kursiv sinngetreu zu ergänzende Wörter), z.B. in Röm 1,1:

> **εἰς εὐαγγέλιον** *für das Evangelium, zur (Verkündigung) des Evangeliums.*

Im großen und ganzen werden bei einem Ausdruck zunächst dessen Hauptbedeutung bzw. Hauptbedeutungen angegeben, während nach einem Semikolon Nebenbedeutungen bzw. Übersetzungsmöglichkeiten genannt werden, die dem im Kontext gemeinten Sinn gerecht werden sollen (häufig durch „hier" gekennzeichnet). Da jede Übersetzung eines Texts bereits eine Interpretation voraussetzt und sich öfter aus sprachlichen oder sachlichen Gründen mehr als eine Deutung anbietet, werden im Schlüssel nicht selten für einen Ausdruck mehrere Übersetzungsmöglichkeiten angegeben. Hinweise wie „wohl" und „eher" bzw. „od.", „viell.", „evtl.", „kaum" oder ähnliches können dabei verdeutlichen, wie wahrscheinlich den Herausgebern eine bestimmte Möglichkeit erscheint.

2.2.4 In *lateinischer Normalschrift* steht alles übrige, insbesondere

(1) die *Verbformenanalyse* (s.a. 3.1), z.B. in Röm 1,1:

> **ἀφ-ωρισμένος** Pf. Ptz. Pass. -ορίζω;

(2) *syntaktische Erläuterungen* (s.a. 3.1.2ff und 3.2), z.B. in Röm 1,4:

> **ἀναστάσεως** wohl instr./kaus. (evtl. temp.) ... (auch ohne Art. best., A106a);

(3) Hinweise (in Klammern) auf *Nachschlagewerke,* vor allem auf das Wörterbuch Bauer-Aland („B") sowie auf die Grammatiken von Blass-Debrunner-Rehkopf („BDR") und Hoffmann-von Siebenthal („H-S"), z.B. in Röm 1,5:

> **ἐ-λάβομεν** ... wohl schriftstellerischer Pl. (A207; vgl. aber BDR §280[3]).

Die gängigen wissenschaftlichen Kommentare zu den neutestamentlichen Büchern wurden zwar ausgiebig zu Rate gezogen, doch wird auf sie in der Regel nur dann ausdrücklich hingewiesen, wenn sie eine Übersetzungs- oder Deutungsmöglichkeit bieten, die sich sonst in Bibelübersetzungen oder Kommentaren nicht findet. Entsprechendes gilt für die Zitierung und den Verweis auf deutsche Bibelübersetzungen; z.B. in Röm 2,2:

> **κατὰ ἀλήθειαν** ... *zu Recht* (GN).

2.2.5 Die *Absätze im Schlüssel* entsprechen den Absätzen im Nestle-Aland, wobei kurze Absätze zu einem Absatz im Schlüssel zusammengefaßt sein können. Innerhalb eines Absatzes werden gleiche Ausdrücke nur bei ihrem ersten Vorkommen erläutert. Kommen sie in verschiedenen Absätzen desselben Kapitels wiederholt vor, wird auf den Vers verwiesen, unter dem die notwendigen Angaben im Schlüssel zu finden sind. Lediglich Eigennamen werden in der Regel nur bei ihrem ersten Vorkommen innerhalb eines neutestamentlichen Buches in ihrer deutschen Form angegeben und knapp erläutert.

3 Hinweise zur Behandlung einzelner Wortarten

3.1 Zu den Verbformen (Flexionstabellen s. A21-32)

3.1.1 Bei der Analyse der Verbformen werden folgende *Kategorien* berücksichtigt. Aus Platzgründen wird bei den ersten drei und der fünften Kategorie die jeweils häufigere Variante meist nicht besonders erwähnt (in der untenstehenden Tabelle fett); ebenfalls unerwähnt bleiben in der Regel Person und Numerus (eine Ausnahme bilden ungewöhnliche Formen sowie grundsätzlich der Imperativ der dritten Person):

„Tempus" (vgl. A205; 221-250)	**Präs.**/Ipf., Fut., Aor., Pf./Plsqpf.
Modus (vgl. A206; 251-266)	**Ind.**, Konj., Opt., Imp.
Diathese (= genus verbi; vgl. A204; 209-220)	**Akt.**, Med., Pass. (bei Deponentien [Verben ohne aktive Formen] kann die Angabe „Med."/„Pass." fehlen)
Verbalnomina (vgl. A206; 267-304)	Inf., Ptz.
Genus des Ptz. Akt. (u. Aor. Ptz. Pass.)	**Mask.**, Fem., Ntr.

Wegen der genannten platzsparenden Ausdrucksweise sind die Angaben des Schlüssels gedanklich jeweils entsprechend zu ergänzen, z.B. bei folgenden Ausdrücken von Röm 1,8.10 und 6,11 (zu Ergänzendes steht in eckigen Klammern):

λατρεύω [Präs. Ind. Akt.] [sowie: 1. Sg.];

δεόμενος [Präs.] Ptz. [Med./Pass. Mask.] [sowie: Nom. Sg.];

λογίζεσθε [Präs.] Imp. [Med.] [sowie: 2. Pl.].

Steht ein Verb im Präs. Ind. Akt., so wird bei der Erklärung im Schlüssel die Grundform des Verbs angegeben, z.B. in Röm 3,5:

συν-ίστημι [für die im Text stehende Form der 3. Sg.: συνίστησιν];

Eine Folge dieser Regelung ist, daß ein zum Grundwortschatz gehörendes Verb im Schlüssel gewöhnlich unerwähnt bleibt, wenn es im Präs. Ind. Akt. steht, z.B. das ἐστέ in Röm 1,6 oder das θέλω in Röm 1,13.

Aus Platzgründen wird meist in folgenden Fällen auf die Angabe derGrundform verzichtet (da sie sich leicht von der Ausgangsform ableiten läßt): (1) beim Präs. Imp. 2. Sg./Pl. der Grundwortschatzverben auf -ω (z.B. in Röm 6,11: λογί-

ζεσθε Imp., hier ...); (2) beim Präs. Ptz. Mask. Nom. Sg. der Grund-
wortschatzverben auf -ω (z.B. in Röm 2,1: κρίνων Ptz., subst.); (3) beim Präs.
Inf. der Grundwortschatzverben auf -ω (z.B. Röm 1,28: ἔχειν Inf.).
Weiter werden normalerweise Formen im Ind. Akt. von εἶδον (Aor. von
ὁράω), εἶπον (Aor. von λέγω) und ἦλθον (Aor. von ἔρχομαι) wegen ihrer
Häufigkeit nicht erklärt (die 1. Sg. dieser Verben steht im Grundwortschatz).
Entsprechendes gilt für das als Doppelpunkt zu berücksichtigende Ptz. λέγων
(vgl. A297,1).

3.1.2 Mit Ausnahme des Futurstammes (der die Zukunft bzw. Nachzeitiges be-
zeichnet) haben die griechischen *Tempusformen* vor allem Aspektbedeutung
(A221-231). Vertrautheit mit den wichtigsten Punkten der Aspektlehre ist für
die korrekte Deutung griechischer Texte unentbehrlich (das Verb bezeichnet
den Aussagekern). Zu den zentralsten Punkten zählen folgende:
(1) Eigentliche *Zeitbedeutung* (außerhalb des Futurstammes) haben lediglich die
Formen des Indikativs (dazu gehören auch diejenigen mit Augment). Alle übri-
gen haben als Verbformen nur Aspektbedeutung. Die für die Übersetzung ins
Deutsche anzunehmende zeitliche Einordnung des bezeichneten Geschehens ist
aus dem sachlichen Kontext abzuleiten (A223f).
(2) Der *Aorist* bezeichnet (entgegen einem verbreiteten Mißverständnis) nicht
notwendigerweise ein einmaliges Geschehen. Seine Hauptfunktion ist es, die
Verwirklichung des Verbinhalts an sich zu nennen, ohne anzudeuten, wie lange
bzw. wie oft diese geschieht oder geschehen ist. Häufig (doch bei weitem nicht
immer) bezieht er sich auf Einmaliges. Die Einmaligkeit ergibt sich jedoch nicht
aus der Verwendung des Aorist, sondern aus dem Kontext (A228 und 240).
Auf die im jeweiligen Kontext anzunehmende Aspektnuance (A225-245) wird
im Schlüssel nur dann hingewiesen, wenn dies für die Textdeutung besonders
relevant erscheint (so besonders die konative Variante des durativen Aspekts
[A227, 232c bzw. 237c]), z.B. in Röm 2,4:

ἄγει hier konatives Präs. (A227) *er will führen/leiten.*

3.1.3 Zu den wichtigsten syntaktischen Phänomenen des Griechischen gehört
das *Partizip*, besonders für Deutschsprachige, da es in ihrer Sprache eine we-
sentlich geringere Rolle spielt. Wem an einem richtigen Textverständnis gele-
gen ist, der sollte sich unbedingt die Grundsätze der Partizipialsyntax einprägen
(A283-304). Im Schlüssel werden regelmäßig Hinweise dazu geboten:
(1) Am häufigsten wird das Partizip *adverbial* gebraucht (A286-298), was im
Schlüssel nicht speziell vermerkt wird. Allerdings wird stets darauf verwiesen,
von welcher Sinnrichtung bei der Übersetzung ins Deutsche am ehesten auszu-
gehen ist (A291). Von den beiden formalen Ausprägungen des adverbialen Par-
tizips wird der „Normalfall", das *participium coniunctum* (A287), in der Regel
nicht ausdrücklich erwähnt; auf den *genitivus absolutus* (A288f) wird dagegen
stets hingewiesen, z.B. in Röm 2,15:

κατ-ηγορούντων ... gen. abs. (A288), mod.

(2) Neben dem *attributiven* (A303) und *substantivierten* (A304) Partizip werden im Schlüssel auch immer die verschiedenen Varianten des *prädikativ* gebrauchten Partizips angegeben: der Akkusativ mit Partizip („AcP"; A300), die Verben des modifizierten Seins und Tuns (A301) und die umschreibende Konjugation (A249; 302), z.B. in Röm 4,19:

νε-νεκρωμένον ... AcP (A300).

3.1.4 Auch der Gebrauch des *Infinitivs* erweist sich für den Deutschsprachigen häufig als recht problematisch (A267-282). Deshalb bietet ihm der Schlüssel bestimmte Informationen, die in solchen Fällen weiterhelfen können. So wird etwa regelmäßig auf den Akkusativ mit Infinitiv („AcI") hingewiesen (A268f). Manchmal werden beim Inf. oder AcI auch Angaben zu der Sinnrichtung geboten, von der in der Übersetzung auszugehen ist. Dies geschieht stets, wenn er mit Präposition und Artikel verbunden ist (A282), z.B. in Röm 1,11:

εἰς τό m. AcI fin. (A282) *damit.*

3.2 Zu den nominalen Wortformen (Flexionstabellen s. A1-20)

3.2.1 Bei *Substantiven* wird stets die Grundform (Nom. Sg.) angegeben (vgl. auch 2.2.1f), z.B. in Röm 1,5:

ἀπο-στολή [im Text steht ἀποστολήν].

3.2.2 Ähnliches gilt für *Adjektive,* bei denen die Grundform im Nom. Sg. Mask. (bei Sonderfällen auch Ntr.) angegeben wird (vgl. auch 2.2.1f), z.B. in Röm 1,14:

ἀ-νόητος[11] [im Text steht ἀνοήτοις].

3.2.3 Zu den *Pronomina* enthält der Anhang nebst Tabellen (A13-18) eine Kurzdarstellung ihrer Syntax (A120-137) sowie der Relativsätze (A354-372). Auf die „Attraktion" des Relativpronomens (A360f) wird stets hingewiesen, wobei die aus unserer Sicht zu erwartende Form angegeben und ein „fehlendes" Demonstrativpronomen gegebenenfalls ergänzt werden, z.B. in Röm 15,18:

ὧν = τούτων ἅ Attraktion des Rel.-Pron. (A361c).

3.2.4 Der *Artikel* wird im Griechischen z.T. anders als im Deutschen gebraucht (H-S §129). So sind Ausdrücke häufig auch ohne Artikel als bestimmt zu deuten (A106ff), was im Schlüssel aber nur selten erwähnt wird, z.B. in Röm 1,2:

ἐν γραφαῖς ἁγίαις auch ohne Art. best. (A106a).

3.2.5 Hinsichtlich der *Kasussyntax* (A139-182) wird vor allem auf auffällige Unterschiede zwischen Griechisch und Deutsch hingewiesen. Wo es für Deutung oder Übersetzung wichtig erscheint, wurde die Bedeutung eines Genitivs, Dativs oder Akkusativs erklärt, z.B. in Röm 1,9:

ὑμῶν gen. obi. (A158).

Wörter mit 40 und mehr Vorkommen im Neuen Testament

Ἀβραάμ (indekl.)	*Abraham,* Stammvater des Volkes Israel
ἀγαθός	*gut; tüchtig, brauchbar*
ἀγαπάω	*lieben*
ἀγάπη	*Liebe*
ἀγαπητός	*geliebt*
ἄγγελος	*Bote; Engel*
ἅγιος	*heilig* (d.h. zu Gott gehörig od. im Sinn v. rein, vollkommen), *gottgemäß* (seinem Wesen entsprechend); *gottgeweiht* (Gott zum Dienst geweiht)
	οἱ ἅγιοι *die Heiligen* (bez. meist die, die Christus angehören)
ἄγω⁵⁹	*führen; leiten*
ἀδελφός	*Bruder* (eig. u. übertr.; Pl. auch im Sinn v. *Geschwister*)
αἷμα³	*Blut;* (auch übertr. v. Sitz des Lebens, dann auch v. vergossenen Blut im Sinn v.) *gewaltsamer Tod,* (im Fall des Blutes Jesu:) *sühnender Tod, Sühnetod*
αἴρω¹³²	*aufheben, tragen; wegnehmen*
αἰτέω	(Akt. u. Med.) *fordern, bitten*
αἰών⁴ ῶνος ὁ	*Ewigkeit; Zeitalter;*
	εἰς τὸν αἰῶνα *in Ewigkeit, ewig* (negiert: *niemals, niemals mehr*);
	εἰς τοὺς αἰῶνας τῶν αἰώνων *bis in alle Ewigkeit*
αἰώνιος¹¹	(z.T. m. drei Endungen, A9) *ewig*
ἀκολουθέω	*hinterhergehen; nachfolgen*
ἀκούω²	*hören* (häufig m. Gen. der sprechenden Person)
ἀλήθεια	*Wahrheit; Wahrhaftigkeit, Zuverlässigkeit; Wirklichkeit*
ἀλλά	*sondern, aber*
ἀλλήλων	*einander, gegenseitig* (A127)
ἄλλος η ο	*anderer*
ἁμαρτάνω¹⁴⁵	*sündigen, sich verfehlen*
ἁμαρτία	*Sünde, Verfehlung*
ἁμαρτωλός	*sündig* (Adj.); *Sünder* (Subst.)
ἀμήν	*wahrlich, gewiß, Amen* (aus dem Hebr. entlehnte Bekräftigungspartikel [אָמֵן *ʾāmēn*])
ἄν	*unter Umständen* (Modalpartikel: Verbinhalt ist an eine Bedingung geknüpft; meistens unübersetzt [A252; 262; 336f; 345; 371])

ἀνα-βαίνω[139]   *hinaufgehen, hinaufsteigen*

ἀνά-στασις[8]   *(das) Aufstehen;* (meist:) *Auferweckung, Auferstehung*

ἀνήρ[6] ἀνδρός   *Mann;* (seltener:) *Mensch*

ἄνθρωπος   *Mensch;* (manchmal:) *Mann*

ἀν-ίσταμαι[205]   (A28ff) *aufstehen; auftreten; auferstehen*

ἀν-ίστημι[204]   (A28ff) *aufstellen; auferwecken*

ἀν-οίγω[60]   *öffnen*

ἄξιος   (Sache:) *entsprechend, angemessen;* (Person:) *würdig, wert* (m. gen. pretii, A161)

ἀπ-αγγέλλω[110]   *melden, berichten; verkünden*

ἀπ-έρχομαι[187]   *weggehen; hingehen*

ἀπό (ἀπ’ ἀφ’) m. Gen. *von, von ... weg; seit* (A189)

ἀπο-δίδωμι[201]   (A28ff) *abgeben, herausgeben; zurückgeben; vergelten*

ἀπο-θνῄσκω[161]   *sterben* (eig. u. übertr.)

ἀπο-κρίνομαι[128]   *antworten*

ἀπο-κτείνω[131]   *töten*

ἀπ-όλλυμαι[219]   (A28; 30) *zugrunde gehen, verderben* (intr.), *umkommen; verlorengehen*

ἀπ-όλλυμι[218]   (A28; 30) *verderben* (tr.), *vernichten; verlieren*

ἀπο-λύω   *loslassen; entlassen, gehen lassen*

ἀπο-στέλλω[113]   *senden, aussenden*

ἀπό-στολος   *Abgesandter;* (meist:) *Apostel* (Bote u. Bevollmächtigter des gekreuzigten u. auferstandenen Herrn)

ἄρα   *denn, also; folglich* (Folgerungspartikel)

ἄρτος   *Brot;* (auch:) *Nahrung*

ἀρχή   *Anfang, Ursprung;* (auch:) *Herrschaft, Amt*

ἀρχ-ιερεύς[8]   *Hoherpriester* (oberster jüdischer Priester, Vorsitzender des Hohen Rats); (Pl. auch:) *Oberpriester*

ἄρχω[61]   *herrschen* (m. Gen.); (meist Med.:) *anfangen, beginnen*

ἀσπάζομαι   (vgl. A33[91ff]) *grüßen*

αὐτός[13] ἡ ό   *er, sie, es* (Pers.-Pron., A124);
selbst (ὁ ἀνὴρ αὐτός *der Mann selbst*);
derselbe (ὁ αὐτός ἀνήρ *derselbe Mann*)

ἀφ-ίημι[203]   (A28ff) *fortlassen, wegschicken;* (Schuld o.ä.) *erlassen, vergeben; verlassen; (über)lassen; (zu)lassen, erlauben*

ἄχρι(ς)   (Präp. m. Gen.:) *bis zu;* (Konjunktion [auch mit οὗ], A337:) *bis*

βάλλω[112]   *werfen; setzen, stellen, legen*

βαπτίζω[97]   *ein-, untertauchen;* (meist:) *taufen;* (Pass.:) *sich taufen lassen, getauft werden*

βασιλεία	*Königtum, Königsherrschaft; Königreich*
βασιλεύς[8]	*König*
βλέπω[41]	*sehen, bemerken* (auch geistig); (m. μή [A328]:) *sich vorsehen, sich hüten*
Γαλιλαία	*Galiläa*
γάρ	*denn, nämlich*
γενεά	*Geschlecht: Generation* (auch als Zeitabschnitt), *Zeitgenossen;* (seltener:) *Sippe*
γεννάω	*zeugen; gebären* (eig. u. übertr.)
γῆ	(H-S §27) *Erde; Land*
γίνομαι[176]	*werden, entstehen; gemacht/geschaffen werden; sich ereignen, geschehen;* z.T. auch Ersatz für εἰμί
γινώσκω[166]	*erkennen, wissen, kennen; erfahren, verstehen; anerkennen*
γλῶσσα	*Zunge; Sprache*
γραμματεύς[8]	*Schriftgelehrter* (Übersetzung von hebr. סֹפֵר *sōfer* [eig. „Schreiber"]: Ausleger u. Lehrer der Heiligen Schrift [= AT], der auch bei der Rechtsprechung gemäß dem [atl.] Gesetz mitwirkt)
γραφή	*Schrift* (v. der Heiligen Schrift [fast immer = AT] als ganzer od. einem Teil; auch:) *Schriftstelle*
γράφω[42]	*schreiben*
γυνή[3] αικός ἡ	*Frau; Ehefrau*
δαιμόνιον	*Dämon*
Δαυίδ (indekl.)	*David,* König Israels
δέ	*aber; und*
δεῖ[177]	*man muß, es ist notwendig,* m. Inf. od. AcI
δεξιός	*rechte(r);*
	ἡ δεξιά *die rechte Hand;* ἐν δεξιᾷ *zur Rechten* v. jmdm. sitzen = den Ehrenplatz einnehmen
	τὰ δεξιά *die rechte Seite;* ἐκ δεξιῶν (τινος) *rechts* (v. jmdm.) sitzen = den Ehrenplatz einnehmen
δεύτερος[19]	*zweiter;*
	τὸ δεύτερον (adv.) *das zweite Mal; zum zweiten Mal*
δέχομαι[63]	*aufnehmen, annehmen, empfangen*
δέω[36]	*binden, fesseln, gefangennehmen*
διά	(m. Gen.:) *durch* (... hindurch); *während, nach* (zeitl.); *durch* (Vermittlung von);
	(m. Akk.:) *wegen, um ... willen* (A190)

διδάσκαλος — *Lehrer* (häufig als Anrede Jesu entsprechend dem hebr. Ehrentitel hervorragender Gesetzeslehrer רַב/ רַבִּי *raḇ/rabbî* „Rabbi")

διδάσκω[163] — *lehren*

δίδωμι[201] — (A28ff) *geben; über-, hin/hergeben;* (daneben auch:) *befähigen, erlauben*

δι-έρχομαι[187] — *hindurchgehen*

δίκαιος — *gerecht* (u.a. vom Menschen, der v. Gott gerecht gemacht wurde u. deshalb gerecht ist)

δικαιοσύνη — *Gerechtigkeit*

διό — *deshalb*

διώκω[64] — *verfolgen;* (übertr.:) *trachten nach*

δοκέω[170] — *meinen, glauben; scheinen* (= den Anschein haben)

δόξα — *Glanz, Herrlichkeit, Majestät; Ruhm, Ehre, Ansehen*

δοξάζω — (vgl. A33[91ff]) *rühmen, preisen, ehren; verherrlichen*

δοῦλος — *Sklave*

δύναμαι[208] — *vermögen, können*

δύναμις[8] — *Kraft, Macht, Stärke; Krafterweis, Wundertat*

δύο[19] — *zwei*

δώδεκα[19] — *zwölf*

ἐάν (= εἰ ἄν) — *wenn* (kond., A341ff)

ἑαυτοῦ[14] — *seiner (selbst), von sich (selbst);* (Pl. alle Personen [unatt.]:) *unser/eurer/ihrer (selbst), von uns/euch/sich (selbst)* (Refl.-Pron.)

ἐγγίζω[94] — *sich nähern, nahe herankommen, nahekommen*

ἐγείρω[137f] — *aufwecken; aufstehen lassen, aufrichten, auferwecken;* Imp. ἔγειρε *steh auf!* (Formel); (Pass. intr.:) *aufwachen; aufstehen; auferweckt werden, auferstehen*

ἐγώ[13] — *ich* (Pers.-Pron.)

ἔθνος[7] — *Volk;* (Pl. τὰ ἔθνη auch:) *Heiden* (Nichtjuden)

εἰ — *wenn* (kond., A341ff); *ob* (A330)

εἶδον — Aor. ὁράω[192]

εἰμί — (A32) *sein; vorhanden sein, existieren*

εἶπον — Aor. λέγω[191]

εἰρήνη — *Frieden;* (entsprechend dem hebr. שָׁלוֹם *šālôm:*) *Wohlbefinden, Heil*

εἰς m. Akk. — *in (... hinein), nach (... hin), auf, zu, gegen* (meist auf die Frage „wohin?"); *bis* (zeitl.); *in bezug auf, hinsichtlich* (A191)

εἷς[20] μία ἕν	*einer* (Zahlwort)
εἰσ-έρχομαι[187]	*hineinkommen, hineingehen, eintreten*
εἴτε ... εἴτε	*ob ... oder*
ἐκ (ἐξ) m. Gen.	*aus, von ... her/weg; seit; infolge, auf Grund von* (A192)
ἕκαστος	*jeder*
ἐκ-βάλλω[112]	*hinauswerfen, hinaustreiben; aussenden; hinausführen, herausholen, entfernen aus*
ἐκεῖ[18]	*dort; dorthin* (Adv.)
ἐκεῖνος[15/18] η ο	*jener* (Demonstrativpron.)
ἐκ-κλησία	*Versammlung;* (meist:) *(christliche) Gemeinde* (lokal od. universal [*Kirche*]); *Gemeindezusammenkunft, -versammlung*
ἐλπίς[3] ίδος ἡ	*Hoffnung, Erwartung; das Erhoffte/Erwartete*
ἐμός	*mein* (Poss.-Pron., A128)
ἔμ-προσθεν	(Adv.:) *vorne;* (Präp. m. Gen.:) *vor, in Gegenwart von; nach dem Urteil von*
ἐν m. Dat.	*in; an, bei* (örtl. u. zeitl., meist auf die Frage „wo?" bzw. „wann?"); *unter* (= *inmitten von*); *mit, durch* (instr./kaus.) (A193); ἐν Χριστῷ o.ä. *in/in Gemeinschaft mit Christus* (vor allem bei Johannes u. Paulus v. dem durch das Heilshandeln bewirkten neuen Sein)
ἐν-τολή	*Auftrag, Anweisung, Gebot*
ἐν-ώπιον m. Gen.	*vor; in Gegenwart von; nach dem Urteil von*
ἐξ-έρχομαι[187]	*hinausgehen, herauskommen, fortgehen*
ἐξ-ουσία	*Vollmacht, Autorität; Macht, Gewalt, Vermögen* (etwas zu tun); *Freiheit, Recht* (zu entscheiden, zu handeln)
ἔξω	(Adv.:) *draußen; heraus, hinaus;* (Präp. m. Gen.:) *außerhalb von*
ἐπ-αγγελία	*Verheißung, Versprechen; das Verheißene/Versprochene*
ἐπ-ερωτάω	*fragen*
ἐπί (ἐπ᾽ ἐφ᾽)	(m. Gen.:) *auf, über, an, bei; über* (bei Ausdrücken des Herrschens); *auf Grund von; zur Zeit von;* (m. Dat.:) *auf, über, an, in, bei* (meist auf die Frage „wo?"); *zu ... hinzu; auf Grund; über, wegen* (nach Verben des Fühlens u. Meinens); *während;* (m. Akk.:) *auf, auf ... hin, über, an, bei* (meist auf die Frage „wohin?"); *hin ... zu, zu; gegen; über* (bei Verben des Herrschens); *während* (A194)
ἐπι-γινώσκω[166]	*erkennen, erfahren; verstehen, wissen*
ἑπτά[19]	*sieben*

ἐργάζομαι[92]	*arbeiten, tun, wirken* (tr.)
ἔργον	*Werk: Tat, Handlung, Arbeit, Aufgabe*
ἔρημος[11]	*verlassen, öde, leer;*
	ἡ ἔρημος *Wüste, Steppe, Einöde* (im Ggs. zu kultiviertem u. bewohntem Land)
ἔρχομαι[187]	*kommen; gehen*
ἐρωτάω	*fragen; bitten*
ἐσθίω[188]	*essen, fressen*
ἔσχατος	*letzter, äußerster;* (vom Rang:) *geringster; spätester*
ἕτερος	*anderer; andersartig;*
	ὁ ἕτερος *der Nächste, der Mitmensch*
ἔτι	*noch*
ἑτοιμάζω	(vgl. A33[91ff]) *(zu)bereiten, bereitmachen*
ἔτος[7]	*Jahr*
εὐ-αγγελίζω[99]	(meist Med.) *eine gute Nachricht verkünden; das Evangelium verkündigen*
εὐ-αγγέλιον	*gute Nachricht, Freudenbotschaft; Evangelium* (die Gute Nachricht v. Jesus)
εὐθύς u. εὐθέως	(Adv.) *sofort, sogleich; sodann*
εὐ-λογέω	*loben, rühmen; segnen*
εὑρίσκω[162]	*finden; entdecken; erlangen;* (Pass. auch:) *sich zeigen, sich erweisen als*
ἔχω[189]	*haben, besitzen; (fest)halten;* (m. doppeltem Akk.:) *halten für;* (m. Inf.:) *können, müssen;* (m. Adv.:) *sich verhalten, sein*
ἕως	(Konjunktion [auch mit οὗ/ὅτου], A337) *bis,* (auch:) *während;* (Präp. m. Gen.:) *bis zu*
ζάω[20] bzw. ζήω	*leben*
ζητέω	*suchen; untersuchen; zu erlangen suchen; anstreben, begehren, wünschen; fordern*
ζωή	*Leben*
ἤ	*oder; als* (beim Komp., A114)
ἤδη	*schon*
ἦλθον	Aor. ἔρχομαι[187]
ἡμεῖς[13]	*wir* (Pers.-Pron.)
ἡμέρα	*Tag;* (auch [aber meist im Pl.]:) *Zeit*
Ἡρῴδης[1]	*Herodes* (Name verschiedener idumäischer Machthaber in ntl. Zeit)
θάλασσα	*Meer; See*
θάνατος	*Tod* (eig. u. übertr.)

θαυμάζω   (vgl. A33[91ff]) *sich verwundern, (er)staunen; bewundern*
θέλημα[3]   *Wille: das Gewollte, das Wollen*
θέλω[178]   *wollen: wünschen, begehren; entschlossen sein*
θεός   *Gott*
θεραπεύω   *ärztlich behandeln, heilen*
θεωρέω   *zuschauen, anschauen, betrachten, sehen; beobachten*
θηρίον   *Tier*
θλῖψις[8]   *Bedrängnis, Trübsal*
θρόνος   *Thron*

Ἰάκωβος   *Jakobus* (u.a. Name zweier Apostel sowie eines Bru-
                       ders Jesu)
ἴδιος   *eigen;*
                       τὰ ἴδια *Heim, Heimat;*
                       ἰδίᾳ (Adv.) *besonders, für sich*
ἰδού   Demonstrativpartikel, herkömml. *siehe, seht* (zur Be-
                       lebung der Rede, z.B. um Aufmerksamkeit auf etwas
                       zu lenken); bei Subst. ohne finites Verb *da
                       (ist/sind/kommt/kam)* (vgl. frz. *voici*)
ἱερόν   *Heiligtum, Tempel* (schließt in Jerusalem den gesamten
                       Tempelbezirk ein)
Ἱεροσόλυμα   *Jerusalem* (gräzisierte Form, als Ntr. Pl. od. Fem. Sg.
                       behandelt)
Ἱερουσαλήμ   (indekl.) *Jerusalem* (Umschrift des sem. יְרוּשָׁלַ͏ֵם/
                       יְרוּשָׁלֵם *jᵊrûšāláim/jᵊrûšālēm*)
Ἰησοῦς οῦ   (H-S §26d) *Jesus* (gräzisierte Form von hebr. יֵשׁוּעַ
                       jēšûaᶜ, spätere Form für יְהוֹשׁוּעַ *jᵊhôšûaᶜ* Josua
                       „[Jahwe ist] Retter"; geläufiger jüdischer Eigenname
                       der ntl. Zeit)
ἱμάτιον   *Überwurf, Mantel* (d.h. Obergewand im Ggs. zum
                       direkt auf dem Leib getragenen χιτών „Unter-
                       gewand"); Pl. *Kleider* (Sammelbegriff für jede Art v.
                       Kleidungsstücken)
ἵνα   (m. Konj.) *damit* (A339); *daß* (A328)
Ἰουδαία   *Judäa* (teils vom südl. Palästina, teils v. ganz Palästina
                       [zur Zeit Jesu röm. Provinz Judäa])
Ἰούδας[1] α   *Judas* (u.a. Name zweier Apostel sowie eines Bruders
                       Jesu); *Juda* (Stammvater, Stamm u. Stammesgebiet)
Ἰουδαῖος   *jüdisch;* (meist:) subst. *Jude*
Ἰσραήλ (indekl.)   *Israel* (das Volk od. der Stammvater des Volkes Israel
                       [υἱοὶ Ἰσραήλ *Nachkommen Israels, Israeliten*])

ἵσταμαι²⁰⁵ (A28ff) *stehenbleiben; hintreten;*
ἕστηκα (Pf.) *stehen*
ἵστημι²⁰⁴ (A28ff) *(hin)stellen; aufrichten*
Ἰωάν(ν)ης¹ *Johannes* (u.a. Name des Täufers sowie eines Apostels)

κἀγώ = καὶ ἐγώ
κάθημαι (A32) *sitzen; sich setzen;* (übertr.:) *sich befinden, wohnen*
καθίζω¹⁰⁰ *hinsetzen; sich setzen*
καθ-ώς (Vergleich/Maß:) *ebenso wie, wie; in dem Maße wie;* (Begründung:) *da ja*
καί (Konjunktion:) *und;* (seltener im Sinn v.:) *aber, doch* (adversativ); *und zwar, nämlich* (explikativ); *so daß, (und) so* (konsekutiv); (Adv.:) *auch, sogar* (A311ff)
καινός *neu*
καιρός *Zeit; (geeignete, rechte, günstige) Zeit; (bestimmte, festgesetzte) Zeit;* (auch im Sinn v.:) *Endzeit*
κακός *schlecht, böse* (sittl.); *schlimm* (schädl.)
καλέω³⁷ *rufen; nennen; bezeichnen als; einladen; berufen*
καλός *schön; brauchbar, gut* (sittl. od. v. der Beschaffenheit)
καρδία *Herz* (biblisch meist: das Zentrum des bewußt lebenden Menschen, also der ganze Mensch im Blick auf sein Denken u. Entscheiden [im Unterschied zum Deutschen!])
καρπός *Frucht* (Sg. auch kollektiv im Sinn v. *Früchte*)
κατά (κατ' καθ') (m. Gen.:) *von ... herab, durch ... hin; gegen;*
(m. Akk.:) *durch ... hin, über ... hin, entlang; in, auf; auf/zu ... hin;* (ungefähr) *zu, während* (zeitl.); *gemäß, nach, entsprechend; in Hinsicht auf, in Beziehung auf;* (distributiv:) z.B. κατὰ πόλιν *Stadt für Stadt;* (mod.:) z.B. κατὰ ἄγνοιαν *unwissentlich* (A195)
κατα-βαίνω¹³⁹ *hinab-, herabsteigen, -kommen, -gehen*
κατ-οικέω *wohnen; bewohnen*
κεφαλή *Kopf;* (übertr.:) *Oberhaupt*
κηρύσσω⁷⁵ *bekanntmachen; laut* (in der Öffentlichkeit) *verkünden, predigen*
κλαίω¹¹ *weinen*
κόσμος *Welt* (= *Weltall; Erde, Erdkreis; Menschheit; Welt* als gottfeindl. Bereich)
κράζω⁸¹ *schreien, brüllen; (aus)rufen*

κρατέω   sich bemächtigen; halten, festhalten

κρίνω[127]   (be)urteilen; (sich) entscheiden; (als juristischer term.
                    tech.:) richten, entscheiden, vor Gericht ziehen, verur-
                    teilen

κρίσις[8]   Gericht (als Behörde, aber meist das Gerichts-
                    handeln): Urteil, Verurteilung, Strafgericht, Strafe

κύριος   Herr; Eigentümer, Besitzer (bes. in AT-Zitaten steht
                    artikelloses κύριος als Gottesbezeichnung anstelle
                    des hebr. Gottesnamens Jahwe)

λαλέω   reden, sagen, verkünden

λαμβάνω[152]   nehmen, ergreifen; in Besitz nehmen; empfangen, an-
                    nehmen, erhalten

λαός   Volk, Volksmenge

λέγω[191]   sagen, reden; meinen; (m. doppeltem Akk.:) nennen;
                    λέγων Ptz., ist als Redeeinleitung häufig pleonastisch
                    (A297,1) u. kann dann als Doppelpunkt (od. als fol-
                    gendermaßen) berücksichtigt werden

λίθος   Stein

λογίζομαι   (vgl. A33[91ff]) (eig. numerisch:) zählen, rechnen;
                    (meist übertr. auf Eigenschaften od. Gründe bezogen:)
                    erwägen, bedenken, sich Gedanken machen; in Rech-
                    nung stellen, anrechnen; bewerten, ansehen als, der Mei-
                    nung sein, denken

λόγος   (das Sprechen:) Wort, Aussage, Ausspruch, Rede
                    (häufig v. Reden Gottes; auch personifiziert für Jesus
                    Christus gebraucht); (seltener das Rechnen bzw.
                    Denken:) Rechenschaft, Abrechnung; Grund

λοιπός   übrig, anderer;
                    (τὸ) λοιπόν (Adv.) weiterhin; künftig; im übrigen,
                    übrigens, außerdem, schließlich

λύω   lösen, losbinden, befreien (eig. u. übertr.); zerstören, ver-
                    nichten; abschaffen, außer Kraft setzen

μαθητής[1]   Schüler, Jünger (Ggs.: διδάσκαλος); Anhänger

μακάριος   glücklich, beneidenswert, gesegnet

μᾶλλον   (Adv., Komp.) mehr: in höherem Grad; lieber, eher;
                    sicherer, gewisser; vielmehr

μαρτυρέω   Zeugnis ablegen, Zeuge sein, bezeugen; ein gutes Zeugnis
                    ausstellen, empfehlen

μέγας[12]   μεγάλη μέγα groß; erhaben, wichtig

μείζων[11] ον   (Komp. zu μέγας) größer

μέλλω[179] | *im Begriff stehen* (m. Inf. zur Umschreibung des Futurs, A250); *beabsichtigen; müssen, sollen* (oft infolge göttl. Ratschlusses); (selten:) *zaudern;*
μέλλων (Ptz.) *zukünftig;*
τὸ μέλλον (subst. Ptz.) *die Zukunft*

μέν | *zwar;*
μὲν ... δέ *(zwar) ... aber;*
ὁ/ὃς μὲν ... ὁ/ὃς δέ (A102; 133) *der eine ... der andere;*
μὲν οὖν *also nun*

μένω[117] | *bleiben; bestehen bleiben*
μέρος[7] | *Teil; Anteil*
μέσος | *mittlerer, mitten*
μετά (μετ᾽ μεθ᾽) | (m. Gen.:) (zusammen/gemeinsam) *mit; inmitten;* (m. Akk.:) *nach, hinter* (A196)

μή | *nicht* (grundsätzl. bei nichtindikativischen Verbformen, A307); (in direkten Fragen:) *etwa, doch nicht* (A320); (Konjunktion m. Konj.:) *damit nicht*

μηδέ | *auch nicht, und nicht; nicht einmal*
μηδ-είς | μηδε-μία μηδ-έν (vgl. εἷς[20] u. μή) *keiner, niemand;* (Ntr.:) *nichts*

μήτηρ[6] τρός ἡ | *Mutter*
μικρός | *klein*
μισέω | *hassen*
μνημεῖον | *Denkmal;* (meist:) *Grab* (gewöhnl. Höhlengrab)
μόνος | *allein, einzig;* (Ntr.:) *nur*
Μωϋσῆς έως ὁ | (Dat. εῖ/ῇ, Akk. ῆν/έα) *Mose,* Befreier u. Gesetzgeber Israels

ναός | *Tempel* (in Jerusalem: eig. Tempel [vgl. oben ἱερόν])
νεκρός | *tot* (eig. u. übertr.)
νόμος | *Gesetz;* (meist:) *das* (göttl.) *Gesetz* (vor allem das mosaische Gesetz, aber auch der Pentateuch od. die Heilige Schrift als ganze [= AT])
νῦν | *nun, jetzt* (Adv., A18);
τὸ νῦν (subst.) *die gegenwärtige Zeit*
νύξ νυκτός ἡ | (H-S §35e) *Nacht;* (Gen. νυκτός:) *des Nachts, zur Nachtzeit;* (Dat. νυκτί:) *bei Nacht*

ὁ ἡ τό | *der, die, das* (Art.)
ὁδός ἡ | *Weg, Straße; Reise;* (übertr.:) *Lebenswandel, Handlungsweise;* (v. der Glaubensrichtung:) *Richtung, Lehre*

οἶδα   (A27) *wissen, kennen* (Pf. m. präs. Bdtg.)

οἰκο-δομέω   (Häuser) *bauen* (auch bildl.); (uneig.:) *auferbauen, för-*
                              dern, stärken

οἶκος u. οἰκία   *Haus; Hausgemeinschaft, Familie* (einschließl. der
                              Sklaven); οἶκος auch *Nachkommen, Geschlecht*

ὀλίγος   (Pl.:) *wenige;* (Sg.:) *klein, kurz*

ὅλος   *ganz* (vgl. A86)

ὅμοιος   *gleich(artig); ähnlich*

ὄνομα³   *Name* (häufig [als pars pro toto, A382] für die Person
                              des Namensträgers selbst gemeint; wie im Deutschen
                              auch im Sinn v. *Ruf* gebraucht);
                              ἐν/ἐπὶ τῷ ὀνόματι *im Auftrag von, mit Hinweis auf*
                              (die Autorität von), z.T. *unter Anrufung von*

ὅπου¹⁸   *wo; wohin* (Relativadv.)

ὅπως   (Relativadv. [A18]:) *wie, auf welche Weise;*
                              (Konjunktion m. Konj.:) *damit* (A339); *daß* (nach
                              Verben des Bittens, A328)

ὁράω¹⁹²   *sehen, erblicken, bemerken* (auch geistig); (Pass.:) *sicht-*
                              bar (gemacht) werden, erscheinen; (meist m. μή:) *sich*
                              vorsehen, hüten

ὄρος⁷   *Berg*

ὅς¹⁶/¹⁸ ἥ ὅ   *welcher, welche, welches* (Rel.-Pron.; A354ff)

ὅσος¹⁶/¹⁸   *wie groß, wieviel;* (Pl.:) *wie viele* (= *alle, die*) (Rel.-
                              Pron.; A354ff)

ὅσ-τις¹⁶/¹⁸ ἥ-τις ὅ τι   *wer auch immer* (= *jeder, der*); (Pl.:) *alle, die;*
                              (manchmal qualitativ gebraucht:) *ein solcher, der*
                              (verallgemeinerndes Rel.-Pron.; A354ff)

ὅταν (= ὅτε ἄν)   (m. Konj.) *wenn, sobald* (A336)

ὅτε   *als, nachdem* (A336; auch A18)

ὅτι   *daß* (A326); *weil* (A338); ὅτι recitativum = Doppel-
                              punkt (A333)

οὐ (οὐκ οὐχ)   *nicht* (A306; in Fragen angedeutete Antwort: „doch!"
                              [A320])

οὐαί   Interjektion des Schmerzes od. Unwillens: *wehe*

οὐ-δέ   *und nicht, auch nicht; nicht einmal*

οὐδ-είς   οὐδε-μία οὐδ-έν (vgl. εἷς²⁰ u. οὐ) *keiner, niemand;*
                              (Ntr.:) *nichts*

οὐκ-έτι   *nicht mehr/länger/weiter*

οὖν   *also, mithin, demnach* (folgernd od. weiterführend)

οὐρανός   *Himmel* (als Teil des Weltalls od. als Wohnstätte Got-
                              tes [häufig Pl.]); übertr. auch synonym m. Gott (z.B.

βασιλεία τῶν οὐρανῶν = βασιλεία τοῦ θεοῦ)

οὔ-τε ... οὔ-τε weder ... noch

οὗτος[15/18] αὕτη τοῦτο dieser, diese, dieses (Demonstrativpron., das auf schon Genanntes, Vorhergehendes wie auch [unatt.] auf Vorliegendes od. Folgendes weist, A130)

οὕτως so: (zurückweisend:) so, ebenso; (od. [unatt.] in die Nähe od. nach vorne weisend:) so, folgendermaßen

οὐχί nicht (verstärktes οὐ; in Fragen angedeutete Antwort: „doch!" [A320])

ὀφθαλμός Auge

ὄχλος Volksmenge, Volksmasse; das (gewöhnl.) Volk

παιδίον kleines Kind; Kind

πάλιν wieder; ferner; (seltener:) andererseits

πάντες (Pl. v. πᾶς[10]) alle;

πάντα (Pl. Ntr.) alles; (m. Art. auch:) das All

πάν-τοτε zu allen Zeiten, immer

παρά (m. Gen.:) von seiten, von ... (her);

(m. Dat.:) bei, neben, inmitten (auf die Frage „wo?"); nach dem Urteil von;

(m. Akk.:) an ... hin/vorbei/entlang; an den/dem Rand von, neben; auf (auf die Fragen „wohin?" u. „wo?");

(m. Komp.:) im Vergleich zu, mehr als; gegen (im Ggs. zu gemäß) (A197)

παρα-βολή Gleichnis, Bildrede; (seltener:) Gegenbild, Sinnbild

παρα-δίδωμι[201] (A28ff) übergeben, überlassen; (häufig: den Behörden o.ä. od. einem Feind) übergeben, ausliefern; (auch v. der Lehre:) weitergeben, (weiter)überliefern, lehren (Gegenstück zu παραλαμβάνω)

παρα-καλέω[37] (ernsthaft) bitten, ersuchen; auffordern, ermahnen; einladen; ermutigen, trösten

παρα-λαμβάνω[152] zu sich/mit sich nehmen; in Empfang nehmen, übernehmen; (auch v. überlieferter Lehre [Gegenstück zu παραδίδωμι]:) empfangen, übernehmen, gelehrt werden

παρ-ίσταμαι[205] (A28ff) (zu jmdm.) herzutreten, kommen; beistehen, helfen;

παρ-έστηκα (Pf.) da(bei)stehen, anwesend sein

παρ-ίστημι[204] παρ-ιστάνω (A28ff) zur Verfügung/vor Augen stellen („präsentieren"); herstellen: ins Leben rufen; (m. doppeltem Akk.:) zu etwas machen;

πᾶς[10] πᾶσα πᾶν   Sg. ohne Art. *jeder* (bei Unzählbarem: *all*); Sg. m. Art.
                    ganz; Pl.: *alle* (A86)
πάσχω[193]   *erfahren, erleben* (fast ausschließl. negativ:) *(er)leiden*,
                    (öfter im Sinn v.:) *den Tod erleiden*
πατήρ[6] τρός ὁ   *Vater;* (nicht selten:) *Stammvater, Vorfahre*
Παῦλος   *Paulus*, röm. Geschlechtsbeiname, im NT fast aus-
                    schließl. abendländischer Name des Heidenapostels
πείθω[88]   *überreden; überzeugen;* (Pass. außer Pf. auch:) *sich*
                    überreden/überzeugen lassen; gehorchen;
                    πέποιθα (Pf. 2 m. präs. Bdtg.) *vertrauen auf;*
                    πέπεισμαι *überzeugt/gewiß sein*
πέμπω[45]   *senden, schicken*
περί   (m. Gen.:) *betreffs: über, von, in bezug auf, hinsichtlich;*
                    (m. Akk.:) *um ... herum, um* (auch zeitl.); *betreffs: in*
                    bezug auf, hinsichtlich (A198)
περι-πατέω   *umhergehen:* (eig.:) *gehen, wandern;* (übertr.:) *seinen*
                    Lebenswandel gestalten, leben, sich verhalten
Πέτρος   *Petrus*, Beiname des Apostels Simon
πίνω[141]   *trinken*
Πιλᾶτος   *Pilatus*, röm. Prokurator v. Judäa (26-36 n. Chr.)
πίπτω[194]   *fallen, herabfallen, hinfallen; sich zu Boden werfen*
πιστεύω   *glauben* (*an:* meist m. Dat. od. εἰς); *vertrauen; anver-*
                    trauen
πίστις[8]   *Vertrauen, Glaube;* (das, was man glaubt:) *Glau-*
                    ben(slehre); Treue, Zuverlässigkeit
πιστός   (Vertrauen erweckend:) *glaubwürdig, zuverlässig, treu;*
                    (Vertrauen hegend:) *vertrauend, gläubig*
πλείων[11]   πλεῖον/πλέον (Komp. zu πολύς[12]) *mehr;*
                    οἱ πλείονες/πλείους *die Mehrheit, die meisten*
πληρόω   *füllen; erfüllen* (mit etwas); (einen Zeitraum) *voll-*
                    enden, den Abschluß (einer Zeitspanne) *erreichen;*
                    (etwas Unvollkommenes) *zur Vollendung bringen;*
                    (Voraussagen usw. verwirklichen:) *zur Erfüllung brin-*
                    gen, (meist Pass.:) *sich erfüllen*
πλοῖον   *Schiff, Boot*
πνεῦμα[3]   (meist:) *Geist* (biblisch oft: die Befähigung des Men-
                    schen zu Einsicht, Gefühl u. Willen; v. guten od. bösen
                    Geistwesen, bes. auch v. Gottes Geist); (vereinzelt:)
                    Gesinnung; (auch:) *Atem, Odem, Lebensgeist* (was dem
                    Körper Lebensfähigkeit verleiht); (selten eig. Bdtg.:)
                    Hauch, Wind

ποιέω — tun, machen, handeln; (mit AcI:) bewirken, daß; (m. doppeltem Akk.:) jmdn./etwas zu etwas machen

πόλις[8] — Stadt (auch v. der Bevölkerung)

πολλοί — (Pl. zu πολύς[12]) viele, zahlreiche; οἱ πολλοί (auch:) die große Mehrzahl, die meisten

πολύς[12] — πολλή πολύ viel, groß; gewaltig, Pl. s. πολλοί

πονηρός — schlecht, böse (sittl.); (seltener:) in schlechtem Zustand, krank (körperl.)

πορεύομαι — gehen, reisen, wandern; „wandeln": leben, sich verhalten

ποῦ;[18] — wo? wohin? (Frageadv.)

πούς[3] ποδός ὁ — Fuß

πρεσβύτερος — älter; (subst.:) Älterer, Alter; (meist:) Ältester (jüdische u. christl. Amtsbezeichnung)

πρό m. Gen. — vor (örtl., zeitl. u. vom Vorrang) (A199)

πρός — (m. Dat.:) bei, an; (m. Akk.:) zu ... hin, auf ... zu; für (zeitl.); zu, zum Zweck von; gegen; im Hinblick auf, gemäß; (bei Zustandsverben:) bei, an, neben (A200)

προσ-έρχομαι[187] — hingehen, sich nähern

προσ-εύχομαι[70] — beten

προσ-κυνέω — niederkniend huldigen, fußfällig verehren; (meist:) (Gott) anbeten

προσ-φέρω[198] — herzu-, herbeibringen; überbringen; darbringen (v. Opfern, Geschenken u.ä.)

πρόσ-ωπον — Gesicht, Angesicht; ἀπὸ προσώπου = ἀπό; πρὸ προσώπου = πρό (Hebr., A186)

προ-φήτης[1] — Prophet; οἱ προφῆται (häufig:) die (Schriften der) Propheten

πρῶτος[19] — erster (v. der Zeit, der Zahl od. vom Rang); (zeitl. auch:) frühester, früherer; (vom Rang auch:) wichtigster; πρῶτον (Ntr. als Adv.:) zuerst, (doch meist:) früher, vorher, zunächst

πῦρ[6] ρός τό — Feuer

πῶς;[18] — wie? auf welche Art und Weise? (Frageadv.)

ῥῆμα[3] — Wort, Gesagtes, Ausspruch; (Hebr.:) Sache, Angelegenheit, Begebenheit

σάββατον — Sabbat; Woche (der „Pl." τὰ σάββατα hat meist Sg.-Bdtg. [vgl. aram. שַׁבְּתָא šabbǝṭāʾ der Sabbat])

σάρξ[3] σαρκός ἡ — Fleisch: (eig.:) Fleisch; (daher:) Leib; Mensch (von

	Fleisch und Blut); menschliche Natur; Leiblichkeit, menschliche Bedingtheit (bes. seine Schwäche, Versuchlichkeit u. Sterblichkeit); *die äußere Seite* (= die sichtbare Körperlichkeit); (bes. bei Paulus:) *Fleisch* (als Bezeichnung für den Menschen, der v. der Sünde beherrscht wird)
σεαυτοῦ[14]	*deiner (selbst)* (Refl.-Pron.)
σημεῖον	*Zeichen: Kennzeichen, Vorzeichen;* (häufig:) *Wunderzeichen*
σήμερον	*heute*
σοφία	*Weisheit*
σπείρω[136]	*säen (eig. u. übertr.)*
σπέρμα[3]	*Same; Nachwuchs, Nachkommenschaft*
σταυρόω	*kreuzigen, ans Kreuz schlagen*
στόμα[3]	*Mund,* (bei Tieren:) *Maul*
σύ[13]	*du* (Pers.-Pron.)
σύν m. Dat.	*(zusammen) mit* (A201)
συν-άγω[59]	*zusammenführen: sammeln, versammeln;* (Pass. auch reflexiv gebraucht:) *sich versammeln*
συν-αγωγή	*Versammlungsplatz;* (meist:) *Synagoge* (jüdischer Versammlungsraum, auch v. der jüdischen Gemeinde od. deren Zusammenkunft)
σῴζω[106]	*unversehrt erhalten, bewahren, retten;* (meist:) *(er)retten* (das göttl. Heil vermitteln)
σῶμα[3]	*Leib, Körper; Leichnam*
σωτηρία	*Rettung, Erhaltung;* (meist: das v. Gott bewirkte) *Heil*
τέ	*und* (steht nach dem dazugehörenden Wort); τε ... τε, τε ... καί, τε καί *sowohl ... als auch*
τέκνον	*Kind (eig. u. übertr.)*
τέλος[7]	*Ende; Endpunkt, Abschluß; Ziel, Ausgang*
τέσσαρες[19f]	*vier*
τηρέω	*bewachen; behüten, bewahren;* (Lehre/Gesetz o.ä.) *beobachten, befolgen*
τίθημι[200]	(A28ff) *setzen, stellen, legen;* (m. doppeltem Akk.:) *jmdn./etwas zu etwas machen*
τιμή	*Wert, Kaufpreis;* (meist:) *Wertschätzung, Ehre*
τίς;[17f] τί;	*wer? was?; welcher? was für einer?* (τί; adv.:) *warum?* (Fragepron.)
τις[17] τι	*irgendeiner, irgend jemand, irgendein, irgend etwas; ein gewisser* (enklitisches Indefinitpron.)

τοιοῦτος[18] *so (beschaffen), derartig* (Korrelativpron.)
τόπος *Ort, Platz, Stelle;* (Pl. auch:) *Gegenden*
τότε[18] *damals; dann, darauf* (Adv.)
τρεῖς[19f] τρία *drei*
τρίτος[19] *dritter;*
  τὸ τρίτον *das dritte Mal*
τυφλός *blind* (eig. u. übertr.)

ὕδωρ[3] ὕδατος τό *Wasser*
υἱός *Sohn* (eig. u. übertr., s.a. A157);
  ὁ υἱὸς τοῦ ἀνθρώπου *der Menschensohn* (Selbst-
  bezeichnung Jesu, die auf Da 7,13f zurückgeht)
ὑμεῖς[13] *ihr* (Pers.-Pron.)
ὑπ-άγω[59] *weggehen, hingehen, gehen*
ὑπ-άρχω[61] *vorhanden sein, zur Verfügung stehen;* (oft = εἰμί als
  Kopula *sein* [A78])
ὑπέρ (m. Gen.:) *für = im Interesse von; über, betreffs; anstelle
  von, anstatt; wegen, um ... willen;*
  (m. Akk.:) *über .. hinaus, mehr als;* (nach Komparativ:)
  als (A202)
ὑπό (m. Gen.:) *von* (Urheber/Ursache beim Pass.);
  (m. Akk.:) *unter* (A203)

φανερόω *sichtbar machen, sehen lassen, zeigen; bekanntmachen;*
  (Pass.:) *sichtbar werden; sich offenbaren, sich zeigen, er-
  scheinen*
Φαρισαῖος *Pharisäer* (Φαρισαῖοι < aram. פְּרִישַׁיָּא *pərîšajjāʾ*,
  hebr. הַפְּרוּשִׁים *happərûšîm* „die Abgesonderten“,
  „die Separatisten“: die religiös einflußreichste Rich-
  tung des Judentums in ntl. Zeit, der viele der Schrift-
  gelehrten angehörten [s.o. zu γραμματεύς])
φέρω[198] *tragen; ertragen; bringen, holen*
φημί (A32) *sagen; meinen*
φοβέομαι *Angst haben, sich fürchten; m. Akk. jmdn. od. etwas
  fürchten;* (Gott od. eine Respektsperson „fürchten“:)
  Ehrfurcht haben vor
φόβος *Furcht, Angst; Ehrfurcht* (vor Gott od. Respekts-
  person)
φυλακή *Wache: Wachtlokal, Gefängnis; Nachtwache* (Zeitbe-
  stimmung: ein Viertel der Zeit zwischen 18 Uhr und
  6 Uhr)

φωνέω | rufen, schreien, laut sprechen; krähen (Hahn); zu sich rufen

φωνή | Laut, Ton, Geräusch; Stimme; Ruf, Schrei, Ausruf

φῶς³ φωτός τό | Licht (eig. u. übertr.)

χαίρω¹³⁴ | sich freuen, fröhlich sein

χαρά | Freude (auch vom Gegenstand der Freude)

χάρις³ ιτος ἡ | (woran man sich freut:) Gunst, Wohlwollen, gnädige Fürsorge (die einer einem anderen gewährt; bes. von der gnädigen Gesinnung Gottes/Christi, die den Menschen unverdiente Gaben schenkt:) Gnade; (auch v. der Betätigung des Wohlwollens:) Gnadentat, -werk; (selten:) Anmut, Lieblichkeit; (Äußerung der Freude:) Dank

χείρ⁶ χειρός ἡ | Hand; (übertr. auch:) Gewalt; διὰ χειρός/(τῶν) χειρῶν τινος = διά m. Gen. (Hebr., A186)

χρεία | Bedürfnis, Notwendigkeit; Bedarf, Mangel, Not

Χριστός | Christus, im Sinn v. der Messias od. oft wie ein Eigenname verwendet (wörtl. „[zum König] Gesalbter", Übersetzung des hebr. מָשִׁיחַ māšîaḥ bzw. aram. מְשִׁיחָא məšîḥāʾ)

χρόνος | Zeit, (meist:) Zeitraum, Zeitdauer

χωρίς m. Gen. | getrennt (von), ohne

ψυχή | Seele (biblisch meist: Organ der vitalen Bedürfnisse des Menschen, seine Lebenskraft); (daher oft:) das (natürliche/irdische) Leben; (seltener:) Lebewesen, Person

ὧδε¹⁸ | hierher; hier (Adv.)

ὥρα | Stunde (zwölfter Teil des Tages [gezählt von 6 bis 18 Uhr]); Tag(eszeit); (häufig auch: jede Art) (passende, vorgesehene) Zeit

ὡς | (beim Subst.:) wie, als; (bei Zahlwörtern:) ungefähr; (beim finiten Verb:) als, während (A336); wie (vergleichend, A352); (beim Ptz., A291:) wie wenn, als ob (mod.: vorgestellter Vergleich); weil (meiner/deiner usw. Meinung nach) (kaus.: subjektiver Grund); damit, um zu (fin. beim part. coni. Fut./Präs.)

ὥσ-τε | (m. Inf./AcI od. finitem Verb, A340) so daß; (im HS:) daher

Abkürzungen[1]

*	rekonstruiert bzw. nicht bezeugt
<	entstanden aus
>	wird zu

Neues Testament:
Mt Mk Lk Jh Apg Röm 1/2Kor Gal Eph Phil Kol 1/2Thess 1/2Tim Tit Phm Hb Jak
1/2Pt 1/2/3Jh Jud Apk
Altes Testament:
Gen Ex Lev Num Dt Jos Ri Ru 1/2Sam 1/2 Kön 1/2Ch Esr Neh Esth Hi Ps Spr Pre HL
Jes Jer Kl Ez Da Hos Jo Am Ob Jon Mi Na Hab Ze Hg Sach Mal

א ʾ ב b ב ḇ ג g ג ḡ ד d ד ḏ ה h ו w ז z ח ḥ ט ṭ י j כ k כ ḵ
ל l מ m נ n ס s ע ʿ פ p פ f צ ṣ ק q ר r ש ś ש š(= sch) ת t ת ṭ

ָ ā	ַ a	ֳ ă	[2] a
ֵי ê	ֶי ệ	ֵ ē	ֶ e	[3] ə	ֱ ě
ִי î	ִ ī	ִ i			
וֹ ô	ֹ ō	[4] o	ֳ ŏ	וּ û	ֻ u

A	grammatischer Anhang	AT	Altes Testament
AcI	accusativus cum infinitivo	atl.	alttestamentlich
AcP	accusativus cum participio	att.	attisch
		Attr./attr.	Attribut/attributiv
Adj.	Adjektiv	Aug.	Augment
Adv./(-)adv.	Adverb/-adverb bzw. adverbial	B	Bauer-Aland
		BDR	Blass-Debrunner-Rehkopf
Akk.	Akkusativ		
AkkO	Akkusativobjekt	Bdtg./-bdtg.	Bedeutung/-bedeutung
Akt./(-)akt.	Aktiv/(-)aktiv(isch)	bes.	besonders
allgem.	allgemein	best.	bestimmt
Anm.	Anmerkung	Best.	Bestimmung
Aor.	Aorist	bez.	bezeichnet
App.	Apposition	bibelaram.	bibelaramäisch
Aram./aram.	Aramäisch bzw. Aramaismus/aramäisch	Bsp.	Beispiel
		BW	Bezugswort, -element
Art.	Artikel	Dat./dat.	Dativ/dativus

---

[1] Allgemein gebräuchliche Abkürzungen sind nicht aufgeführt. Für genauere bibliographische Angaben zu den angeführten Werken s. Literaturverzeichnis (S. 505f).
[2] Patach furtivum.
[3] Sofern es auszusprechen ist.
[4] In unbetonter geschlossener Silbe.

DatO	Dativobjekt	Instr./instr.	instrumentales Adverbiale/instrumental/instrumenti
Def.	Definition		
Dekl.	Deklination		
Dep.	Deponens	intr.	intransitiv
dur.	durativ	ion.	ionisch
eff.	effektiv	Ipf.	Imperfekt
eig.	eigentlich	ital.	italienisch
Einh.	Einheitsübersetzung	iter.	iterativ
EKK	Evangelisch-Katholischer Kommentar	jmd(s/m/n).	jemand(es/em/en)
		Kasuskonstr.	Kasuskonstruktion
Elb.	Elberfelder Übersetzung	Kaus./kaus.	kausales Adverbiale/kausal
ellip.	elliptisch		
Engl./engl.	Englisch/englisch	KEK	Kritisch-exegetischer Kommentar
erg.	ergänze		
Erg.	Ergänzung	Klass./klass.	Klassisch/klassisch
evtl.	eventuell	Komp.	Komparativ
EWNT	Exegetisches Wörterbuch zum NT	Kond./kond.	konditionales Adverbiale/konditional
f	folgend	Konj.	Konjunktiv
Fem.	Femininum	Kons./kons.	konsekutives Adverbiale/konsekutiv
ff	folgende		
fin.	final	konst.	konstatierend-komplexiv
flgd.	folgend	Konz./konz.	konzessives Adverbiale/konzessiv
frz.	französisch		
Fut./fut.	Futur/futurisch	Kühner-Gerth	Kühner u. Gerth, Grammatik
GcP	genitivus cum participio		
Gen./gen.	Genitiv/genitivus	Lat./lat.	Lateinisch bzw. Latinismus/lateinisch
gen. abs.	genitivus absolutus		
gen. obi.	genitivus obiectivus	lin.	linear
gen. subi.	genitivus subiectivus	LN	Louw-Nida, Greek-English Lexicon
GenO	Genitivobjekt		
Ggs.	Gegensatz	Lok./lok.	lokales Adverbiale/lokal
GN	Gute Nachricht	LSJ	Liddell-Scott-Jones
Griech./griech.	Griechisch/griechisch	LXX	Septuaginta
HThK	Herders Theologischer Kommentar	m.	mit
		Mask.	Maskulinum
H-S	Hoffmann-von Siebenthal	Med.	Medium
		Menge	Bibelübersetzung v. Hermann Menge
Hebr./hebr.	Hebräisch bzw. Hebraismus/hebräisch	MH	Moulton-Howard, Grammatik
hist.	historisch		
HS	Hauptsatz	Metzger	Textual Commentary
Imp./imp.	Imperativ/imperativisch	Mod./mod.	modales Adverbiale/modal
Ind./ind.	Indikativ/indikativisch		
indekl.	indeklinabel	MT	Masoretischer Text
Inf.	Infinitiv	NA	Nestle-Aland
ingr.	ingressiv	nachklass.	nachklassisch

Neg./neg.	Negation/negiert	s.u.	siehe unten
NGÜ	Neue Genfer	Sem./sem.	Semitismus/semitisch
	Übersetzung	Sg.	Singular
Nom./nom.	Nominativ/nominativus	sog.	sogenannt
notw.	notwendig	St.	Stamm
NS	Nebensatz	Subj.	Subjekt
NT	Neues Testament	Subst./subst.	Substantiv/substantivisch
NTD	NT Deutsch		bzw. substantiviert
ntl.	neutestamentlich	Temp./temp.	temporales Adverbi-
Ntr.	Neutrum		ale/temporal
o.ä.	oder ähnlich	term. tech.	terminus technicus
Obj.	Objekt	ThBNT	Theologisches Begriffs-
Obj.-Präd.	Objektsprädikativ		lexikon zum NT
od.	oder	ThWNT	Theologisches
Opt.	Optativ		Wörterbuch zum NT
Par./par.	Parallele/parallel	tr.	transitiv
part. coni.	participium coniunctum	u.	und
Pass./(-)pass.	Passiv/(-)passiv(isch)	übers.	übersetze
Past	Pastoralbriefe	übertr.	übertragen
Pers.	Person/Personal-	UBS	United Bible Societies,
Pf.	Perfekt		Greek New Testament
Pl.	Plural	umschrieb.	umschriebenes
pleon.	pleonastisch	unatt.	unattisch
Plsqpf.	Plusquamperfekt	unbest.	unbestimmt
poet.	poetisch	uneig.	uneigentlich
poss.	possessiv(us)/possessoris	unflekt.	unflektiert
Präd./präd.	Prädikat(s-)/prädikativ	unklass.	unklassisch
Präd.-Nom.	Prädikatsnomen	unregelm.	unregelmäßig
Präp.	Präposition/Präposi-	u.ö.	und öfter
	tional-	V.	Vers
PräpO	Präpositionalobjekt	v.	von/vom
Präs./präs.	Präsens/präsentisch	Var.	Textvariante
Pron./-pron.	Pronomen/-pronomen	vgl.	vergleiche
Ptz.	Partizip	viell.	vielleicht
punkt.	punktuell	Vok.	Vokativ
Redupl.	Reduplikation	vorklass.	vorklassisch
Refl.-Pron.	Reflexivpronomen	Wilckens	Übersetzung des NT v.
Rel./rel.	Relativum bzw.		Ulrich Wilckens
	Relativ-/relativisch	Winer	Winer, Grammatik
Rel.-Pron.	Relativpronomen	Wz.	Wurzel
resp.	respectus	Z	Zerwick, Analysis
röm.	römisch	Zahlw.	Zahlwort
result.	resultativ	Zerwick	Biblical Greek
S.	Seite	ZG	Zerwick-Grosvenor
s.	siehe	Zorell	Zorell, Wörterbuch
s.a.	siehe auch	z.T.	zum Teil
Sp.	Spalte	Zür.	Zürcher Bibel

Römer

κλητός berufen. **ἀφ-ωρισμένος** Pf. Ptz. Pass. -ορίζω (vgl. A33⁹¹ᶠᶠ) **1**
absondern, aussondern; auswählen, bestimmen zu; attr. **εἰς εὐαγγέλιον** für
das Evangelium, zur (Verkündigung) des Evangeliums. **2 προ-επ- 2
ηγγείλατο** Aor. Med. -αγγέλλομαι¹¹¹ vorher versprechen, früher ver-
heißen. **ἐν γραφαῖς ἁγίαις** auch ohne Art. best. (A106a). **3 περὶ τοῦ 3
υἱοῦ αὐτοῦ** bezogen auf εὐαγγέλιον (V. 1). **γενομένου** Aor. Ptz.
Med. γίνομαι, attr.; hier geboren werden (B I1a). **Δαυίδ** indekl., hier Gen.;
ἐκ (B 3b) **σπέρματος Δαυίδ** aus der Nachkommenschaft Davids = als
Nachkomme Davids. **κατὰ σάρκα** in Hinsicht auf das Fleisch, im Hinblick
auf die menschliche Abstammung (B κατά II6), was seine menschliche Herkunft
angeht. **4 ὁρισθέντος** Aor. Ptz. Pass. ὁρίζω (vgl. A33⁹¹ᶠᶠ) bestimmen, ein- **4
setzen zu (B 1b) od. erweisen als (Menge); attr. **ἐν δυνάμει** in/mit Macht,
machtvoll, zu υἱοῦ θεοῦ zu ziehen zum machtvollen (od. als machtvoller) Sohn
Gottes. **ἁγιωσύνη** Heiligkeit; πνεῦμα ἁγιωσύνης (auch ohne Art. best.)
gen. qualitatis (A160): der heilige Geist; κατὰ πνεῦμα ἁγιωσύνης nach
dem Heiligen Geist od. im Hinblick auf den/seinen heiligen Geist, was seinen hei-
ligen Geist (d.h. seine himmlische Seinsweise) angeht. **ἐξ ἀναστάσεως**
wohl instr./kaus. (evtl. temp.) durch (seine)/auf Grund (evtl. seit) (seiner) Aufer-
weckung (auch ohne Art. best., A106a). **5 ἐ-λάβομεν** Aor. λαμβάνω, **5
wohl schriftstellerischer Pl. (A207; vgl. aber BDR §280³). **ἀπο-στολή** Apo-
stelamt. **ὑπ-ακοή** Gehorsam; εἰς fin. um (zu wirken); ὑπακοὴ πίστεως
wohl epexegetischer Gen. (A163): Gehorsam, der im Glauben besteht, evtl. (viell.
gleichzeitig) gen. auctoris (A153): Gehorsam, den der Glaube bewirkt. **ἐν** bei,
unter. **ὑπὲρ τοῦ ὀνόματος αὐτοῦ** für seinen Namen, d.h. zur Ehre seines
Namens (vgl. B 1b). **6 κλητός** V. 1; κλητοὶ Ἰησοῦ Χριστοῦ gen. auc- **6
toris (A153) als von Jesus Christus Berufene od. gen. poss. (A154) als solche, die
(von Gott) dazu berufen sind, Jesus Christus zu gehören. **7 οὖσιν** Ptz. εἰμί, **7
attr. od. subst.; erg. ἐπιστέλλω schreiben, m. flgd. Dat. des Adressaten
(A376a). **Ῥώμη** Rom. **χάρις** erg. εἴη (Opt. v. εἰμί) sei (BDR §128⁸),
christl. Form des griech. Briefgrußes χαίρειν, kombiniert m. dem hebr. Gruß
שָׁלֹום šālôm = εἰρήνη.

8 πρῶτον μέν erstens, vor allem, zunächst (μέν solitarium; A315,2). **8
εὐ-χαριστέω dankbar sein; Dank sagen, danken. **κατ-αγγέλλεται** Pass.
-αγγέλλω verkündigen; ἡ πίστις ὑμῶν καταγγέλλεται man spricht von
eurem Glauben (B 1; A76b). **9 μάρτυς⁶** υρος ὁ Zeuge. **λατρεύω** (Gott) **9
dienen. **ἐν τῷ πνεύματί μου** mit meinem Geist. **ἐν τῷ εὐαγγελίῳ**
durch (die Verkündigung) des Evangeliums. **ὡς** hier = ὅτι daß, bezogen auf
μάρτυς (B IV4). **ἀ-δια-λείπτως** beständig, unablässig. **μνεία** Erinne-

rung, Gedenken, Erwähnung. **ὑμῶν** gen. obi. (A158). **ποιοῦμαι** Med.
ποιέω; μνείαν ποιέομαι = μνημονεύω *gedenken, erwähnen* (Med. zur
10 Umschreibung des einfachen Verbalbegriffs, B II1). **10 ἐπί** *bei, während*
(B I2). **προσ-ευχή** *Gebet.* **δεόμενος** Ptz. δέομαι *bitten;* mod. od. temp.
εἴ πως leitet das Erhoffte ein (A332) *ob wohl, ob vielleicht* (B εἰ VI14b).
ποτέ[18] *irgendeinmal, einst;* ἤδη ποτέ *endlich einmal* (B 1). **εὐ-
οδωθήσομαι** Fut. Pass. (m. Akt.-Bdtg.) -οδόομαι (wörtl.: einen guten
Weg [ὁδός] geführt werden) *sich eines guten Ergehens erfreuen; (guten) Erfolg
11 haben, gelingen.* **ἐν** *mit, durch.* **ἐλθεῖν** Aor. Inf. ἔρχομαι. **11 ἐπι-ποθέω**
sich sehnen, Sehnsucht haben. **ἰδεῖν** Aor. Inf. ὁράω. **μετα-δῶ** Aor. Konj.
-δίδωμι[201] *Anteil geben an.* **χάρισμα**[3] *Gabe, Gnadengabe.* **πνευμα-
τικός** *den Geist betreffend, vom Geist gewirkt, geistlich.* **εἰς τό** m. AcI fin.
(A282) *damit.* **στηριχθῆναι** Aor. Inf. Pass. στηρίζω[85] *aufstellen, festma-
chen, befestigen;* übertr. *kräftigen, stärken;* εἰς τὸ στηριχθῆναι ὑμᾶς *damit
12 ihr gestärkt werdet, zu eurer Stärkung.* **12 τοῦτο δέ ἐστιν** *das heißt aber*
(A93; B οὗτος 1bε). **συμ-παρα-κληθῆναι** Aor. Inf. Pass. -καλέω[37]
zugleich/zusammen ermutigen/trösten. **διὰ τῆς ἐν ἀλλήλοις πίστεως**
durch den beiderseitigen Glauben; συμπαρακληθῆναι ἐν ὑμῖν διὰ τῆς ἐν
ἀλλήλοις πίστεως ὑμῶν τε καὶ ἐμοῦ *um in eurer Mitte gemeinsam mit
euch ermutigt/getröstet zu werden durch den gegenseitigen Austausch eures und
13 meines Glaubens.* **13** [Var. οἴομαι *meinen, denken.*] **ἀ-γνοεῖν** Inf.
ἀ-γνοέω *nicht erkennen, nicht wissen;* οὐ θέλω δὲ ὑμᾶς ἀγνοεῖν *aber ich
will euch nicht (darüber) in Unkenntnis lassen* (wohl Litotes, A386).
πολλάκις *häufig, oft.* **προ-ε-θέμην** Aor. Med. προ-τίθημι[200] *vorsetzen;*
Med. hier *sich vornehmen.* **καί ... δεῦρο** Parenthese (H-S §292d; A374).
ἐ-κωλύθην Aor. Pass. κωλύω *hindern.* **δεῦρο** *hierher; bis jetzt;* ἄχρι τοῦ
δεῦρο *bis zum heutigen Tag* (B 2), *bis jetzt.* **σχῶ** Aor. Konj. ἔχω; ingr. Aor.
(A229); ἵνα τινὰ καρπὸν σχῶ *um etwas Frucht/Ertrag zu erlangen/wirken.*
14 **14 Ἕλλην**[4] ηνος ὁ *Grieche; Nichtjude, Heide.* **βάρβαρος**[11] *Nichtgrieche,
Barbar* (im Ggs. zu Ἕλλην häufig: *kulturloser Mensch, Unzivilisierter* [GN]).
σοφός *weise,* hier im Sinn v. *(hoch)gebildet.* **ἀ-νόητος**[11] *unverständig, unge-
bildet.* **ὀφειλέτης**[1] *Schuldner;* ὀφειλέτης εἰμί *ich bin verpflichtet,* m. Dat.
15 **15 οὕτως** hier *also, demnach* (B 1b). **κατ' ἐμέ** *was mich betrifft;* od. poss.
(A155) *mein* (B κατά II7b). **πρό-θυμος**[11] *geneigt, bereit, willig;* τὸ
πρόθυμον *der Wunsch;* erg. ἐγένετο (A78) *so (war) es mein Wunsch.*
Ῥώμη *Rom;* ὑμῖν τοῖς ἐν Ῥώμῃ erg. οὖσιν (Ptz. εἰμί, attr. bzw. subst.;
App. zu ὑμῖν, A303) *euch, die ihr in Rom lebt.* **εὐ-αγγελίσασθαι** Aor.
Inf. Med. -αγγελίζω.
16 **16 ἐπ-αισχύνομαι** *sich schämen,* m. Akk. der Sache; οὐ ἐπαισχύ-
νομαι *ich schäme mich nicht,* viell. Litotes (A386) = *ich bekenne mich offen zu.*
εἰς fin. (wirkt) *zu* (B 4e). **πιστεύοντι** Ptz. πιστεύω, subst.; dat. commodi

(A173) *für* jeden, *der glaubt.* πᾶς ὁ m. Ptz. *jeder, der* (A86). Ἕλλην V. 14, hier *Nichtjud‹, Heide;* Ἰουδαίῳ τε πρῶτον καὶ Ἕλληνι *verallgemeinernder Sg.* (A101a) *wie zuerst/zunächst für (die) Juden so auch für (die) Griechen/Nichtjuden.* **17** δικαιοσύνη θεοῦ (auch ohne Art. best., A106d) hier wahrscheinl. gen. subi. *Gottes* (heilschaffende) *Gerechtigkeit* (nicht seine Eigenschaft, sondern sein Heilshandeln). **ἀπο-καλύπτεται** Pass. -καλύπτω *enthüllen, offenbaren.* **ἐκ πίστεως εἰς πίστιν** *aus Glauben/auf Grund des Glaubens zum Glauben (führend);* ἐκ πίστεως die Gerechtigkeit wird nur auf dem Weg des Glaubens, nicht der Werke, wirksam; εἰς πίστιν sie zielt auf Glauben, daß Menschen zum Glauben kommen. **γέ-γραπται** Pf. Pass. γράφω, Pf. Pass. term. tech. zur Einführung v. Schriftzitaten (B 2c): *in der Schrift heißt es/steht.* **ζήσεται** Fut. Med. (m. akt. Bdtg.) ζάω.

18 ἀπο-καλύπτεται V. 17. **ὀργή** *Zorn; Zorngericht.* **ἐπί** m. Akk. *über, gegen.* **ἀ-σέβεια** *Gottlosigkeit.* **πᾶς** ohne Art. *jede Art von* (B 1aβ). **ἀ-δικία** *Unrecht; Ungerechtigkeit.* **ἐν** instr. *durch.* **κατ-εχόντων** Ptz. -έχω *aufhalten; niederhalten, unterdrücken* (B 1aβ); attr. **19 δι-ότι** *denn, weil* (A338). **γνωστός** *bekannt, erkennbar;* τὸ γνωστὸν τοῦ θεοῦ *das, was von Gott erkennbar ist.* **φανερός** (< φαίνομαι *sichtbar werden*) *bekannt; offenbar, kenntlich, offenkundig; sichtbar.* **ἐν** *bei, unter* od. ἐν *für den einfachen Dat.* (BDR §220[1]). **ἐ-φανέρωσεν** Aor. φανερόω. **20 ἀ-όρατος**[11] *unsichtbar;* τὰ ἀόρατα αὐτοῦ *sein unsichtbares (Wesen).* **ἀπό** *seit.* **κτίσις**[8] *Schöpfung, Erschaffung.* **ποίημα**[3] *Werk, (das) Gemachte, Geschaffene;* dat. instr. (A176) *zu* νοούμενα *an seinen Werken.* **νοούμενα** Ptz. Pass. νοέω *erkennen, verstehen, wahrnehmen;* kond. *wenn es erkannt/verstanden wird* (vgl. BDR §418[2]) od. kaus. (m. tolerativem Pass., A219) *da es sich erkennen läßt, da es erkennbar ist* od. evtl. mod. *mit dem Auge der Vernunft* (B 1a). **καθ-ορᾶται** Pass. -οράω (κατά hier wahrscheinl. intensivierend [Menge; vgl. LSJ II2; A195]) *(deutlich) bemerken, (deutlich) wahrnehmen;* hier wohl toleratives Pass. (A219) *sein unsichtbares Wesen läßt sich deutlich wahrnehmen.* **τε ... καί** hier epexegetisch (zu τὰ ἀόρατα; vgl. A311,7) *nämlich/das heißt ... und.* **ἀΐδιος**[11] *ewig.* **θειότης**[3] ητος ἡ *Gottheit, (das) Gottsein, göttliche Natur.* **εἰς τό** m. AcI hier kons. (A282) *so daß.* **εἶναι** Inf. εἰμί, Präd. des AcI. **ἀν-απο-λόγητος**[11] *ohne Entschuldigung;* εἰς τὸ εἶναι αὐτοὺς ἀναπολογήτους *so daß sie keine Entschuldigung haben.* **21 δι-ότι** V. 19. **γνόντες** Aor. Ptz. γινώσκω, konz. *obwohl sie kannten.* **ὡς θεόν** *als Gott.* **ἐ-δόξασαν** Aor. δοξάζω. **ηὐ-χαρίστησαν** Aor. εὐ-χαριστέω V. 8. **ἐ-ματαιώθησαν** Aor. Pass. ματαιόω *eitel machen, betören; der Nichtigkeit/Vergänglichkeit preisgeben;* Pass. *auf Nichtigkeiten verfallen, dem Nichtigen verfallen.* **δια-λογισμός** *Überlegung, Gedanke.* **ἐ-σκοτίσθη** Aor. Pass. σκοτίζομαι (vgl. A33[91ff]) *finster werden, finster sein, sich verfinstern.* **ἀ-σύνετος**[11] *unverständig.* **22 φάσκοντες** Ptz. φάσκω *behaupten;*

temp. *während sie behaupteten* od. konz. *zwar behaupteten sie ... doch.* **σοφός**
weise; präd. (Nom. m. Inf.; vgl. BDR §405[2] u. H-S §216e). **ἐ-μωράνθησαν**
Aor. Pass. μωραίνω (vgl. A33[118ff]) *töricht machen;* Pass. *töricht werden, zum*
23 *Narren werden.* **23 ἤλλαξαν** Aor. ἀλλάσσω[74] *verändern; vertauschen* τι
ἐν *etwas mit etwas.* **ἄ-φθαρτος**[11] *unvergänglich.* **ὁμοίωμα**[3] *Gleichheit;*
Bild, Abbild, Gestalt. **εἰκών**[4] ὄνος ἡ *Bild; Abbild, Ebenbild, Aussehen, Gestalt.*
φθαρτός *vergänglich.* **πετεινόν** *Vogel.* **τετρά-πους**[11] *vierfüßig;* subst.
24 *vierfüßiges Tier, Vierfüßler.* **ἑρπετόν** *Kriechtier.* **24 παρ-έ-δωκεν** Aor.
παρα-δίδωμι, hier τινὰ εἰς τι *jmdn. etwas preisgeben* (B 1b). **ἐν** (erstes)
hier instr. *durch* od. *vom Zustand in, mit.* **ἐπι-θυμία** *Verlangen, Sehnsucht;*
(sündige) *Begierde, Lust.* **ἀ-καθαρσία** *Unreinheit, Unsauberkeit.*
ἀ-τιμάζεσθαι Inf. Pass. ἀ-τιμάζω (vgl. A33[91ff]) *verächtlich behandeln,*
verunehren; Pass. *geschändet werden;* Präd. des AcI, m. τοῦ kons. (H-S §225c;
25 A281) *so daß.* **ἐν αὐτοῖς** *durch sie (selbst).* **25 οἵ-τινες** qualitativ-kausal
(B 2b; BDR §293,2b; A132b u. 368) *solche/sie, die doch* bzw. *insofern/weil sie*
doch. **μετ-ήλλαξαν** Aor. -αλλάσσω[74] *vertauschen, verkehren,* m. ἐν od.
εἰς *mit, in.* **ψεῦδος**[7] *Lüge.* **ἐ-σεβάσθησαν** Aor. Pass. σεβάζομαι (vgl.
A33[91ff]) *(religiöse) Verehrung erweisen.* **ἐ-λάτρευσαν** Aor. λατρεύω V. 9.
κτίσις[8] *Schöpfung; das Geschaffene, Geschöpf.* **παρά** hier *anstatt* (B III3;
BDR §236[4]). **κτίσαντα** Aor. Ptz. κτίζω[103] *(er)schaffen;* subst. *Schöpfer.*
26 **εὐ-λογητός** *gepriesen.* **26 διὰ τοῦτο** *darum, deshalb.* **πάθος**[7]
(< πάσχω) *Leidenschaft.* **ἀ-τιμία** *Unehre, Schande;* πάθος ἀτιμίας gen.
qualitatis (A160; BDR §165[2]) *schändliche Leidenschaft.* **τε ... τε** hier *ebenso*
wie ... so (BDR §444[1]). **θῆλυς**[10] εια υ *weiblich;* subst. *Frau.* **αὐτῶν** gen.
partitivus (A164) *unter/von ihnen.* **φυσικός** *der Natur entsprechend, natürlich.*
χρῆσις[8] *Gebrauch, Benutzung; Umgang, Verkehr* (bes. Geschlechtsverkehr).
παρά hier *gegen, wider* (B III6); εἰς τὴν παρὰ φύσιν *mit dem widernatür-*
27 *lichen* (Verkehr). **φύσις**[8] *Natur* (als Naturordnung, B 3). **27 ὁμοίως** *in*
gleicher Weise, ebenso. **ἄρσην** εν (Gen. ενος) *männlich;* subst. *Mann.* **ἀφ-**
έντες Aor. Ptz. -ίημι, kaus. *weil sie ... aufgaben* od. mod. (A291,2 Anm. 1) *sie*
gaben ... auf und. **τῆς θηλείας** gen. obi. (A158) *mit den Frauen.* **ἐξ-ε-καύ-**
θησαν Aor. Pass. ἐκ-καίω[10] *in Brand setzen;* Pass. *entbrennen* (v. Lei-
denschaft verzehrt werden). **ὄρεξις**[8] *(wilde) Begierde, Verlangen.* **εἰς**
ἀλλήλους *zueinander* (falls zu ὀρέξει gehörig) od. *gegeneinander* (wenn es
ἐξεκαύθησαν näher best.). **ἐν** (zweites) hier *mit.* **ἀ-σχημοσύνη**
schamlose Tat, Schamlosigkeit. **κατ-εργαζόμενοι** Ptz. -εργάζομαι *voll-*
bringen, ausführen, tun; treiben; mod. **ἀντι-μισθία** *Lohn, Vergeltung.* **ἔ-δει**
Ipf. δεῖ; τὴν ἀντιμισθίαν ἣν ἔδει erg. etwa αὐτοὺς ἀπολαβεῖν (AcI)
den Lohn, den sie empfangen mußten = den ihnen gebührenden Lohn. **πλάνη**
Irrtum, Verirrung, Irreführung, Täuschung. **ἀπο-λαμβάνοντες** Ptz.
28 -λαμβάνω *empfangen, erhalten; zurückhalten;* mod. **28 καθ-ώς** hier kaus.

(B 3; A338) *da.* **ἐ-δοκίμασαν** Aor. δοκιμάζω (vgl. A33⁹¹ᶠᶠ) (< δόκιμος *erprobt*) *prüfen;* (nach Prüfung) *für echt, geeignet, richtig, tauglich usw. befinden;* οὐκ ἐδοκίμασαν *sie befanden es nicht für gut* (B 2b), *sie hielten es für unnötig.* **ἔχειν** Inf. **ἐπί-γνωσις**⁸ *Erkenntnis;* τὸν θεὸν ἔχειν ἐν ἐπιγνώσει *Gott in der Erkenntnis festzuhalten = Gott anzuerkennen.* **παρ-έ-δωκεν** V. 24. **ἀ-δόκιμος** *unbewährt, untüchtig, unbrauchbar.* **νοῦς** (νοός νοΐ νοῦν) *Verstand, Vernunft, Gesinnung, Denken.* **ποιεῖν** Inf. ποιέω; kons. (A278) *so daß sie tun.* **καθ-ήκοντα** Ptz. -ήκω *zukommen, passend sein;* subst. *(das) Schickliche, Pflicht;* τὰ μὴ καθήκοντα *das Ungebührliche; das, was sich nicht ziemt.* **29 πε-πληρωμένους** Pf. Ptz. Pass. πληρόω, τινί *mit etwas* (dat. instr., BDR §195,2); mod., die Akk. in V. 29-31 knüpfen an αὐτούς (V. 28) an; v. μεστούς an Ellipse v. ὄντας (Ptz. v. εἰμί, mod.; vgl. BDR §418,6). **πᾶς** ohne Art. *jede Art von* (B 1αβ). **ἀ-δικία** V. 18. **πονηρία** *Schlechtigkeit, Bosheit, Gemeinheit.* **πλεον-εξία** (< πλέον + ἔχω) *Gewinnsucht, Habgier.* **κακία** *schlechte Beschaffenheit; Schlechtigkeit, Bosheit.* **μεστός** *voll, erfüllt von,* m. Gen. (A165). **φθόνος** *Mißgunst, Neid.* **φόνος** *Totschlag;* Pl. *Bluttaten.* **ἔρις**³ ιδος ἡ *Streit, Hader.* **δόλος** *Betrug, Arglist, Tücke.* **κακο-ήθεια** *Boshaftigkeit, Verschlagenheit.* **ψιθυριστής**¹ *Ohrenbläser, Zuflüsterer* bzw. *einer, der abfällig über andere redet.* **30 κατά-λαλος**¹¹ *Verleumder.* **θεο-στυγής**⁷ *gottverhaßt, gottverlassen;* Subst. hier akt. *Gotthasser.* **ὑβρι-στής**¹ *Gewalttäter, Frevler.* **ὑπερ-ήφανος**¹¹ *hochmütig, stolz, arrogant.* **ἀλαζών**⁴ όνος ὁ *Prahler.* **ἐφ-ευρετής**¹ *Erfinder;* ἐφευρετὴς κακῶν *erfinderisch im Bösen.* **γονεῖς** έων οἱ (A8: ευ-St.) *Eltern.* **ἀ-πειθής**⁷ *ungehorsam.* **31 ἀ-σύνετος**¹¹ V. 21. **ἀ-σύνθετος**¹¹ (< συν-τίθεμαι *etwas vereinbaren*) *treulos, pflichtvergessen.* **ἄ-στοργος**¹¹ *lieblos.* [Var. ἄ-σπονδος *unversöhnlich.*] **ἀν-ελεήμων** ον¹¹ *erbarmungslos, unbarmherzig.* **32 οἵ-τινες** *solche, die* (A132b). **δικαίωμα**³ *Rechtssatzung, -forderung.* **ἐπι-γνόντες** Aor. Ptz. -γινώσκω, konz. *obwohl sie kennen* [Var. ἐπι-γινώσκοντες Präs. Ptz.]. [Var. ἐ-νόησαν Aor. νοέω V. 20.] **τὰ τοιαῦτα** *die so beschaffenen Dinge, derartiges* (B 3αβ). **πράσσοντες** Ptz. πράσσω *vollbringen, tun, verüben;* subst. **ἄξιος** hier *verdienend* (B 2b), m. gen. pretii (A161); ἄξιοι θανάτου εἰσίν *sie verdienen den Tod, sie sind des Todes schuldig.* **οὐ μόνον ... ἀλλὰ καί** *nicht nur ... sondern auch.* **συν-ευδοκέω** *beistimmen, billigen,* jmdm. *Beifall spenden.* **πράσσουσιν** Ptz., subst.

ἀν-απο-λόγητος¹¹ *ohne Entschuldigung.* **ὦ** *vor Vok. m. Affekt* (A142). **πᾶς ὁ** m. Ptz. *jeder, der* (A86). **κρίνων** Ptz., subst.; πᾶς ὁ κρίνων *(und zwar) jeder, der (da) richtet; wer du auch seist, der richtet.* **ἐν ᾧ = ἐν ᾧ ...** ἐν τούτῳ (A359) *worin ... darin* (vgl. B ἐν IV6a). **κατα-κρίνω** *verurteilen.* **πράσσω** *vollbringen, tun, verüben.* **2 κρίμα**³ *Streitfrage; Urteil.* **κατὰ ἀλήθειαν** *der Wahrheit entsprechend; zu Recht* (GN). **τὰ τοιαῦτα** *die so*

29

30

31

32

2

2

beschaffenen Dinge, derartiges (B 3aβ). **πράσσοντας** *Ptz., subst.*

3 **3 λογίζῃ δὲ τοῦτο ... ὅτι** *rechnest du aber damit, daß ...; bildest du dir etwa ein, daß ...* (B λογίζομαι 3). **κρίνων** *Ptz., attr. bzw. subst.* (App. zu dem in λογίζῃ „enthaltenen" σύ, A303) *du ... der du verurteilst/richtest.* **καί** *adversativ* (A311,1) *hier etwa und doch.* **ποιῶν** *Ptz.* ποιέω, *attr. bzw. subst.* **ἐκ-**

4 **φεύξῃ** *Fut. Med.* -φεύγω⁷² *m. Akk. entfliehen; entrinnen.* **4 πλοῦτος** *Reichtum.* **χρηστότης**³ ητος ἡ *Güte, Freundlichkeit.* **ἀν-οχή** *Aufhalten, Zurückhalten* (des Gerichts Gottes); *davon abgeleitet: Geduld.* **μακρο-θυμία** *Geduld, Ausdauer; Langmut.* **κατα-φρονέω** *m. Gen. verachten, geringschätzen.* **ἀ-γνοῶν** *Ptz.* ἀ-γνοέω *nicht erkennen, nicht wissen, verkennen; mod. od. kaus.* **χρηστός** *brauchbar, tüchtig, gut;* τὸ χρηστόν *freundliches Wesen, Güte.* **μετά-νοια** *Sinnesänderung, Umkehr, Bekehrung.* **ἄγει** *hier*

5 *konatives Präs.* (A227) *er will führen/leiten.* **5 κατά** *hier wohl durch, wegen* (B II5aδ). **σκληρότης**³ ητος ἡ *Härte, Hartnäckigkeit, Starrsinn.* **ἀ-μετα-νόητος**¹¹ *unbußfertig* (nicht zur μετάνοια *bereit).* **θησαυρίζω** *ansammeln; (reichlich) aufhäufen.* **ὀργή** *Zorn; Zorngericht.* **ἐν** *hier für, auf.* **ἀπο-κάλυψις**⁸ *Enthüllung, Offenbarung.* **δικαιο-κρισία** *gerechtes Gericht.*

6f **6 ἀπο-δώσει** *Fut.* -δίδωμι *hier vergelten.* **7 τοῖς μέν ... τοῖς δέ** *denen, die ... aber denen, die.* **ὑπο-μονή** *Ausharren, Geduld, Ausdauer, Standhaftigkeit;* καθ' ὑπομονὴν ἔργου ἀγαθοῦ (gen. obi., A158) *mit Ausharren im Gutestun/Tun des Guten* (vgl. B 1) = *indem sie beharrlich am guten Werk/am Tun des Guten festhalten.* **ἀ-φθαρσία** *Unvergänglichkeit.* **ζητοῦσιν** *Ptz.* ζητέω, *subst.;* AkkO zu ζητοῦσιν *ist wahrscheinl.* δόξαν ... ἀφθαρσίαν, *während* ζωὴν αἰώνιον v. ἀποδώσει (V. 6) *abhängig ist.*

8 **8 ἐριθεία** *Selbstsucht, Eigennutz;* οἱ ἐξ ἐριθείας *die Selbstsüchtigen, die aus Eigennutz handeln.* **ἀ-πειθοῦσι** *Ptz.* ἀ-πειθέω *ungehorsam sein, sich widersetzen; subst.* **πειθομένοις** *Ptz. Pass.* πείθω *hier gehorchen, folgen; subst.* **ἀ-δικία** *Unrecht; Ungerechtigkeit.* **θυμός** *Leidenschaft; Zorn, Wut;* ὀργὴ καὶ θυμός *erg.* ἔσται (Fut. v. εἰμί; vgl. BDR §128⁵) *wird Zorn und*

9 *Grimm widerfahren.* **9 στενο-χωρία** *Enge; Not, Angst;* θλῖψις καὶ στενοχωρία *erg.* (ebenso in V. 10) ἔσται (BDR §128⁵; 469²) *Bedrängnis und Angst wird über ... kommen* (V. 10 etwa *zuteil werden*). **ἐπί** *m. Akk. über.* **πᾶσα ψυχὴ ἀνθρώπου** *jede Menschenseele = jeder einzelne Mensch* (EWNT 3, Sp. 1199). **κατ-εργαζομένου** *Ptz.* -εργάζομαι *vollbringen, ausführen, tun; attr.* **Ἕλλην**⁴ ηνος ὁ *Grieche; Nichtjude, Heide;* Ἰουδαίου τε πρῶτον καὶ Ἕλληνος *verallgemeinernder Sg.* (A101a) *wie zuerst/zunächst über (die) Juden so auch über (die) Griechen/Nichtjuden.*

10f **10 ἐργαζομένῳ** *Ptz.* ἐργάζομαι, *subst.* **11 προσωπο-λημψία** (< πρόσωπον + λαμβάνω) *Parteilichkeit, Ansehen der Person.*

12 **12 ἀ-νόμως** *ohne Gesetz* (d.h. ohne das mosaische Gesetz zu haben). **ἥμαρτον** *Aor.* ἁμαρτάνω. **ἀπ-ολοῦνται** *Fut. Med.* -όλλυμαι²¹⁸. **ἐν**

νόμῳ (auch ohne Art. best., A106a) *unter dem Gesetz*, d.h. im Geltungsbereich des Gesetzes. **κριθήσονται** Fut. Pass. κρίνω. **13 ἀκροατής**[1] *Hörer.*   13
παρὰ τῷ θεῷ *vor Gott, in Gottes Augen* (B παρά II2b; H-S §184m).
ποιητής[1] *Täter, Erfüller*, m. gen. obi. (A158). **δικαιωθήσονται** Fut.
Pass. δικαιόω *rechtfertigen, freisprechen, für gerecht erklären, gerecht machen.*
14 ἔχοντα Ptz. ἔχω, attr. **φύσις**[8] *Natur;* φύσει dat. resp. (A178) *von*   14
Natur aus. **τὰ τοῦ νόμου** *die (Forderungen) des Gesetzes.* **ποιῶσιν** Konj.
ποιέω. **οὗτοι** Mask. (auf ἔθνη bezogen) sinngemäße Konstruktion (BDR
§134[5]; A96). **ἔχοντες** Ptz., konz.; νόμον μὴ ἔχοντες *obwohl sie kein*
Gesetz haben; evtl. kaus. (ZG). **ἑαυτοῖς** dat. commodi (A173) *(für) sich*
selbst. **15 οἵτινες** qualitativ-kausal (B 2b; BDR §293,2b; A132b u. 368) *sol-*   15
che/sie, die doch bzw. *insofern/weil sie doch.* **ἐν-δείκνυνται** Med.
-δείκνυμαι[212] *zeigen, erweisen* (m. doppeltem Akk. [A147] *etwas als etwas*).
τὸ ἔργον τοῦ νόμου *das vom Gesetz geforderte Handeln.* **γραπτός**
geschrieben; Obj.-Präd. (A49). **συμ-μαρτυρούσης** Ptz. Fem. -μαρτυρέω
Mitzeuge sein, mitbezeugen; Zeugnis ablegen; mod. **συν-είδησις**[8] *Bewußtsein;*
Gewissen. **μεταξύ** *dazwischen;* μεταξὺ ἀλλήλων *untereinander, gegenseitig*
(B 2b). **λογισμός** *Überlegung, Gedanke.* **κατ-ηγορούντων** Ptz.
-ηγορέω *anklagen, Anklagen erheben; beschuldigen;* gen. abs. (A288), mod.
ἀπο-λογουμένων Ptz. -λογέομαι *sich verteidigen, Entschuldigungen vor-*
bringen; gen. abs. (A288), mod. **16** [Var. ἐν ᾗ ἡμέρᾳ = ἐν τῇ ἡμέρᾳ ἐν ᾗ   16
an dem Tag, an dem (vgl. A361a).] **κρίνει** hier fut. Präs. (A234) [Var. κρινεῖ
Fut. κρίνω]. **κρυπτός** *verborgen, geheim.* **τὸ εὐαγγέλιόν μου**
(entsprechend) *dem von mir verkündigten Evangelium* (B εὐαγγέλιον 2bβ).

    17 εἰ auf den εἰ-Satz (V. 17-20) folgt kein Dann-Satz (Aposiopese,   17
A377). **ἐπ-ονομάζῃ** Pass. -ονομάζω *nennen;* Pass. *sich nennen (lassen).*
ἐπ-ανα-παύομαι *ruhen; sich ausruhen, sich verlassen* τινί *auf etwas.*
καυχᾶσαι 2. Sg. καυχάομαι *sich rühmen* ἐν einer Sache, *prahlen* ἐν *mit.*
18 τὸ θέλημα *seinen Willen* (A103). **δοκιμάζω** (< δόκιμος erprobt)   18
prüfen; (nach Prüfung) *für echt, geeignet, richtig, tauglich usw. befinden;* es geht
bes. um den praktischen Vollzug: *kritisch feststellen können* (EWNT 1, Sp. 827),
einschätzen können. **δια-φέροντα** Ptz. -φέρω intr. *sich unterscheiden;* subst.
τὰ διαφέροντα *das, worauf es ankommt, das Wesentliche* (B 2b). **κατ-**
ηχούμενος Ptz. Pass. -ηχέω *unterweisen, belehren;* kaus. **19 πέ-ποιθας**   19
Pf. (m. präs. Bdtg.) πείθω, Pf. *sich verlassen auf, vertrauen auf; überzeugt sein,*
gewiß sein, sich zutrauen (B 2b), m. flgd. AcI. **ὁδηγός** *Führer;* Präd.-Nom.
εἶναι Inf. εἰμί, Präd. des AcI. **σκότος**[7] *Finsternis, Dunkel, Dunkelheit.*
20 παιδευτής[1] *Erzieher, Lehrer.* **ἄ-φρων** ον[11] *unverständig, töricht.*   20
νήπιος *unmündig.* **ἔχοντα** Ptz. ἔχω, kaus. **μόρφωσις**[8] *Gestaltung,*
Gestalt, Verkörperung; übertr. *wahres Wesen.* **γνῶσις**[8] *Erkenntnis.*
21 διδάσκων Ptz., attr. bzw. subst. (App. zu σύ, A303) *du ... der du*   21

(be)lehrst. **κηρύσσων** Ptz., attr. bzw. subst. **κλέπτειν** Inf. κλέπτω[55] *stehlen;* μὴ κλέπτειν *man solle/dürfe nicht stehlen* (vgl. H-S §274d).

22 **22 λέγων** attr. bzw. subst. (wie διδάσκων V. 21). **μοιχεύειν** Inf. μοιχεύω *ehebrechen, Ehebruch begehen.* **βδελυσσόμενος** Ptz. βδελύσσομαι *verabscheuen;* attr. bzw. subst. **εἴδωλον** (< εἶδος *Aussehen, Gestalt) Götterbild; falscher Gott, Götze.* **ἱερο-συλέω** *Tempelraub begehen.*

23 **23 παρά-βασις**[8] *Übertretung.* **ἀ-τιμάζω** *verächtlich behandeln, veruneh-*
24 *ren, Schande bereiten.* **24 βλασ-φημεῖται** Pass. -φημέω *in üblen Ruf bringen, verleumden; lästern.* **γέ-γραπται** Pf. Pass. γράφω, Pf. Pass. term. tech. zur Einführung v. Schriftzitaten (B 2c): *in der Schrift heißt es/steht.*

25 **25 περι-τομή** (< τέμνω *schneiden) Beschneidung.* **μέν** ... **δέ** *(zwar) ... aber.* **ὠφελέω** *nützen, von Nutzen sein.* **πράσσῃς** Konj. πράσσω V. 1; hier *befolgen* [Var. φυλάσσῃς Konj. φυλάσσω *wachen, bewachen, beschützen;* hier *befolgen, einhalten*]. **παρα-βάτης**[1] *Übertreter;* Präd.-Nom. ἦς Konj. εἰμί. **ἀκρο-βυστία** *Vorhaut; Unbeschnittenheit.* **γέγονεν** Pf. γίνο-
26 μαι. **26 ἀκρο-βυστία** Metonymie, Abstraktum für das Konkrete (A381f): *Unbeschnittener.* **δικαίωμα**[3] *Rechtssatzung, -forderung.* **φυλάσσῃ** Konj. φυλάσσω *wachen, bewachen, beschützen; beobachten, befolgen.* **αὐτοῦ** Mask., konstruiert nach dem Sinn (BDR §282,2; A96). **λογισθήσεται** Fut. Pass. λογίζομαι *(an)rechnen,* τινί τι εἴς τι jmdm. *etwas als etwas* (B 1a).
27 **27 κρινεῖ** Fut. κρίνω; hier wohl *verklagen, anklagen; Belastungszeuge sein gegen.* **φύσις**[8] *Natur;* ἡ ἐκ φύσεως ἀκροβυστία *der von Natur aus Unbeschnittene* (d.h. der v. seiner Abstammung her kein Jude ist). **τελοῦσα** Ptz. Fem. τελέω *beenden, vollenden; ausführen, durchführen, erfüllen;* kond. **σέ** AkkO zu κρινεῖ; σὲ τόν ... παραβάτην erg. ὄντα ([ZG] Ptz. v. εἰμί, attr. bzw. subst.; App. zu σέ, A303) *dich, der du ... ein Übertreter bist.* **διά** m. Gen. *durch, auf Grund; gerade durch das Geschriebene u. die Beschneidung wird er zum Übertreter* (ThWNT 1, S. 765); evtl. *mit* (begleitender Umstand) bzw. *trotz* (B AIII1c). **γράμμα**[3] *Buchstabe; Schrift* (B 2c); betont ist das Gesetz als nur Geschriebenes (ThWNT 1, S. 765), als bloß äußerlicher Besitz (EWNT 1,
28 Sp. 623), übers. etwa *das schriftliche Gesetz.* **28 φανερός** (< φαίνομαι *sichtbar werden) bekannt; offenbar, kenntlich, offenkundig; sichtbar;* τὸ φανερόν *die Öffentlichkeit* (B 2); ellip. (A376; ZG; analog auch V. 29): οὐ ὁ ἐν τῷ φανερῷ (erg. Ἰουδαῖος) Ἰουδαῖός ἐστιν οὐδὲ ἡ ἐν τῷ φανερῷ ἐν σαρκὶ περιτομή (erg. περιτομή ἐστιν) *nicht der ist ein (wahrer) Jude, der es öffentlich/nach außen hin ist, und nicht das ist die (rechte) Beschneidung, die*
29 *öffentlich/sichtbar am Fleisch vollzogen wird.* **29 κρυπτός** V. 16; ἐν τῷ κρυπτῷ *im Verborgenen,* hier etwa *in seinem Innersten;* ähnl. Ellipse wie in V. 28. **καρδίας** gen. obi. (A158). **ἐν** hier instr. *(geschieht) durch.* **οὗ** auf Ἰουδαῖος bezogen: *dessen.* **ἔπ-αινος** *Lob, Beifall, Anerkennung.* **ἐκ** bzw. ἐξ erg. ἐστίν *kommt von* (vgl. B 3c).

τοῦ Ἰουδαίου verallgemeinernder Sg. (A101a) *der Juden.* **3**
περισσός *über das übliche Maß hinausgehend; außergewöhnlich;* τὸ
περισσόν *der Überschuß, Vorzug.* **ὠφέλεια** *Nutzen, Vorteil.* **περι-τομή**
(< **τέμνω** *schneiden*) *Beschneidung.*   **2 τρόπος** *Art und Weise;* κατὰ   2
πάντα τρόπον *in jeder Hinsicht.* **ἐ-πιστεύθησαν** Aor. Pass. πιστεύω
hier *anvertrauen* τι *etwas* bzw. Pass. *mit etwas betraut werden, etwas anvertraut*
bekommen (A214). **λόγιον** *Spruch;* Pl. *Worte (die Worte der Offenbarung*
Gottes: Gesetz u. Verheißung).   **3 τί γάρ;** *was ist denn (dazu zu sagen)?* (vgl.   3
Z); *wie steht's denn? was (liegt) denn (daran)?* (B τίς 1bε). **ἠ-πίστησαν**
Aor. ἀ-πιστέω *ungläubig sein, untreu sein, die Treue brechen.* **μή** *etwa*
(verneinende Antwort angedeutet, A320). **ἀ-πιστία** *Untreue, Treulosigkeit.*
πίστις hier *Treue.* **θεοῦ** gen. subi. (A158). **κατ-αργήσει** Fut. -αργέω
außer Wirksamkeit/Geltung setzen, zunichte machen, aufheben.   **4 γένοιτο**   4
Aor. Opt. Med. γίνομαι; μὴ γένοιτο *auf keinen Fall.* **γινέσθω** Imp. 3. Sg.
γίνομαι; γινέσθω δέ hier *vielmehr soll sein, vielmehr möge sich erweisen.*
ἀληθής[7] *wahrhaftig, aufrichtig; wahr.* **ψεύστης**[1] (< ψεύδομαι *lügen*)
Lügner. [Var. καθ-ά-περ *gleichwie, so wie.*] **γέ-γραπται** Pf. Pass. γράφω,
Pf. Pass. term. tech. zur Einführung v. Schriftzitaten (B 2c): *in der Schrift heißt*
es/steht. **ὅπως ἄν** *damit* (ὅπως selten mit ἄν, BDR §369[11]). **δικαιωθῇς**
Aor. Konj. Pass. δικαιόω *rechtfertigen, freisprechen, für gerecht erklären, gerecht*
machen; hier *als gerecht erkennen/erweisen* (B 3d), *recht behalten.* **νικήσεις**
Fut. νικάω (< νίκη *Sieg*) *siegen; besiegen.* **ἐν τῷ** m. AcI temp. *während,*
wenn (A282). **κρίνεσθαι** Inf. Pass. κρίνω; ἐν τῷ κρίνεσθαί σε *wenn*
man mit dir rechtet (B 6b). **5 ἀ-δικία** *Unrecht; Ungerechtigkeit.* **συν-ίστη-**   5
μι tr. *zusammenbringen; erweisen, darstellen.* **ἐροῦμεν** Fut. λέγω; mod. Fut.
(A247); τί ἐροῦμεν *was sollen wir sagen? was folgt daraus?* **μή** V. 3.
ἄ-δικος[11] *ungerecht.* **ἐπι-φέρων** Ptz. -φέρω *herbeibringen; verhängen*
(B 4); attr. **ὀργή** *Zorn; Zorngericht.* **κατὰ ἄνθρωπον** *nach menschlicher*
Weise.   **6 ἐπεί** *nachdem; da (ja);* hier *denn sonst* (B 2; H-S §277c). **κρινεῖ**   6
Fut. κρίνω, mod. Fut. (A247) *Gott könnte richten* (H-S §211d). **7 ἐν** hier   7
kaus. *wegen, durch.* **ψεῦσμα**[3] *Lüge, Unwahrhaftigkeit.* **ἐ-περίσσευσεν**
Aor. περισσεύω intr. *überschießen; sich auszeichnen, sich als überreich/über-*
groß erweisen (B 1aγ). τί ἔτι κἀγώ *was/warum* werde *ich denn noch* gerichtet
(vgl. BDR §442,8c). **ὡς** hier *als* (eine wirkl. Eigenschaft bezeichnend, H-S
§252,61). **κρίνομαι** Pass.   **8 καὶ μή** erg. ποιήσωμεν (deliberativer   8
Konj., A255) *und sollen wir etwa so handeln,* wie, od. erg. ποιοῦμεν *und han-*
deln wir etwa so, wie (BDR §427[7]) od. erg. λέγομεν (od. Konj. λέγωμεν) m.
steigerndem καί: *sagen wir etwa sogar* (od. *sollen wir etwa sogar sagen*), wie.
βλασ-φημούμεθα Pass. -φημέω *in üblen Ruf bringen, verleumden; lästern.*
φασίν 3. Pl. φημί (A32) *sagen, äußern; behaupten; meinen,* m. flgd. AcI.
λέγειν Inf.; ἡμᾶς λέγειν *daß wir sagen.* **ὅτι** recitativum = Doppelpunkt

(A333). **ποιήσωμεν** Aor. Konj. ποιέω, adhortativer Konj. (A254). **ἔλθῃ** Aor. Konj. ἔρχομαι. **ὧν** *deren* (auf τινές bezogen, näml. die, die Paulus u. sein Evangelium derartig verlästern). **κρίμα**³ *Entscheidung, Urteil, Verdammungsurteil; (das) Richten, Gericht.* **ἔν-δικος**¹¹ *rechtmäßig, gerecht.*

9 **9 τί οὖν** erg. ἐροῦμεν (Fut. λέγω) *was sollen wir sagen? was folgt daraus?* (vgl. B τίς 1bε). **προ-εχόμεθα** Med. -έχω *voraussein, hervorragen, im Vorteil sein;* Med. *sich etwas zum Schutz vorhalten;* hier *schützen wir* (näml. Paulus) *etwas vor? machen wir Ausflüchte?;* evtl. Med. hier = Akt. [Var. προ-εχώμεθα Konj.; προ-κατ-έχω *vorher einnehmen, vorher/bisher innehaben*]. **οὐ πάντως** *durchaus nicht, ganz und gar nicht;* evtl. *nicht unbedingt, nicht in jeder Hinsicht* (BDR §433³). **προ-ῃτιασάμεθα** Aor. Med. -αιτιάομαι *vorher beschuldigen, vorher Anklage erheben,* m. AcI. **Ἕλλην**⁴ ηνος ὁ *Grieche; Nichtjude, Heide.* **ὑπό** hier *unter (der Herrschaft von)* (B 2b). **εἶναι** Inf.

10f εἰμί, Präd. des AcI. **10 γέ-γραπται** V. 4. **11 συν-ίων** Ptz. -ίημι (bzw. -ίω; vgl. H-S §114f) *verstehen, einsehen;* subst. **ἐκ-ζητῶν** Ptz. -ζητέω *suchen,*
12 *(mit Ernst) fragen nach;* subst. **12 ἐξ-έ-κλιναν** Aor. ἐκ-κλίνω¹²⁶ *abweichen, sich abwenden.* **ἅμα** *zugleich; gemeinsam, miteinander* (B 1b). **ἠ-χρεώθησαν** Aor. Pass. ἀ-χρειόω *unbrauchbar machen;* Pass. *unbrauchbar werden.* **ποιῶν** Ptz. ποιέω, subst. **χρηστότης**³ ητος ἡ *Güte, Rechtschaffenheit; Freundlichkeit.* **ἕως ἑνός** *bis zu einem;* οὐκ ἔστιν ἕως
13 ἑνός *(es gibt) auch nicht einen einzigen* (B ἕως II4). **13 τάφος** *Grab.* **ἀν-ε-ῳγμένος** Pf. Ptz. Pass. -οίγω, attr. **λάρυγξ**³ υγγος ὁ *Kehle, Schlund;* τάφος ἀνεῳγμένος ὁ λάρυγξ αὐτῶν *ihr Schlund* (d.h. ihre Sprechorgane; vgl. A382c) *ist ein offenes Grab = was sie sagen, bringt Tod und Verderben* (GN). **ἐ-δολιοῦσαν** Ipf. δολιόω *betrügen;* m. dat. instr. (A176). **ἰός** *Gift.* **ἀσπίς**³ ίδος ἡ *Otter, Schlange.* **χεῖλος**⁷ *Lippe;* ὑπὸ τὰ χείλη αὐτῶν
14 *(ist = verbirgt sich) unter ihren Lippen.* **14 ἀρά** *Fluch, Verwünschung.* **πικρία** *Bitterkeit; Erbitterung, Zorn, Härte.* **γέμω** *voll sein* τινός *mit/von*
15 *etwas* (H-S §167c; A165). **15 ὀξύς**¹⁰ εῖα ύ *scharf; schnell;* ὀξεῖς οἱ πόδες αὐτῶν *ihre Füße sind schnell* etwa = *sie sind schnell dabei* (Einh.). **ἐκ-χέαι**
16 Aor. Inf. -χέω³⁹ *ausgießen, vergießen.* **16 σύν-τριμμα**³ *Vernichtung, Verwüstung.* **ταλαιπωρία** *Mühsal; Elend, Not.* **ἐν ταῖς ὁδοῖς αὐτῶν** *(ist)*
17 *auf ihren Wegen = lassen sie auf ihren Wegen zurück.* **17 ὁδὸς εἰρήνης** *Weg des Friedens,* d.h. eine Lebensführung, die vom Frieden bestimmt bzw. gekennzeichnet ist (gen. qualitatis, A160) od. die zum Frieden führt (Gen. der Richtung, A162). **ἔ-γνωσαν** Aor. γινώσκω. **18 ἀπ-έν-αντι** uneig. Präp.
18 (A183) *gegenüber von;* hier *vor* (B 2b); οὐκ ἔστιν ... ἀπέναντι τῶν ὀφθαλμῶν αὐτῶν ... *ist/steht ihnen nicht vor Augen.* **19 ἐν τῷ νόμῳ** *unter*
19 *dem Gesetz, im Geltungsbereich des Gesetzes;* οἱ ἐν τῷ νόμῳ *die dem Gesetz Verpflichteten* (B ἐν I5d), d.h. die in seinem Geltungsbereich leben. **φραγῇ** Aor. Konj. Pass. φράσσω (vgl. A33⁷⁴ᶠᶠ) *verschließen, verstopfen; zum Schwei-*

gen bringen. **ὑπό-δικος**[11] *schuldig, haftbar,* m. Dat. **γένηται** Aor. Konj. Med. γίνομαι. **20 δι-ότι** *denn, weil.* **ἐκ** *durch, auf Grund von* (B 3f). **ἔργα** 20 **νόμου** (auch ohne Art. best.) *die Taten, die das Gesetz vorschreibt, die Regelungen des Gesetzes* (d.h. sein Inhalt m. den Forderungen). **δικαιωθήσεται** Fut. Pass. δικαιόω V. 4. **οὐ ... πᾶσα σάρξ** (Hebr.) *kein Fleisch, kein Mensch* (H-S §249a; A137c). **ἐπί-γνωσις**[8] *Erkenntnis;* διὰ νόμου ἐπίγνωσις ἁμαρτίας *durch das Gesetz (kommt nur) Erkenntnis von Sünde.*

21 νυνί[18] *nun, jetzt.* **χωρίς** hier etwa *ohne Mitwirkung* (vgl. B 2bβ). 21 **δικαιοσύνη θεοῦ** (auch ohne Art. best., A106d) hier wahrscheinl. gen. subi. (A158) *Gottes (heilschaffende) Gerechtigkeit* (nicht seine Eigenschaft, sondern sein Heilshandeln). **πε-φανέρωται** Pf. Pass. φανερόω. **μαρτυ-ρουμένη** Ptz. Pass. μαρτυρέω, mod., viell. konz. **22 δικαιοσύνη** 22 **θεοῦ** hier gen. subi. (A158) od. gen. auctoris (A153), d.h. die v. Gott verliehene/geschenkte Gerechtigkeit. **δέ** hier erklärend: *und zwar* (BDR §447[5]). **διά** m. Gen. zur Bezeichnung des Wegs, auf dem Gottes Gerechtigkeit wirksam ist: *durch* (B AIII1d). **Ἰησοῦ Χριστοῦ** gen. obi. (A158) *an Jesus Christus.* **εἰς** *für.* **πιστεύοντας** Ptz. πιστεύω, subst. **δια-στολή** *Unterschied.* **23 ἥμαρτον** Aor. ἁμαρτάνω. **ὑστεροῦνται** Pass. ὑστερέω 23 *zu spät kommen;* Akt. u. Pass. *Mangel leiden an, entbehren, ermangeln,* m. gen. separationis (A167). **δόξα τοῦ θεοῦ** gen. auctoris (A153), die v. Gott ursprüngl. verliehene Herrlichkeit des Menschen (seine Gottesebenbildlichkeit), die der Gerechtigkeit entspricht; wohl nicht gen. obi. (A158). **24 δικαιούμενοι** Ptz. Pass. δικαιόω V. 4, mod. **δωρεάν** *geschenkweise,* 24 *unentgeltlich, umsonst.* **τῇ χάριτι** dat. instr. (A176). **ἀπο-λύτρωσις**[8] *Erlösung, Loskauf, Freikauf* (aus Sklaverei). **τῆς ἐν** attr. *die in ... (geschehen ist).* **25 προ-έ-θετο** Aor. Med. προ-τίθημι[200] *als Aufgabe hinstellen;* Med. 25 *öffentlich aufstellen/hinstellen.* **ἱλαστήριον** = hebr. כַּפֹּרֶת *kappŏreṯ* die Deckplatte auf der Bundeslade als Ort der Sühne und Gegenwart Gottes (vgl. Lev 16,2.14 u.ö.); *Stätte der Sühne, Sühneort;* evtl. (aber kaum belegt) *Sühne(mittel)* (EWNT 2, Sp. 456f). **διά** (erstes) V. 22. **ἐν** instr. *durch;* ἐν τῷ αὐτοῦ αἵματι *um den Preis seines Blutes* (vgl. BDR §219[3]), d.h. durch seinen Sühnetod am Kreuz. **εἰς** *zu(m).* **ἔν-δειξις**[8] *Anzeichen; Beweis, Erweis.* **πάρ-εσις**[8] *(das) Hingehenlassen, Ungestraftlassen;* evtl. *Erlaß* (d.h. Vergebung), dies würde eig. aber διά m. Gen. voraussetzen (s. V. 26). **προ-γε-γονότων** Pf. Ptz. Ntr. προ-γίνομαι[176] *früher entstehen, vorher geschehen;* attr. **ἁμάρτημα**[3] *Verfehlung, Sünde.* **26 ἀν-οχή** *Aufhalten, Zurückhalten* 26 (des Gerichts Gottes); davon abgeleitet: *Geduld;* διὰ τὴν πάρεσιν τῶν προγεγονότων ἁμαρτημάτων ἐν τῇ ἀνοχῇ τοῦ θεοῦ *da er die zuvor in (der Zeit) der Geduld Gottes geschehenen Sünden (ungestraft) hingehen ließ;* evtl. (s. V. 25): *durch den Erlaß der zuvor in (der Zeit) der Geduld Gottes geschehenen Sünden.* **πρός** *zu.* **εἰς τό** m. AcI fin. (A282) *damit.* **εἶναι** V. 9.

δικαιοῦντα Ptz. δικαιόω V. 4, subst. ohne Art. (Präd.-Nom. des AcI [A80]; BDR §413²). ὁ ἐκ πίστεως Ἰησοῦ der, der an Jesus glaubt (zum Gen. vgl. V. 22) bzw. der, der aus Glauben/auf Grund des Glaubens an Jesus (lebt).

27   27 καύχησις⁸ Rühmen; erg.: bleibt. ἐξ-ε-κλείσθη Aor. Pass. ἐκκλείω⁶ ausschließen; Pass. es ist ausgeschlossen. ποῖος¹⁸ wie beschaffen? was für ein? welche (Art)? τῶν ἔργων (das Gesetz) der Werke; (das Gesetz,) das Werke fordert (gen. obi., A158). οὐχί verstärktes nein, m. flgd. ἀλλά (BDR §432²). νόμος πίστεως das Gesetz, das auf Glauben zielt (gen. obi., A158).

28   28 λογιζόμεθα hier etwa wir sind zum Urteil gekommen, wir sind der Meinung. δικαιοῦσθαι Inf. Pass. δικαιόω V. 4, Präd. des AcI, m. instr. Dat.

29   ἔργα νόμου V. 20.   29 ἢ Ἰουδαίων ὁ θεὸς μόνον; oder ist Gott
30   allein (der Gott) der Juden? ναί ja, gewiß.   30 εἴ-περ so gewiß (B εἰ VI12); wenn (gilt:); wenn wirklich (hier fast kaus., H-S §252,19); erg. ἐστίν [Var. ἐπείπερ denn (BDR §456,3)]. δικαιώσει Fut. V. 4. περι-τομή (< τέμνω schneiden) Beschneidung; Metonymie, Abstraktum für das Konkrete (A381f): Beschnittener.   ἀκρο-βυστία Vorhaut; Unbeschnittenheit; Metonymie,
31   Abstraktum für das Konkrete (A381f): Unbeschnittener.   31 κατ-αργέω V. 3. γένοιτο V. 4. ἵστημι/ἱστάνω (H-S §114g) hier aufrichten, zur Geltung bringen (B I2a).

4   ἐροῦμεν Fut. λέγω, mod. Fut. (A247). εὑρηκέναι Pf. Inf. εὑρίσκω, Präd. des AcI. Ἀβραάμ indekl., hier Akk., Subj. des AcI; τί οὖν ἐροῦμεν εὑρηκέναι Ἀβραάμ … was, wollen wir nun fragen, hat Abraham … gefunden/erlangt? προ-πάτωρ⁶ ορος ὁ Vorfahre. κατὰ σάρκα wohl in Hinsicht auf das Fleisch, im Hinblick auf die menschliche Abstammung (B κατά
2   II6); ὁ προπάτωρ ἡμῶν κατὰ σάρκα unser leiblicher Vorfahre.   2 εἰ wenn; trotz Aug.-Tempus indefiniter Fall (A342). Ἀβραάμ indekl., hier Nom. ἐκ durch, auf Grund von (B 3f). ἐ-δικαιώθη Aor. Pass. δικαιόω rechtfertigen, freisprechen, für gerecht erklären, gerecht machen. καύχημα³ Gegenstand des Rühmens, (Grund zum) Ruhm. πρὸς θεόν vor/bei Gott.
3   3 ἐ-πίστευσεν Aor. πιστεύω. ἐ-λογίσθη Aor. Pass. λογίζομαι
4   (an)rechnen, τινί τι εἴς τι jmdm. etwas als etwas (B 1a).   4 ἐργαζομένῳ Ptz. ἐργάζομαι, subst.; hier dem, der Werke tut/Leistungen erbringt. μισθός Lohn (eig. Arbeitslohn, der verdient ist). λογίζεται Pass. κατὰ χάριν aus Wohlwollen, gnadenweise, als Gunst (B χάρις 2a). ὀφείλημα³ Schuld = das Geschuldete; κατὰ ὀφείλημα gemäß/entsprechend der Schuldigkeit;
5   entsprechend dem Verdienst.   5 πιστεύοντι Ptz., subst. δικαιοῦντα Ptz.,
6   subst. ἀ-σεβής⁷ gottlos.   6 καθ-ά-περ gleichwie, so wie. Δαυίδ indekl., hier Nom. μακαρισμός Seligpreisung, m. gen. obi. (A158); Δαυὶδ λέγει τὸν μακαρισμὸν τοῦ ἀνθρώπου David spricht die Seligpreisung über den Menschen aus = David preist den Menschen selig/glücklich. λογίζεται hier

Med. **χωρίς** hier etwa *unabhängig von* (B 2bδ). **7 μακάριος** *glücklich,* 7
selig, beneidenswert. **ὧν** gen. poss. (A154) *deren.* **ἀφ-έθησαν** Aor. Pass.
ἀφ-ίημι. **ἀ-νομία** *Gesetzlosigkeit* (als Gesinnung); *gesetzeswidrige Tat.* **ἐπ-**
ε-καλύφθησαν Aor. Pass. ἐπι-καλύπτω[54] *verhüllen, bedecken.* **8 οὗ** ... 8
ἁμαρτίαν *dessen Sünde.* **οὐ μή** m. Aor. Konj. stärkste Verneinung zukünf-
tigen Geschehens (A257). **λογίσηται** Aor. Konj. Med.

9 μακαρισμός V. 6; ὁ μακαρισμὸς οὗτος (erg. λέγεται [Pass. v. 9
λέγω]; BDR §481[1]) **ἐπί** *wird diese Seligpreisung über ... ausgesprochen? = gilt*
diese Seligpreisung ...? **περι-τομή** (< τέμνω *schneiden*) *Beschneidung;*
Metonymie, Abstraktum für das Konkrete (A381f): *(die) Beschnittenen.* **ἀκρο-**
βυστία *Vorhaut; Unbeschnittenheit;* Metonymie, Abstraktum für das Kon-
krete (A381f): *(die) Unbeschnittenen.* **ἐ-λογίσθη** V. 3. **10 πῶς** hier *unter* 10
welchen Umständen? (Menge), *in welcher Situation?* **ὄντι** Ptz. εἰμί, temp.; ἐν
περιτομῇ/ἀκροβυστίᾳ ὄντι *als er im Zustand der Beschneidung/Unbeschnit-*
tenheit war, als er beschnitten/unbeschnitten war. **11 ἔ-λαβεν** Aor. λαμβά- 11
νω. **περιτομῆς** gen. epexegeticus (A163); σημεῖον ... περιτομῆς *das*
Beschneidungszeichen, das in der Beschneidung bestehende Zeichen. **σφραγίς**[3]
ῖδος ἡ *Siegel;* Obj.-Präd. (A65) *als Siegel.* **ἡ δικαιοσύνη τῆς πίστεως**
τῆς ἐν τῇ ἀκροβυστίᾳ gen. pertinentiae (A152ff) *die Gerechtigkeit des*
Glaubens (d.h. die Gerechtigkeit auf Grund des Glaubens), *den er (schon) im*
Zustand der Unbeschnittenheit hatte. **εἰς τό** (erstes) m. AcI fin. *damit, viell.*
kons. (A282) *so daß.* **εἶναι** Inf. εἰμί, Präd. des AcI. **πατέρα** Präd.-Nom.
des AcI (Subj. αὐτόν; A93); εἰς τὸ εἶναι αὐτὸν πατέρα *damit er zum*
Vater ... wurde. **πιστευόντων** Ptz. πιστεύω, subst. **διά** m. Gen. bez. den
begleitenden Umstand: *im Zustand von* (B AIII1c); οἱ πιστεύοντες δι᾽
ἀκροβυστίας *die als Unbeschnittene glauben.* **εἰς τό** (zweites) m. AcI hier
kons. *so daß,* evtl. fin. *damit* (A282). **λογισθῆναι** Aor. Inf. Pass. λογί-
ζομαι, Präd. des AcI. **δικαιοσύνην** Subj. des AcI. **12 τοῖς οὐκ ἐκ** 12
περιτομῆς μόνον ἀλλὰ καί *für die, die nicht nur zur Beschneidung gehö-*
ren/nicht nur beschnitten sind, sondern auch (BDR §437[2]) od. *für die, die nicht nur*
auf die Beschneidung (bauen), sondern auch (ZG). **στοιχοῦσιν** Ptz.
στοιχέω *in einer Reihe gehen; folgen;* στοιχέω τοῖς ἴχνεσίν τινος *in jmds.*
Spuren bleiben (B). **ἴχνος**[7] *Fußspur, Spur.* **ἡ ἐν ἀκροβυστίᾳ πίστις**
der Glaube, den er als Unbeschnittener hatte (vgl. V. 9f).

13 νόμος auch ohne Art. best. (A106a). **ἐπ-αγγελία** erg. etwa 13
ἐγένετο (A78) *ist ... die Verheißung zuteil geworden.* **σπέρμα**[3] hier *Nach-*
kommenschaft (B 2b). **κληρο-νόμος** (< κλῆρος *Los; Anteil* + νέμομαι
besitzen) *Erbe;* Präd.-Nom. des AcI (Subj. αὐτόν; A93). **εἶναι** Inf. εἰμί,
Präd. des AcI; der AcI m. Art. steht als App. zu ἐπαγγελία (A280); τὸ
κληρονόμον αὐτὸν εἶναι κόσμου *daß er (nämlich) der Erbe der Welt sein*
solle. **14 ἐκ** bez. die Zugehörigkeit (B 3d), οἱ ἐκ νόμου *die Gesetzesleute* = 14

die, die nach dem Gesetz leben. **κληρονόμοι** Präd.-Nom., erg. εἰσίν. **κε-κένωται** Pf. Pass. κενόω *leer machen; zunichte machen, um seine Wirkung bringen* (B 2). **κατ-ήργηται** Pf. Pass. -αργέω *außer Wirksamkeit/Geltung*

15 *setzen, zunichte machen, aufheben.* **15 ὀργή** *Zorn; Zorngericht.* **κατ-εργάζομαι** *vollenden, tun; hervorbringen, bewirken* (B 2). οὗ[18] *wo* (B 1b)

16 bzw. *dort, wo* (vgl. A358). **παρά-βασις**[8] *Übertretung;* erg. ἐστίν. **16 διὰ τοῦτο** *darum, deshalb;* διὰ τοῦτο (erg. ἐστίν/γίνεται) ἐκ πίστεως, ἵνα κατὰ χάριν (erg. γένηται [Aor. Konj. v. γίνομαι], B ἵνα III3) *deshalb ist sie (die Verheißung) an den Glauben gebunden, damit sie entsprechend der Gnade wirksam ist* od. einfach: *deshalb gilt: „aus Glauben", damit auch gilt: „aus Gnade"* (Einh.). **ἐκ** *durch, auf Grund von.* **κατὰ χάριν** V. 4. **εἰς τό** m. AcI fin. (A282) *damit.* **εἶναι** Inf. εἰμί, Präd. des AcI. **βέβαιος** *fest, dauerhaft; zuverlässig, gewiß, gültig.* **σπέρμα** V. 13. **οὐ τῷ ἐκ τοῦ νόμου μόνον ἀλλὰ καὶ τῷ ἐκ πίστεως** *nicht für den, der aus dem Gesetz allein (lebt), sondern auch aus dem Glauben* (d.h. die Judenchristen) od. *nicht nur für den, der aus dem Gesetz (lebt)* (d.h. die Juden[christen]), *sondern auch für den, der aus dem Glauben (lebt)* (d.h. die Heidenchristen). **'Αβραάμ** indekl., hier gen.

17 subi. (A158). **17 γέ-γραπται** Pf. Pass. γράφω, Pf. Pass. term. tech. zur Einführung v. Schriftzitaten (B 2c): *in der Schrift heißt es/steht.* **ὅτι** recitativum = Doppelpunkt (A333). **τέ-θεικα** Pf. τίθημι; hier m. doppeltem Akk. (A97,15; 147) *jmdn. machen/bestimmen zu* (B I2aα). **κατ-έναντι** uneig. Präp. (A183) *gegenüber, vor (den Augen), angesichts;* κατέναντι ... ist wohl an V. 16 anzuschließen (V. 17a ist Parenthese; A374). **οὗ** für ᾧ Attraktion des Rel.-Pron., wobei das BW im Rel.-Satz steht (A357 u. 361b; BDR §294[5]): κατέναντι οὗ ἐπίστευσεν θεοῦ τοῦ = κατέναντι τοῦ θεοῦ, ᾧ ἐπίστευσεν, τοῦ *vor dem Gott, an den er glaubte als an den, der.* **ἐ-πίστευσεν** Aor. πιστεύω. **ζωο-ποιοῦντος** Ptz. -ποιέω *lebendig machen;* attr. **καλοῦντος** Ptz. καλέω, attr. **ὄντα** Ptz. εἰμί, subst; τὰ μὴ ὄντα *das Nichtseiende* bzw. *das, was nicht ist.* **ὡς** hier mod. *als ob* (A291,2) od. fin. *damit* (A291,6); ὡς ὄντα *als wäre es (schon) vorhanden* od. *damit es sei =*

18 *ins Dasein.* **18 παρά** m. Akk. *gegen* (B III6). **ἐπί** m. Dat. *auf Grund von, auf ... (sich stützend)* (B II1bγ); παρ' ἐλπίδα ἐπ' ἐλπίδι ἐπίστευσεν *gegen (alle) Hoffnung* (= *wo es nichts zu hoffen gab*) *glaubte er voller* (wörtl. *sich stützend auf*) *Hoffnung.* **εἰς τό** m. AcI hier kons. (A282) *so daß* od. fin. *in der Erwartung, daß* bzw. den Gegenstand des Glaubens bezeichnend *an die Tatsache, daß.* **γενέσθαι** Aor. Inf. Med. γίνομαι, Präd. des AcI. **πατέρα** V. 11. **εἰρημένον** Pf. Ptz. Pass. λέγω, subst. *Schriftwort,* hier wohl *Zusage.*

19 **οὕτως** hier *so (zahlreich).* **ἔσται** Fut. εἰμί. **19 ἀ-σθενήσας** Aor. Ptz. ἀ-σθενέω *kraftlos/schwach sein;* mod. m. Neg. *ohne schwach zu werden.* **τῇ πίστει** dat. resp. (A178) *in Hinsicht auf den Glauben, im Glauben.* **κατ-ε-νόησεν** Aor. κατα-νοέω *wahrnehmen; betrachten, beobachten.* **νε-**

νεκρωμένον Pf. Ptz. Pass. νεκρόω *töten;* Pass. *ersterben* (d.h. hier: er ist nicht mehr zeugungsfähig); AcP (A300). **ἐκατοντα-ετής**[7] *hundertjährig.* **που**[18] *ungefähr, etwa.* **ὑπ-άρχων** Ptz., temp. od. kaus. **νέκρωσις**[8] *Tötung; Abgestorbensein.* **μήτρα** *Mutterschoß;* νέκρωσις τῆς μήτρας *der erstorbene Mutterschoß* (d.h. der unfruchtbar geworden ist). **Σάρρα** *Sara,* Abrahams Frau. **20 εἰς** *in bezug auf, im Blick auf* (A191). **δι-ε-κρίθη** Aor. Pass. (ohne Pass.-Bdtg.) διὰ-κρίνομαι[127] *streiten; mit sich im Streit sein, zwei- feln.* **ἀ-πιστία** *Untreue; Unglaube;* dat. causae (A177) *infolge von/im Unglau- ben* (BDR §196[1]). **ἐν-ε-δυναμώθη** Aor. Pass. -δυναμόω *stark machen;* Pass. *stark werden, erstarken.* **τῇ πίστει** dat. causae (A177) *durch den Glau- ben* od. dat. resp. (A178) *in bezug auf den Glauben, im Glauben.* **δούς** Aor. Ptz. δίδωμι, mod. **21 πληρο-φορηθείς** Aor. Ptz. Pass. -φορέω *erfüllen; volle Überzeugung verschaffen;* Pass. *vollauf überzeugt sein;* mod. **ἐπ-ήγγελται** Pf. Pass. -αγγέλλομαι[111] *von sich ankündigen; versprechen, verheißen.* **δυνα- τός** *stark, mächtig;* δυνατός εἰμι *imstande sein, die Macht haben,* m. flgd. Inf. **ποιῆσαι** Aor. Inf. ποιέω. **22 ἐ-λογίσθη** V. 3. **23 ἐ-γράφη** Aor. Pass. γράφω. **24 λογίζεσθαι** Inf. Pass.; μέλλει λογίζεσθαι *es soll angerechnet werden.* **πιστεύουσιν** Ptz. πιστεύω, attr. bzw. subst. (App. zu δι᾽ ἡμᾶς, οἷς; vgl. A303); τοῖς πιστεύουσιν *uns, die wir glauben.* **ἐγείραντα** Aor. Ptz. ἐγείρω, subst. **25 παρ-ε-δόθη** Aor. Pass. παρα- δίδωμι. **παρά-πτωμα**[3] *Vergehen, Verfehlung, Sünde.* **ἠγέρθη** Aor. Pass. ἐγείρω. **δικαίωσις**[8] *Rechtfertigung.*

δικαιωθέντες Aor. Ptz. Pass. δικαιόω *rechtfertigen, freisprechen, für gerecht erklären, gerecht machen;* kaus. od. temp. **ἐκ** *durch, auf Grund von* (vgl. B 3f). [Var. ἔχωμεν Konj. ἔχω, adhortativer Konj. (A254) *laßt uns bewah- ren/halten.*] **πρός** hier *mit* (A200). **2 καί** (erstes) *auch.* **προσ-αγωγή** *Zugang, Zutritt.* **ἐ-σχήκαμεν** Pf. ἔχω; *wir haben* (bleibend; vgl. A231,1) *er- langt/erhalten.* **τῇ πίστει** dat. causae (A177) *auf Grund des Glaubens.* **ἑστήκαμεν** Pf. ἵσταμαι; ἐν ᾗ ἑστήκαμεν *in der wir (jetzt) stehen, die jetzt unser Leben bestimmt* (GN). **καυχάομαι** intr. *sich rühmen* ἐν einer Sache, hier ἐπί *wegen/auf Grund von.* **τῆς δόξης** gen. obi. (A158). **τοῦ θεοῦ** gen. auctoris (A153); vgl. 3,23 (die Herrlichkeit, die dem Sünder fehlt) u. 8,17f.21.30 (die ihm verheißen ist); ἐπ᾽ ἐλπίδι τῆς δόξης τοῦ θεοῦ *we- gen/auf Grund der Hoffnung auf die Herrlichkeit Gottes* (die Gott gibt). **3 οὐ μόνον ... ἀλλὰ καί** *nicht nur (deswegen rühmen wir uns) ... sondern auch =* *dazu auch* (BDR §479[1]). **εἰδότες** Pf. (m. präs. Bdtg.) Ptz. οἶδα, kaus. **ὑπο- μονή** *Ausharren, Geduld, Ausdauer, Standhaftigkeit.* **κατ-εργάζομαι** *voll- enden, tun; hervorbringen, bewirken.* **4 δοκιμή** *Erprobtheit, Bewährung.* **5 κατ-αισχύνω** *schänden, zuschanden machen;* hier kausativ: *zuschanden werden lassen* (B 3a). **τοῦ θεοῦ** gen. subi. (A158). **ἐκ-κέ-χυται** Pf. Pass. -χέω/-χύνω[39] *ausgießen.* **δοθέντος** Aor. Ptz. Pass. Ntr. δίδωμι, attr., m.

6 Art. bei artikellosem BW (vgl. A84 u. 303). **6 ἔτι** noch [Var. εἴ γε wenn wirklich (H-S §252,10)]; das erste ἔτι steht wohl pleon., od. es markiert eine Steigerung (LSJ II): ἔτι γὰρ Χριστὸς ὄντων ἡμῶν ἀσθενῶν ἔτι ... ἀπέθανεν denn Christus ist schon (damals), als wir noch schwach waren ... gestorben. **ὄντων** Ptz. εἰμί, gen. abs. (A288), temp. **ἀ-σθενής**[7] kraftlos, schwach (d.h. hier: der Sünde ausgeliefert). **κατὰ καιρόν** zur (rechten) Zeit, damals; wohl zu ἀπέθανεν ziehen: Christus ist zur rechten (od. festgesetzten) Zeit/damals gestorben, viell. aber zu ὄντων ἡμῶν: zur Zeit/damals, als wir noch schwach waren. **ἀ-σεβής**[7] gottlos. **ἀπ-έ-θανεν** Aor. ἀπο-θνήσκω.

7 **7 μόλις** kaum; nur selten [Var. μόγις kaum]. **ἀπο-θανεῖται** Fut. Med., gnomisches Fut. (A248). **γάρ** (zweites) hier wohl aber (B 4); V. 7b wohl Parenthese (A374). **τάχα** vielleicht, möglicherweise. **τολμάω** wagen; (es)

8 fertig bringen, m. flgd. Inf. **ἀπο-θανεῖν** Aor. Inf. **8 συν-ίστημι** zusammenbringen; darstellen, erweisen, beweisen. **ὅτι** hier = ἐν τούτῳ ὅτι dadurch,

9 daß (B 1c). **ὄντων** Ptz. εἰμί, gen. abs. (A288), temp. **9 πολλῷ ... μᾶλλον** um wieviel mehr; um wieviel gewisser (B μᾶλλον 2b; A117). **δικαιωθέντες** Aor. Ptz. Pass. V. 1, kaus. od. temp. **ἐν** instr. durch. **σωθησόμεθα** Fut. Pass. σώζω. **ἀπό** vor. **ὀργή** Zorn; Zorngericht.

10 **10 ἐχθρός** Feind. **ὄντες** Ptz. εἰμί, temp., evtl. konz. **κατ-ηλλάγημεν** Aor. Pass. -αλλάσσω[74] versöhnen τινί mit jmdm. **κατ-αλλαγέντες** Aor. Ptz. Pass., kaus. od. temp. **ἐν** kaus. durch; ἐν τῇ ζωῇ αὐτοῦ durch sein Leben, d.h. der auferweckte Christus tritt als der Lebendige für uns ein.

11 **11 καυχώμενοι** Ptz. καυχάομαι, mod. (erg. davor καυχώμεθα ἐν τούτοις) od. einfach Ptz. statt der finiten Form καυχώμεθα (A293). **κατ-αλλαγή** Versöhnung. **ἐ-λάβομεν** Aor. λαμβάνω.

12 **12 διὰ τοῦτο** darum (gilt). **ὥσ-περ ... καὶ οὕτως** geradeso wie, gleichwie ... und so; hier wohl Anakoluth (A375): der zweite Teil des Vergleichs bleibt unerwähnt (B 1); viell. geradeso wie, gleichwie ... so auch. **εἰσ-ῆλθεν** Aor. -έρχομαι. **εἰς** (zweites) zu. **δι-ῆλθεν** Aor. -έρχομαι hier hingelangen, sich verbreiten (B 2). **ἐφ' ᾧ** = ἐπὶ τούτῳ ὅτι weil (B ἐπί III1bγ; BDR

13 §294[6]). **ἥμαρτον** Aor. ἁμαρτάνω. **13 ἄχρι νόμου** bis zur Zeit der (mosaischen) Gesetzgebung (B ἄχρι 1a). **ἦν** Ipf. εἰμί, erg. (bereits). **ἐλλογεῖται** Pass. -λογέω kaufmännischer term. tech. (aufs Konto) verbuchen, auf die Rechnung setzen, anrechnen, zurechnen. **ὄντος** Ptz. εἰμί, gen. abs. (A288), temp. od. kond.; μὴ ὄντος νόμου wenn/solange kein Gesetz da ist.

14 **14 ἀλλά** hier trotzdem, dennoch (B 2). **ἐ-βασίλευσεν** Aor. βασιλεύω König sein, herrschen. **᾽Αδάμ** indekl., hier (zweimal) Gen., Adam, Stammvater der Menschheit. **μέχρι** uneigentl. Präp. (A183) bis. **ἁμαρτήσαντας** Aor. Ptz. ἁμαρτάνω, subst. **ὁμοίωμα**[3] Gleichheit, gleiche Gestalt. **παρά-βασις**[8] Übertretung; gen. epexegeticus (A163), ἐπὶ τῷ ὁμοιώματι τῆς παραβάσεως ᾽Αδάμ etwa in gleicher Weise, (das heißt) durch das Übertreten

(eines Gebots), wie Adam. **τύπος** *sichtbarer Eindruck; Abbild; Vorbild, Gegenbild, Typus* (B 6). **μέλλοντος** Ptz. μέλλω, subst. *des Zukünftigen* bzw. *dessen, der kommen sollte.* **15 ἀλλ᾽ οὐχ ὡς ... οὕτως καί** erg. jeweils ein ἐστίν, *jedoch nicht so wie ... (ist), (ist) auch = jedoch so wie mit ... verhält es sich nicht mit.* **παρά-πτωμα**³ *Vergehen, Verfehlung, Sünde.* **χάρισμα**³ *Gnadengeschenk, Gnadengabe.* **οἱ πολλοί** = πάντες (Sem., BDR §245¹). **ἀπ-έ-θανον** Aor. ἀπο-θνῄσκω. **πολλῷ μᾶλλον** V. 9. **δωρεά** *Geschenk, Gabe;* ἡ δωρεὰ ἐν χάριτι τῇ τοῦ ἑνὸς ἀνθρώπου Ἰησοῦ Χριστοῦ *die durch die Gnade des einen Menschen, Jesus Christus, (gewährte) Gabe.* **ἐ-περίσσευσεν** Aor. περισσεύω intr. *überschießen;* m. εἴς τινα *für jmdn. überreich vorhanden sein, jmdm. in überreichem Maß zuteil werden* (B 1aβ), *sich an jmdm. übereich erweisen/auswirken* (Menge). **16 καὶ οὐχ** erg. ἐστίν *auch (ist) ... nicht, auch verhält es sich mit ... nicht.* **ἁμαρτήσαντος** Aor. Ptz., subst.; καὶ οὐχ ὡς (τὸ) δι᾽ ἑνὸς ἁμαρτήσαντος (γενόμενον o.ä.) τὸ δώρημα *auch verhält es sich mit dem Geschenk nicht wie mit dem, was durch einen einzigen Sünder, bewirkt wurde* od. *... mit dem durch das Sündigen des einen Bewirkten* [Var. ἁμάρτημα *Verfehlung, Sünde*]. **δώρημα**³ *Geschenk, Gabe.* **μέν ... δέ** *(zwar) ... aber.* **κρίμα**³ *Entscheidung, Urteil; (das) Richten, Gericht, Gerichtsurteil* (B 4a). **ἐξ ἑνός** Mask. *von einem einzigen (ausgehend)* (näml. der gesündigt hat) od. Ntr. *von einer einzigen (Verfehlung) (ausgehend).* **εἰς** (erstes u. zweites) *(führte) zur* (vgl. B 4e). **κατά-κριμα**³ *Verurteilung; Strafe, Verdammnis.* **δικαίωμα**³ *Rechtssatzung, -forderung; Rechtstat, gerechte Tat;* hier = δικαίωσις (V. 18) *Rechtfertigung, Gerechtsprechung* (wohl wegen der anderen Wörter auf -μα gewählt; B 3; BDR §488⁸). **17 τῷ ... παρα-πτώματι** dat. causae (A177) *auf Grund der Übertretung.* **ἐ-βασίλευσεν** Aor. V. 14; hier ingr. (A240b) *er gelangte zur Herrschaft, er gewann die Herrschaft.* **περισσεία** *Fülle, Überfluß.* **λαμβάνοντες** Ptz. λαμβάνω, subst. **ἐν ζωῇ** *im (künftigen) Leben* od. *in der Kraft des (neuen) Lebens.* **βασιλεύσουσιν** Fut. **18 ἄρα οὖν** *folglich, also (gilt):* (B ἄρα 4). **ὡς ... οὕτως καί** *wie es ... (kam), so (kommt) es auch.* **εἰς** (erstes u. drittes) *für;* (zweites u. viertes) *zu.* **δικαίωμα** hier *Rechtstat.* **δικαίωσις**⁸ *Rechtfertigung;* δικαίωσις ζωῆς Gen. des Zwecks (A162; BDR §166¹) *Rechtfertigung, die zum Leben führt.* **19 ὥσ-περ ... οὕτως καί** *geradeso wie/gleichwie ... so auch.* **παρ-ακοή** *Überhören, Ungehorsam.* **κατ-ε-στάθησαν** Aor. Pass. καθ-ίστημι²⁰⁴ *hinstellen; machen, bewirken* (m. doppeltem Akk. [A212] *daß jmd. als etwas dasteht);* Pass. *werden* (B 3). **οἱ πολλοί** V. 15. **ὑπ-ακοή** *Gehorsam.* **κατα-σταθήσονται** Fut. Pass. **20 παρ-εισ-ῆλθεν** Aor. -έρχομαι¹⁸⁷ *daneben hineinkommen; nachträglich hinzukommen* (GN). **πλεονάσῃ** Aor. Konj. πλεονάζω (vgl. A33⁹¹ff) *viel/groß sein/werden, wachsen, zunehmen.* **οὗ**¹⁸ *wo* bzw. *dort, wo* (vgl. A358). **ἐ-πλεόνασεν** Aor. **ὑπερ-ε-περίσσευσεν** Aor. -περισσεύω intr. *im*

(Marginal line numbers: 15, 16, 17, 18, 19, 20)

21   *Überfluß vorhanden sein, alles Maß übersteigen* (GN).   **21 ἐ-βασίλευσεν**
V. 14; Aor. ingr. od. konst. (A240). **ἐν** instr. od. eher zur Angabe des Bereichs;
ἐν τῷ θανάτῳ *durch den Tod* bzw. *im Bereich des Todes.* **βασιλεύσῃ** Aor.
Konj.

6   **ἐροῦμεν** Fut. λέγω, mod. Fut. (A247); τί ἐροῦμεν *was sollen wir*
sagen? was folgt daraus? **ἐπι-μένωμεν** Konj. -μένω *bleiben bei, verharren*
in, m. Dat., deliberativer Konj. (A255); ἐπιμένωμεν τῇ ἁμαρτίᾳ *sollen wir*
in der Sünde verharren, sollen wir ruhig weitersündigen (GN). **πλεονάσῃ** Aor.
Konj. πλεονάζω (vgl. A33[91ff]) *viel/groß sein/werden, wachsen, zunehmen.*

2   **2 γένοιτο** Aor. Opt. Med. γίνομαι; μὴ γένοιτο *auf keinen Fall.* **ὅσ-τις**
qualitativ-kausal (B 2b; BDR §293,2b; A132b u. 368); οἵτινες ἀπεθάνομεν
als solche, die wir doch gestorben sind, fast = *da wir doch gestorben sind.* **ἀπ-ε-**
θάνομεν Aor. ἀπο-θνήσκω. **τῇ ἁμαρτίᾳ** dat. incommodi (A173) *für*
die Sünde; evtl. dat. resp. (A178) *in bezug auf die Sünde.* **ζήσομεν** Fut. ζάω,
mod. Fut. (A247) wie *sollten/könnten wir leben* [Var. ζήσωμεν Aor. Konj.,
3   deliberativer Konj. (A255)]. **ἐν αὐτῇ** *in ihr(em Machtbereich).* **3 ἀ-γνοέω**
nicht erkennen, nicht wissen. **ὅσοι** *alle, die* (B 2). **ἐ-βαπτίσθημεν** Aor.
Pass. βαπτίζω. **εἰς** (erstes) *auf.* **εἰς τὸν θάνατον αὐτοῦ** wohl *auf sei-*
4   *nen Tod, in bezug auf seinen Tod* (vgl. B εἰς 5). **4 συν-ε-τάφημεν** Aor.
Pass. συν-θάπτω[53] *zusammen begraben mit,* m. Dat. **βάπτισμα**[3] *Taufe.*
ὥσ-περ ... οὕτως καί *gleichwie ... so auch.* **ἠγέρθη** Aor. Pass. ἐγείρω.
καινότης[3] ητος ἡ *Neuheit;* ἐν καινότητι ζωῆς (Gen.: seltenes Gegen-
stück zum gen. qualitatis [A384; vgl. BDR §165,2], fast = ἐν καινῇ ζωῇ) *in*
einem neuen Leben (B), *in (der) neuen Lebenswirklichkeit* (Wilckens, Röm II,
5   S. 12). **περι-πατήσωμεν** Aor. Konj. -πατέω (s. ἵνα). **5 σύμ-φυ-**
τος[11] *zusammengewachsen mit; verbunden mit.* **γε-γόναμεν** Pf. γίνομαι.
ὁμοίωμα[3] *Gleichheit, gleiche Gestalt; Gestalt;* εἰ σύμφυτοι γεγόναμεν
τῷ ὁμοιώματι τοῦ θανάτου αὐτοῦ *wenn wir mit der* (od. *mit [ihm] durch*
die) Gestalt/Gleichheit seines Todes verbunden sind etwa = *wenn gleichsam sein*
Tod unser Tod geworden ist. **ἀλλά** nach kond. Wenn-Satz: *so doch gewiß (erst*
recht) (B 4). **τῆς ἀναστάσεως** erg. davor τῷ ὁμοιώματι. **ἐσόμεθα**
6   Fut. εἰμί. **6 γινώσκοντες** Ptz. γινώσκω, kaus., übers. etwa (als HS, vgl.
H-S §231b) *wir wissen ja/doch.* **ὅτι** App. zu τοῦτο (A353) *dies ... daß*
(nämlich). **παλαιός** (< πάλαι *vor alters, seit langem) alt;* ὁ παλαιὸς
ἡμῶν ἄνθρωπος *unser alter Mensch* (d.h. das, was wir früher [ohne Christus]
waren). **συν-ε-σταυρώθη** Aor. Pass. συ-σταυρόω *zugleich kreuzigen,*
mitkreuzigen. **κατ-αργηθῇ** Aor. Konj. Pass. -αργέω *außer Wirksam-*
keit/Geltung setzen, zunichte machen, aufheben; vernichten, beseitigen (B 2).
σῶμα τῆς ἁμαρτίας gen. qualitatis (A160; H-S §162b) *Leib der Sünde,*
Sündenleib (der alte Mensch m. seinem sündigen Handeln). **τοῦ** m. AcI fin. od.
kons. (A281; vgl. BDR §400[10]). **μηκ-έτι** *nicht mehr.* **δουλεύειν** Inf. δου-

λεύω *(als Sklave) dienen;* Präd. des AcI. **7 ἀπο-θανών** Aor. Ptz., subst. 7
δε-δικαίωται Pf. Pass. δικαιόω *rechtfertigen, freisprechen, für gerecht erklä-*
ren, gerecht machen; δεδικαίωται ἀπὸ τῆς ἁμαρτίας *der ist von (jedem*
Rechtsanspruch) der Sünde freigesprochen (Menge; LN 37.138). **8 εἰ** *wenn;* 8
trotz Aug.-Tempus indefiniter Fall (A342). **ἀπ-ε-θάνομεν** V. 2. **συ-**
ζήσομεν Fut. -ζάω[20] *(zusammen) leben mit.* **9 εἰδότες** Pf. (m. präs. 9
Bdtg.) Ptz. οἶδα, kaus. od. mod. **ἐγερθείς** Aor. Ptz. Pass. ἐγείρω, temp.
κυριεύω *Herr sein über, Gewalt haben über, herrschen über,* m. Gen. (A165).
10 ἀπ-έ-θανεν Aor.; ὃ γὰρ ἀπέθανεν *denn den Tod, den er starb,* od. *denn* 10
damit, daß er starb (BDR §154[3]). **τῇ ἁμαρτίᾳ** V. 2. **ἐφ-άπαξ**[19] *auf ein-*
mal; ein für allemal. **ζῇ** 3. Sg. ζάω; ὃ δὲ ζῇ *aber das Leben, das er lebt,* od. *aber*
damit, daß er lebt (BDR §154[3]). **τῷ θεῷ** dat. commodi (A173). **11 ὑμεῖς** 11
Subj. betont. **λογίζεσθε** Imp., hier m. AcI *davon/von der Tatsache ausgehen,*
daß [Var. m. doppeltem Akk. (A97,15; 147) *betrachten als*]. **ἑαυτούς**
(= ὑμᾶς αὐτούς; A126a) Subj. des AcI [Var.: AkkO]. **εἶναι** Inf. εἰμί,
Präd. des AcI (H-S §216c). **μέν ... δέ** *(zwar) ... aber.* **ζῶντας** Ptz. ζάω,
umschrieb. Präs. (A249). **ἐν Χριστῷ** *in Christus,* d.h. v. ihm bestimmt (vgl.
A193).

12 βασιλευέτω Imp. 3. Sg. βασιλεύω *König sein, herrschen;* μὴ 12
βασιλευέτω *sie soll nicht mehr* (A265a) *herrschen* (analog in V. 13a).
θνητός *sterblich.* **εἰς τό** m. Inf. hier kons. (A282) *so daß.* **ὑπ-ακούειν**
Inf. -ακούω *gehorchen.* **ἐπι-θυμία** *Verlangen, Sehnsucht;* (sündige) *Begierde,*
Lust. **13 παρ-ιστάνετε** Imp. -ίστημι/-ιστάνω (H-S §114g). **μέλος**[7] 13
Glied. **ὅπλον** *Werkzeug, Waffe;* Obj.-Präd. (A65) *als Werkzeuge/Waffen.*
ἀ-δικία *Unrecht; Ungerechtigkeit.* **παρα-στήσατε** Aor. Imp. **ὡσ-εί** (als
Vergleichspartikel = ὡς; BDR §453,3; LN 64.12) *wie.* **ζῶντας** Ptz. ζάω,
subst. ohne Art. (A304; vgl. A65) od. kaus. (A291,3); ὡσεὶ ἐκ νεκρῶν ζῶν-
τας *wie/als solche, die von den Toten (erweckt) leben/vom Tod zum Leben gelangt*
sind od. *weil (wie ihr wißt)/in der Überzeugung, daß ihr von den Toten (erweckt)*
lebt/vom Tod zum Leben gelangt seid. **14 κυριεύσει** Fut. V. 9. **ὑπὸ** 14
νόμον *unter dem Gesetz,* d.h. unter der Herrschaft des Gesetzes. **15 τί οὖν** 15
erg. ἐροῦμεν (B τίς 1bε) V. 1. **ἁμαρτήσωμεν** Aor. Konj. ἁμαρτάνω;
deliberativer Konj. (A255). **γένοιτο** V. 2. **16 δούλους** Obj.-Präd. (A65) 16
als Sklaven. **ὑπ-ακοή** *Gehorsam;* εἰς ὑπακοήν *zum Gehorsam, um (ihm)*
zu gehorchen. **ᾧ** erg. Demonstrativpron. (A358) τούτῳ (BDR §293[13]) od. τού-
του (dat. od. gen. poss., A173f); ὅτι ᾧ παριστάνετε ... (τούτῳ/τούτου)
δοῦλοί ἐστε ᾧ ὑπακούετε *daß ihr Sklaven desjenigen seid, dem ihr euch ...*
zur Verfügung stellt, (Sklaven desjenigen,) dem ihr gehorcht. **ὑπ-ακούω** *hören*
auf, gehorchen. **ἤτοι ... ἤ** *entweder ... oder* (BDR §446[3]). **εἰς** (zweites u. drit-
tes) bez. die Wirkung bzw. den Erfolg (B 4e); εἰς θάνατον ... εἰς δικαιο-
σύνην *(was) zum Tod (führt) ... (was) zur Gerechtigkeit (führt).* **17 χάρις** 17

hier *Dank* (B 5); erg. ἔστω *soll sein, sei* (BDR §128⁹; A78a). ἦτε Ipf. εἰμί; χάρις δὲ τῷ θεῷ ὅτι ἦτε ... ὑπηκούσατε δέ *aber Gott sei Dank dafür, daß ihr (früher zwar) ... gewesen seid, (jetzt) aber gehorsam geworden seid.* ὑπ-ηκούσατε Aor.; ingr. Aor. (A240b). ἐκ καρδίας *von Herzen.* εἰς ὃν παρεδόθητε τύπον διδαχῆς = τῷ τύπῳ διδαχῆς εἰς ὃν παρεδόθητε (attractio inversa, H-S §289f) *der Gestalt der Lehre, der ihr übergeben worden seid,* evtl. = εἰς τὸν τύπον διδαχῆς ὃν παρεδόθητε (BDR §294⁹; A214 u. 358f) *der Gestalt der Lehre, die ihr übergeben bekommen habt.* παρ-ε-δόθητε Aor. Pass. παρα-δίδωμι. τύπος *sichtbarer Eindruck; Form, Gestalt* (B 4). διδαχή (< διδάσκω) *Unterweisung, Lehre* (das, was

18 gelehrt wird, od. die Lehrtätigkeit). **18** ἐλευθερωθέντες Aor. Ptz. Pass. ἐλευθερόω *befreien;* ἀπὸ τῆς ἁμαρτίας *von der (Herrschaft der) Sünde;* temp. od. kaus. ἐ-δουλώθητε Aor. Pass. δουλόω *zum Sklaven machen;* ἐδουλώθητε τῇ δικαιοσύνῃ *ihr ließt euch zu Sklaven der Gerechtigkeit machen* (A219), *ihr seid in den Dienst der Gerechtigkeit getreten* (Menge).

19 **19** ἀνθρώπινος *menschlich;* hier Ntr. adv. (vgl. A150) *menschlich, auf menschliche Weise* (d.h. mit einem Bild aus dem Alltagsleben). ἀ-σθένεια *Schwäche, Krankheit;* διὰ τὴν ἀσθένειαν τῆς σαρκὸς ὑμῶν *mit Rücksicht auf die Schwachheit eures Fleisches* (d.h. wohl ihre begrenzte Verstehensfähigkeit od. ihre Versuchlichkeit gegenüber der Sünde). ὥσ-περ ... οὕτως V. 4. παρ-ε-στήσατε Aor. παρ-ίστημι. δοῦλος Adj. *dienstbar, untertänig;* παρίστημι τὰ μέλη δοῦλά τινι *die Glieder in den (Sklaven-)Dienst einer Sache stellen.* ἀ-καθαρσία *Unreinigkeit; Unsittlichkeit.* ἀ-νομία *Gesetzlosigkeit* (als Gesinnung); *gesetzeswidrige Tat;* εἰς τὴν ἀνομίαν *(was) zu gesetzeswidrigem Tun/zu einem gesetzlosen Leben (geführt hat)* (vgl. B 2). παρα-στήσατε V. 13. ἁγιασμός *Heiligung;* εἰς ἁγιασμόν *(was) zur

20 Heiligung/zu einem geheiligten Leben (führt).* **20** ἐλεύθερος *frei; unabhängig;* ἐλεύθεροι ... τῇ δικαιοσύνῃ (dat. incommodi [A173] od. resp. [A178]) *der*

21 *Gerechtigkeit gegenüber frei = nicht im Dienst der Gerechtigkeit.* **21** καρπός hier *Ertrag* (B 2a), *Gewinn.* εἴχετε Ipf. ἔχω. ἐφ᾽ οἷς = ταῦτα/ἐκεῖνα ἐφ᾽ οἷς (A358) *Dinge, über die/deren.* ἐπ-αισχύνομαι *sich schämen.* τέλος hier etwa *Endergebnis;* erg. ἐστίν. ἐκείνων gen. poss. (A154) *ihr.*

22 **22** νυνί¹⁸ *nun, jetzt.* ἐλευθερωθέντες V. 18. δουλωθέντες Aor. Ptz. Pass., temp. od. kaus. ἔχετε τὸν καρπὸν ὑμῶν εἰς ἁγιασμόν *ihr habt euren Ertrag zur Heiligung (führend) = ihr habt als euren Ertrag die Heili-*

23 *gung/ein geheiligtes Leben* (vgl. A81). **23** ὀψώνιον *Sold, Lohn, Bezahlung;* m. gen. auctoris (A153) τὰ ὀψώνια τῆς ἁμαρτίας *der Lohn, den die Sünde zahlt.* χάρισμα³ *Gnadengeschenk, Gnadengabe.* ἐν hier *mit* od. *durch.*

7 ἀ-γνοέω *nicht erkennen, nicht wissen.* γινώσκουσιν Ptz. γινώσκω, subst.; γινώσκουσιν γὰρ νόμον λαλῶ *ich rede ja zu solchen, die das Gesetz kennen* (Parenthese, A374). κυριεύω *Herr sein über, Gewalt haben über, herr-

schen über, m. Gen. (A165). **ἐφ᾽ ὅσον χρόνον** *so lange (als)* (B ὅσος 1).
ζῇ 3. Sg. ζάω. **2 γάρ** hier etwa *denn/so zum Beispiel* (vgl. B 1d). **ὕπ-** 2
ανδρος[11] *unter der Gewalt des Mannes stehend;* ἡ ὕπανδρος γυνή *die ver-*
heiratete Frau. **ζῶντι** Ptz. ζάω, attr.; τῷ ζῶντι ἀνδρί *an den lebenden*
Mann, hier *an ihren* (A103) *Mann (nur) zu dessen Lebzeiten*. **δέ-δεται** Pf.
Pass. δέω, Pf. Pass. m. dat. sociativus (A179) *gebunden sein an* (B 3). **νόμῳ**
dat. causae (A177) *durch das Gesetz, auf Grund des Gesetzes*. **ἀπο-θάνῃ** Aor.
Konj. -θνήσκω. **κατ-ήργηται** Pf. Pass. -αργέω *außer Wirksam-*
keit/Geltung setzen, zunichte machen, aufheben; Pass. hier *entbunden werden,*
befreit werden (B 3). **ὁ νόμος τοῦ ἀνδρός** gen. pertinentiae (A152ff) *das*
Gesetz, soweit es den Mann betrifft (B 3) bzw. *das Gesetz, (das sie) an den Mann*
(bindet). **3 ζῶντος** Ptz. ζάω, gen. abs. (A288), temp.; ζῶντος τοῦ ἀνδρός 3
zu Lebzeiten des Mannes. **μοιχαλίς**[3] ίδος ἡ *Ehebrecherin*. **χρηματίσει**
Fut. χρηματίζω (vgl. A33[91ff]) *eine Weisung erteilen;* hier *genannt werden, hei-*
ßen (B 2); gnomisches Fut. (BDR §349[2]; A248). **γένηται** Aor. Konj. Med.
γίνομαι, m. dat. poss. (A173f); ἐὰν γένηται ἀνδρὶ ἑτέρῳ *wenn sie einem*
anderen Mann (an)gehört (B II3) bzw. *wenn sie sich mit einem anderen Mann*
einläßt/einen anderen Mann heiratet. **ἐλεύθερος** *frei; unabhängig, ungebunden;*
ἀπὸ τοῦ νόμου *vom Gesetz* bzw. *von der Herrschaft des Gesetzes*. **τοῦ** m. AcI
hier kons. (A281) *so daß*. **εἶναι** Inf. εἰμί, Präd. des AcI. **γενομένην** Aor.
Ptz. Med., kond. **4 ἐ-θανατώθητε** Aor. Pass. θανατόω *töten;* Pass. *in den* 4
Tod gegeben werden, zu Tode kommen. **τῷ νόμῳ** dat. incommodi (A173) od.
resp. (A178) *dem Gesetz gegenüber*. **εἰς τό** m. AcI fin. od. kons (A282) *damit*
od. *so daß*. **γενέσθαι** Aor. Inf. Med., Präd. des AcI; m. dat. poss. (vgl. V. 3).
ἐγερθέντι Aor. Ptz. Pass. ἐγείρω, subst., App. (A70); ἑτέρῳ, τῷ ἐκ νε-
κρῶν ἐγερθέντι *einem anderen, (nämlich) dem, der von den Toten auferweckt*
worden ist. **καρπο-φορήσωμεν** Aor. Konj. -φορέω *Frucht bringen*. **τῷ**
θεῷ dat. commodi (A173) *für Gott*. **5 ἦμεν** Ipf. εἰμί; ὅτε γὰρ ἦμεν ἐν 5
τῇ σαρκί *denn als wir im Fleisch waren,* d.h. v. Fleisch (etwa v. den eigenen,
gegen Gottes Willen gerichteten Wünschen) best. waren. **πάθημα**[3]
(< πάσχω) *Leid, Leiden; Leidenschaft;* τὰ παθήματα τῶν ἁμαρτιῶν *die*
Leidenschaften, die zur Sünde (d.h. zu konkreten sündigen Handlungen [A101c])
führen (wohl Gen. der Richtung, A162), übers. viell. *die sündigen/sündhaften*
Leidenschaften (vgl. gen. qualitatis, A160). **τὰ διὰ τοῦ νόμου** *die durch das*
Gesetz erregt/hervorgerufen wurden. **ἐν-ηργεῖτο** Ipf. Med. -εργέω Akt. u.
Med. intr. *wirksam sein, sich auswirken*. **μέλος**[7] *Glied*. **εἰς τό** m. Inf. fin.
(Subj.: τὰ παθήματα) *um zu* od. kons. (Subj.: erg. ἡμᾶς) *so daß wir*.
καρπο-φορῆσαι Aor. Inf. **6 νυνί**[18] *nun, jetzt*. **κατ-ηργήθημεν** Aor. 6
Pass. -αργέω V. 2. **ἀπο-θανόντες** Aor. Ptz. -θνήσκω, temp. od. kaus. **ἐν**
ᾧ = τούτῳ ἐν ᾧ (A358); τούτῳ (zum Dat. s. V. 4) ἐν ᾧ κατειχόμεθα
gegenüber dem, worin wir gefangen waren/durch das wir beherrscht wurden

(gemeint ist das Gesetz). **κατ-ειχόμεθα** Ipf. Pass. -έχω tr. *auf-, zurückhalten; festhalten;* Pass. *gebunden sein* (B 1dα); *beherrscht werden, gefesselt/gefangen sein.* **δουλεύειν** Inf. δουλεύω *(als Sklave) dienen;* Präd. des AcI. **καινότης**[3] ητος ἡ *Neuheit;* ἐν καινότητι πνεύματος *in der neuen Wirklichkeit, (das heißt) im Geist* (gen. epexegeticus, A163), od. *in der neuen Wirklichkeit des Geistes* (gen. auctoris, A153). **παλαιότης**[3] ητος ἡ *Alter;* s. zu καινότης. **γράμμα**[3] *Buchstabe; Schrift (das Gesetz als Geschriebenes, das den Menschen verurteilt).*

7   **7 ἐροῦμεν** Fut. λέγω, mod. Fut. (A247); τί ἐροῦμεν *was sollen wir sagen? was folgt daraus?* **ἁμαρτία** Präd.-Nom. **γένοιτο** Aor. Opt. Med. γίνομαι; μὴ γένοιτο *auf keinen Fall.* **ἔ-γνων** Aor. γινώσκω; οὐκ ἔγνων Irrealis (ἄν fehlt im NT gelegentl.; A252) *ich hätte nicht erkannt.* **εἰ μή** *außer.* **τε γάρ** hier *nämlich* (BDR §443[5]). **ἐπι-θυμία** *Verlangen, Sehnsucht;* (sündige) *Begierde, Lust.* **ᾔδειν** Plsqpf. (m. der Bdtg. eines Ipf.) οἶδα. **ἔ-λεγεν** Ipf. λέγω; τήν τε γὰρ ἐπιθυμίαν οὐκ ᾔδειν εἰ μὴ ὁ νόμος ἔλεγεν *irrealer Fall* (m. fehlendem ἄν; A345) *ich hätte nämlich von der Begierde nichts gewußt, wenn das Gesetz nicht gesagt hätte.* **ἐπι-θυμήσεις** Fut. -θυμέω *begehren, verlangen;* οὐκ ἐπιθυμήσεις Fut bez. hier striktes

8 Verbot (A247d) *du sollst nicht begehren.* **8 ἀφ-ορμή** *Ausgangspunkt, Stützpunkt; Anlaß, Gelegenheit.* **λαβοῦσα** Aor. Ptz. Fem. λαμβάνω, mod. od. kaus. **κατ-ειργάσατο** Aor. Med. -εργάζομαι[92] *vollenden, tun; hervorru-*

9 *fen, bewirken.* **πᾶς** ohne Art. *jede Art von* (B 1aβ). **9 ἔ-ζων** Ipf. ζάω. **ποτέ**[18] *einst.* **ἐλθούσης** Aor. Ptz. Fem. ἔρχομαι, gen. abs. (A288), temp.

10 **ἀν-έ-ζησεν** Aor. ἀνα-ζάω[20] *(wieder) aufleben,* hier *aufleben.* **10 ἀπ-έ-θανον** Aor. ἀπο-θνῄσκω. **εὑρέθη** Aor. Pass. εὑρίσκω, Pass. *sich erweisen als* (B 2). **ἡ εἰς ζωήν** erg. οὖσα (vgl. B εἰς 4d) *das zum Leben dienen sollte.* **εἰς θάνατον** erg. οὖσα *zum Tod führend,* übers. *als todbringend.*

11 **11 λαβοῦσα** V. 8. **ἐξ-ηπάτησεν** Aor. -απατάω *betrügen, täuschen,*
12 *verführen.* **ἀπ-έ-κτεινεν** Aor. ἀπο-κτείνω. **12 ὥστε** hier *also* (B 1a), erg. ἐστίν. **μέν** inhaltl. Ggs. dazu (ohne δέ, A315,2) V. 13 (B 2b).

13 **13 ἐ-γένετο** Aor. Med. γίνομαι; ἐμοὶ ἐγένετο θάνατος *es ist mein* (A173) *Tod geworden, es hat mir den Tod gebracht.* **γένοιτο** Aor. Opt. Med.; μὴ γένοιτο *auf keinen Fall.* **ἀλλὰ ἡ ἁμαρτία** *(das hat) vielmehr die Sünde (getan).* **φανῇ** Aor. Konj. Pass. φαίνομαι[124] *scheinen, leuchten;* hier *in Erscheinung treten, sichtbar werden/sein* (B 2e); ἵνα φανῇ ἁμαρτία *damit sie als Sünde sichtbar würde.* **κατ-εργαζομένη** Ptz., mod. **γένηται** Aor. Konj. Med. γίνομαι hier etwa *sich erweisen als.* **ὑπερ-βολή** *Übermaß;* καθ᾽ ὑπερβολήν *im Übermaß, über alle Maßen.* **ἁμαρτωλός**[11] *sündig.*

14   **14 πνευματικός** *den Geist betreffend, geistlich* (d.h. es ist v. Gott gegeben; B 2aβ). **σάρκινος** *fleischern; fleischlich, von fleischlicher Art* (d.h. im Widerspruch zu Gott lebend). **πε-πραμένος** Pf. Ptz. Pass. πιπράσκω[169]

verkaufen (als Sklave); umschrieb. Pf. (A249; Ptz. dann App. [A70] zu σάρκινος) od. mod. **ὑπό** m. Akk. *unter (die Gewalt/die Herrschaft).*
15 κατ-εργάζομαι V. 8. **πράσσω** *vollbringen, tun.* **16 σύμ-φημι** 15f
(A32) *zustimmen, bestätigen, zugestehen;* σύμφημι τῷ νόμῳ ὅτι καλός *ich
stimme dem Gesetz zu (und erkenne damit an), daß es gut (ist).* **17 νυνὶ δέ** 17
hier *dann aber, dann jedoch.* **οἰκοῦσα** Ptz. Fem. οἰκέω *wohnen, hausen;* attr.
[Var. ἐν-οικέω *wohnen in*]. **18 τοῦτ᾽ ἔστιν** *das heißt* (A93; B οὗτος 1bε). 18
οὐκ οἰκεῖ ... ἀγαθόν *es wohnt nichts Gutes.* **θέλειν** Inf., subst. *(das)
Wollen.* **παρά-κειμαι** (A32) *daneben liegen; bereitliegen, zur Hand sein;* m.
Dat. hier wohl *jmdm. zur Verfügung stehen, vorhanden sein bei.* **κατ-
εργάζεσθαι** Inf. V. 8, subst.; τὸ κατεργάζεσθαι τὸ καλὸν οὔ *das Tun
des Guten (ist bei mir) nicht (vorhanden)* etwa = *das Gute zu tun, bringe ich nicht
zustande.* **20 οἰκοῦσα** V. 17. **21 εὑρίσκω** hier *erkennen, wahrnehmen,* 20f
entdecken (B 2). **νόμος** hier viell. *Regel* (B 2), *Gesetzmäßigkeit;* aber eher
Hinweis auf das „andere Gesetz" (V. 23). **θέλοντι** Ptz. θέλω, attr. bzw. subst.
(App. zu ἐμοί, A303); dat. commodi (A173); τῷ θέλοντι ἐμοὶ ποιεῖν τὸ
καλόν *für mich/bei mir, der ich das Gute tun will.* **ποιεῖν** Inf. ποιέω.
22 συν-ήδομαι *sich mitfreuen; mit Freude zustimmen.* **ἔσω** *hinein; inwen-* 22
dig, im Innern; κατὰ τὸν ἔσω ἄνθρωπον *meinem inneren Menschen/meiner
innersten Überzeugung nach.* **23 μέλος** V. 5. **ἀντι-στρατευόμενον** Ptz. 23
-στρατεύομαι *zu Felde ziehen gegen; im Streit liegen, widerstreiten,* m. Dat.;
AcP (A300) od. attr. **νοῦς** (νοός νοΐ νοῦν) *Verstand, Vernunft;* ὁ νόμος
τοῦ νοός μου *das Gesetz meiner Vernunft* (= das Gesetz, dem ich innerlich
zustimme). **αἰχμ-αλωτίζοντα** Ptz. -αλωτίζω *zum Kriegsgefangenen
machen, gefangennehmen;* AcP (A300) od. attr. **ἐν τῷ νόμῳ** lok. als Bereich
der Gefangenschaft (es nimmt gefangen) *unter das Gesetz;* viell. instr. *durch das
Gesetz.* **ἁμαρτίας** gen. pertinentiae (A151ff; am ehesten wohl gen. subi.,
A158); νόμος τῆς ἁμαρτίας *das Gesetz der Sünde,* d.h. das Gesetz bzw. die
Ordnung/Herrschaft, wie sie v. der Sünde bestimmt/ausgeübt wird. **ὄντι** Ptz.
εἰμί, attr. **24 ταλαί-πωρος**[11] *elend, unglückselig.* **ῥύσεται** Fut. Med. 24
ῥύομαι[8] *(er)retten, befreien.* **σῶμα τοῦ θανάτου** *Todesleib,* gen. quali-
tatis (A160), d.h. die irdische, sündige Existenz des Menschen, die dem Tod
verfallen ist. **25 χάρις** hier *Dank;* erg. ἔστω *soll sein/sei* (BDR §128[9]; A78a) 25
[Var. εὐ-χαριστέω *dankbar sein; danken*]. **ἄρα οὖν** *es gilt also nun:*
αὐτὸς ἐγώ *ich auf mich selbst angewiesen/gestellt* (B αὐτός 1c) od. *ich selbst
(als ein und dieselbe Person).* **μέν ... δέ** *(zwar)/einerseits ... aber/andererseits.*
τῷ ... νοΐ ... τῇ ... σαρκί dat. resp. (A178) od. instr. (A176) *was meine
(A103) Vernunft angeht/mit meiner Vernunft* (d.h. meiner innersten Überzeugung
nach) ... *was mein Fleisch angeht/mit meinem Fleisch* (d.h. mit meinem
faktischen Tun). **δουλεύω** V. 6.

κατά-κριμα[3] *Verurteilung; Strafe, Verdammnis.* **τοῖς ἐν Χριστῷ 8**

Ἰησοῦ dat. commodi (A173) *für die, die in* (d.h. in der Gemeinschaft mit)
2 *Christus Jesus (leben).* **2 ὁ νόμος τοῦ πνεύματος τῆς ζωῆς** *das Gesetz des Geistes* (d.h. die Ordnung/Herrschaft, wie sie vom Geist bestimmt/ausgeübt wird [wohl gen. subi., A158]), *der zum Leben führt* (Gen. der Absicht bzw. Wirkung, A162) = *das Gesetz des lebenschaffenden Geistes.* **ἠλευθέρωσεν** Aor. ἐλευθερόω *befreien.* **σε** 2. Sg. für den Christen allgemein (A208). **ὁ νόμος τῆς ἁμαρτίας καὶ τοῦ θανάτου** *das Gesetz der Sünde* (vgl. 7,23) *und des Todes* (vgl. Gegenstück τῆς ζωῆς V. 2a).
3 **3 ἀ-δύνατος**[11] akt. *unvermögend;* pass. *unmöglich;* τὸ γὰρ ἀδύνατον τοῦ νόμου *denn was dem* (mosaischen) *Gesetz unmöglich ist.* **ἐν ᾧ** kaus. (BDR §219[2]; B ἐν IV6d) *weil.* **ἠσθένει** Ipf. ἀ-σθενέω *kraftlos sein, schwach sein;* Subj.: ὁ νόμος. **διὰ τῆς σαρκός** *durch das Fleisch* (d.h. die menschl. Existenz unter der Herrschaft der Sünde), *wegen (des Widerstandes) des Fleisches* (vgl. B διά AIV). **ὁ θεός** Anakoluth (A375); übers. etwa *(das hat) Gott (getan, und zwar so:).* **πέμψας** Aor. Ptz. πέμπω, temp. od. mod. **ὁμοί-ωμα**[3] *Gleichheit, gleiche Gestalt; Gestalt.* **σὰρξ ἁμαρτίας** *Sündenfleisch, sündiges Fleisch* etwa = *(das) von der Sünde beherrschte menschliche Dasein* (gen. qualitatis, A160); ἐν ὁμοιώματι σαρκὸς ἁμαρτίας *Gott sandte seinen Sohn in einer Gestalt, die dem von der Sünde beherrschten menschlichen Dasein gleich ist* bzw. *in der gleichen Gestalt, wie sie die Menschen haben, die im Widerspruch zu Gott leben.* **περὶ ἁμαρτίας** hier *(als Sühne) für (die) Sünde, als Sündopfer* (LXX-Ausdruck; B περί 1g); gehört zu πέμψας. **κατ-έ-κρινεν** Aor. κατα-κρίνω[127] *verurteilen* (dies schließt hier wohl die Vollstreckung des Urteils ein). **ἐν τῇ σαρκί** *im Fleisch* (d.h. im Herrschaftsbereich der Sünde) od. *am Fleisch* (d.h. Jesus, dem menschgewordenen Sohn
4 Gottes). **4 δικαίωμα**[3] *Rechtssatzung, -forderung.* **πληρωθῇ** Aor. Konj. Pass. πληρόω. **μή** beim Ptz. (A307). **κατὰ σάρκα** *dem Fleisch entsprechend* (d.h. best. v. den eigenen, gegen Gottes Willen gerichteten Wünschen). **περι-πατοῦσιν** Ptz. -πατέω, attr. bzw. subst. (App. zu ἡμῖν, A303).
5 **5 ὄντες** Ptz. εἰμί, subst.; οἱ κατά ... ὄντες *die, die ... entsprechend sind = die, die sich von ... bestimmen lassen.* **τὰ τῆς σαρκός** *die Dinge des Fleisches* (vgl. V. 4); analog τὰ τοῦ πνεύματος. **φρονέω** *denken, urteilen;* den Sinn richten auf, bedacht sein auf, m. Akk. **οἱ δὲ κατὰ πνεῦμα** erg. ὄντες.
6 **6 φρόνημα**[3] *Bestreben, Trachten,* m. gen. subi. (A158). **θάνατος, ζωή,**
7 **εἰρήνη** jeweils Präd.-Nom., erg. ἐστίν *bedeutet* (d.h. bringt). **7 δι-ότι** (A338) = ὅτι *denn* (B 3). **ἔχθρα** *Feindschaft.* **εἰς** *gegen* (B 4cα). **ὑπο-τάσσεται** Pass. -τάσσω[79] *unterordnen, unterwerfen;* Pass. *sich unterordnen;*
8 Subj. ist ἡ σάρξ. **οὐδὲ γάρ** *denn auch nicht* (BDR §452[4]). **8 ὄντες** V. 5. **ἐν σαρκί** hier (wie 7,5) im Sinn v. κατὰ σάρκα in V. 4f. **ἀρέσαι** Aor.
9 Inf. ἀρέσκω[159] *zu Gefallen sein; gefallen.* **9 εἴπερ** *so gewiß* (B εἰ VI12); *wenn wirklich* (A341). **οἰκέω** *wohnen.* **οὐκ ἔστιν αὐτοῦ** präd. gen. poss.

(A154) *er gehört ihm nicht an, er ist nicht sein eigen.* **10 μέν ... δέ** *(zwar)* ... **10**
aber. **νεκρόν, ζωή** Präd.-Nom., erg. jeweils ἐστίν *ist* bzw. *bedeutet.*
δικαιοσύνη *(die)* (v. Christus für den Glaubenden bewirkte) *Gerechtigkeit.*
11 ἐγείραντος Aor. Ptz. ἐγείρω, subst. **ἐγείρας** Aor. Ptz., subst. **ζωο-** **11**
ποιήσει Fut. -ποιέω *lebendig machen.* **θνητός** *sterblich.* **ἐν-**
οικοῦντος Ptz. -οικέω *wohnen in;* attr.

    12 ὀφειλέτης[1] *Schuldner* (Präd.-Nom.); ὀφειλέται ἐσμέν *wir sind* **12**
verpflichtet, m. Dat. *gegenüber.* **ζῆν** Inf. ζάω, m. τοῦ ν. ὀφειλέται τῇ σαρκί
abhängig (ZG; m. kons. Sinn, BDR §400[4]); τοῦ κατὰ σάρκα ζῆν *so daß wir
unser Leben vom Fleisch bestimmen lassen (müßten).* **13 μέλλω** *hier müssen,* **13**
sollen, gewiß (künftig) etwas tun (B 1cδ). **ἀπο-θνῄσκειν** Inf. **πνεύματι**
dat. instr. (A176) *durch den Geist* (d.h. durch seine Kraft). **πρᾶξις**[8] *Handeln,
Tätigkeit;* hier *böse Tat, Machenschaft* (B 4b). **θανατόω** *töten.* **ζήσεσθε**
Fut. Med. (m. akt. Bdtg.) ζάω. **14 ἄγονται** Pass. ἄγω, gnomisches Präs. **14**
(A233); wohl toleratives Pass. (A219); ὅσοι ... ἄγονται *alle, die sich ... leiten
lassen.* **15 ἐ-λάβετε** Aor. λαμβάνω. **δουλεία** *Sklaverei, Knechtschaft;* **15**
wohl Gen. der Richtung (A162) *der Sklaverei* bzw. *der euch zu Sklaven macht.*
εἰς *zu, so daß;* bez. die Wirkung, den Erfolg (B 4e); εἰς φόβον *zur Furcht, daß
ihr euch fürchten müßt.* **υἱο-θεσία** *Annahme an Kindes Statt, Adoption;*
πνεῦμα υἱοθεσίας *Geist der Sohnschaft/Kindschaft* bzw. *Geist, der euch zu
Söhnen/Kindern macht* (Gen. der Richtung, A162). **ἐν ᾧ κράζομεν** *durch
den wir rufen* (d.h. wohl beim Beten). **ἀββά** (aram. אַבָּא *ʾabbā* Vok.,
usprüngl. Diminutivform) *(mein) Vater* (Anrede des Vaters, bes. v. kleinen Kin-
dern). **ὁ πατήρ** Nom. m. Art. für Vok. (A142). **16 αὐτὸ τὸ πνεῦμα** *der* **16**
Geist selbst (A124). **συμ-μαρτυρέω** *mitbezeugen; bestätigen, Zeugnis able-
gen, bezeugen.* **17 καί** (erstes) *so/dann auch.* **κληρο-νόμος** (< κλῆρος **17**
Los; Anteil + νέμομαι *besitzen*) *(der) Erbe;* Präd.-Nom. **μέν ... δέ**
(einerseits) ... und (andererseits). **συγ-κληρο-νόμος**[11] *miterbend;* subst.
Miterbe τινός *mit jmdm.;* Präd.-Nom., *Miterben* mit Christus. **εἴπερ** V. 9.
συμ-πάσχω *zusammen leiden mit, mitleiden.* **συν-δοξασθῶμεν** Aor.
Konj. Pass. -δοξάζω (vgl. A33[91ff]) *gemeinsam preisen;* Pass. *mit verherrlicht
werden* bzw. (hier) *an seiner Herrlichkeit teilhaben.*

    18 ἄξιος *entsprechend, angemessen;* οὐκ ἄξια ... πρός (vgl. A200) *(sie)* **18**
stehen in keinem Verhältnis ... zu (B 1a), *sie fallen nicht ins Gewicht ... gegenüber.*
πάθημα[3] (< πάσχω) *Leid, Leiden, Unglück.* **μέλλουσαν** Ptz. Fem.
μέλλω, attr., m. Inf. zur Umschreibung des Fut. (A250). **ἀπο-καλυφθῆ-
ναι** Aor. Inf. Pass. -καλύπτω[54] *enthüllen, offenbaren.* **εἰς ἡμᾶς** *uns; an uns*
(BDR §207[2]). **19 ἀπο-καρα-δοκία** *sehnsüchtige Erwartung, sehnsüchtiges* **19**
Harren; ἡ ἀποκαραδοκία τῆς κτίσεως = ἡ ἀποκαραδοκοῦσα
κτίσις *die sehnsüchtig wartende/hoffende Schöpfung* (B). **κτίσις**[8] *Schöpfung.*
ἀπο-κάλυψις[8] *Enthüllung, Offenbarung;* ἡ ἀποκάλυψις τῶν υἱῶν τοῦ

θεοῦ *das Offenbarwerden (der Herrlichkeit) der Söhne/Kinder Gottes.* **ἀπ-εκ-**
20 **δέχομαι** *erwarten, warten auf.* **20 ματαιότης**³ ητος ἡ *Nichtigkeit, Ver-*
gänglichkeit. **ὑπ-ε-τάγη** Aor. Pass. ὑπο-τάσσω V. 7. **ἑκών** οὖσα όν
(vgl. A10) *freiwillig, gern, von sich aus;* hier wohl *durch eigenes Verschulden;* Adj.
adv. gebraucht (A113). **ὑπο-τάξαντα** Aor. Ptz., subst. **ἐφ᾽ ἑλπίδι** = ἐπ᾽
ἐλπίδι (BDR §14²) wohl *auf Hoffnung hin;* viell. *auf Grund der Hoffnung* (BDR
21 §235³). **21 ὅτι** *denn, weil;* od. *daß* (m. flgd. Inhalt der Hoffnung; B ἐλπίς 2b)
[Var. δι-ότι *deshalb weil; daß*]. **ἐλευθερωθήσεται** Fut. Pass. ἐλευθερόω
V. 2. **δουλεία** V. 15. **φθορά** *Verderben, Vernichtung, Untergang; Vergäng-*
lichkeit. **ἐλευθερία** *Freiheit;* ἡ ἐλευθερία τῆς δόξης gen. pertinentiae
(A152ff) *die Freiheit der Herrlichkeit,* d.h. die Freiheit, die zur Herrlichkeit
22 gehört). **22 συ-στενάζω** *mitseufzen, mitstöhnen; zusammen/gemeinsam*
seufzen/stöhnen. **συν-ωδίνω** *zusammen in Wehen liegen;* od. allgem. *gemein-*
23 *sam Schmerz empfinden.* **ἄχρι τοῦ νῦν** *bis jetzt.* **23 οὐ μόνον δέ, ἀλλὰ**
καί *aber nicht nur (sie/dies), sondern auch* (BDR §479¹). **καὶ αὐτοί, ἡμεῖς**
καὶ αὐτοί beide: *auch wir selbst* (Subj. betont). **ἀπ-αρχή** *Erstlingsgabe*
(term. tech. der Opfersprache: der Jahwe geweihte erste Teil der Naturerträge,
durch dessen Darbringung das Ganze geheiligt wurde); hier übertr. *Anfangsgabe*
(im Sinn einer Anzahlung). **τοῦ πνεύματος** gen. epexegeticus (A163)
die/der im Geist besteht od. *den Geist als Anfangsgabe.* **ἔχοντες** Ptz. ἔχω,
konz. od. subst. ohne Art. (vgl. H-S §129b; A303f) als Subjektsartangabe (*als*
solche, die wir; A65). **ἐν ἑαυτοῖς** (= ἐν ἡμῖν αὐτοῖς; A126a) *in uns selbst,*
in unserem Innern. **στενάζω** *seufzen, stöhnen.* **υἱο-θεσία** V. 15; hier geht
es um die vollständige Verwirklichung der υἱοθεσία. **ἀπ-εκ-δεχόμενοι**
Ptz. V. 19, temp./mod. od. kaus. **ἀπο-λύτρωσις**⁸ (endzeitl., endgültige)
24 *Erlösung;* App. zu υἱοθεσίαν. **τοῦ σώματος** gen. obi. (A158). **24 τῇ**
ἐλπίδι dat. modi (A180) *auf Hoffnung hin.* **ἐ-σώθημεν** Aor. Pass. σῴζω.
βλεπομένη Ptz. Pass., attr.; ἐλπὶς βλεπομένη *eine Hoffnung, die man*
(schon verwirklicht) sieht. [Var. ὃ γὰρ βλέπει τις, τί καὶ ἐλπίζει *denn was*
braucht einer noch auf das zu hoffen, was er (bereits) sieht? (zum καί s. BDR
§442²⁵ od. A313).] **ἐλπίζω** *hoffen;* ὃ γὰρ βλέπει τίς ἐλπίζει (erg. τοῦτο,
25 A358) *denn wer hofft auf das, was er (schon) sieht?* **25 ὑπο-μονή** *Ausharren,*
Geduld, Ausdauer, Standhaftigkeit; δι᾽ ὑπομονῆς *in/mit Geduld, geduldig* (B 1).
26 **ἀπ-εκ-δέχομαι** V. 19. **26 ὡσ-αύτως** *in gleicher Weise, ebenso.* **συν-**
αντι-λαμβάνομαι¹⁵² *mithelfen, beistehen, zur Hilfe kommen.*
ἀ-σθένεια *Krankheit; Schwachheit.* **τὸ τί** = τί (indirekter Fragesatz ist
subst.; H-S §273b; BDR §267,2). **προσ-ευξώμεθα** Aor. Konj. Med.
-εύχομαι, deliberativer Konj. (A255). **καθὸ δεῖ** *so wie es sich gebührt* (B
δεῖ 6), *wie es angemessen ist.* **ὑπερ-εν-τυγχάνω** *Fürsprache einlegen, bit-*
tend eintreten (für). **στεναγμός** *Seufzer.* **ἀ-λάλητος**¹¹ *unaussprechlich,*
unausgesprochen; στεναγμοῖς ἀλαλήτοις dat. modi (A180) *mit un-*

aussprechlichen Seufzern (d.h. mit Seufzern, die das ausdrücken, was menschl. Worte nicht sagen können), weniger wahrscheinl. *mit unausgesprochenen/wortlosen Seufzern.* **27 ἐραυνῶν** Ptz. ἐραυνάω *erforschen;* subst. 27 **φρόνημα** V. 6. **κατὰ θεόν** *wie es Gott entspricht;* viell. *wie es dem Willen Gottes gemäß ist.* **ὅτι** *daß* (abhängig v. οἶδεν) od. *denn/weil.* **ἐν-τυγχάνω** *zusammentreffen mit, eintreten (für).* **28 ἀγαπῶσιν** Ptz. ἀγαπάω, subst. 28 **συν-εργέω** *mitwirken, helfen; verhelfen* (B), τινὶ εἴς τι *jmdm. zu etwas;* Subj. πάντα. **εἰς ἀγαθόν** *zum Vorteil, zum Guten* (B ἀγαθός 2αβ). **πρό-θεσις**[8] (< προτίθεμαι *sich vornehmen, beschließen*) *Aufstellung; Vorsatz, Plan, Ratschluß* (B 2b); κατὰ πρόθεσιν *entsprechend (seinem) Ratschluß/Plan.* **κλητός** *berufen, geladen.* **οὖσιν** Ptz. εἰμί, subst., App. (A70) *(nämlich) denen, die ... sind.* **29 προ-έ-γνω** Aor. προ-γινώσκω[166] *vorherwissen; im* 29 *voraus ausersehen/erwählen.* **προ-ώρισεν** Aor. -ορίζω (vgl. A33[91ff]) *vorherbestimmen* (m. doppeltem Akk. [A147] *jmdn. zu etwas).* **σύμ-μορφος**[11] *dieselbe Gestalt habend, gleichgestaltet,* m. Gen. **εἰκών**[4] όνος ἡ *Bild; Abbild, Ebenbild; Aussehen, Gestalt;* (erg. τούτους, A358) καὶ προώρισεν συμμόρφους τῆς εἰκόνος τοῦ υἱοῦ αὐτοῦ *die hat er auch zu solchen vorherbestimmt, die dem Bild/der Gestalt seines Sohnes gleichgestaltet sind.* **εἰς τό** m. AcI fin. *damit,* evtl. kons. (A282) *so daß.* **εἶναι** Inf. εἰμί, Präd. des AcI. **πρωτό-τοκος**[11] (< τίκτω *gebären*) *erstgeboren;* subst. **ἐν** hier *unter.* **30 ἐ-κάλεσεν** Aor. καλέω. **ἐ-δικαίωσεν** Aor. δικαιόω *rechtfertigen,* 30 *freisprechen, für gerecht erklären, gerecht machen.* **ἐ-δόξασεν** Aor. δοξάζω hier *Anteil an seiner Herrlichkeit geben.*

31 ἐροῦμεν Fut. λέγω, mod. Fut. (A247); τί οὖν ἐροῦμεν πρὸς 31 ταῦτα *was sollen wir dazu sagen? was folgt daraus?* ταῦτα bezieht sich wohl auf das ab 5,1 Gesagte. **32 γέ** hier steigernd *sogar/doch* (B 2) bzw. in Verbin- 32 dung m. οὐκ *nicht einmal.* **ἐ-φείσατο** Aor. Med. φείδομαι[89] *(ver)schonen,* m. Gen. **παρ-έ-δωκεν** Aor. παρα-δίδωμι. **τὰ πάντα** *alles (andere)* (A376a). **χαρίσεται** Fut. Med. χαρίζομαι[101] *gnädig gewähren, (aus Gnade) schenken;* mod. Fut. (A247); οὐχί ... χαρίσεται; *sollte er nicht ... schenken?* **33 ἐγ-καλέσει** Fut. -καλέω[37] *beschuldigen, anklagen, Anklage* 33 *erheben* (juristischer term. tech.); viell. mod. Fut. (A247): wer *kann anklagen.* **ἐκ-λεκτός**[9] (< ἐκ-λέγομαι [für sich] *auswählen*) *ausgewählt;* im NT fast durchweg: *auserwählt* (ausgesondert, um zu Gott zu gehören bzw. ihm zu dienen). **θεός** erg. ἐστίν *Gott ist es;* analog Χριστός V. 34. **δικαιῶν** Ptz. δικαιόω V. 30; subst. *der, der (sie/uns) freispricht/für gerecht erklärt.* **34 κατα-κρινῶν** Fut. Ptz. -κρίνω V. 3; subst.; τίς ὁ κατακρινῶν *wer (ist* 34 *da), der (uns) verurteilen könnte?* (vgl. V. 33). **ἀπο-θανών** Aor. Ptz. -θνῄσκω, subst. *der, der gestorben ist.* **μᾶλλον δέ** *ja vielmehr* (B μᾶλλον 3d), *mehr noch.* **ἐγερθείς** Aor. Ptz. Pass. ἐγείρω, subst. **ἐν-τυγχάνω** V. 27. **35 χωρίσει** Fut. χωρίζω (vgl. A33[91ff]) *trennen, scheiden;* wohl mod. 35

Fut. (A247): wer *kann trennen.* στενο-χωρία *Enge, Not, Angst.* διωγμός *Verfolgung.* λιμός ὁ u. ἡ *Hunger.* γυμνότης³ ητος ἡ *Nacktheit, Blöße; Bedürftigkeit.* κίνδυνος *Gefahr.* μάχαιρα *Schwert,* hier metonymisch

36 (A381f) für den gewaltsamen *Tod.* 36 γέ-γραπται Pf. Pass. γράφω, Pf. Pass. term. tech. zur Einführung v. Schriftzitaten (B 2c): *in der Schrift heißt es/steht.* ὅτι recitativum = Doppelpunkt (A333). ἔνεκεν uneig. Präp. (A183) *wegen, um willen.* θανατούμεθα Pass. θανατόω *töten;* θανατούμεθα *wir werden getötet* (hyperbolisch, A383) = *wir sind vom Tod bedroht* bzw. konativ (A232c) *man versucht, uns zu töten.* ἐ-λογίσθημεν Aor. Pass. λογίζομαι. πρό-βατον *Schaf.* σφαγή *(das) Schlachten, Opferung;*

37 πρόβατα σφαγῆς *Schlacht-, Opferschafe* (Gen. des Zwecks, A162). 37 ἐν τούτοις πᾶσιν *in all diesen Situationen/Lagen.* ὑπερ-νικάω *völlig überwinden, einen überwältigenden Sieg davontragen* (Wilckens, Röm II, S. 170).

38 ἀγαπήσαντος Aor. Ptz. ἀγαπάω, subst. 38 πέ-πεισμαι Pf. (m. präs. Bdtg.) Pass. πείθω; Pf. Pass. *überzeugt sein, gewiß sein.* ἀρχή hier *(unsichtbare) Macht/Gewalt.* ἐν-εστῶτα Pf. (Wz.-Pf., H-S §109a; m. präs. Bdtg.) Ptz. Ntr. ἐν-ίσταμαι²⁰⁵ *eintreten;* Pf. *vorhanden sein, gegenwärtig sein;* Pf. Ptz. subst. *Gegenwärtiges, Gegenwart.* μέλλοντα Ptz. μέλλω, subst.

39 *Zukünftiges, Zukunft.* 39 ὕψωμα³ *Hohes, Höhe.* βάθος⁷ *Tiefe.* κτίσις⁸ *Schöpfung; Geschöpf.* δυνήσεται Fut. δύναμαι. χωρίσαι Aor. Inf. ἀγάπη τοῦ θεοῦ gen. subi. (A158).

9 ἐν (zweimal) *in (der Verbundenheit/Übereinstimmung mit).* ψεύδομαι *lügen, belügen.* συμ-μαρτυρούσης Ptz. Fem. -μαρτυρέω *Mitzeuge sein; bestätigen, Zeugnis ablegen für, bezeugen;* gen. abs. (A288), mod.; συμμαρτυρούσης μοι τῆς συνειδήσεώς μου *wobei mein Gewissen (es) mir bezeugt.*

2 συν-είδησις⁸ *Bewußtsein; Gewissen.* 2 λύπη *Trauer, Kummer.* μοί dat. poss. (A173f), μοί ἐστιν *ich habe.* ἀ-διά-λειπτος¹¹ *unaufhörlich.* ὀδύνη *Schmerz.* τῇ καρδίᾳ μου dat. resp. (A178) *in meinem Herzen.*

3 3 ηὐχόμην Ipf. εὔχομαι *beten, wünschen,* hier m. flgd. Nom. m. Inf. (da kein Subj.-Wechsel; BDR §405,1; H-S §216e); Ipf. zur Bezeichnung erfüllbarer od. unerfüllbarer Wünsche (analog zu ἐβουλόμην/ἤθελον; H-S §209j; A319b): *ich wünschte.* ἀνά-θεμα³ (< ἀνατίθημι u.a. [der Gottheit] weihen) eig. „das (der Gottheit) Geweihte", doch bibl. *das Verfluchte, das dem Untergang Geweihte* (LXX-Ausdruck für חֵרֶם *ḥērem* „Bann[gut]", ThBNT 1, S. 348f), übers. *verflucht;* Präd.-Nom. des Nom. m. Inf. εἶναι Inf. εἰμί, Präd. des Nom. m. Inf. ἀπό bez. hier die Trennung (H-S §184e); ηὐχόμην γὰρ ἀνάθεμα εἶναι αὐτὸς ἐγὼ ἀπὸ τοῦ Χριστοῦ *denn ich wünschte, selbst verflucht und so von Christus getrennt zu sein.* συγ-γενής⁷ *verwandt;* subst. auch: *Stammesgenosse, Volksgenosse;* App. (A70). κατὰ σάρκα *in Hinsicht auf das Fleisch, im Hinblick auf die menschliche Abstammung* (B κατά II6).

4 4 οἵ-τινες = οἵ (A133a) od. qualitativ-kausal (BDR §293,2b; A132b u. 368)

solche/sie, die doch bzw. *insofern/weil sie doch.* ᾽Ισραηλίτης[1] *Israelit.* ὧν gen. poss. (A154 u. 174), erg. εἰσίν, *denen/ihnen gehören.* υἱο-θεσία *Annahme an Kindes Statt, Adoption;* hier etwa *Sohnesrecht.* δια-θήκη *Testament;* im NT meist: *Heilsverfügung, -setzung, Bund.* νομο-θεσία *Gesetzgebung.* λατρεία *Gottesdienst.* 5 ἐξ ὧν erg. ἐστίν *von denen/ihnen stammt,* 5 *aus ihrer Mitte ist hervorgegangen* (vgl. B ἐκ 3b). τὸ κατὰ σάρκα Akk. der Beziehung bzw. adv. Akk. (A149f), übers. (wie einfaches κατὰ σάρκα, vgl. V. 3) *seiner menschlichen Herkunft nach.* ὤν Ptz. εἰμί, attr.; ὁ ὢν ἐπὶ πάντων θεὸς εὐλογητὸς εἰς τοὺς αἰῶνας umstritten ist, ob a) Christus (Komma hinter σάρκα) od. b) Gott (Punkt hinter σάρκα) gemeint ist: a) Christus ... *der der über allem (stehende und) ewig gepriesene Gott ist* od. *der als Gott über allem steht (und) in Ewigkeit gepriesen ist;* b) als selbständiger Lobpreis (erg. εἴη [Opt. v. εἰμί] od. ἐστίν [BDR §128[8]]) *Gott, der über allem ist, sei/ist gepriesen.* εὐ-λογητός *gepriesen.*

6 οἷος[18] *wie beschaffen;* οὐχ οἷον δὲ ὅτι *aber nicht als ob; es ist allerdings nicht so, daß* (BDR §480[6]). ἐκ-πέπτωκεν Pf. -πίπτω[194] *heraus-, hinfallen; hinfällig werden* (B 3b). οἱ ἐξ ᾽Ισραήλ *die Israeliten* (B ἐκ 3d), *die Nachkommen Israels.* ᾽Ισραήλ (zweites) präd., erg. εἰσίν *sind Israel, zählen zum (wahren) Israel.* **7** οὐδ᾽ ὅτι *und nicht, weil.* εἰσὶν σπέρμα sinngemäß konstruiert (A96). ᾽Αβραάμ indekl., hier Gen. ἀλλ᾽ erg. etwa *es heißt.* ᾽Ισαάκ indekl., hier Dat., *Isaak, Abrahams Sohn.* κληθήσεται Fut. Pass. καλέω; ἐν ᾽Ισαὰκ κληθήσεταί σοι σπέρμα *in/durch Isaak wird/soll dir Nachkommenschaft genannt werden = (nur) die Nachkommen Isaaks werden deine Nachkommen heißen* (Einh.) bzw. *werden als deine Nachkommen gelten* (vgl. ZG), nach B 1aδ *(genannt werden = sein): (nur) in Isaak sollst du Samen/Nachkommen haben.* **8** τοῦτ᾽ ἔστιν *das heißt* (A93; B οὗτος 1bε). τὰ τέκνα τῆς σαρκός *die Kinder natürlicher Abstammung* (B σάρξ 4), *die leiblichen Kinder;* erg. ἐστίν *sind (damit auch).* τὰ τέκνα τῆς ἐπαγγελίας *die Kinder der Verheißung = die, die auf Grund der (göttlichen) Verheißung seine Kinder wurden.* λογίζεται Pass. λογίζομαι, Pass. hier m. εἴς τι *als etwas gerechnet/angesehen werden* (B 1b). **9** ἐπαγγελίας attr. (gen. epexegeticus, A163) od. präd. (gen. poss., A154); erg. ἐστίν; *denn das Verheißungswort lautet wie folgt* od. *denn dieses Wort gehört zur Verheißung.* κατὰ τὸν καιρὸν τοῦτον *zu dieser Zeit* (B καιρός 1) hier = *nächstes Jahr um diese Zeit.* ἐλεύσομαι Fut. Med. ἔρχομαι. ἔσται Fut. εἰμί, m. dat. poss. (A173) τῇ Σάρρᾳ *Sara wird haben.* Σάρρα 4,19.

10 οὐ μόνον δέ, ἀλλὰ καί *aber nicht nur (sie/dies), sondern auch;* erg. hinter δέ etwa *Sara empfing eine göttliche Verheißung* (BDR §479[1]). ῾Ρεβέκκα *Rebekka, Isaaks Frau.* κοίτη *(das) Schlafengehen; Bett, Ehebett; Beischlaf.* ἔχουσα Ptz. Fem. ἔχω, temp.; ἐξ ἑνὸς κοίτην ἔχουσα *als sie mit nur einem Mann Verkehr hatte* (B 2b), *als sie von einem einzigen Mann (mit*

11 *Zwillingen) schwanger war.* Ἰσαάκ V. 7, hier Gen. 11 μή-πω *noch nicht.*
γεννηθέντων Aor. Ptz. Pass. γεννάω, gen. abs. (A288), temp.; μήπω
γὰρ γεννηθέντων *denn noch bevor sie/die beiden geboren waren.*
πραξάντων Aor. Ptz. πράσσω[78] *tun, vollbringen;* gen. abs. (A288), temp.
φαῦλος *schlecht, böse.* ἵνα ... καλοῦντος (V. 12) Parenthese (A374).
ἐκ-λογή *Erwählung.* πρό-θεσις[8] (< προτίθεμαι sich vornehmen,
beschließen) *Aufstellung; Vorsatz, Plan, Ratschluß* (B 2b); ἡ κατ᾽ ἐκλογὴν
πρόθεσις *der Erwählungsvorsatz, der entsprechend der Erwählung verfahrende
Ratschluß, der auf seiner freien Wahl basierende Plan/Ratschluß.* μένῃ Konj.
12 μένω *hier bestehen bleiben* (B 1cβ). 12 καλοῦντος Ptz. καλέω, subst.;
οὐκ ἐξ ἔργων ἀλλ᾽ ἐκ τοῦ καλοῦντος *abhängig nicht von Wer-
ken/(menschlichen) Leistungen, sondern von dem/ihm, der beruft.* ἐρ-ρέθη Aor.
Pass. λέγω. αὐτῇ *zu ihr* (d.h. Rebekka). ὅτι *recitativum* = Doppelpunkt
(A333). μείζων *hier subst. (der) Ältere.* δουλεύσει Fut. δουλεύω *Sklave
sein; dienen.* ἐλάσσων[11] ον (Komp. zu μικρός) *geringer; hier subst. (der)*
13 *Jüngere.* 13 γέ-γραπται Pf. Pass. γράφω, Pf. Pass. term. tech. zur Einfüh-
rung v. Schriftzitaten (B 2c): *in der Schrift heißt es/steht.* Ἰακώβ indekl.,
Jakob, Sohn Isaaks, Stammvater Israels. ἠγάπησα Aor. ἀγαπάω.
Ἠσαῦ indekl., *Esau,* Sohn Isaaks. ἐ-μίσησα Aor. μισέω; „lieben" u.
„hassen" werden hier im Sinn v. „erwählen" u. „verwerfen" verwendet
(EWNT 2, Sp. 1061).
14 **14** ἐροῦμεν Fut. λέγω , mod. Fut. (A247); τί ἐροῦμεν *was sollen wir
sagen? was folgt daraus?* μή *etwa* (verneinende Antwort angedeutet, A320).
ἀ-δικία *Unrecht; Ungerechtigkeit.* γένοιτο Aor. Opt. Med. γίνομαι; μὴ
15 γένοιτο *auf keinen Fall.* **15** ἐλεήσω Fut. ἐλεέω m. Akk. *Mitleid haben mit,
sich erbarmen über, (jmdm.) sein Erbarmen erweisen/schenken.* ὃν ἂν *wem/mit
wem (immer)* (vgl. A371). ἐλεῶ Konj.; ἐλεήσω ὃν ἂν ἐλεῶ *ich schenke
dem mein Erbarmen, mit dem ich Erbarmen habe = ich schenke mein Erbarmen,
wem (immer) ich will* (vgl. GN); Par. analog. οἰκτιρήσω Fut. οἰκτίρω (vgl.
A33[132ff]) m. Akk. *Mitleid haben mit, sich erbarmen über.* οἰκτίρω Konj.
16 **16** θέλοντος Ptz. θέλω, subst.; Präd.-Nom. im gen. poss. (A154, vgl. BDR
§162[9]; gilt für alle Gen. v. V. 16), erg. ἐστίν; ἄρα οὖν οὐ τοῦ θέλοντος
οὐδὲ τοῦ τρέχοντος *es* (d.h. wohl Gottes Ratschluß bzw. Erwählen [V. 11])
ist nicht Sache/abhängig von dem (Menschen), der (dies) will (d.h. vom menschl.
Wollen), *noch von dem (Menschen) der, der sich (darum) bemüht.* τρέχοντος
Ptz. τρέχω *laufen;* übertr. *angestrengt vorwärtsstreben* (B 2a), *sich abmühen;*
subst. ἐλεῶντος Ptz. ἐλεάω (nachklass. Variante zu ἐλεέω [V. 15], BDR
17 §90), attr. **17** Φαραώ indekl., *Pharao,* Titel der altägyptischen Könige. ὅτι
V. 12. εἰς αὐτὸ τοῦτο *eben dazu.* ἐξ-ήγειρα Aor. -εγείρω[137f] *auf-
wecken;* (hier: als Herrscher) *auftreten lassen.* ὅπως *damit.* ἐν-δείξωμαι
Aor. Konj. Med. -δείκνυμαι[212] *zeigen, erweisen.* δι-αγγελῇ Aor. Konj.

Pass. -αγγέλλω[110] *bekanntmachen.* **18 σκληρύνω** (< σκληρός hart)   18
verhärten, verstockt machen. **19 ἐρεῖς** Fut. λέγω, viell. mod. Fut. (A247);   19
ἐρεῖς μοι οὖν *man kann/mag mir nun entgegenhalten* (A76e). **μέμφομαι**
tadeln, vorwerfen; τί οὖν ἔτι μέμφεται *warum tadelt er dann noch? warum*
zieht er (uns) dann noch zur Rechenschaft? **βούλημα**[3] *Wille, Absicht,*
Ratschluß. **ἀνθ-έστηκεν** Pf. -ίσταμαι[205] *sich entgegenstellen, sich wider-*
setzen, widerstehen; Pf. wohl (vgl. A231) „sich entgegengestellt haben u. seine
Position als Gegner behaupten" = *sich widersetzen können.* **20 ὦ** vor Vok. m.   20
Affekt (A142). **μεν-οῦν-γε** *vielmehr, wahrlich; denn eigentlich.* **σύ** zur Beto-
nung vor dem τίς (BDR §475[2]). **ἀντ-απο-κρινόμενος** Ptz. -κρίνομαι
dagegen antworten, widersprechen, streiten; attr. bzw. subst. (App. zu σύ, A303)
du ... der du Gott *widersprichst, du ... daß du* Gott *zur Verantwortung ziehen willst*
(Menge). **ἐρεῖ** Fut.; viell. mod. Fut. (A247); μὴ ἐρεῖ *darf/kann ... etwa sagen.*
πλάσμα[3] *geformter Gegenstand, Gebilde, Werk* (des Töpfers/Künstlers);
Geschöpf. **πλάσαντι** Aor. Ptz. πλάσσω[105] *formen, bilden;* subst. *der, der*
(einen Gegenstand) *formt* (Töpfer/Künstler), daher auch *(der) Schöpfer.* **τί**
warum (B 3a). **ἐ-ποίησας** Aor. ποιέω. **21 κεραμεύς**[8] ὁ *Töpfer.*   21
πηλός *Ton;* gen. obi. (A158); οὐκ ἔχει ἐξουσίαν ὁ κεραμεὺς τοῦ
πηλοῦ *hat nicht der Töpfer freies Verfügungsrecht über den Ton? hat nicht der*
Töpfer das Recht, den Ton nach Belieben zu verwenden? (GN). **φύραμα**[3]
Gemisch, Masse. **ποιῆσαι** Aor. Inf. ποιέω; abhängig v. ἐξουσίαν *freies*
Verfügungsrecht über den Ton, *(nämlich) zu machen.* **ὃ μέν ... ὃ δέ** *das eine ...*
das andere (A133c). **σκεῦος**[7] *Gerät; Gefäß.* **ἀ-τιμία** *Unehre;* εἰς τιμήν ...
εἰς ἀτιμίαν (zu einem Gefäß) *für einen ehrenvollen Zweck ... (zu einem) für*
einen verächtlichen/unansehnlichen Zweck. **22 θέλων** Ptz., kaus. od. konz.; der   22
εἰ-Satz ist ohne Dann-Satz (Aposiopese, A377; BDR §467[2]; 482[3]), erg. davor
etwa *wie?* (Menge); εἰ δὲ θέλων ὁ θεός ... ἤνεγκεν ... (V. 23) καὶ ἵνα *wie*
aber, wenn Gott ... ertrug, weil er ... wollte und damit er od. *wie aber, wenn Gott,*
obwohl er ... wollte ... ertrug, damit er zugleich. **ἐν-δείξασθαι** Aor. Inf. Med.
V. 17. **ὀργή** *Zorn; Zorngericht.* **γνωρίσαι** Aor. Inf. γνωρίζω[98] *kundtun,*
offenbaren. **δυνατός** *mächtig;* subst. Ntr. = δύναμις (B 2d; H-S §137c).
ἤνεγκεν Aor. φέρω hier *ertragen.* **μακρο-θυμία** *Geduld, Ausdauer;*
Langmut. **ὀργῆς** Gen. der Absicht (A162); σκεύη ὀργῆς *Gefäße seines*
Zorns, d.h. Gefäße, die sein Zorngericht treffen wird. **κατ-ηρτισμένα** Pf.
Ptz. Pass. -αρτίζω (vgl. A33[91ff]) *in Ordnung bringen; bereitstellen, herstellen,*
schaffen; attr. **εἰς** hier u. V. 23 *für.* **ἀπ-ώλεια** (< ἀπ-όλλυμι) *Verderben,*
Untergang. **23 γνωρίσῃ** Aor. Konj. **πλοῦτος** *Reichtum.* **ἐπί** hier *an*   23
(B III1be). **ἔλεος**[7] *Barmherzigkeit, Erbarmen, Mitleid;* Gen. der Absicht
(A162). **προ-ητοίμασεν** Aor. -ετοιμάζω (vgl. A33[91ff]) *vorher bereiten.*
24 ἐ-κάλεσεν Aor. καλέω; οὓς (vgl. A364a) καὶ ἐκάλεσεν ἡμᾶς *als*   24
diese/solche (näml. Gefäße des Erbarmens; Obj.-Präd. [A65]) *hat er auch uns*

25 *berufen.* **οὐ μόνον ... ἀλλὰ καί** *nicht nur ... sondern auch.* **25 Ὡσηέ** indekl., *Hosea*, atl. Prophet. **καλέσω** Fut. **τὸν οὐ λαόν μου** *das, was nicht mein Volk ist.* **ἠγαπημένην** Pf. Ptz. Pass. ἀγαπάω, subst.; τὴν οὐκ

26 ἠγαπημένην *die Nichtgeliebte.* **26 ἔσται** V. 9; καὶ ἔσται *und es wird geschehen, daß* (Hebr.: fut. Gegenstück zu ἐγένετο usw. [A271]; B εἰμί I4). **οὗ**[18] *wo.* **ἐρ-ρέθη** V. 12. **κληθήσονται** Fut. Pass. καλέω. **ζῶντος** Ptz.

27 ζάω, attr. **27 Ἡσαῖας**[1] *Jesaja*, atl. Prophet. **ὑπέρ** m. Gen. = περί (A184) *über, im Hinblick auf.* **ᾖ** Konj. εἰμί; ἐὰν ᾖ ... *hier wohl* = konz. (A350) *wenn (auch) ... wäre,* wird *(doch).* **ἀριθμός** *Zahl.* **ἄμμος** ἡ *Sand.* **ὑπό-λειμμα**[3] *Rest, Überrest;* erg. *(nur)* [Var. κατά-λειμμα gleiche Bdtg.].

28 **σωθήσεται** Fut. Pass. σῴζω. **28 συν-τελῶν** Ptz. -τελέω *vollenden; erfüllen* (B 2); mod. **συν-τέμνων** Ptz. -τέμνω *verkürzen, einschränken;* mod. [Var. συν-τε-τμημένον Pf. Ptz. Pass.]. **ποιήσει** Fut. ποιέω; λόγον γὰρ συντελῶν καὶ συντέμνων ποιήσει κύριος ἐπὶ τῆς γῆς genaue Bdtg. unsicher, etwa *denn (das) Wort wird der Herr auf der Erde verwirklichen, wobei er (es) erfüllt und (dessen Anwendung) (auf den Überrest) beschränkt;* λόγον ist kaum AkkO der beiden Ptz., wobei ποιήσει dann intr. wäre: *der Herr wird auf der Erde handeln/verfahren, wobei er (das) Wort erfüllt und verkürzt* (vgl. B zu

29 συντέμνω). **29 προ-είρηκεν** Pf. -λέγω[191] *vorhersagen.* **σαβαώθ** (hebr. צְבָאוֹת *ṣəḇā°ôṯ*, Pl. v. צָבָא *ṣāḇā° Heer*) indekl., hier Nom., *Zebaot;* κύριος σαβαώθ (Gottesname im AT) übers. *der Herr* (im AT *Jahwe*) *der Heerscharen* od. dem Sinn entsprechend *der Herr, der Allmächtige.* **ἐγ-κατ-έ-λιπεν** Aor. ἐγ-κατα-λείπω[44] *zurücklassen; übriglassen.* **σπέρμα** hier wohl im Sinn v. *eine kleine Nachkommenschaft, eine Rest-Nachkommenschaft.* **Σόδομα** ων τά *Sodom,* **Γόμορρα** τά u. ἡ *Gomorra,* zwei wegen ihrer Sünde untergegangene Städte (Gen 19,24ff). **ἐ-γενήθημεν** Aor. Pass. (ohne Pass.-Bdtg.) γίνομαι. **ὡμοιώθημεν** Aor. Pass. ὁμοιόω *gleichmachen;* εἰ μὴ κύριος ... ἐγκατέλιπεν ... ἂν ἐγενήθημεν καί ... ἂν ὡμοιώθημεν irrealer Fall (A345) *wenn der Herr ... nicht übriggelassen hätte, so wären wir ... geworden und wären wir ... gleich geworden.*

30 **30 ἐροῦμεν** V. 14. **διώκοντα** Ptz. διώκω, attr. **κατ-έ-λαβεν** Aor. κατα-λαμβάνω[152] *ergreifen, erlangen.* **δέ** *und zwar* (BDR §447[5]). **τὴν ἐκ πίστεως** attr. (A84) *(die) auf Grund von Glauben erlangt wird.*

31 **31 Ἰσραήλ** ὁ indekl., hier Nom. **διώκων** Ptz., konz. *obwohl es sich mit aller Kraft* um *das Gesetz bemühte.* **δικαιοσύνης** gen. obi. (A158) *das von der Gerechtigkeit handelt* (Michel, Röm, S. 319) od. Gen. der Absicht (A162) *dessen Ziel die Gerechtigkeit ist.* **ἔ-φθασεν** Aor. φθάνω[143] *zuvorkommen; (hin)gelangen, erreichen;* εἰς νόμον οὐκ ἔφθασεν *hat das Gesetz bzw. das*

32 *Ziel des Gesetzes nicht erreicht.* **32 διὰ τί** *warum?* **ὡς** bez. den subjektiven Grund (vgl. A291,3 u. BDR §425,3); ὅτι οὐκ ἐκ πίστεως (erg. wohl ἐδίωξαν) ἀλλ’ ὡς ἐξ ἔργων (erg. viell. καταλαμβάνοντες) *weil sie nicht auf*

Grund des Glaubens danach trachteten, sondern meinten, sie könnten sie durch (ihr) Tun (d.h. die Erfüllung des Gesetzes) *erlangen.* **προσ-έ-κοψαν** Aor. -κόπτω[56] *anstoßen; Anstoß nehmen an, ablehnen,* m. Dat. **πρόσ-κομμα**[3] *Anstoß;* ὁ λίθος προσκόμματος *„der Stein des Anstoßes"* (d.h. ein Stein, an dem man sich stößt, über den man stolpert; B 1a), eine Art Chiffre (H-S §295v) für Christus. **33 γέ-γραπται** V. 13. **Σιών** ἡ indekl., hier Dat., *Zion,* Bezeichnung für Jerusalem (bes. als Wohnort Gottes [s. Tempel]). **καί** (erstes) epexegetisch *und zwar* (A311,7). **πέτρα** *Fels.* **σκάνδαλον** *Falle; Verführung* (das, was zu Fall bringt, zur Sünde, zum Abfall v. Gott veranlaßt); *Ärgernis, (das) Anstößige* (das, was Widerspruch, Entrüstung, Mißbilligung hervorruft). **καί** (zweites) adversativ (A311,1) *aber.* **πιστεύων** Ptz., subst. **κατ-αισχυνθήσεται** Fut. Pass. -αισχύνω *schänden;* Pass. *zuschanden werden.*

εὐ-δοκία *guter Wille;* hier *Wunsch* (B 3). **δέησις**[8] *Bitte, Gebet.* **εἰς σωτηρίαν** erg. ἐστίν *ist, daß sie gerettet werden.* **2 ζῆλος**[7] *Eifer;* m. gen. obi. (A158) ζῆλος θεοῦ *Eifer um/für Gott* (BDR §163,1). **ἐπί-γνωσις**[8] *(richtige) Erkenntnis;* ἀλλ᾽ οὐ κατ᾽ ἐπίγνωσιν *aber (dieser) beruht nicht auf der richtigen Erkenntnis.* **3 ἀ-γνοοῦντες** Ptz. ἀ-γνοέω *nicht erkennen, verkennen* (B 2); kaus. od. mod. **δικαιοσύνη τοῦ θεοῦ** wahrscheinl. hier gen. subi.: *Gottes (heilschaffende) Gerechtigkeit* (nicht seine Eigenschaft, sondern sein Heilshandeln). **ζητοῦντες** Ptz. ζητέω, kaus. od. mod. **στῆσαι** Aor. Inf. ἵστημι hier *aufrichten* (B I2a), d.h. sie versuchen, durch eigene Anstrengung Gerechtigkeit zu erringen. **ὑπ-ε-τάγησαν** Aor. Pass. ὑπο-τάσσω[79] *unterordnen, unterwerfen;* Pass. *sich unterordnen.* **4 τέλος** hier wohl *Ende.* **πᾶς ὁ** m. Ptz. *jeder, der* (A86). **πιστεύοντι** Ptz. πιστεύω, subst.; dat. commodi (A173) *für jeden, der glaubt.* **5 τὴν δικαιοσύνην** Akk. der Beziehung (A149); γράφει τὴν δικαιοσύνην *schreibt über/in bezug auf die Gerechtigkeit.* **ἐκ** *auf Grund von.* **ὅτι** recitativum = Doppelpunkt (A333). **ποιήσας** Aor. Ptz. ποιέω, subst. **αὐτά** *sie,* d.h. die Vorschriften des Gesetzes. **ζήσεται** Fut. Med. (m. akt. Bdtg.) ζάω. **ἐν** *durch.* **6 εἴπῃς** Aor. Konj. λέγω; prohibitiver Konj. (A256). **ἀνα-βήσεται** Fut. Med. -βαίνω. **τοῦτ᾽ ἔστιν** *das heißt* (A93; B οὗτος 1bε); durch diesen Ausdruck führt Paulus hier eine Deutung des jeweiligen Zitatteils ein. **κατ-αγαγεῖν** Aor. Inf. -άγω[59] *herabholen;* fin. **7 κατα-βήσεται** Fut. Med. -βαίνω. **ἄ-βυσσος** ἡ *Abgrund, Unterwelt.* **ἀν-αγαγεῖν** Aor. Inf. -άγω[59] *heraufführen, heraufholen.* **8 λέγει** Subj. weiterhin ἡ ἐκ πίστεως δικαιοσύνη (V. 6). **ἐγγύς** *nahe,* m. Gen. (Adv. bzw. uneig. Präp. [A183]). **πίστεως** gen. obi. (A158). **9 ὅτι** *denn.* **ὁμο-λογήσῃς** Aor. Konj. -λογέω (vgl. ὁμῶς *zusammen, in gleicher Weise* + λόγος) *übereinstimmen; sich (offen) als etwas od. zu etwas od. jmdm. bekennen;* m. AkkO Ἰησοῦν. **κύριον** Obj.-Präd. (A65) *als Herrn.* **πιστεύσῃς** Aor. Konj. **ἤγειρεν** Aor. ἐγείρω.

10 σωθήσῃ Fut. Pass. σῴζω. 10 καρδίᾳ dat. instr. (A176). πιστεύεται
Pass., übers. *man glaubt* (A76b). εἰς bez. die Wirkung (B 4e); εἰς δικαιο-
σύνην/σωτηρίαν *zur Gerechtigkeit/Rettung, und wird dadurch gerechtfer-
tigt/gerettet.* στόματι dat. instr. (A176). ὁμολογεῖται Pass., übers. *man*
11 *bekennt* (A76b). 11 πᾶς ... οὐκ = οὐδείς (Sem., A137c). πιστεύων
Ptz., subst. κατ-αισχυνθήσεται Fut. Pass. -αισχύνω *schänden;* Pass.
12 *zuschanden werden.* 12 δια-στολή *Unterschied;* διαστολὴ Ἰουδαίου τε
καὶ Ἕλληνος *Unterschied zwischen Juden und Griechen/Nichtjuden*
(verallgemeinernder Sg., A101a). Ἕλλην[4] ηνος ὁ *Grieche; Nichtjude, Heide.*
πάντων gen. poss. (A154 u. 174), erg. ἐστίν; ὁ αὐτὸς κύριος πάντων *sie
haben alle denselben Herrn.* πλουτῶν Ptz. πλουτέω *reich sein;* mod. (A291,2
Anm. 1). εἰς *für* (B 4g); πλουτῶν εἰς πάντας *(und) er wendet seinen
Reichtum allen zu.* ἐπι-καλουμένους Ptz. Med. -καλέω[37] *anrufen;* Med.
13 *(für sich) anrufen* (B 2b); subst. 13 ὃς ἄν *der (auch immer)* (ἄν unterstreicht
Verallgemeinerung; A132b). ἐπι-καλέσηται Aor. Konj. Med. σωθή-
σεται Fut. Pass.
14 14 ἐπι-καλέσωνται Aor. Konj. Med. V. 12; hier u. im flgd. (V. 14f)
deliberativer Konj. (selten in der 3. Pers.; A255; BDR §366,1[5]). εἰς ὅν =
τοῦτον εἰς ὅν (A358; H-S §142d) *den, an den* (sie nicht zum Glauben
gekommen sind). ἐ-πίστευσαν Aor. πιστεύω, ingr. (A240). πιστεύ-
σωσιν Aor. Konj. οὗ = τούτῳ οὗ (A358); πῶς δὲ πιστεύσωσιν οὗ
οὐκ ἤκουσαν; *wie sollen sie an den glauben, den sie nicht gehört haben?*
ἤκουσαν Aor. ἀκούω, m. Gen. ἀκούσωσιν Aor. Konj. [Var.
ἀκούσονται Fut. Med., mod. Fut. (A247)]. κηρύσσοντος Ptz. κη-
15 ρύσσω, subst. *Verkündiger.* 15 κηρύξωσιν Aor. Konj. ἀπο-στα-
λῶσιν Aor. Konj. Pass. -στέλλω. γέ-γραπται Pf. Pass. γράφω, Pf. Pass.
term. tech. zur Einführung v. Schriftzitaten (B 2c): *in der Schrift heißt es/steht;* m.
dem Schriftzitat deutet Paulus an, daß die Apostel das Evangelium verkündigt
haben, wie die Schrift es vorausgesagt hat. ὡραῖος *rechtzeitig; angenehm, lieb-
lich* (B 1); *willkommen;* erg. εἰσίν. εὐ-αγγελιζομένων Ptz. Med.
16 -αγγελίζω, subst. 16 ὑπ-ήκουσαν Aor. -ακούω[2] *hören auf, gehorchen,*
m. Dat. Ἠσαΐας 9,27. ἐ-πίστευσεν Aor. ἀκοή *(das) Hören;* (das, was
17 gehört wird) *Botschaft, Predigt.* 17 ἐξ erg. davor ἐστίν (ebenso vor διά)
18 *kommt aus/von.* ῥήματος auch ohne Art. best. (A106a+c). 18 λέγω hier
(u. V. 19) *ich frage* (erg. gedankl. *im Hinblick auf Israel).* μὴ οὐκ *etwa nicht*
(angedeutete Antwort: „doch"; H-S §269b); μὴ οὐκ ἤκουσαν; *haben sie (die
Botschaft) etwa nicht gehört?* μεν-οῦν-γε *freilich, wahrlich, im Gegenteil, o
doch.* ἐξ-ῆλθεν Aor. -έρχομαι. φθόγγος *Schall; Stimme.* πέρας[3]
ατος τό *Grenze, Ende.* οἰκουμένη (Ptz. Fem. Pass. οἰκέω *wohnen* + γῆ)
19 *(bewohnte) Erde, Welt.* 19 μή ... οὐκ V. 18. ἔ-γνω Aor. γινώσκω hier *ver-
stehen, begreifen.* πρῶτος[19] *als erster* (B 1a; vgl. A113). παρα-ζηλώσω

Fut. -ζηλόω *eifersüchtig machen, neidisch machen* τινὰ ἐπί τινι *jmdn. auf jmdn.* οὐκ ἔθνος *Nicht-Volk, Un-Volk* (GN). ἀ-σύνετος[11] *unverständig* (hier: ohne richtige Gotteserkenntnis). παρ-οργιῶ Fut. -οργίζω (vgl. A33[91ff]) *zornig machen, aufbringen.* **20** ἀπο-τολμάω *(kühn) wagen;* ἀποτολμᾷ καὶ λέγει Hendiadyoin (A378; BDR §442[29]) *er sagt frei heraus, er wagt sogar zu sagen.* εὑρέθην Aor. Pass. εὑρίσκω; hier wohl toleratives Pass. (A219) *ich habe mich finden lassen.* ἐν für einfachen Dat. (BDR §220[1]), hier (selten) = ὑπό τινος (BDR §191,2) *von;* viell. ἐν im Sinn v. *inmitten, unter* (ZG). ζητοῦσιν Ptz. ζητέω, subst. ἐμ-φανής[7] *sichtbar, offenbar.* ἐ-γενόμην Aor. Med. γίνομαι. ἐπ-ερωτῶσιν Ptz. -ερωτάω hier *fragen nach* (B 1c); subst. **21** πρός hier *im Hinblick auf* (B III5a). ἐξ-ε-πέτασα Aor. ἐκ-πετάννυμι (vgl. A33[225f]) *ausbreiten, ausstrecken.* ἀ-πειθοῦντα Ptz. ἀ-πειθέω *ungehorsam sein;* attr. ἀντι-λέγοντα Ptz. -λέγω *widersprechen; sich widersetzen;* attr. *widerspenstig.*

μή *etwa* (verneinende Antwort angedeutet, A320). ἀπ-ώσατο Aor. Med. -ωθέομαι[173] *zurückstoßen; verstoßen.* [Var. κληρο-νομία *(das) Erbe, Eigentum.*] γένοιτο Aor. Opt. γίνομαι; μὴ γένοιτο *auf keinen Fall.* καὶ γάρ *denn auch* (B γάρ 1b). Ἰσραηλίτης[1] *Israelit.* Ἀβραάμ indekl., hier Gen. φυλή *Stamm.* Βενιαμίν indekl., hier Gen., *Benjamin,* israelitischer Stamm. **2** προ-έ-γνω Aor. -γινώσκω[166] *vorherwissen; im voraus ausersehen/erwählen.* ἐν hier *im Abschnitt über* (vgl. B I1d). Ἠλίας[1] ου *Elija,* atl. Prophet. τί zur Betonung steht ἐν Ἠλίᾳ vor dem Fragewort (vgl. BDR §475[2]). ἐν-τυγχάνω *zusammentreffen mit, sich wenden an,* m. Dat.; ἐντυγχάνει ... κατά τινος *gegen jmdn. auftreten/anrufen, Klage führen gegen* (B 1a). **3** ἀπ-έ-κτειναν Aor. ἀπο-κτείνω. θυσιαστήριον *Altar.* κατ-έ-σκαψαν Aor. κατα-σκάπτω (vgl. A33[51ff]) *niederreißen, zertrümmern.* ὑπ-ε-λείφθην Aor. Pass. ὑπο-λείπω[44] *übriglassen;* Pass. *übrigbleiben.* ζητέω τὴν ψυχήν *nach dem Leben trachten* (atl. Redewendung; B ζητέω 2bδ). **4** χρηματισμός *Gottesspruch,* hier übers. etwa *Gottes Antwort.* κατ-έ-λιπον Aor. κατα-λείπω[44] *zurücklassen; übriglassen* (B 1c) [Var. κατ-έ-λειπον Ipf.]. ἐμαυτῷ[14] Refl.-Pron. 1. Pers. ἐπτακισ-χίλιοι[19] *siebentausend.* ἔ-καμψαν Aor. κάμπτω (vgl. A33[51ff]) *beugen;* m. γόνυ τινί *die Knie vor jmdm. beugen, jmdn. anbeten.* γόνυ[3] νατος τό *Knie.* Βάαλ ὁ indekl., *Baal,* kanaanäische Gottheit; hier Fem., weil man ἡ αἰσχύνη (*Schande*) statt ὁ Βάαλ las (BDR §53,5). **5** λεῖμμα[3] *Rest.* ἐκ-λογή *Erwählung; Auswahl, (das) Ausgewählte;* ἐκλογὴ χάριτος *Gnadenwahl* (d.h. die v. Gott in seiner Gnade getroffene Erwählung). γέ-γονεν Pf. γίνομαι, hier γέγονεν fast = ἐστίν *ist (vorhanden)* (B II5). **6** χάριτι dat. causae (A177) *durch Gnade;* erg. gedankl. etwa *ist die Auswahl getroffen worden.* ἐκ *auf Grund von* (B 3f). ἐπεί (A338) *weil;* hier *denn sonst* (B 2). γίνεται hier (viell. v. γέγονεν V. 5 beeinflußt; ZG) *ist/wäre.* **7** τί οὖν erg. ἐροῦμεν

11

2

3

4

5

6

7

(Fut. v. λέγω) *was sollen wir sagen? was folgt daraus?* (vgl. B τίς 1bϵ). **ἐπι-ζητέω** *suchen; erstreben* (B 2a). **Ἰσραήλ** indekl., hier Nom. **ἐπ-έ-τυχεν** Aor. ἐπι-τυγχάνω[156] *erlangen, erreichen;* τοῦτο οὐκ ἐπέτυχεν *das hat es nicht erreicht.* **ἐκ-λογή** hier im pass. Sinn: *Auswahl, auserwählter Teil.*

8 **ἐ-πωρώθησαν** Aor. Pass. πωρόω *verhärten, verstocken.* 8 [Var. καθ-ά-περ *gleichwie, so wie.*] **γέ-γραπται** Pf. Pass. γράφω, Pf. Pass. term. tech. zur Einführung v. Schriftzitaten (B 2c): *in der Schrift heißt es/steht.* **ἔ-δωκεν** Aor. δίδωμι. **κατά-νυξις**[8] *Betäubung;* ἔδωκεν αὐτοῖς ὁ θεὸς πνεῦμα κατανύξεως *Gott hat ihnen einen Geist der Betäubung gegeben = ... einen Geist gegeben, der sie betäubt* (Wilckens) bzw. *verblendet* (vgl. GN). **τοῦ** m. Inf. kons. od. fin. (A281); ὀφθαλμοὺς/ὦτα τοῦ μὴ βλέπειν/μὴ ἀκούειν *solche Augen/Ohren, daß sie nicht sehen/nicht hören* (BDR §400[4]), *Augen/Ohren, um nicht zu sehen/zu hören.* **βλέπειν** Inf. **οὖς**[3] ὠτός *τό Ohr.* **ἀκούειν** Inf.

9 **9 Δαυίδ** indekl., hier Nom. **γενηθήτω** Aor. Imp. Pass. (ohne Pass.-Bdtg.) 3. Sg. γίνομαι, εἴς τι *zu etwas werden* (B I4a). **τράπεζα** *Tisch,* hier metonymisch (A381f) für *Mahlzeit.* **παγίς**[3] ίδος ἡ *Schlinge, Fallstrick.* **θήρα** *Fangnetz, Falle.* **σκάνδαλον** *Falle; Verführung* (das, was zu Fall bringt, zur Sünde, zum Abfall v. Gott veranlaßt); *Ärgernis,* (das) *Anstößige* (das, was Widerspruch, Entrüstung, Mißbilligung hervorruft). **ἀντ-από-δομα**[3]

10 *Vergeltung.* **10 σκοτισθήτωσαν** Aor. Imp. Pass. 3. Pl. σκοτίζω (vgl. A33[91ff]) *verfinstern;* Pass. *finster werden, sich verfinstern.* **τοῦ μὴ βλέπειν** kons. (A281) *so daß sie nicht(s) (mehr) sehen.* **νῶτος** *Rücken.* **διά** m. Gen. hier zeitl.; διὰ παντός *immer, beständig* (B AII1a). **σύγ-καμψον** Aor. Imp. -κάμπτω (vgl. A33[51ff]) *zusammenbringen, beugen;* τὸν νῶτον αὐτῶν ... σύγκαμψον *beuge ihren Rücken, d.h. wohl unter das Sklavenjoch* (GN).

11   **11 μή** V. 1. **ἔ-πταισαν** Aor. πταίω *anstoßen, straucheln.* **πέσωσιν** Aor. Konj. πίπτω hier *zu Fall kommen* (B 2aβ). **γένοιτο** V. 1. **παρά-πτωμα**[3] *Fehltritt, Vergehen, Verfehlung, Sünde;* dat. instr. (A176). **τοῖς ἔθνεσιν** dat. commodi (A173), erg. ἐγένετο o.ä. *ist den Heiden zuteil geworden.* **εἰς τό** m. Inf. fin. (A282) *um zu.* **παρα-ζηλῶσαι** Aor. Inf. -ζηλόω *zur Eifersucht reizen, zum Nacheifern reizen, neidisch machen;* εἰς τὸ παραζηλῶσαι αὐτούς *um sie (d.h. die Juden) zum Nacheifern zu reizen.*

12 **12 πλοῦτος** *Reichtum; Überfluß* (B 2); πλοῦτος κόσμου/ἐθνῶν *Reichtum/reicher Segen für die Welt/die Heiden;* erg. ἐστίν *ist/bedeutet.* **ἥττημα**[3] *Niederlage; Schaden, Verlust.* **πόσος**[18] *wie groß;* πόσῳ μᾶλλον *um wieviel mehr* (vgl. A117). **πλήρωμα**[3] *Füllung;* hier wohl *Vollzahl* (vgl. V. 25) od. *Erfüllung* (der göttl. Forderung; Ggs. zu παράπτωμα/ἥττημα; B 4); gemeint

13 ist in beiden Fällen die Annahme des Glaubens durch Israel. **13 ἐφ' ὅσον** *insofern als* (B ἐπί III3); ἐφ' ὅσον ... εἰμὶ ἐγὼ ἐθνῶν ἀπόστολος *insofern ich Heidenapostel bin = als Heidenapostel.* **μὲν οὖν** *folgernd-überleitend* (BDR §451[3]) *also, nun.* **διακονία** *Dienst.* **δοξάζω** hier *preisen, stolz sein*

auf [Var. δοξάσω Fut.]. **14 εἴ πως** leitet das Erhoffte ein (A332) *ob etwa,*   **14**
ob vielleicht (B εἰ VI14b) bzw. *in der Hoffnung, daß vielleicht* (H-S §273f).
παρα-ζηλώσω Aor. Konj. od. Fut. -ζηλόω. **μου τὴν σάρκα** *meine*
natürlichen Volksgenossen (B σάρξ 4). **σώσω** Aor. Konj. od. Fut. σῴζω.
15 ἀπο-βολή *Verwerfung.* **κατ-αλλαγή** *Versöhnung;* Präd.-Nom., erg.   **15**
ἐστίν *ist/bedeutet.* **τίς** *was* (präd., BDR §131⁴); erg. **ἔσται** *wird sein.* **πρόσ-**
λημψις⁸ *Annahme.* **εἰ μή** *wenn nicht, außer;* τίς ... εἰ μή *was (wird)* ...
anderes (sein) als. **ζωὴ ἐκ νεκρῶν** *Leben aus den Toten = daß Tote lebendig*
werden. **16 ἀπ-αρχή** *Erstlingsgabe* (term. tech. der Opfersprache: der Jahwe   **16**
geweihte erste Teil der Naturerträge, durch dessen Darbringung das Ganze
geheiligt wurde); hier *Erstlingsbrot* (vgl. Num 15,17-21). **ἁγία** präd., erg.
ἐστίν. **φύραμα**³ *Gemisch, Teig;* τὸ φύραμα *die (ganze übrige) Teigmasse,*
d.h. alles v. derselben Getreideernte gebackene Brot. **ῥίζα** *Wurzel.* **κλάδος**
Zweig. **17 ἐξ-ε-κλάσθησαν** Aor. Pass. ἐκ-κλάω²³ *aus-, abbrechen.*   **17**
ἀγρι-έλαιος ἡ *wilder Ölbaum;* od. (s. B) als Adj. *vom wilden Ölbaum*
(stammend). **ὤν** Ptz. εἰμί, konz.; ἀγριέλαιος ὤν *obwohl du ein wilder Öl-*
baum(zweig) bist od. *obwohl du vom wilden Ölbaum stammst.* **ἐν-ε-κεν-**
τρίσθης Aor. Pass. ἐγ-κεντρίζω (vgl. A33⁹¹ᶠᶠ) *ein-, aufpfropfen.* **ἐν**
αὐτοῖς *unter sie* (die natürl. Ölzweige). **συγ-κοινωνός** *mitteilhabend an,*
m. Gen.; συγκοινωνός ... ἐγένου *du hast Anteil bekommen (an).* **πιότης**³
ητος ἡ *Fettigkeit;* hier wohl *Saft;* gen. qualitatis (A160); τῆς ῥίζης τῆς
πιότητος τῆς ἐλαίας *an der fett/saftspendenden Wurzel des (edlen) Ölbaums.*
ἐλαία *Ölbaum.* **ἐ-γένου** Aor. Med. γίνομαι. **18 κατα-καυχῶ** Imp.   **18**
-καυχάομαι *sich rühmen gegen, sich überheben über,* m. Gen. **κατα-**
καυχᾶσαι 2. Sg. Ind. (BDR §87²); erg. danach *so bedenke:* (BDR §483,2)
[Var. καυχάομαι *sich rühmen*]. **βαστάζω** *tragen.* **19 ἐρεῖς** Fut. λέγω   **19**
hier *einwenden* (B εἶπον 2b). **ἐγ-κεντρισθῶ** Aor. Konj. Pass. -κεντρίζω.
20 καλῶς *schön, gut;* hier *richtig! ganz recht!* (B 4c). **ἀ-πιστία** *Untreue,*   **20**
Unglaube; dat. causae (A177). [Var. ἐ-κλάσθησαν Aor. Pass. κλάω *bre-*
chen.] **ἕστηκας** Pf. (m. präs. Bdtg.) ἵσταμαι; ἕστηκας *du hast deinen*
Stand (als Eingepfropfter; Wilckens) od. *du stehst* (an ihrer Stelle). **ὑψηλός**
hoch; hochmütig. **φρόνει** Imp. φρονέω *denken, urteilen; den Sinn richten auf,*
gesinnt sein, bedacht sein auf, m. Akk.; ὑψηλὰ φρονέω *hochmütig (gesinnt)*
sein (B ὑψηλός 2). **φοβοῦ** Imp. φοβέομαι. **21 φύσις**⁸ *Natur;* κατὰ   **21**
φύσιν *natürlich.* **ἐ-φείσατο** Aor. Med. φείδομαι⁸⁹ *(ver)schonen,* m. Gen.
μή πως οὐδέ in freier Weise (daher Fut. statt Konj.) abhängig v. φοβοῦ
(V. 20; BDR §370³; A308); μή πως οὐδὲ σοῦ φείσεται *so wird er vielleicht*
auch dich nicht verschonen od. (v. Ellipse ausgehend) *(so ist zu befürchten,) daß*
er vielleicht auch dich nicht verschonen wird (B [μή] πως 1b [Sp. 1466]).
φείσεται Fut. Med. **22 ἴδε** Aor. Imp. ὁράω. **χρηστότης**³ ητος ἡ   **22**
Güte. **ἀπο-τομία** *Strenge.* **ἐπί** m. Dat. hier *gegen* (B III1bε). **μέν ... δέ**

(zwar) ... *aber.* **πεσόντας** Aor. Ptz. πίπτω hier *zu Fall kommen* (B 2aβ), *abfallen, sich* (v. Gott) *abwenden* (GN); subst. **ἐπι-μένῃς** Konj. -μένω *bleiben bei, verharren im Bereich von*, m. Dat. (B 2) [Var. ἐπι-μείνῃς Aor. Konj.].

23 **ἐπεί** V. 6. **ἐκ-κοπήσῃ** Fut. Pass. -κόπτω[56] *abhauen.* **23 κἀκεῖνοι** = καὶ ἐκεῖνοι. **ἐπι-μένωσιν** Konj. **ἐγ-κεντρισθήσονται** Fut. Pass. -κεντρίζω V. 17. **δυνατός** *stark, mächtig;* δυνατός ἐστιν ὁ θεός *Gott ist imstande, Gott hat die Macht,* m. flgd. Inf. **ἐγ-κεντρίσαι** Aor. Inf.

24 **24 κατὰ φύσιν** *von Natur aus.* **ἐν-ε-κεντρίσθης** V. 17. **ἐξ-ε-κόπης** Aor. Pass. ἐκ-κόπτω. **ἀγρι-έλαιος** V. 17; εἰ γὰρ σὺ ἐκ τῆς κατὰ φύσιν ἐξεκόπης ἀγριελαίου *denn wenn du aus dem von Natur aus wilden Ölbaum herausgehauen worden bist.* **παρὰ φύσιν** *gegen die Natur.* **καλλι-έλαιος** ἡ *veredelter/edler Ölbaum.* **πόσῳ μᾶλλον** *wieviel eher;* V. 12 zu πόσος. **οἱ κατὰ φύσιν** erg. κλάδοι (V. 16) *die natürlichen Zweige.*

25 **25 ἀ-γνοεῖν** Inf. ἀ-γνοέω *nicht erkennen, nicht wissen;* οὐ θέλω ὑμᾶς ἀγνοεῖν *ich will euch nicht in Unkenntnis lassen über* (wohl Litotes, A386). **μυστήριον** *Geheimnis.* **ἦτε** Konj. εἰμί. **παρ᾽ ἑαυτοῖς** *nach eurem* (A126a) *eigenen Urteil* (B παρά II2b); ἵνα μὴ ἦτε παρ᾽ ἑαυτοῖς φρόνιμοι *damit ihr euch nicht selbst für klug haltet.* **φρόνιμος** *verständig, klug.* **πώρωσις**[8] *Verhärtung, Verstockung.* **ἀπὸ μέρους** *teilweise* (B μέρος 1c). **γέ-γονεν** V. 5; ἀπὸ μέρους τῷ Ἰσραὴλ γέγονεν *ist Israel teilweise widerfahren, liegt auf einem Teil Israels* (Einh.). **ἄχρι οὗ** *bis.* **πλήρωμα** V. 12; hier *Fülle, Vollzahl.* **εἰσ-έλθῃ** Aor. Konj. -έρχομαι hier *hineingehen, Eingang finden* (in das Reich Gottes o.ä.) = *das Heil erlangen* (Einh.).

26 **26 οὕτως** auf das Folgende bezogen: *so, folgendermaßen* (B 2); οὕτως ... καθὼς γέγραπται *so ... wie es in der Schrift heißt.* **πᾶς Ἰσραήλ** *ganz Israel* (Hebr., BDR §275[4]). **σωθήσεται** Fut. Pass. σῴζω. **γέ-γραπται** V. 8. **ἥξει** Fut. ἥκω (vgl. A33[187]) *gekommen sein, dasein;* (Präs. m. perfektischer Bdtg.; außerhalb des Präs.:) *kommen.* **Σιών** 9,33, hier Gen. **ῥυόμενος** Ptz. ῥύομαι *(er)retten;* subst. **ἀπο-στρέψει** Fut. -στρέφω[47] *abwenden, entfernen.* **ἀ-σέβεια** *Gottlosigkeit.* **Ἰακώβ** 9,13, hier Gen., hier

27 Bezeichnung für das Volk Israel. **27 αὕτη** erg. ἐστίν. **αὐτοῖς** dat. commodi (A173), viell. dat. sociativus (A179). **δια-θήκη** *Testament;* im NT meist: *Heilsverfügung, -setzung, Bund;* αὐτοῖς ἡ παρ᾽ ἐμοῦ διαθήκη *die von mir für sie gegebene Heilsverfügung* od. *der Bund, den ich mit ihnen schließen werde* (B παρά I4a). **ἀφ-έλωμαι** Aor. Konj. Med. -αιρέω[186] Akt. u. Med. *weg-*

28 *nehmen.* **28 κατά** m. Akk. hier *in Hinsicht auf* (B II6), *im Blick auf.* **μέν** ... **δέ** V. 22. **ἐχθρός** *Feind;* ἐχθροί hier *Feinde (Gottes).* **ἐκ-λογή** V. 5.

29 **29 ἀ-μετα-μέλητος**[11] *ohne Reue, unwiderruflich.* **χάρισμα**[3] *Gnadenge-*
30 *schenk, Gnadengabe.* **κλῆσις**[8] *Berufung.* **30 ὥσ-περ ... οὕτως** (V. 31) *(gleich)wie ... so.* **ποτέ**[18] *einst.* **ἠ-πειθήσατε** Aor. ἀ-πειθέω *ungehorsam sein,* m. Dat. **ἠλεήθητε** Aor. Pass. ἐλεέω *Mitleid haben;* Pass. *Erbarmen fin-*

den/erfahren. **ἀ-πείθεια** *Ungehorsam;* dat. causae (A177) τῇ τούτων ἀπειθείᾳ *infolge ihres* (Israels) *Ungehorsam, durch ihren Ungehorsam.* **31 ἠ-πείθησαν** Aor. **ὑμέτερος** *euer;* ὁ ὑμέτερος ἔλεος *das Erbarmen* **31** *gegen euch* (Poss.-Pron. im Sinn eines gen. obi., A129; B 2). **ἔλεος**[7] *Barmherzigkeit, Erbarmen, Mitleid;* dat. causae (A177) τῷ ὑμετέρῳ ἐλέει *weil euch Barmherzigkeit widerfahren sollte* (H-S §177b; BDR §196[1]) od. *infolge des euch erwiesenen Erbarmens;* viell. aber als Teil des ἵνα-Satzes (B ἵνα IV) *damit auch sie nun Erbarmen finden durch das euch erwiesene Erbarmen.* **ἐλεηθῶσιν** Aor. Konj. Pass. ἐλεέω. **32 συν-έ-κλεισεν** Aor. συγ-κλείω[6] *(zugleich)* **32** *einschließen, zusammenschließen;* συνέκλεισεν ... τοὺς πάντας εἰς ἀπείθειαν *er hat alle* (d.h. Juden wie Heiden) *in den Ungehorsam* (als Gefängnis) *eingeschlossen.* **ἐλεήσῃ** Aor. Konj. ἐλεέω, m. AkkO. **33 ὧ** leitet Ausruf ein (B 3a); übers. hier *o welch (eine).* **βάθος**[7] *Tiefe;* übertr. *Fülle* (B 2). **πλοῦτος** V. 12. **γνῶσις**[8] *Erkenntnis.* **ἀν-εξ-εραύνητος**[11] *unerforschlich;* erg. ἐστίν. **κρίμα**[3] *Entscheidung, Urteil; (das) Richten, Gericht.* **ἀν-εξ-ιχνίαστος**[11] (< ἴχνος [Fuß-]Spur) *unbegreiflich, unergründlich.* **34 ἔ-γνω** **34** Aor. γινώσκω; τίς ἔγνω *wer hat je erkannt/ergründet.* **νοῦς** (νοός νοῖ νοῦν) *Verstand, Vernunft; Sinn; Gedanke, Ratschluß* (B 4). **σύμ-βουλος** *Ratgeber.* **ἐ-γένετο** Aor. Med. γίνομαι. **35 προ-έ-δωκεν** Aor. -δίδωμι[201] *vorher geben.* **καί** kons. (A311,2) *so daß.* **ἀντ-απο-δοθήσεται** **35** Fut. Pass. -δίδωμι[201] *zurückerstatten;* mod. Fut. (A247); καὶ ἀνταποδοθήσεται αὐτῷ *so daß es ihm zurückerstattet werden müßte.* **36 ἐκ** bez. den **36** Ursprung. **διά** m. Gen. bez. den Schaffenden. **εἰς** bez. das Ziel (BDR §223,3). **δόξα** erg. εἴη (Opt. v. εἰμί) *Ehre sei.*

διά m. Gen. unterstreicht hier die Dringlichkeit der Bitte: *bei* (B AIII1f), **12** *angesichts* (Einh.). **οἰκτιρμός** *Barmherzigkeit;* hier hebr. „Abstraktions"-Pl. (Bdtg. wie Sg.). **παρα-στῆσαι** Aor. Inf. παρ-ίστημι *zur Verfügung stellen; darbringen* (term. tech. der Opfersprache, B 1d). **θυσία** *Opfer;* Obj.-Präd. (H-S §153b; A65) *als Opfer.* **ζῶσαν** Ptz. Fem. ζάω, attr. **εὐ-άρεστος**[11] *angenehm, wohlgefällig.* **λογικός** *vernünftig, geistig;* gemeint ist ein Gott angemessener Dienst, übers. etwa *wahr,* viell. *geistlich.* **λατρεία** *Gottesdienst;* τὴν λογικὴν λατρείαν ὑμῶν App. zum ganzen Satz (vgl. H-S §260k), übers. *(das sei) euer vernünftiger/wahrer Gottesdienst.* **2 συ-σχηματίζεσθε** **2** Imp. Pass. -σχηματίζω *nach etwas gestalten;* Pass. *die gleiche Gestalt annehmen wie, sich (im Wesen) anpassen an* od. hier etwa *sich nach jmds. Maßstäben richten,* m. Dat. **μετα-μορφοῦσθε** Imp. Pass. -μορφόω *umgestalten;* Pass. *sich umgestalten lassen.* **ἀνα-καίνωσις**[8] *Erneuerung;* dat. instr. (A176). **νοῦς** (νοός νοῖ νοῦν) *Verstand, Denken, Vernunft; Sinn* (B 3a). **εἰς τό** m. AcI fin. (A282) *damit.* **δοκιμάζειν** Inf. δοκιμάζω (< δόκιμος *erprobt) prüfen; (nach Prüfung) für echt, geeignet, richtig, tauglich usw. befinden;* hier etwa *beurteilen (können).* **τί** erg. ἐστίν. **τέλειος** (< τέλος) *vollendet, voll-*

kommen; τὸ ἀγαθόν ... τέλειον App. (A70) zu τὸ θέλημα τοῦ θεοῦ *was der Wille Gottes ist: das Gute ... Vollkommene.*

3 **3 διά** m. Gen. *kraft.* **δοθείσης** Aor. Ptz. Pass. Fem. δίδωμι, attr. **πᾶς ὁ** m. Ptz. *jeder, der* (A86). **ὄντι** Ptz. εἰμί, subst.; παντὶ τῷ ὄντι ἐν ὑμῖν *jedem einzelnen von euch.* **ὑπερ-φρονεῖν** Inf. -φρονέω *hochmütig sein, sich überschätzen;* m. **παρά** m. Akk. (BDR §236[4]; A115) *höher von sich denken als,* evtl. *den Sinn höher richten als* (EWNT 3, Sp. 955); *zum Wortspiel* m. *dem Verbstamm* φρον- vgl. BDR §488[4]. **φρονεῖν** Inf. φρονέω *denken, urteilen; darauf sinnen, den Sinn richten auf, bedacht sein auf;* παρ᾽ ὃ δεῖ φρονεῖν *als zu denken/sinnen sich ziemt.* **εἰς τό** m. Inf. hier wohl Erg. zu φρονεῖν (BDR §402[3]). **σω-φρονεῖν** Inf. -φρονέω *vernünftig sein, besonnen sein;* φρονεῖν εἰς τὸ σωφρονεῖν *auf besonnene Selbsteinschätzung/auf Besonnenheit bedacht zu sein.* **ἑκάστῳ ὡς** = ὡς ἑκάστῳ (BDR §475[1]). **ἐ-μέρισεν** Aor. μερίζω (vgl. A33[91ff]) *teilen, zuteilen.* **μέτρον** *Maß;* μέτρον πίστεως gen. epexegeticus (A163) *(der) im Glauben bestehende Maßstab* od. gen. partitivus (A164) *(das) Maß an Glauben;* ἑκάστῳ ὡς ὁ θεὸς ἐμέρισεν μέτρον πίστεως *in Übereinstimmung mit dem Glauben als dem jedem von Gott zugeteilten Maßstab* od. *nach dem Glaubensmaß, das Gott jedem zugemessen hat.*

4 **4 καθ-ά-περ** *gleichwie, (so) wie.* **μέλος**[7] *Glied.* **πρᾶξις**[8]

5 *Tätigkeit, Funktion* (B 1), *Aufgabe.* **5 τὸ καθ᾽ εἷς** *fester Ausdruck* (Überrest des adv. Gebrauchs v. κατά; H-S §183b) *auf den einzelnen gesehen, einzeln, im*

6 *Verhältnis zueinander* (Menge). **6 ἔχοντες** Ptz. ἔχω, kaus.; best. wohl die nach διάφορα zu ergänzende Aufforderung näher: ἔχοντες χαρίσματα ... διάφορα *da wir ... unterschiedliche Gnadengaben haben, (laßt uns diese in der rechten Weise gebrauchen:);* diese Erg. ist bei der flgd. Gabenaufzählung (V. 6-8) entsprechend aufzugreifen. **χάρισμα**[3] *Gnadengeschenk, Gnadengabe, Charisma.* **δοθεῖσαν** Aor. Ptz. Pass. Fem. δίδωμι, attr. **διά-φορος**[11] *verschieden, unterschiedlich* (näml. χαρίσματα). **εἴτε ... εἴτε** *ob ... oder;* hier am besten *wenn* (erg. *wir ... haben*) ... *wenn* (erg. *wir ... haben/es sich um ... handelt*) usw. **προ-φητεία** *prophetische Gabe, Prophetie* (B 2). **ἀνα-λογία** *Übereinstimmung, Entsprechung;* κατὰ τὴν ἀναλογίαν *in Übereinstimmung*

7 *mit.* **7 διακονία** *Dienst; Diakonie;* (evtl. der früheste Hinweis auf das *Diakonenamt;* B 5). **διδάσκων** Ptz., subst. **διδασκαλία** *Unterweisung,*

8 *Lehre.* **8 παρα-καλῶν** Ptz. -καλέω, subst.; hier *Seelsorger.* **παρά-κλησις**[8] *Ermahnung; Ermutigung, Trost;* hier *Seelsorge.* **μετα-διδούς** Ptz. -δίδωμι *Anteil geben an;* hier (persönl. od. im Auftrag der Gemeinde) *Almosen austeilen, (andere) materiell unterstützen* (NGÜ). **ἁπλότης**[3] ητος ἡ *Einfalt* (ohne Hintergedanken), *Aufrichtigkeit, Lauterkeit.* **προ-ϊστάμενος** Ptz. Med. -ἵσταμαι *vorstehen, leiten; sich kümmern um, sorgen für;* subst. **ἐν** (drittes) mod. *mit.* **σπουδή** *Eifer, Fleiß.* **ἐλεῶν** Ptz. ἐλεέω *Mitleid haben;*

hier *Barmherzigkeit üben* bzw. *sich um die kümmern, die in Not sind* (NGÜ);
subst. ἱλαρότης[3] ητος ἡ *Fröhlichkeit, Freundlichkeit.*

9 ἀν-υπό-κριτος[11] *ungeheuchelt;* erg. Imp. ἔστω (BDR §128[10]). **9**
ἀπο-στυγοῦντες Ptz. -στυγέω *verabscheuen;* Ptz. hier u. im flgd. imp.
(analog die Adj.; A294). κολλώμενοι Ptz. Pass. κολλάω (< κόλλα Leim)
zusammenfügen; fest verbinden; Pass. *haften an; sich eng anschließen an; sich hän-*
gen an, festhalten (B 2c); imp. **10** φιλ-αδελφία *Bruderliebe, Geschwi-* **10**
sterliebe. φιλό-στοργος[11] *innig liebend;* Adj. imp.; τῇ φιλαδελφίᾳ εἰς
ἀλλήλους φιλόστοργοι *seid einander in brüderlicher Liebe/in herzlicher Bru-*
derliebe zugetan. προ-ηγούμενοι Ptz. -ηγέομαι *vorangehen; vorziehen;*
zuvorkommen; imp.; τῇ τιμῇ (dat. resp., A178) ἀλλήλους προηγούμενοι
übertrefft einander in gegenseitiger Ehrerbietung/Achtung od. *was die Ehre angeht,*
so soll jeder den anderen höher einschätzen (als sich selbst) (B). **11** σπουδή **11**
V. 8. ὀκνηρός *faul, lässig;* Adj. imp.; τῇ σπουδῇ μὴ ὀκνηροί *laßt in eurer*
Einsatzbereitschaft nicht nach. ζέοντες Ptz. ζέω *kochen, sieden;* imp.; τῷ
πνεύματι ζέοντες dat. causae (A177) *laßt euch vom Geist (Gottes) durch-*
glühen (B) bzw. *durchdringen,* od. dat. resp. (A178) *seid brennend* (d.h. voll Eifer)
im (Blick auf den) Geist. δουλεύοντες Ptz. δουλεύω *dienen;* imp. **12** τῇ **12**
ἐλπίδι dat. causae (A177) *auf Grund der/in der Hoffnung* (BDR §196[3]).
χαίροντες Ptz. χαίρω, imp. τῇ θλίψει dat. resp. (A178) *angesichts/in der*
Bedrängnis. ὑπο-μένοντες Ptz. -μένω *bleiben, standhalten, aushalten,*
standhaft bleiben/sein; imp. προσ-ευχή *Gebet.* προσ-καρτεροῦντες
Ptz. -καρτερέω (< καρτερός *stark, ausdauernd*) m. Dat. *beharren bei, bleiben*
bei; sich emsig beschäftigen mit, dauernd bedacht sein auf (B 2a). **13** χρεία **13**
Bedürfnis; Mangel, Not (B 2a). κοινωνοῦντες Ptz. κοινωνέω *Anteil haben,*
erhalten od. *nehmen an,* m. Dat. (B 1bγ); hier *sich einer Sache annehmen;* imp.
φιλο-ξενία *Gastfreundschaft.* διώκοντες Ptz. διώκω hier etwa *eifrig*
üben; imp. **14** εὐ-λογεῖτε Imp. -λογέω. διώκοντας Ptz., subst. κατ- **14**
αρᾶσθε Imp. -αράομαι *verfluchen.* **15** χαίρειν Inf., imp. (A319a). **15**
χαιρόντων Ptz., subst. κλαίειν Inf., imp. (A319a). κλαιόντων Ptz.,
subst. **16** φρονοῦντες Ptz. φρονέω V. 3, imp.; τὸ αὐτὸ εἰς ἀλλήλους **16**
φρονοῦντες *seid untereinander eines Sinnes; trachtet nach Einmütigkeit unter-*
einander. ὑψηλός *hoch; hochmütig;* τὰ ὑψηλὰ φρονέω *nach Hohem* (GN:
nach Ehre und Ansehen) streben (B 2) od. *hochmütig gesinnt/überheblich sein* (vgl.
11,20). ταπεινός *niedrig;* subst. Mask. *die Niedrigen* od. Ntr. *die geringen*
Dinge (evtl. *Dienste).* συν-απ-αγόμενοι Ptz. Pass. -άγω *mit wegführen;*
Pass. hier *sich herabziehen lassen* τινί *zu/von etwas/jmdm.;* imp.; τοῖς
ταπεινοῖς συναπαγόμενοι *laßt euch zu/von den Niedrigen herabziehen* =
pflegt Gemeinschaft mit einfachen Menschen od. *laßt euch von den geringen Din-*
gen (evtl. *Diensten) herabziehen* bzw. *in Anspruch nehmen.* γίνεσθε Imp.

φρόνιμος *verständig, klug.* **παρ' ἑαυτοῖς** *nach eurem* (A126a) *eigenen Urteil* (Β παρά ΙΙ2b); μὴ γίνεσθε φρόνιμοι παρ' ἑαυτοῖς *haltet euch*
17 *nicht selbst für klug.* **17 ἀντί** m. Gen. (A188) *anstatt, für; zugunsten von, für.*
ἀπο-διδόντες Ptz. -δίδωμι, τινὶ κακὸν ἀντὶ κακοῦ *jmdm. Böses als Gegenleistung für Böses zurückzahlen; jmdm. Böses mit Bösem vergelten* (Β 3); imp. **προ-νοούμενοι** Ptz. Med. -νοέω *vorher bedenken; bedacht sein auf* (Med. gleiche Bdtg.); imp. **ἐν-ώπιον** *hier gegen, gegenüber;* προνοούμενοι καλὰ ἐνώπιον πάντων ἀνθρώπων *seid allen Menschen gegenüber auf Gutes bedacht,* kaum *seid auf das bedacht, was in den Augen aller Menschen gut*
18 *ist.* **18 δυνατός** *stark;* εἰ δυνατόν erg. ἐστίν *wenn es möglich ist.* **τὸ ἐξ ὑμῶν** adv. Akk. (A150) *soweit es an euch liegt* (BDR §266,2). **εἰρηνεύον-**
19 **τες** Ptz. εἰρηνεύω intr. *im Frieden leben, Frieden halten;* imp. **19 ἐκ-δικοῦντες** Ptz. -δικέω *rächen;* imp. **δότε** Aor. Imp. δίδωμι; δίδωμι τόπον *Gelegenheit/Raum geben* (Β 2c). **ὀργή** *Zorn; Zorngericht;* δότε τόπον τῇ ὀργῇ *gebt dem Zorn (Gottes) Gelegenheit (dazu) = überlaßt (das) dem Zorngericht (Gottes).* **γέ-γραπται** Pf. Pass. γράφω, Pf. Pass. term. tech. zur Einführung v. Schriftzitaten (Β 2c): *in der Schrift heißt es/steht.* **ἐμοί** dat. poss. (A173) *mir gehört, mein ist.* **ἐκ-δίκησις**[8] *Rache, Bestrafung.* **ἀντ-απο-δώσω** Fut. -δίδωμι[201] *zurückerstatten, vergelten; Vergeltung üben.*
20 **20 πεινᾷ** Konj. πεινάω *hungrig sein.* **ἐχθρός** *Feind.* **ψώμιζε** Imp. ψωμίζω *zu essen geben* τινά *jmdm.* **διψᾷ** Konj. διψάω *Durst haben.* **πότιζε** Imp. ποτίζω *zu trinken geben* τινά *jmdm.* **ποιῶν** Ptz. ποιέω, kond. **ἄνθραξ**[3] ακος ὁ *Kohle.* **πυρός** gen. qualitatis (A160), ἄνθραξ πυρός *feurige Kohle.* **σωρεύσεις** Fut. σωρεύω *(an)häufen;* ἄνθρακας πυρὸς σωρεύσεις ἐπὶ τὴν κεφαλὴν αὐτοῦ *du wirst feurige Kohlen auf seinen Kopf häufen* (gemeint ist wohl das Tragen eines Beckens m. glühenden
21 Kohlen auf dem Kopf als Zeichen der Reue). **21 νικῶ** Imp. Pass. νικάω (< νίκη *Sieg*) tr. *siegen; besiegen, überwinden;* Pass. *sich überwinden/besiegen lassen* (Β 2b). **νίκα** Imp. νικάω. **ἐν** instr.

13 **πᾶσα ψυχή** *jedermann* (Β ψυχή 2). **ἐξ-ουσία** *hier (staatliche) Gewalt, Machthaber, Regierung* (Β 4c). **ὑπερ-εχούσαις** Ptz. Fem. -έχω *überragen; übergeordnet sein;* attr. **ὑπο-τασσέσθω** Imp. Pass. 3. Sg. -τάσσω *unterordnen, unterwerfen;* Pass. *sich unterordnen.* **εἰ μή** *außer.* **οὖσαι** Ptz. Fem. εἰμί, attr.; αἱ οὖσαι *die bestehenden* (staatl. Gewalten); *die, die es gibt.* **τε-ταγμέναι** Pf. Ptz. Pass. τάσσω[79] *ordnen; einsetzen;* umschrieb. Pf. (A249). **2 ἀντι-τασσόμενος** Ptz. Med. -τάσσω *entgegen-*
2 *stellen;* Med. *sich widersetzen, sich auflehnen gegen,* m. Dat.; subst. **δια-ταγή** *Anordnung.* **ἀνθ-έστηκεν** Pf. -ίσταμαι[205] *sich entgegenstellen, sich widersetzen,* m. Dat. **ἀνθ-εστηκότες** Pf. Ptz. -ίσταμαι, subst. **κρίμα**[3] *Entscheidung, Urteil; Verurteilung, Strafe* (Β 4b). **λήμψονται** Fut. Med. λαμβάνω; ἑαυτοῖς ... λήμψονται *sie werden sich selbst ... zuziehen.*

3 ἄρχων⁵ οντος ὁ *Herrscher; Herrschender, Regierender.* **φόβος** *hier* 3
Schrecken. **τῷ ἀγαθῷ ἔργῳ** dat. commodi (A173) *für die gute Tat* =
(Metonymie, A382c) *für den, der das Gute tut* (analog τῷ κακῷ); οἱ
ἄρχοντες οὐκ εἰσὶν φόβος τῷ ἀγαθῷ ἔργῳ ἀλλὰ τῷ κακῷ *nicht der,*
der das Gute, sondern der, der Böses tut, hat die Herrschenden zu fürchten.
φοβεῖσθαι Inf. Pass. φοβέομαι. **ποίει** Imp. ποιέω. **ἕξεις** Fut. ἔχω.
ἔπ-αινος *Lob, Anerkennung.* 4 **διάκονος** *Diener;* hier Fem.: *Dienerin,* 4
Vollstreckerin (B 2a). **σοὶ εἰς τὸ ἀγαθόν** *für dich zum Guten* = *zu deinem*
Nutzen/Besten; evtl. = *daß du das Gute tust.* **ποιῇς** Konj. ποιέω. **φοβοῦ**
Imp. Pass. φοβέομαι. **εἰκῇ** *umsonst, grundlos, ohne Zweck* (B 3).
μάχαιρα *Schwert;* τὴν μάχαιραν φορεῖ *sie trägt das Schwert* (d.h. sie hat
die Polizei- u. Strafgewalt). **φορέω** *tragen.* **ἔκ-δικος**¹¹ subst. *Rächer, Ver-*
gelter; hier Fem.; App. (A70). **ὀργή** *Zorn; Zorngericht;* εἰς ὀργήν *zum*
(göttlichen) Zorngericht = *um das göttliche Zorngericht zu vollstrecken.*
πράσσοντι Ptz. πράσσω *vollbringen, tun, verüben;* subst.; dat. incommodi
(A173) τῷ τὸ κακὸν πράσσοντι *gegen den/an dem, der Böses tut.*
5 **ἀνάγκη** *Zwang;* erg. ἐστίν *es ist notwendig, man muß,* m. flgd. Inf. **ὑπο-** 5
τάσσεσθαι Inf. Pass. **οὐ μόνον ... ἀλλὰ καί** *nicht nur ... sondern auch.*
συν-είδησις⁸ *Bewußtsein; Gewissen.* 6 **διὰ τοῦτο** *darum, deshalb.* 6
φόρος *Abgabe, Steuer.* **τελέω** *vollenden;* hier *(be)zahlen.* **λειτουργός**
Diener. **προσ-καρτεροῦντες** Ptz. -καρτερέω (< καρτερός *stark, aus-*
dauernd) beharren bei; sich eifrig beschäftigen mit, dauernd bedacht sein auf; attr.
od. mod.; λειτουργοὶ γὰρ θεοῦ εἰσιν εἰς αὐτὸ τοῦτο προσκαρ-
τεροῦντες *denn sie* (die staatl. Gewalten) *sind Gottes Diener, die für eben diesen*
Zweck unablässig tätig sind od. *denn dadurch, daß sie für eben diesen Zweck*
unablässig tätig sind, erweisen sie sich als Gottes Diener. 7 **ἀπό-δοτε** Aor. 7
Imp. -δίδωμι. **ὀφειλή** *Schuld, Verpflichtung;* ἀπόδοτε πᾶσιν τὰς
ὀφειλάς *gebt jedem, was ihr ihm schuldig seid.* **τῷ τὸν φόρον** ellip. (BDR
§481²) *dem ihr die Steuer (schuldig seid);* analog die flgd. Ausdrücke m. τῷ.
τέλος⁷ hier *Zoll* (B 3).
8 **μηδενὶ μηδέν** Neg. verstärken einander (A310). **ὀφείλετε** Imp. 8
ὀφείλω *schulden, schuldig sein/bleiben.* **εἰ μή** V. 1. **ἀγαπᾶν** Inf.
ἀγαπάω, subst.; εἰ μὴ τὸ ἀλλήλους ἀγαπᾶν *außer dem (einen): einander*
zu lieben. **ἀγαπῶν** Ptz., subst. **πε-πλήρωκεν** Pf. πληρόω. 9 **τό** *das* 9
(Gebot)/die (Gebote): (τό leitet atl. Zitat ein, BDR §267²ᵇ). **μοιχεύσεις**
Fut. μοιχεύω *ehebrechen, Ehebruch begehen;* Hebr., Fut. m. οὐ hier (u. im
flgd.) zum Ausdruck strikter Verbote (A247d): *du sollst nicht die Ehe brechen.*
φονεύσεις Fut. φονεύω *töten, morden.* **κλέψεις** Fut. κλέπτω⁵⁵ *stehlen.*
ἐπι-θυμήσεις Fut. -θυμέω *begehren.* **καὶ εἴ τις ἑτέρα ἐντολή** *und*
was es sonst an Geboten gibt etwa = *usw.* **ἀνα-κεφαλαιοῦται** Pass.
-κεφαλαιόω *zusammenfassen.* **ἀγαπήσεις** Fut., Hebr., Fut. zum Aus-

druck strikter Gebote (A247d). **πλησίον** Adv. *nahe, nahe dabei, benachbart;*
10 subst. *Nächster, Mitmensch.* **10 πλήρωμα**[3] *Fülle; Erfüllung* (B 4); erg.
11 **ἐστίν.** **11 καὶ τοῦτο** *und das (tut)* (vgl. BDR §480[9]) bzw. *und zwar*
(verhaltet euch so) (BDR §290[7]). **εἰδότες** Pf. (m. präs. Bdtg.) Ptz. οἶδα, kaus.
od. mod.; **εἰδότες τὸν καιρόν** *weil ihr ja über die (gegenwärtige) Zeit* (B
καιρός 1) *Bescheid wißt* od. *im Bewußtsein, in was für einer entscheidenden Zeit*
wir leben (vgl. NGÜ). **ὅτι** hier *daß nämlich.* **ὥρα** erg. **ἐστίν** *es ist Zeit,* m.
flgd. AcI (A272). **ὕπνος** *Schlaf.* **ἐγερθῆναι** Aor. Inf. Pass. ἐγείρω, Präd.
des AcI. **ἐγγύτερον** Komp. v. ἐγγύς *nahe,* m. Gen. (Adv. bzw. uneig. Präp.
[A183]). **ὅτε** *damals, als* (B 1b). **ἐ-πιστεύσαμεν** Aor. πιστεύω, ingr.
12 (H-S §195e; A240b) *wir kamen zum Glauben.* **12 προ-έ-κοψεν** Aor.
-κόπτω[56] *vorrücken.* **ἤγγικεν** Pf. ἐγγίζω[94] *sich nähern, nahe herankommen*
(B 6b). **ἀπο-θώμεθα** Aor. Konj. Med. -τίθεμαι[200] *ablegen, ausziehen; auf-*
geben; adhortativer Konj. (A254) [Var. ἀπο-βαλώμεθα Aor. Konj. Med.
-βάλλω *abwerfen, ablegen*]. **σκότος**[7] *Dunkelheit; Finsternis* (Bereich des
Gottfeindlichen; Ggs.: φῶς). **ἐν-δυσώμεθα** Aor. Konj. Med. -δύω[12] *anzie-*
hen; Med. *sich bekleiden mit, sich anziehen;* ἐνδύομαι (τὰ) ὅπλα *sich mit*
(den) Waffen ausstatten, (die) Waffen ergreifen; adhortativer Konj. (A254).
13 **ὅπλον** *Werkzeug; Waffe.* **13 ὡς ἐν ἡμέρᾳ** *wie (es sich) am Tag (ziemt)*
(vgl. B ὡς I2a). **εὐ-σχημόνως** *anständig;* εὐσχημόνως περιπατέω *sich*
einwandfrei verhalten, einen einwandfreien Lebenswandel führen. **περι-**
πατήσωμεν Aor. Konj. -πατέω, adhortativer Konj. (A254). **κῶμος** *aus-*
schweifende Schmauserei, Gelage; dat. modi (A180); μὴ κώμοις καὶ μέθαις
nicht in Eß- und Trinkgelagen. **μέθη** *Trunkenheit;* Pl. bez. konkrete Erschei-
nungsform *Trinkgelage* (B; BDR §142[1]; A101c). **κοίτη** *Bett; Beischlaf; sexuelle*
Ausschweifung. **ἀ-σέλγεια** *Zügellosigkeit,* (geschlechtl.) *Ausschweifung,*
14 *Orgie.* **ἔρις**[3] ιδος ἡ *Streit, Hader.* **ζῆλος**[7] *Eifer; Eifersucht.* **14 ἐν-**
δύσασθε Aor. Imp. Med. -δύω. **σάρξ** *Fleisch* (hier wohl die eigenen
Bedürfnisse u. [selbstsüchtigen] Wünsche nach Selbstverwirklichung). **πρό-**
νοια *Voraussicht; Fürsorge.* **ποιεῖσθε** Imp. Med. ποιέω; πρόνοιαν
ποιέομαι = προνοέω *sorgen für, Sorge tragen für/um,* m. Gen. (Med. zur
Umschreibung des einfachen Verbalbegriffs, B II1). **ἐπι-θυμία** *Verlangen,*
Sehnsucht; (sündige) *Begierde, Lust;* εἰς ἐπιθυμίας *im Blick auf Begierden* =
um seine Begierden zu befriedigen od. *zufriedenzustellen* od. *so ... daß Begierden*
erwachen (B 3).

14   **ἀ-σθενοῦντα** Ptz. ἀ-σθενέω *schwach sein;* subst.; verallgemeinernder
Sg. (BDR §139[2]; A101a); τὸν ἀσθενοῦντα τῇ πίστει *der, der im Glauben*
schwach ist. **πίστει** dat. resp. (A178) *im Glauben.* **προσ-λαμβάνεσθε**
Imp. Med. -λαμβάνω *zu sich nehmen;* Med. *(in seine Gemeinschaft) auf-*
nehmen, (hier *vorbehaltlos) annehmen.* **διά-κρισις**[8] *Trennung; Unterschei-*
dung, Beurteilung; Auseinandersetzung, Streit. **δια-λογισμός** *Überlegung,*

Gedanke; Zweifel, Skrupel; μὴ εἰς διακρίσεις διαλογισμῶν *ohne mit ihm über seine Ansichten/Skrupel zu streiten.* 2 ὃς μέν ... ὁ δέ *der eine ... der andere* (BDR §293[11]; A133c). φαγεῖν Aor. Inf. ἐσθίω, erg. *(zu dürfen).* ἀ-σθενῶν Ptz., kaus.; ὁ δὲ ἀσθενῶν *der andere, weil er (im Glauben) schwach ist,* ißt. λάχανον *Gemüse, pflanzliche Kost;* erg. *nur.* [Var. ἐσθιέτω Imp. 3. Sg. ἐσθίω.] 3 ἐσθίων Ptz., subst.; erg. *alles* (auch bei den übrigen Ptz. v. V. 3). ἐσθίοντα Ptz., subst. ἐξ-ουθενείτω Imp. 3. Sg. -ουθενέω *verachten.* κρινέτω Imp. 3. Sg. κρίνω hier u. im flgd. wohl: *verurteilen, schlechtmachen* (B 6b). προσ-ε-λάβετο Aor. Med. -λαμβάνω. 4 σύ zur Betonung vor dem τίς (BDR §475[2]). κρίνων Ptz., attr. bzw. subst. (App. zu σύ, A303); σὺ τίς εἶ ὁ κρίνων *wer bist du, der du ... verurteilst.* ἀλλότριος *fremd* (d.h. einem anderen Herrn gehörig). οἰκέτης[1] *Haussklave, Sklave.* κυρίῳ dat. commodi (A173); τῷ ἰδίῳ κυρίῳ στήκει ἢ πίπτει *er steht oder fällt seinem eigenen Herrn* etwa = *ob er (mit seinem Tun) bestehen kann oder nicht, geht nur seinen eigenen Herrn etwas an.* στήκω (< ἕστηκα) *stehen* bzw. (hier) *bestehen.* σταθήσεται Fut. Pass. (= Med.) ἵσταμαι hier *(fest) stehenbleiben* (B II1d) bzw. *bestehen.* δυνατέω *stark sein; vermögen, die Macht haben,* m. flgd. Inf. στῆσαι Aor. Inf. ἵστημι hier *aufrecht halten* (B I2b) bzw. *dafür sorgen, daß* jmd. *stehenbleibt/besteht.* 5 γάρ hier anknüpfend (B 4). κρίνω hier *unterscheiden, den Vorzug geben* (B 1); κρίνει ἡμέραν παρ' ἡμέραν *er unterscheidet zwischen den einzelnen Tagen, er mißt dem einen Tag mehr Bedeutung bei als dem anderen;* κρίνει πᾶσαν ἡμέραν *er mißt jedem Tag die gleiche Bedeutung bei.* παρά m. Akk. komp. *(mehr) als, vor* (B III3). νοῦς (νοός νοΐ νοῦν) *Verstand, Vernunft, Gesinnung, Denken.* πληρο-φορείσθω Imp. Pass. 3. Sg. -φορέω *erfüllen;* Pass. *voll überzeugt sein.* 6 φρονῶν Ptz. φρονέω *denken, urteilen; den Sinn richten auf, bedacht sein auf,* hier etwa *bevorzugen, besonders beachten,* m. Akk.; subst. κυρίῳ hier u. im flgd. dat. commodi (A173) *für den Herrn.* εὐ-χαριστέω *dankbar sein; Dank sagen, danken.* 7 ἡμῶν gen. partitivus (A164) *von uns.* ἑαυτῷ dat. com-modi (A173) *für sich selbst.* 8 ζῶμεν (erstes u. drittes) Konj. ζάω. ἀπο-θνήσκωμεν Konj. -θνήσκω. τοῦ κυρίου ἐσμέν gen. poss. (A154) *wir gehören dem Herrn.* 9 εἰς τοῦτο *dazu.* ἀπ-έ-θανεν Aor. ἀπο-θνήσκω. ἔ-ζησεν Aor. ζάω, ingr. (A240b) *er ist lebendig geworden.* καί ... καί *sowohl ... als auch.* ζώντων Ptz., subst. κυριεύσῃ Aor. Konj. κυριεύω *Herr sein über, herrschen über,* m. Gen. 10 ἐξ-ουθενέω V. 3. παρα-στησόμεθα Fut. Med. παρ-ίσταμαι auch term. tech. der Gerichtssprache *treten vor* (den Richter), m. Dat. (B 2aα). βῆμα[3] *Schritt; Tribüne;* hier *Richter-stuhl.* 11 γέ-γραπται Pf. Pass. γράφω, Pf. Pass. term. tech. zur Einfüh-rung v. Schriftzitaten (B 2c): *in der Schrift heißt es/steht.* ζῶ ἐγώ *so wahr ich lebe* (B ζάω 1aε). ὅτι recitativum = Doppelpunkt (A333). κάμψει Fut. κάμπτω (vgl. A33[51ff]) intr. *sich beugen.* γόνυ[3] νατος τό *Knie.* ἐξ-ομο-

2
3
4
5
6
7
8
9
10
11

λογήσεται Fut. Med. -λογέω *versprechen;* Med. *bekennen; anerkennen, prei-*
12 *sen, Ehre geben,* m. Dat.   **12 ἡμῶν** V. 7.   **δώσει** Fut. δίδωμι; λόγον
δίδωμι *Rechenschaft ablegen* (B 4).

13   **13 μηκ-έτι** *nicht mehr.* **κρίνωμεν** Konj. V. 3; adhortativer Konj.
(A254). **τοῦτο** bezieht sich auf das Folgende. **κρίνατε** Aor. Imp., hier *sich
entscheiden für, sich vornehmen* (B 3). **τιθέναι** Inf. τίθημι hier etwa *in den
Weg legen;* der Inf. m. Art. ist App. zu τοῦτο (A280). **πρόσ-κομμα**[3]
(< προσ-κόπτω *sich stoßen an*) *Anstoß, Hindernis.* **σκάνδαλον** *Falle;
Verführung* (das, was zu Fall bringt, zur Sünde, zum Abfall v. Gott veranlaßt);
Ärgernis, (das) *Anstößige* (das, was Widerspruch, Entrüstung, Mißbilligung her-
14 vorruft). **14 πέ-πεισμαι** Pf. (m. präs. Bdtg.) Pass. πείθω[88], Pf. Pass. *über-
zeugt sein.* **κοινός** *gemeinsam; gemein;* hier *unrein;* erg. ἐστίν (beim ersten u.
dritten). **δι' ἑαυτοῦ** *durch sich selbst, an und für sich.* **εἰ μή** = ἀλλά (BDR
§448[9]). **λογιζομένῳ** Ptz. λογίζομαι, subst.; m. flgd. AcI. **εἶναι** Inf.
15 εἰμί, Präd. des AcI. **15 βρῶμα**[3] *Speise;* διὰ βρῶμα *wegen einer/deiner
Speise.* **λυπεῖται** Pass. λυπέω *betrüben;* Pass. *traurig sein, betrübt werden,
bedrückt werden.* **ἀπ-όλλυε** Imp. -όλλυμι (zur Form vgl. H-S §114f) hier
16 etwa *ins Verderben bringen/stürzen.* **ἀπ-έ-θανεν** V. 9.   **16 βλασ-φη-
μείσθω** Imp. Pass. 3. Sg. -φημέω *in üblen Ruf bringen, in Verruf bringen,
verleumden; lästern.* **ὑμῶν τὸ ἀγαθόν** *das Gute, das euch geschenkt ist*
(NGÜ), d.h. das Heil (falls beide Gruppen angesprochen sind) od. eher die
christl. Freiheit (wenn ὑμῶν sich auf die „Starken" bezieht; B ἀγαθός 2αγ).
17 **17 ἐστίν** hier etwa *besteht in.* **βρῶσις**[8] *Essen.* **πόσις**[8] *Trinken.* **ἐν
πνεύματι ἁγίῳ** *im/durch den Heiligen Geist* kann sich auf alle drei Subst.
18 beziehen. **18 ἐν τούτῳ** *darin/davon bestimmt.* **δουλεύων** Ptz. δουλεύω
dienen; subst. **εὐ-άρεστος**[11] *angenehm, wohlgefällig.* **δόκιμος** *erprobt,
bewährt;* δόκιμος τοῖς ἀνθρώποις *(ist) bei den Menschen anerkannt/
19 angesehen* (B 2). **19 τὰ τῆς εἰρήνης** *das, was dem Frieden dient* (Gen. der
Richtung, A162); analog par. Ausdruck. **διώκωμεν** Konj. διώκω,
adhortativer Konj. (A254). **οἰκο-δομή** *Bauen; Erbauung;* ἡ οἰκοδομὴ ἡ
εἰς ἀλλήλους *die gegenseitige Erbauung/Förderung* (im Glauben).
20 **20 ἔνεκεν** uneig. Präp. (A183) *wegen, um willen.* **κατά-λυε** Imp. -λύω
loslösen; zerstören, niederreißen (B 1bβ). **καθαρός** *rein.* **ἀνθρώπῳ** dat.
incommodi (A173); κακὸν (erg. ἐστίν) τῷ ἀνθρώπῳ *schlecht/schlimm ist es
für den Menschen.* **διὰ προσκόμματος** mod. (B διά AIII1c) *mit Anstoß*
21 wohl = *trotz (innerer) Bedenken.* **ἐσθίοντι** Ptz. ἐσθίω, attr. **21 καλόν** erg.
ἐστίν *es ist gut/richtig.* **φαγεῖν** V. 2; Inf. m. Art. ist Subj. (A280); analog
πιεῖν. **κρέας** ατος u. κρέως τό Pl. κρέα *Fleisch.* **πιεῖν** Aor. Inf. πίνω.
οἶνος *Wein.* **μηδέ** ellip. (A376) *noch (überhaupt etwas zu tun).* **ἐν ᾧ** =
τοῦτο ἐν ᾧ (BDR §293[13]; A358f) *woran, wodurch.* **προσ-κόπτω** *anstoßen;
Anstoß nehmen.* [Var. σκανδαλίζεται Pass. *zur Sünde verführt werden.*

ἀσθενέω V. 1.] **22 κατὰ σεαυτόν** *für dich selbst* (B κατά II1c). **ἔχε**   22
Imp. ἔχω hier viell. *behalten.* **κρίνων** V. 4; ὁ μὴ κρίνων ἑαυτόν *wer sich
nicht selbst verurteilen (muß)* (B 6b). **δοκιμάζω** (< δόκιμος erprobt) *prü-
fen;* (nach Prüfung) *für echt, geeignet, richtig, tauglich usw. befinden;* ἐν ᾧ (= ἐν
τούτῳ ὅ [A358f]) δοκιμάζει *bei dem/im Blick auf das, was er für richtig hält*
(näml. im Blick auf seine eigene Freiheit zum Essen [vgl. V. 23] u. die Rücksicht
gegenüber dem „Schwachen" [vgl. V. 21]). **23 δια-κρινόμενος** Ptz. Med.   23
-κρίνω *unterscheiden;* Med. *Bedenken/Skrupel haben, zweifeln* (B 2b); subst.
φάγῃ Aor. Konj. ἐσθίω. **κατα-κέ-κριται** Pf. Pass. -κρίνω[127] *verurteilen.*
οὐκ ἐκ πίστεως (erstes:) *weil* (er) *nicht aus Glauben* (handelt); (zweites:)
was *nicht aus Glauben* (getan wird).

     ὀφείλω *schulden; verpflichtet sein, müssen.* **δυνατός** *stark, mächtig;*   **15**
App. zu ἡμεῖς (H-S §129b). **ἀ-σθένημα**[3] *Schwäche.* **ἀ-δύνατος**[11]
unvermögend, schwach. **βαστάζειν** Inf. βαστάζω *tragen,* hier wohl *mit-
tragen,* viell. *geduldig ertragen* (B 2bβ). **ἀρέσκειν** Inf. ἀρέσκω *zu Gefallen
sein/leben; gefallen;* μὴ ἑαυτοῖς (A126a) ἀρέσκειν *nicht selbstgefällig* (nur)
an uns denken. **2 ἡμῶν** gen. partitivus (A164) *von uns.* **πλησίον** Adv.   2
nahe, nahe dabei, benachbart; subst. *Nächster, Mitmensch.* **ἀρεσκέτω** Imp.
3. Sg. **οἰκο-δομή** *Bauen; Erbauung;* εἰς τὸ ἀγαθὸν πρὸς οἰκοδομήν *zu
seinem Nutzen/Besten, zu seiner Erbauung/Förderung*   **3 καὶ γάρ** *denn auch.*   3
ἤρεσεν Aor. ἀρέσκω. **γέ-γραπται** Pf. Pass. γράφω, Pf. Pass. term.
tech. zur Einführung v. Schriftzitaten (B 2c): *in der Schrift heißt es/steht.*
ὀνειδισμός *Schmähung, Beschimpfung, Vorwurf.* **ὀνειδιζόντων** Ptz.
ὀνειδίζω *schmähen, beschimpfen;* subst. **ἐπ-έ-πεσαν** Aor. ἐπι-πίπτω[194]
fallen auf, hier = *treffen.* **4 προ-ε-γράφη** Aor. Pass. -γράφω[42] *vorher*   4
schreiben; ὅσα προεγράφη *alles, was einst* (in der Heiligen Schrift)
geschrieben worden ist. **ἡμέτερος** (A128) *unser.* **διδασκαλία** *Unter-
weisung, Belehrung.* **ἐ-γράφη** Aor. Pass. γράφω. **ὑπο-μονή** *Ausharren,
Geduld, Ausdauer, Standhaftigkeit;* διὰ τῆς ὑπομονῆς *wohl mod.* (vgl. B διά
AIII1c) *in Geduld, mit Standhaftigkeit,* od. wie der flgd. Ausdruck. **παρά-κλη-
σις**[8] *Ermahnung; Trost, Zuspruch, Ermutigung;* διὰ τῆς παρακλήσεως
τῶν γραφῶν *durch die Ermutigung der Schrift* = *durch die von der Schrift
gewirkte Ermutigung.* **γραφῶν** gen. subi. (A158). **ἔχωμεν** Konj. ἔχω. **5 ὁ**   5
θεὸς τῆς ὑπομονῆς καὶ τῆς παρακλήσεως *der Gott der Geduld
und der Ermutigung,* d.h. Gott als der Urheber der Geduld u. Ermutigung. **δῴη**
Aor. Opt. 3. Sg. δίδωμι, kupitiver Opt. (A259). **φρονεῖν** Inf. φρονέω *den-
ken, urteilen; den Sinn richten auf, bedacht sein auf,* m. Akk.; τὸ αὐτὸ φρονεῖν
ἐν ἀλλήλοις *untereinander eines Sinnes zu sein; untereinander nach Einmütig-
keit zu trachten.* **κατά** hier *wie es ... entspricht.* **6 ὁμο-θυμαδόν** *einmütig.*   6
δοξάζητε Konj. δοξάζω.
     7 προσ-λαμβάνεσθε Imp. Med. -λαμβάνω[152] *zu sich nehmen;*   7

Med. *(in seine Gemeinschaft) aufnehmen, annehmen.* προσ-ε-λάβετο Aor.
Med. -λαμβάνω. εἰς δόξαν τοῦ θεοῦ *zur Ehre/Verherrlichung Gottes;*
8 *best.* wohl προσλαμβάνεσθε *näher.* 8 λέγω *hier* m. *flgd.* AcI *ich spreche*
davon, daß. διάκονος *Diener;* Präd.-Nom. des AcI. γε-γενῆσθαι Pf. Inf.
γίνομαι, Präd. des AcI [Var. γένεσθαι Aor. Inf.]. περι-τομή (< τέμνω
schneiden) Beschneidung; Metonymie, Abstraktum für das Konkrete (A381f):
Beschnittene. ὑπὲρ ἀληθείας *um der Wahrhaftigkeit/Verläßlichkeit willen*
(vgl. B ὑπέρ 1b). εἰς τό m. Inf. bzw. (s. V. 9a) AcI fin. (A282) *um zu, damit.*
βεβαιῶσαι Aor. Inf. βεβαιόω *festmachen; als gültig bestätigen, als zuverläs-*
sig erweisen, erfüllen (B 1). τῶν πατέρων gen. obi. (A158) *den Vätern*
9 *(gegebenen).* 9 ἔλεος⁷ *Barmherzigkeit, Erbarmen, Mitleid.* δοξάσαι Aor.
Inf. δοξάζω, Präd. des AcI, abhängig v. εἰς τό od. v. λέγω (V. 8); τὰ ἔθνη ...
δοξάσαι τὸν θεόν *damit/daß die (anderen) Völker ... Gott preisen.* γέ-
γραπται V. 3. ἐξ-ομο-λογήσομαι Fut. Med. -λογέω *versprechen;*
Med. *bekennen; anerkennen, preisen, Ehre geben,* m. Dat. ψαλῶ Fut. ψάλλω
10 (vgl. A33¹¹⁰ᶠᶠ) *lobsingen, lobsingend preisen,* m. Dat. 10 εὐ-φράνθητε Aor.
11 Imp. Pass. -φραίνω¹¹⁸ *erfreuen;* Pass. *sich freuen.* 11 τὰ ἔθνη Nom. m. Art.
statt Vok. (A142). αἰνεῖτε Imp. αἰνέω *loben, preisen.* ἐπ-αινε-
12 σάτωσαν Aor. Imp. 3. Pl. -αινέω²⁸ *loben, preisen.* 12 'Ησαῖας 9,27.
ἔσται Fut. εἰμί; *übers. etwa wird kommen.* ῥίζα *Wurzel; Wurzelsproß* (d.h.
der aus dem Wurzelstock eines Baumes aufsprossende Schößling), Sprößling.
'Ιεσσαί *indekl., Isai,* Vater Davids; ἡ ῥίζα τοῦ 'Ιεσσαί *der Wurzelsproß*
Isais, d.h. *der Messias.* ἀν-ιστάμενος Ptz. Med. -ίσταμαι *aufstehen; auf-*
treten; sich erheben; subst. ἄρχειν Inf. ἄρχω *herrschen über,* m. Gen.; Inf. fin.
13 (A276). ἐλπιοῦσιν Fut. ἐλπίζω⁹³ *hoffen* ἐπί *auf.* 13 ὁ θεὸς τῆς ἐλ-
πίδος vgl. *analogen Ausdruck* V. 5. πληρῶσαι Aor. Opt. πληρόω, τινός
mit etwas (A165); *kupitiver* Opt. (A259) [Var. πληρο-φορῆσαι Aor. Opt.
-φορέω *erfüllen*]. πιστεύειν Inf.; ἐν τῷ πιστεύειν *mod.* (A282) *durch*
das Leben im Glauben (H-S §195a) bzw. *durch/in eurem Glauben.* εἰς τό m.
AcI fin. (A282) *damit.* περισσεύειν Inf. περισσεύω *intr. überschießen;*
Überfluß haben, reich sein (ἐν *an*); Präd. des AcI. ἐν δυνάμει *durch die Kraft.*
14   14 πέ-πεισμαι Pf. Pass. πείθω⁸⁸, Pf. Pass. *überzeugt sein, gewiß sein.*
αὐτὸς ἐγώ *ich selbst, ich für meinen Teil, ich persönlich* (B αὐτός 1aβ).
περὶ ὑμῶν *in bezug auf euch.* μεστός *voll; erfüllt von,* m. Gen. (A165).
ἀγαθωσύνη *Güte, Rechtschaffenheit;* hier wohl *gute Gesinnung.* πε-
πληρωμένοι Pf. Ptz. Pass. πληρόω, m. Gen.; *mod.* (A291,2 Anm. 1).
γνῶσις⁸ *Erkenntnis.* δυνάμενοι Ptz. Pass. δύναμαι, m. flgd. Inf.; *mod.*
(A291,2 Anm. 1). νου-θετεῖν Inf. -θετέω (< νοῦς *Sinn* + τίθημι) *ermah-*
15 *nen, zurechtweisen.* 15 τολμηρότερον Komp. v. τολμηρῶς *verwegen,*
kühn; Komp. *ziemlich verwegen* (B), *sehr offen* (GN). ἔ-γραψα Aor. γράφω.
ἀπὸ μέρους *teilweise* (B μέρος 1c). ἐπ-ανα-μιμνήσκων Ptz.

-μιμνῄσκω *wieder erinnern an,* (erg. hier etwa *bestimmte Dinge*) *in Erinnerung rufen;* fin. m. ὡς *damit, um zu* (A291,6). **διά** m. Akk. *auf Grund, kraft* (B II1). **δοθεῖσαν** Aor. Ptz. Pass. Fem. δίδωμι, attr. **16 εἰς τό** m. AcI fin. (A282) 16 *damit.* **εἶναι** Inf. εἰμί, Präd. des AcI. **λειτουργός** *Diener.* **ἱερ-ουργοῦντα** Ptz. -ουργέω *als Priester dienen, priesterlich verwalten,* m. Akk.; part. coni. zu με, mod.; ἱερουργοῦντα τὸ εὐαγγέλιον *indem ich das Evangelium priesterlich verwalte, indem ich durch das Verkünden des Evangeliums (gleichsam) Priesterdienst tue.* **γένηται** Aor. Konj. Med. γίνομαι. **προσ-φορά** (< προσφέρω) *(Opfer-)Darbringung; Opfergabe* (B 2); προσφορὰ τῶν ἐθνῶν (gen. epexegeticus, A163) *Opfergabe, die in den Heidenvölkern besteht.* **εὐ-πρόσ-δεκτος**[11] *angenehm, willkommen;* hier *gottwohlgefällig.* **ἡγιασμένη** Pf. Ptz. Pass. ἁγιάζω[91] *heiligen, weihen;* kaus. od. mod. **17 καύχησις**[8] *Rühmen;* ἔχω τὴν καύχησιν *ich darf mich rühmen; ich* 17 *habe Grund, mich zu rühmen* (B 1). **τὰ πρὸς τὸν θεόν** Akk. der Beziehung (A149) *in bezug auf das, was Gott angeht* (B πρός III5b), hier wohl = *meines Dienstes für Gott,* evtl. = *vor Gott.* **18 τολμήσω** Fut. τολμάω *wagen; sich* 18 *erkühnen.* **λαλεῖν** Inf. λαλέω. **ὧν** = τούτων ἅ Attraktion des Rel.-Pron. (A361c); gen. partitivus (A164); τὶ λαλεῖν ὧν *über irgend etwas von dem (als Erfolg) zu reden, was.* **κατ-ειργάσατο** Aor. Med. -εργάζομαι[92] *vollenden, tun, ausführen; bewirken.* **ὑπ-ακοή** *Gehorsam;* εἰς ὑπακοὴν ἐθνῶν *um die Heiden zum Gehorsam* (d.h. zur Annahme des Evangeliums) *zu führen.* **λόγῳ καὶ ἔργῳ** dat. instr. (A176) *durch mein Reden und Tun* (best. κατειργάσατο näher). **19 ἐν δυνάμει** (erstes) etwa *kraftvoll bestätigt* 19 *durch,* (zweites) *in der/durch die Kraft.* **τέρας**[3] ατος τό *Wunder.* **κύκλῳ** lok. Dat. (A181) *im Kreise, ringsumher;* hier *im weiten Umkreis/Bogen.* **μέχρι** uneig. Präp. (A183) *bis.* **Ἰλλυρικόν** *Illyrien,* röm. Provinz nördl. v. Griechenland. **πε-πληρωκέναι** Pf. Inf. πληρόω; πληρόω τὸ εὐαγγέλιον *das Evangelium zur Vollendung bringen* (B 3) = *den Auftrag, das Evangelium bekanntzumachen, erfüllen* od. = *das Evangelium überall bekanntmachen;* Präd. des AcI. **20 φιλο-τιμούμενον** Ptz. -τιμέομαι *seine Ehre darin suchen,* 20 *sich eifrig bemühen um,* m. flgd. Inf.; part. coni. zu με (V. 19), mod.; οὕτως δὲ φιλοτιμούμενον *dabei war es für mich aber eine Ehrensache* (GN). **εὐ-αγγελίζεσθαι** Inf. Med. -αγγελίζω. **ὠνομάσθη** Aor. Pass. ὀνομάζω (vgl. A33[91ff]) *nennen;* Pass. (jmds. *Name* bzw. jmd.) *bekannt werden* (B 3). **ἀλλότριος** *fremd; eines anderen.* **θεμέλιος** (< τίθημι) *Grundlage, Fundament.* **οἰκο-δομῶ** Konj. -δομέω. **21 γέ-γραπται** V. 3. **οἷς** = οὗτοι 21 οἷς (A358). **ἀν-ηγγέλη** Aor. Pass. -αγγέλλω[110] *berichten, melden, verkündigen.* **ὄψονται** Fut. Med. ὁράω; viell. mod. Fut. (A247); erg. *es* od. *ihn.* **ἀκηκόασιν** Pf. ἀκούω. **οἵ** = οὗτοι οἵ (A358). **συν-ήσουσιν** Fut. -ίημι[202] *verstehen, zur Einsicht kommen;* viell. mod. Fut. (A247).

22 ἐν-ε-κοπτόμην Ipf. Pass. ἐγ-κόπτω *hindern;* Pass. m. flgd. Inf. 22

daran gehindert werden, etwas *zu tun.* **τὰ πολλά** adv. Akk. (A150) *viele Male, (so) oft* (B πολύς I2bβ) [Var. πολλάκις *oft, häufig*]. **ἐλθεῖν** Aor. Inf.

23 **ἔρχομαι**, m. τοῦ hier = einfacher Inf. als Obj. (H-S §225c; A281). **23 νυνί** = νῦν. **μηκ-έτι** *nicht mehr.* **ἔχων** Ptz., kaus. (zweimal). **τόπος** hier etwa *Wirkungsraum* (EWNT 3, Sp. 878) od. *Aufgabe* (NGÜ). **κλίμα**[3] *Landstrich, Gegend.* **ἐπι-ποθία** *Sehnsucht, Verlangen*, m. flgd. Inf. (m. τοῦ; H-S §225a/f;

24 vgl. A281). **ἀπό** *seit.* **24 ὡς ἄν** = ὅταν m. Konj. (BDR §455[4]) *wenn.* **πορεύωμαι** Konj. πορεύομαι, hier m. Zukunftsbezug (H-S §276g). **Σπανία** *Spanien.* **ἐλπίζω** *hoffen.* **δια-πορευόμενος** Ptz. -πορεύομαι *hindurchgehen;* temp. *auf der Durchreise.* **θεάσασθαι** Aor. Inf. Med. θεάομαι *sehen, ansehen; besuchen.* **προ-πεμφθῆναι** Aor. Inf. Pass. -πέμπω[45] *zur (Weiter-)Reise aussenden* bzw. (meist auch) *ausstatten; geleiten, begleiten.* **ἀπὸ μέρους** hier *einigermaßen, etwas* (B μέρος 1c). **ἐμ-πλησθῶ** Aor. Konj. Pass. -πίμπλημι m. Gen. *füllen, erfüllen; sättigen;* Pass. *genießen, sich freuen an* (B 3); ἐάν (fast = ὅταν; A346) ὑμῶν … ἐμπλησθῶ *nachdem ich mich … an der Gemeinschaft mit euch erfreut/gestärkt habe* (vgl.

25 NGÜ). **25 διακονῶν** Ptz. διακονέω *dienen; helfen, unterstützen;* fin. [Var.

26 διακονῆσαι Aor. Inf.]. **26 εὐ-δόκησαν** Aor. -δοκέω *Wohlgefallen haben (an); beschließen*, m. flgd. Inf. **Μακεδονία** *Mazedonien*, röm. Provinz in Nordgriechenland. **Ἀχαΐα** *Achaia*, röm. Provinz im südl. Griechenland; **Μακεδονία καὶ Ἀχαΐα** hier (totum pro parte; A382b) *die Gemeinden in Mazedonien und Achaia.* **κοινωνία** (< κοινωνός Genosse, Teilhaber) *Gemeinschaft; Gemeinschaftssinn* bzw. *Bereitschaft, anderen zu helfen/mit ihnen zu teilen;* Abstraktum für das Konkrete (A382c) *Zeichen der Gemeinschaft* bzw. *Beweis ihrer Bereitschaft, anderen zu helfen,* viell. einfach *Spende, Geldsammlung.* **ποιήσασθαι** Aor. Inf. Med. ποιέω hier *durchführen.* **εἰς** *für* (B 4g). **πτωχός** *arm;* οἱ πτωχοὶ τῶν ἁγίων gen. partitivus (A164) *die Armen unter*

27 *den Heiligen* (d.h. die Armen der christl. Gemeinde). **27 γάρ** hier bekräftigend *ja (fürwahr)* (BDR §452[3]). **καί** hier (unter dem Einfluß v. γάρ) etwa *und ja auch.* **ὀφειλέτης**[1] *Schuldner; Verpflichteter;* ὀφειλέτης εἰμί m. Gen. der Pers. *in jmds. Schuld stehen.* **πνευματικός** *geistlich;* subst. Ntr. Pl. τὰ πνευματικά *das Geistliche* (B 2bα), hier *geistliche Gaben/Güter.* **ἐ-κοινώνησαν** Aor. κοινωνέω *Anteil haben, erhalten* od. *nehmen an,* m. Dat. **ὀφείλω** V. 1. **σαρκικός** *fleischlich;* subst. Ntr. Pl. *irdische/materielle Dinge/Güter* (B 1). **λειτουργῆσαι** Aor. Inf. λειτουργέω *einen Dienst ver-*

28 *richten; dienen* (B 3) ἐν mit. **28 ἐπι-τελέσας** Aor. Ptz. -τελέω[27] *beendigen, zu Ende/zum Abschluß bringen, erledigen;* temp. **σφραγισάμενος** Aor. Ptz. Med. σφραγίζω (vgl. A33[91ff]) *versiegeln, mit einem Siegel versehen;* Med. gleiche Bdtg.; temp.; σφραγισάμενος αὐτοῖς τὸν καρπὸν τοῦτον etwa *wenn ich ihnen diese Frucht (= den Ertrag dieser Sammlung) versiegelt* (wohl übertr. = *ordnungsgemäß*) *übergeben habe* (vgl. B 2d). **ἀπ-ελεύσομαι** Fut.

Med. -ἔρχομαι. δι' ὑμῶν *über euch,* übers. hier etwa *über Rom* (GN). 29 ἐρχόμενος Ptz., temp. ἐν *mit* (B I4cβ). πλήρωμα[3] *Fülle.* εὐ- 29 λογία *Lobpreis; Segen.* ἐλεύσομαι Fut. Med. ἔρχομαι. 30 διά m. Gen. unterstreicht hier die Dringlichkeit der Bitte: *bei* (BDR 30 §223[9]). πνεύματος gen. auctoris (A153): die *der Geist wirkt.* συν-αγω- νίσασθαι Aor. Inf. Med. -αγωνίζομαι (vgl. A33[91ff]) *gemeinsam kämpfen* τινί *mit jmdm., jmdm. helfen, beistehen.* προσ-ευχή *Gebet.* 31 ἵνα hier 31 *(dafür,) daß* (A328; bez. das Erbetene). ῥυσθῶ Aor. Konj. Pass. ῥύομαι[8] *retten, erretten, bewahren.* ἀ-πειθούντων Ptz. ἀ-πειθέω *ungehorsam sein;* subst.; ἀπὸ τῶν ἀπειθούντων *vor den (Nachstellungen der) Ungehorsamen* (d.h. Menschen, die das Evangelium ablehnen). διακονία *Dienst* [Var. δωρο-φορία *Überbringung einer Gabe*]. εὐ-πρόσ-δεκτος, γένηται V. 16; εὐπρόσδεκτός τινι γίνομαι *von jmdm. gut aufgenommen werden.* 32 ἐλθών Aor. Ptz. ἔρχομαι, temp. od. mod. [Var. ἔλθω Aor. Konj.]. διὰ 32 θελήματος θεοῦ *wenn Gott es will* (B διά AIII1d). συν-ανα- παύσωμαι Aor. Konj. Med. -παύομαι *sich ausruhen* τινί *mit/bei jmdm.* 33 ὁ θεὸς τῆς εἰρήνης vgl. analogen Ausdruck V. 5; erg. εἴη (Opt. v. 33 εἰμί) *sei* (BDR §128,5).

συν-ίστημι *zusammenbringen; empfehlen* (B I1b). Φοίβη *Phöbe,* **16** Mitarbeiterin der Gemeinde in Kenchreä. ἀδελφή *Schwester* (eig. u. übertr. [Angehörige desselben Glaubens]). οὖσαν Ptz. Fem. εἰμί, mod. *wobei sie ... ist,* übers. am besten *die ... ist.* διάκονος Fem. *Dienerin,* hier (weibl.) *Diakon.* Κεγχρεαί *Kenchreä,* einer der beiden Häfen v. Korinth. 2 ἵνα hier etwa 2 *(durch* συνίστημι *impliziert) mit der Bitte, daß* (vgl. A328). προσ- δέξησθε Aor. Konj. Med. -δέχομαι[63] *aufnehmen.* ἀξίως (einer Sache/ Person) *würdig, in einer Weise, die entspricht/angemessen ist,* m. gen. pretii (A161); ἀξίως τῶν ἁγίων *wie es für die Heiligen angemessen ist.* παρα- στῆτε Wz.-Aor. Konj. παρ-ίσταμαι. ἐν ᾧ ἄν ... πράγματι = ἐν τῷ πράγματι ἐν ᾧ ἄν ... (A357; vgl. A132) *in der Angelegenheit, in der (auch immer)* = *in jeder Angelegenheit, in der.* χρήζῃ Konj. χρήζω *nötig haben, bedürfen, brauchen,* m. Gen. πρᾶγμα[3] *Ereignis; Aufgabe; Sache, Angelegen- heit.* καὶ γάρ *denn auch.* προ-στάτις[3] ιδος ἡ *Beschützerin* (Patronin), *Beistand* τινός *für jmdn.* ἐ-γενήθη Aor. Pass. (ohne Pass.-Bdtg.) γίνομαι.

3 ἀσπάσασθε Aor. Imp. Med. ἀσπάζομαι. Πρίσκα *Priska,* 3 Ἀκύλας[1] *Aquila,* Ehepaar, Missionare u. Mitarbeiter v. Paulus. συν- εργός *Mitarbeiter.* ἐν hier etwa *im Dienst für.* 4 οἵ-τινες qualitativ *solche,* 4 *die* (BDR §293[9]; A132b). ψυχή hier *Leben.* τράχηλος *Hals.* ὑπ-έ- θηκαν Aor. ὑπο-τίθημι[200] *hinlegen;* ὑπὲρ τῆς ψυχῆς μου τὸν ἑαυτῶν τράχηλον ὑπέθηκαν *sie haben für mein Leben/für mich ihren eigenen Hals/ihren Kopf hingehalten, sie haben für mich ihr Leben aufs Spiel gesetzt.* εὐ- χαριστέω *dankbar sein; Dank sagen, danken.* 5 ἡ κατ' οἶκον αὐτῶν 5

ἐκκλησία *die Gemeinde in ihrem Haus* (wohl stehender Ausdruck für Hausgemeinde, BDR §259[5]). Ἐπαίνετος *Epänetus.* ἀπ-αρχή *Erstlingsgabe* (term. tech. der Opfersprache: der Jahwe geweihte erste Teil der Naturerträge, durch dessen Darbringung das Ganze geheiligt wurde); übertr. *Erstling* (d.h. der erste Christ der Provinz Asia). Ἀσία *Asia,* röm. Provinz

6 (westl. Kleinasien). εἰς *für.* 6 Μαρία *Maria.* ἥ-τις V. 4; übers. *eine/diejenige, die.* πολλά adv. Akk. (A150) *eifrig, hingebungsvoll* (vgl. B πολύς I2bβ). ἐ-κοπίασεν Aor. κοπιάω *sich abmühen, sich bemühen* εἴς

7 τινα *um/für jmdn.* 7 Ἀνδρόνικος *Andronikus.* Ἰουνίαν Fem. Ἰουνία *Junia* (MH §63) od. Ἰουνιᾶν Mask. Ἰουνιᾶς[1] ᾶ *Junias* (vgl. BDR §125[6]); hier wohl Fem., da Mask. als Namensform nicht nachgewiesen. συγγενής[7] *verwandt;* subst. *Volksgenosse, Landsmann,* Pl. *Landsleute.* συναιχμάλωτος *Mitgefangener.* οἵ-τινες V. 4. ἐπί-σημος[11] *hervorragend;* εἰσὶν ἐπίσημοι ἐν τοῖς ἀποστόλοις *sie nehmen unter den Aposteln* (hier im Sinn v. Missionar; EWNT 1, Sp. 349) *eine hervorragende Stellung ein,* wohl kaum *sie stehen bei den Aposteln* (im engeren Sinn) *in hohem Ansehen.* γέγοναν Pf. γίνομαι; γέγοναν ἐν Χριστῷ *sie sind/waren Christen gewor-*

8f *den.* 8 Ἀμπλιᾶτος *Ampliatus.* 9 Οὐρβανός *Urbanus.* ἐν V. 3.

10 Στάχυς[8] υος ὁ *Stachys.* 10 Ἀπελλῆς[1] *Apelles.* δόκιμος *erprobt, bewährt;* τὸν δόκιμον ἐν Χριστῷ *etwa der ein bewährter Jünger Christi ist* (Menge). οἱ ἐκ τῶν τινος *die (Geschwister), die zum Haus des ... gehören*

11 (z.B. Sklaven; BDR §162,5). Ἀριστόβουλος *Aristobul.* 11 Ἡρῳδίων[4] ωνος ὁ *Herodion.* Νάρκισσος *Narzissus.* ὄντας Ptz. εἰμί, attr.

12 12 Τρύφαινα *Tryphäna.* Τρυφῶσα *Tryphosa.* κοπιώσας Ptz. Fem. V. 6; attr. ἐν V. 3. Περσίς[3] ίδος ἡ *Persis.* ἥ-τις V. 4. ἐ-κοπίασεν

13 V. 6. 13 Ῥοῦφος *Rufus.* ἐκ-λεκτός[9] (< ἐκ-λέγομαι [für sich] auswählen) *ausgewählt;* im NT fast durchweg: *auserwählt* (ausgesondert, um zu Gott zu gehören bzw. ihm zu dienen); τὸν ἐκλεκτὸν ἐν κυρίῳ etwa *den vom Herrn Auserwählten.* τὴν μητέρα αὐτοῦ καὶ ἐμοῦ etwa *seine Mutter,*

14 *die auch an mir wie eine Mutter gehandelt hat* (GN). 14 Ἀσύγκριτος *Asynkritus.* Φλέγων[5] οντος ὁ *Phlegon.* Ἑρμῆς[1] *Hermes.* Πατροβᾶς[1] ᾶ *Patrobas.* Ἑρμᾶς[1] ᾶ *Hermas.* καὶ τοὺς σὺν αὐτοῖς ἀδελφούς *und*

15 *die anderen* (A376a) *Geschwister bei ihnen.* 15 Φιλόλογος *Philologus.* Ἰουλία *Julia.* Νηρεύς έως ὁ *Nereus.* ἀδελφή V. 1; hier eig. Bdtg.

16 Ὀλυμπᾶς[1] ᾶ *Olympas.* 16 ἐν *mit.* φίλημα[3] *Kuß.*

17   17 σκοπεῖν Inf. σκοπέω *achtgeben auf, sich in acht nehmen vor,* m. Akk. διχο-στασία *Spaltung.* σκάνδαλον *Falle; Verführung* (das, was zu Fall bringt, zur Sünde, zum Abfall v. Gott veranlaßt); *Ärgernis,* (das) *Anstößige* (das, was Widerspruch, Entrüstung, Mißbilligung hervorruft). παρά m. Akk. *gegen, wider* (B III6), *im Widerspruch zu.* διδαχή (< διδάσκω) *Unterweisung, Lehre* (das, was gelehrt wird, od. die Lehrtätigkeit). ἐ-μάθετε Aor.

μανθάνω[157] *lernen.* **ποιοῦντας** Ptz. ποιέω hier *verursachen;* subst. **ἐκ-κλίνετε** Imp. -κλίνω *ausweichen, sich abwenden von, aus dem Weg gehen* ἀπό τινος *jmdm.* **18 οἱ τοιοῦτοι** *die so Beschaffenen* (B 3aα), *solche/diese*   18 *Menschen.* **δουλεύω** *dienen.* **κοιλία** *Bauch* (d.h. wohl ihre eigenen Interessen). **χρηστο-λογία** *Schönrednerei, schönklingende Reden.* **εὐ-λογία** *Lob;* hier *Schönrednerei, schöne/gewandte* (aber unwahre) *Worte;* διὰ τῆς χρηστολογίας καὶ εὐλογίας wohl Hendiadyoin (A378) *durch ihre schönklingenden und gewandten Reden.* **ἐξ-απατάω** *betrügen, täuschen.* **ἄ-κακος**[11] *arglos.*   **19 ὑπ-ακοή** *Gehorsam;* ἡ ὑμῶν ὑπακοὴ εἰς   19 πάντας ἀφίκετο *euer Gehorsam* (dem Evangelium gegenüber) *ist zu allen hingelangt = ist allen bekannt.* **ἀφ-ίκετο** Aor. Med. -ικνέομαι[158] *hingelangen.* **σοφός** *weise;* Präd.-Nom. des AcI. **εἶναι** Inf. εἰμί, Präd. des AcI. **εἰς** *im Blick auf, gegenüber, wenn es um ... geht.* **ἀ-κέραιος**[11] (< κεράν-νυμι mischen) *unvermischt; lauter, unverdorben;* Präd.-Nom. des AcI.   **20 ὁ**   20 **θεὸς τῆς εἰρήνης** *der Gott des Friedens,* d.h. Gott als der Urheber des Friedens. **συν-τρίψει** Fut. -τρίβω[50] *zerschlagen, zermalmen;* συντρίψει τὸν σατανᾶν ὑπὸ τοὺς πόδας ὑμῶν *er wird den Satan unter eure Füßen zertreten* (d.h. ihn vernichtend schlagen u. euch über ihn triumphieren lassen). **σατανᾶς**[1] ᾶ *Widersacher; Satan, der Widersacher Gottes.* **τάχος**[7] *Schnelligkeit;* ἐν τάχει *in Kürze.* **χάρις** erg. εἴη (Opt. v. εἰμί) *Gnade sei.*

    21 Τιμόθεος *Timotheus,* Begleiter v. Paulus. **συν-εργός** V. 3.   21 **Λούκιος** *Luzius.* **Ἰάσων**[4] ονος ὁ *Jason.* **Σωσίπατρος** *Sosipater.* **συγ-γενής** V. 7. **22 Τέρτιος** *Tertius,* Begleiter v. Paulus. **γράψας** Aor.   22 Ptz. γράφω, attr. bzw. subst.; App. zu ἐγώ (A303); ἐγὼ Τέρτιος ὁ γράψας *ich, Tertius, der ich* (d.h. als Sekretär v. Paulus) *geschrieben habe.* **ἐπι-στολή** *Brief.* **23 Γάϊος** *Gaius.* **ξένος** *fremd;* subst. *Fremder;* hier *Gastgeber* (B 2c).   23 **Ἔραστος** *Erastus,* Christ in Korinth. **οἰκο-νόμος** *Verwalter;* οἰκο-νόμος τῆς πόλεως *Stadtkämmerer, städtischer Finanzverwalter* od. einfach *städtischer Beamter* (m. relativ unspezifischem Aufgabenbereich; EWNT 2, Sp. 1220). **Κούαρτος** *Quartus.*

    25 δυναμένῳ Ptz. δύναμαι, subst. **στηρίξαι** Aor. Inf. στηρίζω[85]   25 *festmachen; stärken.* **τὸ εὐαγγέλιόν μου** (entsprechend) *dem von mir verkündigten Evangelium* (B εὐαγγέλιον 2bβ). **καί** wohl epexegetisch *und zwar, nämlich* (A311,7). **κήρυγμα**[3] *Botschaft, Verkündigung,* m. flgd. gen. obi. (A158). **ἀπο-κάλυψις**[8] *Enthüllung; Offenbarung.* **μυστήριον** *Geheimnis.* **χρόνοις αἰωνίοις** temp. Dat. selten auf die Frage „wie lange?" (A182): *ewige Zeiten hindurch.* **σε-σιγημένου** Pf. Ptz. Pass. σιγάω *schweigen;* tr. *verschweigen,* hier etwa *verborgen halten;* attr. od. temp. **26 φανερωθέντος** Aor. Ptz. Pass. Ntr. φανερόω, attr. **προ-φητικός**   26 *prophetisch.* **ἐπι-ταγή** *Auftrag.* **εἰς** (erstes) fin. *um (zu wirken);* (zweites) *unter* (B 1dβ). **ὑπ-ακοή** V. 19; ὑπακοὴ πίστεως wohl epexegetischer

Gen. (A163): *Gehorsam, der im Glauben besteht,* evtl. (viell. gleichzeitig) gen. auctoris (A153): *Gehorsam, den der Glaube bewirkt.* **γνωρισθέντος** Aor. Ptz. Pass. Ntr. γνωρίζω[98] *bekanntmachen, mitteilen, offenbaren;* attr.

27 **27 σοφός** V. 19. **ᾧ ἡ δόξα** erg. εἴη (Opt. v. εἰμί) *ihm* (A364a) *gebührt die Ehre* (διὰ Ἰησοῦ Χριστοῦ steht wohl zur Betonung vor dem ᾧ; vgl. BDR §475[2]).

1. Korinther

κλητός *berufen.* **διὰ θελήματος θεοῦ** *best.* κλητός *näher.* **1**
Σωσθένης ους (vgl. A7) *Sosthenes, Mitarbeiter v. Paulus.* **2 τῇ ἐκκλη- 2**
σίᾳ *erg.* ἐπιστέλλομεν *schreiben,* m. flgd. Dat. des Adressaten (A376a).
οὔσῃ Ptz. Fem. εἰμί, attr. **Κόρινθος** ἡ *Korinth,* Stadt in der röm. Provinz
Achaia. **ἡγιασμένοις** Pf. Ptz. Pass. ἁγιάζω[91] *heiligen;* subst. **ἐπι-**
καλουμένοις Ptz. Med. ἐπι-καλέω[37] *anrufen, herbeirufen;* Med. *(für sich)*
anrufen (B 2b); subst.; σὺν πᾶσιν τοῖς ἐπικαλουμένοις τὸ ὄνομα τοῦ
κυρίου ἡμῶν erweitert die Adressatenangabe, also etwa: *mit diesen*
zusammen an alle, die den Namen unseres Herrn anrufen. **αὐτῶν καὶ ἡμῶν**
auf τόπος od. auf κύριος bezogen: *bei ihnen und bei uns* od. *ihres wie auch*
unseres (Herrn). **3 χάρις** *erg.* εἴη (Opt. v. εἰμί) *sei* (BDR §128[8]), christl. **3**
Form des griech. Briefgrußes χαίρειν, kombiniert m. dem hebr. Gruß שָׁלֹם
šālôm = εἰρήνη.

4 εὐ-χαριστέω *dankbar sein; Dank sagen, danken.* **ἐπί** m. Dat. hier **4**
für (B IIIbγ). **δοθείσῃ** Aor. Ptz. Pass. Fem. δίδωμι, attr. **5 ὅτι** *erklärt* **5**
χάρις *näher: die/was sich daran zeigt, daß,* od. AkkO zu εὐχαριστῶ: *dafür,*
daß, od. kaus.: *denn.* **ἐν παντί** (erstes) *in jeder Beziehung, in allem* (B πᾶς
2αβ). **ἐ-πλουτίσθητε** Aor. Pass. πλουτίζω (vgl. A33[91ff]) *reich machen.*
ἐν παντὶ λόγῳ *an jeder Art von* (B πᾶς 1αβ) *Rede.* **γνῶσις**[8] *Erkenntnis.*
6 καθ-ώς hier wohl kaus. (B 3; A338) *da (ja).* **μαρτύριον** *Zeugnis,* m. gen. **6**
obi. (A158) τοῦ Χριστοῦ *von Christus.* **ἐ-βεβαιώθη** Aor. Pass. βεβαιόω
festigen, stärken; etwas *bekräftigen, bestätigen.* **ἐν ὑμῖν** *unter/in euch.* **7 μή** **7**
... μηδενί Neg. verstärken einander (A310). **ὑστερεῖσθαι** Inf. Pass.
ὑστερέω *zu spät kommen, zurückbleiben; geringer sein als* (Gen.); Akt./Pass.
Mangel leiden an, entbehren (Gen. od. ἐν); Präd. des AcI. **χάρισμα**[3] *Gnaden-*
geschenk, Gnadengabe, Charisma; ὥστε ὑμᾶς μὴ ὑστερεῖσθαι ἐν μηδενὶ
χαρίσματι *so daß euch keinerlei Gnadengabe fehlt.* **ἀπ-εκ-δεχομένους**
Ptz. -δέχομαι *erwarten, warten auf;* temp. **ἀπο-κάλυψις**[8] *Enthüllung,*
Offenbarung; hier *(das) Erscheinen* (d.h. die Wiederkunft [B 3]). **8 βεβαιώ-** **8**
σει Fut. **ἀν-έγ-κλητος**[11] (< ἐγκαλέω *anklagen*) *unbescholten, untadelig,*
unanklagbar; Obj.-Präd. (A65), übers. *so daß ihr am Tag des Herrn untadelig/un-*
anklagbar seid. **ἐν τῇ ἡμέρᾳ τοῦ κυρίου** *am Tag des Herrn* (d.h. die Wie-
derkunft Christi). **9 διά** m. Gen. bez. hier den Urheber: fast = *von* **9**
(B AIII2bβ; BDR §223[7]). **ἐ-κλήθητε** Aor. Pass. καλέω. **κοινωνία**
(< κοινωνός *Genosse, Teilhaber*) *Gemeinschaft* (*mit* meist Gen.); *Beteiligung,*
das Teilhaben (*an* Gen.).

10 διὰ τοῦ ὀνόματος hier *im/beim Namen* (B διά AIII1f). **ἵνα** hier **10**
daß (A328, bez. das Geforderte; B II1aγ). **τὸ αὐτὸ λέγειν** *einmütig sein.*

λέγητε Konj. λέγω. **μή** = ἵνα μή (A328). **ᾖ** Konj. εἰμί. **ἐν ὑμῖν**
bei/unter euch. **σχίσμα**[3] *Spaltung.* **ἦτε** Konj. εἰμί. **κατ-ηρτισμένοι**
Pf. Ptz. Pass. -αρτίζω (vgl. A33[91ff]) *in Ordnung bringen; in den gehörigen*
Zustand versetzen, vollenden (B 1b); umschrieb. Pf. (A249). **νοῦς** (*νοός νοῖ*
νοῦν) *Verstand, Vernunft; Sinn, Gesinnung* (B 3b). **γνώμη** *Sinn, Gesinnung;*
Überzeugung; ἦτε δὲ κατηρτισμένοι ἐν τῷ αὐτῷ νοῒ καὶ ἐν τῇ αὐτῇ
γνώμῃ *daß ihr vielmehr in der gleichen Gesinnung und in der gleichen Überzeu-*
gung (in den richtigen Zustand versetzt [d.h. ohne Spaltungen] *seid;* daher:)

11 *zusammenhaltet.* **11 ἐ-δηλώθη** Aor. Pass. δηλόω[19] *offenbar machen, kund-*
tun, berichten. **Χλόη** *Chloë,* Christin in Korinth; οἱ Χλόης Gen. der Zugehö-
rigkeit v. Sklaven zu einem „Haus" (A156): *die (Leute) der Chloë.* **ἔρις**[3] ιδος

12 ἡ *Streit;* Pl. *Streitigkeiten.* **12 λέγω** hier *ich meine.* **ἕκαστος ὑμῶν**
λέγει *jeder von euch sagt* (erg.:) *etwas anderes* (vgl. B ἕκαστος 2). **ἐγὼ μέν**
... ἐγὼ δέ ... ἐγὼ δέ übers. etwa: *der eine: „Ich ...", ein anderer: „Ich ..." usw.*
εἰμί m. präd. Gen. (H-S §159b; A154 u. 174) *gehören zu* (B IV3). **᾽Απολ-**
λῶς ῶ (Akk. ῶ/ῶν) *Apollos,* Missionar in Ephesus u. Korinth. **Κηφᾶς**[1] ᾶ

13 *Kephas* (aram. Entsprechung zu Πέτρος). **13 με-μέρισται** Pf. Pass. μερί-
ζω (vgl. A33[91ff]) *teilen; (in Stücke) zerteilen* (B 1aα). **μή** etwa (verneinende
Antwort angedeutet, A320). **ἐ-σταυρώθη** Aor. Pass. σταυρόω. **ἐ-βα-**
πτίσθητε Aor. Pass. βαπτίζω; βαπτίζομαι εἰς τὸ ὄνομά τινος *auf*

14 *jmds. Namen getauft werden.* **14 εὐ-χαριστέω** V. 4. **ἐ-βάπτισα** Aor. **εἰ**
μή *außer.* **Κρίσπος** *Krispus,* früher Synagogenvorsteher in Korinth.

15 **Γάϊος** *Gaius.* **15 εἴπῃ** Aor. Konj. λέγω; ἵνα (hier kons., A340) μή τις

16 εἴπῃ *so daß niemand sagen kann.* **16 Στεφανᾶς**[1] ᾶ *Stephanas,* Mitarbeiter

17 der Gemeinde in Korinth. **λοιπόν** Adv. *im übrigen.* **17 οὐ ... ἀλλά** hier
wohl Sem. m. Bdtg.: *nicht so sehr ... als* (statt: *nicht ... sondern*) (H-S §249b).
ἀπ-έ-στειλεν Aor. ἀπο-στέλλω. **βαπτίζειν** Inf. **εὐ-αγγελίζε-**
σθαι Inf. Med. -αγγελίζω. **ἐν σοφίᾳ λόγου** *mit kunstvoller Rede* od. *mit*
Worten (menschlicher) Weisheit bzw. (die beiden kombinierend) *mit gewandten*
Weisheitsworten. **κενωθῇ** Aor. Konj. Pass. κενόω *leer machen; zunichte*
machen, um seinen Inhalt bzw. *seine Wirkung/Kraft bringen* (B 2). **σταυρός**
Kreuz (d.h. das Erlösungswerk Christi am Kreuz).

18   **18 τοῦ σταυροῦ** gen. obi. (A158) *vom Kreuz.* **μέν ... δέ** *(zwar) ...*
aber. **ἀπ-ολλυμένοις** Ptz. -όλλυμαι, subst.; dat. commodi (A173) *für die,*
die verlorengehen. **μωρία** *Torheit.* **σῳζομένοις** Ptz. Pass. σῴζω, attr. bzw.
subst. (App. zu ἡμῖν, A303); τοῖς δὲ σῳζομένοις ἡμῖν *aber für uns, die wir*

19 *gerettet werden.* **19 γέ-γραπται** Pf. Pass. γράφω; Pf. Pass. term. tech. zur
Einführung v. Schriftzitaten (B 2c): *in der Schrift heißt es/steht.* **ἀπ-ολῶ** Fut.
-όλλυμι hier *zunichte machen* (B 1aβ). **σοφός** *weise.* **σύν-εσις**[8] (< συν-
ίημι *verstehen) Einsicht, Verstand.* **συν-ετός** *verständig, klug.* **ἀ-θετήσω**

20 Fut. ἀ-θετέω *aufheben, zunichte machen, verwerfen.* **20 ποῦ σοφός;** ver-

allgemeinernder Sg. (A101a; ebenso die flgd. Sg.) *wo sind da noch Weise?* **συ-** **ζητητής**[1] *gelehrter Streiter, Disputant, gewandter Diskussionsredner* (GN). **ὁ** **αἰὼν οὗτος** *dieses (gegenwärtige) Zeitalter, diese Welt.* **ἐ-μώρανεν** Aor. μωραίνω (vgl. A33[118ff]) *töricht machen, als Torheit erweisen.* **21 ἐπει-δή** 21 *da (ja), weil, denn.* **ἐν τῇ σοφίᾳ τοῦ θεοῦ** *in/an/umgeben von Gottes Weisheit.* **ἔ-γνω** Aor. γινώσκω. **εὐ-δόκησεν** Aor. -δοκέω *Wohlgefallen haben (an); für gut halten, beschließen, wollen,* m. flgd. Inf. **κήρυγμα**[3] *Botschaft, Verkündigung.* **σῶσαι** Aor. Inf. σῴζω. **πιστεύοντας** Ptz. πιστεύω, subst. **22 καί ... καί** hier *einerseits ... andererseits* (B I6; BDR 22 §444[4]). **Ἕλλην**[4] ηνος ὁ *Grieche; Nichtjude, Heide.* **23 ἐ-σταυρω-** 23 **μένον** Pf. Ptz. Pass. σταυρόω, attr.: *einen gekreuzigten* Messias/Christus, evtl. Obj.-Präd. (A65): Christus *als Gekreuzigten.* **Ἰουδαίοις** dat. commodi (A173); ebenso die flgd. Dat. **σκάνδαλον** *Falle; Verführung (das, was zu Fall bringt, zur Sünde, zum Abfall v.* Gott *veranlaßt); Ärgernis, (das) Anstößige (das, was Widerspruch, Entrüstung, Mißbilligung hervorruft).* **24 κλητός** V. 1; 24 αὐτοῖς τοῖς κλητοῖς *für sie/die, die berufen sind.* **δύναμιν ... σοφίαν** App. (A70) zu Χριστὸν ἐσταυρωμένον par. zu σκάνδαλον u. μωρίαν (V. 23): *einen gekreuzigten Messias, (was) ... ein Ärgernis ... Torheit ... Kraft ... Weisheit* (ist). **25 μωρός** *töricht, dumm;* subst. Ntr. Sg. statt Abstraktum (H-S 25 §137c); τὸ μωρὸν τοῦ θεοῦ *die Torheit* bzw. *das Törichte Gottes* (d.h. daß er sich durch das Kreuz Jesu offenbart); (vgl. BDR §263[5]); analog die flgd. subst. Adj. **σοφώτερος** Komp. v. σοφός *weise.* **τῶν ἀνθρώπων** gen. comparationis (A168) *als die Menschen.* **ἀ-σθενής**[7] *schwach.* **ἰσχυρότερος** Komp. v. ἰσχυρός *stark, mächtig.*

26 βλέπετε Imp. od. evtl. Ind. als Frage. **κλῆσις**[8] *Berufung;* βλέ- 26 πετε γὰρ τὴν κλῆσιν ὑμῶν *seht doch eure Berufung an.* **σοφός** V. 19; hier *Weiser, Gelehrter* (Menge). **κατὰ σάρκα** hier *äußerlich gesehen, nach menschlichen Maßstäben* (B σάρξ 6). **δυνατός** *mächtig, einflußreich.* **εὐ-** **γενής**[7] *von vornehmer Herkunft* (die soziale Oberschicht). **27 μωρός** V. 25; 27 τὰ μωρὰ τοῦ κόσμου wohl *das, was nach dem Maßstab der Welt töricht ist;* analog die flgd. subst. Adj **ἐξ-ε-λέξατο** Aor. Med. ἐκ-λέγομαι[66] *sich aus-* *wählen, erwählen.* **κατ-αισχύνῃ** Aor. od. Präs. Konj. -αισχύνω *beschä-* *men, zuschanden machen.* **ἀ-σθενής** V. 25. **ἰσχυρός** (< ἰσχύω *stark* *sein) stark.* **28 ἀ-γενής**[7] *unedel, von niedriger Herkunft; gering, bedeutungslos.* 28 **ἐξ-ουθενημένα** Pf. Ptz. Pass. -ουθενέω *geringschätzen, verachten;* subst. **ὄντα** Ptz. εἰμί, subst.; τὰ μὴ ὄντα *das, was nichts* (ohne μή: *etwas) ist/gilt.* **κατ-αργήσῃ** Aor. Konj. -αργέω *außer Geltung setzen, zunichte machen; ver-* *nichten, beseitigen* (B 1b). **29 ὅπως** *damit.* **καυχήσηται** Aor. Med. Konj. 29 καυχάομαι *sich rühmen* ἐν einer Sache, *prahlen* ἐν mit. **μή ... πᾶσα** **σάρξ** Hebr. *kein Fleisch, kein Mensch, niemand* (H-S §249a; A137c). **30 ἐξ** 30 **αὐτοῦ** *von ihm her* = *ihm habt ihr es zu verdanken, daß* (Menge). **ἐ-γενήθη**

Aor. Pass. (ohne Pass.-Bdtg.) γίνομαι; ὃς ἐγενήθη σοφία ἡμῖν ἀπὸ θεοῦ *der uns von Gott* (A211) *zur Weisheit gemacht wurde.* **ἁγιασμός** *Heiligung.* **ἀπο-λύτρωσις**[8] *Erlösung, Loskauf, Freikauf* (aus Sklaverei).

31 **31 ἵνα** erg. γένηται od. πληρωθῇ (BDR §480[9]). **γέ-γραπται** V. 19. **καυχώμενος** Ptz. καυχάομαι, subst. **καυχάσθω** Imp. 3. Sg.

2 **ἐλθών** Aor. Ptz. ἔρχομαι, temp. **ὑπερ-οχή** *(das) Hervorragen; Vorzug;* οὐ καθ᾽ ὑπεροχὴν λόγου (κατά mod., vgl. B κατά II5bβ) *nicht mit überragender Rede(kunst).* **κατ-αγγέλλων** Ptz. -αγγέλλω *verkündigen;* fin.

2 od. mod. **μυστήριον** *Geheimnis* [Var. μαρτύριον *Zeugnis*]. **2 ἔ-κρινα** Aor. κρίνω hier *sich entscheiden für, beschließen* (B 3). **εἰδέναι** Pf. (m. präs. Bdtg.) Inf. οἶδα; οὐ ... τι εἰδέναι *nichts (anderes) zu wissen,* d.h. nichts anderes zu verkündigen. **εἰ μή** (nichts) *außer,* (nichts anderes) *als nur.* **καί** epexegetisch *und zwar, nämlich* (A311,7). **ἐ-σταυρωμένον** Pf. Ptz. Pass. σταυρόω; subst., Obj.-Präd. (A65); καὶ τοῦτον ἐσταυρωμένον *und zwar*

3 *als Gekreuzigten.* **3 ἀ-σθένεια** *Schwachheit.* **τρόμος** *Zittern;* ἐν φόβῳ καὶ ἐν τρόμῳ πολλῷ *mit viel Furcht und Zittern, mit Zittern und Zagen.*

4 **ἐ-γενόμην** Aor. Med. γίνομαι. **4 κήρυγμα**[3] *Verkündigung.* **οὐκ ἐν** erg. ἦν od. ἐγένετο übers. etwa *bestand/bestanden nicht, war/waren nicht bestimmt von.* **πειθός** (nur hier nachweisbares Adj.) *überredend, überzeugend* [Var. πειθοῖ Dat. Sg. von ἡ πειθώ (οὖς οἶ ὦ) *Überredungskunst* (H-S §42c); ἐν πειθοῖ σοφίας (ohne λόγοις) *von der Überredungskunst der (menschlichen) Weisheit*]. **ἀπό-δειξις**[8] *Beweis, Erweis* od. (term. tech. der Rhetorik) *Beweisführung* (EWNT 1, Sp. 304f); ἀλλ᾽ ἐν ἀποδείξει πνεύματος καὶ δυνάμεως *sondern (sie geschah) durch den Erweis* bzw. *die*

5 *Beweisführung des Geistes und der Kraft* (Gottes). **5 ᾖ** Konj. εἰμί; m. ἐν hier *beruhen auf* (B III4).

6 **6 ἐν** *bei, gegenüber, in Gegenwart von* (B I3). **τέλειος** (< τέλος) *vollendet, vollkommen; erwachsen, mündig, reif.* **δέ** erläuternd (BDR §447[5]) *und zwar.* **ὁ αἰὼν οὗτος** *dieses (gegenwärtige) Zeitalter, diese Welt.* **ἄρχων**[5] οντος ὁ *Herrscher, Machthaber* (B 3). **κατ-αργουμένων** Ptz. Pass. -αργέω *außer Wirksamkeit setzen; vernichten, beseitigen;* Pass. *aufhören, vergehen* (B 2); attr.

7 *deren Untergang besiegelt ist* (vgl. ZG). **7 μυστήριον** V. 1; θεοῦ σοφίαν ἐν μυστηρίῳ *Gottes geheimnisvolle Weisheit* (GN), *das Geheimnis der Weisheit Gottes* (Lang, Kor, S. 38). **ἀπο-κε-κρυμμένην** Pf. Ptz. Pass. -κρύπτω[57] *verbergen; geheimhalten;* attr. **προ-ώρισεν** Aor. -ορίζω (vgl. A33[91ff]) *vorherbestimmen.* **πρὸ τῶν αἰώνων** *vor allen Zeiten, von Ewigkeit her* (B αἰών

8 1a). **εἰς δόξαν ἡμῶν** *zu unserer Verherrlichung.* **8 ἔ-γνωκεν** Pf. γινώσκω. **ἔ-γνωσαν** Aor. γινώσκω. **ἐ-σταύρωσαν** Aor. σταυρόω; εἰ γὰρ ἔγνωσαν, οὐκ ἄν ... ἐσταύρωσαν irrealer Fall (A345) *denn hätten sie sie erkannt, so hätten sie ... nicht gekreuzigt.* **9 ἀλλά** erg. *wir verkündi-*

9 *gen,* wobei die beiden ἅ-NS AkkO dazu sind. **γέ-γραπται** Pf. Pass. γράφω;

Pf. Pass. term. tech. zur Einführung v. Schriftzitaten (B 2c): *in der Schrift heißt es/steht.* **εἶδεν** Aor. ὁράω. **οὖς**[3] ὠτός τό *Ohr;* ὀφθαλμὸς οὐκ ... οὖς οὐκ *kein Auge ... kein Ohr* = *keiner* (pars pro toto, A382a). **ἤκουσεν** Aor. ἀκούω. **ἀν-έ-βη** Aor. ἀνα-βαίνω; ἅ ... ἐπὶ καρδίαν ἀνθρώπου οὐκ ἀνέβη *das, was ... keinem Menschen in den Sinn* (καρδίαν Sem. für νοῦν) *gekommen ist* (vgl. B 2). **ἡτοίμασεν** Aor. ἑτοιμάζω. **ἀγαπῶσιν** Ptz. ἀγαπάω, subst. **10 ἀπ-ε-κάλυψεν** Aor. ἀπο-καλύπτω *enthüllen,* 10 *offenbaren.* **ἐραυνάω** *erforschen.* **βάθος**[7] *Tiefe;* τὰ βάθη τοῦ θεοῦ *die Tiefen Gottes,* d.h. die Unergründbarkeit u. Unermeßlichkeit Gottes (Schrage, 1Kor I, S. 257), vgl. Röm 11,33. **11 τίς ... ἀνθρώπων** gen. partitivus 11 (A164) *wer von den Menschen, welcher Mensch.* **τὰ τοῦ ἀνθρώπου** *das, was im* (d.h. in einem anderen) *Menschen vorgeht* (Denken, Fühlen, Wollen); *den Menschen;* evtl. *das Wesen des Menschen.* **εἰ μή** *außer.* **12 ἐ-λάβομεν** Aor. 12 λαμβάνω. **εἰδῶμεν** Pf. (m. präs. Bdtg.) Konj. οἶδα [Var. ἴδωμεν Aor. Konj. ὁράω]. **χαρισθέντα** Aor. Ptz. Pass. Ntr. χαρίζομαι[101] *(aus Gnade) schenken;* subst. **13 ἅ** hier *von diesen Dingen, davon* (A364a) *reden wir.* 13 **διδακτός** *gelehrt; beigebracht;* οὐκ ἐν διδακτοῖς ἀνθρωπίνης σοφίας λόγοις *nicht mit Worten, die menschliche Weisheit beigebracht/gelehrt hat* (B 2). **ἀνθρώπινος** *menschlich* (B 3). **σοφίας, πνεύματος** gen. auctoris (A153; BDR §183[2]). **πνευματικός** *geistlich;* subst. Ntr. *Geistliches, Geistgewirktes, vom Geist Stammendes;* Mask. *Geistbegabter, Geisterfüllter.* **συγκρίνοντες** Ptz. -κρίνω *zusammenbringen, verbinden; vergleichen; deuten, auslegen, erklären; beurteilen, prüfen;* mod.; πνευματικοῖς πνευματικὰ συγκρίνοντες *indem wir Geistliches* (= vom Geist Gewirktes) *mit geistlichen* (= vom Geist gelehrten) *Worten* (Ntr.) *deuten od. indem wir Geistliches geistlichen* (= mit dem Geist begabten) *Menschen* (Mask.) *erklären.* **14 ψυχικός** 14 *seelisch;* im NT stets *natürlich, irdisch gesinnt* (hier v. Menschen, die nur die σοφία τοῦ αἰῶνος τούτου [V. 6] kennen). **τὰ τοῦ πνεύματος τοῦ θεοῦ** *das, was vom Geist Gottes stammt.* **μωρία** *Torheit.* **αὐτῷ** dat. commodi (A173) *für ihn.* **γνῶναι** Aor. Inf. γινώσκω; hier *verstehen.* **πνευματικῶς** *geistlich, mit Hilfe des Geistes.* **ἀνα-κρίνεται** Pass. -κρίνω *befragen, untersuchen; beurteilen.* **15 ἀνα-κρίνω** hier (zweimal) *(sach-* 15 *gerecht) beurteilen (können).* **16 ἔ-γνω** Aor. γινώσκω. **νοῦς** (νοός νοΐ 16 νοῦν) *Verstand, Vernunft; Sinn, Gesinnung; Meinung; Ratschluß;* νοῦν Χριστοῦ hier fast = πνεῦμα Χριστοῦ (B 4). **συμ-βιβάσει** Fut. -βιβάζω (vgl. A33[91ff]) *zusammenbringen;* in der LXX: *belehren, unterrichten* (B 4); mod. Fut. (A247); Rel.-Satz m. fin. bzw. kons. Nebensinn (H-S §290c; B ὅς I8); ὃς συμβιβάσει αὐτόν *so daß er ihn belehren könnte.*

ἠδυνήθην Aor. Pass. (ohne Pass.-Bdtg.) δύναμαι. **λαλῆσαι** Aor. **3** Inf. λαλέω. **πνευματικός** *geistlich;* hier subst. *Geistbegabter, Geisterfüllter.* **σάρκινος** *aus Fleisch bestehend; fleischlich* (B 2), *irdisch eingestellt* (Einh.).

νήπιος *unmündig;* subst. *kleines Kind;* νήπιοι ἐν Χριστῷ *unmündige Kin-*
2 *der* bzw. *Menschen, die im Glauben noch Kinder sind* (GN). 2 **γάλα**[3] λακτος
τό *Milch.* **ἐ-πότισα** Aor. ποτίζω (vgl. A33[91ff]) τινά τι *jmdm. etwas zu*
trinken geben. **βρῶμα**[3] *(feste) Speise;* Ellipse v. *gab ich zu essen* o.ä.
(„Zeugma", A376b). **οὔ-πω** *noch nicht.* **ἐ-δύνασθε** Ipf. δύναμαι, erg.
3 *vertragen* (B 2). 3 **σαρκικός** *fleischlich; irdisch gesinnt* (im Sinn v. *sündhaft,*
schwach). **ὅπου** kaus. *insofern, da* (BDR §456[8]; B 2b) od. temp. *solange*
(Menge). **ἐν** *bei.* **ζῆλος**[7] *Eifer; Eifersucht;* hier am besten *Rivalitäten.* **ἔρις**[3]
ιδος ἡ *Streit;* erg. *herrschen* [Var. διχο-στασία *Spaltung*]. **καί** (zweites) ex-
plikativ (A311,7) *das heißt.* **κατὰ ἄνθρωπον** *nach menschlicher Weise, nach*
4 *menschlichen Maßstäben* (Schrage, 1Kor I, S. 278). 4 **λέγῃ** Konj. λέγω. **τὶς**
... **ἕτερος δέ** *einer ... ein anderer aber* (B τὶς 1aε); das μέν nach ἐγώ ist ohne
entsprechendes δέ (A315,2). **εἰμί** m. präd. Gen. (H-S §159b; A154 u. 174)
gehören zu (B IV3). ᾿Απολλῶς 1,12. **οὐκ ἄνθρωποί ἐστε;** *seid ihr da*
nicht (bzw. *handelt ihr da nicht wie*) *(ganz gewöhnliche) Menschen* (d.h. solche
5 ohne Gottes Geist)? 5 **τί οὖν ἐστιν** *was ist denn eigentlich* (B οὖν 1cβ).
διάκονος *Diener;* erg. εἰσίν. **ἐ-πιστεύσατε** Aor. πιστεύω, ingr.
(A229). **καί** explikativ (A311,7) *und zwar, nämlich.* **ἑκάστῳ** ist der Kon-
junktion ὡς betont vorangestellt (BDR §475[1]). **ἔ-δωκεν** Aor. δίδωμι; als
6 AkkO erg. etwa *eine besondere Gabe/Aufgabe.* 6 **ἐ-φύτευσα** Aor. φυτεύω
pflanzen. **ἐ-πότισεν** Aor. ποτίζω (vgl. A33[91ff]) *zu trinken geben; begießen.*
ηὔξανεν Ipf. αὐξάνω Akt. hier (= klass.; sonst auch *wachsen*) *vermehren,*
7 *wachsen lassen.* 7 **φυτεύων** Ptz., subst. **ποτίζων** Ptz., subst. **αὐξάνων**
8 Ptz., subst. 8 **ἕν εἰσιν** *sind eins* (d.h. sie arbeiten an demselben Werk u. sind
dabei auf das Wirken Gottes angewiesen). **ἴδιος** hier *eigentümlich, der beson-*
deren Beschaffenheit entsprechend (BDR §286[3]); ἕκαστος δὲ τὸν ἴδιον
μισθὸν λήμψεται κατὰ τὸν ἴδιον κόπον *aber jeder wird den ihm*
zukommenden Lohn erhalten entsprechend der von ihm geleisteten Arbeit (B 1aβ).
μισθός *Lohn* (eig. *Arbeitslohn;* übertr. *Belohnung*). **λήμψεται** Fut. Med.
9 λαμβάνω. **κόπος** *Mühe; Anstrengung, Arbeit.* 9 **συν-εργός** *Mitarbeiter.*
γεώργιον *Ackerfeld, angebautes Land.* **οἰκο-δομή** *Bauen; Bau, Bauwerk.*
10 10 **δοθεῖσαν** Aor. Ptz. Pass. Fem. δίδωμι, attr. **σοφός** *geschickt,*
(sach)kundig; weise. **ἀρχι-τέκτων**[4] ονος ὁ *Baumeister.* **θεμέλιος**
(< τίθημι) *Grundlage; Fundament.* **ἔ-θηκα** Aor. τίθημι. **ἄλλος** wohl ver-
allgemeinernder Sg. (A101a) *andere.* **ἐπ-οικοδομέω** *auf etw.* (schon Vor-
handenes; hier *darauf*) *aufbauen, weiterbauen.* **βλεπέτω** Imp. 3. Sg. βλέπω
11 hier *zusehen, achtgeben* (B 4c). 11 **θεῖναι** Aor. Inf. τίθημι. **παρά** m. Akk.
in Verbindung mit ἄλλος *ein anderer als* (B III3; BDR §236[3]; vgl. A115);
παρὰ τὸν κείμενον *als das, das gelegt ist.* **κείμενον** Ptz. κεῖμαι (A32;
als Pf. Pass. v. τίθημι gebraucht, A33[200]) *liegen, gelegt sein;* hier attr.
12 12 **χρυσός** *Gold* [Var. χρυσίον *Gold*]. **ἄργυρος** *Silber* [Var. ἀργύριον

Silber]. **τίμιος** *teuer; kostbar, wertvoll;* λίθος τίμιος *Edelstein* od. *kostbarer Stein.* **ξύλον** *Holz,* Pl. *Holz* als Baumaterial (B 1); vor ξύλα ist gedankl. wohl ein „oder" zu erg. **χόρτος** *Gras, Heu.* **καλάμη** *Halm, Stroh.* **13 ἑκά-** 13 **στου τὸ ἔργον** *das Werk eines jeden.* **φανερός** (< φαίνομαι sichtbar werden) *bekannt; offenbar, deutlich; sichtbar.* **γενήσεται** Fut. Med. γίνομαι. **ἡ ἡμέρα** hier *der Gerichtstag* (Gottes; B 3bβ). **δηλώσει** Fut. δηλόω[19] *offenbar machen; zeigen, erweisen.* **ὅτι** *weil* (BDR §300[1]). **ἐν πυρί** *mit Feuer* (B πῦρ 1b). **ἀπο-καλύπτεται** Pass. -καλύπτω *offenbaren, enthüllen;* Pass. *sich offenbaren* (Subj.: der Tag); Präs. hier fut. (A234). **ὁποῖος**[18] *welcher Art, wie beschaffen;* ἑκάστου τὸ ἔργον ὁποῖον = ὁποῖον ἑκάστου τὸ ἔργον (vgl. Prolepsis, A373). **δοκιμάσει** Fut. δοκιμάζω (vgl. A33[91ff]) (< δόκιμος erprobt) *prüfen, erproben* (Echtheit, Tauglichkeit feststellen). **14 μενεῖ** Fut. μένω. **ἐπ-οικοδόμησεν** Aor. -οικοδομέω. 14 **λήμψεται** V. 8. **15 κατα-καήσεται** Fut. Pass. -καίω[10] *verbrennen.* 15 **ζημιωθήσεται** Fut. Pass. ζημιόω *Schaden zufügen;* Pass. *Schaden erleiden* (d.h. hier wohl: Lohn einbüßen, kaum: bestraft werden [ThWNT 2, S. 892; anders B 2]). **σωθήσεται** Fut. Pass. σῴζω. **ὡς διὰ πυρός** *wie durchs Feuer hindurch* (geflohen/gerettet), etwa beim Verlassen eines brennenden Hauses, wohl mit Brandspuren (B πῦρ 1a, ὡς I1). **16 ναός** Präd.-Nom. auch 16 ohne Art. best. (A80). **οἰκέω** *wohnen.* **17 φθείρω** (vgl. A33[136]) *zugrunde* 17 *richten, zerstören; verderben.* **φθερεῖ** Fut. **οἵτινες** = οἵ (BDR §293[9]); bezieht sich auf ναός, kongruiert aber mit ὑμεῖς (BDR §131[4]).

    18 ἐξ-απατάτω Imp. 3. Sg. -απατάω *betrügen, täuschen.* **σοφός** 18 *weise.* **εἶναι** Inf. εἰμί. **ὁ αἰὼν οὗτος** *dieses* (gegenwärtige) *Zeitalter, diese Welt;* ἐν τῷ αἰῶνι τούτῳ *in dieser Welt* = *nach den Maßstäben dieser Welt* (GN). **μωρός** *töricht.* **γενέσθω** Aor. Imp. 3. Sg. Med. γίνομαι; μωρὸς γενέσθω *er soll „töricht"/ein „Tor" werden.* **γένηται** Aor. Konj. Med.; ἵνα γένηται σοφός *damit er* (wirklich) *weise wird.* **19 μωρία** *Torheit.* **παρὰ** 19 **τῷ θεῷ** *bei Gott, nach Gottes Urteil, in Gottes Augen* (B II2b). **γέ-γραπται** Pf. Pass. γράφω; Pf. Pass. term. tech. zur Einführung v. Schriftzitaten (B 2c): *in der Schrift heißt es/steht.* **δρασσόμενος** Ptz. δράσσομαι *fassen, fangen;* subst.; ὁ δρασσόμενος erg. ἐστίν *er* (Gott) *ist der, der fängt.* **παν-** **ουργία** *Schlauheit, Arglist.* **20 διαλογισμός** *Gedanke.* **ὅτι** *daß;* 20 γινώσκει τοὺς διαλογισμοὺς τῶν σοφῶν ὅτι = γινώσκει ὅτι οἱ διαλογισμοὶ τῶν σοφῶν (Prolepsis, A373; B 1bζ). **μάταιος** *nichtig.* **21 καυχάσθω** Imp. 3. Sg. καυχάομαι *sich rühmen* ἐν *einer Sache/Person,* 21 *prahlen* ἐν *mit.* **εἰμί** m. präd. Gen. (H-S §159b; A154 u. 174) *jmds. sein, jmdm. gehören* (B IV1). **22 εἴτε ... εἴτε** *ob ... oder; sei es ... (oder) sei es* (hier fast = 22 καί ... καί *sowohl ... als auch,* BDR §454[3]). **Ἀπολλῶς** 1,12. **Κηφᾶς** 1,12. **ἐν-εστῶτα** Pf. (Wz.-Pf., H-S §109a; m. präs. Bdtg.) Ptz. Ntr. -ίσταμαι[205] *eintreten;* Pf. *vorhanden sein, gegenwärtig sein;* subst.

Gegenwärtiges, Gegenwart. **μέλλοντα** Ptz. μέλλω, subst. *Zukünftiges, Zukunft.*

4　**λογιζέσθω** Imp. 3. Sg. λογίζομαι hier *ansehen/betrachten als* (B 1b). **ἄνθρωπος** hier *man* (H-S §255f; A76c). **ὑπ-ηρέτης**[1] *Diener.* **οἰκο-**
2 **νόμος** *Hausverwalter, Verwalter.* **μυστήριον** *Geheimnis.* 　**2 ὧδε** hier *hierbei, unter diesen Umständen* (B 2b); ὧδε λοιπόν *hierbei nun.* **ζητεῖται** Pass. ζητέω; ζητεῖται ἐν τοῖς οἰκονόμοις *von den Verwaltern wird verlangt* (B 2c). **ἵνα** hier *daß* (A328, bez. das Verlangte; B II1aα). **εὑρεθῇ** Aor. Konj. Pass. εὑρίσκω, Pass. m. Präd.-Nom. *sich zeigen als, sich erweisen als*
3 (B 2). **3 εἰς** für Präd.-Nominativ (A81; BDR §145,2). **ἐλάχιστος** (Super-lativ zu μικρός) *kleinster, geringster;* meist elativisch: *ganz klein, geringfügig, unbedeutend;* ἐμοὶ δὲ εἰς ἐλάχιστόν ἐστιν *mir macht es nicht das geringste aus, mir ist es völlig gleichgültig* (B εἰμί III2). **ἵνα** hier *daß* od. *wenn* (od. als Inf. übers.; A328; B II1b). **ἀνα-κριθῶ** Aor. Konj. Pass. -κρίνω[127] *befragen, untersuchen; beurteilen, prüfen.* **ἀνθρώπινος** *menschlich.* **ἡμέρα** hier *Gerichtstag, Gericht* (B 3bα). **ἀλλ' οὐδέ** *ja, nicht einmal* (vgl. BDR §448[7]).
4 **ἐμαυτόν**[14] Refl.-Pron. 1. Sg. **4 σύν-οιδα** Pf. (m. präs. Bdtg.) *wissen; sich bewußt sein;* οὐδὲν ἐμαυτῷ σύνοιδα *ich bin mir nichts* (d.h. *keiner Schuld) bewußt.* **ἐν τούτῳ** *deswegen, deshalb, damit.* **δε-δικαίωμαι** Pf. Pass. δικαιόω *rechtfertigen, freisprechen, für gerecht erklären, gerecht machen.* **ἀνα-**
5 **κρίνων** Ptz., subst., Präd.-Nom. **5 πρὸ καιροῦ** *vor der* (v. Gott dafür) *fest-gesetzten Zeit* (wenn Gott richtet; vgl. B καιρός 3/4). **κρίνετε** Imp.; μή ... τι κρίνετε ἕως ἄν *verurteilt nichts* (B 6b) ... *(wartet,) bis.* **ἔλθῃ** Aor. Konj. (s. ἕως ἄν, A337) ἔρχομαι. **φωτίσει** Fut. φωτίζω (vgl. A33[91ff]) tr. *erleuch-ten, beleuchten, bescheinen; ans Licht bringen, sichtbar machen.* **κρυπτός** *ver-borgen;* τὰ κρυπτὰ τοῦ σκότους gen. pertinentiae (A152) *das Verborgene, das zum Bereich der Dunkelheit gehört = das im Finstern Verborgene* (B 2a). **σκότος**[7] *Dunkelheit; Finsternis.* **φανερώσει** Fut. φανερόω. **βουλή** *Absicht, Plan;* αἱ βουλαὶ τῶν καρδιῶν *die Pläne der Herzen = die geheimsten Absichten/Motive der Menschen.* **ἔπ-αινος** *Lob, Anerkennung;* ὁ ἔπαινος hier *sein* (= das ihm gebührende) *Lob* (A103). **γενήσεται** Fut. Med. γίνομαι hier *zuteil werden.*

6　　**6 μετ-ε-σχημάτισα** Aor. μετα-σχηματίζω (vgl. A33[91ff]) *umge-stalten, umformen;* übertr. *deuten, beziehen* τὶ εἴς τι *etwas auf etwas;* ταῦτα ... μετεσχημάτισα εἰς ἐμαυτόν *dieses habe ich auf mich* (beispielhaft) *ange-wandt/bezogen.* **Ἀπολλῶς** 1,12. **ἐν** *an* (B I2). **μάθητε** Aor. Konj. μαν-θάνω[157] *lernen.* **τό** leitet Zitat ein; als Doppelpunkt zu übers. (BDR §267[2c]). **ὑπέρ** *hinaus über* (B 2). **γέ-γραπται** Pf. Pass. γράφω, Pf. Pass. term. tech. zur Einführung v. Schriftzitaten (B 2c): *in der Schrift heißt es/steht;* μὴ ὑπὲρ ἃ γέγραπται *nicht über das hinaus(gehen), was in der Schrift steht!* (vgl. Var. φρονεῖν *gedanklich hinauszugehen über* [B φρονέω 1; BDR §481[2]]) = *richtet* *euch nach der Schrift.* εἷς ὑπὲρ τοῦ ἑνός ... κατὰ τοῦ ἑτέρου *jeder ein-zelne* (von euch) *wegen des einen gegen den anderen* (BDR §247¹⁰). φυσι-οῦσθε hier Konj. (statt φυσιῶσθε [vgl. A24], BDR §91 u. §369¹²) Pass. φυσιόω *aufblasen, aufblähen;* Pass. *sich aufblasen/aufblähen, sich wichtig machen.* **7** δια-κρίνω *unterscheiden;* τίς σε διακρίνει; *wer gibt dir einen* **7** *Vorzug, wer räumt dir einen Vorrang ein?* (B 1b). ἔ-λαβες Aor. λαμβάνω. καυχᾶσαι 2. Sg. (H-S §85,3 Anm.) καυχάομαι *sich rühmen, prahlen.* λαβών Aor. Ptz. λαμβάνω, mod. (vorgestellter Vergleich; A291,2); ὡς μὴ λαβών *als hättest du (es) nicht empfangen.* **8** κε-κορεσμένοι Pf. Ptz. Pass. **8** κορέννυμι (vgl. A33²²¹ᶠᶠ) *sättigen;* Pass. *sich sättigen, satt werden;* umschrieb. Pf. (A249); mit scharfer Ironie (BDR §495⁸) werden die Korinther daraufhin angesprochen, daß sie wähnen, das Ziel der Heilsvollendung schon erreicht zu haben. ἐ-πλουτήσατε Aor. πλουτέω *reich sein; Überfluß haben;* ingr. (A229). ἐ-βασιλεύσατε Aor. βασιλεύω *König sein, herrschen;* ingr. (A229): *zur Herrschaft gelangen, die Herrschaft antreten* (B 2). ὄφελον Partikel zum Ausdruck eines als unerfüllbar hingestellten Wunsches (A319b; BDR §359⁵), hier (verstärkt durch γέ) mit Ind. Aor. *o daß doch* (B); ὄφελόν γε ἐβασιλεύσατε *hättet ihr doch wirklich schon die Herrschaft angetreten.* συμ-βασιλεύσωμεν Aor. Konj. -βασιλεύω *mitherrschen,* m. Dat. *mit jmdm. (zusammen) herrschen.* **9** ἀπ-έ-δειξεν Aor. ἀπο-δείκνυμι²¹² *bestellen zu,* **9** *machen zu,* m. doppeltem Akk. (H-S §153b); ἡμᾶς τοὺς ἀποστόλους ἐσχάτους ἀπέδειξεν *er hat uns, die Apostel, zu den Letzen* (Geringsten) *gemacht* bzw. *auf den letzten Platz gestellt* (Lang, Kor, S. 62). ἐπι-θανάτιος¹¹ *zum Tode verurteilt;* ὡς ἐπιθανατίους *wie Todgeweihte.* θέατρον *Theater; Schauspiel.* ἐ-γενήθημεν Aor. Pass. (ohne Pass.-Bdtg.) γίνομαι. τῷ κόσμῳ ... dat. commodi (A173) *für die Welt ...* **10** μωρός **10** *töricht;* präd.; erneut ein Vers voller Ironie (vgl. V. 8). φρόνιμος *verständig, klug.* ἀ-σθενής⁷ *schwach.* ἰσχυρός (< ἰσχύω *stark sein*) *stark.* ἔν-δοξος¹¹ *ruhmvoll, berühmt, geehrt, angesehen.* ἄ-τιμος¹¹ *entehrt, verachtet.* **11** ἄρτι *jetzt; eben erst;* ἄχρι τῆς ἄρτι ὥρας *bis zur Stunde, bis zum* **11** *gegenwärtigen Augenblick* (B 3); hier: Übergang zu nichtironischer Rede. καί ... καί *sowohl ... als auch.* πεινάω *hungern, Hunger leiden.* διψάω *dürsten, Durst leiden.* γυμνιτεύω *nackt/halbnackt sein, schlecht gekleidet sein.* κολαφιζόμεθα Pass. κολαφίζω *mit der Faust schlagen, mißhandeln.* ἀ-στατέω *unstet sein, obdachlos/heimatlos sein.* **12** κοπιάω *müde werden;* **12** *sich abmühen, sich plagen.* ἐργαζόμενοι Ptz. ἐργάζομαι, mod. χερσίν (χείρ⁶) dat. instr. (A176); ἐργάζεσθαι ταῖς ἰδίαις χερσίν *mit den eigenen Händen arbeiten,* d.h. *sich den Lebensunterhalt selbst verdienen.* λοι-δορούμενοι Ptz. Pass. λοιδορέω *beschimpfen, schmähen;* temp. *wenn wir beschimpft werden* od. konz. *obwohl wir beschimpft werden.* διωκόμενοι Ptz. Pass. διώκω, temp. ἀν-έχομαι *aushalten, ertragen.* **13** δυσ-φημού- **13**

μενοι Ptz. Pass. -φημέω *verlästern, schmähen;* temp. [Var. βλασ-φημούμενοι Ptz. Pass. -φημέω *verleumden, lästern*]. **παρα-καλέω** hier etwa *gut zureden* (B 5), *mit freundlichen Worten antworten* (GN). **περι-κάθαρμα**[3] *Schmutz, Unrat, Kehricht.* **περί-ψημα**[3] (< περι-ψάω ringsum abwischen/abreiben) *Auswurf, Unrat, Schmutz;* περικάθαρμα u. περίψημα (fast synonym) werden übertr. für irgend etwas gebraucht, was als verachtenswert angesehen wird (Fee, 1Kor, S. 180), vgl. deutsch *der letzte Dreck, der Abschaum,* hier viell. = *Sündenböcke, Prügelknaben.*

14 **14 ἐν-τρέπων** Ptz. -τρέπω *beschämen;* fin.; οὐκ ἐντρέπων ὑμᾶς *nicht um euch zu beschämen.* **νουθετῶν** Ptz. νουθετέω (< νοῦς Sinn + τί-
15 θημι) *ermahnen;* fin. [Var. νουθετῶ Ind.]. **15 μύριοι**[19] *zehntausend;* hier hyperbolisch (A383) *Tausende von, unzählige.* **παιδ-αγωγός** *Aufseher, Erzieher.* **ἔχητε** Konj. ἔχω; ἐάν ... ἔχητε hier entsprechend dem klass. potentialen (bzw. dem irrealen) Fall *wenn ihr auch ... haben solltet/hättet* (BDR §373[11]; A347). **ἀλλά** nach kond. Wenn-Satz: *so doch* (BDR §448,5; B 4). **διὰ τοῦ εὐαγγελίου** *durch die (Verkündigung des) Evangeliums.*
16 **ἐ-γέννησα** Aor. γεννάω. **16 μιμητής**[1] *Nachahmer.* **γίνεσθε** Imp.; μιμηταί μου γίνεσθε *werdet meine Nachahmer, nehmt mich zum Vorbild.*
17 **17 διὰ τοῦτο** *darum, deshalb.* **ἔ-πεμψα** Aor. πέμπω. **Τιμόθεος** *Timotheus,* Begleiter v. Paulus. **ἀνα-μνήσει** Fut. -μιμνήσκω[167] *erinnern,* m. doppeltem Akk. τινά τι *jmdn. an etwas* (H-S §153a). **αἱ ὁδοί μου** hier wohl *meine Weisungen* (vgl. B 2c), die sich bes. auf die Lebensführung beziehen u. insofern sein eigenes Handeln einschließen. **πανταχοῦ** *überall.*
18 **18 ἐρχομένου** Ptz. ἔρχομαι, gen. abs. (A288), kaus. (m. ὡς subjektiver Grund; A291,3); ὡς μὴ ἐρχομένου δέ μου *in der Annahme, ich käme gar nicht* (d.h. überhaupt nicht mehr). **ἐ-φυσιώθησαν** Aor. Pass. φυσιόω
19 V. 6. **19 ἐλεύσομαι** Fut. Med. ἔρχομαι. **ταχέως** *schnell, bald.* **θελήσῃ** Aor. Konj. θέλω. **γνώσομαι** Fut. Med. γινώσκω. **δύναμις** hier *die (wahre) Kraft* (d.h. was hinter ihren Worten steckt). **πε-
20 φυσιωμένων** Pf. Ptz. Pass. φυσιόω V. 6; subst. **20 οὐ ... ἐν λόγῳ** erg.
21 ἐστίν *beruht nicht auf/besteht nicht in Worten* (d.h. bloßem Reden). **21 ἐν** hier *mit* (B I4cβ). **ῥάβδος** ἡ *Rute, Stock.* **ἔλθω** Aor. Konj. ἔρχομαι, deli-berativer Konj. (A255). **πνεῦμα** hier *geistige Haltung, Gesinnung* (B 3c). **πραΰτης**[3] ητος ἡ *Sanftmut, Milde, Freundlichkeit;* gen. qualitatis (A160); ἐν ἀγάπῃ πνεύματί τε πραΰτητος *mit Liebe und Milde.*

5 **ὅλως** *überhaupt.* **ἀκούεται** Pass. ἀκούω, Pass. *man hört* (A76b), m. Nom. *von;* Ind. Präs. perfektisch (= *man hat gehört;* BDR §322[1]; A236). **ἐν** *bei.* **πορνεία** *Unzucht* (= *illegitimer Geschlechtsverkehr jeder Art*), *Hurerei.* **ἥτις** = οἵα (ZG) *wie (beschaffen);* καὶ τοιαύτη πορνεία ἥτις οὐδέ *und zwar* (A311,7) *eine derartige Unzucht, wie sie nicht einmal ... (vorkommt).* **ὥστε** m. AcI zur Angabe der Folge (H-S §279b; A340): *daß.* **τινά** Mask., Subj. des

AcI. **ἔχειν** Inf. ἔχω, Präd. des AcI; ὥστε γυναῖκά τινα τοῦ πατρὸς
ἔχειν *daß (nämlich) einer die Frau seines Vaters* (wohl Umschreibung für
Stiefmutter) *(zur Partnerin) hat,* d.h. mit ihr zusammenlebt bzw.
intime Beziehungen mit ihr hat, evtl. sie geheiratet hat (vgl. B I2bα).   **2 πε-**   2
φυσιωμένοι Pf. Ptz. Pass. φυσιόω *aufblasen, aufblähen;* Pass. *sich aufbla-*
sen/aufblähen, sich wichtig machen; umschrieb. Pf. (A249) *ihr kommt euch wich-*
tig vor.   **μᾶλλον** hier *vielmehr, statt dessen.*   **ἐ-πενθήσατε** Aor. πενθέω
intr. *trauern, traurig sein.*   **ἵνα** hier kons. *so daß* (A340).   **ἀρθῇ** Aor. Konj.
Pass. αἴρω, Pass. hier *entfernt werden* (B 4).   **πράξας** Aor. Ptz. πράσσω[78]
vollbringen, tun; begehen, verüben; subst.; ὁ τὸ ἔργον τοῦτο πράξας *der, der*
diese (üble) Tat begangen hat (A285) [Var. ποιήσας Aor. Ptz. ποιέω, subst.].
3 ἐγώ Ggs.: ὑμεῖς V. 2.   **ἀπ-ών** Ptz. ἄπ-ειμι (A32) *abwesend sein;* konz.   3
obwohl ich abwesend bin; evtl. mod. **τῷ σώματι** dat. resp. (A178) *dem Leibe*
nach, körperlich.   **παρ-ών** Ptz. πάρ-ειμι (A32) *zugegen sein, anwesend sein;*
konz. od. mod.   **κέ-κρικα** Pf. κρίνω hier *das Urteil fällen über, verurteilen,* m.
Akk.; das Urteil folgt in V. 4f (Inf. m. übergeordnetem gen. abs.).   **παρ-ών**
Ptz. mod. (A291,2); ὡς παρών *als wäre ich (persönlich) anwesend.*   **κατ-**
εργασάμενον Aor. Ptz. Med. -εργάζομαι[92] *vollbringen, ausführen;* subst.;
ὁ οὕτως τοῦτο κατεργασάμενος übers. etwa *der, der sich so schwer ver-*
gangen hat (Menge).   **4 ἐν τῷ ὀνόματι** ... am besten Mod. zu κέκρικα   4
V. 3.   **συν-αχθέντων** Aor. Ptz. Pass. -άγω[59] *sammeln; versammeln;* Pass.
versammelt werden/sein, sich versammeln; gen. abs. (A288) mit zusammengesetz-
tem Subj., temp. (s. V. 5).   **5 παρα-δοῦναι** Aor. Inf. -δίδωμι; κέκρικα ...   5
συναχθέντων ὑμῶν καὶ τοῦ ἐμοῦ πνεύματος σὺν τῇ δυνάμει ...
παραδοῦναι *ich habe mein Urteil ... gefällt, (nämlich) wenn ihr euch und mein*
Geist (wohl = *ich im Geist*) *gemeinsam mit der Kraft ... versammelt habt ... zu*
übergeben.   **ὁ τοιοῦτος** *der so Beschaffene* (B 3aα), hier für οὗτος (BDR
§304,2).   **σατανᾶς**[1] ᾶ *Satan, der Widersacher Gottes.*   **ὄλεθρος** *Verderben,*
Vernichtung; εἰς ὄλεθρον τῆς σαρκός *zum Verderben des Fleisches,* d.h. wohl
durch Krankheit od. Tod.   **σωθῇ** Aor. Konj. Pass. σῴζω.   **ἐν τῇ ἡμέρᾳ**
τοῦ κυρίου *am Tag des Herrn* (d.h. die Wiederkunft Christi).
6 καύχημα[3] *Ruhm, der Gegenstand des Rühmens; (das) Rühmen;* τὸ   6
καύχημα ὑμῶν *das, worauf ihr so stolz seid* (B 1).   **μικρός** hier *ein wenig.*
ζύμη *Sauerteig.*   **φύραμα**[3] *Gemisch; Teig.*   **ζυμόω** *(durch)säuern.*   **7 ἐκ-**   7
καθάρατε Aor. Imp. -καθαίρω[133] *reinigen; (Schmutz/Unreines) weg-,*
hinausschaffen.   **παλαιός** *alt.*   **ἦτε** Konj. εἰμί.   **νέος** *neu, frisch* (B 1aα).
καθ-ώς kaus.: *da (ja)* (B 3; H-S §277c).   **ἄ-ζυμος**[11] *ungesäuert, ohne/frei von*
Sauerteig; subst. Pl. *ungesäuerte Brotfladen, Mazzen.*   **καὶ γάρ** *denn, denn auch*
(H-S §252,9).   **πάσχα** (indekl.) τό *Passa(fest);* hier *Passalamm.*   **ἐ-τύθη**
Aor. Pass. θύω[13] *opfern; schlachten.*   **8 ἑορτάζωμεν** Konj. ἑορτάζω *ein*   8
Fest feiern; adhortativer Konj. (A254) *laßt uns das Fest feiern.*   **ἐν** hier *mit*

(B I4cβ). **μηδέ** hier erklärend *(und zwar/das heißt) nicht* (vgl. BDR §447,1c). **κακία** *Schlechtigkeit, Bosheit.* **πονηρία** *Schlechtigkeit, Bosheit;* ζύμη κακίας καὶ πονηρίας gen. epexegeticus (A163; gilt auch für die beiden flgd. Gen.) *Sauerteig der Schlechtigkeit und Bosheit* (Synonympaar zur Bezeichnung

9 jeder Art v. Bösem). **εἰλικρίνεια** *Reinheit* (sittl.), *Lauterkeit.* **9 ἔ-γραψα** Aor. γράφω. **ἐπι-στολή** *Brief;* ἐν τῇ ἐπιστολῇ *in meinem* (A103) (vorangegangenen) *Brief.* **συν-ανα-μίγνυσθαι** Inf. Pass. -μίγνυμαι *zusammenmischen;* Pass. *sich mischen unter, verkehren mit, Umgang haben mit,* m. Dat. **πόρνος** *Unzüchtiger, der/die Unzucht* (= illegitimer Geschlechtsverkehr jeder

10 Art) *Treibende.* **10 οὐ πάντως τοῖς** *nicht mit den ... überhaupt* (BDR §433³). **τοῦ κόσμου τούτου** im Unterschied zum christl. Bruder (V. 11). **πλεον-έκτης**[1] (< πλέον + ἔχω) *Habgieriger.* **ἄρπαξ** αγος *Räuber.* **εἰδωλο-λάτρης**[1] *Götzendiener.* **ἐπεί** kaus. *denn;* ἐπεί ... ἄρα *denn sonst* (B 2; H-S §277c). **ὠφείλετε** Ipf. ὀφείλω *schulden; verpflichtet sein, müssen;* Ipf. bez. etwas Notwendiges, das nicht geschieht (A239; BDR §358²); ἐπεὶ ὠφείλετε ἄρα ἐκ τοῦ κόσμου ἐξελθεῖν *denn sonst müßtet ihr die Welt*

11 *verlassen.* **ἐξ-ελθεῖν** Aor. Inf. -έρχομαι. **11 νῦν δὲ ἔγραψα** *aber in Wirklichkeit/tatsächlich habe ich geschrieben;* kaum Aor. des Briefstils (A241). **ὀνομαζόμενος** Ptz. Pass. ὀνομάζω *nennen;* attr.; ἐάν τις ἀδελφὸς ὀνομαζόμενος *wenn ein sogenannter Bruder; wenn einer, der sich Bruder* (= Christ) *nennt.* **ᾖ** Konj. εἰμί. **λοίδορος** *Lästerer, Verleumder.* **μέθυσος** *Trinker, Trunkenbold.* **ὁ τοιοῦτος** *der so Beschaffene* (B 3aα), *ein solcher.*

12 **συν-εσθίειν** Inf. -εσθίω *zusammen essen mit,* m. Dat. **12 τί γάρ μοι** erg. ἐστίν (BDR §127⁴) *denn was geht es mich an, denn was habe ich (für ein Recht)* = *es ist nicht meine Aufgabe.* **οἱ ἔξω** *die Außenstehenden* (d.h. die nicht zur Gemeinde gehören, B ἔξω 1aβ). **κρίνειν** Inf. **ἔσω** *hinein; im Innern;* subst. οἱ ἔσω *die, die zur Gemeinde/Gemeinschaft gehören;* οὐχὶ τοὺς ἔσω ὑμεῖς κρίνετε; m. οὐχί eingeleitete Frage = betont positive Behauptung (A320; 325) hier etwa *ihr habt doch (auch nur) die zu richten, die zur Gemeinde*

13 *gehören.* **13 κρινεῖ** Fut. κρίνω. **ἐξ-άρατε** Aor. Imp. -αίρω[132] *entfernen.* **ἐξ ὑμῶν αὐτῶν** (klass. Refl.-Pron., A126) *aus eurer (eigenen) Mitte.*

6 **τολμάω** *wagen; sich erkühnen, fertig bringen.* **πρᾶγμα**³ *Tatsache, Ereignis; Tat;* hier *Rechtsstreit* (B 5). **ἔχων** Ptz., kond.; πρᾶγμα ἔχων πρὸς τὸν ἕτερον *wenn er einen Rechtsstreit mit einem anderen hat.* **κρίνεσθαι** Inf. Med. od. Pass. κρίνω Med./Pass. hier *prozessieren, sich gerichtlich auseinandersetzen, sein Recht suchen* ἐπί τινος *vor jmdm.* (B 4aβ). **ἄ-δικος**[11] *ungerecht;* hier im Sinn v. *gottlos, heidnisch.* **οἱ ἅγιοι** hier *die Glaubenden, die*

2 *Christen.* **2 κρινοῦσιν** Fut. **ἐν ὑμῖν** kaus. *durch/von euch* od. juristisch: *vor (dem Forum von) euch* (BDR §219¹; B I3 u. III1b). **κρίνεται** Pass. **ἀν-άξιος**[11] *unwürdig, nicht zuständig für,* m. gen. pretii (A161). **κριτήριον** *Gerichtshof, Gericht; Rechtshandel, Rechtssache.* **ἐλάχιστος** (Superlativ zu

μικρός) *kleinster;* meist elativisch: *ganz klein, sehr unbedeutend;* ἀνάξιοί ἐστε κριτηρίων ἐ\αχίστων *seid ihr da unwürdig/nicht zuständig für ganz geringe Rechtssachen/Bagatellsachen.* **3 κρινοῦμεν** Fut. **μήτι γε** ellip. (BDR §427,3) *ganz zu schweigen von, geschweige denn, wieviel mehr.* **βιωτικός** *zum Leben gehörig, alltäglich.* **4 βιωτικὰ κριτήρια** *Rechtshändel um alltägliche Dinge, alltägliche Rechtssachen;* steht betont vor der Konjunktion (BDR §475[1]). **μὲν οὖν** hier überleitend *nun also* (B μέν 2e). **ἔχητε** Konj. ἔχω. **ἐξουθενημένους** Pf. Ptz. Pass. -ουθενέω *geringschätzen, verachten;* Pass. *verachtet sein, nichts gelten;* subst.; οἱ ἐξουθενημένοι ἐν τῇ ἐκκλησίᾳ *die, die in der Gemeinde nichts gelten.* **καθίζω** hier *einsetzen* (zu Richtern) bzw. *entscheiden lassen;* evtl. ironischer Imp. **5 ἐν-τροπή** *Beschämung.* **ἔνι** (für ἔνεστιν) *es gibt* (H-S §125b). **οὐκ ... οὐδείς** Neg. verstärken einander (A310); οὐκ ἔνι ἐν ὑμῖν οὐδεῖς *gibt es denn unter euch gar keinen.* **σοφός** *geschickt, kundig, (sach)verständig; weise.* **δυνήσεται** Fut. Med. δύναμαι; wohl mod. Fut. (A247; vgl. Kühner-Gerth §387,5); ὃς δυνήσεται etwa *der in der Lage wäre.* **δια-κρῖναι** Aor. Inf. -κρίνω[127] *unterscheiden; beurteilen;* term. tech. der Gerichtssprache: *entscheiden* (B 1d). **ἀνά** m. Akk. *auf, hinauf;* ἀνὰ μέσον *zwischen;* ἀνὰ μέσον τοῦ ἀδελφοῦ αὐτοῦ verkürzt für ἀνὰ μέσον ἀδελφοῦ καὶ (ἀνὰ μέσον) τοῦ ἀδελφοῦ αὐτοῦ (BDR §139[2]) *zwischen einem Bruder und seinem Bruder = zwischen Brüdern/Geschwistern.* **6 κρίνεται** Med. V. 1. **καὶ τοῦτο** *und das (sogar), und zwar* (epexegetisch, BDR §442[18]). **ἄ-πιστος**[11] *ungläubig.* **7 ὅλως** *überhaupt.* **ἥττημα**[3] *Niederlage;* übertr. *Versagen, Fehler.* **ὑμῖν** dat. commodi (A173) *für euch.* **κρίμα**[3] *Streitfall, Rechtshandel, Prozeß.* **μεθ' ἑαυτῶν** = μετ' ἀλλήλων *miteinander* (A126f). **διὰ τί** *warum?* **οὐχὶ μᾶλλον** *nicht lieber.* **ἀ-δικεῖσθε** Pass. ἀ-δικέω *Unrecht tun;* Pass. *sich Unrecht tun lassen* (tolerativ, A219). **ἀπο-στερεῖσθε** Pass. -στερέω *berauben;* Pass. *sich berauben lassen, sich übervorteilen lassen* (tolerativ, A219). **8 καὶ τοῦτο** V. 6. **ἀδελφούς** AkkO zu ἀποστερέω (BDR §155[4]). **9 ἄ-δικος** V. 1; hier im Sinn v. *einer, der Unrecht tut.* **κληρο-νομήσουσιν** Fut. -νομέω (< κληρονόμος Erbe, Besitzer) *erben.* **πλανᾶσθε** Imp. Pass. πλανάω (< πλάνη Irrtum) *in die Irre führen;* übertr. *verführen, täuschen, betrügen;* Pass. *in die Irre gehen, sich irren, sich täuschen* (B 2cγ). **πόρνος** *Unzüchtiger, der/die Unzucht* (= illegitimer Geschlechtsverkehr jeder Art) *Treibende.* **εἰδωλο-λάτρης**[1] *Götzendiener.* **μοιχός** *Ehebrecher.* **μαλακός** *weich; weichlich;* subst. *Weichling, Lustknabe.* **ἀρσενο-κοίτης**[1] *Knabenschänder, Homosexueller;* übers. den Doppelausdruck μαλακοί u. ἀρσενοκοῖται als *Homosexuelle* (d.h. solche, die gleichgeschlechtl. sexuellen Umgang pflegen; der erste Ausdruck meint den passiven, der zweite den aktiven Partner; vgl. EWNT 2, Sp. 939). **10 κλέπτης**[1] *Dieb.* **πλεον-έκτης**[1] (< πλέον + ἔχω) *Habgieriger.* **μέθυσος** *Trinker, Trunkenbold.* **λοίδορος** *Lästerer, Verleumder.*

11 **ἅρπαξ** αγος *Räuber.* **11 ἦτε** Ipf. εἰμί. **ἀπ-ε-λούσασθε** Aor. Med.
ἀπο-λούομαι[9] *sich abwaschen, sich reinwaschen lassen.* **ἡγιάσθητε** Aor.
Pass. ἁγιάζω[91] *heiligen.* **ἐ-δικαιώθητε** Aor. Pass. δικαιόω *rechtfertigen,*
freisprechen, für gerecht erklären, gerecht machen. **ἐν** instr. *durch.*

12   **12 ἔξ-εστιν** *es steht frei; es ist erlaubt;* πάντα μοι ἔξεστιν *alles steht*
mir frei; dieser Satz war wahrscheinl. eine korinthische Parole. **συμ-φέρω**
zusammentragen; nützen, förderlich sein. **ἐξ-ουσιασθήσομαι** Fut. Pass.
-ουσιάζω (vgl. A33[91ff]) *Recht/Macht haben;* Pass. hier *ich will/darf mich*

13 *beherrschen lassen* (mod. Fut., A247). **13 βρῶμα**[3] *Speise.* **κοιλία** *Bauch;*
Magen; dat. commodi (A173). **καί ... καί** *sowohl ... als auch.* **κατ-αργή-**
σει Fut. -αργέω *außer Wirksamkeit/Geltung setzen, aufheben; vernichten, besei-*
tigen; der Satz in V. 13a (τὰ βρώματα ... καταργήσει) war wahrscheinl.
auch eine korinthische Parole. **πορνεία** *Unzucht* (= illegitimer Geschlechts-

14 verkehr jeder Art), dat. commodi (A173). **14 καί ... καί** V. 13. **ἤγειρεν**
Aor. ἐγείρω. **ἐξ-εγερεῖ** Fut. -εγείρω[137f] *aufwecken; auferwecken* [Var. 1

15 ἐξ-ήγειρεν Aor.; Var. 2 ἐξ-εγείρει Präs.]. **15 μέλος**[7] *Glied.* **ἄρας** Aor.
Ptz. αἴρω, mod. **ποιήσω** Aor. Konj. ποιέω, dubitativer Konj. (A255) *sollte*
ich machen? **πόρνη** *Prostituierte, Dirne, Hure.* **γένοιτο** Aor. Opt. Med.

16 γίνομαι; μὴ γένοιτο *auf keinen Fall.* **16 κολλώμενος** Ptz. Pass.
κολλάω (< κόλλα Leim) *zusammenfügen;* Pass. *sich eng anschließen an,*
anhängen, sich verbinden mit, m. Dat.; subst. **ἔσονται** Fut. εἰμί. **φησίν**
Präs. 3. Sg. φημί (A32) *sagen* (näml. Gott bzw. die Schrift; auch unpersönl.
gebraucht: *heißt es*). **εἰς σάρκα μίαν** für Präd.-Nominativ (Hebr., A81) *ein*

18 *Fleisch* (als Ausdruck tiefster personaler Gemeinschaft). **18 φεύγετε** Imp.
φεύγω m. Akk. *fliehen (vor);* auf sittl. Gebiet: *meiden, sich zurückhalten von.*
ἁμάρτημα[3] *Verfehlung, Sünde.* **ὃ ἐάν** = ὃ ἄν (A132; 371) *welche (auch)*
immer; erg. hier *sonst* (vgl. A376a). **ποιήσῃ** Aor. Konj. ποιέω. **ἐκτός**
uneig. Präp. (A183) *außerhalb.* **πορνεύων** Ptz. πορνεύω *huren, Unzucht*

19 (= illegitimer Geschlechtsverkehr jeder Art) *treiben;* subst. **εἰς** *gegen.* **19 τὸ**
ἐν ὑμῖν ἅγιον πνεῦμα *der heilige Geist, der in euch wohnt.* **οὗ** für ὅ
Attraktion des Rel.-Pron. (A360). **οὐκ ἐστὲ ἑαυτῶν** *ihr gehört nicht euch*

20 *selbst* (gen. poss., A154). **20 ἠγοράσθητε** Aor. Pass. ἀγοράζω (vgl.
A33[91ff]) *kaufen;* hier *los-, freikaufen* (aus der Sklaverei). **τιμῆς** gen. pretii
(A161); ἠγοράσθητε τιμῆς *ihr seid gegen Bezahlung/für einen Preis freigekauft*
worden (u. seid daher sein Eigentum). **δοξάσατε** Aor. Imp. δοξάζω. **δή**
also (BDR §451[10]). **ἐν** *mit.*

7   **περὶ ὧν** für περὶ τούτων ἅ Attraktion des Rel.-Pron. (A360) *was das*
betrifft, wovon = *zu dem, was.* **ἐ-γράψατε** Aor. γράφω; V. 1b (evtl. auch
V. 2) ist ein Zitat aus dem Brief der Korinther an Paulus. **καλόν** erg. ἐστίν,
m. dat. commodi (A173). **ἄνθρωπος** hier *Mann* (B 2bα). **ἅπτεσθαι** Inf.
Med. ἅπτω Akt. *anzünden;* Med. *berühren, anfassen,* m. Gen.; γυναικὸς

ἅπτομαι *eine Frau berühren* (d.h. mit ihr ehelich verkehren).   **2 πορνεία**   2
Unzucht (= illegitimer Geschlechtsverkehr jeder Art), *Unzuchtssünde, Hurerei.*
ἐχέτω Imp. 3. Sg. ἔχω.   **3 ὀφειλή** *Schuld; Verpflichtung, Pflicht.* **ἀπο-**   3
διδότω Imp. 3. Sg. -δίδωμι; ὀφειλὴν ἀποδίδωμι *eine* (hier *eheliche*)
Verpflichtung/Pflicht erfüllen. **ὁμοίως** *gleicherweise, ebenso.* **4 ἐξ-ουσιάζω**   4
Recht/Macht haben, Verfügungsrecht haben (über), m. Gen. **5 ἀπο-στερεῖτε**   5
Imp. -στερέω *berauben;* hier *sich entziehen.* **εἰ μήτι ἄν** *außer (etwa/viel-*
leicht) (B ἄν 6), *es sei denn.* **σύμ-φωνος**[11] *zusammenklingend; übereinstim-*
mend; ἐκ συμφώνου *in gegenseitiger Übereinstimmung* (B 2), *im gegenseitigen*
Einverständnis. **πρὸς καιρόν** *für eine begrenzte Zeit, eine Zeitlang* (B 1).
σχολάσητε Aor. Konj. σχολάζω (vgl. A33[91ff]) *Zeit/Muße haben.* **προσ-**
ευχή *Gebet;* dat. commodi (A173) *für das Gebet, zum Gebet.* **ἐπὶ τὸ αὐτό**
zusammen, beisammen. **ἦτε** Konj. εἰμί; **ἵνα ... ἐπὶ τὸ αὐτὸ ἦτε** *damit ... ihr*
zusammenseid/zusammenkommt (umschreibt hier die geschlechtl. Vereinigung,
B III1aζ) [Var. συν-έρχησθε Konj. -έρχομαι *zusammenkommen*].
πειράζῃ Konj. πειράζω *versuchen* (hier im Sinn: zur Sünde verleiten).
σατανᾶς[1] ᾶ *Satan, der Widersacher Gottes.* **ἀ-κρασία** *Zügellosigkeit,*
Mangel an Selbstbeherrschung; διὰ τὴν ἀκρασίαν ὑμῶν *weil ihr euch nicht*
enthalten könnt. **6 τοῦτο** *dies,* d.h. wohl die durch εἰ μήτι ἄν eingeleitete   6
Ausnahme. **συγ-γνώμη** *Nachsicht, Zugeständnis;* λέγω κατά (mod.,
A195) συγγνώμην *als Zugeständnis sagen.* **ἐπι-ταγή** *Befehl, Gebot.*
7 εἶναι Inf. εἰμί, Präd. des AcI. **ἐμαυτόν**[14] Refl.-Pron. 1. Sg. (Subj. des   7
AcI); ὡς καὶ ἐμαυτόν *wie ich bin* (d.h. unverheiratet). **χάρισμα**[3] *Gna-*
dengeschenk, Gnadengabe, Charisma. **ὁ μέν ... ὁ δέ** *der eine ... der andere*
(A102).

   8 ἄ-γαμος *unverheiratet;* οἱ ἄγαμοι *die Unverheirateten.* **χήρα**   8
Witwe. **καλὸν αὐτοῖς** V. 1. **μείνωσιν** Aor. Konj. μένω. **9 ἐγ-**   9
κρατεύομαι *enthaltsam sein/leben (können).* **γαμησάτωσαν** Aor. Imp.
3. Pl. γαμέω[174] *heiraten.* **κρείττων**[11] ον (Komp. zu ἀγαθός) *besser, vor-*
teilhafter. **γαμῆσαι** Aor. Inf. [Var. γαμεῖν Inf.]. **πυροῦσθαι** Inf. Pass.
πυρόω *anzünden, verbrennen;* Pass. *verbrannt werden, brennen* (hier in Verlan-
gen, Begierde), *von Leidenschaft verzehrt werden* (B 1b). **10 γε-γαμηκόσιν**   10
Pf. Ptz. γαμέω, subst. **παρ-αγγέλλω** *auffordern, befehlen,* m. flgd. AcI.
χωρισθῆναι Aor. Inf. Pass. χωρίζω (vgl. A33[91ff]) *trennen, scheiden;* Pass.
sich trennen, sich scheiden (lassen) (B 2a); Präd. des AcI [Var. 1 χωρίζεσθαι
Inf. Pass.; Var. 2 χωριζέσθω Imp. Pass.]. **11 ἐὰν δὲ καί** *wenn aber doch*   11
(B I3a). **χωρισθῇ** Aor. Konj. Pass. **μενέτω** Imp. 3. Sg. μένω. **κατ-**
αλλαγήτω Aor. Imp. Pass. 3. Sg. -αλλάσσω[74] *versöhnen;* Pass. *sich versöh-*
nen lassen, sich aussöhnen, τινί *mit jmdm.* **ἀφ-ιέναι** Inf. -ίημι hier *weg-*
schicken; verlassen, entlassen; Präd. des AcI, abhängig v. παραγγέλλω (V. 10).
12 ἄ-πιστος[11] *ungläubig.* **συν-ευδοκέω** *Gefallen haben; zustimmen, ein-*   12

willigen. **οἰκεῖν** Inf. οἰκέω *wohnen; zusammenleben.* **ἀφ-ιέτω** Imp. 3. Sg.
14 -ίημι. **14 ἡγίασται** Pf. Pass. ἁγιάζω *heiligen, weihen.* **ἐν** *durch.* **ἐπεί**
denn, denn sonst; ἐπεὶ ἄρα *denn sonst* (B 2). **ἀ-κάθαρτος**[11] *unrein.*
15 **15 χωρίζεται** Pass. V. 10; hier konatives Präs. (A227) *sich scheiden (lassen)*
will, die Scheidung will. **χωριζέσθω** Imp. Pass. 3. Sg. **δε-δούλωται** Pf.
Pass. δουλόω *zum Sklaven machen, knechten;* Pf. Pass. *versklavt sein, (wie ein*
Sklave) gebunden sein; umstritten ist, ob dies neben der Freiheit, sich in diesem
Fall scheiden zu lassen, auch die Möglichkeit einer Wiederheirat einschließt.
ἀδελφή *Schwester* (eig. u. übertr. für Angehörige desselben Glaubens). **ἐν**
τοῖς τοιούτοις *in solchen Fällen* (H-S §259h; B 3aβ). **ἐν εἰρήνῃ** *im Frie-*
16 *den (zu leben).* **κέ-κληκεν** Pf. καλέω. **16 τί οἶδας** *wie willst du wissen?*
γύναι Vok. Sg. γυνή. **εἰ** hier *ob* (A330); die beiden rhetorischen Fragen
können optimistisch (bezogen auf die Aufforderung, sich nicht v. sich aus vom
ungläubigen Partner scheiden zu lassen [V. 13f], im Sinn v.: vielleicht wirst du
retten) od. pessimistisch (bezogen auf die Einwilligung zur Scheidung [V. 15])
gemeint sein. **σώσεις** Fut. σῴζω. **ἄνερ** Vok. Sg. ἀνήρ.
17   **17 εἰ μή** = ἀλλά (BDR §448[9]). **ἑκάστῳ** u. **ἕκαστον** sind der
Konjunktion ὡς betont vorangestellt (BDR §475[1]). **ἐ-μέρισεν** Aor. μερί-
ζω (vgl. A33[91ff]) *teilen; zuteilen* (B 2b) [Var. με-μέρικεν Pf.]. **κέ-κληκεν**
V. 15. **περι-πατείτω** Imp. 3. Sg. -πατέω. **δια-τάσσομαι** Med.
18 -τάσσω Akt. u. Med. *anordnen, befehlen, bestimmen.*   **18 περι-τε-**
τμημένος Pf. Ptz. Pass. -τέμνω[149] *beschneiden;* subst., Subjektsartangabe
(A65) *als (ein) Beschnittener.* **ἐ-κλήθη** Aor. Pass. καλέω; περι-
τετμημένος τις ἐκλήθη *ist jemand als Beschnittener berufen worden = war*
jemand beschnitten, als er (zum Christsein) *berufen wurde.* **ἐπι-σπάσθω** Imp.
Med. 3. Sg. -σπάομαι *zu sich heranziehen;* medizinischer term. tech. *die Vor-*
haut überziehen; μὴ ἐπισπάσθω übertr. (wohl konatives Präs.; A227) *er soll*
nicht versuchen, die Beschneidung rückgängig zu machen/zu verleugnen = er soll
beschnitten bleiben. **ἀκροβυστία** *Vorhaut; Unbeschnittenheit;* ἐν
ἀκροβυστίᾳ *als Unbeschnittener.* **κέ-κληται** Pf. Pass. καλέω. **περι-**
19 **τεμνέσθω** Imp. Pass. 3. Sg. -τέμνω. **19 περι-τομή** (< τέμνω *schnei-*
20 *den) Beschneidung.* **τήρησις**[8] *Beobachtung, Erfüllung; Halten.* **20 κλῆσις**[8]
Berufung, Einladung; gemeint sind hier die konkreten Bedingungen, in denen
jmd. v. Gott berufen wurde u. in denen er gemäß seiner Berufung als Christ
leben soll. **ᾗ** dat. instr. (A176) *mit der* od. = ἐν ᾗ (A359) *in der.* **μενέτω**
21 V. 11. **21 ἐ-κλήθης** Aor. Pass. καλέω. **μελέτω** Imp. 3. Sg. μέλει *Sorge*
machen, am Herzen liegen; μέλει μοί *ich bekümmere mich, es liegt mir auf dem*
Herzen; μή σοι μελέτω *es soll dich nicht bekümmern, mach dir nichts daraus.*
εἰ καί *wenn auch, wenn wirklich;* ἀλλ᾽ εἰ καὶ δύνασαι *wenn du jedoch*
wirklich/tatsächlich ... kannst. **ἐλεύθερος** *frei.* **γενέσθαι** Aor. Inf. Med.
γίνομαι. **χρῆσαι** Aor. Imp. Med. χράομαι[21] *gebrauchen, benutzen;* μᾶλ-

λον χρῆσαι *mache um so lieber davon Gebrauch* (d.h. v. der Möglichkeit, frei zu werden; nicht: ziehe es vor, Sklave zu bleiben [sprachl. u. kulturgeschichtl. sehr unwahrscheinl.]). **22 κληθείς** Aor. Ptz. Pass. καλέω, attr. **ἀπ-ελεύ-** **θερος** *Freigelassener; Befreiter.* **ὁμοίως** V. 3. **23 τιμῆς** gen. pretii (A161) *gegen Bezahlung, für einen Preis.* **ἠγοράσθητε** Aor. Pass. ἀγοράζω (vgl. A33[91ff]) *kaufen;* hier *los-, freikaufen* (aus Sklaverei); τιμῆς ἠγοράσθητε *ihr seid gegen Bezahlung/für einen Preis freigekauft worden* (u. seid daher sein Eigentum). **γίνεσθε** Imp.; μὴ γίνεσθε δοῦλοι ἀνθρώπων *werdet nicht Sklaven von Menschen.* **24 ἐ-κλήθη** V. 18. **μενέτω** V. 11; ἕκαστος ἐν ᾧ ἐκλήθη ἐν τούτῳ μενέτω παρὰ θεῷ *jeder soll (in der Verantwortung) vor Gott in der Lage bleiben, in der er (war, als er) berufen wurde* (vgl. V. 18).

25 περὶ δέ m. Gen. *was aber ... betrifft* bzw. *nun zu;* Paulus leitet so seine Antwort auf eine Anfrage an ihn ein (vgl. BDR §229[2]). **παρθένος** ἡ *Jungfrau.* **ἐπι-ταγή** V. 6. **γνώμη** *Sinn; Meinung, Rat, Urteil;* γνώμην δίδωμι *eine Meinung abgeben, einen Rat geben.* **ἠλεημένος** Pf. Ptz. Pass. ἐλεέω *Mitleid haben;* Pass. *Erbarmen finden, Barmherzigkeit erfahren;* wohl kaus. (m. ὡς subjektiver Grund; A291,3); ὡς ἠλεημένος ὑπὸ κυρίου πιστὸς εἶναι *in der Überzeugung, daß ich vom Herrn die Barmherzigkeit erfahren habe, als vertrauenswürdig zu gelten* (H-S §231f). **εἶναι** Inf. εἰμί. **26 νομίζω** *meinen, annehmen,* m. flgd. AcI. **τοῦτο** *dies,* Subj. des AcI, mit ὅτι-NS als App. (A353) dazu verbunden; νομίζω τοῦτο καλὸν ὑπάρχειν ... ὅτι καλόν *ich bin der Meinung, daß dies gut ist ... daß es (nämlich) gut ist.* **ὑπ-άρχειν** Inf. -άρχω, hier = εἰμί (B 2), Präd. des AcI. **ἐν-εστῶσαν** Pf. (Wz.-Pf., H-S §109a; m. präs. Bdtg.) Ptz. Fem. -ίσταμαι[205] *eintreten;* Pf. *vorhanden sein, gegenwärtig* (nicht: *künftig!*) *sein;* attr. **ἀνάγκη** *Nötigung, Zwang; Not.* **καλὸν ἀνθρώπῳ** V. 1. **εἶναι** Inf. εἰμί, subst. (A280; BDR §399[2]); τὸ οὕτως εἶναι *so zu sein* (näml. ledig). **27 δέ-δεσαι** Pf. 2. Sg. Pass. δέω, Pf. Pass. m. dat. sociativus (A179) *gebunden sein an, verbunden sein mit* (hier durch Gesetz bzw. Pflicht; B 3). **ζήτει** Imp. **λύσις**[8] *Lösung; Trennung, Scheidung.* **λέ-λυσαι** Pf. 2. Sg. Pass. λύω, hier *du bist frei* (näml. ohne Bindung an eine Frau, d.h. unverheiratet). **28 γαμήσῃς** Aor. Konj. γαμέω[174] *heiraten.* **ἥμαρτες** Aor. ἁμαρτάνω, „fut." (proleptischer) Aor. (A241b; BDR §333[7]) *(so) wirst du keine Sünde begangen haben = (so) hast du keine Sünde begangen.* **γήμῃ** Aor. (klass.) Konj. γαμέω. **τῇ σαρκί** dat. resp. (A178) *in ihrem irdischen Leben* (ZG; vgl. B 5). **ἕξουσιν** Fut. ἔχω. **οἱ τοιοῦτοι** *die so Beschaffenen* (B 3aα), *solche Menschen.* **φείδομαι** *schonen,* m. Gen.; hier wohl konatives Präs. (A227); ἐγὼ ὑμῶν φείδομαι *ich möchte euch schonen = ich möchte euch das ersparen.* **29 συν-ε-σταλμένος** Pf. Ptz. Pass. συστέλλω[113] *zusammenordnen; zusammendrängen, ver-, abkürzen;* Pf. hier etwa *kurz bemessen sein* (Menge); umschrieb. Pf. (A249). **τὸ λοιπόν** adv. Akk. (A150) hier *künftig.* **ἵνα** m. Konj. steht hier für den Imp., ἵνα ... ὦσιν =

... ἔστωσαν *sie sollen (so) sein/sich (so) verhalten* (Imp. 3. Pl., BDR §387⁴; vgl. H-S §268b Anm. 1). **ἔχοντες** Ptz. ἔχω, subst. u. m. ὡς mod. (vorgestellter Vergleich; A291,2). **ὡς** *als ob*. **ὦσιν** Konj. εἰμί.

30 30 **κλαίοντες** Ptz. κλαίω, subst. u. m. ὡς mod. **χαίροντες** Ptz. χαίρω, subst. u. m. ὡς mod. **ἀγοράζοντες** Ptz. ἀγοράζω *kaufen;* subst. **κατ-έχοντες** Ptz. -έχω tr. *aufhalten, zurückhalten;* hier *(in Besitz) behalten, besitzen* (B 1bγ); m. ὡς mod. (vorgestellter Vergleich; A291,2).

31 31 **χρώμενοι** Ptz. χράομαι V. 21; subst. **κατα-χρώμενοι** Ptz. -χράομαι *gebrauchen, benutzen;* m. ὡς mod. (vorgestellter Vergleich; A291,2). **παρ-άγω** intr. *vorbeigehen; weitergehen;* übertr. *vergehen;* hier Verlaufs-Präs. (H-S §197a); παράγει τὸ σχῆμα τοῦ κόσμου τούτου *die (jetzige) Gestalt dieser Welt ist dabei zu vergehen* bzw. (Menge) *geht dem Untergang entgegen.*

32 **σχῆμα**³ *Haltung, Erscheinung; Aussehen, Gestalt.* 32 **ἀ-μέριμνος**¹¹ *sorgenfrei; ohne (unnötige) Sorgen;* Präd.-Nom. des AcI. **εἶναι** Inf. εἰμί, Präd. des AcI. **ἄ-γαμος** V. 8. **μεριμνάω** *sorgen; Sorge tragen für, sich sorgen um.* **τὰ τοῦ κυρίου** *die Sache des Herrn, die Angelegenheiten des Herrn.* **ἀρέση** Aor. Konj. ἀρέσκω¹⁵⁹ *zu Gefallen sein; gefallen;* deliberativer Konj. (A255) entsprechend der direkten Frage (A329) πῶς ἀρέσω ...; *wie kann ich ...*

33f *gefallen?* 33 **γαμήσας** Aor. Ptz. γαμέω, subst. 34 **καί** (erstes) kons. *daher, so* (A311,2). **με-μέρισται** Pf. Pass. μερίζω (vgl. A33⁹¹ᶠᶠ) *teilen;* hier *er ist geteilten Herzens, er ist gespalten* (B 1aα). **ᾗ** Konj. εἰμί. **καὶ τῷ σώματι καὶ τῷ πνεύματι** dat. resp. (A178) *an Leib und Geist* (d.h. m. ihrer ganzen

35 Person). **γαμήσασα** Aor. Ptz. Fem., subst. 35 **τοῦτο** *dies,* wahrscheinl. alles in V. 25ff Gesagte. **αὐτῶν** hier *eigenen.* **σύμ-φορος**¹¹ *förderlich, nützlich;* Ntr. subst. *Nutzen, Vorteil.* **βρόχος** *Schlinge.* **ἐπι-βάλω** Aor. Konj. -βάλλω¹¹² *überwerfen;* βρόχον τινὶ ἐπιβάλλω *jmdm. eine Schlinge um den Hals legen,* übertr. *jmdn. in seiner Freiheit einschränken.* **εὐ-σχήμων**¹¹ ον *anständig, würdig;* τὸ εὔσχημον *der Anstand* (B 1). **εὐ-πάρ-εδρος**¹¹ *beharrlich, treu;* πρὸς τὸ εὐπάρεδρον τῷ κυρίῳ *daß ihr beharrlich beim Herrn bleibt* (B). **ἀ-περι-σπάστως** (< περι-σπάω u.a. *ablenken*) *ungehindert, ungestört; ohne sich ablenken zu lassen;* πρὸς τὸ εὔσχημον καὶ εὐπάρεδρον τῷ κυρίῳ ἀπερισπάστως etwa *damit ihr in allem Anstand

36 leben und ohne Ablenkung treu für den Herrn dasein könnt.* 36 **ἀ-σχημονεῖν** Inf. ἀ-σχημονέω *sich unschicklich benehmen, unanständig/unrecht handeln.* **ἐπί** m. Akk. hier *gegen.* **παρθένος αὐτοῦ** *seine Jungfrau* (d.h. seine Verlobte). **νομίζω** V. 26. **ὑπέρ-ακμος**¹¹ (< ἀκμή Reife, Höhepunkt der menschl. Entwicklung) *die Jugendblüte überschreitend, überreif* (d.h. längst im heiratsfähigen Alter); *übermäßig stark* (nach einer Eheschließung) *verlangend;* Subj. ist der Mann od. die Jungfrau. **ὀφείλω** *schulden; verpflichtet sein, müssen.* **γίνεσθαι** Inf.; καὶ οὕτως ὀφείλει γίνεσθαι *und wenn es (daher) so geschehen muß* (d.h. sich eine Heirat als nötig erweist). **ποιείτω** Imp. 3. Sg.

ποιέω. **γαμείτωσαν** Imp. 3. Pl. γαμέω. **37 ἔστηκεν** Pf. ἵσταμαι Pf. 37
hier *(fest)stehen* (B II2cα). **ἑδραῖος** *fest, beständig.* **ἔχων** Ptz., mod. od.
kaus. **ἀνάγκη** V. 26; μὴ ἔχων ἀνάγκην *wobei er keinem (äußeren) Zwang
unterliegt od. weil er sich in der Gewalt hat.* **θέλημα** *das Wollen;* ἐξουσίαν
ἔχει περὶ τοῦ ἰδίου θελήματος *er kann frei nach seinem eigenen Willen
entscheiden od. er hat sich ganz in der Gewalt* (GN). **κέ-κρικεν** Pf. κρίνω.
τηρεῖν Inf. τηρέω; τηρεῖν τὴν ἑαυτοῦ παρθένον *seine Jungfrau (als
solche) zu bewahren, seine Braut nicht zu heiraten;* epexegetischer Inf. (A279) zu
τοῦτο *dies ... (nämlich) ... nicht zu heiraten.* **καλῶς** *schön, gut:* (sittl.)
einwandfrei. **ποιήσει** Fut. ποιέω. **38 καί ... καί** *sowohl ... als auch.* 38
γαμίζων Ptz. γαμίζω klass. *verheiraten,* nachklass. auch = γαμέω (so
wahrscheinl. hier; BDR §101[16]): *heiraten;* subst. **κρεῖσσον** Adv. Ntr.
κρείττων/κρείσσων[11] ον (Komp. zu ἀγαθός) *besser.* **39 δέ-δεται** Pf. 39
Pass. δέω. **ἐφ᾽ ὅσον χρόνον** *solange (als)* (B ἐπί III2b). **ζῇ** 3. Sg. ζάω.
κοιμηθῇ Aor. Konj. Pass. κοιμάομαι *schlafen;* (Euphemismus, A385)
entschlafen, sterben. **ἐλεύθερος** *frei.* **γαμηθῆναι** Aor. Inf. Pass. γαμέω,
Pass. für die Frau: m. Dat. *sich heiraten lassen von, sich verheiraten mit* (B 3c).
μόνον ἐν κυρίῳ *nur (geschehe es) im Herrn* (d.h. in Übereinstimmung mit
dem Herrn, was hier wohl meint, daß sie einen Mann heiraten soll, der an Jesus
Christus glaubt [Lang, Kor, S. 103]), viell. erg. ὄντι *nur mit einem (Mann), der
im Herrn ist* (d.h. mit einem Christen). **40 μακαριώτερος** Komp. v. 40
μακάριος *glücklich, selig.* **μείνῃ** Aor. Konj. μένω; ἐὰν οὕτως μείνῃ
wenn sie so bleibt (, wie sie ist). **γνώμη** V. 25. **ἔχειν** Inf.

περὶ δέ m. Gen. *was aber ... betrifft, über;* Paulus leitet so seine Antwort **8**
auf eine Anfrage an ihn ein (vgl. BDR §229[2]). **εἰδωλό-θυτος**[11] Ntr. subst.
Götzenopferfleisch. **γνῶσις**[8] *Erkenntnis, Wissen.* **φυσιόω** *aufblasen;* übertr.
aufgeblasen machen, hochmütig machen. **2 ἔ-γνωκέναι** Pf. Inf. γινώσκω; 2
δοκεῖ ἐγνωκέναι τι *er meint, er habe etwas (Besonderes) erkannt* etwa = *er
bildet sich auf seine Erkenntnis etwas ein* (Menge) [Var. εἰδέναι Pf. (m. präs.
Bdtg.) Inf. οἶδα]. **οὔ-πω** *noch nicht.* **ἔ-γνω** Aor. γινώσκω. **γνῶναι**
Aor. Inf. **3 ἔ-γνωσται** Pf. Pass. γινώσκω hier *(als zu sich gehörig) aner-* 3
kennen, fast *erwählen* (B 7) [Var. ἔγνωσται ohne ὑπ᾽ αὐτοῦ: Med. od. Pass.
mögl., dann etwa: der *hat (wirklich) Erkenntnis erlangt*]. **4 βρῶσις**[8] *Essen* (als 4
Tätigkeit). **εἴδωλον** (< εἶδος *Aussehen, Gestalt) Götterbild; falscher Gott,
Götze;* erg. ἐστίν; οὐδὲν εἴδωλον ἐν κόσμῳ *es gibt keinen Götzen in der
Welt.* **εἰ μή** *außer.* **5 εἴ-περ** *wenn wirklich;* hier konz. καὶ εἴπερ *selbst* 5
wenn (BDR §454[2]). **λεγόμενοι** Ptz. Pass. λέγω, attr. od. subst.;
λεγόμενοι θεοί *sogenannte Götter* od. *Größen, die Götter genannt werden.*
ὥσ-περ *gleichwie;* hier *wie es ja (tatsächlich)* (B 2); ὥσπερ εἰσὶν θεοὶ
πολλοί *wie es ja viele (solche) Götter gibt.* **6 ἡμῖν** dat. poss. (A173f) *wir* 6
(Christen) haben. **ἐξ** *von;* ἐξ οὗ τὰ πάντα *von dem alles stammt* (B 3c). **εἰς**

zu, für (A191). **αὐτός**: καὶ ἡμεῖς εἰς αὐτόν statt καὶ εἰς ὃν ἡμεῖς (A365) *und für den wir (leben);* analog: καὶ ἡμεῖς δι' αὐτοῦ statt καὶ δι' οὗ ἡμεῖς *und durch den wir (leben).*

7 **7 ἐν** hier wohl = dat. poss. (A173). **γνῶσις** V. 1. **συν-ήθεια** *Umgang; Gewohnheit, Gewöhnung;* dat. causae (A177) *infolge/wegen der Gewöhnung.* **ἄρτι** *jetzt;* **ἕως ἄρτι** *bis jetzt;* hier wohl attr. (BDR §269³); ἡ συνήθεια ἕως ἄρτι *die bisherige Gewöhnung.* **εἴδωλον** V. 4, gen. obi. (A158) *an den Götzen/die Götzen* (wohl genereller Sg.; A101a). **εἰδωλό-θυτος** V. 1; ὡς εἰδωλόθυτον ἐσθίουσιν *sie essen es* (das Fleisch) *als Götzenopferfleisch* (d.h. in der Überzeugung, daß es tatsächl. den Götzen geweiht ist). **συν-είδησις**⁸ *Bewußtsein; Gewissen.* **ἀ-σθενής**⁷ *kraftlos, schwach.* **οὖσα** Ptz. Fem. εἰμί, kaus. **μολύνεται** Pass. μολύνω *beflecken, verunreinigen* bzw.

8 hier (das Gewissen) *belasten.* **8 βρῶμα**³ *Speise.* **παρα-στήσει** Fut. παρ-ίστημι tr. hier wohl *nahebringen* (B 1e); ἡμᾶς οὐ παραστήσει τῷ θεῷ *(sie) wird für unsere Stellung vor Gott nicht maßgebend sein* (Menge); evtl. aber term. tech. der Gerichtssprache: *(dem Richter) vorführen,* dann wäre zu übers. *(sie) wird uns nicht vor den Richterstuhl Gottes bringen* [Var. παρ-ίστησι Präs. 3. Sg.]. **φάγωμεν** Aor. Konj. ἐσθίω. **ὑστερούμεθα** Pass. ὑστερέω *zu spät kommen;* Akt. u. Pass. *Mangel leiden, Nachteil haben.* **περισσεύω** intr. *überschießen, im Überfluß vorhanden sein; Überfluß haben, hervorragen, einen*

9 *Vorteil haben.* **9 βλέπετε** Imp., βλέπετε m. μή (πως) u. Konj. (A328) *achtet darauf/seht euch vor, daß nicht etwa* (B πώς 1b). **πρόσ-κομμα**³ (< προσ-κόπτω *sich stoßen an*) *Anstoß, Fehltritt.* **γένηται** Aor. Konj. Med.

10 γίνομαι. **10 ἴδῃ** Aor. Konj. ὁράω. **ἔχοντα** Ptz. ἔχω, subst., App. zu σέ (H-S §129b; A303) *dich, der du ... hast.* **γνῶσις** V. 1. **εἰδωλεῖον** *Götzentempel.* **κατα-κείμενον** Ptz. -κειμαι (A32) *(zu Tisch) liegen/sitzen, an einem Mahl teilnehmen;* AcP (A300). **οὐχί** *nicht;* erwartet als Frageeinleitung die Antwort „doch" (A320). **ὄντος** Ptz. εἰμί, kaus.; ἀσθενοῦς ὄντος *da er (doch) schwach ist.* **οἰκο-δομηθήσεται** Fut. Pass. -δομέω; hier ironisch gemeint: *„gefördert/gestärkt werden"* (vgl. B 3). **εἰς τό** m. Inf. kons. (A282) *so*

11 *daß.* **ἐσθίειν** Inf. **11 γάρ** hier *also* (vgl. B 3). **ἀ-σθενῶν** Ptz. ἀ-σθενέω *kraftlos sein, schwach sein;* attr. **ἐν** *durch.* **ἀπ-έ-θανεν** Aor. ἀπο-θνῄσκω.

12 **12 ἁμαρτάνοντες** Ptz. ἁμαρτάνω, kond. **εἰς** *an, gegen.* **τύπτοντες** Ptz. τύπτω *schlagen, verletzen;* kond. **ἀ-σθενοῦσαν** Ptz. Fem. ἀ-σθενέω,

13 kaus. *da es schwach ist, schwach wie es ist* (Menge). **13 διό-περ** *darum (also).* **σκανδαλίζω** (vgl. A33⁹¹ᶠᶠ) *Anstoß geben, zur Sünde verführen.* **οὐ μή** m. Aor. Konj. *stärkste Verneinung zukünftigen Geschehens* (A257). **φάγω** Aor. Konj. ἐσθίω. **κρέας** ατος τό Pl. κρέα *Fleisch.* **σκανδαλίσω** Aor. Konj.

9 **ἐλεύθερος** *frei.* **οὐχί** (auch οὐ) *nicht;* erwartet als Frageeinleitung die

2 Antwort „doch" (A320). **ἑόρακα** Pf. ὁράω. **2 ἄλλοις** dat. commodi

(A173) *für andere.* **ἀλλά γε** an einen Kond.-Satz anschließend *so doch wenigstens* (BDR §439³; B ἀλλά 4). **σφραγίς**³ ἶδος ἡ *Siegel; das Beglaubigende* (B 2a). **ἀπο-στολή** *Apostelamt.* **3 ἀπο-λογία** *Verteidigung, Rechtfertigung.* **ἀνα-κρίνουσιν** Ptz. -κρίνω *befragen; verhören, zu Gericht sitzen über; beurteilen;* subst. **αὕτη** verweist hier auf das Folgende. **4 μὴ οὐκ** *etwa nicht;* erwartet als Frageeinleitung die Antwort „doch" (H-S §269b). **φαγεῖν** Aor. Inf. ἐσθίω. **πεῖν** (nachklass. z.T. auftretende Kontraktion aus πιεῖν; BDR §31,2) Aor. Inf. πίνω; **ἐξουσία φαγεῖν καὶ πεῖν** *das Recht, zu essen und zu trinken* (auf Kosten der Gemeinde). **5 ἀδελφή** *Schwester* (eig. u. übertr. für Angehörige desselben Glaubens). **περι-άγειν** Inf. -άγω tr. *herumführen; immer bei sich haben, mitnehmen.* **Κηφᾶς** 1,12. **6 Βαρναβᾶς**¹ ᾶ *Barnabas,* Missionar u. Weggefährte v. Paulus. **ἐργάζεσθαι** Inf. ἐργάζομαι; **οὐκ ἔχομεν ἐξουσίαν μὴ ἐργάζεσθαι;** *haben nur ich und Barnabas kein Recht, nicht selbst für unseren Lebensunterhalt aufkommen zu müssen?* erwartete Antwort (A320): „Doch, auch ihr habt ein Recht dazu". **7 στρατεύομαι** *Kriegsdienst tun, als Soldat dienen.* **ὀψώνιον** *Sold, Lohn;* ἰδίοις ὀψωνίοις *für eigenen Sold, zahlt sich selbst den Sold* (B 1a), *auf eigene Kosten.* **ποτέ**¹⁸ *irgendeinmal;* **τίς ... ποτέ** *wer ... jemals? wer ... schon?* **φυτεύω** *pflanzen.* **ἀμπελών**⁴ ῶνος ὁ *Weinberg.* **ποιμαίνω** *weiden, hüten.* **ποίμνη** *Herde, Schafherde.* **γάλα**³ λακτος τό *Milch;* ἐκ τοῦ γάλακτος ἐσθίω *von der Milch genießen/sich nähren.* **8 μή** *etwa (nur)* (verneinende Antwort angedeutet, A320). **κατὰ ἄνθρωπον** *nach menschlicher Weise, von einem menschlichen Standpunkt aus.* **καί** *auch.* **9 γέγραπται** Pf. Pass. γράφω, Pf. Pass. term. tech. zur Einführung v. Schriftzitaten (B 2c): *in der Schrift heißt es/steht.* **κημώσεις** Fut. κημόω *Maulkorb anlegen, Maul zubinden;* Hebr., Fut. zum Ausdruck strikter Gebote (A247d) [Var. φιμώσεις Fut. φιμόω gleiche Bdtg.]. **βοῦς**⁸ *Rind;* Mask. *Ochse.* **ἀλοῶντα** Ptz. ἀλοάω *dreschen;* attr. **μέλει**¹⁸⁰ τινί *es liegt jmdm. daran, jmd. kümmert sich um,* m. Gen. dessen, woran jmdm. gelegen ist. **10 πάντως** *jedenfalls, unter allen Umständen; überall.* **γάρ** hier die Antwort bekräftigend: *ja fürwahr, allerdings* (BDR §452,2). **ἐ-γράφη** Aor. Pass. γράφω. **ὀφείλω** *schulden; verpflichtet sein, müssen.* **ἐπ' ἐλπίδι** *auf Grund von Hoffnung, auf Hoffnung (hin).* **ἀροτριῶν** Ptz. ἀροτριάω *pflügen;* subst. **ἀροτριᾶν** Inf. **ἀλοῶν** Ptz., subst.; ellip., erg. den Inf. ἀλοᾶν (BDR §479⁴). **μετ-έχειν** Inf. -έχω *Anteil erhalten, teilhaben (am Ertrag);* τοῦ μετέχειν Attr. zu ἐλπίδι (A281), *Hoffnung, am Ertrag teilzuhaben.* **11 πνευματικός** *geistlich, geistig;* Ntr. Pl. subst. *Geistliches, geistliche Dinge.* **ἐ-σπείραμεν** Aor. σπείρω. **μέγα** erg. ἐστίν *ist es eine große Sache/etwas Besonderes, ist es zu viel verlangt?* (B 2bβ). **σαρκικός** *fleischlich;* Ntr. Pl. subst. *irdische Güter, natürliche Gaben.* **θερίσομεν** Fut. θερίζω (vgl. A33⁹¹ᶠᶠ) *ernten;* εἰ ἡμεῖς ... θερίσομεν *wenn wir nachher ernten,* da es tatsächl. geschehen ist,

12 hier = *daß wir ernten* (BDR §372⁴; vgl. A327b). **12 ἐξουσία ὑμῶν** gen.
obi. (A158) *Recht an/auf euch* (d.h. u.a. von euch unterstützt zu werden).
ἐ-χρησάμεθα Aor. Med. χράομαι *gebrauchen, Gebrauch machen von*, m.
Dat. **στέγω** *bedecken, verbergen; ertragen.* **ἐγ-κοπή** *Hindernis, Hemmung;*
δίδωμί τινι ἐγκοπήν *etwas/jmdn. hemmen, hindern, etwas/jmdm. ein*
13 *Hindernis in den Weg legen.* **δῶμεν** Aor. Konj. δίδωμι. **13 ἱερός** *heilig;*
Ntr. Pl. subst. *die heiligen Dinge* (was zum Tempel u. zu seinem Dienst gehört).
ἐργαζόμενοι Ptz. ἐργάζομαι, subst.; οἱ τὰ ἱερὰ ἐργαζόμενοι *die, die*
den Tempeldienst verrichten. **ἱερόν** hier *Tempel;* (τὰ) ἐκ τοῦ ἱεροῦ
ἐσθίουσιν *sie ernähren sich (von dem, was) aus/von dem Tempel (kommt) = sie*
bekommen ihren Lebensunterhalt vom Tempel. **θυσιαστήριον** *Altar.* **παρ-**
εδρεύοντες Ptz. -εδρεύω *dabeisitzen; sich eifrig befassen mit;* subst.; οἱ τῷ
θυσιαστηρίῳ παρεδρεύοντες *die, die den Dienst am Altar verrichten* (d.h.
Priesterdienst tun). **συμ-μερίζομαι** *Anteil erhalten an, mitbeteiligt sein an,*
m. Dat.; τῷ θυσιαστηρίῳ συμμερίζονται *sie erhalten Anteil an den auf*
14 *dem Altar (dargebrachten Opfergaben).* **14 δι-έ-ταξεν** Aor. δια-τάσσω⁷⁹
anordnen, befehlen, m. Dat. der Pers. **κατ-αγγέλλουσιν** Ptz. -αγγέλλω
15 *verkündigen;* subst. **ζῆν** Inf. ζάω. **15 κέ-χρημαι** Pf. Pass. χράομαι. **οὐ**
... **οὐδενί** Neg. verstärken einander (A310). **ἔ-γραψα** Aor. γράφω.
γένηται Aor. Konj. Med. γίνομαι. **ἐν ἐμοί** *mit/an mir* (B ἐν I2).
καλὸν γάρ μοι μᾶλλον *denn es ist besser* (umschrieb. Komp.) *für mich,*
lieber wollte ich (B καλός 3c); *die durch* ἤ *als* angedeutete Alternative bleibt
unausgesprochen (Aposiopese, A377). **ἀπο-θανεῖν** Aor. Inf. -θνήσκω.
καύχημα³ *Ruhm, der Gegenstand des Rühmens* (d.h. das Evangelium
unentgeltlich zu verkündigen). **κενώσει** Fut. κενόω *leer machen; zunichte*
16 *machen;* mod. Fut. (A247). **16 εὐ-αγγελίζωμαι** Konj. Med. -αγγελίζω.
οὐκ ἔστιν μοι καύχημα *ich habe* (A173) *keinen Grund, mich zu rühmen.*
ἀνάγκη *Zwang, Nötigung, zwingende Pflicht.* **ἐπί-κειμαι** (A32)
daraufliegen; auferlegt sein. **οὐαί μοί ἐστιν ἐὰν μή** *wehe mir, wenn ich*
17 *nicht.* **17 ἑκών** οὖσα ὄν (vgl. A10) *freiwillig, aus eigenem Antrieb;* Adj. adv.
gebraucht (A113), analog ἄκων. **πράσσω** *vollbringen, tun.* **μισθός** *Lohn*
(eig.: *Arbeitslohn;* übertr.: *Belohnung*), hier *Anspruch auf Lohn.* **ἄκων** (vgl.
A10) *unfreiwillig, gezwungen.* **οἰκο-νομία** *Verwaltung, Verwalteramt*
(gewöhnl. einem Sklaven [ohne Anspruch auf Lohn] anvertraut). **πε-**
πίστευμαι Pf. Pass. πιστεύω, Pass. hier *betraut werden mit, anvertraut*
18 *bekommen,* m. Akk. der Sache (A214; H-S §154c). **18 ἵνα** hier epexegetisch
gebraucht, erläutert μισθός (BDR §394³; H-S §272a) *daß.* **εὐ-αγ-**
γελιζόμενος Ptz. Med., temp. *wenn ich das Evangelium verkündige, bei*
meiner Verkündigung. **ἀ-δάπανος**¹¹ *kostenlos, ohne Entgelt.* **θήσω** Fut. τί-
θημι hier *vorlegen, darbieten* (d.h. verkündigen); Fut. statt Aor. Konj. (BDR
§369⁵; vgl. A339). **εἰς τό** m. Inf. fin. od. kons. Bdtg. (A282) *damit od. so daß.*

κατα-χρήσασθαι Aor. Inf. Med. -χράομαι[21] *gebrauchen, ausnutzen,* m. Dat. (BDR §193[7]). **ἐν τῷ εὐαγγελίῳ** *bei der (Verkündigung des) Evangeliums.*

19 ἐλεύθερος *frei;* **ἔκ** τινος *von jmdm. unabhängig* (B 2). **ὤν** Ptz.   19 **εἰμί,** konz. *obwohl ich ... bin.* **ἐμαυτόν**[14] Refl.-Pron. 1. Sg. **ἐ-δούλωσα** Aor. δουλόω *zum Sklaven machen, dienstbar machen.* **κερδήσω** Aor. Konj. **κερδαίνω**[125] *gewinnen.*   **20 καί** wohl epexegetisch (A311,6) *das heißt.*   20 **ἐ-γενόμην** Aor. Med. γίνομαι; hier verbunden mit dat. commodi (A173) *den/für die.* **ὤν** Ptz., konz. **αὐτός** *ich selbst.*   **21 ἄ-νομος**[11] *gesetzlos;* hier: 21 *die ohne Gesetz* (d.h. die Nichtjuden). **ὤν** V. 20. **ἄνομος θεοῦ** wohl paulinische Konstruktion, bei der der Gen. (wahrscheinl. subi.) v. implizierten νόμος abhängt (BDR §182[4]): *nicht ohne Gesetz Gottes.* **ἔν-νομος**[11] *gesetzmäßig, gesetzlich;* ἔννομος Χριστοῦ *im/unter dem Gesetz Christi* (vgl. Gal 6,2) *stehend/lebend.* **κερδάνω** = κερδήσω V. 19.   **22 ἀ-σθενής**[7] *kraftlos,*   22 *schwach.* **γέ-γονα** Pf. γίνομαι. **πάντως** *ganz, auf alle Weise; auf jeden Fall, unter allen Umständen.* **σώσω** Aor. Konj. σῴζω.   **23 συγ-κοινωνός**   23 *(mit)teilhabend;* subst. *Teilhaber, Genosse,* m. Gen.; ἵνα συγκοινωνὸς αὐτοῦ γένωμαι *damit ich an ihm* (näml. dem Evangelium bzw. dem durch das Evangelium bewirkten Heil) *Anteil bekomme, damit ich sein Teilhaber werde.* **γένωμαι** Aor. Konj. Med.

24 στάδιον *Stadion, Rennbahn.* **τρέχοντες** Ptz. τρέχω *laufen;* subst.   24 **βραβεῖον** *Kampfpreis, Siegespreis.* **οὕτως** ... **ἵνα** *so/in solcher Weise ... daß* (kons.) od. *ebenso* (wie der siegende Läufer) ... *damit* (fin.). **τρέχετε** Imp. **κατα-λάβητε** Aor. Konj. -λαμβάνω[152] *ergreifen; gewinnen.*   **25 πᾶς ὁ**   25 m. Ptz. *jeder, der* (A86). **ἀγωνιζόμενος** Ptz. ἀγωνίζομαι *im Wettkampf kämpfen;* subst. Ptz. *Wettkämpfer.* **πάντα** Akk. der Beziehung (A149) *in jeder Hinsicht.* **ἐγ-κρατεύομαι** *enthaltsam sein, sich selbst beherrschen, Einschränkungen auf sich nehmen* (GN). **φθαρτός** *vergänglich.* **στέφανος** *Kranz, Siegeskranz.* **λάβωσιν** Aor. Konj. λαμβάνω. **ἄ-φθαρτος**[11] *unvergänglich.*   **26 τοί-νυν** *daher, deshalb.* **ἀ-δήλως** *ungewiß;* ὡς οὐκ ἀδήλως   26 *nicht wie ins Ungewisse/Blaue; wie einer, der ein festes Ziel hat.* **πυκτεύω** *als Faustkämpfer kämpfen, boxen.* **ἀήρ**[6] ἀέρος ὁ *Luft.* **δέρων** Ptz. δέρω *prügeln, schlagen;* subst.; ἀέρα δέρω *in die Luft schlagen.*   **27 ὑπ-ωπιάζω** *unter*   27 *das Auge/ins Gesicht schlagen; quälen; gewaltsam gefügig machen* (ThWNT 8, S. 589). **δουλ-αγωγέω** *in die Sklaverei führen; knechten, beherrschen.* **μή πως** fin. *damit nicht etwa* (B [μή] πως 1a [Sp. 1466]). **κηρύξας** Aor. Ptz. κηρύσσω, temp. *nachdem ich gepredigt habe.* **ἀ-δόκιμος** *unbewährt, untüchtig, unbrauchbar.* **γένωμαι** V. 23; μή πως ... αὐτὸς ἀδόκιμος γένωμαι *damit ich nicht ... etwa selbst disqualifiziert werde* bzw. *als untauglich ausscheide* (GN).

ἀ-γνοεῖν Inf. ἀ-γνοέω *nicht erkennen, nicht wissen;* οὐ θέλω ὑμᾶς   **10**

ἀγνοεῖν *ich will euch nicht (darüber) in Unkenntnis lassen* (wohl Litotes, A386). πατέρες *Väter* = *Vorfahren* (hier v. der Wüstengeneration; B 2e). νεφέλη *Wolke* (hier v. der Wolke, die Gottes Gegenwart anzeigt [Ex 13,21
2 u.a.]). ἦσαν Ipf. εἰμί. δι-ῆλθον Aor. -ἔρχομαι[187]. 2 εἰς *auf.* ἐ-βαπτίσθησαν Aor. Pass. βαπτίζω [Var. 1 ἐ-βαπτίσαντο Aor. Med., wie Pass. kausativ *sich taufen lassen* (BDR §317[1]; A218f); Var. 2
3 ἐ-βαπτίζοντο Ipf. Med. od. Pass.]. 3 πνευματικός *den Geist betreffend, vom Geist gewirkt, geistlich.* βρῶμα[3] *Speise.* ἔ-φαγον Aor. ἐσθίω.
4 4 ἔ-πιον Aor. πίνω. πόμα[3] *Getränk, Trank.* ἔ-πινον Ipf. ἀκολουθούσης Ptz. Fem. ἀκολουθέω, attr. πέτρα *Fels;* πνευματικὴ ἀκολουθοῦσα πέτρα *(der) geistliche Felsen, der sie begleitete.* ἦν Ipf. εἰμί.
5 5 αὐτῶν gen. partitivus (A164). εὐ-δόκησεν Aor. -δοκέω *Wohlgefallen haben an; für gut halten; zufrieden sein mit,* m. ἐν. κατ-ε-στρώθησαν Aor.
6 Pass. κατα-στρώννυμι[228] *niederstrecken, töten.* 6 τύπος *sichtbarer Eindruck; Abbild; Vorbild, Gegenbild, Typus;* hier im Sinn v. *warnendes Beispiel.* ἡμῶν gen. obi. (A158) *für uns.* ἐ-γενήθησαν Aor. Pass. (ohne Pass.-Bdtg.) γίνομαι. εἰς τό m. AcI fin. Bdtg. (A282) *damit.* εἶναι Inf. εἰμί, Präd. des AcI. ἐπι-θυμητής[1] *Begehrender;* εἰς τὸ μὴ εἶναι ἡμᾶς (Subj.) ἐπιθυμητὰς (Präd.-Nom.) κακῶν *damit wir nicht unser Verlangen auf Böses richten.* κἀκεῖνοι = καὶ ἐκεῖνοι. ἐπ-ε-θύμησαν Aor. ἐπι-θυμέω
7 *begehren, verlangen.* 7 εἰδωλο-λάτρης[1] *Götzendiener.* γίνεσθε Imp. αὐτῶν gen. partitivus (A164) *von ihnen.* ὥσ-περ *gleichwie, wie.* γέ-γραπται Pf. Pass. γράφω, Pf. Pass. term. tech. zur Einführung v. Schriftzitaten (B 2c): *in der Schrift heißt es/steht.* ἐ-κάθισεν Aor. καθίζω. φαγεῖν Aor. Inf. ἐσθίω; fin. (A276). πεῖν (nachklass. z.T. auftretende Kontraktion aus πιεῖν; BDR §31,2) Aor. Inf. πίνω; fin. ἀν-έ-στησαν Wz.-Aor. ἀν-ίσταμαι. παίζειν Inf. παίζω *spielen, tanzen, sich vergnügen;* fin.
8 8 πορνεύωμεν Konj. πορνεύω *huren, Unzucht* (= illegitimer Geschlechtsverkehr jeder Art) *treiben;* adhortativer Konj. (A254), μηδὲ πορνεύωμεν *laßt uns auch nicht Unzucht treiben.* ἐ-πόρνευσαν Aor. καί kons. *so daß* (A311,2). ἔ-πεσαν Aor. (vgl. H-S §105g) πίπτω. εἴκοσι τρεῖς *dreiund-*
9 *zwanzig.* χιλιάς[3] ἄδος ἡ *tausend.* 9 ἐκ-πειράζωμεν Konj. -πειράζω (vgl. A33[91ff]) *auf die Probe stellen, versuchen, herausfordern;* adhortativer Konj. (A254). ἐ-πείρασαν Aor. πειράζω (vgl. A33[91ff]) *versuchen; prüfen, auf die Probe stellen* (B 2e), *herausfordern.* καί V. 8. ὄφις[8] ἑως ὁ *Schlange.* ἀπ-
10 ώλλυντο Ipf. -όλλυμαι [Var. ἀπ-ώλοντο Aor. Med.]. 10 γογγύζετε Imp. γογγύζω[104] *murren* [Var. γογγύζωμεν Konj., adhortativ]. καθ-ά-περ *(so) wie, gleichwie.* ἐ-γόγγυσαν Aor. καί V. 8. ἀπ-ώλοντο Aor. Med. -όλλυμαι. ὀλοθρευτής[1] *Verderber* (der „Strafengel", d.h. der Vollzieher des göttl. Gerichts [Ex 12,23 LXX verwendet dafür ὀλεθρεύων]).
11 11 τυπικῶς *vorbildlich, vorausbildhaft, beispielhaft* (vgl. V. 6). συν-έ-βαι-

νεν Ipf. συμ-βαίνω[139] *zusammengehen; zustoßen, begegnen.* **ἐ-γράφη** Aor.
Pass. γράφω. **νου-θεσία** (< νοῦς Sinn + τίθημι) *Warnung.* **τὰ τέλη**
τῶν αἰώνων *Ende der (Welt-)Zeit(en)* (B αἰών 2b). **κατ-ήντηκεν** Pf.
-αντάω *hinkommen, gelangen,* m. εἰς *zu/nach.* **12 δοκῶν** Ptz. δοκέω, subst. 12
ἑστάναι Pf. Inf. ἵσταμαι, Pf. (Wz.-Pf., H-S §109a; m. präs. Bdtg.) *stehen.*
βλεπέτω Imp. 3. Sg. βλέπω; m. μή u. Konj. (A328) *sich vorsehen/zusehen,*
daß nicht. **πέσῃ** Aor. Konj. πίπτω. **13 πειρασμός** *Versuchung.* **εἴλη-** 13
φεν Pf. λαμβάνω hier *erfassen, ergreifen, treffen* (B 1c). **εἰ μή** *außer.*
ἀνθρώπινος *menschlich;* πειρασμὸς ἀνθρώπινος *eine menschliche* (d.h.
eine den Menschen nicht überfordernde) *Versuchung* (vgl. B 1). **ἐάσει** Fut.
ἐάω[32] *lassen; zulassen* [Var. ἀφ-ήσει Fut. -ίημι]. **πειρασθῆναι** Aor. Inf.
Pass. V. 9; Präd. des AcI. **ὑπὲρ ὅ** = ὑπὲρ τοῦτο ὅ (A358f) *über das hinaus,*
was. **δύνασθε** erg. ὑπενεγκεῖν (Aor. Inf. ὑποφέρω, s.u.) über das hinaus,
was *ihr ertragen könnt,* über *euer Vermögen,* über *eure Kraft* (B 2). **ποιήσει**
Fut. ποιέω. **ἔκ-βασις**[8] *Ausgang; Ausweg.* **δύνασθαι** Inf. δύναμαι, m.
τοῦ hier kons. Sinn (H-S §225c; A281) *so daß ihr ... könnt.* **ὑπ-ενεγκεῖν**
Aor. Inf. ὑπο-φέρω[198] *ertragen, aushalten, bestehen.*

    14 διό-περ *darum.* **φεύγετε** Imp. φεύγω *fliehen; meiden.* **εἰδωλο-** 14
λατρία *Götzendienst.* **15 φρόνιμος** *verständig, klug.* **κρίνατε** Aor. Imp. 15
κρίνω; κρίνατε ὑμεῖς *(be)urteilt selbst.* **16 ποτήριον** *Becher, Kelch.* **εὐ-** 16
λογία *Preis, Lob; Segen;* τὸ ποτήριον τῆς εὐλογίας ὃ εὐλογοῦμεν *der*
Kelch des Segens, für den wir loben/danken. **οὐχί** *nicht;* erwartet als Frageeinlei-
tung die Antwort „doch" (A320). **κοινωνία** (< κοινωνός Genosse, Teil-
haber) *Gemeinschaft (mit); Beteiligung, Teilhabe (an),* m. Gen.; κοινωνία ...
τοῦ αἵματος τοῦ Χριστοῦ *Gemeinschaft mit/Teilhabe an dem Blut Christi*
(d.h. an der Sühnewirkung seines Todes). **τὸν ἄρτον ... ὅν** für ὁ ἄρτος ...
ὅν attractio inversa (A362; H-S §289f). **κλάω** *brechen.* **17 ὅτι** *weil;* ὅτι 17
(erg. ἐστίν) εἷς ἄρτος, ἓν σῶμα οἱ πολλοί (App. zum Subj., vgl. H-S
§129b) ἐσμεν *weil es ein einziges Brot ist, sind wir viele ein einziger Leib.* **μετ-**
έχω *Anteil haben, teilhaben,* m. partitivem Gen./ἐκ (BDR §169,1; vgl. A165f)
an. **18 βλέπετε** Imp. **κατὰ σάρκα** *irdisch* (B σάρξ 4). **ἐσθίοντες** 18
Ptz. ἐσθίω, subst. **θυσία** *Opfer.* **κοινωνός** ὁ u. ἡ *Genosse, Gesellschafter,*
Teilhaber, m. Gen. **θυσιαστήριον** *Altar.* **19 εἰδωλό-θυτος**[11] Ntr. 19
subst. *Götzenopferfleisch.* **εἰμί** m. Indefinitpron. τὶ (hier wegen des
nachfolgenden Enklitikons τί [H-S §6f] *etwas bedeuten* (B II6b). **εἴδωλον**
(< εἶδος Aussehen, Gestalt) *Götterbild; falscher Gott, Götze.* **20 ἀλλά** hier 20
nach Selbstfrage: *nein, sondern* (BDR §448[5]). **θύω** *opfern;* hier m. unbest. Subj.
(A76a; BDR §130[5]) *man* (beim Götzendienst). **γίνεσθαι** Inf. γίνομαι,
Präd. des AcI; ὑμᾶς κοινωνοὺς τῶν δαιμονίων γίνεσθαι *daß ihr in die*
Gemeinschaft mit den Dämonen geratet bzw. *Gemeinschaft mit den Dämonen*
habt. **21 πίνειν** Inf. πίνω. **ποτήριον** hier metonymisch (Gefäß für den 21

Inhalt; A382c; B 1): **ποτήριον πίνω** *aus dem Becher/Kelch trinken.*
τράπεζα *Tisch; Eßtisch; Mahlzeit* (vgl. A382c). **μετ-έχειν** Inf. V. 17.

22 **22 παρα-ζηλοῦμεν** hier wohl Konj. (statt παραζηλῶμεν [vgl. A24], vgl.
BDR §91²) -ζηλόω *zur Eifersucht/zum Zorn reizen;* deliberativer Konj. (A255).
μή *etwa* (verneinende Antwort angedeutet, A320). **ἰσχυρότερος** Komp. v.
ἰσχυρός *stark,* m. gen. comparationis (A168).

23   **23 ἔξ-εστιν** (A32) *es steht frei, es ist erlaubt;* wie in 6,12 wohl Zitat einer
korinthischen Parole. **συμ-φέρω** *zusammentragen; helfen, nützen, fördern.*

24 **24 τὸ ἑαυτοῦ ... τὸ τοῦ ἑτέρου** *sein eigener (Vorteil) ... der des anderen.*

25 **ζητείτω** Imp. 3. Sg. ζητέω. **25 μάκελλον** *Fleischmarkt, Lebensmittel-
markt.* **πωλούμενον** Ptz. Pass. πωλέω *verkaufen;* subst.; πᾶν τό ... πω-
λούμενον *alles, was ... verkauft wird.* **ἐσθίετε** Imp. **ἀνα-κρίνοντες** Ptz.
-κρίνω *befragen, nachfragen, untersuchen;* mod.; μηδὲν ἀνακρίνοντες διὰ
τὴν συνείδησιν *ohne aus Gewissensgründen (erst) Nachforschungen anzu-*
26 *stellen.* **συν-είδησις**⁸ *Bewußtsein; Gewissen.*   **26 κυρίου** gen. poss.
(A154), erg. ἐστίν. **πλήρωμα**³ *Füllung, Fülle;* τὸ πλήρωμα αὐτῆς *was*
27 *sie erfüllt* (B 1a). **27 καλέω** hier *einladen* (B 1b). **ἄ-πιστος**¹¹ *ungläubig;*
subst., gen. partitivus (A164); τις τῶν ἀπίστων *einer von den Ungläubigen =
ein Ungläubiger.* [Var. δεῖπνον *Gastmahl.*] **πορεύεσθαι** Inf. πορεύομαι.
παρα-τιθέμενον Ptz. Pass. -τίθημι (Speisen) *auftragen, vorsetzen* (B 1a);
28 subst. **28 εἴπῃ** Aor. Konj. λέγω. **ἱερό-θυτος**¹¹ *geopfert;* subst. *Opfer-
fleisch* [Var. εἰδωλό-θυτος V. 19]. **ἐσθίετε** V. 25. **μηνύσαντα** Aor.
29 Ptz. μηνύω *kundtun, aufdecken;* subst. *der den Hinweis gab.* **29 λέγω** *ich
meine.* **τὴν ἑαυτοῦ** 3. Pers. für die 2. Pers. (BDR §283⁶; zudem Numerus-
wechsel) *das eigene/euer eigenes* (wörtl. *dein eigenes) (Gewissen).* **ἱνατί** *wa-
rum?* **ἐλευθερία** *Freiheit.* **κρίνεται** Pass. κρίνω; ἱνατί γὰρ ἡ ἐλευθε-
ρία μου κρίνεται ὑπὸ ἄλλης συνειδήσεως; *weshalb sollte sich denn
meine Freiheit von einem fremden Gewissen richten/kritisieren/schlechtmachen
30 lassen* (B 6b) bzw. *abhängig sein* (Einh.). **30 χάριτι** dat. modi (A180) *mit
Dank.* **μετ-έχω** V. 17; erg. etwa τῆς τροφῆς *am Essen teilnehmen* (vgl. B).
βλασ-φημοῦμαι Pass. -φημέω *Böses reden, in üblen Ruf bringen, verleum-
den, schmähen.* **ὑπὲρ οὗ** = ὑπὲρ τούτου ὑπὲρ οὗ (A359) *wegen einer
31 Sache, für die.* **εὐ-χαριστέω** *dankbar sein; Dank sagen, danken.* **31 τὶ** hier
32 *sonst etwas* (A376a). **ποιεῖτε** (zweites) Imp. ποιέω. **32 ἀ-πρός-κο-
πος**¹¹ (< προσκόπτω *sich stoßen an) ohne Anstoß; keinen Anstoß gebend.*
καί ... καί nach Ausdruck m. negativem Sinn *weder ... noch.* **γίνεσθε** Imp.
33 **Ἕλλην**⁴ ηνος ὁ *Grieche; Nichtjude, Heide.* **33 πάντα** Akk. der Bezie-
hung (A149) *in jeder Hinsicht/Beziehung.* **ἀρέσκω** *zu Gefallen sein/leben;* hier
wohl konatives Präs. (A227) *ich versuche ... zu Gefallen zu leben.* **ζητῶν** Ptz.
ζητέω, mod. **ἐμαυτοῦ**¹⁴ Refl.-Pron. 1. Sg. **σύμ-φορος**¹¹ *förderlich, nütz-*

lich; Ntr. subst. *Nutzen, Vorteil* [Var. συμ-φέρος Ptz. -φέρω V. 23; Ntr. subst.
Nutzen, Vorteil]. **σωθῶσιν** Aor. Konj. Pass. σῴζω.

μιμητής[1] *Nachahmer.* **γίνεσθε** Imp.; μιμηταί μου γίνεσθε **11**
nehmt mich zum Vorbild. **2 ἐπ-αινέω** *loben.* **πάντα** Akk. der Beziehung **2**
(A149) *in allem.* **μέ-μνησθε** Pf. μιμνήσκομαι[168] *sich erinnern, gedenken,*
denken an, m. Gen. **παρ-έ-δωκα** Aor. παρα-δίδωμι. **παρά-δοσις**[8]
Überlieferung (d.h. die als maßgebl. überlieferte Lehre). **κατ-έχω** *aufhalten;*
festhalten, bewahren. **3 εἰδέναι** Pf. (m. präs. Bdtg.) Inf. οἶδα. **4 προσ-** **3f**
ευχόμενος Ptz. -εύχομαι, attr. **προ-φητεύων** Ptz. -φητεύω *prophe-*
zeien, prophetisch reden; attr. **κατὰ κεφαλῆς** *(etwas) auf dem Kopf* (BDR
§225[2]), *eine Kopfbedeckung.* **ἔχων** Ptz. ἔχω, mod. *und dabei ... hat/trägt.* **κατ-**
αισχύνω *schänden, entehren.* **5 προσ-ευχομένη** Ptz., attr. **προ-** **5**
φητεύουσα Ptz. Fem., attr. **ἀ-κατα-κάλυπτος**[11] *unverhüllt;* ἀκατα-
καλύπτῳ τῇ κεφαλῇ dat. modi (A180) *mit unverhülltem Kopf, ohne Kopf-*
bedeckung. **ἐν καὶ τὸ αὐτό** *ein und dasselbe* (B αὐτός 4b). **ἐ-ξυρημένῃ**
Pf. Ptz. Pass. ξυράω *scheren, rasieren;* subst., dat. sociativus (A179) *wie die/eine*
Geschorene (= Geschändete; es galt als der größte Schimpf, den man einer Frau
antun konnte, ihr die Haare abzuschneiden od. ihr den Kopf kahl zu scheren
[Lang, Kor, S. 140]). **6 κατα-καλύπτεται** Med. -καλύπτω *verhüllen;* **6**
Med. *sich verhüllen.* **καί** kons. *so (auch)* (A311,2). **κειράσθω** Aor. Imp.
Med. 3. Sg. κείρω (vgl. A33[136]) *scheren;* Med. kausativ *sich scheren lassen, das*
Haar abschneiden lassen (BDR §317; H-S §188e). **αἰσχρός** *schändlich, unan-*
ständig, entehrend; erg. ἐστίν. **γυναικί** dat. commodi (A173). **κείρασθαι**
Aor. Inf. Med. **ξυρᾶσθαι** Inf. Med. ξυράω, Med. kausativ *sich kahl scheren*
lassen (BDR §317[1]). **κατα-καλυπτέσθω** Imp. Med. 3. Sg. **7 ὀφείλω** **7**
schulden; verpflichtet sein, müssen, sollen. **κατα-καλύπτεσθαι** Inf. Med.
εἰκών[4] όνος ἡ *Bild; Abbild, Ebenbild.* **δόξα** hier wohl *Herrlichkeit* als Erläu-
terung zu dem, v. dem jmd. abstammt u. dem er deshalb entspricht; δόξα θεοῦ
(vgl. Röm 3,23) *die Herrlichkeit Gottes widerspiegelnd;* ἡ γυνὴ δόξα ἀνδρός
ἐστιν *in der Frau spiegelt sich die Würde des Mannes wider* (GN); evtl. *Abglanz*
(doch ohne wirkl. Par.). **ὑπ-άρχων** Ptz. -άρχω, kaus. **8 εἰμὶ ἐκ** **8**
(her)stammen von (B εἰμί III3). **9 καὶ γάρ** *denn, denn auch* (BDR §452[4]). **9**
ἐ-κτίσθη Aor. Pass. κτίζω[103] *schaffen.* **10 διὰ τοῦτο** *darum, deshalb.* **10**
ἐξ-ουσία hier gemeinter Sinn noch ungeklärt; meist metonymisch (A381f;
Inhalt für Zeichen) aufgefaßt: *Vollmachts(zeichen)* (konkret: Schleier/Kopfbe-
deckung); umstritten ist, wessen Vollmacht symbolisiert werden soll, die der
Frau, also *(Zeichen ihrer) Vollmacht* (näml. zum öffentl. Beten u. prophetischen
Reden), od. (so herkömml.) die des Mannes. **ἔχειν** Inf. **διὰ τοὺς**
ἀγγέλους *um der Engel willen* (die heiligen Engel Gottes sind als im
Gottesdienst anwesend vorgestellt). **11 πλήν** *aber, jedoch; dennoch,* **11**
allerdings. **χωρίς** m. Gen. erg. ἐστίν τι (vgl. B 2aα). **ἐν κυρίῳ** *im Herrn*

12   (d.h. im Herrschaftsbereich Christi). **12 ὧσ-περ** *wie, gleichwie.* **διὰ τῆς**
13   **γυναικός** erg. etwa γεννᾶται *wird durch die Frau zur Welt gebracht.* **13 ἐν**
ὑμῖν αὐτοῖς *bei euch selbst* (A126a). **κρίνατε** Aor. Imp. κρίνω.
πρέπον Ptz. πρέπω *sich ziemen, sich gehören, sich schicken* τινί *für jmdn.;*
umschrieb. Präs. (A249), πρέπον ἐστίν *es schickt sich, es ziemt sich,* m. flgd.
AcI (BDR §409⁴). **ἀ-κατα-κάλυπτος**[11] V. 5; hier Subjektsartangabe
(A65). **προσ-εύχεσθαι** Inf. -εύχομαι, hier m. Dat. *zu;* Präd. des AcI.
14   **14 φύσις**[8] *Natur; Naturordnung* (B 3). **ἀνὴρ μέν** (analog auch γυνὴ δέ
V. 15) betont vor die Konjunktion gestellt (BDR §475¹). **κομᾷ** Konj. κομάω
15   *langes Haar tragen.* **ἀ-τιμία** *Unehre, Schande.* **15 κόμη** *Haar.* **ἀντί** m.
Gen. *anstatt, für;* hier *als* (B 2). **περι-βόλαιον** (< περι-βάλλω umhüllen)
16   *Umhang, Hülle, Umhüllung.* **δέ-δοται** Pf. Pass. δίδωμι. **16 φιλό-**
νεικος[11] (< φιλέω + νεῖκος Streit) *streitsüchtig, rechthaberisch* (B 1); εἰ δέ
τις δοκεῖ φιλόνεικος εἶναι *wenn aber jemand rechthaberisch zu sein*
gedenkt (B δοκέω 1b) bzw. *wenn aber jemand meint, rechthaberisch sein zu*
sollen. **εἶναι** Inf. εἰμί, erg. (Ellipse [A376] bzw. Brachylogie [BDR §483²]):
so bedenke er, so soll er wissen. **συν-ήθεια** *Umgang; Gewohnheit, Sitte.*
17   **17 τοῦτο** hier *folgendes.* **παρ-αγγέλλων** Ptz. -αγγέλλω *anordnen,*
befehlen; mod. *bei meinen Anordnungen.* **ἐπ-αινέω** V. 2; οὐκ ἐπαινῶ Lito-
tes (A386) *ich lobe (euch) nicht = ich muß euch tadeln.* **κρείσσων**[11] ον
(Komp. zu ἀγαθός) *besser, hervorragender, nützlicher;* εἰς τὸ κρεῖσσον *zum*
Nutzen. **ἥσσων**[11] ον (Komp. zu κακός) *geringer, schwächer;* εἰς τὸ ἧσσον
18   *zum Schaden.* **συν-έρχομαι** *zusammenkommen.* **18 συν-ερχομένων**
Ptz., gen. abs. (A288), temp. **ἀκούω** Ind. Präs. hier perfektisch (= *ich habe*
gehört; H-S §197e; A236). **σχίσμα**[3] *Spaltung.* **ὑπ-άρχειν** Inf., Präd. des
19   AcI. **μέρος τι** adv. Akk. (A150) *zum Teil* (B μέρος 1d). **19 αἵρεσις**[8]
Schule, Partei; Parteiung; Subj. des AcI. **εἶναι** Inf. εἰμί, Präd. des AcI.
δόκιμος *erprobt, bewährt;* subst. *die* (hier: im Glauben) *Bewährten.* **φα-**
νερός (< φαίνομαι sichtbar werden) *bekannt; offenbar, offenkundig, deut-*
20   *lich; sichtbar.* **γένωνται** Aor. Konj. Med. γίνομαι. **20 συν-**
ερχομένων V. 18. **ἐπὶ τὸ αὐτό** *(gemeinsam)* an einem Ort (B ἐπί III1aζ).
οὐκ ἔστιν *es ist nicht möglich* (B εἰμί I7). **κυριακός** *zum Herrn gehörig.*
δεῖπνον *(Haupt-)Mahlzeit;* κυριακὸν δεῖπνον *Herrnmahl.* **φαγεῖν** Aor.
21   Inf. ἐσθίω; gedankl. zu erg. *in rechter Weise.* **21 προ-λαμβάνω** *vorher*
nehmen, vorwegnehmen. **ἐν τῷ φαγεῖν** *beim Essen* (A282). **καί** kons. *so*
daß (A311,2). **ὃς μέν ... ὃς δέ** *der eine ... der andere* (A133c). **πεινάω** *hun-*
22   *gern.* **μεθύω** *betrunken sein* (viell. hyperbolisch, A383). **22 μή** *etwa*
(verneinende Antwort angedeutet, A320). **εἰς τό** m. AcI fin. (A282), übers.
hier *wo ihr ... könnt.* **ἐσθίειν** Inf. **πίνειν** Inf. **κατα-φρονέω** *verachten,*
geringschätzen, m. Gen. **κατ-αισχύνω** *schänden; beschämen;* hier wohl
konatives Präs. (A232c) *wollt ihr beschämen.* **ἔχοντας** Ptz. ἔχω, subst.; οἱ

μὴ ἔχοντες *die Besitzlosen.* εἴπω Aor. Konj. λέγω, *deliberativer Konj.*
(A255); τί εἴπω *was soll ich sagen?* ἐπ-αινέσω Aor. Konj. V. 2, *deliberati-*
ver Konj. (A255) [Var. ἐπ-αινῶ Konj.]. οὐκ ἐπαινῶ V. 17.

23 παρ-έ-λαβον Aor. παρα-λαμβάνω. ἀπό *für* παρά *bez.* *den* 23
Urheber *der Tradition* (vgl. B V4). παρ-έ-δωκα Aor. παρα-δίδωμι; *beide*
Verben sind term. tech. für das Überliefern verbindlicher Lehre (vgl. EWNT 3,
Sp. 68ff). παρ-ε-δίδετο (klass. -δίδοτο; A30) Ipf. Med., *hier ausgeliefert*
werden. ἔ-λαβεν Aor. λαμβάνω. **24** εὐ-χαριστήσας Aor. Ptz. 24
-χαριστέω *dankbar sein; Dank sagen, danken, Dankgebet sprechen;* temp.
ἔ-κλασεν Aor. κλάω[23] *brechen.* τὸ ὑπὲρ ὑμῶν attr. (A84) *der für euch,*
erg. etwa hingegeben wird (vgl. Lk 22,19). [Var. κλώμενον Ptz. Pass. κλάω,
attr.] ποιεῖτε Imp. ποιέω. ἀνά-μνησις[8] *Erinnerung;* εἰς τὴν ἐμὴν
ἀνάμνησιν *zur Erinnerung an mich* (Poss.-Pron. im Sinn eines gen. obi.,
A129). **25** ὡσ-αύτως *in gleicher Weise, ebenso.* ποτήριον *Becher, Kelch.* 25
δειπνῆσαι Aor. Inf. δειπνέω *speisen, essen;* μετὰ τὸ δειπνῆσαι temp.
(A282) *nach dem Essen.* λέγων Ptz., temp. od. mod. δια-θήκη *Testament;*
im NT meist: Heilsverfügung, -setzung, Bund; ἡ καινὴ διαθήκη ἐν τῷ ἐμῷ
αἵματι *die neue Heilsverfügung/der neue Bund (begründet) durch mein Blut* (d.h.
durch meinen Tod, der Sühne wirkt). ποιεῖτε Imp. ὁσάκις[18] Adv. *so oft*
(wie); ὁσάκις ἐάν = ὁσάκις ἄν *wie oft (auch immer), jedesmal wenn* (vgl.
A132; 371). πίνητε Konj. πίνω. **26** ἐσθίητε Konj. ἐσθίω. ποτήριον 26
hier metonymisch (Gefäß für den Inhalt; A382c; B 1): ποτήριον πίνω *aus*
dem Becher/Kelch trinken. κατ-αγγέλλω *verkündigen.* ἄχρι οὗ *bis* (A337).
ἔλθῃ Aor. Konj. ἔρχομαι.

27 ὃς ἄν *wer (immer)* (BDR §380[2]; A132; 371). ἐσθίῃ Konj. ἐσθίω. 27
πίνῃ Konj. πίνω. ἀν-αξίως *unwürdig, in unangemessener Weise* (vgl. V. 20-
22). ἔν-οχος[11] *festgehalten in; schuldig sein an,* m. Gen. ἔσται Fut. εἰμί.
28 δοκιμαζέτω Imp. 3. Sg. δοκιμάζω (< δόκιμος *erprobt*) *prüfen; (nach* 28
Prüfung) für echt, geeignet, richtig, tauglich usw. befinden. ἐσθιέτω Imp. 3. Sg.
ποτήριον V. 25. πινέτω Imp. 3. Sg. **29** ἐσθίων Ptz., subst. πίνων 29
Ptz., subst. κρίμα[3] *Entscheidung, Urteil; (das) Richten, Gericht;* hier *Verurtei-*
lung, Verdammungsurteil (B 4b). δια-κρίνων Ptz. -κρίνω *unterscheiden;*
(richtig) beurteilen (B 1cβ); kond. μὴ διακρίνων τὸ σῶμα *wenn er den Leib*
(des Herrn) nicht richtig beurteilt, d.h. *daß sie sich nicht entsprechend der durch*
den hingegebenen Leib Jesu begründeten Gemeinschaft verhalten. **30** διὰ 30
τοῦτο *darum, deshalb.* ἐν ὑμῖν *bei euch.* ἀ-σθενής[7] *schwach, krank.*
ἄρ-ρωστος[11] *kraftlos, krank.* κοιμάομαι *schlafen; (Euphemismus, A385)*
entschlafen, sterben. ἱκανός *hinlänglich; geeignet, fähig; zahlreich, viel* (B 1c).
31 δι-ε-κρίνομεν Ipf. δια-κρίνω. ἐ-κρινόμεθα Ipf. Pass. κρίνω; εἰ 31
ἑαυτοὺς διεκρίνομεν, οὐκ ἂν ἐκρινόμεθα *irrealer Fall* (A345) *würden*
wir uns selbst richtig beurteilen/gingen wir mit uns selbst ins Gericht, so würden wir

32 *nicht gerichtet/verurteilt werden.* **32 κρινόμενοι** Ptz. Pass., kond. **παιδευ-**
όμεθα Pass. παιδεύω *erziehen; zurechtweisen; züchtigen.* **κατα-κρι-**
33 **θῶμεν** Aor. Konj. Pass. -κρίνω[127] *verurteilen, verdammen.* **33 συν-ερχό-**
μενοι Ptz. V. 17, kond. **εἰς τό** m. AcI fin. (A282) *damit, um zu.* **φαγεῖν**
34 V. 20. **ἐκ-δέχεσθε** Imp. -δέχομαι *warten auf,* m. Akk. **34 πεινάω**
V. 21. **ἐν οἴκῳ** *zu Hause* (B οἶκος 1aα). **συν-έρχησθε** Konj. V. 17. **τὰ**
λοιπά *das übrige.* **ὡς ἄν** m. Konj. (= ὅταν; A336) *wenn, sobald* (B ὡς
IV1cα). **ἔλθω** Aor. Konj. ἔρχομαι. **δια-τάξομαι** Fut. Med. (= Akt.)
-τάσσω[79] *anordnen, befehlen, bestimmen.*

12 **περὶ δέ** m. Gen. *was aber ... betrifft, über;* Paulus leitet so seine Antwort
auf eine Anfrage an ihn ein (vgl. BDR §229[2]). **πνευματικός** *den Geist*
betreffend, vom Geist gewirkt, geistlich; subst. Ntr. Pl. τὰ πνευματικά *das*
Geistliche, die Geistesgaben; evtl. auch Mask. *Geistbegabte.* **ἀ-γνοεῖν** Inf.
ἀ-γνοέω *nicht erkennen, nicht wissen;* οὐ θέλω ὑμᾶς ἀγνοεῖν *ich will euch*
2 *nicht in Unkenntnis/im unklaren lassen* (wohl Litotes, A386). **2 ἦτε** Ipf. εἰμί.
εἴδωλον (< εἶδος Aussehen, Gestalt) *Götterbild; falscher Gott, Götze.*
ἄ-φωνος[11] *stumm.* **ἄν** m. Ipf. iter. („hellenistischer Nebensatziterativ" statt
klass. Opt.; A262; BDR §367[3]). **ἤγεσθε** Ipf. Pass. ἄγω. **ἀπ-αγόμενοι**
Ptz. Pass. -άγω *wegführen;* Pass. *hingerissen werden;* mod. (ἤγεσθε
verstärkend; vgl. A298) od. umschrieb. Ipf. (A249; erg. ἦτε); οἴδατε ὅτι ὅτε
ἔθνη ἦτε πρὸς τὰ εἴδωλα τὰ ἄφωνα ὡς ἂν ἤγεσθε ἀπαγόμενοι
Deutung a): (πρὸς τὰ εἴδωλα τὰ ἄφωνα ist betont vor die Konjunktion
ὡς gestellt [vgl. BDR §475,1a]; ὡς nimmt das vorausgehende ὅτι auf) *ihr wißt,*
daß, als ihr (noch) Heiden wart, daß/wie ihr immer wieder geradezu zu den
stummen Götzen fortgerissen wurdet (B ἄγω 3); Deutung b): (erg. das Ptz. mit
ἦτε) *ihr wißt, daß ihr, als ihr (noch) Heiden wart, wann/wie immer ihr geführt*
wurdet, immer wieder zu den stummen Götzen fortgerissen wurdet (ZG); dieser
3 Vers ist wohl als Parenthese zu verstehen (A374). **3 γνωρίζω** *bekannt-*
machen, mitteilen, offenbaren. **λαλῶν** Ptz. λαλέω, attr. bzw. subst. **ἀνά-**
θεμα[3] (< ἀνατίθημι u.a. [der Gottheit] weihen) eig. „das (der Gottheit)
Geweihte", doch bibl. *das Verfluchte, das dem Untergang Geweihte* (LXX-
Ausdruck für חֵרֶם *hêrem* „Bann[gut]", ThBNT 1, S. 348f), übers. *(ist/sei)*
verflucht. **εἰπεῖν** Aor. Inf. λέγω. **κύριος** Präd.-Nom. (A80), erg. ἐστίν.
εἰ μή *außer.*
4 **4 δι-αίρεσις**[8] (< δι-αιρέω u.a. teilen, unterscheiden) *Verteilung,*
Zuteilung; Unterscheidung, Unterschied; hier (Pl.) *verschiedene Arten* (Menge),
viell. (vgl. V. 11) *(unterschiedliche) Zuteilungen* (vgl. B 1). **χάρισμα**[3] *Gna-*
dengeschenk, Gnadengabe, Charisma; m. diesem Begriff betont Paulus wohl im
Unterschied zu πνευματικά in V. 1 den Geschenkcharakter der geistl.
5f Gaben. **5 διακονία** *Dienst, Aufgabe.* **6 ἐν-έργημα**[3] *Wirkung, Tat,*
Kraftwirkung. **ἐν-εργῶν** Ptz. -εργέω *wirksam sein, sich betätigen; (be)wirken;*

attr. **7 δί-δοται** Pass. δίδωμι. **φανέρωσις**[8] *Offenbarung* (hier Oberbe- 7
griff zu den flgd. geistl. Gaben). **τοῦ πνεύματος** gen. subi. (bzw. auctoris;
vgl. V. 11): der Geist offenbart sich/tut sich kund (A158; 153). **συμ-φέρον**
Ptz. -φέρω *zusammentragen; nützen, förderlich sein, helfen, beistehen;* subst. Ptz.
Ntr. *Nutzen, Vorteil;* πρὸς τὸ συμφέρον *zum Nutzen (aller).* **8 ᾧ μέν ...** 8
ἄλλῳ δέ *dem einen* (A133c) *... dem anderen.* **λόγος σοφίας** *Weisheitsrede*
(die Fähigkeit, Weisheit zu vermitteln). **γνῶσις**[8] *Erkenntnis;* λόγος γνώ-
σεως *Erkenntnisrede* (der Unterschied zur Weisheitsrede läßt sich nicht sicher
bestimmen [vgl. 2,6ff u. 8,1ff]). **9 πίστις** gemeint ist hier wohl ein 9
außergewöhnl. („Berge versetzender"; 13,2) Glaube für bes. Situationen (vgl.
B 2dζ). **ἴαμα**[3] *Heilung;* χαρίσματα ἰαμάτων gen. obi. (A158) *Gnadenga-
ben zu Heilungen, Heilungsgaben.* **10 ἐνεργήματα δυνάμεων** *Wirken* 10
von Wundertaten, Wunderkräfte (B 4) [Var. ἐνέργεια δυνάμεως *Wirksam-
keit/Betätigung von Wunderkraft*]. **προ-φητεία** *prophetische Gabe, Prophetie*
(B 2). **διά-κρισις**[8] *Unterscheidung;* διακρίσεις πνευμάτων *Geister-
unterscheidung(en)* (d.h. die Fähigkeit, Geisteskundgebungen im Hinblick auf
ihre Echtheit bzw. Herkunft zu beurteilen). **γένος**[7] *Geschlecht; Gattung, Art;*
γένη γλωσσῶν *(verschiedene) Arten von (geistgewirkter) Sprachenrede.*
γλῶσσα hier *„Zungenrede", (geistgewirkte) Sprachenrede* (Reden in dem
Sprecher unbekannten Sprachen). **ἑρμηνεία** *Übersetzung; Auslegung.*
11 ἐν-εργέω V. 6. **δι-αιροῦν** Ptz. -αιρέω *verteilen, zuteilen;* mod. *indem* 11
er zuteilt. **ἰδίᾳ** Adv. *besonders, gesondert; individuell* (ZG). **βούλομαι** *wol-
len, wünschen.*

12 καθ-ά-περ *(so) wie, gleichwie.* **ἕν** präd. **μέλος**[7] *Glied.* **ὄντα** Ptz. 12
εἰμί, konz.; πολλὰ ὄντα *obwohl es viele sind.* **13 καὶ γάρ** *denn ja auch* 13
(vgl. BDR §452[4]). **ἐν** mit. **εἰς ἓν σῶμα** *zu einem einzigen Leib* (= so daß
wir ein einziger Leib sind) od. *in einen einzigen Leib (hinein)* (= wir gehören
jetzt zu dem einen Leib). **ἐ-βαπτίσθημεν** Aor. Pass. βαπτίζω.
Ἕλλην[4] ηνος ὁ *Grieche; Nichtjude, Heide.* **ἐλεύθερος** *frei;* subst.
ἐ-ποτίσθημεν Aor. Pass. ποτίζω (vgl. A33[91ff]) *tränken, trinken lassen;*
πάντες ἓν πνεῦμα (vgl. A213) ἐποτίσθημεν *wir sind alle mit einem einzi-
gen Geist getränkt worden.* **15 εἴπῃ** Aor. Konj. λέγω. **ὅτι** *weil.* **εἰμὶ ἐκ** 15
gehören zu (B εἰμί III3). **παρά** m. Akk. hier kaus. *wegen* (B III5); οὐ παρὰ
τοῦτο οὐκ ἔστιν ἐκ (dieser Satz sollte aus grammatischen Gründen m. NA[25]
[gegen NA[26/27]] als Aussage u. nicht als Frage gedeutet werden [so auch B
παρά III5]): *so gehört er deswegen doch zu* (H-S §248a; A310). **16 οὖς**[3] ὠτός 16
τό *Ohr.* **17 ἀκοή** *Gehör;* εἰ ... (erg. ἦν), ποῦ (erg. ἂν ἦν) ...; *irrealer Fall* 17
(A345) *wenn ... wäre, wo wäre/bliebe ...?* **ὄσφρησις**[8] *Geruchssinn.*
18 νυνί[18] *nun, jetzt.* **ἔ-θετο** Aor. Med. τίθημι hier *einsetzen, einrichten* 18
(B II1a). **ἓν ἕκαστον αὐτῶν** gen. partitivus (A164) *ein jedes von ihnen.*
ἠ-θέλησεν Aor. θέλω. **19 ἦν** Ipf. εἰμί; εἰ ἦν ... ποῦ (erg. ἂν ἦν) ...; 19

21 V. 17. **τὰ πάντα** sie alle, das Ganze (Menge). **21 εἰπεῖν** Aor. Inf. λέγω.
22 **χρείαν ἔχω** jmdn. brauchen, jmdn. nötig haben, m. Gen. **22 ἀλλὰ πολλῷ μᾶλλον** ... **ἀναγκαῖά ἐστιν** im Gegenteil, (gerade) ... sind um so (A117) nötiger. **δοκοῦντα** Ptz. δοκέω, attr.; zu δοκοῦντα gehört der AcI ἀσθενέστερα ὑπάρχειν (BDR §474,5). **ἀ-σθενέστερος** Komp. v. ἀ-σθενής schwach. **ὑπ-άρχειν** Inf., Präd. des AcI; τὰ δοκοῦντα μέλη ... ἀσθενέστερα ὑπάρχειν die Glieder ... die schwächer zu sein scheinen. **ἀναγκαῖος** notwendig, nötig; μᾶλλον ἀναγκαῖα = ἀναγκαιότερα (B
23 μᾶλλον 1) nötiger. **23 ἀ-τιμότερος** Komp. v. ἄ-τιμος entehrt; übertr. unansehnlich, wenig ehrbar/edel (B 2). **εἶναι** Inf. εἰμί, Präd. des AcI; erg. τὰ μέλη; ἃ δοκοῦμεν ἀτιμότερα εἶναι τοῦ σώματος τούτοις (erg. τοῖς μέλεσιν) die Körperglieder, die wir für weniger ehrbar/edel halten. **περισσότερος** Komp. v. περισσός über die gewöhnliche Zahl bzw. das gewöhnliche Maß hinausgehend; außergewöhnlich; Komp. größer, mehr; hier etwa besonderer. **περι-τίθημι** ringsum anlegen; umkleiden, umgeben (τινί jmdn./etwas, τὶ mit etwas). **ἀ-σχήμων**[11] ον unschicklich, unanständig; τὰ ἀσχήμονα ἡμῶν diejenigen, derer wir uns schämen/die Anstoß erregen (d.h. die Schamteile). **εὐ-σχημοσύνη** Anstand, Wohlanständigkeit; εὐσχημοσύνην περισσοτέραν ἔχει erhalten eine besonders wohlanständige Aus-
24 stattung (Menge). **24 εὐ-σχήμων**[11] ον (wohl)anständig. **συν-ε-κέρασεν** Aor. συγ-κεράννυμι[225] zusammenmischen, eng vereinigen; zusammenfügen, -setzen. **ὑστερουμένῳ** Ptz. Pass. ὑστερέω zu spät kommen; Mangel leiden; zurückstehen; Pass. Mangel leiden, zu kurz kommen; attr. [Var. ὑστεροῦντι Ptz.]. **δούς** Aor. Ptz. δίδωμι, mod.; ὁ θεὸς συνεκέρασεν τὸ σῶμα τῷ ὑστερουμένῳ ... δούς Gott hat den Leib in der Weise/so zusam-
25 mengefügt, daß er dem geringeren Glied ... gab. **25 ᾗ** Konj. εἰμί. **σχίσμα**[3] Spaltung. **μεριμνῶσιν** Konj. μεριμνάω sorgen; sorgen für; τὸ αὐτὸ ὑπὲρ ἀλλήλων μεριμνῶσιν damit sie einträchtig füreinander sorgen (B 2).
26 **26 εἴτε ... εἴτε** hier wenn ... und wenn (A341). **συμ-πάσχω** Leiden miterdulden, zusammen leiden mit. **πάντα τὰ μέλη** alle anderen Glieder (A376a).
27 **δοξάζεται** Pass. δοξάζω. **συγ-χαίρω** sich mitfreuen. **27 ἐκ μέρους**
28 als Teil angesehen (B μέρος 1c), jeder einzelne. **28 οὓς μέν** (A133c; ohne οὓς δέ) einige. **ἔ-θετο** V. 18; m. doppeltem Akk. (A97,15; 147) jmdn. einsetzen/machen zu (B II2b). **πρῶτον ... δεύτερον ... τρίτον** Ntr. als Adv. erstens ... zweitens ... drittens. **ἔπ-ειτα** dann. **δύναμις**[8] hier Wundertat, Wunderkraft (vgl. V. 10); v. hier an ἔθετο (m. einfachem Akk.) = hat eingerichtet/gegeben. **χάρισμα** V. 4. **ἴαμα**[3] V. 9. **ἀντί-λημψις**[8] Hilfe, Hilfeleistung. **κυβέρνησις**[8] Leitung, Leitungsgabe. **γένη γλωσσῶν** V. 10.
29 **29 μή** etwa (verneinende Antwort angedeutet, A320); z.T. Ellipse (A376) v.
30 εἰσίν o.ä. **30 γλώσσαις** V. 10, dat. instr. (A176). **δι-ερμηνεύω** übersetzen; auslegen, erklären (die [geistgewirkte] Sprachenrede, vgl. V. 10).

31 ζηλοῦτε Ind. od. Imp. ζηλόω *sich eifrig bemühen um, eifrig streben nach.*   31
μείζων (Komp. zu μέγας) *größer, wichtiger* [Var. κρείττων (Komp. zu
ἀγαθός) *hervorragender, vorzüglicher*]. **ὑπερ-βολή** *Übermaß, Außerordentli-*
ches; καθ᾽ ὑπερβολὴν ὁδόν *einen ausgezeichneteren Weg* (B). **δείκνυμι**
zeigen.
    γλώσσαις dat. instr. (A176). **λαλῶ** Konj. λαλέω. **ἔχω** Konj. ἔχω.   **13**
γέ-γονα Pf. γίνομαι; ἐάν ... λαλῶ ... δὲ μὴ ἔχω, γέγονα ... *wohl im*
Sinn des klass. potentialen Falles (Inhalt des Wenn-Satzes wird als mögl. od.
zumindest denkbar hingestellt; A344f; 347; vgl. BDR §373[11]) *wenn ich ... spre-*
chen könnte/spräche ... aber nicht haben sollte/hätte, bin/wäre ich ... (analog V. 2f).
χαλκός *Erz, Kupfer, Bronze* (bez. auch, was daraus hergestellt wird, z.B. Erz-
becken als Musikinstrument). **ἠχῶν** Ptz. ἠχέω *tönen, schallen;* attr.
κύμβαλον *Zimbel* = metallenes Handbecken. **ἀλαλάζον** Ptz. ἀλαλάζω
laut schreien; gellen, lärmen; attr.   **2 ἔχω** Konj. **προ-φητεία** *Prophetie; pro-*   2
phetische Gabe. **εἰδῶ** Pf. (m. präs. Bdtg.) Konj. οἶδα. **μυστήριον**
Geheimnis. **γνῶσις**[8] *Erkenntnis.* **μεθ-ιστάναι** Inf. -ίστημι *(an eine*
andere Stelle) versetzen. **οὐθέν** = οὐδέν. **3 κἄν** = καὶ ἐάν. **ψωμίσω**
Aor. Konj. ψωμίζω (vgl. A33[91ff]) *zu essen geben; zur Speisung* (der Armen)   3
verteilen. **ὑπ-άρχοντα** Ptz. -άρχω, subst. Ptz. *das jmdm. Gehörige, jmds.*
Besitz/Habe, m. Gen. **παρα-δῶ** Aor. Konj. -δίδωμι. **καυχήσωμαι** Aor.
Konj. Med. καυχάομαι *sich rühmen* [Var. καυθήσομαι Fut. Pass. καίω[10]
anzünden; Pass. intr. *brennen, verbrennen*]. **ἔχω** Konj. **ὠφελοῦμαι** Pass.
ὠφελέω *nützen, fördern;* Pass. *Nutzen haben.*
    4 μακρο-θυμέω *Geduld haben, geduldig/langmütig sein.* **χρηστεύ-**   4
ομαι *gütig sein.* **ζηλόω** *sich eifrig bemühen; eifern, mit Eifersucht/Neid erfüllt*
sein. **περπερεύομαι** *prahlen, sich aufspielen.* **φυσιοῦται** Pass. φυσιόω
aufblasen, aufblähen; Pass. *sich aufblasen/aufblähen, sich wichtig machen, hoch-*
mütig werden. **5 ἀ-σχημονέω** *sich unschicklich/taktlos benehmen, rück-*   5
sichtslos sein (Menge), *unanständig handeln.* **τὰ ἑαυτῆς** *das Ihre, der eigene*
Vorteil, die eigenen Interessen. **παρ-οξύνεται** Pass. -οξύνω *anreizen, zum*
Zorn reizen; Pass. *sich (zum Zorn) reizen lassen, aufgebracht werden.* **λογί-**
ζομαι hier *anrechnen, nachtragen.* **6 ἀ-δικία** *Unrecht* (das einer tut); *Unge-*   6
rechtigkeit. **συγ-χαίρω** *sich mitfreuen;* συγχαίρει τῇ ἀληθείᾳ *sie freut*
sich mit (d.h. mit anderen) *an der Wahrheit* od. *sie freut sich mit der Wahrheit.*
7 πάντα (viermal) AkkO, viell. z.T. adv. Akk. (A150; vgl. BDR §154) *ganz*   7
und gar, immer. **στέγω** *mit Schweigen bedecken, zudecken; aushalten, ertragen.*
ἐλπίζω *hoffen.* **ὑπο-μένω** *bleiben, aushalten, standhalten, ertragen.*
    8 οὐδέ-ποτε *niemals.* **πίπτω** hier *hinfällig werden, aufhören* (B 2bδ).   8
εἴτε ... εἴτε ... εἴτε *seien es ... seien es ... sei es* od. unübersetzt lassen. **προ-**
φητεία V. 2. **κατ-αργηθήσονται** Fut. Pass. -αργέω *außer Wirksam-*
keit/Geltung setzen; vernichten, beseitigen; Pass. *aufhören, vergehen.* **γλῶσσα**

hier „*Zungenrede*", *(geistgewirkte) Sprachenrede* (Reden in dem Sprecher unbekannten Sprachen). παύσονται Fut. Med. παύω *zum Aufhören bringen;*
9 Med. *aufhören.* γνῶσις V. 2. **9** ἐκ μέρους *teilweise, bruchstückhaft* (B
10 μέρος 1c). προ-φητεύω *prophetisch reden, prophezeien.* **10** ἔλθῃ Aor.
11 Konj. ἔρχομαι. τέλειος (< τέλος) *vollendet, vollkommen.* **11** ἤμην Ipf.
εἰμί. νήπιος *unmündig;* τὰ τοῦ νηπίου *das kindliche (Wesen).* ἐ-λά-
λουν Ipf. λαλέω. ἐ-φρόνουν Ipf. φρονέω *denken, urteilen.* ἐ-λογι-
ζόμην Ipf. λογίζομαι. γέ-γονα V. 1. κατ-ήργηκα Pf. -αργέω.
12 **12** ἄρτι *jetzt.* ἔσ-οπτρον *Spiegel.* αἴνιγμα[3] *Rätsel;* ἐν αἰνίγματι *in
rätselhafter Weise* (undeutlich, weil indirekt). πρόσωπον πρὸς πρόσ-
ωπον *von Angesicht zu Angesicht.* ἐπι-γνώσομαι Fut. Med. -γινώ-
σκω[166] hier Kompositum m. intensivierender Bdtg. *genau/vollständig/durch und
durch erkennen* (B 1a). ἐπ-ε-γνώσθην Aor. Pass. **13** νυνί[18] *nun, jetzt.*
13 τρία Ntr. v. τρεῖς. μείζων Komp. in Bdtg. des Superlativs (A118,2), m.
τούτων im gen. partitivus (A164) *die größte unter diesen.*

14   διώκετε Imp. ζηλοῦτε Imp. ζηλόω *sich eifrig bemühen um, eifrig
streben nach.* πνευματικός *den Geist betreffend, vom Geist gewirkt, geistlich;*
subst. Ntr. Pl. *das Geistliche, die Geistesgaben.* ἵνα hier *(danach,) daß* (A328,
bez. das zu Erstrebende; B III1aα). προ-φητεύητε Konj. προ-φητεύω
2 *prophetisch reden, prophezeien.* **2** λαλῶν Ptz. λαλέω, subst.; λαλέω
γλώσσῃ *in „Zungen" bzw. in einer (geistgewirkten) Sprache reden* (d.h. in einer
dem Sprecher unbekannten Sprache); dat. instr. (A176). ἀκούω hier *verste-
hen* (B 7). πνεύματι dat. instr. (A176) *im Geist/durch die Wirkung des Gei-
3 stes.* μυστήριον *Geheimnis.* **3** προ-φητεύων Ptz., subst. οἰκο-δομή
Bauen; übertr. *(das) Erbauen, Aufbau, Erbauung;* λαλεῖ οἰκοδομήν *redet, was
zur Erbauung dient* (B 1bα; analog die flgd. Subst.). παρά-κλησις[8] *Ermah-
5 nung; Trost, Zuspruch, Ermutigung.* παρα-μυθία *Zuspruch, Trost.* **5** λα-
λεῖν Inf. λαλέω, Präd. des AcI. ἵνα (erstes) *daß* (A328, bez. das Erwünsch-
te; B III1aα). ἐκτός *außerhalb;* ἐκτὸς εἰ μή (nachklass.) *außer wenn bzw. es
sei denn, daß;* hier m. Konj. (BDR §376[4]). δι-ερμηνεύῃ Konj. -ερμηνεύω
übersetzen; auslegen, erklären (die [geistgewirkte] Sprachenrede). λάβῃ Aor.
Konj. λαμβάνω.

6   **6** ἔλθω Aor. Konj. ἔρχομαι. λαλῶν V. 2, Ptz. mod. ὠφελήσω
Fut. ὠφελέω *nützen, fördern.* λαλήσω Aor. Konj. ἤ ... ἤ *entweder ... oder*
(BDR §446[3]). ἐν instr. *mit, in Form (von).* ἀπο-κάλυψις[8] *Offenbarung.*
γνῶσις[8] *Erkenntnis.* προ-φητεία *prophetische Gabe; Prophetie.* διδαχή
7 (< διδάσκω) *Unterweisung, Lehre.* **7** ὅμως *dennoch;* hier (von ὁμῶς
„gleichermaßen" beeinflußt, bzw. es ist so zu akzentuieren) *gleichfalls, auch*
(BDR §450,2); ὅμως τά ... ἐάν übers. etwa *ebenso (sind die/verhält es sich mit
den) ...: Wenn.* ἄ-ψυχος[11] *unbeseelt.* διδόντα Ptz. δίδωμι, subst.; τὰ
φωνὴν διδόντα *die Musikinstrumente.* αὐλός *Flöte.* κιθάρα *Zither*

(harfenartiges Instrument). **δια-στολή** *Unterschied.* **φθόγγος** *Laut, Ton;* dat. resp. (A178). **δῷ** Aor. Konj. δίδωμι; ἐὰν διαστολὴν τοῖς φθόγγοις μὴ δῷ *wenn sie nicht unterschiedliche Töne von sich geben od. hervorbringen.* **γνωσθήσεται** Fut. Pass. γινώσκω; mod. Fut. (A247). **αὐλούμενον** Ptz. Pass. αὐλέω *Flöte blasen;* subst. *das, was auf der Flöte gespielt wird.* **κιθα-ριζόμενον** Ptz. Pass. κιθαρίζω (vgl. A33^{91ff}) *Zither spielen;* subst. **8 ἄ-δηλος**^{11} *unerkennbar; undeutlich.* **σάλπιγξ**^{3} ιγγος ἡ *Trompete,* 8 *Posaune.* **παρα-σκευάσεται** Fut. Med. -σκευάζω (vgl. A33^{91ff}) *zurü-sten;* Med. *sich rüsten.* **πόλεμος** *Kampf.* **9 γλῶσσα** hier *„Zungenrede",* 9 *(geistgewirkte) Sprachenrede* (Reden in dem Sprecher unbekannten Sprachen); steht als betonter Satzteil des NS vor der Konjunktion (BDR §475^1). **εὔ-σημος**^{11} *leicht erkennbar, deutlich.* **δῶτε** Aor. Konj. δίδωμι. **λαλού-μενον** Ptz. Pass. λαλέω, subst. **ἔσεσθε** Fut. εἰμί. **ἀήρ**^{6} ἀέρος ὁ *Luft.* **λαλοῦντες** Ptz., umschrieb. Fut. (A249); ἔσεσθε γὰρ εἰς ἀέρα λαλοῦντες *ihr werdet nämlich in den Wind reden.* **10 τοσοῦτος**^{18} *so groß,* 10 *so viel.* **τύχοι** Aor. Opt. τυγχάνω^{156} *treffen;* intr. *sich treffen;* εἰ τύχοι *for-melhaft: wenn es sich so trifft, vielleicht, etwa;* τοσαῦτα εἰ τύχοι γένη φωνῶν εἰσιν *es gibt wer weiß wie viele Sprachen* (B 2b). **γένος**^{7} *Geschlecht; Gattung, Art* (B 4). **φωνή** hier *Sprache* (B 3). **ἄ-φωνος**^{11} *stumm; ohne Sprache;* hier wohl *ohne deutliche Laute* (EWNT 1, Sp. 447) bzw. (ZG) *ohne Bedeutung* od. *unverständlich;* οὐδὲν ἄφωνον *keine davon* (näml. der γένη φωνῶν) *ist ohne deutliche Laute/ist unverständlich,* evtl. *nichts ist ohne Sprache.* **11 εἰδῶ** Pf. (m. präs. Bdtg.) Konj. οἶδα. **δύναμις**^{8} hier *Bedeutung* (B 3). **ἔσομαι** Fut. εἰμί. **λαλοῦντι** Ptz., subst.; dat. commodi (A173) *für den, der redet.* **βάρβαρος**^{11} *unverständlich sprechend, fremdsprachig, ausländisch, ungriechisch.* **ἐν ἐμοί** *in meinen Augen* (B ἐν I3) od. = dat. commodi *für mich* (B ἐν IV4a). **12 ἐπεί** *weil, da ja.* **ζηλωτής**^{1} *Eiferer;* ἐπεὶ ζηλωταί ἐστε 12 *da ihr eifrig strebt nach.* **πνεύματα** Pl. hier *Geistesgaben.* **οἰκο-δομή** V. 3. **ζητεῖτε** Imp. ζητέω. **ἵνα** hier *daß* (A328, bez. das Anzustrebende; B II1α). **περισσεύητε** Konj. περισσεύω intr. *überschießen; reich sein, reichlich erhalten* (B 1bα); erg. *diese/solche* (d.h. Gaben).

13 λαλῶν V. 2. **προσ-ευχέσθω** Imp. 3. Sg. -εύχομαι. **δι-** 13 **ερμηνεύῃ** V. 5. **14 προσ-εύχωμαι** Konj. **γλῶσσα** V. 9. **νοῦς** 14 (νοός νοΐ νοῦν) *Verstand, Vernunft.* **ἄ-καρπος**^{11} *unfruchtbar, ohne Frucht; keinen Nutzen bringend.* **15 τί οὖν ἐστιν** *was folgt daraus? was ist also zu* 15 *tun?* **προσ-εύξομαι** Fut. Med., mod. Fut. (A247; ebenso ψαλῶ) *ich will beten* [Var. προσ-εύξωμαι Aor. Konj. Med., adhortativer Konj. (A254)]. **ψαλῶ** Fut. ψάλλω (vgl. A33^{110ff}) *lobsingen, lobpreisen.* **16 ἐπεί** *denn sonst* 16 (B 2). **εὐ-λογῇς** Konj. -λογέω, erg. *Gott* [Var. εὐ-λογήσῃς Aor. Konj.]. **ἀνα-πληρῶν** Ptz. -πληρόω *vollständig machen, erfüllen;* hier m. τὸν τόπον τινός *jmds. Platz/Stellung einnehmen* (B 4); subst. **ἰδιώτης**^{1} *Laie* (im

Ggs. zum Fachmann jeder Art; hier also derjenige, der die Sprachenrede nicht versteht); *Unkundiger;* ὁ ἀναπληρῶν τὸν τόπον τοῦ ἰδιώτου übers. etwa *ein Anwesender* (wohl genereller Sg./Art.; A101a; 104,1), *der diese Sprache nicht versteht.* ἐρεῖ Fut. λέγω, mod. Fut. (A247) *er kann/soll sagen.* σός *dein.* εὐ-χαριστία *Dankbarkeit; Danksagung, Dankgebet.* ἐπει-δή *da ja, weil.*

17 17 καλῶς *schön, gut, vortrefflich.* εὐ-χαριστέω *dankbar sein; Dank sagen,*
18 *danken.* οἰκο-δομεῖται Pass. -δομέω. 18 πάντων ὑμῶν μᾶλλον
19 gen. comparationis (A168) *mehr als ihr alle.* 19 θέλω ... ἤ *ich will lieber ... als* (μᾶλλον ausgelassen, BDR §480,4). πέντε[19] *fünf.* λαλῆσαι Aor. Inf. λαλέω. κατ-ηχήσω Aor. Konj. -ηχέω *mitteilen; unterweisen, belehren.* μύριοι[19] *zehntausend;* μυρίος Sg. *unzählig.*

20 20 γίνεσθε Imp. φρήν[4] φρενός ἡ *Verstand, Einsicht, (das) Denken;* dat. resp. (A178). κακία *Schlechtigkeit, Bosheit;* dat. resp. (A178). νηπιάζετε Imp. νηπιάζω *(ein) Kind sein.* τέλειος (< τέλος) *vollendet,*
21 *vollkommen; erwachsen, mündig, reif.* 21 γέ-γραπται Pf. Pass. γράφω, Pf. Pass. term. tech. zur Einführung v. Schriftzitaten (B 2c): *in der Schrift heißt es/steht.* ὅτι recitativum = Doppelpunkt (A333). ἑτερό-γλωσσος[11] *fremdsprachig;* subst. *Menschen fremder Sprache/Zunge.* χεῖλος[7] *Lippe;* ἐν χείλεσιν ἑτέρων *mit den Lippen von Fremden* bzw. *Ausländern.* λαλήσω Fut. λαλέω. εἰσ-ακούσονται Fut. Med. -ακούω[2] Akt. u. Med. *hören auf,*
22 *gehorchen,* m. Gen. 22 γλῶσσα V. 9. σημεῖον *Zeichen* (Kennzeichen, welches das Handeln Gottes erkennbar macht, vgl. ThWNT 7, S. 218); hier verbunden mit dat. commodi *für* od. dat. incommodi (erstes ἀπίστοις) *gegen* (A173). εἰμί m. εἰς *dienen zu* (B III2). πιστεύουσιν (zweimal) Ptz. πιστεύω, subst. *die Glaubenden.* ἄ-πιστος[11] *ungläubig.* προ-φητεία
23 V. 6. 23 συν-έλθῃ Aor. Konj. -έρχομαι[187] *zusammenkommen, sich versammeln.* ἐπὶ τὸ αὐτό *(gemeinsam) an einem Ort* (B ἐπί III1αζ). λαλῶσιν Konj. λαλέω, V. 2. εἰσ-έλθωσιν Aor. Konj. -έρχομαι. ἰδιώτης[1] V. 16, hier *Unkundiger* (d.h. einer, der nicht zur Gemeinde gehört). οὐκ erwartet als Frageeinleitung die Antwort „doch" (A320). ἐροῦσιν Fut.
24 λέγω. μαίνομαι *rasen, von Sinnen/verrückt sein.* 24 προ-φητεύωσιν Konj. V. 1. εἰσ-έλθῃ Aor. Konj. ἐλέγχεται Pass. ἐλέγχω *ans Licht bringen; überführen* (hier: *als Sünder*). ἀνα-κρίνεται Pass. -κρίνω *befragen,*
25 *verhören, untersuchen; beurteilen, prüfen.* 25 κρυπτός *verborgen, geheim.* φανερός (< φαίνομαι sichtbar werden) *bekannt; offenbar, kenntlich, offenkundig; sichtbar.* πεσών Aor. Ptz. πίπτω, mod. προσ-κυνήσει Fut. -κυνέω *niederkniend huldigen, anbeten,* m. Dat. ἀπ-αγγέλλων Ptz. -αγγέλλω hier *bekennen* (B 2), mod. ὅτι V. 21. ὄντως *in Wahrheit, wirklich.* ἐν *bei.*

26 26 τί οὖν ἐστιν V. 15. ὅταν hier *(immer) wenn* bzw. *sooft* (H-S §276i). ἕκαστος ψαλμὸν ἔχει, διδαχὴν ἔχει ... ἔχει übers. etwa *so*

hat jeder (etwas beizutragen): der eine einen Psalm, ein anderer eine Unterweisung, ein anderer ... (vgl. B ἕκαστος 2). **συν-έρχησθε** Konj. -έρχομαι V. 23. **ψαλμός** *Loblied, Psalm.* **διδαχή, ἀπο-κάλυψις** V. 6. **γλῶσσα** V. 9. **ἑρμηνεία** *Übersetzung, Auslegung, Erklärung* (vgl. V. 5). **οἰκο-δομή** V. 3. **γινέσθω** Imp. 3. Sg. γίνομαι. **27 εἴτε** *wenn.* **κατὰ δύο** *jeweils zwei* 27 (H-S §145c; A138,2). **τὸ πλεῖστον** adv. Akk. (A150) *höchstens.* **ἀνὰ μέρος** *der Reihe nach* (H-S §184c). **δι-ερμηνευέτω** Imp. 3. Sg. V. 5. **28 ᾗ** Konj. εἰμί. **δι-ερμηνευτής**[1] *Übersetzer, Ausleger, Erklärer.* 28 **σιγάτω** Imp. 3. Sg. σιγάω *schweigen.* **ἑαυτῷ** dat. commodi (A173) *für sich selbst.* **λαλείτω** Imp. 3. Sg. λαλέω. **29 λαλείτωσαν** Imp. 3. Pl. **δια-** 29 **κρινέτωσαν** Imp. 3. Pl. -κρίνω *unterscheiden; beurteilen* (vgl. διακρίσεις πνευμάτων 12,10). **30 ἀπο-καλυφθῇ** Aor. Konj. Pass. -καλύπτω[54] 30 *offenbaren.* **καθημένῳ** Ptz. κάθημαι, subst.; ἐὰν ἄλλῳ ἀποκαλυφθῇ καθημένῳ *wenn einem anderen Dabeisitzenden/Anwesenden eine Offenbarung zuteil wird.* **31 καθ' ἕνα** *einzeln, einer nach dem anderen* (B κατά II3a). 31 **προ-φητεύειν** Inf. V. 1. **μανθάνωσιν** Konj. μανθάνω *lernen.* **παρα-καλῶνται** Konj. Pass. -καλέω. **32 πνεύματα** Pl. *erklärt sich* 32 *aus der Mehrzahl der Personen, deren Geist v. Gottes Geist zur prophetischen Rede befähigt wird* (vgl. B 6d); πνεύματα προφητῶν προφήταις ὑποτάσσεται *übers. am besten m. distributivem Sg.* (vgl. A101b): *(der) Prophetengeist* (d.h. *das Äußern prophetischer Eingebungen*) *ist (dem Willen der) Propheten unterstellt.* **ὑπο-τάσσεται** Pass. -τάσσω *unterordnen, unterwerfen;* Pass. *sich unterordnen.* **33 ἀ-κατα-στασία** *Unordnung.* 33

34 σιγάτωσαν Imp. 3. Pl. V. 28. **ἐπι-τρέπεται** Pass. -τρέπω 34 *gestatten;* ἐπιτρέπεταί τινι *es ist jmdm. gestattet.* **λαλεῖν** Inf. **ὑπο-τασσέσθωσαν** Imp. Pass. 3. Pl. V. 32. **35 ἐν οἴκῳ** *zu Hause* (B οἶκος 35 1aα). **μαθεῖν** Aor. Inf. μανθάνω V. 31 [Var. μανθάνειν Inf.]. **ἐπ-ερωτάτωσαν** Imp. 3. Pl. -ερωτάω *fragen.* **αἰσχρός** *unanständig, unschicklich.* **36 ἐξ-ῆλθεν** Aor. -έρχομαι. **κατ-ήντησεν** Aor. -αντάω 36 *hinkommen, gelangen,* εἰς *zu.*

37 εἶναι Inf. εἰμί. **πνευματικός** V. 1; subst. *der Geistbegabte* 37 (B 2bβ). **ἐπι-γινωσκέτω** Imp. 3. Sg. -γινώσκω; ἃ γράφω ὑμῖν ὅτι = ὅτι ἃ γράφω ὑμῖν (Prolepsis, A373). **38 ἀ-γνοέω** *nicht erkennen; nicht* 38 *anerkennen* (B 2); erg. τοῦτο/ταῦτα (A79) [Var. ἀ-γνοείτω Imp.]. **ἀ-γνοεῖται** Pass., pass. divinum (A76b). **39 ζηλοῦτε** V. 1. **προ-φη-** 39 **τεύειν** Inf. V. 1; subst. als Obj. (A280); ζηλοῦτε τὸ προφητεύειν *strebt eifrig danach, prophetisch zu reden.* **λαλεῖν** Inf.; subst. als Obj.; λαλέω γλώσσαις V. 2. **κωλύετε** Imp. κωλύω *hindern, abhalten; verhindern, verbieten.* **40 εὐ-σχημόνως** *anständig.* **τάξις**[8] *Reihenfolge, Ordnung;* κατὰ 40 τάξιν *der Reihe nach, in rechter Ordnung* (B 2). **γινέσθω** Imp. 3. Sg. γίνομαι.

15   γνωρίζω[98] *bekanntmachen, mitteilen, kundtun;* hier etwa *hinweisen auf.*
εὐ-ηγγελισάμην Aor. Med. -αγγελίζω. παρ-ε-λάβετε Aor. παρα-
λαμβάνω. ἑστήκατε Pf. ἵσταμαι; Pf. hier *fest stehen, gegründet sein.*

2   **2** σῴζεσθε Pass. σῴζω. τίνι λόγῳ = ᾧ λόγῳ (Fragepron. als Rel.-
Pron. gebraucht [BDR §298[8]; A135]) bzw. = τῷ λόγῳ ᾧ (A357) *mit dem
Wort(laut), mit dem.* κατ-έχω *aufhalten; festhalten.* ἐκτός *außerhalb;* ἐκτὸς
εἰ μή (nachklass.) *außer wenn* bzw. *es sei denn, daß* (BDR §376[4]). εἰκῇ *ohne*

3   *Grund; vergeblich.* ἐ-πιστεύσατε Aor. πιστεύω, ingr. (A229). **3** παρ-έ-
δωκα Aor. παρα-δίδωμι. ἐν πρώτοις *in erster Linie, vor allem* (B πρῶ-
τος 1cα). παρ-έ-λαβον Aor. παρα-λαμβάνω; beide Verben sind term.
tech. für das Überliefern verbindl. Lehre (vgl. EWNT 3, Sp. 68ff). ἀπ-έ-θα-

4   νεν Aor. ἀπο-θνῄσκω. **4** ἐ-τάφη Aor. Pass. θάπτω[53] *begraben.*
ἐγήγερται Pf. Pass. ἐγείρω, das Pf. hebt die fortdauernde Wirkung hervor:

5   *er ist auferweckt worden* (u. *lebt nun*) (A231; H-S §200d.e). **5** ὤφθη Aor.
Pass. ὁράω. Κηφᾶς 1,12. εἶτα *dann, danach.* οἱ δώδεκα *die „Zwölf";*

6   *die zwölf Jünger (Jesu).* **6** ἔπ-ειτα *danach, darauf.* ἐπ-άνω *oben;* hier *mehr
als* (BDR §185[7]). πεντα-κόσιοι[19] *fünfhundert.* ἐφ-άπαξ[19] *auf einmal.*
μένω hier *leben.* ἄρτι *jetzt.* ἐ-κοιμήθησαν Aor. Pass. κοιμάομαι

8   Pass. *schlafen;* (Euphemismus, A385) *entschlafen, sterben.* **8** ἔσχατον
πάντων Ntr. als Adv. m. gen. partitivus (A164) *zuallerletzt* (B ἔσχατος 3b).
ὡσ-περ-εί *wie, gleichsam.* ἔκ-τρωμα[3] *Fehlgeburt* (bez. hier das Mißra-
tene). κἀμοί = καὶ ἐμοί *auch mir;* ὡσπερεὶ τῷ ἐκτρώματι ... κἀμοί
auch mir gleichsam als der/einer Fehlgeburt (unter den Aposteln).

9   **9** ἐλάχιστος (Superlativ zu μικρός) *kleinster, geringster.* ἱκανός *hinläng-
lich; geeignet, fähig, tüchtig, würdig* (B 2). καλεῖσθαι Inf. Pass. καλέω. δι-

10   ότι *weil.* ἐ-δίωξα Aor. διώκω. **10** ἡ εἰς ἐμέ attr. (A84) *die mir zuteil
geworden ist.* κενός *leer; ohne Erfolg, ohne Wirkung, vergeblich.* ἐ-γενήθη
Aor. Pass. (ohne Pass.-Bdtg.) γίνομαι hier etwa *sich erweisen als.* πε-
ρισσότερος Komp. v. περισσός *über die gewöhnliche Zahl* bzw. *das
gewöhnliche Maß hinausgehend; außergewöhnlich;* Komp. *weit größer, weit mehr,*
m. gen. comparationis (A168). ἐ-κοπίασα Aor. κοπιάω *müde werden; sich
(ab)mühen, sich plagen, sich abarbeiten.* ἡ σὺν ἐμοί *die mit mir ist.*

11   **11** ἐ-πιστεύσατε V. 2.

12   **12** κηρύσσεται Pass. κηρύσσω; Χριστὸς κηρύσσεται ὅτι =
κηρύσσεται ὅτι Χριστός (Prolepsis, A373; B ὅτι 1bζ). ἐγήγερται
V. 4. πῶς *wie? mit welchem Recht?* (B 1c). ἐν ὑμῖν τινες *einige von euch.*

14   **14** κενός V. 10; hier *ohne Inhalt, sinnlos, nichtig.* κήρυγμα[3] *Bekanntma-*

15   *chung; Botschaft, Verkündigung, Predigt.* **15** εὑρισκόμεθα Pass. εὑρίσκω,
Pass. m. Präd.-Nom. *sich zeigen als, sich erweisen als* (B 2). ψευδό-μαρτυς
υρος *falscher Zeuge;* m. gen. obi. (A158). ὅτι (erstes) *weil,* (zweites) *daß.*
ἐ-μαρτυρήσαμεν Aor. μαρτυρέω. κατά m. Gen. hier *im Widerspruch*

zu (B I2bβ). **ἤγειρεν** Aor. ἐγείρω. **εἴ-περ** *wenn wirklich;* **εἴπερ** **ἄρα**
wenn wirklich, wie sie sagen (BDR §454²). **ἐγείρονται** Pass. **17 μάταιος** 17
nichtig, vergeblich, nutzlos, wertlos. **ἐν ταῖς ἁμαρτίαις ὑμῶν** *in euren*
Sünden (d.h. sie sind nicht vergeben). **18 κοιμηθέντες** Aor. Ptz. Pass. 18
κοιμάομαι V. 6; subst.; οἱ κοιμηθέντες ἐν Χριστῷ *die in Christus Ent-*
schlafenen = die, die in der Gemeinschaft mit Christus/im Glauben an Christus
gestorben sind. **ἀπ-ώλοντο** Aor. Med. -όλλυμαι. **19 ἠλπικότες** Pf. Ptz. 19
ἐλπίζω⁹³ *hoffen* ἐν *auf;* umschrieb. Pf. (A249) ἠλπικότες ἐσμέν *wir (haben*
unsere Hoffnung gesetzt und) hoffen (vgl. BDR §341³; A243). **μόνον** *gehört*
wohl zu ἠλπικότες ἐσμέν *nur Hoffende sind/nur hoffen* (= Genarrte sind;
BDR §353¹; vgl. B 2a). **ἐλεεινότερος** Komp. v. ἐλεεινός *bemitleidenswert,*
wohl in Bdtg. des Superlativs (A118,2), m. gen. comparationis (A168) bzw. par-
titivus (A164).
     20 νυνί¹⁸ *nun, jetzt.* **ἐγήγερται** V. 4. **ἀπ-αρχή** *Erstlingsgabe* (term. 20
tech. der Opfersprache: der Jahwe geweihte erste Teil der Naturerträge, durch
dessen Darbringung das Ganze geheiligt wurde); übertr. *Erstling/erster,* m. gen.
partitivus (A164); Obj.-Präd. (A65) *als Erstling/erster.* **κε-κοιμημένων** Pf.
Ptz. Pass. V. 6; subst. **21 ἐπει-δή** *da ja, weil;* ἐπειδὴ γάρ *denn da, weil* 21
nämlich (B 2). **δι' ἀνθρώπου** *durch einen Menschen* erg. etwa (beim ersten)
gekommen ist bzw. (beim zweiten) *kommt.* **22 ὥσ-περ** *gleichwie, wie.* **ἐν** *in* 22
hier = *durch* Adam *verursacht, durch die Verbindung mit* Adam (vgl. B I5d).
'Αδάμ indekl., *Adam,* Stammvater der Menschheit. **ζῳο-ποιηθήσονται**
Fut. Pass. -ποιέω *lebendig machen.* **23 τάγμα**³ *Abteilung, Gruppe; Stellung,* 23
Rang; hier wohl zeitl. (EWNT 3, Sp. 794); ἕκαστος ἐν τῷ ἰδίῳ τάγματι
etwa *jeder (wird lebendig gemacht) in der ihm bestimmten Reihenfolge,* viell. *ent-*
sprechend seinem eigenen/ihm zugedachten Rang. **ἔπ-ειτα** V. 6. **οἱ τοῦ**
Χριστοῦ gen. pertinentiae (A152ff) *die, die zu Christus gehören.* **παρ-**
ουσία (< πάρειμι [εἰμί] *anwesend sein) Anwesenheit, Gegenwart; Ankunft,*
(das) Kommen (außerbibl. [hellenistisch] term. tech. für den offiziellen Besuch
eines Kaisers od. sonstigen hohen Amtsträgers in einer Provinzstadt sowie für
die Epiphanie eines Gottes [EWNT 3, Sp. 103]); im NT term. tech. für die *Wie-*
derkunft Christi. **24 εἶτα** V. 5; erg. etwa *kommt.* **παρα-διδῷ** Konj. 24
-δίδωμι. **τῷ θεῷ καὶ πατρί** *Gott, dem Vater.* **κατ-αργήσῃ** Aor. Konj.
-αργέω *außer Wirksamkeit setzen, zunichte machen, aufheben; vernichten, besei-*
tigen. **πᾶς** *ohne Art. jede Art von* (B 1aβ). **25 βασιλεύειν** Inf. βασι- 25
λεύω *König sein, herrschen;* Präd. des AcI, abhängig v. δεῖ. **ἄχρι οὗ** *bis*
(A337). **θῇ** Aor. Konj. τίθημι. **ἐχθρός** *Feind.* **26 ἔσχατος ἐχθρός** *als* 26
letzter Feind. **κατ-αργεῖται** Pass. -αργέω; fut. Präs. (A234). **27 ὑπ-έ-** 27
ταξεν Aor. ὑπο-τάσσω⁷⁹ *unterordnen, unterwerfen.* **εἴπῃ** Aor. Konj.
λέγω; ὅταν δὲ εἴπῃ *wenn aber (die Schrift) sagt,* viell. *wenn aber (Gott) erklä-*
ren wird (H-S §276f). **ὑπο-τέ-τακται** Pf. Pass. -τάσσω. **δῆλος** *offenkun-*

dig; δῆλον ὅτι *es ist klar, daß.* ἐκτός *hier uneig.* Präp. m. Gen. *außer, ausgenommen* (B 2b). ὑπο-τάξαντος Aor. Ptz., subst.; δῆλον ὅτι ἐκτὸς τοῦ ὑποτάξαντος *dann ist klar: (alles,) ausgenommen der, der ... unterworfen hat.*

28   **28** ὑπο-ταγῇ Aor. Konj. Pass. -τάσσω. ὑπο-ταγήσεται Fut. Pass. ὑπο-τάξαντι Aor. Ptz., subst. ᾗ Konj. εἰμί.

29   **29** ἐπεί *denn* (wenn es keine Auferstehung gäbe) = *denn sonst.* ποιήσουσιν Fut. ποιέω; τί ποιήσουσιν *was werden sie* (angesichts dessen) *tun?* od. (mod., A247) *was wollen/können sie (damit) erreichen?* βαπτιζόμενοι Ptz. Pass. βαπτίζω, subst.; οἱ βαπτιζόμενοι ὑπὲρ τῶν νεκρῶν *die, die sich für die Toten taufen lassen.* ὅλως *überhaupt.* ἐγείρονται V. 15. τί καί *warum denn noch?* (BDR §442,8c; A313). βαπτίζονται
30   Pass. **30** κινδυνεύω *in Gefahr schweben.* πᾶσαν ὥραν *Stunde um*
31   *Stunde, jederzeit.* **31** καθ᾽ ἡμέραν *täglich, Tag für Tag.* νή *fürwahr, wahrhaftig,* m. Akk.; νὴ τὴν ὑμετέραν καύχησιν *wahrhaftig, bei meinem Stolz auf euch* (B; H-S §252,41). ὑμέτερος *euer;* Poss.-Pron. im Sinn eines gen. obi. (A129). καύχησις[8] *(das) Rühmen; Ruhm* (Gegenstand des Rühmens),
32   *Stolz.* **32** κατὰ ἄνθρωπον *nach Menschenweise, als ein gewöhnlicher Mensch* (B ἄνθρωπος 1c) (wohl im Unterschied zu einem Christen, der auf die Auferweckung hofft). ἐ-θηριο-μάχησα Aor. -μαχέω *mit Bestien/wilden Tieren kämpfen* (hier wohl bildl. Ausdruck). Ἔφεσος *Ephesus,* Hauptstadt der röm. Provinz Asia. ὄφελος[7] *Nutzen;* τί μοι τὸ ὄφελος; *was nützt es mir?* φάγωμεν Aor. Konj. ἐσθίω, adhortativer Konj. (A254). πίωμεν
33   Aor. Konj. πίνω, adhortativer Konj. (A254). αὔριον *morgen.* **33** πλανᾶσθε Imp. Pass. πλανάω (< πλάνη *Irrtum*) *in die Irre führen;* übertr. *irreführen, verführen, betrügen;* Pass. *in die Irre gehen, sich irren, sich täuschen.* φθείρω *zugrunde richten, zerstören; verderben.* ἦθος[7] *Gewohnheit, Sitte; Charakter.* χρηστός *geeignet, gut.* ὁμιλία *Zusammensein, Umgang;* ὁμιλίαι κακαί *schlechter Umgang* (B 1); Paulus zitiert einen wohl zum Sprichwort gewordenen Vers (s. BDR §487,1) des athenischen Komödiendichters Me-
34   nander (4./3. Jh. v. Chr.). **34** ἐκ-νήψατε Aor. Imp. -νήφω (vgl. A33[40ff]) *nüchtern werden* (d.h. wieder Vernunft annehmen). δικαίως *gerecht; recht, rechtschaffen.* ἁμαρτάνετε Imp.; μὴ ἁμαρτάνετε *hört auf zu sündigen* (A265a). ἀ-γνωσία *Unkenntnis, keine Erkenntnis,* m. gen. obi. (A158); ἀγνωσίαν θεοῦ τινες ἔχουσιν *einige haben keine (richtige) Gotteserkenntnis.* ἐν-τροπή *Beschämung.*

35   **35** ἀλλά *am Satzanfang: jedoch, indessen* (BDR §448[4]). ἐρεῖ Fut. λέγω, mod. Fut. (A247); ἐρεῖ τις *einer könnte fragen* (H-S §202e). ἐγείρονται V. 15. ποῖος[18] *wie beschaffen? was für eine Art?* dat. instr. (A176).
36   ἔρχονται fut. Präs. (A234). **36** ἄ-φρων[11] ον *unverständig, töricht;* subst. *Tor* (hier im atl. Sinn v. einem, der Gott nicht erkennt; vgl. ἀγνωσία V. 34). σύ *steht betont vor dem Rel.-Pron.* (BDR §475[2]). ζῳο-ποιεῖται Pass.

-ποιέω V. 22. οὐ ... ἐὰν μή *nicht ... wenn nicht = nur dann ... wenn.* ἀπο- θάνῃ Aor. Konj. -θνῄσκω. **37** ὃ σπείρεις Anakoluth (casus pendens, A375; viell. Akk. der Beziehung, A149) *was das angeht, was du säst, so.* γενησόμενον Fut. Ptz. Med. γίνομαι, attr.; τὸ σῶμα τὸ γενησόμενον *der „Leib"* (d.h. die aufgegangene Pflanze), *der sein wird/der erst noch entstehen wird* [Var. γεννησόμενον Fut. Ptz. Med. γεννάω *zeugen; gebären*]. γυμνός *nackt.* κόκκος *Korn, Samenkorn.* τύχοι Aor. Opt. τυγχάνω[156] *treffen;* intr. *sich treffen;* εἰ τύχοι formelhaft: *wenn es sich so trifft, etwa, zum Beispiel* (B 2b). σῖτος *Weizen.* τινὸς τῶν λοιπῶν *von einem der übrigen* erg. *Gewächse* o.ä. **38** ἠ-θέλησεν Aor. θέλω. καί epexegetisch *und zwar* (BDR §442[18]; A311,6). **39** σάρξ erg. ἐστίν. κτῆνος[7] *Haustier, Vieh.* πτηνός *befiedert, geflügelt;* subst. *Vogel.* ἰχθύς[8] ύος ὁ *Fisch.* **40** ἐπ- ουράνιος[11] *himmlisch;* erg. ἔστιν *es gibt* (BDR §127,6). ἐπί-γειος[11] *irdisch.* δόξα *Glanz,* in diesem V. näher dem Sinn *Herrlichkeit,* etwa = *Schön- heit;* ἑτέρα μὲν ἡ τῶν ... δόξα, ἑτέρα δὲ ἡ τῶν übers. *der Glanz/die Schönheit der ... ist anders als der/die der ...* **41** ἄλλος präd., erg. ἐστίν. ἥλιος *Sonne* (hier u. im flgd. auch ohne Art. best., A106d). σελήνη *Mond.* ἀστήρ[6] έρος ὁ *Stern.* δια-φέρω intr. *sich unterscheiden (von),* m. Gen.; ἀστὴρ ἀστέρος διαφέρει *ein Stern unterscheidet sich vom anderen.* ἐν δόξῃ *durch (seinen) Glanz.* **42** σπείρεται Pass. σπείρω; zu der. in V. 42f eingesetzten Stilmitteln s. BDR §491[2]. ἐν *in = im Zustand von* (B I4d). φθορά *Verderben; Vergänglichkeit;* σπείρεται ἐν φθορᾷ *gesät* (d.h. begra- ben) *wird* (der Leib) *im Zustand der Vergänglichkeit = was gesät wird, ist ver- gänglich* (analog auch im flgd.). ἐγείρεται Pass. ἐγείρω. ἀ-φθαρσία *Unvergänglichkeit.* **43** ἀ-τιμία *Unehre, Schmach, Niedrigkeit.* ἀ-σθένεια *Schwäche, Schwachheit.* **44** ψυχικός *seelisch;* im NT stets *irdisch, natürlich.* πνευματικός *geistlich.* ἔστιν *es gibt.* **45** γέ-γραπται Pf. Pass. γράφω, Pf. Pass. term. tech. zur Einführung v. Schriftzitaten (B 2c): *in der Schrift heißt es/steht.* ἐ-γένετο Aor. Med. γίνομαι. Ἀδάμ V. 22.; ὁ ἔσχατος Ἀδάμ *der letzte Adam* (d.h. Christus). ψυχή hier *Lebewesen, Wesen.* ζῶσαν Ptz. Fem. ζάω, attr. ζωο-ποιοῦν Ptz. Ntr. V. 22; attr. **46** πρῶτον Adv. *zuerst, früher, vorher;* erg. *ist/kommt.* πνευματικόν subst. (B 2bα) *(das) Geistliche* (d.h. die geistliche Wesensart), analog ψυχικόν. ἔπ-ειτα V. 6. **47** ἄνθρωπος erg. ἐστίν. ἐκ *von, aus* (vom Stoff, aus dem etwas gefertigt ist [B 3h] od. v. der Herkunft). χοϊκός (< χοῦς *Staub* [Gen 2,7 LXX]) *aus Staub/Erde bestehend, irdisch.* **48** οἷος[18] *wie (beschaffen), wel- cher Art;* erg. jeweils *ist* (bei τοιοῦτοι *sind*). **49** ἐ-φορέσαμεν Aor. φορέω[29] *(dauernd) tragen;* gnomischer Aor. (BDR §333[6]; A241c) od. prolep- tisch (A241b) vom Standort der eschatologischen Vollendung aus formuliert. εἰκών[4] όνος ἡ *Bild; Abbild, Ebenbild;* φορέω τὴν εἰκόνα τοῦ χοϊκοῦ *das Bild/Abbild des irdischen (Menschen) tragen,* d.h. wie dieser gestaltet sein.

φορέσομεν Fut. [Var. φορέσωμεν Aor. Konj., adhortativer Konj. (A254)].

50   **50 τοῦτο** weist auf das Folgende (BDR §290[5]). **φημί** hier *meinen* (B 2). **σὰρξ καὶ αἷμα** *Fleisch und Blut* = *Mensch(en) aus Fleisch und Blut.* **κληρο-νομῆσαι** Aor. Inf. -νομέω (< κληρονόμος Erbe, Besitzer) *erben.* **φθορά** V. 42; hier Abstraktum für das Konkrete (A382c) *(das) Ver-*

51 *gängliche* (B 1). **ἀ-φθαρσία** V. 42.   **51 μυστήριον** *Geheimnis.* **πάν- τες οὐ** hier = οὐ πάντες (Umstellung stilistisch bedingt, BDR §433[3]). **κοιμηθησόμεθα** Fut. Pass. κοιμάομαι V. 6. **ἀλλαγησόμεθα** Fut.

52 Pass. ἀλλάσσω[74] *verändern, verwandeln.*   **52 ἄ-τομος**[11] (< τέμνω schnei- den, teilen) *unteilbar; ἐν ἀτόμῳ im Nu.* **ῥιπή** *Wurf; ἐν ῥιπῇ ὀφθαλμοῦ* „beim Hinwerfen eines Blicks" (was kürzeste Zeit beansprucht) = *in einem Augenblick* (B) [Var. ῥοπή *Senkung, Neigen*]. **ἐν** (drittes) *bei* (B II2). **σάλπιγξ**[3] ιγγος ἡ *Trompete, Posaune; Trompetenton, Posaunenklang.* **σαλπίσει** Fut. σαλπίζω[102] *trompeten; eig. (der Trompeter) wird trompeten* (A75b) = *es wird trompeten, die Trompete/Posaune wird ertönen.* **ἐγερθή- σονται** Fut. Pass. ἐγείρω [Var. ἀνα-στήσονται Fut. Med. ἀν- ίσταμαι]. **ἄ-φθαρτος**[11] *unverderblich, unvergänglich;* Subjektsartangabe

53 (A65) *unvergänglich, als Unvergängliche.*   **53 φθαρτός** *vergänglich;* τὸ φθαρ- τὸν τοῦτο *dieses Vergängliche (da)* (B), d.h. der vergängl. Leib, den wir gegen- wärtig haben (θνητόν analog). **ἐν-δύσασθαι** Aor. Inf. Med. -δύω[12] *anzie- hen, sich bekleiden;* Med. *sich bekleiden mit, sich anziehen;* Präd. des AcI, abhän- gig v. δεῖ. **ἀ-φθαρσία** V. 42. **θνητός** *sterblich.* **ἀ-θανασία** *Unsterb-*

54 *lichkeit.*   **54 ἐν-δύσηται** Aor. Konj. Med. **γενήσεται** Fut. Med. *γίνο- μαι,* hier *es wird geschehen, es wird sich erfüllen.* **γε-γραμμένος** Pf. Ptz. Pass. γράφω V. 45; attr. **κατ-ε-πόθη** Aor. Pass. κατα-πίνω[141] *trinken, verschlucken; verschlingen.* **νῖκος**[7] *Sieg; εἰς νῖκος in den Sieg, von dem Sieg*

55 (B 1).   **55 θάνατε** Vok. θάνατος. **κέντρον** *Stachel* (als tödl. Giftstachel
57 vorgestellt).   **57 χάρις** hier *Dank;* erg. ἔστω *soll sein, sei* (BDR §128[9];
58 A78a). **διδόντι** Ptz. δίδωμι, attr.   **58 ἑδραῖος** *fest, beständig, standhaft.* **γίνεσθε** Imp. γίνομαι, hier *werdet, erweist euch als* od. statt Imp. v. εἰμί (A32 Anm. 3). **ἀ-μετα-κίνητος**[11] *unerschütterlich.* **περισσεύοντες** Ptz. περισσεύω intr. *überschießen; wachsen; reich sein; hervorragen, sich her- vortun* (B 1bβ); mod. **εἰδότες** Pf. (m. präs. Bdtg.) Ptz. οἶδα, kaus. *weil ihr wißt.* **κόπος** *Mühe; Anstrengung, Arbeit.* **κενός** V. 10.

16   **περὶ δέ** m. Gen. *was aber ... betrifft* bzw. *nun zu;* Paulus leitet so häufig seine Antwort auf eine Anfrage an ihn ein (vgl. BDR §229[2]). **λογεία** *Geld- sammlung, Kollekte.* **εἰς** *für* (BDR §207[4]); εἰς τοὺς ἁγίους *für die Heiligen,* hier = die Christen in Jerusalem. **ὥσ-περ** *wie, gleichwie.* **δι-έ-ταξα** Aor. διά-τάσσω[79] *anordnen, befehlen,* m. Dat. der Person. **Γαλατία** *Galatien,* Landschaft od. röm. Provinz im mittleren Kleinasien. **ποιήσατε** Aor. Imp.

ποιέω. **2 κατὰ μίαν σαββάτου** = κατὰ πρώτην (A138; erg. 2
ἡμέραν; A88) σαββάτου *jedesmal am ersten Wochentag* (B κατὰ II2c), d.h.
am Sonntag. **παρά** m. Dat. hier *in* jmds. *Haus;* ἕκαστος ὑμῶν παρ᾽
ἑαυτῷ *jeder von euch* (gen. partitivus, A164) *bei sich zu Hause* (B II1bα).
τιθέτω Imp. 3. Sg. τίθημι. **θησαυρίζων** Ptz. θησαυρίζω *ansammeln,*
speichern; mod.; τιθέτω θησαυρίζων *er soll zurücklegen und so sam-*
meln/zusammensparen. **ὅ τι ἐάν** = ὅ τι ἄν (A132; 371) *was (auch) immer*
bzw. hier *soviel, wie.* **εὐ-οδῶται** Konj. -οδόομαι (wörtl. einen guten Weg
[ὁδός] geführt werden) *sich eines guten Ergehens erfreuen; guten Erfolg haben,*
gelingen; ὅ τι ἐὰν εὐοδῶται *soviel ... wie er erübrigen kann* (Lang, Kor, S. 245)
[Var. εὐ-οδώθη Aor. Pass.]. **ἔλθω** Aor. Konj. ἔρχομαι. **γίνωνται** Konj.
γίνομαι. **3 παρα-γένωμαι** Aor. Konj. Med. -γίνομαι[176] *ankommen,* 3
eintreffen. **δοκιμάσητε** Aor. Konj. δοκιμάζω (vgl. A33[91ff]) (< δόκιμος
erprobt) *prüfen;* (nach Prüfung) *für echt, geeignet, richtig, tauglich* usw. *befinden;*
οὓς ἐάν (= οὓς ἄν; A132; 371) δοκιμάσητε *welche (auch immer)/die ihr*
für geeignet haltet (B 2b). **ἐπι-στολή** *Brief;* δι᾽ ἐπιστολῶν *mit Briefen* (B);
gemeint sind Empfehlungsschreiben. **πέμψω** Fut. πέμπω. **ἀπ-ενεγκεῖν**
Aor. Inf. ἀπο-φέρω[198] *forttragen, wegbringen;* hier *bringen,* εἰς *nach* (B 1b); fin.
(A276). **χάρις** hier *Liebesgabe.* **Ἰερουσαλήμ** indekl., hier Akk. **4 ῇ** 4
Konj. εἰμί. **κἀμέ** = καὶ ἐμέ. **πορεύεσθαι** Inf.; AcI m. τοῦ im gen.
pretii (A161), abhängig v. ἄξιον (GenO/2. Grades; A281); ἐὰν ἄξιον ῇ τοῦ
κἀμὲ πορεύεσθαι *wenn es die Sache wert ist/wenn es sich empfiehlt, daß auch*
ich hinreise (vgl. B ἄξιος 1c). **πορεύσονται** Fut. Med., mod. Fut. (A247)
sie sollen reisen.

5 ἐλεύσομαι Fut. Med. ἔρχομαι. **Μακεδονία** *Mazedonien,* röm. 5
Provinz in Nordgriechenland. **δι-έλθω** Aor. Konj. -έρχομαι; ὅταν ...
διέλθω *wenn ich durch ... gereist bin* (vgl. B ὅταν 1b). **δι-έρχομαι** fut. Präs.
(BDR §323[3]; A234). **6 τυχόν** Aor. Ptz. τυγχάνω[156] *treffen;* intr. *sich treffen;* 6
Ptz. Ntr. als Adv. *wenn es sich so trifft, vielleicht, wenn möglich* (B 2c; BDR §424).
παρα-μενῶ Fut. -μένω[117] *verweilen, bleiben* [Var. κατα-μενῶ Fut.
-μένω *verweilen, sich aufhalten*]. **παρα-χειμάσω** Fut. -χειμάζω (vgl.
A33[91ff]) *überwintern.* **προ-πέμψητε** Aor. Konj. -πέμπω[45] *zur (Wei-*
ter-)Reise aussenden bzw. (meist auch) *ausstatten; begleiten, geleiten.* **οὗ**[18] *wohin*
(B 2); οὗ ἐάν (= οὗ ἄν; A132; 371) *wohin auch (immer).* **πορεύωμαι**
Konj. πορεύομαι. **7 ἄρτι** *jetzt, diesmal.* **πάρ-οδος** ἡ *Durchgang; (das)* 7
Vorübergehen; ἐν παρόδῳ hier *(nur) auf der Durchreise.* **ἰδεῖν** Aor. Inf.
ὁράω. **ἐλπίζω** *hoffen,* m. Inf. **χρόνον τινά** *einige Zeit;* Akk. der zeitl.
Ausdehnung (A148). **ἐπι-μεῖναι** Aor. Inf. -μένω[117] *bleiben.* **ἐπι-τρέψῃ**
Aor. Konj. -τρέπω[48] *gewähren, gestatten, zulassen.* **8 ἐπι-μενῶ** Fut. 8
Ἔφεσος 15,32. **πεντη-κοστή**[19] (eig. ἡ πεντηκοστὴ ἡμέρα „der
fünfzigste Tag" nach der Darbringung der ersten Garben um Ostern) *Pfingsten*

9 (jüdisches „Wochenfest" zum Ende der Getreideernte [Lev 23,4-22]). **9 θύρα** *Tür;* übertr. *günstige Gelegenheit zur Wirksamkeit.* **ἀν-έ-ῳγεν** Pf. ἀν-οίγω Pf. Akt. = Pass. *geöffnet sein, offenstehen.* **ἐν-εργής**[7] *wirksam, wirkungskräftig;* θύρα μοι ἀνέῳγεν μεγάλη καὶ ἐνεργής übers. etwa *mir hat sich eine Tür zu reicher Wirksamkeit geöffnet.* **ἀντι-κείμενοι** Ptz. -κειμαι (A32) *im Streit liegen;* subst. *Widersacher, Gegner;* erg. εἰσίν/ὑπάρχουσιν *es gibt/es sind vorhanden* (A78).

10 **10 ἔλθῃ** Aor. Konj. ἔρχομαι. **Τιμόθεος** 4,17. **βλέπετε** Imp., hier *seht zu, achtet darauf.* **ἵνα** hier *daß.* **ἀ-φόβως** *furchtlos, ohne Furcht;* hier *ohne sich fürchten zu müssen* (B 1). **γένηται** Aor. Konj. Med. γίνομαι; hier
11 m. πρός τινα *bei jmdm. sein* (B II4a). **11 ἐξ-ουθενήσῃ** Aor. Konj. -ουθενέω *geringschätzen, verachten;* prohibitiver Konj. (A256). **προ-πέμψατε** Aor. Imp. -πέμπω V. 6. **ἐκ-δέχομαι** *erwarten.* **μετὰ τῶν**
12 **ἀδελφῶν** ihn *zusammen mit den anderen* (A376a) *Brüdern.* **12 περὶ δέ** V. 1. **Ἀπολλῶς** ὧ 1,12. **πολλά** als Adv. gebraucht: *inständig, oftmals, vielmals* (B I2bβ). **παρ-ε-κάλεσα** Aor. παρα-καλέω. **ἵνα** (zweimal) *daß* (A267 u. 328; bez. das Erbetene/Gewollte). **ἔλθῃ** Aor. Konj. ἔρχομαι. **καί** hier adversativ (A311,1; BDR §442[3]) *aber.* **πάντως** *jedenfalls;* πάντως οὐκ ἦν θέλημα *er wollte durchaus nicht* (B 5a). **ἦν** Ipf. εἰμί. **ἐλεύσεται** Fut. Med. ἔρχομαι. **εὐ-καιρήσῃ** Aor. Konj. -καιρέω *Zeit/Gelegenheit finden.*

13 **13 γρηγορεῖτε** Imp. γρηγορέω *wachen, wachsam sein.* **στήκετε** Imp. στήκω (< ἕστηκα) *stehen; feststehen.* **ἀνδρίζεσθε** Imp. ἀνδρί-ζομαι *sich mannhaft zeigen, männlich handeln, mutig sein* (m. κραταιόομαι festes LXX-Wortpaar). **κραταιοῦσθε** Imp. Pass. κραταιόω *stärken;* Pass.
14 *stark werden, stark sein.* **14 πάντα ὑμῶν** hier etwa *alles, was ihr tut* (B 2aδ). **γινέσθω** Imp. 3. Sg. γίνομαι.

15 **15 παρακαλέω** m. Akk. hier *jmdn. ermahnen/bitten;* das Geforderte wird wohl durch das ἵνα v. V. 16 bez. (B 2; V. 15b ist dann Parenthese [A374]); evtl. ist παρακαλέω ohne sachl. Obj.: *jmdm. gegenüber eine Bitte aussprechen* (das ἵνα wäre dann imp. [B ἵνα III2]). **οἴδατε τὴν οἰκίαν ... ὅτι** = οἴδατε ὅτι ἡ οἰκία ... (Prolepsis; A373; BDR §476[3]). **Στεφανᾶς** 1,16. **ἀπ-αρχή** *Erstlingsgabe* (term. tech. der Opfersprache: der Jahwe geweihte erste Teil der Naturerträge, durch dessen Darbringung das Ganze geheiligt wurde); übertr. *Erstling(e)* (d.h. die ersten Christen v. Achaia). **Ἀχαΐα** *Achaia,* röm. Provinz im südl. Griechenland. **διακονία** *Dienst.* **ἔ-ταξαν** Aor. τάσσω[79] *an einen festen/geeigneten Platz stellen;* Pl.: sinngemäße Konstruktion (BDR §134[2]; A96); εἰς διακονίαν τοῖς ἁγίοις ἔταξαν ἑαυ-
16 τούς *sie haben sich in den Dienst für die Heiligen gestellt* (B 1b). **16 ἵνα** s. V. 15 zu παρακαλέω. **ὑπο-τάσσησθε** Konj. Pass. -τάσσω *unterordnen, unterwerfen;* Pass. *sich unterordnen.* **οἱ τοιοῦτοι** *die so Beschaffenen* (B 3aα) *solche/diese Menschen.* **πᾶς ὁ** m. Ptz. *jeder, der* (A86). **συν-εργοῦντι** Ptz.

-εργέω *mitwirken, unterstützen, mitarbeiten;* subst. **κοπιῶντι** Ptz. κοπιάω *müde werden; sich abmühen, sich plagen;* subst. **17 παρ-ουσία** (< πάρειμι   **17** [εἰμί] anwesend sein) *Anwesenheit, Gegenwart; Ankunft.* **Φορτουνᾶτος** *Fortunatus,* **Ἀχαϊκός** *Achaikus,* zwei Christen aus Korinth. **ὑμέτερος** *euer.* **ὑστέρημα**[3] *Mangel;* hier wohl *(das) Fehlen, Abwesenheit* (einer Person) (B 1). **ἀν-ε-πλήρωσαν** Aor. ἀνα-πληρόω *vollständig machen; erfüllen; eine Lücke ausfüllen, ersetzen;* ὅτι τὸ ὑμέτερον ὑστέρημα οὗτοι ἀνεπλήρωσαν *denn diese haben eure Abwesenheit ersetzt/haben mich dafür entschädigt, daß ich euch entbehren muß.* **18 ἀν-έ-παυσαν** Aor. ἀνα- **18** παύω *ausruhen lassen, erquicken.* **ἐπι-γινώσκετε** Imp. -γινώσκω hier *anerkennen* (B 1c).

    19 Ἀσία *Asia,* röm. Provinz (westl. Kleinasien). **πολλά** V. 12. **19** **Ἀκύλας**[1] *Aquila,* **Πρίσκα** *Priska,* Ehepaar, Missionare u. Mitarbeiter v. Paulus. **ἡ κατ' οἶκον αὐτῶν ἐκκλησία** *die Gemeinde in ihrem Haus* (wohl stehender Ausdruck für Hausgemeinde, BDR §259[5]). **20 ἀσπά-** **20** **σασθε** Aor. Imp. Med. ἀσπάζομαι. **ἐν** mit. **φίλημα**[3] *Kuß.*

    21 ἀσπασμός *Gruß.* **τῇ ἐμῇ χειρὶ Παύλου** dat. instr. (A176), **21** erg. γέγραπται (B χείρ 1) den Gruß *schreibe ich, Paulus, eigenhändig* (Einh.). **22 φιλέω** *lieben.* **ἤτω** Imp. 3. Sg. εἰμί. **ἀνά-θεμα**[3] (< ἀνατίθημι u.a. **22** [der Gottheit] weihen) eig. „das (der Gottheit) Geweihte", doch bibl. *das Verfluchte, das dem Untergang Geweihte* (LXX-Ausdruck für חֵרֶם *ḥērem* „Bann[gut]", ThBNT 1, S. 348f), übers. *verflucht.* **μαράνα θά** aram. Formel (מָרָנָא תָא *māránā tā*) m. der Bdtg. *unser Herr, komm!* [Var. μαρὰν ἀθά (מָרַן אֲתָא *māran ªtā*) *unser Herr ist gekommen*]. **23 χάρις** erg. εἴη (Opt. **23** v. εἰμί) *Gnade sei.* **24 ἡ ἀγάπη μου** erg. ἐστίν.   **24**

2. Korinther

1 διὰ θελήματος θεοῦ Attr. zu ἀπόστολος. Τιμόθεος *Timotheus*, Begleiter v. Paulus. τῇ ἐκκλησίᾳ erg. ἐπιστέλλομεν *schreiben*, m. flgd. Dat. des Adressaten (A376a). οὔσῃ Ptz. Fem. εἰμί, attr. Κόρινθος ἡ *Korinth*, Stadt in der röm. Provinz Achaia. οὖσιν Ptz., attr.

2 Ἀχαΐα *Achaia*, röm. Provinz im südl. Griechenland. **2** χάρις erg. εἴη (Opt. v. εἰμί) *sei* (BDR §128[8]), christl. Form des griech. Briefgrußes χαίρειν, kombiniert m. dem hebr. Gruß שָׁלוֹם *šālôm* = εἰρήνη.

3 **3** εὐ-λογητός *gepriesen;* erg. ἐστίν od. εἴη (*sei*) (BDR §128,5). οἰκτιρμός *Mitleid, Erbarmen, Barmherzigkeit;* hier hebr. „Abstraktions"-Pl. (Bdtg. wie Sg.); gen. qualitatis (A160) fast = οἰκτίρμων *barmherzig* (B). παρά-κλησις[8] *Ermahnung; Trost, Zuspruch;* θεὸς πάσης παρακλήσεως *der Gott allen Trostes,* d.h. Gott als der Urheber jeglichen Trostes.

4 **4** παρα-καλῶν Ptz. -καλέω. εἰς τό m. AcI fin. (A282) *damit, um zu.* δύνασθαι Inf. δύναμαι, Präd. des AcI, m. flgd. Inf. παρα-καλεῖν Inf. ἐν πάσῃ θλίψει ohne Art. (H-S §136d) *in jeder (beliebigen) Bedrängnis.* ἧς für ᾗ Attraktion des Rel.-Pron. (A360) *mit dem* (näml. Trost). παρα-

5 καλούμεθα Pass. αὐτοί *selbst.* **5** περισσεύω intr. *überschießen; im Überfluß vorhanden sein, reich sein, reichlich erhalten, überreich zuteil werden*

6 (B 1aβ). πάθημα[3] (< πάσχω) *Leid, Leiden.* καί hier *auch.* **6** εἴτε ... εἴτε *ob ... oder bzw. wenn ... und wenn* (A341). θλιβόμεθα Pass. θλίβω *drücken; bedrängen;* Pass. *bedrängt werden, in Bedrängnis geraten.* ὑπέρ hier *im Interesse* = zu (BDR §231,2); erg. *so geschieht es.* ὑμῶν gen. obi. (A158). ἐν-εργουμένης Ptz. Med. -εργέω Akt. u. Med. intr. *wirksam sein, sich als wirksam erweisen, sich auswirken;* attr. ὑπο-μονή *Ausharren, Geduld, Ausdauer, Standhaftigkeit, geduldiges Ertragen;* τῆς ἐνεργουμένης ἐν ὑπομονῇ τῶν αὐτῶν παθημάτων *der sich auswirkt im geduldigen Ertragen derselben Leiden.*

7 ὧν für ἅ Attraktion des Rel.-Pron. (A360). **7** βέβαιος *fest, dauerhaft; gewiß;* erg. ἐστίν. εἰδότες Pf. (m. präs. Bdtg.) Ptz. οἶδα, kaus. κοινωνός ὁ u. ἡ *Genosse; Teilhaber;* m. εἰμί *teilhaben an,* m. Gen. (B 1bα).

8 **8** ἀ-γνοεῖν Inf. ἀ-γνοέω *nicht erkennen, nicht wissen;* οὐ θέλομεν ὑμᾶς ἀγνοεῖν *wir wollen euch nicht in Unkenntnis lassen* (wohl Litotes, A386). γενομένης Aor. Ptz. Med. γίνομαι hier *widerfahren;* attr. Ἀσία *Asia,* röm. Provinz (westl. Kleinasien). ὅτι erklärt θλίψεως *daß (nämlich).* ὑπερ-βολή *Übermaß;* καθ᾽ ὑπερβολήν *im Übermaß, über die Maßen.* ὑπὲρ δύναμιν *über (unsere) Kraft hinaus.* ἐ-βαρήθημεν Aor. Pass. βαρέω *beschweren, belasten, bedrücken.* ἐξ-α-πορηθῆναι Aor. Inf. Pass. ἐξ-α-πορέομαι *in großer Verlegenheit/Verzweiflung sein;* Präd. des AcI; ὥστε ἐξαπορηθῆναι ἡμᾶς καὶ τοῦ ζῆν *so daß wir sogar am Leben verzweifelten.*

ζῆν Inf. ζάω, hier GenO (H-S §225d; A281). **9 ἀλλά** hier steigernd *ja* (vgl.   9
B 5). **αὐτοὶ ἐν ἑαυτοῖς** *bei/für uns selbst* (d.h. in Gedanken); Refl.-Pron. (s.
A126a) m. αὐτός verstärkt (BDR §283[8]). **ἀπό-κριμα**[3] *Bescheid, Entschei-*
dung; ἀπόκριμα τοῦ θανάτου *Todesurteil.* **ἐσχήκαμεν** Pf. ἔχω, Pf. hier
auf einen Zustand in der Vergangenheit zu beziehen (H-S §200g; A244a) *wir*
hatten empfangen. **ἵνα** erg. davor viell. *dies geschah* (vgl. B III1). **πε-**
ποιθότες Pf. (m. präs. Bdtg.) Ptz. πείθω, umschrieb. Pf. (A249). **ὦμεν**
Konj. εἰμί. **ἐγείροντι** Ptz. ἐγείρω, attr. **10 τηλικ-οῦτος**[18] *so groß; so*   10
gewaltig; ἐκ τηλικούτου θανάτου *aus so schrecklicher Todesnot* (B 2). **ἐρ-**
ρύσατο Aor. Med. ῥύομαι[8] *retten, erretten, bewahren.* **ῥύσεται** Fut. Med.
ῥύομαι. **ἠλπίκαμεν** Pf. ἐλπίζω[93] *hoffen, die Hoffnung setzen* εἰς *auf.* **ἔτι**
weiterhin, ferner. **11 συν-υπουργούντων** Ptz. -υπουργέω *mithelfen;*   11
gen. abs. (A288), kond. od. mod.; συνυπουργούντων καὶ ὑμῶν *wenn/*
indem auch ihr mithelft. **δέησις**[8] *Bitte, Gebet;* dat. instr. (A176). **πρόσ-**
ωπον *Gesicht;* hier *Person* (B 2). **χάρισμα**[3] *Gabe, Gnadengeschenk, Gna-*
dengabe. **διὰ πολλῶν** *durch viele* (ἐκ πολλῶν προσώπων aufnehmend;
B διά AIII2bα) od. Attr. zu τὸ εἰς ἡμᾶς χάρισμα (vgl. H-S §136a; BDR
§269,1a): *das uns durch die Wirkung (der Fürbitte) vieler zuteil gewordene Gna-*
dengeschenk. **εὐ-χαριστηθῇ** Aor. Konj. Pass. -χαριστέω *dankbar sein;*
Dank sagen, danken (für), m. Akk.

    12 καύχησις[8] *(das) Rühmen; Ruhm* (hier der Grund zum Rühmen).   12
μαρτύριον *Zeugnis, Beweis.* **συν-είδησις**[8] *Bewußtsein; Gewissen;* gen.
subi. (A158): das Gewissen stellt das Zeugnis aus. **ἁπλότης**[3] ητος ἡ *Einfalt*
(ohne Hintergedanken), *Lauterkeit, Aufrichtigkeit* [Var. ἁγιότης *Heiligkeit*].
εἰλι-κρίνεια *Reinheit* (sittl.), *Lauterkeit,* m. gen. qualitatis (A160) τοῦ
θεοῦ: *göttliche Lauterkeit* od. gen. auctoris (A153) *Lauterkeit, die Gott for-*
dert/gibt. **σαρκικός** *fleischlich* (im Sinn v. sündhaft, schwach; B 3), *mensch-*
lich. **ἀν-ε-στράφημεν** Aor. Pass. (ohne Pass.-Bdtg.) ἀνα-στρέφω[47]
umkehren; Pass. *wandeln, leben* (in einer best. Weise). **περισσοτέρως**
Komp. v. περισσῶς *in außergewöhnlicher Weise, sehr;* Komp. *(noch) mehr;* hier
elativische Bdtg. (A119) *(ganz) besonders.* **13 οὐ ... ἄλλα ... ἀλλ᾽ ἤ** *nichts*   13
anderes außer/als (H-S §252,1). **ἀνα-γινώσκω** *lesen.* **ἐλπίζω** V. 10. **ἕως**
τέλους *bis ans Ende* (der Zeit) (B τέλος 1dβ) od. *völlig, vollkommen*
(EWNT 3, Sp. 834; Ggs.: ἀπὸ μέρους, V. 14a). **ἐπι-γνώσεσθε** Fut. Med.
-γινώσκω. **14 ἐπ-έ-γνωτε** Aor. **ἀπὸ μέρους** *teilweise, zum Teil* (B   14
μέρος 1c). **ὅτι** hier *daß (nämlich).* **καύχημα**[3] *Ruhm, Gegenstand des*
Rühmens. **καθ-ά-περ** (A352) *so wie, gleichwie.* **ἡμῶν** erg. καύχημα. **ἐν**
τῇ ἡμέρᾳ τοῦ κυρίου *am Tag des Herrn* (d.h. die Wiederkunft Christi).

    15 πεποίθησις[8] *Vertrauen, Zuversicht.* **ἐ-βουλόμην** Ipf. βού-   15
λομαι *wollen, wünschen.* **πρότερος** *früher;* Ntr. als Adv. *früher (einmal),*
zuvor. **ἐλθεῖν** Aor. Inf. ἔρχομαι. **χάρις** hier etwa *Beweis des Wohlwollens*

(B 3a), *Gnadenerweis, Liebeserweis* (Menge). **σχῆτε** Aor. Konj. ἔχω hier ingr.

16 (A229) im Sinn v. *empfangen* [Var. ἔχητε Konj.]. **16 δι' ὑμῶν** *über euch, durch eure Stadt* (B διά AI1). **δι-ελθεῖν** Aor. Inf. -έρχομαι. **Μακεδο-νία** *Mazedonien,* röm. Provinz in Nordgriechenland. **προ-πεμφθῆναι** Aor. Inf. Pass. -πέμπω[45] *zur (Weiter-)Reise aussenden* bzw. (meist auch) *aus-*

17 *statten; geleiten, begleiten.* **17 βουλόμενος** Ptz., mod. od. temp. **μήτι** *etwa* (verneinende Antwort angedeutet, A320). **ἐλαφρία** *Leichtfertigkeit.* **ἐ-χρησάμην** Aor. Med. χράομαι[21] *gebrauchen, Gebrauch machen von,* m. Dat.; τῇ ἐλαφρίᾳ χράομαι *leichtfertig vorgehen/verfahren* (B 2). **βουλεύ-ομαι** *mit sich zu Rate gehen, überlegen; einen Beschluß fassen.* **κατὰ σάρκα** hier etwa *auf (rein) menschliche Weise* (d.h. ohne nach Gottes Willen zu fragen). **ἵνα** hier kons. *so daß.* ᾖ Konj. εἰμί. **ναί** *ja,* subst. **οὔ** *nein,* subst.; τὸ ναὶ ναὶ καὶ τὸ οὔ οὔ *das „Ja, ja" ist (zugleich) auch das „Nein, nein" = das Ja ist*

18 *zugleich ein Nein.* **18 πιστὸς ὁ θεὸς ὅτι** wohl als Beteuerungsformel zu verstehen: *so wahr Gott treu ist:* (vgl. EWNT 3, Sp. 232) bzw. *Gott ist Bürge*

19 *dafür, daß* (Menge). **καί** *(zugleich) auch.* **19 κηρυχθείς** Aor. Ptz. Pass. κηρύσσω, attr. **Σιλουανός** *Silvanus,* Begleiter v. Paulus. **Τιμόθεος** 1,1. **ἐ-γένετο** Aor. Med. γίνομαι. **γέ-γονεν** Pf. γίνομαι; ναὶ ἐν αὐτῷ γέγονεν *das Ja ist in ihm verwirklicht* (Pf.: mit fortdauernder Auswirkung;

20 A242). **20 ὅσαι ἐπαγγελίαι θεοῦ** erg. εἰσίν (vgl. BDR §127) *wie viele Verheißungen Gottes es gibt = alle Verheißungen Gottes* (wohl nom. pendens, A141a). **ἐν αὐτῷ τὸ ναί** *in ihm ist das Ja* (d.h. ihre Erfüllung). **δι' αὐτοῦ τὸ ἀμήν** ... **δι' ἡμῶν** *durch ihn (erfolgt) das Amen ... durch uns = durch ihn sprechen wir ... das Amen.* **τῷ θεῷ πρὸς δόξαν** *Gott zur Ehre.*

21 **21 βεβαιῶν** Ptz. βεβαιόω *festigen, stärken;* m. εἰς Χριστόν *festigen in Christus* (d.h. im Glauben an ihn; EWNT 1, Sp. 505); subst. **χρίσας** Aor. Ptz. χρίω[4] *salben* (mit einer Aufgabe betrauen u. dazu befähigen); subst. **θεός** erg.

22 ἐστίν. **22 σφραγισάμενος** Aor. Ptz. Med. σφραγίζω (vgl. A33[91ff]) *(ver)siegeln, mit einem Siegel versehen* (d.h. hier als sein Eigentum kennzeich-nen); subst. **δούς** Aor. Ptz. δίδωμι, subst. **ἀρραβών**[4] ῶνος ὁ *Anzahlung, Angeld* (ist zugleich Unterpfand). **πνεύματος** gen. epexegeticus (A163): *der Geist ist die Anzahlung.* **ἐν** für εἰς (BDR §218[3]).

23 **23 μάρτυς** υρος ὁ *Zeuge.* **ἐπι-καλοῦμαι** Med. -καλέω *anrufen, herbeirufen;* Med. *(für sich) anrufen;* m. τινὰ μάρτυρα juristischer term. tech. *jmdn. zum Zeugen anrufen* (B 2aα). **ἐπὶ τὴν ἐμὴν ψυχήν** *gegen mein Le-ben* bzw. *meine Seele* (B ἐπί III1bε). **φειδόμενος** Ptz. φείδομαι *schonen;*

24 fin. *um zu schonen,* m. Gen. **Κόρινθος** 1,1. **24 οὐχ ὅτι** ellip. für οὐ λέγω ὅτι (BDR §480[6]). **κυριεύω** *Herr sein (über),* m. Gen. **συν-εργός** subst. *Mitarbeiter, Gehilfe;* συνεργοί ἐσμεν τῆς χαρᾶς ὑμῶν *wir sind Mitarbeiter an eurer Freude = wir unterstützen euch darin, Freude zu gewinnen.* **τῇ πίστει** dat. resp. (A178) *im Glauben.* **ἑστήκατε** Pf. (m. präs. Bdtg.) ἵσταμαι.

ἔ-κρινα Aor. κρίνω, hier m. flgd. Inf. *sich entscheiden, beschließen.* **ἐμ- 2 αυτοῦ**[14] Refl.-Pron. 1. Pers., dat. commodi (A173) *für mich, bei mir.* **λύπη** *Trauer, Kummer, Betrübnis;* ἐν λύπῃ *in Betrübnis/Traurigkeit* (d.h. unter betrübl. Umständen) = *wenn dadurch nur Betrübnis/Traurigkeit entsteht.* **ἐλ- θεῖν** Aor. Inf. ἔρχομαι; subst., Obj. (H-S §224a; A280); τὸ μή ... ἐλθεῖν *nicht zu kommen.* **2 ἐγώ** steht betont. **λυπέω** *betrüben, traurig machen.* **2 καί** leitet Fragesatz ein (BDR §442,5b); καὶ τίς *ja, wer (denn).* **εὐ- φραίνων** Ptz. -φραίνω *erfreuen;* subst., erg. ἐστίν. **εἰ μή** *außer.* **λυπού- μενος** Ptz. Pass., subst. **ἐξ** = ὑπό (ZG; B ἐκ 3εα). **3 ἔ-γραψα** Aor. **3** γράφω. **τοῦτο αὐτό** *eben darum* (BDR §290[6]). **ἐλθών** Aor. Ptz. ἔρχομαι, temp. *wenn ich käme, bei meinem Kommen.* **σχῶ** Aor. Konj. ἔχω. **ἀφ' ὧν** für ἀπὸ τούτων οἷς Attraktion des Rel.-Pron. (A361) *von denen, durch die/über die.* **ἔ-δει** Ipf. δεῖ, m. flgd. AcI; ἔδει με χαίρειν über die *ich mich (eigentlich) freuen sollte* (A239). **χαίρειν** Inf., Präd. des AcI. **πε- ποιθώς** Pf. (m. präs. Bdtg.) Ptz. πείθω, kaus. *da ich vertraue.* **4 συν-οχή 4** *Gefängnis; Beklemmung, Angst.* **διά** bez. hier begleitenden Umstand (B AIII1c) *unter, mit.* **δάκρυον** *Träne.* **λυπηθῆτε** Aor. Konj. Pass. λυπέω. **τὴν ἀγάπην** dem NS betont vorangestellt (BDR §475,1a). **γνῶτε** Aor. Konj. γινώσκω. **περισσοτέρως** Komp. v. περισσῶς *in außergewöhnlicher Weise, sehr;* Komp. *(noch) mehr;* hier elativische Bdtg. (A119) *(ganz) besonders.*

5 λε-λύπηκεν Pf. V. 2, hier wohl *Trauer/Betrübnis verursachen* (B 1). **5 ἀπὸ μέρους** *zum Teil.* **ἐπι-βαρῶ** Konj. -βαρέω *belasten, beschweren;* ἵνα μὴ ἐπιβαρῶ viell.: *um nicht zuviel zu sagen, um es nicht zu sehr zu beto- nen/gewichten* (B). **6 ἱκανός** *genügend, hinlänglich; groß genug* (B 1a); präd. **6** (hier Ntr. statt Fem.; BDR §131[2]; A91), erg. ἐστίν. **ὁ τοιοῦτος** *der so Beschaffene* (B 3α), hier u. in V. 7 für οὗτος (BDR §304[2]); τῷ τοιούτῳ DatO/2. Grades zu ἱκανός (BDR §187[4]; vgl. A98,1; 172c) *für den Betreffenden.* **ἐπι-τιμία** *Strafe;* ἡ ἐπιτιμία αὕτη ἡ ὑπὸ τῶν πλειόνων *diese von der Mehrheit* (der Gemeinde) *(verhängte) Strafe.* **7 ὥστε** bez. hier die erwar- **7** tete/geforderte Folge (vgl. A340) *so daß ihr ... sollt(et)/müßt.* **τοὐναντίον** = τὸ ἐναντίον *im Gegenteil, statt dessen.* **χαρίσασθαι** Aor. Inf. Med. χαρί- ζομαι[101] *aus Gnaden schenken; vergeben, verzeihen;* Präd. des AcI. **παρα- καλέσαι** Aor. Inf. -καλέω, Präd. des AcI. **μή πως** *damit nicht etwa* (B [μή] πως 1a [Sp. 1466]), m. Aor. Konj. **περισσότερος** Komp. v. περισσός *über das gewöhnliche Maß hinausgehend;* Komp. *größer, mehr;* hier elativische Bdtg. (A119) *übergroß.* **λύπη** V. 1; dat. instr./causae (A176f). **κατα-ποθῇ** Aor. Konj. Pass. -πίνω[141] *trinken, verschlucken;* übertr. *ver- schlingen, aufzehren, überwältigen.* **τοιοῦτος** V. 6. **8 κυρῶσαι** Aor. Inf. **8** κυρόω *bekräftigen; beschließen, sich entscheiden für;* κυρῶσαι εἰς αὐτὸν ἀγάπην *ihm gegenüber Liebe zu beschließen/walten zu lassen.* **9 εἰς τοῦτο 9**

dazu (B εἰς 4f). **ἔ-γραψα** V. 3. **γνῶ** Aor. Konj. γινώσκω. **δοκιμή**
Erprobtheit, Bewährung. **εἰς πάντα** *in allen Stücken, in jeder Beziehung* (B

10 πᾶς 2aδ). **ὑπ-ήκοος**[11] *gehorsam.* **10 ᾧ ... κἀγώ** = ᾧ ... τούτῳ κἀγώ
wem ... dem (A358) *(vergebe) auch ich.* **ὅ** = τοῦτο ὅ (A358). **κε-χάρισμαι**
Pf. χαρίζομαι. **ἐν προσώπῳ Χριστοῦ** *vor dem Angesicht Christi,* erg.

11 *ich habe vergeben.* **11 πλεον-εκτηθῶμεν** Aor. Konj. Pass. -εκτέω *über-*
vorteilen, überlisten. **σατανᾶς**[1] ἆ *Satan, der Widersacher Gottes.* **νόημα**[3]
Gedanke, Sinn; Entschluß, Anschlag, Absicht. **ἀ-γνοέω** *nicht erkennen, nicht*
wissen; οὐ ... ἀγνοοῦμεν Litotes (A386) *wir kennen ... sehr wohl* (B 1).

12   **12 ἐλθών** Aor. Ptz. ἔρχομαι, *temp. als ich kam.* **Τρῳάς**[3] άδος
Troas, Stadt in der röm. Provinz Asia. **εἰς τὸ εὐαγγέλιον** *zur (Ver-*
kündigung) des Evangeliums. **θύρα** *Tür;* übertr. *günstige Gelegenheit zur*
Wirksamkeit. **ἀν-ε-ῳγμένης** Pf. Ptz. Pass. ἀν-οίγω, gen. abs. (A288),
temp. od. konz. (καί *obwohl;* A291,4; BDR §423[9]; dann wohl Parenthese

13 [A374; BDR §465[4]]). **13 ἔ-σχηκα** Pf. ἔχω, Pf. hier auf einen Zustand in der
Vergangenheit zu beziehen (A244a) od. (frühes Beispiel für später verbreitetes)
erzählendes Pf. (BDR §343,2; doch auch H-S §200f), *übers. ich hatte.* **ἄν-**
εσις[8] *Milderung; Ruhe.* **τῷ πνεύματί μου** dat. resp. (A178) *in meinem*
Geist = innerlich. **εὑρεῖν** Aor. Inf. εὑρίσκω; τῷ μὴ εὑρεῖν με AcI m. Art.
kaus. (H-S §224a; A280) *weil ich nicht fand.* **Τίτος** *Titus,* Begleiter v. Paulus.
ἀπο-ταξάμενος Aor. Ptz. Med. -τάσσομαι[79] *Abschied nehmen von, sich*
verabschieden von; temp. **αὐτοῖς** sinngemäße Konstruktion (A96) *von ihnen*
(v. den Leuten in Troas). **ἐξ-ῆλθον** Aor. -έρχομαι. **Μακεδονία**
Mazedonien, röm. Provinz in Nordgriechenland.

14   **14 χάρις** hier *Dank;* erg. ἔστω (Imp. v. εἰμί) *soll sein, sei* (BDR §128[9];
A78a). **θριαμβεύοντι** Ptz. θριαμβεύω *im Triumphzug herumführen*
(jmdn. als Gefangenen bzw. Besiegten od. evtl. [aber lexikalisch nicht belegt] als
am Triumph beteiligten „Mitkämpfer") od. (ohne Verbindung zum Bild des
Triumphzuges) *bekannt machen* (EWNT 2, Sp. 385); die Bdtg. „triumphieren
lassen" ist im Griech. nicht belegt; attr. **ὀσμή** *Duft, Geruch.* **γνῶσις**[8]
Erkenntnis; gen. epexegeticus (A163). **αὐτοῦ** gen. obi. (A158). **φανε-**

15 **ροῦντι** Ptz. φανερόω, attr. **15 εὐ-ωδία** *Wohlgeruch.* **θεῷ** dat. commodi
(A173). **ἐν** bei. **σῳζομένοις** Ptz. Pass. σῴζω, subst. **ἀπ-ολλυμένοις**

16 Ptz. Pass. -όλλυμαι, subst. **16 οἷς μέν ... οἷς δέ** *für die einen ... für die*
anderen (A133c). **ἱκανός** V. 6, hier *geeignet, fähig* (B 2); erg. ἐστίν.

17 **17 καπηλεύοντες** Ptz. καπηλεύω *Handel treiben mit, ein Geschäft*
machen mit, m. Akk.; subst. od. umschrieb. Präs. (A249). **ἀλλ᾽ ὡς** (zweimal)
sondern/nein (beim zweiten Mal *ja*) *als,* erg. (BDR §425[6]) λαλοῦντες (subst.
ohne Art.); ἀλλ᾽ ὡς ἐξ ... ἀλλ᾽ ὡς ἐκ ... λαλοῦμεν *sondern wir verkünden es*
als solche, die aus ... reden, ja, als solche, die von ... reden. **εἰλικρίνεια** *Rein-*
heit (sittl.), *Lauterkeit;* ἐξ εἰλικρινείας *aus lauterer Gesinnung.* **ἐκ θεοῦ**

von Gott (beauftragt), als Gottes Beauftragte (Wilckens). **κατ-έναντι** örtl. *gegenüber, vor;* übertr. *vor (den Augen von);* hier etwa *in der Verantwortung vor* [Var. κατ-ενώπιον *im Angesicht von, vor*].

συν-ιστάνειν Inf. -ίστημι/-ιστάνω *zusammenbringen; empfehlen* **3** (B I1b). **χρήζω** *nötig haben, brauchen,* m. Gen. **συ-στατικός** *empfehlend;* συστατικὴ ἐπιστολή *Empfehlungsbrief.* **ἐπι-στολή** *Brief.* **2** **ἐγ-γε-** **2** **γραμμένη** Pf. Ptz. Pass. ἐγ-γράφω[42] *einschreiben;* mod. **γινωσκομένη** Ptz. Pass. γινώσκω, mod. **ἀνα-γινωσκομένη** Ptz. Pass. -γινώσκω *lesen; vorlesen;* mod.; γινωσκομένη καὶ ἀναγινωσκομένη *er wird (dabei) von jedermann (als solcher) erkannt und gelesen* od. (im Sinn eines tolerativen Pass., A219) *er kann (dabei)* von jedermann *erkannt und gelesen werden.* **3 φανερούμενοι** Ptz. Pass. φανερόω, persönl. Pass. m. ὅτι (BDR §405[4]; **3** att. m. Inf., vgl. H-S §218g), kaus., *denn bei euch zeigt es sich/liegt es klar zu Tage, daß.* **διακονηθεῖσα** Aor. Ptz. Pass. Fem. διακονέω[33] *dienen, bedienen; besorgen, ausfertigen;* attr. **ἐγ-γε-γραμμένη** Pf. Ptz. Pass., attr. **μέλαν**[4] ανος τό (eig. subst. Ntr. v. μέλας μέλαινα μέλαν *schwarz*) *Tinte;* dat. instr. (A176). **ζῶντος** Ptz. ζάω, attr. **πλάξ**[3] ακος ἡ *Tafel.* **λίθινος** *steinern, aus/von Stein.* **σάρκινος** *fleischern, aus/von Fleisch;* ἐν πλαξὶν καρδίαις (App., A70) σαρκίναις *auf Tafeln, (nämlich) Herzen, von Fleisch.*

4 πεποίθησις[8] *Vertrauen, Zuversicht.* **5 οὐχ ὅτι** ellip. für οὐ λέγω **4f** ὅτι (BDR §480[6]). **ἀφ᾽ ἑαυτῶν** *von uns aus.* **ἱκανός** *genügend, entsprechend; geeignet, fähig.* **λογίσασθαι** Aor. Inf. Med. λογίζομαι hier viell. *ausdenken* od. (wohl besser) *sich zuschreiben.* **ὡς** bez. einen vorgestellten Vergleich (vgl. A291,2 u. BDR §425,4); ὡς ἐξ ἑαυτῶν erg. ὄν (Ptz. v. εἰμί) *als käme es aus uns* (A126a) *selbst.* **ἱκανότης**[3] ητος ἡ *Tüchtigkeit, Fähigkeit;* erg. ἐστίν. **6 ἱκάνωσεν** Aor. ἱκανόω *tauglich/fähig machen,* m. doppel- **6** tem Akk. (A97,15; 147): *jmdn. zu etwas.* **διάκονος** *Diener.* **δια-θήκη** *Testament;* im NT meist *Heilsverfügung, -setzung, Bund.* **γράμμα**[3] *Buchstabe* (das mosaische Gesetz als Geschriebenes, das den Menschen verurteilt). **ἀπο-** **κτέννω** = ἀπο-κτείνω [Var. ἀπο-κτένω andere Schreibweise]. **ζωο-** **ποιέω** *lebendig machen.* **7 διακονία** *Dienst.* **τοῦ θανάτου** gen. obi. **7** (A158) *der zum Tod führt.* **ἐν-τε-τυπωμένη** Pf. Ptz. Pass. ἐν-τυπόω *einprägen;* konz., evtl. mod.; ἐν γράμμασιν ἐντετυπωμένη λίθοις *obwohl er mit Buchstaben in Stein eingemeißelt war.* **ἐ-γενήθη** Aor. Pass. (ohne Pass.- Bdtg.) γίνομαι hier *sich ereignen;* ἐν δόξῃ *mit Herrlichkeit in Erscheinung treten,* evtl. *herrlich sein* (B II4a). **δύνασθαι** Inf. δύναμαι, Präd. des AcI. **ἀτενίσαι** Aor. Inf. ἀτενίζω (vgl. A33[91ff]) *(fest) anschauen, (unverwandt) hinsehen.* **κατ-αργουμένην** Ptz. Pass. -αργέω *außer Wirksamkeit/Geltung setzen; vernichten, beseitigen;* Pass. *aufhören, vergehen;* attr.; διὰ τὴν δόξαν τοῦ προσώπου αὐτοῦ τὴν καταργουμένην *wegen der von seinem Gesicht (ausgestrahlten) Herrlichkeit, die (doch) (jeweils) verging* (vgl. Ex 34,30).

8 **8 πῶς** in rhetorischer Frage *wie könnte/sollte denn* = *unmöglich*, m. Neg. (hier οὐχί) = *ganz gewiß, sicherlich* (B 1d; A320; 325). **ἔσται** Fut. εἰμί, mod. Fut. (A247); πῶς οὐχὶ μᾶλλον ... ἔσται ἐν δόξῃ; *wie sollte da ... nicht mit einer weit größeren Herrlichkeit* (od. *nicht viel eher mit Herrlichkeit*) *ausgestattet sein?*

9 **9 κατά-κρισις**[8] *Verurteilung*; gen. obi. (A158) *der zur Verurteilung führt* (vgl. V. 7). **περισσεύω** intr. *überschießen, übrig sein; (über)reich sein (an)*, m. Dat. **δικαιοσύνης** gen. obi. (A158) *der zur* (v. Gott geschenkten) *Gerechtigkeit*

10 *führt.* **10 καὶ γάρ** *denn tatsächlich.* **δε-δόξασται** Pf. Pass. δοξάζω (vgl. A33[91ff]) hier *verherrlichen, mit Herrlichkeit ausstatten.* **δε-δοξασμένον** Pf. Ptz. Pass., subst.; καὶ γὰρ οὐ δεδόξασται τὸ δεδοξασμένον *denn tatsächlich ist das, was mit Herrlichkeit ausgestattet ist/war* (d.h. der Dienst des „alten" Bundes), *ohne (wirkliche) Herrlichkeit* (zur Stilfigur des Oxymoron s. H-S §296k). **ἐν τούτῳ τῷ μέρει** *in diesem Fall* (B μέρος 1bθ), wohl m. εἵνεκεν τῆς ὑπερβαλλούσης δόξης zu verbinden *in diesem Fall, (nämlich) wegen der überragenden Herrlichkeit*, übers. etwa *im Vergleich mit der überragenden Herrlichkeit* (m. welcher der Dienst des Geistes ausgestattet ist). **εἵνεκεν** = ἕνεκα uneig. Präp. (A183) *wegen, um willen.* **ὑπερ-βαλλούσης** Ptz. Fem. -βάλλω *übersteigen, überbieten*; Ptz. *überragend, außerordent-*

11 *lich*; attr. **11 κατ-αργούμενον** V. 7, Ptz. subst. **διά** bez. hier begleiten-den Umstand *mit*; διὰ δόξης erg. ἦν *es war von Herrlichkeit begleitet.* **μένον** Ptz. Ntr. μένω, subst. **ἐν δόξῃ** s. V. 8 zu ἔσται.

12 **12 ἔχοντες** Ptz. ἔχω, kaus. **παρ-ρησία** (< πᾶν + ῥῆσις [das] Reden) *Redefreiheit, Freimütigkeit, Offenheit, Unerschrockenheit.* **χράομαι** *gebrauchen, Gebrauch machen von*; hier *vorgehen/auftreten mit*, m. Dat.

13 **13 καθ-ά-περ** *(so) wie, gleichwie;* οὐ καθάπερ Μωϋσῆς *(wir machen es) nicht wie Mose, der* (Aposiopese; BDR §482[4]). **ἐ-τίθει** Ipf. τίθημι. **κάλυμμα**[3] *Decke.* **πρὸς τό** m. AcI fin. (A282) *damit, um zu.* **ἀτενίσαι** V. 7, Präd. des AcI. **κατ-αργουμένου** V. 7, Ptz. subst.; πρὸς τὸ μὴ ἀτενίσαι τοὺς υἱοὺς Ἰσραὴλ εἰς τὸ τέλος τοῦ καταργουμένου *damit die Israeliten nicht auf das Ende dessen schauten, was verging* (vgl. V. 7).

14 **14 ἐ-πωρώθη** Aor. Pass. πωρόω *versteinern, verhärten, verstocken.* **νόημα**[3] *Gedanke.* **ἀνά-γνωσις**[8] *(das) Lesen, Vorlesung.* **παλαιός** *alt.* **δια-θήκη** *Testament;* im NT meist: *Heilsverfügung, -setzung, Bund.* **ἀνα-καλυπτόμενον** Ptz. Pass. -καλύπτω[54] *enthüllen, aufdecken;* mod., part. coni. zu κάλυμμα (BDR §424[3]); μὴ ἀνακαλυπτόμενον ὅτι *dabei bleibt*

15 *sie unaufgedeckt, weil.* **κατ-αργεῖται** Pass. -αργέω V. 7. **15 ἡνίκα** *zu der Zeit da, wann;* ἡνίκα ἄν *wann/wenn (auch immer)* od. *sooft* bzw. *jedesmal, wenn.* **ἀνα-γινώσκηται** Konj. Pass. -γινώσκω V. 2, iter. Präs. (A226).

16 **κεῖμαι** (A32) *liegen, gelegt sein.* **16 ἡνίκα ἐάν** = ἡνίκα ἄν (A132; 371). **ἐπι-στρέψῃ** Aor. Konj. -στρέφω[47] tr. *hinwenden;* intr. *sich umwenden, umkehren, zurückkehren;* erg. τις (im Zitat Ex 34,34 ist Mose das Subj.). **περι-**

αἰρεῖται Pass. -αιρέω *wegnehmen.* **17 κύριος** *greift das* κύριον v. V. 16   **17**
auf, nach V. 14 = Christus; ὁ δὲ κύριος τὸ πνεῦμά ἐστιν *der/dieser Herr*
aber ist der (erwähnte/bekannte, vgl. A103) *Geist.* οὗ[18] *wo.* **ἐλευθερία** *Frei-*
heit, erg. ἐστίν. **18 ἀνα-κε-καλυμμένῳ** Pf. Ptz. Pass. -καλύπτω V. 14;   **18**
attr.; ἀνακεκαλυμμένῳ προσώπῳ dat. instr. (A176) *mit unverhülltem*
Gesicht. **κατ-οπτριζόμενοι** Ptz. Med. -οπτρίζω *im Spiegel zeigen, wider-*
spiegeln; Med. *in einem Spiegel schauen, wie in einem Spiegel schauen* (also nicht
unmittelbar); kaus. od. mod. **εἰκών**[4] ὄνος ἡ *Bild; Abbild, Ebenbild.* **μετα-**
μορφούμεθα Pass. -μορφόω *umgestalten, verwandeln,* m. doppeltem Akk.
(A97,15; 147): *jmdn. in etwas,* wobei im Pass. das AkkO der Sache erhalten
bleibt (A213): τὴν αὐτὴν εἰκόνα μεταμορφούμεθα *wir werden in das-*
selbe Bild (= *in sein Ebenbild*) *umgestaltet/verwandelt.* **ἀπὸ δόξης εἰς**
δόξαν *von Herrlichkeit zu Herrlichkeit* = *zu immer größerer Herrlichkeit.* **καθ-**
ά-περ V. 13. **ἀπὸ κυρίου πνεύματος** *vom Herrn, (nämlich) vom Geist*
(App., A70; vgl. V. 17) od. *vom Geist des Herrn* (BDR §474[5]); καθάπερ ἀπό
... *wie (es) vom ... (gewirkt wird).*

    διὰ τοῦτο *darum, deshalb.* **ἔχοντες** Ptz. ἔχω, kaus. **διακονία**   **4**
Dienst. **καθ-ώς** hier *da ja.* **ἠλεήθημεν** Aor. Pass. ἐλεέω *Mitleid haben;*
Pass. *Erbarmen finden/erfahren.* **ἐγ-κακέω** *nachlassen, müde werden; mutlos*
werden, verzagen. **2 ἀπ-ειπάμεθα** Aor. (vgl. H-S §105g) Med. ἀπό-   **2**
φημι[191] (Aor. dazu ἀπ-εῖπον) *sich lossagen von,* m. Akk. **κρυπτός** *verbor-*
gen, geheim. **αἰσχύνη** *Schamgefühl; Schande; Schändlichkeit;* τὰ κρυπτὰ
τῆς αἰσχύνης gen. qualitatis (A160) *die schändlichen Heimlichkeiten* bzw.
was man aus Schamgefühl verbirgt (B 1). **περι-πατοῦντες** Ptz. -πατέω,
mod. **παν-ουργία** *Hinterlist, Verschlagenheit;* περιπατέω ἐν πανουρ-
γίᾳ *hinterlistig handeln, mit Tricks arbeiten.* **δολοῦντες** Ptz. δολόω *verfäl-*
schen; mod. **φανέρωσις**[8] *Offenbarung, Bekanntmachung, offene Verkündi-*
gung; dat. instr. (A176). **συν-ιστάνοντες** Ptz. -ίστημι/-ιστάνω *zusam-*
menbringen; empfehlen (B I1b); mod. [Var. συν-ιστάντες Ptz. -ίστημι].
συν-είδησις[8] *Bewußtsein; Gewissen;* συνείδησις ἀνθρώπων *mensch-*
liches Gewissen. **3 εἰ δὲ καί** *wenn aber auch.* **τὸ εὐαγγέλιον ἡμῶν**   **3**
das von uns verkündigte Evangelium (B εὐαγγέλιον 2bβ). **κε-καλυμ-**
μένον Pf. Ptz. Pass. καλύπτω[54] *verhüllen, bedecken, verbergen;* umschrieb. Pf.
(A249). **ἐν** *für den einfachen Dat.,* hier *für, bei* (BDR §220[1]). **ἀπ-ολλυμέ-**
νοις Ptz. Med. -όλλυμαι, subst. **4 ὁ αἰὼν οὗτος** *dieses (gegenwärtige)*   **4**
Zeitalter, diese Welt. **ἐ-τύφλωσεν** Aor. τυφλόω (< τυφλός) *blind machen,*
blenden; verblenden. **νόημα**[3] *Gedanke, (das) Denken, Denkvermögen.* **ἄ-πι-**
στος[11] *ungläubig;* subst.; ἐν οἷς ὁ θεός ... ἐτύφλωσεν τὰ νοήματα τῶν
ἀπίστων *den Ungläubigen, denen der Gott ... das Denken verblendet hat* (vgl.
B 2). **εἰς τό** m. AcI fin. od. kons. (A282) *damit, um zu* od. *so daß.* **αὐγάσαι**
Aor. Inf. αὐγάζω (vgl. A33[91ff]) *sehen;* m. Dat. *jmdm. leuchten;* als Subj. des

AcI erg. αὐτούς, evtl. erg. (wie Var.) als DatO αὐτοῖς. **φωτισμός** Erstrahlen, Leuchten, Licht; AkkO, evtl. Subj. (wenn αὐτοῖς zu erg. ist).

5 **εἰκών**[4] όνος ἡ Bild; Abbild, Ebenbild. **5 κύριον** Obj.-Präd. (A65) als

6 Herrn. **δούλους** Obj.-Präd. als Sklaven/Knechte. **6 εἰπών** Aor. Ptz. λέγω, attr. **σκότος**[7] Finsternis, Dunkel, Dunkelheit. **λάμψει** Fut. λάμπω (vgl. A33[40ff]) leuchten, aufleuchten; tr. kausativ (auf)leuchten lassen; mod. Fut. (A247) soll aufleuchten, leuchte auf [Var. λάμψαι Aor. Inf.]. **ὅς** Rel.-Satz fungiert als Präd.-Nom. zum Subj. ὁ θεὸς ὁ εἰπών ... Gott, der sprach ... (ist der), der ... (vgl. A356; 358). **ἔ-λαμψεν** Aor.; hier (Gott) hat es (d.h. das Licht) aufleuchten lassen = hat es Licht werden lassen. **γνῶσις**[8] Erkenntnis. **δόξης** gen. obi. (A158); πρὸς φωτισμὸν τῆς γνώσεως τῆς δόξης um die Erkenntnis der Herrlichkeit ... (bei uns) erstrahlen zu lassen. **ἐν προσώπῳ** im Angesicht (d.h. in der Person).

7   7 **θησαυρός** Schatz (übertr. Bdtg.). **ὀστράκινος** irden, tönern, hier wohl zerbrechlich. **σκεῦος**[7] Gerät, Gefäß (hier bildl. vom schwachen u. sterbl. Körper). **ὑπερ-βολή** Übermaß, Außerordentliches, (das) Überragendsein (vgl. zu ὑπερβάλλω, 3,10); ἡ ὑπερβολὴ τῆς δυνάμεως das Übermaß der Kraft bzw. (vgl. A384) die (alles) überragende Kraft. **ᾖ** Konj. εἰμί; ἵνα ... ᾖ τοῦ θεοῦ damit (sichtbar wird, daß) ... von Gott kommt (B IV6; vgl. A169) od. Gott gehört/eigen ist (vgl. A154; ZG), καὶ μὴ ἐξ ἡμῶν und nicht von uns stammt (B

8 ἐκ 3c).   8 **ἐν παντί** in jeder Hinsicht/Beziehung (B πᾶς 2aβ). **θλι-βόμενοι** Ptz. Pass. θλίβω drücken; bedrängen; Ptz. im flgd. locker an ἔχομεν (V. 7) mod. angeschlossen (vgl. A291,2 Anm. 1; statt „und" etwa Semikolon bzw. Komma). **στενο-χωρούμενοι** Ptz. Pass. -χωρέω in die Enge treiben; Pass. hier erdrückt werden, zu Boden gedrückt werden; mod. **ἀ-πορούμενοι** Ptz. Med. ἀ-πορέω Akt. u. Med. ratlos sein, in Verlegenheit sein; mod. **ἐξ-α-πορούμενοι** Ptz. Pass. ἐξ-α-πορέω Akt. u. Pass. in großer Verlegenheit sein,

9 verzweifelt sein; mod. **9 διωκόμενοι** Ptz. Pass. διώκω, mod. **ἐγ-κατα-λειπόμενοι** Ptz. Pass. -λείπω zurücklassen; im Stich lassen, verlassen; mod. **κατα-βαλλόμενοι** Ptz. Pass. -βάλλω niederwerfen; mod. **ἀπ-**

10 **ολλύμενοι** Ptz. Pass. -όλλυμαι, mod. **10 νέκρωσις**[8] Tötung; Sterben. **περι-φέροντες** Ptz. -φέρω umhertragen; mod. **φανερωθῇ** Aor. Konj.

11 Pass. φανερόω. **11 ἀεί** immer, stets, fortwährend. **ζῶντες** Ptz. ζάω, attr. bzw. subst. (App. zu ἡμεῖς, A303). **παρα-διδόμεθα** Pass. -δίδωμι.

12 **θνητός** sterblich. **12 ἐν** an. **ἐν-εργεῖται** Med. -εργέω Akt. u. Med. intr.

13 wirksam sein, sich als wirksam erweisen. **13 ἔχοντες** Ptz. ἔχω, kaus. **γε-γραμμένον** Pf. Ptz. Pass. γράφω, subst.; τὸ γεγραμμένον das, was geschrieben/in der Schrift steht bzw. das Schriftwort; τὸ αὐτὸ πνεῦμα ... κατὰ τὸ γεγραμμένον etwa denselben Geist ... von dem es in dem Schriftwort heißt.

14 **ἐ-πίστευσα** Aor. πιστεύω. **ἐ-λάλησα** Aor. λαλέω. **14 εἰδότες** Pf. (m. präs. Bdtg.) Ptz. οἶδα, kaus. **ἐγείρας** Aor. Ptz. ἐγείρω, subst. **ἐγερεῖ**

Fut. **παρα-στήσει** Fut. παρ-ίστημι hier *vor sich* (d.h. in seine Gegenwart) *stellen* (B 1e). **15 δι' ὑμᾶς** *um euretwillen;* erg. ἐστίν *ist/geschieht.*   15
πλεονάσασα Aor. Ptz. Fem. πλεονάζω (vgl. A33[91ff]) intr. *viel sein/werden, groß sein/werden, wachsen, zunehmen;* temp. od. mod. **πλείων** hier subst. *(noch) mehrere/weitere* (BDR §244[5]) bzw. *eine (immer) größere (Zahl)* (B πολύς II2αβ). **εὐ-χαριστία** *Dankbarkeit; Danksagung.* **περισσεύσῃ** Aor. Konj. περισσεύω tr. *überreich machen, reichlich gewähren;* intr. *überschießen; (über)reich sein, sich als überreich erweisen; wachsen;* ἵνα ἡ χάρις πλεονάσασα διὰ τῶν πλειόνων τὴν εὐχαριστίαν περισσεύσῃ *damit die Gnade eine zunehmende Zahl von Menschen erreicht* (wörtl.: durch die immer größere Zahl [der Begnadeten] zunimmt) *und (so) den Dank überreich werden läßt* od. *damit die Gnade sich ausbreitet und so durch die immer größere Zahl* (v. Bekehrten) *den Dank zur Ehre Gottes überreich werden läßt.*

16 ἐγ-κακέω V. 1. **εἰ καί** V. 3. **ἔξω** hier als Attr. (A84) *äußerer*   16
(B 1aγ). **δια-φθείρεται** Pass. -φθείρω *zerstören;* Pass. *zugrunde gehen,* hier etwa *aufgerieben werden.* **ἀλλά** (zweites) nach kond. Wenn-Satz: *so doch* (BDR §448[6]). **ἔσω** *hinein; inwendig;* als Attr. *innerer.* **ἀνα-καινοῦται** Pass. -καινόω *erneuern.* **ἡμέρα καὶ ἡμέρα** dat. temp. (A182), in dieser Kombination wohl Hebr. (BDR §200,1; B 2e) *Tag für Tag, von Tag zu Tag.*
17 παρ-αυτίκα Adv. (hier attr.; A84) *augenblicklich, gegenwärtig.*   17
ἐλαφρός *leicht; geringfügig;* τὸ ἐλαφρόν als Abstraktum (H-S §137c) *die Leichtgewichtigkeit, die Geringfügigkeit* od. einfach (als Ggs. zu βάρος) *die leichte Last.* **ὑπερβολή** V. 7; καθ' ὑπερβολὴν εἰς ὑπερβολήν *in maßloser Fülle, über alles Maß hinaus.* **βάρος**[7] *Schwere; Gewicht, Fülle;* καθ' ὑπερβολὴν εἰς ὑπερβολὴν αἰώνιον βάρος etwa *ein über alles Maß hinausgehendes ewiges Gewicht, eine über alle Maßen große und ewige Fülle;* m. gen. partitivus (A164f). **κατ-εργάζομαι** *vollenden; hervorbringen, schaffen, erwirken.* **18 σκοπούντων** Ptz. σκοπέω *auf ein Ziel blicken, achtgeben auf,*   18
den Blick richten auf (B); gen. abs. (A288), kaus. **βλεπόμενα** Ptz. Pass. βλέπω; subst. Ptz. Pass. *das Sichtbare.* **πρόσ-καιρος**[11] *eine Zeitlang dauernd, vorübergehend; vergänglich, zeitlich.*

ἐπί-γειος[11] *irdisch.* **σκῆνος**[7] *Zelt, Behausung;* gen. qualitatis (A160) **5**
οἰκία τοῦ σκήνους *Zeltwohnung* od. gen. epexegeticus (A163) *Haus, (nämlich) das Zelt;* übertr. auf den Leib. **κατα-λυθῇ** Aor. Konj. Pass. -λύω *loslösen, auflösen; zerstören, abbrechen.* **ἐκ** *von (stammend/bereitet)* (B 3c). **οἰκο-δομή** *(das) Bauen; Bau, Gebäude;* οἰκίαν usw. ist App. (A70) dazu. **ἀ-χειρο-ποίητος**[11] *nicht mit Händen/von Menschenhand gemacht.* **2 ἐν**   2
τούτῳ *in diesem (irdischen Zelt)* od. (vgl. B ἐν III3a) *darum.* **στενάζω** *seufzen, stöhnen.* **οἰκητήριον** *Wohnung, Behausung.* **ἐπ-εν-δύσασθαι** Aor. Inf. Med. -δύομαι[12] *sich zusätzlich (Kleider) anziehen, sich (Kleider) darüber anziehen,* abs. *sich überkleiden.* **ἐπι-ποθοῦντες** Ptz. -ποθέω *Sehnsucht*

3 *haben, sich sehnen nach;* mod. od. kaus. **3 εἴ γε** *wenn wirklich, insofern ja* (A341; B εἰ VI2) [Var. **εἴπερ** *wenn wirklich*]. **ἐκ-δυσάμενοι** Aor. Ptz. Med. -δύω[12] (Kleider) *ausziehen;* Med. *sich* (Kleider) *ausziehen,* abs. *sich entkleiden;* temp. [urspüngl. ist aber wohl die Var. **ἐν-δυσάμενοι** Aor. Ptz. Med. -δύω (Kleider) *anziehen;* Med. *sich* (Kleider) *anziehen,* abs. *sich bekleiden*]. **γυμνός** *nackt.* **εὑρεθησόμεθα** Fut. Pass. εὑρίσκω, Pass. m. Präd.-Nom.

4 *sich erweisen als* (B 2), fast = *sein,* hier etwa *dastehen.* **4 ὄντες** Ptz. εἰμί, attr. bzw. subst. (App. zu dem in στενάζομεν „enthaltenen" ἡμεῖς, A303). **βαρούμενοι** Ptz. Pass. βαρέω *beschweren, bedrücken;* mod. Ptz. *beschwert/bedrückt.* **ἐφ᾽ ᾧ** *weil* (H-S §289e; A338). **ἐκ-δύσασθαι** Aor. Inf. Med. -δύω. **κατα-ποθῇ** Aor. Konj. Pass. -πίνω[141] *trinken, verschlucken;* übertr. *verschlingen* (B 2). **θνητός** *sterblich;* τὸ θνητόν *das Sterbliche* bzw.

5 *das, was sterblich ist.* **5 κατ-εργασάμενος** Aor. Ptz. Med. -εργάζομαι[92] *bewirken, vollbringen; zurüsten, bereiten;* subst. **εἰς αὐτὸ τοῦτο** *eben dazu.* **θεός** erg. ἐστίν; ὁ δὲ κατεργασάμενος ... θεός, ὁ δοὺς ἡμῖν übers. etwa *Gott aber ist es, der uns ... zugerüstet hat, (er,) der uns ... gegeben hat.* **δούς** Aor. Ptz. δίδωμι, attr. (A303). **ἀρραβών**[4] ῶνος ὁ *Anzahlung, Angeld* (ist zugleich Unterpfand). **πνεύματος** gen. epexegeticus (A163): *der Geist ist*

6 *die Anzahlung* (BDR §167,2). **6 θαρροῦντες** Ptz. θαρρέω *guten Mutes sein, zuversichtlich sein;* wohl Ptz. statt der finiten Form θαρροῦμεν (A293). **εἰδότες** Pf. (m. präs. Bdtg.) Ptz. οἶδα, konz. od. mod.; θαρροῦντες οὖν πάντοτε καὶ εἰδότες ὅτι ... (V. 7 wohl Parenthese; V. 8:) θαρροῦμεν δὲ καὶ εὐδοκοῦμεν μᾶλλον *daher sind wir allezeit zuversichtlich, obwohl wir* (od. *wobei wir auch*) *wissen, daß ... wir sind dabei aber zuversichtlich und ziehen es vor.* **ἐν-δημοῦντες** Ptz. -δημέω *seine Heimat haben, daheim sein;* temp.

7 **ἐκ-δημέω** *außer Landes gehen, die Heimat verlassen, fortreisen; in der Fremde/Ferne sein,* m. ἀπό *getrennt/fern von.* **7 εἶδος**[7] *Gestalt, äußere Erscheinung;* hier *(das) Schauen;* διὰ πίστεως ... οὐ διὰ εἴδους mod. (vgl. B διά AIII1b/c) *im Glauben/als Glaubende ... nicht im Schauen/als Schauende.*

8 **8 εὐ-δοκέω** *Wohlgefallen haben (an); für gut halten, beschließen, wollen,* m. flgd. Inf.; εὐδοκοῦμεν μᾶλλον *wir wollen lieber, wir ziehen es vor.* **ἐκ-δημῆσαι** Aor. Inf.; ἐκδημῆσαι ἐκ τοῦ σώματος *aus dem Leib auswandern* od. *unser Zuhause im Leib verlassen* (Wilckens). **ἐν-δημῆσαι** Aor. Inf.; πρός τινα *bei jmdm.* (B) od. *im* ingr. Aor. (ZG) *zu jmdm.* (nach Hause gehen).

9 **9 φιλο-τιμέομαι** *seine Ehre darin suchen; sich eifrig bemühen um, ehrgeizig streben nach,* m. flgd. Inf. **ἐν-δημοῦντες** Ptz., mod. od. temp. **ἐκ-δημοῦντες** Ptz., mod. od. temp.; εἴτε ἐνδημοῦντες εἴτε ἐκδημοῦντες *ob wir (dabei) zu Hause oder in der Fremde sind.* **εὐ-άρεστος**[11] *angenehm,*

10 *wohlgefällig.* **εἶναι** Inf. εἰμί. **10 φανερωθῆναι** Aor. Inf. Pass. φανερόω, Präd. des AcI, abhängig v. δεῖ. **βῆμα**[3] *Schritt; Tribüne;* hier *Richterstuhl.* **κομίσηται** Aor. Konj. Med. κομίζω (vgl. A33[91ff]) *herbeitragen;* Med.

davontragen, erhalten, empfangen. **διὰ τοῦ σώματος** temp. *während der Zeit des irdischen Lebens* od. instr. *durch den Leib* (B σῶμα 1b). **πρός** hier *gemäß* (BDR §239[8]). **ἔ-πραξεν** Aor. πράσσω[78] *vollbringen, tun;* ἵνα κομίσηται ἕκαστος τὰ διὰ τοῦ σώματος πρὸς ἃ ἔπραξεν, wohl etwa = ἵνα κομίσηται ἕκαστος πρὸς (ταῦτα [A358]) ἃ ἔπραξεν διὰ τοῦ σώματος (eine Art von Prolepsis, A373) *damit jeder (seinen Lohn) für das empfängt, was er in seinem irdischen Leben getan hat.* **φαῦλος** *schlecht, schlimm, böse.*

11 εἰδότες V. 6, kaus. od. mod.; εἰδότες οὖν τὸν φόβον τοῦ κυ-   **11** ρίου *da wir also wissen, daß der Herr zu fürchten ist* (Wilckens; vgl. V. 10). **πείθω** Präs. hier konativ (A232) *zu überzeugen versuchen* [Var. πείθωμεν Konj.]. **πε-φανερώμεθα** Pf. Pass. φανερόω; θεῷ πεφανερώμεθα *vor/für Gott sind wir offenbar,* etwa = *Gott kennt uns durch und durch.* **ἐλπίζω** *hoffen,* m. Inf. (A273). **συν-είδησις**[8] *Bewußtsein; Gewissen.* **πε-φανε-ρῶσθαι** Pf. Inf. Pass. **12 συν-ιστάνω** (-ίστημι) *zusammenbringen;*   **12** *empfehlen* (B I1b); hier konativ (A232) *empfehlen wollen.* **ἀφ-ορμή** *Anlaß, Gelegenheit* τινός *zu etwas.* **διδόντες** Ptz. δίδωμι; hier Ptz. statt der finiten Form δίδομεν (A293). **καύχημα**[3] *Ruhm, (das) Rühmen.* **ἔχητε** Konj. ἔχω; ἵνα ἔχητε (erg. τι) πρὸς τούς ... *damit ihr denen etwas entgegen-halten/entgegnen könnt, die ...* **ἐν προσώπῳ** *(ihres) Äußeren, (ihrer) Erscheinung; äußerer Vorzüge* (Ggs.: ἐν καρδίᾳ *ihres Herzens*). **καυχωμένους** Ptz. καυχάομαι *sich rühmen* ἐν einer Sache, *prahlen* ἐν *mit;* subst. **13 ἐξ-έ-**   **13** **στημεν** Wz.-Aor. ἐξ-ίσταμαι[205] *aus etwas herausgeraten; von Sinnen sein; außer sich geraten.* **θεῷ/ὑμῖν** dat. commodi (A173); erg. davor *so war/bin ich es.* **σω-φρονέω** *vernünftig sein, bei Sinnen/Verstand sein.* **14 συν-έχω**   **14** *zusammenhalten; festhalten, in Schranken halten; drängen, antreiben; beherrschen.* **κρίναντας** Aor. Ptz. κρίνω hier *urteilen* = *zur Überzeugung gelangen;* kaus.; κρίναντας τοῦτο, ὅτι (ὅτι App. zu τοῦτο; A353) *weil wir zu folgender Über-zeugung gelangt sind:* bzw. *weil wir zur Überzeugung gelangt sind, daß.* **ὑπέρ** hier *(stellvertretend) für* (vgl. B 1c). **ἀπ-έ-θανεν** Aor. ἀπο-θνῄσκω. **15 ζῶντες** Ptz. ζάω, subst. **μηκ-έτι** *nicht mehr, hinfort nicht.* **ἑαυτοῖς**   **15** dat. commodi (A173). **ζῶσιν** Konj. ζάω. **ἀπο-θανόντι** Aor. Ptz., subst. **ἐγερθέντι** Aor. Ptz. Pass. ἐγείρω, subst. **16 ἀπὸ τοῦ νῦν** *von jetzt an* (B   **16** νῦν 3b). **οἶδα** (gilt analog für γινώσκω) hier *„kennen"* im Sinn v. *in Bezie-hung stehen zu, gesinnt sein gegenüber, betrachten, beurteilen.* **κατὰ σάρκα** best. οἴδαμεν, ἐγνώκαμεν bzw. γινώσκομεν näher: *auf fleischliche Weise, nach menschlichen Maßstäben.* **ἐ-γνώκαμεν** Pf. γινώσκω, Pf. bez. hier ein in der Vergangenheit vorhandenes Ergebnis (A244a) *wir (waren zu einer Er-kenntnis gelangt und) beurteilten.* **γινώσκομεν** erg. *ihn so.* **17 κτίσις**[8]   **17** *Schöpfung; Geschöpf.* **ἀρχαῖος** *alt.* **παρ-ῆλθεν** Aor. -έρχομαι[187] *vorbei-gehen, vorübergehen; vergehen.* **γέ-γονεν** Pf. γίνομαι. **18 τὰ δὲ πάντα**   **18**

ἐκ *aber das alles kommt von* (vgl. B ἐκ 3c). **κατ-αλλάξαντος** Aor. Ptz. -αλλάσσω[74] *versöhnen;* attr. **δόντος** Aor. Ptz. δίδωμι, attr. **διακονία**

19 *Dienst.* **κατ-αλλαγή** *Versöhnung.* **19 ὡς ὅτι** *wie es ja feststeht, daß; in der Überzeugung, daß* (BDR §425[3]; vgl. A291,3; ὡς ὅτι θεός ... καταλλάσσων ersetzt ὡς θεοῦ ὄντος ... καταλλάσσοντος [BDR §396,2]). ἦν Ipf. εἰμί; *entweder umschrieb.* Ipf. (A249) ἦν ... καταλλάσσων *er versöhnte, od.* ἦν *steht hier selbständig zur Betonung der Einheit v. Gott u. Christus im Sühnegeschehen* (vgl. BDR §353[7]). **κατ-αλλάσσων** Ptz., umschrieb. Ipf. (A249) *od. temp. bzw. mod.* **λογιζόμενος** Ptz., mod. **παρά-πτωμα**[3] *Verfehlung, Sünde.* **θέμενος** Aor. Ptz. Med. τίθημι, mod.; θέμενος ἐν ἡμῖν *indem er unter uns ... aufrichtete = indem er uns ... gab* (B II1a), viell. m. der Nuance der

20 *rechtl.* Verbindlichkeit (vgl. B Ibζ; LSJ V1/3). **20 ὑπὲρ Χριστοῦ** *an Christi Statt* (vgl. ὑπέρ V. 14), *in Verbindung m.* πρεσβεύω *im Sinn v. im Auftrag Christi.* **πρεσβεύω** *Gesandter/Botschafter* (d.h. offizieller Repräsentant) *sein, als Gesandter/Botschafter wirken.* ὡς *in der Überzeugung, daß* (m. adv. Ptz. zum Ausdruck eines subjektiven Grundes; BDR §425[3]; A291,3). **παρα-καλοῦντος** Ptz. -καλέω, gen. abs. (A288), kaus. **δέομαι** *bitten.* **κατ-αλλάγητε** Aor. Imp. Pass. -αλλάσσω[74], hier toleratives Pass. (A219) *sich*

21 *versöhnen lassen (mit).* **21 γνόντα** Aor. Ptz. γινώσκω, subst.; „kennen" *meint hier die existentielle Erfahrung, das Tun der Sünde:* τὸν μὴ γνόντα ἁμαρτίαν *den, der keine Sünde kannte = den, der ohne Sünde war.* **ἁμαρτία** (zweites) Abstraktum für das Konkrete (A382c), *Sünde steht für Sünder;* evtl. *Sündopfer.* **ἐ-ποίησεν** Aor. ποιέω; ποιέω m. doppeltem Akk. (H-S §153b) *jmdn. zu etwas machen.* **γενώμεθα** Aor. Konj. Med. γίνομαι. **δικαιοσύνη** Abstraktum für das Konkrete (A382c), *Gerechtigkeit steht für Gerechter;* δικαιοσύνη θεοῦ *die Gerechtigkeit Gottes,* d.h. die Gott schenkt u. die vor ihm gilt (vgl. A152ff).

6   **συν-εργοῦντες** Ptz. -εργέω *mitwirken, unterstützen;* erg. wohl θεῷ; mod. bzw. subst. ohne Art. (A304) als Subjektsartangabe (A65), *als (Gottes) Mitarbeiter* [Var. παρα-καλοῦντες Ptz. -καλέω]. **κενός** *leer, ohne Erfolg;* εἰς κενόν *vergeblich, umsonst.* **δέξασθαι** Aor. Inf. Med. δέχομαι, Präd. des AcI; μὴ εἰς κενόν ... δέξασθαι ὑμᾶς *daß ihr ... nicht vergeblich empfangt* (grammatisch schwerl. akzeptabel: *... empfangen habt;* der AcI entspricht der direkten Aufforderung μὴ δέξησθε *empfangt nicht;* s. H-S §212b-d sowie

2 218a u. 274d; vgl. A263f u. 334). **2 λέγει** erg. als Subj. ὁ θεός od. ἡ γραφή (BDR §130,3; A75c). **δεκτός** *angenehm, willkommen, günstig;* dat. temp. (A182). **ἐπ-ήκουσα** Aor. -ακούω[2] *erhören,* m. Gen. **ἐ-βοήθησα** Aor. βοηθέω *helfen;* ἐπήκουσα u. ἐβοήθησα geben im LXX-Zitat das hebr. „prophetische" Pf. wieder, das fut. Bdtg. hat: die Verwirklichung des angekündigten Geschehens ist so sicher, daß dieses als bereits vollendet bezeichnet wird.

3 **ἐυ-πρόσ-δεκτος**[11] *angenehm, willkommen, günstig.* **3 ἐν μηδενί** *in*

nichts, in keiner Hinsicht; hier m. weiterer Neg. verstärkte Verneinung (A310). **διδόντες** Ptz. δίδωμι; hier wohl Ptz. statt der finiten Form δίδομεν (H-S §231j; A293), evtl. (falls V. 2 parenthetisch; A374) mod. an V. 1 anschließend. **προσ-κοπή** (< προσ-κόπτω sich stoßen an) *Anstoß;* μηδεμίαν ἐν μηδενὶ διδόντες προσκοπήν *wir geben in keiner Hinsicht irgendeinen Anstoß.* **μωμηθῇ** Aor. Konj. Pass. μωμάομαι *tadeln, verspotten, (ver)lästern;* Pass. *verhöhnt werden, in Verruf geraten.* **διακονία** *Dienst.* **4** ἐν   4 **παντί** *in jeder Hinsicht* od. *in jeder Lebenslage* (Z). **συν-ιστάντες** Ptz. -ίστημι/-ιστάνω *zusammenbringen; empfehlen;* hier konativ (A232) *zu empfehlen suchen* od. *erweisen* (vgl. B IIb/c); zum Ptz. s. V. 3 [Var. συνιστάνοντες Ptz.]. **ὡς** hier *als* (eine wirkl. Eigenschaft bezeichnend, B IIIa). **διάκονος** *Diener.* **ὑπο-μονή** *Ausharren, Geduld, Ausdauer, Standhaftigkeit;* v. ἐν ὑπομονῇ πολλῇ abhängig sind wohl alle ἐν-Glieder in V. 4f: *durch große Standhaftigkeit* in/bei ... **ἀνάγκη** *Zwang, Nötigung; Not, Bedrängnis.* **στενο-χωρία** *Enge, Not, Angst.* **5 πληγή** *Schlag.* **ἀ-κατα-στασία**   5 *Unruhe, Tumult, Verwirrung.* **κόπος** *Mühe, Anstrengung, mühevolle Arbeit.* **ἀγρ-υπνία** *Wachen, Schlaflosigkeit;* ἐν ἀγρυπνίαις *in durchwachten/schlaflosen Nächten.* **νηστεία** *Fasten.* **6** ἐν in V. 6f eher instr. *durch.*   6 **ἁγνότης**[3] ητος ἡ *Reinheit, Lauterkeit.* **γνῶσις**[8] *Erkenntnis.* **μακρο-θυμία** *Geduld, Ausdauer; Langmut.* **χρηστότης**[3] ητος ἡ *Güte, Freundlichkeit.* **ἀν-υπό-κριτος**[11] *ungeheuchelt.* **7 λόγος ἀληθείας** *(die) Verkündigung der Wahrheit.* **ὅπλον** *Werkzeug, Waffe* (hier übertr.); τὰ ὅπλα τῆς δικαιοσύνης gen. epexegeticus (A163) *die in der Gerechtigkeit bestehenden Waffen* od. gen. pertinentiae (A152ff) *die zur Gerechtigkeit gehörenden Waffen;* τὰ ὅπλα τὰ δεξιὰ καὶ ἀριστερά *die Waffen der rechten und linken Hand, die Angriffs- und Verteidigungswaffen* (B 2b). **ἀριστερός** *links.* **8 διά** bez.   8 begleitenden Umstand *unter, bei* (vgl. B AIII1c). **δόξα** hier etwa *Ehrung.* **ἀ-τιμία** *Unehre, Verachtung, Schande, Schmähung.* **δυσ-φημία** *Lästerung, üble Nachrede, Verleumdung.* **εὐ-φημία** *Ehre, guter Ruf, Lob.* **ὡς** ... **καί** (erg. hier ὄντες [Ptz. v. εἰμί]; vgl. BDR §425,4) *als ... und doch* (A291,4); im flgd. bez. das ὡς teils eine angebl. (erg. *vermeintlich, angeblich* o.ä.), teils eine wirkl. Eigenschaft/Tätigkeit. **πλάνος**[11] *irreführend, verführerisch;* subst. *Betrüger, Verführer.* **ἀληθής**[7] *wahr, wahrheitsgemäß; wahrhaftig, aufrichtig.* **9 ἀ-γνοούμενοι** Ptz. Pass. ἀ-γνοέω *nicht erkennen, nicht wissen; nicht*   9 *kennen;* zu den Ptz. s. V. 3, hier viell. (par. zu πλάνοι V. 8) subst. ohne Art. (A304) als Präd.-Nom.; ὡς ἀγνοούμενοι *als (angeblich) Unbekannte* od. *als solche, die verkannt werden.* **ἐπι-γινωσκόμενοι** Ptz. Pass. -γινώσκω hier *genau/gut kennen* od. *anerkennen.* **ἀπο-θνῄσκοντες** Ptz. -θνῄσκω. **παιδευόμενοι** Ptz. Pass. παιδεύω *erziehen; Zucht üben;* hier *züchtigen.* **θανατούμενοι** Ptz. Pass. θανατόω *töten.* **10 λυπούμενοι** Ptz. Pass.   10 λυπέω *betrüben;* Ptz. Präs. *traurig sein;* zu den Ptz. s. V. 3 u. 9. **ἀεί** *immer,* *stets.* **χαίροντες** Ptz. χαίρω. **πτωχός** *arm.* **πλουτίζοντες** Ptz. πλουτίζω *reich machen.* **ἔχοντες** Ptz. ἔχω. **κατ-έχοντες** Ptz. -έχω *aufhalten; im Besitz behalten, besitzen.*

11   11 **ἀν-έ-ῳγεν** Pf. ἀν-οίγω, Pf. Akt. = Pass. *geöffnet sein, offenstehen;* τὸ στόμα ἡμῶν ἀνέῳγεν πρὸς ὑμᾶς *„unser Mund ist euch gegenüber geöffnet" wohl = wir reden ganz offen mit euch.* **Κορίνθιος** *Korinther,* Bewohner v. Korinth. **πε-πλάτυνται** Pf. Pass. πλατύνω (vgl. A33[132ff]) *breit machen, weit machen;* ἡ καρδία ἡμῶν πεπλάτυνται *unser Herz ist weit*

12   *geworden* wohl = *wir haben (euch) unser Herz weit geöffnet.*   12 **στενο-χωρεῖσθε** Pass. -χωρέω *in die Enge treiben;* Pass. *eingeengt sein, beengt sein, engen Raum haben.* **σπλάγχνον** nur Pl. *Eingeweide; Herz* (Sitz der Gefühle);

13   *Zuneigung, Liebe.*   13 **ἀντι-μισθία** *Lohn; Vergeltung, Gegenleistung;* τὴν αὐτὴν ἀντιμισθίαν ... πλατύνθητε καὶ ὑμεῖς *als (entsprechende) Gegenleistung macht/öffnet auch ihr (euer Herz) weit.* **ὡς τέκνοις λέγω** Parenthese (A374): *wie zu (meinen) Kindern spreche ich.* **πλατύνθητε** Aor. Imp. Pass.

14   14 **γίνεσθε** Imp., hier statt Imp. von εἰμί (A32). **ἑτερο-ζυγοῦντες** Ptz. -ζυγέω *ein ungleiches Gespann bilden* (m. einem andersartigen Tier im Joch eingespannt sein), *ein fremdes Joch ziehen;* umschrieb. Präs. (A249), m. dat. sociativus (A179). **ἄ-πιστος**[11] *ungläubig;* subst. **μετ-οχή** *Gemeinschaft;* τίς γὰρ μετοχή *denn welche Gemeinschaft besteht zwischen,* m. Dat.; erg. ἐστίν. **ἀ-νομία** *Gesetzlosigkeit* (als Gesinnung); *gesetzwidrige Tat, Ungerechtigkeit.* **κοινωνία** (< κοινωνός *Genosse, Teilhaber*) *Gemeinschaft,* m. πρός *Verbindung mit, Beziehung zu* (B 1); m. dat. poss. (A174). **σκότος**[7] *Fin-*

15   *sternis, Dunkel, Dunkelheit.*   15 **συμ-φώνησις**[8] *Übereinstimmung.* **Βελι-άρ** indekl., *Beliar* bzw. (der eig. hebr. Form entsprechend [vgl. BDR §39[10]]) *Belial,* hier Akk., *jüdischer Name für den Teufel od. den Antichrist.* **μερίς**[3] ίδος ἡ *Teil; Anteil;* τίς μερὶς πιστῷ μετὰ ἀπίστου; *welchen Anteil hat ein Glaubender mit einem Ungläubigen* (an derselben Sache; B 2) od. *was verbindet*

16   *einen Glaubenden mit einem Ungläubigen?*   16 **συγ-κατά-θεσις**[8] (< συγ-κατα-τίθεμαι *beipflichten, zustimmen*) *Übereinstimmung, Übereinkunft;* τίς δὲ συγκατάθεσις ναῷ θεοῦ μετά ... *wie verträgt sich der Tempel Gottes mit ...?* **εἴδωλον** (< εἶδος *Aussehen, Gestalt*) *Götterbild; falscher Gott, Götze.* **ζῶντος** Ptz. ζάω, attr. zu θεοῦ. **ὅτι** *recitativum* = Doppelpunkt (A333). **ἐν-οικήσω** Fut. -οικέω *wohnen (in);* viell. mod. Fut. (A247) *ich will wohnen.* **ἐμ-περι-πατήσω** Fut. -πατέω *einhergehen, wandeln.* **ἔσομαι,**

17   **ἔσονται** Fut. εἰμί.   17 **ἐξ-έλθατε** Aor. Imp. (vgl. H-S §105g) -έρχομαι. **μέσος** subst. *Mitte.* **ἀφ-ορίσθητε** Aor. Imp. Pass. -ορίζω (vgl. A33[91ff]) *absondern;* Pass. *sich absondern* (vgl. A220). **ἀ-κάθαρτος**[11] *unrein.* **ἅπτεσθε** Imp. Med. ἅπτω Akt. *anzünden;* Med. *berühren, anfassen, anrühren,* m. Gen. **εἰσ-δέξομαι** Fut. Med. -δέχομαι[63] *annehmen;* viell. mod.

Fut. (A247). **18 εἰς** hier für Präd.-Nominativ (Hebr., A81). **ἔσεσθε** Fut.　18
εἰμί. **ὑμῖν, μοι** dat. commodi (A173f) *für euch/euer, für mich/meine.*
θυγάτηρ[6] τρός ἡ *Tochter.* **παντο-κράτωρ**[6] ορος ὁ *Allherrscher, All-*
mächtiger.

ἔχοντες Ptz. ἔχω, kaus. **καθαρίσωμεν** Aor. Konj. καθαρίζω[95]　**7**
reinigen; adhortativer Konj. (A254) *wir wollen reinigen.* **μολυσμός** *Beflek-*
kung. **σὰρξ καὶ πνεῦμα** *Fleisch und Geist,* bez. hier den ganzen Menschen
(vgl. B πνεῦμα 3a). **ἐπι-τελοῦντες** Ptz. -τελέω *vollenden; ins Werk setzen,*
verwirklichen; mod. **ἁγιωσύνη** *Heiligkeit, Heiligung;* ἐπιτελέω ἁγιω-
σύνην *die Heiligung verwirklichen* od. *die Heiligkeit vollenden.*

2 χωρήσατε Aor. Imp. χωρέω *Raum geben, Platz machen;* übertr.,　2
näml. im Herzen. **ἠ-δικήσαμεν** Aor. ἀ-δικέω intr. *Unrecht tun;* tr. *unge-*
recht behandeln, jmdm. Unrecht tun. **ἐ-φθείραμεν** Aor. φθείρω (vgl.
A33[136]) *zugrunde richten; (finanziell) ruinieren.* **ἐ-πλεον-εκτήσαμεν** Aor.
-εκτέω *übervorteilen.* **3 κατά-κρισις**[8] *Verurteilung;* πρὸς κατάκρισιν　3
οὐ λέγω *ich sage es nicht, um (euch) zu verurteilen.* **προ-είρηκα** Pf.
-λέγω[191] *vorhersagen, zuvor sagen;* Pf. hier *ich habe es schon oben* (im selben
Schriftstück) *gesagt.* **εἰς τό** m. Inf. fin. (A282) *damit, um zu.* **συν-απο-θα-**
νεῖν Aor. Inf. -θνήσκω[161] *mitsterben.* **συ-ζῆν** Inf. -ζάω *zusammenleben,*
mitleben; εἰς τὸ συναποθανεῖν καὶ συζῆν *um zusammen zu sterben und*
zusammen zu leben (bez. die Gemeinschaft im Leben u. Tod). **4 παρ-ρησία**　4
(< πᾶν + ῥῆσις [das] Reden) *Redefreiheit, Freimütigkeit; Zuversicht,*
Zutrauen; πολλή (erg. ἐστί) μοι παρρησία *ich habe großes Zutrauen,* evtl.
groß ist mein Zutrauen (dat. poss., A173f). **καύχησις**[8] *(das) Rühmen;*
πολλή μοι καύχησις ὑπὲρ ὑμῶν *ich bin voll Rühmens über euch, ich bin*
sehr stolz auf euch. **πε-πλήρωμαι** Pf. Pass. πληρόω. **παρά-κλησις**[8]
Ermahnung; Trost; dat. instr. (A176) *mit Trost.* **ὑπερ-περισσεύομαι** Med.
-περισσεύω tr. *überfließen lassen;* ὑπερπερισσεύομαι τῇ χαρᾷ *ich fließe*
vor Freude über. **ἐπί** *bei/trotz.*

5 ἐλθόντων Aor. Ptz. ἔρχομαι, gen. abs. (A288), temp. **Μακεδο-**　5
νία 1,16. **ἔσχηκεν** Pf. ἔχω, Pf. hier auf einen Zustand in der Vergangenheit
zu beziehen (A244a) od. (frühes Beispiel für später verbreitetes) erzählendes Pf.
(BDR §343,2; doch auch H-S §200f), übers. *ich hatte* [Var. ἔσχεν Aor. ἔχω].
ἄν-εσις[8] *Milderung; Ruhe.* **σάρξ** bez. hier (pars pro toto; A382a) den Men-
schen m. bes. Betonung seiner Schwachheit u. Hinfälligkeit; οὐδεμίαν ἔσχη-
κεν ἄνεσιν ἡ σὰρξ ἡμῶν *wir (schwach wie wir sind) hatten/fanden keine*
Ruhe. **θλιβόμενοι** Ptz. Pass. θλίβω *drücken, drängen; bedrängen;* Pass. *in*
Bedrängnis geraten; hier Ptz. statt finite Form, wohl ἐθλιβόμεθα (Ipf.), (H-S
§231j; A293); ἐν παντὶ θλιβόμενοι *von allen Seiten* bzw. *in jeder Hinsicht* (B
πᾶς 2aβ) *wurden wir bedrängt.* **ἔξω-θεν** *von außen;* erg. ἦσαν (Ipf. v. εἰμί)
o.ä. *es waren/gab* (A78). **μάχη** *Kampf.* **ἔσω-θεν** *von innen.* **6 παρα-κα-**　6

λῶν Ptz. -καλέω, subst. **ταπεινός** *niedrig, gering.* **παρ-ε-κάλεσεν** Aor.
ὁ θεός App. (A70) *(nämlich) Gott.* **ἐν** *durch.* **παρ-ουσία** (< πάρειμι
7 [εἰμί] anwesend sein) *Anwesenheit, Gegenwart; Ankunft.* **Τίτος** 2,13. **7 οὐ**
μόνον ... ἀλλὰ καί *nicht nur ... sondern auch.* **παρά-κλησις** V. 4. **ῇ** =
ἐν ᾗ (A359). **παρ-ε-κλήθη** Aor. Pass. παρα-καλέω. **ἐπί** *bei* (B II1αδ).
ἀν-αγγέλλων Ptz. -αγγέλλω *berichten, melden, verkünden;* kaus. *denn er*
berichtete. **ἐπι-πόθησις**[8] *Sehnsucht;* erg. *nach mir/uns.* **ὀδυρμός** *Weh-*
klage (bez. hier großen Schmerz über das Vorgefallene). **ζῆλος**[7] *Eifer.* **μᾶλ-**
λον hier *noch mehr, erst recht* (B 1). **χαρῆναι** Aor. Inf. Pass. (m. Akt.-Bdtg.)
8 χαίρω, Präd. des AcI. **8 ἐ-λύπησα** Aor. λυπέω *betrüben, in Trauer verset-*
zen, traurig machen. **ἐν** *durch.* **ἐπι-στολή** *Brief.* **μετα-μέλομαι** *bereuen,*
Reue empfinden. **μετ-ε-μελόμην** Ipf. [Var. βλέπων Ptz.] **βλέπω ...**
ὑμᾶς Parenthese (A374). **πρὸς ὥραν** *(nur) für eine kurze Zeit, (nur) vor-*
9 *übergehend.* **ἐ-λύπησεν** Aor. **9 ἐ-λυπήθητε** Aor. Pass. **μετά-νοια**
Sinnesänderung, Umkehr; ἐλυπήθητε εἰς μετάνοιαν *eure Traurigkeit führte*
euch zur Sinnesänderung/Umkehr. **κατὰ θεόν** *nach Gottes Willen, gottgewollt.*
ἵνα hier kons. *so daß* (A340). **ἐν μηδενί** *in keiner Weise, in keiner Hinsicht*
(B μηδείς 2bδ). **ζημιωθῆτε** Aor. Konj. Pass. ζημιόω *Schaden zufügen;*
Pass. *Schaden erleiden, geschädigt werden.* **ἐκ** hier *durch, von* (B 3εα).
10 **10 λύπη** *Trauer, Betrübnis, Traurigkeit.* **ἀ-μετα-μέλητος**[11] *ohne Reue;*
unbereut, unbereubar; μετάνοια εἰς σωτηρίαν ἀμεταμέλητος *eine*
Umkehr zum Heil, die man nicht bereut. **κατ-εργάζομαι** *vollenden; hervor-*
11 *bringen, schaffen.* **11 λυπηθῆναι** Aor. Inf. Pass. λυπέω, subst. (A280);
αὐτὸ τοῦτο τὸ κατὰ θεὸν λυπηθῆναι *eben dies, daß ihr nach Gottes Wil-*
len betrübt worden seid bzw. eben diese gottgewollte Traurigkeit. **πόσος**[18] *wie*
groß, welch großer. **κατ-ειργάσατο** Aor. Med. -εργάζομαι. **σπουδή**
Eile; Eifer, eifriges Bemühen. **ἀλλά** hier steigernd *ja (sogar)* (BDR §448[7]).
ἀπο-λογία *Verteidigung, Rechtfertigung, Entschuldigung.* **ἀγανάκτησις**
Unwillen, Entrüstung. **ἐπι-πόθησις**[8] *Sehnsucht* [Var. ἐπι-ποθία *Sehnsucht,*
Verlangen]. **ἐκ-δίκησις**[8] *Bestrafung,* erg. hier *des Schuldigen.* **συν-ε-**
στήσατε Aor. συν-ίστημι[204f] tr. *zusammenbringen; darstellen, erweisen*
(B I1c); hier m. AcI. **ἁγνός** *rein (rituell od. ethisch), unschuldig.* **εἶναι** Inf.
εἰμί, Präd. des AcI; συνεστήσατε ἑαυτοὺς ἁγνοὺς εἶναι *ihr habt bewie-*
sen, daß ihr unschuldig seid = ihr habt euch als unschuldig erwiesen. **πρᾶγμα**[3]
Tatsache, Ereignis, Vorfall; Sache, Angelegenheit; dat. resp. (A178) *in der/dieser*
12 *Sache.* **12 ἔ-γραψα** Aor. γράφω. **ἕνεκεν** uneig. Präp. (A183) *wegen, um*
willen. **ἀ-δικήσαντος** Aor. Ptz. ἀ-δικέω *Unrecht tun;* Pass. *Unrecht erlei-*
den; subst. **ἀ-δικηθέντος** Aor. Ptz. Pass., subst. **ἕνεκεν τοῦ** m. AcI fin.
(A282) *damit.* **φανερωθῆναι** Aor. Inf. Pass. φανερόω, Präd. des AcI.
13 **πρός** *bei* (B III7). **13 διὰ τοῦτο** *darum, deshalb.* **παρα-κε-κλήμεθα**
Pf. Pass. -καλέω; Pf. Pass. hier *getröstet sein* (B 4). **ἐπί** (erstes) hier *außer*

(B II1bβ), *über ... hinaus.* **παρά-κλησις**[8] V. 4. **περισσοτέρως** Komp. v.
περισσῶς *in außergewöhnlicher Weise, sehr;* Komp. *(noch) mehr;*
περισσότερως μᾶλλον *noch viel mehr.* **ἐ-χάρημεν** Aor. Pass. (m. Akt.-
Bdtg.) χαίρω. **ἀνα-πέ-παυται** Pf. Pass. -παύω *ausruhen lassen;* Pass.
erquickt werden. **ἀπό** hier = ὑπό (BDR §210[2]; A211). **14** **ὑπέρ** hier *über,* 14
zugunsten von, im Blick auf (B 1f). **κε-καύχημαι** Pf. καυχάομαι *sich
rühmen;* tr. *rühmen;* εἴ τι αὐτῷ ὑπὲρ ὑμῶν κεκαύχημαι *wenn ich etwas
vor ihm im Hinblick auf euch gerühmt habe, wenn ich mich ihm gegenüber rüh-
mend über euch ausgesprochen habe.* **κατ-ῃσχύνθην** Aor. Pass. -αισχύνω
(vgl. A33[132ff]) *beschämen, zuschanden machen.* **ἐ-λαλήσαμεν** Aor. λαλέω.
καύχησις V. 4. **ἐπί** *vor* (B I1aδ). **ἐ-γενήθη** Aor. Pass. (ohne Pass.-
Bdtg.) γίνομαι hier *sich erweisen als.* **15** **σπλάγχνον** nur Pl. *Eingeweide;* 15
Herz (Sitz der Gefühle); *Zuneigung, Liebe;* τὰ σπλάγχνα αὐτοῦ περισ-
σοτέρως εἰς ὑμᾶς ἐστιν *sein Herz ist euch noch stärker zugeneigt* (B 1b), *er
ist euch noch herzlicher zugetan.* **ἀνα-μιμνησκομένου** Ptz. Pass. -μι-
μνήσκω *erinnern;* Pass. *sich erinnern, denken an;* part. coni. zu αὐτοῦ (A287),
kaus. **ὑπ-ακοή** *Gehorsam.* **τρόμος** *Zittern, Beben.* **ἐ-δέξασθε** Aor.
Med. δέχομαι. **16** **θαρρέω** *guten Mutes sein, zuversichtlich sein, sich ver-* 16
lassen ἐν *auf.*

    γνωρίζω *bekanntmachen, mitteilen, kundtun;* übers. hier etwa *wir wollen* **8**
berichten. **δε-δομένην** Pf. Ptz. Pass. δίδωμι, attr. **ἐν** steht viell. für den
einfachen Dat. (BDR §220[1]). **Μακεδονία** 1,16. **2** **ὅτι** erklärt χάριν 2
(V. 1) *daß (nämlich).* **δοκιμή** *Erprobtheit; Bewährung; Erprobung;* ἐν πολλῇ
δοκιμῇ θλίψεως (gen. epexegeticus, A163) *inmitten großer in Bedrängnis
bestehender Erprobung.* **περισσεία** *Überfluß, Fülle;* ἡ περισσεία τῆς
χαρᾶς αὐτῶν *ihre überfließende/übergroße Freude.* **βάθος**[7] *Tiefe;* ἡ κατὰ
βάθους πτωχεία αὐτῶν *ihre (abgrund)tiefe* (eig. *bis in die Tiefe hinabrei-
chende* [B κατά I1b]) *Armut.* **πτωχεία** *Armut.* **ἐ-περίσσευσεν** Aor.
περισσεύω intr. *überschießen; im Überfluß vorhanden sein;* hier m. **εἰς** *über-
strömen in (hinein)* (B 1aγ). **πλοῦτος** *Reichtum.* **ἁπλότης**[3] ητος ἡ *Ein-
falt* (ohne Hintergedanken), *Lauterkeit, Aufrichtigkeit;* hier *Gebefreudigkeit, Frei-
gebigkeit, Großzügigkeit* (LN 57.106); ὅτι ... ἐπερίσσευσεν εἰς τὸ πλοῦτος
τῆς ἁπλότητος αὐτῶν *daß ... in den Reichtum ihrer Gebefreudigkeit/Frei-
gebigkeit übergeströmt sind.* **3** **κατὰ δύναμιν** *entsprechend ihren Möglich-* 3
keiten, nach Kräften. **καὶ παρὰ δύναμιν** *ja sogar über ihr Vermögen/ihre
Kräfte.* **αὐθ-αίρετος**[11] (< αὐτός + αἱρέω *wählen*) *freiwillig, aus freiem
Entschluß, aus eigenem Antrieb;* Adj. adv. gebraucht (A113), erg. *gaben/spendeten
sie* (vgl. V. 5). **4** **παρά-κλησις**[8] *Ermahnung, Ermunterung; Ersuchen, Bitte;* 4
μετὰ πολλῆς παρακλήσεως *mit viel Zureden, inständig.* **δεόμενοι** Ptz.
Pass. δέομαι *bitten,* m. Gen. der Pers. u. Akk. der Sache; mod. **κοινωνία**
(< κοινωνός *Genosse, Teilhaber*) *Gemeinschaft (mit); Beteiligung, Teil-*

habe, Teilnahme, m. Gen.; ἡ χάρις καὶ ἡ κοινωνία wohl Hendiadyoin (A378; bzw. epexegetisches καί, A311,7): *die Gnade/Gunst der Beteiligung, das Vorrecht, sich beteiligen zu dürfen;* δεόμενοι ἡμῶν τὴν χάριν καὶ τὴν κοινωνίαν τῆς διακονίας *dabei baten sie uns um das Vorrecht, sich an der Hilfeleistung beteiligen zu dürfen.* διακονία *Dienst, Dienstleistung;* hier *Unterstützung, Hilfeleistung.* εἰς hier *für* (BDR §207⁴; B 4g); εἰς τοὺς ἁγίους *für die Heiligen,* hier = die Christen in Jerusalem. **5** ἠλπίσαμεν Aor. ἐλπίζω⁹³ *hoffen;* καὶ οὐ καθὼς ἠλπίσαμεν ἀλλά *und sie haben nicht nur, wie wir gehofft hatten, (gespendet), sondern.* ἔ-δωκαν Aor. δίδωμι hier *hingeben* (B 6). πρῶτον *zuerst; in erster Linie* (B 2c). **6** εἰς τό m. AcI hier kons. (A282) *so daß.* παρα-καλέσαι Aor. Inf. -καλέω. ἡμᾶς Subj. des AcI. Τίτος 2,13. ἵνα hier *daß* (A328, bez. das Erbetene). προ-εν-ήρξατο Aor. Med. -ἄρχομαι⁶² *vorher/früher beginnen.* ἐπι-τελέσῃ Aor. Konj. -τελέω²⁷ *beendigen, zu Ende bringen, vollenden.* εἰς ὑμᾶς *bei euch.* καί *auch.* χάρις hier *Gnadenwerk, Dienst der Liebe.* **7** ὥσ-περ *wie, gleichwie.* ἐν παντί *in jeder Hinsicht, in allem* (B πᾶς 2aβ). περισσεύω V. 2, hier *hervorragen, sich hervortun* (B 1bβ) od. *reich sein (an),* hier m. dat. instr. (A176) *durch* bzw. *an.* γνῶσις⁸ *Erkenntnis.* σπουδή *Eile; Eifer, Fleiß.* ἡ ἐξ ἡμῶν ἐν ὑμῖν ἀγάπη wohl *die von uns in euch (geweckte) Liebe* (zu Gott u. den Menschen), evtl. *unsere Liebe* (zu euch), *die unter euch (wirksam) ist.* ἵνα hier imp. gebraucht (B III2; BDR §387⁴; A319): *(so) sollt ihr.* περισ-**8** σεύητε Konj. **8** ἐπι-ταγή *Auftrag, Befehl;* οὐ κατ᾽ (mod., A195) ἐπιταγὴν λέγω *ich sage (das) nicht als Befehl.* διά *mittels = durch den Hinweis auf.* ἑτέρων gen. poss. (A154). ὑμέτερος *euer.* γνήσιος *ehelich, rechtmäßig; echt;* subst. *Echtheit.* δοκιμάζων Ptz. δοκιμάζω (< δόκιμος **9** *erprobt) prüfen, erproben;* fin. **9** ἐ-πτώχευσεν Aor. πτωχεύω *arm sein;* ingr. (A229): *arm werden.* πλούσιος *reich.* ὤν Ptz. εἰμί, konz.; πλούσιος ὤν *obwohl er reich war* (H-S §231g; A291,4). ἐκείνου = αὐτοῦ, doch stärker betont (H-S §140e). πτωχεία *Armut;* dat. instr. (A176). πλου-τήσητε Aor. Konj. πλουτέω *reich sein;* ingr. (A229): *reich werden.* **10** **10** γνώμη *Meinung, Rat.* ἐν τούτῳ *in dieser Sache.* συμ-φέρω *zusammentragen; helfen, nützen, von Vorteil/gut sein (für).* οἵτινες hier m. kaus. Nebensinn *weil ihr ja* (A368). οὐ μόνον ... ἀλλὰ καί *nicht nur ... sondern auch.* ποιῆσαι Aor. Inf. ποιέω, subst. als Obj. (A280) *(das) Tun.* θέλειν Inf., subst. als Obj. *(das) Wollen.* προ-εν-ήρξασθε Aor. Med. V. 6.; οὐ μόνον τὸ ποιῆσαι ἀλλὰ καὶ τὸ θέλειν προενήρξασθε ἀπὸ πέρυσι *ihr seid nicht nur mit der Tat, sondern auch schon früher, seit vorigem Jahr, mit dem (festen) Entschluß (dazu) (den anderen) vorangegangen.* πέρυσι Adv. *im* **11** *vorigen Jahr;* ἀπὸ πέρυσι *seit vorigem Jahr.* **11** νυνί¹⁸ *nun, jetzt.* ἐπι-τελέσατε Aor. Imp. V. 6. ὅπως *damit.* καθ-ά-περ *(so) wie, gleichwie.* προ-θυμία *Bereitwilligkeit, guter Wille, Eifer;* ἡ προθυμία τοῦ θέλειν *der* *bereitwillig gefaßte Entschluß.* **ἐπι-τελέσαι** Aor. Inf., subst. als Subj. (A280) *(das) Vollbringen, (die) Ausführung;* erg. ᾗ (Konj. v. εἰμί) *sei* (BDR §128⁵). **ἔχειν** Inf., ἐκ τοῦ ἔχειν „auf Grund des Habens/Besitzens" = *entsprechend dem/eurem Besitz* (B I2a). **12 πρό-κειμαι** (A32) *vorliegen; vorhanden sein.* 12 **καθό** = καθ' ὅ *in dem Maß, wie* bzw. *entsprechend dem, was;* καθὸ ἐάν = καθὸ ἄν *nach dem, was (immer auch)* (A132; 371; BDR §380²). **ἔχῃ** Konj.; als Subj. erg. wohl τις. **εὐ-πρόσ-δεκτος**¹¹ *angenehm, willkommen;* erg. ἐστίν, als Subj. etwa *jeder (mit seiner Gabe).* **13 ἵνα** erg. γένηται (Aor. 13 Konj. Med. v. γίνομαι; BDR §480⁹); οὐ γὰρ ἵνα (γένηται) ... *es soll ja nicht ... entstehen.* **ἄν-εσις**⁸ *Milderung, Erleichterung.* **ἰσότης**³ ητος ἡ *Gleichheit;* ἐξ ἰσότητος *aufgrund (des Prinzips) der Gleichheit, nach Maßgabe der Gleichheit* (B 1); ἀλλ' ἐξ ἰσότητος *sondern es soll zu einem Ausgleich kommen.* **14 περίσσευμα**³ *Überfluß.* **εἰς** (erstes) erg. wohl davor γίνε- 14 ται; (γίνεται) εἰς τὸ ἐκείνων ὑστέρημα *hilft ihrem Mangel ab* (vgl. B εἰς 4f/g). **ἐκείνων** = αὐτῶν, doch stärker betont (V. 9). **ὑστέρημα**³ *Mangel.* **ἵνα** erg. *ein andermal* (Ggs. ἐν τῷ νῦν καιρῷ). **γένηται** Aor. Konj. Med. γίνομαι. **ὅπως γένηται ἰσότης** *damit (so) ein Ausgleich stattfindet.* **15 γέ-γραπται** Pf. Pass. γράφω, Pf. Pass. term. tech. zur Einführung v. 15 Schriftzitaten (B 2c): *in der Schrift heißt es/steht.* **ὁ τὸ πολύ/ὀλίγον** *wer viel/wenig gesammelt hatte* (Ellipse v. συλ-λέξας, Aor. Ptz. συλ-λέγω *sammeln,* subst. [BDR §481¹]). **ἐ-πλεόνασεν** Aor. πλεονάζω (vgl. A33⁹¹ff) *viel sein, viel werden;* hier *Überfluß haben* (B 1b). **ἠλαττόνησεν** Aor. ἐλατ-τονέω *entbehren, Mangel haben.*

16 χάρις hier *Dank;* erg. ἔστω (Imp. v. εἰμί) *soll sein, sei* (BDR §128⁹; 16 A78a). **δόντι** Aor. Ptz. δίδωμι, attr. [Var. διδόντι Ptz.]. **σπουδή** V. 7; τὴν αὐτὴν σπουδήν *denselben Eifer* (erg. gedankl. *wie ich ihn habe*). **Τίτος** 2,13. **17 παρά-κλησις** V. 4; hier *unsere Bitte/Aufforderung (euch zu* 17 *besuchen).* **ἐ-δέξατο** Aor. Med. δέχομαι. **σπουδαιότερος** Komp. v. σπουδαῖος *eifrig, fleißig;* Komp. hier elativische Bdtg. (A119): *sehr eifrig.* **ὑπ-άρχων** Ptz., kaus.; σπουδαιότερος ὑπάρχων *weil er so eifrig ist/war.* **αὐθ-αίρετος** V. 3. **ἐξ-ῆλθεν** Aor. -έρχομαι; viell. Aor. des Briefstils (A241a). **18 συν-ε-πέμψαμεν** Aor. συμ-πέμπω⁴⁵ *zusammen schicken,* 18 *zugleich senden;* viell. Aor. des Briefstils (A241a). **ἔπ-αινος** *Lob;* οὗ ὁ ἔπαινος ... διὰ πασῶν τῶν ἐκκλησιῶν, erg. etwa ἐστίν, οὗ (gen. poss., A154) *dessen Lob ... in allen Gemeinden (anzutreffen) ist,* übers. *der ... in allen Gemeinden gelobt wird/in hohem Ansehen steht.* **ἐν τῷ εὐαγγελίῳ** *wegen (der Verkündigung) des Evangeliums.* **19 οὐ μόνον δέ, ἀλλὰ καί** *nicht nur* 19 *(das), sondern auch = außerdem auch* (BDR §479¹). **χειρο-τονηθείς** Aor. Ptz. Pass. -τονέω *wählen;* hier Ptz. statt der finiten Form ἐχειροτονήθη (H-S §231j; A293). **συν-έκ-δημος** *Reisebegleiter.* **σύν** hier *bei.* **χάρις** V. 6. **διακονουμένῃ** Ptz. Pass. διακονέω *dienen;* hier *besorgen, betreuen;* attr.

αὐτοῦ τοῦ κυρίου *des Herrn selbst.* προ-θυμία V. 11; πρός … προ-
20 θυμίαν ἡμῶν *(zum Zeichen) unserer Hilfsbereitschaft.* 20 στελλόμενοι
Ptz. Med. στέλλω *senden;* Med. *sich zurückziehen; vermeiden, verhüten,* m. μή
u. Konj. *daß* (vgl. H-S §247e); Präs. hier konativ (A227) *zu vermeiden suchen;*
kaus., part. coni. zu συνεπέμψαμεν (V. 18; V. 19 dann Parenthese [A374]),
od. als Anakoluth (vgl. A375) an συνέκδημος ἡμῶν (V. 19) angeschlossen
(BDR §468³); στελλόμενοι τοῦτο μή *denn wir wollen (dadurch) das*
vermeiden, daß. μωμήσηται Aor. Konj. Med. μωμάομαι *tadeln,*
verhöhnen, verlästern, lästern, in üble Nachrede bringen; hier viell. *verdächtigen.*
ἐν hier kaus. *auf Grund von, wegen, angesichts.* ἁδρότης³ ητος ἡ *volle Reife,*
Vollkraft, Fülle; hier etwa *reiche Spende, große Summe.* διακονουμένη
21 V. 19. 21 προ-νοέω *vorher bedenken; Vorsorge treffen, bedacht sein auf.*
καλά Ntr. *(das) Gute; (das) Lobenswerte, (das) Rechte.* οὐ μόνον … ἀλλὰ
22 καί V. 10. 22 ἐ-δοκιμάσαμεν Aor. δοκιμάζω V. 8. ἐν πολλοῖς *in*
vielen Dingen/Stücken (B I2bα). πολλάκις *häufig, oft.* σπουδαῖος *eifrig,*
fleißig, tüchtig. ὄντα Ptz. εἰμί, AcP (A300). νυνί V. 11. πολύ adv. Akk.
(A150; H-S §157) = πολλῷ beim Komp. (A117) *(um) viel.*
σπουδαιότερος (V. 17); ὃν ἐδοκιμάσαμεν … σπουδαῖον ὄντα,
νυνὶ δὲ πολὺ σπουδαιότερον … (ὅν: rel. Verschränkung m. dem AcP,
A364b) *wir haben … (durch Erprobung) festgestellt, daß er eifrig ist, jetzt sogar*
(noch) viel eifriger = dessen Eifer wir … erprobt haben, der jetzt aber … noch viel
eifriger ist. πεποίθησις⁸ *Vertrauen, Zuversicht;* dat. causae (A177).
23 23 εἴτε ὑπὲρ Τίτου *ob es Titus betrifft, ob es sich um Titus handelt* (ὑπέρ
statt περί, BDR §231,1); Nachsatz am besten mit Doppelpunkt anschließen.
κοινωνός ὁ u. ἡ *Genosse, Partner, Gefährte;* erg. ἐστίν. συν-εργός
Mitarbeiter; εἰς ὑμᾶς συνεργός *(mein) Mitarbeiter (im Dienst) für euch.*
εἴτε ἀδελφοὶ ἡμῶν *ob es unsere (beiden anderen)* (vgl. A376a) *Brüder*
(sind). ἀπό-στολος hier *Abgesandter, Gesandter;* erg. εἰσίν. δόξα
24 Χριστοῦ gen. obi. (A158) *eine Ehre für Christus.* 24 ἔν-δειξις⁸ *Beweis,*
Erweis; Akk. des inneren Obj. (A145). καύχησις⁸ *(das) Rühmen.* ἐν-
δεικνύμενοι Ptz. -δείκνυμαι *zeigen, beweisen, erweisen;* Ptz. imp. (BDR
§468⁵; A294); τὴν οὖν ἔνδειξιν τῆς ἀγάπης ὑμῶν καὶ ἡμῶν
καυχήσεως ὑπὲρ ὑμῶν εἰς αὐτοὺς ἐνδεικνύμενοι *erbringt ihnen*
gegenüber nun den Erweis eurer Liebe und unseres Rühmens über euch bzw. *und*
dafür, daß wir euch zu Recht gelobt haben [Var. ἐν-δείξασθε Aor. Imp.]. εἰς
πρόσωπον *vor (den Augen von).*

9　　διακονία *Dienst, Dienstleistung;* hier *Unterstützung, Hilfeleistung.* εἰς
für (BDR §207⁴; B 4g); εἰς τοὺς ἁγίους *für die Heiligen,* hier = die Christen
in Jerusalem. περισσός *außergewöhnlich; überflüssig, unnötig.* γράφειν
Inf., subst. als Subj. (A280); περισσόν μοί ἐστιν τὸ γράφειν ὑμῖν *ich*
brauche euch (eigentlich) nicht weiter (vgl. A225) *zu schreiben* (Menge; zur Stil-

figur s. BDR §495,3). **2 προ-θυμία** *Bereitwilligkeit, guter Wille, Eifer.* **ὑπέρ** 2
hier *über, zugunsten von* (B 1f). **καυχάομαι** *sich rühmen;* tr. *rühmen;* ἣν
ὑπὲρ ὑμῶν καυχῶμαι Μακεδόσιν *deretwegen ich euch den Mazedoniern*
gegenüber rühme/lobe. **Μακεδών**[4] ονος ὁ *Mazedonier,* Bewohner v. Maze-
donien. **ὅτι** erläutert das Rühmen; übers. als ὅτι recitativum (A333).
Ἀχαῖα 1,1. **παρ-ε-σκεύασται** Pf. Pass. παρα-σκευάζω (vgl.
A33[91ff]) *zurüsten;* Med. *sich rüsten;* Pf. Pass. *gerüstet sein, bereit sein.* **πέρυσι**
im vorigen Jahr. **ζῆλος**[7] *Eifer.* **ἠρέθισεν** Aor. ἐρεθίζω (vgl. A33[91ff]) *auf-*
reizen, herausfordern, anspornen. **3 ἔ-πεμψα** Aor. πέμπω. **καύχημα**[3] 3
(das) Rühmen; τὸ καύχημα ἡμῶν τὸ ὑπὲρ ὑμῶν *das, was wir zu eurem*
Ruhm gesagt haben (B 2). **κενωθῇ** Aor. Konj. Pass. κενόω *leer machen;*
zunichte machen; seiner Berechtigung berauben (B 3). **ἐν τῷ μέρει τούτῳ** *in*
diesem Punkt (vgl. B μέρος 1bθ). **ἔ-λεγον** Ipf. λέγω. **παρ-ε-**
σκευασμένοι Pf. Ptz. Pass., umschrieb. Pf. (A249). **ἦτε** Konj. εἰμί.
4 μή πως *damit nicht etwa* (B [μή] πως 1a [Sp. 1466]), m. Aor. Konj.; m. 4
καταισχυνθῶμεν zu verbinden. **ἔλθωσιν** Aor. Konj. ἔρχομαι. **εὕρω-**
σιν Aor. Konj. εὑρίσκω; m. doppeltem Akk. (A97,15; 147): *jmdn. in einem*
best. Zustand vorfinden/antreffen. **ἀ-παρα-σκεύαστος**[11] *unvorbereitet.*
κατ-αισχυνθῶμεν Aor. Konj. Pass. -αισχύνω (vgl. A33[132ff]) *beschämen,*
zuschanden machen. **λέγω** Konj.; ἵνα μὴ λέγω ὑμεῖς *um nicht zu sagen:*
Ihr (zur Stilfigur s. BDR §495[12]) [Var. λέγωμεν Konj.]. **ὑπό-στασις**[8]
Grundlage; Wesen, Wirklichkeit; Lage, Zustand, seelische Verfassung; hier *Unter-*
nehmen, Vorhaben (EWNT 3, Sp. 973); evtl. *Zuversicht* (Zorell II2b).
5 ἀναγκαῖος *notwendig, nötig.* **ἡγησάμην** Aor. Med. ἡγέομαι *führen,* 5
leiten; meinen, halten für. **παρα-καλέσαι** Aor. Inf. -καλέω. **ἵνα** hier *daß*
(A328, bez. das Erbetene). **προ-έλθωσιν** Aor. Konj. -έρχομαι[187] *vor-*
gehen; hier *vorausreisen.* **προ-κατ-αρτίσωσιν** Aor. Konj. -αρτίζω (vgl.
A33[91ff]) *vorher zurechtmachen, vorher fertigstellen.* **προ-επ-ηγγελμένην**
Pf. Ptz. Pass. -αγγέλλομαι[111] *vorher versprechen, im voraus ankündigen;* attr.
εὐ-λογία *Segen;* hier *Segensgabe* (B 3bβ); da Segen die Fülle einschließt (bes.
beim zweiten Vorkommen): *großzügige Gabe* (vgl. B 5; viell. Wortspiel: εὖ *gut*
+ λογ[ε]ία *Sammlung* [1Kor 16,1]). **ταύτην** Subj. des AcI. **ἕτοιμος**
bereit. **εἶναι** Inf. εἰμί, Präd. des AcI m. fin. Bdtg. (A276). **πλεον-εξία**
(< πλέον + ἔχω) *Habgier, Geiz;* hier (als Gegenstück zu εὐλογία; vgl.
A382c) *Gabe des Geizes, geizige/widerwillig gespendete Gabe.*
6 τοῦτο δέ ellip., erg. φημί (BDR §481[1]) *ich meine aber dies.* 6
σπείρων Ptz., subst. **φειδομένως** *sparsam, spärlich.* **θερίσει** Fut. θε-
ρίζω (vgl. A33[91ff]) *ernten.* **εὐ-λογία** V. 5; ἐπ' εὐλογίαις (ἐπί mod., vgl. B
ἐπί II1bζ) *mit Segen(shänden), mit vollen Händen, reichlich, großzügig.*
7 ἕκαστος ellip., erg. *möge geben* (BDR §481[2]). **προ-ήρηται** Pf. Med. 7
-αιρέω[186] *herausnehmen;* Med. *sich erwählen, sich vornehmen.* **τῇ καρδίᾳ**

dat. instr. (A176) *mit/in seinem Herzen.* λύπη *Trauer, Kummer;* ἐκ λύπης *traurig, mit Unlust, widerwillig.* ἀνάγκη *Nötigung, Zwang;* ἐξ ἀνάγκης *gezwungenermaßen, aus Zwang.* ἱλαρός *heiter, fröhlich.* δότης[1] *Geber.*

8　8 δυνατέω *stark sein; vermögen, können, die Kraft/Macht* zu etwas *haben,* m. flgd. Inf. πᾶσαν χάριν *jede Art von Gnade/Gnadengabe* (vgl. B χάρις 4). περισσεῦσαι Aor. Inf. περισσεύω tr. *überreich machen, reichlich gewähren* (εἴς τινα *jmdm.;* B 2a); intr. *überschießen, übrig sein; (über)reich sein, Überfluß haben* (εἰς *für;* B 5); hier tr. ἐν παντί *in jeder Hinsicht* (B πᾶς 2aβ). αὐτ-άρκεια *genügendes Auskommen;* ἔχω πᾶσαν αὐτάρκειαν *sein gutes Auskommen haben* (B 1). ἔχοντες Ptz. ἔχω, mod. περισσεύητε Konj.,

9　hier intr. 9 γέ-γραπται Pf. Pass. γράφω, Pf. Pass. term. tech. zur Einführung v. Schriftzitaten (B 2c): *in der Schrift heißt es/steht.* ἐ-σκόρπισεν Aor. σκορπίζω (vgl. A33[91ff]) *zerstreuen; ausstreuen.* ἔ-δωκεν Aor. δίδωμι; bei ἐσκόρπισεν u. ἔδωκεν handelt es sich um die LXX-Wiedergabe des zeitlos gebrauchten hebr. Pf. (A241c) *er streut aus (und) gibt* bzw., als Hendiadyoin (A378), *er gibt großzügig.* πένης[3] ητος ὁ *Armer.* 10 ἐπι-χορηγῶν Ptz.

10　-χορηγέω *darreichen, gewähren, geben;* subst. σπόρος *Same, Saatgut.* σπείροντι Ptz. σπείρω, subst. *Sämann.* βρῶσις[8] *Essen; Speise.* χορηγήσει Fut. χορηγέω *beschaffen, gewähren, geben.* πληθυνεῖ Fut. πληθύνω (vgl. A33[132ff]) *vermehren.* αὐξήσει Fut. αὐξάνω[146] tr. *vermehren, wachsen lassen.* γένημα[3] *Frucht, Ertrag.* 11 πλουτιζόμενοι Ptz. Pass.

11　πλουτίζω *reich machen;* Pass. *reich sein;* hier Ptz. statt der finiten Form πλουτισθήσεσθε (Fut. Pass.) (H-S §231j; A293) *ihr werdet reich sein.* ἁπλότης[3] ητος ἡ *Einfalt* (ohne Hintergedanken), *Lauterkeit, Aufrichtigkeit;* hier *Gebefreudigkeit, Freigebigkeit, Großzügigkeit;* εἰς πᾶσαν ἁπλότητα *zu aller Gebefreudigkeit* bzw. *so ... daß ihr jederzeit freigebig sein könnt* (GN). κατεργάζομαι *vollenden; hervorbringen, schaffen, wirken.* εὐ-χαριστία

12　*Dankbarkeit; Danksagung, Dank,* τῷ θεῷ *gegen Gott.* 12 διακονία V. 1. λειτουργία *Dienst; Gottesdienst;* ἡ διακονία τῆς λειτουργίας ταύτης gen. obi. (A158) *die Durchführung dieses (vor Gott verrichteten) Dienstes* od. gen. epexegeticus (A163) *die Hilfeleistung, die in diesem (vor Gott verrichteten) Dienst besteht.* οὐ μόνον ... ἀλλὰ καί *nicht nur ... sondern auch.* προσ-ανα-πληροῦσα Ptz. Fem. -πληρόω *ausfüllen, abhelfen;* umschrieb. Präs. (A249). ὑστέρημα[3] *Mangel.* τῶν ἁγίων s. V. 1 zu εἰς. περισσεύουσα Ptz. Fem. περισσεύω V. 8, hier *sich als überreich erweisen, darüber hinaus wirksam*

13　*sein;* umschrieb. Präs. (A249). 13 διά hier kaus. (B AIV). δοκιμή *Erprobtheit, Bewährung;* διὰ τῆς δοκιμῆς τῆς διακονίας ταύτης *infolge der/eurer bei dieser Hilfeleistung sich zeigenden Bewährung.* δοξάζοντες Ptz. δοξάζω, hier statt der finiten Form (s. V. 11) δοξάσουσιν (Subj. sind die Empfänger [BDR §468[3]]). ὑπο-ταγή *Unterordnung, Gehorsam.* ὁμο-λογία *Bekenntnis, (das) Bekennen* (εἴς τι *zu etwas*); ἐπὶ τῇ ὑποταγῇ τῆς ὁμολογίας ὑμῶν gen. pertinentiae (A152ff) *für den zu eurem Bekenntnis gehörenden Gehorsam* (d.h. das Bekenntnis äußert sich im Gehorsam gegenüber dem Evangelium; B) od. gen. epexegeticus (A163) *für den Gehorsam, (nämlich) euer Bekenntnis.* **κοινωνία** (< κοινωνός Genosse, Teilhaber) *Gemeinschaft; Gemeinschaftssinn* bzw. *Bereitschaft, anderen zu helfen/mit ihnen zu teilen;* ἐπί ... ἁπλότητι τῆς κοινωνίας εἰς αὐτοὺς καὶ εἰς πάντας *für die Gebefreudigkeit eures Gemeinschaftssinnes* (der sich in der Gebefreudigkeit äußert) *ihnen und allen (anderen) (A376a) gegenüber* bzw. *für eure Bereitschaft, ihnen und allen anderen so großzügig zu helfen.* 14 **δέησις**[8] *Bitte, Gebet;* dat. 14 modi (A180) *im/beim Gebet.* **ἐπι-ποθούντων** Ptz. -ποθέω *Sehnsucht haben, verlangen* τινά *nach jmdm.;* gen. abs. (A288), temp. **ὑπερ-βάλλουσαν** Ptz. Fem. -βάλλω *übersteigen, übertreffen;* Ptz. *außerordentlich, überragend, überreich;* attr.; διὰ τὴν ὑπερβάλλουσαν χάριν τοῦ θεοῦ ἐφ᾽ ὑμῖν *wegen der überreichen Gnade Gottes gegen euch* bzw. *wegen der Gnade Gottes, die sich überreich an euch erweist* (Menge). 15 **χάρις** *Dank;* erg. ἔστω 15 (Imp. v. εἰμί) *soll sein, sei* (BDR §128[9]; A78a). **ἀν-εκ-διήγητος**[11] *unbeschreiblich.* **δωρεά** *Geschenk, Gabe.*

διά hier *bei* (B AIII1f) od. mod. *mit* (vgl. B AIII1b). **πραΰτης**[3] ητος ἡ **10** *Sanftmut, Freundlichkeit.* **ἐπι-είκεια** *Nachsicht, Milde.* **κατὰ πρόσωπον** *ins Gesicht, bei persönlicher Anwesenheit* (B κατά II1b). **ταπεινός** *niedrig, unbedeutend; unterwürfig; demütig, bescheiden;* hierbei handelt es sich um ein Urteil der Gegner: erg. etwa *angeblich.* **ἐν** *bei.* **ἀπ-ών** Ptz. ἄπ-ειμι (A32) *abwesend sein;* temp. *wenn ich abwesend bin, aus der Ferne.* **θαρρέω** *guten Mutes sein, mutig sein* εἴς τινα *gegenüber jmdm.* 2 **δέομαι** *bitten.* **παρ-ών** 2 Ptz. πάρ-ειμι (A32) *anwesend sein;* temp. *bei meiner Anwesenheit.* **θαρρῆ-σαι** Aor. Inf., subst. als Obj. (A280); τὸ μὴ παρὼν θαρρῆσαι *ich bitte um das Nicht-mutig-sein-Müssen bei meiner Anwesenheit* (BDR §399,3[5]), *daß ich bei meiner Anwesenheit nicht so mutig sein* (d.h. nicht durchgreifen) *muß.* **πεποίθησις**[8] *Vertrauen, Zuversicht;* dat. modi (A180) *in dem Vertrauen* (auf die Stellung als Apostel). **λογίζομαι** hier *beabsichtigen, entschlossen sein,* m. Inf. (B 2). **τολμῆσαι** Aor. Inf. τολμάω *wagen; mutig sein, sich tapfer erweisen, entschlossen auftreten,* ἐπί τινα *gegen jmdn.* **λογιζομένους** Ptz., hier m. AkkO u. ὡς m. Akk. (Obj.-Präd.; vgl. H-S §260i) *jmdn. ansehen als* (B 1b); subst. ὡς bez. hier eine erlogene bzw. objektiv falsche Eigenschaft (B III3). **κατὰ σάρκα** hier etwa *auf (rein) menschliche Weise* (d.h. ohne geistliche Vollmacht). **περι-πατοῦντας** Ptz. -πατέω, subst. ohne Art. (A304) (fast = AcP [Ptz. hier m. ὡς], A300); λογιζομένους ἡμᾶς ὡς κατὰ σάρκα περιπατοῦντας *die von uns meinen, wir würden auf (rein) menschliche Weise leben.* 3 **ἐν σαρκί** *als (schwache) Menschen* (zum Wortspiel vgl. BDR 3 §488[3]). **περι-πατοῦντες** Ptz., konz. *obwohl wir leben.* **στρατεύομαι** *Kriegsdienst tun;* übertr. *kämpfen.* 4 **ὅπλον** *Werkzeug; Waffe.* **στρατεία** 4

Feldzug; Kampf [Var. στρατία *Heer;* selten *Feldzug*]. **σαρκικός** *fleischlich* (im Sinn v. sündhaft, schwach) bzw. (s. Wortspiel) *(rein) menschlich.* **δυνατός** *stark, kräftig.* **θεῷ** dat. causae (A177) *durch Gott,* evtl. dat. commodi (A173) *für Gott* od. Dat. des Standpunktes (A175,2) *in den Augen Gottes.* **καθ-αίρεσις**[8] *(das) Niederreißen, Zerstörung.* **ὀχύρωμα**[3] *Festung, Bollwerk.* **λογισμός** *Berechnung, Überlegung, Gedanke;* hier negativ: *(falsches) Gedankengebäude.* **καθ-αιροῦντες** Ptz. -αιρέω *herabnehmen; zerstören, niederreißen;* hier wohl Ptz. statt der finiten Form καθαιροῦμεν (H-S §231j;
5 A293). **5 ὕψωμα**[3] *(das) Hohe, Hochragende;* πᾶν ὕψωμα *jede (Art von) Hochmut.* **ἐπ-αιρόμενον** Ptz. Pass. -αίρω *emporheben;* Pass. übertr. *sich erheben, sich auflehnen;* attr. **γνῶσις**[8] *Erkenntnis.* **αἰχμ-αλωτίζοντες** Ptz. -αλωτίζω *zum Kriegsgefangenen machen;* übertr. *gefangennehmen;* als Ind. zu übers. (V. 4). **νόημα**[3] *Gedanke, (das) Denken.* **ὑπ-ακοή** *Gehorsam,* m.
6 gen. obi. (A158). **6 ἕτοιμος** *bereit;* ἐν ἑτοίμῳ ἔχω *bereit sein* (B 2). **ἔχοντες** Ptz. ἔχω, als Ind. zu übers. (V. 4). **ἐκ-δικῆσαι** Aor. Inf. -δικέω *jmdn. rächen;* hier *bestrafen.* **παρ-ακοή** *Ungehorsam.* **πληρωθῇ** Aor. Konj. Pass. πληρόω; ὅταν πληρωθῇ ὑμῶν ἡ ὑπακοή *sobald ihr wirklich gehorsam geworden seid.*

7   **7 τὰ κατὰ πρόσωπον** *das, was vor Augen liegt* (B κατά II1b). **βλέπετε** Imp., evtl. Ind. **πέ-ποιθεν** Pf. (m. präs. Bdtg.) πείθω; Pf. hier *überzeugt sein, sich gewiß sein.* **ἑαυτῷ** dat. resp. (A178) *in bezug auf sich selbst, von sich selbst.* **εἶναι** Inf. εἰμί, m. präd. Gen. (H-S §159b; A154 u. 174; B IV3), Χριστοῦ εἶναι *zu Christus gehören, Christus angehören.* **λογιζέσθω** Imp. 3. Sg. λογίζομαι. **πάλιν** hier *andererseits (auch).* **ἐφ᾽ ἑαυτοῦ**
8 *bei sich selbst* (BDR §234[7]). **8 ἐάν τε γάρ** *auch wenn ... nämlich, denn wenn ... auch* (vgl. BDR §443[5]). **περισσότερον** Komp. v. περισσός (Adj.) *außergewöhnlich* od. v. περισσῶς (Adv.) *in außergewöhnlicher Weise, sehr;* περισσότερόν τι subst. Adj. (AkkO zu καυχήσωμαι) *etwas Weiteres* od. adv. *noch etwas mehr/stärker* (Menge). **καυχήσωμαι** Aor. Konj. Med. καυχάομαι *sich rühmen;* tr. *rühmen* [Var. καυχήσομαι Fut., vgl. BDR §373[13]]; ἐὰν περισσότερόν τι καυχήσωμαι περὶ τῆς ἐξουσίας ἡμῶν *wenn ich etwas Weiteres im Blick auf unsere Vollmacht rühmend erwähne* od. *wenn ich mich noch etwas stärker unserer Vollmacht rühme.* ἧς *für* ἥν Attraktion des Rel.-Pron. (A360). **ἔ-δωκεν** Aor. δίδωμι. **οἰκο-δομή** *(das) Bauen;* übertr. *(das) Erbauen, Erbauung, Auferbauung.* **καθ-αίρεσις** V. 4. **αἰσχυνθήσομαι** Fut. Pass. αἰσχύνω (vgl. A33[130]) (< αἶσχος *Schande*)
9 *jmdn. beschämen;* Pass. *beschämt werden, zuschanden werden.* **9 ἵνα** hier vor selbständigem Begehrungssatz (BDR §387[4], vgl. A319). **δόξω** Aor. Konj. δοκέω; ἵνα μὴ δόξω *ich will (aber) nicht den Anschein erwecken.* **ὡς ἄν** *gleichsam* (B ἄν 6). **ἐκ-φοβεῖν** Inf. -φοβέω *in Schrecken versetzen, ein-*
10 *schüchtern.* **ἐπι-στολή** *Brief.* **10 ὅτι** *denn;* es folgt ein Zitat. **φησίν**

3. Sg. φημί, 3. Sg. hier unpersönl. *man sagt* (BDR §130[7]). **βαρύς**[10] εἶα ὑ
schwer; schwerwiegend, gewichtig, stark. **ἰσχυρός** (< ἰσχύω *stark sein*) *stark;*
machtvoll, eindrücklich (Brief); erg. εἰσίν. **παρ-ουσία** (< πάρειμι [εἰμί]
anwesend sein) *Anwesenheit, Gegenwart;* ἡ ... παρουσία τοῦ σώματος *seine*
leibliche/persönliche Gegenwart, sein persönliches Auftreten. **ἀ-σθενής**[7]
kraftlos, schwach, schwächlich. **ἐξ-ουθενημένος** Pf. Ptz. Pass. -ουθενέω
geringschätzen, verachten; Pf. Ptz. Pass. *verachtenswert, kläglich;* umschrieb. Pf.
(A249), erg. ἐστίν. **11 ὁ τοιοῦτος** *der so Beschaffene* (B 3aα), *ein solcher/*　**11**
dieser Mensch. οἷος ... **τοιοῦτος** *wie (beschaffen)* ... *so (beschaffen);* οἷοί
ἐσμεν ... τοιοῦτοι (erg. ἐσόμεθα [Fut. v. εἰμί]) etwa *wie wir uns zeigen* ... *so*
werden wir auftreten. **τῷ λόγῳ** ... **τῷ ἔργῳ** dat. instr. (A176) od. respectus
(A178) *mit Worten* ... *mit der Tat.* **ἀπ-όντες** Ptz. ἄπ-ειμι V. 1, temp. **παρ-**
όντες Ptz. πάρ-ειμι V. 2, temp.

　　12 γάρ hier etwa *allerdings* (vgl. B 4). **τολμάω** *wagen; sich erkühnen,*　**12**
vermessen sein. **ἐγ-κρῖναι** Aor. Inf. -κρίνω[127] *rechnen zu, dazuzählen, auf*
eine Stufe stellen mit. **συγ-κρῖναι** Aor. Inf. -κρίνω[127] *zusammenbringen;*
vergleichen, gleichstellen, ἑαυτόν τινι *sich selbst (mit) jmdm.* **συν-**
ιστανόντων Ptz. -ίστημι/-ιστάνω *zusammenbringen; vorstellen, empfeh-*
len; subst. im gen. partitivus (A164); τισὶν τῶν ἑαυτοὺς συνιστανόντων
mit einigen von denen, die sich selbst empfehlen. **μετροῦντες** Ptz. μετρέω
messen; mod. od. kaus.; αὐτοὶ ἐν ἑαυτοῖς ἑαυτοὺς μετροῦντες ... οὐ
συνιᾶσιν *dadurch, daß (od. weil) sie sich (nur) an sich selbst messen ... erweisen*
sie sich als unvernünftig. **συγ-κρίνοντες** Ptz., mod. od. kaus. **συν-ιᾶσιν**
3. Pl. -ίημι (A28) *verstehen, einsehen;* hier (ohne Obj.) *sich als verstän-*
dig/vernünftig erweisen, verständig/vernünftig sein. **13 ἄ-μετρος**[11] *ungemessen,*　**13**
maßlos; εἰς τὰ ἄμετρα *(bis) ins Maßlose, im Übermaß.* **καυχησόμεθα**
Fut. Med. καυχάομαι V. 8; wohl mod. Fut. (A247). **μέτρον** *Maß.*
κανών[4] όνος ὁ *Maßstab, Richtschnur, Regel; abgemessenes Gebiet, zuge-*
messener Bezirk, Arbeitsgebiet. **οὗ** ist (im Kasus) zwar an κανόνος angeglichen
(A360), bezieht sich aber inhaltl. auf μέτρον: μέτρου ist im NS zur Klarstel-
lung hinzugefügt (BDR §294[9]); κατὰ τὸ μέτρον τοῦ κανόνος οὗ (= ὅ)
ἐμέρισεν ἡμῖν ὁ θεὸς μέτρου *nach dem Maß der Richtlinie, das Gott uns*
als Maß(stab) zugeteilt hat. **ἐ-μέρισεν** Aor. μερίζω (vgl. A33[91ff]) *teilen; zer-*
teilen; zuteilen, zumessen (B 2b). **ἐφ-ικέσθαι** Aor. Inf. Med. -ικνέομαι[158]
kommen, hinkommen, gelangen (zu); wohl epexegetischer Inf. (A279) *daß wir*
(nämlich) gelangen zu. **14 ἐφ-ικνούμενοι** Ptz., mod. (vorgestellter Ver-**14**
gleich; A291,2); οὐ γὰρ ὡς μὴ ἐφικνούμενοι εἰς ὑμᾶς ὑπερεκ-
τείνομεν ἑαυτούς *denn wir gehen* (bei unserem Rühmen) *nicht zu weit, als ob*
wir nicht zu euch gelangt wären. **ὑπερ-εκ-τείνω** *darüber hinaus ausspannen,*
zu weit ausstrecken; οὐ ... ὑπερεκτείνομεν ἑαυτούς *wir strecken uns nicht zu*
weit aus (d.h. über das uns v. Gott gesetzte Maß hinaus), *wir gehen nicht zu weit.*

ἐ-φθάσαμεν Aor. φθάνω[143] *zuvorkommen; hingelangen.* **ἐν** *mit.*

15 **15 καυχώμενοι** Ptz. V. 8; mod. (A291,2 Anm. 1; od. dann Ptz. statt der finiten Form καυχώμεθα/καυχησόμεθα [H-S §231j; A293]). **ἀλλότριος** *fremd.* **κόπος** *Mühe; Anstrengung, Arbeit;* οὐκ εἰς τὰ ἄμετρα καυχώμενοι ἐν ἀλλοτρίοις κόποις *wir rühmen uns dabei nicht maßlos (und prahlen) mit fremder Arbeit.* **ἔχοντες** Ptz. ἔχω, mod. (od. statt ἔχομεν). **αὐξανομένης** Ptz. Pass. αὐξάνω *wachsen lassen;* Pass. *wachsen, zunehmen;* gen. abs. (A288), temp. **ἐν ὑμῖν** *bei euch, unter euch.* **μεγαλυνθῆναι** Aor. Inf. Pass. -λύνω (vgl. A33[118ff]) *groß machen;* Pass. *groß werden,* hier = *groß dastehen..* **κανών** V. 13, hier viell. *Arbeitsgebiet, Wirkungsbereich.* **περισσεία** *Überfluß, Fülle;* εἰς περισσείαν *in höchstem Maß, im*

16 *Übermaß.* **16 ὑπερ-έκεινα** Adv. *über ... hinaus,* m. Gen., subst.; εἰς τὰ ὑπερέκεινα ὑμῶν erg. μέρη *in die über euch hinausliegenden Gebiete* (B), *über eure Grenzen hinaus.* **εὐ-αγγελίσασθαι** Aor. Inf. Med. -αγγελίζω; weiter abhängig v. ἐλπίδα (V. 15). **ἐν ἀλλοτρίῳ κανόνι** *auf fremdem Arbeitsgebiet* od. *nach einem fremden Maßstab* (vgl. V. 13). **ἕτοιμος** *bereit, fertig;* τὰ ἕτοιμα *das, was* (v. anderer Seite schon) *bereitgestellt ist* (B 1) = *die Arbeit, die schon andere getan haben.* **καυχήσασθαι** Aor. Inf. Med. V. 8; hier εἰς *im Blick auf* bzw.: *einer Sache;* Inf. ebenfalls abhängig v. ἐλπίδα

17 (V. 15). **17 καυχώμενος** Ptz. V. 8; hier ἐν: *einer Sache;* subst. **καυ-**
18 **χάσθω** Imp. 3. Sg. **18 συν-ιστάνων** Ptz. V. 12, subst. **δόκιμος** *bewährt;* εἰμὶ δόκιμος *bewährt sein, als bewährt gelten (können).* **συν-ίστησιν** 3. Sg. -ίστημι V. 12.

11   **ὄφελον** Partikel zum Ausdruck eines als unerfüllbar hingestellten Wunsches (A319b; BDR §359[2]), hier m. Ipf. *o daß doch;* ὄφελον ἀνείχεσθέ μου μικρόν τι ἀφροσύνης *o daß ihr doch (noch) ein wenig Torheit von mir ertragen möchtet.* **ἀν-είχεσθε** Ipf. -έχομαι *aushalten, ertragen,* m. Akk. der Sache od. Gen. der Pers. **ἀ-φροσύνη** *Unverstand, Torheit;* gen. partitivus bei τι (A164). **ἀλλὰ καὶ ἀνέχεσθέ μου** *aber ihr tut es ja schon* (als Ind.) od.

2 *vielmehr bitte ich darum* (als Imp.; BDR §448[7]). **2 ζηλόω** *sich eifrig/ eifersüchtig bemühen* τινά *um jmdn.* **θεοῦ** gen. pertinentiae (A152ff): *der Eifer Gottes* (d.h. Eifer, der v. Gott kommt bzw. wie Gott ihn hat), *göttlicher Eifer.* **ζῆλος**[7] *Eifer; Eifersucht;* dat. modi (A180). **ἡρμοσάμην** Aor. Med. ἁρμόζω (vgl. A33[91ff]) tr. *anfügen, einpassen;* Med. meist *sich verloben,* hier jedoch (m. akt. Bdtg.) *zur Ehe geben, verloben* (τινά τινι *jmdn. [mit] jmdm.;* B 3). **παρθένος** ἡ *Jungfrau;* Obj.-Präd. (A65) *als reine Jungfrau.* **ἁγνός** *heilig, rein* (rituell od. ethisch). **παρα-στῆσαι** Aor. Inf. παρ-ίστημι[204]

3 hier *vorstellen, vor Augen stellen, zuführen;* Inf. fin. **3 μή πως** nach Verben des Fürchtens zum Ausdruck der Besorgnis, die sich m. dem Konj. auf Zukünftiges richtet (BDR §370[3]; A308) *daß (vielleicht/womöglich).* **ὄφις**[8] ἕως ὁ *Schlange.* **ἐξ-ηπάτησεν** Aor. -απατάω *betrügen, täuschen, verführen.*

Εὔα *Eva,* Adams Ehefrau, Stammutter der Menschheit. **παν-ουργία** *List, Hinterlist, Arglist.* **φθαρῇ** Aor. Konj. Pass. φθείρω (vgl. A33[136]) *zugrunde richten; verderben;* Pass. *ins Verderben gezogen werden, verführt werden* (B 2b). **νόημα**[3] *Gedanke, Sinn.* **ἀπλότης**[3] ητος ἡ *Einfalt* (ohne Hintergedanken), *Lauterkeit, Aufrichtigkeit;* ἡ ἀπλότης ἡ εἰς τὸν Χριστόν *die aufrichtige Hingabe an Christus.* **ἀγνότης**[3] ητος ἡ *Reinheit, Lauterkeit;* μή πως ... φθαρῇ τὰ νοήματα ὑμῶν ἀπὸ τῆς ἀπλότητος καὶ τῆς ἀγνότητος τῆς εἰς τὸν Χριστόν *eure Gedanken könnten von der aufrichtigen und reinen Hingabe an Christus abgewendet (und ins Verderben gezogen) werden.* **4 μέν** solitarium (A315,2). **ἐρχόμενος** Ptz., subst.; genereller Sg./Art. (A101a; 104,1) *der, der kommt = irgend jemand, der kommt.* **ἐ-κηρύξαμεν** Aor. κηρύσσω. **ἐ-λάβετε** Aor. λαμβάνω. **ἐ-δέξασθε** Aor. Med. δέχομαι. **καλῶς** *schön, gut;* hier ironisch καλῶς ἀνέχεσθε *ihr laßt euch das ganz schön gefallen* [Var. ἀν-είχεσθε V. 1].   4

    5 γάρ hier *doch.* **μηδέν** *in keiner Hinsicht, in nichts* (Akk. der Beziehung, A149). **ὑστερηκέναι** Pf. Inf. ὑστερέω *zu spät kommen; Mangel leiden;* hier (auch im Pf.) *zurückstehen, nachstehen,* τινός *(hinter) jmdm.* **ὑπερ-λίαν** *übermäßig;* οἱ ὑπερλίαν ἀπόστολοι *die Überapostel, die Superapostel* (ironische Bezeichnung für die Gegner in Korinth). **6 ἰδιώτης**[1] *Laie, Amateur;* ἰδιώτης τῷ λόγῳ (dat. resp., A178) *Laie/Amateur im Reden;* erg. εἰμί. **ἀλλά** (erstes) nach kond. Wenn-Satz: *so doch* (BDR §448[6]); (zweites) etwa *ja.* **γνῶσις**[8] *Erkenntnis.* **ἐν παντί** *in jeder Weise/Hinsicht* (B πᾶς 2αβ). **φανερώσαντες** Aor. Ptz. φανερόω; hier Ptz. statt der finiten Form ἐφανερώσαμεν (A293) [Var. φανερωθέντες Aor. Ptz. Pass.]. **ἐν πᾶσιν** *vor/bei allen.* **εἰς** hier *gegenüber* od. = Dat. **7 ἐ-ποίησα** Aor. ποιέω. **ἐμαυτοῦ**[14] Refl.-Pron. 1. Pers. **ταπεινῶν** Ptz. ταπεινόω *niedrig machen; erniedrigen, demütigen;* mod. **ὑψωθῆτε** Aor. Konj. Pass. ὑψόω *erhöhen.* **ὅτι** erklärt ἐμαυτὸν ταπεινῶν, übers. etwa *dadurch, daß.* **δωρεάν** Adv. *unentgeltlich, umsonst.* **εὐ-ηγγελισάμην** Aor. Med. -αγγελίζω. **8 ἐ-σύλησα** Aor. συλάω *berauben, plündern.* **λαβών** Aor. Ptz. λαμβάνω, mod. **ὀψώνιον** *Sold, Lohn.* **διακονία** *Dienst;* πρὸς τὴν ὑμῶν διακονίαν *um euch zu dienen.* **9 παρ-ών** Ptz. πάρ-ειμι (A32) *anwesend sein;* temp.; παρὼν πρὸς ὑμᾶς *als ich bei euch war.* **ὑστερηθείς** Aor. Ptz. Pass. ὑστερέω V. 5; Pass. *Mangel leiden, in (materieller) Not sein* (ingr. Aor. [A229]: *geraten*); temp. od. konz. (καί *auch wenn;* A291,4). **κατ-ε-νάρκησα** Aor. κατα-ναρκάω *zur Last fallen,* m. Gen. **οὐθενός** = οὐδενός. **ὑστέρημα**[3] *Mangel.* **προσ-αν-ε-πλήρωσαν** Aor. -ανα-πληρόω *ausfüllen, abhelfen.* **ἐλθόντες** Aor. Ptz. ἔρχομαι, temp. **Μακεδονία** 1,16. **ἐν παντί** V. 6. **ἀ-βαρής**[7] *ohne Last;* übertr. *nicht lästig;* ἀβαρῆ ἐμαυτὸν ὑμῶν ἐτήρησα *ich habe mich als euch nicht lästig bewahrt = ich habe mich gehütet, euch zur Last zu fallen.* **ἐ-τήρησα** Aor. τηρέω hier: 5

  6

  7

  8

  9

10　in einem best. Zustand *bewahren.* **τηρήσω** Fut.　**10 ἔστιν ἀλήθεια Χριστοῦ ἐν ἐμοὶ ὅτι** wohl Beteuerung (BDR §397[7]): *(so gewiß) Christi Wahrheit in mir ist:* ... **καύχησις**[8] *(das) Rühmen, Ruhm.* **φραγήσεται** Fut. Pass. **φράσσω** (vgl. A33[74ff]) *verschließen;* Pass. hier *zum Schweigen gebracht werden* od. *verhindert werden;* ἡ καύχησις αὕτη οὐ φραγήσεται εἰς ἐμέ *dieser Ruhm für mich wird nicht verstummen, diesen Ruhm wird mir nie-*

11　*mand nehmen.* **κλίμα**[3] *Landstrich, Gegend.* **᾽Αχαΐα** 1,1.　**11 διὰ τί** *warum?*

12　　　**12 ποιήσω** Fut. ποιέω. **ἐκ-κόψω** Aor. Konj. -κόπτω[56] *abhauen, abschneiden* bzw. hier *nehmen.* **ἀφ-ορμή** *Anlaß, Gelegenheit.* **θελόντων** Ptz. θέλω, subst. **ἐν ᾧ** = ἐν τούτῳ ἐν ᾧ (A358f). **καυχάομαι** tr. *rühmen; sich rühmen* ἐν einer Sache. **ἵνα** (zweites) hier = Inf. (A328), zum zweiten ἀφορμήν zu ziehen (kaum als *damit* zu ποιήσω). **εὑρεθῶσιν** Aor. Konj. Pass. εὑρίσκω, Pass. *sich erweisen als, dastehen;* ἵνα ἐν ᾧ καυχῶνται εὑρεθῶσιν καθὼς καὶ ἡμεῖς Gelegenheit, *mit/in dem, womit sie sich rüh-*

13　*men, genauso dazustehen wie wir.*　**13 οἱ τοιοῦτοι** *die so Beschaffenen* (vgl. B 3aα), *solche/diese Menschen;* erg. εἰσίν. **ψευδ-απόστολος** *falscher Apostel.* **ἐργάτης**[1] *Arbeiter.* **δόλιος** *heimtückisch, betrügerisch.* **μετα-σχηματιζόμενοι** Ptz. Med. -σχηματίζω *umgestalten, verwandeln;* Med. *sich verwandeln* (εἰς *in*), *die Gestalt annehmen* εἰς/ὡς *von, sich tarnen* εἰς/ὡς

14　*als, auftreten* εἰς/ὡς *als;* attr.　**14 θαῦμα**[3] *Wunder;* καὶ οὐ θαῦμα erg. ἐστίν *und das ist auch kein Wunder.* **σατανᾶς**[1] ᾶ *Satan,* der Widersacher Gottes. **μετα-σχηματίζεται** Med. **ἄγγελος φωτός** *Engel des Lichts*

15　(d.h. ein Bote Gottes).　**15 οὐ μέγα οὖν** erg. ἐστίν *es ist also nichts Besonderes* (B μέγας 2bβ). **εἰ** *wenn* bzw. *daß* (B II; H-S §271e; vgl. A327b). **καί** *auch.* **διάκονος** *Diener.* **ὧν** *deren, ihr* (A364a). **ἔσται** Fut. εἰμί, hier m. κατά τι *wird* ihren Taten *entsprechen.*

16　　　**16 μέ** Subj. des AcI. **δόξῃ** Aor. Konj. δοκέω, prohibitiver Konj. (A256). **ἄ-φρων**[11] ον *unverständig, töricht.* **εἶναι** Inf. εἰμί, Präd. des AcI; μὴ τίς με δόξῃ ἄφρονα εἶναι *niemand soll meinen, ich sei nicht bei Verstand* bzw. *niemand soll mich für einen (wirklichen) Toren halten* (vgl. H-S §216e). **εἰ δὲ μή γε** *andernfalls* (BDR §376[6]) hier = *tut ihr es aber doch.* **κἄν** = καὶ ἐάν *wenigstens* (B κἄν 3; BDR §374[6]). **δέξασθε** Aor. Imp. Med. δέχομαι. **μικρόν τι** *ein wenig* (adv. Akk. [A148ff], evtl. AkkO).

17　**καυχήσωμαι** Aor. Konj. Med. V. 12.　**17 ὃ λαλῶ** *was ich (jetzt) sage.* **κατὰ κύριον** *im Sinne des Herrn.* **ἀ-φροσύνη** *Unverstand, Torheit;* ὡς ἐν ἀφροσύνῃ *als in Torheit (befindlich), in der Rolle des Toren* (Lang, Kor, S. 340). **ὑπό-στασις**[8] *Grundlage; Wesen, Wirklichkeit; Lage, Zustand; seelische Verfassung;* hier *Unternehmung, Vorhaben* (EWNT 3, Sp. 973); evtl. *Zuversicht.* **καύχησις** V. 10; ἐν ταύτῃ τῇ ὑποστάσει τῆς καυχήσεως *bei*

18　*diesem Unterfangen des Rühmens/Prahlens.*　**18 ἐπεί** *weil, da.* **καυχάομαι**

V. 12. **κατὰ σάρκα** hier etwa *auf (rein) menschliche/weltliche Art und Weise.*
καυχήσομαι Fut. Med. **19 ἡδέως** *gern.* **ἀν-έχομαι** V. 1. **φρόνι-**   19
μος *verständig, klug.* **ὄντες** Ptz. εἰμί, kaus. od. konz. (ironisch) *weil* od. *ob-*
wohl ihr seid. **20 κατα-δουλόω** *zum Sklaven machen, knechten.* **κατ-**   20
εσθίω *verzehren, aufzehren;* übertr. *ausbeuten.* **λαμβάνω** hier *ergreifen,*
erobern, einfangen. **ἐπ-αίρεται** Pass. -αίρω *emporheben;* Pass. *sich über-*
heben, sich brüsten. **δέρω** *schinden, schlagen.* **21 ἀ-τιμία** *Unehre, Schande;*   21
κατὰ ἀτιμίαν λέγω *zu meiner Schande* (B κατά II4) *muß ich gestehen*
(ironisch). **ὡς ὅτι** *daß* (ὡς m. subjektiver Bdtg.; BDR §396,2⁶; B ὅτι 1dβ).
ἠ-σθενήκαμεν Pf. ἀ-σθενέω *kraftlos/schwach sein;* ὡς ὅτι ἡμεῖς ἠσθε-
νήκαμεν *daß wir (dazu zu) schwach sind* [Var. ἠ-σθενήσαμεν Aor.].

τολμάω *wagen, sich erkühnen;* absolut: *mutig sein;* ἐν ᾧ δ' ἄν τις
τολμᾷ ... (ἐν τούτῳ; A358) τολμῶ κἀγώ *wozu (auch immer) aber jemand*
den Mut aufbringt ... dazu bringe ich auch den Mut auf od. (erg. καυχήσασθαι
[Inf. Aor.]) *womit (auch immer) jemand zu prahlen wagt ... damit wage ich auch*
zu prahlen. **ἀ-φροσύνη** V. 17. **22 Ἑβραῖος** *Hebräer* (bez. hier die Natio-   22
nalität). **Ἰσραηλίτης**[1] *Israelit* (bez. den Angehörigen des Volkes Gottes).
Ἀβραάμ indekl., hier Gen. **23 διάκονος** *Diener.* **παρα-φρονῶν** Ptz.   23
-φρονέω *von Sinnen sein;* mod., *wider alle Vernunft, als ein Verrückter.* **ὑπέρ**
hier Adv. (B 3; A183) *noch mehr,* viell. aber Präp. m. Ellipse (A376) v. αὐτούς
(BDR §230³), ὑπὲρ ἐγώ *ich noch mehr (als sie).* **κόπος** *Mühe, Anstrengung,*
mühevolle Arbeit. **περισσοτέρως** Komp. v. περισσῶς *in außergewöhn-*
licher Weise, sehr; Komp. *(noch) mehr, viel mehr;* ἐν κόποις περισσοτέρως
(ich bin Christi Diener) *viel mehr (als sie) in/durch Mühen.* **φυλακή** hier
Gefangenschaft. **πληγή** *Schlag;* ἐν πληγαῖς *unter Schlägen.* **ὑπερ-**
βαλλόντως (Adv. v. Ptz. -βάλλω) *übermäßig, über die Maßen.* **θάνατος**
hier *Todesgefahr* (B 1c). **πολλάκις** *häufig, oft.* **24 πεντάκις**[19] *fünfmal.*   24
τεσσεράκοντα[19] *vierzig;* τεσσεράκοντα παρὰ μίαν *die „vierzig*
(Schläge) weniger einen" (term. tech. für Synagogenstrafe). **ἔ-λαβον** Aor.
λαμβάνω. **25 τρίς**[19] *dreimal.* **ἐρ-ραβδίσθην** Aor. Pass. ῥαβδίζω (vgl.   25
A33[91ff]) *Stockhiebe versetzen, mit der Rute schlagen, auspeitschen.* **ἅπαξ**[19] *ein-*
mal. **ἐ-λιθάσθην** Aor. Pass. λιθάζω (vgl. A33[91ff]) *steinigen.* **ἐ-ναυ-**
άγησα Aor. ναυ-αγέω *Schiffbruch erleiden.* **νυχθ-ήμερον** *eine Nacht*
und ein Tag = vierundzwanzig Stunden. **βυθός** *Tiefe* (des Meeres); ἐν τῷ
βυθῷ *auf hoher See, in Seenot.* **πε-ποίηκα** Pf. ποιέω, m. Akk. der Zeit
zubringen (B II6δ); Pf. betont hier die bleibenden Auswirkungen des Gesche-
hens (ZG; A242) od. aber (frühes Beispiel für später verbreitetes) *erzählendes*
Pf. (BDR §343³). **26 ὁδοι-πορία** *Fußwanderung, Reise;* dieser u. die flgd.   26
Dat. = ἐν m. Dat. (vgl. V. 23). **κίνδυνος** *Gefahr;* m. gen. pertinentiae
(A152ff), hier der Ursache (analog auch ἐκ) *durch.* **ποταμός** *Fluß, Strom.*
λῃστής[1] *Räuber, Straßenräuber.* **γένος**[7] *Geschlecht; Volk;* ἐκ γένους

durch das (eigene) Volk. **ἐρημία** *Einöde, unbewohnte Gegend.* **ψευδ-**
27 **άδελφος** *falscher Bruder.* **27 μόχθος** *Anstrengung, Mühe.* **ἀγρ-υπνία**
(das) Wachen, Schlaflosigkeit; **ἐν** ἀγρυπνίαις *in durchwachten/schlaflosen*
Nächten. **λιμός** ὁ u. ἡ *Hunger.* **δίψος**[7] *Durst.* **νηστεία** *Fasten.* **ψῦχος**[7]
28 *Kälte.* **γυμνότης**[3] ητος ἡ *Nacktheit; Dürftigkeit, Blöße.* **28 παρ-εκτός**
adv. außerdem; τὰ **παρεκτός** *das, was außerdem (vorhanden ist)* = *alles*
andere; χωρὶς τῶν **παρεκτός** *abgesehen von allem anderen.* **ἐπί-στασις**[8]
Andrang, Ansturm; Widerstand; Aufsicht; ἡ ἐπίστασίς μοι ἡ καθ᾽ ἡμέραν
(erg. **ἐστίν** *ist [noch] da*) *wohl (dazu) kommt der tägliche Andrang zu mir* (od.
sächl.: *das, was mich täglich bedrängt*). **καθ᾽ ἡμέραν** *täglich.* **μέριμνα**
Sorge, m. gen. obi. (A158); App. (A70), *am besten mit Doppelpunkt anschlie-*
29 *ßen.* **29 ἀ-σθενέω** V. 21; καὶ οὐκ ἀσθενῶ *etwa und ich bin es nicht*
(auch)? **σκανδαλίζεται** Pass. **σκανδαλίζω** *zur Sünde verführen; ärgern,*
empören. **πυροῦμαι** Pass. **πυρόω** *anzünden, verbrennen;* Pass. *hier brennen,*
erg. gedankl. *wohl vor Schmerz/Mitgefühl* (für den Verführten) od. *vor Empörung*
30 (über den Verführer). **30 καυχᾶσθαι** Inf. V. 12; εἰ καυχᾶσθαι δεῖ
wenn (schon) gerühmt werden muß = *wenn ich mich (schon) rühmen muß.*
ἀ-σθένεια *Schwäche, Schwachheit;* τὰ τῆς ἀσθενείας μου *die Dinge, die*
zu meiner Schwachheit gehören (s. B ὁ II7; A152ff) = *die Dinge, die meine*
Schwachheit zeigen. **καυχήσομαι** Fut. Med., mod. Fut. (A247) *ich will mich*
31 *der Dinge ... rühmen.* **31 ὤν** Ptz. εἰμί, subst. **εὐ-λογητός** *gepriesen.* **ψεύ-**
32 **δομαι** *lügen, belügen.* **32 Δαμασκός** ἡ *Damaskus,* Stadt in der röm. Pro-
vinz Syrien. **ἐθν-άρχης**[1] *Ethnarch, Statthalter.* **ʿΑρέτας**[1] α *Aretas,* naba-
täischer König. **ἐ-φρούρει** Ipf. **φρουρέω** *bewachen.* **Δαμασκηνός**
Damaszener, Einwohner v. Damaskus. **πιάσαι** Aor. Inf. **πιάζω** (vgl.
A33[91ff]) *fassen, ergreifen; gefangennehmen;* Inf. fin. [Var. θέλων Ptz., fin.].
33 **33 καί** (erstes) adversativ (A311,1) *aber.* **θυρίς**[3] ίδος ἡ *Fenster.*
σαργάνη *Korb.* **ἐ-χαλάσθην** Aor. Pass. **χαλάω**[25] *herunterlassen.*
τεῖχος[7] *Mauer, Stadtmauer.* **ἐξ-έ-φυγον** Aor. **ἐκ-φεύγω**[72] *entfliehen, ent-*
kommen.

12   **καυχᾶσθαι** Inf. **καυχάομαι** intr. *sich rühmen* (**ἐν** einer Sache);
καυχᾶσθαι δεῖ *man muß sich rühmen* = *ich muß mich (noch weiter)* (vgl.
A225 u. 265) *rühmen.* **συμ-φέρον** Ptz. -**φέρω** *helfen, nützen, förderlich sein;*
umschrieb. Präs. (A249), erg. **ἐστίν;** οὐ συμφέρον μέν *es nützt zwar nichts.*
ἐλεύσομαι Fut. Med. **ἔρχομαι,** hier **εἴς** τι *auf etwas zu sprechen kommen.*
ὀπτασία *Erscheinung, Gesicht, Vision.* **ἀπο-κάλυψις**[8] *Offenbarung.*
2 **2 οἶδα ἄνθρωπον ἐν Χριστῷ** m. flgd. AcP *ich weiß von einem Christen*
(B ἐν I5d), *daß* (H-S §205). **πρό** *vor;* Zeitangabe zu ἀρπαγέντα. **δεκα-**
τέσσαρες[19f] *vierzehn.* **εἴτε ... εἴτε** *ob ... oder;* leitet Parenthese (A374) ein
(die m. **οἶδεν** endet). **ἐκτός** uneig. Präp. (A183) *außerhalb.* **ἀρπαγέντα**
Aor. Ptz. Pass. **ἀρπάζω**[107] *rauben; wegführen, fortreißen, entrücken;* AcP (A300)

daß dieser *entrückt wurde.* ὁ τοιοῦτος *der so Beschaffene* (B 3aα), hier u. in
V. 3 u. 5 für οὗτος (BDR §304²). **4** ἡρπάγη Aor. Pass. ἁρπάζω.   **4**
παράδεισος eig. *Garten, Park;* LXX *(Gottes) Garten,* daher im NT: *Paradies*
(Aufenthaltsort der Erlösten zwischen Tod u. Auferweckung; EWNT 3, Sp. 41).
ἤκουσεν Aor. ἀκούω. ἄρ-ρητος¹¹ *unaussprechlich, unsagbar.* ἐξ-όν Ptz.
Ntr. ἔξ-εστιν (A32) *es steht frei; es ist möglich, es ist erlaubt;* umschrieb. Präs.
(A249), erg. ἐστίν; ἃ οὐκ ἐξὸν ἀνθρώπῳ λαλῆσαι *die ein Mensch nicht
aussprechen darf/kann.* λαλῆσαι Aor. Inf. λαλέω.   **5** ὑπέρ hier *über,*   **5**
zugunsten von, im Blick auf (B 1f). ὁ τοιοῦτος V. 2. καυχήσομαι Fut.
Med., mod. Fut. (A247). ἐμ-αυτοῦ¹⁴ Refl.-Pron. 1. Pers. *meiner (selbst).* εἰ
μή *außer.* ἀ-σθένεια *Krankheit, Schwachheit.*   **6** θελήσω Aor. Konj.   **6**
θέλω. καυχήσασθαι Aor. Inf. Med.; ἐὰν γὰρ θελήσω καυχήσασθαι
(prospektiver Kond.-NS, A343) *wenn ich mich nämlich (dennoch) rühmen
wollte.* ἔσομαι Fut. εἰμί, mod. Fut. (A247). ἄ-φρων¹¹ ον *unverständig,
töricht;* οὐκ ἔσομαι ἄφρων *wäre ich kein Tor.* ἐρῶ Fut. λέγω, mod. Fut.
(A247). φείδομαι *schonen; verzichten (auf).* μή = ἵνα μή (A339).
λογίσηται Aor. Konj. Med. λογίζομαι; μή τις εἰς ἐμὲ λογίσηται
ὑπέρ ὃ (ὑπέρ τοῦτο ὃ [A359]) *damit nicht jemand mir mehr* (A202) *zurechnet
als das, was.* ὃ βλέπει με, erg. wohl ὄντα (Ptz. εἰμί, AcP [A300]) *als das,
was er sieht, daß ich bin* (vgl. ZG) bzw.: *als das, was er an mir sieht.* τι wohl
pleon. (vgl. A121).   **7** ὑπερ-βολή *Übermaß, (das) Außerordentliche;* dat.   **7**
causae (A177), evtl. dat. respectus (A178), τῇ ὑπερβολῇ τῶν ἀποκα-
λύψεων *wegen* (evtl. *hinsichtlich*) *der außerordentlichen Offenbarungen;* nach
NA u. UBS zu V. 6 zu ziehen (zu φείδομαι od. zum μή-Satz), nach den
meisten aber zu ἐδόθη in V. 7 (als eine Art casus pendens [ZG; vgl. A375;
BDR §466⁵] betont vorangestellt). ὑπερ-αίρωμαι Konj. -αίρομαι *sich
überheben.* ἐ-δόθη Aor. Pass. δίδωμι; pass. divinum (A76b). σκόλοψ³
οπος ὁ eig. *Pfahl;* hier wohl *Splitter, Dorn, Stachel* (speziell v. lästigen
Fremdkörpern); hier ist wohl ein körperl. Leiden gemeint. τῇ σαρκί dat.
incommodi (A173) *für das/ins Fleisch* („Fleisch" wohl = Körper). σατανᾶς¹
ᾶ *Satan,* der Widersacher Gottes. κολαφίζῃ Konj. κολαφίζω *mit der
Faust schlagen, ohrfeigen, mißhandeln.*   **8** ὑπέρ hier *wegen;* ὑπέρ τούτου   **8**
seinetwegen od. *dieser Sache wegen.* τρίς¹⁹ *dreimal.* παρ-ε-κάλεσα Aor.
παρα-καλέω hier *bitten.* ἵνα hier *daß* (A328, bez. das Erbetene). ἀπο-
στῇ Wz.-Aor. Konj. ἀφ-ίσταμαι²⁰⁵ *sich entfernen; ablassen* (ἀπό *von*);
Subj. ἄγγελος σατανᾶ.   **9** καί wohl adversativ (A311,1) *aber.* εἴρηκεν   **9**
Pf. λέγω. ἀρκέω *genügen, ausreichen* (τινί *für jmdn.*); ἀρκεῖ σοι ἡ χάρις
μου *meine Gnade ist genug für dich* (= *du brauchst nichts weiter als meine
Gnade;* B 1). ἡ δύναμις (erstes) *meine Kraft* (A103). τελεῖται Pass.
τελέω *beenden, vollenden;* Pass. hier *zur Vollendung kommen* od. *zum Ziel
gelangen* (B 1). ἥδιστα Superlativ v. ἡδέως *gern;* Superlativ *am liebsten* od.

m. elativischer Bdtg. *sehr gern* (B). **καυχήσομαι** V. 5. **ἐπι-σκηνώσῃ** Aor. Konj. -σκηνόω *seine Wohnung nehmen, einziehen* ἐπί τινα *bei jmdm.*

10　**10 εὐ-δοκέω** m. ἐν *Wohlgefallen/Gefallen haben (an); zufrieden sein mit, billigen, einwilligen in.* **ὕβρις**[8] *Mißhandlung.* **ἀνάγκη** *Zwang, Nötigung; Not, Bedrängnis.* **διωγμός** *Verfolgung.* **στενο-χωρία** *Enge, Not, Angst.* **ἀ-σθενῶ** Konj. ἀ-σθενέω *kraftlos sein, schwach sein.* **δυνατός** *stark.*

11　**11 γέ-γονα** Pf. γίνομαι. **ἄ-φρων** V. 6. **ἠναγκάσατε** Aor. ἀναγκάζω (vgl. A33[91ff]) *zwingen, nötigen.* **ὤφειλον** Ipf. ὀφείλω *schulden; verpflichtet sein, müssen;* ἐγὼ γὰρ ὤφειλον ὑφ᾽ ὑμῶν συνίστασθαι *denn (eigentlich) hätte ich von euch empfohlen werden müssen* (Ipf. bez. etwas Notwendiges, das nicht geschieht; A239). **συν-ίστασθαι** Inf. Pass. -ίστημι tr. *zusammenbringen; empfehlen.* **οὐδέν** Akk. der Beziehung (A149) *in nichts.* **ὑστέρησα** Aor. ὑστερέω *zu spät kommen; Mangel leiden;* hier *zurückstehen, nachstehen, zurückbleiben,* τινός *(hinter) jmdm.* **ὑπερ-λίαν** *übermäßig;* οἱ ὑπερλίαν ἀπόστολοι *die Überapostel, die Superapostel* (ironische Bezeichnung für die Gegner in Korinth; EWNT 3, Sp. 954). **εἰ καί** konz. *wenn auch,*

12　*obwohl.* **12 μέν** solitarium (A315,2). **κατ-ειργάσθη** Aor. Pass. -εργάζομαι[92] *vollbringen, ausführen, wirken.* **ἐν ὑμῖν** *bei/unter euch.* **ὑπο-μονή** *Ausharren, Geduld, Ausdauer, Standhaftigkeit.* **σημείοις** dat. instr.

13　(A176) *durch Zeichen* (ebenso die fldg. Dat). **τέρας**[3] ατος τό *Wunder.* **13 ὅ** Akk. der Beziehung (A149) *worin.* **ἡσσώθητε** Aor. Pass. ἑσσόομαι *geringer sein, benachteiligt sein, zu kurz kommen* [Var. ἐλαττωθῆτε Aor. Konj. Pass. od. ἐλαττώθητε Aor. Imp. Pass. ἐλαττόω *vermindern, verringern;* Pass. *Mangel haben*]. **ὑπέρ** nach komparativischem Ausdruck *als* (B 2), hier am besten *im Vergleich zu.* **εἰ μή** *außer.* **αὐτὸς ἐγώ** *etwa ich persönlich.* **κατ-ε-νάρκησα** Aor. κατα-ναρκάω *zur Last fallen,* m. Gen. **χαρίσασθε** Aor. Imp. Med. χαρίζομαι[101] *aus Gnaden schenken;* hier *vergeben, verzeihen.* **ἀ-δικία** *Unrecht; Ungerechtigkeit* (ironisch; H-S §296i).

14　**14 τρίτον τοῦτο** adv. *jetzt zum dritten Mal* (BDR §248[5]). **ἑτοίμως** *bereit;* ἑτοίμως ἔχω *ich bin bereit.* **ἐλθεῖν** Aor. Inf. ἔρχομαι. **κατα-ναρκήσω** Fut. V. 13. **τὰ ὑμῶν** *das Eure, euren Besitz* (gen. poss., A154). **ὀφείλω** V. 11. **τὰ τέκνα** hier *die (unmündigen) Kinder* (EWNT 2, Sp. 371). **γονεῖς**[8] έων οἱ *Eltern;* dat. commodi (A173). **θησαυρίζειν** Inf. θησαυ-

15　ρίζω *(Schätze/Reichtümer) ansammeln, sparen.* **15 ἥδιστα** V. 9. **δα-πανήσω** Fut. δαπανάω *aufwenden, ausgeben;* erg. wohl *alles, was ich habe,* od. übers. viell. *Opfer bringen;* mod. Fut. (A247). **ἐκ-δαπανηθήσομαι** Fut. Pass. -δαπανάω *aufwenden, erschöpfen;* Pass. übertr. *sich erschöpfen, sich aufopfern.* **ὑπὲρ τῶν ψυχῶν ὑμῶν** *für eure Seelen* (d.h. euer Seelenheil) od. einfach *für euch* (B ψυχή 1c/f). **περισσοτέρως** Komp. v. περισσῶς *in außergewöhnlicher Weise, sehr;* Komp. *(noch) mehr.* **ἀγαπῶν** Ptz. ἀγαπάω; wohl umschrieb. Präs. (A249), erg. εἰμί (Metzger, S. 586). **ἥσσων**[11]

weniger; Ntr. Sg. als Adv. **ἀγαπῶμαι** Pass. **16 ἔστω** Imp. 3. Sg. εἰμί;   16
ἔστω δέ *doch sei es (wie es wolle) = wie dem auch sei:* ... (vgl. BDR §387,1).
κατ-ε-βάρησα Aor. κατα-βαρέω *belasten, beschweren* [Var. 1 ἐ-βα-
ρήσα Aor. βαρέω *beschweren, bedrücken, eine Last aufbürden;* Var. 2 κατ-ε-
νάρκησα V. 13]. **ὑπ-άρχων** Ptz., kaus. **παν-οῦργος**[11] *listig, ver-
schlagen.* **δόλος** *Betrug, List;* dat. modi (A180) *auf listige Weise.* **ἔ-λαβον**
Aor. λαμβάνω hier *fangen* (dieses ist wohl ein Vorwurf seiner Gegner), erg.
etwa *so wird behauptet.*   **17 μή** *etwa* (verneinende Antwort angedeutet, A320).   17
τινά Anakoluth (casus pendens; H-S §292e; A375), Kasus an **ἀπέσταλκα**
angepaßt; μή τινα ... δι' αὐτοῦ statt μὴ διά τινος. **ὧν** für τούτων οὕς
Attraktion des Rel.-Pron. (A361); gen. partitivus (A164). **ἀπ-έ-σταλκα** Pf.
ἀπο-στέλλω, viell. (frühes Beispiel für später verbreitetes) erzählendes Pf.
(BDR §343[3]). **ἐ-πλεον-έκτησα** Aor. -εκτέω *übervorteilen.*   **18 παρ-ε-**
κάλεσα V. 8; erg. *euch zu besuchen.* **Τίτος** 2,13. **συν-απ-έ-στειλα**   18
Aor. -απο-στέλλω[113] *mitsenden.*   **τὸν ἀδελφόν** *den (anderen) Bruder*
(A376a). **μήτι** *etwa* (verneinende Antwort angedeutet, A320). **ἐ-πλεον-**
έκτησεν Aor. **οὐ** erwartet als Frageeinleitung die Antwort „doch" (A320).
περι-ε-πατήσαμεν Aor. -πατέω, m. dat. modi (A180). **ἴχνος**[7] *Fußspur,*
Fußstapfen; οὐ τοῖς αὐτοῖς ἴχνεσιν *(sind wir) nicht in denselben Fußspu-*
ren/nicht denselben Weg (gegangen)?

   19 πάλαι *seit langem, schon längst.* **ἀπο-λογέομαι** *sich herausreden,*   19
sich verteidigen sich rechtfertigen (τινί *vor jmdm.*). **κατ-έναντι** örtl. *gegen-*
über, vor; übertr. *vor (den Augen von);* hier etwa *in der Verantwortung vor.*
οἰκο-δομή *(das) Bauen;* übertr. *(das) Erbauen, Erbauung, Auferbauung;* erg.
ἐστίν/γίνεται. **20 μή πως** nach Verben des Fürchtens zum Ausdruck der   20
Besorgnis, die sich m. dem Konj. auf Zukünftiges richtet (BDR §370[3]; A308)
daß (vielleicht/womöglich); μή πως ... οὐ(χ) *daß (vielleicht/womöglich)* ... *nicht*
(BDR §428[7]). **ἐλθών** Aor. Ptz. ἔρχομαι, temp. *wenn ich komme.* **οἷος**[18]
wie beschaffen; οἵους (= τοιούτους οἵους; A358) θέλω *so (beschaffen)/in*
dem Zustand, wie ich es wünsche; οἷον (= τοιοῦτος οἷον) οὐ θέλετε *so*
(beschaffen)/in dem Zustand, wie ihr es nicht wünscht. **εὕρω** Aor. Konj. εὑρί-
σκω; m. doppeltem Akk. (A97,15; 147): *jmdn. in einem best. Zustand vor-*
finden/antreffen. **εὑρεθῶ** Aor. Konj. Pass., m. Dat. der Pers. hier *von* (BDR
§313[2]). **μή πως** (zweites auch v. φοβοῦμαι abhängig) erg. ὦσιν (Konj.
εἰμί) ἐν ὑμῖν *daß bei euch vorhanden sind/herrschen.* **ἔρις**[3] ιδος ἡ *Streit*
[Var. ἔρεις Pl.]. **ζῆλος**[7] *Eifer; Eifersucht.* **θυμός** *Leidenschaft; Zorn, Wut;*
Pl. v. Abstrakta bez. hier u. z.T. auch im flgd. konkrete Erscheinungsformen,
hier z.B. *Wutausbrüche* (A101c). **ἐριθεία** *Selbstsucht, Eigennutz.* **κατα-**
λαλιά *Verleumdung, üble Nachrede.* **ψιθυρισμός** *Gezischel, Geflüster,*
Verleumdung. **φυσίωσις**[8] *Hochmut, Überheblichkeit.* **ἀ-κατα-στασία**
Unordnung. **21 μή** v. φοβοῦμαι (V. 20) abhängig: *daß.* **ἐλθόντος** Aor.   21

Ptz. ἔρχομαι, gen. abs. (A288), temp. ταπεινώσῃ Aor. Konj. ταπεινόω *niedrig machen;* übertr. *erniedrigen, demütigen* [Var. ταπεινώσει Fut.]. πρὸς ὑμᾶς *bei euch, vor euch* (B πρός III7). πενθήσω Aor. Konj. πενθέω intr. *traurig sein;* tr. *beklagen, trauern über, traurig sein über.* προ-ημαρτηκότων Pf. Ptz. -αμαρτάνω[145] *vorher* (bzw. *früher*) *sündigen;* subst. μετα-νοησάντων Aor. Ptz. -νοέω *seinen Sinn ändern; Reue empfinden, umkehren;* subst. ἐπί kaus. (BDR §235[4]) *wegen, im Blick auf.* ἀ-καθαρσία *Unreinheit, Lasterhaftigkeit.* πορνεία *Unzucht* (= illegitimer Geschlechtsverkehr jeder Art), *Hurerei.* ἀ-σέλγεια *Zügellosigkeit, Schwelgerei,* (geschlechtl.) *Ausschweifung.* ᾗ für ἥν Attraktion des Rel.-Pron. (A360). ἔ-πραξαν Aor. πράσσω[78] *tun, vollbringen; verüben, treiben.*

13　　τρίτον τοῦτο adv. *jetzt zum dritten Mal* (BDR §248[5]). ἐπὶ στόματος *auf Grund der Aussage (von)* (B ἐπί I1bβ); Paulus bezieht den Grundsatz aus Dt 19,15 auf seinen dritten Besuch od. die doppelte Ankündigung eines schonungslosen Vorgehens. μάρτυς υρος ὁ *Zeuge.* καί hier *oder* (A314,1). τριῶν Gen. v. τρεῖς. σταθήσεται Fut. Pass. (= Med.) ἵσταμαι hier *feststehen, Bestand haben;* mod.-imp. Fut. (A247d). ῥῆμα hier *Beschuldigung* od. Hebr. (B 2) *Sache, Rechtssache* (ἵσταμαι dann etwa

2　*[rechtsgültig] entschieden werden*). **2** προ-είρηκα Pf. -λέγω[191] *im voraus sagen, vorhersagen.* ὡς ... καί *wie ... so* (B ὡς II1). παρ-ών Ptz. πάρ-ειμι (A32) *dabeisein, anwesend sein;* temp. τὸ δεύτερον adv. *zum zweiten Mal;* ὡς παρὼν τὸ δεύτερον *wie bei meinem zweiten Aufenthalt.* ἀπ-ών Ptz. ἄπ-ειμι (A32) *abwesend sein;* temp. προ-ημαρτηκόσιν Pf. Ptz. -αμαρτάνω[145] *vorher* (bzw. *früher*) *sündigen;* subst. ὅτι recitativum = Doppelpunkt (A333). ἔλθω Aor. Konj. ἔρχομαι. εἰς τὸ πάλιν = πάλιν; zu ἔλθω od. zu φείσομαι gehörig. φείσομαι Fut. Med. φείδομαι[89] *schonen,*

3　*schonend verfahren.* **3** ἐπεί *weil, da ja.* δοκιμή *Erprobtheit; Bewährung;* δοκιμὴν ζητεῖτε *ihr verlangt einen Beweis.* λαλοῦντος Ptz. λαλέω, attr.; τοῦ ἐν ἐμοὶ λαλοῦντος Χριστοῦ *wohl gen. obi.* (A158) *einen Beweis für den durch mich redenden Christus* = *dafür, daß Christus durch mich redet.* εἰς *gegenüber* (B 5). ἀ-σθενέω *kraftlos sein, schwach sein.* δυνατέω *stark sein.*

4　ἐν ὑμῖν *unter/bei euch.* **4** καὶ γάρ ... ἀλλά *denn zwar ... aber.* ἐ-σταυ-ρώθη Aor. Pass. σταυρόω. ἀ-σθένεια *Schwachheit.* ζῇ 3. Sg. ζάω. ζήσομεν Fut. ζάω, hier wohl *lebendig sein* = *sich (als) lebendig erweisen.*

5　　**5** πειράζετε Imp. πειράζω *versuchen;* hier *auf die Probe stellen.* δο-κιμάζετε Imp. δοκιμάζω (< δόκιμος *erprobt*) *prüfen.* ἢ οὐκ ἐπιγινώσκετε ἑαυτοὺς ὅτι *oder erkennt ihr im Blick auf euch/an euch selbst* (Akk. der Beziehung; A149) *nicht, daß?* εἰ μήτι ... ἐστε *es sei denn, daß ihr ... seid* bzw. *sonst* (wenn dies nicht erkennbar sein sollte) *wärt ihr ja ...* ἀ-δόκιμος *eig. die Probe nicht bestehend,* daher *unbewährt* bzw. *unecht.*

6f　**6** ἐλπίζω *hoffen.* γνώσεσθε Fut. Med. γινώσκω. **7** εὔχομαι *beten*

(πρός *zu*); *(er)bitten;* hier m. AcI. **ποιῆσαι** Aor. Inf. ποιέω, Präd. des AcI; μὴ ποιῆσαι ὑμᾶς κακὸν μηδέν *daß ihr überhaupt nichts Böses tut;* doppelte Neg. verstärkt die Verneinung (A310). **δόκιμος** *erprobt, bewährt, echt.* **φανῶμεν** Aor. Konj. Pass. φαίνομαι[124] *sichtbar werden, sich zeigen, erscheinen* (auch *als* etwas). **ποιῆτε** Konj. **ὦμεν** Konj. εἰμί; ἡμεῖς δὲ ὡς ἀδόκιμοι ὦμεν *wir aber wie Unbewährte dastehen.* **8 δύναμαι** hier *wirken/kämpfen können.* **9 ἀ-σθενῶμεν** Konj. ἀ-σθενέω V. 3. **δυνατός** *stark.* ἦτε Konj. εἰμί. **κατ-άρτισις**[8] *Vervollkommnung, Wiederherstellung;* App. (A70) zu τοῦτο (BDR §290[5]). **10 διὰ τοῦτο** *darum, deshalb.* ἀπ-ών V. 2, temp. **παρ-ών** V. 2, temp. **ἀπο-τόμως** *streng.* **χρήσωμαι** Aor. Konj. Med. χράομαι[21] *gebrauchen; verfahren* (B 2); ἵνα ... μὴ ἀποτόμως χρήσωμαι *damit ich nicht Strenge gebrauchen muß.* **ἔ-δωκεν** Aor. δίδωμι. **οἰκο-δομή** *(das) Bauen;* übertr. *(das) Erbauen, Erbauung, Auferbauung.* **καθ-αίρεσις**[8] *(das) Niederreißen, Zerstörung.*

11 χαίρετε Imp. **κατ-αρτίζεσθε** Imp. Pass. -αρτίζω *in Ordnung bringen;* Pass. *sich zurechtbringen lassen.* **παρα-καλεῖσθε** Imp. Pass. -καλέω. **φρονεῖτε** Imp. φρονέω *denken, urteilen; den Sinn richten auf;* τὸ αὐτὸ φρονεῖτε *seid eines Sinnes.* **εἰρηνεύετε** Imp. εἰρηνεύω intr. *im Frieden leben; Frieden halten.* ὁ θεὸς τῆς ἀγάπης καὶ εἰρήνης *der Gott der Liebe und des Friedens,* d.h. Gott als der Urheber der Liebe u. des Friedens (gen. pertinentiae, A152). **ἔσται** Fut. εἰμί. **12 ἀσπάσασθε** Aor. Imp. Med. ἀσπάζομαι. **ἐν** mit. **φίλημα**[3] *Kuß.* **13 κοινωνία** (< κοινωνός *Genosse, Teilhaber*) *Gemeinschaft,* m. flgd. gen. subi. (A158); erg. εἴη (Opt. v. εἰμί) *sei.*

Galater

1 ἀπόστολος erg. *beauftragt* o.ä. διά (zweites) hier v. Urheber (BDR
2 §223⁷). ἐγείραντος Aor. Ptz. ἐγείρω, attr. **2** οἱ ... πάντες *alle* (die
Vollständigkeit wird als Einheit betont, A86). ταῖς ἐκκλησίαις erg.
ἐπιστέλλομεν *schreiben*, m. flgd. Dat. des Adressaten (A376a). Γαλατία
3 *Galatien*, Landschaft od. röm. Provinz im mittleren Kleinasien. **3** χάρις erg.
εἴη (Opt. v. εἰμί) *sei* (BDR §128⁸), christl. Form des griech. Briefgrußes
4 χαίρειν, kombiniert m. dem hebr. Gruß שָׁלוֹם *šālôm* = εἰρήνη. **4** δόντος
Aor. Ptz. δίδωμι, attr. ὅπως *damit*. ἐξ-έληται Aor. Konj. Med.
-αιρέω¹⁸⁶ *herausnehmen*; Med. *herausreißen aus, befreien von*. ἐν-εστῶτος
Pf. (Wz.-Pf., H-S §109a; m. präs. Bdtg.) Ptz. -ίστημι²⁰⁴ᶠ *eintreten; gegenwärtig
sein.* πονηροῦ attr. (hier ohne Art., BDR §269⁸); ἐκ τοῦ αἰῶνος τοῦ ἐνε-
5 στῶτος πονηροῦ *aus dem gegenwärtigen bösen Zeitalter.* **5** ᾧ *ihm* (A364a),
erg. ἐστίν od. εἴη (Opt. v. εἰμί: *sei*) (BDR §128,5; A78).
6 **6** θαυμάζω *sich (ver)wundern.* ταχέως *schnell, rasch.* μετα-τί-
θεσθε Med. -τίθημι *umstellen*; Med. *sich abwenden, abtrünnig werden,
abfallen.* καλέσαντος Aor. Ptz. καλέω, subst. ἐν χάριτι mod. *in Gnade,
gnadenweise, gnädig* (dann ist Χριστοῦ zu καλέσαντος zu ziehen) od. instr.
7 *durch die Gnade* Christi. **7** ὃ οὐκ ἔστιν ἄλλο *das es gar nicht gibt* (dann
ἄλλο pleon., BDR §306⁸). εἰ μή (= πλήν bzw. ἀλλά) *doch, vielmehr, son-
dern* (B εἰ 9) od. *außer daß, nur daß* (= πλὴν ὅτι [BDR §376¹]). ταράσ-
σοντες Ptz. ταράσσω *aufwühlen, aufrühren*; übertr. *verwirren, in Unruhe
versetzen;* subst. θέλοντες Ptz. θέλω, subst. μετα-στρέψαι Aor. Inf.
8 -στρέφω⁴⁷ *umkehren; verkehren, verdrehen.* **8** εὐ-αγγελίζηται Konj.
Med. -αγγελίζω [Var. εὐ-αγγελίσηται Aor. Konj. Med.]. παρ᾽ ὅ *anders
als* (BDR §236,3) od. *entgegen dem, was* (B παρά III6). εὐ-ηγγελι-
σάμεθα Aor. Med.; εὐαγγέλίζηται ὑμῖν παρ᾽ ὃ εὐηγγελισάμεθα
ὑμῖν *wenn ... euch ein anderes Evangelium verkündet, als das* (od. *ein Evange-
lium ... das dem widerspricht*)*, das wir euch verkündet haben.* ἀνά-θεμα³ eig.
„*das* (der Gottheit) *Geweihte*", doch bibl. *das Verfluchte* (LXX-Ausdruck für
חֵרֶם *ḥerem* „*Bann*[*gut*]", ThBNT 1, S. 348f), übers. *verflucht.* ἔστω Imp. 3. Sg.
9 εἰμί. **9** ὡς ... καί *wie ... so auch.* προ-ειρήκαμεν Pf. -λέγω¹⁹¹ *(schon)
früher sagen, zuvor sagen;* hier (*wie*) *wir es euch schon zuvor gesagt haben.* ἄρτι
jetzt. παρ-ε-λάβετε Aor. παρα-λαμβάνω.
10 **10** ἄρτι V. 9. πείθω hier *überreden, beschwatzen, sich geneigt machen;*
Präs. hier konativ: *suche ich die Zustimmung der Menschen od. Gottes zu gewin-
nen* (H-S §195c; A232c). ἀρέσκειν Inf. ἀρέσκω *zu Gefallen sein, gefallen.*
ἤρεσκον Ipf., konativ (vgl. A237c). ἤμην Ipf. εἰμί; εἰ ... ἤρεσκον ... οὐκ
ἂν ἤμην irrealer Fall (A345) *wenn ich ... gefallen wollte, wäre ich nicht.*

11 γνωρίζω *bekanntmachen, mitteilen, offenbaren.* εὐ-αγγελισθέν Aor. **11**
Ptz. Pass. Ntr. -αγγελίζω, attr. τὸ εὐαγγέλιον ... ὅτι = ὅτι τὸ εὐ-
αγγέλιον ... *(Prolepsis, A373).* κατὰ ἄνθρωπον *von/nach menschlicher*
Art. **12** παρ-έ-λαβον Aor. V. 9. ἐ-διδάχθην Aor. Pass. διδάσκω. **12**
ἀπο-κάλυψις[8] *Enthüllung, Offenbarung.* Ἰησοῦ Χριστοῦ gen. subi.
(A158). **13** ἠκούσατε Aor. ἀκούω. ἀνα-στροφή *Leben(sführung),* **13**
Lebenswandel. ποτέ[18] *einstmals, einstig* (attr. zu ἀναστροφή ohne Wieder-
holung des Art., BDR §269,1a). Ἰουδαϊσμός *jüdisch, jüdischer Glaube,*
Judentum. ὑπερ-βολή *Übermaß;* καθ᾽ ὑπερβολήν *über alle Maßen, maß-*
los, bis zum äußersten (GN). ἐ-δίωκον Ipf. διώκω. ἐ-πόρθουν Ipf.
πορθέω *vernichten, zerstören; Ipf. konativ* (A237). **14** προ-έ-κοπτον Ipf. **14**
-κόπτω *Fortschritte machen;* hier jmdn. (ὑπέρ τινα) *übertreffen.* συν-
ηλικιώτης[1] *Altersgenosse.* γένος[7] *Geschlecht, Volk.* περισσοτέρως
Komp. v. περισσῶς *in außergewöhnlicher Weise, sehr; Komp. (noch) mehr, in*
viel höherem Maße. ζηλωτής[1] *Eiferer, eifriger Verfechter.* ὑπ-άρχων Ptz.,
mod. od. kaus. πατρικός *vom Vater herstammend/vererbt, väterlich.* παρά-
δοσις[8] *Überlieferung* (d.h. die als maßgebl. überlieferte Lehre); gen. obi.
(A158). **15** εὐ-δόκησεν Aor. -δοκέω *Wohlgefallen haben (an); für gut hal-* **15**
ten, beschließen, wollen, m. flgd. Inf. (ἀποκαλύψαι). ἀφ-ορίσας Aor. Ptz.
-ορίζω (vgl. A33[91ff]) *absondern, aussondern, auserwählen;* attr. κοιλία
Bauch; Mutterleib; ἐκ κοιλίας μητρός μου (LXX-Ausdruck) *schon im Mut-*
terleib (Einh.), evtl. *von Geburt an* (EWNT 2; Sp. 745). καλέσας Aor. Ptz.
καλέω, attr. **16** ἀπο-καλύψαι Aor. Inf. -καλύπτω[54] *enthüllen, offenba-* **16**
ren. ἐν ἐμοί vermutl. für den einfachen Dat. (BDR §220,1; vgl. A171) *mir;*
viell. wird das innere Betroffensein bes. betont. εὐ-αγγελίζωμαι Konj.
Med. -αγγελίζω [Var. εὐ-αγγελίσωμαι Aor. Konj.]. προσ-αν-ε-
θέμην Aor. -ανα-τίθεμαι[200] *sich beraten mit, sich wenden an;* εὐθέως best.
den ganzen Satz bis ἀπῆλθον εἰς Ἀραβίαν (V. 17) näher. σὰρξ καὶ
αἷμα *Mensch (von Fleisch und Blut).* **17** ἀν-ῆλθον Aor. -έρχομαι[187] *hin-* **17**
aufgehen [Var. ἀπ-ῆλθον Aor. -έρχομαι]. ἀπ-ῆλθον Aor. -έρχομαι.
Ἀραβία *Arabien,* Gebiet des Nabatäerreichs, südöstl. v. Damaskus.
Δαμασκός ἡ *Damaskus,* Stadt in der röm. Provinz Syrien. ὑπ-έ-στρεψα
Aor. ὑπο-στρέφω[47] *zurückkehren.* **18** ἔπ-ειτα *dann, danach, darauf.* **18**
ἱστορῆσαι Aor. Inf. ἱστορέω *besuchen* (zum Zweck des Kennenlernens),
kennenlernen; fin. (A276). Κηφᾶς[1] ἆ *Kephas* (aram. Entsprechung zu
Πέτρος). ἐπ-έ-μεινα Aor. ἐπι-μένω[117] *bleiben.* δεκα-πέντε[19] *fünf-*
zehn; ἡμέρας δεκαπέντε *fünfzehn Tage = zwei Wochen.* **19** εἰ μή *außer* **19**
20 ἅ Akk. der Beziehung (A149) *in bezug auf das, was.* ἰδοὺ ἐνώπιον τοῦ **20**
θεοῦ *siehe, bei Gott* (Schwurformel, die Gott zum Zeugen aufruft); erg.
sage/versichere ich (BDR §128[12]). ψεύδομαι *lügen, belügen.* **21** κλίμα[3] **21**
Landstrich, Gegend. Συρία *Syrien,* röm. Provinz. Κιλικία *Zilizien,* röm.

22　Provinz im südöstl. Kleinasien. **22 ἤμην** V. 10. **ἀ-γνοούμενος** Ptz. Pass.
ἀ-γνοέω *nicht kennen;* umschrieb. Ipf. (A249) ἤμην ἀγνοούμενος *ich war*
unbekannt. **τῷ προσώπῳ** *von Angesicht, persönlich* (dat. resp., A178). **αἱ**
ἐκκλησίαι αἱ ἐν Χριστῷ *die christlichen Gemeinden* (B ἐν I5d).

23　**23 ἀκούοντες** Ptz. ἀκούω, umschrieb. Ipf. (A249). **ἦσαν** Ipf. εἰμί. **ὅτι**
recitativum = Doppelpunkt (A333). **διώκων** Ptz., subst. **ποτέ** V. 13.

24　**ἐ-πόρθει** Ipf. πορθέω V. 13, konativ (A237). **24 ἐ-δόξαζον** Ipf.
δοξάζω. **ἐν ἐμοί** *meinetwegen* (kaus., BDR §219,2; vgl. A193).

2　　　**ἔπ-ειτα** *dann, danach, darauf.* **διά** m. Gen. temp. (H-S §184f) *nach.*
δεκα-τέσσαρες[19f] *vierzehn.* **ἀν-έ-βην** Aor. ἀνα-βαίνω. **Βαρνα-**
βᾶς[1] ᾶ *Barnabas,* Missionar u. Weggefährte v. Paulus. **συμ-παρα-λαβών**
Aor. Ptz. -λαμβάνω[152] *mitnehmen;* mod. **Τίτος** *Titus,* Begleiter v. Paulus.

2　**2 ἀπο-κάλυψις**[8] *Enthüllung, Offenbarung.* **ἀν-ε-θέμην** Aor. ἀνα-τίθε-
μαι[200] *eröffnen, (zur Begutachtung) vorlegen.* **κατ᾽ ἰδίαν** *für sich, gesondert,*
besonders (d.h. in gesonderter Besprechung). **δοκοῦσιν** Ptz. δοκέω, subst.;
οἱ δοκοῦντες *die Angesehenen; die, die etwas gelten.* **μή πως** *(in der Besor-*
gnis,) daß (als Ausdruck der Besorgnis, die sich m. Konj. auf eine befürchtete
zukünftige Folge, m. Ind. auf schon Geschehenes, richtet [BDR §370,2; vgl.
A308]); μή πως εἰς κενόν τρέχω ἢ ἔδραμον *in der Besorgnis, daß ich*
mich vergeblich abmühe oder abgemüht habe. **κενός** *leer;* εἰς κενόν *vergeb-*
lich, umsonst, erfolglos. **τρέχω** Konj. τρέχω *laufen;* übertr. *sich abmühen.*

3　**ἔ-δραμον** Aor. τρέχω. **3 Ἕλλην**[4] ηνος ὁ *Grieche; Nichtjude, Heide.*
ὤν Ptz. εἰμί, konz. *obwohl er war.* **ἠναγκάσθη** Aor. Pass. ἀναγκάζω
(vgl. A33[91ff]) *zwingen, nötigen.* **περι-τμηθῆναι** Aor. Inf. Pass. -τέμνω[149]
beschneiden (der Vorhaut); Pass. *beschnitten werden, sich beschneiden lassen*

4　(BDR §314[2]). **4 παρ-είσ-ακτος**[11] *daneben/heimlich eingeführt, einge-*
schlichen. **ψευδ-άδελφος** *Falschbruder, falscher Bruder;* Anakoluth (A375).
οἵτινες *für* οἵ od. *die als solche; insofern, als sie* (H-S §142a). **παρ-εισ-**
ῆλθον Aor. -έρχομαι[187] *sich einschleichen* (auf unehrliche Weise), *daneben*
hineinkommen. **κατα-σκοπῆσαι** Aor. Inf. -σκοπέω *erforschen,*
auskundschaften, belauern; fin. (A276). **ἐλευθερία** *Freiheit.* **κατα-**
δουλώσουσιν Fut. -δουλόω *unterjochen, versklaven;* hier unklass. Fut.

5　statt Aor. Konj. nach ἵνα (A339). **5 πρὸς ὥραν** *für einen Augenblick.*
εἴξαμεν Aor. εἴκω[87] *weichen, nachgeben.* **ὑπο-ταγή** *Unterordnung,*
Gehorsam; dat. modi (H-S §180) *gehorsam, durch Unterordnung* (nachgeben).
δια-μείνῃ Aor. Konj. -μένω[117] *dauernd bleiben,* hier *erhalten bleiben.*

6　**πρὸς ὑμᾶς** *bei euch* (BDR §239,1). **6 ἀπό** hier *von seiten.* **δοκούντων**
Ptz. δοκέω, subst. (Gedanke v. V. 2 wird wieder aufgenommen). **εἶναί** Inf.
εἰμί; οἱ δοκοῦντες εἶναί τι *die etwas (zu sein) gelten, die Angesehenen.*
ὁποῖος[18] *wie beschaffen (auch immer),* indirektes Interrogativpron.; ὁποῖοί
ποτε ἦσαν *wer/was für Leute sie (auch) immer waren* (BDR §303). **ἦσαν**

Ipf. εἰμί. **δια-φέρω** intr. *sich unterscheiden; sich hervortun;* οὐδέν μοι διαφέρει *es liegt mir nichts daran, es ist mir gleichgültig.* **πρόσωπον λαμβάνω** *die Person ansehen, parteiisch sein.* **ἐμοὶ γάρ** *mir also;* die durch Parenthese (A374) unterbrochene (anakoluthisch [A375] belassene) Konstruktion wird wieder aufgenommen (BDR §467,2). **δοκοῦντες** Ptz., subst. **προσ-αν-έ-θεντο** Aor. -ανα-τίθεμαι[200] *noch dazu auferlegen,* hier *Zusätzliches auferlegen* (Auflagen machen). **7 τοὐναντίον** = τὸ ἐναντίον 7 *im Gegenteil.* **ἰδόντες** Aor. Ptz. ὁράω, temp., evtl. kaus. **πε-πίστευμαι** Pf. Pass. πιστεύω, Pass. hier *betraut werden mit* (m. Akk. der Sache, A214); πεπίστευμαι τὸ εὐαγγέλιον *mir ist das Evangelium anvertraut (worden).* **ἀκρο-βυστία** *Vorhaut; Unbeschnittenheit;* gen. obi. (A158); Metonymie, Abstraktum für das Konkrete (A381f): *für die Unbeschnittenen* (die Heiden). **περι-τομή** (< τέμνω schneiden) *Beschneidung;* gen. obi. (A158); Metonymie, Abstraktum für das Konkrete (A381f): *für die Beschnittenen* (die Juden). **8 ὁ γάρ** V. 8 Parenthese (A374). **ἐν-εργήσας** Aor. Ptz. -εργέω *wirksam* 8 *sein, sich als wirksam erweisen, sich betätigen;* subst. **Πέτρῳ** dat. commodi (A173) *für/an Petrus.* **ἀπο-στολή** *Apostelamt;* ὁ ἐνεργήσας Πέτρῳ εἰς ἀποστολὴν τῆς περιτομῆς *der, der Petrus befähigt hat zum Aposteldienst unter den Beschnittenen.* **ἐν-ήργησεν** Aor. -εργέω. **εἰς τὰ ἔθνη** verkürzt für εἰς ἀποστολὴν τῶν ἐθνῶν. **9 γνόντες** Aor. Ptz. γινώσκω, temp., 9 evtl. kaus. **δοθεῖσαν** Aor. Ptz. Pass. Fem. δίδωμι, attr. **Κηφᾶς** 1,18. **στῦλος** *Säule.* **ἔ-δωκαν** Aor. δίδωμι. **κοινωνία** (< κοινωνός Genosse, Teilhaber) *Gemeinschaft; Beteiligung, Teilhabe;* gen. qualitatis (A160), δεξιὰς ἔδωκαν ... κοινωνίας *sie gaben ... die Hand* (wörtl.: die rechten Hände) *zum Zeichen der Gemeinschaft* (bei der Verkündigung des Evangeliums). **ἵνα** hier epexegetisch (den Inhalt der Übereinkunft angebend) *daß* od. fin. *mit dem Ziel, daß* (vgl. H-S §272a). **ἡμεῖς, αὐτοί** erg. *gehen* o.ä. **10 πτωχός** *arm.* **ἵνα** hier imp. gebraucht (B III2; H-S §210g); τῶν πτω- 10 χῶν ἵνα = ἵνα τῶν πτωχῶν (Prolepsis, A373; B IV). **μνημονεύωμεν** Konj. μνημονεύω *gedenken, denken* τινός *an.* **ὅ ... αὐτὸ τοῦτο** *eben dies, gerade das* (BDR §290[6]; B αὐτός 1h), viell. *das ... eben deshalb* (Menge). **ἐ-σπούδασα** Aor. σπουδάζω (vgl. A33[91ff]) *sich bemühen, bestrebt sein.* **ποιῆσαι** Aor. Inf. ποιέω.

11 ἦλθεν Aor. ἔρχομαι. **Κηφᾶς** 1,18. **Ἀντιόχεια** *Antiochia,* 11 Hauptstadt der röm. Provinz Syrien. **κατὰ πρόσωπον** *ins Angesicht, persönlich.* **ἀντ-έ-στην** Wz.-Aor. ἀνθ-ίσταμαι[205] *sich entgegenstellen, entgegentreten.* **κατ-ε-γνωσμένος** Pf. Ptz. Pass. κατα-γινώσκω *erkennen, merken;* hier (gerichtl.) *verurteilen;* umschrieb. Plsqpf. (A249), ὅτι κατε-γνωσμένος ἦν *denn er war gerichtet, denn er war ins Unrecht gesetzt* (EWNT 2, Sp. 633). **ἦν** Ipf. εἰμί. **12 πρὸ τοῦ** m. AcI temp. (A282) *bevor, ehe.* **ἐλ-** 12 **θεῖν** Aor. Inf. ἔρχομαι. **τινὲς ἀπὸ Ἰακώβου** *einige aus dem Kreis um*

Jakobus. **συν-ήσθιεν** Ipf. -εσθίω *zusammen essen, Tischgemeinschaft haben;* Ipf. iter. **ὑπ-έ-στελλεν** Ipf. ὑπο-στέλλω *(sich) zurückziehen.* **ἀφ-ώριζεν** Ipf. -ορίζω *absondern.* **φοβούμενος** Ptz. Pass. φοβέομαι, kaus. **οἱ ἐκ περιτομῆς** *die aus der Beschneidung,* hier *die Verfechter der Beschnei-*

13 *dung.* **13 συν-υπ-ε-κρίθησαν** Aor. Pass. (ohne Pass.-Bdtg.) -υπο-κρίνο-μαι[128] *mitheucheln.* **Ἰουδαῖοι** hier *Judenchristen* (B 2d). **Βαρναβᾶς** V. 1. **συν-απ-ήχθη** Aor. Pass. -άγομαι[59] *mit wegführen;* Pass. *mitfortgeris-sen werden, sich mitfortreißen lassen.* **ὑπό-κρισις**[8] *Heuchelei;* dat. instr.

14 (A176) *durch ihre Heuchelei.* **14 ὀρθο-ποδέω** *mit geraden Füßen gehen, (auf)recht wandeln, auf dem geraden/richtigen Weg gehen.* **πρός** m. Akk. hier *gemäß, im Blick auf* (H-S §184p). **ὑπ-άρχων** Ptz., konz. *obwohl du ... bist.* **ἐθνικῶς** *heidnisch, nach Art der Nichtjuden.* **Ἰουδαϊκῶς** *jüdisch, nach Art der Juden.* **ζῇς** 2. Sg. ζάω. **ἀναγκάζω** V. 3. **ἰουδαΐζειν** Inf. ἰουδαΐζω

15 *nach jüdischer Art/Sitte leben.* **15 φύσις**[8] *Natur; Geburt, Herkunft;* dat. resp. (A178) *von Natur/Herkunft.* **ἐξ ἐθνῶν ἁμαρτωλοί** *Sünder heidnischer Her-*

16 *kunft.* **16 εἰδότες** Pf. (m. präs. Bdtg.) Ptz. οἶδα, kaus. **δικαιοῦται** Pass. δικαιόω *rechtfertigen, freisprechen, für gerecht erklären, gerecht machen.* **ἐξ ἔργων νόμου** (auch ohne Art. best.) *auf Grund von Taten, die das Gesetz vorschreibt, auf Grund der Regelungen des Gesetzes* (d.h. seines Inhalts m. den Forderungen). **ἐὰν μή** *außer, sondern (nur).* **πίστις Ἰησοῦ Χριστοῦ** gen. obi. (A158) *der Glaube an Jesus Christus.* **ἐ-πιστεύσαμεν** Aor. πιστεύω, ingr. (A240) *wir sind zum Glauben gekommen.* **δικαιωθῶμεν** Aor. Konj. Pass. **δικαιωθήσεται** Fut. Pass. **οὐ ... πᾶσα σάρξ** Hebr.

17 *kein Fleisch, kein Mensch* (H-S §249a; A137c). **17 ζητοῦντες** Ptz. ζητέω, kaus. od. mod. **δικαιωθῆναι** Aor. Inf. Pass. **εὑρέθημεν** Aor. Pass. εὑρίσκω, Pass. m. Präd.-Nom. *sich zeigen als, sich erweisen als, erfunden werden als* (B 2), *dastehen als.* **καὶ αὐτοί** *auch wir selbst* als Sünder (wie die Hei-den). **ἆρα** Fragepartikel (A320) *ist (also/dann)?* **διάκονος** *Diener, Förderer* (so das Urteil der Gegner v. Paulus). **γένοιτο** Aor. Opt. Med. γίνομαι; μὴ

18 γένοιτο *auf keinen Fall.* **18 κατ-έ-λυσα** Aor. κατα-λύω *zerstören, abbre-chen, niederreißen.* **παρα-βάτης**[1] *Übertreter* (des Gesetzes), d.h. Sünder. **ἐμαυτόν**[14] Refl.-Pron. 1. Sg. **συν-ιστάνω** = συν-ίστημι *zusammen-*

19 *stellen;* hier *erweisen, darstellen (als).* **19 ἐγώ** betont (A122). **διὰ νόμου** *durch das Gesetz* (d.h. weil das Gesetz mich verurteilte). **ἀπ-έ-θανον** Aor. ἀπο-θνήσκω; νόμῳ ἀπέθανον dat. commodi (A173) *ich bin für das Gesetz gestorben* (so daß das Gesetz keinen Rechtsanspruch mehr an mich hat). **ζήσω** Aor. Konj. ζάω. **συν-ε-σταύρωμαι** Pf. Pass. συ-σταυρόω

20 *zugleich kreuzigen, mitkreuzigen.* **20 ὃ νῦν ζῶ ἐν σαρκί** *das Leben, das ich jetzt in meinem (sterblichen) Körper führe* (vgl. B ὅς I7c). **ἀγαπήσαντος** Aor. Ptz. ἀγαπάω, attr. **παρα-δόντος** Aor. Ptz. -δίδωμι, attr.

21 **21 ἀ-θετέω** *beseitigen, aufheben, für ungültig erklären* (wie die Gegner es tun).

δικαιοσύνη erg. *kommt* o.ä.   **δωρεάν** Adv. *umsonst, vergeblich.* **ἀπ-έ-θανεν** Aor.

ὦ vor Vok. m. Affekt (A142). **ἀ-νόητος**[11] *unverständig, unvernünftig.* **3**
Γαλάτης[1] *Galater,* Bewohner Galatiens (1,2). **ἐ-βάσκανεν** Aor.
βασκαίνω (vgl. A33[118ff]) *be-, verzaubern, verhexen.* **κατ' ὀφθαλμούς** *vor*
Augen. **προ-ε-γράφη** Aor. Pass. -γράφω[42] *vorher schreiben;* hier *vormalen,*
beschreiben. **ἐ-σταυρωμένος** Pf. Ptz. Pass. σταυρόω *kreuzigen;* subst.,
Subjektsartangabe (A65); οἷς κατ' ὀφθαλμοὺς Ἰησοῦς Χριστὸς προ-
εγράφη ἐσταυρωμένος *denen Jesus Christus als Gekreuzigter (deutlich) vor*
Augen gestellt/gemalt worden ist. **2 μαθεῖν** Aor. Inf. μανθάνω[157] *lernen,* **2**
erfahren. **ἐξ ἔργων νόμου** (auch ohne Art. best.) *auf Grund von/durch* (B
ἐκ 3f) *Taten, die das Gesetz vorschreibt, auf Grund der Regelungen des Gesetzes*
(d.h. seines Inhalts m. den Forderungen). **ἐ-λάβετε** Aor. λαμβάνω. **ἀκοή**
(das) Hören; (das, was gehört wird) hier *Predigt;* ἀκοὴ πίστεως *Predigt vom*
Glauben (die den Glauben zum Inhalt u. Ziel hat, ThWNT 1, S. 222). **3 ἐν-** **3**
αρξάμενοι Aor. Ptz. Med. -άρχομαι[62] *beginnen, anfangen;* temp. od. konz.
nachdem od. *obwohl ihr angefangen habt.* **πνεύματι, σαρκί** dat. mod.
(A180) od. instr. (A176) *in/mit dem Geist, mit der eigenen Natur/aus eigener Kraft*
(GN). **ἐπι-τελεῖσθε** Med. -τελέω *zu Ende bringen, vollenden, zum Ziel*
gelangen; Präs. konativ (A232c) *wollt ihr zum Ziel gelangen.* **4 τοσ-οῦτος**[18] **4**
so groß, so viel; τοσαῦτα *so Großes* od. *so vieles.* **ἐ-πάθετε** Aor. πάσχω.
εἰκῇ Adv. *vergeblich, umsonst;* εἴ γε καὶ εἰκῇ (B εἰ VI2, vgl. H-S §252,10)
wenn es wirklich vergeblich/umsonst (war/gewesen sein sollte) (was ich [näml.
Paulus] nicht hoffe). **5 ἐπι-χορηγῶν** Ptz. -χορηγέω *darbieten, gewähren,* **5**
geben; subst. **ἐν-εργῶν** Ptz. -εργέω *wirken, bewirken;* subst. **ἐν ὑμῖν** *unter*
euch. **ἐξ** erg. *(tut er es).*

6 καθώς *es ist wie bei.* **Ἀβραάμ** indekl., hier Nom. **ἐ-πίστευσεν** **6**
Aor. πιστεύω. **ἐ-λογίσθη** Aor. Pass. λογίζομαι *(an)rechnen,* τινί τι εἴς
τι *jmdm. etwas als etwas* (B 1a). **7 γινώσκετε** Imp. (kaum Ind.). **οἱ ἐκ** **7**
πίστεως *die, die aus Glauben (leben), die Glaubenden.* **Ἀβραάμ** indekl.,
hier Gen. **8 προ-ιδοῦσα** Aor. Ptz. Fem. -οράω[192] *vorher sehen, voraus-* **8**
sehen; kaus. **δικαιοῖ** 3. Sg. δικαιόω *rechtfertigen, freisprechen, für gerecht*
erklären, gerecht machen. **προ-ευ-ηγγελίσατο** Aor. Med. -αγγελί-
ζομαι[99] *eine frohe Botschaft/das Evangelium im voraus verkünden.* **ὅτι**
(zweites) recitativum = Doppelpunkt (A333). **ἐν-ευλογηθήσονται** Fut.
Pass. -ευλογέω *segnen.* **9 εὐ-λογοῦνται** Pass. εὐ-λογέω *segnen.* **9**
πιστός hier *gläubig, glaubend.*

10 ἐξ ἔργων νόμου V. 2; ὅσοι γὰρ ἐξ ἔργων νόμου εἰσίν *alle,* **10**
die sich (im Blick auf ihre Gerechtigkeit) *an den Vorschriften des Gesetzes aus-*
richten. **κατ-άρα** *Fluch.* **γέ-γραπται** Pf. Pass. γράφω, Pf. Pass. term.
tech. zur Einführung v. Schriftzitaten (B 2c): *in der Schrift heißt es/steht.* **ὅτι**

recitativum = Doppelpunkt (A333). **ἐπι-κατ-άρατος**[11] *verflucht, unter dem Fluch (stehend).* **ἐμ-μένω** m. Dat. *bleiben bei, verharren, beharren in.* **γε-γραμμένοις** Pf. Ptz. Pass. Ntr. γράφω, subst. **βιβλίον** *Buch.* **ποιῆσαι** Aor. Inf. ποιέω, Inf. m. τοῦ fin. od. epexegetisch-mod. (H-S §225b/f; A281); τοῦ ποιῆσαι αὐτά *um es zu tun/befolgen* bzw. *indem er es tut/befolgt.*

11 **11 ὅτι** (erstes) *daß.* **ἐν** *durch.* **δικαιοῦται** Pass. V. 8. **δῆλος** *klar, offenkundig* (erg. ἐστίν). **ἐκ πίστεως** *auf Grund des Glaubens.* **ζήσεται** Fut.

12 Med. ζάω. **12 ὁ δὲ νόμος οὐκ ἔστιν ἐκ πίστεως, ἀλλ᾽** *aber für das Gesetz zählt nicht der Glaube, sondern (hier gilt)* (es folgt ein Schriftzitat). **ποιήσας** Aor. Ptz., subst.; ὁ ποιήσας αὐτά *wer sie (die Vorschriften des*

13 *Gesetzes) tut/befolgt.* **ἐν** instr. *durch.* **13 ἐξ-ηγόρασεν** Aor. -αγοράζω (vgl. A33[91ff]) *los-, freikaufen.* **γενόμενος** Aor. Ptz. γίνομαι, mod. **πᾶς ὁ** m. Ptz. *jeder, der* (A86). **κρεμάμενος** Ptz. κρέμαμαι[226] intr. *hängen* (dient als [perfektisches] Med./Pass. zu κρεμάννυμι tr. *hängen, aufhängen*); subst. **ξύλον** *Holz, Holzpfahl,* auch *Galgen* (hier auf das Kreuz bezogen).

14 **14 ἵνα** schließt an V. 13a an. **εὐ-λογία** *Segen;* ἡ εὐλογία τοῦ ᾽Αβραάμ *der Abraham verheißene Segen.* **γένηται** Aor. Konj. Med. γίνομαι, m. εἰς *kommen/hingelangen* an einen Ort bzw. *zu* jmdm. (B I4cα), *Wirklichkeit werden für* (Mußner, Gal, S. 234f). **ἐπαγγελία** hier *das verheißene Gut,* m. flgd. gen. epexegeticus (A163; B 2b) τοῦ πνεύματος: *das verheißene Gut, nämlich der Geist = der verheißene Geist.* **λάβωμεν** Aor. Konj. λαμβάνω.

15 **15 κατὰ ἄνθρωπον λέγω** *ich spreche nach menschlicher Weise; ich gebrauche ein Beispiel aus dem menschlichen Leben.* **ὅμως** *gleichwohl, dennoch* (zum Verb ἀθετεῖ gehörig) od. (von ὁμῶς „gleichermaßen" beeinflußt, bzw. es ist so zu akzentuieren) *gleichfalls, auch* (BDR §450,2). **κε-κυρωμένην** Pf. Ptz. Pass. κυρόω *rechtskräftig machen, rechtskräftig ausfertigen;* attr. **διαθήκη** hier *Testament.* **ἀ-θετέω** *für ungültig erklären, aufheben, außer Kraft setzen;* ὅμως ἀνθρώπου κεκυρωμένην διαθήκην οὐδεὶς ἀθετεῖ *sogar das rechtskräftige Testament eines Menschen kann niemand für ungültig erklären.* **ἐπι-δια-τάσσομαι** *eine Klausel anhängen, durch einen Zusatz* (nachträgl.)

16 *verändern.* **16 ἐρ-ρέθησαν** Aor. Pass. λέγω. **σπέρμα**[3] *Same, Nachkomme.* **λέγει** erg. als Subj. ὁ θεός od. ἡ γραφή (BDR §130,3; A75c). **ἐπί** m. Gen. *über, von* (Gegenstand der Rede, B I1bγ). **ὡς** erg. λέγει: οὐ λέγει ... ὡς ἐπὶ πολλῶν (λέγει) ἀλλ᾽ ὡς ἐφ᾽ ἑνός (λέγει) *er sagt nicht ... (so) wie (man) von einer Mehrheit, sondern wie (man) von einem einzelnen redet* (B I2a). **ὅς** Genusangleichung an Χριστός (A93) bzw. nach dem Sinn konstruiert

17 (A96). **17 τοῦτο δὲ λέγω** *dies aber meine ich* (B λέγω I2b). **προ-κε-κυρωμένην** Pf. Ptz. Pass. -κυρόω *vorher rechtskräftig machen/ausfertigen;* attr. **τετρακόσιοι καὶ τριάκοντα**[19] *vierhundertunddreißig.* **γε-γονώς** Pf. Ptz. γίνομαι hier *erlassen;* attr. **ἀ-κυρόω** *außer Geltung/Kraft setzen, ungültig machen.* **εἰς τό** m. Inf. kons. (A282). **κατ-αργῆσαι** Aor. Inf.

-αργέω *wirkungslos machen, zunichte machen.* **18 ἐκ νόμου** erg. ἐστίν 18
vom Gesetz abhängt (Menge). **κληρο-νομία** *(das) Erbe, Erbschaft.* **κε-
χάρισται** Pf. Med. χαρίζομαι[101] *aus Gnade schenken* (erg. αὐτήν *es* [das
Erbe]) (B 1) od. *sich gnädig erweisen, Gunst erweisen* (B 3).

19 τί οὖν ὁ νόμος *warum also das Gesetz?* (B τίς 3a), *was soll also das* 19
Gesetz? (BDR §480[9]). **παρά-βασις**[8] *Übertretung.* **χάριν** uneig. Präp.,
nachgestellt (A183) *wegen, um ... willen.* **προσ-ε-τέθη** Aor. Pass. -τίθημι[200]
hinzufügen. **ἄχρις οὗ** *bis (daß), zur Angabe des Endpunkts* (BDR §455,3b).
ἔλθῃ Aor. Konj. ἔρχομαι. **σπέρμα** V. 16. **ἐπ-ήγγελται** Pf. Pass.
-αγγέλλομαι[111] *versprechen, verheißen;* ᾧ ἐπήγγελται *dem die Verheißung
gilt, dem die Verheißung gegeben wurde.* **δια-ταγείς** Aor. Ptz. Pass.
-τάσσω[79] *anordnen, erlassen;* mod. **δι᾽ ἀγγέλων** *durch Vermittlung von
Engeln* (B διά AIII2a). **ἐν χειρί** Hebr. = διά *durch* (BDR §217,2c; A186).
μεσίτης[1] *Mittler, Vermittler* (gemeint ist Mose). **20 ἑνὸς οὐκ ἔστιν** = 20
οὐκ ἔστιν ἑνός (ἑνός ist betont vorangestellt). **21 κατά** erg. ἐστίν *steht* 21
das Gesetz gegen ...? widerspricht das Gesetz ...? **γένοιτο** Aor. Opt. Med.
γίνομαι; μὴ γένοιτο *auf keinen Fall.* **ἐ-δόθη** Aor. Pass. δίδωμι.
δυνάμενος Ptz. δύναμαι, attr. **ζῳο-ποιῆσαι** Aor. Inf. -ποιέω *leben-
dig machen, Leben schaffen.* **ὄντως** *wirklich, in Wahrheit.* **ἐκ νόμου** *auf
Grund des Gesetzes* (B ἐκ 3f). **ἦν** Ipf. εἰμί; εἰ ἐδόθη ... ἂν ἦν *irrealer Fall*
(A345) *wenn ... gegeben worden wäre, käme ...* **δικαιοσύνη** 2,21. **22 συν-** 22
έ-κλεισεν Aor. συγ-κλείω[6] *zusammenschließen, (zusammen) einschließen*
(ὑπό m. Akk. *unter die Gewalt von*) (B 2). **ἐκ πίστεως Ἰησοῦ
Χριστοῦ** gen. obi. (A158) *auf Grund des Glaubens an Jesus Christus.* **δοθῇ**
Aor. Konj. Pass. δίδωμι. **πιστεύουσιν** Ptz. πιστεύω, subst.

23 πρὸ τοῦ m. AcI temp. (A282) *bevor, ehe.* **ἐλθεῖν** Aor. Inf. 23
ἔρχομαι, Präd. des AcI. **ἐ-φρουρούμεθα** Ipf. Pass. φρουρέω *bewachen,
in Gewahrsam halten.* **συγ-κλειόμενοι** Ptz. Pass. -κλείω V. 22, mod. od.
kaus. **εἰς** hier zeitl. *bis zu.* **μέλλουσαν** Ptz. Fem. μέλλω, attr. **ἀπο-
καλυφθῆναι** Aor. Inf. Pass. -καλύπτω[54] *enthüllen, offenbaren;* εἰς τὴν
μέλλουσαν πίστιν ἀποκαλυφθῆναι *bis zum Glauben* (d.h. bis zum
Kommen des Glaubens), *der* (nach göttl. Willen) *offenbart werden sollte* (B
μέλλω 1bβ; A250). **24 παιδ-αγωγός** *Aufseher, Erzieher* (meist ein Sklave, 24
der das Kind beaufsichtigte). **γέ-γονεν** Pf. γίνομαι [Var. ἐ-γένετο Aor.].
εἰς V. 23, εἰς Χριστόν *bis zu (dem Kommen des) Christus.* **δικαιωθῶμεν**
Aor. Konj. Pass. δικαιόω V. 8. **25 ἐλθούσης** Aor. Ptz. Fem. ἔρχομαι, 25
gen. abs. (A288), temp.; ἐλθούσης ... τῆς πίστεως *als/nachdem der Glaube
kam.* **εἰμὶ ὑπό τινα** *unter jmds. Gewalt/Herrschaft stehen* (B ὑπό 2b).
27 εἰς *auf.* **ἐ-βαπτίσθητε** Aor. Pass. βαπτίζω. **ἐν-ε-δύσασθε** Aor. 27
Med. -δύω[12] (eig. Kleider) *anziehen.* **28 ἔνι** (für ἔν-εστιν) *es gibt* (H-S 28
§125b); οὐκ ἔνι hier *es gibt keinen (Unterschied mehr zwischen).* **Ἕλλην**[4]

ηνος ὁ *Griecher; Nichtjude, Heide.* ἐλεύθερος *frei.* ἄρσην εν (Gen. ενος, vgl. A4) *männlich;* Ntr. subst. *Mann.* θῆλυς[10] εια υ *weiblich;* Ntr. subst. *Frau.* [Var. ἅπαντες = πάντες.] εἷς hier *eine Einheit* (B 1b) bzw. *ein einzi-*
29 *ger Mensch* (GN). **29 ὑμεῖς Χριστοῦ** *präd.* gen. poss. (A154) *ihr gehört Christus.* κληρο-νόμος (< κλῆρος *Los; Anteil* + νέμομαι *besitzen*) *(der) Erbe.*

4   λέγω δέ (nicht adversativ, sondern fortführend m. flgd. direkter Rede) *ich meine aber, ich will damit sagen.* ἐφ᾽ ὅσον χρόνον *solange* (B ὅσος 1). κληρο-νόμος (< κλῆρος *Los; Anteil* + νέμομαι *besitzen*) *(der) Erbe.* νήπιος *unmündig.* δια-φέρω intr. *sich unterscheiden* τινός *von jmdm.; sich hervortun gegenüber jmdm.* οὐδέν Akk. der Beziehung (A149) *in nichts.* ὤν
2 Ptz. εἰμί, konz. *obwohl er ist.* **2 εἰμὶ ὑπό τινα** *unter jmds. Gewalt stehen, jmdm. unterstehen* (B ὑπό 2b). ἐπί-τροπος *Verwalter, Aufseher;* hier *Vormund.* οἰκο-νόμος *Hausverwalter, Besitzverwalter.* προ-θεσμία (erg. ἡμέρα) *(vorher) festgesetzter Termin;* ἡ προθεσμία τοῦ πατρός *der vom*
3 *Vater (im Testament) festgesetzte Zeitpunkt.* **3 ἦμεν** Ipf. εἰμί. στοιχεῖον (nur Pl.) die Bdtg. ist umstritten; einige mögl. Erklärungen sind: a) *Elemente, Grundstoffe* (aus denen die Welt besteht u. die als Götter verehrt wurden); b) *Elementargeister, kosmische Geister* (die das All bewohnen u. darin herrschen); c) *Himmelskörper, Gestirne* (wobei diese meist m. den damit gemeinten Geistmächten verbunden werden); d) *geschaffene Dinge* (als Sammelname für die geschöpfl. Welt); hier vermutl. Bdtg. a), viell. b); vgl. Kol 2,8. ἤμεθα Ipf.
4 εἰμί. δε-δουλωμένοι Pf. Ptz. Pass. δουλόω *versklaven;* Pass. *versklavt sein;* umschrieb. Plsqpf. (A249). **4 πλήρωμα**[3] *Fülle, Erfüllung.* ἐξ-απ-έ-στειλεν Aor. -απο-στέλλω[113] *senden, entsenden.* γενόμενον Aor. Ptz.
5 Med. γίνομαι, mod.; (erstes hier) *geboren werden* (B II a). **5 ἐξ-αγοράσῃ** Aor. Konj. -αγοράζω (vgl. A33[91ff]) *loskaufen, freikaufen.* υἱο-θεσία *Annahme an Sohnes/Kindes Statt, Adoption.* ἀπο-λάβωμεν Aor. Konj. -λαμβάνω[152] *empfangen, erhalten;* ἵνα τὴν υἱοθεσίαν ἀπολάβωμεν *damit wir die Annahme an Sohnes/Kindes Statt erlangten, damit Gott uns als seine*
6 *Söhne/Kinder annahm* (GN). **6 κρᾶζον** Ptz. κράζω, mod. ἀββά (aram. אַבָּא ᵓabbāᵓ Vok., ursprüngl. Diminutivform) *(mein) Vater* (Anrede des Vaters, bes. v. kleinen Kindern), hier aram. Gebetsanrede. ὁ πατήρ Nom. m. Art. statt Vok. (A142).
8   **8 μέν ... δέ** *(zwar) ... aber.* οὐ m. Ptz., das eine Behauptung ausdrückt (im NT seltenes Beispiel für klass. Norm [Ptz. im NT sonst fast durchweg μή]; A284). εἰδότες Pf. (m. präs. Bdtg.) Ptz. οἶδα, temp. ἐ-δουλεύσατε Aor. δουλεύω *dienen* (als Sklave). φύσις[8] *Natur, natürliche Beschaffenheit;* dat. resp. (A178) *ihrer Beschaffenheit nach.* οὖσιν Ptz. εἰμί, attr.; τοῖς φύσει
9 μὴ οὖσιν θεοῖς *Göttern, die in Wirklichkeit keine sind.* **9 γνόντες** Aor. Ptz. γινώσκω, temp. μᾶλλον δέ *ja vielmehr* (B μᾶλλον 3d), *oder besser*

gesagt. **γνωσθέντες** Aor. Ptz. Pass. γινώσκω, temp. **πῶς** hier *wie ist es möglich, daß* (B 1b). **ἐπι-στρέφω** intr. *sich umwenden, umkehren,* m. ἐπί τι *zurückkehren zu* (B 1bβ); Präs. konativ (A232c) daß *ihr zurückkehren wollt.* **ἀ-σθενής**[7] *schwach, krank.* **πτωχός** *arm, elend, armselig.* **στοιχεῖον** V. 3. **ἄνωθεν** *von oben her; von Anfang an;* hier *wiederum, von neuem.* **δου-λεύειν** Inf. [Var. δουλεῦσαι Aor. Inf.].   **10 παρα-τηρεῖσθε** Med.   10 -τηρέω *genau achtgeben;* hier *(ängstlich) beachten.* **μήν**[4] μηνός ὁ *Monat.* **ἐνιαυτός** *Jahr;* ἡμέρας ... καὶ μῆνας καὶ καιροὺς καὶ ἐνιαυτούς *(bestimmte) Tage, Monate, Festzeiten* (B καιρός 3) *und Jahre* (primär vom jüdischen Festtagskalender).   **11 φοβοῦμαι ὑμᾶς** Obj. des NS ist vorwegge-   11 nommen (Prolepsis, A373; BDR §476,2) *ich fürchte um/für euch.* **μή πως** nach Ausdrücken des Fürchtens (m. Ind., wenn die Furcht auf etwas schon Geschehenes gerichtet ist (BDR §370,2; A308) *daß ... (vielleicht).* **εἰκῇ** Adv. *umsonst, vergeblich.* **κε-κοπίακα** Pf. κοπιάω *sich abmühen;* κοπιάω εἴς τινα *sich um jmdn. bemühen* (B 2).

     12 γίνεσθε Imp. ; γίνεσθε ὡς ἐγώ, ὅτι κἀγὼ ὡς ὑμεῖς *werdet (frei*   12 *von solcher Sklaverei* [des Gesetzes]), *wie ich (es bin), denn auch ich bin (frei davon geworden), wie ihr (es wart)* (d.h. wie Paulus sollen sie das Gesetz als Heilsweg aufgeben; vgl. 1Kor 9,21). **δέομαι** *bitten,* m. Gen. der Pers. **ἠ-δικήσατε** Aor. ἀ-δικέω intr. *Unrecht tun;* tr. *ungerecht behandeln; schädigen,* m. Akk.; οὐδέν με ἠδικήσατε *ihr habt mir* (damals) *nie ein Leid/eine Kränkung zugefügt.*   **13 ἀ-σθένεια** *Schwäche, Krankheit;* δι' ἀσθένειαν   13 τῆς σαρκός *einer körperlichen* (B σάρξ 2) *Krankheit wegen* (die wahrscheinl. den Aufenthalt verlängerte). **εὐ-ηγγελισάμην** Aor. Med. -αγγελίζω. **πρότερος** *früher, vorher;* τὸ πρότερον *vormals, das erste Mal.* **14 πειρασμός** *Prüfung; Versuchung, Anfechtung;* ὁ πειρασμὸς ὑμῶν ἐν   14 τῇ σαρκί μου *die Versuchung, die für euch in meinem körperlichen Zustand* (d.h. in der Krankheit) *bestand.* **ἐξ-ουθενήσατε** Aor. -ουθενέω *geringschätzen, verachten, verächtlich zurückweisen;* es sind hier zwei Gedanken zusammengefügt: „Ihr seid der Versuchung, die euch durch mein Fleisch entstand, nicht erlegen" u. „Ihr habt mich nicht verachtet" (Schlier, Gal, S. 210; vgl. B 1). **ἐξ-ε-πτύσατε** Aor. ἐκ-πτύω *ausspucken* (u.a. als Zeichen der Ablehnung od. zur Abwehr böser Mächte; B); übertr. *verabscheuen, mit Abscheu antworten* (EWNT 1, Sp. 1024); τὸν πειρασμόν ... οὐκ ἐξουθενήσατε οὐδὲ ἐξεπτύσατε übers. etwa *auf die Versuchung ... habt ihr nicht mit Verachtung und Abscheu geantwortet.* **ἐ-δέξασθε** Aor. Med. δέχομαι. **15 ποῦ**[18] *wo* erg. *(bleibt)?* **μακαρισμός** *Seligpreisung;* ὑμῶν gen. obi.   15 (A158), d.h. die Stimmung, in der ihr euch selbst glücklich gepriesen habt (B). **εἰ δυνατόν** erg. ἦν, *wenn es möglich wäre/gewesen wäre* (bez. die Nichtwirklichkeit; A239). **ἐξ-ορύξαντες** Aor. Ptz. -ορύσσω (vgl. A33[74ff]) *ausgraben;* hier *ausreißen;* temp. od. mod. **ἐ-δώκατε** Aor. δίδωμι; εἰ δυνατόν ...

ἐδώκατέ μοι irrealer Fall (A345) *wenn es möglich gewesen wäre ... hättet ihr*
16 *(sie) mir gegeben.* **16 ἐχθρός** *Feind.* **γέγονα** Pf. γίνομαι. **ἀληθεύων**
17 Ptz. ἀληθεύω *die Wahrheit sagen/verkündigen;* kaus. **17 ζηλόω** *sich eifrig*
bemühen um, umwerben, m. Akk. der Pers. **καλῶς** *schön, gut; hier in guter*
Weise/Absicht. **ἐκ-κλεῖσαι** Aor. Inf. -κλείω[6] *ausschließen* (wahrscheinl. v.
der Gemeinschaft m. Paulus). **ζηλοῦτε** hier Konj. (statt ζηλῶτε [vgl. A24],
18 BDR §91[2]). **18 καλόν** Ntr. präd. *gut ist es.* **ζηλοῦσθαι** Inf. Pass. ζηλόω
[Var. ζηλοῦσθε Pass.]. **ἐν καλῷ** *in guter Absicht* od. *in einer guten Sache.*
ἐν τῷ m. AcI temp. (A282) *während.* **παρ-εῖναι** Inf. πάρ-ειμι[32] *anwesend*
19 *sein, gegenwärtig sein;* Präd. des AcI. **πρός** m. Akk. hier *bei.* **19 οὕς** sinnge-
mäß konstruiert (statt ἅ; A96). **ὠδίνω** *Geburtswehen erleiden, mit Schmerzen*
gebären. **μέχρις οὗ** *bis.* **μορφωθῇ** Aor. Konj. Pass. μορφόω *gestalten,*
formen; Pass. *Gestalt annehmen/gewinnen;* μορφωθῇ Χριστὸς ἐν ὑμῖν *bis*
Christus bei/in euch Gestalt annimmt (d.h. daß man an ihrem Leben sehen kann,
20 wer Christus ist). **20 ἤθελον** Ipf. θέλω, m. Inf. hier für einen unerfüllbaren
Wunsch (A319; BDR §359,2); ἤθελον παρεῖναι πρὸς ὑμᾶς *ich wollte, ich*
könnte bei euch sein. **ἄρτι** *jetzt.* **ἀλλάξαι** Aor. Inf. ἀλλάσσω[74] *verändern,*
verwandeln; ἀλλάσσω τὴν φωνήν μου *einen anderen Ton anschlagen* (B 1).
ἀ-ποροῦμαι Med. ἀ-πορέω *ratlos sein, nicht mehr ein noch aus wissen.* **ἐν**
ὑμῖν *in bezug auf euch, euretwegen.*
21 **21 λέγετε** Imp. **θέλοντες** Ptz. θέλω, subst.; App. (A70) zum Subj.;
οἱ ὑπὸ νόμον θέλοντες εἶναι *ihr, die ihr euch dem Gesetz unterstellen wollt.*
22 **εἶναι** Inf. εἰμί. **22 γέ-γραπται** Pf. Pass. γράφω, Pf. Pass. term. tech.
zur Einführung v. Schriftzitaten (B 2c): *in der Schrift heißt es/steht.* **Ἀβραάμ**
indekl., hier Nom. **ἔσχεν** Aor. ἔχω. **ἕνα ... καὶ ἕνα** = klass. τὸν ἕνα ...
τὸν ἕτερον (BDR §247[8]). **παιδίσκη** *Magd, Sklavin.* **ἐλεύθερος** *frei.*
23 **23 ὁ μέν ... ὁ δέ** *der eine ... der andere.* **κατὰ σάρκα** *auf natürliche Weise*
od. *nach menschlichem Willen.* **γε-γέννηται** Pf. Pass. γεννάω. **δι'**
ἐπαγγελίας *kraft/auf Grund einer* (göttl.) *Verheißung* (B διά AIII1e).
24 **24 ἅτινα** (Ntr. v. ὅσ-τις) = ἅ (A133a) hier *diese Dinge/das.* **ἀλλ-**
ηγορούμενα Ptz. Pass. -ηγορέω *allegorisch reden/sprechen;* umschrieb.
Präs. (A249); ἅτινά ἐστιν ἀλληγορούμενα *das ist allegorisch/bildlich*
gesprochen, das hat einen tieferen Sinn. **εἰσίν, ἐστίν** (zweites) im Sinn v.
bedeuten, stehen für. **δια-θήκη** *Testament;* im NT meist: *Heilsverfügung,*
-setzung, Bund. **Σινᾶ** indekl., hier Gen., *Sinai.* **δουλεία** *Sklaverei; Knecht-*
schaft. **γεννῶσα** Ptz. Fem. γεννάω, attr.; εἰς δουλείαν γεννῶσα *die*
(BW διαθήκη) *in/für die Sklaverei (Kinder) gebiert, die Sklaven hervorbringt.*
ἥτις = ἥ (A133a) hier *diese/die* (A364a). **Ἀγάρ** indekl., hier Nom., *Hagar,*
25 *Nebenfrau Abrahams.* **25 τὸ δὲ Ἀγάρ** *aber „Hagar"* (τό dient als eine Art
Anführungszeichen [wie klass.] vor Wörtern, Sätzen und Satzteilen; BDR
§267). **Σινᾶ** hier Nom. **Ἀραβία** *Arabien.* **ἐστίν** V. 24; τὸ δὲ Ἀγάρ

Σινᾶ ὄρος ἐστὶν ἐν τῇ Ἀραβίᾳ aber „Hagar" steht für den Berg Sinai in Arabien (zur Wortstellung vgl. H-S §292c; BDR §477; Mußner, Gal, S. 316. 322-324, liest entsprechend der Var. ohne Ἁγάρ u. übers.: Der Sinaiberg liegt freilich in Arabien). συ-στοιχέω in derselben Reihe stehen; übertr. entsprechen. νῦν gegenwärtig, heutig. δουλεύω dienen (als Sklave); hier in Sklaverei leben. 26 ἄνω oben, obere (= himmlische). ἥτις V. 24. 27 εὐ- 26f φράνθητι Aor. Imp. Pass. -φραίνω[118] erfreuen; Pass. sich freuen, froh sein. στεῖρα unfruchtbar, hier subst., Vok. (du) Unfruchtbare/Kinderlose. τίκτουσα Ptz. Fem. τίκτω gebären; subst., App. (A70). ῥῆξον Aor. Imp. ῥήγνυμι[217] zerreißen; in Jubel ausbrechen. βόησον Aor. Imp. βοάω (laut) rufen, schreien, hier jauchzen. ὠδίνουσα Ptz. Fem. V. 19; subst., App. (A70). ἔρημος[11] einsam; subst. ἡ ἔρημος die einsame (Frau), die Alleinste- hende/Verstoßene. μᾶλλον ἤ mehr als. ἐχούσης Ptz. Fem. ἔχω, subst.; πολλὰ τὰ τέκνα τῆς ἐρήμου μᾶλλον ἢ τῆς ἐχούσης τὸν ἄνδρα die Kinder der Einsamen/Verstoßenen sind zahlreicher als die derjenigen, die ihren/einen Mann hat. 28 κατά hier ganz so wie (B II5bα). Ἰσαάκ indekl., 28 hier Akk., Isaak, Abrahams Sohn. 29 ὥσ-περ geradeso wie, wie. γεννη- 29 θείς Aor. Ptz. Pass. γεννάω, subst. ἐ-δίωκεν Ipf. διώκω. τὸν κατὰ πνεῦμα erg. γεννηθέντα den auf geistliche Weise/kraft des Geistes Geborenen. 30 ἔκ-βαλε Aor. Imp. -βάλλω. οὐ μή m. Ind. Fut. (sonst 30 meist Aor. Konj.) stärkste Verneinung zukünftigen Geschehens (A257). κληρο-νομήσει Fut. -νομέω (< κληρονόμος Erbe, Besitzer) Erbe sein, erben. 31 διό deshalb (auf den ganzen Abschnitt V. 21-30 bezogen). 31

    ἐλευθερία Freiheit; dat. commodi (A173; BDR §188[1]) für die/zur Frei- **5** heit. ἠλευθέρωσεν Aor. ἐλευθερόω befreien. στήκετε Imp. στήκω (< ἕστηκα[205]) stehen; feststehen. ζυγός Joch. δουλεία Sklaverei; Knecht- schaft. ἐν-έχεσθε Imp. Pass. -έχω in sich haben; festhalten; Pass. m. Dat. sich festhalten lassen von, hängen bleiben an, belastet sein mit, sich einspannen lassen in. 2 ἴδε Interjektion (erstarrter Aor. Imp. ὁράω, BDR §107[7]), hier etwa 2 seht od. hört mich an (GN). περι-τέμνησθε Konj. Pass. -τέμνω beschnei- den (der Vorhaut); Pass. sich beschneiden lassen. ὠφελήσει Fut. ὠφελέω nützen. 3 μαρτύρομαι bezeugen, versichern. περι-τεμνομένῳ Ptz. 3 Pass., attr. ὀφειλέτης[1] Schuldner; ὀφειλέτης ἐστίν verpflichtet sein, m. Inf. ποιῆσαι Aor. Inf. ποιέω. 4 κατ-ηργήθητε Aor. Pass. -αργέω 4 unwirksam machen, entkräften; zunichte machen, beseitigen, entfernen; Pass. m. ἀπό τινος aus der Verbindung mit jmdm./etw. gelöst werden/ausscheiden, von jmdm./etw. abkommen (B 3). οἵτινες (ihr) alle, die (ihr). δικαιοῦσθε Pass. δικαιόω rechtfertigen, freisprechen, für gerecht erklären, gerecht machen; Präs. konativ (H-S §197a; A232c) ihr versucht, gerechtfertigt zu werden od. ihr wollt gerechtfertigt werden. ἐξ-ε-πέσατε Aor. (vgl. H-S §105g) ἐκ-πίπτω[194] m. Gen. herausfallen; (einer Sache) verlustig gehen (B 3a). 5 πνεύματι dat. 5

instr. (A176) *durch den Geist.* ἐκ πίστεως *auf Grund des Glaubens.* ἐλπὶς δικαιοσύνης epexegetischer Gen. (A163): *das in der Gerechtigkeit beste-hende Hoffnungsgut* (B δικαιοσύνη 3), *die erhoffte Gerechtigkeit.* ἀπ-εκ-

6 δέχομαι *erwarten.* **6** περι-τομή (< τέμνω *schneiden) Beschneidung.* ἰσχύω *stark sein, vermögen; gelten, etwas bedeuten* (B 4). ἀκρο-βυστία *Vorhaut; Unbeschnittenheit.* ἀλλά hier *sondern nur.* ἐν-εργουμένη Ptz. Med. -εργέω Akt. u. Med. intr. *wirksam sein, sich als wirksam erweisen;* mod.

7 **7** ἐ-τρέχετε Ipf. τρέχω *laufen.* καλῶς *schön, gut;* (qualitativ) *vor-trefflich;* ἐτρέχετε καλῶς *ihr kamt so gut voran* (GN). ἐν-έ-κοψεν Aor. ἐγ-κόπτω[56] *hemmen, hindern.* πείθεσθαι Inf. Pass. πείθω hier *gehorchen, fol-gen* (B 3b); τίς ὑμᾶς ἐνέκοψεν τῇ ἀληθείᾳ μὴ πείθεσθαι; *wer hat euch daran gehindert, der Wahrheit (weiterhin) zu folgen?* (B ἐγκόπτω; μή pleon., BDR §429[4]).

8 **8** πεισμονή *(das) Zureden, Überredung;* ἡ πεισμονὴ οὐκ (erg. ἐστίν) ἐκ *die Überredung dazu kommt nicht von.* καλοῦντος Ptz.

9 καλέω, subst. *(von) dem, der euch beruft/berufen hat* (A285). **9** ζύμη *Sauer-*

10 *teig.* φύραμα[3] *Teig.* ζυμοῖ 3. Sg. ζυμόω *säuern.* **10** πέ-ποιθα Pf. (m. präs. Bdtg.) πείθω, Pf. *vertrauen auf, das Vertrauen haben; gewiß sein;* ἐγὼ πέποιθα εἰς ὑμᾶς ἐν κυρίῳ ὅτι *ich habe im Herrn das Vertrauen zu euch, daß* od. *ich habe in bezug auf euch* (vgl. B εἰς 5) *das Vertrauen zum Herrn, daß.* φρονήσετε Fut. φρονέω *denken, urteilen; meinen; gesinnt sein;* οὐδὲν ἄλλο φρονήσετε *daß ihr keiner anderen Meinung sein werdet (als ich)* (B 1). ταράσσων Ptz. ταράσσω *aufrühren; verwirren, in Unruhe versetzen;* subst. βαστάσει Fut. βαστάζω[108] *tragen, ertragen;* mod. Fut. (A247d) *er wird sein Urteil tragen müssen/zu tragen haben.* κρίμα[3] *Entscheidung, Urteil; (das) Richten, Gericht.* ὅστις ἐάν (= ὅστις ἄν) *wer auch immer* od. *ganz gleich,*

11 *wer* (A132; 371). ᾗ Konj. εἰμί. **11** ἐγὼ δέ nom. pendens (A141) bzw. Subj. des NS ist vorweggenommen (Prolepsis, A373) *ich allerdings* (Wilckens). περι-τομή V. 6. διώκομαι Pass. διώκω. κατ-ήργηται Pf. Pass. -αργέω V. 4. σκάνδαλον *Falle; Verführung* (das, was zu Fall bringt, zur Sünde, zum Abfall v. Gott veranlaßt); *Ärgernis,* (das) *Anstößige* (das, was Wider-

12 spruch, Entrüstung, Mißbilligung hervorruft). σταυρός *Kreuz.* **12** ὄφε-λον Partikel zum Ausdruck eines als unerfüllbar hingestellten Wunsches (A319b; BDR §359[5]), hier mit Ind. Fut. *o daß doch.* ἀπο-κόψονται Fut. Med. -κόπτω[56] *abhauen; entmannen;* Med. *sich entmannen lassen* (BDR §317; A218); ὄφελον καὶ ἀποκόψονται *ach, mögen sie sich doch gleich entmannen lassen* [Var. ἀπο-κόψωνται Aor. Konj. Med.]. ἀνα-στατοῦντες Ptz. -στατόω *aufwiegeln, beunruhigen, verstören;* subst.

13 **13** ἐλευθερία V. 1; ἐπ᾽ ἐλευθερίᾳ *zur Freiheit* (B). ἐ-κλήθητε Aor. Pass. καλέω. ἀφ-ορμή *Ausgangspunkt; Anlaß, Vorwand, Gelegenheit;* ellip., erg. ἔχετε *haltet für,* τρέπετε *wendet/macht zu* o.ä. (BDR §481[1]); μὴ τὴν ἐλευθερίαν εἰς ἀφορμὴν τῇ σαρκί übers. etwa: *laßt eure Freiheit*

nicht zum Vorwand (od. *Sprungbrett, Freibrief* [GN]) *für das Fleisch* (eure selbst-
süchtigen Wünsche) *werden.* **δουλεύετε** Imp. δουλεύω *dienen.* **14 ὁ πᾶς** 14
νόμος *das gesamte Gesetz* (die Vollständigkeit wird als Einheit betont, A86).
πε-πλήρωται Pf. Pass. πληρόω; ἐν ἑνὶ λόγῳ πεπλήρωται *ist in einem
einzigen Gebot zusammengefaßt* od. *ist (durch die Erfüllung) eines einzigen Gebo-
tes erfüllt* (vgl. GN). **ἐν τῷ** *(nämlich) in dem (Wort):* (τό leitet atl. Zitat ein,
BDR §267²ᵇ). **ἀγαπήσεις** Fut. ἀγαπάω, Hebr., Fut. zum Ausdruck strik-
ter Gebote (A247d). **πλησίον** Adv. *nahe, benachbart;* Subst. (indekl.) *Nahe-
stehender, Nächster, Mitmensch.* **15 δάκνω** *beißen;* übertr. *verletzen, kränken.* 15
κατ-εσθίω *verzehren, auffressen;* übertr. *zerfleischen, ausbeuten.* **βλέπετε**
Imp., m. μή u. Konj. *gebt acht, daß nicht; seht zu, daß nicht.* **ἀν-αλωθῆτε**
Aor. Konj. Pass. -αλίσκω/-αλόω¹⁶⁴ *aufwenden; verzehren, vernichten;* prohibi-
tiver Konj. (A256). **16 λέγω δέ** *ich meine aber* od. *ich will damit sagen.* 16
περι-πατεῖτε Imp. -πατέω; πνεύματι περιπατεῖτε *lebt in der Kraft des
(Heiligen) Geistes* bzw. *laßt euer Leben vom (Heiligen) Geist bestimmen.* **ἐπι-
θυμία** *Verlangen, Sehnsucht;* (sündige) *Begierde, Lust.* **οὐ μή** m. Aor. Konj.
stärkste Verneinung zukünftigen Geschehens (A257). **τελέσητε** Aor. Konj.
τελέω²⁷ *beenden, vollenden; ausführen, durchführen, erfüllen.* **17 ἐπι-θυμέω** 17
begehren, **κατά** τινος *aufbegehren gegen* (B), *sich mit seinem Begehren gegen
jmdn./etwas richten.* **ἀντί-κειμαι**²⁰⁰ (A32) *im Streit liegen* τινί *mit jmdm.*
ἵνα hier kons. *so daß* (B II2). **ἃ ἐάν** = ἃ ἄν *was (immer)* (A132; 371).
θέλητε Konj. θέλω. **ποιῆτε** Konj. ποιέω. **18 ἄγεσθε** Pass. ἄγω; Pass. 18
hier *leiten/bestimmen lassen* (B 3). **εἰμὶ ὑπό** τινα *unter jmds. Gewalt/
Herrschaft stehen* (B ὑπό 2b). **19 φανερός** (< φαίνομαι sichtbar werden) 19
bekannt; offenbar, offenkundig, deutlich. **πορνεία** *Unzucht* (= illegitimer
Geschlechtsverkehr jeder Art), *Hurerei.* **ἀ-καθαρσία** *Unreinheit, Unsauber-
keit.* **ἀ-σέλγεια** *Zügellosigkeit, Schwelgerei,* (geschlechtl.) *Ausschweifung.*
20 εἰδωλο-λατρία *Götzendienst.* **φαρμακεία** *Zauberei, Magie.* **ἔχθρα** 20
Feindschaft, Feindseligkeit. **ἔρις**³ ιδος ἡ *Streit, Hader.* **ζῆλος**⁷ *Eifer; Eifer-
sucht.* **θυμός** *Leidenschaft; Zorn, Wut;* Pl. v. Abstrakta bez. hier u. z.T. auch
im flgd. konkrete Ausprägungen bzw. Erscheinungsformen, hier z.B.
Wutausbrüche (A101c). **ἐριθεία** *Selbstsucht, Eigennutz.* **διχο-στασία**
Uneinigkeit, Spaltung. **αἵρεσις**⁸ *Schule, Partei; Parteiung, Spaltung.*
21 φθόνος *Mißgunst, Neid* [Var. φόνος *Totschlag;* Pl. *Bluttaten*]. **μέθη** 21
Trunkenheit; Pl. *Trinkgelage.* **κῶμος** *Gelage, Schmauserei.* **τὰ ὅμοια
τούτοις** *das, was diesem gleichartig ist* (B ὅμοιος 1), *und noch vieles
dergleichen* (GN). **ἃ** Akk. der Beziehung (A149) *in bezug auf diese* (A364a)
Dinge. **προ-λέγω** *vorhersagen, im voraus sagen.* **προ-εῖπον** Aor.
-λέγω¹⁹¹. **τὰ τοιαῦτα** *die so beschaffenen Dinge, derartiges* (B 3aβ).
πράσσοντες Ptz. πράσσω *tun, verüben;* subst. **κληρο-νομήσουσιν**
Fut. -νομέω (< κληρονόμος Erbe, Besitzer) *Erbe sein, erben.* **22 μακρο-** 22

θυμία *Geduld, Ausdauer; Langmut.* **χρηστότης**³ ητος ἡ *Güte, Milde,*
23 *Freundlichkeit.* **ἀγαθωσύνη** *Güte, Rechtschaffenheit.*   **23 πραΰτης**³
ητος ἡ *Sanftmut, Milde, Freundlichkeit.* **ἐγ-κράτεια** *Selbstbeherrschung,*
Enthaltsamkeit. **κατὰ τῶν τοιούτων οὐκ ἔστιν νόμος** *derartiges hat*
24 *kein Gesetz gegen sich/hat das Gesetz nicht gegen sich.*   **24 οἱ τοῦ Χριστοῦ**
die, die zu Christus gehören (gen. pertinentiae, A152ff). **ἐ-σταύρωσαν** Aor.
25 **σταυρόω. πάθημα**³ (< πάσχω) *Leid, Leiden; Leidenschaft.*   **25 πνεύ-**
ματι (erstes) *durch den Geist Leben haben,* (zweites) *dem Geist folgen* (B 5dβ).
στοιχῶμεν Konj. στοιχέω *in einer Reihe gehen; folgen,* m. Dat.; adhorta-
26 tiver Konj. (A254).   **26 γινώμεθα** Konj. γίνομαι, adhortativer Konj.
(A254) *laßt uns nicht sein.* **κενό-δοξος**¹¹ *prahlerisch, voll eitler Ruhmsucht,*
nach vergänglicher Ehre strebend. **προ-καλούμενοι** Ptz. Med. -καλέω
Med. *(zum Streit) herausfordern;* mod. **φθονοῦντες** Ptz. φθονέω m. Dat.
beneiden, neidisch sein auf; mod.

6   **ἐὰν καί** konz. (A350) *wenn auch.* **προ-λημφθῇ** Aor. Konj. Pass.
-λαμβάνω¹⁵² *vorwegnehmen; überraschen; ertappen, ergreifen* ἔν τινι *von/bei*
etwas (B 2b). **παρά-πτωμα**³ *Vergehen, Verfehlung, Sünde.* **πνευματικός**
den Geist betreffend, geistlich, geistig; subst. *Geistbegabter, Geistesmensch.* **κατ-**
αρτίζετε Imp. -αρτίζω *in Ordnung bringen;* übertr. τινά *jmdn. wieder*
zurechtbringen. **ὁ τοιοῦτος** *der so Beschaffene* (B 3aα), *ein solcher Mensch.*
πνεῦμα hier *Geist = geistige Haltung, Gesinnung* (B 3c). **πραΰτης**³ ητος
ἡ *Sanftmut, Milde, Freundlichkeit.* **σκοπῶν** Ptz. σκοπέω *auf ein Ziel blicken,*
achtgeben; mod.; σκοπῶν σεαυτὸν μή m. Konj. (A328) *wobei du dich vorse-*
hen/hüten sollst, daß nicht. **πειρασθῇς** Aor. Konj. Pass. πειράζω (vgl.
A33⁹¹ff) *versuchen; prüfen, erproben;* Pass. hier *in Versuchung geraten.*
2 **2 βάρος**⁷ *Schwere; Last* (im Sinn v. Not, Beschwernis). **βαστάζετε** Imp.
βαστάζω *aufheben; tragen.* **ἀνα-πληρώσετε** Fut. -πληρόω *erfüllen*
[Var. 1 ἀνα-πληρώσατε Imp. Aor.; Var. 2 ἀπο-πληρόω *erfüllen,*
3 *befriedigen*]. **3 εἶναι** Inf. εἰμί. **ὤν** Ptz. εἰμί, konz.; μηδὲν ὤν *obwohl er*
4 *nichts ist.* **φρεναπατάω** *täuschen, betrügen.* **4 δοκιμαζέτω** Imp. 3. Sg.
δοκιμάζω (< δόκιμος *erprobt*) *prüfen.* **εἰς ἑαυτὸν μόνον** *nur im Blick*
auf sich selbst. **καύχημα**³ *Gegenstand des Rühmens, Ruhm.* **ἕξει** Fut. ἔχω.
οὐκ εἰς τὸν ἕτερον *nicht mit Blick auf den anderen* (d.h. daß er sich besser
5 vorkommt als der andere). **5 φορτίον** *Last* (im Sinn dessen, was man vor
Gott zu verantworten hat). **βαστάσει** Fut., wohl mod. Fut. (A247d) *jeder*
wird tragen müssen/zu tragen haben.
6   **6 κοινωνείτω** Imp. 3. Sg. κοινωνέω *Anteil haben, erhalten* od. *neh-*
men; m. Dat. der Pers. (A179) u. ἔν τινι *jmdm. Anteil an etw. geben* (B 2).
κατ-ηχούμενος Ptz. Pass. -ηχέω *vernehmen lassen; unterrichten, unter-*
weisen; subst.; ὁ κατηχούμενος τὸν λόγον *der, der im Wort/in der* (christl.)
Lehre unterrichtet wird (B 2a; zum Akk. s. A213). **κατ-ηχοῦντι** Ptz., subst.

ἀγαθοῖς Ntr. Pl.; κοινωνείτω ... ἐν πᾶσιν ἀγαθοῖς *er lasse* (ihn) ... *teilhaben an allen (seinen) Gütern* (B 2bβ), d.h. er soll, so gut er kann, zu dessen Lebensunterhalt beitragen.   7 πλανᾶσθε Imp. Pass. πλανάω (< πλάνη   7 Irrtum) *in die Irre führen;* übertr. *irreführen, verführen, betrügen;* Pass. *in die Irre gehen, sich irren, sich täuschen* (B 2cγ). μυκτηρίζεται Pass. μυκτηρίζω *verspotten, verächtlich behandeln;* Pass. *sich verspotten lassen.* ὃ ἐάν = ὃ ἄν *was (immer)* (A132; 371). σπείρῃ Konj. od. Aor. Konj. σπείρω. θερίσει Fut. θερίζω (vgl. A33^{91ff}) *ernten.*   8 σπείρων Ptz., subst. εἰς τὴν   8 σάρκα ἑαυτοῦ *auf seine (selbstsüchtige) menschliche Natur* säen, d.h. sich in seinem Handeln v. dieser bestimmen lassen; εἰς τὸ πνεῦμα analog. φθορά *Verderben, Untergang.*   9 ποιοῦντες Ptz. ποιέω; präd. bei Verben des   9 modifizierten Seins u. Tuns (A301); τὸ δὲ καλὸν ποιοῦντες μὴ ἐγκακῶμεν *aber laßt uns nicht müde werden, das Gute zu tun.* ἐγ-κακῶμεν Konj. -κακέω *nachlassen, müde werden,* m. Ptz.; adhortativer Konj. (A254). καιρῷ ἰδίῳ dat. temp. (A182) *zur rechten* (v. Gott best.) *Zeit.* θερίσομεν Fut. ἐκ-λυόμενοι Ptz. Pass. -λύω *loslösen;* Pass. *ermatten, schwach werden;* kond.; μὴ ἐκλυόμενοι *wenn wir nicht schwach werden, wenn wir nicht aufgeben.*   10 ὡς καιρὸν ἔχομεν *solange wir Zeit (dazu) haben* (B ὡς IV1b).   10 [Var. ἔχωμεν Konj. ἔχω.] ἐργαζώμεθα Konj. ἐργάζομαι, adhortativer Konj. (A254). μάλιστα (Superlativ zu μᾶλλον) *am meisten;* elativisch (vgl. A119) *ganz besonders, vorzugsweise.* οἰκεῖος *Hausgenosse, Verwandter;* οἱ οἰκεῖοι τῆς πίστεως *die Glaubensgenossen, -verwandten.*

     11 ἴδετε Aor. Imp. ὁράω. πηλίκος[18] *wie groß?* (hier als Ausruf, BDR   11 §304[5]) [Var. ἡλίκος *wie groß*]. γράμμα[3] *Buchstabe;* πηλίκοις ... γράμμασιν dat. instr. (A176) *mit was für großen Buchstaben.* ἔ-γραψα Aor. γράφω, Aor. des Briefstils (A241a; BDR §334[2]). τῇ ἐμῇ χειρί dat. instr. *eigenhändig.*   12 εὐ-προσωπῆσαι Aor. Inf. -προσωπέω *eine Rolle*   12 *spielen, gut dastehen.* ἐν σαρκί hier wohl das Äußere, das sichtbar ist vor anderen: *äußerlich, vor anderen.* ἀναγκάζω *zwingen, nötigen;* Präs. konativ (H-S §194d; A232c) *sie wollen nötigen.* περι-τέμνεσθαι Inf. Pass. -τέμνω *beschneiden* (der Vorhaut); Pass. *sich beschneiden lassen.* σταυρός *Kreuz;* dat. causae (A177) *um des Kreuzes willen* (d.h. für ihr Bekenntnis zum Gekreuzigten [GN]). διώκωνται Konj. Pass. διώκω [die Var. διώκονται Ind. Präs. ist wohl Schreibfehler (BDR §369[12])].   13 περι-τεμνόμενοι   13 Ptz. Pass., subst. [Var. περι-τε-τμημένοι Pf. Ptz. Pass.]. φυλάσσω *wachen, bewachen, beschützen; beobachten, befolgen.* περι-τέμνεσθαι Präd. des AcI. ὑμέτερος *euer* (A128). καυχήσωνται Aor. Konj. Med. καυχάομαι *sich rühmen* ἐν einer Sache, *prahlen* ἐν *mit;* ἵνα ἐν τῇ ὑμετέρᾳ σαρκὶ καυχήσωνται *damit sie sich eures* (beschnittenen) *Fleisches* (B σάρξ 1) *rühmen können* (d.h. mit eurer Beschneidung).   14 γένοιτο Aor. Opt. Med. γίνομαι; kupitiver Opt. (A259); ἐμοὶ δὲ μὴ   14

γένοιτο καυχᾶσθαι *mir sei es absolut fern, daß ich mich rühme; Gott bewahre mich davor, mich zu rühmen* (B I3a). **καυχᾶσθαι** Inf. **εἰ μή** *außer.* **δι' οὗ** *durch das* (auf das Kreuz als Todeswerkzeug bezogen). **ἐμοί** (zweites) dat. commodi (A173) *für mich;* analog κόσμῳ. **κόσμος** ohne Art. (BDR §253⁶); meint die durch „Fleisch", Gesetz, Sünde u. Tod qualifizierte Welt m. ihren

15 Ansprüchen. **ἐ-σταύρωται** Pf. Pass. σταυρόω. **15 περι-τομή** (< τέμνω schneiden) *Beschneidung.* **ἀκρο-βυστία** *Vorhaut; Unbeschnit-*

16 *tenheit.* **ἀλλά** hier *sondern nur.* **κτίσις⁸** *Schöpfung.* **16 ὅσοι** nom. pendens (A141) wieder aufgenommen durch ἐπ' αὐτούς. **κανών⁴** όνος ὁ *Maßstab, Richtschnur.* **στοιχήσουσιν** Fut. στοιχέω *in einer Reihe gehen; folgen, sich halten an, sich richten nach,* m. Dat. [Var. 1 στοιχήσωσιν Aor. Konj.; Var. 2 στοίχουσιν Präs.]. **εἰρήνη ἐπ' αὐτούς** erg. εἴη (Opt. v. εἰμί) *Friede komme über sie.* **ἔλεος⁷** *Barmherzigkeit, Erbarmen, Mitleid.*

17 **17 τοῦ λοιποῦ** *hinfort, in Zukunft* (B 3aβ; vgl. BDR §186,4). **κόπος** *Mühe, Beschwerde.* **παρ-εχέτω** Imp. 3. Sg. -έχω *darbieten; verursachen, machen.* **στίγμα³** *Stich; Brandmal, Malzeichen* (als Eigentumsausweis; hier

18 wohl Spuren der Verfolgungsleiden). **βαστάζω** V. 2. **18 χάρις** erg. εἴη (Opt. v. εἰμί) *Gnade sei.*

Epheser

διὰ θελήματος θεοῦ Attr. zu ἀπόστολος. **τοῖς ἁγίοις** subst., **1**
Anrede der Glaubenden; erg. ἐπιστέλλω *schreiben*, m. flgd. Dat. des Adressaten (A376a). **οὖσιν** Ptz. εἰμί, attr. **Ἔφεσος** *Ephesus, Hauptstadt der röm. Provinz Asia.* **καὶ πιστοῖς ἐν Χριστῷ Ἰησοῦ** *und (den) in (Gemeinschaft mit) Christus Jesus (stehenden) Glaubenden, evtl. und (den) an Christus Jesus Glaubenden.* **2 χάρις** erg. εἴη (Opt. v. εἰμί) *sei* (BDR §128⁸), **2**
christl. Form des griech. Briefgrußes χαίρειν, kombiniert m. dem hebr. Gruß שָׁלוֹם *šālôm* = εἰρήνη.

3 εὐ-λογητός *gelobt, gepriesen;* erg. ἐστίν od. εἴη (*sei*) (BDR §128,5). **3**
εὐ-λογήσας Aor. Ptz. -λογέω, attr. **ἐν** instr. *durch, mit.* **εὐ-λογία** *Segen.* **πνευματικός** *den Geist betreffend, vom Geist gewirkt, geistlich.* **ἐπ-ουράνιος**¹¹ *himmlisch;* hier subst. im lok. Sinn: *in den Himmeln, in der Himmelswelt* (vgl. 1,20; 2,6). **4 καθ-ώς** hier *da (ja)* (BDR §453,2). **ἐξ-ε-** **4**
λέξατο Aor. Med. ἐκ-λέγομαι⁶⁶ *erwählen, auswählen.* **κατα-βολή** *Grundlegung, Anfang;* auch ohne Art. best. (A106a+d). **εἶναι** Inf. εἰμί, Präd. des AcI, fin. (A276): *damit wir seien.* **ἄ-μωμος**¹¹ *untadelig.* **κατ-ενώπιον** *vor, im Angesicht von.* **ἐν ἀγάπῃ** adv. zu προορίσας (V. 5). **5 προ-** **5**
ορίσας Aor. Ptz. -ορίζω (vgl. A33⁹¹ᶠᶠ) *vorherbestimmen;* mod. **υἱο-θεσία** *Annahme an Sohnes/Kindes Statt, Adoption.* **εἰς αὐτόν** wohl reflexiv (A126); εἰς υἱοθεσίαν ... εἰς αὐτόν *zur Annahme an Sohnes/Kindes Statt ... für sich* = *um (uns) als seine Söhne/Kinder zu adoptieren.* **εὐ-δοκία** *Wohlgefallen; (freier) Entschluß.* **6 ἔπ-αινος** *Lob, Beifall;* εἰς ἔπαινον *zum Lob.* **6**
δόξης wohl gen. qualitatis (A160). **ἧς** für ᾗ (instr.) Attraktion des Rel.-Pron. (A360). **ἐ-χαρίτωσεν** Aor. χαριτόω *begnaden.* **ἠγαπημένῳ** Pf. Ptz. Pass. ἀγαπάω, subst., bez. Jesus. **7 ἀπο-λύτρωσις**⁸ *Erlösung, Los-* **7**
kauf, Freikauf (aus Sklaverei). **ἄφ-εσις**⁸ (< ἀφίημι) *Vergebung.* **παρά-πτωμα**³ *Vergehen, Verfehlung, Sünde.* **πλοῦτος** *Reichtum.* **8 ἧς** für ἥν **8**
Attraktion des Rel.-Pron. (A360). **ἐ-περίσσευσεν** Aor. περισσεύω tr. *überreich machen, reichlich gewähren, überströmen lassen;* ἧς ἐπερίσσευσεν εἰς ἡμᾶς *die er uns reichlich gewährt hat.* **ἐν** hier *mit, samt* (Gott gibt Weisheit u. Einsicht). **φρόνησις**⁸ *Klugheit, Einsicht.* **9 γνωρίσας** Aor. Ptz. **9**
γνωρίζω⁹⁸ *bekanntmachen, mitteilen, offenbaren;* kaus. od. mod. **μυστή-ριον** *Geheimnis.* **προ-έ-θετο** Aor. Med. -τίθημι²⁰⁰ *voranstellen;* Med. *sich vornehmen, beschließen.* **10 οἰκο-νομία** *Verwaltung;* bes. *Heilsveranstaltung,* **10**
-plan (B 2b); hier *(zur) Durchführung, Verwirklichung.* **πλήρωμα**³ *Fülle, Erfüllung;* τοῦ πληρώματος τῶν καιρῶν temp. (kaum gen. obi.) *bei der Erfüllung der Zeiten,* d.h. *wenn/als die richtige Zeit dafür da ist/war.* **ἀνα-κεφαλαιώσασθαι** Aor. Inf. Med. -κεφαλαιόω *zusammenfassen* (eig. die

Hauptpunkte wiederholen), *zu einem Ganzen vereinigen;* epexegetisch (A279) zu

11 μυστήριον (V. 9) *(nämlich) zusammenzufassen.* **11 ἐ-κληρώθημεν** Aor. Pass. κληρόω *durchs Los* (κλῆρος) *bestimmen;* Pass. *vom Los getroffen werden;* hier wohl: *Losanteil/Erbteil erhalten, zum Erben gemacht werden* (näml. v. Gott) [Var. ἐ-κλήθημεν Aor. Pass. καλέω]. **προ-ορισθέντες** Aor. Ptz. Pass. -ορίζω, kaus. od. temp. **πρό-θεσις**[8] (< προτίθεμαι V. 9) *Vorsatz, Plan.* **ἐν-εργοῦντος** Ptz. -εργέω tr. *(be)wirken;* subst. **βουλή** *Beschluß,*

12 *Ratschluß.* **12 εἰς τό** m. AcI fin. (A282) *damit, um zu.* **εἶναι** Inf. εἰμί m. εἴς τι *zu etwas dienen* (vgl. B III2), Präd. des AcI. **ἔπ-αινος** V. 6. **προ-ηλπικότας** Pf. Ptz. -ελπίζω[93] *im voraus hoffen, zuvor hoffen;* subst.; App. zu ἡμᾶς (H-S §129b; A303) *wir (Judenchristen), die wir zuvor* (vor den Heidenchristen bzw. vor dem Kommen des Messias) *unsere Hoffnung auf Christus*

13 *gesetzt haben* (u. auf ihn hoffen) (vgl. A231). **13 ἀκούσαντες** Aor. Ptz. ἀκούω, temp. **πιστεύσαντες** Aor. Ptz. πιστεύω, ingr. (A229); temp. **ἐ-σφραγίσθητε** Aor. Pass. σφραγίζω (vgl. A33[91ff]) *(ver)siegeln;* der Heilige Geist kennzeichnet als Siegel (d.h. als Eigentums- u. Schutzzeichen) die Glaubenden als zu Gott gehörig. **ἐπαγγελίας** gen. qualitatis (A160); τὸ πνεῦμα τῆς ἐπαγγελίας τὸ ἅγιον *der verheißene Heilige Geist.*

14 **14 ἀρραβών**[4] ῶνος ὁ *Anzahlung, Angeld.* **κληρο-νομία** *(das) Erbe.* **εἰς** hier *bis* (H-S §184g). **ἀπο-λύτρωσις** V. 7. **περι-ποίησις**[8] *Besitz, Eigentum; Besitznahme;* εἰς ἀπολύτρωσιν τῆς περιποιήσεως gen. obi. (A158) *bis zur (endgültigen) Erlösung* (seines) *Eigentums* (d.h. der Gemeinde). **ἔπ-αινος** V. 6.

15   **15 διὰ τοῦτο** *darum, deshalb.* **ἀκούσας** Aor. Ptz. ἀκούω, temp. od. kaus. **καθ᾽ ὑμᾶς** poss. (A155) *euren* (B κατά II7b). **τὴν εἰς πάντας τοὺς ἁγίους** präp. Wendung m. Art. nachgestellt: *zu allen Heiligen.*

16 **16 παύομαι** Med. παύω *aufhören lassen;* Med. *aufhören.* **εὐ-χαριστῶν** Ptz. -χαριστέω *dankbar sein; Dank sagen, danken;* präd. bei Verben des modifizierten Seins u. Tuns (A301), οὐ παύομαι εὐχαριστῶν *ich danke unaufhörlich.* **ὑπὲρ ὑμῶν** gehört zu εὐχαριστῶν od. ποιούμενος bzw. zu beiden. **μνεία** *Erinnerung, Gedenken, Erwähnung.* **ποιούμενος** Ptz. Med. ποιέω; μνείαν ποιέομαι = μνημονεύω *gedenken, erwähnen* (Med. zur Umschreibung des einfachen Verbalbegriffs, B II1); temp. **προσ-ευχή**

17 *Gebet.* **17 ἵνα** hier *daß* (A328; bez. das Erbetene). **δώῃ** Aor. Konj. 3. Sg. δίδωμι (unklass., A29) [Var. δῷ Aor. Konj. (klass., wie 3,16)]. **ἀπο-κάλυψις**[8] *Enthüllung, Offenbarung.* **ἐπί-γνωσις**[8] *Erkenntnis;* ἐν ἐπιγνώσει αὐτοῦ gen. obi. (A158) *(beim Prozeß/Bemühen* [vgl. B ἐν II3],) *ihn zu erkennen,* also: *damit ihr ihn erkennt;* evtl. instr. (A193) *dadurch, daß ihr*

18 *ihn erkennt.* **18 πε-φωτισμένους** Pf. Ptz. Pass. φωτίζω (vgl. A33[91ff]) tr. *erleuchten, beleuchten, bescheinen;* wohl subst., doppelter Akk. zum Verb δώῃ gehörig; δώῃ ὑμῖν ... πεφωτισμένους τοὺς ὀφθαλμοὺς τῆς καρδίας

ὑμῶν *er gebe euch ... eure Herzensaugen als erleuchtete* = *er gebe/mache, daß eure Herzensaugen erleuchtet sind* (H-S §233d). εἰς τό V. 12. εἰδέναι Pf. (m. präs. Bdtg.) Inf. οἶδα. κλῆσις[8] *Berufung, Einladung;* τίς ἐστιν ἡ ἐλπὶς τῆς κλήσεως αὐτοῦ *welches die Hoffnung seiner Berufung ist* = *zu welcher Hoffnung er euch berufen hat.* πλοῦτος V. 7. κληρο-νομία V. 14. ἐν hier *bei, unter* (A193). **19** ὑπερ-βάλλον Ptz. -βάλλω *übersteigen, übertreffen;* attr., Ptz. *übermäßig, überragend.* μέγεθος[7] *Größe.* εἰς hier *für, an* (H-S §187p). πιστεύοντας Ptz. πιστεύω, subst. *die Glaubenden;* App. zu ἡμᾶς (H-S §129b; A303). ἐν-έργεια *Wirksamkeit, Tätigkeit.* κράτος[7] *Kraft, Macht, Gewalt.* ἰσχύς[8] ύος ἡ *Stärke, Kraft;* gen. qualitatis (A160) τοῦ κράτους τῆς ἰσχύος αὐτοῦ *seiner gewaltigen Stärke.* **20** ἐν-ήργησεν Aor. -εργέω V. 11, hier *wirksam werden lassen, ausüben* [Var. ἐν-ήργηκεν Pf.]. ἐγείρας Aor. Ptz. ἐγείρω, mod. od. temp. καθίσας Aor. Ptz. καθίζω, mod. od. temp. ἐπ-ουράνιος V. 3. **21** ὑπερ-άνω *hoch über.* ἀρχή hier *Herrschaft, Regierung.* κυριότης[3] ητος ἡ *Herrschaft, Macht;* konkret: *Herrscher.* ὀνομαζομένου Ptz. Pass. ὀνομάζω *nennen;* attr. οὐ μόνον ... ἀλλὰ καί *nicht nur ... sondern auch.* μέλλοντι Ptz. μέλλω, attr.; ἐν τῷ μέλλοντι (αἰῶνι) *im kommenden/zukünftigen (Äon/Zeitalter).* **22** ὑπ-έ-ταξεν Aor. ὑπο-τάσσω[79] *unterordnen, unterwerfen; darunterstellen.* ἔ-δωκεν Aor. δίδωμι; αὐτὸν ἔδωκεν κεφαλὴν ὑπὲρ πάντα τῇ ἐκκλησίᾳ (wohl verkürzte Ausdrucksweise) *er gab ihn als Haupt über alles* (d.h. das All) *der Gemeinde (als Haupt)* (Schnackenburg, Eph, S. 79). **23** ἥτις = ἥ (A133a). πλήρωμα[3] hier wahrscheinl. pass. zu verstehen: *das Angefüllte, die Fülle, das Vollmaß;* wohl kaum akt. Sinn: *das, was füllt; die Füllung, die Ergänzung* (vgl. B 1b u. 2). πληρουμένου Ptz. Med. od. Pass. πληρόω *(er)füllen, anfüllen;* subst.; wahrscheinl. Med. m. akt. Bdtg. (BDR §316[2]), d.h. die Gemeinde ist die Fülle (pass.) dessen (also: sie ist von dem erfüllt [näml. Christus]), der alles in allem erfüllt; Pass. wenig wahrscheinl., d.h. Christus ist die Fülle des in allen und auf alle Weise Erfüllten (näml. der Gemeinde).

2   ὄντας Ptz. εἰμί, konz., mögl. auch temp. od. kaus., viell. subst. ohne Art. (vgl. H-S §129b; A304) als Objektsartangabe (A65); καὶ ὑμᾶς ὄντας νεκρούς *auch euch* (hat er mit Christus lebendig gemacht [V. 5]), *obwohl ihr* bzw. *ob ihr auch tot wart* (BDR §425,1), mögl. auch: *als/da* (viell. *als solche, die) ihr tot wart;* V. 1 wird in V. 5 aufgenommen. παρά-πτωμα[3] *Vergehen, Verfehlung, Sünde;* dat. causae (A177). **2** ποτέ[18] *irgendeinmal, einst.* περι-ε-πατήσατε Aor. -πατέω. αἰών[4] ῶνος ὁ hier wohl personhaft zu verstehen als eine Art Gott dieser Weltzeit (vgl. B 4) od. übertr. von dem Wertesystem bzw. der Handlungsweise (des [gegenwärtigen] Zeitalters): *Art, Zeitgeist* (Menge). ἄρχων[5] οντος ὁ *Herrscher, Fürst.* ἐξ-ουσία hier *Machtbereich* (B 4b). ἀήρ[6] ἀέρος ὁ *Luft.* τοῦ πνεύματος App. (A70) entweder zu τῆς ἐξουσίας τοῦ ἀέρος (der Herrscher des Machtbereichs der Luft ist auch der Herrscher des Geistes) od. zu κατὰ τὸν ἄρχοντα (Gen. anakoluthisch [A375] statt κατά m. Akk.). **ἐν-εργοῦντος** Ptz. -εργέω *wirksam sein;* attr. **ἀ-πείθεια** *Ungehorsam;* οἱ υἱοὶ τῆς ἀπειθείας Sem. (A157)

3 *vom Ungehorsam Bestimmte, Ungehorsame.* **3 ἐν οἷς** *unter ihnen.* **ἀν-ε-στράφημεν** Aor. Pass. (ohne Pass.-Bdtg.) ἀνα-στρέφω[47] *umkehren;* Pass. *sich aufhalten,* (in einer best. Weise) *leben.* **ἐπι-θυμία** *Verlangen, Sehnsucht;* (sündige) *Begierde, Lust.* **ποιοῦντες** Ptz. ποιέω, mod. **τὰ θελήματα** *die Forderungen, Impulse, Regungen.* **διά-νοια** *Verstand, Vernunft; Gesinnung, Sinn; (das) Denken, Gedanke.* **ἤμεθα** = ἦμεν (A32) Ipf. εἰμί. **φύσις**[8] *Natur;* dat. resp. (A178) *von Natur (aus).* **ὀργή** *Zorn; Zorngericht;* τέκνα ὀγῆς *Kinder des Zorns,* d.h. Menschen, die dem göttl. Zorngericht verfallen

4 sind (A157). **4 ὁ θεός** Subj. zu συνεζωοποίησεν (V. 5). **πλούσιος** *reich.* **ὤν** Ptz. εἰμί, kaus. **ἔλεος**[7] *Barmherzigkeit, Erbarmen, Mitleid.* **ἥν** Akk. des inneren Obj. (A145; H-S §151a) *mit der.* **ἠγάπησεν** Aor.

5 ἀγαπάω [Var. ἠλέησεν Aor. ἐλεέω *bemitleiden, sich erbarmen*]. **5 καί** hier *und zwar* (A311,7) od. *sogar* (A313). **ὄντας** V. 1. **συν-ε-ζωο-ποίη-σεν** Aor. συ-ζωο-ποιέω *(zusammen) lebendig machen mit.* **σε-**

6 **σωσμένοι** Pf. Ptz. Pass. σώζω, umschrieb. Pf. (A249). **6 συν-ήγειρεν** Aor. -εγείρω[137f] *(zusammen) auferwecken mit.* **συν-ε-κάθισεν** Aor. συγ-καθίζω[100] *(zusammen) einsetzen bzw. versetzen mit.* **ἐπ-ουράνιος**[11] *himmlisch;* hier subst. im lok. Sinn: *in den Himmeln, in der Himmelswelt* (vgl. 1,3).

7 **7 ἐν-δείξηται** Aor. Konj. Med. -δείκνυμαι[212] *zeigen, erweisen.* **ἐπ-ερχομένοις** Ptz. -έρχομαι *(heran)kommen;* attr. **ὑπερ-βάλλον** Ptz. -βάλλω *übersteigen, übertreffen;* attr., Ptz. *übermäßig, (alles) übertreffend.* **πλοῦτος** *Reichtum.* **χρηστότης**[3] ητος ἡ *Güte, Milde, Freundlichkeit.*

8 **8 χάριτι** dat. causae (A177). **σε-σωσμένοι** V. 5. **καὶ τοῦτο** *und zwar*

9 (BDR §290[7]). **δῶρον** *Geschenk, Gabe.* **9 ἐξ ἔργων** *auf Grund von Werken.*

10 **καυχήσηται** Aor. Konj. Med. καυχάομαι *sich rühmen.* **10 ποίημα**[3] *Gebilde, Werk.* **κτισθέντες** Aor. Ptz. Pass. κτίζω[103] *(er)schaffen;* kaus. od. mod. **ἐπί** m. Dat. zur Angabe des Zwecks (H-S §184j; A194) *zu.* **οἷς** für ἅ Attraktion des Rel.-Pron. (A360). **προ-ητοίμασεν** Aor. -ετοιμάζω (vgl. A33[91ff]) *vorher/zuvor bereiten.* **περι-πατήσωμεν** Aor. Konj. -πατέω.

11 **11 μνημονεύετε** Imp. μνημονεύω *sich erinnern, denken an.* **ποτέ** V. 2. **τὰ ἔθνη** App. zu ὑμεῖς (H-S §129b) *ihr, die Heiden.* **ἐν σαρκί** (erstes) *körperlich, von Geburt;* (zweites) *am Körper.* **λεγόμενοι** Ptz. Pass. λέγω hier *nennen* (B II3); subst., App. zu ὑμεῖς. **ἀκρο-βυστία** *Vorhaut; Unbeschnittenheit;* Metonymie, Abstraktum für das Konkrete (A381f): *Unbeschnittener.* **λεγομένης** Ptz. Pass. λέγω, attr., hier formelhaft: *sogenannt* (vgl. BDR §412[3]). **περι-τομή** (< τέμνω *schneiden*) *Beschneidung;* Metonymie, Abstraktum für das Konkrete (A381f): *Beschnittener.* **χειρο-ποίητος**[11] *mit (Menschen-)Händen gemacht/ausgeführt;* zu περιτομῆς gehö-

rig. **12 ὅτι** *daß* (v. V. 11 wiederaufgenommen). **ἦτε** Ipf. εἰμί. **ἀπ-ηλλο-**   12
τριωμένοι Pf. Ptz. Pass. -αλλοτριόω *entfremden;* Pf. Pass. (A242) *fremd sein, ausgeschlossen sein;* umschrieb. Pf. (A249) od. mod. **πολιτεία** *Bürgerrecht; Staat, Gemeinwesen;* gen. separationis (A167). **ξένος** *fremd,* m. gen. separationis (BDR §182,3). **δια-θήκη** *Testament;* im NT meist: *Heilsverfügung, -setzung, Bund.* **ἐπαγγελίας** gen. pertinentiae (A152-163) „zum Bereich der Verheißung gehörend": *welche die Verheißung zum Inhalt haben* (vgl. A158) od. *welche auf die Verheißung hinzielen* (A162). **ἔχοντες** Ptz. ἔχω, mod., neg. *ohne* (positiv *mit,* A292). **ἄ-θεος**[11] *ohne Gott, gottlos.* **13 νυνί**[18]   13
jetzt, nun. **ποτέ** V. 2. **ὄντες** Ptz. εἰμί, subst.; App. zu ὑμεῖς (H-S §129b; A303). **μακράν** Adv. (< μακρὰν ὁδόν [vgl. A148]) *weit, fern;* οἵ ποτε ὄντες μακράν *die einst Fernen* (näml. v. Gott). **ἐ-γενήθητε** Aor. Pass. (ohne Pass.-Bdtg.) γίνομαι. **ἐγγύς** Adv. *nahe.* **ἐν** (zweites) instr. *durch.* **14 ποιήσας** Aor. Ptz. ποιέω, subst. **ἀμφότερα** *beide.* **ἕν** hier subst.   14
Einheit. **μεσό-τοιχον** *Zwischenwand, Trennwand.* **φραγμός** *Zaun, Mauer;* τὸ μεσότοιχον τοῦ φραγμοῦ gen. epexegeticus (A163) *die in der Mauer bestehende Trennwand, die trennende Mauer* (EWNT 2, Sp. 1015), gemeint ist das Gesetz (V. 15). **λύσας** Aor. Ptz. λύω, subst. **ἔχθρα** *Feindschaft.* **15 δόγμα**[3] *Vorschrift, Verordnung, (Einzel-)Satzung;* τὸν νόμον τῶν   15
ἐντολῶν ἐν δόγμασιν *das Gesetz samt* (vgl. A152ff) *seinen* (A103) *in Einzelsatzungen bestehenden Geboten* (B ἐν IV3; vgl. BDR §272[4]) od. *das Gesetz samt seinen Geboten und Verordnungen.* **κατ-αργήσας** Aor. Ptz. -αργέω *außer Wirksamkeit/Geltung setzen, wirkungslos machen, zunichte machen, aufheben;* mod. **κτίσῃ** Aor. Konj. V. 10. **ἐν αὐτῷ** hier reflexiv: *in sich* (A126) [Var. ἐν ἑαυτῷ]. [Var. κοινός *gemeinsam.*] **ποιῶν** Ptz., mod. **16 ἀπο-κατ-**   16
αλλάξῃ Aor. Konj. -αλλάσσω[74] *versöhnen* τινί *mit jmdm.* **σταυρός** *Kreuz* (d.h. der Tod am Kreuz, vgl. A382). **ἀπο-κτείνας** Aor. Ptz. -κτείνω[131] *töten;* temp. od. mod. **ἐν αὐτῷ** reflexiv: *in sich, in seiner Person* (A126) od. *durch dieses* (das Kreuz). **17 ἐλθών** Aor. Ptz. ἔρχομαι, temp.   17
εὐ-ηγγελίσατο Aor. Med. -αγγελίζω. **18 προσ-αγωγή** *Zugang,*   18
Zutritt. **19 ἄρα οὖν** *folglich, also.* **ξένος** V. 12. **πάρ-οικος** *Nachbar;*   19
hier *der Fremde* (der an einem Ort lebt, der nicht seine Heimat ist), *Ausländer.* **συμ-πολίτης**[1] *Mitbürger.* **οἰκεῖος** *Hausgenosse, Familienangehöriger.* **20 ἐπ-οικοδομηθέντες** Aor. Ptz. Pass. -οικοδομέω *aufbauen, weiter-*   20
bauen; mod. **θεμέλιος** (< τίθημι) *Grundlage; Fundament.* **τῶν ἀποστόλων καὶ προφητῶν** wahrscheinl. gen. epexegeticus (A163): *die Apostel u. Propheten bilden das Fundament,* evtl. gen. auctoris (A153): *sie haben es gelegt.* **ὄντος** Ptz. εἰμί, gen. abs. (A288), mod. **ἀκρο-γωνιαῖος** *an der äußersten Ecke liegend;* erg. λίθος *Eckstein* (beim Fundament), *Grundstein* (EWNT 1, Sp. 646f). **21 οἰκο-δομή** *Bau, Gebäude;* πᾶσα οἰκοδομή   21
auch ohne Art. hier *der ganze Bau* (A86). **συν-αρμολογουμένη** Ptz. Pass.

-αρμολογέω *zusammenfügen;* mod. **αὔξω** att. Form zu αὐξάνω (BDR
22 §101[11]) *wachsen.* **22 συν-οικοδομεῖσθε** Pass. -οικοδομέω *zusammen
erbauen;* Pass. *mitaufgebaut werden.* **κατ-οικητήριον** *Wohnung.* **ἐν πνεύ-
ματι** *im/durch den Geist* (wohnt Gott in dieser Wohnung).

3   **χάριν** m. Gen. (meist nachgestellt) *wegen, um ... willen;* τούτου χάριν
deshalb, darum. **δέσμιος** *Gefangener;* App. (A70) ἐγὼ Παῦλος ὁ
δέσμιος *ich, Paulus, der Gefangene.* **ὑπὲρ ὑμῶν τῶν ἐθνῶν** (App.)
2 Anakoluth (A375) *(bete) für euch, die Heiden.* **2 εἴ γε** hier wohl *wenn wirklich*
(wie ich annehmen kann) = *sicher.* **ἠκούσατε** Aor. ἀκούω. **οἰκο-νομία**
Verwaltung; bes. *Heilsveranstaltung, -plan; Verwirklichung, Durchführung.*
δοθείσης Aor. Ptz. Pass. Fem. δίδωμι, attr.; τὴν οἰκονομίαν τῆς
χάριτος τοῦ θεοῦ τῆς δοθείσης μοι *die Heilsveranstaltung, gehörend zur*
(A152) *Gnade Gottes, die mir verliehen wurde = die Heilsveranstaltung, durch die*
mir Gottes Gnade (als Auftrag u. zu diesem Amt gehörige Begabung [B χάρις
4]) *verliehen wurde* (vgl. EWNT 2, Sp. 1221f). **εἰς ὑμᾶς** *für euch* (A191).
3 **3 ὅτι** hier *daß nämlich.* **ἀπο-κάλυψις**[8] *Enthüllung; Offenbarung;* κατὰ
ἀποκάλυψιν mod. (A195) *durch Offenbarung* (ZG). **ἐ-γνωρίσθη** Aor.
Pass. γνωρίζω[98] *bekanntmachen, mitteilen, offenbaren.* **μυστήριον**
Geheimnis. **προ-έ-γραψα** Aor. -γράφω[42] *vorher schreiben;* hier bezogen auf
die bisherigen Ausführungen des Briefs: *(wie) ich oben geschrieben habe.*
4 **ὀλίγος** *klein, gering;* ἐν ὀλίγῳ *in Kürze, kurz.* **4 πρὸς ὅ** *entsprechend wel-*
chem (vgl. B πρός III5d; A200), *woran.* **ἀνα-γινώσκοντες** Ptz.
-γινώσκω *lesen;* temp. od. mod. **νοῆσαι** Aor. Inf. νοέω *erkennen, wahr-*
nehmen, verstehen. **σύν-εσις**[8] (< συνίημι *verstehen*) *Einsicht, Verständnis;*
τὴν σύνεσίν μου ἐν τῷ μυστηρίῳ *meine Einsicht in das Geheimnis* (zum
5 Fehlen des Art. vor ἐν s. BDR §269,1b; H-S §136e). **5 γενεά** *Generation,*
Geschlecht; dat. temp. (A182); ἑτέραις γενεαῖς *in anderen/früheren Genera-*
tionen. **οὐκ ... ὡς νῦν** hier *nicht so ... wie jetzt* od. (überhaupt) *nicht ... jetzt*
aber. **τοῖς υἱοῖς τῶν ἀνθρώπων** = τοῖς ἀνθρώποις (LXX-Aus-
druck). **ἀπ-ε-καλύφθη** Aor. Pass. ἀπο-καλύπτω[54] *offenbaren, enthüllen.*
6 **ἐν** instr. *durch.* **6 εἶναι** Inf. εἰμί, Präd. des AcI; der Inf.-Satz gibt den Inhalt
der Offenbarung an (A279). **συγ-κληρο-νόμος**[11] *miterbend;* subst.
Miterbe. **σύσ-σωμος**[11] *mit zum Leib gehörig, miteinverleibt.* **συμ-μέτ-**
7 **οχος** *mit Anteil habend an;* subst. *Mitteilhaber.* **7 ἐ-γενήθην** Aor. Pass.
γίνομαι. **διάκονος** *Diener.* **κατά** (zweimal) viell. mod. *durch* (vgl. V. 3).
δωρεά *Gabe, Geschenk.* **δοθείσης** V. 2. **ἐν-έργεια** *Wirksamkeit, Betäti-*
gung.
8   **8 ἐλαχιστότερος** (volkssprachl. Komp. zum Superlativ ἐλάχιστος)
Allergeringster (BDR §61,2). **ἐ-δόθη** Aor. Pass. δίδωμι. **εὐ-αγγελί-**
σασθαι Aor. Inf. Med. -αγγελίζω; epexegetisch zu χάρις (A279) *Gnade*
(vgl. V. 2) ... *(die darin besteht,) ... zu verkündigen.* **ἀν-εξ-ιχνίαστος**[11]

(< ἴχνος [Fuß-]Spur) *unerforschlich, unergründlich.* **πλοῦτος** *Reichtum.*
9 φωτίσαι Aor. Inf. φωτίζω (vgl. A33[91ff]) tr. *erleuchten, beleuchten,*   9
bescheinen; ans Licht bringen, aufdecken; epexegetisch (s. V. 8). **οἰκο-νομία**
V. 2. **μυστήριον** V. 3. **ἀπο-κε-κρυμμένου** Pf. Ptz. Pass. -κρύπτω[57]
verbergen, geheimhalten; Pf. Pass. (A242) *verborgen sein, geheimgehalten werden;*
attr. **τὰ πάντα** hier *das All.* **κτίσαντι** Aor. Ptz. κτίζω[103] *(er)schaffen;*
attr. bzw. subst. (App., A70). **10 γνωρισθῇ** Aor. Konj. Pass. V. 3. **ἀρχαὶ**   10
καὶ ἐξουσίαι *Mächte und Gewalten* (vgl. 1,21). **ἐπ-ουράνιος**[11] *himm-*
lisch; hier subst. im lok. Sinn: *in den Himmeln, in der Himmelswelt* (vgl. 1,3).
πολυ-ποίκιλος[11] *sehr bunt;* übertr. *(sehr) vielfältig, vielseitig.* **11 πρό-**   11
θεσις[8] (< προτίθεμαι sich vornehmen, beschließen) *Vorsatz, Plan.*
αἰώνων gen. qualitatis (A160); πρόθεσις τῶν αἰώνων *ewiger Vorsatz* (vgl.
H-S §162a), gemeint ist der vor aller Zeit gefaßte Beschluß Gottes.
ἐ-ποίησεν Aor. ποιέω; hier (den Vorsatz) *durchführen* od. *fassen.*
12 παρ-ρησία (< πᾶν + ῥῆσις [das] Reden) *Redefreiheit, Freimütigkeit;*   12
Zuversicht. **προσ-αγωγή** *Zugang, Zutritt.* **πεποίθησις**[8] *Vertrauen,*
Zuversicht. **αὐτοῦ** gen. obi. (A158) *an ihn.* **13 ἐγ-κακεῖν** Inf. -κακέω   13
mutlos werden, verzagen. **ἥτις** kongruent m. Präd.-Nom. (A93; H-S §263e);
Rel.-Satz m. kaus. Nebensinn (A368; H-S §290b) *da sie ja;* ἥτις ἐστὶν δόξα
ὑμῶν *da sie ja eurer Verherrlichung dienen.*

    14 χάριν V. 1. **κάμπτω** *beugen.* **γόνυ**[3] νατος τό *Knie.* **15 πα-**   14f
τριά *Abstammung* (in der Manneslinie); *Familie, Geschlecht, Stamm, Volk;*
hier tritt wahrscheinl. das allen Gebrauchsweisen gemeinsame Bedeu-
tungselement „Vaterschaft" in den Vordergrund (Wortspiel). **ὀνομάζεται**
Pass. ὀνομάζω *einen Namen geben, (be)nennen;* Pass. hier *den Namen bekom-*
men. **16 ἵνα** hier *daß* (A328, bez. das Erbetene). **δῷ** Aor. Konj. δίδωμι.   16
πλοῦτος V. 8. **δυνάμει** dat. instr. (A176) *durch/an Kraft.* **κραταιω-**
θῆναι Aor. Inf. Pass. κραταιόω *stärken;* Pass. *stark werden;* Inf. v. δῷ
abhängig. **εἰς** hier *an* (evtl. = ἐν [sonst bei Paulus nicht, BDR §205], besser
von *in bezug auf, hinsichtlich* [A191]). **ἔσω** *inwendig, innen.* **17 κατ-οικῆ-**   17
σαι Aor. Inf. -οικέω *wohnen;* fin. od. v. δῷ (V. 16) abhängig. **Χριστόν**
Subj. des AcI. **ἀγάπη** auch ohne Art. best. (A106b). **ἐρ-ριζωμένοι** Pf.
Ptz. Pass. ῥιζόω *Wurzeln schlagen lassen;* Pf. Pass. (A242) *eingewurzelt sein, fest-*
gegründet sein. **τε-θεμελιωμένοι** Pf. Ptz. Pass. θεμελιόω (< θεμέλιος
Fundament) *gründen; befestigen;* ἐρριζωμένοι καὶ τεθεμελιωμένοι part.
coni. hier sinngemäß im Nom. (statt Dat. zu [ἵνα δῷ] ὑμῖν ... [V. 16] od. Gen.
zu καρδίαις ὑμῶν), mod.: *daß er es euch schenkt ... und ihr dabei ... ein-*
gewurzelt und festgegründet seid (ZG); od. part. coni. zum Subj. vom ἵνα-NS in
V. 18 (Antizipation, vgl. A373), mod.: *daß ihr, dadurch, daß ihr ... eingewurzelt*
und festgegründet seid, fähig werdet ... (Z). **18 ἐξ-ισχύσητε** Aor. Konj.   18
-ισχύω *vermögen, imstande sein.* **κατα-λαβέσθαι** Aor. Inf. Med.

-λαμβάνω[152] *ergreifen;* Med. *erfassen, begreifen, verstehen.* **πλάτος**[7] *Breite.*
μῆκος[7] *Länge.* **ὕψος**[7] *Höhe.* **βάθος**[7] *Tiefe;* gedankl. zu erg. wohl „des
göttlichen Heilsplans" od. „des geoffenbarten Geheimnisses" o.ä.

19   **19 γνῶναι** Aor. Inf. γινώσκω; Inf. abhängig v. ἐξισχύσητε (V 18).
ὑπερ-βάλλουσαν Ptz. Fem. -βάλλω *übersteigen, überbieten;* attr.; τὴν
ὑπερβάλλουσαν τῆς γνώσεως ἀγάπην τοῦ Χριστοῦ *die Liebe Chri-*
sti, die (alle) Erkenntnis übersteigt. **γνῶσις**[8] *Erkenntnis* (gen. comparationis,
A168). **πληρωθῆτε** Aor. Konj. Pass. πληρόω. **εἰς** *(hin ...) zu* (gibt das Ziel
an) (A191). **πλήρωμα**[3] *Fülle, Erfüllung.*

20   **20 δυναμένῳ** Ptz. δύναμαι, subst. **ὑπέρ** m. Akk. hier für den
Komp.: *mehr als* (BDR §230[3]). **ποιῆσαι** Aor. Inf. ποιέω. **ὑπερ-εκ-πε-**
ρισσοῦ Adv. *ganz über alle Maßen, schlechthin hinaus über,* m. gen. compa-
rationis; τῷ δὲ δυναμένῳ ὑπὲρ πάντα ποιῆσαι ὑπερεκπερισσοῦ ὧν
dem aber, der unendlich viel mehr tun kann, als was. **ὧν** für τούτων ἅ Attrak-
tion des Rel.-Pron. (A360). **νοέω** V. 4. **ἐν-εργουμένην** Ptz. Med. -εργέω

21   Akt. u. Med. intr. *wirksam sein, sich als wirksam erweisen;* attr. **21 αὐτῷ** *ihm,*
erg. ἐστίν od. εἴη (Opt. v. εἰμί: *sei*) (BDR §128,5; A78). **εἰς πάσας τὰς**
γενεὰς τοῦ αἰῶνος τῶν αἰώνων *von Generation zu Generation in alle*
Ewigkeit.

4   **δέσμιος** *Gefangener.* **ἐν κυρίῳ** hier wohl kaus. *um des Herrn willen.*
ἀξίως einer Sache/Person *würdig, in einer Weise, die ihr entspricht/angemessen*
ist, m. gen. pretii (A161). **περι-πατῆσαι** Aor. Inf. -πατέω. **κλῆσις**[8] *Ruf,*
Einladung, Berufung. ἧς für ᾗ Attraktion des Rel.-Pron. (A360). **ἐ-κλήθητε**

2   Aor. Pass. καλέω. **2 ταπεινο-φροσύνη** *Bescheidenheit, Demut.*
πραΰτης[3] ητος ἡ *Sanftmut, Milde, Freundlichkeit.* **μακρο-θυμία**
Geduld, Ausdauer; Langmut. **ἀν-εχόμενοι** Ptz. -έχομαι *aushalten, ertragen,*

3   m. Gen.; mod. **3 σπουδάζοντες** Ptz. σπουδάζω *sich beeilen; sich eifrig*
zeigen, sich bemühen, m. flgd. Inf.; mod. od. fin. **τηρεῖν** Inf. τηρέω.
ἑνότης[3] ητος ἡ *Einheit, Einigkeit.* **τοῦ πνεύματος** gen. auctoris (A153)
die Einheit, *die der Geist wirkt.* **σύν-δεσμος** *Bindemittel; Band.* **τῆς**

4   **εἰρήνης** gen. epexegeticus (A163). **4** Erg. als HS-Präd. ἔστιν *es gibt;*
ebenso V. 5f. **ἐν μιᾷ ἐλπίδι** *zu einer Hoffnung* (ἐν für εἰς) od. *in einer*

5f   *Hoffnung* (diese ist m. dem Ruf gegeben). **5 βάπτισμα**[3] *Taufe.* **6 ὁ ἐπὶ**
πάντων καὶ διὰ πάντων καὶ ἐν πᾶσιν *der über alle (regiert) und*

7   *durch alle (wirkt) und in allen (wohnt/wirkt).* **7 ἑνὶ ἑκάστῳ ἡμῶν** *jedem*
einzelnen von uns; gen. partitivus (A164). **ἐ-δόθη** Aor. Pass. δίδωμι.
μέτρον *Maß.* **δωρεά** *Geschenk, Gabe.* **κατὰ τὸ μέτρον τῆς**
δωρεᾶς τοῦ Χριστοῦ *nach dem Maß, wie Christus sie geschenkt hat.*

8   **8 λέγει** erg. die Schrift (A75) *es heißt.* **ἀνα-βάς** Aor. Ptz. -βαίνω[139] *hin-*
aufgehen, hinaufsteigen; mod. od. temp. **ὕψος**[7] *Höhe;* hier der Ort in der Höhe,
näml. der Himmel (B 1b). **ᾐχμ-αλώτευσεν** Aor. -αλωτεύω *in*

(Kriegs-)Gefangenschaft führen. **αἰχμ-αλωσία** *(Kriegs-)Gefangenschaft;* Metonymie, Abstraktum für das Konkrete (A381f): *Gefangene;* ἠχμαλώτευσεν αἰχμαλωσίαν *er führte (Kriegs-)Gefangene (gefangen) weg.* **ἔ-δωκεν** Aor. δίδωμι. **δόμα**[3] *Gabe, Geschenk.* **9 τό** leitet die Zitie-   9 rung ein (vgl. A105) *das (Wort)* (näml. ἀνέβη). **ἀν-έ-βη** Aor. ἀνα-βαίνω. **τί ἐστιν** *was bedeutet es?* **εἰ μή** *außer* (A351). **κατ-έ-βη** Aor. κατα-βαίνω. **κατώτερος** Adj. (eig. Komp. v. κάτω *unten, hinab) weiter unten befindlich, tiefer.* **γῆς** gen. epexegeticus (A163) *(nämlich) der Erde;* τὰ κατώτερα μέρη τῆς γῆς *die Niederungen der Erde;* dies bezieht sich auf die Menschwerdung Jesu. **10 κατα-βάς** Aor. Ptz. -βαίνω, subst. **ἀνα-βάς**   10 Aor. Ptz., subst. **ὑπερ-άνω** *hoch oben;* m. Gen. *hoch über, über ... hinaus.* **πληρώσῃ** Aor. Konj. πληρόω. **τὰ πάντα** hier *das All.* **11 ἔ-δωκεν**   11 Aor. δίδωμι, hier m. doppeltem Akk. (vgl. A97,15) *jmdn. zu etwas machen, als etwas einsetzen* (B 5). **τοὺς μέν ... τοὺς δέ** *einige ... andere* (A102). **εὐ-αγγελιστής**[1] *Evangelist.* **ποιμήν**[4] ἑνος ὁ *Hirte.* **12 κατ-αρτισμός**   12 *Zurüstung, Vervollkommnung.* **διακονία** *Dienst;* εἰς ἔργον διακονίας *zur Ausübung (ihres) Dienstes* (B 1). **οἰκο-δομή** *(das) Bauen, Aufbau, Erbauung.* **13 μέχρι** (Konjunktion m. flgd. Konj., A337) *bis.* **κατ-αντήσωμεν** Aor.   13 Konj. -αντάω *hinkommen, (hin)gelangen; erreichen.* **ἑνότης** V. 3. **ἐπί-γνωσις**[8] *Erkenntnis.* **τέλειος** (< τέλος) *vollendet, vollkommen; erwachsen, mündig, reif;* ἀνὴρ τέλειος *ausgereifter bzw. erwachsener Mann.* **ἡλικία** *(Lebens-)Alter* (B 1cα); *Größe;* hier wohl eher räuml. **πλήρωμα**[3] *das, was füllt, Füllung; das, was voll von etwas ist; das, was auf das Vollmaß gebracht wird, volle Summe, Fülle;* εἰς μέτρον ἡλικίας τοῦ πληρώματος τοῦ Χριστοῦ *bis zum (Aus-)Maß der Größe bzw. bis zum Vollmaß der Fülle Christi;* bei zeitl. Bdtg. v. ἡλικία: *bis zum Maß des Alters, in dem (wir) die Fülle Christi (erreichen).* **14 μηκ-έτι** *nicht mehr, nicht länger.* **ὦμεν** Konj. εἰμί.   14 **νήπιος** *unmündig, unreif.* **κλυδωνιζόμενοι** (< κλύδων *Woge*) Ptz. κλυδωνίζομαι *(wie od. von den Wogen) umhergeworfen werden;* attr. od. mod., viell. umschrieb. Präs. (A249, vgl. BDR §353[9]). **περι-φερόμενοι** Ptz. Pass. -φέρω *umhertragen; (her)umtreiben;* attr. od. mod., viell. umschrieb. Präs. **ἄνεμος** *Wind.* **διδασκαλία** *Lehre;* hier abwertend als *beliebige Lehre.* **ἐν** (zweimal) instr. *durch.* **κυβεία** *Würfelspiel;* hier *betrügerisches Spiel.* **παν-ουργία** *Schlauheit, Verschlagenheit, Hinterlist.* **μεθ-οδεία** *Arglist, Trug.* **πλάνη** *Irrtum, Verirrung, Irreführung, Täuschung;* πρὸς τὴν μεθοδείαν τῆς πλάνης *die auf arglistigen Betrug aus ist* (Schnackenburg, Eph, S. 173). **15 ἀληθεύοντες** Ptz. ἀληθεύω *wahrhaftig sein, die Wahrheit*   15 *sagen;* mod. **δέ** *sondern.* **αὐξήσωμεν** Aor. Konj. αὐξάνω[146] *wachsen;* Konj. abhängig v. ἵνα (V. 14) od. adhortativ (A254). **τὰ πάντα** *in jeder Hin-sicht* (Akk. der Beziehung, A149; BDR §160[2]). **16 συν-αρμολογούμε-**   16 **νον** Ptz. Pass. -αρμολογέω *zusammenfügen;* mod. **συμ-βιβαζόμενον**

Ptz. Pass. -βιβάζω zusammenbringen, -halten; mod. ἀφή Anfassen; Verbindung (der Glieder), Gelenk (diese verbinden nach antiker Auffassung die Glieder u. versorgen sie mit Nahrung). ἐπι-χορηγία Unterstützung; gen. qualitatis (A160); διὰ πάσης ἀφῆς τῆς ἐπιχορηγίας durch jedes unterstützende/der Unterstützung dienende Gelenk. ἐν-έργεια Wirksamkeit, Betätigung; Kraft. μέτρον Maß; κατ᾽ ἐνέργειαν ἐν μέτρῳ ἑνὸς ἑκάστου μέρους (der Leib ... wächst) gemäß der Kraft, die jedem einzelnen Teil zugemessen ist (Schnackenburg, Eph, S. 173) od. kraftvoll (vgl. A195) nach (B ἐν III2) dem Maß jedes einzelnen Teils. αὔξησις[8] Wachstum. ποιεῖται Med. ποιέω; τὴν αὔξησιν τοῦ σώματος (greift Subj. πᾶν τὸ σῶμα auf) ποιεῖται = τὸ σῶμα αὐξάνει der Leib wächst (Med. zur Umschreibung des einfachen Verbalbegriffs, B II3). εἰς οἰκοδομὴν (s. V. 12) ἑαυτοῦ ἐν ἀγάπῃ damit/so daß er (selbst) in/durch Liebe auferbaut wird.

17   17 μαρτύρομαι bezeugen, Zeugnis ablegen; beteuern, beschwören (B 2). μηκ-έτι V. 14. περι-πατεῖν Inf. -πατέω, Präd. des AcI; AcI epexegetisch (A279) zu τοῦτο dies ... daß ihr (nämlich) nicht länger lebt. καθὼς καί pleon. καί (B καί II3). ματαιότης[3] ητος ἡ Eitelkeit, Nichtigkeit. νοῦς (νοός νοΐ νοῦν) Verstand, Vernunft; Sinn, Gesinnung (B 3a).

18   18 ἐ-σκοτωμένοι Pf. Ptz. Pass. σκοτόω verfinstern, verdunkeln; Pass. sich verfinstern, finster werden; umschrieb. Pf. (Verharren im eingetretenen Zustand betont, A249; BDR §352[4]); Mask. (auf ἔθνη V. 17 bezogen) sinngemäße Konstruktion (BDR §134[5]; A96). διά-νοια Verstand, Vernunft; Gesinnung, Sinn (dat. resp., A178). ὄντες Ptz. εἰμί, kaus. ἀπ-ηλλοτριωμένοι Pf. Ptz. Pass. -αλλοτριόω entfremden; Pf. Pass. (A242) fremd sein, ausgeschlossen sein, m. gen. separationis (A167); umschrieb. Pf. (A249) od. kaus. ἄ-γνοια Unwissenheit. οὖσαν Ptz. Fem. εἰμί, attr. πώρωσις[8] Verhärtung, Verstockung.

19   19 οἵτινες qualitativ-begründend: insofern als sie ... haben bzw.: haben sie doch (B 2b; vgl. A133). ἀπ-ηλγηκότες Pf. Ptz. -αλγέω keinen Schmerz empfinden; (hier ethisch unsensibel, ZG) stumpf werden; Pf. (in seinem Gewissen) abgestumpft sein; kaus. od. mod. παρ-έ-δωκαν Aor. παρα-δίδωμι hier (sich) ergeben. ἀ-σέλγεια Zügellosigkeit, Schwelgerei, (geschlechtl.) Ausschweifung. ἐργασία Beschäftigung τινός mit etwas, Verübung. ἀ-καθαρσία Unreinheit, Unsauberkeit. πᾶς ohne Art. jede Art von (B 1aβ). ἐν hier (verbunden) mit (vgl. B I4cβ). πλεον-εξία (< πλέον + ἔχω) Gewinnsucht, Habgier.

20   20 ἐ-μάθετε Aor. μανθάνω[157] lernen; kennenlernen, erfahren; m. personalem AkkO (τὸν Χριστόν), um die Bdtg. Christi für die christl. Lebensgestaltung auszudrücken (Schnackenburg, Eph, S. 202; vgl. B 4: τὸν Χριστόν = die christl. Lehre); vgl. Kol 2,6. 21 εἴ γε wenn wirklich, insofern als. ἠκού-
21   σατε Aor. ἀκούω, m. AkkO der Sache, hier der Pers., über die man reden hört (BDR §173,1; H-S §167 Anm. 1); vgl. auch das zu V. 20 Gesagte. ἐν

αὐτῷ *in ihm,* bez. Gegenstand des Lehrens *(in Christus* bzw. *seiner Lehre).*
ἐ-διδάχθη·τε Aor. Pass. διδάσκω. **22** ἀπο-θέσθαι Aor. Inf. Med.   22
-τίθεμαι[200] *ablegen; aufgeben;* AcI bez. den Inhalt der Lehre (vgl. A279)
(nämlich) daß ihr ... ablegen müßt. κατά m. Akk. (erstes) hier wohl: *in*
Hinsicht auf. πρότερος *früherer, bisheriger.* ἀνα-στροφή *(Lebens-)*
Wandel, Lebensführung. παλαιός *alt.* φθειρόμενον Ptz. Pass. φθείρω
zugrunde richten, vernichten, verderben; Pass. *zugrunde gehen, vergehen;* attr.
κατά m. Akk. (zweites) hier wohl: *infolge, wegen* (B II5aδ). ἐπι-θυμία
Verlangen, Sehnsucht; (sündige) *Begierde, Lust.* ἀπάτη *Täuschung, Verführung,*
Betrug; viell. gen. qualitatis (A160). **23** ἀνα-νεοῦσθαι Inf. Pass. -νεόω   23
erneuern; Pass. *erneuert werden, sich erneuern lassen* (B 1); par. zu ἀποθέσθαι
V. 22, aber dur. νοῦς V. 17; τῷ πνεύματι τοῦ νοὸς ὑμῶν wohl dat. resp.
(A178) *im Geist eures Sinnes = in eurem Geist und Sinn* (Einh.), viell. dat. instr.
(A176) *durch den in eurem Sinn/Verstand befindlichen/wirkenden Geist* (Gottes).
24 ἐν-δύσασθαι Aor. Inf. Med. -δύω[12] *anziehen;* Med. *sich bekleiden mit,*   24
sich anziehen; s. zu ἀνανεοῦσθαι (V. 23) [Var. ἐν-δύσασθε Aor. Imp.
Med.]. κατὰ θεόν *gottgemäß,* wohl = *nach/zu Gottes Ebenbild.*
κτισθέντα Aor. Ptz. Pass. κτίζω[103] *(er)schaffen;* attr. ὁσιότης[3] ητος ἡ
Heiligkeit, Frömmigkeit; ἐν δικαιοσύνῃ καὶ ὁσιότητι τῆς ἀληθείας
viell. gen. qualitatis (A160) *in wahrhafter Gerechtigkeit und Heiligkeit.*

    25 ἀπο-θέμενοι Aor. Ptz. Med. -τίθημι V. 22; temp. od. mod.   25
ψεῦδος[7] *Lüge.* λαλεῖτε Imp. λαλέω. πλησίον Adv. *nahe, nahe dabei,*
benachbart; subst. *Nächster, Mitmensch.* μέλος[7] *Glied.* **26** ὀργίζεσθε Imp.   26
od. Ind. ὀργίζομαι *zürnen;* Imp. drückt ein Zugeständnis aus (BDR §387[1]):
zürnen mögt ihr meinetwegen, wenn ihr nicht anders könnt; Ind. *zürnt ihr* (d.h.
beim Zürnen [B]). ἁμαρτάνετε Imp. ἁμαρτάνω. ἥλιος *Sonne.* ἐπι-
δυέτω Imp. 3. Sg. -δύω *untergehen.* παρ-οργισμός akt. Bdtg. *Reizen zum*
Zorn; pass. Bdtg. *Zorn.* **27** δίδοτε Imp. δίδωμι. τόπος *Ort, Raum;* hier   27
Möglichkeit, Gelegenheit, Anlaß (B 2c). διά-βολος (< διαβάλλω verleum-
den) subst. *Verleumder; Teufel.* **28** κλέπτων Ptz. κλέπτω *stehlen;* subst. *wer*   28
stiehlt, wer bisher stahl (BDR §339[9]) bzw. *zu stehlen pflegte* (iter.); *Dieb.* μηκ-
έτι V. 14. κλεπτέτω Imp. 3. Sg. κοπιάτω Imp. 3. Sg. κοπιάω *müde*
werden; sich abmühen, sich plagen. ἐργαζόμενος Ptz. ἐργάζομαι, mod.
ἔχῃ Konj. ἔχω hier *imstande sein* (B I6a). μετα-διδόναι Inf. -δίδωμι
Anteil geben an; hier etwa *abgeben.* ἔχοντι Ptz., subst.; ὁ χρείαν ἔχων *der*
Bedürftige (der Mangel hat, in Not ist). **29** πᾶς ... μή = μηδείς (Sem.,   29
A137c). σαπρός *faul, modrig; häßlich, unnütz.* ἐκ-πορευέσθω Imp. 3. Sg.
-πορεύομαι *ausgehen, hinauskommen; hervorgehen.* ἀλλὰ εἴ τις
ἀγαθός *vielmehr (darf ein Wort nur dann aus eurem Mund hervorgehen,) wenn*
es ein gutes ist. οἰκο-δομή V. 12, πρὸς οἰκοδομήν *das zur Auferbauung*
dient; das erbaut. χρείας gen. obi. (A158) *wo es nötig ist, wo es notwendig ist,*

wo es nottut (B 3). **δῷ** Aor. Konj. δίδωμι. **ἀκούουσιν** Ptz. ἀκούω, subst.

30 **30 λυπεῖτε** Imp. λυπέω *betrüben, in Trauer versetzen; kränken.* **ἐ-σφραγίσθητε** Aor. Pass. σφραγίζω (vgl. A33[91ff]) *(ver)siegeln* (vgl. 1,13). **εἰς** hier *auf (... hin), für* (A191). **ἀπο-λύτρωσις**[8] *Erlösung, Loskauf,*

31 *Freikauf* (aus Sklaverei). **31 πικρία** *Bitterkeit; Erbitterung.* **θυμός** *Leiden-schaft; Zorn, Wut, Aufbrausen.* **ὀργή** *Zorn.* **κραυγή** *(lärmendes) Geschrei.* **βλασ-φημία** *Verleumdung, Schmähung, Lästerung.* **ἀρθήτω** Aor. Imp. Pass. 3. Sg. αἴρω. **κακία** *schlechte Beschaffenheit, Fehlerhaftigkeit; Schlechtig-*

32 *keit, Bosheit, Hinterhältigkeit.* **32 γίνεσθε** Imp. γίνομαι, hier statt Imp. 2. Pl. v. εἰμί (A32 Anm. 3). **χρηστός** *brauchbar, tüchtig; gütig, freundlich.* **εὔ-σπλαγχνος**[11] *barmherzig, mildtätig.* **χαριζόμενοι** Ptz. χαρίζο-μαι[101] *aus Gnade schenken; schenken = erlassen, vergeben* (B 2); mod. od. umschrieb. Präs. m. γίνεσθε (A249). **ἐ-χαρίσατο** Aor.

5 **γίνεσθε** Imp. γίνομαι (4,32). **μιμητής**[1] *Nachahmer, Nacheiferer.*

2 **2 περι-πατεῖτε** Imp. -πατέω. **ἠγάπησεν** Aor. ἀγαπάω. **παρ-έ-δωκεν** Aor. παρα-δίδωμι. **προσ-φορά** (< προσφέρω) *(Opfer-) Darbringung; Gabe, Opfer* (Obj.-Präd.). **θυσία** *(das) Opfern; Opfer.* **ὀσμή** *Duft, Geruch.* **εὐ-ωδία** *Wohlgeruch;* gen. qualitatis (A160) ὀσμὴ εὐωδίας *wohlriechender Duft* (term. tech. der atl. Opfersprache [LXX]).

3 **3 πορνεία** *Unzucht* (= illegitimer Geschlechtsverkehr jeder Art), *Hure-rei.* **ἀ-καθαρσία** *Unreinheit, Unsauberkeit.* **πᾶς** ohne Art. *jede Art von* (B 1aβ). **πλεον-εξία** (< πλέον + ἔχω) *Gewinnsucht, Habgier.* **ὀνομα-ζέσθω** Imp. Pass. 3. Sg. ὀνομάζω *nennen.* **ἐν** *bei.* **πρέπω** *sich ziemen, sich*

4 *gehören, angemessen sein, sich schicken* τινί *für jmdn.* **4 αἰσχρότης**[3] ητος ἡ *Häßlichkeit, Schändlichkeit* (gemeint ist Schandrede, Zote). **μωρο-λογία** *dummes Geschwätz, törichtes Gerede.* **εὐ-τραπελία** *Gewandtheit; Witz;* hier *zweideutiger Witz, Witzelei.* **ἀν-ῆκεν** Ipf. -ήκω *sich beziehen;* 3. Pers. unpersönl. *es gebührt sich, es ziemt sich;* ἃ οὐκ ἀνῆκεν *was sich (eigentlich) nicht ziemt* (H-S §198i). **εὐ-χαριστία** *Dankbarkeit; Danksagung, Dank.*

5 **5 ἴστε** Pf. (m. präs. Bdtg.) Imp. od. Ind. οἶδα (A27; H-S §109c). **γινώ-σκοντες** Ptz. γινώσκω, mod., wohl als Verstärkung des Verbalbegriffs (Hebr., BDR §422[3]); τοῦτο ... ἴστε γινώσκοντες *das sollt ihr unbedingt wissen* od. *das wißt ihr genau;* evtl. Ptz. kaus. (nicht Hebr.) *das wißt ihr/sollt ihr wissen, da ihr euch im klaren seid.* **πᾶς ... οὐκ** = οὐδείς (Sem., A137c). **πόρνος** *Unzüchtiger, der/die Unzucht Treibende, Hurer.* **ἀ-κάθαρτος**[11] *unrein;* subst. *Schamloser, Lasterhafter.* **πλεον-έκτης**[1] *Habgieriger.* **ὅ ἐστιν** *das ist, das heißt* (A93). **εἰδωλο-λάτρης**[1] *Götzendiener* (weil er das habgierig Erstrebte an die Stelle Gottes stellt). **κληρο-νομία** *(das) Erbe.*

6 **6 ἀπατάτω** Imp. 3. Sg. ἀπατάω *täuschen, verführen.* **κενός** *leer.* **ἔρχεται** Präs. hier fut. (A234). **ὀργή** *Zorn; Zorngericht.* **ἀ-πειθεία** *Ungehorsam;* οἱ υἱοὶ τῆς ἀπειθείας Sem. (A157) *vom Ungehorsam*

Bestimmte, Ungehorsame. **7 γίνεσθε** V. 1. **συμ-μέτ-οχος** *Anteil habend* 7
(an), m. Gen.; μή ... γίνεσθε συμμέτοχοι αὐτῶν *habt mit ihnen nichts gemein, seid nicht ihre Mitgenossen.* **8 ἦτε** Ipf. εἰμί. **ποτέ**[18] *irgendeinmal,* 8
einst. **σκότος**[7] *Dunkelheit; Finsternis;* ἦτε ... σκότος *ihr wart ... Finsternis*
(d.h. völlig vom Gottfeindlichen beherrscht). **νῦν δὲ φῶς ἐν κυρίῳ** *jetzt
aber (seid ihr) Licht im Herrn* (d.h. durch die Verbindung m. Christus v. Gottes
Wesen u. Wahrheit best.). **τέκνα φωτός** *Kinder (des) Lichts* (Sem. [A157],
d.h. Menschen, die zum Licht gehören). **περι-πατεῖτε** V. 2. **9 ἐν** hier 9
besteht in (vgl. B IV3). **πᾶς** übers. *lauter.* **ἀγαθωσύνη** *Güte, Recht-
schaffenheit.* **ἀλήθεια** hier *Wahrhaftigkeit, Aufrichtigkeit, Zuverlässigkeit* (im
Handeln u. Reden). **10 δοκιμάζοντες** Ptz. δοκιμάζω (< δόκιμος 10
erprobt) *prüfen;* (nach Prüfung) *für echt, geeignet, richtig, tauglich* usw. *befinden;
entscheiden* (als Ergebnis der Prüfung); mod. zu περιπατεῖτε (V. 8): *indem ihr
prüft, indem ihr euch entscheidet für.* **εὐ-άρεστος**[11] *wohlgefällig.* **11 συγ-** 11
κοινωνεῖτε Imp. -κοινωνέω *zusammen Anteil haben an, sich (zugleich)
beteiligen an,* m. Dat. **ἄ-καρπος**[11] *unfruchtbar, nutzlos.* **ἐλέγχετε** Imp.
ἐλέγχω *beschimpfen, tadeln; überführen, aufdecken.* **12 κρυφῇ** Adv. *heim-* 12
lich. **γινόμενα** Ptz., subst.; τὰ ... κρυφῇ γινόμενα *das, was heimlich
getan wird.* **αἰσχρός** *schändlich.* **καί** hier *auch nur, sogar* (B II2). **λέγειν**
Inf. **13 ἐλεγχόμενα** Ptz. Pass. ἐλέγχω, subst. **φανεροῦται** Pass. φα- 13
νερόω hier *es wird (als das, was es ist,) sichtbar gemacht.* **14 φανε-** 14
ρούμενον Ptz. Pass., subst. **φῶς** Präd.-Nom. **διὸ λέγει** *darum heißt es*
od. *darum sagt (Gott)* (A75; Quelle des Zitats unbekannt). **ἔγειρε** Imp.
ἐγείρω. **καθ-εύδων** Ptz. -εύδω *schlafen;* subst. *Schläfer; der du schläfst;*
Nom. für Vok. (A142). **ἀνά-στα** Wz.-Aor. Imp. (statt -στηθι, vgl. A21) ἀν-
ίσταμαι. **καί** (zweites) wohl kons. *dann* (A311,2). **ἐπι-φαύσει** Fut.
-φαύσκω (vgl. A33[159ff]) *aufstrahlen, aufgehen, leuchten.*

15 βλέπετε Imp. **ἀκριβῶς** *genau, sorgfältig.* **ἄ-σοφος**[11] *unweise;* 15
subst. *Tor.* **σοφός** *weise;* subst. *Weiser.* **16 ἐξ-αγοραζόμενοι** Ptz. Med. 16
-αγοράζω *aufkaufen, loskaufen;* Med. *auskaufen* (Möglichkeiten ausnutzen);
mod. **αἱ ἡμέραι** hier *die Zeit(en)* (vgl. B 4b). **17 διὰ τοῦτο** *darum, des-* 17
halb. **γίνεσθε** V. 1. **ἄ-φρων**[11] ον *unverständig.* **συν-ίετε** Imp. -ίημι
verstehen, einsehen, begreifen. **18 μεθύσκεσθε** Imp. Pass. μεθύσκω *trun-* 18
ken machen; Pass. *sich betrinken, sich berauschen.* **οἶνος** *Wein;* dat. instr.
(A176). **ἀ-σωτία** (< ἄσωτος *unrettbar*) *Heillosigkeit, Liederlichkeit,
ausschweifendes Leben.* **πληροῦσθε** Imp. Pass. πληρόω, iter.
19 λαλοῦντες Ptz. λαλέω, mod. (A291,2, auch Anm. 1) *indem ihr redet* bzw. 19
und (dabei) redet! **ἑαυτοῖς** für ἀλλήλοις. **ψαλμός** *Loblied, Psalm.* **ὕμ-
νος** *Lobgesang, Hymne.* **ᾠδή** *Lied.* **πνευματικός** *geistig, geistlich; geist-
erfüllt* (B 2aβ). **ᾄδοντες** Ptz. ᾄδω *singen;* mod. **ψάλλοντες** Ptz. ψάλλω
lobsingen, lobsingend preisen; mod. **20 εὐ-χαριστοῦντες** Ptz. -χαριστέω 20

dankbar sein; Dank sagen, danken; mod. **πάντων** Ntr. *alles* od. Mask. *alle (Menschen).* **τῷ θεῷ καὶ πατρί** *Gott, dem Vater.*

21 **21 ὑπο-τασσόμενοι** Ptz. Pass. *-τάσσω darunterstellen; unterordnen,*
22 *unterwerfen;* Pass. *sich unterordnen;* imp. (A294). **22** [Var. ὑπο-τασ-
23 σέσθωσαν Imp. Pass. 3. Pl.] **23 σωτήρ**[6] ῆρος ὁ (vgl. σῴζω) *Retter, Befreier* (im NT stets v. Christus bzw. Gott als demjenigen, der Heil verleiht).
24 **24 ὑπο-τάσσεται** Pass.
25 **25 οἱ ἄνδρες** Nom. m. Art. statt Vok. (A142). **ἀγαπᾶτε** Imp. ἀγαπάω. **ἠγάπησεν** V. 2. **καί** (zweites) viell. kons. *so daß* (A311,2).
26 **παρ-έ-δωκεν** V. 2. **26 ἁγιάσῃ** Aor. Konj. ἁγιάζω[91] *heilig machen, heiligen.* **καθαρίσας** Aor. Ptz. καθαρίζω[95] *reinigen, säubern;* mod. od. temp. *indem/nachdem er gereinigt hat.* **λουτρόν** *Waschung, Baden; Bad;* λουτρὸν τοῦ ὕδατος *Wasserbad.* **ἐν ῥήματι** (attr.) *das im Wort (bestehende)* (vgl.
27 B *ἐν* IV3) od. *vom Wort begleitete* Wasserbad (vgl. B *ἐν* I4cβ). **27 παρα-στήσῃ** Aor. Konj. παρ-ίστημι. **ἔν-δοξος**[11] *herrlich.* **ἔχουσαν** Ptz. Fem. ἔχω, mod. negativ *ohne* (positiv *mit*, A292). **σπίλος** *Fleck, Schmutzfleck.* **ῥυτίς**[3] ίδος ἡ *Runzel, Falte.* **τὰ τοιαῦτα** *die so beschaffenen Dinge, derartiges* (B 3aβ). **ῇ** Konj. εἰμί. **ἄ-μωμος**[11] *untadelig, makellos.*
28 **28 ὀφείλω** *schulden; verpflichtet sein, müssen.* **ἀγαπᾶν** Inf. **ἀγαπῶν**
29 Ptz., subst. **29 ποτέ**[18] *irgendeinmal, einst;* nach Neg. *jemals.* **ἐ-μίσησεν** Aor. μισέω. **ἐκ-τρέφω** *nähren.* **θάλπω** *erwärmen; hegen, pflegen.*
30f **30 μέλος**[7] *Glied.* [Var. ὀστέον *Knochen, Gebein.*] **31 ἀντί** m. Gen. (A188) *anstatt, für; zugunsten von, für;* ἀντὶ τούτου *deshalb* (B 3). **κατα-λείψει** Fut. -λείπω[44] *zurücklassen, verlassen.* **προσ-κολληθήσεται** Fut. Pass. -κολλάω (< κόλλα *Leim) anleimen;* Pass. *fest anhangen, sich eng anschließen, sich verbinden mit.* **ἔσονται** Fut. εἰμί. **εἰς** *für* Präd.-Nominativ
32 (Hebr., A81). **32 μυστήριον** *Geheimnis.* **λέγω εἰς** *(es) im Hinblick auf ...*
33 *sagen; deuten/beziehen auf* (B λέγω I2a u. II1e). **33 πλήν** *jedenfalls* (schließt Erörterung ab u. betont das Wesentliche, BDR §449,2). **ὑμεῖς οἱ καθ᾽ ἕνα, ἕκαστος** *ihr, jeder einzelne von euch* (B εἷς 5e). **ἀγαπάτω** Imp. 3. Sg. **ἵνα** m. Konj. steht hier für den Imp., ἵνα φοβῆται = φοβείσθω (Imp. 3. Sg., BDR §387,3a; vgl. H-S §268b Anm. 1). **φοβῆται** Konj. φοβέομαι hier *Ehrfurcht haben, (ver)ehren, mit Ehrfurcht/Achtung begegnen.*

6 **τὰ τέκνα** Nom. m. Art. statt Vok. wie auch in den flgd. Anreden (A142). **ὑπ-ακούετε** Imp. -ακούω *hören auf, gehorchen.* **γονεῖς** έων οἱ (A8: εν-St.) *Eltern.* **ἐν κυρίῳ** *im Herrn,* d.h. weil ihr in Gemeinschaft m. Christus lebt. **δίκαιος** *gerecht; recht und billig* (es entspricht der bestehenden
2 Gemeinschaft). **2 τίμα** Imp. τιμάω *ehren.* **ἥτις** = ἥ. **ἐντολὴ πρώτη ἐν** (vgl. B *ἐν* I4cβ) **ἐπαγγελίᾳ ἵνα** ... *das* (A82) *erste Gebot mit der* (A106a) *Verheißung: „damit ..."* od. *ein Hauptgebot, das mit der Verheißung*
3 *verbunden ist: „damit ...".* **3 εὖ** Adv. *gut, wohl.* **γένηται** Aor. Konj. Med.

γίνομαι; εὖ τινι γίνεται *es (er)geht jmdm. gut.* **ἔστη** Fut. εἰμί; Fut. unatt. für Konj. nach ἵνα (A339; BDR §369,2+3). **μακρο-χρόνιος**[11] *lange lebend.* **4 πατέρες** (A142) *Väter* od. (durch Synekdoche, A382) *Eltern* 4 (B 1a). **παρ-οργίζετε** Imp. -οργίζω *zum Zorn reizen, erzürnen;* GN: *behandelt eure Kinder nicht so, daß sie widerspenstig werden.* **ἐκ-τρέφετε** Imp. -τρέφω *nähren; aufziehen, erziehen.* **ἐν** hier *mit.* **παιδεία** *Erziehung, Unterweisung, Zucht; Bildung* (als Ergebnis). **νου-θεσία** (< νοῦς *Sinn* + τίθημι) *Ermahnung, Zurechtweisung.* **κυρίου** (gen. pertinentiae, A152ff) *wie sie* (näml. die Erziehung u. Zurechtweisung) *zum Herrn gehören,* d.h. so, wie der Herr erzieht und zurechtweist, bzw. so, wie es ihm entspricht.

5 ὑπ-ακούετε V. 1. **κατὰ σάρκα** *irdisch.* **τρόμος** *Zittern* (vor 5 Furcht); **μετὰ φόβου καὶ τρόμου** *mit Furcht und Zittern = mit aller Ehrfurcht und Gewissenhaftigkeit.* **ἁπλότης**[3] ητος ἡ *Einfalt* (ohne Hintergedanken), *Lauterkeit, Aufrichtigkeit;* ἐν ἁπλότητι τῆς καρδίας *mit aufrichtigem Herzen.* **6 κατά** m. Akk. bez. hier die Art u. Weise: *in (der Weise)* 6 (B II5bβ). **ὀφθαλμο-δουλία** *Augendienerei* (Dienst, den man nur tut, um gesehen zu werden). **ἀνθρωπ-άρεσκος**[11] *jmd., der Menschen gefallen will, der sich einschmeicheln will.* **ποιοῦντες** Ptz. ποιέω, mod. od. attr. **ἐκ ψυχῆς** *von Herzen, gern* (B ψυχή 1bγ). **7 εὔ-νοια** *guter Wille; Lust und* 7 *Liebe, Eifer.* **δουλεύοντες** Ptz. δουλεύω *(als Sklave) dienen;* mod. **ὡς τῷ κυρίῳ καὶ οὐκ ἀνθρώποις** *in der Überzeugung, daß ihr es für den Herrn und nicht für Menschen tut* (erg. δουλεύοντες; BDR §425[6]; vgl. A291,3). **8 εἰδότες** Pf. (m. präs. Bdtg.) Ptz. οἶδα, kaus. **ποιήσῃ** Aor. Konj. ποιέω. 8 **κομίσεται** Fut. Med. κομίζω (vgl. A33[91ff]) *herbeibringen;* Med. *davontragen, erhalten* (hier: *den Lohn für* etwas). **εἴτε ... εἴτε** *ob (er sei) ... oder.* **ἐλεύθερος** *frei.* **9 ποιεῖτε** Imp., τὰ αὐτὰ ποιεῖτε πρὸς αὐτούς *handelt ebenso* (d.h. im gleichen Geist) *gegen sie.* **ἀν-ιέντες** Ptz. -ίημι *loslassen; ablassen;* mod. **ἀπειλή** *Drohung.* **εἰδότες** V. 8. **καί ... καί** *sowohl ... als auch.* **προσωπο-λημψία** (< πρόσωπον + λαμβάνω) *Ansehen der Person, Parteilichkeit.*

10 τοῦ λοιποῦ *hinfort, in Zukunft; schließlich* (B 3aβ; vgl. BDR §186,4). 10 **ἐν-δυναμοῦσθε** Imp. Pass. -δυναμόω *stark machen;* Pass. *stark werden, erstarken.* **κράτος**[7] *Kraft, Macht.* **ἰσχύς**[8] ύος ἡ *Stärke, Kraft;* ἐν τῷ κράτει τῆς ἰσχύος αὐτοῦ gen. qualitatis (A160) *in seiner/durch seine gewaltige Stärke* od. gen. poss. od. auctoris (A153f) *in der/durch die Stärke, die seiner Kraft eigen ist/die seiner Kraft entspringt.* **11 ἐν-δύσασθε** Aor. Imp. 11 Med. -δύω[12] *anziehen;* Med. *sich anziehen.* **παν-οπλία** *(volle) Rüstung, Waffenrüstung.* **τοῦ θεοῦ** gen. auctoris (A153) Gott verleiht bzw. schenkt sie. **πρὸς τό** m. AcI fin. (A282) *damit.* **δύνασθαι** Inf. δύναμαι, Präd. des AcI. **στῆναι** Wz.-Aor. Inf. ἵσταμαι *stehenbleiben; feststehen, Bestand haben, Widerstand leisten* πρός *gegen* (B II1c). **μεθ-οδεία** *Arglist;* Pl. *Ränke, Schli-*

che. **διά-βολος** (< διαβάλλω verleumden) subst. *Verleumder; Teufel.*

12 **12 πάλη** *Kampf;* οὐκ ἔστιν ἡμῖν (dat. poss., A173) ἡ πάλη πρός *unser Kampf richtet sich nicht gegen.* **αἷμα καὶ σάρξ** *Mensch (von Fleisch und Blut),* betont meist seine Vergänglichkeit u. Schwäche. **ἀρχή** hier *Macht.* **κοσμο-κράτωρ**[6] ορος ὁ *Welt(be)herrscher.* **σκότος**[7] *Finsternis, Dunkel, Dunkelheit.* **πνευματικός** *den Geist betreffend;* hier Pl. subst.: (böse) *Geistwesen, Geister.* **πονηρία** *Schlechtigkeit, Bosheit.* **ἐπ-ουράνιος**[11] *himmlisch;* hier subst. im lok. Sinn: *in den Himmeln, in der Himmelswelt* (vgl. 1,3).

13 **13 ἀνα-λάβετε** Aor. Imp. -λαμβάνω[152] *aufnehmen; ergreifen.* **δυνηθῆτε** Aor. Konj. Pass. (ohne Pass.-Bdtg.) δύναμαι. **ἀντι-στῆναι** Wz.-Aor. Inf. ἀνθ-ίσταμαι[205] *sich entgegenstellen; Widerstand leisten, widerstehen.* **ἅ-παντα** = πάντα. **κατ-εργασάμενοι** Aor. Ptz. Med. -εργάζομαι[92]

14 *vollenden, ausführen; bewältigen, besiegen;* temp. **14 στῆτε** Wz.-Aor. Imp. ἵσταμαι. **περι-ζωσάμενοι** Aor. Ptz. Med. περι-ζώννυμι[224] *umgürten;* Med. *sich umgürten;* temp. od. mod. **ὀσφῦς**[8] ύος ἡ *Hüfte.* **ἐν** instr. *mit.* **ἐν-δυσάμενοι** Aor. Ptz. Med. -δύω; temp. od. mod. **θώραξ**[3] ακος ὁ *Brust-*

15 *panzer,* m. gen. epexegeticus (auch V. 16f, H-S §165a u. 295x; A163). **15 ὑπο-δησάμενοι** Aor. Ptz. Med. -δέομαι[36] *sich* (Sandalen) *unterbinden;* temp. od. mod. **ἑτοιμασία** *Bereitschaft,* m. Gen. der Absicht (A162) τοῦ

16 εὐαγγελίου *zum/für das Evangelium* (näml. es zu verbreiten). **16 ἐν πᾶσιν** *zu allem, zu all dem.* **ἀνα-λαβόντες** Aor. Ptz. -λαμβάνω, temp. od. mod. **θυρεός** *Langschild, Schild.* **δυνήσεσθε** Fut. Med. δύναμαι. **βέλος**[7] *Pfeil, Brandpfeil.* **πε-πυρωμένα** Pf. Ptz. Pass. πυρόω *anzünden, verbrennen;* Pass. *brennen;* attr. *brennend, feurig.* **σβέσαι** Aor. Inf.

17 σβέννυμι[222f] *auslöschen.* **17 περι-κεφαλαία** *Helm.* **σωτήριον** *Rettung, Heil.* **δέξασθε** Aor. Imp. Med. δέχομαι. **μάχαιρα** *Schwert.* ὅ

18 **ἐστιν** *das ist, das heißt* (A93). **18 διά** m. Gen. (Art und Weise, A190) *mit.* **πᾶς** (erstes) ohne Art. *jede Art von* (B 1αβ). **προσ-ευχή** *Gebet.* **δέησις**[8] *Bitte, Gebet.* **προσ-ευχόμενοι** Ptz. -εύχομαι, Präs. iter.; imp. (A294) od. mod. zu δέξασθε (V. 17) od. στῆτε (V. 14). **ἐν παντὶ καιρῷ** *zu jeder Zeit.* **ἐν πνεύματι** *im Geist* (d.h. von ihm geleitet u. ausgerüstet). **εἰς αὐτό** *zu diesem Zweck, dazu.* **ἀγρ-υπνοῦντες** Ptz. ἀγρ-υπνέω *wachen; auf etwas achten;* imp. (A294) od. mod. **προσ-καρτέρησις**[8] (< καρτερός stark, ausdauernd) *Ausdauer, Beharrlichkeit;* ἐν πάσῃ προσκαρτερήσει *mit*

19 *höchster Ausdauer* (B 1αδ). **19 δοθῇ** Aor. Konj. Pass. δίδωμι. **ἄν-οιξις**[8] *(das) Öffnen;* ἐν ἀνοίξει τοῦ στόματός μου *wenn ich meinen Mund öffne; wenn ich zu sprechen beginne* (ZG). **παρ-ρησία** (< πᾶν + ῥῆσις [das] Reden) *Redefreiheit, Freimütigkeit; Zuversicht.* **γνωρίσαι** Aor. Inf. γνωρίζω[98] *bekanntmachen, mitteilen, offenbaren;* fin. (A276). **μυστήριον**

20 *Geheimnis.* **20 πρεσβεύω** *Gesandter sein, als Gesandter wirken.* **ἄλυσις**[8] *Kette;* ἐν ἀλύσει *in Ketten* (als Gefangener). **ἵνα** hier *daß* (A328, bez. das

Erbetene). **ἐν αὐτῷ** (bezogen auf εὐαγγέλιον) *in seiner Kraft* (Einh.) od. temp. *dabei* (d.h. bei seiner Verkündigung) (B ἐν II3). **παρ-ρησιάσωμαι** Aor. Konj. Med. παρ-ρησιάζομαι (vgl. A33[91ff]) *freimütig reden, offen reden.* **λαλῆσαι** Aor. Inf. λαλέω, Präd. des AcI, v. δεῖ abhängig.

21 εἰδῆτε Pf. (m. präs. Bdtg.) Konj. οἶδα. **τὰ κατ' ἐμέ** *was mich*   21 *betrifft, meine Angelegenheiten* (B κατά II6). **πράσσω** *vollbringen, tun;* intr. *sich befinden;* τί πράσσω *wie ich mich befinde, wie es mir geht.* **γνωρίσει** Fut. V. 19. **Τύχικος** *Tychikus,* Begleiter v. Paulus. **διάκονος** *Diener, Helfer.* **22 ἔ-πεμψα** Aor. πέμπω, Aor. des Briefstils (BDR §334[2]). **εἰς αὐτὸ**   22 **τοῦτο** *eigens dazu.* **γνῶτε** Aor. Konj. γινώσκω. **τὰ περὶ ἡμῶν** *unser Ergehen.* **παρα-καλέσῃ** Aor. Konj. -καλέω hier *ermutigen.* **23 εἰρήνη**   23 erg. εἴη (Opt. v. εἰμί) *Friede sei.* **24 χάρις** erg. εἴη (Opt. v. εἰμί) *Gnade*   24 *sei.* **ἀγαπώντων** Ptz. ἀγαπάω, subst. **ἀ-φθαρσία** *Unvergänglichkeit, Unsterblichkeit, Unverweslichkeit;* ἐν ἀφθαρσίᾳ ist entweder zu χάρις zu ziehen *samt/mit Unvergänglichkeit* (mod. ἐν auch 4,19; 6,2) od. zu ἀγαπώντων *in unwandelbarer Treue.*

Philipper

1   Τιμόθεος *Timotheus,* Begleiter v. Paulus.   οὖσιν Ptz. εἰμί, attr.
τοῖς ἁγίοις subst., Anrede der Glaubenden; erg. ἐπιστέλλομεν *schreiben,*
m. flgd. Dat. des Adressaten (A376a).   Φίλιπποι *Philippi,* Stadt in Mazedo-
nien.   ἐπί-σκοπος (< ἐπισκοπέω achtgeben auf, sorgen für) *Aufseher,*
2 *Vorsteher;* später *Bischof.*   διάκονος *Diener, Helfer;* hier *Diakon.*   **2** χάρις
erg. εἴη (Opt. v. εἰμί) *sei* (BDR §128⁸), christl. Form des griech. Briefgrußes
χαίρειν, kombiniert m. dem hebr. Gruß שָׁלוֹם *šālôm* = εἰρήνη.

3   **3** εὐ-χαριστέω *dankbar sein; Dank sagen, danken.*   μνεία
Erinnerung, Gedenken, Erwähnung; ἐπὶ πάσῃ τῇ μνείᾳ ὑμῶν (gen. obi.,
A158) *sooft ich euch erwähne/an euch denke* (BDR §275²; vgl. B 1cβ).
4 **4** πάντοτε wohl zu εὐχαριστῶ (V. 3) zu ziehen.   δέησις⁸ *Bitte, Gebet.*
ποιούμενος Ptz. Med. ποιέω, iter.; ποιέομαι τὴν δέησιν = δέομαι
beten (Med. zur Umschreibung des einfachen Verbalbegriffs, B II1); mod.
5 **5** ἐπί m. Dat. kaus., bezogen auf εὐχαριστῶ (V. 3) *wegen, für* (vgl. BDR
§235,2).   κοινωνία (< κοινωνός Genosse, Teilhaber) *Gemeinschaft, enge
Beziehung; Beteiligung, Teilnahme;* κοινωνία εἰς *enge Beziehung zu* od.
Teilnahme an (der Förderung/Verbreitung von).   ἄχρι τοῦ νῦν *bis jetzt.*
6 **6** πε-ποιθώς Pf. (m. präs. Bdtg.) Ptz. πείθω, kaus. od. mod.; Pf. m. Akk.
überzeugt sein von, vertrauen auf, Zuversicht haben.   αὐτὸ τοῦτο *eben dies;*
πεποιθὼς αὐτὸ τοῦτο, ὅτι *da ich eben darauf vertraue, daß* (vgl. BDR
§154³).   ἐν-αρξάμενος Aor. Ptz. -άρχομαι⁶² *beginnen, anfangen;* subst.
ἐν ὑμῖν *in/unter* od. *durch euch* (A193).   ἐπι-τελέσει Fut. -τελέω²⁷
vollenden.   ἄχρι ἡμέρας *bis zu dem Tag* (der Wiederkunft) (auch ohne Art.
7 best., A106a+d).   **7** καθ-ώς satzeinleitend m. begründendem Sinn (BDR
§453,2) *da, da ja* bzw. im HS *denn, nämlich.*   ἐστὶν δίκαιον *es ist recht* (B
δίκαιος 5).   φρονεῖν Inf. φρονέω *denken, urteilen; gesinnt sein.*   ὑπέρ m.
Gen. = περί *über* (BDR §231²) od. *zugunsten von* (B 1aδ).   διὰ τό m. AcI
kaus. (A282) *weil.*   ἔχειν Inf. ἔχω, Präd. des AcI.   με (evtl. ὑμᾶς) Subj. des
AcI.   δεσμός *Fessel;* Pl. *Gefangenschaft.*   ἀπο-λογία *Verteidigung* (vor
Gericht od. auch allgem.).   βεβαίωσις⁸ *Befestigung, Festigung, Bekräftigung.*
συγ-κοινωνός *Teilhaber, Genosse; mitteilhabend,* m. Gen.   χάρις hier
wohl auf das Leiden für das Evangelium (viell. auf seine Aufgabe allgem.)
bezogen.   ὄντας Ptz. εἰμί, kaus. od. mod.; ὑμᾶς ... συγκοινωνούς ...
8 πάντας ὑμᾶς ὄντας *euch, weil/und ihr alle ... Teilhaber seid.*   **8** μάρτυς
υρος ὁ *Zeuge.*   ἐπι-ποθέω *sich sehnen* τινά *nach jmdm.*   σπλάγχνον
nur Pl. *Eingeweide; Herz* (Sitz der Gefühle); *Zuneigung, Liebe.*   Χριστοῦ
9 Ἰησοῦ gen. auctoris (A153) od. gen. subi. (A158).   **9** ἵνα hier *daß* (A328,
bez. das Erbetene), statt eines epexegetischen Inf. od. AcI; τοῦτο

προσεύχομαι, ἵνα *ich bete darum, daß.* **περισσεύῃ** Konj. περισσεύω intr. *überschießen; reich sein, im Überfluß vorhanden sein; wachsen, zunehmen.* **ἐπί-γνωσις**[8] *Erkenntnis.* **αἴσθησις**[8] *Erfahrung, Empfindung;* πάσῃ αἰσθήσει (an) *jeder Art von Urteilsvermögen/Feingefühl* (B 1aβ). **10 εἰς τό** 10 m. AcI fin. (A282) *damit, um zu.* **δοκιμάζειν** Inf. (< δόκιμος erprobt) *prüfen, erproben;* Präd. des AcI. **δια-φέροντα** Ptz. -φέρω intr. *sich unterscheiden, sich hervortun, mehr wert sein als,* m. Gen.; subst. τὰ δια-φέροντα *das, worauf es ankommt, das Wesentliche.* **ἦτε** Konj. εἰμί. **εἰλι-κρινής**[7] *rein, lauter.* **ἀ-πρόσ-κοπος**[11] (< προσκόπτω sich stoßen an) *ohne Anstoß; tadellos.* **11 πε-πληρωμένοι** Pf. Ptz. Pass. πληρόω, mod. 11 **καρπόν** Akk. (statt Gen., BDR §159[1]) des Inhalts: *mit Frucht.* **δικαιο-σύνης** gen. epexegeticus (A163) od. gen. auctoris (A153). **τὸν διά** *die durch ... (kommt).* **ἔπ-αινος** *Lob, Beifall;* εἰς ... ἔπαινον *zum Lob;* fin. zu πεπληρωμένοι od. *zum ganzen Gebet.*

12 γινώσκειν Inf., hier *erfahren, wissen;* Präd. des AcI. **βούλομαι** 12 *wollen, wünschen,* m. AcI. **τὰ κατ' ἐμέ** *was mich angeht, meine Lage* (B κατά II6); Subj. **προ-κοπή** (< προκόπτω Fortschritte machen) *Fortschritt, Förderung.* **ἐ-λήλυθεν** Pf. ἔρχομαι; εἰς προκοπήν ... ἐλήλυθεν *hat zur Förderung ... gedient* (vgl. B I2c). **13 δεσμός** V. 7, Subj. des AcI. **φανερός** 13 (< φαίνομαι sichtbar werden) *bekannt; offenbar, kenntlich, offenkundig.* **ἐν Χριστῷ** wohl kaus. auf δεσμούς bezogen; ὥστε τοὺς δεσμούς μου ἐν Χριστῷ γενέσθαι *so daß offenkundig wurde, daß ich um Christi willen gefangen bin.* **γενέσθαι** Aor. Inf. γίνομαι, Präd. des AcI. **πραιτώριον** *Präto-rium* (lat. Lehnwort, im NT meist Amtssitz des Statthalters mit seinem Personal [EWNT 3, Sp. 346-348], aber auch kaiserl. Leibwache). **14 πλείονας** Subj. 14 des AcI zu τολμᾶν. **πε-ποιθότας** Pf. (m. präs. Bdtg.) Ptz. πείθω V. 6, hier *Zuversicht/Vertrauen haben* bzw. *schöpfen;* kaus. **δεσμοῖς** V. 7, dat. causae (A177). **περισσοτέρως** Komp. v. περισσῶς *in außergewöhnlicher Weise, sehr;* Komp. *(noch) mehr, um so mehr.* **τολμᾶν** Inf. τολμάω *wagen;* Präd. des AcI. **ἀ-φόβως** *furchtlos, unerschrocken.* **λαλεῖν** Inf. λαλέω. **15 τινὲς μέν ... τινὲς δέ** *einige zwar ... andere aber.* **φθόνος** *Mißgunst,* 15 *Neid.* **ἔρις**[3] ιδος ἡ *Streit, Hader.* **εὐ-δοκία** *guter Wille, gute Absicht.* **16 οἱ** 16 **μέν ... οἱ δέ** *die einen ... die anderen* (A102). **εἰδότες** Pf. (m. präs. Bdtg.) Ptz. οἶδα, kaus. **ἀπο-λογία** V. 7. **κεῖμαι** (als Pf. Pass. v. τίθημι gebraucht, A33[200]) *liegen, gelegt sein; eingesetzt/bestimmt sein* (B 2a); ὅτι εἰς ... κεῖμαι *daß ich mich (hier) befinde zu ...* od. *daß ich bestimmt bin zu ...* **17 ἐριθεία** *Selbstsucht, Eigennutz.* **κατ-αγγέλλω** *verkündigen.* **ἀγνῶς** 17 (< ἀγνός rein) *in lauterer Absicht.* **οἰόμενοι** Ptz. οἴομαι *meinen, denken;* kaus., evtl. mod. **ἐγείρειν** Inf., hier *entstehen lassen, bereiten* (B 1aε). **δεσμός** V. 7; τοῖς δεσμοῖς μου *mir in meiner Gefangenschaft.* **18 τί** 18 **γάρ** *was tut's, was macht es?* **πλήν** *jedoch; jedenfalls;* πλὴν ὅτι *wenn (es)* *nur (so ist), daß;* mögl. auch τί γὰρ πλὴν ὅτι *was kommt denn dabei heraus, außer daß* (B 1c+d; BDR §449³⁺⁴). **τρόπος** *(Art und) Weise;* dat. modi (A180). **πρό-φασις**[8] *(wirklicher) Grund; Vorwand, Schein;* dat. modi (A180) *zum Vorwand.* **κατ-αγγέλλεται** Pass. **ἀλλὰ καί** betont: *und nicht nur dies, sondern auch* (BDR §448,6).

19 **χαρήσομαι** Fut. Pass. (m. Akt.-Bdtg.) χαίρω. **19 τοῦτο** *dies* (d.h. diese Lage od. dieser Prozeß). **ἀπο-βήσεται** Fut. Med. -βαίνω[139] *weggehen;* übertr. *ausschlagen (zu), gereichen, dienen.* **δέησις**[8] V. 4. **ἐπι-**
20 **χορηγία** *Unterstützung.* **20 ἀπο-καρα-δοκία** *sehnsüchtige Erwartung, Harren.* **αἰσχυνθήσομαι** Fut. Pass. αἰσχύνομαι (vgl. A33[130]) (< αἶσχος Schande) *sich schämen;* Pass. *beschämt werden, zuschanden werden.* **παρ-ρησία** (< πᾶν + ῥῆσις [das] Reden) *Redefreiheit, Freimütigkeit;* ἐν παρρησίᾳ *öffentlich.* **ὡς ... καί** *wie ... so auch.* **μεγαλυνθήσεται** Fut. Pass. μεγαλύνω (vgl. A33[118ff]) *groß machen;* übertr. *preisen, erheben;* Pass.
21 *verherrlicht werden.* **21 ζῆν** Inf. ζάω, subst., Subj. (A280). **ἀπο-θανεῖν**
22 Aor. Inf. -θνήσκω, subst., Subj. **κέρδος**[7] *Gewinn.* **22 αἱρήσομαι** Fut. Med. αἱρέομαι[185] *(er)wählen, vorziehen,* m. Akk. (mod. Fut., A247); es ist wohl zu interpunktieren: εἰ δὲ τὸ ζῆν ἐν σαρκί, τοῦτό μοι καρπὸς ἔργου, καὶ τί αἱρήσομαι; οὐ γνωρίζω. *wenn aber das Leben im Fleisch (d.h. auf Erden), (wenn) das für mich Frucht des Werkes bedeutet (od. [wenn] das bedeutet, daß ich Frucht beim Werk* [für Gott] *bringe), was soll ich dann vorziehen? Ich weiß es nicht* (BDR §442[16]) od. *bei Interpunktion wie NA: wenn aber das/mein (Weiter-)Leben im Fleisch (ist/mir zufällt), (bedeutet) dies für mich Frucht der Arbeit, und was ich vorziehen soll, weiß ich nicht.* **γνωρίζω**
23 *bekanntmachen, mitteilen; wissen* [Var. αἱρήσωμαι Aor. Konj.]. **23 συν-έχομαι** Pass. -έχω *zusammenhalten; fassen, ergreifen, anfechten, quälen;* συνέχομαι ἐκ τῶν δύο *von beiden Seiten werde ich bedrängt, ich bin hin- und hergerissen* (vgl. B 5). **ἐπι-θυμία** *Verlangen, Sehnsucht.* **ἔχων** Ptz., kaus. od. mod. **εἰς τό** m. Inf. abhängig v. ἐπιθυμία (B ἐπιθυμία 2); τὴν ἐπιθυμίαν ... εἰς τὸ ἀναλῦσαι ... εἶναι *den Wunsch ... (danach), Abschied zu nehmen ... zu sein.* **ἀνα-λῦσαι** Aor. Inf. -λύω (intr. gebraucht, BDR §308⁴) *aufbrechen; scheiden* (als Euphemismus [A385] *für sterben).* **εἶναι** Inf. εἰμί. **κρεῖσσων**[11] ον (Komp. zu ἀγαθός) *besser, vorteilhafter;* πολλῷ μᾶλλον κρεῖσσον pleon. *Häufung zur Verstärkung: sehr viel besser.*
24 **24 ἐπι-μένειν** Inf. *bleiben;* subst., Subj. (A280). **ἀναγκαιότερος**
25 Komp. v. ἀναγκαῖος *nötig, notwendig.* **25 τοῦτο** *dieses* (letztere). **πε-ποιθώς** V. 6, Ptz. kaus. **μενῶ** Fut. μένω. **παρα-μενῶ** Fut. -μένω[117] *(da)bleiben, verbleiben (mit).* **προ-κοπή** V. 12. **χαρὰ τῆς πίστεως**
26 *Freude im Glauben.* **26 καύχημα**[3] *Gegenstand des Rühmens, Ruhm;* ἵνα τὸ καύχημα ὑμῶν περισσεύῃ ἐν Χριστῷ Ἰησοῦ ἐν ἐμοί *damit ihr noch weit mehr Grund habt, euch meinetwegen in Christus Jesus zu rühmen,* od. *damit*

das, worauf ihr stolz sein könnt (B 1), *durch mich in Christus Jesus noch weiter zunehme.* **περισσεύῃ** Konj. V. 9. **ἐν ἐμοί** instr. bzw. kaus. *durch mich* (A193; H-S §184i). **παρ-ουσία** (< πάρειμι [εἰμί] anwesend sein) *Anwesenheit, Gegenwart; Ankunft;* διὰ τῆς ἐμῆς παρουσίας πάλιν *bei meiner Rückkehr, wenn ich wiederkomme.*

27 ἀξίως m. gen. pretii (A161) einer Sache/Person *würdig, in einer Weise,* 27 *die ihr entspricht/angemessen ist.* **πολιτεύεσθε** Imp. πολιτεύομαι *Bürger sein; sein Leben führen, wandeln.* **ἐλθών** Aor. Ptz. ἔρχομαι, kond. **ἰδών** Aor. Ptz. ὁράω, kond. **ἀπ-ών** Ptz. ἄπ-ειμι (A32) *abwesend sein;* kond. **ἀκούω** Konj. **τὰ περὶ ὑμῶν** *das, was euch angeht, eure Angelegenheiten; von euch.* **στήκω** (< ἕστηκα[205]) *stehen; feststehen.* **ψυχή** *Seele* (hier als Sitz der Gefühle u. Empfindungen); μιᾷ ψυχῇ *einmütig* (B 1bγ). **συν-αθλοῦντες** Ptz. -αθλέω *zusammen streiten/kämpfen;* mod. **τῇ πίστει** dat. commodi (A173) *für den Glauben.* **28 πτυρόμενοι** Ptz. Pass. πτύρω *in* 28 *Schrecken versetzen;* Pass. *sich einschüchtern lassen;* mod. **μή ... ἐν μηδενί** *in keiner Weise* (doppelte Neg. verstärkt die Verneinung, A310). **ἀντι-κειμένων** Ptz. -κειμαι (A32) *im Streit liegen;* subst. *Widersacher, Feind.* **ἥτις** = ἥ (BDR §293[9]), *kongruent m. Präd.-Nom.* (A93; H-S §263e). **ἔν-δειξις**[8] *Anzeichen.* **ἀπ-ώλεια** (< ἀπ-όλλυμι) *Verderben, Untergang.* **τοῦτο** *das* (d.h. alles bisher in V. 28 Gesagte). **29 ἐ-χαρίσθη** Aor. Pass. 29 **χαρίζομαι**[101] *(aus Gnaden) schenken.* **τὸ ὑπὲρ Χριστοῦ** *die Sache für Christus* (d.h. für Christus zu leben), *wird durch die flgd. Inf. u. die Konstruktion erklärt.* **οὐ μόνον ... ἀλλὰ καί** *(nämlich) nicht nur ... sondern auch.* **πιστεύειν** Inf., subst., Subj. (A280). **πάσχειν** Inf., subst., Subj. **30 ἀγών**[4] ῶνος ὁ *Wettkampf; Kampf.* **ἔχοντες** Ptz., kaus. od. mod.; Nom. 30 statt Akk./Dat. (s. Inf. bzw. ὑμῖν [V. 29]; A96). **οἷος**[18] *wie (beschaffen).* **ἀκούετε ἐν ἐμοί** *ihr hört von mir.*

εἰ erg. ἐστίν *wenn es (bei euch) gibt.* **παρά-κλησις**[8] *Ermahnung,* **2** *Ermutigung; Trost, Zuspruch;* τις *wohl verschärfend* (vgl. H-S §144a) *eine ausgesprochene Ermahnung bzw. Ermutigung.* **παρα-μύθιον** *Zuspruch, Trost;* παραμύθιον ἀγάπης *liebevollen Zuspruch* (gen. qualitatis, A160). **κοινωνία** (< κοινωνός *Genosse, Teilhaber*) *Gemeinschaft (mit;* meist Gen.); κοινωνία πνεύματος gen. auctoris (A153) *von (dem) Geist bewirkte Gemeinschaft (untereinander).* **σπλάγχνον** nur Pl. *Eingeweide; Herz* (Sitz der Gefühle); *Zuneigung, Liebe;* τις *hier sinngemäß konstruiert* (A96). **οἰκτιρμός** *Mitleid, Erbarmen;* σπλάγχνα καὶ οἰκτιρμοί (Hendiadyoin [BDR §442[29]; A378]) *Liebe voll Erbarmen, barmherzige Zuwendung.* **2 πληρώσατε** Aor. Imp. πληρόω. **ἵνα** leitet hier Obj.-NS bei Verben des 2 *Wünschens ein* (A328) *daß.* **φρονῆτε** Konj. φρονέω *denken, urteilen; den Sinn richten auf, bedacht sein auf,* m. Akk.; ἵνα τὸ αὐτὸ φρονῆτε *daß ihr einmütig seid, daß ihr auf das Gleiche bedacht seid.* **ἔχοντες** Ptz., mod. **σύμ-**

3 **ψυχος**[11] *einmütig, einträchtig.* **φρονοῦντες** Ptz., mod. 3 **ἐριθεία** *Selbstsucht, Eigennutz;* viell. *Streitsucht;* erg. tut/erstrebt. **κενο-δοξία** *Prahlerei, leere Ruhmsucht;* **κατά** hier mod. (A195) *aus Eigennutz bzw. leerer Ruhmsucht.* **ταπεινο-φροσύνη** *Bescheidenheit, Demut;* m. Art. (A103): *die* (bekannte, für Christus charakteristische) *Demut.* **ἡγούμενοι** Ptz. **ἡγέομαι** *führen, leiten; meinen, glauben, ansehen (als), halten (für),* m. doppeltem Akk. (H-S §153b); mod. **ὑπερ-έχοντας** Ptz. -**έχω** *hervorragen; übertreffen, überlegen sein, vorzüglicher/höher sein,* m. gen. comparationis (A168); subst. (Obj.-Präd., vgl. A48 u. 97,15); ἀλλήλους ἡγούμενοι ὑπερέχοντας ἑαυτῶν *achtet den anderen mehr als euch selbst; schätzt den anderen höher als*
4 *euch selbst ein.* 4 **τὰ ἑαυτῶν** *das Eigene, die eigenen Interessen.* **σκοποῦντες** Ptz. σκοπέω *spähen; achten, bedacht sein auf;* mod. **ἕκαστοι** (Pl. selten) *jeder.*

5   5 **τοῦτο** *das,* d.h. das Genannte od. Folgende (A130). **φρονεῖτε** Imp. V. 2. **ἐν ὑμῖν** *bei/unter euch.* **ὃ καὶ ἐν Χριστῷ Ἰησοῦ** *wie es auch im Hinblick auf Christus Jesus* (d.h. sein Heilswerk) *(angemessen ist)* od. *wie es sich*
6 *in Christus Jesus* (d.h. im Glauben an ihn) *(schickt).* 6 **μορφή** *Gestalt, äußere Erscheinungsform.* **ὑπ-άρχων** Ptz., konz. *obwohl er ... war.* **ἁρπαγμός** *(das) Rauben, An-sich-Reißen; (das) Geraubte, Beute;* οὐχ ἁρπαγμὸν ἡγήσατο *er hielt es nicht fest wie einen Raub/ein festzuhaltendes Gut.* **ἡγήσατο** Aor. ἡγέομαι V. 3. **εἶναι** Inf. εἰμί, subst., Obj. (A280). **ἴσος** *gleich;* Ntr. Pl. statt Mask. Sg. (alter Sprachgebrauch, BDR §434,1).
7 7 **ἐ-κένωσεν** Aor. κενόω *entleeren; gering/arm machen.* **λαβών** Aor. Ptz. λαμβάνω, mod. **ὁμοίωμα**[3] *Gleichheit; Bild, Abbild; Gestalt;* ἐν ὁμοιώματι ἀνθρώπων *(den) Menschen gleich/ähnlich.* **γενόμενος** Aor. Ptz. γίνομαι, mod. **σχῆμα**[3] *Haltung; äußere Erscheinung, Aussehen;* dat. resp. (A178). **εὑρεθείς** Aor. Ptz. Pass. εὑρίσκω; Pass. hier *befunden werden,*
8 *sich erweisen;* mod. 8 **ἐ-ταπείνωσεν** Aor. ταπεινόω *erniedrigen.* **ὑπ-ήκοος**[11] *gehorsam.* **μέχρι** m. Gen. *bis* (hier vom Maß bzw. Grad). **δέ** *zur*
9 *Erklärung u. Steigerung: und zwar* (BDR §447[5]). **σταυρός** *Kreuz.* 9 **ὑπερ-ύψωσεν** Aor. -υψόω *über die Maßen erhöhen.* **ἐ-χαρίσατο** Aor. χαρίζομαι[101] *(aus Gnaden) schenken.* **ὄνομα** hier wohl *Würde, Titel* (näml. „Herr" [V. 11]). **ὑπὲρ πᾶν ὄνομα** *über jedem (anderen) Namen* (vgl.
10 A376a). 10 **ἐν τῷ ὀνόματι Ἰησοῦ** *in dem Namen Jesu,* d.h. zur Ehre des Namens od. unter Anrufung des Namens. **γόνυ**[3] *νατος* τό Knie. **κάμψη** Aor. Konj. κάμπτω (vgl. A33[51ff]) intr. *sich beugen.* **ἐπ-ουράνιος**[11] *himmlisch, im Himmel befindlich.* **ἐπί-γειος**[11] *irdisch, auf der Erde befindlich.*
11 **κατα-χθόνιος**[11] *unterirdisch, unter der Erde befindlich.* 11 **ἐξ-ομο-λογήσηται** Aor. Konj. -λογέω *versprechen;* Med. *bekennen, anerkennen* [Var. ἐξ-ομο-λογήσεται Fut. Med.]. **κύριος** Präd.-Nom.
12   12 **ὑπ-ηκούσατε** Aor. -ακούω[2] *hören auf; gehorchen.* **παρ-ουσία**

(< πάρειμι [εἰμί] anwesend sein) *Anwesenheit, Gegenwart.* **πολλῷ μᾶλ-λον** *noch viel mehr* (vgl. A117). **ἀπ-ουσία** *Abwesenheit.* **τρόμος** *Zittern, Beben;* μετὰ φόβου καὶ τρόμου *mit Furcht und Zittern = mit aller Ehrfurcht und Gewissenhaftigkeit.* **ἑαυτῶν** gen. poss. (A154) steht betont: *euer eigenes.* **κατ-εργάζεσθε** Imp. -εργάζομαι *vollenden, tun; hervorbringen, schaffen, sich mühen um;* καθὼς πάντοτε ... μὴ ὡς ἐν τῇ παρουσίᾳ μου μόνον ἀλλὰ νῦν πολλῷ μᾶλλον ... κατεργάζεσθε *wie ihr immer ... (so) müht euch (weiter) um ... nicht nur wie (damals), als ich (bei euch) anwesend war, son-dern jetzt noch viel mehr ...* **13 ἐν-εργῶν** Ptz. -εργέω intr. *wirksam sein;* tr. **13** *(be)wirken;* subst. **ἐν ὑμῖν** *in euch* od. *bei euch.* **καί ... καί** *sowohl ... als auch; beides ... und.* **θέλειν** Inf., subst., Obj. (A280). **ἐν-εργεῖν** Inf. **ὑπέρ** m. Gen. *für* od. *wegen, um willen.* **εὐ-δοκία** *guter Wille, gute Absicht; Huld, Wohlgefallen; Wunsch* (näml. Gottes). **14 ποιεῖτε** Imp. ποιέω. **γογ-** **14** **γυσμός** *Unwille, Murren.* **δια-λογισμός** *Überlegung; Zweifel, Bedenken.* **15 γένησθε** Aor. Konj. γίνομαι. **ἄ-μεμπτος**[11] (< μέμφομαι *tadeln*) **15** *untadelig.* **ἀ-κέραιος**[11] (< κεράννυμι *mischen*) *unvermischt; rein, lauter.* **ἄ-μωμος**[11] *untadelig, makellos.* **μέσον** m. Gen. *mitten in/unter* (H-S §185a). **σκολιός** *krumm; verdreht, verkehrt.* **δι-ε-στραμμένης** Pf. Ptz. Pass. δια-στρέφω[47] *verdrehen, verkehren;* attr. **ἐν οἷς** *unter denen* (nach dem Sinn konstruiert, BDR §296[1]; vgl. A96). **φαίνεσθε** Ind. od. Imp. φαίνομαι *scheinen, leuchten; sich sehen lassen, erscheinen (als etwas),* m. Präd.-Nom. (B 2a+d). **φωστήρ**[6] ῆρος ὁ *Leuchtkörper, Himmelslicht, Stern.* **κόσμος** auch ohne Art. best. (A106a). **16 ἐπ-έχοντες** Ptz. -έχω[189] tr. *festhalten,* **16** *innehaben;* mod. **καύχημα**[3] *Gegenstand des Rühmens, Ruhm;* εἰς καύχημα ἐμοί *mir zum Ruhm, mir zur Freude.* **ὅτι** epexegetisch (vgl. BDR §394,4) *daß nämlich.* **κενός** *leer; ohne Erfolg;* εἰς κενόν *vergeblich, umsonst, erfolglos.* **ἔ-δραμον** Aor. τρέχω[196] *laufen.* **ἐ-κοπίασα** Aor. κοπιάω *sich abmühen, sich plagen.* **17 εἰ καί** *wenn auch* (konz., A350; H-S §286b). **17** **σπένδομαι** Pass. σπένδω *ein Trankopfer darbringen;* Pass. *als Trankopfer ausgegossen werden* (hier vom mögl. Martyrium des Apostels). **θυσία** *Opfer-handlung, Opfer;* ἐπὶ τῇ θυσίᾳ *bei der Opferhandlung* (BDR §235[7]). **λει-τουργία** *Dienst; Gottesdienst, Opferdienst;* λειτουργία τῆς πίστεως ὑμῶν *Opferdienst für euren Glauben* (gen. obi. [A158], EWNT 2, Sp. 860); evtl. gen. epexegeticus (A163) *Opferdienst, der in eurem Glauben besteht.* **συγ-χαίρω** *sich mitfreuen.* **18 τό ... αὐτό** *ebenso, in gleicher Weise.* **χαίρετε** **18** Imp. **συγ-χαίρετε** Imp.

19 ἐλπίζω *hoffen,* m. Inf. **Τιμόθεος** 1,1. **ταχέως** *schnell, bald.* **19** **πέμψαι** Aor. Inf. πέμπω. **εὐ-ψυχῶ** Konj. -ψυχέω *guten Mutes sein, froh sein, beruhigt sein.* **γνούς** Aor. Ptz. γινώσκω, temp. *wenn ich erfahre.* **τὰ περὶ ὑμῶν** *das, was euch angeht, eure Angelegenheiten; von euch* (B περί 1i). **20 ἰσό-ψυχος**[11] (< ἴσος *gleich* + ψυχή) *gleichgesinnt* (d.h. gesinnt wie **20**

Timotheus). **ὅστις** leitet hier Rel.-Satz ein, der eine Art Folge aus der Beschaffenheit angibt (BDR §379[1]; vgl. A370) *der so, der in solcher Weise.* **γνησίως** *lauter, aufrichtig, echt.* **μεριμνήσει** Fut. μεριμνάω *sorgen;*

21 *Sorge tragen (für).* **21 οἱ πάντες** *alle (anderen)* (A376). **τὰ ἑαυτῶν** *ihre eigenen Angelegenheiten/Interessen.* **ζητέω** hier *anstreben, ausgerichtet sein (auf);* τὰ ἑαυτῶν ζητοῦσιν *sie sind auf ihren eigenen Vorteil bedacht*

22 (B 2bα). **22 δοκιμή** *Erprobtheit, Bewährung;* hier *(Tatsache,) daß (er) sich bewährt hat.* **ἐ-δούλευσεν** Aor. δουλεύω *Sklave sein; dienen.* **εἰς τὸ εὐαγγέλιον** *für die Förderung/Verbreitung des Evangeliums* (vgl. A191).

23 **23 ὡς ἄν** m. Konj. = ὅταν *wenn, sobald* (A336). **ἀφ-ίδω** (für erwartetes ἀπ-ίδω, BDR §14[2]) Aor. Konj. ἀφ-οράω[192] *absehen, überblicken.* **ἐξ-**

24 **αυτῆς** = ἐξ αὐτῆς τῆς ὥρας *sofort, alsbald.* **24 πέ-ποιθα** Pf. (m. präs. Bdtg.) πείθω, Pf. *Zuversicht haben, Vertrauen haben.* **ἐλεύσομαι** Fut. Med. ἔρχομαι.

25 **25 ἀναγκαῖος** *notwendig, nötig.* **ἡγησάμην** Aor. ἡγέομαι V. 3. **Ἐπαφρόδιτος** *Epaphroditus,* Abgesandter aus Philippi an Paulus. **συν-εργός** subst. *Mitarbeiter.* **συ-στρατιώτης**[1] *Mitstreiter, Kamerad.* **λει-τουργός** *Diener;* ὑμῶν ἀπόστολον καὶ λειτουργὸν τῆς χρείας μου

26 *euren Abgesandten* (B ἀπόστολος 1) *und Diener meiner Not = den ihr gesandt habt, um mir in/aus meiner Not zu helfen* (vgl. B 3). **πέμψαι** V. 19. **26 ἐπει-δή** *da ja, weil.* **ἐπι-ποθῶν** Ptz. -ποθέω *Sehnsucht haben, verlangen* τινά *nach jmdm.;* umschrieb. Ipf. (A249). **ἦν** Ipf. εἰμί. [Var. ἰδεῖν Aor. Inf. ὁράω.] **ἀδημονῶν** Ptz. ἀδημονέω *in Angst/Unruhe sein;* umschrieb. Ipf. (A249). **δι-ότι** *weil.* **ἠκούσατε** Aor. ἀκούω. **ἠ-σθένησεν** Aor.

27 ἀ-σθενέω *krank sein.* **27 καὶ γάρ** *allerdings, in der Tat.* **παρα-πλήσιος** *nahe(kommend);* ἠσθένησεν παραπλήσιον θανάτῳ *er war auf den Tod krank, er war todkrank.* **ἠλέησεν** Aor. ἐλεέω *Mitleid haben (mit), sich erbarmen* τινά *über jmdn.* **λύπη** *Kummer;* λύπην ἐπὶ λύπην *Kummer über*

28 *Kummer* (B). **σχῶ** Aor. Konj. ἔχω. **28 σπουδαιοτέρως** Komp. v. σπουδαίως *eilig, eifrig;* Komp. *besonders eilig* (vgl. A118f). **ἔ-πεμψα** Aor. πέμπω; Aor. des Briefstils (A241), präs. zu übers. (H-S §199j). **ἰδόντες** Aor. Ptz. ὁράω, temp., evtl. kaus. **χαρῆτε** Aor. Konj. Pass. (m. Akt.-Bdtg.) χαίρω. **ἀ-λυπότερος** Komp. v. ἄ-λυπος[11] *sorgenfrei;* Präd.-Nom. **ὦ**

29 Konj. εἰμί. **29 προσ-δέχεσθε** Imp. -δέχομαι *auf-, annehmen.* **οἱ τοιοῦτοι** *die so Beschaffenen* (vgl. B 3), *solche Menschen.* **ἐν κυρίῳ** *im Herrn,* d.h. wie es Christen tun sollen od. als Mitchristen. **ἔν-τιμος**[11] *geehrt, angesehen; geschätzt;* ἐντίμους ἔχετε *haltet in Ehren, schätzt hoch.* **ἔχετε**

30 Imp. **30 μέχρι** V. 8. **ἤγγισεν** Aor. ἐγγίζω. **παρα-βολευσάμενος** Aor. Ptz. -βολεύομαι *sich in Gefahr begeben* τινί *mit etwas, etwas aufs Spiel setzen;* kaus. od. mod. **ψυχή** *Leben.* **ἀνα-πληρώσῃ** Aor. Konj. -πληρόω *vollständig machen, vervollständigen; ersetzen, ergänzen.* **ὑμῶν** gen. subi.

(A158). **ὑστέρημα**[3] *Mangel, Fehlendes.* **λειτουργία** *Dienst, Dienst-leistung* (bezogen auf Spende u. Unterstützung für Paulus), gen. obi. (A158); τὸ ὑμῶν ὑστέρημα τῆς πρός με λειτουργίας *das, was euch mangelte beim Dienst für mich* (H-S §172).

χαίρετε Imp. **ἐν κυρίῳ** *im Herrn,* d.h. in Gemeinschaft mit ihm od. über ihn od. mit einer Freude, die von ihm gewirkt wird. **τὰ αὐτά** *dasselbe.* **γράφειν** Inf. **ὀκνηρός** *zögernd, träge, bedenklich; peinlich, lästig;* ἐμοὶ οὐκ ὀκνηρόν *mir ist es nicht lästig.* **ἀ-σφαλής**[7] *fest; zuverlässig; sicher;* Ntr. Sg. subst. als Abstraktum (H-S §137c); ὑμῖν (erg. ἐστιν) ἀσφαλές *euch verleiht es Festigkeit* (Menge). **2 βλέπετε** Imp., hier *sich hüten vor* (B 6). **κύων** κυνός ὁ *Hund.* **ἐργάτης**[1] *Arbeiter.* **κατα-τομή** (< τέμνω *schneiden*) *Zerschneidung, Zerstückelung* (Wortspiel im Ggs. zu περιτομή, BDR §488[4]). **3 περι-τομή** (< τέμνω *schneiden*) *Beschneidung;* Metonymie, Abstraktum für das Konkrete (A381f): *(wahrhaft) Beschnittener.* **λατρεύοντες** Ptz. λατρεύω *dienen* (auf den Gottesdienst bezogen); subst.; App. (H-S §129b; A303). **καυχώμενοι** Ptz. καυχάομαι *sich rühmen;* subst.; App. (A70). **πε-ποιθότες** Pf. (m. präs. Bdtg.) Ptz. πείθω, Pf. *vertrauen auf, Zuversicht haben;* subst.; App. **ἐν σαρκί** hier *auf äußerliche/menschliche Vorzüge* (GN). **4 καί-περ** *obgleich, obwohl* (m. Ptz., A291,4). **ἐγώ** betont (A122). **ἔχων** Ptz., konz. **πεποίθησις**[8] *Vertrauen, Zuversicht;* hier *Grund, sein Vertrauen zu setzen auf.* **δοκεῖ** hier *er meint, er könne.* **πε-ποιθέναι** Pf. Inf. ἐγὼ μᾶλλον *ich könnte es noch mehr.* **5 ὀκτα-ήμερος**[11] *achttägig;* περι-τομῇ ὀκταήμερος (dat. resp., A178) in bezug auf die Beschneidung *achttägig = am achten Tag beschnitten* (BDR §197[3]). **γένος**[7] *Geschlecht; Volk;* ἐκ γένους Ἰσραήλ *(ich gehöre)* zum Volk Israel. **φυλή** *Stamm.* **Βενιαμίν** indekl. *Benjamin,* israelitischer Stamm. **Ἑβραῖος ἐξ Ἑβραίων** *(ich bin)* ein Hebräer von Hebräern, d.h. ein Hebräer reinster Abstammung (GN). **κατὰ νόμον** hier *was das Gesetz* (d.h. meine Stellung dazu) *angeht.* **6 ζῆλος**[7] *Eifer.* **διώκων** Ptz., subst.; Präs. hier vorzeitig (A285). **ἐν νόμῳ** *im Gesetz (gefordert).* **γενόμενος** Aor. Ptz. γίνομαι, subst. **ἄ-μεμπτος**[11] (< μέμφομαι *tadeln*) *untadelig.* **7 ἅ-τινα** *was auch immer; alles, was.* **ἦν** Ipf. εἰμί. **κέρδος**[7] *Gewinn.* **ἥγημαι** Pf. ἡγέομαι *führen, leiten; meinen, glauben, halten für,* m. doppeltem Akk. (H-S §153b); Pf. *ich habe es als ... erkannt* (u. halte es seither dafür). **ζημία** *Schaden, Verlust.* **8 μεν-οῦν-γε** *ja freilich, ja vielmehr; wahrlich* (BDR §441,6); steigernd, worauf auch das Präs. ἡγοῦμαι u. πάντα hinweisen. **εἶναι** Inf. εἰμί, Präd. des AcI, v. ἡγοῦμαι abhängig. **ὑπερ-έχον** Ptz. -έχω *hervorragen; übertreffen;* subst. Ptz. wie ein Abstraktum gebraucht (BDR §413[8]) *Unüberbietbarkeit;* τὸ ὑπερέχον τῆς γνώσεως *die unüberbietbar große Erkenntnis* (B 2c). **γνῶσις**[8] *Erkenntnis.* **ἐ-ζημιώθην** Aor. Pass. ζημιόω *Schaden zufügen;* Pass. *Schaden erleiden, einbüßen, verlieren.*

σκύβαλον *Abfall, Kehricht, Dreck, Kot.* **κερδήσω** Aor. Konj.
9 κερδαίνω[125] *gewinnen.* **9 εὑρεθῶ** Aor. Konj. Pass. εὑρίσκω. **ἔχων** Ptz.,
mod. od. subst.; καὶ εὑρεθῶ ἐν αὐτῷ, μὴ ἔχων mod.: *und ich in ihm*
befunden werde, wobei ich nicht ... habe od. subst. als Präd.-Nom.: *und ich in ihm*
(d.h. dank meiner Verbindung mit ihm) *als einer befunden werde, der (ich) nicht*
10 ... habe. **ἐπί** m. Dat. *auf Grund.* **10 γνῶναι** Aor. Inf. γινώσκω; τοῦ
γνῶναι fin. (H-S §225b) *um zu erkennen;* viell. App. zum ἵνα-NS V. 8f.
κοινωνία (< κοινωνός *Genosse, Teilhaber*) *Gemeinschaft (mit); Betei-*
ligung, (das) Teilhaben (an), m. Gen. **πάθημα**[3] (< πάσχω) *Leid, Leiden.*
συμ-μορφιζόμενος Ptz. Pass. -μορφίζω *gleich gestalten, ähnlich machen;*
mod. **τῷ θανάτῳ αὐτοῦ** *seinem Tod,* d.h. ihm in bezug auf seinen Tod.
11 **11 εἴ πως** *ob etwa, ob vielleicht;* εἴ πως καταντήσω εἰς *(in der Hoff-*
nung/in dem Bestreben) zur ... zu gelangen (BDR §375[4]; A332). **κατ-αντήσω**
Aor. Konj. -αντάω *hinkommen; gelangen zu.* **ἐξ-ανά-στασις**[8] =
ἀνάστασις *Auferweckung.*
12 **12 οὐχ ὅτι** ellip. für οὐ λέγω ὅτι (BDR §480[6]). **ἔ-λαβον** Aor.
λαμβάνω hier wohl *ergreifen, erlangen* (B 1g: *in sich aufnehmen* [näml. Chri-
stus]; aber eher auf das eschatologische Ziel bezogen [s. V. 11]); erg. etwa *das*
alles. [Var. δε-δικαίωμαι Pf. Pass. δικαιόω *rechtfertigen, freisprechen, für*
gerecht erklären, gerecht machen.] **τε-τελείωμαι** Pf. Pass. τελειόω
(< τέλειος *vollendet, vollkommen*) *vollenden, beenden;* Pass. *vollendet werden,*
zur Vollendung bzw. Vollkommenheit kommen, ans Ziel gelangen. **εἰ** = εἴ πως
V. 11. **κατα-λάβω** Aor. Konj. -λαμβάνω[152] *ergreifen, gewinnen.* **ἐφ᾿ ᾧ** =
ἐπὶ τούτῳ ὅτι *weil* (B ἐπί II1bγ); viell. Rel.-Pron. fin. = τοῦτο ἐφ᾿ ᾧ *das,*
13 *wozu* (vgl. ZG). **κατ-ε-λήμφθην** Aor. Pass. κατα-λαμβάνω. **13 ἐγώ**
betont (A122). **ἐμαυτόν**[14] Refl.-Pron. 1. Sg. Akk. (Subj. des AcI) *ich (selbst).*
[Var. οὔπω *noch nicht.*] **λογίζομαι** hier *meinen.* **κατ-ειληφέναι** Pf.
Inf. κατα-λαμβάνω. **ἓν δέ** erg. *tue ich* (BDR §481[1]). **ὀπίσω** *hinten;* τὰ
ὀπίσω ... τοῖς ἔμπροσθεν *das, was hinter mir liegt ... nach dem, was vor mir*
liegt (A105). **ἐπι-λανθανόμενος** Ptz. -λανθάνομαι *vergessen;* mod.
ἐπ-εκ-τεινόμενος Ptz. -τείνομαι *sich ausstrecken nach;* mod.
14 **14 σκοπός** (< σκοπέω V. 17) *Ziel;* κατὰ σκοπὸν διώκω *ich laufe auf*
das Ziel zu. **βραβεῖον** *Kampfpreis, Siegespreis.* **ἄνω** *oben; himmlisch.* **κλῆ-**
σις[8] *Berufung, Einladung;* τῆς ... κλήσεως wohl gen. epexegeticus (A163),
15 der Kampfpreis besteht in der himml. Berufung. **15 τέλειος** (< τέλος)
vollendet, vollkommen; ὅσοι οὖν τέλειοι (Vok.) *alle nun, die (ihr) vollkom-*
men seid/sein wollt; wohl ironisch: *wie weit (ihr) nun vollkommen seid; alle, die*
(ihr euch) für Vollkommene haltet (GN). **φρονῶμεν** Konj. φρονέω *denken,*
urteilen; den Sinn richten auf, bedacht sein auf, m. flgd. Akk.; adhortativer Konj.
(A254). **ἑτέρως** *auf andere Weise, anders;* εἴ τι ἑτέρως φρονεῖτε *wenn ihr*
anderer Meinung seid (GN). **καί** (zweites) hier kons. (A311,2) *so.* **ἀπο-**

καλύψει Fut. -καλύπτω⁵⁴ *offenbaren.* **16 πλήν** *nur* (hebt das Wesentl. 16 hervor, BDR §449,2). **ἐ-φθάσαμεν** Aor. φθάνω¹⁴³ *zuvorkommen; gelangen zu, erreichen;* εἰς ὃ ἐφθάσαμεν *wozu wir gelangt sind, was wir erreicht haben.* **στοιχεῖν** Inf. στοιχέω *in einer Reihe gehen; übereinstimmen, in Übereinstimmung bleiben* (ThWNT 7, S. 668); Inf. imp. (H-S §218d) bzw. adhortativ (vgl. A254) *laßt uns in Übereinstimmung bleiben.*

17 συμ-μιμητής¹ *(Mit-)Nachahmer* (d.h. zusammen mit anderen). 17 **γίνεσθε** Imp. γίνομαι. **σκοπεῖτε** Imp. σκοπέω *spähen; achten auf.* **οὕτω** = οὕτως. **περι-πατοῦντας** Ptz. -πατέω, subst. **τύπος** *sichtbarer Eindruck; Abbild; Vorbild, Typus;* ἔχετε τύπον ἡμᾶς *ihr habt uns zum Vorbild* (BDR §157¹). **18 πολλάκις** *vielmals, oft.* **ἔ-λεγον** Ipf. (iter., 18 A237) λέγω. **κλαίων** Ptz. κλαίω *weinen; mod. mit/unter Tränen.* **ἐχθρός** *Feind;* τοὺς ἐχθρούς (statt οἱ ἐχθροί) Attraktion an den Kasus des Rel.-Pron. (BDR §295²): *viele leben ... als die Feinde.* **σταυρός** *Kreuz* (= Jesu Erlösungswerk am Kreuz). **19 ἀπ-ώλεια** (< ἀπ-όλλυμι) *Verderben, Un-* 19 *tergang.* **κοιλία** *Bauch* (d.h. wohl ihre eigenen Interessen). **αἰσχύνη** *Schamgefühl; Schande.* **ἐπί-γειος**¹¹ *irdisch.* **φρονοῦντες** Ptz. φρονέω V. 15, subst.; App. (A70) zu πολλοί (V. 18). **20 πολίτευμα**³ *Bürgerrecht;* 20 *Gemeinwesen, Staat* (zu dem man als Bürger gehört), *Heimat* (ThWNT 6, S. 535). **ἐξ οὗ** nach dem Sinn konstruiert (statt ἐξ ὧν) (BDR §296,2; vgl. A96). **σωτήρ**⁶ ῆρος ὁ (vgl. σῴζω) *Retter, Befreier* (im NT stets v. Christus bzw. Gott als demjenigen, der Heil verleiht). **ἀπ-εκ-δέχομαι** *erwarten.* **21 μετα-σχηματίσει** Fut. -σχηματίζω (vgl. A33⁹¹ᶠᶠ) *umgestalten, ver-* 21 *wandeln.* **ταπείνωσις**⁸ *Erniedrigung; Niedrigkeit;* gen. qualitatis (A160) wie δόξης. **σύμ-μορφος**¹¹ *dieselbe Gestalt habend, gleichgestaltet,* m. Dat. **ἐν-έργεια** *Wirksamkeit, Kraft.* **δύνασθαι** Inf. δύναμαι, Präd. des AcI; κατὰ τὴν ἐνέργειαν τοῦ δύνασθαι αὐτὸν καὶ ὑποτάξαι αὐτῷ (= ἑαυτῷ, A126) τὰ πάντα *entsprechend der Kraft, mit der er sich auch alles/das All unterwerfen kann* od. epexegetisch (A281) *entsprechend der Kraft, (nämlich) seiner Fähigkeit, sich auch das All zu unterwerfen.* **ὑπο-τάξαι** Aor. Inf. -τάσσω⁷⁹ *unterwerfen.* **τὰ πάντα** *alles, das All* (B 2bβ).

ἐπι-πόθητος¹¹ *ersehnt.* **στέφανος** *Kranz, Siegeskranz.* **στήκετε** **4** Imp. στήκω (< ἕστηκα²⁰⁵) *stehen; feststehen.* **2 Εὐοδία** *Evodia,* **Συν-** 2 **τύχη** *Syntyche,* zwei Mitarbeiterinnen v. Paulus. **φρονεῖν** Inf. φρονέω *denken, urteilen; den Sinn richten auf, bedacht sein auf;* subst. als Obj. (A280); τὸ αὐτὸ φρονεῖν *einmütig zu sein, eines Sinnes zu sein.* **3 ναί** *ja; ja, in der Tat* 3 (B 3). **γνήσιος** *echt, recht, lauter.* **σύ-ζυγος** *Gefährte;* hier viell. Eigenname (γνήσιε Σύζυγε *echter Syzygus;* GN: *mein Syzygus, du machst deinem Namen Ehre).* **συλ-λαμβάνου** Imp. Med. -λαμβάνω *ergreifen, fassen;* Med. *beistehen, helfen, sich annehmen.* **ἐν τῷ εὐαγγελίῳ** *für das Evangelium* (d.h. bei seiner Verbreitung). **συν-ήθλησαν** Aor. -αθλέω *zusam-*

men streiten/kämpfen. **καί** (erstes) pleon. (BDR §442,7). **Κλήμης**[5] εντος
Klemens, Mitarbeiter v. Paulus. **συν-εργός** *Mitarbeiter.* **βίβλος** ἡ
(= βύβλος Papyrus) *Buch* (auch ohne Art. best., A106a); erg. *stehen.*

4 **4 χαίρετε** Imp. **ἐν κυρίῳ** wohl *in (Gemeinschaft mit) dem Herrn.* **ἐρῶ**
5 Fut. λέγω; mod. Fut. (H-S §202b; A247a) *ich will (es) sagen.* **5 ἐπι-εικής**[7]
gütig, mild, nachgiebig; Ntr. subst. *Güte, Milde.* **γνωσθήτω** Aor. Imp. Pass.
6 3. Sg. γινώσκω. **ἐγγύς** Adv. *nahe.* **6 μεριμνᾶτε** Imp. μεριμνάω *sor-
gen, sich Sorgen machen (wegen).* **ἐν παντί** *in jeder Lage, bei jeder Gelegenheit*
(B πᾶς 2αβ). **προσ-ευχή** *Gebet;* dat. instr. (A176). **δέησις**[8] *Bitte, Gebet;*
dat. instr. (A176). **εὐ-χαριστία** *Dankbarkeit; Danksagung, Dank.* **αἴτη-
μα**[3] *Bitte, Anliegen* (das, worum man bittet). **γνωριζέσθω** Imp. Pass. 3. Sg.
γνωρίζω *bekanntmachen, mitteilen;* hier πρός m. Akk. statt Dat. (vgl. BDR
7 §187,2). **7 ὑπερ-έχουσα** Ptz. Fem. -έχω *überragen; übertreffen, übersteigen;*
attr. **νοῦς** (νοός νοῖ νοῦν) *Verstand, Vernunft.* **φρουρήσει** Fut. φρου-
8 ρέω *bewachen; bewahren, beschützen.* **νόημα**[3] *Gedanke, Sinn.* **8 ἀληθής**[7]
wahr, wahrheitsgemäß; wirklich, echt. **σεμνός** *ehrwürdig; ehrbar, edel.* **ἁγνός**
heilig, rein (rituell od. ethisch). **προσ-φιλής**[7] *angenehm, wohlgefällig, liebens-
wert.* **εὔ-φημος**[11] *(zu Recht) einen guten Ruf genießend; glückverheißend,
wohllautend, löblich.* **ἀρετή** *Tugend.* **ἔπ-αινος** *Lob, Anerkennung;* hier
9 *(das) Lobenswerte* (B 2). **λογίζεσθε** Imp. λογίζομαι. **9 ἐ-μάθετε** Aor.
μανθάνω[157] *lernen.* **παρ-ε-λάβετε** Aor. παρα-λαμβάνω. **ἠκούσατε**
Aor. ἀκούω. **πράσσετε** Imp. πράσσω *tun, vollbringen.* **ὁ θεὸς τῆς
εἰρήνης** *der Gott des Friedens,* d.h. Gott als der Urheber des in V. 7 genann-
ten Friedens. **ἔσται** Fut. εἰμί.

10 **10 ἐ-χάρην** Aor. Pass. (m. Akt.-Bdtg.) χαίρω. **μεγάλως** *groß;* hier
sehr, herzlich. **ἤδη ποτέ** *endlich einmal; einmal wieder.* **ἀν-ε-θάλετε** Aor.
ἀνα-θάλλω (vgl. A33[110ff]) intr. *wieder aufblühen;* kausativ: *wieder aufblühen
lassen.* **φρονεῖν** V. 2; τὸ ὑπὲρ ἐμοῦ φρονεῖν *die Fürsorge für mich.* **ἐφ᾽
ᾧ** = ἐπὶ τούτῳ ὅτι *denn* (vgl. 3,12; B ἐπί II1bγ). **ἐ-φρονεῖτε** Ipf. V. 2
(dur. od. iter.) *denken* (im Sinn der Fürsorge). **ἠ-καιρεῖσθε** Ipf.
11 ἀ-καιρέομαι *keine Zeit/Gelegenheit haben.* **11 ὑστέρησις**[8] *Mangel,
Bedürftigkeit, Not.* **κατά** hier kaus. *auf Grund von Mangel, weil ich Mangel*
leide (B II5αδ). **ἔ-μαθον** Aor. μανθάνω V. 9. **ἐν οἷς εἰμι** *in der
Lage/Situation, in der ich mich befinde* (B εἰμί III4). **αὐτ-άρκης**[7] *genügsam;*
αὐτάρκης εἶναι *sich genügen lassen, zufrieden sein.* **εἶναι** Inf. εἰμί.
12 **12 ταπεινοῦσθαι** Inf. Pass. ταπεινόω *erniedrigen, niedrig machen;* Pass.
hier *arm sein, in Entbehrung leben, sich einschränken* (ThWNT 8, S. 18).
περισσεύειν Inf. περισσεύω intr. *überschießen; reich sein, Überfluß haben.*
ἐν παντὶ καὶ ἐν πᾶσιν *in alles und jedes.* **με-μύημαι** Pf. Pass. μυέω
einweihen; übers. als Zustands-Pass. *bin eingeweiht/vertraut* (A242).
χορτάζεσθαι Inf. Pass. χορτάζω *sättigen;* Pass. *satt sein, satt werden.*

πεινᾶν Inf. πεινάω *hungern.* ὑστερεῖσθαι Inf. Pass. ὑστερέω Akt./Pass. *Mangel leiden, entbehren.* **13** ἰσχύω *stark sein; vermögen, können.* 13 ἐν-δυναμοῦντι Ptz. -δυναμόω *stark machen; subst.* **14** πλήν *aber;* 14 *jedenfalls* (BDR §449,2). καλῶς *schön, gut.* ἐ-ποιήσατε Aor. ποιέω. συγ-κοινωνήσαντες Aor. Ptz. -κοινωνέω *(zusammen) Anteil nehmen;* präd. bei Verben des modifizierten Seins u. Tuns (A301; H-S §234c); καλῶς ἐποιήσατε συγκοινήσαντες *ihr habt gut/wohl daran getan, Anteil zu nehmen.* **15** Φιλιππήσιος *Philipper,* Bewohner v. Philippi. ἐν ἀρχῇ τοῦ 15 εὐαγγελίου *am Anfang des Evangeliums,* d.h. am Anfang, als es euch verkündigt wurde. ἐξ-ῆλθον Aor. -έρχομαι. Μακεδονία *Mazedonien,* röm. Provinz. ἐ-κοινώνησεν Aor. κοινωνέω *Anteil haben, erhalten* od. *nehmen; Anteil nehmen lassen* od. *gewähren, beteiligen* εἰς *an.* λόγος hier *Rechnung, Abrechnung* (B 2[a]β). δόσις[8] *Gabe; (das) Geben, Ausgabe.* λῆμ-ψις[8] *(das) Nehmen, Einnahme;* εἰς λόγον δόσεως καὶ λήμψεως *in/an der Abrechnung von Geben und Nehmen, im/am (gegenseitigen) Geben und Nehmen.* εἰ μή *außer* (A351). **16** Θεσσαλονίκη *Thessalonich,* Stadt in Mazedo- 16 nien. ἅπαξ[19] *einmal.* δίς[19] *zweimal;* καὶ ἅπαξ καὶ δίς *das eine und das andere Mal, wiederholt* (B ἅπαξ 1). ἐ-πέμψατε Aor. πέμπω, erg. τι. **17** οὐχ ὅτι ellip. für οὐ λέγω ὅτι (BDR §480[6]). ἐπι-ζητέω *suchen;* 17 *erstreben, verlangen.* δόμα[3] *Gabe.* καρπός hier wohl der (aus dem Geben erwachsende) *Erfolg, Gewinn* (B 2b). πλεονάζοντα Ptz. πλεονάζω *viel sein, viel werden, sich mehren;* attr. λόγος V. 15; ἐπιζητῶ τὸν καρπὸν τὸν πλεονάζοντα εἰς λόγον ὑμῶν *es geht mir um den Gewinn, der sich zu euren Gunsten bei der Abrechnung mehrt* (im Bild wohl die Zinsen). **18** ἀπ-έχω 18 *empfangen haben* (term. tech. für das Quittieren einer Zahlung). περισ-σεύω V. 12. πε-πλήρωμαι Pf. Pass. πληρόω, hier *ich habe die Fülle, mir sind die Hände gefüllt* (B 1b), *ich bin völlig versorgt.* δεξάμενος Aor. Ptz. δέχομαι, temp. od. kaus. Ἐπαφρόδιτος 2,25. τὰ παρ' ὑμῶν *eure Gabe* (B παρά 4bα). ὀσμή *Duft, Geruch.* εὐ-ωδία *Wohlgeruch;* ὀσμὴ εὐωδίας gen. qualitatis (A160) *wohlriechender Duft* (term. tech. der atl. Opfersprache [LXX], ebenso das flgd. Wortpaar). θυσία *(das) Opfern; Opfer.* δεκτός *angenehm, willkommen.* εὐ-άρεστος[11] *wohlgefällig, angenehm.* **19** πληρώσει Fut. πληρόω; πληρόω τὴν χρείαν τινός *jmds. Bedarf* 19 *decken* (B χρεία 2a), *jmdn. mit dem versorgen, was er braucht.* πλοῦτος *Reichtum.* ἐν δόξῃ mod. zu πληρώσει od. Attr. zu πλοῦτος. **20** δόξα 20 erg. εἴη (Opt. v. εἰμί) *Ehre sei.*

 21 ἀσπάσασθε Aor. Imp. ἀσπάζομαι. **22** μάλιστα (Superlativ 21f zu μᾶλλον) *(ganz) besonders* (elativisch, vgl. A119). Καῖσαρ[6] αρος *Kaiser* (zum Teil eigennamenartig gebraucht, BDR §254,3). ἐκ bez. die Zugehörigkeit οἱ ἐκ τῆς Καίσαρος οἰκίας *die zum Haus des Kaisers gehören* (H-S §183c), d.h. die in seinem Dienst stehen. **23** χάρις erg. εἴη (Opt. v. εἰμί) *Gnade sei.* 23

Kolosser

1 **διὰ θελήματος θεοῦ** (auch ohne Art. best., A106a+d) Attr. zu
2 **ἀπόστολος**. **Τιμόθεος** *Timotheus*, Begleiter v. Paulus. **2 Κολοσσαί**
Kolossä, Stadt in der röm. Provinz Asia. **τοῖς ἁγίοις** subst., Anrede der
Glaubenden; erg. **ἐπιστέλλομεν** *schreiben*, m. flgd. Dat. des Adressaten
(A376a). **πιστός** *zuverlässig, treu; glaubend, gläubig* (B 2); nur ein Art. für
ἁγίοις u. **ἀδελφοῖς** (vgl. H-S §131c). **χάρις** erg. **εἴη** (Opt. v. **εἰμί**) *sei*
(BDR §128[8]), christl. Form des griech. Briefgrußes **χαίρειν**, kombiniert m.
dem hebr. Gruß **שָׁלוֹם** *šālôm* = **εἰρήνη**.

3 **3 εὐ-χαριστέω** *dankbar sein; Dank sagen, danken*. **πάντοτε** wohl zu
εὐχαριστοῦμεν zu ziehen. **προσ-ευχόμενοι** Ptz. **-εύχομαι**, temp.
4 *wenn wir beten*. **4 ἀκούσαντες** Aor. Ptz. **ἀκούω**, temp. od. kaus. *seit/weil*
5 *wir gehört haben (von)*. **εἰς** *zu, gegenüber*. **5 ἐλπίς** hier *Hoffnung*, bes. das,
was erhofft wird (B 4: *Hoffnungsgut*); wohl kaus. zu **πίστιν** u. **ἀγάπην**.
ἀπο-κειμένην Ptz. **-κειμαι** (A32) *bereitliegen, aufbewahrt sein (für)*, m.
Dat.; attr. **προ-ηκούσατε** Aor. **-ακούω**[2] *zuvor/früher hören*, d.h. wohl beim
erstmaligen Hören des Evangeliums. **ὁ λόγος τῆς ἀληθείας** wohl gen.
qualitatis (A160) *das wahrhaftige/zuverlässige Wort;* evtl. gen. obi. (A158) *das
Wort von der Wahrheit*. **τοῦ εὐαγγελίου** gen. epexegeticus (A163) od. gen.
6 obi. (A158), wenn **ἀληθείας** gen. qualitatis ist. **6 παρ-όντος** Ptz. **πάρ-**
ειμι (A32) *dabeisein, anwesend sein; gekommen sein* **εἰς** *zu* (B 1b); attr.
καρπο-φορούμενον Ptz. Med. **-φορέω** *Frucht tragen, Frucht bringen;*
Med. gleiche Bdtg. od. *aus sich heraus Frucht tragen* (B 2); umschrieb. Präs.
(A249) od. mod. (**ἐστίν** [vorhanden/verbreitet] ist). **αὐξανόμενον** Ptz.
Pass. **αὐξάνω** *vermehren, wachsen lassen;* Pass. *wachsen, zunehmen;* umschrieb.
Präs. (A249) od. mod. **ἀφ᾽ ἧς ἡμέρας** für **ἀπὸ τῆς ἡμέρας ἧ** Attraktion
des Rel.-Pron. (H-S §289e; A361) *von dem Tag an, als; seit dem Tag, an dem*.
ἠκούσατε Aor. **ἀκούω**; Obj. wohl **εὐαγγέλιον** (V. 5). **ἐπ-έ-γνωτε**
Aor. **ἐπι-γινώσκω**. **ἐν ἀληθείᾳ** *wirklich* (B **ἀλήθεια** 3), Mod. zu
7 **ἐπέγνωτε**. **7 ἐ-μάθετε** Aor. **μανθάνω**[157] *lernen*. **Ἐπαφρᾶς**[1] ᾶ *Epa-*
phras, wohl Gründer der Gemeinde in Kolossä. **σύν-δουλος** *Mitsklave, Mit-*
knecht. **ὑπὲρ ὑμῶν** *für euch;* aber wohl Var. **ὑπὲρ ἡμῶν** ursprüngl. *für uns,*
8 *an unserer Stelle/Statt*. **διάκονος** *Diener*. **8 δηλώσας** Aor. Ptz. **δηλόω**[19]
offenbar machen, kundtun; hier *berichten (von);* attr. **τὴν ὑμῶν ἀγάπην**
ἐν πνεύματι *eure durch den Geist (bewirkte) Liebe* (H-S §136a, ohne Wie-
derholung des Art.).

9 **9 διὰ τοῦτο** *darum, deshalb*. **καί** (erstes) *auch*, wohl zu οὐ
παύομαι zu ziehen. **ἀφ᾽ ἧς ἡμέρας** V. 6. **ἠκούσαμεν** V. 6. **παυ-**
όμεθα Med. **παύω** *aufhören machen;* Med. *aufhören*. **προσ-**

εὐχόμενοι V. 3, präd. bei Verben des modifizierten Seins u. Tuns (A301); οὐ παυόμεθα ... προσευχόμενοι *wir beten unaufhörlich, wir hören nicht auf zu beten.* **αἰτούμενοι** Ptz. Med. αἰτέω, präd. bei Verben des modifizierten Seins u. Tuns (A301); προσευχόμενοι καὶ αἰτούμενοι viell. Hendiadyoin (A378) *im Gebet zu bitten* (ZG). **ἵνα** hier *daß* (A328; bez. das Erbetene). **πληρωθῆτε** Aor. Konj. Pass. πληρόω, m. Akk. (statt Gen.) der Sache (Septuagintismus, BDR §159[1]) *ihr werdet erfüllt mit.* **ἐπί-γνωσις**[8] *Erkenntnis.* **ἐν** instr. *durch*, evtl. *samt.* **σύν-εσις**[8] (< συνίημι *verstehen*) *Auffassungsgabe; Einsicht, Verständnis.* **πνευματικός** *den Geist betreffend, geistlich* od. *geistgewirkt* (im Ggs. zur Weisheit der Irrlehrer); wohl zu beiden Subst. gehörig. **10 περι-πατῆσαι** Aor. Inf. -πατέω. **ἀξίως** einer Sache/Person *würdig, angemessen, in einer Weise, die* ihr *entspricht*, m. gen. pretii (A161). **ἀρεσκεία** *Wohlgefallen, (das) Streben zu gefallen;* εἰς πᾶσαν ἀρεσκείαν *um (ihm) in jeder Hinsicht zu gefallen.* **ἐν παντὶ ἔργῳ ἀγαθῷ** *durch jede/in jeder Art von* (vgl. B πᾶς 1aβ) *gutem Werk.* **καρπο-φοροῦντες** Ptz. V. 6, mod. **αὐξανόμενοι** V. 6, Ptz. mod. **τῇ ἐπιγνώσει** *in bezug auf* (dat. resp., A178) od. *durch die Erkenntnis* (dat. causae, A177). **τοῦ θεοῦ** wohl gen. obi. (A158). **11 δυναμούμενοι** Ptz. Pass. δυναμόω *stärken;* mod. od. kaus.; ἐν πάσῃ δυνάμει δυναμούμενοι *indem* od. *da ihr mit aller Kraft gestärkt/ausgerüstet werdet.* **κράτος**[7] *Kraft, Macht, Stärke;* κατὰ τὸ κράτος τῆς δόξης αὐτοῦ gen. poss. (A154): *entsprechend der Macht seiner Herrlichkeit* (d.h. der Macht, die seinem Wesen eigen ist) od. viell. gen. qualitatis (A160): *entsprechend seiner herrlichen Macht.* **ὑπο-μονή** *Ausharren, Geduld, Ausdauer, Standhaftigkeit.* **μακρο-θυμία** *Geduld, Ausdauer; Langmut;* εἰς πᾶσαν ὑπομονὴν καὶ μακροθυμίαν *damit ihr in jeder Lage standhaft und geduldig seid.*

12 εὐ-χαριστοῦντες Ptz. -χαριστέω V. 3, imp. (BDR §468[5]) od. mod. (an V. 9-11 anschließend). [Var. ἅμα *zugleich, gleichzeitig.*] **ἱκανώσαντι** Aor. Ptz. ἱκανόω *fähig machen, bevollmächtigen;* attr. **εἰς** *zu.* **μερίς**[3] ἴδος ἡ *Teil, Anteil* (B 2). **κλῆρος** *Los; (das) Verloste, Anteil, Erbteil, Erbe;* μερὶς τοῦ κλήρου *Anteil am Erbe* (gen. partitivus, A164). **φῶς** *Licht*, hier Bereich, der v. Gott best. ist. **13 ἐρ-ρύσατο** Aor. ῥύομαι[8] *(er)retten, befreien.* **ἐξ-ουσία** hier *Machtbereich.* **σκότος**[7] *Dunkelheit; Finsternis* (Bereich des Gottfeindlichen). **μετ-έ-στησεν** Aor. μεθ-ίστημι[204] *(an eine andere Stelle) versetzen.* **τῆς ἀγάπης** wohl gen. qualitatis (A160) *geliebter.* **14 ἀπο-λύτρωσις**[8] *Erlösung, Loskauf, Freikauf* (aus Sklaverei). **ἄφ-εσις**[8] (< ἀφίημι) *Vergebung;* App. (A70). **15 εἰκών**[4] όνος ἡ *Bild; Abbild, Ebenbild.* **ἀ-όρατος**[11] *unsichtbar.* **πρωτό-τοκος**[11] (< τίκτω *gebären*) *erstgeboren;* subst. *Erstgeborener* (sein Vorrang wird betont). **κτίσις**[8] *Schöpfung, (das) Geschaffene;* wohl gen. comparationis (A168) (der *über* allem Geschaffenen steht) od. zeitl. (der *vor* allem Geschaffenen da war). **16 ἐν**

αὐτῷ bez. hier wohl persönl. Tätigkeit Christi (BDR §219[1]) *durch ihn, von ihm.* ἐ-κτίσθη Aor. Pass. κτίζω[103] *(er)schaffen.* ὁρατός *sichtbar.* εἴτε ... εἴτε *ob ... oder;* hier *seien es ... oder.* θρόνος *Thron;* übertr. *Herrschaft.* κυριότης[3] ητος ἡ *Herrschaft, Herrschergewalt;* konkret: *Herrscher.* ἀρχή hier *Herrschaft, Macht.* εἰς αὐτόν *auf ihn hin* (als Ziel) bzw. *für ihn* (zu seiner Verherrlichung). ἔ-κτισται Pf. Pass. (A242) *sie sind geschaffen* (u. existieren

17 jetzt). **17** αὐτός (auch zweimal V. 18) Subj. wird betont (A124). πρό zeitl. *vor* od. rangmäßig *über.* ἐν αὐτῷ vgl. V. 16. συν-έ-στηκεν Pf. -ίσταμαι[205], Pf. *zusammenstehen mit; seinen Bestand haben, existieren* (B II3).

18 **18** ἐκκλησίας gen. epexegeticus (A163). πρωτότοκος (V. 15) ἐκ τῶν νεκρῶν *der Erstgeborene von den Toten,* d.h. der erste, der gestorben u. zu unvergängl. Leben auferstanden ist u. somit den Vorrang hat (Harris, Kol, S. 48). γένηται Aor. Konj. Med. γίνομαι. πᾶσιν Ntr. πρωτεύων Ptz. πρωτεύω *der Erste sein, den ersten Platz einnehmen;* umschrieb. Konjugation

19 (A249). **19** εὐ-δόκησεν Aor. -δοκέω *zufrieden sein (mit), Wohlgefallen haben (an);* m. Inf. *für gut halten, beschließen, wollen.* πλήρωμα[3] *Fülle, volles Maß* (B 3b); gemeint ist die göttl. Fülle in ihrer Gesamtheit als schöpferische Macht (vgl. 2,9); πλήρωμα ist entweder im Nom. Subj. v. εὐδόκησεν od. im Akk. Subj. des AcI; im letzteren Fall ist ὁ θεός als Subj. v. εὐδόκησεν zu erg. κατ-οικῆσαι Aor. Inf. -οικέω *wohnen;* evtl. Präd. eines AcI (vgl. zu

20 πλήρωμα). **20** ἀπο-κατ-αλλάξαι Aor. Inf. -αλλάσσω[74] *versöhnen.* εἰς αὐτόν V. 16 od. *mit sich.* εἰρηνο-ποιήσας Aor. Ptz. -ποιέω *Frieden stiften/schaffen;* mod. σταυρός *Kreuz* (als Metapher für den Tod Christi).

21 **21** ὑμᾶς Obj. zu ἀποκατήλλαξεν (V. 22). ποτέ[18] *einst.* ὄντας Ptz. εἰμί, konz. od. subst. ohne Art. (vgl. H-S §129b; A303f) als Objektsartangabe *(als solche, die ihr;* A65). ἀπ-ηλλοτριωμένους Pf. Ptz. Pass. -αλλοτριόομαι *entfremden;* umschrieb. Pf. (dur. Aspekt betont, A249; BDR §352[4]). ἐχθρός *Feind.* διά-νοια *Denkvermögen, Verstand; Denkart, Gesin-*

22 *nung;* dat. causae (A177), evtl. dat. resp. (A178). **22** νυνί[18] *nun, jetzt.* ἀπο-κατ-ήλλαξεν Aor. -αλλάσσω V. 20 [Var. 1 ἀπο-κατ-ηλλάγητε Aor. Pass.; Var. 2 ἀπο-κατ-αλλαγέντες Aor. Ptz. Pass.]. σαρκός gen. qualitatis (A160), meint hier den irdischen Zustand; τὸ σῶμα τῆς σαρκὸς αὐτοῦ *sein irdischer Leib, der Leib seiner menschlichen Bedingtheit* (B 5). διὰ τοῦ θανάτου *durch seinen Tod* (A103). παρα-στῆσαι Aor. Inf. παρ-ίστημι hier *darstellen, vorstellen, präsentieren; machen* (B 1c). ἄ-μωμος[11] *untadelig.* ἀν-έγ-κλητος[11] (< ἐγκαλέω anklagen) *unbescholten, unanklag-*

23 *bar.* κατ-ενώπιον *im Angesicht von, vor, in den Augen von.* **23** εἴ γε *wenn wirklich, (in)sofern* (B εἰ VI2). ἐπι-μένω m. Dat. *bleiben bei, verharren bei, treu bleiben.* τε-θεμελιωμένοι Pf. Ptz. Pass. θεμελιόω (< θεμέλιος Fundament) *gründen;* übertr. *befestigen;* mod. od. (gilt auch für ἑδραῖοι [ὄντες], viell. auch für μὴ μετακινούμενοι) präd. bei Verben des modifi-

zierten Seins u. Tuns (A301) zu ἐπιμένω (dann τῇ πίστει dat. resp., A178); εἴ γε ἐπιμένετε τῇ πίστει τεθεμελιωμένοι καὶ ἑδραῖοι καὶ μὴ μετακινούμενοι *sofern ihr weiter im Glauben festgegründet und beständig bleibt und euch nicht abbringen laßt.* ἑδραῖος *fest, beständig* (erg. wohl ὄντες, vgl. BDR §414; 418,6). μετα-κινούμενοι Ptz. Med. od. Pass. -κινέω *vom Platz rücken, versetzen;* Med. *sich entfernen, sich abwenden;* Pass. *sich abbringen lassen* (EWNT 2, Sp. 1020); mod. τοῦ εὐαγγελίου gen. pertinentiae (A152ff) von der *im Evangelium enthaltenen* Hoffnung. ἠκούσατε Aor. ἀκούω. κηρυχθέντος Aor. Ptz. Pass. Ntr. κηρύσσω, attr. κτίσις V. 15; ἐν πάσῃ κτίσει *in der ganzen Schöpfung/Welt* (nachklass. ohne Art., A86). ἐ-γενόμην Aor. Med. γίνομαι. διάκονος V. 7.

24 ἐν (erstes) *in(mitten), evtl. über* (B χαίρω 1). πάθημα³ (< πά- 24 σχω) *Leid, Leiden, Unglück.* ἀντ-ανα-πληρόω (*an Stelle* [von etwas/ jmdm.]) *auffüllen;* ἀνταναπληρῶ τὰ ὑστερήματα *das, was noch fehlt, ergänzen.* ὑστέρημα³ *Mangel, Fehlendes;* τὰ ὑστερήματα τῶν θλίψεων τοῦ Χριστοῦ *das, was an den Bedrängnissen/Leiden um Christi willen noch fehlt* (Schweizer, Kol, S. 85). ἐν τῇ σαρκί μου *in/an meinem Körper od. an meiner eigenen Person* (Harris, Kol, S. 66f). **25** ἐ-γενόμην V. 23. διάκο- 25 νος V. 7. οἰκο-νομία *Verwaltung, (Verwalter-)Amt.* τοῦ θεοῦ gen. auctoris (A153). δοθεῖσαν Aor. Ptz. Pass. Fem. δίδωμι, attr. εἰς ὑμᾶς zum Vorhergehenden: *für euch verliehenes Amt,* od. zum Folgenden: *um unter/bei euch.* πληρῶσαι Aor. Inf. πληρόω hier (das Wort, was seine Verbreitung angeht,) *zur Vollendung bringen, vollenden* (B 3). **26** μυστήριον *Geheimnis.* 26 ἀπο-κε-κρυμμένον Pf. Ptz. Pass. -κρύπτω⁵⁷ *verbergen, geheimhalten;* Pf. Pass. (A242) *verborgen sein, geheimgehalten werden;* attr. γενεά *Geschlecht; Generation;* ἀπὸ τῶν αἰώνων καὶ ἀπὸ τῶν γενεῶν *seit ewigen Zeiten und Generationen* (Schweizer, Kol, S. 81). ἐ-φανερώθη Aor. Pass. φανερόω. **27** ἠθέλησεν Aor. θέλω. γνωρίσαι Aor. Inf. γνωρίζω⁹⁸ *bekanntma-* 27 *chen, kundtun.* τί erg. ἐστίν *welches (ist).* πλοῦτος *Reichtum.* δόξης gen. obi. (A158) *an Herrlichkeit;* kaum gen. qualitatis (A160). ἐν τοῖς ἔθνεσιν *unter/bei den* (nichtjüdischen) *Völkern.* ἐν ὑμῖν *in euch* od. *bei/unter euch.* δόξης gen. obi. (A158) *auf Herrlichkeit.* **28** κατ-αγγέλλω *verkündigen.* 28 νου-θετοῦντες Ptz. νου-θετέω (< νοῦς Sinn + τίθημι) *ermahnen;* mod. διδάσκοντες Ptz. διδάσκω, mod. παρα-στήσωμεν Aor. Konj. παρ-ίστημι²⁰⁴ᶠ V. 22. τέλειος (< τέλος) *vollendet, vollkommen.* ἐν Χριστῷ wohl adv. zu τέλειον. **29** εἰς ὅ *zu welchem Zweck, dafür* (B εἰς 4f), bezieht 29 sich auf den vorhergehenden Satz. κοπιάω *müde werden;* hier *sich abmühen, sich bemühen.* ἀγωνιζόμενος Ptz. ἀγωνίζομαι *kämpfen;* übertr. *sich anstrengen, eifrig streben;* mod. ἐν-έργεια *Wirksamkeit, Kraft.* ἐν-εργουμέ-νην Ptz. Med. -εργέω Akt. u. Med. intr. *wirksam sein, sich wirksam zeigen;* attr. ἐν δυνάμει *mächtig, machtvoll* (B δύναμις 1).

2 εἰδέναι Pf. (m. präs. Bdtg.) Inf. οἶδα, Präd. des AcI. ἡλίκος[18] *wie groß;* ἡλίκον ἀγῶνα ἔχω *welch großen Kampf ich habe.* ἀγών[4] ῶνος ὁ *Wettkampf; Kampf; Anspannung, Einsatz.* Λαοδίκεια *Laodizea,* Stadt ca. 15 km westl. v. Kolossä. καὶ ὅσοι hier *und alle (anderen), die* (A376a). ἑόρακαν Pf. ὁράω; ἑόρακαν τὸ πρόσωπόν μου ἐν σαρκί *sie haben mich persönlich gesehen/kennengelernt* (vgl. B 1αγ) bzw. (Pf., A242) *sie kennen*
2 *mich persönlich.* **2** παρα-κληθῶσιν Aor. Konj. Pass. -καλέω. συμ-βιβασθέντες Aor. Ptz. Pass. -βιβάζω (vgl. A33[91ff]) *zusammenbringen, -halten, vereinen;* mod. od. kond. εἰς (erstes) *im Blick auf, auf … (hin ausgerichtet).* πλοῦτος *Reichtum.* πληρο-φορία *volle Überzeugung, Gewißheit;* viell. *Fülle;* πλοῦτος τῆς πληροφορίας (gen. obi., A158) τῆς συνέσεως (gen. subi., A158) *Reichtum an Gewißheit, wie sie die Einsicht bewirkt* (B) od. auch gen. obi. *Reichtum der Fülle an Einsicht.* σύν-εσις[8] (< συνίημι verstehen) *Auffassungsgabe, Urteilskraft; Einsicht, Verständnis.* ἐπί-γνωσις[8] *Er-*
3 *kenntnis.* μυστήριον *Geheimnis.* **3** θησαυρός *Schatz.* γνῶσις[8] *Er-*
4 *kenntnis.* ἀπό-κρυφος[11] *verborgen.* **4** παρα-λογίζηται Konj. -λογί-
5 ζομαι *betrügen, täuschen.* πιθανο-λογία *Überredungskunst.* **5** τῇ σαρκί dat. resp. (A178) *leiblich, körperlich.* ἄπ-ειμι *abwesend sein.* ἀλλά hier nach kond. NS: *so doch, wenigstens* (BDR §448[6]). τῷ πνεύματι dat. resp. (A178) *dem Geist nach.* χαίρων Ptz., mod. βλέπων Ptz., mod.; χαίρων καὶ βλέπων Hendiadyoin (A378; BDR §471,5) *indem ich mit Freuden sehe.* τάξις[8] *Reihenfolge; gute Ordnung, wohlgeordneter Zustand* (B 2). στερέωμα[3] *Festigkeit, Stärke.*
6 **6** παρ-ε-λάβετε Aor. παρα-λαμβάνω. τὸν κύριον wohl App. (A70) bzw. poss. (A103) *als den/euren Herrn.* περι-πατεῖτε Imp. -πατέω.
7 **7** ἐρ-ριζωμένοι Pf. Ptz. Pass. ῥιζόω *wurzeln lassen;* übertr. *fest begründen, festmachen;* Pf. Pass. (A242) *(fest) verwurzelt sein, festgegründet sein;* kaus. od. mod. ἐπ-οικο-δομούμενοι Ptz. Pass. -δομέω *aufbauen auf, weiterbauen, erbauen auf;* mod. od. kaus. ἐν αὐτῷ *in ihm,* gehört zu beiden Ptz. βεβαιούμενοι Ptz. Pass. βεβαιόω *festmachen; stärken;* Pass. *befestigt werden;* mod. od. kaus. τῇ πίστει wohl dat. resp. (A178) *in bezug auf den Glauben, im Glauben.* ἐ-διδάχθητε Aor. Pass. διδάσκω. περισσεύοντες Ptz. περισσεύω intr. *überschießen; übrig sein; im Überfluß vorhanden sein, überreich sein;* mod., viell. fin. εὐ-χαριστία *Dankbarkeit; Danksagung, Dank.*
8 *Dank.* **8** μή hier *daß nicht* (hier m. Ind. Fut. statt Konj. Aor.; A328). ὑμᾶς Obj. zu συλαγωγῶν (vgl. BDR §474,5). ἔσται Fut. εἰμί. συλ-αγωγῶν Ptz. -αγωγέω (< σῦλον Raub + ἄγω) *als Beute wegführen, gefangen wegführen, gefangennehmen;* attr. zu τις (A303); βλέπετε μή τις ὑμᾶς ἔσται ὁ συλαγωγῶν *seht zu, daß euch niemand* (wörtl. *daß niemand da ist, der euch) gefangennimmt.* φιλοσοφία *Philosophie;* hier v. einer sich m. diesem Namen zu Unrecht schmückenden (vgl. V. 23) Irrlehre (der gemeinsame Art. markiert

φιλοσοφίας u. κενῆς ἀπάτης als Einheit [H-S §131c]). **κενός** *leer,*
nichtig. **ἀπάτη** *Täuschung, Betrug.* **παρά-δοσις**[8] *Überlieferung.* **στοι-**
χεῖον (nur Pl.) die Bdtg. ist umstritten; einige mögl. Erklärungen sind:
a) *Elemente, Grundstoffe* (aus denen die Welt besteht u. die als Götter verehrt
wurden); b) *Elementargeister, kosmische Geister* (die das All bewohnen u. darin
herrschen); c) *Himmelskörper, Gestirne* (wobei diese meist m. den damit gemein-
ten Geistmächten verbunden werden); d) *geschaffene Dinge* (als Sammelname
für die geschöpfl. Welt); hier vermutl. Bdtg. a), viell. b); vgl. Gal 4,3. **9 κατ-**   9
οικέω *wohnen.* **πλήρωμα**[3] *Fülle, volles Maß* (B 3b); vgl. 1,19. **θεότης**[3]
ητος ἡ *Gottheit, (das) Gottsein.* **σωματικῶς** *körperlich, leibhaftig.* **10 πε-**   10
πληρωμένοι Pf. Ptz. Pass. πληρόω, umschrieb. Pf. (A249) *ihr besitzt die*
Fülle (d.h. [in ihm] seid ihr das, was ihr nach Gottes Willen sein sollt [EWNT 3,
Sp. 261]). **κεφαλή** m. Gen.: er ist das *Haupt über* (vgl. A165). **ἀρχή** hier
Herrschaft, Macht. **11 περι-ε-τμήθητε** Aor. Pass. -τέμνω[149] *ringsum*   11
abschneiden, beschneiden. **περι-τομή** (< τέμνω schneiden) *Beschneidung;*
dat. instr. (A176). **ἀ-χειρο-ποίητος**[11] *nicht mit Händen gemacht/vollzogen.*
ἐν (zweites) *durch.* **ἀπ-έκ-δυσις**[8] *(das) Ablegen, Ausziehen.* **σαρκός** gen.
qualitatis (A160) *fleischlich, Fleisches-;* τὸ σῶμα τῆς σαρκός *der Fleisches-*
leib, d.h. wohl die v. der Sünde best. Natur (des Menschen). **ἐν** (drittes) *mit.*
τοῦ Χριστοῦ wohl gen. subi. (A158). **12 συν-ταφέντες** Aor. Ptz. Pass.   12
-θάπτω[53] *mitbegraben, zusammen begraben mit,* m. Dat; mod. od. kaus. **βα-**
πτισμός *(das) Eintauchen, Waschung; Taufe* [Var. βάπτισμα *Taufe*]. **ἐν**
ᾧ BW wohl Χριστοῦ (V. 11). **συν-ηγέρθητε** Aor. Pass. -εγείρω[137f] *mit*
auferwecken. **ἐν-έργεια** *Wirksamkeit, Eingreifen;* τῆς ἐνεργείας gen. obi.
(A158), dann ist τοῦ θεοῦ gen. subi. *an das Eingreifen Gottes.* **ἐγείραντος**
Aor. Ptz. ἐγείρω, attr. **13 ὑμᾶς** (erstes) wird durch das zweite ὑμᾶς aufge-   13
griffen. **ὄντας** Ptz. εἰμί, konz.; νεκροὺς ὄντας *obwohl/ob ihr auch tot wart*
(BDR §425,1), mögl. auch temp. od. kaus. *als/da ihr tot wart* od. subst. ohne Art.
als Objektsartangabe *als solche, die ihr tot wart* (vgl. 1,21). **παρά-πτωμα**[3]
Vergehen, Verfehlung, Sünde. **ἀκρο-βυστία** *Vorhaut; Unbeschnittenheit.* **τῆς**
σαρκὸς ὑμῶν *eures Fleisches* (d.h. [übertr.] eurer v. der Sünde best. Natur,
evtl. [wörtl.] *eures Körpers*). **συν-ε-ζωο-ποίησεν** Aor. συ-ζωο-ποιέω
(zusammen) lebendig machen (mit). **χαρισάμενος** Aor. Ptz. Med. χαρίζο-
μαι[101] *aus Gnaden schenken; schenken = erlassen, vergeben* (B 2); mod.
14 ἐξ-αλείψας Aor. Ptz. -αλείφω[40] *wegwischen, ausstreichen, auslöschen;*   14
beseitigen, vertilgen; mod. od. temp. **χειρό-γραφον** *Urkunde, Handschrift,*
Schuldschein. **δόγμα**[3] *Verfügung, Verordnung, Weisung, Satzung;* τοῖς
δόγμασιν dat. causae/instr. (A176f) *wegen/durch/kraft der Satzungen* (des
mosaischen Gesetzes); evtl. v. den im Schuldschein enthaltenen Forderungen,
adv. zu καθ' ἡμῶν: den *durch die/seine Satzungen gegen uns lautenden Schuld-*
schein; evtl. dat. sociativus (A179) *mit seinen Satzungen/Forderungen.* **ἦν** Ipf.

εἰμί. ὑπ-εναντίος *(zu)wider, widersprechend, feindlich.* ἦρκεν Pf. αἴρω hier *wegnehmen, beseitigen* (B 4). μέσον Subst. *Mitte;* ἐκ τοῦ μέσου *aus der Mitte;* der Ausdruck verstärkt den Inhalt v. ἦρκεν. προσ-ηλώσας Aor. Ptz. -ηλόω (< ἧλος Nagel) *annageln, festnageln;* mod. σταυρός *Kreuz.*

15 **15 ἀπ-εκ-δυσάμενος** Aor. Ptz. Med. -δύομαι[12] *ausziehen; entwaffnen;* temp. od. mod. **ἐ-δειγμάτισεν** Aor. δειγματίζω (vgl. A33[91ff]) *bloß-stellen, der Schande preisgeben, zur Schau stellen, an den Pranger stellen.* **παρρησία** (< πᾶν + ῥῆσις [das] Reden) *Redefreiheit, Freimütigkeit, Offenheit; Öffentlichkeit;* ἐν παρρησίᾳ *öffentlich.* **θριαμβεύσας** Aor. Ptz. θριαμβεύω *im Triumphzug mitführen* (meist: jmdn. als Besiegten); mod. **αὐτούς** Mask., sinngemäße Konstruktion (A96).

16 **16 κρινέτω** Imp. 3. Sg. κρίνω. **ἐν** *wegen; betreffs* (vgl. A193). **βρῶσις**[8] *(das) Essen* (als Tätigkeit); *Speise.* **πόσις**[8] *(das) Trinken* (als Tätigkeit); *Trank.* **μέρος**[7] *Teil, Anteil;* ἐν μέρει *in Sachen (von), hinsichtlich* (B

17 μέρος 1c). **ἑορτή** *Fest.* **νεο-μηνία** *Neumond(fest).* **17 σκιά** *Schatten(bild).* **μελλόντων** Ptz. μέλλω, subst. *das Zukünftige* (hier aus atl. Sicht). **σῶμα** hier (im Ggs. zu σκία) *Substanz, die Sache selbst, Wirklichkeit* (B 4; vgl. ThWNT 7, S. 1064). **τοῦ Χριστοῦ** gen. poss. (A154) *gehört Christus, findet*

18 *sich in Christus.* **18 κατα-βραβευέτω** Imp. 3. Sg. -βραβεύω *den Siegespreis aberkennen, disqualifizieren, entscheiden gegen, verurteilen.* **θέλων** Ptz., attr. *der Gefallen hat (an), der sich gefällt (in);* evtl. mod. (zu καταβραβευέτω) *absichtlich* (vgl. BDR §148[3]; 418[7]). **ταπεινο-φροσύνη** *Bescheidenheit, Demut;* hier in der Auseinandersetzung ironisch bzw. negativ gemeint, viell. aufs Fasten bezogen. **θρησκεία** *Verehrung,* m. gen. obi. (A158). **ἑόρακεν** Pf. ὁράω. **ἐμ-βατεύων** Ptz. -βατεύω *hineingehen, betreten; (einen Besitz) antreten; herantreten an* (um es genau zu erforschen); mod. od. temp. **εἰκῇ** Adv. *grundlos.* **φυσιούμενος** Ptz. Pass. φυσιόω *aufblasen, aufblähen;* Pass. *aufgeblasen/hochmütig werden;* mod.; ἃ (= ταῦτα ἅ, A358) ἑόρακεν ἐμβατεύων εἰκῇ φυσιούμενος Sinn sehr umstritten, wichtige Möglichkeiten: a) Rel.-Satz als AkkO v. ἐμβατεύων (übertr. verstanden): *wobei er auf das, was er geschaut hat* (wohl Visionäres), *detailliert eingeht und sich (dabei) grundlos wichtig macht;* b) Rel.-Satz als Akk. der Beziehung (A149) zu φυσιούμενος, ἐμβατεύων (als term. tech. der Mysteriensprache) temp. zu ἑόρακεν: *wobei er grundlos eingebildet ist auf das, was er bei seiner Einweihung* (ins Mysterium) bzw. *bei seinem* (visionären) *Eintritt* (ins himml. Heiligtum) *geschaut hat* (B 4; EWNT 1, Sp. 1079). **ὑπό** hier v. der sächl. Ursache: *(getrieben) von.* **νοῦς** (νοός νοΐ νοῦν) *Verstand, Vernunft.* **σαρκός** gen.

19 qualitatis (A160) *fleischlich, irdisch.* **19 κρατῶν** Ptz. κρατέω hier *(fest)halten an,* m. Akk.; mod. **κεφαλήν, ἐξ οὗ** (gemeint ist Christus) sinngemäße Konstruktion (BDR §296[3]; A96). **ἀφή** *(das) Anfassen; Verbindung* (der Glieder), *Gelenk.* **σύν-δεσμος** *Bindemittel, Band.* **ἐπι-χορηγού-**

μενον Ptz. Pass. -χορηγέω *darreichen, gewähren; unterstützen, versorgen;* mod. **συμ-βιβαζόμενον** Ptz. Pass. -βιβάζω *zusammenbringen, zusammenhalten;* mod. **αὐξάνω/αὔξω** *vermehren, wachsen, zunehmen.* **αὔξησις**[8] *(das) Wachsen;* Akk. des inneren Obj. zur Verstärkung des Verbalbegriffs (A145; H-S §151a). **θεοῦ** gen. auctoris (A153) od. gen. qualitatis (A160).

     20 ἀπ-ε-θάνετε Aor. ἀπο-θνῄσκω. **στοιχεῖον** V. 8. **τί** hier   20 *warum* (B 3a). **ζῶντες** Ptz. ζάω, mod.; ὡς ζῶντες *als ob ihr noch lebtet* (H-S §231e). **δογματίζεσθε** Pass. δογματίζω *bestimmen;* Pass. *sich Satzungen auferlegen lassen, sich Vorschriften machen lassen.* **21 ἅψῃ** Aor.   21 Konj. Med. ἅπτω[51] *anzünden;* Med. *berühren, anfassen, anrühren;* prohibitiver Konj. (A256). **γεύσῃ** Aor. Konj. Med. γεύομαι *genießen, kosten, essen.* **θίγῃς** Aor. Konj. θιγγάνω[150] *berühren, anrühren.* **22 ἅ ἐστιν πάντα**   22 **εἰς** übers. *Dinge, die alle bestimmt sind zu* (B εἰς 4d) (ἅ *bezieht sich auf die impliziten Obj. der drei Verbote).* **φθορά** *Verderben, Untergang, (das) Vergehen.* **ἀπό-χρησις**[8] *Verbrauch.* **ἔν-ταλμα**[3] (< ἐντέλλομαι *befehlen) Gebot, Weisung.* **διδασκαλία** *Unterricht; Lehre.* **23 μέν** *zwar*   23 (Ggs. mit δέ nicht ausgedrückt, H-S §252,34). **λόγος σοφίας** *Gerücht/Ruf von Weisheit* (B λόγος 1aβ). **ἔχοντα** Ptz. ἔχω, umschrieb. Präs. (A249); ἅτινά ἐστιν λόγον μὲν ἔχοντα σοφίας *diese* (A133; 364) *stehen zwar im Ruf, Weisheit zu sein; das/solches ist zwar angeblich Weisheit.* **ἐν** *wegen, infolge,* viell. *mit.* **ἐθελο-θρησκία** *selbsterwählter Gottesdienst, Religion, Kultus.* **ταπεινο-φροσύνη** V. 18. **ἀ-φειδία** (< φείδομαι *schonen) Schonungslosigkeit, Härte;* σώματος gen. obi. (A158) *gegen den Leib.* **οὐκ ἐν τιμῇ τινι** die Übers. ist unsicher (B τιμή 2e; EWNT 3, Sp. 859f); *(es ist) ohne jeden Wert* (Schweizer, Kol, S. 129), *es hat mit Ehre nichts zu tun* (Lohse, Kol, S. 169). **πλησμονή** *Sättigung, Befriedigung;* πρὸς πλησμονήν *es dient (nur) der Befriedigung* od. *(ohne jeden Wert) (im Kampf) gegen die Befriedigung* (vgl. B πρός III4).

     συν-ηγέρθητε Aor. Pass. -εγείρω[137f] *mit auferwecken.* **ἄνω** *oben,*   **3** *nach oben;* τὰ ἄνω *das Obere, was droben ist* (= der Himmel, das Himmlische). **ζητεῖτε** Imp. ζητέω hier *zu erlangen bemüht sein, (zu besitzen) trachten* (B 2a). **οὗ**[18] *wo.* **καθήμενος** Ptz. κάθημαι, umschrieb. Präs. (A249). **2 φρονεῖτε** Imp. φρονέω *denken, urteilen; den Sinn richten auf, bedacht sein*   2 *auf,* m. Akk. **3 ἀπ-ε-θάνετε** Aor. ἀπο-θνῄσκω. **κέ-κρυπται** Pf. Pass.   3 κρύπτω[57] *verbergen, verhüllen; bergen* (an sicherer Stätte) (B 2c); Pf. Pass. (A242) hier *es ist verborgen* (in Sicherheit). **4 φανερωθῇ** Aor. Konj. Pass.   4 φανερόω. **ἡ ζωὴ ὑμῶν** App. (A70) zu Χριστός. **φανερωθήσεσθε** Fut. Pass. **ἐν δόξῃ** *mit/in Herrlichkeit.*

     5 νεκρώσατε Aor. Imp. νεκρόω *töten, abtöten.* **μέλος**[7] *Glied;* hier   5 uneigentl. (s. anschließende Aufzählung); τὰ μέλη τὰ ἐπὶ τῆς γῆς *das an* *eurem Wesen, was irdisch ist* (B 2). **πορνεία** *Unzucht* (= illegitimer Geschlechtsverkehr jeder Art), *Hurerei.* **ἀ-καθαρσία** *Unreinheit, Unsauberkeit.* **πάθος**[7] (< πάσχω) *Leidenschaft.* **ἐπι-θυμία** *Verlangen, Sehnsucht;* (sündige) *Begierde, Lust.* **πλεον-εξία** (< πλέο·· + ἔχω) *Gewinnsucht,*

6 *Habgier.* **εἰδωλο-λατρία** *Götzendienst.* **6 ὀργή** *Zorn; Zorngericht.* **ἀ-πείθεια** *Ungehorsam;* οἱ υἱοὶ τῆς ἀπειθείας *Sem.* (A157) *vom Unge-*

7 *horsam Bestimmte, Ungehorsame.* **ἔρχεται** *fut.* Präs. (A234). **7 ἐν οἷς** *in welchen* (Sünden, BW ἅ) *od. unter welchen* (Menschen, BW υἱούς); *analog* ἐν τούτοις. **περι-ε-πατήσατε** *Aor.* -πατέω. **ποτέ**[18] *irgendeinmal, einst.*

8 **ἐ-ζῆτε** *Ipf.* ζάω. **8 νυνί** = νῦν. **ἀπό-θεσθε** *Aor.* Imp. Med. -τίθεμαι[200] *ablegen; aufgeben.* **θυμός** *Leidenschaft; Wut, Zorn, Aufbrausen.* **κακία** *schlechte Beschaffenheit, Fehlerhaftigkeit; Schlechtigkeit, Bosheit, Hinterhältigkeit.* **βλασ-φημία** *Verleumdung, Schmähung, Lästerung;* hier *Schmähsucht, Schmährede, Lästerwort.* **αἰσχρο-λογία** *schändliche Rede, unan-*

9 *ständiges Gerede; Zote, Schmährede.* **9 ψεύδεσθε** *Imp.* ψεύδομαι *lügen, belügen* (εἴς τινα *jmdn.*). **ἀπ-εκ-δυσάμενοι** *Aor.* Ptz. Med. -δύομαι[12] *ausziehen;* kaus., evtl. imp. (so BDR §468[5]). **παλαιός** *alt.* **πρᾶξις**[8] *(das)*

10 *Handeln; Handlung, Tat;* Pl. auch *Gewohnheiten, Verhalten.* **10 ἐν-δυσάμενοι** *Aor.* Ptz. Med. -δύω[12] *anziehen, bekleiden;* kaus., evtl. imp. (so BDR §468[5]). **νέος** *neu.* **ἀνα-καινούμενον** Ptz. Pass. -καινόω *erneuern;* attr.; ὁ ἀνακαινούμενος *der (ständig/andauernd) erneuert wird.* **ἐπί-γνω-σις**[8] hier *(richtige) Erkenntnis.* **εἰκών**[4] όνος ἡ *Bild; Abbild, Ebenbild.* **κτίσαντος** *Aor.* Ptz. κτίζω[103] *(er)schaffen;* subst.; ὁ κτίσαντος αὐτόν *der ihn* (d.h. den neuen Menschen) *geschaffen hat; seines Schöpfers.*

11 **11 ὅπου**[18] *wo,* näml. im Bereich des neuen Menschen. **οὐκ ἔνι** *es gibt nicht* (H-S §125b). **Ἕλλην**[4] ηνος ὁ *Grieche; Nichtjude, Heide.* **περι-τομή** (< τέμνω *schneiden*) *Beschneidung.* **ἀκρο-βυστία** *Vorhaut; Unbeschnittenheit.* **βάρβαρος**[11] *Nichtgrieche, Barbar* (= Ungebildeter). **Σκύθης**[1] *Skythe* (der Barbar schlechthin; eig. Angehöriger roher Nomadenvölker im Nordosten Griechenlands). **ἐλεύθερος** *frei.* **τὰ πάντα** *alles (was hier zählt)* od. *alles (wirkt).* **ἐν πᾶσιν** (Mask.) *in allen (lebt)* (GN).

12 **12 ἐν-δύσασθε** *Aor.* Imp. Med. -δύω V. 10. **ἐκ-λεκτός**[9] (< ἐκ-λέγομαι [für sich] *auswählen*) *ausgewählt;* im NT fast durchweg: *(aus)erwählt* (ausgesondert, um zu Gott zu gehören bzw. ihm zu dienen). **ἠγαπημένοι** Pf. Ptz. Pass. ἀγαπάω, subst. **σπλάγχνον** nur Pl. *Eingeweide; Herz* (Sitz der Gefühle); *Zuneigung, Liebe, Erbarmen.* **οἰκτιρμός** *Mitleid, Erbarmen, Barmherzigkeit;* σπλάγχνα οἰκτιρμοῦ (gen. qualitatis, A160) *inniges/herzliches Erbarmen, barmherzige Zuneigung.* **χρηστότης**[3] ητος ἡ *Güte, Milde, Freundlichkeit.* **ταπεινο-φροσύνη** *Bescheidenheit, Demut.* **πραΰ-της**[3] ητος ἡ *Sanftmut, Milde, Freundlichkeit.* **μακρο-θυμία** *Geduld, Aus-*

13 *dauer; Langmut.* **13 ἀν-εχόμενοι** Ptz. -έχομαι *aushalten, ertragen,* m.

Gen.; mod., evtl. imp. (BDR §468[5]). **χαριζόμενοι** Ptz. χαρίζομαι[101] *aus Gnaden schenken; vergeben, verzeihen;* mod., evtl. imp. **ἐαυτοῖς** statt ἀλλήλοις (H-S §139n). **ἔχῃ** Konj. ἔχω. **μομφή** *Vorwurf, Beschwerde.* **ἐ-χαρίσατο** Aor. Med. **ὑμεῖς** erg. χαρίζεσθε (Imp.). **14 ἐπὶ πᾶσιν** 14 *zu allem hinzu* (BDR §235[5]) od. *über all dies* (Zür.), schließt an **ἐνδύσασθε** (V. 12) an. **ὅ ἐστιν** *das ist, das heißt* (A93). **σύν-δεσμος** *Band.* **τελειότης**[3] ητος ἡ *Vollkommenheit;* σύνδεσμος τῆς τελειότητος Gen. des Zwecks (A162) *das die Vollkommenheit schaffende Band* (BDR §166[1]; vgl. B σύνδεσμος 1b), evtl. gen. qualitatis (A160) *das vollkommene Band.* **15 βραβευέτω** Imp. 3. Sg. βραβεύω *Schiedsrichter sein, entscheiden, lenken,* 15 *regieren.* **ἐ-κλήθητε** Aor. Pass. καλέω. **εὐ-χάριστος**[11] *dankbar.* **γίνεσθε** Imp.; ersetzt Imp. v. εἰμί. **16 ὁ λόγος τοῦ Χριστοῦ** gen. obi. 16 (A158) *das Wort/die Botschaft von Christus.* **ἐν-οικείτω** Imp. 3. Sg. -οικέω *wohnen in.* **πλουσίως** *reichlich, in reichem Maße.* **διδάσκοντες** Ptz. διδάσκω, mod. (sinngemäße Konstruktion [A96], Anschluß an das logische Subj.) od. imp. (so BDR §468[5]). **νουθετοῦντες** Ptz. νουθετέω (< νοῦς Sinn + τίθημι) *ermahnen, warnen;* mod. od. imp. **ἑαυτούς** statt ἀλλήλους (H-S §139n). **ψαλμός** *Loblied, Psalm;* dat. instr. (A176). **ὕμνος** *Lobgesang, Hymne.* **ᾠδή** *Lied.* **πνευματικός** *geistig, geistlich; geisterfüllt;* kann sich auf alle drei Subst. beziehen (A95). **ἐν τῇ χάριτι** hier wohl *in Dankbarkeit* (B χάρις 5). **ᾄδοντες** Ptz. ᾄδω *singen; preisen;* mod. od. imp. **ἐν ταῖς καρδίαις ὑμῶν** wohl *von Herzen,* viell. (mit Dankbarkeit) *in eurem Herzen.* **17 ὅ τι ἐάν** (= ὅ τι ἄν) *was (auch immer)* (A132; 371). **ποιῆτε** Konj. 17 ποιέω. **πάντα** erg. ποιεῖτε (Imp.). **εὐ-χαριστοῦντες** Ptz. -χαριστέω *dankbar sein; Dank sagen, danken;* mod.

    18 αἱ γυναῖκες Nom. m. Art. statt Vok. wie auch in den flgd. Anreden 18 (A142). **ὑπο-τάσσεσθε** Imp. Pass. -τάσσω *unterordnen, unterwerfen;* Pass. *sich unterordnen.* **τοῖς ἀνδράσιν** *euren Männern* (A103). **ἀν-ῆκεν** Ipf. -ήκω *sich beziehen;* 3. Pers. unpersönl.: *es gebührt/ziemt sich;* Ipf. *(wie) es sich (eigentlich) ziemt* (H-S §198i). **ἐν κυρίῳ** *im Herrn,* d.h. in der Gemeinschaft m. Christus. **19 ἀγαπᾶτε** Imp. ἀγαπάω. **τὰς γυναῖκας** *eure Frauen* 19 (A103). **πικραίνεσθε** Imp. Pass. πικραίνω *bitter machen;* Pass. *bitter werden,* πρός τινα *gegen jmdn. erbittert werden* od. *aufgebracht/hart sein,* viell. (so GN) *an jmdm. seinen Ärger auslassen.* **20 ὑπ-ακούετε** Imp. -ακούω *hören* 20 *auf, gehorchen.* **γονεῖς** έων οἱ (A8: ευ-St.) *Eltern.* **κατὰ πάντα** *in jeder Hinsicht* (B κατά II6). **εὐ-άρεστος**[11] *angenehm, wohlgefällig.* **21 πατέρες** *Väter* od. (durch Synekdoche, A382) *Eltern* (B 1). **ἐρεθίζετε** Imp. 21 ἐρεθίζω *aufreizen, aufregen, herausfordern* [Var. παρ-οργίζω *zum Zorn reizen, erzürnen*]. **ἀ-θυμῶσιν** Konj. ἀ-θυμέω *mutlos sein, den Mut verlieren, scheu werden.*

    22 ὑπ-ακούετε, κατὰ πάντα V. 20. **κατὰ σάρκα** *irdisch.* **ἐν** 22 mod. *in, mit.* **ὀφθαλμο-δουλία** *Augendienerei* (Dienst, den man nur tut, um gesehen zu werden). **ἀνθρωπ-άρεσκος**[11] *jmd., der Menschen gefallen will, der sich einschmeicheln will* (GN). **ἁπλότης**[3] ητος ἡ *Einfalt* (ohne Hintergedanken), *Lauterkeit, Aufrichtigkeit;* ἐν ἁπλότητι καρδίας *mit aufrichtigem Herzen.* **φοβούμενοι** Ptz. φοβέομαι, kaus. od. mod. od. subst. ohne

23 Art. als Subjektsartangabe *(als solche, die Ehrfurcht haben;* A65; B 2a). **23 ὃ** **ἐάν** = ὃ ἄν *was auch immer od. alles, was* (A132; 371). **ποιῆτε** Konj. ποιέω. **ἐκ ψυχῆς** *von Herzen, gern* (B ψυχή 1bγ). **ἐργάζεσθε** Imp.

24 **24 εἰδότες** Pf. (m. präs. Bdtg.) Ptz. οἶδα, kaus. **ἀπο-λήμψεσθε** Fut. Med. -λαμβάνω[152] *empfangen, erhalten.* **ἀντ-από-δοσις**[8] *Vergeltung, Lohn.* **κληρο-νομία** *(das) Erbe, Erbteil; Besitz, Eigentum;* wohl gen. epexegeticus (A163) Vergeltung, *die im Erbteil besteht* (B 3). **δουλεύετε** Imp.

25 δουλεύω *dienen.* **25 ἀ-δικῶν** Ptz. ἀ-δικέω *Unrecht tun;* subst. **κομίσε-ται** Fut. Med. κομίζω (vgl. A33[91ff]) *herbeibringen;* Med. *davontragen, erhalten* (hier *die Strafe für das*). **ἠ-δίκησεν** Aor. **ἔστιν** betont m. der Bdtg. *dasein, vorhanden sein* (H-S §125b); οὐκ ἔστιν *es gibt nicht.* **προσωπο-λημψία** (< πρόσωπον + λαμβάνω) *Parteilichkeit, Ansehen der Person.*

4 **οἱ κύριοι** Nom. m. Art. statt Vok. (A142). **τὸ δίκαιον** *das, was recht ist* (B 5). **ἰσότης**[3] ητος ἡ *Gleichheit; Billigkeit;* τὸ δίκαιον καὶ τὴν ἰσότητα *das, was recht und billig ist.* **παρ-έχεσθε** Imp. Med. -έχω *darbieten, hingeben;* Med. *gewähren, verschaffen.* **εἰδότες** Pf. (m. präs. Bdtg.) Ptz. οἶδα,

2 kaus. **2 προσ-ευχή** *Gebet.* **προσ-καρτερεῖτε** Imp. -καρτερέω (< καρτερός *stark, ausdauernd*) m. Dat. *beharren bei, bleiben bei; sich emsig beschäftigen mit, dauernd bedacht sein auf.* **γρηγοροῦντες** Ptz. γρηγορέω *wachen; wachsam sein;* hier m. ἐν αὐτῇ *mit wachem Sinn dabei* (B 2); mod. *ἐν* (zweites) mod. *mit.* **εὐ-χαριστία** *Dankbarkeit; Danksagung, Dank.*

3 **3 προσ-ευχόμενοι** Ptz. -εύχομαι, mod. **ἅμα** *zugleich, gleichzeitig.* **ἵνα** hier *daß* (A328, bez. das Erbetene). **ἀν-οίξῃ** Aor. Konj. -οίγω. **θύρα** *Tür;* übertr. *günstige Gelegenheit zur Wirksamkeit.* **τοῦ λόγου** gen. obi. (A158) *für das Wort* (hier term. tech. für Evangelium). **λαλῆσαι** Aor. Inf. λαλέω, fin.

4 (A276). **μυστήριον** *Geheimnis.* **δέ-δεμαι** Pf. Pass. δέω. **4 ἵνα** hier *(und) daß* (vgl. V. 3). **φανερώσω** Aor. Konj. φανερόω. **λαλῆσαι** Präd.

5 des AcI, v. δεῖ abhängig. **5 περι-πατεῖτε** Imp. -πατέω. **οἱ ἔξω** *die Außenstehenden* (d.h. Nichtchristen). **ἐξ-αγοραζόμενοι** Ptz. Med. -αγοράζω *aufkaufen; loskaufen;* Med. *auskaufen* (Möglichkeiten ausnutzen); mod.

6 **6 ἐν χάριτι** hier *anmutig, liebenswürdig, freundlich;* erg. ἔστω (Imp. v. εἰμί) *soll sein, sei* (BDR §128[10]). **ἅλας**[3] ατος τό *Salz;* dat. instr. (A176). **ἠρτυ-μένος** Pf. Ptz. Pass. ἀρτύω *würzen;* umschrieb. Pf. (A249; erg. ἔστω), evtl. mod.; ἅλατι ἠρτυμένος *mit Salz gewürzt,* d.h. *weise/treffend.* **εἰδέναι** Pf. (m. präs. Bdtg.) Inf. οἶδα, fin. (A276) od. kons. (A278). **ἀπο-κρίνεσθαι** Inf., Präd. des AcI, v. δεῖ abhängig.

7 τὰ κατ᾽ ἐμέ *was mich angeht/betrifft, meine Situation, meine Lage* (B κατά 7
ΙΙ6). **γνωρίσει** Fut. γνωρίζω[98] *bekanntmachen, mitteilen, offenbaren.*
Τύχικος *Tychikus,* Begleiter v. Paulus. **διάκονος** *Diener.* **σύν-δουλος**
Mitsklave, Mitknecht. **ἐν κυρίῳ** *im Herrn,* d.h. im Dienst für den Herrn.
8 ἔ-πεμψα Aor. πέμπω, Aor. des Briefstils (A241). **εἰς αὐτὸ τοῦτο** 8
eben deshalb, eben zu diesem Zweck (B αὐτός 1h). **γνῶτε** Aor. Konj.
γινώσκω [Var. γνῶ Aor. Konj. 3. Sg.]. **τὰ περὶ ἡμῶν** *das, was uns angeht*
(B περί 1i); *(alles) über uns, wie es uns geht.* **παρα-καλέσῃ** Aor. Konj.
-καλέω. **9 Ὀνήσιμος** *Onesimus,* Sklave v. Philemon. **ἐξ ὑμῶν** *einer* 9
von euch. **γνωρίσουσιν** Fut. **τὰ ὧδε** *die hiesige Lage, wie es hier steht, was*
hier vorgeht (H-S §241b).

10 ἀσπάζεται Präd. im Sg. bei mehrgliedrigem Subj. (A94). 10
Ἀρίσταρχος *Aristarch,* Begleiter v. Paulus. **συν-αιχμάλωτος** *Mitge-*
fangener. **Μᾶρκος** *Markus,* Begleiter v. Paulus. **ἀνεψιός** *Vetter, Cousin.*
Βαρναβᾶς[1] ᾶ *Barnabas,* Missionar u. Weggefährte v. Paulus. **ἐ-λάβετε**
Aor. λαμβάνω. **ἔλθῃ** Aor. Konj. ἔρχομαι. **δέξασθε** Aor. Imp. Med.
δέχομαι. **11 λεγόμενος** Ptz. Pass., attr. **Ἰοῦστος** *Justus* (lat. „Gerech- 11
ter“); Ἰησοῦς ὁ λεγόμενος Ἰοῦστος *Jesus mit dem Beinamen Justus, ein*
Judenchrist. **ὄντες** Ptz. εἰμί, subst. **περι-τομή** (< τέμνω *schneiden)*
Beschneidung; οἱ ὄντες ἐκ περιτομῆς *die aus dem Judentum Stammenden,*
die Judenchristen (B 4a); οἱ ὄντες ἐκ περιτομῆς, οὗτοι μόνοι *was die*
Judenchristen angeht (nom. pendens, A141), *so sind nur diese (drei).* **συν-**
εργός *Mitarbeiter.* **εἰς** *für, an.* **ἐ-γενήθησαν** Aor. Pass. (ohne Pass.-
Bdtg.) γίνομαι. **παρ-ηγορία** *Trost, Zuspruch.* **12 Ἐπαφρᾶς** 1,7. **ἐξ** 12
ὑμῶν V. 9. **ἀγωνιζόμενος** Ptz. ἀγωνίζομαι *kämpfen; sich (ganz) ein-*
setzen; attr. (zu δοῦλος). **προσ-ευχή** V. 2. **ἵνα** V. 3. **σταθῆτε** Aor.
Konj. Pass. ἵστημι = στῆτε (Wz.-Aor. Konj. ἵσταμαι) *daß ihr dasteht.*
τέλειος (< τέλος) *vollendet, vollkommen.* **πε-πληρο-φορημένοι** Pf.
Ptz. Pass. -φορέω *erfüllen; volle Überzeugung verschaffen;* Pf. Pass. (A242) *voll*
überzeugt sein, mit Gewißheit erfüllt sein; adjektivisch (bzw. subst.) wie τέλειοι
Artangabe bzw. -ergänzung zum Subj. (A65 u. 82); ἵνα σταθῆτε τέλειοι καὶ
πεπληροφορημένοι *daß ihr vollkommen und mit Gewißheit erfüllt* (od. *als*
Vollkommene und mit Gewißheit Erfüllte) dasteht. **ἐν παντὶ θελήματι**
τοῦ θεοῦ „in jedem Willen Gottes“ = *in allem, was Gottes Willen entspricht;*
zu τέλειοι καὶ πεπληροφορημένοι od. zu σταθῆτε zu ziehen [Var. πε-
πληρωμένοι Pf. Ptz. Pass. πληρόω]. **13 πόνος** *Arbeit, Mühe;* ἔχει 13
πολὺν πόνον *er setzt sich unermüdlich ein.* **Λαοδίκεια** 2,1. **Ἱεράπο-**
λις[8] *Hierapolis,* Stadt ca. 10 km nördl. v. Laodizea. **14 ἀσπάζεται** V. 10. 14
Λουκᾶς[1] ᾶ *Lukas,* Begleiter v. Paulus. **ἰατρός** *Arzt.* **Δημᾶς**[1] ᾶ *Demas,*
Begleiter v. Paulus.

15 ἀσπάσασθε Aor. Imp. Med. ἀσπάζομαι. **Λαοδίκεια** 2,1. 15

Νύμφα *Nympha,* Christin. **ἐκκλησία κατ᾽ οἶκον αὐτῆς** *Gemeinde in ihrem Haus* (wohl stehender Ausdruck für Hausgemeinde, BDR §259[5]).

16 **16 ἀνα-γνωσθῇ** Aor. Konj. Pass. -γινώσκω[166] *lesen; vorlesen.* **ἐπιστολή** *Brief.* **ποιήσατε** Aor. Imp. ποιέω, m. ἵνα *veranlassen, daß; dafür sorgen, daß* (B I1bθ). **Λαοδικεύς**[8] *Laodizener,* Bewohner v. Laodizea. **τὴν ἐκ Λαοδικείας** erg. ἐπιστολήν, *den in Laodicea (befindlichen Brief)* (BDR §437[2]); gehört als AkkO zum nachfolgenden ἵνα-NS (Prolepsis, A373; bzw. das ἵνα ist nachgestellt, BDR §475[1]). **ἀνα-γνῶτε** Aor. Konj.

17 **17 εἴπατε** Aor. (vgl. H-S §105g) Imp. λέγω. **Ἄρχιππος** *Archippus,* Mitarbeiter der Gemeinde in Kolossä. **βλέπε** Imp. **διακονία** *Dienst.* **παρ-έλαβες** Aor. παρα-λαμβάνω. **πληροῖς** Konj. πληρόω; βλέπε τὴν διακονίαν ... ἵνα αὐτὴν πληροῖς wohl = βλέπε ἵνα τὴν διακονίαν ... πληροῖς (Prolepsis, vgl. V. 16; αὐτήν pleon., A379) *achte darauf, daß du*

18 *den Dienst ... (treu) erfüllst.* **18 ἀσπασμός** *Gruß.* **τῇ ἐμῇ χειρὶ Παύλου** dat. instr. (A176), erg. γέγραπται (B χείρ 1) *den Gruß schreibe ich, Paulus, eigenhändig* (Einh.). **μνημονεύετε** Imp. μνημονεύω *sich erinnern, gedenken,* m. Gen. (H-S §167f). **δεσμός** *Fessel;* Pl. *Gefangenschaft.* **χάρις** erg. εἴη (Opt. v. εἰμί) *Gnade sei.*

1. Thessalonicher

Σιλουανός *Silvanus,* Τιμόθεος *Timotheus,* zwei Begleiter v. Paulus. **1**
τῇ ἐκκλησίᾳ erg. ἐπιστέλλομεν *schreiben,* m. flgd. Dat. des Adressaten
(A376a). Θεσσαλονικεύς[8] *Thessalonicher,* Bewohner v. Thessalonich
(Stadt in Mazedonien). ἐν θεῷ *in (Gemeinschaft mit) Gott,* Attr. zu ἐκκλη-
σίᾳ. χάρις erg. εἴη (Opt. v. εἰμί) *sei* (BDR §128[8]), christl. Form des griech.
Briefgrußes χαίρειν, kombiniert m. dem hebr. Gruß שָׁלוֹם *šalôm* = εἰρήνη.
2 εὐ-χαριστέω *dankbar sein; Dank sagen, danken.* μνεία *Erinnerung, Ge-* **2**
denken, Erwähnung. ποιούμενοι Ptz. Med. ποιέω; μνείαν ποιέομαι =
μνημονεύω (Med. zur Umschreibung des einfachen Verbalbegriffs, B II1);
temp. προσ-ευχή *Gebet.* ἀ-δια-λείπτως *unaufhörlich, beständig;* zum
folgd. Ptz. gehörig.   **3** μνημονεύοντες Ptz. μνημονεύω *sich erinnern,* **3**
gedenken, denken an, erwähnen, m. Gen. der Sache (B 1a); mod. od. kaus.
κόπος *Mühe; Anstrengung, eifrige(r) Arbeit/Einsatz.* ὑπο-μονή *Ausharren,*
Geduld, Ausdauer, Standhaftigkeit; ἔργον τῆς πίστεως, κόπος τῆς
ἀγάπης, ὑπομονὴ τῆς ἐλπίδος gen. pertinentiae (A152ff) bzw. auctoris
(A153) euer *Wirken, das aus/durch Glauben,* eure *eifrige Arbeit, die aus der Liebe,*
eure *Standhaftigkeit, die aus der Hoffnung kommt.* ἐλπὶς τοῦ κυρίου gen.
obi. (A158) *auf den Herrn gerichtete Hoffnung;* τοῦ κυρίου evtl. auf alle drei
Begriffspaare bezogen: *(die) der Herr (wirkt).* ἔμπροσθεν τοῦ θεοῦ καὶ
πατρὸς ἡμῶν Näherbestimmung zu μνημονεύοντες, evtl. zum Tun der
Thessalonicher.   **4** εἰδότες Pf. (m. präs. Bdtg.) Ptz. οἶδα, kaus. **4**
ἠγαπημένοι Pf. Ptz. Pass. ἀγαπάω, attr. ἐκ-λογή *Erwählung.* **5** τὸ **5**
εὐαγγέλιον ἡμῶν *das von uns verkündigte Evangelium, unsere Verkündi-*
gung des Evangeliums (B εὐαγγέλιον 2bβ). ἐ-γενήθη Aor. Pass. (ohne
Pass.-Bdtg.) γίνομαι, hier m. εἴς τινα *zu jmdm. kommen* (vgl. B I4cα). οὐκ
ἐν λόγῳ μόνον ἀλλὰ καί *nicht nur mit Worten, sondern auch.* πληρο-
φορία *(volle) Überzeugung, Gewißheit;* hier *(volle) Gewißheit* (B), viell. aber
Fülle (göttlichen Wirkens) (ThWNT 6, S. 309). οἷος[18] *welcher Art, wie beschaf-*
fen; hier *als was für Leute.* ἐ-γενήθημεν Aor. Pass. (ohne Pass.-Bdtg.)
γίνομαι hier *sich verhalten.* δι' ὑμᾶς *um euretwillen.* **6** μιμητής[1] **6**
Nachahmer, m. Gen. der Pers.; ὑμεῖς μιμηταὶ ἡμῶν ἐγενήθητε *ihr seid*
unsere Nachahmer geworden; ihr habt uns zum Vorbild genommen.
ἐ-γενήθητε Aor. Pass. (ohne Pass.-Bdtg.). δεξάμενοι Aor. Ptz. Med.
δέχομαι, mod., evtl. temp. πνεύματος gen. auctoris (A153) *vom Geist*
gewirkt. **7** γενέσθαι Aor. Inf. Med. γίνομαι, Präd. des AcI. τύπος *sicht-* **7**
barer Eindruck; Typus, Vorbild. πιστεύουσιν Ptz. πιστεύω, subst.
Μακεδονία *Mazedonien,* röm. Provinz in Nordgriechenland. Ἀχαΐα
Achaia, röm. Provinz im südl. Griechenland. **8** ἐξ-ήχηται Pf. Pass. -ηχέω **8**

intr. *hinaustönen;* tr. *ertönen lassen;* Pass. *erschallen, erklingen.* ἐξ-ελήλυθεν Pf. -έρχομαι hier *bekannt werden* (vgl. B 2bα); die Pf.-Formen bez. die andauernde Auswirkung des Geschehens (A231). χρείαν ἔχω *nötig haben, brau-*

9 *chen,* m. Inf. ἔχειν Inf., Präd. des AcI. λαλεῖν Inf. λαλέω. **9 αὐτοί** sinngemäße Konstruktion (vgl. A96); es sind die Bewohner jedes Ortes gemeint (BDR §282²). ὁποῖος¹⁸ *welcher Art, was für einer.* εἴσ-οδος ἡ *(das) Eintreten, Eingehen;* εἴσοδος ἔχω *Eingang/Aufnahme finden.* ἔσχομεν Aor. ἔχω. πρὸς ὑμᾶς *bei euch.* ἐπ-ε-στρέψατε Aor. ἐπι-στρέφω⁴⁷ *hinwenden.* εἴδωλον (< εἶδος *Aussehen, Gestalt*) *Götterbild; falscher Gott, Götze.* δουλεύειν Inf. δουλεύω *dienen;* fin. (A276). ζῶντι Ptz. ζάω, attr.

10 ἀληθινός *wirklich; wahr, wahrheitsgemäß.* **10 ἀνα-μένειν** Inf. -μένω *erwarten;* fin. (A276). ἤγειρεν Aor. ἐγείρω. ῥυόμενον Ptz. ῥύομαι *retten, erretten, bewahren;* attr. ὀργή *Zorn; Zorngericht* (Gottes). ἐρχομένης Ptz. ἔρχομαι, attr.

2   εἴσ-οδος ἡ *(das) Eintreten, Eingehen; Eingang;* hier im Sinn v. *(erstmaliges) Auftreten/Wirken;* τήν ... ὑμᾶς am besten als Subj. des ὅτι-NS übers. (Prolepsis, A373). πρὸς ὑμᾶς *bei euch.* κενός *leer; kraftlos; ohne*

2 *Erfolg.* γέ-γονεν Pf. γίνομαι. **2 προ-παθόντες** Aor. Ptz. -πάσχω¹⁹³ *vorher leiden;* konz. *obwohl wir vorher gelitten hatten* od. temp. *nachdem wir vorher gelitten hatten.* ὑβρισθέντες Aor. Ptz. Pass. ὑβρίζω (vgl. A33⁹¹ᶠᶠ) *frech/übermütig behandeln, mißhandeln, beschimpfen;* konz. od. temp. Φίλιπποι *Philippi,* Stadt in Mazedonien. ἐ-παρ-ρησιασάμεθα Aor. Med. παρ-ρησιάζομαι (vgl. A33⁹¹ᶠᶠ) *frei heraus reden, unerschrocken reden;* m. Inf. *(den) Mut gewinnen/haben, wagen* (B 2). ἐν τῷ θεῷ *in unserem Gott,* d.h. von ihm gestärkt u. ermutigt. λαλῆσαι Aor. Inf. λαλέω. ἀγών⁴ ῶνος ὁ *Wettkampf; Kampf;* ἐν πολλῷ ἀγῶνι *in heißem Kampf/Bemühen* (B 2).

3 **3 παρά-κλησις**⁸ *Ermahnung, Ermutigung; Trost, Zuspruch;* hier *Aufruf (zum Glauben).* οὐκ ... οὐδὲ ... οὐδέ *nicht ... weder ... noch* (BDR §445¹). ἐκ bez. den Ursprung (A192), übers. *entspringt.* πλάνη *Irrtum, Verirrung, Irreführung, Täuschung.* ἀ-καθαρσία *Unreinigkeit, Schmutz; Unredlichkeit, unsaubere Gesinnung, unlautere Absichten.* ἐν mod. (A193): *noch (geschah er/sie) mit.*

4 δόλος *Betrug, List, Hintergedanke.* **4 δε-δοκιμάσμεθα** Pf. Pass. δοκιμάζω (vgl. A33⁹¹ᶠᶠ) (< δόκιμος *erprobt*) *prüfen;* (nach Prüfung) *für echt, geeignet, richtig, tauglich usw. befinden;* m. Inf. πιστευθῆναι Aor. Inf. Pass. πιστεύω; Pass. *anvertraut erhalten, (mit etwas) betraut werden,* m. Akk. (A214). ἀρέσκοντες Ptz. ἀρέσκω *zu Gefallen sein; gefallen;* fin. δοκιμάζοντι

5 Ptz., attr. **5 ποτέ**¹⁸ *irgendeinmal, einstmals;* nach Neg. (weder ...) *jemals* (B 1). κολακεία *Schmeichelei;* λόγος κολακείας *Schmeichelrede* (gen. qualitatis, A160). ἐ-γενήθημεν Aor. Pass. (ohne Pass.-Bdtg.) γίνομαι hier *auftreten.* πρό-φασις⁸ *Grund, Anlaß; Vorwand, Schein.* πλεον-εξία (< πλέον + ἔχω) *Gewinnsucht, Habgier, Geiz;* ἐν προφάσει πλεονεξίας *unter einem*

von der Habgier bestimmten Vorwand (EWNT 3, Sp. 441) od. *unter einem Vorwand, wie ihn die Habgier* (d.h. ein Habgieriger) *gebraucht* (gen. auctoris, A153); *um uns unter irgendeinem Vorwand zu bereichern* (Wilckens). **μάρτυς** υρος ὁ *Zeuge;* Präd.-Nom. **6 ζητοῦντες** Ptz. ζητέω, mod. **7 δυνάμενοι** Ptz. 6f
δύναμαι, konz. *obwohl wir hätten ... können.* **βάρος**[7] *Last, Gewicht* (vom
Ansehen, B 2); ἐν βάρει εἶναι *gewichtig auftreten* od. viell. *Unterstützung fordern.* **εἶναι** Inf. εἰμί. **ὡς** (erstes) *als.* **νήπιος** *unmündig* [Var. ἤπιος *mild, sanft, freundlich*]. **ὡς ἐάν** (= ἄν m. prospektivem Konj., A253) *(so) ... wie (auch immer).* **τροφός** ἡ (< τρέφω *ernähren*) *Ernährerin; Amme, Stillende;* evtl. *Mutter* (B). **θάλπῃ** Konj. θάλπω *erwärmen; hegen und pflegen; herzen.*
8 ὀμειρόμενοι Ptz. ὀμείρομαι *liebevolle Gesinnung hegen, in Liebe zuge-* 8
wandt sein, m. Gen.; kaus. **εὐ-δοκοῦμεν** Ipf. od. Präs. (H-S §71f) -δοκέω
Wohlgefallen haben; für gut halten, beschließen, wollen, m. flgd. Inf. **μετα-**
δοῦναι Aor. Inf. -δίδωμι[201] *Anteil geben an.* **οὐ μόνον ... ἀλλὰ καί**
nicht nur ... sondern auch. **ψυχή** *Seele;* hier *Herz, Herz voll Liebe* (B 1bγ); *Leben, (das) Selbst;* τὰς ἑαυτῶν ψυχάς *an uns selbst.* **δι-ότι** = ὅτι *weil, da.*
ἐ-γενήθητε Aor. Pass. (ohne Pass.-Bdtg.) γίνομαι; ἀγαπητοὶ ἡμῖν
ἐγενήθητε *ihr seid uns lieb geworden* (B II1). **9 μνημονεύω** *sich erinnern,* 9
gedenken, denken an, erwähnen, hier m. Akk. (B 1b). **κόπος** *Mühe; Anstrengung, eifrige(r) Arbeit/Einsatz.* **μόχθος** *Anstrengung, Mühe.* **νυκτὸς καί**
ἡμέρας *Nacht und Tag,* gen. temp. (H-S §168a). **ἐργαζόμενοι** Ptz.
ἐργάζομαι, temp. od. mod. **πρὸς τό** m. Inf. fin. (A282) *damit, um zu.* **ἐπι-**
βαρῆσαι Aor. Inf. -βαρέω *belasten, zur Last fallen,* m. Akk.
ἐ-κηρύξαμεν Aor. κηρύσσω, εἴς τινα *bei jmdm.* (BDR §206,4).
10 μάρτυς V. 5. **ὁσίως** *fromm, heilig.* **δικαίως** *gerecht, rechtschaffen.* 10
ἀ-μέμπτως (< μέμφομαι *tadeln*) *untadelig.* **πιστεύουσιν** Ptz.
πιστεύω, subst., App. zu ὑμῖν (H-S §129b; A303) [Var. πιστεύσασιν Aor.
Ptz.]. **ἐ-γενήθημεν** V. 5, hier *wir haben uns verhalten* (BDR §434,2) bzw.
gezeigt (B II1). **11 καθ-ά-περ** *so wie, gleichwie.* **εἷς ἕκαστος** *jeder ein-* 11
zelne (B ἕκαστος 2). **12 παρα-καλοῦντες** Ptz. -καλέω, wohl statt Ind. 12
(A293). **παρα-μυθούμενοι** Ptz. -μυθέομαι *ermuntern, ermahnen;* statt
Ind. **μαρτυρόμενοι** Ptz. μαρτύρομαι *bezeugen; beschwören* (B 2); statt
Ind. **εἰς τό** m. AcI fin. (A282) *damit* od. - wohl besser - Obj. zu den drei Verben der Aufforderung (vgl. H-S §218a Anm. 1): *... beschworen ... würdig zu*
leben. **περι-πατεῖν** Inf. -πατέω, Präd. des AcI. **ἀξίως** *angemessen, würdig,* m. Gen. der Pers. **καλοῦντος** Ptz. καλέω, attr. [Var. καλέσαντος
Aor. Ptz.].
   13 καί (zweites) *auch,* verstärkt das flgd. Verb (BDR §442[23]). **εὐ-** 13
χαριστέω *dankbar sein; Dank sagen, danken.* **ἀ-δια-λείπτως** *unaufhörlich, beständig.* **παρα-λαβόντες** Aor. Ptz. -λαμβάνω, temp. *als ihr empfingt* (B 2bγ). **ἀκοή** *Gehör; Hörensagen; Botschaft, Predigt;* λόγος ἀκοῆς

παρ' ἡμῶν *(das) Wort* Gottes, *das ihr von uns gehört/verkündigt bekommen habt.* τοῦ θεοῦ wohl gen. subi. bzw. auctoris (A158 bzw. 153) zu λόγον. ἐ-δέξασθε Aor. Med. δέχομαι. ἀληθῶς *wahrhaftig, wirklich, tatsächlich;* καθώς ἐστιν ἀληθῶς *wie es dies wirklich ist, (als das,) was es wirklich ist.* ὅς BW λόγος, evtl. θεοῦ. ἐν-εργεῖται Med. -εργέω Akt. u. Med. intr. *wirksam sein, sich als wirksam erweisen* (B 1b). πιστεύουσιν V. 10.

14   **14 μιμητής**[1] *Nachahmer,* m. Gen. der Pers.; μιμηταὶ ἐγενήθητε ... τῶν ἐκκλησιῶν ... *ihr seid (unfreiwillig) Nachahmer der Gemeinden ... geworden, es ist euch ebenso ergangen wie den Gemeinden ...* (vgl. GN). ἐ-γενήθητε Aor. Pass. (ohne Pass.-Bdtg.) γίνομαι. οὐσῶν Ptz. Fem. εἰμί, attr. ἐν Χριστῷ Ἰησοῦ *in (Gemeinschaft mit) Christus Jesus,* zu οὐσῶν zu ziehen. τὰ αὐτά *das gleiche.* ἐ-πάθετε Aor. πάσχω. συμ-φυλέτης[1] (< συν- + φυλή Stamm) *Landsmann, Mitbürger.* **15 ἀπο-κτεινάντων** Aor. Ptz.

15   -κτείνω, attr. ἐκ-διωξάντων Aor. Ptz. -διώκω[64] *hinausjagen; (heftig) verfolgen;* attr. ἀρεσκόντων V. 4; Ptz. attr. ἐν-αντίος *gegenüberstehend;*

16   *feindlich (sein)* (B 2). **16 κωλυόντων** Ptz. κωλύω *hindern, abhalten (von);* fin. od. mod., dann konativ (A227). λαλῆσαι Aor. Inf. λαλέω. ἵνα hier *daß.* σωθῶσιν Aor. Konj. Pass. σῴζω. εἰς τό m. Inf. fin. od. kons. (A282). ἀνα-πληρῶσαι Aor. Inf. -πληρόω *vollständig machen, vollmachen,* m. αὐτῶν τὰς ἁμαρτίας *das Maß ihrer Sünden vollmachen* (B 1). ἔ-φθασεν Aor. φθάνω[143] *zuvorkommen; hingelangen, herankommen,* hier wohl *hereinbrechen* (ἐπί *über*); falls eschatologisch, wohl als proleptischer („futurischer") Aor. Ind. zu verstehen (Z; A241b). ὀργή *Zorn; Zorngericht* (Gottes). εἰς τέλος *schließlich; in abschließender Weise, völlig, gänzlich, ganz und gar;* evtl. *für immer* (B τέλος 1dγ).

17   **17 ἀπ-ορφανισθέντες** Aor. Ptz. Pass. -ορφανίζω (vgl. A33[91ff]) *zur Waise machen;* Pass. *verwaist werden,* hier ἀπό τινος *jmds. beraubt werden, von jmdm. getrennt werden;* kaus. πρὸς καιρὸν ὥρας *für eine kurze Zeit/Frist* (B πρός III2b). προσώπῳ οὐ καρδίᾳ dat. resp. (A178) *in bezug auf das Angesicht, nicht auf das Herz; nach dem Angesicht, nicht nach dem Herzen.* περισσοτέρως Komp. v. περισσῶς *in außergewöhnlicher Weise, sehr;* Komp. *(noch) mehr, um so mehr/eifriger;* hier evtl. elativische Bdtg. (A119) *(ganz) besonders.* ἐ-σπουδάσαμεν Aor. σπουδάζω (vgl. A33[91ff]) *sich beeilen; sich eifrig zeigen, sich bemühen, bestrebt sein* (B 2). ἰδεῖν Aor. Inf. ὁράω, m. τὸ πρόσωπόν τινος *jmdn. persönlich sehen.* ἐπι-θυμία *Verlangen, Sehnsucht.*

18   **18 δι-ότι** *deshalb, daher* od. (= ὅτι) *denn* (B 3). ἠθελήσαμεν Aor. θέλω. ἐλθεῖν Aor. Inf. ἔρχομαι. ἅπαξ[19] *einmal.* δίς[19] *zweimal;* καὶ ἅπαξ καὶ δίς *das eine und das andere Mal, wiederholt* (B ἅπαξ 1). καί (drittes) adversativ (BDR §442,1a). ἐν-έ-κοψεν Aor. ἐγ-κόπτω[56] *hemmen, hindern.*

19   σατανᾶς[1] ᾶ *Satan, der Widersacher Gottes.* **19 στέφανος** *Kranz, Siegeskranz; Preis; Zierde.* καύχησις[8] *(das) Rühmen, Ruhm.* ἢ οὐχὶ καὶ

ὑμεῖς (ἤ wohl besser ἦ [= ἆρα unübersetzbare Fragepartikel] zu akzentuieren [Bruce, Thess, S. 53]) *seid nicht auch ihr es?* (anders BDR §446²:) *wer anders als ihr?* **παρ-ουσία** (< πάρειμι [εἰμί] anwesend sein) *Anwesenheit, Gegenwart; Ankunft, (das) Kommen* (außerbibl. [hellenistisch] term. tech. für den offiziellen Besuch eines Kaisers od. sonstigen hohen Amtsträgers in einer Provinzstadt sowie für die Epiphanie eines Gottes [EWNT 3, Sp. 103]); im NT term. tech. für die *Wiederkunft* Christi.

μηκ-έτι *nicht mehr.* **στέγοντες** Ptz. στέγω *mit Schweigen bedecken;* **3** *aushalten, ertragen;* kaus. **εὐ-δοκήσαμεν** Aor. -δοκέω *Wohlgefallen haben an; für gut halten, beschließen,* m. flgd. Inf. (B 1). **κατα-λειφθῆναι** Aor. Inf. Pass. -λείπω⁴⁴ *zurücklassen;* Pass. *zurückbleiben* (B 1a). **Ἀθῆναι** ὧν αἱ Athen. **2 ἐ-πέμψαμεν** Aor. πέμπω. **Τιμόθεος** 1,1. **συν-εργός** **2** subst. *Mitarbeiter* [Var. διάκονος *Diener, Helfer*]. **ἐν τῷ εὐαγγελίῳ** *bei der (Verkündigung des) Evangeliums.* **εἰς τό** m. Inf. fin. (A282). **στηρίξαι** Aor. Inf. στηρίζω⁸⁵ *festmachen, aufstellen; stärken.* **παρα-καλέσαι** Aor. Inf. -καλέω. **ὑπέρ** *für, zur Förderung von* od. (= περί, A184) *in bezug auf, in;* Präp.-Gefüge best. wohl beide Inf. näher. **3 τό** (freierer Akk., vgl. A149f; Z) **3** m. AcI *damit* (= ἵνα, BDR §399,3), an εἰς τό (V. 2) anschließend, viell. *daß* (bez. das Erbetene [s. παρακαλέσαι]). **σαίνεσθαι** Inf. Pass. σαίνω *bewegen, erschüttern;* Pass. *sich erschüttern lassen, wankend werden;* Präd. des AcI. **ταύταις** hier: in den *gegenwärtigen* Bedrängnissen. **κεῖμαι** (A32; als Pf. Pass. v. τίθημι gebraucht, A33²⁰⁰) *liegen, gelegt sein; eingesetzt/bestimmt sein* εἰς *zu* (B 2a). **4 καὶ γὰρ ὅτε** *denn auch/schon (damals), als.* **πρὸς ὑμᾶς** **4** *bei euch.* **ἦμεν** Ipf. εἰμί. **προ-ε-λέγομεν** Ipf. -λέγω *im voraus sagen, vorhersagen.* **θλίβεσθαι** Inf. Pass. θλίβω *drücken, drängen;* Pass. *bedrängt werden, in Bedrängnis geraten.* **ἐ-γένετο** Aor. Med. γίνομαι. **5 κἀγώ** = **5** καὶ ἐγώ. **στέγων** Ptz. V. 1, kaus. **ἔ-πεμψα** Aor. πέμπω. **εἰς τό** m. Inf. fin. (A282). **γνῶναι** Aor. Inf. γινώσκω. **μή πως** nach Verben der Besorgnis (das Verb ist manchmal zu erg., H-S §247b): *(in der Sorge,) daß vielleicht;* die Besorgnis kann sich m. Ind. auf Geschehenes (ἐπείρασεν) u. m. Konj. auf die befürchtete Folge (γένηται) richten (BDR §370). **ἐ-πείρασεν** Aor. πειράζω (vgl. A33⁹¹ᶠᶠ) *versuchen; prüfen, auf die Probe stellen* (B 2d). **πειράζων** Ptz., subst. **κενός** *leer; ohne Erfolg;* εἰς κενόν *vergeblich* (BDR §207⁸). **γένηται** Aor. Konj. Med. γίνομαι. **κόπος** *Mühe, eifrige(r) Arbeit/Einsatz.*

6 ἄρτι *jetzt.* **ἐλθόντος** Aor. Ptz. ἔρχομαι, gen. abs. (A288), temp. **6** **Τιμόθεος** 1,1. **εὐ-αγγελισαμένου** Aor. Ptz. Med. -αγγελίζω, gen. abs., temp. **μνεία** *Erinnerung, Gedenken;* ἔχω μνείαν τινός *jmdn. in Erinnerung/im Gedächtnis haben/halten.* **ἐπι-ποθοῦντες** Ptz. -ποθέω *sich sehnen, Sehnsucht haben nach;* mod. **ἰδεῖν** Aor. Inf. ὁράω. **καθ-ά-περ** *(so) wie, gleichwie* (A352). **7 παρ-ε-κλήθημεν** Aor. Pass. παρα-καλέω. **ἐφ'** **7**

ὑμῖν *euretwegen; in Hinsicht auf euch* (BDR §235³). **ἐπί** (zweites) *bei, in.* **ἀνάγκη** *Nötigung, Zwang; Not* (B 2). **διὰ τῆς ὑμῶν πίστεως** best.
8 παρεκλήθημεν *näher.* **8 ζάω²⁰** *leben; aufleben.* **ἐάν** *hier m.* Ind. statt Konj. (vereinzelt im NT, H-S §282a). **στήκω** (< ἔστηκα²⁰⁵) *stehen; fest-*
9 *stehen* [Var. στήκητε Konj.]. **9 εὐ-χαριστία** *Dank, Danksagung.* **ἀντ-απο-δοῦναι** Aor. Inf. -δίδωμι²⁰¹ *zurückerstatten, vergelten; als Gegengabe*
10 *geben.* **ἐπί** m. Dat. *auf Grund, für.* **ᾗ** dat. modi (A180) *mit der.* **10 νυκτὸς καὶ ἡμέρας** *Nacht und Tag,* gen. temp. (H-S §168a; vgl. A166). **ὑπερ-εκ-περισσοῦ** Adv. *ganz über alle Maßen, aufs innigste.* **δεόμενοι** Ptz. δέομαι *bitten, beten;* temp. od. mod. **εἰς τό** V. 2. **κατ-αρτίσαι** Aor. Inf. -αρτίζω (vgl. A33⁹¹ᶠᶠ) *in Ordnung bringen; vollenden* (B 1b). **ὑστέρημα³** (< ὑστερέω *zu spät kommen, entbehren) Mangel; das, was fehlt;* καταρ-τίσαι τὰ ὑστερήματα τῆς πίστεως ὑμῶν *euch mit dem zu versorgen, was eurem Glauben noch fehlt.*
11 **11 καί** (erstes) epexegetisch (A311,7), hier als Komma wiederzugeben. **κατ-ευθύναι** Aor. Opt. 3. Sg. -ευθύνω (vgl. A33¹³²ᶠᶠ) *geraderichten, lenken;*
12 kupitiver Opt. (A259) *er möge lenken/ebnen.* **12 πλεονάσαι** Aor. Opt. 3. Sg. πλεονάζω (vgl. A33⁹¹ᶠᶠ) intr. *viel sein, viel werden;* tr. *viel machen, reich machen* (B 2b); kupitiver Opt. (A259). **περισσεύσαι** Aor. Opt. 3. Sg. περισσεύω intr. *überschießen, im Überfluß vorhanden sein;* tr. *überreich machen* (B 2b); kupitiver Opt. (A259). **τῇ ἀγάπῃ** dat. resp. (A178) *an Liebe.* **καθ-ά-περ** V. 6; καθάπερ καὶ ἡμεῖς εἰς ὑμᾶς *wie auch wir sie euch*
13 *gegenüber (haben).* **13 εἰς τό, στηρίξαι** V. 2. **ἄ-μεμπτος¹¹** (< μέμ-φομαι *tadeln) untadelig;* Objektsartangabe (A65): *eure Herzen als untadelige/in untadeligem Zustand = damit sie untadelig sind.* **ἐν** (erstes) *in bezug auf* (vgl. A178). **ἁγιωσύνη** *Heiligkeit.* **ἐν** (zweites) *bei.* **παρ-ουσία** *Wiederkunft* (s. 2,19).

4 **λοιπόν** adv. (A150) *im übrigen, endlich* (B 3b). **ἵνα** (erstes) hier *daß* (A328; bez. das Erwünschte). **παρ-ε-λάβετε** Aor. παρα-λαμβάνω. **τό** leitet indirekten Fragesatz ein (BDR §267³; H-S §273b), bleibt am besten unübersetzt. **περι-πατεῖν** Inf. -πατέω, Präd. des AcI, v. δεῖ abhängig. **ἀρέσκειν** Inf. ἀρέσκω *zu Gefallen sein; gefallen;* Präd. des AcI. **ἵνα** (zweites) wiederholt das erste u. führt ἵνα-NS zu Ende. **περισσεύητε** Konj. περισσεύω intr. *überschießen, im Überfluß vorhanden sein; wachsen; sich*
2 *hervortun, sich auszeichnen* (B 1bβ). **2 παρ-αγγελία** *Ankündigung, Anord-nung, Weisung.* **ἐ-δώκαμεν** Aor. δίδωμι. **διά** hier *im Auftrag/in der Voll-macht von* (vgl. B AIII1e/f).
3 **3 ἁγιασμός** *Heiligung.* **ἀπ-έχεσθαι** Inf. Med. -έχω *empfangen haben;* Med. *sich fernhalten von, sich enthalten* (B 3); epexegetischer Inf. (neben ἁγιασμός zweite App. zu τοῦτο [H-S §222; vgl. A279]), Präd. des AcI. **πορνεία** *Unzucht* (= illegitimer Geschlechtsverkehr jeder Art), *Hurerei.*

4 εἰδέναι Pf. (m. präs. Bdtg.) Inf. οἶδα hier m. Inf. *es verstehen* (d.h. lernen), **4**
etwas zu tun; Präd. des AcI, noch App. zu τοῦτο (V. 3). **σκεῦος**[7] *Gerät;*
Gefäß; hier übertr. für Körper, viell. für Frau (B 2; EWNT 3, Sp. 598f). **κτᾶ-**
σθαι Inf. κτάομαι *erwerben, gewinnen;* τὸ ἑαυτοῦ σκεῦος κτᾶσθαι *das*
eigene Gefäß in Besitz nehmen = den eigenen Körper beherrschen, viell. *mit der*
eigenen Frau zusammenleben. **ἐν ἁγιασμῷ καὶ τιμῇ** *in heiliger und ehr-*
barer Weise. **5 πάθος**[7] (< πάσχω) *Leidenschaft.* **ἐπι-θυμία** *Verlangen,* **5**
Sehnsucht; (sündige) *Begierde, Lust;* wohl gen. qualitatis (A160). **καθ-ά-περ**
(so) wie, gleichwie (A352). **καί** pleon. (A311,8). **εἰδότα** Pf. (m. präs. Bdtg.)
Ptz. Ntr. Pl. οἶδα, attr. **6 τὸ μή** m. epexegetischem Inf. (A279f), hier noch **6**
App. zu τοῦτο (V. 3) *daß nicht.* **ὑπερ-βαίνειν** Inf. -βαίνω *hinausgehen*
über; übertr. *übertreten, verletzen, sich Übergriffe erlauben* (B 2). **πλεον-**
εκτεῖν Inf. -εκτέω *übervorteilen, betrügen.* **πρᾶγμα**[3] *Tatsache, Ereignis,*
Vorfall; Aufgabe (B 2); *Sache, Angelegenheit.* **δι-ότι** *denn.* **ἔκ-δικος**[11] subst.
Rächer, Vergelter. **προ-είπαμεν** Aor. (vgl. H-S §105g) -λέγω[191] *im voraus*
sagen, früher sagen. **δι-ε-μαρτυράμεθα** Aor. Med. δια-μαρτύρομαι
(vgl. A33[132ff]) *beschwören; bezeugen, Zeugnis ablegen.* **7 ἐ-κάλεσεν** Aor. **7**
καλέω. **ἐπί** m. Dat. hier für den Zweck (H-S §184j): *zu.* **ἀ-καθαρσία** *Un-*
reinigkeit, Schmutz; übertr. *Unsittlichkeit.* **ἐν ἁγιασμῷ** wohl *in der Heiligung*
(zu leben) = zur Heiligung. **8 τοι-γαρ-οῦν** *daher (denn), darum also.* **8**
ἀ-θετῶν Ptz. ἀ-θετέω *für ungültig erklären; verwerfen, ablehnen* (B 1b); subst.,
ὁ ἀθετῶν *wer (dieses) verwirft/ablehnt.* **διδόντα** Ptz. δίδωμι, attr. [Var.
δόντα Aor. Ptz.].

　　9 φιλ-αδελφία *Bruderliebe, Geschwisterliebe.* **χρείαν ἔχω** *nötig* **9**
haben, m. Inf. [Var. εἴχομεν Ipf.]. **γράφειν** Inf. *daß man schreibt* (A76d).
θεο-δίδακτος[11] *von Gott unterwiesen/gelehrt.* **ἀγαπᾶν** Inf. ἀγαπάω;
εἰς τὸ ἀγαπᾶν m. Inf. fin. *damit/mit dem Ziel, daß ihr liebt* (A282) od. Obj. zu
θεοδίδακτοι (A51; statt Inf. ohne Art., vgl. H-S §218a Anm. 1) *von Gott*
gelehrt (worden), zu lieben. **10 καί** zu ποιεῖτε zu ziehen: *ihr tut es ja* **10**
auch/tatsächlich. **Μακεδονία** 1,7. **περισσεύειν** Inf. V. 1. **11 φιλο-** **11**
τιμεῖσθαι Inf. -τιμέομαι *seine Ehre darin suchen, sich eine Ehre daraus*
machen, m. flgd. Inf. **ἡσυχάζειν** Inf. ἡσυχάζω *sich ruhig verhalten, Ruhe*
halten, ein ruhiges (d.h. wohl geregeltes) *Leben führen* (B 1). **πράσσειν** Inf.
πράσσω *vollbringen; tun; betreiben* (B 1a); πράσσειν τὰ ἴδια *die eigenen*
Angelegenheiten besorgen, sich um die eigenen Aufgaben kümmern. **ἐργά-**
ζεσθαι Inf. ἐργάζομαι. **χερσίν** (χείρ[6]) dat. instr. (A176); ἐργάζεσθαι
ταῖς ἰδίαις χερσίν *mit den eigenen Händen arbeiten,* d.h. sich den Lebens-
unterhalt selbst verdienen. **παρ-ηγγείλαμεν** Aor. -αγγέλλω[110] *auffor-*
dern, befehlen. **12 περι-πατῆτε** Konj. -πατέω. **εὐ-σχημόνως** *an-* **12**
ständig; εὐσχημόνως περιπατέω *sich einwandfrei verhalten.* **ἔξω** *außen,*
draußen; subst. οἱ ἔξω *die Außenstehenden* (für Nichtchristen) (B 1aβ). **ἔχητε**

Konj. ἔχω; μηδενὸς χρείαν ἔχητε *(damit) ihr niemand* (d.h. niemandes Unterstützung) *nötig habt.*

13   **13 ἀ-γνοεῖν** Inf. ἀ-γνοέω *nicht erkennen, nicht wissen, unwissend sein;* Präd. des AcI; οὐ θέλομεν δὲ ὑμᾶς ἀγνοεῖν *aber wir wollen euch nicht in Unkenntnis lassen.* **κοιμωμένων** Ptz. κοιμάομαι *schlafen, einschlafen;* (Euphemismus, A385) *entschlafen, sterben;* subst. [Var. κε-κοιμημένων Pf. Ptz. Pass.]. **λυπῆσθε** Präs. Konj. Pass. λυπέω *betrüben, in Trauer versetzen;*

14   Präs. Pass. *traurig sein.* **ἔχοντες** Ptz. ἔχω, attr. **καί** pleon. (A311,8). **14 εἰ γάρ ... οὕτως** *denn so gewiß* (wörtl.: denn, wenn; der Kontext erweist die Bedingung als erfüllt) *... ebenso gewiß* (Menge). **ἀπ-έ-θανεν** Aor. ἀπο-θνῄσκω. **ἀν-έστη** Wz.-Aor. -ίσταμαι. **κοιμηθέντας** Aor. Ptz. Pass. κοιμάομαι, subst. **διὰ τοῦ Ἰησοῦ** viell. zu κοιμηθέντας zu zie-

15   hen *durch Jesus* (d.h. im Glauben an ihn). **ἄξει** Fut. ἄγω. **15 ἐν λόγῳ κυρίου, ὅτι** *mit einem Wort des Herrn:* (ein Wort Jesu wird im flgd. zitiert). **ζῶντες** Ptz. ζάω, attr. bzw. subst. (App. zu ἡμεῖς, A303). **περι-λειπόμενοι** Ptz. Pass. -λείπω *übriglassen;* Pass. *übrigbleiben;* attr. bzw. subst. **παρ-ουσία** *Wiederkunft* (s. 2,19). **οὐ μή** m. Aor. Konj. stärkste Verneinung zukünftigen Geschehens (A257). **φθάσωμεν** Aor. Konj. φθάνω[143] *zuvorkommen, voraussein, etwas voraushaben* τινά *jmdm.*

16   **16 αὐτὸς ὁ κύριος** *der Herr selbst* (A124). **ἐν** mod., begleitender Umstand: *mit.* **κέλευσμα**[3] (< κελεύω *befehlen*) *Signal, Kommando, Befehlsruf.* **ἀρχ-άγγελος** *Erzengel* (d.h. ein Engelfürst). **σάλπιγξ**[3] ιγγος ἡ *Trompete, Posaune.* **κατα-βήσεται** Fut. Med. -βαίνω. **οἱ νεκροὶ ἐν Χριστῷ** *die in Christus* (d.h. im Glauben an ihn) *Verstorbenen.* **ἀνα-**

17   **στήσονται** Fut. Med. ἀν-ίσταμαι. **17 ἔπ-ειτα** *dann, danach.* **ἅμα** *zugleich, gleichzeitig.* **ἁρπαγησόμεθα** Fut. Pass. ἁρπάζω[107] *rauben, fortreißen; wegführen; entrücken* (B 2b). **νεφέλη** *Wolke.* **ἀπ-άντησις**[8] *Begegnung; Einholung* (politischer term. tech.: einem Herrscher bei seiner offiziellen Ankunft [παρουσία] entgegengehen, ihn empfangen u. feierlich geleiten); εἰς ἀπάντησιν *entgegen* od. *zur Einholung* (vgl. EWNT 1, Sp. 275).

18   **ἀήρ**[6] ἀέρος ὁ *Luft.* **ἐσόμεθα** Fut. εἰμί. **18 παρα-καλεῖτε** Imp. -καλέω. **ἐν** instr. *mit.*

5   **χρείαν ἔχω** *nötig haben,* m. Inf. **γράφεσθαι** Inf. Pass. γράφω.

2   **2 ἀκριβῶς** *genau.* **κλέπτης**[1] *Dieb.* **οὕτως** *hier so (unvorhergesehen)*

3   (GN). **ἔρχεται** *hier fut.* (A234). **3 λέγωσιν** Konj. λέγω, Subj. die Menschen allgemein (vgl. A76a). **ἀ-σφάλεια** (< σφάλλω zu Fall bringen) *Sicherheit;* erg. **ἐστίν** *es ist/herrscht.* **αἰφνίδιος**[11] *plötzlich;* Adj. adv. gebraucht (A113). **ἐφ-ίσταμαι**[205] *herantreten;* τινί *über jmdn. kommen* (B 1b); Präs. hier fut. (A234). **ὄλεθρος** *Verderben, Vernichtung, Tod.* **ὥσ-περ** *wie, gleichwie.* **ὠδίν**[4] ῖνος ἡ *Geburtsschmerz; (die) Wehe.* **γαστήρ**[6] τρός ἡ *Bauch, Mutterleib;* ἐν γαστρὶ ἔχω *schwanger sein.* **ἐχούσῃ** Ptz.

Fem. ἔχω, subst. οὐ μή m. Aor. Konj. stärkste Verneinung zukünftigen Geschehens (A257). ἐκ-φύγωσιν Aor. Konj. -φεύγω[72] *entfliehen, entkommen.* 4 σκότος[7] *Dunkelheit, Finsternis* (übertr. Bereich des Gottfeind- 4 lichen). ἵνα hier kons. *so daß* (BDR §391[9]). κατα-λάβη Aor. Konj. -λαμβάνω[152] *ergreifen, ereilen* (B 1b), *überraschen.* 5 υἱοὶ φωτός, υἱοὶ 5 ἡμέρας *Söhne des Lichts, Söhne des Tages* (Sem. [A157]), d.h. Menschen, die zum Licht bzw. Tag gehören u. davon bestimmt sind. νυκτός, σκότους gen. pertinentiae (A152ff); οὐκ ἐσμὲν νυκτὸς οὐδὲ σκότους *wir gehören weder der Nacht noch der Finsternis.* 6 καθ-εύδωμεν Konj. -εύδω *schlafen;* 6 μὴ καθεύδωμεν adhortativer Konj. (A254) *laßt uns nicht schlafen.* γρη-γορῶμεν Konj. γρηγορέω *wachen; wachsam sein;* adhortativer Konj. (A254). νήφωμεν Konj. νήφω *nüchtern* (d.h. bei klarem Verstand) *sein;* adhortativer Konj. (A254). 7 καθ-εύδοντες Ptz., subst. νυκτός gen. 7 temp. (A166). μεθυσκόμενοι Ptz. Pass. μεθύσκω *betrunken machen;* Pass. *sich betrinken;* subst. μεθύω *betrunken sein.* 8 ἡμέρας gen. pertinen- 8 tiae (A152ff). ὄντες Ptz. εἰμί, kaus.; ἡμέρας ὄντες *da wir zum/dem Tag gehören.* ἐν-δυσάμενοι Aor. Ptz. Med. -δύω[12] *anziehen, bekleiden;* Med. *sich bekleiden mit, sich anziehen;* temp. *nachdem wir angezogen haben.* θώραξ[3] ακος ὁ *Brustpanzer, Panzer;* m. flgd. gen. epexegeticus (A163). περι-κεφα-λαία *Helm;* hier wohl vorangestellte App. (vgl. H-S §260h/i), περικεφα-λαίαν ἐλπίδα σωτηρίας *als Helm die Hoffnung auf das Heil.* 9 ἔ-θετο 9 Aor. Med. τίθημι; ἔθετο ἡμᾶς ... εἰς *er hat uns bestimmt zu.* ὀργή *Zorn; Zorngericht.* περι-ποίησις[8] *(das) Erhalten, Erwerben, In-Besitz-Nehmen;* m. gen. obi. (A158). 10 ἀπο-θανόντος Aor. Ptz. -θνῄσκω, attr. εἴτε ... 10 εἴτε *ob ... oder.* γρηγορῶμεν, καθεύδωμεν V. 6 (hier wohl prospek-tiver Konj. [A343], doch unatt. ohne ἄν [Zerwick §332], viell. v. ἵνα beeinflußt [BDR §372[11]]; hier übertr. v. Leben u. Sterben gebraucht). ἅμα *zugleich, gleichzeitig.* ζήσωμεν Aor. Konj. ζάω, wohl ingr. (A229). 11 παρα- 11 καλεῖτε Imp. -καλέω. οἰκο-δομεῖτε Imp. -δομέω. εἰς τὸν ἕνα = ἀλλήλους *einer den anderen, gegenseitig* (A127).

12 εἰδέναι Pf. (m. präs. Bdtg.) Inf. οἶδα hier *anerkennen, ehren* (B 5). 12 κοπιῶντας Ptz. κοπιάω *müde werden; sich (ab)mühen, sich besonders ein-setzen;* subst. ἐν *unter/bei* euch. προ-ϊσταμένους Ptz. -ἵσταμαι[205] *vor-stehen, leiten; sich kümmern um, sorgen für,* m. Gen.; subst. [Var. προ-ϊστα-νομένους Nebenform]. ἐν κυρίῳ *im Herrn* (d.h. in seinem Auftrag). νου-θετοῦντας (< νοῦς *Sinn* + τίθημι) Ptz. νου-θετέω *ermahnen, zurecht-weisen;* hier *zurechtbringen, den rechten Weg zeigen* (GN); subst. 13 ἡγεῖ- 13 σθαι Inf. ἡγέομαι *führen; meinen, halten für;* hier *hochhalten, hochachten, schätzen* (B 2). ὑπερ-εκ-περισσοῦ Adv. *ganz über alle Maßen, ganz besonders.* εἰρηνεύετε Imp. εἰρηνεύω *Frieden halten.* ἐν ἑαυτοῖς [Var. αὐτοῖς] = ἐν ἀλλήλοις *untereinander* (B ἑαυτοῦ 3). 14 νου- 14

θετεῖτε Imp. **ἄ-τακτος**[11] *unordentlich, undiszipliniert, ein ungeregeltes Leben führend* (GN). **παρα-μυθεῖσθε** Imp. -μυθέομαι *ermutigen.* **ὀλιγό-ψυχος**[11] *kleinmütig, ängstlich.* **ἀντ-έχεσθε** Imp. -έχομαι *sich halten an; sich annehmen, helfen,* m. Gen. **ἀ-σθενής**[7] *kraftlos, schwach.* **μακρο-θυμεῖτε** Imp. -θυμέω *Geduld haben; langmütig sein* (B 2).

15 **15 ὁρᾶτε** Imp. ὁράω; ὁρᾶτε μή τις (m. prohibitivem Konj., A256; A328) *seht darauf, daß keiner.* **ἀντί** m. Gen. (A188) *anstatt, für; zugunsten von, für.* **ἀπο-δῷ** Aor. Konj. -δίδωμι, τινὶ κακὸν ἀντὶ κακοῦ *jmdm. Böses als Gegenleistung für Böses zurückzahlen; jmdm. Böses mit Bösem vergelten* (B 3). **διώκετε** Imp. διώκω hier *erstreben, trachten nach* (B 4b). **καί ... καί** *sowohl ... als auch.* **εἰς** hier wohl *gegen* (im freundl. Sinn, A191), *im Umgang*

16f *mit* (GN). **16 χαίρετε** Imp. **17 ἀ-δια-λείπτως** *beständig, unablässig.*
18 **προσ-εύχεσθε** Imp. **18 ἐν παντί** *in jeder Lage* (vgl. B πᾶς 2aβ). **εὐ-χαριστεῖτε** Imp. -χαριστέω *dankbar sein; Dank sagen, danken.*
19 **19 σβέννυτε** Imp. σβέννυμι *auslöschen;* übertr. *unterdrücken, hindern.*
20 **20 προ-φητεία** *Weissagung, Prophetie.* **ἐξ-ουθενεῖτε** Imp. -ουθενέω
21 *geringschätzen, verachten.* **21 δοκιμάζετε** Imp. δοκιμάζω (< δόκιμος *erprobt) prüfen.* **κατ-έχετε** Imp. -έχω *aufhalten; festhalten, behalten* (B 1bβ).
22 **22 εἶδος**[7] *Gestalt; Art* (B 2). **ἀπ-έχεσθε** Imp. Med. -έχω *empfangen haben;* Med. *meiden, sich fernhalten von* (B 3).
23   **23 ὁ θεὸς τῆς εἰρήνης** *der Gott des Friedens,* d.h. Gott als der Urheber des Friedens. **ἁγιάσαι** Aor. Opt. 3. Sg. ἁγιάζω[91] *heiligen;* kupitiver Opt. (A259) *er möge heiligen.* **ὁλο-τελής**[7] *ganz, vollständig;* hier Adj. adv. gebraucht (A113) od. Objektsartangabe (A65: euch als ganze Person) *ganz und gar.* **ὁλό-κληρος**[11] *unversehrt, ohne Schaden;* Objektsartangabe (also: *unversehrt = in unversehrtem Zustand,* A65); gehört zu allen drei flgd. Subj. (H-S §264b). **ἀ-μέμπτως** (< μέμφομαι *tadeln) untadelig;* hier (wenn nicht mod.) wohl Adv. statt Adj. (im Akk. als Objektsartangabe; BDR §434[6]): *unversehrt frei von jedem Tadel bewahrt werden;* viell.: *unversehrt bewahrt werden, damit/so daß ihr frei von jedem Tadel seid.* **παρ-ουσία** *Wiederkunft* (s. 2,19). **τηρηθείη** Aor. Opt. Pass. 3. Sg. τηρέω, kupitiver Opt. (A259) *er möge* (hier
24 *sie mögen,* A94) *bewahrt werden.* **24 καλῶν** Ptz. καλέω, subst. **ποιήσει** Fut. ποιέω. **ὅς** hier *er* (A364).
25f   **25 προσ-εύχεσθε** Imp. **26 ἀσπάσασθε** Aor. Imp. Med.
27 ἀσπάζομαι *grüßen.* **ἐν** mit. **φίλημα**[3] *Kuß.* **27 ἐν-ορκίζω** *beschwören* τινά τι *jmdn. bei etwas,* m. flgd. AcI. **ἀνα-γνωσθῆναι** Aor. Inf. Pass.
28 -γινώσκω[166] *lesen; vorlesen;* Präd. des AcI. **ἐπι-στολή** *Brief.* **28 χάρις** erg. εἴη (Opt. v. εἰμί) *Gnade sei.*

2. Thessalonicher

Σιλουανός *Silvanus,* Τιμόθεος *Timotheus,* zwei Begleiter v. Paulus. **1**
τῇ ἐκκλησίᾳ erg. ἐπιστέλλομεν *schreiben,* m. flgd. Dat. des Adressaten
(A376a). Θεσσαλονικεύς[8] *Thessalonicher,* Bewohner v. Thessalonich
(Stadt in Mazedonien). ἐν θεῷ *in (Gemeinschaft mit) Gott,* Attr. zu ἐκκλη-
σίᾳ. **2** χάρις erg. εἴη (Opt. v. εἰμί) *sei* (BDR §128[8]), christl. Form des **2**
griech. Briefgrußes χαίρειν, kombiniert m. dem hebr. Gruß שָׁלוֹם *šālôm* =
εἰρήνη. **3** εὐ-χαριστεῖν Inf. -χαριστέω *dankbar sein; Dank sagen, dan-* **3**
ken. ὀφείλω *schulden; verpflichtet sein, müssen.* ἄξιόν ἐστιν unpersönl.
(B ἄξιος 1c) *es ziemt sich, es ist angemessen.* ὑπερ-αυξάνω *sich reichlich*
mehren, stark wachsen. πλεονάζω *viel sein/werden, wachsen, zunehmen.* εἷς
ἕκαστος *jeder einzelne* (B ἕκαστος 2). **4** αὐτοὺς ἡμᾶς *wir selbst,* Subj. **4**
des AcI. ἐγ-καυχᾶσθαι Inf. -καυχάομαι *sich rühmen* ἐν jmds. ὑπέρ
im Hinblick auf, wegen (B 1f; vgl. A184). ὑπο-μονή *Ausharren, Geduld, Aus-*
dauer, Standhaftigkeit. διωγμός *Verfolgung.* αἷς für ὧν, viell. ἅς (BDR
§294[2]), Attraktion des Rel. Pron. (A360). ἀν-έχομαι *aushalten, ertragen,* m.
Gen. (BDR §176[1]) od. Akk. (B 1b). **5** ἔν-δειγμα[3] *Anzeichen, Hinweis;* erg. **5**
ὅ ἐστιν. εἰς τό m. AcI fin. (Ziel des Gerichts bzw. des Leidens; A282) *damit*
od. m. ἔνδειγμα zu verbinden (als App. zu τῆς κρίσεως: *ein Anzeichen des*
gerechten Gerichts ... der Tatsache [nämlich], daß [vgl. Menge]). κατ-αξιω-
θῆναι Aor. Inf. Pass. -αξιόω *würdigen, für würdig erachten,* m. gen. pretii
(A161); Präd. des AcI. **6** εἴ-περ *so gewiß* (B εἰ VI12); εἴπερ δίκαιον (erg. **6**
ἐστίν) παρὰ θεῷ *so gewiß es gerecht vor Gott ist.* ἀντ-απο-δοῦναι Aor.
Inf. -δίδωμι[201] *vergelten; heimzahlen* τινί τι jmdm. (das von diesem ver-
ursachte bzw. erlittene Unrecht) *mit etwas.* θλίβουσιν Ptz. θλίβω *drücken;*
bedrängen, quälen (B 3); subst. **7** καί wohl adversativ (A311,1) *aber.* **7**
θλιβομένοις Ptz. Pass., subst.; App. zu ὑμῖν (A303). ἄν-εσις[8] (< ἀν-
ίημι u.a. *loslassen*) *Erleichterung; Erholung, Ruhe.* ἀπο-κάλυψις[8] *Offen-*
barung. ἄγγελοι δυνάμεως gen. qualitatis (A160) *machtvolle Engel.*
8 ἐν *in, mit.* φλόξ[3] ογός ἡ *Flamme;* πῦρ φλογός gen. qualitatis (A160) **8**
flammendes Feuer [Var. φλογὶ πυρός *feurige Flamme*]. διδόντος Ptz.
δίδωμι, part. coni. zu Ἰησοῦ (V. 7), fin. od. temp. ἐκ-δίκησις[8] *Rache,*
Bestrafung; δίδωμι ἐκδίκησιν τινι jmdn. *bestrafen.* μή *nachklass.* statt οὐ
(A284). εἰδόσιν Pf. (m. präs. Bdtg.) Ptz. οἶδα hier viell. *anerkennen, ehren*
(vgl. B 2); subst. ὑπ-ακούουσιν Ptz. -ακούω *gehorchen;* subst.
9 οἵτινες *solche/Menschen, die* od. = οἵ (A132f). δίκη *Rechtsspruch; Strafe.* **9**
τίσουσιν Fut. τίνω[142] *bezahlen, zahlen;* δίκην τίνω *(als) Strafe empfan-*
gen/erleiden. ὄλεθρος *Verderben, Tod.* ἀπὸ προσώπου *vom Angesicht*
(*ausgehend od. getrennt,* d.h. die Strafe ist die Entfernung aus der Gegenwart

10　des Herrn). **ἰσχύς**[8] υος ἡ *Macht, Kraft.* **10 ἔλθη** Aor. Konj. ἔρχομαι. **ἐν-δοξασθῆναι** Aor. Inf. Pass. -δοξάζω (vgl. A33[91ff]) *verherrlichen;* fin. (A276). **ἐν** (erstes u. zweites) *bei, unter.* **θαυμασθῆναι** Aor. Inf. Pass. θαυμάζω (vgl. A33[91ff]) tr. *bewundern* (B 1bβ); fin. **πιστεύσασιν** Aor. Ptz. πιστεύω, subst., wohl gleichzeitig (vgl. A285): allen, *die glauben,* od. vorzeitig komplexiv od. ingr. (vgl. A228f): allen, *die geglaubt haben* od. *die gläubig geworden sind.* **ἐ-πιστεύθη** Aor. Pass., Pass. *Glauben finden* (B 1aα); ὅτι ... ὑμᾶς ist Parenthese (A374). **μαρτύριον** *Zeugnis.* **ἐφ' ὑμᾶς** *bei euch* (B

11　ἐπί III1aζ). **ἐν τῇ ἡμέρᾳ ἐκείνη** gehört zu ὅταν ἔλθη. **11 εἰς ὅ** *im Hinblick darauf* (B εἰς 4f). **ἵνα** hier *daß* (A328; bez. das Erbetene). **ἀξιώση** Aor. Konj. ἀξιόω *für wert erachten;* hier *würdig machen,* m. gen. pretii (A161). **κλῆσις**[8] *Berufung;* hier wohl *das, wozu einer berufen ist.* **πληρώση** Aor. Konj. πληρόω hier *zur Vollendung bringen* (B 3). **εὐ-δοκία** *guter Wille; Wohlgefallen.* **ἀγαθω-σύνη** *Rechtschaffenheit, Güte;* πᾶσαν εὐδοκίαν ἀγαθωσύνης καὶ ἔργον πίστεως gen. pertinentiae (A152ff) *all (euer) Verlangen nach Gutem* (wörtl. *zur Güte gehörendes Wünschen*) *und (all euer) aus dem Glauben kommendes* (gen. auctoris) *Tun.* **ἐν δυνάμει** mod. *kraft-*

12　*voll* od. instr. *durch (seine) Kraft.* **12 ὅπως** hier *damit.* **ἐν-δοξασθῆ** Aor. Konj. Pass. **ἐν ὑμῖν** *durch euch;* evtl. *bei euch.*

2　**ὑπέρ** *wegen; was betrifft* (BDR §231[2]; vgl. A184). **παρ-ουσία** (< πάρειμι [εἰμί] *anwesend sein*) *Anwesenheit, Gegenwart; Ankunft, (das) Kommen* (außerbibl. [hellenistisch] term. tech. für den offiziellen Besuch eines Kaisers od. sonstigen hohen Amtsträgers in einer Provinzstadt sowie für die Epiphanie eines Gottes [EWNT 3, Sp. 103]); im NT term. tech. für die *Wiederkunft* Christi. **ἐπι-συν-αγωγή** *Versammlung, (das) Sichversammeln, Verei-*

2　*nigung,* ἐπί τινα *bei/mit jmdm.* **2 εἰς τό** m. AcI als Obj. zu ἐρωτῶμεν (V. 1) statt eines einfachen AcI (H-S §218a) *daß.* **ταχέως** *schnell; allzuschnell.* **σαλευθῆναι** Aor. Inf. Pass. σαλεύω *zum Schwanken bringen, erschüttern;* Pass. *erschüttert werden, ins Wanken geraten;* Präd. des AcI. **νοῦς** (νοός νοῖ νοῦν) *Verstand, Vernunft;* σαλευθῆναι ... ἀπὸ τοῦ νοός *wankend werden in der (nüchternen) Überlegung* (B 1), *vom vernünftigen Denken abbringen lassen, aus der Fassung bringen lassen.* **θροεῖσθαι** Inf. Pass. θροέομαι *erschreckt werden, sich in Schrecken versetzen lassen;* Präd. des AcI. **μήτε ... μήτε** *weder ... noch.* **πνεῦμα** hier *Geistesmitteilung* (wohl Prophetie). **ἐπι-στολή** *Brief.* **ὡς δι' ἡμῶν** *als wäre er* bzw. *wären sie* (d.h. der Brief bzw. die letzten beiden od. drei Subst.) *von uns* (vgl. B ὡς III3; BDR §425[6]) = *der* bzw. *die angeblich von uns stammt* bzw. *stammen.* **ὡς ὅτι** ὡς stellt die subjektive Bdtg. heraus: *mit der Behauptung, daß* (BDR §425,3; 396,2). **ἐν-έ-στηκεν** Pf. (m. präs. Bdtg.) ἐν-ίσταμαι[205] *eintreten;* Pf. *da sein, gegenwärtig sein.*

3　**3 ἐξ-απατήση** Aor. Konj. -απατάω *betrügen, täuschen;* prohibitiver

Konj. (A256). **τρόπος** *Art und Weise;* μή τις ... κατὰ μηδένα τρόπον *niemand ... auf irgendeine Weise* (Neg. verstärken einander, A310). **ὅτι** *denn;* erg.: dies wird nicht geschehen. **ἔλθῃ** Aor. Konj. ἔρχομαι. **ἀπο-στασία** *Abfall, Auflehnung* (gegen Gott). **ἀπο-καλυφθῇ** Aor. Konj. Pass. -καλύπτω[54] *offenbaren, enthüllen.* **ἀνομία** *Gesetzlosigkeit* (als Gesinnung); *gesetzwidrige Tat;* gen. qualitatis (A160): der Mensch *der Gesetzlosigkeit* (d.h. der Mensch, der alles Böse in sich vereint [GN]). **ἀπ-ώλεια** (< ἀπ-όλλυμι) *Verderben;* υἱὸς τῆς ἀπωλείας Sem. (A157) *Sohn des Verderbens,* d.h. der, dessen Untergang besiegelt ist. **4 ἀντι-κείμενος** Ptz. -κειμαι (A32) *im Streit liegen, sich widersetzen;* subst., App. zu ἄνθρωπος. **ὑπερ-αιρόμενος** Ptz. -αίρομαι *sich überheben* ἐπί *über;* subst. **λεγόμενον** Ptz. Pass. λέγω, subst.; πᾶς λεγόμενος *jedes Wesen, das man ... nennt.* **σέβασμα**[3] (< σέβομαι u.a. *als Gott verehren*) *(das) Verehrte, Heiligtum; Verehrungswürdiges.* **καθίσαι** Aor. Inf. καθίζω, kons.; Präd. des AcI. **ἀπο-δεικνύντα** Ptz. -δείκνυμι *bestellen zu, machen zu;* mod.; ἀποδεικνύντα ἑαυτὸν ὅτι ἐστὶν θεός *indem er sich selbst zum Gott einsetzt* (B 1), *indem er sich für Gott ausgibt.* **5 μνημονεύω** *sich erinnern, gedenken, denken an, erwähnen.* **ὦν** Ptz. εἰμί, temp. **πρὸς ὑμᾶς** *bei euch.* **ἔ-λεγον** Ipf. λέγω, wohl iter. **6 κατ-έχον** Ptz. -έχω *aufhalten, zurückhalten; festhalten;* subst.; καὶ νῦν τὸ κατέχον *und das, was (ihn)* (erg. αὐτόν [den Menschen der Gesetzlosigkeit]) *jetzt zurückhält* (= καὶ τὸ νῦν κατέχον; vgl. BDR §474[9]) od. *und was die Gegenwart betrifft, so wißt ihr, was (ihn) zurückhält.* **εἰς τό** m. AcI fin. (A282) *damit.* **ἀπο-καλυφθῆναι** Aor. Inf. Pass. -καλύπτω, Präd. des AcI. **ἐν τῷ ἑαυτοῦ καιρῷ** *(erst) zu seiner Zeit, zu der ihm bestimmten Zeit.* **7 μυστήριον** *Geheimnis.* **ἐν-εργεῖται** Med. -εργέω Akt. u. Med. intr. *wirksam sein, sich als wirksam erweisen.* **μόνον** erg. ἔστιν *nur ist ... da/vorhanden* od. ἕως ist vor ὁ κατέχων zu ziehen (BDR §475[1]). **κατ-έχων** Ptz., subst.; ὁ κατέχων ἄρτι *der, der jetzt aufhält.* **ἄρτι** *jetzt; eben erst; sogleich; zur gegenwärtigen Zeit.* **γένηται** Aor. Konj. (s. ἕως, A337) Med. γίνομαι; ἐκ μέσου γένηται *aus der Mitte entfernt wird, beseitigt wird.* **8 ἀπο-καλυφθήσεται** Fut. Pass. -καλύπτω. **ἄ-νομος**[11] *gesetzlos, gesetzwidrig.* **ἀν-ελεῖ** Fut. ἀν-αιρέω[186] *wegnehmen, beseitigen, töten* [Var. 1 ἀν-έλοι Aor. Opt. 3. Pers.; Var. 2 ἀνα-λώσει Fut. -λίσκω bzw. -λόω *verzehren*]. **πνεῦμα** hier *Hauch* (B 1b); dat. instr. (A176). **κατ-αργήσει** Fut. -αργέω *außer Wirksamkeit setzen; vernichten, beseitigen* (B 2). **ἐπι-φάνεια** *Erscheinung.* **παρ-ουσία** V. 1. **9 οὗ** ... **ἡ παρουσία** (vgl. A363) *dessen* [näml. des Gesetzlosen] *Ankunft.* **ἐν-έργεια** *Wirksamkeit, Kraft.* **σατανᾶς**[1] ᾶ *Satan,* der Widersacher Gottes. **δύναμις** hier *Machttat, Machtentfaltung;* ἐν πάσῃ δυνάμει *mit jeder Art von Machttat* (vgl. B πᾶς 1aβ) od. *mit großer Macht(entfaltung).* **τέρας**[3] ατος τό *Wunder.* **ψεῦδος**[7] *Lüge;* gen. qualitatis (A160), τέρας ψεύδους *trügerisches Wunder.*

10   **10 ἀπάτη** *Täuschung, Verführung.* **ἀ-δικία** *Unrecht; Ungerechtigkeit.* **ἀπ-ολλυμένοις** Ptz. -όλλυμαι, subst.; dat. commodi (A173) *für die, die verlorengehen.* **ἀντί** m. Gen. (A188) *anstatt, für; zugunsten von, für;* ἀνθ᾽ (= ἀντί) ὧν *dafür, daß* = *weil* (BDR §208²). **ἀληθείας** gen. obi. (A158) *zur Wahrheit.* **ἐ-δέξαντο** Aor. Med. δέχομαι; τὴν ἀγάπην δέχομαι *sich die Liebe zu eigen machen* = *lieben.* **εἰς τό** m. AcI fin., evtl. kons. (A282) *damit,* evtl. *so*

11   *daß.* **σωθῆναι** Aor. Inf. Pass. σῴζω, Präd. des AcI.   **11 πλάνη** *Irrtum, Verirrung, Irreführung, Täuschung;* ἐνέργεια πλάνης *eine Kraft/Wirksamkeit der Verirrung/Irreführung,* d.h. sie ist davon best. (gen. qualitatis, A160), od. sie führt dazu (gen. obi., A158). **εἰς τό** m. AcI hier kons. (A282) *so daß.*

12   **πιστεῦσαι** Aor. Inf. πιστεύω, Präd. des AcI.   **12 κριθῶσιν** Aor. Konj. Pass. κρίνω. [Var. ἅπας = πᾶς.] **πιστεύσαντες** Aor. Ptz., subst. **εὐ-δοκήσαντες** Aor. Ptz. -δοκέω m. Dat. *Wohlgefallen haben an; für gut halten; etwas billigen, mögen;* subst.

13   **13 ὀφείλω** *schulden; verpflichtet sein, müssen.* **εὐ-χαριστεῖν** Inf. -χαριστέω *dankbar sein; Dank sagen, danken.* **ἠγαπημένοι** Pf. Ptz. Pass. ἀγαπάω, attr. **εἵλατο** Aor. Med. αἱρέομαι[185] *sich nehmen, erwählen* τινὰ εἴς τι *jmdn. zu etwas.* **ἀπ-αρχή** *Erstlingsgabe* (term. tech. der Opfersprache: der Jahwe geweihte erste Teil der Naturerträge, durch dessen Darbringung das Ganze geheiligt wurde); Obj.-Präd. (A65) *als Erstlingsgabe* [Var. ἀπ᾽ ἀρχῆς *von Anfang an*]. **ἐν** instr. **ἁγιασμός** *Heiligung.* **πνεύματος** gen. auctoris (A153) *vom Geist (Gottes) gewirkt.* **ἀληθείας** gen. obi. (A158) *an die*

14   *Wahrheit.* **14 εἰς ὅ** *wozu* bzw. (A364) *dazu.* **ἐ-κάλεσεν** Aor. καλέω. **τὸ εὐαγγέλιον ἡμῶν** *das von uns verkündigte Evangelium* (B εὐαγγέλιον 2bβ). **περι-ποίησις**[8] *Erwerb, Besitz;* m. gen. obi. (A158).

15   **15 στήκετε** Imp. στήκω (< ἕστηκα) *stehen; feststehen.* **κρατεῖτε** Imp. κρατέω. **παρά-δοσις**[8] *Überlieferung* (d.h. die als maßgebl. überlieferte Lehre). **ἐ-διδάχθητε** Aor. Pass. διδάσκω, m. Akk. der Sache (A213). **εἴτε ... εἴτε** *sei es/ob ... oder.* **ἐπι-στολή** *Brief;* εἴτε διὰ λόγου εἴτε δι᾽ ἐπιστολῆς ἡμῶν *sei es mündlich oder durch einen Brief von uns* (BDR §223⁸).

16   **16 ἀγαπήσας** Aor. Ptz. ἀγαπάω, attr. **δούς** Aor. Ptz. δίδωμι, attr. **παρά-κλησις**[8] *Trost, Zuspruch, Ermutigung.* **ἀγαθός** hier *gut* = *begründet*

17   (GN). **17 παρα-καλέσαι** Aor. Opt. 3. Sg. -καλέω; kupitiver Opt. (A259) *er möge ermutigen/trösten, er ermutige/tröste;* Präd. im Sg. trotz des doppelten Subj. (Jesus u. Gott), beide Subj. werden als Einheit behandelt. **στηρίξαι** Aor. Opt. 3. Sg. στηρίζω[85] *festmachen, aufstellen; stärken;* kupitiver Opt. (A259). **ἐν** hier *in, bei.*

3   **προσ-εύχεσθε** Imp. **ἵνα** hier *daß* (A328, bez. das Erbetene). **τρέχῃ** Konj. τρέχω *laufen; eilig seinen Weg machen, sich rasch verbreiten* (B 2b). **δοξάζηται** Konj. Pass. δοξάζω, Pass. hier *zu herrlicher Wirkung kommen*

2   (Wilckens) od. *ehrenvoll/dankbar aufgenommen werden.*   **2 ἵνα** V. 1.

ῥυσθῶμεν Aor. Konj. Pass. ῥύομαι[8] *retten, erretten, bewahren.* **ἄ-τοπος**[11] *nicht am Platze; böse, schlecht* (B 2). **πάντων** Präd.-Nom. im gen. poss. (A154), erg. ἐστίν; οὐ γὰρ πάντων ἡ πίστις *denn der Glaube ist nicht allen eigen* bzw. *ist nicht jedermanns (Sache); denn nicht jeder glaubt;* Litotes (A386).   **3 στηρίξει** Fut. στηρίζω[85] *aufstellen, festmachen, befestigen;*   3 übertr. *kräftigen, stärken.* **φυλάξει** Fut. φυλάσσω[80] *wachen, bewachen, beschützen; beobachten, befolgen.* **πονηροῦ** Ntr. od. Mask.   **4 πε-ποί-**   4 **θαμεν** Pf. (m. präs. Bdtg.) πείθω[88] *vertrauen (auf), Zuversicht haben.* **παρ-αγγέλλω** *anordnen, gebieten.* **ποιήσετε** Fut. ποιέω.   **5 κατ-ευθύναι**   5 Aor. Opt. 3. Sg. -ευθύνω (vgl. A33[132ff]) *geraderichten, (hin)lenken;* kupitiver Opt. (A259) *er möge lenken, er lenke.* **ὑπο-μονή** *Ausharren, Geduld, Ausdauer, Standhaftigkeit;* ἡ ἀγάπη τοῦ θεοῦ, ἡ ὑπομονὴ τοῦ Χριστοῦ wohl gen. obi. (A158) *die Liebe zu Gott, das standhafte Warten auf Christus.*

      6 παρ-αγγέλλω V. 4. **στέλλεσθαι** Inf. Med. στέλλω *senden;*   6 Med. *sich zurückziehen, sich fernhalten;* Präd. des AcI. **ἀ-τάκτως** *unordentlich, undiszipliniert, ungeregelt.* **περι-πατοῦντος** Ptz. -πατέω, attr. **παρά-δοσις**[8] *Überlieferung* (d.h. die als maßgebl. überlieferte Lehre). **παρ-ε-λάβοσαν** Aor. (-οσαν statt -ον nachklass., H-S §70 Anm. 5) παρα-λαμβάνω [Var. 1 παρ-ε-λάβετε, Var. 2 παρ-έ-λαβον beides Aor.]. **7 μιμεῖσθαι** Inf. μιμέομαι *nachahmen, nacheifern, zum Vorbild nehmen,*   7 m. Akk. der Pers. **ἠ-τακτήσαμεν** Aor. ἀ-τακτέω *unordentlich/undiszipliniert sein, gegen die Ordnung verstoßen;* hier wohl *faulenzen* (B), *ein ungeregeltes Leben führen.* **ἐν ὑμῖν** *bei euch.*   **8 δωρεάν** *unentgeltlich, umsonst.*   8 **ἐ-φάγομεν** Aor. ἐσθίω; δωρεὰν ἄρτον ἐσθίω παρά τινος *auf Kosten anderer leben.* **κόπος** *Mühe; Anstrengung, eifriger Einsatz, Arbeit.* **μόχθος** *Anstrengung, Mühe.* **νυκτὸς καὶ ἡμέρας** *Nacht und Tag,* gen. temp. (H-S §168a; vgl. A166). **ἐργαζόμενοι** Ptz. ἐργάζομαι, mod.; erg. ἄρτον ἐφά-γομεν. **πρὸς τό** m. Inf. fin. (A282). **ἐπι-βαρῆσαι** Aor. Inf. -βαρέω *belasten, zur Last fallen,* m. Akk.   **9 οὐχ ὅτι** = οὐ λέγω ὅτι (ellip., BDR   9 §480[6]). **ἔχω ἐξουσίαν** *ein Recht (auf Unterstützung) haben* (B ἐξουσία 1). **τύπος** *sichtbarer Eindruck; Vorbild* (B 5). **δῶμεν** Aor. Konj. δίδωμι; ἀλλ' ἵνα ἑαυτοὺς τύπον δῶμεν ὑμῖν *vielmehr wollten wir* (wörtl. *sondern dies ist geschehen, damit wir;* vgl. BDR §448,7) *uns selbst für euch zum Vorbild geben/ wir für euch zum Vorbild werden.* **εἰς τό** m. Inf. fin. (A282).   **10 καὶ γάρ**   10 *denn auch.* **ἦμεν** Ipf. εἰμί. **πρὸς ὑμᾶς** *bei euch.* **τοῦτο** *dies,* d.h. das in V. 6ff Genannte (dann flgd. ὅτι kaus.) od. das Nachfolgende (vgl. A130; dann ὅτι recitativum = Doppelpunkt [A333]). **παρ-ηγγέλλομεν** Ipf. -αγγέλ-λω V. 4; Ipf. iter. **ἐργάζεσθαι** Inf. **ἐσθιέτω** Imp. 3. Sg. ἐσθίω. **11 ἀκούομεν** hier perfektisch *wir haben gehört* (H-S §197e). **περι-**   11 **πατοῦντας** Ptz. -πατέω, AcP (A300); τινὰς περιπατοῦντας *daß einige einen ... Lebenswandel führen.* **ἀ-τάκτως** V. 6. **ἐργαζομένους** Ptz., mod.

περι-εργαζομένους Ptz. -εργάζομαι Unnützes treiben, sich unnütz
12 herumtreiben; mod.   12 οἱ τοιοῦτοι die so Beschaffenen, diese/solche
Menschen. παρ-αγγέλλω V. 4. ἐν κυρίῳ hier wohl = ἐν ὀνόματι τοῦ
κυρίου (vgl. V. 6). ἵνα hier daß (A328, bez. das Gewünschte). ἡσυχία
Ruhe; μετὰ ἡσυχίας in Ruhe, ruhig. ἐργαζόμενοι Ptz., mod.
ἐσθίωσιν Konj. ἐσθίω; τὸν ἑαυτοῦ ἄρτον ἐσθίειν seinen Lebensunter-
13 halt selbst verdienen.   13 ὑμεῖς ihr (anderen) (vgl. A376a). ἐγ-κακήσητε
Aor. Konj. -κακέω nachlassen, müde werden, m. flgd. Ptz.; prohibitiver Konj.
(A256). καλο-ποιοῦντες Ptz. -ποιέω Gutes tun, das Rechte tun; präd.
nach Verben des modifizierten Seins u. Tuns (A301); μὴ ἐγκακήσητε
καλοποιοῦντες werdet nicht müde, Gutes/das Rechte zu tun.

14   14 ὑπ-ακούω gehorchen. ἐπι-στολή Brief; διὰ τῆς ἐπιστολῆς in
(diesem) Brief, brieflich. σημειοῦσθε Imp. σημειόομαι für sich aufzeich-
nen, sich merken. συν-ανα-μίγνυσθαι Inf. Pass. -μίγνυμαι zusam-
menmischen; Pass. verkehren mit; Inf. fin. od. kons. (A276; 278). ἐν-τραπῇ
Aor. Konj. Pass. -τρέπω[48] umwenden; beschämen; Pass. sich umwenden;
15 beschämt werden, sich schämen.   15 καί adversativ (A311,1) doch. ἐχθρός
Feind. ἡγεῖσθε Imp. ἡγέομαι führen, leiten; meinen, glauben, halten für; μὴ
(erg. αὐτόν) ὡς ἐχθρὸν ἡγεῖσθε haltet ihn nicht für einen Feind. νου-θε-
τεῖτε Imp. νου-θετέω (< νοῦς Sinn + τίθημι) ermahnen, zurechtweisen,
16 zurechtbringen.   16 ὁ κύριος τῆς εἰρήνης der Herr des Friedens, d.h. der
Herr als der Urheber des Friedens. δῴη Aor. Opt. 3. Sg. δίδωμι (A29), kupi-
tiver Opt. (A259) er möge geben, er gebe. διὰ παντός (erg. χρόνου) allezeit
(B διά III1a). τρόπος Art und Weise, Weise. ὁ κύριος (zweites) erg. εἴη
(Opt. v. εἰμί) der Herr sei.

17   17 ἀσπασμός Gruß. τῇ ἐμῇ χειρὶ Παύλου dat. instr. (A176),
erg. γέγραπται (B χείρ 1) den Gruß schreibe ich, Paulus, eigenhändig (Einh.).
ὅ ἐστιν was (d.h. der eigenhändige Gruß) ... ist. σημεῖον hier Kennzeichen,
18 Echtheitszeichen. ἐπι-στολή V. 14.   18 χάρις erg. εἴη (Opt. v. εἰμί)
Gnade sei.

1. Timotheus

ἐπι-ταγή *Auftrag, Befehl.* **σωτήρ**[6] ῆρος ὁ (vgl. σῴζω) *Retter,* **1**
Befreier (im NT stets v. Christus bzw. Gott als demjenigen, der Heil verleiht).
2 Τιμόθεος *Timotheus,* Begleiter v. Paulus; erg. **ἐπιστέλλω** *schreiben,* m. **2**
flgd. Dat. des Adressaten (A376a). **γνήσιος** *rechtmäßig; echt.* **ἐν** hier *in*
bezug auf (vgl. A178). **ἔλεος**[7] *Barmherzigkeit, Erbarmen, Mitleid;* erg. εἴη
(Opt. v. εἰμί, BDR §128[8]) **σοι** *sei mit dir.*

   3 καθ-ώς wohl Anakoluth (BDR §467[2]; vgl. A375), erg. vor καθώς **3**
viell. „bleib dem Auftrag treu" (GN) o.ä.; V. 5 neuer HS. **παρ-ε-κάλεσα**
Aor. παρα-καλέω. **προσ-μεῖναι** Aor. Inf. -μένω[117] *bleiben;* Präd. des
AcI. **Ἔφεσος** *Ephesus,* Hauptstadt der röm. Provinz Asia. **πο-**
ρευόμενος Ptz., temp. **Μακεδονία** *Mazedonien,* röm. Provinz in Nord-
griechenland. **παρ-αγγείλῃς** Aor. Konj. -αγγέλλω[110] *befehlen, anweisen,*
auffordern **τινί** *jmdn.* **ἑτερο-διδασκαλεῖν** Inf. -διδασκαλέω *eine*
andere (irrige) Lehre verbreiten; indirekte Aufforderung, m. der begonnenen
Handlung aufzuhören (vgl. A265; 334), ebenso Inf. in V. 4. **4 προσ-έχειν** **4**
Inf. -έχω *den Sinn richten auf; achten auf, sich abgeben mit.* **μῦθος** *Mythos,*
erdichtete Geschichte, Fabel. **γενεα-λογία** *Geschlechtsregister.* **ἀ-πέ-**
ραντος[11] (< περαίνω *zu Ende bringen*) *endlos;* evtl. Attr. zu beiden Subst.
ἐκ-ζήτησις[8] *Grübelei, Spekulation; spitzfindige Untersuchung* (Menge) [Var.
ζήτησις *Streitfrage; Auseinandersetzung*]. **παρ-έχω** *darbieten, gewähren;*
verursachen (B 1c) od. hier *führen zu.* **οἰκο-νομία** *Verwaltung;* bes. *Heils-*
veranstaltung, Heilsplan; Heilserziehung (B 3); ἢ οἰκονομίαν θεοῦ *als dem*
Heilsplan Gottes (zu dienen) (vgl. GN). **τὴν ἐν πίστει** *der/die im Glauben*
geschieht/verwirklicht wird. **5 παρ-αγγελία** *Weisung, Anordnung;* gemeint **5**
ist wohl neben der konkreten Anweisung an Timotheus die christl. Unter-
weisung überhaupt. **καθαρός** *rein.* **συν-είδησις**[8] *Bewußtsein; Gewissen.*
ἀν-υπό-κριτος[11] *ungeheuchelt.* **6 ὧν** gen. separationis (A167), GenO zu **6**
ἀστοχέω, *von diesen* (rel. Verschränkung, A364b). **ἀ-στοχήσαντες** Aor.
Ptz. ἀ-στοχέω (< στόχος [Schuß-]*Ziel*) *abirren;* mod. od. kaus. **ἐξ-ε-τρά-**
πησαν Aor. Pass. **ἐκ-τρέπομαι**[48] *sich abwenden,* m. **εἰς** *sich etwas zuwen-*
den. **ματαιο-λογία** *nichtiges/leeres Gerede, Geschwätz.* **7 θέλοντες** Ptz. **7**
θέλω, mod. **εἶναι** Inf. εἰμί. **νομο-διδάσκαλος** *Gesetzeslehrer.*
νοοῦντες Ptz. νοέω *erkennen, verstehen;* konz. od. mod. (m. Neg.): *ohne*
(wirklich) zu verstehen (A291). **μήτε ... μήτε** nach Neg. (vgl. A310) *... und.*
δια-βεβαιόομαι *feste Versicherung abgeben, Behauptung aufstellen,*
bezeugen. **8 νομίμως** *dem Gesetz entsprechend.* **χρῆται** Konj. χράομαι **8**
gebrauchen; anwenden, benutzen, m. Dat. **9 εἰδώς** Pf. (m. präs. Bdtg.) Ptz. **9**
οἶδα, mod. od. kaus. **τοῦτο** weist voraus auf den ὅτι-NS (BDR §290[5];

vgl. A130). **δικαίῳ** hier u. im flgd. dat. commodi (A173) *für einen Gerechten.*
νόμος wohl *das (mosaische) Gesetz.* **κεῖμαι** (A32; als Pf. Pass. v. τίθημι
gebraucht, A33²⁰⁰) *liegen, gelegt sein; sich* (an einem Ort) *befinden; gegeben sein,*
gelten (B 2b). **ἄ-νομος**¹¹ *gesetzlos, gesetzwidrig.* **ἀν-υπό-τακτος**¹¹
(< ὑποτάσσω unterordnen) *nicht unterworfen; unbotmäßig, aufrührerisch;*
ἄνομοι καὶ ἀνυπότακτοι *Gesetzlose und Aufrührer/Verbrecher.* **ἀ-σε-**
βής⁷ *gottlos.* **ἀν-όσιος**¹¹ *unheilig, gottlos.* **βέβηλος**¹¹ (< βαίνω gehen)
eig. „betretbar, für jeden zugänglich": *nicht heilig; gemein, ruchlos; gewissenlos.*
πατρο-λῴας¹ ου (< πατήρ + ἀλοάω schlagen) *Vatermörder.* **μητρο-**
10 **λῴας**¹ ου *Muttermörder.* **ἀνδρο-φόνος** *Mörder.* **10 πόρνος** *Unzüch-*
tiger, der/die Unzucht (= illegitimer Geschlechtsverkehr jeder Art) *Treibende,*
Hurer. **ἀρσενο-κοίτης**¹ *Knabenschänder, Homosexueller* (d.h. jmd., der
gleichgeschlechtl. sexuellen Umgang pflegt). **ἀνδρα-ποδιστής**¹ *Menschen-*
räuber, -händler. **ψεύστης**¹ (< ψεύδομαι lügen) *Lügner.* **ἐπί-ορκος**¹¹
meineidig. **καὶ εἴ τι ἕτερον** *oder (für solche, die) sonst etwas tun, was* (GN).
ὑγιαινούσῃ Ptz. Fem. ὑγιαίνω (< ὑγιής gesund) *gesund sein;* attr.
διδασκαλία *Unterweisung, Lehre.* **ἀντί-κειμαι** (A32) *im Streit liegen*
11 *mit; im Widerspruch stehen zu.* **11 κατὰ τὸ εὐαγγέλιον** best. τῇ ὑγιαι-
νούσῃ διδασκαλίᾳ näher: *der gesunden Lehre, wie sie dem Evangelium ...*
entspricht. **δόξης** gen. obi. (A158). **μακάριος** *glücklich, selig, benei-*
denswert; hier etwa *hochgelobt.* **ἐ-πιστεύθην** Aor. Pass. πιστεύω; Pass.
πιστεύομαί τι *etwas anvertraut erhalten, mit etwas betraut werden.*
12 **12 χάριν ἔχω** *dankbar sein, danken.* **ἐν-δυναμώσαντι** Aor. Ptz.
-δυναμόω *stark machen;* attr. [Var. ἐν-δυναμοῦντι Präs. Ptz.]. **ἡγήσα-**
το Aor. Med. ἡγέομαι *führen, leiten; meinen, glauben, halten für,* m. doppel-
tem Akk. (H-S §153b) *jmdn. für etwas halten/ansehen.* **θέμενος** Aor. Ptz.
Med. τίθημι hier *bestimmen, bestellen zu;* mod. od. temp.; ὅτι πιστόν με
ἡγήσατο θέμενος εἰς διακονίαν *daß er mich für vertrauenswürdig hielt*
und (A291 Anm. 1) *mich in (seinen) Dienst stellte* (vgl. BDR §339⁵ für die [im
Klass. anzutreffende] Möglichkeit, finites Verb u. Ptz. als vertauscht zu
13 denken). **διακονία** *Dienstleistung; Dienst, Amt.* **13 τὸ πρότερον** Adv.
(vgl. A150) *zuvor, einst.* **ὄντα** Ptz. εἰμί, konz., auf με bezogen: *obwohl ich*
war. **βλάσ-φημος**¹¹ *Lästerer.* **διώκτης**¹ *Verfolger.* **ὑβριστής**¹
Gewalttätiger, Frevler. **ἠλεήθην** Aor. Pass. ἐλεέω *Mitleid haben;* Pass.
Erbarmen finden; pass. divinum (A76b). **ἀ-γνοῶν** Ptz. ἀ-γνοέω *nicht*
erkennen, nicht wissen; unwissend sein; mod.; ἀγνῶν ἐποίησα *ich habe aus*
Unwissenheit gehandelt (B 1). **ἐ-ποίησα** Aor. ποιέω. **ἀ-πιστία** *Untreue;*
14 *Unglaube.* **14 ὑπερ-ε-πλεόνασεν** Aor. -πλεονάζω (vgl. A33⁹¹ᶠᶠ) *in rei-*
chem Maß vorhanden sein, sich überreich erweisen. **δέ** verbindend, nicht adver-
sativ (H-S §252,12) *ja* (Menge). **μετὰ πίστεως καὶ ἀγάπης** μετά
verbindet beide Begriffe eng mit χάρις (B μετά AII6), wobei Glaube und

Liebe ihre Wirkungen sind. **15 πιστός** hier *glaubwürdig, zuverlässig, wahr.* 15
ἀπο-δοχή *Annahme, Zustimmung;* gen. pretii (A161); πάσης ἀποδοχῆς
ἄξιος *wert, daß alle es annehmen.* **ὅτι** wohl recitativum = Doppelpunkt
(A333). **ἦλθεν** Aor. ἔρχομαι. **σῶσαι** Aor. Inf. σῴζω; fin. (A276). **ὧν**
gen. partitivus (A164) *unter ihnen/denen.* **πρῶτος** *der erste* (in der neg. Rang-
ordnung, also hier =) *der schlimmste.* **16 διὰ τοῦτο** m. ἵνα zu verbinden 16
deshalb ... damit (B ἵνα I5). **ἐν ἐμοὶ πρώτῳ** *an mir als erstem* od. *schlimm-
stem (Sünder).* **ἐν-δείξηται** Aor. Konj. Med. -δείκνυμαι[212] *zeigen,
erweisen.* **ἅ-πας**[10] = πᾶς. **μακρο-θυμία** *Geduld, Ausdauer; Langmut.*
ὑπο-τύπωσις[8] *Muster, Beispiel; Urbild, Vorbild.* **μελλόντων** Ptz. μέλλω,
subst.; m. Inf. **πιστεύειν** Inf.; τῶν μελλόντων πιστεύειν umschrieb.
Fut. (A250) *derer, die in Zukunft glauben werden* (B 1cβ). **εἰς ζωὴν αἰώ-
νιον** kons. od. fin. *so daß* od. *damit sie das ewige Leben erlangen.* **17 ὁ** 17
βασιλεὺς τῶν αἰώνων wohl gen. qualitatis (A160) *der ewige König.*
ἄ-φθαρτος[11] *unvergänglich.* **ἀ-όρατος**[11] *unsichtbar.* **τιμή** erg. εἴη (Opt.
v. εἰμί) *sei Ehre.*

18 παρ-αγγελία V. 5, bezieht sich auf V. 3-5. **παρα-τίθεμαι** 18
Med. -τίθημι *vorsetzen;* Med. *übergeben, anvertrauen* (B 2b). **Τιμόθεος** V. 2.
προ-αγούσας Ptz. Fem. -άγω intr. *vorausgehen, vorangehen; früher kom-
men/geschehen;* attr. **ἐπί** *über, im Blick auf* (B III1bζ). **προ-φητεία** *Weissa-
gung, Prophetie.* **ἵνα** hier fin. zu παρατίθεμαι. **στρατεύῃ** Konj. στρα-
τεύομαι *Kriegsdienst tun; kämpfen* [Var. στρατεύσῃ Aor. Konj.]. **ἐν
αὐταῖς** *durch diese (gestärkt, befähigt o.ä.).* **στρατεία** *Feldzug; Kampf;* Akk.
des inneren Obj. (A145). **19 ἔχων** Ptz., mod. **συν-είδησις** V. 5. **ἥν** *die-
ses* (rel. Verschränkung m. dem Ptz., A364b). **ἀπ-ωσάμενοι** Aor. Ptz. Med.
-ωθέομαι[173] *zurückstoßen;* übertr. *von sich stoßen, verwerfen, ablehnen;* kaus.
od. mod. **ἐ-ναυ-άγησαν** Aor. ναυ-αγέω (< ναῦς *Schiff* + ἄγνυμι
brechen) *Schiffbruch erleiden* περὶ τὴν πίστιν *im/am Glauben.* **20 ὧν** gen. 20
partitivus (A164) *unter ihnen.* **Ὑμέναιος** *Hymenäus,* **Ἀλέξανδρος** *Ale-
xander,* zwei Irrlehrer. **παρ-έ-δωκα** Aor. παρα-δίδωμι. **σατανᾶς**[1] ᾶ
Satan, der Widersacher Gottes. **παιδευθῶσιν** Aor. Konj. Pass. παιδεύω
erziehen; Zucht üben; züchtigen (B 2bα), m. flgd. Inf. **βλασ-φημεῖν** Inf.
-φημέω *in üblen Ruf bringen, verleumden; lästern;* μὴ βλασφημεῖν *(und es
dadurch lernen,) nicht länger zu lästern* (vgl. A265a; 334a).

πρῶτον πάντων *zuallererst* (B πρῶτος 2c). **ποιεῖσθαι** Inf. Med. **2**
od. Pass. ποιέω; ποιέομαι (Med.) δέησιν = δέομαι (Med. zur Umschrei-
bung des einfachen Verbalbegriffs, B II1; Analoges gilt auch für die übrigen
Akk.) *beten* od. (falls Pass.) Präd. des AcI; iter. **δέησις**[8] *Bitte, Gebet.* **προσ-
ευχή** *Gebet.* **ἔν-τευξις**[8] (< ἐντυγχάνω *eintreten für*) *Eingabe, Bittschrift;
Gebet, Fürbitte.* **εὐ-χαριστία** *Dankbarkeit; Danksagung, Dankgebet.*
2 ὑπερ-οχή *(das) Hervorragen; Vorzug; hervorragende/maßgebliche Stellung.* 2

ὄντων Ptz. εἰμί, subst. ἤρεμος¹¹ *still.* ἡσύχιος¹¹ *ruhig* (im Sinn v. Ordnung u. Ruhe [EWNT 2, Sp. 311]). βίος *Leben.* δι-άγωμεν Konj. -άγω *hindurchführen, führen.* εὐ-σέβεια *Frömmigkeit, Gottesfurcht.* σεμνότης³
3 ητος ἡ *Ehrbarkeit, Würde; Rechtschaffenheit* (GN). 3 ἀπό-δεκτος¹¹ *angenehm, wohlgefällig.* σωτήρ⁶ ῆρος ὁ (vgl. σῴζω) *Retter, Befreier* (im NT stets
4 v. Christus bzw. Gott als demjenigen, der Heil verleiht). 4 σωθῆναι Aor. Inf. Pass. σῴζω, Präd. des AcI. ἐπί-γνωσις⁸ *Erkenntnis* (impliziert hier *Anerkennung* bzw. *Annahme).* ἐλθεῖν Aor. Inf. ἔρχομαι, Präd. des AcI.
5 5 εἷς γὰρ θεός *denn einer ist Gott.* μεσίτης¹ *Mittler,* m. Gen. der Pers.,
6 zwischen denen er vermittelt (vgl. A152). 6 δούς Aor. Ptz. δίδωμι, attr. ἀντί-λυτρον *Lösegeld.* μαρτύριον *Zeugnis,* im Sinn v. *Beweis* (Handlung, Umstand od. Sache) od. *Zeugenaussage.* καιροῖς ἰδίοις dat. temp. (A182) *zur rechten Zeit* (B καιρός 3); τὸ μαρτύριον καιροῖς ἰδίοις wohl App. (A70) zur Aussage V. 5-6a: *dies ist das, was zur rechten* (d.h. v. Gott best.) *Zeit bezeugt werden sollte* (näml. durch die Verkündigung des Evangeliums), od. App. zu V. 6a: *damit* (durch die Selbsthingabe Christi) *wurde zur rechten Zeit*
7 *das Zeugnis erbracht* (dafür, daß Gott alle Menschen retten will). 7 εἰς ὅ *zu dem, für das, dafür.* ἐ-τέθην Aor. Pass. τίθημι hier *einsetzen, bestimmen.* κῆρυξ³ υκος ὁ *Herold; Verkündiger.* ψεύδομαι *lügen, belügen.*
8 8 βούλομαι *wollen, wünschen,* m. flgd. AcI. προσ-εύχεσθαι Inf., Präs. hier iter. (H-S §194c); Präd. des AcI. ἐπ-αίροντας Ptz. -αίρω *empor-, aufheben;* mod. ὅσιος *fromm, heilig.* ὀργή *Zorn.* δια-λογισμός *Überle-*
9 *gung; Zweifel, Bedenken;* hier *Zweifel* od. *Streit.* 9 ὡσ-αύτως *in gleicher Weise, ebenso;* erg. βούλομαι. γυναῖκας Subj. des AcI, abhängig v. βούλομαι. κατα-στολή *Haltung* (die sich bes. in der Kleidung ausdrücken kann). κόσμιος¹¹ *anständig, würdig* [Var. κοσμίως Adv.]. αἰδώς οῦς ἡ *Schamhaftigkeit, Schamgefühl.* σω-φροσύνη *Vernünftigkeit; Besonnenheit, Selbstbeherrschung; Sittsamkeit.* κοσμεῖν Inf. κοσμέω *in Ordnung bringen; schmücken;* Präd. des AcI. πλέγμα³ *Geflochtenes, Haarflechten;* Pl. hier wohl *(aufwendige) Haarflechten; Aufsehen erregende Frisur.* χρυσίον *Gold, Goldschmuck* [Var. χρυσός *Gold*]. μαργαρίτης¹ *Perle.* ἱματισμός *Klei-*
10 *dung.* πολυ-τελής⁷ *(sehr) kostbar, teuer.* 10 πρέπω *sich ziemen, sich gehören, sich schicken* τινί *für jmdn.* ἐπ-αγγελλομέναις Ptz. -αγγέλλομαι *versprechen, von sich ankündigen; sich zu etwas bekennen,* m. Akk. (B 2); attr. θεο-σέβεια *Gottesfurcht, Gottesverehrung, Frömmigkeit.* διά m. Gen. hier
11 *mit.* 11 ἡσυχία *Ruhe* (im Sinn v. Ruhe, Frieden, Ungestörtheit [EWNT 2, Sp. 311]); ἐν ἡσυχίᾳ *stillschweigend, ruhig, im Frieden.* μανθανέτω Imp. 3. Sg. μανθάνω *lernen; sich aneignen.* ὑπο-ταγή *Unterordnung.*
12 12 διδάσκειν Inf. ἐπι-τρέπω *gestatten.* αὐθεντεῖν Inf. αὐθεντέω
13 *herrschen* τινός *über jmdn.* εἶναι Inf. εἰμί. 13 ʼΑδάμ indekl., hier Nom., *Adam, Stammvater der Menschheit.* ἐ-πλάσθη Aor. Pass. πλάσσω¹⁰⁵ *for-*

men, gestalten; schaffen. **εἶτα** *dann, danach.* **Εὔα** *Eva,* Adams Ehefrau.
14 ἠπατήθη Aor. Pass. ἀπατάω *irreleiten; verführen.* **ἐξ-απατηθεῖσα** 14
Aor. Ptz. Pass. Fem. -απατάω *betrügen, täuschen, verführen* (Kompositum ver-
stärkt die Aussage); kaus. od. mod. **παρά-βασις**[8] *Übertretung;* ἐν παρα-
βάσει γίνομαι *in Übertretung geraten.* **γέ-γονεν** Pf. γίνομαι. **15 σω-** 15
θήσεται Fut. Pass. σῴζω. **τεκνο-γονία** *(das) Kindergebären;* διὰ τῆς
τεκνογονίας „durch das Kindergebären“ wohl = *bei der Erfüllung ihrer Auf-
gabe als Mutter* (vgl. B διά AIII1c). **μείνωσιν** Aor. Konj. μένω, Subj. die
Frauen (Übergang v. kollektiven Sg. [σωθήσεται] zum Pl. klass., vgl. Kühner-
Gerth I, S. 86; BDR §481[2]). **ἁγιασμός** *Heiligung.* **σω-φροσύνη** V. 9.

πιστός hier *glaubwürdig, zuverlässig, wahr.* **ἐπι-σκοπή** (< ἐπι- **3**
σκοπέω *achtgeben auf, sorgen für) Besichtigung, Heimsuchung; Aufsichtsamt,*
bes. dann *Vorsteher-, Leitungsamt;* später: *Bischofsamt* (hier wahrscheinl. noch
nicht unterschieden v. Amt des Ältesten [πρεσβύτερος], vgl. 5,17.19; Tit
1,5.7). **ὀρέγομαι** *sich ausstrecken; (an)streben, begehren,* m. Gen. **ἐπι-θυ-**
μέω *begehren, verlangen,* m. Gen. **2 ἐπί-σκοπος** *Aufseher, Vorsteher, Lei-* 2
ter; später: *Bischof* (vgl. zu V. 1); Subj. des AcI. **ἀν-επί-λημπτος**[11] (< ἐπι-
λαμβάνομαι *ergreifen,* auch: *angreifen) untadelig, ohne Tadel.* **εἶναι** Inf.
εἰμί, Präd. des AcI, v. δεῖ abhängig. **μιᾶς γυναικὸς ἀνήρ** „Mann einer
einzigen Frau“ = *seiner Frau treu* (kaum: *nur einmal verheiratet).* **νηφάλιος**
nüchtern. **σώ-φρων**[11] ον *besonnen, verständig.* **κόσμιος**[11] *anständig,*
ehrbar. **φιλό-ξενος**[11] *gastfreundlich.* **διδακτικός** *zum Unterrichten/*
Lehren befähigt/begabt. **3 μή** δεῖ ... εἶναι (V. 2) μή *(er) darf kein ... sein* 3
(vgl. A270). **πάρ-οινος**[11] *trunken, trunksüchtig;* subst. *Trunkenbold; Trinker.*
πλήκτης[1] (< πλήσσω *schlagen) Schläger, Raufbold, gewalttätiger Mensch.*
ἐπι-εικής[7] *nachgiebig, gütig.* **ἄ-μαχος**[11] *friedfertig, nicht streitsüchtig.*
ἀ-φιλ-άργυρος[11] *das Geld nicht liebend, uneigennützig, nicht geldgierig.*
4 οἶκος hier *Familie, (die) Hausbewohner.* **καλῶς** *schön, gut;* (qualitativ) 4
sehr gut, vortrefflich. **προ-ϊστάμενον** Ptz. Med. -ίσταμαι[205] *vorstehen, lei-*
ten; sich kümmern um, sorgen für, m. Gen.; umschrieb. Präs. (A249) m. εἶναι
(V. 2) bzw. subst. ohne Art. (A304) als Präd.-Nom. (A269) *einer, der ... vorsteht/*
sorgt. **ἔχοντα** Ptz. ἔχω, mod. od. subst. ohne Art. (A304) als Präd.-Nom.
(A269). **ὑπο-ταγή** *Unterordnung;* τέκνα ἔχοντα ἐν ὑποταγῇ *der seine*
Kinder im Gehorsam hält/zum Gehorsam erzieht (Jeremias, Past, S. 20). **σεμ-**
νότης[3] ητος ἡ *Ehrbarkeit, Würde, Anstand;* μετὰ πάσης σεμνότητος
Erg. zu ὑποταγῇ etwa *und zu allem Anstand* bzw. *und dazu, daß sie ihn achten*
od. mod. zu ἔχων *mit aller Ehrbarkeit/Würde.* **5 προ-στῆναι** Wz.-Aor. Inf. 5
-ίσταμαι. **ἐπι-μελήσεται** Fut. Med. -μελέομαι *sorgen (für),* m. Gen.;
mod. Fut. (A247) *sorgen wollen/können.* **6 νεό-φυτος**[11] *neugepflanzt;* übertr. 6
neubekehrt. **τυφωθείς** Aor. Ptz. Pass. τυφόω *benebeln;* Pass. übertr. *eingebil-*
det/hochmütig werden; verblendet werden; mod. *dadurch, daß er hochmütig wird.*

κρίμα[3] *Entscheidung, Urteil, Verdammungsurteil; (das) Richten, Gericht.* **ἐμ- πέσῃ** Aor. Konj. -πίπτω[194] *hineinfallen; hineingeraten, verfallen.* **διά- βολος** (< διαβάλλω *verleumden*) subst. *Verleumder; Teufel;* wohl gen. subi. (A158); ἵνα μὴ ... εἰς κρίμα ἐμπέσῃ τοῦ διαβόλου *damit er nicht dem*

7 *vom Teufel (verlangten) Verdammungsurteil verfällt.* **7 μαρτυρία** *Zeugnis* (das Bezeugen od. das Bezeugte); *Leumund, Ruf* (den man *bei* [ἀπό] jmdm. hat). **ἔχειν** Inf., Präd. des AcI (erg. αὐτόν), v. δεῖ abhängig. **ἔξ-ωθεν** *außen, draußen;* subst. Pl. *Außenstehende* (= Nichtchristen). **ὀνειδισμός** *Beschimpfung, Vorwurf, üble Nachrede.* **παγίς**[3] ίδος ἡ *Schlinge, Falle.*

8 **8 διάκονος** *Diener, Helfer;* hier *Diakon;* erg. δεῖ ... εἶναι (V. 2). **ὡσ- αύτως** *in gleicher Weise, ebenso.* **σεμνός** *ehrbar, ehrenhaft, würdig.* **δί- λογος**[11] *doppelzüngig.* **οἶνος** *Wein.* **προσ-έχοντας** Ptz. -έχω *den Sinn richten auf; sich einlassen auf,* m. Dat.; οἴνῳ πολλῷ προσέχω *übermäßigem Weingenuß ergeben sein;* umschrieb. Präs. (A249) m. εἶναι (V. 2) bzw. subst. ohne Art. (A304) als Präd.-Nom. (A269) *solche, die übermäßig Wein trinken.*

9 **αἰσχρο-κερδής**[7] *gewinnsüchtig, habgierig.* **9 ἔχοντας** Ptz. ἔχω hier *fest- halten* (B I1cβ); Ptz. wie προσέχοντας (V. 8) gebraucht. **μυστήριον** *Geheimnis;* τὸ μυστήριον τῆς πίστεως *das Geheimnis des Glaubens,* d.h. die geoffenbarte Wahrheit des christl. Glaubens. **ἐν** hier *mit.* **καθαρός** *rein.*

10 **συν-είδησις**[8] *Bewußtsein; Gewissen.* **10 δοκιμαζέσθωσαν** Imp. Pass. 3. Pl. δοκιμάζω (< δόκιμος *erprobt*) *prüfen;* (nach Prüfung) *für echt, geeignet, richtig, tauglich* usw. *befinden.* **εἶτα** *dann, danach.* **διακονείτω- σαν** Imp. 3. Pl. διακονέω[33] *(be)dienen; als Diakon dienen* (B 5). **ἀν-έγ- κλητος**[11] (< ἐγκαλέω *beschuldigen*) *unbescholten, untadelig.* **ὄντες** Ptz.

11 εἰμί, kond. **11 γυναῖκας** es sind hier wohl Frauen im Diakonenamt gemeint; erg. δεῖ ... εἶναι (V. 2). **διά-βολος**[11] *verleumderisch, klatschsüch-*

12 *tig.* **νηφάλιος** V. 2. **πιστός** hier *zuverlässig.* **12 ἔστωσαν** Imp. 3. Pl. εἰμί. **μιᾶς γυναικὸς ἄνδρες** vgl. V. 2. **καλῶς** V. 4. **προ-**

13 **ἱστάμενοι** Ptz. Med. -ίσταμαι V. 4. **οἶκος** V. 4. **13 διακο- νήσαντες** Aor. Ptz. διακονέω, subst. **βαθμός** (< βαίνω *gehen*) *Stufe; Rang; Ansehen;* βαθμὸς καλός *hohes Ansehen.* **περι-ποιέομαι** *sich erwerben, sich (ver)schaffen.* **παρ-ρησία** (< πᾶν + ῥῆσις [das] *Reden*) *Redefreiheit, Freimütigkeit; Zuversicht;* hier wohl *offene, aufrichtige Art, die sich weder v. Angst noch falschen Rücksichten bestimmen läßt.* **ἐν πίστει** „im Glauben" = *in bezug auf den Glauben, im Glaubensleben* od. *durch/gegründet auf den Glauben;* kann m. beiden AkkO verbunden werden.

14 **14 ἐλπίζων** Ptz. ἐλπίζω *hoffen,* mod. od. kaus. *in der Hoffnung,* viell. konz. *obwohl ich hoffe.* **ἐλθεῖν** Aor. Inf. ἔρχομαι. **τάχος**[7] *Schnelligkeit;* ἐν τάχει *in Kürze, bald* [Var. τάχιον Komp. zum Adv. ταχέως *schnell, bald,*

15 aber wohl ohne Steigerung (BDR §244[2])]. **15 βραδύνω** Konj. βραδύνω *zögern, säumen;* ἐὰν δὲ βραδύνω *sollte sich mein Kommen aber verzögern.*

ἵνα erg. etwa ταῦτά σοι γράφω od. ἵνα-NS selbständig imp. *so sollst du wissen* (vgl. A319a). εἰδῇς Pf. (m. präs. Bdtg.) Konj. οἶδα. ἀνα-στρέφεσθαι Inf. Pass. (ohne Pass.-Bdtg.) -στρέφω *umkehren*; Pass. *wandeln, sich verhalten* (B 2bδ). ἥ-τις = ἥ od. ἡ τοιαύτη *eine solche* (BDR §293[9]; vgl. A132b); zur Kongruenz des Rel.-Pron. m. ἐκκλησία statt m. οὔκῳ s. A93. ζῶντος Ptz. ζάω, attr. στῦλος *Säule, Pfeiler.* ἑδραίωμα[3] *Fundament;* ἐκκλησία ... στῦλος ... ἑδραίωμα Präd.-Nom. kann auch ohne Art. best. sein (A80). **16** ὁμο-λογουμένως *nach dem Urteil aller, anerkanntermaßen.* εὐ-σέβεια *Frömmigkeit, Gottesfurcht* (d.h. hier die wahre Gottesverehrung). μυστήριον V. 9. ὅς übers. *er* (A364a). ἐ-φανερώθη Aor. Pass. φανερόω. ἐν σαρκί *als Mensch (von Fleisch und Blut).* ἐ-δικαιώθη Aor. Pass. δικαιόω *rechtfertigen, freisprechen, für gerecht erklären, gerecht machen.* ἐν πνεύματι *durch den Geist (Gottes)* (etwa bei der Auferweckung). ὤφθη Aor. Pass. ὁράω. ἐ-κηρύχθη Aor. Pass. κηρύσσω. ἐν (drittes) *unter, bei.* ἐ-πιστεύθη Aor. Pass. πιστεύω, persönl. Pass. *er hat Glauben gefunden, er wurde gläubig angenommen* (BDR §312[1]; vgl. H-S §191c). ἀν-ε-λήμφθη Aor. Pass. ἀνα-λαμβάνω[152] *aufnehmen, in die Höhe nehmen;* zur Stilfigur des Homoioteleuton in diesem V. vgl. H-S §294c.

ῥητῶς *ausdrücklich, mit klaren Worten.* ὕστερος superlativisch gebraucht (BDR §62[2]; vgl. A118,2) *letzter.* ἀπο-στήσονται Fut. Med. ἀφ-ίσταμαι[205] *sich entfernen von, abfallen von,* m. gen. separationis (A167). **4**

προσ-έχοντες Ptz. -έχω *den Sinn richten auf; hören auf, folgen* (B 1aα), m. Dat; mod., evtl. kaus. od. fin. πλάνος[11] *irreführend, betrügerisch.* διδα-σκαλία *Unterweisung, Lehre.* **2** ὑπό-κρισις[8] *Heuchelei; Verstellung;* ἐν ὑποκρίσει *auf Grund der Heuchelei, (verführt) durch das heuchlerische Verhalten* (vgl. Menge). ψευδο-λόγος[11] *Falsches lehrend, lügend;* subst. *Lügner.* **2** κε-καυστηριασμένων Pf. Ptz. Pass. καυστηριάζω (vgl. A33[91ff]) *mit glühendem Eisen einbrennen;* Pf. Pass. übertr. *gebrandmarkt sein, ein Brandmal tragen;* attr. συν-είδησις[8] *Bewußtsein; Gewissen;* κεκαυστηριασμένων τὴν ἰδίαν συνείδησιν *die in bezug auf ihr eigenes Gewissen* (Akk. der Beziehung, A215) *ein Brandmal tragen = deren Gewissen abgestumpft ist* od. *die in ihrem Gewissen gebrandmarkt sind* (als Schuldbeladene od. als Sklaven Satans). **3** κωλυόντων Ptz. κωλύω *hindern, abhalten; verbieten,* m. Inf.: *etwas zu tun;* **3** mod., evtl. attr. γαμεῖν Inf. γαμέω *heiraten.* ἀπ-έχεσθαι Inf. Med. ἀπ-έχω *empfangen haben;* Med. *sich (einer Sache) enthalten,* m. gen. separationis (A167); zu erg. ist κελευόντων (Zeugma, A376b; BDR §479[5]), ἀπέχεσθαι βρωμάτων *(indem sie gebieten,) sich (bestimmter) Speisen zu enthalten* bzw. *auf (bestimmte) Speisen zu verzichten.* βρῶμα[3] *Speise.* ἔ-κτισεν Aor. κτίζω[103] *schaffen.* μετά-λημψις[8] (< μεταλαμβάνω *seinen Anteil erhalten*) *Anteilhabe* (hier an den Speisen); εἰς μετάλημψιν *zum Genuß.* εὐ-χαριστία *Dankbarkeit; Danksagung.* ἐπ-ε-γνωκόσι Pf. Ptz. ἐπι-γινώσκω, subst.; dat. commodi (A173); εἰς μετάλημψιν μετὰ εὐχαριστίας τοῖς πιστοῖς καὶ ἐπεγνωκόσι τὴν ἀλήθειαν *dazu, daß die sie mit Danksagung zu sich nehmen (dürfen), die gläubig und mit der Wahrheit*

4 *vertraut sind.* **4 κτίσμα**[3] *Geschaffenes,* m. gen. subi. θεοῦ *von Gott.* **ἀπόβλητος**[11] *verwerflich.* **λαμβανόμενον** Ptz. Pass. λαμβάνω, kond. *wenn*
5 *es empfangen wird* (H-S §231h). **5 ἁγιάζεται** Pass. ἁγιάζω *heiligen.* **ἔντευξις**[8] *Eingabe, Bittschrift; Gebet.*

6 **6 ὑπο-τιθέμενος** Ptz. Med. -τίθημι *darunter legen;* Med. *ans Herz legen, lehren;* kond. **ἔσῃ** Fut. εἰμί. **διάκονος** *Diener.* **ἐν-τρεφόμενος** Ptz. Med./Pass. -τρέφω *ernähren;* Med. *sich nähren mit, leben von,* m. dat. instr. (A176); mod. od. kaus. **διδασκαλία** V. 1. **παρ-ηκολούθηκας** Pf. -ακολουθέω *folgen; nachfolgen; (geistig) verfolgen, sich aneignen* (B 3), *sich zur*
7 *Richtschnur nehmen* [Var. παρ-ηκολούθησας Aor.]. **7 βέβηλος**[11] (< βαίνω *gehen*) eig. „*betretbar, für jeden zugänglich*": *nicht heilig, unheilig.* **γραώδης**[7] (< γραῦς *alte Frau* + εἶδος u.a. *Art*) *altweiberhaft,* d.h. bei senilen Frauen verbreitet, etwa = *kindisch.* **μῦθος** *Mythos; erdichtete Geschichte, Fabel.* **παρ-αιτοῦ** Imp. -αιτέομαι *sich ausbitten; sich verbitten; zurückweisen* (B 2b), m. Akk. **γύμναζε** Imp. γυμνάζω eig. *nackt üben;* übertr. *üben, trainieren.* **εὐ-σέβεια** *Frömmigkeit, Gottesfurcht;* πρὸς
8 εὐσέβειαν *gottesfürchtig zu leben.* **8 σωματικός** *körperlich, leiblich.* **γυμνασία** *Übung, Training.* **ὠφέλιμος**[11] *nützlich, vorteilhaft;* πρὸς ὀλίγον ἐστὶν ὠφέλιμος *bringt (nur) wenig Nutzen.* **πρὸς πάντα** *in jeder Hinsicht* (Roloff, 1Tim, S. 240). **ἔχουσα** Ptz. Fem. ἔχω, kaus. **μελλούσης** Ptz. Fem. μέλλω, attr.; ἐπαγγελίαν ἔχουσα ζωῆς τῆς νῦν καὶ τῆς μελλούσης *da sie (die) Verheißung des jetzigen und des zukünftigen Lebens*
9 *hat.* **9 πιστός** hier *glaubwürdig, zuverlässig, wahr.* **ἀπο-δοχή** *Annahme, Zustimmung;* gen. pretii (A161); πάσης ἀποδοχῆς ἄξιος *wert, daß alle es*
10 *annehmen.* **10 εἰς τοῦτο** *im Blick darauf.* **κοπιάω** *müde werden; sich abmühen.* **ἀγωνίζομαι** *kämpfen* [Var. ὀνειδιζόμεθα Pass. ὀνειδίζω *schmähen, beschimpfen*]. **ἠλπίκαμεν** Pf. ἐλπίζω[93] *hoffen;* Pf. hier m. präs. Bdtg. (BDR §341[3]; wohl ein „Intensivperfekt", A243); ἠλπίκαμεν ἐπὶ θεῷ *wir haben unsere Hoffnung auf Gott gesetzt, wir hoffen auf Gott.* **ζῶντι** Ptz. ζάω, attr. **σωτήρ**[6] ῆρος ὁ (vgl. σῴζω) *Retter, Befreier* (im NT stets v. Christus bzw. Gott als demjenigen, der Heil verleiht). **μάλιστα** (Superlativ zu μᾶλλον) elativisch (vgl. A119) *ganz besonders, vor allem.*

11 **11 παρ-άγγελλε** Imp. -αγγέλλω *anordnen, einschärfen;* iter. Präs.;
12 Imp. in V. 11-16 lin. od. iter. (A265). **δίδασκε** Imp. **12 νεότης**[3] ητος ἡ *Jugend.* **κατα-φρονείτω** Imp. 3. Sg. -φρονέω *verachten, geringschätzen,* m. gen. obi. (BDR §176[1]); μηδείς σου τῆς νεότητος καταφρονείτω *niemand soll deine Jugend (je) verachten = niemand soll dich (je) wegen deiner Jugend geringschätzen.* **τύπος** *sichtbarer Eindruck; Vorbild.* **γίνου** Imp. γίνο-

μαι. **ἀνα-στροφή** (< ἀναστρέφομαι 3,15) *Lebensart, Lebensführung.*
ἀγνεία *Reinheit; Keuschheit; Lauterkeit.*   **13 πρόσ-εχε** Imp. -έχω V. 1;   13
hier *sich befassen mit, sich widmen.*   **ἀνά-γνωσις**[8] *(das) Lesen, Vorlesen*
(näml. der heiligen Schrift). **παρά-κλησις**[8] *Ermahnung, Ermutigung; Trost,*
Zuspruch. **διδασκαλία** V. 1.   **14 ἀ-μέλει** Imp. ἀ-μελέω *vernachlässi-*   14
gen, m. Gen. **χάρισμα**[3] *Gnadengeschenk, Gnadengabe, Charisma.* **ἐ-δόθη**
Aor. Pass. δίδωμι; pass. divinum (A76b). **προ-φητεία** *Weissagung, Prophe-*
zeiung, Prophetenwort (B 3b); διὰ προφητείας *wahrscheinl.* Gen. Sg. *durch*
ein Prophetenwort. **ἐπί-θεσις**[8] *(das) Auflegen;* μετὰ ἐπιθέσεως τῶν
χειρῶν *unter Handauflegung.* **πρεσβυτέριον** *Gesamtheit der Ältesten als*
Gemeindeleitung: Ältestenrat, Ältestenkreis.   **15 μελέτα** Imp. μελετάω   15
Sorge tragen für, besorgt sein um, sich befleißigen, m. Akk. **ἴσθι** Imp. 2. Sg. εἰμί;
ἐν τούτοις ἴσθι *damit gib dich ab* (B III4), *darin sollst du leben.* **προ-κοπή**
(< προ-κόπτω *Fortschritte machen*) *Fortschritt.* **φανερός** (< φαίνομαι
sichtbar werden) *bekannt; offenbar, kenntlich, offenkundig; sichtbar.* ῇ̄ Konj.
εἰμί. **16 ἔπ-εχε** Imp. -έχω tr. *festhalten;* intr. *losgehen auf; sein Augenmerk*   16
richten, achtgeben τινί *auf jmdn.* **ἐπί-μενε** Imp. -μένω *bleiben; verharren bei,*
m. Dat.; hier wohl *festhalten an;* ἐπίμενε αὐτοῖς *halte an dem (allem)*
(s. ταῦτα V. 15) *fest.* **ποιῶν** Ptz. ποιέω, kond. *wenn du ... tust.* **καὶ ... καί**
sowohl ... als auch. **σώσεις** Fut. σῴζω. **ἀκούοντας** Ptz. ἀκούω, m.
Gen.; subst.

πρεσβύτερος Komp. v. πρέσβυς *alt;* Komp. subst. *älterer/alter Mann,*   **5**
Fem. *ältere/alte Frau.* **ἐπι-πλήξῃς** Aor. Konj. -πλήσσω[76f] *daraufschlagen;*
übertr. *scharf angreifen, hart anfahren, schelten* τινί *jmdn.;* prohibitiver Konj.
(A256). **παρα-κάλει** Imp. -καλέω. **νεώτερος** Komp. v. νέος *neu, jung;*
Komp. subst. *jüngerer/junger Mann,* Fem. *jüngere/junge Frau.*   **2 ἀδελφή**   2
Schwester (eig. u. übertr. für die Angehörige desselben Glaubens). **ἀγνεία**
Reinheit; Keuschheit; Lauterkeit.

3 χήρα *Witwe.* **τίμα** Imp. τιμάω *abschätzen; ehren* (schließt mate-   3
rielle Fürsorge ein [vgl. V. 16 u. das 4. Gebot]); evtl. hier *Honorar/Unterhalt zah-*
len (Roloff, 1Tim, S. 287). **ὄντως** attr. *wirklich;* αἱ ὄντως χῆραι *die wirk-*
lichen Witwen, d.h. Witwen, die v. niemandem unterstützt werden.   **4 ἔκ-**   4
γονος[11] subst. *Nachkomme; Enkel.* **μανθανέτωσαν** Imp. 3. Pl. μαν-
θάνω *lernen;* Subj. wohl τέκνα u. ἔκγονα (kaum die Witwen). **οἶκος** hier
Familie, (die) Hausbewohner. **εὐ-σεβεῖν** Inf. -σεβέω *ehrfürchtig sein, fromm*
sein; τινά *jmdn.* (als göttl. Wesen) *verehren;* hier *jmdn. ehrerbietig* (Menge:
liebevoll) behandeln od. *aus Gottesfurcht für jmdn. sorgen.* **ἀμοιβή** *Vergeltung,*
Dank. **ἀπο-διδόναι** Inf. -δίδωμι; ἀμοιβὰς τινι ἀποδίδωμι *jmdm.*
(wie es sich gehört) *vergelten, was er einem getan hat, sich jmdm. gegenüber*
dankbar erweisen. **πρό-γονος** ὁ u. ἡ subst. *Vorfahre;* hier die noch lebenden
Eltern u. Großeltern. **ἀπό-δεκτος**[11] *wohlgefällig.*   **5 καί** (erstes) wohl   5

epexegetisch (A311,7) *nämlich, das heißt.* **με-μονωμένη** Pf. Ptz. Pass.
μονόω *einsam machen;* Pf. Pass. *vereinsamt sein, ganz allein stehen;* subst.
ἤλπικεν Pf. ἐλπίζω[93] *hoffen;* Pf. hier m. präs. Bdtg. (BDR §341[3]; vgl. 4,10).
προσ-μένω *bleiben, ausharren bei,* m. Dat. **δέησις**[8] *Bitte, Gebet.* **προσ-**
ευχή *Gebet;* προσμένει ταῖς δεήσεσιν καὶ ταῖς προσευχαῖς *sie*
betet und fleht beharrlich. **νυκτὸς καὶ ἡμέρας** *Nacht und Tag* (gen. temp.,
6 H-S §168a; vgl. A166). **6 σπαταλῶσα** Ptz. Fem. σπαταλάω *üppig leben,*
sich dem Vergnügen hingeben; subst. **ζῶσα** Ptz. Fem. ζάω, mod. od. temp. **τέ-**
θνηκεν Pf. θνῄσκω; ζῶσα τέθνηκεν *sie ist schon bei Lebzeiten tot* (H-S
7 §200b). **7 παρ-άγγελλε** Imp. -αγγέλλω *anordnen, gebieten;* hier *einschär-*
8 *fen.* **ἀν-επί-λημπτος**[11] *untadelig, ohne Tadel.* **ὦσιν** Konj. εἰμί. **8 οἱ**
ἴδιοι *die Angehörigen, die Verwandten.* **μάλιστα** (Superlativ zu μᾶλλον)
elativisch (vgl. A119) *ganz besonders, vor allem.* **οἰκεῖος** *Hausgenosse, näch-*
ster Angehöriger. **προ-νοέω** *sorgen für, versorgen* τινός *jmdn.* [Var. προ-
νοεῖται Med. m. gleicher Bdtg.]. **ἤρνηται** Pf. ἀρνέομαι *leugnen, bestrei-*
ten; sich weigern; verleugnen (hier *durch das Handeln*) (B 3d). **ἄ-πιστος**[11]
untreu, ungläubig; subst. *Ungläubiger;* gen. comparationis (A168). **χείρων**[11]
ον (Komp. zu κακός) *schlimmer.*

9 **9 χήρα** V. 3. **κατα-λεγέσθω** Imp. Pass. 3. Sg. -λέγω *auswählen, (in*
eine Liste) eintragen (hier in ein Verzeichnis der Witwen). **ἐλάττων** =
ἐλάσσων[11] ον (Komp. zu μικρός) hier adv. *weniger,* m. gen. comparationis
(A168). **ἑξήκοντα**[19] *sechzig.* **γε-γονυῖα** Pf. Ptz. Fem. γίνομαι; m. ἐτῶν
(gen. qualitatis, A160) + Zahl: ... *Jahre alt werden* (Pf. *sein*) (B II2b); kond.
ἑνὸς ἀνδρὸς γυνή *ihrem Mann treu (war)* (kaum: *nur einmal verheiratet;* s.
10 V. 14). **10 μαρτυρουμένη** Ptz. Pass. μαρτυρέω, kond.; ἐν ἔργοις κα-
λοῖς μαρτυρουμένη *wenn ihr gute Werke bescheinigt werden, wenn sie für ihre*
guten Taten bekannt ist. **ἐ-τεκνο-τρόφησεν** Aor. -τροφέω (< τέκνον +
τρέφω *ernähren, aufziehen*) *Kinder aufziehen.* **ἐ-ξενο-δόχησεν** Aor.
-δοχέω (< ξένος *Fremder, Gast* + δέχομαι) *Gastfreundschaft erweisen,*
gastfrei sein. **ἔ-νιψεν** Aor. νίπτω (vgl. A33[51ff]) *waschen;* πόδας τινὸς
νίπτω *jmdm. die Füße waschen* (hier wohl als Ausdruck der dienenden Liebe
des Gastgebers). **θλιβομένοις** Ptz. Pass. θλίβω *drücken, bedrängen;* subst.
ἐπ-ήρκεσεν Aor. -αρκέω[26] *beistehen, helfen.* **πᾶς** *ohne Art. jede Art von*
(B 1aβ). **ἐπ-ηκολούθησεν** Aor. -ακολουθέω *folgen; verfolgen, nachgehen,*
11 *sich widmen.* **11 νεώτερος** V. 1. **παρ-αιτοῦ** Imp. -αιτέομαι *sich*
verbitten, zurückweisen (B 2a). **κατα-στρηνιάσωσιν** Aor. Konj. -στρη-
νιάω *sinnlichen Regungen unterliegen,* m. Gen. (BDR §181[3]); ὅταν γὰρ
καταστρηνιάσωσιν τοῦ Χριστοῦ *wenn sie nämlich Christus zuwider ihren*
sinnlichen Trieben folgen od. *denn wenn ihr sinnliches Verlangen sie dazu treibt,*
sich von ihrer Hingabe an Christus abzuwenden. **γαμεῖν** Inf. γαμέω *heiraten.*
12 **12 ἔχουσαι** Ptz. Fem. ἔχω, mod. **κρίμα**[3] *Entscheidung, Urteil; (das) Rich-*

ten, Gericht; ἔχουσαι κρίμα *indem sie unter das Urteil fallen* od. *und sie machen sich dadurch schuldig* (GN). ἡ πρώτη πίστις *das erste/frühere Treueversprechen* (vgl. B πίστις 1b). ἠ-θέτησαν Aor. ἀ-θετέω *für ungültig erklären, brechen.* **13** ἅμα *zugleich.* ἀργός *arbeitslos, untätig; faul;* erg. **13** εἶναι (BDR §416[12]). μανθάνω V. 4; ἀργαὶ (εἶναι) μανθάνουσιν *sie gewöhnen sich ans Nichtstun.* περι-ερχόμεναι Ptz. -έρχομαι *umhergehen, -laufen,* m. Akk. des Ortes; περιέρχομαι τὰς οἰκίας *in den Häusern die Runde machen* (B), *von Haus zu Haus laufen;* mod. (BDR §416[12]). οὐ μόνον ... ἀλλὰ καί *nicht nur ... sondern auch.* φλύαρος[11] *geschwätzig.* περί-εργος[11] *sich in fremde Angelegenheiten mischend, vorwitzig, neugierig.* λαλοῦσαι Ptz. Fem. λαλέω, mod. δέοντα Ptz. Ntr. δεῖ, subst.; τὰ μὴ δέοντα *Dinge, die sich nicht gehören/die sie nichts angehen.* **14** βούλομαι **14** *wollen, wünschen,* m. flgd. AcI. νεώτερος V. 1, Subj. des AcI. τεκνο-γο-νεῖν Inf. -γονέω *Kinder gebären;* Präd. des AcI. οἰκο-δεσποτεῖν Inf. -δεσποτέω *den Haushalt führen, sich um seine Familie kümmern.* ἀφ-ορμή (< ἀπό + ὁρμή u.a. Aufbruch, Drang) *Anlaß, Gelegenheit.* διδόναι Inf. δίδωμι. ἀντι-κειμένῳ Ptz. -κειμαι (A32) *im Streit liegen;* Ptz. subst. *Wi-dersacher.* λοιδορία *Beschimpfung, üble Nachrede.* χάριν uneig. Präp. (A183) nachgestellt m. Gen. *gibt das Ziel an;* ἀφορμὴ λοιδορίας χάριν *Anlaß zu übler Nachrede.* **15** τινες *einige* (jüngere Witwen). ἐξ-ε- **15** τράπησαν Aor. Pass. ἐκ-τρέπομαι[48] *abwenden;* Pass. *sich abwenden.* ὀπίσω uneig. Präp. (A183) *hinter;* ὀπίσω τοῦ σατανᾶ *zur Nachfolge des Satans;* übers. *und folgen dem Satan.* σατανᾶς[1] ᾶ *Satan, der Widersacher Gottes.* **16** πιστή *eine gläubige Frau.* ἔχω erg. *in ihrer Familie o.ä.* ἐπ- **16** αρκείτω Imp. 3. Sg. -αρκέω V. 10 [Var. ἐπ-αρκείσθω Imp. 3. Sg. Med., gleiche Bdtg.]. βαρείσθω Imp. Pass. 3. Sg. βαρέω *beschweren, belasten.* ὄντως V. 3. ἐπ-αρκέσῃ Aor. Konj.

　　　17 καλῶς *schön, gut;* (qualitativ) *sehr gut, vortrefflich.* προ-ε-στῶτες **17** Pf. (Wz.-Pf., H-S §109a; m. präs. Bdtg.) Ptz. προ-ίσταμαι[205] *vorstehen, leiten; sich kümmern um, sorgen für;* attr.; καλῶς προεστῶτες *die ihr Vorsteheramt gut versehen, die gute Vorsteher sind.* δι-πλοῦς (H-S §44c) *doppelt;* διπλῆ τιμή *doppelte Anerkennung,* d.h. wohl „τιμή *im doppelten Sinn": Ehre u. finanzielle Anerkennung.* ἀξιούσθωσαν Imp. Pass. 3. Pl. ἀξιόω *für würdig ansehen, wert achten/halten,* m. gen. pretii (A161). μάλιστα V. 8. κοπιῶν-τες Ptz. κοπιάω *sich bemühen, sich abmühen;* subst. λόγος *hier Verkündigung, Predigt* (B 1aβ). διδασκαλία *Unterweisung, Lehre.* **18** βοῦς[8] *Rind, Ochse.* ἀλοῶντα Ptz. ἀλοάω *dreschen;* attr. φιμώσεις **18** Fut. φιμόω (< φιμός *Maulkorb, Knebel) das Maul zubinden, einen Maulkorb vorbinden;* Hebr., Fut. zum Ausdruck strikter Gebote (A247d). ἐργάτης[1] *Arbeiter.* μισθός *Lohn;* gen. pretii (A161); ἄξιος ὁ ἐργάτης τοῦ μισθοῦ αὐτοῦ *dem Arbeiter steht sein Lohn zu.* **19** κατ-ηγορία *Anklage, Klage, Be-* **19**

schuldigung. **παρα-δέχου** Imp. -δέχομαι *annehmen.* **ἐκτός** *außerhalb;*
außer; **εἰ μή** nach Neg. *außer (wenn/daß);* hier sind beide Ausdrücke pleon.
kombiniert (nachklass.; A351). **ἐπί** m. Gen. *auf Grund (der Aussage) von*
20 (B I1bβ), *mit Bestätigung durch.* **μάρτυς** υρος ὁ *Zeuge.* **20 ἁμαρ-**
τάνοντας Ptz. ἁμαρτάνω, subst. **ἔλεγχε** Imp. ἐλέγχω *ans Licht*
bringen; zurechtweisen (B 3). **ἔχωσιν** Konj. ἔχω; φόβον ἔχω *Furcht bekom-*
21 *men, sich fürchten.* **21 δια-μαρτύρομαι** *beschwören;* erg. im Deutschen:
dich. **ἐκ-λεκτός**[9] (< ἐκ-λέγομαι [für sich] auswählen) *ausgewählt;* im NT
fast durchweg: *auserwählt* (ausgesondert, um zu Gott zu gehören bzw. ihm zu
dienen). **ἵνα** hier *daß* (A328; bez. das eindringl. Geforderte), od. es leitet eine
Inf.-Konstruktion ein bzw. steht als Doppelpunkt vor direkter Aufforderung.
φυλάξῃς Aor. Konj. φυλάσσω[80] (< φύλαξ *Wächter) (be)wachen;*
befolgen, sich halten an (B 1f). **πρό-κριμα**[3] *Vorurteil.* **ποιῶν** Ptz. ποιέω,
mod. **πρόσ-κλισις**[8] *(parteiische) Neigung, Gunst, Voreingenommenheit,*
22 *persönliche Vorliebe* [Var. πρόσ-κλησις *Vorladung; Einladung*]. **22 ταχέως**
schnell, sofort; übereilt, vorschnell (B 1b). **ἐπι-τίθει** Imp. -τίθημι *auflegen;*
wahrscheinl. die Handauflegung bei einer Amtseinsetzung. **κοινώνει** Imp.
κοινωνέω *Anteil haben, erhalten* od. *nehmen, sich zum Teilhaber machen*
(mitverantwortlich sein) τινί *an etwas* (B 1bβ). **ἀλλότριος** *fremd.* **ἁγνός**
rein. **τήρει** Imp. τηρέω *bewachen; bewahren.*
23   **23 μηκ-έτι** *nicht mehr;* erg. hier wohl *nur.* **ὑδρο-πότει** Imp. -ποτέω
Wasser trinken. **οἶνος** *Wein;* dat. sociativus (H-S §179a). **χρῶ** Imp.
χράομαι *gebrauchen.* **στόμαχος** *Magen.* **πυκνός** *häufig.* **ἀ-σθένεια**
24 *Krankheit, Schwäche, Schwächeanfall* (B 1a). **24 τινῶν ... τισίν** *einiger ...*
anderer. **πρό-δηλος**[11] *allen bekannt, offenkundig.* **προ-άγουσαι** Ptz.
Fem. -άγω (örtl. od. zeitl.) *vorausgehen, vorangehen;* mod.; προάγουσαι εἰς
κρίσιν *indem sie (ihnen) (gleichsam) vorausgehen zum Gericht.* **ἐπ-ακο-**
λουθέω V. 10; τισὶν δὲ καὶ ἐπακολουθοῦσιν *doch bei manchen folgen*
25 *sie erst hinterher* (d.h. sie werden erst später offenbar). **25 ὡσ-αύτως** *in glei-*
cher Weise, ebenso. **ἄλλως** *anders.* **ἔχοντα** Ptz. ἔχω, subst.; τὰ ἄλλως
ἔχοντα *die, mit denen es sich anders verhält* (B II2). **κρυβῆναι** Aor. Inf.
Pass. κρύπτω[57] *verbergen; verheimlichen, geheimhalten.*
6   **ζυγός** *Joch.* **δοῦλοι** Subj.-Präd. (A65) *als Sklaven.* **δεσπότης**[1]
Herr. **τιμῆς** gen. pretii (A161). **ἡγείσθωσαν** Imp. 3. Pl. ἡγέομαι *füh-*
ren, leiten; meinen, glauben, halten für, m. doppeltem Akk. (H-S §153b) *jmdn. für*
etwas halten/ansehen. **διδασκαλία** *Unterweisung, Lehre.* **βλασ-φη-**
μῆται Konj. Pass. -φημέω *in üblen Ruf bzw. in Verruf bringen, verleumden;*
2 *lästern.* **2 ἔχοντες** Ptz. ἔχω, subst. **κατα-φρονείτωσαν** Imp. 3. Pl.
-φρονέω *geringschätzen, respektlos behandeln;* erg. *diese* (τούτων). **μᾶλλον**
mehr, eifriger; lieber (B 2a); erg. hier *um so.* **δουλευέτωσαν** Imp. 3. Pl.
δουλεύω *dienen (als Sklave);* erg. *ihnen* (αὐτοῖς). **εὐ-εργεσία** *rechtes*

Handeln, Wohltun. **ἀντι-λαμβανόμενοι** Ptz. -λαμβάνομαι *sich annehmen; sich befleißigen* (B 1b) od. (vgl. LN 65.48) *Nutzen ziehen aus, Vorteil haben von,* m. Gen.; attr. od. subst.; ὅτι πιστοί εἰσιν καὶ ἀγαπητοὶ οἱ τῆς εὐεργεσίας ἀντιλαμβανόμενοι *weil sie Gläubige und* (v. Gott) *Geliebte sind, die sich des rechten Handelns/des Wohltuns* (den Sklaven gegenüber bzw. allgemein) *befleißigen* od. *weil die, denen dieser gute Dienst* (den die Sklaven leisten) *zugutekommt* (< die, die aus dem Wohltun Nutzen ziehen), *gläubig und* (v. Gott) *geliebt sind.*

δίδασκε Imp. **παρα-κάλει** Imp. -καλέω; beide Imp. iter. **3 ἑτερο-διδασκαλέω** *eine andere (irrige) Lehre verbreiten.* **προσ-** 3 **έρχομαι** *herankommen;* übertr. *sich zuwenden, zustimmen* (B 2b) [Var. προσ-έχεται Med. -έχω *den Sinn richten auf;* Med. *hängen an*]. **ὑγιαί-νουσιν** Ptz. ὑγιαίνω (< ὑγιής *gesund*) *gesund sein;* attr. **εὐ-σέβεια** *Frömmigkeit, Gottesfurcht.* **διδασκαλία** V. 1. **4 τε-τύφωται** Pf. Pass. 4 τυφόομαι *aufgeblasen werden; verblendet/töricht werden* (Pf. *sein).* **ἐπιστάμενος** Ptz. ἐπίσταμαι *wissen;* konz. *obwohl er weiß.* **νοσῶν** Ptz. *νοσέω krank sein;* konz.; νοσέω περί τι *an etwas kranken* (B); *er ist krank in (seinem Hang zu)* (Jeremias, Past, S. 38), *er ist süchtig nach.* **ζήτησις**[8] *Untersuchung; Auseinandersetzung; Streitgespräch, Diskussion.* **λογο-μαχία** *Wortgefecht.* **φθόνος** *Mißgunst, Neid.* **ἔρις**[3] ιδος ἡ *Streit.* **βλασ-φημία** *Verleumdung, Schmähung, Schmähsucht; Lästerung.* **ὑπό-νοια** *Annahme, Vermutung;* ὑπόνοιαι πονηραί *üble/schlimme Verdächtigungen.* **5 δια-** 5 **παρα-τριβή** (< διά fortdauernd + παρατρίβω *reiben an/auf*) *fortwährendes Gezänk.* **δι-ε-φθαρμένων** Pf. Ptz. Pass. δια-φθείρω (vgl. A33[136]) *zerstören; verderben;* attr., m. Akk. der Beziehung (H-S §156); διεφθαρμένων ... τὸν νοῦν *die im Verstand zerrüttet sind, deren Gesinnung verdorben ist.* **νοῦς** (νοός νοῖ νοῦν) *Verstand, Vernunft, Gesinnung, Denken.* **ἀπ-ε-στερη-μένων** Pf. Ptz. Pass. ἀπο-στερέω *berauben;* attr., m. Gen. der Sache (BDR §155[4]). **νομιζόντων** Ptz. νομίζω *meinen, annehmen;* kaus. *da sie meinen,* m. flgd. AcI. **πορισμός** *Erwerbsquelle,* hier im Sinn v. *ein Mittel, um sich zu bereichern,* V. 5 im Sinn v. *Gewinn;* Präd.-Nom. des AcI (A269). **εἶναι** Inf. εἰμί, Präd. des AcI. **εὐ-σέβειαν** Subj. des AcI.

6 ἔστιν δέ *in der Tat ist* (Roloff, 1Tim, S. 328). **αὐτάρκεια** *Ge-* 6 *nügsamkeit, Bescheidenheit;* μετὰ αὐταρκείας *wenn sie mit Genügsamkeit verbunden ist.* **7 εἰσ-ηνέγκαμεν** Aor. -φέρω[198] *hineinbringen.* **ὅτι** kons. 7 (sonst kaum bezeugt) *so daß* (B 1dγ) [Var. δῆλον ὅτι *es ist klar, daß*]. **ἐξ-ενεγκεῖν** Aor. Inf. ἐκ-φέρω[198] *hinaustragen.* **8 ἔχοντες** Ptz. ἔχω, kond. 8 **δια-τροφή** *Lebensunterhalt;* Pl. *Lebensmittel, Nahrung.* **σκέπασμα**[3] *Kleidung,* aber auch *Haus* (B), also viell. *Obdach und Kleidung* (vgl. ZG). **ἀρκεσθησόμεθα** Fut. Pass. ἀρκέω[26] *genügen, ausreichen;* Pass. *sich genügen lassen (an), sich zufriedengeben (mit),* m. Dat.; mod. Fut. (A247) *wir wollen*

9 *uns zufriedengeben.* **9 βουλόμενοι** Ptz. βούλομαι *wollen, wünschen;* subst. **πλουτεῖν** Inf. πλουτέω *reich sein.* **ἐμ-πίπτω** *hineinfallen; hineingeraten.* **πειρασμός** *Prüfung; Versuchung, Anfechtung.* **παγίς**³ ίδος ἡ *Schlinge, Fallstrick; Verstrickung.* **ἐπι-θυμία** *Verlangen, Sehnsucht;* (*sündige*) *Begierde, Lust.* **ἀ-νόητος**¹¹ *unvernünftig, töricht.* **βλαβερός** *schädlich.* **αἵ-τινες** (qualitativ, A132) (*solche,*) *wie sie.* **βυθίζω** (*in die Tiefe*) *versenken;* übertr. (*tief*) *stürzen.* **ὄλεθρος** *Verderben.* **ἀπ-ώλεια** (< ἀπ-όλλυμι) *Verderben,*
10 *Untergang.* **10 ῥίζα** *Wurzel;* Präd.-Nom. (A80). **φιλ-αργυρία** *Geldliebe, Geldgier.* **ἧς** *nach dieser* bzw. *diesem* (rel. Verschränkung, A364b). **ὀρεγό-μενοι** Ptz. ὀρέγομαι *trachten, streben,* m. Gen.; *das Streben bezieht sich inhaltl. nur auf* φιλαργυρία, Bdtg. also hier *einer Sache verfallen;* mod. **ἀπ-ε-πλανήθησαν** Aor. Pass. ἀπο-πλανάω *irreführen;* Pass. *abirren.* **περι-έ-πειραν** Aor. -πείρω (vgl. A33¹³⁶) *durchbohren.* **ὀδύνη** *Schmerz, Weh;* ἑαυτοὺς περιέπειραν ὀδύναις πολλαῖς *sie haben sich selbst viele qualvolle Schmerzen bereitet.*
11 **11 ὦ** m. Vok. *betont im NT die Anrede* (H-S §148a; A142). **φεῦγε** Imp. φεύγω m. Akk. *fliehen (vor), meiden, sich fernhalten (von).* **δίωκε** Imp. **εὐ-σέβεια** V. 3. **ὑπο-μονή** *Ausharren, Geduld, Ausdauer, Standhaftigkeit.*
12 **πραϋ-παθία** *Sanftmut, Milde, Freundlichkeit.* **12 ἀγωνίζου** Imp. ἀγω-νίζομαι *kämpfen;* lin. *kämpfe (weiter)* (A265). **ἀγών**⁴ ῶνος ὁ *Wettkampf; Kampf;* Akk. *des inneren Obj.* (A145). **πίστεως** *des Glaubens,* gen. pertinentiae (A152) *der zum Bereich des Glaubens/zum Christenleben gehört,* viell. gen. subi. (A158) *den der Glaube führt.* **ἐπι-λαβοῦ** Aor. Imp. Med. -λαμβάνο-μαι¹⁵² *sich halten an, ergreifen* (hier *als Kampfpreis*), m. Gen. **εἰς ἥν** *zu dem* bzw. *für das.* **ἐ-κλήθης** Aor. Pass. καλέω. **ὡμο-λόγησας** Aor. -λογέω (vgl. ὁμῶς *zusammen, in gleicher Weise* + λόγος) *übereinstimmen; sich (offen) als etwas* od. *zu etwas* od. jmdm. *bekennen; etwas zugeben, bekennen;* ὁμολογέω τὴν ὁμολογίαν *ein Bekenntnis ablegen,* Akk. *des inneren Obj.*
13 (A145). **ὁμο-λογία** *Bekenntnis.* **μάρτυς** υρος ὁ *Zeuge.* **13 παρ-αγ-γέλλω** *auffordern, gebieten,* m. AcI (in V. 14). **ζῳο-γονοῦντος** Ptz. -γονέω *lebendig machen;* attr.; τοῦ ζῳογονοῦντος τὰ πάντα *der alles lebendig macht* = *von dem alles Leben kommt* [Var. ζῳο-ποιοῦντος Ptz. -ποιέω *gleiche Bdtg.*]. **μαρτυρήσαντος** Aor. Ptz. μαρτυρέω, attr. **ἐπί** *hier vor* (B I1aδ) od. *zur Zeit von* (vgl. B I2). **Πόντιος Πιλᾶτος** *Pontius*
14 *Pilatus,* röm. *Prokurator v. Judäa.* **14 τηρῆσαι** Aor. Inf. τηρέω, Präd. des AcI. **ἄ-σπιλος**¹¹ *makellos.* **ἀν-επί-λημπτος**¹¹ *untadelig, ohne Tadel;* τηρῆσαί σε τὴν ἐντολὴν ἄσπιλον ἀνεπίλημπτον *daß du den* (dir gegebenen) *Auftrag erfüllst (und dabei) makellos und ohne Tadel (bleibst)* (ἄσπιλον/ἀνεπίλημπτον Subj.-Präd. zu σε, A65) od. *daß du das Gebot* (die Gesamtheit der christl. Lehre, B ἐντολή 2f) *in makellosem und tadellosem Zustand* (ἄσπιλον/ἀνεπίλημπτον Obj.-Präd.) *bewahrst.* **μέχρι** uneig.

Präp. (A183) *bis.* **ἐπι-φάνεια** *Erscheinung.* **15 καιροῖς ἰδίοις** dat.   15
temp. (A182) *zur rechten* (v. Gott best.) *Zeit, zu seiner Zeit* (B καιρός 3).
δείξει Fut. δείκνυμι²¹² *zeigen;* bezogen auf ἐπιφανείας: *herbeiführen,*
sehen lassen. **μακάριος** *glücklich, selig, beneidenswert;* hier etwa *hochgelobt.*
δυνάστης¹ *Herrscher.* **βασιλευόντων** Ptz. βασιλεύω *König sein, herr-*
schen, regieren; subst. **κυριευόντων** Ptz. κυριεύω *Herr sein, herrschen;*
subst. **16 ἔχων** Ptz., subst. **μόνος** hier *als einziger, allein* (adv., A113).   16
ἀ-θανασία *Unsterblichkeit.* **οἰκῶν** Ptz. οἰκέω *wohnen* τι *in etwas;* subst.
(ohne Art., A304), evtl. mod. **ἀ-πρόσ-ιτος**¹¹ (< πρός + εἶμι *gehen)*
unzugänglich. **οὐδεὶς ἀνθρώπων** gen. partitivus (A164), übers. *kein*
Mensch. **ἰδεῖν** Aor. Inf. ὁράω. **κράτος**⁷ *Macht.*

   17 πλούσιος *reich.* **ὁ νῦν αἰών** *das jetzige Zeitalter, die jetzige Welt.*   17
παρ-άγγελλε Imp. -αγγέλλω V. 13, hier m. einfachem Inf. **ὑψηλο-**
φρονεῖν Inf. -φρονέω *hochmütig/überheblich sein.* **ἠλπικέναι** Pf. Inf.
ἐλπίζω⁹³ *hoffen;* Pf. m. präs. Bdtg., wohl ein „Intensivperfekt" (H-S §200c; vgl.
A243) etwa *seine Hoffnung setzen (auf).* **πλοῦτος** *Reichtum.* **ἀ-δηλότης**³
ητος ἡ *Unsicherheit;* ἐπὶ πλούτου ἀδηλότητι = ἐπ' ἀδήλῳ πλούτῳ
auf den unsicheren Reichtum (BDR §165,2). **παρ-έχοντι** Ptz. -έχω *gewähren*
bzw. hier *geben;* attr. **πλουσίως** *reichlich.* **ἀπό-λαυσις**⁸ *Genuß.*
18 ἀγαθο-εργεῖν Inf. -εργέω *Gutes tun;* Inf. abhängig v. παράγγελλε   18
(V. 17). **πλουτεῖν** V. 9. **εὐ-μετά-δοτος**¹¹ (< εὖ *gut, gern* + μετα-
δίδωμι Anteil geben an) *freigebig.* **εἶναι** V. 5. **κοινωνικός** *bereit, mit*
anderen zu teilen. **19 ἀπο-θησαυρίζοντας** Ptz. -θησαυρίζω *speichern;*   19
mod. od. fin. **θεμέλιος** (< τίθημι) *Fundament; Grundlage; Grundstock;*
ἀποθησαυρίζω θεμέλιον καλόν *einen guten Grundstock anlegen.*
μέλλον Ptz. Ntr. μέλλω, subst.; εἰς τὸ μέλλον *für die Zukunft.* **ἐπι-**
λάβωνται Aor. Konj. Med. -λαμβάνομαι V. 12. **ὄντως** *wirklich, wahr.*
   20 ὦ V. 11. **Τιμόθεος** 1,2. **παρα-θήκη** (< παρατίθημι Med. an-   20
vertrauen) juristischer term. tech. für *das, was in Verwahrung gegeben wird; De-*
positum, anvertrautes Gut. **φύλαξον** Aor. Imp. φυλάσσω⁸⁰ (< φύλαξ
Wächter) *(be)wachen; behüten, bewahren.* **ἐκ-τρεπόμενος** Ptz. ἐκ-τρέπο-
μαι *sich abwenden von,* m. Akk, mod. **βέβηλος**¹¹ (< βαίνω *gehen)* eig.
„betretbar, für jeden zugänglich": *nicht heilig, unheilig, gottlos.* **κενο-φωνία**
leeres Gerede, Geschwätz. **ἀντί-θεσις**⁸ *Gegensatz, Streitsatz.* **ψευδ-ώνυ-**
μος¹¹ (< ψευδής *lügnerisch* + ὄνομα) *fälschlich so genannt.* **γνῶσις**⁸
Erkenntnis. **21 ἥν** *zu dieser* (rel. Verschränkung, A364b). **ἐπ-αγγελλό-**   21
μενοι Ptz. -αγγέλλομαι *von sich ankündigen, versprechen; sich bekennen zu,*
m. Akk.; kaus., evtl. mod. **περί** m. Akk. *hinsichtlich* (B 2d). **ἠ-στόχησαν**
Aor. ἀ-στοχέω (< στόχος [Schieß-]Ziel) *abirren, auf Abwege geraten.*
χάρις erg. εἴη (Opt. v. εἰμί) *Gnade sei.*

2. Timotheus

1 **διὰ θελήματος θεοῦ** Attr. zu ἀπόστολος. **κατά** m. Akk. viell. *hinsichtlich, in bezug auf* (vgl. B II6) od. *zum Zweck, für* (vgl. B II4); **κατ'** **ἐπαγγελίαν** ebenfalls Attr. zu ἀπόστολος *Apostel ... (bestellt) auf Grund*
2 (viell. *hinsichtlich* od. *für [die Verkündigung]) der Verheißung.* **2 Τιμόθεος** *Timotheus,* Begleiter v. Paulus; erg. ἐπιστέλλω *schreiben,* m. flgd. Dat. des Adressaten (A376a). **ἔλεος**[7] *Barmherzigkeit, Erbarmen, Mitleid;* erg. εἴη (Opt.
3 v. εἰμί, BDR §128[8]) σοι *sei mit dir.* **3 χάριν ἔχω** *dankbar sein, danken* (B χάρις 5). **λατρεύω** (Gott) *dienen.* **πρό-γονος** ὁ u. ἡ subst. *Vorfahre;* ἀπὸ προγόνων *von (meinen) Vorfahren her = nach dem Vorbild meiner Vorfahren.* **ἐν** hier *mit.* **καθαρός** *rein.* **συν-είδησις**[8] *Bewußtsein; Gewissen.* **ὡς** hier temp. *wenn* (vgl. A336). **ἀ-διά-λειπτος**[11] *unaufhörlich, beständig.* **μνεία** *Gedenken;* ἔχω τὴν περὶ σοῦ μνείαν *ich habe dich im Gedächtnis, ich gedenke deiner, ich denke an dich.* **δέησις**[8] *Bitte, Gebet.* **νυκτὸς καὶ**
4 **ἡμέρας** *Nacht und Tag* (gen. temp., H-S §168a; vgl. A166). **4 ἐπι-ποθῶν** Ptz. -ποθέω *Sehnsucht haben, sich sehnen nach;* mod. **ἰδεῖν** Aor. Inf. ὁράω hier *wiedersehen.* **με-μνημένος** Pf. Ptz. μιμνήσκομαι[168] *sich erinnern, denken an,* m. Gen. der Sache; Pf. m. präs. Bdtg. (BDR §341[1]); mod. od. temp. **δάκρυον** *Träne;* τὰ δάκρυα hier *Abschiedstränen.* **πληρωθῶ** Aor. Konj.
5 Pass. πληρόω, m. Gen (A165) *mit.* **5 ὑπό-μνησις**[8] *Erinnerung;* ὑπό-μνησιν λαμβάνω τινός = ὑπομιμνήσκομαί τινος *sich erinnern, denken an* (λαμβάνω zur Umschreibung des Pass., B 2). **λαβών** Aor. Ptz. λαμβάνω, kaus. **ἀν-υπό-κριτος**[11] *ungeheuchelt.* **ἥ-τις** für ἥ od. qualitativ *(ein solcher,) wie er* (A132f). **ἐν-ῴκησεν** Aor. -οικέω *wohnen, leben in.* **μάμμη** *Großmutter.* **Λωΐς**[3] ΐδος *Lois.* **Εὐνίκη** *Eunike.* **πέ-πεισμαι** Pf. (m. präs. Bdtg.) Pass. πείθω, Pf. Pass. *ich bin überzeugt.* **ὅτι** erg. ἐνοικεῖ.
6 **6 αἰτία** *Grund, Ursache;* δι' ἣν αἰτίαν = διὰ ταύτην τὴν αἰτίαν (BDR §293[12]; vgl. A364a) *darum.* **ἀνα-μιμνήσκω** *erinnern,* m. Inf. **ἀνα-ζωπυρεῖν** Inf. -ζωπυρέω *anfachen, (neu) beleben.* **χάρισμα**[3] *Gnadengeschenk, Gnadengabe, Charisma.* **ἐπί-θεσις**[8] *Auflegen;* ἐπίθεσις τῶν χει-
7 ρῶν *Handauflegung.* **7 ἔ-δωκεν** Aor. δίδωμι. **δειλία** *Feigheit, Zaghaftigkeit.* **σω-φρονισμός** *Mahnung; Mäßigung, Besonnenheit, Selbstbeherrschung.*
8 **8 ἐπ-αισχυνθῇς** Aor. Konj. Pass. -αισχύνομαι[130] *sich schämen,* m. Akk.; prohibitiver Konj. (A256). **μαρτύριον** *Zeugnis.* **κυρίου** gen. obi. (A158); μὴ ἐπαισχυνθῇς τὸ μαρτύριον τοῦ κυρίου ἡμῶν *schäme dich nicht des Zeugnisses/der Botschaft von unserem Herrn* od. *schäme dich nicht, Zeugnis für unseren Herrn abzulegen/dich zu unserem Herrn zu bekennen.* **δέσμιος** *Gefangener.* **συγ-κακο-πάθησον** Aor. Imp. -παθέω *(zusammen) leiden, mitleiden.* **τῷ εὐαγγελίῳ** dat. commodi (A173) *für das*

Evangelium. **9 σώσαντος** Aor. Ptz. σῴζω, attr. **καλέσαντος** Aor. Ptz.   9
καλέω, attr. **κλῆσις**[8] *Berufung.* **πρό-θεσις**[8] (< προτίθεμαι sich vor-
nehmen, beschließen) *Aufstellung; Vorsatz; Ratschluß* (B 2b). **δοθεῖσαν** Aor.
Ptz. Pass. Fem. δίδωμι, attr. **10 φανερωθεῖσαν** Aor. Ptz. Pass. Fem.   10
φανερόω, attr. **ἐπι-φάνεια** *Erscheinung.* **σωτήρ**[6] ῆρος ὁ (vgl. σῴζω)
Retter, Befreier (im NT stets v. Christus bzw. Gott als demjenigen, der Heil ver-
leiht). **κατ-αργήσαντος** Aor. Ptz. -αργέω *außer Wirksamkeit/Geltung set-
zen, zunichte machen, entmachten* (B 2); mod. od. kaus. **μέν ... δέ** *einerseits ...
andererseits* (kann unübersetzt bleiben). **φωτίσαντος** Aor. Ptz. φωτίζω
(vgl. A33[91ff]) tr. *erleuchten, bescheinen; ans Licht bringen;* mod. od. kaus.
ἀ-φθαρσία *Unvergänglichkeit;* ζωὴ καὶ ἀφθαρσία wohl Hendiadyoin
(A378) *unvergängliches Leben.* **11 εἰς ὅ** *für das.* **ἐ-τέθην** Aor. Pass. τίθημι   11
hier *bestimmen zu* (B I2aα). **κῆρυξ**[3] υκος ὁ *Herold; Verkündiger;* Präd.-Nom.
(im Akt.: Obj.-Präd.; A212) *zum Verkündiger.* **12 πάσχω** *leiden.* **ᾧ** =   12
τοῦτον ᾧ *den(jenigen), dem* (B ὅς I2bβ; A358) = *wem.* **πε-πίστευκα** Pf.
πιστεύω; οἶδα ᾧ πεπίστευκα *ich weiß, wem ich mein Vertrauen geschenkt
habe/an wen ich glaube* (A242). **πέ-πεισμαι** V. 5. **δυνατός** *stark, mäch-
tig;* δυνατός ἐστιν *er hat die Macht, er ist imstande* (B 1aβ). **παρα-θήκη**
(< παρατίθημι Med. anvertrauen) juristischer term. tech. für *das, was in Ver-
wahrung gegeben wird, Depositum, anvertrautes Gut;* ἡ παραθήκη μου *das mir
(od. [dir] von mir) anvertraute Gut.* **φυλάξαι** Aor. Inf. φυλάσσω[80] *wachen,
beschützen; behüten; bewahren.* **13 ὑπο-τύπωσις**[8] *Muster, Vorbild.* **ἔχε**   13
Imp. **ὑγιαινόντων** Ptz. ὑγιαίνω (< ὑγιής gesund) *gesund sein;* attr.;
ὑποτύπωσιν ἔχε ὑγιαινόντων λόγων ὧν *halte das Vorbild* (AkkO)
gesunder Worte/Lehre fest, die od.: *als Vorbild* (Objektsartangabe/Obj.-Präd.,
A65) *gesunder Worte/Lehre halte die* (ὧν = τούτους ὧν, A358) *fest, die.*
ἤκουσας Aor. ἀκούω, m. Gen. od. ὧν für οὕς (Attraktion des Rel.-Pron.
[A360], B 1bβ). **14 φύλαξον** Aor. Imp. φυλάσσω. **διὰ πνεύματος**   14
ἀγίου hier *durch die Kraft des Heiligen Geistes.* **ἐν-οικοῦντος** Ptz. -οικέω
V. 5; attr.

    15 ἀπ-ε-στράφησαν Aor. Pass. ἀπο-στρέφω[47] *abwenden;* Pass.   15
sich abwenden von, m. Akk. **Ἀσία** *Asia,* röm. Provinz (westl. Kleinasien).
ὧν ἐστιν gen. partitivus (A164) *unter ihnen (sind).* **Φύγελος** *Phygelus,*
Ἑρμογένης ους (vgl. A7) *Hermogenes,* zwei Christen aus der Provinz Asia.
16 δῴη Aor. Opt. δίδωμι, kupitiver Opt. (A259). **ἔλεος** V. 2. **Ὀνη-**
σίφορος *Onesiphorus,* Vertrauter v. Paulus. **οἶκος** hier *Familie.* **πολλά-**
κις *häufig, oft.* **ἀν-έ-ψυξεν** Aor. ἀνα-ψύχω[73] *erquicken, ermutigen.* **ἄλυ-**
σις[8] *Kette; Gefangenschaft.* **ἐπ-αισχύνθη** Aor. Pass. -αισχύνομαι V. 8.
17 γενόμενος Aor. Ptz. Med. γίνομαι, temp.; hier *als er angekommen war.*   17
Ῥώμη *Rom.* **σπουδαίως** *eifrig.* **ἐ-ζήτησεν** Aor. ζητέω. **εὗρεν** Aor.
εὑρίσκω. **18 δῴη** V. 16; δίδωμι hier *gewähren, (jmdn. etwas tun) lassen.*   18

εὑρεῖν Aor. Inf. Ἔφεσος Ephesus, Hauptstadt der röm. Provinz Asia. διηκόνησεν Aor. διακονέω³³ (be)dienen; ὅσα ... διηκόνησεν alles, was er an Diensten geleistet hat (B 2). βελτίων¹¹ ον (Komp. zu ἀγαθός) besser; Ntr. als Adv. am besten (Komp. für Superlativ, H-S §242a, vgl. A118).

2   **2** ἐν-δυναμοῦ Imp. Pass. -δυναμόω stark machen; Pass. stark werden. ἐν (erstes) instr. durch. 2 ἤκουσας Aor. ἀκούω. διά m. Gen. hier in Gegenwart, vor (B AIII2a). μάρτυς υρος ὁ Zeuge. παρά-θου Aor. Imp. Med. -τίθημι²⁰⁰ vorsetzen; Med. übergeben, anvertrauen. πιστός hier zuverlässig, treu (B 1aα). οἵ-τινες solche(n), die (A132). ἱκανός hinlänglich; geeignet, fähig; m. flgd. Inf. ἔσονται Fut. εἰμί. διδάξαι Aor. Inf. διδάσκω.

3   **3** συγ-κακο-πάθησον Aor. Imp. -παθέω (zusammen) leiden, mitleiden. ὡς hier als (eine wirkl. Eigenschaft bezeichnend, vgl. H-S §252,61).

4   στρατιώτης¹ Soldat. **4** στρατευόμενος Ptz. στρατεύομαι Kriegsdienst tun, zu Felde ziehen; subst. ἐμ-πλέκεται Pass. -πλέκω verwickeln, verstricken; Pass. sich verwickeln, m. Dat. in etwas. βίος Leben. πραγματεία Betätigung; Pl. Geschäfte; αἱ τοῦ βίου πραγματεῖαι die Geschäfte des täglichen Lebens. στρατο-λογήσαντι Aor. Ptz. -λογέω ein Heer sammeln, Soldaten anwerben; subst. der, der ihn in Dienst genommen hat, sein Befehlshaber.

5   ἀρέσῃ Aor. Konj. ἀρέσκω¹⁵⁹ gefallen. **5** ἀθλῇ Konj. ἀθλέω kämpfen, hier an einem Wettkampf teilnehmen. στεφανοῦται Pass. στεφανόω bekränzen, krönen; Pass. den (Sieges-)Kranz erhalten. νομίμως nach den Regeln. ἀθλήσῃ Aor. Konj. **6** κοπιῶντα Ptz. κοπιάω müde werden; sich abmühen; attr. γεωργός Landmann, Bauer. μετα-λαμβάνειν Inf. -λαμβάνω seinen Anteil erhalten, m. Gen.; Präd. des AcI, v. δεῖ abhängig.

7   **7** νόει Imp. νοέω erkennen; bedenken, nachdenken über (B 2). δώσει Fut. δίδωμι [Var. δῴη Aor. Opt.]. σύν-εσις⁸ (< συνίημι verstehen) Einsicht, Verständnis.

8   **8** μνημόνευε Imp. μνημονεύω gedenken, denken an, im Gedächtnis halten, hier m. Akk. ἐγηγερμένον Pf. Ptz. Pass. ἐγείρω, AcP (A300) od. subst. ohne Art. (vgl. A303f) als Objektsartangabe (als Auferstandenen; A65). Δαυίδ indekl., hier Gen. τὸ εὐαγγέλιόν μου das von mir verkündigte Evangelium (B εὐαγγέλιον 2bβ). **9** ἐν ᾧ um dessentwillen (bezogen auf εὐαγγέλιον). κακο-παθέω (Unglück) erleiden. μέχρι uneig. Präp. (A183) bis (zu). δεσμός Fessel; Pl. Gefangenschaft. κακ-οῦργος¹¹ subst.

9

10   Verbrecher. δέ-δεται Pf. Pass. δέω. **10** διὰ τοῦτο darum. ὑπο-μένω bleiben; aushalten, standhaft ertragen. ἐκ-λεκτός⁹ (< ἐκ-λέγομαι [für sich] auswählen) ausgewählt; im NT fast durchweg: auserwählt (ausgesondert, um zu Gott zu gehören bzw. ihm zu dienen). τύχωσιν Aor. Konj. τυγχάνω¹⁵⁶ treffen, erlangen, m. Gen. **11** πιστός hier glaubwürdig, zuverlässig. συν-απ-ε-θάνομεν Aor. -απο-θνῄσκω¹⁶¹ mitsterben; erg. (mit) ihm (ἐκείνῳ [Christus], vgl. V. 12f), ebenso bei den flgd. σύν-Komposita; εἰ m. Ind. indefi-

11

nit (auch V. 12f; A342). **συ-ζήσομεν** Fut. -ζάω²⁰ *mitleben.* **12 συμ-** 12
βασιλεύσομεν Fut. -βασιλεύω *mitherrschen.* **ἀρνησόμεθα** Fut.
Med. ἀρνέομαι *leugnen, bestreiten; verleugnen, sich lossagen von.* **κἀκεῖνος**
= καὶ ἐκεῖνος. **ἀρνήσεται** Fut. Med. **13 ἀ-πιστέω** *ungläubig sein;* 13
hier *untreu sein.* **πιστός** V. 2. **ἀρνήσασθαι** Aor. Inf. Med.; ἀρνέομαι
ἑαυτόν *sich selbst verleugnen;* hier *sich selbst untreu werden* (B 4).

　　　　14 ὑπο-μίμνῃσκε Imp. -μιμνήσκω *erinnern (an); ins Gedächtnis* 14
rufen, m. Akk. **δια-μαρτυρόμενος** Ptz. -μαρτύρομαι *beschwören;* mod.,
m. flgd. Inf.; erg. im Deutschen: *sie.* **λογο-μαχεῖν** Inf. -μαχέω *Wort-*
gefechte führen. **χρήσιμος** (< χράομαι *benutzen) nützlich;* ἐπ' οὐδὲν
χρήσιμον (erg. ἐστίν) *es führt zu nichts (Nützlichem)* (ἐπί fin.-kons.); bis
Versende Parenthese (BDR §429⁵; vgl. A374). **ἐπί** (m. Dat.) *ebenfalls fin.-*
kons. (B II1bε; BDR §235⁶) *zu;* davor erg. *sondern.* **κατα-στροφή**
Verderben, Zerstörung; hier *Verderben, Schaden* od. übertr. *Verstörung* (B).
ἀκουόντων Ptz. ἀκούω, subst. **15 σπούδασον** Aor. Imp. σπουδάζω 15
(vgl. A33⁹¹ᶠᶠ) *sich beeilen; sich bemühen,* m. flgd. Inf. **δόκιμος** *erprobt,*
bewährt. **παρα-στῆσαι** Aor. Inf. παρ-ίστημι; σεαυτὸν δόκιμον
παραστῆσαι τῷ θεῷ *dich Gott (gegenüber) als bewährt* (Obj.-Präd.; A65)
darzustellen/zu erweisen. **ἐργάτης**¹ *Arbeiter.* **ἀν-επ-αίσχυντος**¹¹ *der sich*
nicht zu schämen braucht. **ὀρθο-τομοῦντα** Ptz. -τομέω *in gerade Richtung*
schneiden/führen, gerade Richtung einschlagen (ohne Umweg); hier wohl übertr.
richtig/geradeheraus (ohne nutzlose Diskussionen [EWNT 2, Sp. 1299]) od. *ge-*
nau/unverfälscht austeilen/verkünden; mod. od. kaus. **16 βέβηλος**¹¹ *unheilig,* 16
gottlos. **κενο-φωνία** *leeres Gerede, Geschwätz.* **περι-ΐστασο** Imp. Med.
2. Sg. -ίσταμαι (περιΐστημι *herumstellen) sich umdrehen (um auszuwei-*
chen); m. Akk. *(ver)meiden, etwas aus dem Weg gehen.* **πλείων**¹¹ ον (Komp.
zu πολύς) *mehr,* m. gen. partitivus (A164); ἐπὶ πλεῖον γὰρ προκόψουσιν
ἀσεβείας *sie werden nämlich immer tiefer in die Gottlosigkeit hineingeraten*
(B II2c). **προ-κόψουσιν** Fut. -κόπτω⁵⁶ *Fortschritte machen.* **ἀ-σέβεια**
Gottlosigkeit. **17 λόγος** hier *Lehre.* **γάγγραινα** *Krebsgeschwür.* **νομή** 17
Weide; (das) Umsichfressen; νομὴν ἔχω *es frißt um sich.* **ἕξει** Fut. ἔχω. **ὧν**
ἐστιν gen. partitivus (A164) *unter ihnen* (A364a) *sind.* **Ὑμέναιος**
Hymenäus, **Φίλητος** *Philetus,* zwei Irrlehrer. **18 οἵτινες** für οἵ (A133). 18
περί m. Akk. *hinsichtlich* (B 2d); περὶ τὴν ἀλήθειαν *von der Wahrheit.*
ἠ-στόχησαν (< στόχος [Schieß-]Ziel) Aor. ἀ-στοχέω *abirren; abwei-*
chen. **λέγοντες** Ptz. λέγω, mod.; m. flgd. AcI. **γε-γονέναι** Pf. Inf. γίνο-
μαι; Präd. des AcI. **ἀνα-τρέπω** *zu Fall bringen, zerstören.* **19 μέν-τοι** 19
jedoch, trotzdem. **στερεός** *fest.* **θεμέλιος** (< τίθημι) *Grundlage; Funda-*
ment. **τοῦ θεοῦ** gen. auctoris (A153) *von Gott gelegt.* **ἕστηκεν** Pf.
ἵσταμαι, Pf. hier *feststehen, unerschütterlich sein* (B II2cα). **ἔχων** Ptz., mod.
od. kaus. **σφραγίς**³ ῖδος ἡ *Siegel; Siegelinschrift* (B 1c). **ἔ-γνω** Aor.

γινώσκω; hier wohl *er kennt* (gnomischer Aor., A241c). ὄντας Ptz. εἰμί, subst.; οἱ ὄντες αὐτοῦ *die Seinen* bzw. *die, die zu ihm gehören.* ἀπο-στήτω Wz.-Aor. Imp. 3. Sg. ἀφ-ίσταμαι²⁰⁵ *sich entfernen; ablassen* (B 2b). ἀ-δικία *Unrecht; Ungerechtigkeit.* πᾶς ὁ m. Ptz. *jeder, der* (A86). ὀνο-μάζων Ptz. ὀνομάζω *nennen;* subst.; ὀνομάζω τὸ ὄνομα κυρίου *den Namen des Herrn nennen/anrufen* (B 2) = *sich zum Herrn bekennen* bzw. *sagen,*
20 *daß man zum Herrn gehört* (GN). **20** οὐ μόνον ... ἀλλὰ καί *nicht nur ... sondern auch.* σκεῦος⁷ *Gerät; Gefäß.* χρυσοῦς (H-S §44c) *golden.* ἀργυ-ροῦς (H-S §44c) *silbern.* ξύλινος *hölzern.* ὀστράκινος *irden, tönern.* ἃ μέν ... ἃ δέ *einige ... andere* (H-S §130; A133c). εἰς *zu.* ἀ-τιμία *Unehre;* εἰς τιμήν ... εἰς ἀτιμίαν (ein Gefäß) *zur Ehre ... zur Schande, für rühmliche ... für unrühmliche Zwecke* (Wilckens), *für ehrenvolle Anlässe ... für den Abfall*
21 (GN). **21** ἐκ-καθάρῃ Aor. Konj. -καθαίρω¹³³ *reinigen* (hier durch Tren- nung bzw. Distanzierung). ἀπὸ τούτων *von diesen* (Leuten). ἔσται Fut. εἰμί. ἡγιασμένον Pf. Ptz. Pass. ἁγιάζω⁹¹ *heiligen;* attr. εὔ-χρηστος¹¹ *nützlich, brauchbar.* δεσπότης¹ *Herr, Besitzer.* ἡτοιμασμένον Pf. Ptz. Pass. ἑτοιμάζω, attr.; εἰς ... ἡτοιμασμένον *zu ... zubereitet/befähigt.*
22 **22** νεωτερικός *jugendlich, zur Jugend gehörend* (LN 67.155). ἐπι- θυμία *Verlangen, Sehnsucht;* (sündige) *Begierde, Lust.* φεῦγε Imp. φεύγω m. Akk. *fliehen (vor); meiden, sich fernhalten (von).* δίωκε Imp. μετά m. Gen. Näherbestimmung zu δίωκε: *jagt/trachtet nach ... (zusammen) mit* (BDR §227⁴), evtl. zu εἰρήνην: *Frieden mit* (B AII3b). ἐπι-καλουμένων Ptz. Med. -καλέω *anrufen;* Med. *(für sich) anrufen* (B 2b); subst. καθαρός *rein.*
23 **23** μωρός *töricht, dumm.* ἀ-παίδευτος¹¹ *unverständig, ungebildet, albern* (EWNT 1, Sp. 273). ζήτησις⁸ *Untersuchung; Auseinandersetzung; Streitge- spräch, Diskussion.* παρ-αιτοῦ Imp. -αιτέομαι *sich ausbitten; sich verbitten; zurückweisen* (B 2b). εἰδώς Pf. (m. präs. Bdtg.) Ptz. οἶδα, kaus. γεννάω
24 *(er)zeugen.* μάχη *Kampf, Streitigkeit.* **24** μάχεσθαι Inf. μάχομαι *kämp- fen, streiten;* Präd. des AcI, abhängig v. δεῖ. οὐ δεῖ ... ἀλλά übers. *darf nicht* (A270) ... *sondern muß* bzw. *soll nicht ... sondern.* ἤπιος *freundlich;* Präd.- Nom. des AcI [Var. νήπιος *unmündig*]. εἶναι Inf. εἰμί, Präd. des AcI. δι- δακτικός *zum Unterrichten/Lehren befähigt.* ἀν-εξί-κακος¹¹ (hier *gegen*
25 *ihn gerichtetes) Unrecht gelassen ertragend.* **25** πραΰτης³ ητος ἡ *Sanftmut, Freundlichkeit;* ἐν πραΰτητι *sanftmütig, freundlich.* παιδεύοντα Ptz. παιδεύω *erziehen; zurechtweisen* (B 2); umschrieb. Präs. (A249) m. εἶναι (V. 24) bzw. subst. ohne Art. (A304) als Präd.-Nom. (A269) *einer (sein), der zurechtweist.* ἀντι-δια-τιθεμένους Ptz. -τίθεμαι *sich entgegenstellen;* subst. *die, die sich gegen (ihn) stellen* bzw. *die Gegner.* μή-ποτε m. Konj. hier *vielleicht* (A308; B 3bβ). δώῃ Aor. Konj. [Var. δῷ Aor. Konj.; frühere Text- ausgaben: δῴη eig. Aor. Opt. 3. Sg. δίδωμι; nach BDR §369⁴ aber = δώῃ Aor. Konj.]. μετά-νοια *Sinnesänderung, Umkehr, Bekehrung;* hier *die Mög-*

lichkeit zur Umkehr. **ἐπί-γνωσις**[8] *Erkenntnis;* εἰς ἐπίγνωσιν ἀληθείας *so daß sie die Wahrheit erkennen* (GN).   **26 ἀνα-νήψωσιν** Aor. Konj.   26 -νήφω (vgl. A33[40ff]) *(wieder) nüchtern werden, (wieder) zur Besinnung kommen.* **διά-βολος** (< διαβάλλω verleumden) subst. *Verleumder; Teufel.* **παγίς**[3] ίδος ἡ *Schlinge, Falle;* ἀνανήψωσιν ἐκ τῆς τοῦ διαβόλου παγίδος *(vielleicht) kommen sie zur Besinnung und befreien sich aus der Schlinge des Teufels* (vgl. B ἀνανήφω). **ἐ-ζωγρημένοι** Pf. Ptz. Pass. ζωγρέω *lebendig fangen;* temp. od. kaus. *nachdem/da sie gefangengehalten sind.* **εἰς τὸ ἐκείνου θέλημα** *zur Ausführung seines (des Teufels) Willens* (B ζωγρέω).

      γίνωσκε Imp.   **ἐν-στήσονται** Fut. Med. -ίσταμαι[205] *eintreten,*   **3** *hereinbrechen.* **χαλεπός** *schwer, schlimm.*   **2 ἔσονται** Fut. εἰμί.   **φίλ-**   2 **αυτος**[11] *selbstsüchtig.* **φιλ-άργυρος**[11] *geldgierig.* **ἀλαζών**[4] όνος ὁ *Prahler.* **ὑπερ-ήφανος**[11] *hochmütig, stolz, überheblich.* **βλάσ-φημος**[11] *lästernd, schmähend;* ἔσονται ... βλάσφημοι *sie werden lästern od. andere beleidigen.* **γονεῖς** έων οἱ (A8: ευ-St.) nur Pl. *Eltern.* **ἀ-πειθής**[7] *ungehorsam.* **ἀ-χάριστος**[11] *undankbar.* **ἀν-όσιος**[11] *unheilig, gottlos.* **3 ἄ-στοργος**[11] *lieblos.* **ἄ-σπονδος**[11] *unversöhnlich.* **διά-βολος**[11] *ver-*   3 *leumderisch, klatschsüchtig.* **ἀ-κρατής**[7] *unbeherrscht, zügellos.* **ἀν-ήμε-**   **ρος**[11] *wild, zuchtlos, gewalttätig* (GN). **ἀ-φιλ-άγαθος**[11] *dem Guten feind, ohne Liebe zum Guten.*   **4 προ-δότης**[1] *Verräter.* **προ-πετής**[7] *überstürzt,*   4 *unbesonnen, leichtfertig* (Menge). **τε-τυφωμένοι** Pf. Ptz. Pass. τυφόομαι *aufgeblasen werden; töricht werden, verblendet werden;* umschrieb. Futurperfekt (A249) m. ἔσονται (V. 2) bzw. subst. ohne Art. (A304) als Präd.-Nom. *sie werden aufgeblasen sein (vor Überheblichkeit)* (GN). **φιλ-ήδονος**[11] *vergnügungssüchtig, der Lust ergeben.* **φιλό-θεος**[11] *Gott liebend, fromm;* φιλήδονοι μᾶλλον ἤ φιλόθεοι übers. etwa *mehr dem Vergnügen zugetan als Gott,* evtl. (BDR §246[4]) *dem Vergnügen statt Gott ergeben.*   **5 ἔχοντες** Ptz. ἔχω hier   5 *festhalten an;* mod. *wobei sie an ... festhalten,* evtl. umschrieb. Fut. (A249) m. ἔσονται (V. 2) bzw. subst. ohne Art. (A304) als Präd.-Nom. *sie werden an ... festhalten.* **μόρφωσις**[8] *Gestaltung; äußere Form, Schein.* **εὐ-σέβεια** *Frömmigkeit, Gottesfurcht.* **δύναμις** hier: deren *(wirkliche) Kraft.* **ἠρνημέ-νοι** Pf. Ptz. ἀρνέομαι *leugnen, bestreiten; verleugnen, verweigern, sich lossagen von,* m. Akk.; mod., evtl. umschrieb. Futurperfekt bzw. subst. (vgl. zu ἔχοντες). **ἀπο-τρέπου** Imp. Med. -τρέπω *sich abwenden von, sich fernhalten von.* **6 ἐκ** (statt gen. partitivus) m. εἰμί *gehören zu* (B 4aδ). **ἐν-δύνοντες** Ptz.   6 -δύνω *hineinschlüpfen, (sich) einschleichen;* subst. **αἰχμ-αλωτίζοντες** Ptz. -αλωτίζω *Kriegsgefangene machen;* übertr. *gefangennehmen; verführen* (B 3); subst. **γυναικάριον** *Weibchen;* m. verächtl. Nebensinn: *Frauenzimmer, lose Frau,* (Pl.) *gewisse Frauen* (Einh.). **σε-σωρευμένα** Pf. Ptz. Pass. σωρεύω *(an)häufen; anfüllen mit;* attr.; σεσωρευμένος ἁμαρτίαις *mit Sünden beladen sein.* **ἀγόμενα** Ptz. Pass. ἄγω, attr. **ἐπι-θυμία** *Verlangen, Sehnsucht;*

(sündige) *Begierde, Lust;* dat. instr. (A176). **ποικίλος** *sehr bunt;* übertr.
7 *vielfältig, mancherlei.* **7 μανθάνοντα** Ptz. μανθάνω *lernen;* attr. **καί**
adversativ *aber, doch* (A311,1). **μηδέ-ποτε** *niemals.* **ἐπί-γνωσις**[8]
Erkenntnis. **ἐλθεῖν** Aor. Inf. ἔρχομαι. **δυνάμενα** Ptz. δύναμαι, attr.
8 **8 τρόπος** *Art und Weise;* ὃν τρόπον = τοῦτον τὸν τρόπον (BDR §293[12];
vgl. A364a) adv. Akk. (A150) *auf diese Weise, (ebenso) wie;* ὃν τρόπον ...
οὕτως *so wie ... so.* **Ἰάννης**[1] *Jannes,* **Ἰαμβρῆς**[1] *Jambres,* zwei ägyptische
Zauberer. **ἀντ-έ-στησαν** Wz.-Aor. ἀνθ-ίσταμαι[205] *sich entgegenstellen,*
Widerstand leisten, sich widersetzen. **ἀνθ-ίστανται** Med. **κατ-ε-φθαρ-**
μένοι Pf. Ptz. Pass. κατα-φθείρω (vgl. A33[136]) *vernichten; verderben;* attr. m.
Akk. der Beziehung (H-S §156; A149); κατεφθαρμένοι τὸν νοῦν *die im*
Verstand zerrüttet sind, deren Gesinnung/Denken verdorben ist. **νοῦς** (νοός νοΐ
νοῦν) *Verstand, Vernunft, Gesinnung, Denken.* **ἀ-δόκιμος** *unbewährt,*
9 *untüchtig.* **9 προ-κόψουσιν** Fut. -κόπτω[56] *Fortschritte machen.* **ἐπὶ**
πλεῖον *weiterhin, noch weiter* (B ἐπί III3; vgl. zu 2,16); οὐ προκόψουσιν
ἐπὶ πλεῖον *sie werden nicht weit kommen, sie werden nicht weiter voran-*
kommen. **ἄ-νοια** *Unvernunft, Unverstand.* **ἔκ-δηλος**[11] *(ganz) offenkundig,*
offenbar. **ἔσται** Fut. εἰμί. **ἐ-γένετο** Aor. Med. γίνομαι; ὡς καὶ ἡ
ἐκείνων ἐγένετο *wie auch der (Unverstand) jener (offenbar) wurde, wie es*
auch bei jenen (näml. Jannes u. Jambres) *geschah.*
10 **10 παρ-ηκολούθησας** Aor. -ακολουθέω *(nach)folgen; (geistig)*
verfolgen, sich aneignen (B 3), *sich ausrichten an.* **διδασκαλία** *Unterweisung,*
Lehre. **ἀγωγή** *Führung, Lebensführung.* **πρό-θεσις**[8] (< προτίθεμαι sich
vornehmen, beschließen) *Aufstellung; Absicht, Entschluß; Lebensziel* (Jeremias,
Past, S. 54). **μακρο-θυμία** *Geduld, Ausdauer; Langmut.* **ὑπο-μονή** *Aus-*
11 *harren, Geduld, Ausdauer, Standhaftigkeit.* **11 διωγμός** *Verfolgung.* **πάθη-**
μα[3] (< πάσχω) *Leid, Leiden.* **οἷος**[18] (erstes) *welcher Art, wie* (rel.). **ἐ-γέ-**
νετο V. 9. **Ἀντιόχεια** *(pisidisches) Antiochien,* **Ἰκόνιον** *Ikonion,* **Λύ-**
στρα (α [ων] οις αν; BDR §57,2) *Lystra,* drei Städte in der röm. Provinz
Galatien. **οἷος**[18] (zweites) *was für* (Ausruf; BDR §304[4]). **ὑπ-ήνεγκα** Aor.
ὑπο-φέρω[198] *ertragen, aushalten.* **ἐρ-ρύσατο** Aor. Med. ῥύομαι[8]
12 *(er)retten.* **12 καί ... δέ** *und auch* (B δέ 4b). **πάντες οἱ** hier *alle anderen*
(A376a). **θέλοντες** Ptz. θέλω, subst. **εὐ-σεβῶς** *fromm, gottesfürchtig.*
13 **ζῆν** Inf. ζάω. **διωχθήσονται** Fut. Pass. διώκω. **13 γόης**[3] ητος ὁ
Zauberer; Schwindler, Betrüger. **προ-κόψουσιν** V. 9. **χείρων**[11] ον (Komp.
zu κακός) *schlimmer;* προκόψουσιν ἐπὶ τὸ χεῖρον *sie werden es immer*
schlimmer treiben. **πλανῶντες** Ptz. πλανάω (< πλάνη Irrtum) *in die Irre*
führen; übertr. *irreführen, verführen, betrügen;* Pass. *in die Irre gehen, umherirren;*
14 mod. **πλανώμενοι** Ptz. Pass., mod. **14 μένε** Imp. **ἐν οἷς** = ἐν τού-
τοις ἅ (Attraktion des Rel.-Pron., A361) *bei dem, was* (H-S §289e). **ἔ-μαθες**
Aor. μανθάνω V. 7. **ἐ-πιστώθης** Aor. Pass. πιστόω *treu/gläubig machen;*

Pass. *Vertrauen fassen, sich überzeugen lassen;* hier m. Akk. der Beziehung (vgl. A215) ἅ ... ἐπιστώθης *wozu du Vertrauen gefaßt hast, was dir zu völliger Gewißheit geworden ist.* **εἰδώς** Pf. (m. präs. Bdtg.) Ptz. οἶδα, kaus. **παρὰ τίνων** *von wem/welchen Menschen.* **15** **ὅτι** *daß* (zu εἰδώς) od. *weil.* **βρέ-**   **15** **φος**[7] *Leibesfrucht; Säugling, Kleinkind;* ἀπὸ βρέφους *von Kind auf.* **ἱερός** *heilig.* **γράμμα**[3] *Buchstabe; Schrift.* **δυνάμενα** Ptz. δύναμαι, attr. **σοφίσαι** Aor. Inf. σοφίζω (vgl. A33[91ff]) *mit Weisheit begaben, unterweisen;* τὰ δυνάμενά σε σοφίσαι εἰς σωτηρίαν *die dir die Weisheit/das Verständnis verleihen können, die/das zum Heil führt.* **16** **πᾶσα γραφή** *jede*   **16** *Schriftstelle = alles, was in der (Heiligen) Schrift steht.* **θεό-πνευστος**[11] *von Gott (bzw. Gottes Geist) eingegeben/inspiriert;* wohl Präd.-Nom.: πᾶσα γραφὴ θεόπνευστος καί *alles, was in der Schrift steht, ist von Gott eingegeben und,* evtl. attr. *jede von Gott eingegebene Schrift ist (daher) auch.* **ὠφέλιμος**[11] *nützlich, förderlich.* **διδασκαλία** V. 10. **ἐλεγμός** *Überführung* (v. Schuld/ Irrtum). **ἐπ-αν-όρθωσις**[8] *Wiederherstellung;* übertr. *Besserung, Zurechtbringung.* **παιδεία** *Erziehung.* **17** **ἄρτιος** *recht beschaffen, vollkommen,*   **17** *allen Anforderungen gewachsen.* ᾖ Konj. εἰμί. **ὁ τοῦ θεοῦ ἄνθρωπος** *der Mensch Gottes = der Mensch, der Gott angehört/dient.* **ἐξ-ηρτισμένος** Pf. Ptz. Pass. -αρτίζω (vgl. A33[91ff]) *vollenden; ausrüsten, ausstatten;* mod. *und dabei ausgerüstet ist* od. umschrieb. Pf. Konj. (A249) m. ᾖ (als App. [vgl. A70] zu ἄρτιος ᾖ) *ja, damit er ausgerüstet ist.*

διαμαρτύρομαι *beschwören;* erg. im Deutschen: *dich.* **μέλλοντος**   **4** Ptz. μέλλω, attr.; m. flgd. Inf. **κρίνειν** Inf.; τοῦ μέλλοντος κρίνειν umschrieb. Fut. (A250) *der richten wird.* **ζῶντας** Ptz. ζάω, subst. **ἐπι-φάνεια** *Erscheinung;* διαμαρτύρομαι ... τὴν ἐπιφάνειαν αὐτοῦ καὶ τὴν βασιλείαν αὐτοῦ *ich beschwöre dich ... bei seiner Erscheinung und bei seiner Königsherrschaft* (viell. Hendiadyoin [A378; BDR §442[29]]: ... *Erscheinung mit/in seiner Königsherrschaft*). **2** **κήρυξον** Aor. Imp. κηρύσσω. **ἐπί-**   **2** **στηθι** Wz.-Aor. Imp. ἐφ-ίσταμαι[205] *herantreten;* hier *zur Stelle sein, bereit sein* (B 1a) od. *dafür eintreten.* **εὐ-καίρως** *bei passender Gelegenheit, gelegen.* **ἀ-καίρως** *unzeitgemäß, ungelegen;* εὐκαίρως ἀκαίρως (Asyndeton, H-S §293e) *bei passender und unpassender Gelegenheit, ob du gelegen oder ungelegen kommst.* **ἔλεγξον** Aor. Imp. ἐλέγχω (vgl. A33[59ff]) *ans Licht bringen; überführen, ins Gewissen reden; zurechtweisen* (B 3). **ἐπι-τίμησον** Aor. Imp. -τιμάω *tadeln.* **παρα-κάλεσον** Aor. Imp. -καλέω. **μακρο-θυμία** *Geduld, Ausdauer; Langmut.* **διδαχή** (< διδάσκω) *Unterweisung, Lehre* (Inhalt od. Tätigkeit); ἐν πάσῃ μακροθυμίᾳ καὶ διδαχῇ Hendiadyoin (A378) *in unermüdlich geduldiger Belehrung* od. *mit allem Aufwand an Geduld und Belehrung* (vgl. Menge). **3** **ἔσται** Fut. εἰμί. **ὑγιαινούσης** Ptz. Fem.   **3** ὑγιαίνω (< ὑγιής *gesund*) *gesund sein;* attr. **διδασκαλία** *Unterweisung, Lehre.* **ἀν-έξονται** Fut. Med. -έχομαι[190] *ertragen; sich gefallen lassen, willig* *anhören,* m. Gen.; hier 3. Pl. unpersönl., übers. *die Menschen* od. *man* (A76a). **ἐπι-θυμία** *Verlangen, Sehnsucht;* (sündige) *Begierde, Lust.* **ἐπι-σωρεύ-σουσιν** Fut. -σωρεύω *aufhäufen;* hier *zusammensuchen.* **κνηθόμενοι** Ptz. Pass. κνήθω *jucken;* Pass. *Juckreiz empfinden, gekitzelt werden;* fin. od. kaus.; κνηθόμενοι τὴν ἀκοήν (Akk. vgl. A215) *um sich die Ohren kitzeln zu*

4 *lassen* od. *weil ihnen die Ohren kitzeln.* **ἀκοή** *Hörfähigkeit; Ohr.* 4 **μέν ... δέ** *(zwar) ... aber.* **ἀπο-στρέψουσιν** Fut. -στρέφω[47] *abwenden;* intr. *sich abwenden.* **μῦθος** *Mythos; erdichtete Geschichte, Fabel.* **ἐκ-τραπήσονται** Fut. Pass. -τρέπομαι[48] *abwenden;* Pass. *sich abwenden,* m. ἐπί *sich etwas*

5 *zuwenden.* 5 **νῆφε** Imp. νήφω *nüchtern* (d.h. *bei klarem Verstand*) *sein.* **κακο-πάθησον** Aor. Imp. -παθέω *Unglück erleiden, Ungemach/Leid geduldig ertragen.* **ποίησον** Aor. Imp. ποιέω. **εὐ-αγγελιστής**[1] *Evangelist;* ἔργον ποίησον εὐαγγελιστοῦ *tue die Arbeit eines Evangelisten, verkünde das Evangelium.* **διακονία** *Dienst.* **πληρο-φόρησον** Aor. Imp. -φορέω *(treu) erfüllen* (LN 68.32).

6 6 **σπένδομαι** Pass. σπένδω *ein Trankopfer ausgießen/darbringen;* ἐγὼ ἤδη σπένδομαι *ich bin schon dabei, (wie ein Trankopfer) ausgegossen zu werden.* **ἀνά-λυσις**[8] *Auflösung; Aufbruch, Abschied* (auch im Sinn v. Sterben = *[das] Abscheiden, Heimgang*). **ἐφ-έστηκεν** Pf. -ίσταμαι[205] *herantreten;* Pf.

7 *bevorstehen* (B 2b). 7 **ἀγών**[4] ῶνος ὁ *Wettkampf; Kampf;* Akk. des inneren Obj. (A145). **ἠγώνισμαι** Pf. ἀγωνίζομαι (vgl. A33[91ff]) *kämpfen.* **δρόμος** *Lauf, Wettlauf.* **τε-τέλεκα** Pf. τελέω[27] *beenden, vollenden;* τὸν δρόμον τετέλεκα *ich habe den Wettlauf vollendet, ich habe die ganze Strecke*

8 *durchlaufen.* **τε-τήρηκα** Pf. τηρέω. 8 **ἀπό-κειμαι** (A32) *bereitliegen.* **στέφανος** *Kranz, Siegeskranz;* ὁ τῆς δικαιοσύνης στέφανος gen. epexegeticus (A163) *der Siegeskranz, nämlich die Gerechtigkeit.* **ἀπο-δώσει** Fut. -δίδωμι. **κριτής**[1] *Richter.* **ἀλλὰ καὶ πᾶσι τοῖς** *sondern auch allen anderen* (A376a), *die.* **ἠγαπηκόσι** Pf. Ptz. ἀγαπάω hier *liebhaben* im Sinn v. *in Liebe erwarten, herbeisehnen* (B 2); subst. **ἐπι-φάνεια** V. 1.

9 9 **σπούδασον** Aor. Imp. σπουδάζω (vgl. A33[91ff]) *sich beeilen, sich bemühen,* m. Inf. **ἐλθεῖν** Aor. Inf. ἔρχομαι. **ταχέως** *schnell, bald.*

10 10 **Δημᾶς**[1] ᾶ *Demas,* Begleiter v. Paulus. **ἐγ-κατ-έ-λιπεν** Aor. ἐγ-κατα-λείπω[44] *zurücklassen; verlassen, im Stich lassen* [Var. ἐγ-κατ-έ-λειπεν Ipf.]. **ἀγαπήσας** Aor. Ptz. ἀγαπάω, ingr. (A229); kaus. ὁ νῦν αἰών *das jetzige Zeitalter, diese Welt* (im Unterschied zur zukünftigen Welt). **ἐ-πορεύθη** Aor. Pass. (ohne Pass.-Bdtg.) πορεύομαι. **Θεσσαλονίκη** *Thessalonich,* Stadt in Mazedonien. **Κρήσκης**[5] εντος *Kreszens,* Begleiter v. Paulus. **Γαλατία** *Galatien,* Landschaft od. röm. Provinz im mittleren Kleinasien, hier evtl. Gallien gemeint. **Τίτος** *Titus,* Begleiter v. Paulus. **Δαλματία** *Dalmatien* (= Illyrikum), röm. Provinz auf der Ostseite der Adria.

11 11 **Λουκᾶς**[1] ᾶ *Lukas,* **Μᾶρκος** *Markus,* zwei Begleiter v. Paulus. **ἀνα-**

λαβών Aor. Ptz. -λαμβάνω¹⁵² *aufnehmen; mitnehmen* (B 4); temp.; ἀνα-
λαβὼν ἄγε μετὰ σεαυτοῦ *nimm zu dir und bring ihn (dann) mit* = *bring
mit.* **ἄγε** Imp. **εὔ-χρηστος**¹¹ *nützlich, brauchbar, von großem Nutzen.* **δια-
κονία** V. 5.   **12 Τύχικος** *Tychikus,* Begleiter v. Paulus. **ἀπ-έ-στειλα**   12
Aor. ἀπο-στέλλω. **Ἔφεσος** 1,18.   **13 φαιλόνης**¹ *Mantel.* **ἀπ-έ-**   13
λιπον Aor. ἀπο-λείπω⁴⁴ *zurücklassen* [Var. ἀπ-έ-λειπον Ipf.]. **Τρῳάς**³
άδος *Troas,* Stadt in der röm. Provinz Asia. **Κάρπος** *Karpus,* ein Christ. **ἐρ-
χόμενος** Ptz. ἔρχομαι, temp. *wenn du kommst.* **φέρε** Imp. **βιβλίον**
Buch (d.h. Buchrolle). **μάλιστα** (Superlativ zu μᾶλλον) *besonders* (elati-
visch, vgl. A119). **μεμβράνα** *Pergament,* hier wohl *Pergamentheft* (Notiz-
buch).   **14 Ἀλέξανδρος** *Alexander,* ein Irrlehrer. **χαλκεύς**⁸ ὁ *Schmied.*   14
ἐν-ε-δείξατο Aor. Med. -δείκνυμαι²¹² *zeigen; erweisen, antun.* **ἀπο-δώ-
σει** V. 8.   **15 ὅν** hier *diesen/ihn* (A364a). **φυλάσσου** Imp. Med. φυλάσ-   15
σω *wachen, beschützen;* Med. *sich hüten vor, sich in acht nehmen vor,* m. Akk.
λίαν Adv. *sehr, heftig.* **ἀντ-έ-στη** Wz.-Aor. ἀνθ-ίσταμαι²⁰⁵ *sich entgegen-
stellen, Widerstand leisten.* **ἡμέτερος** (A128) *unser.* **16 ἀπο-λογία** *Vertei-*   16
digung (hier vor Gericht). **παρ-ε-γένετο** Aor. Med. παρα-γίνομαι¹⁷⁶
ankommen; zur Seite stehen, beistehen. **ἐγ-κατ-έ-λιπον** V. 10. **λογισθείη**
Aor. Opt. Pass. λογίζομαι hier τινί *jmdm. (etwas) anrechnen* (um es zu stra-
fen; B 1a); kupitiver Opt. (A259); pass. divinum (A76b).   **17 παρ-έστη** Wz.-   17
Aor. -ίσταμαι²⁰⁵ *helfen, beistehen* (B 2γ). **ἐν-ε-δυνάμωσεν** Aor.
-δυναμόω *stark machen, stärken.* **κήρυγμα**³ *Verkündigung.* **πληρο-
φορηθῇ** Aor. Konj. Pass. V. 5; ἵνα δι᾽ ἐμοῦ τὸ κήρυγμα πληροφορη-
θῇ wohl *damit durch mich die* (mir auferlegte) *Verkündigung(saufgabe) zu ihrem
Ziel geführt würde* (EWNT 3, Sp. 254). **ἀκούσωσιν** Aor. Konj. ἀκούω. **ἐρ-
ρύσθην** Aor. Pass. ῥύομαι⁸ *(er)retten.* **λέων**⁵ οντος ὁ *Löwe;* ἐκ στόμα-
τος λέοντος *aus dem Rachen des Löwen* (hier übertr. v. extremer Gefahr).
18 ῥύσεται Fut. Med. **σώσει** Fut. σώζω. **ἐπ-ουράνιος**¹¹ *himmlisch.*   18
ᾧ hier *ihm* (A364a). **δόξα** erg. εἴη (Opt. v. εἰμί) *Ehre sei.*

    19 ἄσπασαι Aor. Imp. Med. ἀσπάζομαι. **Πρίσκα** *Priska,* **Ἀκύ-**   19
λας¹ *Aquila,* Ehepaar, Missionare u. Mitarbeiter v. Paulus. **Ὀνησίφορος**
1,16. **οἶκος** hier *Familie, Hausbewohner.* **20 Ἔραστος** *Erastus,* Mitarbei-   20
ter v. Paulus. **ἔ-μεινεν** Aor. μένω. **Κόρινθος** ἡ *Korinth,* Stadt in der
röm. Provinz Achaia. **Τρόφιμος** *Trophimus,* Begleiter v. Paulus. **ἀπ-έ-
λιπον** V. 13. **Μίλητος** ἡ *Milet,* Stadt in der röm. Provinz Asia. **ἀ-σθε-
νοῦντα** Ptz. ἀ-σθενέω *schwach sein, krank sein;* kaus. **21 σπούδασον**   21
Aor. Imp. σπουδάζω V. 9. **χειμών**⁴ ῶνος ὁ *Winter.* **ἐλθεῖν** V. 9. **Εὔ-
βουλος** *Eubulus,* **Πούδης**⁵ εντος *Pudens,* **Λίνος** *Linus,* **Κλαυδία** *Klau-
dia,* sonst nicht erwähnte Christen. **καὶ οἱ ἀδελφοὶ πάντες** *und alle übri-
gen* (A376a) *Geschwister.* **22 ὁ κύριος** erg. εἴη (Opt. v. εἰμί) *der Herr sei;*   22
analog auch nach χάρις.

Titus

1   **κατά** m. Akk. (erstes) wohl *zum Zweck, für* (B II4); **κατὰ πίστιν** Attr. zu **ἀπόστολος** *Apostel ... (bestellt) für den Glauben* (d.h. für dessen Verbreitung u. Förderung). **ἐκ-λεκτός**[9] (< **ἐκ-λέγομαι** [für sich] auswählen) *ausgewählt;* im NT fast durchweg: *auserwählt* (ausgesondert, um zu Gott zu gehören bzw. ihm zu dienen); subst. **θεοῦ** gen. subi. (A158). **ἐπί-γνωσις**[8] *Erkenntnis.* **εὐ-σέβεια** *Frömmigkeit, Gottesfurcht;* **τῆς κατ᾽ εὐσέβειαν** *die (wahrer) Frömmigkeit entspricht* od. (vgl. erstes **κατά**) *die zu (wahrer) Frömmig-*
2   *keit führt.* **2 ἐπί** m. Dat. *auf Grund, gestützt auf* (B II1bγ). **ζωῆς** gen. obi. (A158). **ἐπ-ηγγείλατο** Aor. Med. -αγγέλλομαι[111] *von sich ankündigen, versprechen, verheißen.* **ἀ-ψευδής**[7] *nicht lügend; der nicht lügt* od. *lügen kann.*
3   **3 ἐ-φανέρωσεν** Aor. **φανερόω**; Anakoluth (A375) nach Rel.-Satz (BDR §469[2]) bzw. V. 3 ist Parenthese (A374). **καιροῖς ἰδίοις** dat. temp. (A182) *zur rechten* (v. Gott best.) *Zeit, zu seiner Zeit.* **κήρυγμα**[3] *Verkündigung.* **ἐ-πιστεύθην** Aor. Pass. **πιστεύω**, Pass. **πιστεύομαί τι** *etwas anvertraut erhalten, mit etwas betraut werden* (A214). **ἐπι-ταγή** *Auftrag, Befehl.* **σωτήρ**[6] **ῆρος ὁ** (vgl. **σῴζω**) *Retter, Befreier* (im NT stets v. Christus bzw.
4   Gott als demjenigen, der Heil verleiht). **4 Τίτος** *Titus,* Begleiter v. Paulus; erg. **ἐπιστέλλω** *schreiben,* m. flgd. Dat. des Adressaten (A376a). **γνήσιος** *rechtmäßig; echt.* **κοινός** *gemeinsam.* **χάρις** christl. Form des griech. Briefgrußes **χαίρειν**, kombiniert m. dem hebr. Gruß **שָׁלוֹם** *šālôm* = **εἰρήνη**; erg. **εἴη** (Opt. v. **εἰμί**, BDR §128[8]) **σοι** *sei mit dir.*
5   **5 χάριν** uneig. Präp. (A183) *wegen, um willen;* **τούτου χάριν** *dazu, zu diesem Zweck* (B 1). **ἀπ-έ-λιπον** Aor. **ἀπο-λείπω**[44] *zurücklassen* [Var. **ἀπ-έ-λειπον** Ipf.]. **Κρήτη**[1] *Kreta.* **λείποντα** Ptz. **λείπω** *zurücklassen;* intr. *fehlen;* subst. *das, was noch fehlt; das, was noch zu erledigen war.* **ἐπι-δι-ορθώσῃ** Aor. Konj. Med. -ορθόω (*vollends*) *in Ordnung bringen* [Var. **ἐπι-ορ-θώσῃς** Aor. Konj. Akt.]. **κατα-στήσῃς** Aor. Konj. **καθ-ίστημι**[204] *hinstellen; einsetzen.* **κατὰ πόλιν** *in jeder einzelnen Stadt* (B **κατά** II1d). **δι-ε-ταξάμην** Aor. Med. **δια-τάσσω**[79] *anordnen, auftragen* (Med. gleiche
6   Bdtg.). **6 εἴ τίς ἐστιν** *wenn jemand ist;* gedankl. davor zu erg. (Apodosis): *als Ältester kommt nur in Frage* o.ä. **ἀν-έγ-κλητος**[11] (< **ἐγκαλέω** anklagen) *unbescholten.* **μιᾶς γυναικὸς ἀνήρ** „Mann einer einzigen Frau" = *seiner Frau treu* (kaum: *nur einmal verheiratet*). **ἔχων** Ptz., mod. od. subst. ohne Art. (A304) als Präd.-Nom. *einer, der ... hat.* **πιστός** hier (an Christus) *gläubig* (B 2) od. *zuverlässig, treu* (vgl. 1Tim 3,4). **κατ-ηγορία** *Anklage;* **μὴ ἐν κατηγορίᾳ ἀσωτίας** (erg. wohl **ὄντα** [Ptz. v. **εἰμί**]) m. gen. obi. (A158) *die nicht der Liederlichkeit beschuldigt werden können, denen man nicht Liederlichkeit nachsagen kann.* **ἀ-σωτία** *Liederlichkeit.* **ἀν-υπό-τακτος**[11]

(< ὑποτάσσω unterordnen) *unbotmäßig, aufsässig, ungehorsam.*   **7 ἐπί-** 7
σκοπος (< ἐπισκοπέω achtgeben auf, sorgen für) *Aufseher, Vorsteher;* später: *Bischof* (vermutl. noch nicht vom Ältestenamt unterschieden; vgl. 1Tim 3,1f; 5,17.19); Subj. des AcI. **εἶναι** Inf. εἰμί, Präd. des AcI, abhängig v. δεῖ. **ὡς** hier *als* (eine wirkl. Eigenschaft bezeichnend, B III1a). **οἰκο-νόμος** *Hausverwalter, Verwalter.* **αὐθ-άδης**[7] *eigenmächtig, rücksichtslos.* **ὀργίλος** *jähzornig.* **πάρ-οινος**[11] *trunken, trunksüchtig;* subst. *Trunkenbold; Trinker.* **πλήκτης**[1] (< πλήσσω schlagen) *Schläger, Raufbold, gewalttätiger Mensch.* **αἰσχρο-κερδής**[7] *gewinnsüchtig, habgierig.*   **8 φιλό-ξενος**[11] *gastfreund-* 8 *lich.* **φιλ-άγαθος**[11] *das Gute liebend.* **σώ-φρων**[11] ον *besonnen, verständig.* **ὅσιος** *fromm, heilig.* **ἐγ-κρατής**[7] *enthaltsam, beherrscht, voller Selbstbeherrschung.*   **9 ἀντ-εχόμενον** Ptz. -έχομαι *sich halten an, sich angelegen sein* 9 *lassen, sich kümmern um,* m. Gen.; umschrieb. Präs. (A249) m. **εἶναι** (V. 7) bzw. subst. ohne Art. (A304) als Präd.-Nom. (A269) *einer, der sich an ... hält.* **διδαχή** (< διδάσκω) *Unterweisung, Lehre* (das, was gelehrt wird, od. die Lehrtätigkeit). **πιστός** *glaubwürdig, zuverlässig* (B 1b); ὁ κατὰ τὴν διδαχὴν πιστὸς λόγος *das zuverlässige Wort, wie es der* (rechten) *Lehre entspricht.* **δυνατός** *stark; imstande sein,* m. flgd. Inf. **ᾗ** Konj. εἰμί. **καί ...** **καί** *sowohl ... als auch.* **παρα-καλεῖν** Inf. -καλέω. **διδασκαλία** *Unterweisung, Lehre.* **ἐν** hier instr. *mit (Hilfe von).* **ὑγιαινούσῃ** Ptz. Fem. ὑγιαίνω (< ὑγιής gesund) *gesund sein;* attr. **ἀντι-λέγοντας** Ptz. -λέγω *widersprechen; sich widersetzen;* subst. *Gegner.* **ἐλέγχειν** Inf. ἐλέγχω *ans Licht bringen; überführen; zurechtweisen* (B 2).

   10 καί (erstes) pleon. (BDR §442[21]). **ἀν-υπό-τακτος**[11] V. 6, hier: 10 *viele, die aufsässig sind* bzw. *die sich nicht unterordnen wollen.* **ματαιο-λόγος**[11] *leeres Geschwätz hervorbringend;* subst. *Schwätzer.* **φρεν-απάτης**[1] *Betrüger, Verführer.* **μάλιστα** (Superlativ zu μᾶλλον) *(ganz) besonders* (elativisch, vgl. A119). **περι-τομή** (< τέμνω schneiden) *Beschneidung;* οἱ ἐκ τῆς περιτομῆς *die, die jüdischer Abstammung (sind).*   **11 οὕς** *diesen/* 11 *ihnen* (rel. Verschränkung m. dem Inf., A364b). **ἐπι-στομίζειν** Inf. -στομίζω *den Mund stopfen* τινά *jmdm.* **οἵ-τινες** *sie sind solche, die; insofern, als sie* (qualitative Bdtg., A132) od. m. kaus. Nebensinn (A368) *denn sie.* **οἶκος** hier *Familie.* **ἀνα-τρέπω** *umstürzen, ruinieren.* **διδάσκοντες** Ptz. διδάσκω, mod. **ἃ μὴ δεῖ** *was sich nicht ziemt* (B δεῖ 6). **αἰσχρός** *schändlich, schnöde, schäbig.* **κέρδος**[7] *Gewinn.* **χάριν** V. 5; αἰσχροῦ κέρδους χάριν *um schändlichen Gewinn zu machen* (Wilckens) od. *in der schändlichen Absicht, sich zu bereichern* (GN).   **12 τὶς ἐξ αὐτῶν ἴδιος αὐτῶν προ-** 12 **φήτης** *einer von ihnen* (d.h. ein Kreter), *ihr eigener Prophet* (App., A70) od. *ein Prophet* (Subj.) *aus ihrer Mitte* od. *einer von ihren eigenen Landsleuten hat als Prophet* (Subjektsartangabe [A65]); das Zitat ist ein Hexameter (BDR §487,1[5]). **Κρής**[3] ητός ὁ *Kreter.* **ἀεί** *immer; von jeher* (B 2). **ψεύστης**[1] (< ψεύδομαι lügen) *Lügner.* **θηρίον** *Tier;* κακὸν θηρίον *Bestie.* **γαστήρ**[6] τρός ἡ

13 *Bauch;* übertr. v. einem Schlemmer. **ἀργός** *faul.* **13 μαρτυρία** *Zeugnis*
(das Bezeugen od. das Bezeugte). **ἀληθής**[7] *wahr, wahrheitsgemäß.* **αἰτία**
Grund, Ursache; δι' ἣν αἰτίαν = διὰ ταύτην τὴν αἰτίαν (BDR §293[12];
vgl. A364a) *darum.* **ἔλεγχε** Imp. ἐλέγχω V. 9. **ἀπο-τόμως** *streng.*

14 **ὑγιαίνωσιν** Konj. V. 9, hier *gesund werden.* **14 προσ-έχοντες** Ptz.
-έχω *den Sinn richten auf, hören auf, folgen,* m. Dat.; mod., evtl. fin. **Ἰου-**
δαϊκός *jüdisch.* **μῦθος** *Mythos; erdichtete Geschichte, Fabel.* **ἀπο-στρε-**
φομένων Ptz. Med. -στρέφω *abwenden;* Med. m. Akk. *sich abwenden von,*

15 *verwerfen;* attr. (vgl. A285). **15 καθαρός** *rein;* καθαρά präd., erg. ἐστίν
(BDR §127[1]). **με-μιαμμένοις** Pf. Ptz. Pass. μιαίνω[119] *beflecken;* subst.
(den/für die) Befleckten. **ἄ-πιστος**[11] *ungläubig.* **με-μίανται** Pf. Pass.
μιαίνω. **καί ... καί** V. 9. **νοῦς** (νοός νοῖ νοῦν) *Verstand, Vernunft,*

16 *Gesinnung, Denken.* **συν-είδησις**[8] *Bewußtsein; Gewissen.* **16 ὁμο-λο-**
γέω (vgl. ὁμῶς *zusammen, in gleicher Weise* + λόγος) *übereinstimmen; sich*
(offen) als etwas od. *zu* etwas od. jmdm. *bekennen; frei heraussagen, erklären,*
behaupten, m. flgd. Inf. (B 4). **εἰδέναι** Pf. (m. präs. Bdtg.) Inf. οἶδα.
ἔργοις dat. instr. (A176). **ἀρνέομαι** *leugnen, bestreiten; verweigern; verleug-*
nen, m. Akk. (B 3b); erg. *ihn* (= Gott). **βδελυκτός** *abscheulich, verabscheu-*
ungswürdig. **ὄντες** Ptz. εἰμί, mod. **ἀ-πειθής**[7] *ungehorsam.* **ἀ-δόκιμος**
unbewährt, unbrauchbar.

2   **λάλει** Imp. λαλέω. **πρέπω** *sich ziemen, angemessen sein* τινί *für*
jmdn./etwas. **ὑγιαινούσῃ** Ptz. Fem. ὑγιαίνω (< ὑγιής *gesund*) *gesund*

2 *sein;* attr. **διδασκαλία** *Unterweisung, Lehre.* **2 πρεσβύτης**[1] *älterer/alter*
Mann. **νηφάλιος** *nüchtern.* **εἶναι** Inf. εἰμί, Präd. des AcI, παρακάλει
(aus V. 6) zu ergänzen (BDR §389[2]) od. m. λάλει od. πρέπει (V. 1) zu ver-
binden (Z). **σεμνός** *ehrbar, ehrenhaft, würdig.* **σώ-φρων**[11] ον *besonnen,*
verständig. **ὑγιαίνοντας** Ptz. ὑγιαίνω, umschrieb. Präs. (A249). **πίστει**
dat. resp. (A178) *im Glauben.* **ὑπο-μονή** *Ausharren, Geduld, Ausdauer,*

3 *Standhaftigkeit.* **3 πρεσβῦτις**[3] ιδος ἡ *ältere/alte Frau.* **ὡσ-αύτως** *in*
gleicher Weise, ebenso. **κατά-στημα**[3] *Haltung, Verhalten.* **ἱερο-πρεπής**[7]
heilig, ehrwürdig, würdevoll (eig. *wie Frauen v. priesterl. Stand* [Menge]). **διά-**
βολος[11] *verleumderisch, klatschsüchtig.* **οἶνος** *Wein.* **δε-δουλωμένας**
Pf. Ptz. Pass. δουλόω *zum Sklaven machen;* Pass. *Sklave sein; sklavisch gebun-*
den sein; οἴνῳ πολλῷ δεδουλωμένος *trunksüchtig.* **καλο-διδάσκα-**

4 **λος**[11] *Lehrer(in)* bzw. *Lehrmeister(in) des Guten.* **4 σω-φρονίζωσιν** Konj.
σω-φρονίζω *zur Besonnenheit anhalten; ermuntern, anleiten* τινά *jmdn.,* m.
flgd. Inf. **νέος** *neu; jung;* αἱ νέαι *die jungen Frauen* (B 2bα). **φίλ-**
ανδρος[11] *(ihren) Mann liebend.* **εἶναι** Inf. εἰμί; m. Präd.-Nom. im Akk.

5 (vgl. A269). **φιλό-τεκνος**[11] *Kinder liebend.* **5 ἁγνός** *heilig, rein; keusch.*
οἰκ-ουργός[11] *häuslich, gut haushaltend;* οἰκουργοὶ ἀγαθαί *entweder als*

separate Ausdrücke: *häuslich, gütig,* od. kombiniert zu deuten: *tüchtige Haus-frauen* bzw. *solche, die ihren Haushalt gut führen.* ὑπο-τασσομένας Ptz. Pass. -τάσσω *unterordnen, unterwerfen;* Pass. *sich unterordnen;* umschrieb. Präs. (A249) m. εἶναι (V. 4) bzw. subst. ohne Art. (A304) als Präd.-Nom. (A269) *solche, die sich ... unterordnen.* βλασ-φημῆται Konj. Pass. -φημέω *in üblen Ruf* bzw. *in Verruf bringen, verleumden; lästern.*

    6 νεώτερος Komp. v. νέος *neu, jung;* Komp. subst. οἱ νεώτεροι *die jungen/jüngeren Männer.* ὡσ-αύτως V. 3. παρα-κάλει Imp. -καλέω, m. AcI. σω-φρονεῖν Inf. σω-φρονέω *vernünftig sein, verständig/besonnen sein/ handeln;* Präd. des AcI. **7** περὶ πάντα *in allen Dingen, in jeder Hinsicht* (B περί 2d); eher zu σωφρονεῖν als zum flgd. zu ziehen. παρ-εχόμενος Ptz. Med. -έχω *darbieten;* Med. *sich erweisen als,* m. Akk.; mod. τύπος *sichtbarer Eindruck; Vorbild;* σεαυτὸν παρεχόμενος τύπον καλῶν ἔργων *dabei sei du ihnen selbst ein Vorbild im Tun des Guten.* διδασκαλία V. 1. ἀ-φθορία *Unverdorbenheit, Reinheit* (B), *Unverfälschtheit* (EWNT 1, Sp. 436), *Aufrichtigkeit* (LN 88.43); AkkO zu dem nachwirkenden παρεχόμενος; vgl. zu V. 8a [Var. ἀ-φθονία *Bereitwilligkeit*]. σεμνότης[3] ητος ἡ *Ehrbarkeit, Würde.* **8** ὑγιής[7] *gesund.* ἀ-κατά-γνωστος[11] *unanfechtbar;* ἐν τῇ δι-δασκαλίᾳ ἀφθορίαν, σεμνότητα, λόγον ὑγιῆ ἀκατάγνωστον *(dabei lege) in der Lehre Unverdorbenheit, Würde, gesunde, unanfechtbare Rede (an den Tag)* od. *(dabei) lehre die Wahrheit unverfälscht/aufrichtig und mit Würde, mit gesunden, unanfechtbaren Worten.* ἐν-αντίος *gegenüberstehend, entgegen-gesetzt;* ὁ ἐξ ἐναντίας *der* (jeweilige) *Gegner.* ἐν-τραπῇ Aor. Konj. Pass. -τρέπω[48] *beschämen.* ἔχων Ptz. ἔχω *hier können* (B I6a); kaus. λέγειν Inf. φαῦλος *schlecht, übel;* μηδὲν ἔχων λέγειν περὶ ἡμῶν φαῦλον *weil er uns nichts Schlechtes nachsagen kann.*

    9 δεσπότης[1] *Herr, Besitzer.* ὑπο-τάσσεσθαι Inf. Pass. V. 5; Präd. des AcI, noch abhängig v. παρακάλει V. 6 (BDR §389[2]). εὐ-άρεστος[11] *(wohl)gefällig.* εἶναι V. 2. ἀντι-λέγοντας Ptz. -λέγω *widersprechen; sich widersetzen;* mod. **10** νοσφιζομένους Ptz. νοσφίζομαι *veruntreuen, un-terschlagen;* mod. πᾶσα πίστις ἀγαθή *alle gute Treue.* ἐν-δεικνυμέ-νους Ptz. Med. -δείκνυμαι *zeigen, beweisen, erweisen;* mod. διδασκαλία V. 1. σωτήρ[6] ῆρος ὁ (vgl. σῴζω) *Retter, Befreier* (im NT stets v. Christus bzw. Gott als demjenigen, der Heil verleiht). κοσμῶσιν Konj. κοσμέω *schmücken; Ehre machen, zur Zierde gereichen* (B 2bβ).

    11 ἐπ-ε-φάνη Aor. Pass. ἐπι-φαίνω[123f] *zeigen;* Pass. *erscheinen.* σωτήριος[11] *rettend, heilbringend;* Subjektsartangabe (Subj.-Präd.; A65; H-S §259n/o; BDR §269[6]); σωτήριος πᾶσιν ἀνθρώποις *ist erschienen heilbrin-gend/als heilbringende für alle Menschen* [Var. σωτήρ V. 10]. **12** παιδεύου-σα Ptz. Fem. παιδεύω *erziehen, unterweisen; anleiten* (B 2a); fin. od. mod.; παιδεύουσα ἡμᾶς, ἵνα *um uns dazu anzuleiten/dabei leitet sie uns dazu an,* *daß.* **ἀρνησάμενοι** Aor. Ptz. Med. ἀρνέομαι *leugnen, bestreiten; verleugnen, sich lossagen von,* m. Akk.; temp. od. mod. **ἀ-σέβεια** *Gottlosigkeit.* **κοσμικός** *irdisch; weltlich.* **ἐπι-θυμία** *Verlangen, Sehnsucht;* (sündige) *Begierde, Lust.* **σω-φρόνως** *besonnen, enthaltsam.* **δικαίως** *gerecht.* **εὐ-σεβῶς** *fromm, gottesfürchtig.* **ζήσωμεν** Aor. Konj. ζάω. **ὁ νῦν αἰών** *das jetzige Zeitalter, die jetzige Welt* (im Unterschied zur zukünftigen Welt).

13 **13 προσ-δεχόμενοι** Ptz. -δέχομαι *aufnehmen; erwarten, warten auf,* m. Akk.; mod., evtl. kaus. **μακάριος** *glücklich, selig.* **ἐλπίς** hier *(das) Erhoffte.* **ἐπι-φάνεια** *Erscheinung;* ἡ μακαρία ἐλπὶς καὶ ἐπιφάνεια *die selige Hoffnung auf die Erscheinung* (Hendiadyoin, A378, vgl. BDR §442[29]). **σωτήρ**

14 V. 10.   **14 ἔ-δωκεν** Aor. δίδωμι. **λυτρώσηται** Aor. Konj. Med. λυτρόομαι *loskaufen (durch Lösegeld); befreien, erlösen.* **ἀ-νομία** *Gesetzlosigkeit* (als Gesinnung); *gesetzwidrige Tat.* **καθαρίσῃ** Aor. Konj. καθαρίζω[95] *reinigen.* **περι-ούσιος**[11] *auserlesen, auserwählt* (B); λαὸς περιούσιος LXX (Ex 19,5; Dt 7,6; 14,2; 26,18) *Eigentumsvolk* (gemeint ist ein kostbarer, persönl. Besitz). **ζηλωτής**[1] *Eiferer,* m. Gen.; ζηλωτὴς καλῶς ἔργων *das eifrig ist in/zu guten Werken* od. *das voll Eifer danach strebt, das Gute*

15 *zu tun* (Einh.). **15 λάλει** V. 1. **παρα-κάλει** V. 6. **ἔλεγχε** Imp. ἐλέγχω *ans Licht bringen; überführen; zurechtweisen.* **ἐπι-ταγή** *Auftrag, Befehl;* μετὰ πάσης ἐπιταγῆς *mit allem Nachdruck;* wohl m. allen drei vorausgehenden Imp. zu verbinden. **περι-φρονείτω** Imp. 3. Sg. -φρονέω *sich hinwegsetzen über, geringschätzig behandeln,* m. Gen.

3 **ὑπο-μίμνῃσκε** Imp. -μιμνῄσκω *erinnern, ins Gedächtnis rufen;* m. flgd. Inf. **ἀρχαῖς ἐξουσίαις** Asyndeton (BDR §460[2]) *den Herrschaften und Mächten,* hier *der Obrigkeit und den Machthabern* (B ἀρχή 3 bzw. B ἐξουσία 4cα). **ὑπο-τάσσεσθαι** Inf. Pass. -τάσσω *unterordnen, unterwerfen;* Pass. *sich unterordnen.* **πειθ-αρχεῖν** Inf. -αρχέω *gehorchen.* **ἕτοιμος** *bereit.*

2 **εἶναι** Inf. εἰμί. **2 βλασ-φημεῖν** Inf. -φημέω *schmähen, verleumden, schlecht reden über.* **ἄ-μαχος**[11] *friedfertig, nicht streitsüchtig.* **ἐπι-εικής**[7] *nachgiebig, gütig.* **ἐν-δεικνυμένους** Ptz. Med. -δείκνυμαι *zeigen, beweisen, erweisen;* mod. **πραΰτης**[3] ητος ἡ *Sanftmut, Freundlichkeit.* **3 ἦμεν**

3 Ipf. εἰμί. **ποτέ**[18] *einst, früher.* **ἀ-νόητος**[11] *unverständig.* **ἀ-πειθής**[7] *ungehorsam.* **πλανώμενοι** Ptz. Pass. πλανάω (< πλάνη *Irrtum*) *in die Irre führen;* übertr. *irreführen, verführen, betrügen;* Pass. *in die Irre gehen, dem Irrtum verfallen;* mod. od. umschrieb. Ipf. (A249). **δουλεύοντες** Ptz. δουλεύω *Sklave sein, unterworfen sein; (als Sklave) dienen,* m. Dat.; mod. od. umschrieb. Ipf. (A249). **ἐπι-θυμία** *Verlangen, Sehnsucht;* (sündige) *Begierde, Lust.* **ἡδονή** *Lust, Vergnügen.* **ποικίλος** *sehr bunt;* übertr. *vielfältig, mancherlei.* **κακία** *Schlechtigkeit, Bosheit.* **φθόνος** *Mißgunst, Neid.* **δι-άγοντες** Ptz. -άγω *hindurchführen; (sein Leben) zubringen;* mod. od. umschrieb. Ipf. (A249). **στυγητός** *verhaßt, hassenswert.* **μισοῦντες** Ptz.

μισέω, mod. od. umschrieb. Ipf. (A249). **4 χρηστότης**[3] ητος ἡ *Güte,* **4**
Freundlichkeit. **φιλ-ανθρωπία** *Menschenfreundlichkeit, -liebe.* **ἐπ-ε-**
φάνη Aor. Pass. ἐπι-φαίνω[123f] *zeigen;* Pass. *erscheinen.* **σωτήρ**[6] ῆρος ὁ
(vgl. σῴζω) *Retter, Befreier* (im NT stets v. Christus bzw. Gott als demjenigen,
der Heil verleiht). **5 οὐκ ἐξ** ... **ἀλλὰ κατά** ... **ἔλεος** best. ἔσωσεν **5**
näher. **ἐκ** *auf Grund von, infolge.* **ἔργα τὰ ἐν δικαιοσύνῃ** *Werke in/der*
Gerechtigkeit; gerechte Taten (B ἔργον 1cβ). **ἐ-ποιήσαμεν** Aor. ποιέω.
ἔλεος[7] *Barmherzigkeit, Erbarmen, Mitleid.* **ἔσωσεν** Aor. σῴζω. **λουτρόν**
Waschung, Bad. **παλιγ-γενεσία** *Wiedergeburt.* **ἀνα-καίνωσις**[8] *Er-*
neuerung; παλιγγενεσίας καὶ ἀνακαινώσεως sind beide als gen. epex-
egeticus (A163) od. gen. obi. (A158) v. λουτροῦ abhängig, während πνεύ-
ματος als gen. auctoris (A153) zu beiden Begriffen gehört (viell. Hendiadyoin
[A378]: *Wiedergeburt zu neuem Leben*). **6 οὗ** für ὅ Attraktion des Rel.-Pron. **6**
(A360). **ἐξ-έ-χεεν** Aor. ἐκ-χέω[39] *ausgießen.* **πλουσίως** *reichlich.*
7 δικαιωθέντες Aor. Ptz. Pass. δικαιόω *rechtfertigen, freisprechen, für* **7**
gerecht erklären, gerecht machen; temp. od. kaus. **κληρο-νόμος** (< κλῆρος
Los; Anteil + νέμομαι besitzen) *(der) Erbe.* **γενηθῶμεν** Aor. Konj. Pass.
γίνομαι. **ζωῆς αἰωνίου** gen. obi. (A158) zu ἐλπίς (vgl. 1,2) od. evtl. zu
κληρονόμοι.

8 πιστός hier *glaubwürdig, zuverlässig, wahr.* **βούλομαι** *wollen, wün-* **8**
schen; m. flgd. AcI. **δια-βεβαιοῦσθαι** Inf. -βεβαιόομαι *(kräftig) Zeug-*
nis ablegen, mit Nachdruck eintreten für (GN); Präd. des AcI. **φροντίζωσιν**
Konj. φροντίζω *bedacht sein auf,* m. flgd. Inf. **προ-ΐστασθαι** Inf.
-ΐσταμαι *vorstehen; sich kümmern um, sich einer Sache befleißigen,* m. Gen.;
φροντίζωσιν καλῶν ἔργων προΐστασθαι übers. etwa: *damit sie sich mit*
ganzem Eifer darum bemühen, Gutes/das Gute zu tun. **πε-πιστευκότες** Pf.
Ptz. πιστεύω, subst. *die, die zum Glauben an Gott gekommen sind* bzw. *die, die*
an Gott glauben (A231). **ὠφέλιμος**[11] *nützlich;* ὠφέλιμός ἐστιν *es bringt*
Nutzen. **9 μωρός** *töricht, dumm.* **ζήτησις**[8] *Untersuchung; Auseinanderset-* **9**
zung; Streitgespräch, Diskussion. **γενεα-λογία** *Geschlechtsregister.* **ἔρις**[3]
ιδος ἡ *Streit.* **μάχη** *Kampf;* μάχαι νομικαί *Streitigkeiten über das Gesetz.*
νομικός *das Gesetz betreffend.* **περι-ΐστασο** Imp. Med. -ΐσταμαι
(περιΐστημι *herumstellen) sich umdrehen (um auszuweichen); (ver)meiden,*
etwas *aus dem Weg gehen.* **ἀν-ωφελής**[7] *unnütz, nutzlos; erfolglos; schädlich*
(B 2). **μάταιος** *nichtig, erfolglos, vergeblich.* **10 αἱρετικός** *häretisch, ket-* **10**
zerisch, sektiererisch, Irrlehren verbreitend (GN). **μία** statt Ordinalzahl πρώτη
(A138,1; H-S §145a). **νου-θεσία** (< νοῦς Sinn + τίθημι) *Zurechtweisung,*
Warnung. **παρ-αιτοῦ** Imp. -αιτέομαι *sich ausbitten; zurückweisen, verwer-*
fen; evtl. *entfernen* (B 2a). **11 εἰδώς** Pf. (m. präs. Bdtg.) Ptz. οἶδα, kaus. ὁ **11**
τοιοῦτος *der so Beschaffene* (B 3aα), *ein solcher Mensch.* **ἐξ-έ-στραπται**
Pf. Pass. ἐκ-στρέφομαι[47] *verdrehen, verwirren.* **ὤν** Ptz. εἰμί, konz. od. mod.

αὐτο-κατά-κριτος[11] *durch sich selbst verurteilt;* ὧν αὐτοκατάκριτος *obwohl/wobei er doch durch sich selbst verurteilt wird* (sich also seiner Schuld bewußt sein muß).

12   **12** πέμψω Aor. Konj. πέμπω ᾿Αρτεμᾶς[1] ᾶ *Artemas,* Τύχικος *Tychikus,* zwei Begleiter v. Paulus. σπούδασον Aor. Imp. σπουδάζω (vgl. A33[91ff]) *sich beeilen; sich bemühen, sein Bestes tun,* m. flgd. Inf. ἐλθεῖν Aor. Inf. ἔρχομαι. Νικόπολις[8] εως *Nikopolis,* hier wohl Stadt in Epirus an der griech. Adriaküste. κέ-κρικα Pf. κρίνω hier *sich entscheiden, beschließen,* m. flgd. Inf. παρα-χειμάσαι Aor. Inf. -χειμάζω (vgl. A33[91ff]) *überwintern,*

13 *den Winter zubringen.* **13** Ζηνᾶς[1] ᾶ *Zenas,* ein Christ. νομικός subst. (jüdischer) *Gesetzeskundiger,* (röm.) *Jurist.* ᾿Απολλῶς ῶ (Akk. ῶ/ῶν) *Apollos,* auch hier wohl der Missionar in Ephesus u. Korinth. σπουδαίως *eilig; eifrig.* πρό-πεμψον Aor. Imp. -πέμπω[45] *zur (Weiter-)Reise aussenden* bzw. (meist auch) *ausstatten; begleiten.* λείπῃ Konj. λείπω *zurücklassen;* intr.

14 *fehlen* [Var. λίπῃ Aor. Konj.]. **14** μανθανέτωσαν Imp. 3. Pl. μανθάνω *lernen.* ἡμέτερος (A128) *unser.* προ-ΐστασθαι V. 8. ἀναγκαῖος *notwendig;* καλῶν ἔργων προΐστασθαι εἰς τὰς ἀναγκαίας χρείας *mit ganzem Eifer Gutes zu tun, um sich dringender Bedürfnisse anzunehmen.*

15 ὦσιν Konj. εἰμί. ἄ-καρπος[11] *unfruchtbar, ohne Frucht.* **15** ἄσπασαι Aor. Imp. ἀσπάζομαι. φιλοῦντας Ptz. φιλέω *lieben;* subst. χάρις erg. εἴη (Opt. v. εἰμί) *Gnade sei.*

Philemon

1 δέσμιος *Gefangener.* **Τιμόθεος** *Timotheus,* Begleiter v. Paulus.   1
Φιλήμων[4] ονος *Philemon,* Herr des Sklaven Onesimus; erg. ἐπιστέλ-
λομεν *schreiben,* m. flgd. Dat. des Adressaten (A376a). **συν-εργός** *Mitar-*
beiter; ὁ ἀγαπητὸς καὶ συνεργὸς ἡμῶν *unser geliebter (Freund) und Mit-*
arbeiter od. (Hendiadyoin, A378) *unser geliebter Mitarbeiter.*   **2 Ἀπφία**   2
Aphia, Christin in Kolossä, viell. Philemons Ehefrau. **ἀδελφή** *Schwester* (hier
übertr. für die Angehörige desselben Glaubens). **Ἄρχιππος** *Archippus,*
Mitarbeiter der Gemeinde in Kolossä. **συ-στρατιώτης**[1] *Mitstreiter.* **ἡ**
κατ᾽ οἶκόν σου ἐκκλησία *die Gemeinde in deinem Haus* (wohl stehender
Ausdruck für Hausgemeinde, BDR §259[5]). **3 χάρις** erg. εἴη (Opt. v. εἰμί)   3
sei (BDR §128[8]), christl. Form des griech. Briefgrußes χαίρειν, kombiniert m.
dem hebr. Gruß שָׁלוֹם *šālôm* = εἰρήνη.

        4 εὐ-χαριστέω *dankbar sein; Dank sagen, danken.* **μνεία** *Erinnerung,*   4
Gedenken, Erwähnung. **ποιούμενος** Ptz. Med. ποιέω; μνείαν ποιέομαι
= μνημονεύω *gedenken, erwähnen,* m. Gen. (Med. zur Umschreibung des
einfachen Verbalbegriffs, B II1); temp. **προσ-ευχή** *Gebet.*   **5 ἀκούων**   5
Ptz., kaus. **ἀγάπη, πίστις:** σου τὴν ἀγάπην καὶ τὴν πίστιν, ἣν
ἔχεις πρός ... καὶ εἰς ... wohl = σου τὴν ἀγάπην καὶ τὴν πίστιν,
(τὴν πίστιν) ἣν ἔχεις πρός ... καὶ (τὴν ἀγάπην ἣν ἔχεις) εἰς ... *von*
deiner Liebe und deinem Glauben, dem Glauben, den du an ... hast, und der Liebe,
die du zu ... hast (chiastische Wortstellung, BDR §477[5]).   **6 ὅπως** hier *daß*   6
(B 2b; bez. das Erbetene: an προσευχῶν μου V. 4 anzuschließen) *(ich bete*
darum,) daß. **κοινωνία** (< κοινωνός V. 17) *Gemeinschaft* bzw. *Verbunden-*
heit; Beteiligung, Teilhabe (an), m. Gen. **ἐνεργής**[7] *wirksam.* **γένηται** Aor.
Konj. Med. γίνομαι; ἐνεργὴς γίνομαι *sich als wirksam erweisen, sich durch*
die Tat erweisen. **ἐπί-γνωσις**[8] *Erkenntnis;* ἐν ἐπιγνώσει *im Erkennen* hier
= *dadurch, daß du erkennst/kennenlernst.* **τοῦ ἐν ἡμῖν** *das in uns ist* od. *das*
durch uns geschieht. **εἰς Χριστόν** Zielbestimmung zu ἐνεργὴς γένηται:
für Christus od. zu τοῦ ἐν ἡμῶν gehörig: *im Hinblick auf Christus, dank der*
Beziehung zu Christus.   **7 ἔσχον** Aor. ἔχω. **παρά-κλησις**[8] *Ermahnung;*   7
Trost (B 3). **ἐπί** m. Dat. gibt den Grund an (A194) *über, wegen.* **σπλάγ-**
χνον nur Pl. *Eingeweide; Herz* (als Sitz der Gefühle); *Zuneigung, Liebe.* **ἀνα-**
πέ-παυται Pf. Pass. -παύω *ausruhen lassen;* Pass. *erquickt werden.*

        8 ἐν Χριστῷ *in Christus,* d.h. wohl *als Apostel Jesu Christi.* **παρ-**   8
ρησία (< πᾶν + ῥῆσις [das] *Reden*) *Redefreiheit, Offenheit* (im Reden);
Freimütigkeit; Zuversicht; kommt hier ἐξουσία nahe (ThWNT 5, S. 881).
ἔχων Ptz., konz. *obwohl ich hätte.* **ἐπι-τάσσειν** Inf. -τάσσω *befehlen,*
gebieten, vorschreiben. **ἀν-ῆκον** Ptz. -ήκω unpersönl. *es gebührt sich, es ziemt*

sich; subst. Ntr. *das sich Ziemende, die Pflicht, was zu tun ist.* **9 μᾶλλον** 9
παρακαλῶ *ich bitte doch lieber* bzw. *ich ziehe es vor, eine Bitte auszusprechen.*
ὤν Ptz. εἰμί, kaus.; τοιοῦτος ὤν ὡς Παῦλος πρεσβύτης νυνὶ δὲ καὶ
δέσμιος *da ich ein solcher bin, wie (ich) Paulus (eben bin),* (näml.) *ein alter*
Mann, jetzt aber sogar ein Gefangener. **πρεσβύτης**[1] *alter Mann,* evtl. *Ge-*
sandter (= πρεσβευτής, wovon πρεσβύτης als nachklass. Variante bezeugt
ist; ThWNT 6, S. 682f). **νυνί**[18] *nun, jetzt.* **δέσμιος** V. 1. **10 ὅν** sinngemäß 10
konstruiert (statt ὅ, A96; H-S §265). **ἐ-γέννησα** Aor. γεννάω; ὅν ἐγέν-
νησα *den ich gezeugt habe* (d.h. *den ich zum Glauben geführt habe*). **δεσμός**
Fessel; Pl. *Gefangenschaft, Haft.* Ὀνήσιμος *Onesimus,* Sklave v. Philemon;
Akk. statt Gen.: Attraktion an den Kasus des Rel.-Pron. (BDR §295[2]; A362).
11 ποτέ[18] *einst, früher.* **ἄ-χρηστος**[11] (< χράομαι *gebrauchen*) *unbrauch-* 11
bar, unnütz. **εὔ-χρηστος**[11] *nützlich, brauchbar, von großem Nutzen.* **12 ἀν-** 12
έ-πεμψα Aor. ἀνα-πέμπω[45] *hinaufsenden; zurückschicken;* Aor. des Brief-
stils (A241). **τοῦτ' ἔστιν** *das heißt* (A93; B οὗτος 1bϵ). **σπλάγχνον**
V. 7. [Var. προσ-λαβοῦ V. 17.] **13 ὅν** hier *ihn* (A364a). **ἐγώ** betont 13
(A122) *ich (für mich).* **ἐ-βουλόμην** Ipf. βούλομαι *wollen, wünschen,* m.
flgd. Inf.; Ipf. ἐβουλόμην zur Bezeichnung (erfüllbarer od. unerfüllbarer)
Wünsche (A319; H-S §209j) *ich wollte* ihn *eigentlich* behalten, *ich hätte* ihn *gern*
behalten. **πρός** *bei* (B III7). **ἐμ-αυτοῦ**[14] *meiner (selbst)* (Refl.-Pron.).
κατ-έχειν Inf. -έχω *aufhalten, (zurück)behalten* (B 1aα). **ὑπέρ** m. Gen.
hier *stellvertretend für, an Stelle von* (B 1c). **διακονῇ** Konj. διακονέω *die-*
nen, gute Dienste leisten. **τοῦ εὐαγγελίου** gen. subi. (A158) od. auctoris
(A153) *um des Evangeliums willen.* **14 σός** *dein.* **γνώμη** *Sinn; Meinung;*
Einverständnis (B 3). **ἠθέλησα** Aor. θέλω. **ποιῆσαι** Aor. Inf. ποιέω.
ἀνάγκη *Nötigung, Zwang;* ὡς κατὰ ἀνάγκην *gleichsam aus Zwang,*
gezwungenermaßen. **τὸ ἀγαθόν** *die gute Tat.* **ᾖ** Konj. εἰμί. **ἑκούσιος**
freiwillig; subst. (vgl. H-S §137c); κατὰ ἑκούσιον *freiwillig, aus freien Stücken.*
15 τάχα *vielleicht.* **διὰ τοῦτο ... ἵνα** *(nur) deshalb ... damit.* 15
ἐ-χωρίσθη Aor. Pass. χωρίζω (vgl. A33[91ff]) *trennen.* **πρὸς ὥραν** *für*
kurze Zeit, eine Zeitlang (B ὥρα 2aβ). **αἰώνιον** *für alle Zeit, für immer* (B 3);
wohl Ntr., Akk. der zeitl. Ausdehnung (A148). **ἀπ-έχῃς** Konj. -έχω *empfan-*
gen haben, behalten. **16 ὑπέρ** m. Akk. *mehr als* (B 2). **μάλιστα** (Superlativ 16
zu μᾶλλον) *ganz besonders, vor allem* (elativisch, vgl. A119). **ἐμοί, σοί** dat.
commodi (A173) *für mich, für dich.* **πόσος**[18] *wie groß;* πόσῳ (dat. differen-
tiae, A117) μᾶλλον *um wieviel mehr.* **καὶ ἐν σαρκὶ καὶ ἐν κυρίῳ**
sowohl als Mensch wie als Christ (B σάρξ 6). **17 κοινωνός** ὁ u. ἡ *Genosse,* 17
Teilhaber, Gefährte; hier *Teilhaber* (am Glauben) bzw. *Freund* (V. 6); Obj.-Erg.
(vgl. H-S §258a); εἰ οὖν με ἔχεις κοινωνόν *wenn du mich nun als Gefähr-*
ten/Teilhaber/Freund ansiehst. **προσ-λαβοῦ** Aor. Imp. Med. -λαμ-
βάνομαι[152] *zu sich nehmen, (in seine Gemeinschaft) aufnehmen* (B 2b).

18 ἠ-δίκησεν Aor. ἀ-δικέω tr. *ungerecht behandeln; schädigen, Schaden*   **18**
verursachen (B 2b). ὀφείλω *schulden, schuldig sein.* ἐλ-λόγα Imp. -λογάω
(eig. -έω, BDR §90) kaufmännischer term. tech. *auf die Rechnung setzen.*
19 ἔ-γραψα Aor. γράφω, Aor. des Briefstils (A241). χειρί dat. instr.   **19**
(A176). ἀπο-τίσω Fut. -τίνω[142] juristischer term. tech. *(wieder)erstatten,*
Schadenersatz leisten. ἵνα μὴ λέγω wohl ellip. (A376; zur Stilfigur s. BDR
§495[12]), übers. *um nicht zu sagen, ohne jetzt davon zu sprechen.* λέγω Konj.
προσ-οφείλω *(dazu) schuldig sein, schulden.* **20** ναί *ja; ja, in der Tat* (B 3).   **20**
ὀναίμην Aor. Opt. Med. ὀνίημι[206] *nützen;* Med. *Nutzen haben, sich erfreuen*
an, m. Gen.; kupitiver Opt. (A259); ἐγώ σου ὀναίμην *ich möchte von dir*
Nutzen haben, ich möchte mich an dir freuen. ἀνά-παυσον Aor. Imp.
-παύω V. 7; hier *erquicken.* σπλάγχνον V. 7.

    21 πε-ποιθώς Pf. (m. präs. Bdtg.) Ptz. πείθω, m. Dat.; mod. od. kaus.   **21**
im Vertrauen auf. ὑπ-ακοή *Gehorsam* od. wohl besser (V. 9): darauf, *daß du*
meine Bitte erfüllst. ἔ-γραψα Aor. γράφω; Aor. des Briefstils (A241).
εἰδώς Pf. (m. präs. Bdtg.) Ptz. οἶδα, kaus. ὑπέρ V. 16. ποιήσεις Fut.
ποιέω. **22** ἅμα *gleichzeitig.* ἑτοίμαζε Imp. ξενία *Gastfreundschaft;*   **22**
Herberge, Unterkunft. ἐλπίζω *hoffen.* προσ-ευχή V. 4. χαρισθήσο-
μαι Fut. Pass. χαρίζομαι[101] *(aus Gnaden) schenken;* pass. divinum (A76b).
23 Ἐπαφρᾶς[1] ᾶ *Epaphras,* wohl Gründer der Gemeinde in Kolossä. συν- **23**
αιχμάλωτος *Mitgefangener.* **24** Μᾶρκος *Markus,* Ἀρίσταρχος *Ari-*   **24**
starch, Δημᾶς[1] ᾶ *Demas,* Λουκᾶς[1] ᾶ *Lukas,* vier Begleiter v. Paulus.
συν-εργός V. 1. **25** χάρις erg. εἴη (Opt. v. εἰμί) *Gnade sei.*   **25**

Hebräer

1 **πολυ-μερῶς** (< πολύς, μέρος) *vielgestaltig, vielfältig* (Hendiadyoin [A378] mit πολυτρόπως); *viele Male, vielfach.* **πολυ-τρόπως** (< πολύς, τρόπος Art und Weise) *auf vielerlei Art und Weise.* **πάλαι** *vor langer Zeit, einst, in der Vergangenheit.* **λαλήσας** Aor. Ptz. λαλέω, temp. **τοῖς**

2 **πατράσιν** *zu unseren* (A103) *Vorfahren* (B 1b). **ἐν** instr. *durch.* **2 ἐπ' ἐσχάτου τῶν ἡμερῶν** (LXX für hebr. בְּאַחֲרִית הַיָּמִים bᵊʾaḥărît hajjā-mîm „am späteren Ende der Tage/der Zeit", im AT u. im frühen Judentum oft vom idealen [messianischen] Zeitalter) *am Ende der Zeit, in der Endzeit;* ἐπ' ἐσχάτου τῶν ἡμερῶν τούτων *in dieser* (jetzt gegenwärtigen) *Endzeit* (Einh.). **ἐ-λάλησεν** Aor. **ἐν υἱῷ** *durch den Sohn* (auch ohne Art. best. [s. Kontext], viell. im Sinn v. *durch einen, der Sohn* [vgl. A80] *ist* [vgl. z.B. Menge]). **ἔ-θηκεν** Aor. τίθημι. **κληρο-νόμος** (< κλῆρος Los; Anteil + νέμομαι besitzen) *(der) Erbe, Besitzer;* Obj.-Präd. (A97,15). **ἐ-ποίησεν** Aor. ποιέω. **οἱ αἰῶνες** hier räuml. (wie z.T. LXX für hebr. עוֹלָם/עוֹלָמִים ᶜôlām/ᶜôlāmîm, aber auch außerhalb [neben Pl. auch Sg.]): *die Welt, das Universum* (B 3).

3 **3 ὤν** Ptz. εἰμί, mod. **ἀπ-αύγασμα**³ (< αὐγή Glanz, Licht, bes. der Sonne) akt. *Ausstrahlung* od. pass. *Abglanz.* **χαρακτήρ**⁶ ῆρος ὁ (< χαράσσω u.a. [ein]ritzen) *(genaues) Abbild* (eig. z.B. vom Prägebild einer Münze od. eines Siegels); ἀπαύγασμα u. χαρακτήρ auch ohne Art. best. (A80; 106c). **ὑπό-στασις**⁸ *Grundlage, Fundament;* hier übertr. *Wesen, Wirklichkeit.* **φέρων** Ptz. hier übertr. *(stützend) tragen, zusammenhalten* (vgl. B 1b); mod. **τὰ πάντα** *alles, das All* (Gesamtheit des Geschaffenen, B 2bβ). **τῷ ῥήματι τῆς δυνάμεως αὐτοῦ** *durch* (dat. instr., A176) *sein Allmachtswort/machtvolles Wort* (gen. qualitatis [hier wohl hebr.], A160). **καθαρισμός** *Reinigung.* **ποιησάμενος** Aor. Ptz. Med. ποιέω; καθαρισμὸν ποιέομαι wohl = καθαρίζω *reinigen, säubern* (Med. zur Umschreibung des einfachen Verbalbegriffs, B III1; H-S §189e; viell. aber indirekt-reflexives Med. [A216a]); temp. **ἐ-κάθισεν** Aor. καθίζω, Präd. des ὅς-Satzes. **μεγαλωσύνη** (< μέγας) *Erhabenheit, Majestät* (hier als Gottesbezeichnung, B). **ὑψηλός** *hoch;*

4 (τὰ) ὑψηλά *die Höhe* (= der Himmel). **4 τοσοῦτος**¹⁸ *so groß; so viel;* τοσούτῳ ... ὅσῳ *um so viel ... wie;* dat. differentiae (A117). **κρείττων/κρείσσων**¹¹ ον (Komp. zu ἀγαθός) *besser, hervorragender, höherstehend.* **γενόμενος** Aor. Ptz. Med. γίνομαι, mod. **τῶν ἀγγέλων** gen. comparationis (A168). **δια-φορώτερος** Komp. v. διά-φορος¹¹ *verschieden, verschiedenartig; ausgezeichnet, vorzüglich.* **παρά** m. Akk. bei Vergleichen *als* (A115). **κε-κληρο-νόμηκεν** Pf. -νομέω (< κληρονόμος Erbe, Besitzer) *erben; als Anteil/Besitz erhalten;* Pf. *er hat erhalten* (u. trägt ihn jetzt, A242); τοσούτῳ κρείττων γενόμενος ... ὅσῳ διαφορώτερον ... κε-κληρονόμηκεν ὄνομα *wobei er um so viel erhabener ... geworden ist, wie er einen vortrefflicheren Namen ... (als Erbteil/[unveräußerlichen] Besitz) erhalten hat.*

5 τίνι *zu welchem ...?* V. 5 u. V. 13 rahmen die sieben AT-Zitate ein [inclusio, H-S §294t]). **ποτέ**[18] *irgendeinmal, einst;* nach Neg. od. in einer Frage *jemals.* **υἱός μου** Präd.-Nom. ohne Art. (A80). **γε-γέννηκα** Pf. γεννάω. **ἔσομαι, ἔσται** Fut. εἰμί. **αὐτῷ, μοι** dat. commodi (A173f) *für ihn/sein, für mich/mein.* **εἰς** für Präd.-Nominativ (Hebr., A81). **6 ὅταν**-NS zu λέγει od. zu προσκυνησάτωσαν ziehen; ὅταν ... εἰσαγάγῃ ... λέγει· καὶ προσκυνησάτωσαν *als er ... hineinführte, sagte* (vgl. A235) *er: „Und es sollen ... niederfallen"* od. *von der Zeit, in der er ... hineinführen wird, sagt er: „Und es sollen ... niederfallen"* (vgl. Menge). **πάλιν** zu εἰσαγάγῃ *(wieder hineinführen;* s. Wortstellung) od. zu λέγει *(weiter sagte er;* s. andere Vorkommen im Hb) ziehen. **εἰσ-αγάγῃ** Aor. Konj. -άγω[59] *hineinführen; hineinbringen.* **πρω-τό-τοκος**[11] (< τίκτω gebären) *erstgeboren* (v. Christus als dem, der vor allem anderen existierte bzw. über allem anderen steht). **οἰκουμένη** (Ptz. Fem. Pass. οἰκέω wohnen + γῆ) *(bewohnte) Erde, Welt;* gemeint ist hier evtl. die himmlische Welt, in die Christus (bei seiner Erhöhung) zurückgekehrt ist (vgl. 2,5; Ellingworth, Hb, S. 117f). **προσ-κυνησάτωσαν** Aor. Imp. 3. Pl. -κυνέω. **7 πρός** hier u. in V. 8 *im (Hin-)Blick auf, in bezug auf, von* (vgl. B III5a). **μέν ... δέ** (V. 8) *(zwar) ... aber.* **ποιῶν** Ptz. ποιέω, (im LXX-Kontext) attr.: *du (d.h. Gott) ... der du machst;* hier als HS übersetzbar: *du machst/er macht.* **πνεύματα** hier *Winde, Stürme* (B 1a). **λειτουργός** (< λαός + ἔργον; klass. Staatsdiener) *Diener.* **φλόξ**[3] ογός ἡ *Flamme;* πυρὸς φλόγα *zur Feuerflamme, zu flammendem Feuer* (gen. qualitatis [hebr.], A160). **8 ὁ θρόνος σου** erg. ἐστίν *ist/besteht.* **ὁ θεός** Nom. m. Art. statt Vok. (A142). **ῥάβδος** ἡ *Rute, Stab, Stock; Zepter;* Metonymie, Konkretum für das Abstrakte (A381f): „Zepter" steht für Herrschaft (gilt auch für θρόνος). **εὐθύτης**[3] (< εὐθύς) *Geradheit, Gerechtigkeit, Rechtschaffenheit;* ἡ ῥάβδος τῆς εὐθύτητος *das Zepter der Gerechtigkeit;* Präd.-Nom. (Art. betont Gleichsetzung m. dem Subj., A80). **ῥάβδος τῆς βασιλείας σου** auch ohne Art. best. (A106c), Subj. **9 ἠγάπησας** Aor. ἀγαπάω. **ἐ-μίση-σας** Aor. μισέω; ἠγάπησας, ἐμίσησας *du hast geliebt, du hast gehaßt* od. als Hebr. (zeitlos gebrauchtes hebr. Pf., A241c) *du liebst, du haßt.* **ἀ-νομία** *Gesetzlosigkeit* (als Gesinnung); *gesetzwidrige Tat.* **διὰ τοῦτο** *darum, deshalb.* **ἔ-χρισεν** Aor. χρίω[4] *salben* (mit einer Aufgabe betrauen u. dazu befähigen u. ausrüsten). **ὁ θεός** (erstes) wohl statt Vok. wie V. 8. **ἔλαιον** *(Oliven-)Öl,* bes. *Salböl;* Akk. hebraisierend statt dat. instr. (A176) *mit Öl.* **ἀγαλλίασις**[8] *Jubel;* ἔλαιον ἀγαλλιάσεως *Öl des Jubels/der Freude,* d.h. das bei Freudenfesten verwendete Salböl (B), hier als Zeichen besonderer Gunst. **παρά** hier *(mehr) als* (V. 4); viell. *anstatt, und nicht* (B III3; BDR §236[4]). **μέτ-οχος** (< μετέχω Anteil haben) *Anteil habend;* subst. ὁ μέτοχος *Teilhaber,*

Gefährte; „deine Gefährten" = alle anderen Könige (AT-Kontext) od. die Engel

10 (Hb-Kontext) od. evtl. die „Brüder" (2,11 bzw. 3,14)? **10 κατ' ἀρχάς** *am Anfang* (B κατά II2a). **ἐ-θεμελίωσας** Aor. θεμελιόω (< θεμέλιος Fun-

11 dament) *gründen*. **11 αὐτοί** betont (A122), bezieht sich sowohl auf οὐρανοί als auch auf γῆ (vgl. A95). **ἀπ-ολοῦνται** Fut. Med. ἀπ-όλλυμι/όλλυμαι. **δια-μένω** *verharren, bleiben*. **παλαιωθήσονται** Fut. Pass. πα-

12 λαιόω (< παλαιός alt) *alt machen;* Pass. *alt werden*. **12 ὡσ-εί** *wie*. **περι-βόλαιον** (< περιβάλλω umhüllen) *Hülle, Umhüllung; Gewand*. **ἑλίξεις** Fut. ἑλίσσω (vgl. A33[74ff]) *aufrollen, zusammenrollen* [Var. ἀλλάξεις Fut. ἀλλάσσω]. **ἀλλαγήσονται** Fut. Pass. ἀλλάσσω[74] (< ἄλλος) *verändern, vertauschen;* Pass. *verwandelt, vertauscht, ausgewechselt werden*. **ὁ αὐτός** *(bist/bleibst)* (A78) *derselbe*. **ἐκ-λείψουσιν** Fut. -λείπω[44] *nachlassen, auf-*

13 *hören, zu Ende gehen*. **13 πρὸς τίνα** *zu welchem?* vgl. V. 5. **εἴρηκεν** Pf. λέγω. **ποτέ** V. 5. **κάθου** Imp. κάθημαι (A32). **θῶ** Aor. Konj. (s. ἄν) τίθημι. **ἐχθρός** *Feind*. **ὑπο-πόδιον** (< πούς) *Fußbank, Schemel;* τίθημί τινα ὑποπόδιον τῶν ποδῶν τινος *jmdn. zum Schemel* (A97,15) *für jmds.*

14 *Füße machen = jmdn. jmdm. völlig unterwerfen*. **14 λειτουργικός** (vgl. λειτουργός V. 7) *dienend*. **εἰς** *zu/für* (A191; B 4d). **διακονία** *Dienstleistung; Dienst*. **ἀπο-στελλόμενα** Ptz. Pass. -στέλλω, attr. od. mod.; iter. (A226). **μέλλοντας** Ptz. μέλλω hier nicht umschrieb. Fut. (A250), sondern *sollen, (mit Sicherheit) werden* (infolge göttl. Ratschlusses, B 1cδ); subst. **κληρο-νο-μεῖν** Inf. -νομέω V. 4.

2   **διὰ τοῦτο** *darum, deshalb*. **περισσοτέρως** Komp. v. περισσῶς *über die Maßen;* Komp. *in viel höherem Maße; um so mehr* (B 1); viell. elativisch (A119) *in höchstem Maße* (Lane, Hb I, S. 34). **προσ-έχειν** Inf. -έχω m. Dat. *den Sinn richten auf; achten auf; festhalten an;* Präd. des AcI, abhängig v. δεῖ. **ἀκουσθεῖσιν** Aor. Ptz. Pass. Ntr. ἀκούω, subst.; τοῖς ἀκουσθεῖσιν *das (von uns) Gehörte = das, was wir gehört haben*. **μή-ποτε** *damit nicht (etwa)*. **παρα-ρυῶμεν** Wz.-Aor. Konj. (s. μήποτε) παρα-ρρέω[38] *vorbeifließen, vorübergleiten;* übertr. *abgetrieben werden* (d.h. vom Weg abkommen), *vorbeitrei-*

2 *ben* (d.h. das Ziel verfehlen). **2 δι' ἀγγέλων** *zur Sache* vgl. Apg 7,53; Gal 3,19; aber auch z.B. Ex 3,2 u. 4. **λαληθείς** Aor. Ptz. Pass. λαλέω, attr. **ἐ-γένετο** Aor. Med. γίνομαι. **βέβαιος** *fest;* übertr. *zuverlässig, gewiß, rechtskräftig*. **παρά-βασις**[8] *Übertretung, Vergehen*. **παρ-ακοή** *Ungehorsam*. **ἔ-λαβεν** Aor. λαμβάνω. **ἔν-δικος**[11] (< δίκη Rechtsspruch) *im Recht begründet, rechtmäßig, gerecht*. **μισθ-απο-δοσία** (< μισθός Lohn + ἀποδίδωμι) *Lohn, Vergeltung;* μισθαποδοσίαν λαμβάνω *Strafe empfan-*

3 *gen/nach sich ziehen*. **3 πῶς** *wie?* rhetorische Frage (A325) = *auf keinen Fall*. **ἐκ-φευξόμεθα** Fut. -φεύγω[72] *entfliehen; entrinnen;* mod. Fut. (A247) *entfliehen sollen/können*. **τηλικ-οῦτος**[18] *so groß; so bedeutend, so gewaltig*. **ἀ-μελήσαντες** Aor. Ptz. ἀ-μελέω *sich nicht kümmern, vernachlässigen, un-*

beachtet lassen; kond. *wenn/falls wir unbeachtet lassen/mißachten.* **ἥτις** qualitativ (A132) *(ein solches Heil), das.* **λαβοῦσα** Aor. Ptz. Fem. λαμβάνω, temp.; **ἀρχὴν λαμβάνω** *seinen Anfang nehmen, beginnen;* hier Inf. mit Gen.-Funktion (B ἀρχή 1b); **ἀρχὴν λαβοῦσα λαλεῖσθαι διὰ τοῦ κυρίου** *nachdem es zuerst durch den Herrn verkündet worden war.* **λαλεῖσθαι** Inf. Pass. λαλέω. **ἀκουσάντων** Aor. Ptz. ἀκούω, subst.; ὑπὸ τῶν ἀκουσάντων *von seinen* (A103) *Hörern = von denen, die (ihn) gehört hatten.* **εἰς ἡμᾶς** *für uns, uns* (A191). **ἐ-βεβαιώθη** Aor. Pass. βεβαιόω *festmachen; bekräftigen, bestätigen.* **4 συν-επι-μαρτυροῦντος** Ptz. -μαρτυρέω *zu-* **4** *gleich bezeugen, beglaubigen;* gen. abs. (A288), temp. od. mod. *während/wobei Gott (es) zugleich beglaubigte.* **σημείοις** dat. instr. (A176). **τέρας**³ ατος τό *Wunder.* **ποικίλος** *sehr bunt;* übertr. *vielfältig, mancherlei.* **μερισμός** (< μερίζω *teilen) Zuteilung, Verteilung;* dat. instr. (A176); **πνεύματος ἁγίου μερισμοῖς** *durch Zuteilungen des Heiligen Geistes,* wohl gen. subi. (der Heilige Geist teilt Gaben zu; A158) od. dann gen. obi. (der Heilige Geist u. dessen Wirkungen werden [v. Gott] zugeteilt). **θέλησις**⁸ *(das) Wollen, Wille;* **κατὰ τὴν αὐτοῦ θέλησιν** *nach seinem Ermessen,* best. σημείοις bis μερισμοῖς näher od. ledigl. μερισμοῖς.

5 ὑπ-έ-ταξεν Aor. ὑπο-τάσσω⁷⁹ *unterordnen, unterwerfen.* **οἰκου-** **5** **μένη** (Ptz. Fem. Pass. οἰκέω *wohnen* + γῆ) *(bewohnte) Erde, Welt.* **μέλ-λουσαν** Ptz. Fem. μέλλω, attr. *zukünftig, kommend.* **λαλοῦμεν** wohl schriftstellerischer Pl. (A207). **6 δι-ε-μαρτύρατο** Aor. δια-μαρτύρο-** **6** **μαι** (vgl. A33¹³²ᶠᶠ) *(feierlich,* ursprüngl. *eidlich) bezeugen, Zeugnis ablegen.* **πού**¹⁸ *irgendwo,* d.h. an einer best. Stelle der Schrift. **ὅτι** (zweimal) hier kons. *(so) daß* (vgl. B 1dγ; H-S §279a). **μιμνήσκομαι** m. Gen. *sich erinnern; gedenken, denken an, sich kümmern um.* **υἱὸς ἀνθρώπου** *Menschensohn,* Hebr. (wörtl. „Sohn [d.h. Angehöriger] der Menschheit") *= Mensch* (hier nicht christologischer Titel [Par.: ἄνθρωπος]). **ἐπι-σκέπτομαι** *sich (prüfend) umsehen nach; sehen nach, besuchen;* (v. Gott) *eingreifen, sich jmds. annehmen, sich kümmern um.* **7 ἠλάττωσας** Aor. ἐλαττόω *verringern, erniedrigen.* **7** **βραχύς**¹⁰ εῖα ύ *kurz, wenig;* βραχύ τι *ein wenig* (Ausmaß) od. *kurze Zeit.* **παρά** m. Akk. bei Vergleichen *als* (A115), *im Vergleich zu* (B III3), hier übers. *unter.* **δόξῃ καὶ τιμῇ** dat. instr. (A176) *mit Herrlichkeit und Ehre* (als „Krone"). **ἐ-στεφάνωσας** Aor. στεφανόω *bekränzen, krönen;* übertr. *ehren, schmücken.* [Var. κατ-έστησας Aor. καθ-ίστημι²⁰⁴ *einsetzen, bestellen.*] **8 ὑπ-έ-ταξας** V. 5. **ὑπο-κάτω** uneig. Präp. (A183) *unter, unterhalb;* ὑπο-** **8** κάτω τῶν ποδῶν jmdm. *zu Füßen gelegt, unterworfen.* **ἐν τῷ** m. Inf. mod. (A282). **ὑπο-τάξαι** Aor. Inf.; ἐν τῷ ὑποτάξαι αὐτῷ *indem/dadurch, daß er ihm* (d.h. dem Menschen) *unterworfen hat.* **ἀφ-ῆκεν** Aor. ἀφ-ίημι. **ἀν-υπό-τακτος**¹¹ (< ὑποτάσσω *unterordnen) nicht unterworfen, von der Unterwerfung ausgenommen;* οὐδὲν ἀφῆκεν αὐτῷ ἀνυπότακτον *nichts* *hat er von der Unterwerfung unter ihn ausgenommen.* **οὔ-πω** *noch nicht.* **ὑπο-τε-ταγμένα** Pf. Ptz. Pass., AcP (A300) *daß ihm alles unterworfen ist* (A231).

9   **9 ἠλαττωμένον** Pf. (A231) Ptz. Pass., attr. zu **Ἰησοῦν** *Jesus, der erniedrigt/geringer war,* od. subst. (**Ἰησοῦν** dann App., A70) *den, der erniedrigt/geringer war ... (nämlich) Jesus.* **πάθημα**³ (< πάσχω) *Leid, Leiden; Leidenschaft;* **διὰ τὸ πάθημα τοῦ θανάτου** *wegen seines* (A103) *Todesleidens.* **ἐ-στε-φανωμένον** Pf. Ptz. Pass., AcP (A300); **βλέπομεν Ἰησοῦν διὰ τὸ πά-θημα τοῦ θανάτου ... ἐστεφανωμένον** *wir sehen Jesus wegen seines To-desleidens ... gekrönt/geschmückt* (A231). **ὅπως** *damit.* **χάριτι θεοῦ** dat. instr./causae (A176f) *durch die/auf Grund der Gnade Gottes, weil es Gottes gnädi-ger Wille war* (vgl. Einh.). **γεύσηται** Aor. Konj. Med. γεύομαι m. Gen. (Speise) *kosten, schmecken;* übertr. *kennenlernen, erfahren;* **γεύομαι θανάτου** „*den Tod schmecken*" = *den Tod erleiden, sterben.*

10   **10 ἔ-πρεπεν** Ipf. πρέπω *sich ziemen, angemessen sein* τινί *für jmdn.* **αὐτῷ** *für ihn* (d.h. Gott). **δι' ὃν τὰ πάντα καὶ δι' οὗ τὰ πάντα** um *dessentwillen alles und durch* (bez. hier den Urheber, B διά AIII2bβ) *den alles (ist/existiert).* **εἰς δόξαν** auch ohne Art. best. (A106b) *in die Herrlichkeit* (bez. den himmlischen Lichtglanz, B 1bβ). **ἀγαγόντα** Aor. Ptz. ἄγω, mod. *indem* (kaum *nachdem;* als Aor.-Ptz. auf keinen Fall fin. *damit;* A285) *er führte;* Akk. part. coni. entweder zum AkkO **τὸν ἀρχηγόν** (d.h. Jesus führte) od. (statt Dat. dem **αὐτῷ** entsprechend, A269) zum Subj. des Inf. **τελειῶσαι** (d.h. Gott führte); evtl. nach einer klass. Möglichkeit ist **ἀγαγόντα ... τελειῶσαι** im Sinn v. **ἀγαγεῖν ... τελειώσαντα** zu verstehen (BDR §339⁵, ZG) *zu führen ... nachdem er vollendete.* **ἀρχ-ηγός** *Anführer, Führer; Urheber, Begründer;* **ὁ ἀρχηγὸς τῆς σωτηρίας αὐτῶν** *der, der (sie) zu ihrem Heil führt* (Gen. der Richtung, A162) od. *der Urheber/Begründer ihres Heils.* **πάθημα**³ V. 9; **διὰ παθημάτων** *durch Leiden* (hindurch führend). **τελειῶσαι** Aor. Inf. τελει-όω (< τέλειος *vollendet, vollkommen*) *vollenden; ans Ziel führen; zur Vollen-*

11   *dung bzw. Vollkommenheit führen.* **11 ἁγιάζων** Ptz. ἁγιάζω *heilig machen, heiligen;* subst. **ἁγιαζόμενοι** Ptz. Pass., subst. **ἐξ ἑνός** *(kommen/stam-men) von* (vgl. B ἐκ 3b/c) *einem einzigen* entweder = *(haben) denselben Vater* (Gott, Adam od. Abraham? [ἑνός Mask.]) od. = *(haben) dieselbe Herkunft/(ge-hören) zu demselben Geschlecht* (Menschengeschlecht [ἑνός Ntr.]). **αἰτία** *Ur-sache, Grund;* **δι' ἣν αἰτίαν** *aus diesem Grund* (A364a). **ἐπ-αισχύνομαι**

12   *sich schämen,* hier m. Inf. **καλεῖν** Inf. καλέω. **12 λέγων** mod. **ἀπ-αγ-γελῶ** Fut. -αγγέλλω; ἀπαγγέλλω **τὸ ὄνομά τινος** *jmds. Namen verkün-den/bekanntmachen.* **ἐν μέσῳ** *in der Mitte, inmitten;* **ἐν μέσῳ ἐκκλησίας** *inmitten der Gemeinde* (auch ohne Art. best.). **ὑμνήσω** Fut. ὑμνέω *ein Lob-*

13   *lied singen, lobsingen.* **13 ἔσομαι** Fut. εἰμί. **πε-ποιθώς** Pf. Ptz. πείθω, umschrieb. (voluntatives, A247) Futurperfekt (A249), *ich will mein Vertrauen*

14   *auf ihn setzen.* **ἔ-δωκεν** Aor. δίδωμι. **14 ἐπεί** (A338) *weil, da ja, denn.*

κε-κοινώνηκεν Pf. κοινωνέω *Anteil haben, erhalten* od. *nehmen* (hier *an* [m. gen. partitivus, A165]); κοινωνέω αἵματος καὶ σαρκός *an Fleisch und Blut teilhaben* (d.h. ein Mensch [v. Fleisch u. Blut] werden [Pf.: sein, A242]). **καὶ αὐτός** (betont, A124) *auch er*. **παρα-πλησίως** *in ähnlicher Weise, in ganz derselben Weise*. **μετ-έ-σχεν** Aor. -έχω[189] *Anteil haben an* (m. gen. partitivus, A165). **τῶν αὐτῶν** *an denselben (Dingen)*, d.h. an Fleisch u. Blut; καὶ αὐτὸς παραπλησίως μετέσχεν τῶν αὐτῶν *auch er war in ganz derselben Weise ein Mensch (von Fleisch und Blut)*. **διὰ τοῦ θανάτου** *durch seinen* (A103) *Tod*. **κατ-αργήσῃ** Aor. Konj. -αργέω *wirkungslos machen, zunichte machen, vernichten, aufheben*. **κράτος**[7] *Macht, Gewalt, Herrschaft*. **ἔχοντα** Ptz. ἔχω, subst. **τοῦ θανάτου** (zweites) gen. obi. (A158) *über den Tod*. **τοῦτ᾽ ἔστιν** Formel *das heißt* (A93). **διά-βολος** (< διαβάλλω *verleumden*) subst. *Verleumder; Teufel*. **15 ἀπ-αλλάξῃ** Aor. Konj. -αλλάσσω[74] *befreien*. **φόβῳ** dat. instr. (A176). **θανάτου** gen. obi. (A158) *vor dem Tod*. **διὰ τοῦ** m. Inf. temp. (A282). **ζῆν** Inf. ζάω; διὰ παντὸς τοῦ ζῆν *durch das ganze Leben, das ganze Leben lang*. **ἔν-οχος**[11] (= ἐνεχόμενος *festgehalten in*) *verstrickt in, etwas* od. *jmdm. verfallen*, m. Gen. **ἦσαν** Ipf. εἰμί. **δουλεία** *Sklaverei*. **16 δή-που** *doch sicherlich*. **ἐπι-λαμβάνομαι** *sich halten an, ergreifen; sich jmds. annehmen, sich kümmern um*, m. Gen. **σπέρματος Ἀβραάμ** *der Nachkommenschaft* (auch ohne Art. best., A106c) *Abrahams* (indekl., hier Gen.). **17 ὅθεν**[18] *woher; woraus, weshalb* bzw. (vgl. A364a) *deshalb* (s. V. 10-16). **ὤφειλεν** Ipf. ὀφείλω *schulden; verpflichtet sein, müssen*. **κατὰ πάντα** *in jeder Hinsicht* (B κατά II6). **ὁμοιωθῆναι** Aor. Inf. Pass. ὁμοιόω *gleich(artig) machen*; Pass. *ähnlich/gleich werden, gleichen*. **ἐλεήμων**[11] *barmherzig, mitleidsvoll*. **γένηται** Aor. Konj. Med. γίνομαι. **πιστός** hier *treu, zuverlässig, vertrauenswürdig*. **τά** Akk. der Beziehung (A149); τὰ πρὸς τὸν θεόν *in bezug auf das, was Gott angeht* (B πρός III5b), hier *im Dienst vor Gott*. **εἰς τό** m. Inf. fin. (A282) *damit, um zu*. **ἱλάσκεσθαι** Inf. ἱλάσκομαι (< ἵλαος/ἵλεως *gnädig, huldvoll*) *sühnen* (d.h. Schuld durch stellvertretende Lebenshingabe beseitigen). **18 ἐν ᾧ** wohl kaus. (A193): ἐν ᾧ πέπονθεν *deswegen, weil er gelitten hat* (B ἐν IV6d; viell. aber *worin er gelitten hat*). **πέ-πονθεν** Pf. πάσχω. **αὐτός** (betont, A124) *er selbst*. **πειρασθείς** Aor. Ptz. Pass. πειράζω (vgl. A33[91ff]) *versuchen, in Versuchung bringen* (Unrechtes zu tun); *prüfen, auf die Probe stellen*; mod. od. temp. **πειραζομένοις** Ptz. Pass.; subst. **βοηθῆσαι** Aor. Inf. βοηθέω (< βοή *Ruf*, θέω *eilen*) *zu Hilfe kommen, helfen*.

ὅθεν[18] *woher; woraus, weshalb* bzw. (vgl. A364a) *deshalb*. **κλῆσις**[8] **3** (< καλέω) *Berufung, Einladung*. **ἐπ-ουράνιος**[11] *himmlisch*; κλῆσις ἐπουράνιος *himmlische Berufung* (d.h. sie kommt vom Himmel [v. Gott] u. führt dorthin). **μέτ-οχος** (< μετέχω *Anteil haben*) *Anteil habend an*, m. gen. partitivus (A165); subst. ὁ μέτοχος *Teilhaber, Gefährte*. **κατα-νοή-**

σατε Aor. Imp. -νοέω *wahrnehmen;* (meist mit Überlegung) *betrachten, beobachten; das Augenmerk richten auf.* ἀπό-στολος hier *Gesandter, Bevollmächtigter* (Gottes). ὁμο-λογία *Bekenntnis* (Inhalt od. Tätigkeit); τῆς ὁμολογίας ἡμῶν *unseres Bekenntnisses* (gen. pertinentiae, A152ff) = *zu dem wir uns bekennen.* Ἰησοῦν App. (A70) zu τὸν ἀπόστολον καὶ ἀρχιερέα.

2 **2 πιστός** hier *treu, zuverlässig, vertrauenswürdig.* ὄντα Ptz. εἰμί, kaus. od. AcP (A300); κατανοήσατε τὸν ἀπόστολον ... πιστὸν ὄντα *richtet euer Augenmerk auf den Gesandten (Gottes) ... denn er ist/war treu* od. *richtet euer Augenmerk darauf, daß der Gesandte (Gottes) ... treu ist/war.* **ποιήσαντι** Aor. Ptz. ποιέω, subst. wohl *dem, der* ihn *eingesetzt hat* (EWNT 3, Sp. 296), kaum *dem, der ihn geschaffen hat* (so B I1αβ; vgl. aber 1Sam 12,6 LXX; Mk 3,14). **ὡς καὶ Μωϋσῆς** erg. ἦν *wie auch Mose (es war)* (A352), wohl Parenthese (A374). **οἴκῳ αὐτοῦ** *seinem* (d.h. Gottes) *Haus* (bez. das Volk Gottes).

3 **3 παρά** m. Akk. bei Vergleichen *als* (A115). **ἠξίωται** Pf. Pass. ἀξιόω *für wert, angemessen* od. *würdig halten,* m. gen. pretii (A161). **καθ' ὅσον** = κατὰ τοσοῦτον ... καθ' ὅσον (vgl. A358f); πλείονος οὗτος δόξης παρὰ Μωϋσῆν ἠξίωται, καθ' ὅσον πλείονα τιμὴν ἔχει ... ὁ κατασκευάσας *dieser wurde größerer Ehre für würdig gehalten als Mose in dem Maße, wie* (od. *insofern*) *dem Erbauer größere Ehre zuteil wird ...* (vgl. B κατά II5αδ; Zorell ὅσος 3). **τοῦ οἴκου** gen. comparationis (A168). **κατασκευάσας** Aor. Ptz. -σκευάζω (vgl. A33^{91ff}) *zubereiten; herstellen, bauen,*

4f *schaffen;* subst. **4 κατα-σκευάζεται** Pass. **5 μέν ... δέ** (V. 6) *(zwar) ... aber.* **πιστός, οἴκῳ αὐτοῦ** V. 2. **θεράπων**[5] οντος ὁ *Diener.* **μαρτύριον** (< μάρτυς *Zeuge*) *Zeugnis,* im Sinn v. *Beweis* (Handlung, Umstand od. Sache) od. *Zeugenaussage;* εἰς μαρτύριον *zum Zeugnis, um Zeugnis abzulegen für, um als Hinweis zu dienen auf.* **λαληθησομένων** Fut. Ptz. Pass. λαλέω, subst.; τὰ λαληθησόμενα *das, was (in Zukunft) verkündet*

6 *werden sollte.* **6 Χριστὸς δέ** *Christus aber (ist treu)* (V. 5). οὗ[16] hier *dessen/sein* (A364a). **ἐάν-περ** *gesetzt den Fall, daß* bzw. *sofern.* **παρ-ρησία** (< πᾶν + ῥῆσις [das] *Reden*) *Redefreiheit; Freimütigkeit; Zuversicht;* hier *unsere Zuversicht (Gott gegenüber).* **καύχημα**[3] *Gegenstand* bzw. *Grund des (Sich-)Rühmens, Ruhm;* τὸ καύχημα τῆς ἐλπίδος gen. pertinentiae (A152ff) *das, wessen wir uns auf Grund unserer Hoffnung rühmen,* od. gen. epexegeticus (A163) *das, wessen wir uns rühmen,* (näml.) *unsere Hoffnung* = *die Hoffnung, derer wir uns rühmen.* **κατά-σχωμεν** Aor. Konj. -έχω[189] *festhalten, besitzen* [für Var. vgl. V. 14].

7 **7 διό** ist zu verbinden m. βλέπετε in V. 12 (der καθώς-Satz m. dem Schriftzitat in V. 7-11 ist Parenthese [A374]) od. m. μὴ σκληρύνητε in V. 8 (der Verfasser macht sich die Worte des Heiligen Geistes zu eigen). **ἐάν** hier

8 fast = ὅταν (A346; B I1d). **ἀκούσητε** Aor. Konj. ἀκούω. **8 σκληρύνητε** Aor. Konj. σκληρύνω[129] (< σκληρός *hart*) *verhärten, verstockt*

machen; Pass. *sich verhärten, sich verstocken;* prohibitiver Konj. (A256; 263f).
παρα-πικρασμός (< παραπικραίνω V. 16) *Erbitterung, Auflehnung,
Aufstand, Aufruhr;* (hier Übersetzung v. hebr. מְרִיבָה *marîbāh* „Streit" bzw.
Ortsname „Meriba"); ἐν τῷ παραπικρασμῷ *beim Aufruhr.* **κατὰ τὴν
ἡμέραν** *am Tag* (B κατά II2a). **πειρασμός** *Prüfung; Versuchung* (das In-
Versuchung-Bringen od. das In-Versuchung-gebracht-Werden); hier Überset-
zung v. hebr. מַסָּה *massāh* „Versuchung" bzw. Ortsname „Massa". **9** οὗ[18] *wo,*
hier temp. *als.* **ἐ-πείρασαν** Aor. πειράζω (vgl. A33[91ff]) *versuchen, in Ver-
suchung bringen* (Unrechtes zu tun); *prüfen, auf die Probe stellen.* **δοκιμασία**
Prüfung; πειράζω ἐν δοκιμασίᾳ *auf die Probe stellen* (B). **καί** (erstes) hier
adversativ *und trotzdem* (B I2g; vgl. A311,1), evtl. konz. *obwohl.* **10** **τεσσε-
ράκοντα**[19] *vierzig;* τεσσεράκοντα ἔτη Akk. der zeitl. Ausdehnung (A148)
vierzig Jahre lang. **προσ-ώχθισα** Aor. -οχθίζω (vgl. A33[91ff]) *zürnen, zornig
sein.* **ἀεί** *immer, stets.* **πλανῶνται** Pass. πλανάω (< πλάνη Irrtum) *in
die Irre führen, irreführen;* Pass. oft *in die Irre gehen, sich verirren, sich irren.*
ἔ-γνωσαν Aor. γινώσκω. **11** **ὡς** hier = ὥστε (B IV2; A340). **ὤμοσα**
Aor. ὀμνύω[220] *schwören, einen Schwur ablegen.* **ὀργή** *Zorn.* **εἰ** hier *gewiß
nicht* (hebr. [אִם] *'im*] beim Schwur, A327). **εἰσ-ελεύσονται** Fut. -έρχο-
μαι. **κατά-παυσις**[8] (< καταπαύω *zur Ruhe bringen*) *Ruhe,* hier Meto-
nymie, Abstraktum für das Konkrete (A381f) *Ruhestätte* (B 2).

12 βλέπετε Imp. *seht euch vor.* **μή-ποτε** *daß/damit nicht (etwa).*
ἔσται Fut. (hier statt Konj. nach μήποτε [A328; 339]) εἰμί. **ἀ-πιστία**
Unglaube; Untreue; καρδία ... ἀπιστίας *ein ... Herz voll Unglauben* bzw. *ein ...
Herz, das vom Unglauben bestimmt wird* (gen. qualitatis, A160). **ἐν τῷ** m. Inf.
mod. (A282). **ἀπο-στῆναι** Wz.-Aor. Inf. ἀφ-ίσταμαι[205] *sich entfernen,
abfallen von,* m. ἀπό; ἐν τῷ ἀποστῆναι *und dabei abfällt.* **ζῶντος** Ptz.
ζάω, attr. **13 παρα-καλεῖτε** Imp. -καλέω. **ἑαυτούς** (= att. ὑμᾶς
αὐτούς, A126) für ἀλλήλους (A127). **καθ' ἑκάστην ἡμέραν** *jeden
Tag, täglich* (B κατά II2c). **ἄχρις οὗ** hier *solange* (A337). **καλεῖται** Pass.
καλέω. **σκληρυνθῇ** Aor. Konj. Pass. σκληρύνω V. 8. **ἀπάτη** *Täu-
schung, Verführung, Betrug;* dat. instr. (A176). **14 μέτ-οχος** V. 1. **γε-γόνα-
μεν** Pf. γίνομαι, Pf. fast = εἰμί (A242). **ἐάν-περ** V. 6. **ὑπό-στασις**[8]
Grundlage, Fundament; Wesen, Wirklichkeit; Lage, Zustand; seelische Verfassung,
daher auch (so wohl hier) *(feste) Zuversicht* (Zorell II2b) od. *Entschlossenheit*
(EWNT 3, Sp. 973; aber nach ThWNT 8, S. 586: *Anfang der Wirklichkeit* [des
göttl. Heils]); τὴν ἀρχὴν τῆς ὑποστάσεως gen. pertinentiae (A152ff) *die
Zuversicht/Entschlossenheit/Standfestigkeit, die ihr am Anfang hattet.* **μέχρι**
(A337) *bis (zu/daß);* μέχρι τέλους *bis zum Ende.* **βέβαιος** *fest, dauerhaft;*
übertr. *zuverlässig, gewiß, gültig;* Artangabe zum AkkO (A65): *als dauerhaft(e)/
zuverlässig(e)* festhalten = *dauerhaft/standhaft/unerschütterlich* festhalten.
κατά-σχωμεν V. 6. **15 ἐν τῷ** m. Inf. temp. (A282). **λέγεσθαι** Inf. **15**

Pass. λέγω; ἐν τῷ λέγεσθαι *während/wenn gesagt wird/es heißt.* **ἐάν,**
16 **ἀκούσητε** V. 7. **σκληρύνητε, παρα-πικρασμός** V. 8. **16 ἀκού-σαντες** Aor. Ptz. ἀκούω, temp. od. konz. *als* od. *obwohl sie* (Gottes Stimme)
hörten. **παρ-ε-πίκραναν** Aor. παρα-πικραίνω (vgl. A33[118ff]) *erbittern;
aufbegehren, sich auflehnen.* **ἀλλ'** hier wohl Würzpartikel in Antwort auf eine
Selbstfrage ohne deutsche Entsprechung (evtl. als steigerndes *ja;* vgl. BDR
§448[5]) od. viell. m. Ellipse (A376) eines Einwandes: *doch (so fragst du)* (vgl. Zo-
rell 3). **ἐξ-ελθόντες** Aor. Ptz. -έρχομαι, subst. **Αἴγυπτος** ἡ *Ägypten.*
διὰ Μωϋσέως *durch/unter (der Führung des) Mose* (B διά AIII2a).
17 **17 προσ-ώχθισεν, τεσσεράκοντα** V. 10. **ἁμαρτήσασιν** Aor. Ptz.
18 ἁμαρτάνω, subst. **κῶλον** *Leichnam.* **ἔ-πεσεν** Aor. πίπτω. **18 ὤμο-σεν** V. 11. **εἰσ-ελεύσεσθαι** Fut. Inf. -έρχομαι. **κατά-παυσις** V. 11.
ἀ-πειθήσασιν Aor. Ptz. ἀ-πειθέω *ungehorsam sein; (die göttliche Bot-
schaft) ablehnen;* subst.; εἰ μὴ τοῖς ἀπειθήσασιν *wenn nicht denen, die un-*
19 *gehorsam gewesen waren.* **19 καί** hier kons. *(und) so* (A311,2; B I2f). **ἠ-δυ-νήθησαν** Aor. Pass. (ohne Pass.-Bdtg.) δύναμαι. **εἰσ-ελθεῖν** Aor. Inf.
-έρχομαι. **ἀ-πιστία** V. 12.

4 **φοβηθῶμεν** Aor. Konj. Pass. (ohne Pass.-Bdtg.) φοβέομαι, adhorta-
tiver Konj. (A254) *laßt uns mit allem Ernst darum besorgt sein.* **μή-ποτε** *daß/
damit nicht (etwa).* **κατα-λειπομένης** Ptz. Pass. -λείπω *zurücklassen;
übriglassen;* Pass. *übrig sein;* gen. abs. (A288), temp. od. kaus. *solange/da die Ver-
heißung noch immer besteht/gilt.* **εἰσ-ελθεῖν** Aor. Inf. -έρχομαι, Attr. zu
ἐπαγγελίας (A67; 74); καταλειπομένης ἐπαγγελίας εἰσελθεῖν εἰς
τὴν κατάπαυσιν αὐτοῦ *solange/da die Verheißung, in seine Ruhestätte ein-
zugehen, noch immer besteht/gilt.* **κατά-παυσις**[8] (< καταπαύω zur Ruhe
bringen) *Ruhe,* hier Metonymie, Abstraktum für das Konkrete (A381f) *Ruhe-
stätte* (B 2). **δοκῇ** Konj. (s. μήποτε [A328; 339]) δοκέω. **ὑστερηκέναι**
Pf. Inf. ὑστερέω (< ὕστερος späterer) *verpassen, ausgeschlossen werden/
bleiben, zurückbleiben; nicht ans Ziel gelangen;* μήποτε ... δοκῇ τις ... ὑστε-
ρηκέναι *daß sich bei keinem ... herausstellt* (als Urteil Gottes), *daß er (davon)
2 ausgeschlossen ist.* **2 εὐ-ηγγελισμένοι** Pf. Ptz. Pass. -αγγελίζω; ἐσμὲν
εὐηγγελισμένοι wohl umschrieb. Pf. (A249) *wir haben die gute Nachricht
empfangen.* **καθ-ά-περ** *so wie, gleichwie* (A352). **κἀκεῖνοι** = καὶ ἐκεῖ-
νοι. **ὠφέλησεν** Aor. ὠφελέω (< ὄφελος Nutzen) *helfen, nützen.* **ἀκοή**
(das) Hören; Gehörtes, Mitteilung, Botschaft; ὁ λόγος τῆς ἀκοῆς gen. perti-
nentiae (A152ff) *die (von ihnen) gehörte Botschaft* od. *die (ihnen) mitgeteilte/ver-
kündete Botschaft.* **συγ-κε-κερασμένους** Pf. Ptz. Pass. -κεράννυμι[225]
verbinden, vereinigen, kaus. **πίστει** dat. modi (A180) zu ἀκούσασιν (s.
Sinn; doch ungewöhnl. Wortstellung, daher evtl. dat. instr. [A176] zu συγκε-
κερασμένους: μὴ συγκεκερασμένους τῇ πίστει τοῖς ἀκούσασιν
weil sie nicht mit jenen vereinigt waren, die gläubig zuhörten, evtl. *weil sie nicht*

gläubig mit jenen vereinigt waren, die zuhörten [Var. συγ-κε-κερασμένος: *weil es* (das Wort) *bei den Hörern nicht mit dem Glauben vereinigt war* od. *weil es nicht durch den Glauben mit den Hörern verbunden war*]. **ἀκούσασιν** Aor. Ptz. ἀκούω, subst. **3 εἰσ-ερχόμεθα** hier *wir sind eben dabei, hineinzukommen* (A232,1a) od. *wir werden* (bald) *hineinkommen* (A234). **πιστεύσαντες** Aor. Ptz. πιστεύω, attr. zum Subj., wohl ingr. (A229): wir, die *wir gläubig geworden sind.* **εἴρηκεν** Pf. λέγω, Pf. *er* (Gott) *hat es gesagt* (u. es steht nun in der Schrift, A242). **ὡς** hier = ὥστε (B IV2; A340). **ὤμοσα** Aor. ὀμνύω[220] *schwören, einen Schwur ablegen.* **ὀργή** *Zorn.* **εἰ** hier *gewiß nicht* (hebr. [אִם *ʾim*] beim Schwur, A327). **εἰσ-ελεύσονται** Fut. -έρχομαι. **κατά-παυσις**[8] V. 1. **καί-τοι** *(und) doch, freilich; obgleich.* **ἀπό** *seit.* **κατα-βολή** *Grundlegung, Anfang, Erschaffung.* **γενηθέντων** Aor. Ptz. Pass. (ohne Pass.-Bdtg.) γίνομαι hier *gemacht/geschaffen werden* (vgl. B 2); gen. abs. (A288), konz. (s. καίτοι). **4 πού**[18] *irgendwo,* d.h. an einer best. Stelle der Schrift. **ἕβδομος**[19] *siebter;* ἡ ἑβδόμη (erg. ἡμέρα, A88) *der siebte Tag.* **κατ-έ-παυσεν** Aor. κατα-παύω *beendigen, zur Ruhe bringen; aufhören, ausruhen.* **5 ἐν τούτῳ** *an dieser* (Stelle). **6 ἐπεί** (A338) *weil, da ja, denn.* **ἀπο-λεί-πεται** Pass. -λείπω *zurücklassen; verlassen;* Pass. *übrigbleiben, bestehenbleiben;* hier ἀπολείπεται m. AcI *es bleibt dabei.* **εἰσ-ελθεῖν** V. 1; τινὰς εἰσελθεῖν AcI (Subj.) zu ἀπολείπεται (A270). **πρότερος** *früherer;* Ntr. als Adv. *früher.* **εὐ-αγγελισθέντες** Aor. Ptz. Pass. -αγγελίζω, subst. **εἰσ-ῆλθον** Aor. V. 1. **ἀ-πείθεια** *Ungehorsam; Ablehnung* (der göttlichen *Botschaft*) [Var. ἀ-πιστία *Unglaube; Untreue*]. **7 ὁρίζω** (< ὅρος *Grenze*) *bestimmen, festsetzen, beschließen.* **ἐν Δαυίδ** *durch David* (näml. in den Psalmen). **τοσοῦτος**[18] (A352) *so groß, so lang; so viel.* **προ-είρηται** Pf. Pass. -λέγω[191] *voraussagen, im voraus verkünden;* hier: *wie schon zuvor/oben* (näml. 3,7) *gesagt worden ist* (B προεῖπον 2b). **ἐάν** hier fast = ὅταν (A346; B I1d). **ἀκούσητε** Aor. Konj. ἀκούω. **σκληρύνητε** Aor. Konj. σκληρύνω[129] (< σκληρός *hart*) *verhärten, verstockt machen;* Pass. *sich verhärten, sich verstocken;* prohibitiver Konj. (A256; 263f). **8 Ἰησοῦς** hier *Josua,* Moses Nachfolger. **κατ-έ-παυσεν** Aor. κατα-παύω V. 4, hier *zur Ruhe(stätte)* (κατάπαυσις, V. 1) *bringen.* **ἐ-λάλει** Ipf. λαλέω; εἰ ... Ἰησοῦς κατέπαυσεν, οὐκ ἄν ... ἐλάλει irrealer Fall (A345) *hätte Josua ... zur Ruhestätte geführt, so hätte* (Gott) *nicht ... gesprochen.* **περὶ ἄλλης ... μετὰ ταῦτα ἡμέρας** *von einem anderen, späteren Tag* od. *später von einem anderen Tag.* **9 ἀπο-λείπεται** V. 6., hier *es steht noch aus/zu erwarten.* **σαββατισμός** (< σαββατίζω *den Sabbat feiern*) *Sabbatfeier, Sabbatruhe* (hier: Tag der Heilsvollendung, an dem die Glaubenden in Gottes „Ruhestätte" [in seiner Gegenwart] die ewige Sabbatruhe finden; EWNT 3, Sp. 523f). **10 εἰσ-ελθών** Aor. Ptz. V. 1, subst. **κατά-παυσις**[8] V. 1; κατάπαυσις αὐτοῦ *seine* (d.h. Gottes) *Ruhestätte.* **καὶ αὐτός** *auch er* (selbst) (betont, A124). **ὥσ-**

11 **περ** (A352) *geradeso wie, gleichwie.* **11 σπουδάσωμεν** Aor. Konj. σπου-δάζω (vgl. A33[91ff]) *sich beeilen; sich eifrig zeigen, sich bemühen, bestrebt sein;* adhortativer Konj. (A254). **εἰσ-ελθεῖν** V. 1. **ἵνα μή** ... **τις** = ἵνα μηδείς. **ὑπό-δειγμα**[3] (< ὑποδείκνυμι *zeigen*) *Beispiel; Abbild;* ἐν τῷ αὐτῷ ὑποδείγματι ... τῆς ἀπειθείας *nach demselben Beispiel des Ungehorsams* = *in gleicher Weise wie jene* (ihrem Beispiel folgend od. wie sie ein [schlechtes] Beispiel gebend) *durch Ungehorsam.* **πέσῃ** Aor. Konj. πίπτω hier *zu Fall kom-*
12 *men.* **12 ζῶν** Ptz. ζάω, umschrieb. Präs. (A249); ζῶν ὁ λόγος τοῦ θεοῦ *lebendig* (kein toter Buchstabe, kein leeres Gerede) *(ist) das Wort* (des lebendigen [3,12; 9,14; 10,31]) *Gottes.* **ἐν-εργής**[7] *wirksam, wirkungsvoll.* **τομώτερος** Komp. v. τομός (< τέμνω *schneiden*) *scharf (schneidend).* **ὑπέρ** m. Akk. bei Vergleichen *als* (A115). **μάχαιρα** *Schwert.* **δί-στομος**[11] (< δίς *doppelt* + στόμα) *zweischneidig.* **δι-ϊκνούμενος** Ptz. δι-ϊκνέομαι *durchdringen, eindringen;* umschrieb. Präs. (A249), par. zu ζῶν. **μερισμός** *Teilung, Spaltung;* ἄχρι μερισμοῦ *bis es zu einer Teilung/Zerlegung* od. *Trennung* (d.h. wohl völligen Bloßlegung, viell. aber Tötung im Gericht) *kommt* (vgl. B 1a). **ἁρμός** *Gelenk* (des Körpers). **μυελός** *(Knochen-)Mark;* μερισμοῦ ψυχῆς ... μυελῶν bez. wohl das gänzl. Eindringen bis in die geheimsten Winkel des Menschen. **κριτικός** (< κρίνω) *mit Urteilsfähigkeit ausgerüstet* bzw. *fähig/bereit, zu richten.* **ἐν-θύμησις**[8] *Überlegung, Gedanke, Erwägung.* **ἔν-**
13 **νοια** (< νοῦς *Sinn,* [das] *Denken*) *Gedanke, Gesinnung.* **13 κτίσις**[8] *Schöpfung, (das) Geschaffene, Geschöpf.* **ἀ-φανής**[7] (< φαίνομαι *sichtbar werden*) *unsichtbar, verborgen.* **γυμνός** *nackt;* übertr. *unverhüllt.* **τε-τρα-χηλισμένα** Pf. Ptz. Pass. τραχηλίζομαι (vgl. A33[91ff]) (< τράχηλος *Hals, Nacken*) eig. Akt. *den Hals/Nacken entblößen;* Pass. (hier) übertr. *aufgedeckt/offengelegt werden* (Pf. *sein,* A231); umschrieb. Pf. (A249). **τοῖς ὀφθαλ-μοῖς αὐτοῦ** dat. commodi (A173) *für/vor seine(n) Augen.* **λόγος** hier wohl *Rechenschaft* (u.a. Zorell III1); πρὸς ὃν ἡμῖν ὁ λόγος *dem wir Rechenschaft schuldig sind;* nach B 2c: *mit dem wir zu rechnen/es zu tun haben* (u. zwar in seiner Eigenschaft als Richter).
14 **14 ἔχοντες** Ptz. ἔχω, kaus. **μέγας**[12] hier *groß* (vom hohen Rang, B 2bα), *erhaben* (Menge). **δι-εληλυθότα** Pf. Ptz. -έρχομαι, attr. der *durchschritten hat* (u. jetzt dort ist, A231). **κρατῶμεν** Konj. κρατέω, adhortativer Konj. (A254), lin. *wir wollen ständig/weiter festhalten* (A225, vgl. A265).
15 **ὁμο-λογία** *Bekenntnis* (Inhalt od. Tätigkeit). **15 οὐ** ... **μή** *nicht ... nicht* (A310b). **δυνάμενον** Ptz. δύναμαι, attr. **συμ-παθῆσαι** Aor. Inf. -παθέω *Mitleid/Mitgefühl haben mit.* **ἀ-σθένεια** *Schwäche* (verschiedenster Art). **πε-πειρασμένον** Pf. Ptz. Pass. πειράζω (vgl. A33[91ff]) *versuchen, in Versuchung bringen* (Unrechtes zu tun); *prüfen, auf die Probe stellen* (B 2b); attr., Pf. (A231) *der auf die Probe gestellt worden ist* (u. für immer die Probe bestanden hat; ZG). **κατὰ πάντα** *in jeder Hinsicht* (B κατά II6). **ὁμοιότης**[3]

(< ὅμοιος) *Gleichheit, Gleichartigkeit, Ähnlichkeit;* καθ' ὁμοιότητα *in ganz der gleichen Weise* (B; vgl. A195). χωρὶς ἁμαρτίας *ohne Sünde* (d.h. er blieb dabei ohne Sünde). 16 προσ-ερχώμεθα Konj. -έρχομαι, adhorta- 16 tiver Konj. (A254), iter. (A226). παρ-ρησία (< πᾶν + ῥῆσις [das] Reden) *Redefreiheit; Freimütigkeit; Zuversicht;* μετὰ παρρησίας *mit/voll Zuversicht.* ὁ θρόνος τῆς χάριτος *der Thron der Gnade* (gen. pertinentiae, A152ff), d.h. *der Thron Gottes, wo durch Jesus Gnade erlangt wird.* λάβωμεν Aor. Konj. λαμβάνω. ἔλεος[7] *Barmherzigkeit, Erbarmen.* εὕρωμεν Aor. Konj. εὑρίσκω. εἰς *zu/für* (B 4e). εὔ-καιρος[11] *rechtzeitig.* βοήθεια *Hilfe.*

ἐξ ἀνθρώπων *aus den/aus der Mitte der* (A106a) *Menschen.* λαμβα- 5 νόμενος Ptz. Pass. λαμβάνω hier *entnehmen, auswählen* (B 1f); attr. καθίσταται Pass. -ίστημι *hinstellen, hinbringen; einsetzen.* τά Akk. der Beziehung (A149); τὰ πρὸς τὸν θεόν *in bezug auf das, was Gott angeht* (B πρός III5b), hier *im Dienst vor Gott.* προσ-φέρῃ Konj. -φέρω. δῶρον *Geschenk, Gabe; Opfergabe.* θυσία *(Schlacht-)Opfer.* 2 μετριο-παθεῖν Inf. 2 -παθέω (< μετριοπαθής *sich in Leidenschaften mäßigend) sich mäßigen, verständnisvoll sein mit, Verständnis haben für,* m. Dat. δυνάμενος Ptz. δύναμαι, mod. *wobei er kann.* ἀ-γνοοῦσιν Ptz. ἀ-γνοέω *nicht erkennen, nicht wissen; unwissend sein;* hier *irren, sich verfehlen, sündigen;* subst. πλανωμένοις Ptz. Pass. πλανάω (< πλάνη *Irrtum) in die Irre führen, irreführen;* Pass. oft *in die Irre gehen, sich verirren, sich irren;* subst. ἐπεί (A338) *weil, da ja, denn.* καὶ αὐτός *auch er (selbst)* (betont, A124). περί-κειμαι (Pf. Pass. zu -τίθεμαι[200] *sich etwas umtun) (Kleider o.ä.) tragen; behaftet sein mit* (m. Akk.), *etwas unterworfen sein.* ἀ-σθένεια *Schwäche* (verschiedenster Art). 3 ὀφείλω *schulden; verpflichtet sein, müssen.* περί (zweimal) = ὑπέρ *für* 3 (A184). περὶ αὐτοῦ = περὶ ἑαυτοῦ (A126). προσ-φέρειν Inf. 4 ἑαυτῷ dat. commodi (A173) *(für) sich selbst.* τιμή hier *Würde* (des 4 Hohenpriesteramtes, vgl. B 2d). καλούμενος Ptz. Pass. καλέω, umschrieb. Präs. (A249) *er (wird)* v. Gott *berufen* (erg. ἐστίν, A78) od. dann (erg. ein zweites λαμβάνει) temp. od. kaus.: *sondern (er bekommt sie), wenn/weil er* v. Gott *berufen wird.* καθ-ώσ-περ (A352) *ebenso wie.* Ἀαρών indekl., hier Nom., *Aaron,* Bruder Moses (H-S §134b).

5 ἐ-δόξασεν Aor. δοξάζω. γενηθῆναι Aor. Inf. Pass. (ohne Pass.- 5 Bdtg.) γίνομαι; Inf. fin. (A276) od. epexegetisch zu der durch δοξάζω implizierten δόξα (A279); οὐχ ἑαυτὸν ἐδόξασεν γενηθῆναι ἀρχιερέα *er hat sich nicht selbst verherrlicht, um Hoherpriester zu werden* od. *er hat sich nicht selbst die Ehre/Würde verliehen* (die darin bestand), *Hoherpriester zu werden.* λαλήσας Aor. Ptz. λαλέω, subst. υἱός μου Präd.-Nom. ohne Art. (A80). γεγέννηκα Pf. γεννάω. 6 ἐν ἑτέρῳ *an einer anderen (Stelle).* ἱερεύς[8] 6 (< ἱερός *heilig) Priester.* τάξις[8] (< τάσσω *einsetzen) (festgesetzte) Reihen-*

folge, (Dienst-)Turnus; (rechte) Ordnung; Klasse, Art, Weise, Beschaffenheit; κατὰ τὴν τάξιν m. Gen. *nach der Ordnung/Art des = wie* (7,15; vgl. B 4). **Μελχισέδεκ** indekl., hier Gen., *Melchisedek* (H-S §134b), atl. Priesterkönig 7 (Gen 14,18-20). **7 ἐν ταῖς ἡμέραις τῆς σαρκὸς αὐτοῦ** *während seines irdischen Lebens* (vgl B σάρξ 4/5). **δέησις**[8] *Bitte, Gebet.* **ἱκετηρία** (< ἱκέτης *um Schutz Flehender*) *(das) Flehen, flehentliche Bitte.* **δυνάμενον** V. 2, subst. **σῴζειν** Inf. **ἐκ θανάτου** *aus dem/vom Tod* (auch ohne Art. best., A106a). **κραυγή** *Geschrei, lautes Rufen; Angstgeschrei, Jammerrufe.* **ἰσχυρός** (< ἰσχύω *stark sein*) *stark;* hier *laut.* **δάκρυον** *Träne,* Pl. *Tränen, (das) Weinen.* **προσ-ενέγκας** Aor. Ptz. -φέρω, temp. od. mod. (hier wohl gleichzeitig, A285) *während/dadurch, daß er ... darbrachte ... lernte er* (V. 8). **εἰσ-ακουσθείς** Aor. Ptz. Pass. -ακούω[2] *hören auf, erhören;* temp. od. mod. **εὐ-λάβεια** (< εὐλαβής *gottesfürchtig, fromm*) *ehrerbietige Scheu* (gegenüber Gott), *Gottesfurcht;* ἀπὸ τῆς εὐλαβείας *um* (B ἀπό V1; BDR 8 §210[1]) *seiner* (A103) *Gottesfurcht willen.* **8 καί-περ** *obwohl.* **ὤν** Ptz. εἰμί, konz. (s. καίπερ). **υἱός** Präd.-Nom. ohne Art. (A80). **ἔ-μαθεν** Aor. μανθάνω[157] *lernen.* **ἀφ᾽ ὧν** = ἀπὸ τούτων ὧν *durch* (vgl. B ἀπό V2) *das, was* 9 (A358). **ἔ-παθεν** Aor. πάσχω. **ὑπ-ακοή** *Gehorsam.* **9 τελειωθείς** Aor. Ptz. Pass. τελειόω (< τέλειος *vollendet, vollkommen*) *vollenden; ans Ziel führen; zur Vollendung bzw. Vollkommenheit führen* (Pass. *gelangen*); temp. **ἐ-γένετο** Aor. Med. γίνομαι. **ὑπ-ακούουσιν** Ptz. -ακούω *gehorchen;* subst.; dat. commodi (A173) *für alle, die ihm gehorchen.* **αἴτιος** (< αἰτία *Ursache, Grund*) *schuldig;* subst. ὁ αἴτιος *Urheber.* **10 προσ-αγορευθείς** 10 sache, Grund) *schuldig;* subst. ὁ αἴτιος *Urheber.* **10 προσ-αγορευθείς** Aor. Ptz. Pass. -αγορεύω *nennen, bezeichnen, anreden (als);* mod. *wobei er angeredet wurde als.*

11 **11 περὶ οὗ** *über dieses/darüber* (A364a), d.h. das Thema des Priestertums Christi. **πολὺς ἡμῖν ὁ λόγος** *darüber haben/hätten wir* (schriftstellerischer Pl., A207) *viel zu sagen.* **καί** wohl adversativ (A311,1) *doch.* **δυσ-ερμήνευτος**[11] (< ἑρμηνεύω *übersetzen; erklären*) *schwer zu erklären* (LN 33.149). **λέγειν** Inf.; Obj./2. Grades zu δυσερμήνευτος (A275) *schwer, mit Worten zu erklären.* **ἐπεί** (A338) *weil, da ja, denn.* **νωθρός** *träge, faul.* **γε-γόνατε** Pf. γίνομαι, Pf. fast = εἰμί (A242). **ἀκοή** (< ἀκούω) *(das) Hören; Gehör, Hörfähigkeit, Ohren;* dat. respectus (A178); νωθροὶ ταῖς ἀκοαῖς *zum Hören/an den Ohren träge,* d.h. *schwerhörig* bzw. (hier) *schwer von Begriff* (GN).

12 **12 ὀφείλοντες** Ptz. ὀφείλω *schulden; verpflichtet sein, müssen;* konz. *obwohl ihr müßtet.* **εἶναι** Inf. εἰμί. **διὰ τὸν χρόνον** *der Zeit nach, eigentlich schon* (vgl. B διά BII1). **διδάσκειν** Inf.; Präd. des AcI m. τοῦ, Attr. zu χρείαν (H-S §225a); χρείαν ἔχετε τοῦ διδάσκειν ὑμᾶς τινα *ihr habt es nötig, daß euch jemand (be)lehrt.* **στοιχεῖον** (nur Pl.) *Grundstoffe, Elemente; Grundbegriffe, Anfangsgründe;* τὰ στοιχεῖα τῆς ἀρχῆς *die zum Anfang gehörenden* (gen. pertinentiae, A152ff) *Grundbegriffe, die ersten Lektionen, das ABC*

(GN). **λόγιον** (Verkleinerungsform zu λόγος) *Spruch, Wort* (NT nur Pl.).
ἔχοντες Ptz. ἔχω, subst. als Präd.-Nom. (A80; 304); γεγόνατε χρείαν
ἔχοντες γάλακτος *ihr seid solche, die (noch) Milch nötig haben.* **γάλα**[3]
λακτος *τό Milch.* **στερεός** *fest, hart, stark.* **τροφή** (< τρέφω *ernähren)*
Nahrung, Speise. 13 **πᾶς ὁ** m. Ptz. *jeder, der* (A86). **μετ-έχων** Ptz. -έχω m. 13
gen. partitivus (A165) *Anteil haben an;* hier *essen/trinken von;* subst. **ἄ-πει-**
ρος[11] (< πεῖρα *Versuch; Erfahrung)* m. Gen. *unerfahren in, unfähig für.* **λό-**
γος δικαιοσύνης gen. qualitatis (A160) od. gen. obi. (A158); ἄπειρος
λόγου δικαιοσύνης *unerfahren im richtigen Reden* od. *im Reden über das,*
was recht und unrecht ist, viell. aber am sinnvollsten *unfähig, die Lehre von der*
Gerechtigkeit (Gottes einschließl. ihrer ethischen Konsequenzen) *zu begreifen.*
νήπιος *unmündig, unreif;* subst. *kleines Kind.* 14 **τέλειος** (< τέλος) *voll-* 14
endet, vollkommen; erwachsen, mündig, reif; Präd.-Nom. im gen. poss. (A154) *für*
Erwachsene/Reife ist. **ἕξις**[8] *Übung, Gewöhnung.* **αἰσθητήριον** (< αἰσθά-
νομαι *wahrnehmen)* eig. *Sinnesorgan,* übertr. *Sinn* (geistl.-sittl. Unterschei-
dungsvermögen). **γε-γυμνασμένα** Pf. Ptz. Pass. γυμνάζω (vgl. A33[91ff])
(< γυμνός *nackt)* eig. (nackt) *üben, trainieren;* übertr. (geistig-seelisch) *üben,*
gewöhnen; Obj.-Präd. zu τὰ αἰσθητήρια „die Sinne als geübte haben" = *Sin-*
ne haben, die geübt sind (A49; 112). **ἐχόντων** Ptz. ἔχω, subst.; τῶν ... ἐχόν-
των App. (A70) zu τελείων: *für Gereifte/Erwachsene,* (d.h.) *für die, die ... ha-*
ben. **διά-κρισις**[8] *Unterscheidung/Beurteilung* bzw. *die Fähigkeit zu unterschei-*
den/zu beurteilen (LN 30.112); πρὸς διάκρισιν *zur Unterscheidung* bzw. *so daß*
sie fähig sind ... zu unterscheiden.

   ἀφ-έντες Aor. Ptz. -ίημι hier *beiseite lassen* (B 3b), *hinter sich lassen,* **6**
im Sinn v. *nicht länger erörtern* (nicht etwa, um sie für ungültig zu erklären);
temp., übers. am besten koordinierend (A291,1 Anm. 1); ἀφέντες ... ἐπί ...
φερώμεθα *wir wollen ... beiseite/hinter uns lassen und uns (nun) ... zuwenden.* **ὁ**
τῆς ἀρχῆς τοῦ Χριστοῦ λόγος „die Anfangsbotschaft/Anfangslehre
Christi", gen. obi. (A158) *die grundlegende Botschaft/Lehre über Christus* (vgl.
5,12). **τελειότης**[3] (< τέλειος *vollendet)* *Vollendung, Vollkommenheit, Reife*
(Ggs. *Anfängertum);* hier viell. Metonymie, Abstraktum für das Konkrete
(A381f): *Lehre für Gereifte* od. *Lehre, die zur Reife/Vollkommenheit führt.*
φερώμεθα Konj. Pass. φέρω, hier Pass. (eig. vom Wind) *getrieben werden,*
sich treiben lassen; (vom Wind selbst:) *daherfahren,* (v. geistiger Bewegung, m.
ἐπί) *auf etwas losgehen* (B 3c), *sich etwas zuwenden;* adhortativer Konj. (A254).
θεμέλιος *Fundament;* nachfolgende Subst. (auch ohne Art. best., A106) gen.
epexegeticus dazu (A163); θεμέλιον ... μετανοίας ... πίστεως ... διδαχῆς
Fundament ... bestehend in der Abkehr ... in dem Glauben ... in der Lehre; ἐπιθέ-
σεως ... ἀναστάσεως ... κρίματος setzt die Reihe fort *(bestehend) im Auf-*
legen ... in der Auferstehung ... im Gericht od. – wohl besser (s. Konjunktionen
τε ... τε ... καί) – ist wie βαπτισμῶν abhängig v. διδαχῆς: *in der Lehre von*

den Taufen, vom Auflegen ... von der Auferstehung ... vom Gericht [Var. διδαχήν (zusammen m. den nachfolgenden Gen.) App. (A70) zu θεμέλιον]. **κατα-βαλλόμενοι** Ptz. Med. -βάλλω *niederwerfen;* Med. (Fundament) *legen;* mod. neg. *ohne zu legen.* **μετά-νοια** *Sinnesänderung, Umkehr, Bekehrung* bzw. hier *Abkehr.* **νεκρὰ ἔργα** *tote Werke,* d.h. wohl Taten, die den Tod zur Folge haben (näml. Sünden, bes. Götzendienst), evtl. (viell. gleichzeitig) solche, die –

2 weil ohne göttl. Leben – nutzlos sind (u.a. v. Ritualen). **2 βαπτισμός** (< βαπτίζω) (rituelle) *Waschung;* hier wohl *Taufe,* der Pl. bez. dann wahrscheinl. die verschiedenen Taufarten, mit denen die Adressaten vertraut waren (neben der christl. die Johannes- sowie die jüdische Proselytentaufe). **διδαχή** (< διδάσκω) *Unterweisung, Lehre* (Inhalt od. Tätigkeit); vgl. zu θεμέλιος. **ἐπί-θεσις**[8] *(das) Auflegen;* ἐπιθέσεως τῶν χειρῶν *(von) der Handaufle-*

3 *gung.* **κρίμα**[3] *(das) Richten, Gericht; (richterliches) Urteil.* **3 τοῦτο** *dies,* d.h. daß wir uns der Lehre für Gereifte zuwenden. **ποιήσομεν** Fut. ποιέω, wohl mod. Fut. (A247) [Var. ποιήσωμεν Aor. Konj., adhortativ]. **ἐάν-περ** *ge-setzt den Fall, daß; wenn.* **ἐπι-τρέπῃ** Konj. (s. ἐάνπερ) -τρέπω *gestatten, er-lauben, zulassen.*

4 **4 ἀ-δύνατος**[11] *unmöglich;* Ntr. m. od. ohne ἐστίν *es ist unmöglich;* dazugehöriger Inf. ἀνακαινίζειν V. 6. **ἅπαξ**[19] *einmal.* **φωτισθέντας** Aor. Ptz. Pass. φωτίζω (vgl. A33[91ff]) *leuchten, beleuchten;* übertr. *erleuchten, mit* (himmlischem) *Licht erfüllen* (B 2b); subst.; AkkO zu ἀνακαινίζειν (V. 6). **γευσαμένους** Aor. Ptz. Med. γεύομαι m. Gen. od. Akk. (Speise) *kosten; genießen, essen;* übertr. *kennenlernen, erfahren;* γευσαμένους τε ... καί ... γενηθέντας ... (V. 5:) καί ... γευσαμένους ... (V. 6:) καί ... παρα-πεσόντας subst., an φωτισθέντας anknüpfend: *die ... erleuchtet worden sind und ... gekostet haben ... und* usw., od. (viell. besser) als App. (A70) dazu: *die ... erleuchtet worden sind, (das heißt) sowohl ... gekostet haben ... als auch ...* usw. (vgl. BDR §444,5). **δωρεά** *Gabe, Geschenk.* **ἐπ-ουράνιος**[11] *himmlisch;* δωρεὰ ἐπουράνιος *himmlische Gabe* (d.h. sie kommt vom Himmel [v. Gott] u. führt dorthin). **μέτ-οχος** (< μετέχω *Anteil haben*) *Anteil habend an,* m. gen. partitivus (A165); subst. ὁ μέτοχος *Teilhaber.* **γενηθέντας** Aor. Ptz.

5 Pass. (ohne Pass.-Bdtg.) γίνομαι, s. zu γευσαμένους. **5 θεοῦ ῥῆμα** (wohl wie ῥῆμα θεοῦ gebraucht) sowie **δυνάμεις ... αἰῶνος** auch ohne Art. best. (A106c/d). **μέλλοντος** Ptz. μέλλω, attr. *zukünftig, kommend.*

6 **6 παρα-πεσόντας** Aor. Ptz. -πίπτω[194] *abirren, verfehlen, sündigen, abfal-len;* s. zu γευσαμένους V. 4. **ἀνα-καινίζειν** Inf. -καινίζω (< καινός) *erneuern.* **μετά-νοια** V. 1; πάλιν ἀνακαινίζειν εἰς μετάνοιαν „wie-der zur Umkehr zu erneuern" = *erneut zur Umkehr zu bringen.* **ἀνα-σταυ-ροῦντας** Ptz. -σταυρόω *kreuzigen,* hier wohl (so auch alte Übersetzungen u. griech. Kirchenväter) *noch einmal kreuzigen;* kaus. **ἑαυτοῖς** dat. incommodi *zu ihrem Schaden* od. evtl. commodi *für ihre Person, für sich* (A173). **παρα-**

δειγματίζοντας Ptz. -δειγματίζω (< δείκνυμι zeigen) *öffentlich bloß-stellen, zum Gespött machen, an den Pranger stellen;* kaus. **7 πιοῦσα** Aor. Ptz.   7
Fem. πίνω, attr. **ἐρχόμενον** Ptz. ἔρχομαι, attr. **πολλάκις** (< πολύς)
oft. **ὑετός** *Regen.* **τίκτουσα** Ptz. Fem. τίκτω *gebären;* bildl. *hervorbringen;*
attr. **βοτάνη** (< βόσκω weiden) *Futterkraut, Gewächs, Gemüse.* **εὔ-θε-**
τος[11] (< τίθημι) *passend, nützlich.* **ἐκείνοις** dat. commodi (A173). **δι᾽**
οὖς καί καί hier pleon. (A311,8). **γεωργεῖται** Pass. γεωργέω
(< γεωργός Bauer) *das Land bestellen, anbauen.* **μετα-λαμβάνω** *seinen*
Anteil erhalten an, m. gen. partitivus (A165); *erhalten, erlangen.* **εὐ-λογία**
(das) Segnen; Segen(sgut/gabe). **8 ἐκ-φέρουσα** Ptz. Fem. -φέρω *hinaustra-*   8
gen; übertr. *hervorbringen;* kond. **ἄκανθα** *Dornengewächs* (v. stachligen Pflan-
zen, bes. v. der als Unkraut wuchernden Ononis spinosa, Hauhechel, im Ggs. zu
Nutzpflanzen). **τρί-βολος** stacheliges Unkraut, bes. *Distel.* **ἀ-δόκιμος**[11]
die Probe nicht bestehend, unbrauchbar. **κατ-άρα** (Gen. Sg.) *Fluch* (Tätigkeit
od. Inhalt). **ἐγγύς** uneig. Präp. (A183) *nahe;* κατάρας ἐγγύς *ist dem Fluch*
nahe, ist vom Fluch bedroht. **ἧς** BW wahrscheinl. γῆ, evtl. κατάρα. **καῦ-**
σις[8] (< καίω[10] verbrennen) *(das) Verbrennen, Vernichtung durch Feuer;* ἧς
τὸ τέλος εἰς καῦσιν *dessen Ende in die Verbrennung (führt)* bzw. (εἰς für
Präd.-Nominativ, A81) *dessen Ende die Verbrennung (ist) = an dessen Ende die*
Verbrennung steht (vgl. B).
    9 πε-πείσμεθα Pf. Pass. πείθω; πέπεισμαί τι περί τινος *von*   9
etwas in bezug auf jmdn. überzeugt sein. **κρείττων/κρείσσων**[11] ον (Komp.
zu ἀγαθός) *besser, nützlicher, vorteilhafter.* **ἐχόμενα** Ptz. Med. ἔχω, hier
Med. m. Gen. *gehören zu, verbunden sein mit* (B III1); subst.; πεπείσμεθα
περὶ ὑμῶν τὰ κρείσσονα καὶ ἐχόμενα σωτηρίας *wir sind in bezug auf*
euch überzeugt von dem Besseren/Vorteilhafteren und zum Heil Gehörenden = wir
sind überzeugt, daß es mit euch besser/vorteilhafter steht und ihr auf dem Weg des
Heils seid. **εἰ καί** *auch wenn* (konz., A350). **10 ἄ-δικος**[11] *ungerecht.* **ἐπι-**   10
λαθέσθαι Aor. Inf. Med. -λανθάνομαι[154] *vergessen* (m. Gen.); kons. (ohne
ὥστε, A278) *(so) daß er vergessen würde.* **ἧς** für ἥν Attraktion des Rel.-Pron.
(A360). **ἐν-ε-δείξασθε** Aor. Med. -δείκνυμαι[212] *zeigen, beweisen, erwei-*
sen. **εἰς τὸ ὄνομα αὐτοῦ** *seinem Namen* (d.h. ihm) *gegenüber.* **διακο-**
νήσαντες Aor. Ptz. διακονέω *(be)dienen, helfen, unterstützen;* mod. **δια-**
κονοῦντες Präs. Ptz. **11 ἐπι-θυμέω** *begehren, verlangen, wünschen,* m.   11
flgd. AcI. **ἕκαστον** Subj. des AcI. **ἐν-δείκνυσθαι** Inf.; Präd. des AcI
(A273). **σπουδή** (< σπεύδω sich beeilen) *Eile; Eifer;* zur Wortstellung vgl.
H-S §292c. **πληρο-φορία** *(feste) Überzeugung, (völlige) Gewißheit;* hier viell.
Fülle (B); σπουδὴν πρὸς τὴν πληροφορίαν τῆς ἐλπίδος *Eifer im Blick*
auf die völlige Gewißheit (bezüglich) der Hoffnung (d.h. des Erhofften bzw. Hoff-
nungsguts [gen. obi., A158]) od. *Eifer im Blick auf die Fülle* (viell. *völlige Entfal-*
tung) der Hoffnung (vgl. EWNT 3, Sp. 255). **ἄχρι τέλους** *bis zum Ende.*

12 **12 νωθρός** *träge, faul.* **γένησθε** Aor. Konj. Med. γίνομαι. **μιμητής**[1] *Nachahmer.* **μακρο-θυμία** *Geduld, Ausdauer; Langmut.* **κληρο-νομούντων** Ptz. -νομέω (< κληρονόμος Erbe, Besitzer) *erben; als Anteil/Besitz erhalten;* subst. *die, die (jeweils) als Besitz erhalten* bzw. (A285) *erhalten haben* (z.B. Abraham, vgl. V. 13ff). **ἐπ-αγγελία** hier wohl *(das) Verheißene.*

13 **13 ἐπ-αγγειλάμενος** Aor. Ptz. Med. -αγγέλλομαι[111] *versprechen, verheißen;* temp. **ἐπεί** (A338) *weil, da ja, denn.* **κατά** m. Gen. hier *bei* (im Zusammenhang m. Schwüren, vgl. H-S §252,33). **εἶχεν** Ipf. ἔχω hier *die Möglichkeit haben, können* (B I6a). **ὀμόσαι** Aor. Inf. ὀμνύω[220] *schwören, einen*

14 *Schwur ablegen.* **ὤμοσεν** Aor. Ind. **14 εἰ** (εἶ) **μήν** (klass. ἦ μήν) Schwurformel: *wahrhaftig.* **εὐ-λογῶν** Ptz. -λογέω. **εὐ-λογήσω** Fut. **πληθύνων** Ptz. πληθύνω (vgl. A33[132ff]) *vermehren;* εὐλογῶν εὐλογήσω σε καὶ πληθύνων πληθυνῶ σε Partizipien stehen für den hebr. infinitivus absolutus u. intensivieren den Verbinhalt (A298; H-S §240), etwa: *ich werde dich reichlich segnen und dich* (d.h. deine Nachkommen) *überaus zahlreich*

15 *machen.* **πληθυνῶ** Fut. **15 οὕτως** *so,* d.h. auf diese eidl. Zusage hin. **μακρο-θυμήσας** Aor. Ptz. -θυμέω *geduldig/langmütig sein, geduldig auf etwas warten;* mod. **ἐπ-έ-τυχεν** Aor. ἐπι-τυγχάνω[156] m. Gen. *gelangen zu,*

16 *erlangen.* **ἐπ-αγγελία** V. 12. **16 αὐτοῖς** dat. commodi (A173) *ihnen, für sie.* **ἀντι-λογία** (< ἀντιλέγω sprechen gegen) *Widerspruch, Einwand.* **πέρας**[3] ατος τό (< πέρα jenseits) *Grenze; Ende;* Präd.-Nom. (A80). **βεβαίωσις**[8] *Bekräftigung;* καὶ πάσης αὐτοῖς ἀντιλογίας πέρας εἰς βεβαίωσιν ὁ ὅρκος *der Eid (dient) zur Bekräftigung (und ist) für sie das Ende*

17 *jedes Einwandes.* **ὅρκος** *Eid.* **17 ἐν ᾧ** hier kaus. (B ἐν IV6d; BDR §219[2]) *darum, deswegen.* **περισσότερον** Komp. v. περισσός *außergewöhnlich,* Ntr. Adv. (zu ἐπιδεῖξαι) hier *noch deutlicher* od. (Komp. für elativischen Superlativ, vgl. A118,2) *ganz besonders deutlich.* **βουλόμενος** Ptz. βούλομαι *wollen, wünschen;* kaus. **ἐπι-δεῖξαι** Aor. Inf. -δείκνυμι[212] *zeigen; dartun, erweisen.* **κληρο-νόμος** (< κλῆρος Los; Anteil + νέμομαι besitzen) *(der) Erbe, Besitzer.* **ἀ-μετά-θετος**[11] (< μετατίθημι anderswohin bringen; ändern) *unabänderlich, unwandelbar;* subst. τὸ ἀμετάθετον *Unabänderlichkeit, Unwandelbarkeit.* **βουλή** *Absicht, Beschluß, Ratschluß, Plan.* **ἐ-μεσίτευσεν** Aor. μεσιτεύω (< μεσίτης [Ver-]Mittler) *vermit-*

18 *teln, sich verbürgen;* ὅρκῳ dat. instr. (A176) *mit einem Eid.* **18 πρᾶγμα**[3] *Ereignis, Tatsache.* **ἐν οἷς** *bei denen.* **ἀ-δύνατος**[11] V. 4., hier m. flgd. AcI (A270). **ψεύσασθαι** Aor. Inf. Med. ψεύδομαι[90] *lügen, belügen;* Präd. des AcI. **ἰσχυρός** (< ἰσχύω stark sein) *stark, kräftig.* **παρά-κλησις**[8] *Ermahnung, Ermutigung; Trost, Zuspruch.* **ἔχωμεν** Konj. ἔχω. **κατα-φυγόντες** Aor. Ptz. -φεύγω[72] *flüchten; seine Zuflucht nehmen;* attr. bzw. subst. (App. zum Subj., A303); eff. Aor. (A230); οἱ καταφυγόντες *die wir bei ihm Zuflucht gefunden haben.* **κρατῆσαι** Aor. Inf. κρατέω, fin. (A276).

προ-κειμένης Ptz. -κειμαι (A32) *(offen) vorhanden sein, vorliegen;* attr.
19 ἦν hier *diese/sie* (A364a). **ὡς** hier *als* (bez. eine wirkl. Eigenschaft, B III1a;   19
App. [vgl. A70; H-S §260i]). **ἄγκυρα** *Anker.* **ἀ-σφαλής**[7] (< σφάλλω zu
Fall bringen) *sicher.* **βέβαιος** *fest, dauerhaft, stark.* **εἰσ-ερχομένην** Ptz.
-έρχομαι, attr., hier wohl *der hineinreicht.* **ἐσώτερος** (Komp. zu ἔσω
hinein; inwendig) *(der, die, das) Innere;* hier Ntr. uneig. Präp. (A183) *innerhalb;*
τὸ ἐσώτερον τοῦ καταπετάσματος *das, was innerhalb des Vorhangs*
(= hinter dem Vorhang) *ist,* d.h. das Allerheiligste (der hintere Teil des Heilig-
tums; B). **κατα-πέτασμα**[3] *Vorhang.*   **20 πρό-δρομος** (< προτρέ-   20
χω[196] vorauslaufen) *Vorläufer, Wegbereiter.* **εἰσ-ῆλθεν** Aor. -έρχομαι. **τά-
ξις**[8] (< τάσσω einsetzen) *(festgesetzte) Reihenfolge, (Dienst-)Turnus; (rechte)
Ordnung; Klasse, Art, Weise, Beschaffenheit;* κατὰ τὴν τάξιν m. Gen. *nach der
Ordnung/Art des* = *wie* (7,15; vgl. B 4). **Μελχισέδεκ** 5,6, hier Gen. (H-S
§134b). **γενόμενος** Aor. Ptz. Med. γίνομαι, kaus. od. mod.

Μελχισέδεκ 5,6, Subj., dazugehöriges Präd. μένει (V. 3); das Dazwi-   **7**
schenstehende (βασιλεύς ... υἱῷ τοῦ θεοῦ) attr. bzw. appositionell. **Σα-
λήμ** ἡ indekl., hier Gen., *Salem* (Residenzort Melchisedeks, wohl Jerusalem
[vgl. Ps 76,3 sowie Etymologie]), (H-S §134b). **ἱερεύς**[8] (< ἱερός heilig) *Prie-
ster.* **ὕψιστος** *höchster, erhabenster.* **συν-αντήσας** Aor. Ptz. -αντάω *be-
gegnen;* attr. **Ἀβραάμ** indekl., hier Dat. (H-S §134b). **ὑπο-στρέφοντι**
Ptz. -στρέφω *zurückkehren;* temp. **κοπή** (< κόπτω [ab]schlagen) *(das) Zu-
sammenhauen, Unterwerfung, Sieg über.* **εὐ-λογήσας** Aor. Ptz. -λογέω, attr.
2 ᾧ καί καί hier wohl pleon. (A311,8). **δεκάτη**[19] *(der) Zehnte* (Abgabe   2
des zehnten Teils v. Ertrag an Gott bzw. dessen Priester). **ἐ-μέρισεν** Aor.
μερίζω (vgl. A33[91ff]) (< μέρος) *teilen, zuteilen.* **Ἀβραάμ** hier Nom.
ἑρμηνευόμενος Ptz. Pass. ἑρμηνεύω *übersetzen; erklären;* wohl subst.
ohne Art. (wie βασιλεύς u. ἱερεύς in V. 1) *einer, der/dessen Name
übersetzt/erklärt wird* als. **ἔπ-ειτα** *alsdann, hierauf;* πρῶτον μέν ... ἔπειτα
δέ καί *zunächst ... sodann aber auch* (Menge; vgl. B ἔπειτα 2b). **ὅ ἐστιν**
Formel (A93) *das heißt, das bedeutet* (B ὅς I7a).   **3 ἀ-πάτωρ**[6] ορος ὁ   3
(< πατήρ) *ohne (erwähnten) Vater.* **ἀ-μήτωρ**[6] ορος ὁ (< μήτηρ) *ohne
(erwähnte) Mutter.* **ἀ-γενεα-λόγητος**[11] (< γενεαλογέω die Abstam-
mung angeben) *ohne (aufgezeichneten) Stammbaum* (d.h. ohne eines der
grundlegenden Kennzeichen des levitischen Priestertums). **μή-τε** *und nicht;*
μήτε ... μήτε *weder ... noch.* **ἔχων** Ptz., wohl subst. ohne Art. (wie
ἑρμηνευόμενος, V. 2); μήτε ἀρχὴν ἡμερῶν μήτε ζωῆς τέλος ἔχων
einer, der (im biblischen Bericht) *weder Lebensanfang noch Lebensende hat* (d.h.
weder seine Geburt noch sein Tod werden erwähnt). **ἀφ-ωμοιωμένος** Pf.
Ptz. Pass. -ομοιόω *ähnlich/gleich machen;* Pass. *ähnlich/gleich werden* (Pf. *sein*);
par. zu ἔχων. **δι-ηνεκής**[7] eig. „hindurchreichend": *stetig, ununterbrochen,
beständig;* εἰς τὸ διηνεκές *für immer.*

4   **4 θεωρεῖτε** Imp. θεωρέω. **πηλίκος**[18] *wie groß/bedeutend?* **δεκάτη**
V. 2. **Ἀβραάμ** V. 1, hier Nom. **ἔ-δωκεν** Aor. δίδωμι. **ἀκρο-θίνιον**
(< ἄκρος oberster + θίς Haufen; eig. „das Oberste vom Haufen") *Erstlingsga-*
be (gewöhnl. v. besten Teil der Beute, die für Gott best. ist), aber wohl auch
Beute. **πατρι-άρχης**[1] (< πατριά Geschlecht + ἄρχω) *Stammvater;* App.
5   (A70). **5 οἱ μέν ... ὁ δέ** (V. 6) *die zwar, die ... jener aber* (A102). **Λευίς** u.
Λευί (hier Gen.; H-S §26d; BDR §55e) *Levi,* Sohn Jakobs, Stammvater der le-
vitischen Priester. **ἱερατεία** *Priesteramt, Priesterdienst.* **λαμβάνοντες**
Ptz. λαμβάνω, subst. **ἀπο-δεκατοῦν** Inf. -δεκατόω *den Zehnten geben;*
den Zehnten nehmen (von [jmdm.] m. Akk.); Attr. zu ἐντολήν (A67; 74).
τοῦτ᾽ ἔστιν Formel (A93) *das heißt, nämlich.* **καί-περ** *obwohl.* **ἐξ-ελη-**
λυθότας Pf. Ptz. -έρχομαι, konz. (s. καίπερ). **ὀσφῦς**[8] ύος ἡ *Hüfte;*
Lende (als Ausgangsort der Zeugung); ἐξέρχομαι ἐκ τῆς ὀσφύος τινός
6   *von jmdm. abstammen.* **Ἀβραάμ** hier Gen. **6 γενεα-λογούμενος** Ptz.
-λογέομαι (< γενεά + λέγω) *seine Abstammung herleiten, abstammen;*
konz. **δε-δεκάτωκεν** Pf. δεκατόω *den Zehnten nehmen (von* [jmdm.] m.
Akk.); Pass. *den Zehnten geben.* **Ἀβραάμ** hier Akk. **ἔχοντα** Ptz. ἔχω,
7   subst. **εὐ-λόγηκεν** Pf. -λογέω. **7 ἀντι-λογία** (< ἀντιλέγω *sprechen*
gegen) *Widerspruch, Einwand;* χωρὶς πάσης ἀντιλογίας *ohne jeden Ein-*
wand = es läßt sich nicht bestreiten, daß. **ἐλάσσων/ἐλάττων**[11] ον (Komp.
zu μικρός) *geringer; weniger;* τὸ ἔλαττον „das Geringere" = *der Geringere*
(Ntr. statt Mask., da Eigenschaft im Vordergrund steht [BDR §138,1]). **κρείτ-**
των/κρείσσων[11] ον (Komp. zu ἀγαθός) *besser, hervorragender, vorzügli-*
8   *cher, höherstehend.* **εὐ-λογεῖται** Pass. -λογέω. **8 ὧδε μέν ... ἐκεῖ δέ**
im einen Fall (die levitischen Priester) *... im anderen Fall* (Melchisedek) (B ὧδε
2b). **ἀπο-θνῄσκοντες** Ptz. -θνῄσκω, attr., iter. *(jeweils) sterbende* (d.h.
sterbl.) Menschen (A226). **μαρτυρούμενος** Ptz. Pass. μαρτυρέω, subst.
ohne Art.; μαρτυρούμενος ὅτι ζῇ *einer, von dem bezeugt wird, daß er lebt.*
9   **9 ἔπος**[7] *Wort.* **εἰπεῖν** Aor. Inf. λέγω; ὡς ἔπος εἰπεῖν *sozusagen, gewis-*
sermaßen (formelhafter [„absoluter"] Inf., H-S §213c). **δι᾽ Ἀβραάμ** *durch*
Abraham (hier Gen., H-S §134b). **καί** (zweites) *auch.* **λαμβάνων** Ptz.,
10   attr. **δε-δεκάτωται** Pf. Pass. V. 6. **10 ἦν** Ipf. εἰμί. **συν-ήντησεν**
Aor. -αντάω *begegnen; geschehen.* **Μελχισέδεκ** 5,6, hier Nom.
11   **11 εἰ μὲν οὖν** *wenn nun* (fortführend, B μέν 2e; BDR §451[3]); εἰ μὲν
οὖν τελείωσις ... ἦν ... τίς ἔτι χρεία (erg. ἂν ἦν; vgl. 1Kor 12,19; 15,32;
A345, evtl. auch A239; vgl. BDR §360[2]) irrealer Fall *wenn nun Vollendung ... (er-*
reicht worden/zu erreichen gewesen) wäre, welches Bedürfnis hätte dann noch be-
standen. **τελείωσις**[8] *Vollendung.* **Λευιτικός** (< Λευίτης Levit) *levi-*
tisch. **ἱερωσύνη** (< ἱερός *heilig*) *Priestertum, -amt, -würde.* **ὁ λαός ... νε-**
νομοθέτηται Parenthese (A374). **ἐπ᾽ αὐτῆς** *auf dessen* (des levitischen
Priestertums) *Grundlage* (B ἐπί I1bβ), evtl. (so in Verbindung m. νομοθετέω

bei Philo gebraucht [Lane, Hb I, S. 174 Anm. b]) *diesbezüglich, darüber.* **νε-νο-μο-θέτηται** Pf. Pass. -θετέω (< νόμος + τίθημι) *Gesetze geben;* Pass. *Gesetze empfangen.* **χρεία** m. flgd. AcI im Sinn eines dat. commodi (A272). **τά-ξις**[8] (< τάσσω einsetzen) *(festgesetzte) Reihenfolge, (Dienst-)Turnus; (rechte) Ordnung; Klasse, Art, Weise, Beschaffenheit;* κατὰ τὴν τάξιν m. Gen. *nach der Ordnung/Art des* = *wie* (V. 15; vgl. B 4). **ἀν-ίστασθαι** Inf. Med. -ίστημι/ίσταμαι, Präd. des AcI, ἕτερον ἀνίστασθαι ἱερέα *daß ein anderer Priester ... auftrat* (B 2c) (evtl. Pass. *daß ein anderer Priester eingesetzt* [wörtl. zum Auftreten gebracht] ... *wurde).* **ἱερεύς** V. 1. **ʼΑαρών** 5,4, hier Gen. **λέγε-σθαι** Inf. Pass. λέγω hier *benennen;* par. zu ἀνίστασθαι. **12** **μετα-τιθε-μένης** Ptz. Pass. -τίθημι *anderswohin bringen; ändern, verwandeln;* gen. abs. (A288), temp. *wenn geändert wird.* **ἀνάγκη** *Not; Notwendigkeit; Zwang;* ἐξ ἀνάγκης *notwendigerweise.* **μετά-θεσις**[8] (< μετατίθημι) *Versetzung* (an einen anderen Ort); *Änderung, Umwandlung.* **13** **ἐφ᾽ ὅν** = οὗτος (A358) ἐφ᾽ ὅν *der, über den* (B ἐπί III1bζ). **λέγεται** Pass. λέγω. **φυλή** *(Volks-) Stamm; Volk.* **μετ-έ-σχηκεν** Pf. -έχω[189] m. gen. partitivus (A165) *Anteil haben an;* (Pf. dauernd [vgl. A242]) *gehören zu.* **προσ-έ-σχηκεν** Pf. -έχω[189] m. Dat. *den Sinn richten auf; sich befassen mit, sich etwas hingeben;* Pf. hier wohl stilistisch motiviert (Gleichklang m. μετέσχηκεν [Paronomasie, H-S §294d]; Lane, Hb I, S. 174f Anm. g) [Var. προσ-έ-σχεν Aor.]. **θυσιαστήριον** *Altar.* **14** **πρό-δηλος**[11] *allbekannt, offenkundig.* **ἀνα-τέ-ταλκεν** Pf. -τέλλω[114] (v. Sonne, Licht, Wolken) *aufgehen, aufgehen lassen;* (Herkunft) *hervorgehen.* **εἰς ἥν** = περὶ ἧς (BDR §207[3]; A191) *in bezug auf/über welchen Stamm.* **ἱερεύς** V. 1. **ἐ-λάλησεν** Aor. λαλέω. **15** **περισσότερον** Komp. v. περισσός *außergewöhnlich,* Ntr. Adv. *in größerem* bzw. (Komp. für elativischen Superlativ, vgl. A118,2) *höchstem Ausmaß.* **κατά-δηλος**[11] *sehr deutlich, ganz offenbar;* περισσότερον ἔτι κατάδηλόν ἐστιν *es* (d.h. das in V. 11ff Gesagte) *erweist sich als noch viel offenkundiger* od. *als vollends klar.* **εἰ** hier (fast = ὅτι, A346; B III) *wenn (demnach)* = *dadurch, daß* (Menge). **ὁμοιότης**[3] (< ὅμοιος) *Gleichheit, Gleichartigkeit, Ähnlichkeit;* κατὰ τὴν ὁμοιότητα Μελχισέδεκ ... ἱερεύς *ein Priester nach der Art des/wie Melchisedek* (vgl. 5,6). **ἀν-ίσταται** Med. -ίσταμαι. **16** **σάρκινος** (< σάρξ) *menschlich; fleischern, natürlich;* κατὰ νόμον ἐντολῆς σαρκίνης *auf Grund einer Gesetzesbestimmung, die die leibliche Abstammung betrifft* od. *auf Grund von Gesetzesbestimmungen, die menschliche/vergängliche Dinge betreffen* od. *eines Gesetzes mit menschlichen/vergänglichen Bestimmungen.* **γέ-γονεν** Pf. γίνομαι, Pf. fast = εἰμί (A242). **ἀ-κατά-λυτος**[11] (< καταλύω auflösen, zerstören) *unzerstörbar* (= *ewig).* **17** **μαρτυρεῖται** Pass. μαρτυρέω, persönl. Pass. eines intr. Verbs (A214) *über ihn/von ihm wird bezeugt.* **ὅτι** recitativum = Doppelpunkt (A333). **18** **ἀ-θέτησις**[8] (< ἀθετέω verwerfen) *Ungültigkeits-erklärung* (juristischer term. tech.); *Aufhebung, Beseitigung.* **μέν ... δέ** (V. 19)

einerseits ... andererseits. **προ-αγούσης** Ptz. Fem. -άγω (örtl. od. zeitl.) *vorausgehen, vorangehen;* attr. *eine frühere/eine bis dahin gültige* Bestimmung.
ἀ-σθενής[7] *kraftlos, schwach;* τὸ ἀσθενές *Schwäche, Wirkungslosigkeit, Unwirksamkeit.* **ἀν-ωφελής**[7] (< ὄφελος Nutzen) *nutzlos, schädlich;* τὸ ἀνω-

19 φελές *Nutzlosigkeit.* **19 οὐδέν ... ὁ νόμος** Parenthese (A374). **ἐ-τε-λείωσεν** Aor. τελειόω (< τέλειος vollendet, vollkommen) *vollenden; ans Ziel führen; zur Vollendung* bzw. *Vollkommenheit führen.* **ἐπ-εισ-αγωγή** *Einführung;* zweites Subj. zu γίνεται V. 18. **κρείττων** V. 7.

20 **20 καθ᾽ ὅσον ... κατὰ τοσοῦτο** (V. 22) *insofern/wie ... in dem Maße.*
ὀρκ-ωμοσία (< ὅρκος Eid + ὀμνύω schwören) *Eid, Schwur;* καθ᾽ ὅσον οὐ χωρὶς ὀρκωμοσίας (erg. etwa γέγονεν [Pf. γίνομαι]) *insofern/wie es* (d.h. die Priestereinsetzung Jesu) *nicht ohne Eid geschehen ist.* **οἱ μέν ... ὁ δέ** V. 5; v. hier bis Ende v. V. 21 Parenthese (A374). **ἱερεύς**[8] V. 1. **γε-γονό-**

21 **τες** Pf. Ptz. γίνομαι; εἰσὶν γεγονότες umschrieb. Pf. (A249). **21 λέ-γοντος** Ptz. λέγω, subst. **ὤμοσεν** Aor. ὀμνύω[220] *schwören, einen Schwur ablegen.* **κύριος** hier (AT-Zitat) ohne Art. *Herr* = Jahwe (A107). **μετα-μεληθήσεται** Fut. Pass. (ohne Pass.-Bdtg.) -μέλομαι[181] *Reue empfinden,*

22 *bereuen.* **22 τοσοῦτος**[18] (A352) *so groß, so lang; so viel;* κατὰ τοσοῦτο V. 20. **κρείττων** V. 7. **δια-θήκη** *Testament;* im NT meist: *Heilsverfügung, -setzung, Bund.* **γέ-γονεν** Pf. γίνομαι, Pf. fast = εἰμί (A242). **ἔγγυος**

23 *Bürge* bzw. (GN) *einer, der* (für etwas) *Gewähr leistet.* **23 οἱ μέν ... ὁ δέ** V. 5. **πλείονες** hier *in größerer Anzahl* (B πολύς III1a). **εἰσὶν γεγονότες** V. 20. **διὰ τό** m. Inf. kaus. (A282). **κωλύεσθαι** Inf. Pass. κωλύω *hindern, abhalten* (etwas zu tun: Inf.); διὰ τὸ θανάτῳ κωλύεσθαι *weil (sie) jeweils durch (den) Tod* (A176) *gehindert wurden* (iter. Vergangenheitsbdtg., A223).
παρα-μένειν Inf. -μένω *bleiben, ausharren bei;* (Tätigkeiten) *fortsetzen.*

24 **24 μένειν** Inf.; διὰ τὸ μένειν αὐτόν *weil er bleibt.* **ἀ-παρά-βατος**[11] *unverletzlich, unvergänglich, unwandelbar* (wohl nicht: *nicht* [auf einen anderen] *übergehend);* Obj.-Präd. zu τὴν ἱερωσύνην *er hat das Priestertum als ein unvergängliches* = *er hat ein Priestertum, das unvergänglich ist* (A49; 112). **ἱερω-**

25 **σύνη** V. 11. **25 ὅθεν**[18] *woher; woraus, weshalb* bzw. (vgl. A364a) *deshalb;* ὅθεν καί ... δύναται *daher kann er auch* (B καί II4). **σῴζειν** Inf. **παν-τελής**[7] (< πᾶς + τέλος) *vollkommen, völlig;* εἰς τὸ παντελές *vollkommen, völlig* od. *für immer.* **προσ-ερχομένους** Ptz. -έρχομαι, subst. **ζῶν** Ptz. ζάω, kaus. **εἰς τό** m. Inf. fin. (A282). **ἐν-τυγχάνειν** Inf. -τυγχάνω *zusammentreffen mit, sich wenden an; eintreten für.*

26 **26 καί** (erstes) *auch,* hier *in der Tat.* **ἔ-πρεπεν** Ipf. πρέπω *sich ziemen, angemessen sein* τινί *für jmdn.;* hier *nötig sein.* **ὅσιος** *heilig; gottgefällig, fromm.* **ἄ-κακος**[11] *arglos; ohne Falsch.* **ἀ-μίαντος**[11] (< μιαίνω besudeln, beflecken) *unbefleckt, rein* (rituell od. sittl.). **κε-χωρισμένος** Pf. Ptz. Pass. χωρίζω (vgl. A33[91ff]) *absondern, trennen;* attr.; κεχωρισμένος ἀπό

τῶν ἁμαρτωλῶν *abgesondert von den Sündern* (wohl vom erhöhten Herrn; evtl. *von den Sündern unterschieden,* d.h. nicht zu ihnen zählend, kein Sünder seiend). ὑψηλότερος Komp. v. ὑψηλός *hoch; erhaben.* τῶν οὐρανῶν gen. comparationis (A168). γενόμενος Aor. Ptz. Med. γίνομαι; attr.; ὑψηλότερος τῶν οὐρανῶν γενόμενος *der über die Himmel erhaben/erhöht worden ist.* 27 καθ᾽ ἡμέραν *täglich, Tag für Tag* (A195). ἀνάγκη *Not; Notwendigkeit; Zwang;* m. flgd. Inf. im Sinn eines dat. commodi (A272). ὥσ-περ (A352) *geradeso wie, gleichwie.* πρότερος *früherer;* Ntr. als Adv. *früher;* πρότερον ... ἔπειτα (B 1bα) *zuerst ... sodann.* θυσία *(Schlacht-)Opfer.* ἀνα-φέρειν Inf. -φέρω *hinaufführen; hinauftragen;* term. tech. (Opfer) *darbringen.* ἔπ-ειτα *sodann, hierauf.* τῶν (s. ὑπέρ) τοῦ λαοῦ *für die des Volkes.* ἐ-ποίησεν Aor. ποιέω. ἐφ-άπαξ[19] *ein für allemal.* ἀν-ενέγκας Aor. Ptz. ἀνα-φέρω, mod.; ἑαυτὸν ἀνενέγκας *indem/dadurch, daß er sich selbst als Opfer darbrachte* [Var. προσ-ενέγκας Aor. Ptz. -φέρω *herbeibringen;* (Opfer) *darbringen].* 28 καθ-ίστημι *hinstellen, hinbringen;* m. doppeltem 28 Akk. *jmdn. als etwas einsetzen, jmdn. zu etwas bestellen* (A97,15). ἔχοντας Ptz. ἔχω, attr. ἀ-σθένεια *Schwäche* (verschiedenster Art). ὁρκ-ωμοσία V. 20; ἡ ὁρκωμοσίας ἡ μετὰ τὸν νόμον *der Eid, der nach dem/später als das Gesetz kam.* υἱόν erg. κατέστησεν (Aor. καθίστημι) *setzte einen Sohn* (viell. *einen, der Sohn ist* [vgl. 1,2] od. *den Sohn) ein.* τε-τελειωμένον Pf. Ptz. Pass. τελειόω V. 19; attr.

κεφάλαιον (< κεφαλή) *Hauptsache, Gesamtergebnis.* ἐπί m. Dat. **8** hier *zu* (B II1bβ) = *bei* bzw. als Gen. zu berücksichtigen. λεγομένοις Ptz. Pass. Ntr. λέγω, subst.; κεφάλαιον ἐπὶ τοῖς λεγομένοις (erg. ἐστίν) ... *(die) Hauptsache des (hier) Gesagten ist:* ... ἐ-κάθισεν Aor. καθίζω. με-γαλωσύνη (< μέγας) *Erhabenheit, Majestät* (hier wie 1,3 als Gottesbezeichnung). 2 τὰ ἅγια *das Heiligtum;* hier wohl *das Allerheiligste* (der hin- 2 tere Teil des Heiligtums) od. viell. m. σκηνή gleichzusetzen (dann καί epexegetisch *und zwar, nämlich;* A311,7). λειτουργός (< λαός + ἔργον; klass. *Staatsdiener) Diener.* σκηνή *Zelt; Stiftshütte* (Zeltheiligtum Israels in der Wüste). ἀληθινός *wirklich; wahr; echt.* ἔ-πηξεν Aor. πήγνυμι[216] *errichten.* 3 εἰς τό m. Inf. fin. (A282). προσ-φέρειν Inf. δῶρον *Geschenk,* 3 *Gabe; Opfergabe.* θυσία *(Schlacht-)Opfer.* καθ-ίσταται Pass. -ίστημι *hinstellen, hinbringen; einsetzen.* ὅθεν[18] *woher; woraus, weshalb* bzw. (vgl. A364a) *deshalb.* ἀναγκαῖος *notwendig, nötig;* Ntr. m. od. ohne ἐστίν/ἦν *es ist/war nötig,* m. flgd. AcI. ἔχειν Inf., Präd. des AcI; ὅθεν ἀναγκαῖον ἔχειν τι καὶ τοῦτον *daher muß/mußte auch dieser etwas haben.* προσ-ενέγκῃ Aor. Konj. -φέρω, deliberativer Konj. (A255); ἔχειν τι ... ὃ προσενέγκῃ *etwas haben, was er darbringen kann/konnte* (der Modus des Rel.-Satzes ὃ προσενέγκῃ entspricht dem diesem zu Grunde liegenden Fragesatz τί προσενέγκω; *was soll ich darbringen?* [im übrigen vgl. BDR §368[5] u. 379[2]]).

4 **4 μὲν οὖν** wenn *nun* (fortführend, B μέν 2e). **ἦν** Ipf. εἰμί; εἰ ... ἦν ...
οὐδ' ἂν ἦν irrealer Fall (A345) *wenn er ... wäre, wäre er nicht einmal.* **ὄντων**
Ptz. εἰμί, gen. abs. (A288), kaus.; **ὄντων τῶν προσφερόντων** ... τὰ δῶρα
da es (hier) ja (schon) die (Priester) *gibt, die ... die (vorgeschriebenen) Gaben dar-*
bringen. **προσ-φερόντων** Ptz. -φέρω, subst. **κατὰ νόμον** *auch ohne*
5 *Art. best.* (A106a). **5 οἵτινες** = οἵ (A133). **ὑπό-δειγμα**³ (< ὑποδείκ-
νυμι zeigen) *Beispiel; Abbild.* **σκιά** *Schatten; Schattenbild* (im Ggs. zur Wirk-
lichkeit). **λατρεύω** (Gott) *dienen, verehren; den Dienst versehen (an* [jmdm./
etwas] m. Dat.) (B). **ἐπ-ουράνιος**¹¹ *himmlisch;* τὰ ἐπουράνια *die himm-*
lischen Dinge bzw. das, was im Himmel ist, viell. *das himmlische Heiligtum.* **κε-**
χρημάτισται Pf. Pass. χρηματίζω (vgl. A33⁹¹ᶠᶠ) (v. Gott) *eine Weisung*
erteilen; Pass. (v. Gott) *eine Weisung/Offenbarung empfangen;* καθὼς Μωϋσῆς
κεχρημάτισται *entsprechend der (göttlichen) Weisung, die Mose erhielt.* **μέλ-**
λων Ptz., temp. *als er daranging od. als er ... wollte* (B 1cγ). **ἐπι-τελεῖν** Inf.
-τελέω *vollenden; verwirklichen; herstellen, errichten.* **ὅρα** Imp. ὁράω *hier zu-*
sehen, auf etwas achten; asyndetisch (A38) *gefolgt v. imp. gebrauchtem Fut.*
(B 2bα; vgl. ähnl. A256). **φησίν** *sagt(e) (Gott)* (hist. Präs. [A235]; Subj.
impliziert [A75]); *Parenthese* (BDR §465⁵; A374). **ποιήσεις** Fut. ποιέω,
mod. Fut. (A247); ὅρα ... ποιήσεις *sieh zu ... du mußt ausführen, sieh zu/achte*
darauf, daß du ... ausführst. **τύπος** *sichtbarer Eindruck; Abbild; Vorbild, Typus*
(Gegenbild eines in der Zukunft Kommenden). **δειχθέντα** Aor. Ptz. Pass.
6 δείκνυμι²¹² *zeigen;* attr. **ἐν τῷ ὄρει** *auf* (B ἐν I1b) *dem Berg.* **6 νυνὶ δέ**
nun aber, führt nach dem Irrealis die Wirklichkeit ein (B νυνί 2b). **δια-**
φορώτερος Komp. v. διά-φορος¹¹ *verschieden, verschiedenartig; ausgezeich-*
net, vorzüglich. **τέ-τυχεν** Pf. τυγχάνω¹⁵⁶ m. Gen. *erlangen.* **λειτουργία**
(< λειτουργός *Diener*) (kultisch-geistl.) *Dienst; Gottesdienst.* **ὅσῳ** (= το-
σούτῳ ... ὅσῳ [vgl. A358f]) *in dem Maße/um so viel ... wie* (dat. differentiae,
A117). **κρείττων/κρείσσων**¹¹ ον (Komp. zu ἀγαθός) *besser, hervorra-*
gender, vorzüglicher, höherstehend. **δια-θήκη** *Testament;* im NT meist: *Heils-*
verfügung, -setzung, Bund. **μεσίτης**¹ *(Ver-)Mittler;* sachl. wohl = ἔγγυος
Bürge, Garant (EWNT 2, Sp. 1012); διαφορωτέρας τέτυχεν λειτουργίας,
ὅσῳ καὶ κρείττονός ἐστιν διαθήκης μεσίτης *er hat einen um so viel*
vortrefflicheren (Priester-)Dienst empfangen, wie er auch Mittler/Garant eines vor-
züglicheren Bundes ist (= *wie der Bund, dessen Mittler/Garant er ist, vortrefflicher*
ist). **ἥτις** *hier wohl qualitativ bzw. kaus. insofern/da er* (A132; 368). **ἐπί** m.
Dat. *auf Grund von* (B II1bγ). **νε-νομο-θέτηται** Pf. Pass. -θετέω
(< νόμος + τίθημι) *Gesetze geben;* Pass. *hier durch Gesetz eingeführt/begrün-*
det werden; Pf. *er ist gesetzlich festgelegt worden* (u. ist jetzt rechtskräftig, A231).
7 **7 ἦν** Ipf. εἰμί; εἰ ... ἐκείνη ἦν ... οὐκ ἄν ... ἐζητεῖτο irrealer Fall
(A345) *wenn jener* (näml. διαθήκη) ... *gewesen wäre, wäre nicht ... gesucht wor-*
den. **ἄ-μεμπτος**¹¹ (< μέμφομαι *tadeln*) *ohne Tadel, untadelig, tadellos.*

ἐ-ζητεῖτο Ipf. Pass. ζητέω, wohl pass. divinum (A76b). **τόπος** hier *Gelegenheit* bzw. *Wirkungsraum* (EWNT 3, Sp. 878); οὐκ ἂν δευτέρας ἐζητεῖτο τόπος gen. pertinentiae (A152) *es wäre nicht nach einer Gelegenheit/einem Wirkungsraum für einen zweiten (Bund) gesucht worden* (d.h. es wäre kein zweiter nötig gewesen). **8 μεμφόμενος** Ptz. μέμφομαι *tadeln;* mod. **αὐτούς** 8 *sie,* d.h. das Volk Israel. **κύριος** hier (AT-Zitat) ohne Art. *Herr* = Jahwe (A107). **καί** (erstes) hier *da* (zwischen Zeitbestimmung u. dem davon best. Verbalsatz; B I2c; vgl. A311,2). **συν-τελέσω** Fut. -τελέω[27] *vollenden; ausführen,* (Versprechen o.ä.) *erfüllen, herstellen;* διαθήκην συντελέω ἐπί τινα mit jmdm. *einen Bund schließen, an jmdm. eine neue Heilsverfügung zum Vollzug bringen* (viell. LXX-Verb διατίθεμαι bewußt ersetzt, um Endgültigkeit des Bundes zu unterstreichen [ZG]). **οἶκος** hier *Haus = Nachkommen, Geschlecht* (B 3). **Ἰσραήλ** hier Gen. (H-S §134b). **δια-θήκη** V. 6. **9 οὐ** 9 **κατὰ τὴν διαθήκην ἥν** *nicht entsprechend dem Bund, den (ich) = nicht einen Bund, wie (ich) ihn.* **ἐ-ποίησα** Aor. ποιέω. **τοῖς πατράσιν αὐτῶν** wohl dat. sociativus (A179) *mit ihren Vätern* od. dann dat. commodi (A173) *für ihre Väter.* **ἐν ἡμέρᾳ** *an dem Tag* (auch ohne Art. best., A106c) = *in der Zeit* (B ἡμέρα 4a). **ἐπι-λαβομένου** Aor. Ptz. -λαμβάνομαι m. Gen. *sich halten an, ergreifen;* gen. abs. (A288), temp.; ἐν ἡμέρᾳ ἐπιλαβομένου μου eigentüml. Verbindung (BDR §423[10]; Inf. od. NS erwartet, z.B. ἐν ἡμέρᾳ τοῦ ἐπιλαβέσθαι με [vgl. A281; Lk 1,57; 2,6] od. ἐν ἡμέρᾳ ᾗ ἐπελαβόμην [vgl. 2Sam 21,12 LXX]) *in der Zeit, als ich ergriff.* **ἐξ-αγαγεῖν** Aor. Inf. -άγω[59] *hinaus-, herausführen;* fin. (A276). **Αἴγυπτος** ἡ *Ägypten* hier Hebr. (ohne Art.); γῆ Αἰγύπτου *Land Ägypten* (BDR §261[8]; A106c, 108). **ὅτι** begründet Notwendigkeit eines neuen Bundes. **ἐν-έ-μειναν** Aor. ἐμ-μένω[117] m. Dat. *bleiben in; bleiben bei, festhalten an;* hier m. ἐν (BDR §202[3]; B 2). **ἠμέλησα** Aor. ἀ-μελέω m. Gen. *sich nicht kümmern um, vernachlässigen, unbeachtet lassen.* **10 αὕτη** erg. ἐστίν. **δια-θήσο-** 10 **μαι** Fut. Med. -τίθεμαι[200] *verfügen, anordnen, bestimmen, erlassen* bzw. *(einen Bund) schließen.* **τῷ οἴκῳ** dat. commodi (A173) *für das „Haus"* (verfügen) bzw. dat. sociativus (A179) *mit dem „Haus"* (schließen) (V. 8). **μετὰ τὰς ἡμέρας ἐκείνας** *nach jener/dieser Zeit,* d.h. wohl, wenn die Zeit des Nicht-mehr-um-sie-Kümmerns (V. 9) vorüber ist. **διδούς** Ptz. δίδωμι, hier wohl = δώσω (vgl. A293; LXX διδοὺς δώσω) *ich werde legen* (Hebr.). **διά-νοια** *Verstand, Vernunft; Gesinnung, Sinn; Denken, Gedanke.* **ἐπι-γράψω** Fut. -γράφω[42] *daraufschreiben; hineinschreiben* [Var. γράψω Fut. γράφω]. **ἔσομαι, ἔσονται** Fut. εἰμί. **αὐτοῖς** dat. commodi (A173f) *für sie, ihr.* **εἰς θεόν, εἰς λαόν** für Präd.-Nominativ (Hebr., A81). **μοι** dat. commodi (A173f) *für mich, mein.* **11 οὐ μή** m. Aor. Konj. stärkste Verneinung zukünf- 11 tigen Geschehens (A257); οὐ ... ἕκαστος *keiner.* **διδάξωσιν** Aor. Konj. διδάσκω. **πολίτης**[1] (< πόλις) *Bürger,* hier *Mitbürger, Landsmann* (B 2).

γνῶθι Aor. Imp. γινώσκω. **εἰδήσουσιν** Fut. οἶδα (A27). **ἀπὸ μικροῦ ἕως μεγάλου αὐτῶν** *vom Kleinsten/Niedrigsten bis zum Größten unter ihnen* (Positiv superlativisch [A118]; auch ohne Art. best. [A106a];

12 αὐτῶν gen. partitivus [A164]). **12 ἵλεως** (= Mask./Fem.; Ntr.: ἵλεων; att. Dekl. [BDR §44,1]) *gnädig, huldvoll*, m. Dat. *gegenüber.* **ἀ-δικία** *Unrecht, Verfehlung; Ungerechtigkeit.* **μνησθῶ** Aor. Konj. Pass. (ohne Pass.-Bdtg.) μιμνήσκομαι[168] m. Gen. *sich erinnern; gedenken, denken an.* **ἔτι** neg. *nicht*

13 *mehr/länger.* **13 ἐν τῷ** m. Inf. mod. (A282). **λέγειν** Inf.; ἐν τῷ λέγειν καινήν *indem er* (näml. Gott) *von einem neuen (Bund) spricht.* **πε-παλαίω-κεν** Pf. παλαιόω (< παλαιός *alt*) *alt machen, für veraltet erklären;* Pass. *alt werden, veralten;* Pf. *er hat ihn für veraltet erklärt.* **παλαιούμενον** Ptz. Pass., subst. **γηράσκον** Ptz. γηράσκω (< γῆρας [hohes] Alter) *altern, alt werden, (alters)schwach werden;* subst. **ἐγγύς** uneig. Präp. (A183) *nahe.* **ἀ-φα-νισμός** *Vernichtung, Untergang, (das) Verschwinden;* ἐγγὺς ἀφανισμοῦ *(ist) dem* (A106a/b) *Verschwinden nahe* (dieses Verschwinden, aus atl. Sicht vorerst zukünftig, ist für den Hb bereits Wirklichkeit).

9   **εἶχε** Ipf. ἔχω. **μὲν οὖν** *nun* (fortführend, B μέν 2e); evtl. μέν ... δέ (V. 11) *(einerseits zwar) ... (andererseits) aber.* **ἡ πρώτη** *der erste (Bund).* **δι-καίωμα**[3] *Rechtssatzung, Rechtsforderung.* **λατρεία** *Gottesdienst, Gottesverehrung;* δικαιώματα λατρείας *Kultbestimmungen* (B), *gottesdienstliche (Rechts-)Ordnungen.* **τὸ ἅγιον** *das Heiligtum* (B 2αβ). **κοσμικός** *irdisch, weltlich;* εἶχε ... τό τε ἅγιον κοσμικόν (Obj.-Präd.) „hatte ... und das Heiligtum als ein irdisches" = *hatte ... und ein Heiligtum, das (allerdings) irdisch war*

2 (A49; 112). **2 σκηνή** *Zelt; Stiftshütte* (Zeltheiligtum Israels in der Wüste); die beiden Räume der Stiftshütte werden hier als zwei „Zelte" beschrieben. **κατ-ε-σκευάσθη** Aor. Pass. κατα-σκευάζω (vgl. A33[91ff]) *einrichten, ausstatten; errichten, bauen.* **ἡ πρώτη** hier *das vordere* (B 1d). **λυχνία** *Leuchter* (Ständer, an dem eine od. mehrere Lampen aufgehängt od. auf den sie gestellt wurden). **τράπεζα** *Tisch.* **πρό-θεσις**[8] *Aufstellung, Ausstellung, Schaustellung;* ἡ πρόθεσις τῶν ἄρτων wohl Metonymie, Abstraktum für das Konkrete (A381f; ähnl. 2Ch 13,11): „das Vor-(Gott)-Hinlegen/Auslegen der (bekannten) Brote" = *die Schaubrote* (d.h. Gott geweihte im Heiligtum [Stiftshütte/Tempel] befindl. Brote; LXX sonst οἱ ἄρτοι τῶν προθέσεως; B πρόθεσις 1: *der Schaubrottisch*). **ἥτις** = ἥ (A133). **λέγεται** Pass. λέ-

3 γω. **Ἅγια** Ntr. Pl. *das Heilige* (der vordere Teil des Heiligtums). **3 κατα-πέτασμα**[3] *Vorhang;* τὸ δεύτερον καταπέτασμα *der zweite Vorhang* (der erste Vorhang befand sich beim Eingang zum Heiligen, der zweite trennte dieses vom Allerheiligsten). **λεγομένη** Ptz. Pass., attr. (m. Art. nach einem unbest. BW, A303). **Ἅγια Ἁγίων** *das Allerheiligste* (der hintere Teil des

4 Heiligtums). **4 χρυσοῦς** (H-S §44c) *aus Gold, golden.* **ἔχουσα** (zweimal) Ptz. Fem. ἔχω, attr. od. im Sinn v. *mit* (A292). **θυμιατήριον** (< θυμιάω

Weihrauchopfer darbringen) *Rauchopferaltar, Räucheraltar* (nach anderen *Räucherpfanne*); der Rauchopferaltar befand sich zwar nicht im Allerheiligsten (u. ἔχουσα braucht hier nicht so gedeutet zu werden), stand im Kult aber in engster Verbindung m. der Bundeslade u. damit m. dem inneren Raum (Lev 16,12ff; vgl. neben Ex 30,6 auch 1Kön 6,22 Elb.). **κιβωτός** ἡ *Kasten, Kiste;* ἡ κιβωτὸς τῆς διαθήκης *die Bundeslade.* **δια-θήκη** *Testament;* im NT meist: *Heilsverfügung, -setzung, Bund.* **περι-κε-καλυμμένην** Pf. Ptz. Pass. -καλύπτω[54] *verhüllen, bedecken;* hier *überziehen;* Ptz. (ohne Art.) eig. Obj.-Präd., doch übers. hier wie Attr.: mit ... der Bundeslade, *die ... überzogen war.* **πάντο-θεν** *von allen Seiten; auf allen Seiten, ringsum.* **χρυσίον** *Gold;* dat. instr. (A176). **στάμνος** ἡ *Krug.* **μάννα** τό indekl. (hebr. מָן *mān;* aram. מַנָּא *mannāʾ*) *Manna* (vgl. Ex 16,32ff). **ῥάβδος** ἡ *Rute, Stab, Stock.* **Ἀαρών** 5,4, hier Gen. **βλαστήσασα** Aor. Ptz. Fem. βλαστάνω[147] *hervorbringen; sprossen;* attr. **πλάξ**[3] ακος ἡ *Steintafel* (für Beschriftung). **5 ὑπερ-άνω** uneig. Präp. (A183) *über.* **Χερουβίν** Pl. (hier Nom., H-S §134b) zu Χερούβ (indekl., Pl. -βίν/βίμ) τό u. ὁ (hebr. כְּרוּב *kərûḇ*) *Cherub,* Pl. *Cherube* od. *Cherubim* (im Dienst Gottes stehende geflügelte Gestalten, deren zwei z.B. als die Bundeslade überschattend dargestellt waren); Χερουβὶν δόξης *die Cherube der Herrlichkeit* (auch ohne Art. best., A106c/d), d.h. die Cherube, die zum Lichtglanz der Gegenwart Gottes gehörten (A152ff): diese offenbarte sich „zwischen den beiden (Cheruben) hervor" (Ex 25,17-22). **κατα-σκιάζοντα** Ptz. Ntr. Pl. -σκιάζω *beschatten, bedecken;* attr. **ἱλαστήριον** (< ἱλάσκομαι *sühnen*) = hebr. כַּפֹּרֶת *kappōreṯ* die goldene *Deckplatte* auf der Bundeslade als Ort der Sühne u. Gegenwart Gottes (vgl. Lev 16,2.14 u.ö.), *Stätte der Sühne, Sühneort.* **περὶ ὧν** *über diese, darüber* (A364a). **οὐκ ἔστιν** hier *es ist unmöglich* (B εἰμί I7). **λέγειν** Inf. **κατὰ μέρος** *Punkt für Punkt, im einzelnen* (κατά distributiv [A195; B κατά II3b]). **6 κατ-ε-σκευασμένων** Pf. Ptz. Pass., gen. abs. (A288), temp. **μέν ... δέ** (V. 7) *(zwar) ... aber.* **διὰ παντός** *immer, beständig* (B διά AII1a). **εἰσ-ία-σιν** 3. Pl. εἴσ-ειμι (εἶμι) *hineingehen.* **ἱερεύς**[8] (< ἱερός *heilig*) *Priester.* **ἐπι-τελοῦντες** Ptz. -τελέω *vollenden; vollbringen;* ἐπιτελέω τὰς λατρείας *die gottesdienstlichen Handlungen verrichten;* fin. (A291,6; BDR §418,4) *um zu verrichten.* **7 ἡ δευτέρα** *das hintere (Zelt)* (V. 2). **ἅπαξ**[19] *einmal.* **ἐνιαυτός** *Jahr;* gen. temporis distributiv als Attr. zum Adv. ἅπαξ (A69; 166) *einmal im Jahr.* **οὐ χωρὶς αἵματος** *nicht ohne Blut* (d.h. nicht ohne das Blut v. Opfertieren, um Schuld zu sühnen). **ἀ-γνόημα**[3] (< ἀγνοέω nicht wissen) *Vergehen aus Unwissenheit, unwissentliche Sünde.* **8 δηλοῦντος** Ptz. δηλόω (< δῆλος *offenbar*) *offenbar machen, zu erkennen geben; deutlich machen;* gen. abs. (A288), mod.; τοῦτο δηλοῦντος τοῦ πνεύματος τοῦ ἁγίου *dabei macht(e) der Heilige Geist dies/folgendes deutlich.* **μή-πω** *noch nicht.* **πε-φανερῶσθαι** Pf. Inf. Pass. φανερόω; Präd. des AcI, dieser epexegetisch als App. zu τοῦτο (A279); μήπω πεφανερῶσθαι τὴν ... ὁδόν macht(e) *dies/folgendes* deutlich, (näml.) *daß der Weg ... noch nicht geoffenbart/ eröffnet war.* τὰ ἅγια *das Heiligtum;* hier wohl (wie 8,2) *das Allerheiligste;* τὴν τῶν ἁγίων ὁδόν Gen. der Richtung (A162) *der Weg ins Allerheiligste* (d.h. der unmittelbare Zugang zu Gott). ἐχούσης Ptz. Fem., gen. abs. (A288), temp.; ἔτι τῆς πρώτης σκηνῆς ἐχούσης στάσιν *solange „das erste Zelt"* (d.h. wohl der vordere Raum der Stiftshütte [V. 2], evtl. das Heilig-tum des ersten Bundes) *Bestand hat/steht.* στάσις[8] (< ἵστημι) *(das) Auf-*

9   *stellen; Bestand, Existenz.* **9** ἥτις = ἥ (A133), bezieht sich auf σκηνή od. auf alles in V. 6-8 Gesagte (im letzteren Fall Fem. angeglichen an Präd.-Nom. πα-ραβολή; A93); erg. ἐστίν; ἥτις ... ἐνεστηκότα viell. Parenthese (A374). εἰς *in bezug auf,* d.h. *hinweisend auf,* od. *für* (zum Nutzen von). ἐν-ε-στηκό-τα Pf. Ptz. -ίσταμαι[205] Med. *eintreten, bevorstehen;* Pf. *vorhanden sein, gegen-wärtig sein;* ὁ καιρὸς ὁ ἐνεστηκώς *die gegenwärtige Zeit* (Ggs. die kommen-de Heilszeit); attr. καθ᾽ ἥν entweder (falls ἥτις ... ἐνεστηκότα Parenthe-se) *in dieser* (d.h. in der σκηνή; vgl. B κατά II1a) od. (ohne Annahme einer Parenthese) *diesem* (d.h. dem Sinnbild) *gemäß/entsprechend* (A364a). δῶρον *Geschenk, Gabe; Opfergabe.* θυσία *(Schlacht-)Opfer.* προσ-φέρονται Pass. -φέρω. δυνάμεναι Ptz. δύναμαι, attr. συν-είδησις[8] *Bewußt-sein; Gewissen;* κατὰ συνείδησιν *im Blick auf das Gewissen, im Gewissen* (vgl. B κατά II6). τελειῶσαι Aor. Inf. τελειόω (< τέλειος *vollendet,* vollkommen) *vollenden; ans Ziel führen; zur Vollendung* bzw. *Vollkommenheit führen;* κατὰ συνείδησιν τελειόω τινά *jmdn. im Gewissen ans Ziel/zur Vollendung führen,* d.h. bewirken, daß er (in seiner Beziehung zu Gott) ein völlig reines Gewissen hat. λατρεύοντα Ptz. λατρεύω *(Gott) dienen, verehren;*

10   subst. **10** ἐπί m. Dat. hier wohl *auf Grund von* (B II1bγ). βρῶμα[3] *Speise.* πόμα[3] *Getränk, Trank.* διά-φορος[11] *verschieden, verschiedenartig.* βα-πτισμός (< βαπτίζω) *(rituelle) Waschung.* δικαιώματα σαρκός *äußerliche Vorschriften* bzw. *den Körper betreffende Vorschriften* (vgl. B σάρξ 2), wohl App. (A70) zu δῶρα καὶ θυσίαι usw. (V. 9); δῶρά τε καὶ θυσίαι προσφέρονται ... μόνον ἐπὶ βρώμασιν καὶ πόμασιν καὶ διαφό-ροις βαπτισμοῖς, δικαιώματα σαρκός *Gaben und Opfer werden darge-bracht ... (was)* (d.h. der die Vollendung anstrebende Opferdienst) *(sich) ledig-lich auf der Ebene von Speisen, Getränken und verschiedenen Waschungen (be-wegt), (und was) in äußerlichen* (od. *den Körper betreffenden) Vorschriften (be-steht).* μέχρι uneig. Präp. (A183; 337) *bis zu.* δι-όρθωσις[8] *richtige Ord-nung;* καιρὸς διορθώσεως (auch ohne Art. best., A106a/d) *die Zeit der rich-tigen Ordnung,* d.h. die Zeit des Neuen Bundes). ἐπι-κείμενα Ptz. -κειμαι (A32) *daraufliegen;* hier *auferlegt sein;* attr.

11   **11** δέ V. 1. παρα-γενόμενος Aor. Ptz. Med. -γίνομαι[176] *ankom-men, kommen;* mod. od. temp. γενομένων Aor. Ptz. Med. γίνομαι, attr.

[Var. μελλόντων Ptz. μέλλω]. **τὰ ἀγαθά** *die* (wirkl.) *(Heils-)Güter;* τὰ
γενόμενα ἀγαθά *die (mit ihm) gekommenen/in Erscheinung getretenen Güter*
[Var. τὰ μέλλοντα ἀγαθά *die* (aus der Sicht des Alten Bundes) *zukünftigen
Güter*]. **τελειότερος** Komp. v. τέλειος (< τέλος) *vollkommen.* **σκηνή**
vgl. V. 2. **χειρο-ποίητος**[11] (< χείρ, ποιέω) *von Menschen(hand) gemacht.*
τοῦτ᾽ ἔστιν Formel *das heißt* (A93). **κτίσις**[8] *Schöpfung, (das) Geschaf-
fene;* τοῦτ᾽ ἔστιν οὐ ταύτης τῆς κτίσεως *das heißt nicht zu dieser Schöp-
fung/Welt gehört* (A154). **12 διά** m. Gen. *durch, mittels, kraft.* **τράγος** *Bock,* **12**
Ziegenbock. **μόσχος** *Kalb, junger Stier.* **εἰσ-ῆλθεν** Aor. -έρχομαι. **ἐφ-
άπαξ**[19] *ein für allemal.* **τὰ ἅγια** V. 8. **λύτρωσις**[8] *Erlösung, Loskauf,
Freikauf* (aus Sklaverei). **εὑράμενος** Aor. (vgl. H-S §105g) Ptz. Med. εὑρί-
σκω, Med. hier *sich verschaffen, erlangen* (B 3); mod. *und hat (dabei)* eine ewige
Erlösung *erlangt* (A291,2 Anm. 1). **13 ταῦρος** *Stier.* **σποδός** ἡ *Asche.* **13**
δάμαλις[8] *Färse, junge Kuh* (die noch nicht gekalbt hat). **ῥαντίζουσα** Ptz.
Fem. ῥαντίζω *besprengen;* hier ἡ σποδὸς ῥαντίζει τινά *jmd. wird mit
Asche* (gemischt m. Reinigungswasser) *besprengt* (B 1); attr. **κε-κοινωμέ-
νους** Pf. Ptz. Pass. κοινόω (< κοινός *gemeinsam;* [kultisch] *unrein*) (kul-
tisch) *verunreinigen;* subst. *die Verunreinigten/Unreinen;* σποδὸς δαμάλεως
ῥαντίζουσα τοὺς κεκοινωμένους *(die) Asche einer jungen Kuh, mit der
(jeweils) die Verunreinigten besprengt werden* (vgl. Num 19). **ἁγιάζω** *heilig ma-
chen, heiligen.* **καθαρότης**[3] *Reinheit;* πρὸς τὴν τῆς σαρκὸς καθαρότη-
τα „zur Reinheit des Fleisches" = *so daß/damit sie äußerlich bzw. irdisch-kör-
perlich rein werden.* **14 πόσος**[18] *wie groß; wieviel;* πόσῳ (dat. differentiae, **14**
A117) μᾶλλον ... καθαριεῖ *um wieviel mehr wird (dann) ... reinigen.* **διά** m.
Gen. *durch, kraft.* **προσ-ήνεγκεν** Aor. -φέρω. **ἄ-μωμος**[11] *makellos, un-
tadelig;* Artangabe zum AkkO (A65): er hat sich *als makelloses Opfer* darge-
bracht. **καθαριεῖ** Fut. καθαρίζω[95] *reinigen, säubern.* **συν-είδησις**[8]
V. 9. **νεκρὰ ἔργα** *tote Werke,* d.h. wohl Taten, die den Tod zur Folge haben
(näml. Sünden, bes. Götzendienst), evtl. (viell. gleichzeitig) solche, die — weil
ohne göttl. Leben — nutzlos sind (u.a. v. Ritualen). **εἰς τό** m. Inf./AcI fin.
(A282). **λατρεύειν** Inf. λατρεύω V. 9; εἰς τὸ λατρεύειν (erg. ἡμᾶς,
vgl. A268) *damit wir dienen.* **ζῶντι** Ptz. ζάω, attr.

15 δια-θήκη V. 4. **μεσίτης**[1] *(Ver-)Mittler;* sachl. wohl = ἔγγυος **15**
Bürge, Garant (EWNT 2, Sp. 1012). **ὅπως** *damit.* **γενομένου** Aor. Ptz.
Med. γίνομαι, gen. abs. (A288), temp. od. kaus. **ἀπο-λύτρωσις**[8] *Erlö-
sung, Loskauf, Freikauf* (aus Sklaverei); θανάτου γενομένου εἰς ἀπολύ-
τρωσιν *nachdem/da sein Tod zur Erlösung geschehen ist* (B γίνομαι I3a) od.
nachdem/da sein Tod die Erlösung bewirkt hat. **παρά-βασις**[8] *Übertretung,
Vergehen;* gen. separationis (A167): Erlösung *von den Übertretungen;* αἱ ἐπὶ τῇ
πρώτῃ διαθήκῃ παραβάσεις *die zur Zeit/auf Grund* (B ἐπί II2 u. II1bγ)
des ersten Bundes begangenen Übertretungen. **λάβωσιν** Aor. Konj. λαμβά-

νω. **κε-κλημένοι** Pf. Ptz. Pass. καλέω, subst. *die Berufenen.* **κληρο-νομία** *(das) Erbe, Erbteil; Besitz, Eigentum;* gen. epexegeticus (A163) zu ἐπ-αγγελίαν; τὴν ἐπαγγελίαν ... τῆς αἰωνίου κληρονομίας *die Verhei-*

16 *ßung* ... (näml.) *das ewige Erbe.* **16 δια-θήκη** V. 4; hier u. in V. 17 *Testament* (als letztwillige Verfügung); beide Bedeutungen v. διαθήκη werden in V. 15-18 miteinander verbunden. **ἀνάγκη** *Not; Notwendigkeit; Zwang;* m. od. ohne ἐστίν *es ist nötig,* m. flgd. AcI im Sinn eines dat. commodi (A272). **φέρε-σθαι** Inf. Pass. φέρω hier *nachweisen* (B 4aβ); Präd. des AcI; θάνατον ἀνάγκη φέρεσθαι *(der) Tod muß notwendigerweise nachgewiesen werden.* **δια-θεμένου** Aor. Ptz. Med. -τίθεμαι²⁰⁰ *verfügen; testamentarisch verfügen, hinterlassen;* subst. *der Testator/Erblasser* (nach anderen *[Bundes-]Stifter* [reprä-sentiert durch die v. ihm dargebrachten Opfertiere], vgl. Lane, Hb II, S. 231

17 Anm. q). **17 ἐπὶ νεκροῖς** „auf Grund von Toten" (B ἐπί II1bγ) = *(jeweils) nach Eintritt des Todes* (Menge), *im Todesfall* (nach anderen = *auf Grund der to-ten/geschlachteten [Opfertiere],* vgl. Lane, Hb II, S. 232 Anm. t). **βέβαιος** *fest;* hier *gültig, rechtskräftig* (B 2). **ἐπεί** (A338) *weil, da ja, denn.* **μή-ποτε** (vgl. A18) Adv. *niemals* (beim Ind. unklass., B 1). **ἰσχύω** *stark sein; vermögen, kön-nen; gelten, Geltung haben.* **ὅτε** hier *während/solange* (B 1d; H-S §276g).

18 **18 ὅθεν**¹⁸ *woher; woraus, weshalb* bzw. (vgl. A364a) *deshalb.* ἡ πρώτη erg. διαθήκη (hier wieder *Heilsverfügung, -setzung, Bund*). **ἐγ-κε-καίνισται** Pf. Pass. -καινίζω (vgl. A33⁹¹ff) *neu machen; (feierlich) (ein)weihen, in Kraft*

19 *setzen.* **19 λαληθείσης** Aor. Ptz. Pass. Fem. λαλέω, gen. abs. (A288), temp. **κατὰ τὸν νόμον** verkündet wurde jedes Gebot *des Gesetzes* (A155) od.: jedes Gebot *gemäß dem* (v. Gott geoffenbarten) *Gesetz.* **λαβών** Aor. Ptz. λαμβάνω, temp. **μόσχος, τράγος** V. 12. **ἔριον** *Wolle.* **κόκκινος** (< κόκκος „Samenkorn"; auch „Scharlachbeere" [Weibchen der Kermes-schildlaus, das beerenartig auf den Blättern der Stecheiche sitzt: im Altertum zur Herstellung der Scharlachfarbe verwendet], daher auch „Scharlach, Schar-lachfarbe") *scharlachrot.* **ὕσσωπος** ὁ u. ἡ *der Ysop* (ein kleiner Busch m. blauen Blüten u. stark riechenden Blättern; beim Reinigungsopfer u. zum Besprengen verwendet [Ex 12,22 u.a.]). **βιβλίον** *Buch* (als Gegenstand [Schriftrolle usw.] od. Inhalt). **ἐρ-ράντισεν** Aor. ῥαντίζω⁹⁶ *besprengen.*

20 **20 λέγων** mod. ἧς für ἥν Attraktion des Rel.-Pron. (A360). **ἐν-ε-τείλα-το** Aor. Med. -τέλλομαι¹¹⁵ *befehlen, gebieten, verfügen,* hier viell. (einen Bund) *schließen.* **πρὸς ὑμᾶς** *für euch* (verfügen) od. *mit euch* (schließen).

21 **21 σκηνή** V. 2. **σκεῦος**⁷ *Gerät; Gefäß.* **λειτουργία** (< λειτουργός *Diener*) (kultisch-geistl.) *Dienst; Gottesdienst.* **τῷ αἵματι** dat. instr., V. 22

22 dafür ἐν m. Dat. (A176). **ὁμοίως** *gleich(erweise), ebenso.* **22 σχεδόν** (< ἔχω) *fast* (m. πάντα zu verbinden). **καθαρίζεται** Pass. V. 14. **αἱ-ματ-εκ-χυσία** (< αἷμα, χέω *gießen*) *Blutvergießen* (v. Opferblut). **ἄφ-εσις**⁸ (< ἀφίημι) *Erlaß* (v. Sündenschuld), *Vergebung.*

23 ἀνάγκη V. 16. **μέν ... δέ** (zwar) ... aber. **ὑπό-δειγμα**[3] (< ὑπο- 23
δείκνυμι zeigen) Beispiel; Abbild. **τὰ ἐν τοῖς οὐρανοῖς = τὰ ἐπου-
ράνια** die himmlischen Dinge bzw. das, was im Himmel ist, viell. das himmli-
sche Heiligtum (vgl. 8,5; gemeint sind evtl. die an Christus Glaubenden [vgl. 3,6;
12,22f; Eph 2,6]). **τούτοις** dat. instr. (A176) durch diese Mittel bzw. auf diese
Weise. **καθαρίζεσθαι** Inf. Pass. V. 14; Präd. des AcI. **κρείττων/κρείσ-
σων**[11] ον (Komp. zu ἀγαθός) besser, hervorragender, vorzüglicher, höherste-
hend. **θυσία** V. 9; dat. instr. (A176). **παρά** m. Akk. bei Vergleichen als
(A115). **24 χειρο-ποίητος**[11] V. 11. **εἰσ-ῆλθεν** Aor. -έρχομαι. **ἄγια** 24
ein Heiligtum (vgl. V. 8). **ἀντί-τυπος**[11] (vgl. τύπος) Abbild, Gegenbild (was
etwas anderem [etwas Früherem od. etwas noch Ausstehendem] in Gestalt od.
Struktur entspricht). **ἀληθινός** wirklich; wahr; echt. **ἐμ-φανισθῆναι**
Aor. Inf. Pass. -φανίζω (vgl. A33[91ff]) sichtbar machen; Pass. sichtbar werden,
erscheinen (vor m. Dat.); fin. (A276). **25 πολλάκις** (< πολύς) oft, oftmals, 25
viele Male. **προσ-φέρῃ** Konj. -φέρω, iter. (A226). **ὥσ-περ** (A352) gerade-
so wie, gleichwie. **τὰ ἄγια** das Heiligtum/Allerheiligste (vgl. V. 8). **ἐνιαυτός**
Jahr; κατ' ἐνιαυτόν (all)jährlich, jedes Jahr. **ἐν αἵματι** mit Blut (d.h. Blut
mitführend; B ἐν I4cβ; BDR §198[2]). **ἀλλότριος** (< ἄλλος) einem anderen
gehörend; fremd (d.h. v. einem Opfertier). **26 ἐπεί** (A338) weil, denn; hier 26
denn sonst. **ἔ-δει** Ipf. δεῖ, Ipf. bez. hier die Nichtwirklichkeit (A239) es wäre
nötig gewesen. **παθεῖν** Aor. Inf. πάσχω; Präd. des AcI, abhängig v. ἐδεῖ.
ἀπό seit. **κατα-βολή** Grundlegung, Anfang, Erschaffung. **νυνὶ δέ** nun/so
aber, führt nach irrealer Aussage die Wirklichkeit ein (B νυνί 2b), hier etwa =
statt dessen (GN). **ἅπαξ**[19] einmal, ein einziges Mal. **συν-τέλεια** Ende, Voll-
endung; ἐπὶ συντελείᾳ τῶν αἰώνων am Ende der Zeiten. **ἀ-θέτησις**[8]
(< ἀθετέω verwerfen) Ungültigkeitserklärung; Aufhebung, Beseitigung; εἰς ἀθέ-
τησιν um (rechtskräftig) zu tilgen/beseitigen. **θυσία** V. 9; ἡ θυσία αὐτοῦ
sein Opfer (sachl., viell. auch sprachl. [A126; 158] = das Opfer seiner selbst).
πε-φανέρωται Pf. Pass. φανερόω. **27 καθ' ὅσον ... οὕτως** (V. 28) 27
ebenso wie ... so (B ὅσος 3). **ἀπό-κειμαι** (A32) bereitliegen, aufbewahrt sein;
ἀπόκειταί τινι (es) ist jmdm. bestimmt/sicher; ἀπόκειται τοῖς ἀνθρώ-
ποις ἅπαξ ἀποθανεῖν, μετὰ δὲ τοῦτο κρίσις es ist den Menschen be-
stimmt, ein einziges Mal zu sterben, danach aber (ist ihnen) (das) Gericht (be-
stimmt). **ἀπο-θανεῖν** Aor. Inf. -θνῄσκω. **28 προσ-ενεχθείς** Aor. Ptz. 28
Pass. -φέρω, temp. **εἰς τό** m. Inf. fin. (A282). **ἀν-ενεγκεῖν** Aor. Inf.
ἀνα-φέρω[198] hinaufführen; hinauftragen; term. tech. (Opfer) darbringen; hier
(vgl. Jes 53,11f) sich aufladen (B 3), (weg)tragen. **ἐκ δευτέρου** zum zweiten-
mal (B δεύτερος 4; H-S §184h). **χωρίς** hier ohne Beziehung zu etwas, also:
unabhängig von der Sünde (d.h.: nicht, um sie zu sühnen). **ὀφθήσεται** Fut.
Pass. ὁράω. **ἀπ-εκ-δεχομένοις** Ptz. -δέχομαι (sehnlich) erwarten,
warten auf; subst. **εἰς σωτηρίαν** zu (ihrem) Heil bzw. um sie zu retten.

10   σκιά *Schatten; Schattenbild* (im Ggs. zur Wirklichkeit). ἔχων Ptz. ἔχω hier *enthalten* (d.h. darbieten); kaus. μελλόντων Ptz. μέλλω, attr. τὰ ἀγαθά *die* (wirkl.) *(Heils-)Güter;* τὰ μέλλοντα ἀγαθά *die* (aus der Sicht des Alten Bundes) *zukünftigen Güter.* εἰκών[4] ὄνος ἡ *Bild; Abbild, Ebenbild;* hier *Urbild, Gestalt.* πρᾶγμα[3] *Ereignis, Tatsache; Vorhaben;* hier *Sache, Ding;* αὐτὴ ἡ εἰκὼν τῶν πραγμάτων *die eigentliche Gestalt der/dieser Dinge* (d.h. diese Güter, so wie sie sich in Wirklichkeit darstellen). ἐνιαυτός *Jahr;* κατ' ἐνιαυτόν *(all)jährlich, jedes Jahr* (9,25); wohl zu προσφέρουσιν zu ziehen (vgl. H-S §292b/c). θυσία *(Schlacht-)Opfer;* dat. instr. (A176). προσ-φέρουσιν Subj. „man" (A76). δι-ηνεκής[7] eig. „hindurchreichend": *stetig, ununterbrochen, beständig;* εἰς τὸ διηνεκές *für immer* (falls zu τελειῶσαι zu ziehen) od. *beständig* (B) (bei Bezug auf προσφέρουσιν). οὐδέ-ποτε (vgl. A18) *niemals.* προσ-ερχομένους Ptz. -έρχομαι hier (im Gottesdienst) *(zu Gott) hinzutreten* (B 2a), *vor Gott treten;* subst. τελειῶσαι Aor. Inf. τελειόω (< τέλειος vollendet, vollkommen) *vollenden; ans Ziel führen; zur Vollendung bzw. Vollkommenheit führen.*   **2** ἐπεί (A338) *weil, denn;* hier *denn*

2   *sonst.* ἐ-παύσαντο Aor. Med. παύω *zum Aufhören bringen;* Med. *aufhören,* m. flgd. Ptz.; Irrealis (Aug.-Tempus m. ἄν, A252). προσ-φερόμεναι Ptz. Pass. -φέρω; präd. bei Verben des modifizierten Seins u. Tuns (A301); ἐπεὶ οὐκ ἂν ἐπαύσαντο προσφερόμεναι ...; *denn hätten sie* (d.h. die Opfer) *sonst nicht aufgehört, dargebracht zu werden = denn hätte man sonst nicht aufgehört, sie darzubringen?* διὰ τό m. AcI kaus. (A282) *weil.* ἔχειν Inf.; διὰ τό ... ἔχειν ... τοὺς λατρεύοντας *weil die, die* (Gott) *dienen, ... haben/hätten.* ἔτι neg. *nicht mehr/länger,* m. μηδείς *keinerlei ... mehr.* συν-είδησις[8] *Bewußtsein; Gewissen;* συνείδησις ἁμαρτιῶν *Sünden-/Schuldbewußtsein* (B συνείδησις 1). λατρεύοντας Ptz. λατρεύω (Gott) *dienen, verehren;* subst. ἅπαξ[19] *einmal.* κε-καθαρισμένους Pf. Ptz. Pass. καθαρίζω[95] *reinigen, säubern;* temp. *nachdem sie gereinigt worden wären* (bleibendes Ergebnis

3   [A231]: *ein reines Gewissen).*   **3** ἐν αὐταῖς (BW θυσίαι V. 1) wohl instr.

4   (A176) *durch sie.* ἀνά-μνησις[8] *Erinnerung an* (m. Gen.); erg. γίνεται *erfolgt* (A78).   **4** ἀ-δύνατος[11] *unmöglich;* Ntr. m. od. ohne ἐστίν *es ist unmöglich,* m. flgd. AcI (A270). αἷμα Subj. des AcI. ταῦρος *Stier.* τράγος *Bock, Ziegenbock.* ἀφ-αιρεῖν Inf. -αιρέω *wegnehmen;* Präd. des AcI.

5   **5** εἰσ-ερχόμενος Ptz., temp. *als er kam.* λέγει *er* (d.h. der Messias) *sagt(e)* (A235). προσ-φορά (< προσφέρω) *(Opfer-)Darbringung; Gabe, Opfer.* ἠ-θέλησας Aor. θέλω. κατ-ηρτίσω Aor. Med. (A216a) 2. Sg. -αρτίζω (vgl. A33[91ff]) *in Ordnung bringen; bereiten, herstellen, schaffen.*

6   **6** ὁλο-καύτωμα[3] (< ὅλος + καίω *verbrennen*) *Brandopfer* (bei dem das ganze Tier verbrannt wird). περί hier = ὑπέρ *für* (A184); περὶ ἁμαρτίας (LXX-Ausdruck [erg. προσφερόμενον Ptz. Pass. προσφέρω]) *Sündopfer* (B 1g). εὐ-δόκησας Aor. -δοκέω *Wohlgefallen haben an, zufrieden sein mit.*

7 ἥκω *gekommen sein, dasein.* **κεφαλίς**[3] *ἰδος* ἡ (Verkleinerungsform zu 7
κεφαλή) term. tech. *(Schrift-)Rolle.* **βιβλίον** *Buch* (als Gegenstand [Schrift-
rolle usw.] od. Inhalt); κεφαλὶς βιβλίου *Buchrolle* (B 1). **γέ-γραπται** Pf.
Pass. γράφω, Pf. Pass. *es steht (geschrieben)* (A242). **ποιῆσαι** Aor. Inf.
ποιέω; τοῦ ποιῆσαι fin. (unatt., A281) zu ἥκω (dazwischen: Parenthese
[A374]). **ὁ θεός** Nom. m. Art. statt Vok. (A142). **8 ἀνώτερον** (Komp. zu 8
ἄνω [nach] oben) Ntr. Adv. hier *früher, oben* (an einer früheren Textstelle).
λέγων temp. **ὅτι** recitativum = Doppelpunkt (A333). **περὶ ἁμαρτίας**
V. 6. **αἵ-τινες** qualitativ (A132) *an solchen, die (doch)* (vgl. B 2b) = *obwohl
sie doch.* **κατὰ νόμον** *auch ohne Art.* best. (A106). **προσ-φέρονται**
Pass. -φέρω. **9 εἴρηκεν** Pf. λέγω. **ἀν-αιρέω** hier *beseitigen, aufheben,* 9
außer Kraft setzen (sonst meist *töten).* **τὸ πρῶτον, τὸ δεύτερον** *das erste*
(d.h. der Opferkult nach dem mosaischen Gesetz), *das zweite* (d.h. die Erfüllung
des göttl. Willens durch das Sühnopfer Christi). **στήσῃ** Aor. Konj. ἵστημι
hier *aufrichten, zur Geltung bringen* (B I2a), *in Kraft setzen.* **10 ἐν ᾧ θελήμα-** 10
τι *auf Grund/kraft* (B ἐν III3a) *dieses* (A364) *Willens* (d.h. des göttl. Willens).
ἡγιασμένοι Pf. Ptz. Pass. ἁγιάζω[91] *heilig machen, heiligen;* ἡγιασμένοι
ἐσμέν umschrieb. Pf. (A249) *wir sind geheiligt.* **ἐφ-άπαξ**[19] *ein für allemal;* zu
ἡγιασμένοι *(ein für allemal geheiligt)* od. (viell. besser) zu προσφορᾶς *(ein
für allemal [dargebrachtes] Opfer)* zu ziehen.
    11 μέν ... δέ (V. 12) *(zwar) ... aber.* **ἱερεύς**[8] (< ἱερός heilig) *Priester.* 11
ἕ-στηκεν Pf. ἵσταμαι, hier *er steht da.* **καθ᾽ ἡμέραν** *täglich, Tag für Tag*
(A195). **λειτουργῶν** Ptz. λειτουργέω (< λειτουργός Diener) *einen
Dienst versehen/verrichten, dienen* (kultisch-geistl.); mod. **πολλάκις**
(< πολύς) *oft;* zur Wortstellung vgl. H-S §292c. **προσ-φέρων** Ptz., mod.
θυσία V. 1. **αἵ-τινες** *solche, die doch* (V. 8). **οὐδέ-ποτε** V. 1. **περι-**
ελεῖν Aor. Inf. -αιρέω[186] *wegnehmen; beseitigen.* **12 προσ-ενέγκας** Aor. 12
Ptz. -φέρω, temp. **εἰς τὸ διηνεκές** *für immer* (V. 1); wohl zu ἐκάθισεν
zu ziehen. **ἐ-κάθισεν** Aor. καθίζω. **13 τὸ λοιπόν** hier *fortan, seitdem* 13
(A150). **ἐκ-δεχόμενος** Ptz. -δέχομαι *erwarten, warten;* mod. **τεθῶσιν**
Aor. Konj. (s. ἕως [NT öfter ohne ἄν], A337) Pass. τίθημι. **ἐχθρός** *Feind.*
ὑπο-πόδιον (< πούς) *Fußbank, Schemel;* τίθημί τινα ὑποπόδιον τῶν
ποδῶν τινος jmdn. *zum Schemel* (A97,15) *für jmds. Füße machen* = jmdn.
jmdm. *völlig unterwerfen.* **14 προσ-φορά** V. 5; dat. instr. (A176). **τε-τε-** 14
λείωκεν Pf. τελειόω V. 1. **ἁγιαζομένους** Ptz. Pass. ἁγιάζω V. 10;
subst. **15 μαρτυρέω** m. Dat. hier *(vor) jmdm. Zeugnis ablegen, bezeugen* (vgl. 15
B 1a). **μετὰ τό** m. Inf. temp. (A282). **εἰρηκέναι** Pf. Inf. λέγω; μετὰ τὸ
εἰρηκέναι *nachdem er gesagt hat, nach den Worten.* **16 αὕτη** erg. ἐστίν. 16
δια-θήκη *Testament;* im NT meist: *Heilsverfügung, -setzung, Bund.* **δια-θή-**
σομαι Fut. Med. -τίθεμαι[200] *verfügen, anordnen, bestimmen, erlassen* bzw.
(einen Bund) schließen. **πρὸς αὐτούς** *für sie* (verfügen) od. *mit ihnen* (schlie-

ßen). **μετὰ τὰς ἡμέρας ἐκείνας** *nach jener/dieser Zeit* (vgl. 8,10). **δι-δούς** Ptz. δίδωμι, hier wohl = δώσω (vgl. A293; LXX διδοὺς δώσω) *ich werde legen* (Hebr.). **νόμους μου** auch ohne Art. best. (Hebr.). **διά-νοια** *Verstand, Vernunft; Gesinnung, Sinn; Denken, Gedanke.* **ἐπι-γράψω** Fut.

17 -γράφω[42] *daraufschreiben; hineinschreiben.* **17 ἀ-νομία** *Gesetzlosigkeit* (als *Gesinnung*); *gesetzwidrige Tat.* **οὐ μή** m. Ind. Fut. (sonst meist Aor. Konj.) stärkste Verneinung zukünftigen Geschehens (A257). **μνησθήσομαι** Fut. Pass. (ohne Pass.-Bdtg.) μιμνήσκομαι[168] m. Gen. *sich erinnern; gedenken,*

18 *denken an.* **ἔτι** V. 2. **18 ἄφ-εσις**[8] (< ἀφίημι) *Erlaß* (v. Sündenschuld), *Vergebung;* erg. ἐστίν wo *Vergebung vorhanden ist.* **προσ-φορά** V. 5.; erg. ἐστίν *es gibt* kein(e) *Opfer(darbringung)* mehr (d.h. es ist kein Opfer mehr nötig). **περί** hier = ὑπέρ *für* (A184).

19 **19 ἔχοντες** Ptz. ἔχω, part. coni. zum Subj. v. προσερχώμεθα (V. 22), kaus. **παρ-ρησία** (< πᾶν + ῥῆσις [das] Reden) *Redefreiheit; Freimütigkeit; Zuversicht;* hier *freudige Zuversicht, zuversichtliche Hoffnung.* **εἴσ-οδος** ἡ *(das) Eintreten, Hineingehen.* **τὰ ἅγια** *das Heiligtum/Allerheiligste* (vgl. 9,8); ἔχοντες οὖν παρρησίαν εἰς τὴν εἴσοδον τῶν ἁγίων *da wir also freudige Zuversicht im Blick auf den Eintritt in das Heiligtum/Allerheiligste haben, da wir also voller Zuversicht in das Heiligtum/Allerheiligste eintreten können.* **ἐν**

20 *instr. durch.* **20 ἥν** bezieht sich auf εἴσοδον. **ἐν-ε-καίνισεν** Aor. ἐγ-καινίζω (vgl. A33[91ff]) *neu machen; (feierlich) (ein)weihen;* ἐγκαινίζω ὁδόν *einen (neuen) Weg eröffnen.* **πρό-σφατος** *frisch, neu.* **ζῶσαν** Ptz. Fem. ζάω, attr.; ἣν ἐνεκαίνισεν ἡμῖν ὁδὸν πρόσφατον καὶ ζῶσαν (den Eintritt), *den er uns als neuen und lebendigen Weg* (App., A70) *eröffnet hat.* **διά** *durch,* bezogen auf καταπετάσματος lokal, auf σαρκός wohl instr. **κατα-πέτασμα**[3] *Vorhang* (entspricht wohl dem „zweiten Vorhang" in 9,3). **τοῦτ' ἔστιν** Formel *das heißt* (A93). **τῆς σαρκὸς αὐτοῦ** *das heißt*

21 *durch sein Fleisch/seinen Leib* (d.h. seinen geopferten Leib). **21 ἱερεύς**[8]

22 (< ἱερός *heilig*) *Priester;* zweites AkkO zu ἔχοντες (V. 19). **22 προσ-ερχώμεθα** Konj. -έρχομαι, adhortativer Konj. (A254). **ἀληθινός** *wahr; aufrichtig.* **πληρο-φορία** *(feste) Überzeugung, (völlige) Gewißheit;* hier viell. *Fülle* (B); ἐν πληροφορίᾳ πίστεως (auch ohne Art. best., A106a/b/d) *in der vollen Gewißheit des Glaubens* od. viell. *voll Glauben* (wörtl. „in der Fülle des Glaubens" [A159]). **ῥε-ραντισμένοι** Pf. Ptz. Pass. ῥαντίζω[96] *besprengen;* ῥαντίζομαι τὴν καρδίαν *im Herzen durch Besprengung gereinigt werden* (Akk. der Beziehung, A149); mod. od. temp. bzw. Artangabe zum Subj. (A65): *im Herzen* (im Deutschen „distributiver" Sg. natürlicher [A101b]) *durch Besprengung* (gemeint: m. dem Blut Jesu) *gereinigt.* **συν-είδησις**[8] V. 2; ῥεραντισμένοι ... ἀπὸ συνειδήσεως πονηρᾶς *durch Besprengung vom schlechten Gewissen befreit.* **λε-λουσμένοι** Pf. Ptz. Pass. (evtl. Med.) λούω[9] *waschen, baden;* Med. *sich waschen/baden* (A216); par. zu ῥεραντισμένοι; λε-

λουσμένοι τὸ σῶμα *am Körper gewaschen/gebadet.* **καθαρός** *rein;* ὕδατι καθαρῷ (vgl. Ez 36,25) dat. instr. (A176). **23 κατ-έχωμεν** Konj. -έχω 23 *festhalten, besitzen;* adhortativer Konj. (A254). **ὁμο-λογία** *Bekenntnis* (Inhalt od. Tätigkeit); τὴν ὁμολογίαν τῆς ἐλπίδος gen. obi. (A158) *das Bekenntnis zur Hoffnung* (hier wohl das Erhoffte). **ἀ-κλινής**[7] (< κλίνω [sich] neigen) *nicht schwankend, fest, unwandelbar;* Artangabe zum AkkO (A65): κατέχωμεν τὴν ὁμολογίαν τῆς ἐλπίδος ἀκλινῆ *laßt uns das Bekenntnis zur Hoffnung als unwandelbar(es) festhalten* = *laßt uns am Bekenntnis zur Hoffnung unerschütterlich festhalten.* **ἐπ-αγγειλάμενος** Aor. Ptz. Med. -αγγέλλομαι[111] *versprechen, verheißen;* subst. **24 κατα-νοῶμεν** Konj. -νοέω *wahr-* 24 *nehmen;* (meist m. Überlegung) *betrachten, beobachten, das Augenmerk richten auf, achtgeben auf;* adhortativer Konj. (A254). **παρ-οξυσμός** *Anreizung, Anspornung;* εἰς παροξυσμὸν ἀγάπης *um (uns) zur Liebe anzuspornen* (zum Gen. A158; zum Art. A106b). **25 ἐγ-κατα-λείποντες** Ptz. -λείπω *im* 25 *Stich lassen, verlassen;* mod. [Var. κατα-λείποντες Ptz. -λείπω *zurücklassen; verlassen*]. **ἐπι-συν-αγωγή** *Versammlung, Zusammenkunft* (der Gemeinde); *Vereinigung, (das) Sichversammeln.* **ἑαυτῶν** (= att. ἡμῶν αὐτῶν, A126); μὴ ἐγκαταλείποντες τὴν ἐπισυναγωγὴν ἑαυτῶν *indem wir nicht unseren Versammlungen/Zusammenkünften fernbleiben.* **ἔθος**[7] *Brauch, Sitte, Gewohnheit.* **τισίν** dat. commodi/poss. (A173b). **παρακαλοῦντες** Ptz. -καλέω; mod.; erg. ἀλλήλους *einander ermutigen/ermahnen.* **τοσοῦτος**[18] (A352) *so groß; so viel;* τοσούτῳ ... ὅσῳ *um so (viel) ... wie/als* (dat. differentiae, A117); καὶ (erg. τοῦτο [ποιεῖτε] o.ä.) τοσούτῳ μᾶλλον ὅσῳ *und dies tut um so mehr, als.* **ἐγγίζουσαν** Ptz. Fem. ἐγγίζω, AcP (A300). **ἡ ἡμέρα** *der* (entscheidende) *Tag,* d.h. wohl die Wiederkunft Christi bzw. das Endgericht (B 3bβ).

26 ἑκουσίως *freiwillig; mutwillig, vorsätzlich, absichtlich;* zur Betonung 26 am Satzanfang (vgl. H-S §128b). **ἁμαρτανόντων** Ptz. ἁμαρτάνω, gen. abs. (A288), kond.; dur. (A225ff; gemeint ist wohl bes. das andauernde Mißachten der Heilsbotschaft v. Christus u. ihrer ethischen Konsequenzen). **μετὰ τό** m. Inf./AcI temp. (A282). **λαβεῖν** Aor. Inf. λαμβάνω; μετὰ τὸ λαβεῖν *nachdem wir empfangen haben.* **ἐπί-γνωσις**[8] *Erkenntnis.* **περί** V. 18. **ἀπο-λείπεται** Pass. -λείπω *zurücklassen; verlassen;* Pass. *übrigbleiben;* οὐκέτι ... ἀπολείπεται θυσία *es bleibt kein Opfer mehr übrig, es gibt kein weiteres Opfer.* **θυσία** V. 1. **27 φοβερός** (< φοβέομαι) *furchtbar,* 27 *schrecklich.* **τις** hier verschärfend *nur* (H-S §144a; vgl. B 2bβ). **ἐκ-δοχή** (< ἐκδέχομαι V. 13) *Erwartung, (das) Erwarten.* **ζῆλος**[7] *Eifer; Eifersucht;* πυρὸς ζῆλος *Feuereifer, rasendes Feuer* (näml. das Gerichtsfeuer). **ἐσθίειν** Inf. ἐσθίω hier *verzehren.* **μέλλοντος** Ptz. μέλλω hier (m. Inf.) umschrieb. Fut. (A250; B 1cβ); attr. **ὑπ-εναντίος** *zuwider, widersprechend, feindlich;* subst. *Widersacher, Gegner;* hier *die, die sich (gegen Gott) auflehnen.*

28   **28 ἀ-θετήσας** Aor. Ptz. ἀ-θετέω *für ungültig erklären, brechen, verwerfen, ablehnen;* kond. **οἰκτιρμός** *Mitleid, Erbarmen, Barmherzigkeit;* hier hebr. „Abstraktions"-Pl. (Bdtg. wie Sg.; B). **ἐπί** m. Dat. *auf Grund der Aussage von* (B II1bγ). **δυσίν/τρισίν** Dat. δύο/τρεῖς[19f]. **μάρτυς** υρος ὁ (H-S §42a)

29   *Zeuge.* **29 πόσος**[18] *wie groß; wieviel;* πόσῳ (dat. differentiae, A117) ... χείρονος ... τιμωρίας *einer (um) wieviel schlimmeren/schwereren Strafe* würdig. **χείρων**[11] ον (Komp. zu κακός) *schlechter, schlimmer.* **ἀξιωθήσεται** Fut. Pass. ἀξιόω *einer Sache/Person für wert, angemessen* od. *würdig halten,* m. gen. pretii (A161). **τιμωρία** *Strafe.* **κατα-πατήσας** Aor. Ptz. -πατέω *zertreten;* übertr. *mit Füßen treten, verächtlich behandeln;* subst. **δια-θήκη** V. 16. **κοινός** *gemeinsam; gewöhnlich, unheilig, unrein.* **ἡγησάμενος** Aor. Ptz. Med. ἡγέομαι *führen, leiten; meinen, glauben, ansehen (als), halten (für),* m. doppeltem Akk. (H-S §153b); subst., par. zu καταπατήσας. **ἐν** instr. *durch.* **ἡγιάσθη** Aor. Pass. ἁγιάζω[91] V. 10. **τὸ πνεῦμα τῆς χάριτος** *der Geist der Gnade,* d.h. der Heilige Geist, der durch die Gnade Gottes empfangen wird od. der die göttl. Gnade vermittelt. **ἐν-υβρίσας** Aor. Ptz. -υβρίζω (vgl. A33[91ff]) *Schmach antun, schmähen, verachten;* subst., par. zu καταπατή-

30   σας. **30 εἰπόντα** Aor. Ptz. λέγω, subst. **ἐμοί** dat. commodi/poss. (A173b). **ἐκ-δίκησις**[8] *Rache, Bestrafung.* **ἐγώ** betont (A122). **ἀντ-απο-δώσω** Fut. -δίδωμι[201] (ἀποδίδωμι) *(zurück)erstatten, vergelten.* **κρινεῖ** Fut. κρίνω. **κύριος** hier (AT-Zitat) ohne Art. *Herr = Jahwe* (A107).

31   **31 ἐμ-πεσεῖν** Aor. Inf. -πίπτω[194] *hineinfallen; hineingeraten;* τὸ ἐμπεσεῖν subst. als Subj. (A280). **ζῶντος** Ptz. ζάω, attr.

32   **32 ἀνα-μιμνήσκεσθε** Imp. Pass. -μιμνήσκω *erinnern;* Pass. *sich erinnern.* **πρότερος** *früherer;* Ntr. als Adv. *früher,* hier Adv. als Attr. (A84; H-S §260m). **φωτισθέντες** Aor. Ptz. Pass. φωτίζω *leuchten, beleuchten;* übertr. *erleuchten, mit* (himmlischem) *Licht erfüllen* (B 2b); temp. **ἄθλησις**[8] *Wettkampf, Kampf.* **ὑπ-ε-μείνατε** Aor. ὑπο-μένω[117] *standhalten, durchhalten; aushalten.* **πάθημα**[3] (< πάσχω) *Leid, Leiden; Leidenschaft;* ἄθλησις παθημάτων gen. obi. (A158) *ein Kampf mit/gegen Leiden* od. gen. epexegeticus

33   (A163) *ein in Leiden bestehender Kampf, ein Leidenskampf.* **33 τοῦτο μέν** ... **τοῦτο δέ** *(eines)teils ... (andern)teils* (att.; B οὗτος 1bδ). **ὀνειδισμός** *Beschimpfung, Vorwurf, üble Nachrede;* dat. instr. (A176). **θεατριζόμενοι** Ptz. Pass. θεατρίζω (< θέατρον Theater; Schauspiel) *zum öffentlichen Schauspiel machen* (Pass. *werden);* mod., Präs. hier vorzeitig (A285). **κοινωνός** ὁ u. ἡ *Genosse, Teilhaber, Gefährte;* κοινωνός τινος γίνομαι *jmds. Teilhaber werden,* hier *jmdm. zur Seite stehen.* **ἀνα-στρεφομένων** Ptz. Pass. (ohne Pass.-Bdtg.) -στρέφω *umkehren;* Pass. *(in einer best. Weise) leben, sich verhalten;* hier (subst.) οἱ οὕτως ἀναστρεφόμενοι *die, denen es so ergeht/erging* (B 2bδ). **γενηθέντες** Aor. Ptz. Pass. (ohne Pass.-Bdtg.) γίνομαι; mod.,

34   par. zu θεατριζόμενοι. **34 δέσμιος** *Gefangener* [Var. δεσμός *Fessel;* Pl.

Gefangenschaft]. **συν-ε-παθήσατε** Aor. συμ-παθέω m. Dat. *Mitleid/Mitgefühl haben mit.* **ἁρπαγή** *(das) Rauben, Wegnahme.* **ὑπ-αρχόντων** Ptz. -άρχω, subst. τὰ ὑπάρχοντα *das (jmdm.) Gehörende, der Besitz, das Vermögen.* **προσ-ε-δέξασθε** Aor. Med. -δέχομαι[63] *annehmen;* hier *hinnehmen.* **γινώσκοντες** Ptz. γινώσκω, kaus.; hier m. AcI (A274). **ἔχειν** Inf., Präd. des AcI. **ἑαυτούς** (= att. ὑμᾶς αὐτούς, A126) Subj. des AcI. **κρείττων/ κρείσσων**[11] ον (Komp. zu ἀγαθός) *besser, hervorragender, vorzüglicher, höherstehend.* **ὕπ-αρξις**[8] (< ὑπάρχω) *Besitz.* **μένουσαν** Ptz. Fem. μένω, attr. **35 ἀπο-βάλητε** Aor. Konj. -βάλλω[112] *abwerfen, ablegen;* hier *verlieren* od. *wegwerfen;* prohibitiver Konj. (A256; 263f). **παρ-ρησία** V. 19. **ἥτις** qualitativ (A132) *(eine Zuversicht), die.* **ἔχω** hier *nach sich ziehen* (B I4), *mit sich bringen* (Menge). **μισθ-απο-δοσία** (< μισθός Lohn + ἀποδίδωμι) *Lohn, Belohnung, Vergeltung.* **36 ὑπο-μονή** *Ausharren, Geduld, Ausdauer, Standhaftigkeit.* **χρείαν ἔχω** *nötig haben, brauchen,* m. Gen. **ποιήσαντες** Aor. Ptz. ποιέω, temp. **κομίσησθε** Aor. Konj. Med. κομίζω (vgl. A33[91ff]) *herbeibringen, -tragen;* Med. *davontragen, erhalten, erlangen.* **ἐπαγγελία** hier wohl *(das) Verheißene* (6,12). **37 ἔτι ... μικρὸν ὅσον ὅσον** „welch kleine, kleine (Zeit ist) noch" = *nur noch ganz kurze Zeit (verstreicht, dann)* (vgl. BDR §127[2] u.304[4] [ὅσος wie klass. im Ausruf „wie groß/ klein!", durch μικρόν eindeutig gemacht]) = *bald* (B μικρός 3e). **ἐρχόμενος** Ptz. , subst. (bez. hier den Messias). **ἥξει** Fut. ἥκω (vgl. A33[187]) *gekommen sein, dasein;* (außerhalb des Präs.:) *kommen.* **χρονίσει** Fut. χρονίζω (vgl. A33[91ff]) (< χρόνος) *sich Zeit lassen, sich verspäten, ausbleiben.* **38 ὁ δίκαιός μου** „mein Gerechter" hier wohl = *der, der als Gerechter zu mir gehört* (vgl. Wilckens). **ἐκ πίστεως** *auf Grund des Glaubens* (vgl. B ἐκ 3f). **ζήσεται** Fut. Med. (Bdtg. = Akt.) ζάω. **καί** adversativ (A311,1) *doch.* **ὑπο-στείληται** Aor. Konj. Med. -στέλλω[113] *(sich) zurückziehen, (feige) zurückweichen.* **εὐ-δοκέω** V. 6, hier m. ἐν. **ἡ ψυχή μου** hebr. fast = ἐγώ (vgl. z.B. Ri 16,30 LXX). **39 ἡμεῖς** betont (A122). **ὑπο-στολή** (< ὑποστέλλω) *(das) (feige) Zurückweichen, Kleinmut;* οὐκ ἐσμὲν ὑποστολῆς ... ἀλλὰ πίστεως gen. pertinentiae (A152ff) *wir gehören nicht zum* (A106a) *Zurückweichen ... sondern zum Glauben* = *wir gehören nicht zu denen, die zurückweichen ... sondern zu denen, die glauben.* **ἀπ-ώλεια** (< ἀπόλλυμι) *Verderben, Untergang.* **περι-ποίησις**[8] *(das) Erhalten, Bewahren, Erwerben, In-Besitz-Nehmen; Besitz, Eigentum;* περιποίησις ψυχῆς gen. obi. (A158) *das Erhalten/Gewinnen* (od. *Bewahren* [B 1]) *des Lebens* (A106a/d). **εἰς** hier v. der Wirkung der Handlung (B 4e): ... εἰς ἀπώλειαν ... εἰς περιποίησιν ψυχῆς *zum Zurückweichen, das zum Verderben führt ... zum Glauben, der zum Gewinnen des Lebens führt,* bzw.: *die zurückweichen und darum verlorengehen ... die glauben und so das Leben gewinnen.*

ἐλπιζομένων Ptz. Pass. Ntr. ἐλπίζω *hoffen;* subst. *Dinge, auf die ge-* **11**

hofft wird/auf die man hofft. **ὑπό-στασις**[8] *Grundlage, Fundament; Wesen, Wirklichkeit; Lage, Zustand;* der Sinn ist hier umstritten, wichtigste Alternativen: a) objektiver Sinn: *Wirklichkeit/Verwirklichung* (EWNT 3, Sp. 973; B 3) bzw. *feste Grundlage, Garantie;* b) subjektiver Sinn: *feste Zuversicht, zuversichtliches Vertrauen* (LSJ BII4); Präd.-Nom. (A48); ἐλπιζομένων ὑπόστασις gen. obi. (A158) *die feste Grundlage/Garantie für das, was man hofft* (bzw. *die Wirklichkeit/Verwirklichung dessen, was ...*) od. *das feste Vertrauen auf das, was man hofft.* **πρᾶγμα**[3] *Ereignis, Tatsache.* **ἔλεγχος** (vgl. ἐλέγχω u.a. jmdm. etwas nachweisen) *(das) Überzeugtsein* (subjektiv) od. *Beweis (für die Wirklichkeit von)* (objektiv); App. (A70). **βλεπομένων** Ptz. Pass. Ntr. βλέπω, attr.; πραγμάτων οὐ βλεπομένων *von Tatsachen, die nicht gesehen werden/die*
2 *man nicht sieht/die nicht sichtbar sind.* **2 ἐν ταύτῃ** kaus. *auf Grund dieses (Glaubens)* (vgl. B ἐν III3). **ἐ-μαρτυρήθησαν** Aor. Pass. μαρτυρέω, Pass. hier *ein gutes/ruhmvolles Zeugnis erhalten* (pass. divinum [A76b]). **οἱ**
3 **πρεσβύτεροι** hier *die Vorfahren* (B 1b). **3 πίστει** instr. bzw. kaus. (A176f; evtl. mod., A180) *durch den* (A106a) *Glauben, auf Grund des Glaubens* (V. 1-31 Beispiel der Stilfigur Anapher, H-S §294p). **νοέω** *erkennen, verstehen;* hier m. AcI (A274). **κατ-ηρτίσθαι** Pf. Inf. Pass. -αρτίζω (vgl. A33[91ff]) *in Ordnung bringen; bereiten, herstellen, schaffen;* Präd. des AcI. **οἱ αἰῶνες** hier (wie 1,2) *die Welt, das Universum;* Subj. des AcI. **ῥήματι θεοῦ** dat. instr. (A176); auch ohne Art. best. (A106c/d). **εἰς τό** m. Inf./AcI kons. (A282). **φαινομένων** Ptz. Ntr. φαίνομαι *scheinen, leuchten;* hier *zum Vorschein kommen, sichtbar werden/sein;* subst. *das Sichtbarwerdende/sich Zeigende = das sinnlich Wahrnehmbare* (Menge), *die Erscheinungswelt* (B 2b). **τὸ βλεπόμε-νον** (V. 1) subst. *das, was man sieht = das Sichtbare;* Subj. des AcI. **γε-γονέ-ναι** Pf. Inf. γίνομαι; Präd. des AcI; εἰς τὸ μὴ ἐκ φαινομένων τὸ βλε-πόμενον γεγονέναι *so daß das Sichtbare nicht aus dem entstanden ist, was*
4 *man sieht.* **4 πλείων** hier qualitativ: *besser.* **θυσία** *(Schlacht-)Opfer.* **Ἄβελ** indekl., hier Nom., *Abel,* Sohn Adams. **παρά** m. Akk. bei Vergleichen *als* (A115). **Κάϊν** indekl., hier Akk., *Kain,* Sohn Adams, erster Bruder-mörder (H-S §134b). **προσ-ήνεγκεν** Aor. -φέρω. δι' ἧς ... δι' αὐτῆς *durch welchen ... durch ihn* (BW πίστις). **ἐ-μαρτυρήθη** V. 2, Pass. hier m. Nom. u. Inf. (vgl. H-S §216e/218g; A273f) *das Zeugnis erhalten, daß.* **εἶναι** Inf. εἰμί. **μαρτυροῦντος** Ptz., gen. abs. (A288), mod. **ἐπί** m. Dat. hier = περί m. Gen. **δῶρον** *Geschenk, Gabe; Opfergabe.* **ἀπο-θανών** Aor. Ptz.
5 ἀπο-θνῄσκω, konz. *obwohl er (längst) gestorben ist.* **5 Ἐνώχ** indekl., hier Nom., *Henoch,* atl. Frommer (Gen 5,18ff). **μετ-ε-τέθη** Aor. Pass. μετα-τί-θημι[200] *anderswohin bringen; ändern;* hier *(v. der Erde) wegnehmen* bzw. *(zu Gott) entrücken.* **ἰδεῖν** Aor. Inf. ὁράω; τοῦ μὴ ἰδεῖν θάνατον kons. (A281) *so daß er nicht sterben* (wörtl. „den Tod nicht sehen" [B εἶδον 5]) *mußte.* **ηὑρίσκετο** Ipf. Pass. εὑρίσκω. **δι-ότι** *weil.* **μετ-έ-θηκεν** Aor.

μετα-τίθημι. **μετά-θεσις**[8] (< μετατίθημι) *Versetzung* (an einen anderen Ort); *Änderung;* hier *Wegnahme* bzw. *Entrückung.* **με-μαρτύρηται** Pf. Pass., *er erhielt das Zeugnis,* hier m. Inf. (V. 4). **εὐ-αρεστηκέναι** Pf. Inf. -αρεστέω *gut gefallen.* **6 ἀ-δύνατος**[11] *unmöglich;* Ntr. m. od. ohne ἐστίν **6** *es ist unmöglich.* **εὐ-αρεστῆσαι** Aor. Inf. **πιστεῦσαι** Aor. Inf. πι-στεύω, Präd. des AcI, abhängig v. δεῖ. **προσ-ερχόμενον** Ptz. -έρχομαι, subst.; Subj. des AcI. **ἔστιν** hier Vollverb *vorhanden sein, existieren* (B I1), also: daß *es ihn gibt.* **ἐκ-ζητοῦσιν** Ptz. Dat. Pl. -ζητέω *suchen;* subst.; dat. commodi (A173). **μισθ-απο-δότης**[1] (< μισθός Lohn + ἀποδίδωμι) *Entlohner, Vergelter;* τοῖς ἐκζητοῦσιν αὐτὸν μισθαποδότης γίνεται *er erweist sich den ihn Suchenden als Entlohner* = *er belohnt die, die ihn suchen.* **7 χρηματισθείς** Aor. Ptz. Pass. χρηματίζω (vgl. A33[91ff]) (v. Gott) *eine* **7** *Weisung erteilen;* Pass. (v. Gott) *eine Weisung/Offenbarung empfangen;* temp. **Νῶε** indekl., hier Nom., *Noach,* atl. Frommer (Gen 6-9). **μηδέ-πω** *noch nicht.* **βλεπομένων** Ptz. Pass. Ntr. V. 1, subst. **εὐ-λαβηθείς** Aor. Ptz. Pass. (ohne Pass.-Bdtg.) -λαβέομαι *sich in acht nehmen, sich fürchten; besorgt sein; ehrerbietige Scheu/Gottesfurcht haben;* mod. od. kaus. *aus Besorgnis, in Gottesfurcht,* etwa = *im Gehorsam zu Gott.* **κατ-ε-σκεύασεν** Aor. κατα-σκευάζω (vgl. A33[91ff]) *einrichten; bauen.* **κιβωτός** ἡ *Kasten, Kiste: Arche, Schiff.* **οἶκος** hier *Familie.* **δι' ἧς** *durch diesen (Glauben)* (A364a). **κατ-έ-κρινεν** Aor. κατα-κρίνω[127] *verurteilen.* **ἡ κατὰ πίστιν δικαιοσύνη** *die glaubensgemäße Gerechtigkeit* (Menge) bzw. *die Glaubensgerechtigkeit* (B δικαιοσύνη 3; A155), d.h. die Gerechtigkeit, die Gott auf Grund des Glaubens gibt. **ἐ-γένετο** Aor. Med. γίνομαι. **κληρο-νόμος** (< κλῆρος Los; Anteil + νέμομαι besitzen) *(der) Erbe, Besitzer.*

8 πίστει V. 3. **καλούμενος** Ptz. Pass. καλέω, temp. **ὑπ-ήκου-** **8** **σεν** Aor. -ακούω *gehorchen.* **ἐξ-ελθεῖν** Aor. Inf. -έρχομαι, wohl epexegetischer Inf. zu ὑπήκουσεν (A279) *er gehorchte dadurch, daß er wegzog* = *er zog gehorsam weg* (B ὑπακούω 1); evtl. Inf. besser zu καλούμενος zu ziehen *er gehorchte dem Ruf, wegzuziehen* (s. etwa Jos 24,9 u. Ri 12,1 LXX; vgl. LSJ καλέω I[1]). **ἤ-μελλεν** Ipf. μέλλω. **λαμβάνειν** Inf.; ἤμελλεν λαμβάνειν *er sollte erhalten* („Zukunft in der Vergangenheit", A250 u. H-S §203c). **κληρο-νομία** *(das) Erbe, Erbteil; Besitz, Eigentum;* εἰς κληρονομίαν *zum Erbe/als Besitz* (B 2; vgl. A81). **ἐξ-ῆλθεν** Aor. Ind. **ἐπιστάμενος** Ptz. ἐπίσταμαι *wissen;* mod. neg. *ohne zu wissen.* **ποῦ ἔρχεται** *wohin er ging* (Tempus der direkten Rede, A326). **9 παρ-ῴκησεν** Aor. -οικέω *vorüber-* **9** *gehend* od. *als Fremder* an einem Ort *wohnen/sich aufhalten;* m. εἰς als Fremder *übersiedeln/auswandern nach* (B 1c). **εἰς γῆν τῆς ἐπαγγελίας** gen. qualitatis (A160) *in das verheißene Land.* **ἀλλότριος** (< ἄλλος) *einem anderen gehörend; fremd.* **σκηνή** *Zelt.* **κατ-οικήσας** Aor. Ptz. -οικέω, mod. (hier gleichzeitig, A285). **Ἰσαάκ** indekl., hier Gen., *Isaak,* Abrahams Sohn (H-S

§134b). Ἰακώβ indekl., hier Gen., *Jakob, Sohn Isaaks, Stammvater Israels.*
10 συγ-κληρο-νόμος[11] *Miterbe.* 10 ἐξ-ε-δέχετο Ipf. ἐκ-δέχομαι *erwarten, warten auf.* θεμέλιος *Fundament;* τοὺς θεμελίους *wohl die (bekannten* [A103] *festen) Fundamente* (vgl. V. 16 bzw. 13,14). ἔχουσαν Ptz. Fem. ἔχω, attr. τεχνίτης[1] *Handwerker,* hier *Erbauer.* δημι-ουργός (< δήμια ἔργα *gemeinnützige Arbeiten) Handwerker, Künstler, Schöpfer;* ἧς τεχνίτης καὶ δημιουργός Präd.-Nom. ohne Art. (A80; 363) *deren Erbauer und*
11 *Schöpfer* Gott *ist = die* Gott *geplant und gebaut hat.* 11 Σάρρα *Sara,* Abrahams Frau; καὶ αὐτὴ Σάρρα *(auch) sogar Sara* (B αὐτός 1g). στεῖρα *unfähig zu gebären, unfruchtbar;* Artangabe zum Subj. (A65): Sara *als Unfruchtbare,* hier = Sara *trotz ihrer Unfruchtbarkeit.* κατα-βολή *Grundlegung, Anfang, Erschaffung;* term. tech. für das *Einsenken* des Samens, die *Befruchtung;* δύναμιν εἰς καταβολὴν σπέρματος ἔλαβεν (ohne Bezug auf term. tech.) *sie empfing Kraft, eine Nachkommenschaft zu begründen* (B 1; EWNT 3, Sp. 631) od. wenn Abraham Subj. des Satzes ist: *er empfing Kraft, Nachkommen zu zeugen* (καὶ αὐτὴ Σάρρα στεῖρα wäre Umstandssatz [vgl. A311,1] *und Sara ihrerseits war (doch) unfruchtbar = trotz Saras Unfruchtbarkeit* [vgl. EWNT 2, Sp. 631]; andere gehen v. einem dat. sociativus [A179] aus [grammatisch schwierig]: αὐτῇ Σάρρα στεῖρα *empfing er auch ... zusammen mit Sara, obwohl diese unfruchtbar war* [vgl. B 2; BDR §194[2]]). ἔ-λαβεν Aor. λαμβάνω. ἡλικία *(Lebens-)Alter, Lebenszeit,* (für Bestimmtes erforderliches bzw. ausreichendes) *Alter;* καὶ παρὰ καιρὸν ἡλικίας *und (sie/er war) über die Zeit des (dazu erforderlichen) Alters hinaus* (auch ohne Art. best., A106a/d), *trotz* (vgl. A311,1) *ihres* bzw. *seines hohen Alters.* ἐπεί (A338) *weil, da ja, denn.* ἡγήσατο Aor. Med. ἡγέομαι *führen, leiten; meinen, glauben, ansehen (als), halten (für),* m. doppeltem Akk. (H-S §153b). ἐπ-αγγειλάμενον Aor. Ptz. Med. -αγγέλ-
12 λομαι[111] *versprechen, verheißen;* subst. 12 ἐ-γεννήθησαν Aor. Pass. γεννάω [Var. ἐ-γενήθησαν Aor. Pass. γίνομαι]. καὶ ταῦτα *und zwar* (B οὗτος 1bγ; vgl. A311,7). νε-νεκρωμένου Pf. Ptz. Pass. νεκρόω *töten; abtöten;* subst. appositionell (vgl. A70) zu ἀφ' ἑνός; ἀφ' ἑνὸς ἐγεννήθησαν, καὶ ταῦτα νενεκρωμένου *(viele) stammen* (wörtl. „sind geboren worden") *von einem einzigen (Mann) ab, und das von einem, der keine Kraft mehr besaß* (wörtl. „der abgestorben war", A231). ἄστρον *Sternbild, Gestirn; Stern.* πλῆθος[7] *Menge;* dat. respectus (A178) *der Menge nach;* καθὼς τὰ ἄστρα τοῦ οὐρανοῦ τῷ πλήθει *so zahlreich wie die Sterne am Himmel.* ἄμμος ἡ *Sand* bzw. *Sandkörner.* χεῖλος[7] *Lippe; Ufer.* ἀν-αρίθμητος[11] (< ἀριθμέω *zählen) unzählbar.*
13 13 κατὰ πίστιν *im/voll Glauben* (modal, A195). ἀπ-έ-θανον Aor. ἀπο-θνήσκω. λαβόντες Aor. Ptz. λαμβάνω, mod. [Var. κομισάμενοι Aor. Ptz. Med. κομίζω *herbeibringen;* Med. *davontragen, erhalten, erlangen*]. ἐπ-αγγελία hier *(das) Verheißene.* πόρρωθεν *aus der Ferne.* ἰδόντες

Aor. Ptz. ὁράω, mod. **ἀσπασάμενοι** Aor. Ptz. Med. ἀσπάζομαι hier *begrüßen, willkommen heißen* (B 2); mod. **ὁμο-λογήσαντες** Aor. Ptz. -λογέω (vgl. ὁμῶς *zusammen, in gleicher Weise* + λόγος) *etwas zugeben, bekennen; frei heraussagen, erklären;* mod. **ξένος** *fremd;* subst. *Fremder.* **παρ-επίδημος**[11] (*für kurze Zeit*) *in der Fremde lebend;* subst. *Fremder, Fremdling;* ξένοι καὶ παρεπίδημοι übers. z.B. *Gäste und Fremde.* **εἰσίν** *daß sie ... waren* (Tempus der direkten Rede, A326). **14 λέγοντες** Ptz. λέγω, subst. **ἐμ-**   **14** **φανίζω** *sichtbar machen; kundtun, deutlich machen.* **πατρίς**[3] ίδος ἡ (< πατήρ) *Vaterland, Heimat.* **ἐπι-ζητέω** *suchen; erstreben.* **15 εἰ μέν** ...   **15** **νῦν δέ** (V. 16) *wenn ... nun aber/statt dessen* (vgl. B νῦν 2). **ἐ-μνημό-** **νευον** Ipf. μνημονεύω *sich erinnern; gedenken, denken an; erwähnen,* m. Gen.; εἰ ... ἐμνημόνευον ... εἶχον ἄν irrealer Fall (A345) *hätten sie an ... gedacht, so hätten sie ... gehabt.* **ἀφ'** (ἀπό) hier = ἐξ (A184). **ἐξ-έ-βησαν** Aor. ἐκ-βαίνω[139] *herausgehen, herkommen.* **εἶχον** Ipf. ἔχω. **καιρός** hier *Zeit* od. *Gelegenheit* (B 2), m. flgd. Inf. (A272). **ἀνα-κάμψαι** Aor. Inf. -κάμπτω (vgl. A33[51ff]) *zurückkehren, umkehren.* **16 κρείττων/κρείσ-**   **16** **σων**[11] ον (Komp. zu ἀγαθός) *besser, hervorragender, vorzüglicher, höherstehend* (erg. πατρίδος). **ὀρέγομαι** m. Gen. *trachten, streben, sich sehnen nach.* **τοῦτ' ἔστιν** Formel *das heißt* (A93). **ἐπ-ουράνιος**[11] *himmlisch.* **ἐπ-αισχύνομαι** *sich schämen* jmds./einer Sache (m. Akk., hier auch m. Inf.). **ἐπι-καλεῖσθαι** Inf. Pass. -καλέω *benennen, nennen.* **ἡτοίμασεν** Aor. ἑτοιμάζω.

    17 πίστει V. 3. **προσ-ενήνοχεν** Pf. -φέρω, Pf. *er brachte* den Isaak   **17** *dar* (als bleibendes Vorbild [A231, BDR §342[6]]). **Ἰσαάκ** V. 9. **πειραζό-** **μενος** Ptz. Pass. πειράζω (vgl. A33[91ff]) *versuchen, in Versuchung bringen* (Unrechtes zu tun); *prüfen, auf die Probe stellen;* temp. **καί** epexegetisch *und zwar, ja* (A311,7). **μονο-γενής**[7] (< γένος *Geschlecht, Art*) *einziges* (Kind); *einzigartig.* **προσ-έ-φερεν** Ipf., konativ (A237c) *er hatte vor/er war bereit ... zu opfern.* **ἀνα-δεξάμενος** Aor. Ptz. Med. -δέχομαι[63] *bei sich* (gastl.) *aufnehmen; annehmen, bekommen;* subst.; App. (A70) zu Ἀβραάμ *Abraham ... er, der ... bekommen hatte.* **18 ἐ-λαλήθη** Aor. Pass. λαλέω. **ὅτι** recitativum = Doppelpunkt (A333). **ἐν** hier wohl instr. *durch, mittels.* **Ἰσαάκ** hier   **18** Dat. **κληθήσεται** Fut. Pass. καλέω; ἐν Ἰσαὰκ κληθήσεταί σοι σπέρμα *in/durch Isaak wird dir Nachkommenschaft genannt werden,* nach B 1aδ (*genannt werden = sein*): *durch Isaak wirst du Nachkommen haben.* **σοι** dat. commodi (A173) *dir, für dich.* **19 λογισάμενος** Aor. Ptz. Med. λογί-   **19** ζομαι; kaus. zu προσενήνοχεν/προσέφερεν V. 16. **ἐγείρειν** Inf. **δυ-** **νατός** *stark, mächtig;* δυνατός ἐστιν *er hat die Macht, er ist imstande* (B 1aβ). **ὅθεν**[18] *woher; woraus, weshalb* bzw. (vgl. A364a) *deshalb;* hier örtl. *woher* (d.h. v. den Toten) od. (wohl besser) kaus. *deshalb* (d.h. dank dieser Überzeugung). **ἐν παραβολῇ** *als ein Gleichnis/Sinnbild* (für die Auferste-

hung der Toten; B παραβολή 1), viell. *gleichsam (vom Tod)* (GN). **ἐ-κομί-σατο** Aor. Med. κομίζω (vgl. A33⁹¹ᶠᶠ) *herbeibringen, -tragen;* Med. *davontra-*
20 *gen, erhalten, erlangen; wiederempfangen, zurückerhalten.* **20 μελλόντων** Ptz. Ntr. μέλλω, subst. *Zukünftiges bzw. Dinge, die kommen sollten.* **εὐ-λόγησεν** Aor. -λογέω. **Ἰσαάκ** hier Nom. **Ἰακώβ** V. 9. **Ἠσαῦ** indekl. *Esau,* Ja-
21 kobs Bruder. **21 ἀπο-θνῄσκων** Ptz., temp. *als er im Sterben lag, auf dem Sterbebett.* **Ἰωσήφ** indekl., hier Gen., *Joseph,* Lieblingssohn Jakobs (H-S §134b). **προσ-ε-κύνησεν** Aor. -κυνέω. **ἄκρον** *Spitze; äußerstes Ende.* **ῥάβδος** ἡ *Rute, Stab, Stock;* ἐπὶ τὸ ἄκρον τῆς ῥάβδου αὐτοῦ *auf die*
22 *Spitze seines Stabes gestützt* (vgl. Gen 47,31 LXX). **22 τελευτῶν** Ptz. τελευ-τάω (< τελευτή *Ende* [*Tod*]) *sterben;* temp. *als er im Sterben lag, am Ende sei-nes Lebens.* **ἔξ-οδος** ἡ *Auszug* (aus Ägypten). **ἐ-μνημόνευσεν** Aor. μνημονεύω V. 15. **ὀστέον** *Knochen, Gebein.* **ἐν-ε-τείλατο** Aor. Med. -τέλλομαι¹¹⁵ *befehlen,* hier *Anordnungen treffen.*
23   **23 πίστει** V. 3. **γεννηθείς** Aor. Ptz. Pass. γεννάω, temp. *nach sei-ner Geburt.* **ἐ-κρύβη** Aor. Pass. κρύπτω⁵⁷ *verbergen,* hier *verborgen halten.* **τρί-μηνος**¹¹ (< τρεῖς, μήν *Monat*) *dreimonatig;* ἡ τρίμηνος od. τὸ τρί-μηνον *Zeitraum von drei Monaten, Vierteljahr;* Akk. der zeitl. Ausdehnung (A148). **οἱ πατέρες** *die Eltern* (B 1a). **δι-ότι** *weil.* **ἀστεῖος** (< ἄστυ *Stadt*) eig. „städtisch": *fein, wohlgestaltet, schön;* εἶδον ἀστεῖον (erg. ὄν [Ptz. v. εἰμί]) τὸ παιδίον (dann AcP [H-S §233a Anm. 2; vgl. A300]) *sie sahen, daß das Kind schön war = sie sahen, daß es ein schönes Kind war.* **ἐ-φοβήθησαν** Aor. Pass. (ohne Pass.-Bdtg.) φοβέομαι. **διά-ταγμα**³ *Anordnung.*
24 **24 μέγας**¹² hier *erwachsen* (B 2aα). **γενόμενος** Aor. Ptz. Med. γίνομαι, temp. **ἠρνήσατο** Aor. Med. ἀρνέομαι *leugnen;* hier m. Inf. *sich weigern, etwas zu tun.* **λέγεσθαι** Inf. Pass. λέγω hier *nennen* (Akt. m. doppeltem Akk., im Pass. m. Nom. [A97,15 u. A212]). **θυγάτηρ**⁶ τρός ἡ *Tochter* (kann auch ohne Art. best. sein, A106c/d). **Φαραώ** indekl., hier Gen., *Pharao,* Titel
25 der altägyptischen Könige (H-S §134b). **25 ἑλόμενος** Aor. Ptz. Med. αἱ-ρέομαι¹⁸⁵ *(für) sich nehmen, erwählen;* mod. od. kaus.; μᾶλλον ἑλόμενος ... ἤ *weil/indem er es vorzog ... als/anstatt* (B 2). **συγ-κακ-ουχεῖσθαι** Inf. -ου-χέομαι *zusammen schlecht behandelt werden, zusammen Schlimmes erleiden/ gequält werden* (mit m. Dat.). **πρόσ-καιρος**¹¹ *vorübergehend, kurzzeitig.* **ἔχειν** Inf. **ἀπό-λαυσις**⁸ (< ἀπολαύω *genießen, sich zunutze machen*) *Genuß;* πρόσκαιρον ἔχειν ἁμαρτίας ἀπόλαυσιν *kurzzeitigen Genuß von (der) Sünde zu haben = zu sündigen und für kurze Zeit Vorteile zu genießen.*
26 **26 πλοῦτος** *Reichtum;* Obj.-Präd. (A80). **ἡγησάμενος** Aor. Ptz. Med. ἡγέομαι V. 11, mod. od. kaus. **Αἴγυπτος** ἡ *Ägypten.* **θησαυρός** *Schatz;* gen. comparationis (A168). **ὀνειδισμός** *Schmähung, Beschimpfung;* τὸν ὀνειδισμὸν τοῦ Χριστοῦ „*die Schmach des Christus/Gesalbten*": die Schmach, die man dem Christus/Gesalbten zufügt (gen. obi., A158), d.h. das,

was Gottes Volk damals (nach 1Ch 16,22; Ps 105,15 u.a. ebenfalls „Gesalbte")
u. bis heute zu erdulden hatte; das, was *der* Gesalbte (Christus), sich mit seinem
Volk identifizierend, erlitten hat bzw. erleidet; od.: die Schmach, die zu Chri-
stus/zur Christusnachfolge gehört (gen. pertinentiae, A152ff), d.h. Mose nahm
damals eine Schmach auf sich, wie sie jetzt Christen zu erdulden haben, weil ih-
nen Gottes Sache wichtiger ist als v. Menschen zu erwartende Vorteile (vgl.
GN). **ἀπ-έ-βλεπεν** Ipf. ἀπο-βλέπω *hinblicken, seinen Blick richten auf*
(εἰς). **μισθ-απο-δοσία** (< μισθός Lohn + ἀποδίδωμι) *Lohn, Beloh-*
nung, Vergeltung. **27 κατ-έ-λιπεν** Aor. κατα-λείπω[44] *verlassen.* **φοβη-**   27
θείς Aor. Ptz. Pass. V. 23, mod. neg. *ohne Furcht vor.* **θυμός** *Leidenschaft;*
Zorn, Wut, Aufbrausen. **ἀ-όρατος**[11] (< ὁράω) *unsichtbar;* subst. *der Unsicht-*
bare (d.h. Gott). **ὁρῶν** Ptz. ὁράω, wohl adv. Ptz. zu καρτερέω; ὡς ὁρῶν
ἐκαρτέρησεν mod. *er hielt standhaft aus, als sähe er ... od.* kaus. *er hielt stand-*
haft aus, weil er (auf) ... sah (A291,2/3; nach B [unter καρτερέω] präd. Ptz. [vgl.
A301] *er hatte ... gleichsam dauernd vor Augen*). **ἐ-καρτέρησεν** Aor. καρτε-
ρέω *stark/standhaft sein, durchhalten;* m. Ptz. *dauernd etwas tun.* **28 πε-**   28
ποίηκεν Pf. ποιέω hier (ein Fest) *abhalten, feiern;* das Pf. betont die bleiben-
de Folge: es wird bis heute gefeiert (A231) = *er führte* das Passa *ein.* **πάσχα**
indekl. τό *Passafest* (14./15. Nisan [Anfang April] zur Erinnerung an Israels
Auszug aus Ägypten). **πρόσ-χυσις**[8] (< χέω gießen) *Begießung, Bespren-*
gung; ἡ πρόσχυσις τοῦ αἵματος *die Besprengung mit Blut,* hier das Bestrei-
chen der Türpfosten mit Blut; πεποίηκεν ... καὶ τὴν πρόσχυσιν τοῦ
αἵματος *er führte ... ein und ließ die Türpfosten mit Blut bestreichen.* **ὀλο-**
θρεύων Ptz. ὀλοθρεύω *verderben, vernichten;* subst. *Verderber* (der „Straf-
engel", d.h. der Vollzieher des göttl. Gerichts). **πρωτό-τοκος**[11] (< τίκτω
gebären) *erstgeboren;* τὰ πρωτότοκα *die Erstgeburten* (v. Mensch u. Tier);
AkkO zu ὀλοθρεύων. **θίγῃ** Aor. Konj. θιγγάνω[150] m. Gen. *berühren;*
antasten, anrühren (im feindl. Sinn); ἵνα ὁ ὀλοθρεύων τὰ πρωτότοκα
θίγῃ αὐτῶν *damit der Verderber der Erstgeburten sie* (d.h. die Erstgeburten
Israels) *nicht anrührte.* **29 δι-έ-βησαν** Aor. δια-βαίνω[139] *durchschreiten,*   29
-ziehen (m. Akk.); *hinübergehen.* **ἐρυθρός** *rot;* ἡ ἐρυθρὰν θάλασσα *das*
Rote Meer (LXX-Entsprechung für hebr. סוף םי *jam sûf* „das Schilfmeer" [bez.
das Bitterseengebiet, den Golf v. Suez sowie den Golf v. Aqaba]). **ξηρός**
trocken. **ἧς** *mit diesem* (d.h. mit dem Meer; relativische Verschränkung,
A364b). **πεῖρα** *Versuch; Erfahrung;* πεῖραν λαμβάνω τινός *mit etwas*
Erfahrung machen. **λαβόντες** Aor. Ptz. λαμβάνω, temp.; ἧς πεῖραν
λαβόντες οἱ Αἰγύπτιοι *als die Ägypter mit diesem Erfahrung machten* (d.h.
ebenfalls versuchten hindurchzugehen). **Αἰγύπτιος** *ägyptisch;* subst.
Ägypter. **κατ-ε-πόθησαν** Aor. Pass. κατα-πίνω[141] *hinunterschlucken;* (v.
Wasser) *verschlingen;* Pass. *ertrinken, untergehen.*
   30 πίστει V. 3. **τεῖχος**[7] *Stadtmauer.* **Ἰεριχώ** ἡ indekl., hier Gen.,   30

Jericho (H-S §134b). **ἔ-πεσαν** Aor. (vgl. H-S §105g) πίπτω. **κυκλωθέν-τα** Aor. Ptz. Pass. κυκλόω (< κύκλος Kreis) *umgeben; herumgehen um, umkreisen;* temp. *nachdem man um sie herumgezogen war.* **ἐπί** m. Akk. hier = ein-

31 facher Akk. der zeitl. Ausdehnung (A148; 194).   **31 Ῥαάβ** ἡ indekl., hier Nom., *Rahab*, Prostituierte aus Jericho. **πόρνη** *Prostituierte, Dirne.* **συν-απ-ώλετο** Aor. Med. -όλλυμαι[218] *gemeinsam zugrunde gehen (mit)*, m. Dat. **ἀ-πειθήσασιν** Aor. Ptz. Dat. Pl. ἀ-πειθέω *ungehorsam sein; (die göttliche Botschaft) ablehnen;* subst. **δεξαμένη** Aor. Ptz. Med. δέχομαι, kaus. **κατά-σκοπος** *Kundschafter, Spion.* **μετ' εἰρήνης** *in Frieden = freundlich* (vgl. εἰρήνη B 1b).

32   **32 λέγω** Konj., deliberativer Konj. (A255). **ἐπι-λείψει** Fut. -λείπω[44] *ausgehen, fehlen* (jmdm.: Akk.); ἐπιλείψει με ... ὁ χρόνος *die Zeit wird* (od. *könnte* [A247c]) *mir fehlen.* **δι-ηγούμενον** Ptz. -ηγέομαι *erzählen, reden;* kond. **Γεδεών** indekl., hier u. die flgd. Namen Gen., *Gideon*, israelitischer „Richter" (Ri 6-8). **Βαράκ** indekl., *Barak*, israelitischer Heerführer (Ri 4). **Σαμψών** indekl., *Simson*, „Richter" (Ri 13-16). **Ἰεφθάε** indekl., *Jephtha*, „Richter" (Ri 11f). **Σαμουήλ** indekl., *Samuel*, atl. Prophet (1Sam 1ff).

33   **33 κατ-ηγωνίσαντο** Aor. Med. -αγωνίζομαι (vgl. A33[91ff]) *niederkämpfen, bezwingen.* **εἰργάσαντο** Aor. Med. ἐργάζομαι; ἐργάζομαι δικαιο-σύνην *für Recht und Gerechtigkeit sorgen.* **ἐπ-έ-τυχον** Aor. ἐπι-τυγχά-νω[156] m. Gen. *gelangen zu, erlangen.* **ἐπ-αγγελία** V. 13. **ἔ-φραξαν** Aor. φράσσω (vgl. A33[74ff]) *verschließen, verstopfen;* φράσσω στόμα *den Rachen* (eines Löwen) *stopfen* (d.h. sich gegen diesen erfolgreich zur Wehr setzen).

34 **λέων**[5] οντος ὁ *Löwe.*   **34 ἔ-σβεσαν** Aor. σβέννυμι[222] *(aus)löschen.* **δύναμιν πυρός** *Feuerskraft, loderndes Feuer.* **ἔ-φυγον** Aor. φεύγω[72] m. Akk. *fliehen (vor);* eff. Aor. *sie entkamen* (A230; 240c). **μάχαιρα** (zu -ρης statt -ρας BDR §43[1]; H-S §25f) *Schwert;* στόμα μαχαίρης *Schwertschneide* (B 1), *Schärfe des Schwerts = gewaltsamer Tod.* **ἐ-δυναμώθησαν** Aor. Pass. δυναμόω *stark machen, stärken;* Pass. *stark werden, erstarken.* **ἀπό** hier = ἐκ *heraus aus* (A184; 189; BDR §209[6]). **ἀ-σθένεια** *Schwäche* (verschie-denster Art); *Krankheit;* ἐδυναμώθησαν ἀπὸ ἀσθενείας *Schwache beka-men Kraft.* **ἐ-γενήθησαν** Aor. Pass. (ohne Pass.-Bdtg.) γίνομαι. **ἰσχυ-ρός** (< ἰσχύω stark sein) *stark;* subst. *Starker*, hier etwa *Held.* **πόλεμος** *Krieg, Schlacht, Kampf.* **παρ-εμ-βολή** *(befestigtes) Lager; Heer, Schlachtord-nung.* **ἔ-κλιναν** Aor. κλίνω[126] *neigen, beugen; wankend machen, in die Flucht schlagen.* **ἀλλότριος** (< ἄλλος) *einem anderen gehörend; fremd, auslän-*

35 *disch; feindlich;* hier subst.   **35 ἔ-λαβον** Aor. λαμβάνω hier *zurückerhalten.* **ἐξ/ἐκ** *infolge, durch* (B 3f). **ἐ-τυμπανίσθησαν** Aor. Pass. τυμπανίζω (vgl. A33[91ff]) eig. „mit dem τύμπανον (Folterwerkzeug, vgl. 2Makkabäer 6,19.28) martern", dann überhaupt *martern, foltern, quälen*, hier wohl *zu Tode foltern/quälen.* **προσ-δεξάμενοι** Aor. Ptz. Med. -δέχομαι[63] *annehmen;*

hier neg. *nicht annehmen, ablehnen* (B 1b); temp. od. kaus. **ἀπο-λύτρωσις**[8] *Erlösung, Loskauf, Freikauf* (aus Sklaverei), hier wohl *die (angebotene) Freilassung* (aus Kriegsgefangenschaft). **κρείττων/κρείσσων** V. 16. **τύχωσιν** Aor. Konj. τυγχάνω[156] m. Gen. *erlangen, erleben.* **36 ἐμ-παιγμός** *Spott,* **36** *Verspottung* od. *martervolle Verhöhnung.* **μάστιξ**[3] ιγος ἡ *Geißel, Peitsche;* Pl. *(das) Auspeitschen, Geißel-, Peitschenhiebe.* **πεῖρα** V. 29. **ἔ-λαβον** Aor. λαμβάνω. **ἔτι δέ** hier *außerdem* (B ἔτι 2b) od. *ja sogar* (vgl. ZG). **δεσμός** *Fessel;* Pl. *Fesseln, Gefangenschaft.* **37 ἐ-λιθάσθησαν** Aor. Pass. λι- **37** θάζω (vgl. A33[91ff]) (< λίθος) *steinigen.* **ἐ-πρίσθησαν** Aor. Pass. πρίζω (vgl. A33[91ff]) od. πρίω *zersägen* [Var. ἐ-πειράσθησαν Aor. Pass. πειράζω V. 17]. **ἐν** instr. *durch.* **φόνος** *Mord, Tötung.* **μάχαιρα** V. 34; φόνος μαχαίρης gen. subi. (A158) *Tötung mit (dem) Schwert.* **ἀπ-έ-θανον** Aor. ἀπο-θνήσκω; ἐν φόνῳ μαχαίρης ἀπέθανον *sie wurden mit dem Schwert umgebracht.* **περι-ῆλθον** Aor. -έρχομαι[187] *umhergehen, -ziehen.* **μηλωτή** *Schaffell.* **αἴγειος** *zur Ziege gehörend;* αἴγειον δέρμα *Ziegenfell, Ziegenhaut.* **δέρμα**[3] (< δέρω *abhäuten*) *Haut, Fell.* **ὑστερούμενοι** Ptz. Pass. ὑστερέω (< ὕστερος *späterer*) Akt./Pass. hier *Mangel leiden, in Not leben;* mod. **θλιβόμενοι** Ptz. Pass. θλίβω *drücken; bedrängen, quälen;* mod. **κακ-ουχούμενοι** Ptz. Pass. κακ-ουχέω (< κακός + ἔχω) *quälen, mißhandeln;* mod. **38 ὧν** *(sie) deren;* gen. pretii (A161). **ἦν** Ipf. εἰμί. **38** **ἐρημία** (< ἔρημος) *Einöde, unbewohnte Gegend.* **πλανώμενοι** Ptz. Pass. πλανάω (< πλάνη *Irrtum*) *in die Irre führen;* Pass. *umherirren;* mod. **σπήλαιον** *Höhle.* **ὀπή** *Loch, Öffnung, Spalt.* **39 μαρτυρηθέντες** Aor. **39** Ptz. Pass. μαρτυρέω V. 2; konz. *obwohl sie ein gutes/ruhmvolles Zeugnis erhalten hatten* (hier pass. divinum [A76b]). **ἐ-κομίσαντο** Aor. Med. κομίζω V. 19. **ἐπ-αγγελία** V. 13. **40 περί** hier wohl = ὑπέρ *für, wegen* (A184). **40** **κρείττων/κρείσσων** V. 16. **προ-βλεψαμένου** Aor. Ptz. Med. -βλέπομαι[41] *etwas für jmdn. vorsehen/ins Auge fassen;* gen. abs. (A288), kaus. **τελειωθῶσιν** Aor. Konj. Pass. τελειόω (< τέλειος *vollendet, vollkommen*) *vollenden; ans Ziel führen; zur Vollendung* bzw. *Vollkommenheit führen* (Pass. *gelangen*).

    τοι-γαρ-οῦν *daher denn, darum also.* **τοσοῦτος**[18] (A352) *so groß.* **12** **ἔχοντες** Ptz. ἔχω, kaus. **περι-κείμενον** Ptz. -κειμαι (A32) *etwas* (m. Dat.) *umgeben;* attr. **νέφος**[7] *Wolke,* hier bildl. v. einer zahllosen, dichtgedrängten Menge. **μάρτυς**[6] υρος ὁ *Zeuge.* **ὄγκος** *Last, (das) Beschwerliche.* **ἀπο-θέμενοι** Aor. Ptz. Med. -τίθεμαι[200] *ausziehen, ablegen; aufgeben;* temp.; übers. am besten koordinierend (A291,1 Anm. 1), ἀποθέμενοι ... τρέχωμεν *laßt uns/wir wollen ... ablegen ... und ... laufen.* **εὐ-περί-στατος**[11] (< εὖ *gut/leicht* + περιΐσταμαι *sich ringsherum stellen*) *leicht bestrickend, leicht umschlingend.* **διά** m. Gen. mod. *in/mit* (A190). **ὑπο-μονή** *Ausdauer, Standhaftigkeit.* **τρέχωμεν** Konj. τρέχω *laufen;* adhortativer Konj. (A254).

προ-κείμενον Ptz. -κειμαι (A32) *(offen) vorhanden sein, vorliegen; vor* jmdm. *liegen,* hier (vom Wettkampf) wohl: jmdm. *aufgetragen sein;* attr. **ἀγών**[4]

2 **ὦνος** ὁ *Kampf, Wettkampf.* **2 ἀφ-ορῶντες** Ptz. -οράω *hinsehen,* hier m. **εἰς** *(vertrauend) sehen auf;* mod. **ἀρχ-ηγός** *Anführer; Urheber, Begründer.* **τελειωτής**[1] *Vollender* bzw. (GN) *der, der ans Ziel bringt.* **ἀντί** m. Gen. (A188) *anstatt, für; zugunsten von, für;* ἀντὶ τῆς ... χαρᾶς hier *um der Freude willen* (d.h. um sie zu erlangen, erduldete er den Kreuzestod), wohl nicht (s. Wettkampfkontext) *anstelle der Freude* (d.h. er verzichtete auf sie, um den Kreuzestod zu erdulden; vgl. Phil 2,6ff). **προ-κειμένης** Ptz. V. 1, hier wohl *vor* jmdm. *liegen* = jmdm. *in Aussicht stehen/gestellt sein* (B 3); attr. **ὑπ-έ-μεινεν** Aor. ὑπο-μένω[117] *standhalten, durchhalten; aushalten, ertragen, erdulden.* **σταυρός** *Kreuz* (d.h. der Tod am Kreuz). **αἰσχύνη** *Schamgefühl; Schande* (hier: eines solchen Todes). **κατα-φρονήσας** Aor. Ptz. -φρονέω m. Gen. *verachten, geringachten, für nichts achten, sich nicht kümmern um;* mod. **κε**-

3 **κάθικεν** Pf. καθίζω. **3 ἀνα-λογίσασθε** Aor. Imp. Med. -λογίζομαι (vgl. A33[91ff]) *überlegen, erwägen, denken an.* **γάρ** hier *folgernd;* ἀναλογίσα-σθε γάρ *denkt also/doch an* ihn (B 3). **ὑπο-με-μενηκότα** Pf. Ptz. -μέ-νω[117], subst. **εἰς** *feindl. gegen.* **ἀντι-λογία** (< ἀντιλέγω *sprechen ge-gen*) *Widerspruch; Anfeindung, Auflehnung.* **κάμητε** Aor. Konj. κάμνω[148] *er-müden, ermatten.* **ταῖς ψυχαῖς ὑμῶν** dat. respectus (A178) *in bezug auf eure Seelen* = *seelisch, innerlich;* zu κάμητε od. zu ἐκλυόμενοι zu ziehen. **ἐκ-λυόμενοι** Ptz. -λύομαι *ermatten, schwach werden; den Mut verlieren;* mod. [Var. ἐκ-λε-λυμένοι Pf. Ptz.].

4 **4 οὔ-πω** *noch nicht.* **μέχρι(ς)** uneig. Präp. (A183; 337) *bis zu;* μέχρις αἵματος *bis aufs Blut* = so, daß ihr das Leben lassen mußtet (vgl. B 1c), weni-ger wahrscheinl. = *bis aufs äußerste.* **ἀντι-κατ-έ-στητε** Wz.-Aor. -καθ-ίσταμαι[205] *entgegentreten, Widerstand leisten.* **ἀντ-αγωνιζόμενοι** Ptz. -αγωνίζομαι *ankämpfen (gegen* πρός); temp. [Var. ἀγωνιζόμενοι Ptz.

5 ἀγωνίζομαι *kämpfen*]. **5 ἐκ-λέ-λησθε** Pf. Med. -λανθάνομαι[154] *(ganz) vergessen.* **παρά-κλησις**[8] *Ermahnung, Ermutigung; Trost, Zuspruch.* **ἥτις** qualitativ (A132) *(ein Zuspruch,) der.* **ὡς** hier *als* (eine wirkl. Eigen-schaft bezeichnend, B IIIa; App. [vgl. A70; H-S §260i]). **δια-λέγομαι** *mit-einander reden; eine Rede richten an, reden/sprechen zu.* **ὀλιγώρει** Imp. ὀλι-γωρέω *geringschätzen,* m. Gen. **παιδεία** *Erziehung, Unterricht, Bildung; Züchtigung;* auch ohne Art. best. (A106c). **κύριος** hier (AT-Zitat) ohne Art. *Herr* = Jahwe (A107). **ἐκ-λύου** Imp. -λύομαι V. 3. **ἐλεγχόμενος** Ptz. Pass. ἐλέγχω *ans Licht/an den Tag bringen, dartun;* jmdn. *einer Sache überfüh-ren,* jmdm. *etwas nachweisen;* hier *tadeln, zurechtweisen* bzw. *strafen;* temp.

6 **6 ὅν** = τοῦτον ὅν (A358). **παιδεύω** *erziehen, unterrichten, bilden; zurecht-weisen; züchtigen.* **μαστιγόω** (< μάστιξ *Peitsche*) *(aus)peitschen; strafen, züchtigen.* **παρα-δέχομαι** *etwas (als richtig) annehmen, gelten lassen;* jmdn.

(freundlich) aufnehmen; hier *(als Sohn) annehmen = liebhaben* (B 2). **7 εἰς**   7
παιδείαν hier *zum Zweck der Erziehung/Züchtigung.* **ὑπο-μένετε** Imp.
od. Ind. -μένω V. 2. **ὡς** V. 5. **προσ-φέρεται** Pass. -φέρω, Pass. m. Dat.
hier *jmdm. begegnen, jmdn. behandeln* (B 3). **τίς γὰρ υἱός** *welchen Sohn gibt
es denn = gibt es denn einen Sohn.* **8 μέτ-οχος** (< μετέχω *Anteil haben*)   8
Anteil habend an, m. gen. partitivus (A165); subst. ὁ μέτοχος *Teilhaber.* **γε-
γόνασιν** Pf. γίνομαι, Pf. fast = εἰμί (A242). **πάντες** *alle (Söhne).* **νό-
θος** (v. Kind) *unehelich;* νόθοι καὶ οὐχ υἱοί ἐστε *ihr seid uneheliche (Kin-
der) und nicht Söhne, ihr seid keine rechtmäßigen Söhne.* **9 εἶτα** *dann, danach;*   9
sodann, ferner; hier *ferner (bedenkt):* (Menge). **οἱ τῆς σαρκὸς ἡμῶν
πατέρες** *unsere leiblichen/irdischen Väter* (B σάρξ 4). **εἴχομεν** Ipf. ἔχω.
παιδευτής[1] *Erzieher, Lehrer,* auch *einer, der zurechtweist/züchtigt;* Artangabe
zum AkkO (A65); τοὺς τῆς σαρκὸς ἡμῶν πατέρας εἴχομεν παιδευ-
τάς *wir hatten unsere irdischen Väter als Erzieher/Züchtiger, unsere irdischen Vä-
ter haben uns erzogen/gezüchtigt.* **ἐν-ε-τρεπόμεθα** Ipf. Pass. -τρέπω (eig.
umwenden) beschämen; Pass. *beschämt werden;* hier *sich scheuen vor* (m. Akk.),
Respekt haben vor, achten. **πολύ** adv. Akk. (A150). **ὑπο-ταγησόμεθα**
Fut. Pass. -τάσσω[79] *unterordnen, unterwerfen;* Pass. *sich unterordnen, sich unter-
werfen;* mod. Fut. (A247) *wir sollten uns unterordnen.* **ὁ πατὴρ τῶν πνευ-
μάτων** *der Ausdruck ist ohne wirkl. Par.* (vgl. aber Num 16,22; 27,16), hier
viell. *Vater der Geister,* d.h. der Engel u. der Gerechten (EWNT 3, Sp. 284) od.
dann einfach *der Vater unseres Geistes* (im Deutschen: statt des griech. Pl.
„distributiver" Sg. [A101b]) = *unser geistlicher/himmlischer Vater* (entsprechend
„die Väter unseres Fleisches" = „unsere leiblichen/irdischen Väter"). **καί**
(zweites) hier fin. *und so/dadurch = damit* (BDR §442[9]; A311,3). **ζήσομεν**
Fut. ζάω. **10 οἱ μέν ... ὁ δέ** *jene ... dieser/er aber* (vgl. A102). **πρός** m.   10
Akk. zeitl. *für kurze Zeit* (B III2b). **δοκοῦν** Ptz. δοκέω (δοκεῖ μοι *es
scheint mir* [häufig:] *gut*), subst.; κατὰ τὸ δοκοῦν αὐτοῖς *nach ihrem Gut-
dünken* (B 3a). **ἐ-παίδευον** Ipf. παιδεύω V. 6. **συμ-φέρον** Ptz. -φέρω
zusammentragen; beistehen, helfen, nützen; συμφέρων *nützlich;* subst. τὸ συμ-
φέρον *Nutzen, Vorteil;* ἐπὶ τὸ συμφέρον hier *zu unserem Vorteil/Besten.* **εἰς
τό** m. Inf./AcI fin. (A282). **μετα-λαβεῖν** Aor. Inf. -λαμβάνω[152] *seinen
Anteil erhalten an,* m. gen. partitivus (A165); *erhalten, erlangen;* εἰς τὸ μετα-
λαβεῖν (erg. ἡμᾶς, A268) *damit wir Anteil erhalten.* **ἁγιότης**[3] *Heiligkeit.*
11 μέν ... δέ (zwar) *... aber.* **παρ-όν** Ptz. πάρ-ειμι (εἰμί) *anwesend sein;*   11
dasein; subst.; τὸ παρόν *Gegenwart,* πρὸς τὸ παρόν *für den Augenblick*
(B 1b). **εἶναι** Inf. εἰμί. **λύπη** *Trauer, Kummer;* χαρᾶς εἶναι ... λύπης
Präd.-Nom. im gen. poss. (A154) *zur Freude ... zur Traurigkeit zu gehören = Freu-
de ... Traurigkeit zu sein/zu bereiten* (vgl. B εἰμί IV5). **ὕστερος** *späterer, letz-
ter;* Ntr. als Adv. *später, danach; zuletzt.* **καρπόν ... δικαιοσύνης** (zur
Wortstellung vgl. H-S §292c) gen. epexegeticus (A163) *in Gerechtigkeit beste-*

hende Frucht, als Frucht die Gerechtigkeit. **εἰρηνικός** (< εἰρήνη) *friedlich, friedfertig, friedvoll.* **γε-γυμνασμένοις** Pf. Ptz. Pass. γυμνάζω (vgl. A33[91ff]) (< γυμνός nackt) eig. (nackt) *üben, trainieren;* übertr. (geistig-seelisch) *üben, gewöhnen;* subst.; dat. commodi (A173) *denen, die durch sie geübt/ trainiert worden sind.* **ἀπο-δίδωμι** hier (Frucht) *bringen* (B 1).

12 **12 παρ-ειμένας** Pf. Ptz. Pass. -ίημι[202] *unterlassen, vernachlässigen;* Pf. Ptz. Pass. *abgespannt, erschlafft, ermüdet, entkräftet* (B 2a); attr. **παρα-λε-λυμένα** Pf. Ptz. Pass. -λύομαι *erlahmen;* Pf. *gelähmt sein;* attr. **γόνυ**[3] νατος τό *Knie.* **ἀν-ορθώσατε** Aor. Imp. -ορθόω (ὀρθός gerade, aufgerichtet) *wieder aufrichten;* hier *wieder stark machen* (vgl. B); τὰς παρειμένας χεῖρας καὶ τὰ παραλελυμένα γόνατα ἀνορθώσατε *macht eure* (A103) *ermüdeten Hände und eure gelähmten/schwach gewordenen Knie wieder stark,* d.h. bringt euch (für den Wettlauf) wieder in Form (bildl. = faßt neuen Mut u. geht den Glaubensweg weiter).

13 **13 Zum auffälligen Satzrhythmus v. V. 13-15 s. BDR §487,2.** **τροχιά** (< τροχός Rad) *Radspur, Wagenspur; Weg.* **ὀρθός** *gerade.* **ποιεῖτε** Imp. ποιέω; τροχιὰς ὀρθὰς ποιεῖτε τοῖς ποσὶν ὑμῶν *macht für eure Füße* (ποσίν dat. commodi, A173; wohl nicht instr.) *gerade Wege* od. *geht gerade Wege* (bildl. v. sittl. Leben; B τροχιά). **χωλός** *lahm, gelähmt;* τὸ χωλόν *das, was lahm ist* bzw. *das Gelähmte,* hier entweder auf die Hände u. Knie bezogen od. wohl eher auf durch Erlahmung gefährdete Gemeindeglieder. **ἐκ-τραπῇ** Aor. Konj. Pass. (ohne Pass.-Bdtg.) -τρέπομαι[48] *sich abwenden;* (vom Weg) *abbiegen, abkommen;* hier wohl medizinischer term. tech. *verrenkt/ausgerenkt werden* (d.h. hier völlig unbrauchbar werden) od. dann *vom rechten Weg abkommen* (vgl. B). **ἰαθῇ** Aor. Konj. Pass. ἰάομαι[17] *heilen;*

14 übertr. *wiederherstellen.* **14 διώκετε** Imp. **μετὰ πάντων** zu εἰρήνην zu
15 *ziehen.* **ἁγιασμός** *Heiligung.* **ὄψεται** Fut. ὁράω. **15 ἐπι-σκοποῦντες** Ptz. -σκοπέω *achtgeben; sorgen für;* mod. *wobei ihr achtgebt* bzw. (als HS übers., A290 u. 291,2 Anm. 1) *dabei gebt acht.* **μή** (dreimal V. 15f) hier m. Konj. *daß nicht* (vgl. A328). **ὑστερῶν** Ptz. ὑστερέω (< ὕστερος späterer) *verpassen, ausgeschlossen werden, zurückbleiben; nicht ans Ziel gelangen,* hier m. ἀπὸ τῆς χάριτος *(im Wettkampf) zurückbleiben/nicht ans Ziel gelangen und so der Gnade verlustig gehen* (vgl. BDR §180[6]); umschrieb. Präs. (A249; erg. ᾖ [Konj. v. εἰμί; BDR §128[5]]). **ῥίζα** *Wurzel.* **πικρία** *Bitterkeit;* ῥίζα πικρίας gen. qualitatis (hebr., A160) *eine bittere/giftige Wurzel,* bildl. für etwas, was zur Abwendung v. Gott verführt (Dt 29,17). **ἄνω** *oben; nach oben.* **φύουσα** Ptz. Fem. φύω *Schosse treiben* (vgl. LSJ AII), *ausschlagen, sprießen,* (m. ἄνω) *emporwachsen;* mod. **ἐν-οχλῇ** Konj. (s. μή) -οχλέω *plagen, belästigen;* hier *Unordnung schaffen* (B) bzw. *Unheil anrichten* (Menge). **μιανθῶσιν** Aor. Konj. Pass. μιαίνω[119] *besudeln, beflecken;* hier Pass. wohl *unrein werden* (durch

16 Abfall v. Gott) od. (noch bildl.) *vergiftet werden.* **16 πόρνος** *Unzüchtiger, der/ die Unzucht* (= illegitimer Geschlechtsverkehr jeder Art) *Treibende, Hurer* (evtl.

übertr. auf Untreue/Abfall gegenüber Gott). **βέβηλος**[11] (< βαίνω gehen) eig. „betretbar, für jeden zugänglich": *nicht heilig; gemein, gottlos.* **Ἠσαῦ** 11,20, hier Nom. **ἀντί** (A188) *anstatt; zugunsten von, für.* **βρῶσις**[8] *(das) Essen* (als Tätigkeit); *Speise, Mahlzeit.* **ἀπ-έ-δετο** (klass. -έδοτο, A31) Aor. Med. ἀπο-δίδωμι, Med. hier *verkaufen* (A33[169]). **πρωτο-τόκια** *Erstgeburtsrecht* (die besonderen Vorrechte des Erstgeborenen bei der Erbfolge). **17 ἴστε** (att., NT sonst οἴδατε, A27) Pf. (m. präs. Bdtg.) οἶδα. **μετ-έπ-ειτα** *danach, später.* **θέλων** Ptz., temp. **κληρο-νομῆσαι** Aor. Inf. -νομέω (< κληρονόμος *Erbe, Besitzer) erben; als Anteil erhalten.* **εὐ-λογία** *Segen(sgut/gabe).* **ἀπ-ε-δοκιμάσθη** Aor. Pass. ἀπο-δοκιμάζω (vgl. A33[91ff]) (nach vorausgegangener Prüfung) *verwerfen, abweisen.* **μετά-νοια** *Sinnesänderung, Umkehr, Bekehrung;* μετανοίας τόπος *eine Möglichkeit zur Umkehr* (vgl. B τόπος 2c), d.h. eine Möglichkeit, das Geschehene (hier wohl das eigene Fehlverhalten, weniger wahrscheinl. das Nein des Vaters) rückgängig zu machen. **εὗρεν** Aor. εὑρίσκω. **καί-περ** *obwohl.* **δάκρυον** *Träne;* Pl. *Tränen, (das) Weinen.* **ἐκ-ζητήσας** Aor. Ptz. -ζητέω *suchen, sich bemühen um;* konz. (s. καίπερ). **αὐτήν** bezieht sich auf εὐλογίαν od. μετανοίας.

    18 οὐ Kontrast dazu in V. 22 (ἀλλά). **προσ-εληλύθατε** Pf. -ἔρχομαι. **ψηλαφωμένῳ** Ptz. Pass. ψηλαφάω *betasten, berühren;* subst. *etwas, was berührt wird/was man berühren kann* (d.h. der Sinaiberg). **κε-καυμένῳ** Pf. Ptz. Pass. καίω[10] *anzünden; (etwas) verbrennen;* Pass. intr. *brennen, verbrennen;* attr. **γνόφος** *das Dunkel.* **ζόφος** *Finsternis, Dunkel.* **θύελλα** *Sturm.* **19 σάλπιγξ**[3] ιγγος ἡ *Trompete, Posaune.* **ἦχος** *Klang.* **φωνὴ ῥημάτων** *(der) Schall von Worten, (die) Stimme von Worten = (die) Stimme* (d.h. Gottes), *die sprach* (vgl. B φωνή 2d), viell. *(die) Donnerworte* (vgl. Ex 19,16.19). **ἀκούσαντες** Aor. Ptz. ἀκούω, subst. **παρ-ῃτήσαντο** Aor. Med. -αιτέομαι *sich erbitten, bitten,* hier m. AcI; ἧς οἱ ἀκούσαντες παρῃτήσαντο relativische Verschränkung (A364b) *deren* (BW φωνῇ) *Hörer darum baten.* **προσ-τεθῆναι** Aor. Inf. Pass. -τίθημι[200] *hinzufügen;* προστίθημι λόγον τινί *ein weiteres Wort an jmdn. richten* (B 1); Präd. des AcI. **λόγον** Subj. des AcI. **20 ἔ-φερον** Ipf. φέρω. **δια-στελλόμενον** Ptz. -στέλλομαι *anordnen, befehlen, einschärfen;* subst. Ntr. *Anordnung, Befehl.* **κἄν** (= καὶ ἐάν) *selbst wenn, wenn auch nur* (konz., A350; BDR §374[5]). **θίγῃ** Aor. Konj. (s. κἄν) θιγγάνω[150] *berühren,* m. Gen. **λιθο-βοληθήσεται** Fut. Pass. -βολέω (< λίθος + βάλλω) *steinigen;* mod. Fut. (A247) *es muß/soll gesteinigt werden.* **21 καί** wohl zu Μωϋσῆς zu ziehen (dazwischen Parenthese, A374). **οὕτω** = οὕτως. **φοβερός** (< φοβέομαι) *furchtbar, schrecklich.* **ἦν** Ipf. εἰμί. **φανταζόμενον** Ptz. φαντάζομαι (< φαίνω *scheinen, leuchten) sichtbar werden, erscheinen;* subst. Ntr. *die Erscheinung.* **ἔκ-φοβος**[11] *erschrocken, voll Angst.* **ἔν-τρομος**[11] *zitternd.* **22 ἀλλὰ προσεληλύθατε** V. 18. **Σιών** ἡ indekl., hier Dat., *Zion,* Bezeichnung für Jerusalem (bes. als

   17

   18

   19

   20

   21

   22

Wohnort Gottes [s. Tempel]). **πόλει θεοῦ** auch ohne Art. best. (A106c/d). **ζῶντος** Ptz. ζάω, attr. **Ἰερουσαλήμ** hier Dat. **ἐπ-ουράνιος**[11] *himmlisch;* Ἰερουσαλὴμ ἐπουρανίῳ App. (A70): (d.h.) *zum himmlischen Jerusalem.* **μυριάς**[3] ἄδος ἡ *Myriade, zehntausend;* Pl. etwa *Abertausende, viele Tausende.* **παν-ήγυρις**[8] (< πᾶς + ἄγυρις Versammlung) *große Festversamm-*
23 *lung,* wohl App. (A70) zu μυριάσιν ἀγγέλων. 23 **πρωτό-τοκος**[11] (< τίκτω gebären) *erstgeboren;* hier v. Christen als Kindern u. Erben Gottes. **ἀπο-γε-γραμμένων** Pf. Ptz. Pass. -γράφομαι[42] *sich* (in ein Register o.ä.) *eintragen lassen;* attr.; πρωτοτόκων ἀπογεγραμμένων *(der) Erstgeborenen, die eingetragen sind* (A242) = *der Erstgeborenen, deren Namen eingetragen sind.* **ἐν οὐρανοῖς** auch ohne Art. best. (A106a). **κριτής**[1] *Richter;* κριτῇ θεῷ πάντων *zu einem Richter,* (App. [A70]:) *dem Gott aller,* od. *zu Gott, dem Richter über alle.* **τε-τελειωμένων** Pf. Ptz. Pass. τελειόω (< τέλειος vollendet, vollkommen) *vollenden; ans Ziel führen; zur Vollendung bzw. Vollkom-*
24 *menheit führen* (Pass. *gelangen*); attr. 24 **δια-θήκη** *Testament;* im NT meist: *Heilsverfügung, -setzung, Bund.* **νέος** *neu, frisch.* **μεσίτης**[1] *(Ver-)Mittler;* sachl. wohl = ἔγγυος *Bürge, Garant* (EWNT 2, Sp. 1012). **ῥαντισμός** *Besprengung;* αἷμα ῥαντισμοῦ Gen. der Richtung bzw. des Zwecks (A162) *Blut der Besprengung,* d.h. Blut, das der Besprengung u. Sühnung dient (B). **κρεῖτ-των/κρείσσων**[11] ον (Komp. zu ἀγαθός) *besser, vorzüglicher; vorteilhafter;* Ntr. hier subst. AkkO *Besseres* (= *Heilsameres*) od. Adv. *besser* (= *heilsamer, viell. mächtiger*). **λαλοῦντι** Ptz. λαλέω, attr. **παρά** m. Akk. *bei Vergleichen als* (A115). **Ἄβελ** indekl., *Abel,* Sohn Adams; παρὰ τὸν Ἄβελ *als Abel* wohl = *als das Blut Abels.*

25　　　25 **βλέπετε** Imp. **παρ-αιτήσησθε** Aor. Konj. Med. -αιτέομαι hier (im Ggs. zu V. 19) *ablehnen, zurückweisen, verwerfen.* **λαλοῦντα** Ptz. λαλέω, subst. **ἐκεῖνοι** *jene* (d.h. die Israeliten). **ἐξ-έ-φυγον** Aor. ἐκφεύγω[72] *entfliehen; entrinnen, entkommen;* hier (dem Gericht) *entrinnen* [Var. ἔ-φυγον Aor. φεύγω *fliehen, entfliehen*]. **ἐπὶ γῆς** zu χρηματίζοντα zu ziehen. **παρ-αιτησάμενοι** Aor. Ptz. Med., temp. **χρηματίζοντα** Ptz. χρηματίζω (v. Gott) *eine Weisung erteilen;* subst. *den, der Weisungen gab* bzw. *den, der sich kundtat* (d.h. Gott). **πολύ** adv. Akk. (A150). **ἡμεῖς** betont (A122). **τὸν ἀπ' οὐρανῶν** erg. χρηματίζοντα. **ἀπο-στρεφόμενοι** Ptz. Med. -στρέφω *jmdn. abwenden;* Med./Pass. m. Akk. *sich abwenden von;* attr. bzw. subst. (App. zum Subj., A303) (sachl. aber kond. zu verstehen); ἡμεῖς οἱ ... ἀποστρεφόμενοι *wir, wenn* (wörtl. *die*) *wir uns abwenden.*

26 26 **οὗ ἡ φωνή** *dessen Stimme* (A363). **ἐ-σάλευσεν** Aor. σαλεύω *erschüttern.* **ἐπ-ήγγελται** Pf. -αγγέλλομαι[111] *versprechen, verheißen.* **ἅπαξ**[19] *einmal.* **σείσω** Fut. σείω[3] *schütteln, erschüttern.* **οὐ μόνον ...**
27 **ἀλλὰ καί** *nicht nur ... sondern auch.* 27 **τὸ δέ** steht vor Zitat (A105); τὸ δὲ ἔτι ἅπαξ *der/dieser Ausdruck „noch einmal".* **δηλόω** (< δῆλος *offen-*

bar) *offenbar machen, zu erkennen geben, hinweisen auf.* **σαλευομένων** Ptz.
Pass., subst. τὰ (μὴ) σαλευόμενα *das, was (nicht) erschüttert wird/werden
kann.* **μετά-θεσις**[8] *Versetzung* (an einen anderen Ort); *Änderung, Umwand-
lung;* hier *Umwandlung* od. viell. *Beseitigung.* **πε-ποιημένων** Pf. Ptz. Pass.
ποιέω, subst. ohne Art. (ὡς eine wirkl. Eigenschaft bezeichnend, B ὡς III1a)
als etwas, was geschaffen ist. **μείνῃ** Aor. Konj. μένω. **28 ἀ-σάλευτος**[11] 28
(< σαλεύω *erschüttern*) *unerschütterlich.* **παρα-λαμβάνοντες** Ptz.
-λαμβάνω, kaus. *da wir im Begriff sind ... zu empfangen.* **ἔχωμεν** Konj. ἔχω,
adhortativer Konj. (A254); χάριν ἔχω *dankbar sein* (B χάρις 5). **δι' ἧς** *wo-
durch* bzw. (vgl. A364a) *dadurch* (BW χάριν). **λατρεύωμεν** Konj. λα-
τρεύω m. Dat. (Gott) *dienen, verehren;* adhortativer Konj. (A254). **εὐ-αρέ-
στως** *wohlgefällig, in wohlgefälliger Weise;* m. DatO/2. Grades (A98,4);
λατρεύωμεν εὐαρέστως τῷ θεῷ *wir tun unseren Dienst (für Gott) in Gott
wohlgefälliger Weise* bzw. *wir dienen Gott so, wie es ihm wohlgefällig ist.* **εὐ-
λάβεια** (< εὐλαβής *gottesfürchtig, fromm*) *ehrerbietige Scheu* (gegenüber
Gott), *Gottesfurcht.* **δέος**[7] *Furcht, Ehrfurcht.* **29 κατ-αν-αλίσκον** Ptz. 29
-αλίσκω *völlig vernichten, verzehren;* attr.

φιλ-αδελφία *Bruderliebe, Geschwisterliebe.* **μενέτω** Imp. 3. Sg. μέ- **13**
νω; ἡ φιλαδελφία μενέτω etwa = *liebt einander weiterhin als Glaubensge-
schwister* od. *pflegt weiterhin die Liebe zu euren Glaubensgeschwistern.* **2 φιλο-**
ξενία *Gastfreundschaft.* **ἐπι-λανθάνεσθε** Imp. -λανθάνομαι m. Gen. 2
vergessen; vernachlässigen. **ἔ-λαθον** Aor. λανθάνω[153] *verborgen sein, unbe-
merkt bleiben.* **ξενίσαντες** Aor. Ptz. ξενίζω (vgl. A33[91ff]) (< ξένος *fremd*)
gastlich aufnehmen; präd. bei Verben des modifizierten Seins u. Tuns (A301);
ἔλαθόν τινες ξενίσαντες *einige haben, ohne es zu wissen ... aufgenommen.*
3 μιμνήσκεσθε Imp. μιμνήσκομαι m. Gen. *sich erinnern; gedenken, den-* 3
ken an, sich kümmern um. **δέσμιος** *Gefangener.* **συν-δε-δεμένοι** Pf. Ptz.
Pass. -δέω[36] mit anderen *zusammen binden* od. *gefangennehmen;* Pass. Pf. *Mitge-
fangener sein;* mod. m. ὡς (A291,2) *als wärt ihr Mitgefangene* (d.h. mit ihnen im
Gefängnis). **κακ-ουχουμένων** Ptz. Pass. κακ-ουχέω (< κακός + ἔχω)
quälen, mißhandeln; subst. **ὄντες** Ptz. εἰμί, kaus. m. ὡς (A291,3); ὡς καὶ
αὐτοὶ ὄντες ἐν σώματι *im Wissen, daß auch ihr selbst (noch) in einem (irdi-
schen) Leib lebt* (u. es euch daher genauso ergehen kann). **4 τίμιος** (< τι- 4
μή) *kostbar; in Ehren.* **γάμος** *Ehe;* erg. hier u. in V. 5 ἔστω (Imp. 3. Sg. v.
εἰμί; A78); τίμιος (ἔστω) ὁ γάμος *die Ehe soll in Ehren gehalten werden.*
ἐν πᾶσιν *bei* (= *von*) *allen* od. *in jeder Hinsicht.* **κοίτη** *Bett; Ehebett; Bei-
schlaf* = *Geschlechtsleben* (LN 23.62). **ἀ-μίαντος**[11] (< μιαίνω *besudeln,
beflecken*) *unbefleckt, rein.* **πόρνος** *Unzüchtiger, der/die Unzucht* (= *illegitimer
Geschlechtsverkehr jeder Art*) *Treibende, Hurer.* **μοιχός** *Ehebrecher.* **κρι-
νεῖ** Fut. κρίνω. **5 ἀ-φιλ-άργυρος**[11] *das Geld nicht liebend, frei von Geld-* 5
gier, nicht am Geld hängend. **τρόπος** *Art und Weise; Verhalten, Lebensweise,*

Charakter. **ἀρκούμενοι** Ptz. Pass. ἀρκέω *genügen, ausreichen;* Pass. *sich zufriedengeben mit,* m. Dat.; wohl imp. (A294; BDR §468[5]) *seid zufrieden.* **παροῦσιν** Ptz. πάρ-ειμι (εἰμί) *anwesend sein; dasein;* πάρεστίν τί μοι *ich habe etwas;* subst. τὰ παρόντα *das Vorhandene* bzw. *das, was man hat.* **εἴρηκεν** Pf. λέγω; αὐτὸς εἴρηκεν *er selbst* (d.h. Gott) *hat gesagt* (u. es steht nun in der Schrift, A242). **οὐ μή** m. Aor. Konj. stärkste Verneinung zukünftigen Geschehens (A257). **ἀν-ῶ** Aor. Konj. -ίημι[202] *loslassen; verlassen, weichen von* jmdm., jmdn. *aufgeben.* **οὐδ' οὐ μή** = klass. οὐδὲ μή (Fortsetzung des eben erwähnten οὐ μή m. Konj. Aor.): Verneinung wird hier nicht aufgehoben (A310; BDR §431[7]). **ἐγ-κατα-λίπω** Aor. Konj. -λείπω[44] *übriglassen; im*
6 *Stich lassen, verlassen* [Var. ἐγ-κατα-λείπω Konj.]. **6 θαρροῦντας** Ptz. θαρρέω *guten Mutes sein, zuversichtlich sein;* mod. **λέγειν** Inf., Präd. des AcI; ὥστε θαρροῦντας ἡμᾶς λέγειν *so daß wir zuversichtlich sagen können.* **κύριος** hier (AT-Zitat) ohne Art. *Herr* = Jahwe (A107). **ἐμοί** dat. commodi (A173f) *für mich/mein.* **βοηθός** *hilfreich;* subst. *Helfer.* **φοβηθήσομαι** Fut. Pass. (ohne Pass.-Bdtg.) φοβέομαι. **ποιήσει** Fut. ποιέω, mod. Fut. (A247) *(er) kann tun.*

7   **7 μνημονεύετε** Imp. μνημονεύω *sich erinnern; gedenken, denken an,* m. Gen. **ἡγουμένων** Ptz. ἡγέομαι *meinen; führen, leiten;* subst. *Leiter, Vorsteher.* **οἵτινες** qualitativ *als an solche, die* (A132; vgl. 368). **ἐ-λάλησαν** Aor. λαλέω. **ὧν** gen. poss. (A154) zu τῆς ἀναστροφῆς (dabei relativische Verschränkung, A364b) *ihres Lebenswandels.* **ἀνα-θεωροῦντες** Ptz. -θεωρέω *genau betrachten;* mod. **ἔκ-βασις**[8] (< ἐκβαίνω *herausgehen) Ausgang* (Ergebnis eines Geschehens), *Ende;* ἡ ἔκβασις τῆς ἀναστροφῆς hier *der Ausgang/Erfolg ihres Lebenswandels, das durch ihren Lebenswandel Erreichte* (d.h. wohl bes. ihre vorbildhafte Glaubensfestigkeit, die ihr Verhalten bis zum Lebensende auszeichnete), evtl. *ihr Lebensende* (vorbildl. Märtyrertod). **ἀναστροφή** *Lebenswandel, Lebensführung;* ὧν ἀναθεωροῦντες τὴν ἔκβασιν τῆς ἀναστροφῆς *indem ihr den Ausgang/Erfolg ihres Lebenswandels genau betrachtet* od. (A291,2 Anm. 1) *betrachtet den Ausgang/Erfolg ihres Lebenswandels genau und.* **μιμεῖσθε** Imp. μιμέομαι *nachahmen, zum Vorbild*
8f *nehmen.* **8 ἐχθές** *gestern.* **9 διδαχή** (< διδάσκω) *Lehre.* **ποικίλος** *sehr bunt;* übertr. *vielfältig, verschiedenartig.* **καί** vom Deutschen her wohl pleon. (unübersetzbar; vgl. A311,8). **ξένος** *fremd.* **παρα-φέρεσθε** Imp. Pass. -φέρω *fortführen, wegtreiben;* übertr. Pass. *sich irreführen lassen.* **καλόν** m. od. ohne ἐστίν *es ist gut,* m. flgd. AcI (A270). **χάριτι** dat. instr. (A176). **βεβαιοῦσθαι** Inf. Pass. βεβαιόω *festmachen; etwas bekräftigen, stärken, festigen;* Präd. des AcI. **βρῶμα**[3] *Speise;* hier *bestimmte* (vorgeschriebene) *Speisen* bzw. (wohl atl.-jüdische) *Speisevorschriften.* **ἐν οἷς** *in diesen, damit/danach* (relativische Verschränkung, A364b). **ὠφελήθησαν** Aor. Pass. ὠφελέω (< ὄφελος *Nutzen) helfen, nützen;* Pass. *Nutzen/Vorteil haben.* **περι-**

πατοῦντες Ptz. -πατέω; subst.; ἐν οἷς οὐκ ὠφελήθησαν οἱ περι-πατοῦντες übers. etwa *von denen die, die sich damit abgeben* (od. *die damit/danach leben*), *keinen/noch nie irgendeinen Nutzen gehabt haben.* **10 θυσιαστή-** **10** **ριον** *Altar* (die Deutung dieses wohl komplexen Bildes ist umstritten; eine gute Möglichkeit: das Kreuz, an dem Jesus als Sühnopfer starb). **φαγεῖν** Aor. Inf. ἐσθίω; Inf. im Sinn eines dat. commodi (A272) zu ἐξουσίαν; ἐξ οὗ φαγεῖν οὐκ ἔχουσιν ἐξουσίαν *von dem zu essen* (vgl. auch A364b) *sie kein Recht haben, von dem sie nicht essen dürfen.* **σκηνή** *Zelt; Stiftshütte* (Zeltheiligtum Israels in der Wüste). **λατρεύοντες** Ptz. λατρεύω (Gott) *dienen; den Dienst versehen* (*an* jmdm./*etwas*, m. Dat.) (B); subst.; οἱ τῇ σκηνῇ λατρεύ-οντες *die, die an/in der Stiftshütte ihren Dienst versehen* (die Deutung dieses Verses ist umstritten; gemeint ist viell., daß die, die Gott nach den atl. Kultord-nungen dienen [Verfechter des alten Kultes], keinen Anteil am Sühnopfer Chri-sti haben u. v. dessen Segnungen ausgeschlossen sind [Lane, Hb II, S. 539]). **11 ὧν** BW (ζῴων) steht im Rel.-Satz (A357; 361): ὧν γὰρ εἰσφέρεται **11** ζῴων τὸ αἷμα ... τούτων τὰ σώματα κατακαίεται = τὰ γὰρ σώμα-τα τούτων τῶν ζῴων ὧν τὸ αἷμα εἰσφέρεται ... κατακαίεται. **εἰσ-φέρεται** Pass. -φέρω *hineintragen, -bringen.* **ζῷον** *Tier.* **περί** hier = ὑπέρ *für* (A184). **τὰ ἅγια** *das Heiligtum;* hier wohl (wie 8,2) *das Allerheiligste.* **διά** hier fast = ὑπό m. Gen. (A211). **κατα-καίεται** Pass. -καίω *nieder-brennen,* (etwas) *verbrennen.* **παρ-εμ-βολή** (befestigtes) *Lager,* hier vom Lager der Israeliten bei der Wüstenwanderung, in V. 13 bildl. v. den Menschen (primär Juden), die den Messias u. seine Gemeinde ablehnen. **12 ἁγιάσῃ** **12** Aor. Konj. ἁγιάζω[91] *heilig machen, heiligen.* **πύλη** *Tor;* ἔξω τῆς πύλης *außerhalb der Stadt, vor dem Tor* (B 1). **ἔ-παθεν** Aor. πάσχω. **13 τοί-νυν** **13** *daher, demnach, also.* **ἐξ-ερχώμεθα** Konj. -έρχομαι, adhortativer Konj. (A254). **ὀνειδισμός** *Schmähung, Beschimpfung;* ὁ ὀνειδισμὸς αὐτοῦ *seine* (d.h. Christi) *Schmach,* d.h. die Schmach, die man auch Christus zufügte (vgl. 11,26). **φέροντες** Ptz. φέρω, mod. od. fin. **14 μένουσαν** Ptz. Fem. **14** μένω, attr. **μέλλουσαν** Ptz. Fem. μέλλω, attr. die *zukünftige* (B 2). **ἐπι-ζητέω** *suchen; streben nach.* **15 ἀνα-φέρωμεν** Konj. -φέρω **15** *hinauftragen;* term. tech. (Opfer) *darbringen;* adhortativer Konj. (A254). **θυσία** (Schlacht-)*Opfer.* **αἴνεσις**[8] (< αἰνέω *loben, preisen*) *Lob;* θυσίας αἰνέσεως (vgl. תּוֹדָה זֶבַח *zébaḥ tôdāh* Lev 7,12ff) *Lobopfer.* **διὰ παντός** (erg. χρόνου) *immer, beständig* (B διά AII1a). **τοῦτ' ἔστιν** Formel *das heißt* (A93). **χεῖλος**[7] *Lippe* (Gen. Pl. χειλέων unkontrahiert, BDR §48,1); καρπὸς χειλέων „*Frucht (der) Lippen*" hebr. Umschreibung für *Rede/Worte eines Menschen* (= das, was seine Lippen hervorbringen; vgl. Spr 18,20) od. LXX-Ausdruck aus Hos 14,3 für *Lobopfer* (= die Opfergabe, die v. den Lippen kommt), vgl. B καρπός 2c u. EWNT 2, Sp. 622f. **ὁμο-λογούντων** Ptz. -λογέω (vgl. ὁμῶς *zusammen, in gleicher Weise* + λόγος) *übereinstimmen;*

sich (offen) als etwas od. *zu* etwas od. jmdm. *bekennen;* hier (wegen des Dat. statt Akk.) viell. aber hebr. (= ἐξομολογέομαι) *(lob)preisen* (B 5; EWNT 2,
16 Sp. 1258f); attr. **16 εὐ-ποιΐα** *Wohltätigkeit.* **κοινωνία** (< κοινωνός *Genosse, Teilhaber) Gemeinschaft; (das) Teilhaben;* hier *Bereitschaft, anderen zu helfen/mit ihnen zu teilen.* **ἐπι-λανθάνεσθε** V. 2. **εὐ-αρεστεῖται** Pass.
17 -αρεστέω *gut gefallen;* Pass. *Gefallen haben an* (m. Dat.). **17 πείθεσθε** Imp. Pass. πείθω. **ἡγουμένοις** V. 7. **ὑπ-είκετε** Imp. -είκω *gehorchen, sich unterordnen.* **ἀγρ-υπνέω** *wachsam sein;* m. ὑπέρ τινος *wachen über jmdn., achten auf jmdn., sich kümmern um jmdn.* **ὑπὲρ τῶν ψυχῶν ὑμῶν** = ὑπὲρ ὑμῶν (B ψυχή 1f), wohl primär im Blick auf die σωτηρία. **ἀπο-δώσοντες** Fut. Ptz. -δίδωμι; λόγον ἀποδίδωμι *Rechenschaft ablegen/geben* (B 1); wohl kaus. m. ὡς (A291,3); ὡς λόγον ἀποδώσοντες *im Wissen, daß sie Rechenschaft geben werden/müssen* (vgl. A247 sowie 223). **ἵνα** fin. zu ὑπείκετε. **τοῦτο** (erstes) *dies* (d.h. das Wachen/Sich-Kümmern). **ποιῶ-σιν** Konj. ποιέω. **στενάζοντες** Ptz. στενάζω *seufzen, stöhnen;* mod.: nicht *mit Seufzen.* **ἀ-λυσι-τελής**[7] (vgl. λυσιτελέω *nützen, vorteilhaft sein) unnütz, nicht von Vorteil;* hier Litotes (A386) = *nachteilig, schädlich* (vgl. B); erg. (A78) ἂν ἦν (Irrealis, A252; vgl. 7,11) das *wäre nicht von Vorteil,* das wäre *zum Schaden*

18 **18 προσ-εύχεσθε** Imp. -εύχομαι; iter. **περί** hier = ὑπέρ *für* (A184). **πειθόμεθα** Pass. πείθω, perfektisches Präs. (= πεπείσμεθα; A236; BDR §322[1]) *wir sind überzeugt.* **συν-είδησις**[8] *Bewußtsein; Gewissen.* **ἐν πᾶσιν** *in jeder Hinsicht* (B πᾶς 2aδ). **καλῶς** *schön, gut;* (sittl.) *einwandfrei.* **θέλοντες** Ptz. θέλω, kaus. od. mod. **ἀνα-στρέφεσθαι** Inf. Pass. (ohne Pass.-Bdtg.) -στρέφω *umkehren;* Pass. (in einer best. Weise) *leben, sich
19 verhalten.* **19 περισσότερως** (Komp. v. περισσῶς *über die Maßen) in viel höherem Maße;* elativisch (vgl. A119) *besonders, in ganz besonderem Maße.* **ποιῆσαι** Aor. Inf. ποιέω; τοῦτο ποιῆσαι *dies zu tun,* d.h. zu beten. **ἵνα** *damit* od. (wohl besser) *(darum,) daß* (A328). **τάχιον** Komp. zum Adv. τα-χέως *schnell, bald;* Komp. öfter ohne Steigerung (so V. 23), hier wohl für elati-vischen Superlativ *recht bald, möglichst bald* (B 2a/b; BDR §244,1; vgl. A118,2). **ἀπο-κατα-σταθῶ** Aor. Konj. Pass. -καθ-ίστημι[204] *in den richtigen Zu-stand versetzen; wiedergeben, zurückerstatten.*

20 **20 ὁ θεός τῆς εἰρήνης** *der Gott des Friedens,* d.h. Gott als der Urhe-ber des Friedens. **ἀν-αγαγών** Aor. Ptz. -άγω[59] *hinauf-, heraufführen, -brin-gen;* attr. **ποιμήν**[4] ἑνός ὁ *Hirte.* **πρό-βατον** *Schaf;* bildl. für Nachfolger Christi. **ἐν αἵματι** (auch ohne Art. best., A106a) wohl kaus. *auf Grund/kraft des Blutes* (vgl. B ἐν III3). **δια-θήκη** *Testament;* im NT meist: *Heilsverfügung,
21 -setzung, Bund.* **21 κατ-αρτίσαι** Aor. Opt. -αρτίζω (vgl. A33[91ff]) *in Ord-nung bringen,* daher auch: *befähigen, ausrüsten, vollenden;* kupitiver Opt. (A259) *möge er befähigen* (ἐν *in/zu*) bzw. *ausrüsten* (ἐν *mit*). **εἰς τό** m. Inf. fin. (A282).

ποιῆσαι V. 19. **ποιῶν** Ptz. ποιέω, part. coni. zu θεός (V. 20), mod. *und dabei tun/wirken.* **εὐ-άρεστος**[11] *angenehm, wohlgefällig.* **ἐνώπιον αὐτοῦ** = αὐτῷ (viell. hebr., BDR §214[9]). ᾧ hier *diesem/ihm* (A364a), erg. wohl εἴη (Opt. v. εἰμί; A78) *ihm* (Jesus od. Gott) *sei/gebührt.*

22 ἀν-έχεσθε Imp. -έχομαι *aushalten, sich gefallen lassen, ertragen,* m. Gen.; hier etwa *willig annehmen.* **παρά-κλησις**[8] *Ermahnung, Ermutigung; Trost, Zuspruch;* (ernsthafte) *Bitte;* ὁ λόγος τῆς παρακλήσεως *die(se) mahnenden Worte* (d.h. der vorliegende Brief). **καὶ γάρ** *denn auch, ja auch* (vgl. B γάρ 1b; H-S §252,9). **βραχύς**[10] εῖα ύ *kurz, wenig;* διὰ βραχέων *mit kurzen Worten* (B 3), *kurz.* **ἐπ-έ-στειλα** Aor. ἐπι-στέλλω[113] *brieflich mitteilen, schreiben.* **23 γινώσκετε** Imp. **Τιμόθεος** *Timotheus,* Begleiter v. Paulus. **ἀπο-λε-λυμένον** Pf. Ptz. Pass. -λύω, AcP (A300); γινώσκετε ... Τιμόθεον ἀπολελυμένον *ihr sollt wissen, daß Timotheus freigelassen ist* (wohl nicht: *abgereist ist*). **τάχιον** V. 19. **ἔρχηται** Konj. ἔρχομαι; ἐὰν τάχιον ἔρχηται *falls er bald/rechtzeitig (hier) ankommt,* weniger gut: *sobald er kommt* (ἐάν = ὅταν [vgl. B I1d; A346]). **ὄψομαι** Fut. ὁράω hier *besuchen* (B 1aα).

24 ἀσπάσασθε Aor. Imp. Med. ἀσπάζομαι. **ἡγουμένους** V. 7. **Ἰταλία** *Italien;* οἱ ἀπὸ τῆς Ἰταλίας *die (Brüder) aus Italien,* d.h. sie befinden sich jetzt in Italien (der Brief wird v. dort gesandt), od. sie stammen aus Italien, halten sich jetzt aber anderswo auf (der Brief kommt aus einem Ort außerhalb Italiens). **25 χάρις** erg. εἴη (Opt. v. εἰμί) *Gnade sei.*

22

23

24

25

Jakobus

1   **φυλή** *Stamm; Volksstamm;* erg. ἐπιστέλλω *schreiben,* m. flgd. Dat. des Adressaten (A376a). **δια-σπορά** *Zerstreuung; Diaspora.* **χαίρειν** Inf. χαίρω, hier als griech. Grußformel, Ellipse v. λέγει (BDR §480,5b), übers.
2   etwa *entbietet/sendet Grüße.* **2 ἡγήσασθε** Aor. Imp. Med. ἡγέομαι *führen, leiten; meinen, halten für;* πᾶσαν χαρὰν ἡγήσασθε *haltet es für lauter Freude.* **πειρασμός** *Versuchung, Anfechtung.* **περι-πέσητε** Aor. Konj. -πίπτω[194] *fallen; geraten* τινί *in etwas.* **ποικίλος** *sehr bunt;* übertr. *vielfältig,*
3   *mancherlei.* **3 γινώσκοντες** Ptz. γινώσκω, kaus. **δοκίμιον** *Prüfungsmittel; Erprobung, Bewährung.* **κατ-εργάζομαι** *hervorbringen, bewirken.*
4   **ὑπο-μονή** *Geduld, Ausdauer, Standhaftigkeit.* **4 τέλειος** (< τέλος) *vollendet, vollkommen; erwachsen, mündig.* **ἐχέτω** Imp. 3. Sg. ἔχω hier *nach sich ziehen* (B I4), *zur Folge haben.* **ᾖτε** Konj. εἰμί. **ὁλό-κληρος**[11] *vollständig, unversehrt, ohne Fehler.* **λειπόμενοι** Ptz. Pass. λείπω intr. *fehlen;* Pass. *zurückbleiben, zurückstehen;* mod.; ἐν μηδενὶ λειπόμενοι *indem ihr in keinem Punkt zurückbleibt.*
5   **5 ὑμῶν** gen. partitivus (A164). **λείπεται** Pass. V. 4; Pass. m. Gen. *es an etwas fehlen lassen* (B 1b), *Mangel an etwas haben.* **αἰτείτω** Imp. 3. Sg. αἰτέω. **διδόντος** Ptz. δίδωμι, attr. **ἁπλῶς** *schlicht, aufrichtig, vorbehaltlos.* **ὀνειδίζοντος** Ptz. ὀνειδίζω *tadeln, schelten, Vorwürfe machen;* mod. (H-S §230c); αἰτείτω παρὰ τοῦ διδόντος θεοῦ πᾶσιν ἁπλῶς καὶ μὴ ὀνειδίζοντος *er soll Gott darum bitten, der allen gern und ohne zu*
6   *tadeln gibt.* **δοθήσεται** Fut. Pass. δίδωμι. **6 δια-κρινόμενος** Ptz. Med. -κρίνω *unterscheiden;* Med. *streiten; Bedenken haben, zweifeln;* mod.; zweites: subst. **μηδέν** adv. Akk. (A150); μηδὲν διακρινόμενος (A291,2 Anm. 1) *und zweifle dabei in keiner Weise.* **ἔ-οικα**[87] Pf. (m. präs. Bdtg.) *gleichen.* **κλύδων**[4] ωνος ὁ *Woge.* **ἀνεμιζομένῳ** Ptz. Pass. ἀνεμίζω *durch den Wind bewegen;* attr. **ῥιπιζομένῳ** Ptz. Pass. ῥιπίζω *hin- und hertreiben;*
7   attr. **7 οἰέσθω** Imp. Med. 3. Sg. οἴομαι *meinen, denken.* **λήμψεται** Fut.
8   Med. λαμβάνω. **8 δί-ψυχος**[11] *zwei Seelen habend, unentschlossen, zweifelnd;* ἀνὴρ δίψυχος *Zweifler* (B), „Mann mit zwei Seelen" = *Mann mit geteiltem Herzen* (Menge); erg. ἐστίν. **ἀ-κατά-στατος**[11] *unbeständig, wankelmütig;* ἀκατάστατος ἐν πάσαις ταῖς ὁδοῖς αὐτοῦ *unbeständig auf allen seinen Wegen = unbeständig in allem, was er unternimmt* (GN).
9   **9 καυχάσθω** Imp. 3. Sg. καυχάομαι *sich rühmen* ἐν einer Sache. **ταπεινός** *niedrig, gering, unbedeutend* (v. Stellung, Macht u. Ansehen; B 1). **ὕψος**[7] *Höhe; Hoheit, hohe Stellung;* καυχάσθω ... ἐν τῷ ὕψει αὐτοῦ *er*
10   *rühme sich seiner hohen Stellung.* **10 πλούσιος** *Reicher;* erg. καυχάσθω. **ταπείνωσις**[8] *Niedrigkeit, Erniedrigung* (B 1). **ἄνθος**[7] *Blüte, Blume.* **χόρ-**

τος *Gras.* **παρ-ελεύσεται** Fut. Med. -έρχομαι[187] *vorübergehen; verge-*
hen, zugrunde gehen. **11 ἀν-έ-τειλεν** Aor. ἀνα-τέλλω[114] *intr. aufgehen;*   11
gnomischer Aor. (A241c) bei den Verben dieses Verses (H-S §1991). **ἥλιος**
Sonne. **καύσων**[4] ωνος ὁ *Hitze.* **ἐ-ξήρανεν** Aor. ξηραίνω[120] *aus-*
trocknen, versengen. **ἐξ-έ-πεσεν** Aor. ἐκ-πίπτω[194] *herausfallen, abfallen.*
εὐ-πρέπεια *Schönheit.* **πρόσ-ωπον** hier *Aussehen* (B 1d). **ἀπ-ώλετο**
Aor. Med. -όλλυμαι. **πορεία** *(das) Gehen; Reise; Lebenswandel, Lebensfüh-*
rung; ἐν ταῖς πορείαις wohl *bei/mit seinen Unternehmungen.* **μαρανθή-**
σεται Fut. Pass. μαραίνω (vgl. A33[118ff]) *auslöschen, vernichten;* Pass. *erlö-*
schen, verwelken, dahinschwinden.

     12 μακάριος erg. ἐστίν. **ὑπο-μένω** *bleiben, standhalten, aushalten,*   12
standhaft bleiben/sein; ὑπομένω πειρασμόν *die Versuchung standhaft ertra-*
gen (Menge), *in der Versuchung standhaft bleiben.* **πειρασμός** V. 2. **δόκι-**
μος *erprobt, bewährt.* **γενόμενος** Aor. Ptz. Med. γίνομαι, temp. od. kaus.;
ὅτι δόκιμος γενόμενος *denn nachdem/weil er sich bewährt hat.* **λήμψε-**
ται V. 7. **στέφανος** *Kranz, Siegeskranz;* hier *Lohn* (B 2a), m. gen. epexege-
ticus (A163) τῆς ζωῆς *(nämlich) das Leben.* **ἐπ-ηγγείλατο** Aor. Med.
-αγγέλλομαι[111] *versprechen, verheißen* (erg. als Subj. Gott). **ἀγαπῶσιν**
Ptz. ἀγαπάω, subst. **13 πειραζόμενος** Ptz. Pass. πειράζω *prüfen, auf*   13
die Probe stellen, versuchen (zum Bösen; im Sinn: zur Sünde verleiten); temp.
λεγέτω Imp. 3. Sg. λέγω. **ὅτι** recitativum = Doppelpunkt (A333). **πει-**
ράζομαι Pass. **ἀ-πείραστος**[11] *ohne Versuchung,* hier *nicht versuchbar;* ὁ
θεὸς ἀπείραστός ἐστιν κακῶν (gen. separationis, A167) *Gott kann nicht*
vom Bösen versucht werden (BDR §182[4]) od. (Gen. der Richtung, A162) *Gott*
kann nicht zum Bösen/zu bösen Dingen versucht werden (B). **14 πειράζεται**   14
Pass. **ἐπι-θυμία** *Verlangen, Sehnsucht;* (sündige) *Begierde, Lust.* **ἐξ-ελκό-**
μενος Ptz. Pass. -έλκω[184] *fortreißen;* mod. **δελεαζόμενος** Ptz. Pass. δε-
λεάζω *ködern, verlocken;* mod.; ὑπὸ τῆς ἰδίας ἐπιθυμίας ἐξελκόμενος
καὶ δελεαζόμενος *indem er von seiner eigenen Begierde/Lust fortgerissen und*
verlockt wird. **15 εἶτα** *dann, danach.* **συλ-λαβοῦσα** Aor. Ptz. Fem.   15
-λαμβάνω[152] *ergreifen; empfangen, schwanger werden;* temp. **τίκτω** *gebären.*
ἀπο-τελεσθεῖσα Aor. Ptz. Pass. Fem. -τελέω[27] *vollenden;* Pass. *zur Voll-*
endung gelangen, ans Ziel kommen (B 1); temp. **ἀπο-κυέω** *gebären.*

     16 πλανᾶσθε Imp. Pass. πλανάω (< πλάνη *Irrtum) in die Irre füh-*   16
ren, irreführen; Pass. hier *sich irren* (B 2cγ). **17 δόσις**[8] *Gabe, Geschenk.* **δώ-**   17
ρημα[3] *Geschenk, Gabe.* **τέλειος** V. 4. **ἄνω-θεν** *von oben her.* **κατα-**
βαῖνον Ptz. -βαίνω; umschrieb. Präs. (A249) od. kaus. (dann ist ἐστίν selb-
ständig; BDR §353,2b; §434[2]); πᾶν δώρημα τέλειον ... ἄνωθέν ἐστιν
καταβαῖνον (Genus an das zunächst stehende Subst. angeschlossen; BDR
§135[5]) ἀπό *jedes vollkommene Geschenk ... kommt von oben, von ...* (B 1b) od.
jedes vollkommene Geschenk ... stammt von oben, da es von ... kommt. **πατήρ**

τῶν φώτων *Vater der Lichter,* hier *Schöpfer der Gestirne* (vgl. B φῶς 1bα).
ἔνι für ἔνεστιν; οὐκ ἔνι *es gibt nicht* (B). παρ-αλλαγή *Veränderung.*
τροπή *Wende; Wechsel, Wandel.* ἀπο-σκίασμα³ *Schatten, Verfinsterung;*
τροπῆς ἀποσκίασμα *durch wechselnde Stellung* (der Gestirne) *eintretende*

18 *Verfinsterung* (B). 18 βουληθείς Aor. Ptz. Pass. βούλομαι¹⁷⁵ *wollen, wün-*
schen; mod. *aus freiem Willen.* ἀπ-ε-κύησεν Aor. ἀπο-κυέω V. 15. λόγῳ
ἀληθείας dat. instr. (A176) *durch das Wort der Wahrheit* (das Evangelium).
εἰς τό m. AcI fin. (A282) *damit.* εἶναι Inf. εἰμί, Präd. des AcI. ἀπ-αρχή
Erstlingsgabe (term. tech. der Opfersprache: *der Jahwe geweihte erste Teil der*
Naturerträge, durch dessen Darbringung das Ganze geheiligt wurde); ἀπαρ-
χήν τινα *gewissermaßen die Erstlingsgabe/frucht.* κτίσμα³ *Schöpfung.*

19 19 ἴστε Pf. (m. präs. Bdtg.) Imp. οἶδα *wißt* = *denkt daran* (Einh.).
ἔστω Imp. 3. Sg. εἰμί. ταχύς¹⁰ εἶα ύ *schnell.* εἰς τό m. Inf. fin. (A282)
um zu. ἀκοῦσαι Aor. Inf. ἀκούω. βραδύς¹⁰ εἶα ύ *langsam.* λαλῆ-

20 σαι Aor. Inf. λαλέω. ὀργή *Zorn.* 20 δικαιοσύνη θεοῦ gen. obi.
(A158) *die Gerechtigkeit, die vor Gott gilt,* od. gen. subi. *die von Gott gewollte/ge-*
setzte Gerechtigkeit (Gemeinschaftstreue); δικαιοσύνην θεοῦ οὐκ ἐργάζε-
ται *er tut nicht, was vor Gott recht ist* (B ἐργάζομαι 2a) od. *er erfüllt nicht bzw.*

21 *er verletzt die von Gott gewollte Gerechtigkeit.* 21 ἀπο-θέμενοι Aor. Ptz.
Med. ἀπο-τίθημαι²⁰⁰ *ablegen;* imp. (A294). ῥυπαρία *Schmutz; unsaubere*
Gesinnung, Gemeinheit. περισσεία *Übermaß, Fülle.* κακία *Schlechtigkeit,*
Bosheit; περισσείαν κακίας *all die viele Schlechtigkeit* (B 1a). πραΰτης³
ητος ἡ *Freundlichkeit, Bescheidenheit, Sanftmut;* gehört zu δέξασθε. δέξα-
σθε Aor. Imp. Med. δέχομαι. ἔμ-φυτος¹¹ *eingepflanzt;* ὁ ἔμφυτος λό-
γος *das (in euch) eingepflanzte Wort* (das Evangelium). δυνάμενον Ptz.
Pass. δύναμαι, attr. σῶσαι Aor. Inf. σῴζω.

22 22 γίνεσθε Imp. Med. γίνομαι. ποιητής¹ *Täter.* ἀκροατής¹
Hörer. παρα-λογιζόμενοι Ptz. -λογίζομαι *betrügen, täuschen;* attr. od.
kaus. *die sich selbst betrügen* od. *weil ihr euch (sonst) selbst betrügt.*

23 23 ἔ-οικεν V. 6. κατα-νοοῦντι Ptz. -νοέω *wahrnehmen; anschauen,*
betrachten; attr. γένεσις⁸ *Enstehung, Ursprung; Dasein;* πρόσωπον τῆς
γενέσεως αὐτοῦ *sein natürliches Gesicht* (B 2) bzw. *Aussehen.* ἔσ-οπτρον

24 *Spiegel.* 24 κατ-ε-νόησεν Aor. κατα-νοέω, gnomischer Aor. (A241c).
ἀπ-ελήλυθεν Pf. -ἔρχομαι, gnomisches Pf. (BDR §344,2). ἐπ-ε-
λάθετο Aor. Med. ἐπι-λανθάνομαι¹⁵⁴ *vergessen;* gnomischer Aor.
(A241c). ὁποῖος¹⁸ *welcher Art, was für einer;* ὁποῖος ἦν *was für einer er war*

25 (B) = *wie er aussah.* ἦν Ipf. εἰμί. 25 παρα-κύψας Aor. Ptz. -κύπτω
(vgl. A33⁵¹ᶠᶠ) *sich vorbeugen* (um etwas genau zu sehen); hier *hineinschauen* εἴς
τι *in etwas* (B 2); subst. τέλειος V. 4. ἐλευθερία *Freiheit.* παρα-
μείνας Aor. Ptz. -μένω¹¹⁷ *(dabei) bleiben/verharren;* subst. ἐπι-
λησμονή *Vergeßlichkeit;* ἀκροατὴς ἐπιλησμονῆς gen. qualitatis (A160)

vergeßlicher Hörer. **γενόμενος** Aor. Ptz. Med., mod. **ποιητὴς ἔργου** *ein Täter des* (v. Gott gebotenen) *Werks* od. *ein wirklicher Täter* (Menge). **ποίησις**[8] *Tun.* **ἔσται** Fut. **εἰμί.**

26 θρησκός[11] *Gott dienend, gottesfürchtig, fromm.* **εἶναι** Inf. **εἰμί.** 26
χαλιν-αγωγῶν Ptz. -αγωγέω *am Zügel führen, im Zaum halten;* konz. od. mod. (A291,2 Anm. 1); **μὴ χαλιναγωγῶν γλῶσσαν αὐτοῦ** *obwohl er* od. *und dabei seine Zunge nicht im Zaum hält.* **ἀπατῶν** Ptz. ἀπατάω *betrügen, täuschen;* konz. od. mod. **μάταιος** *nichtig, vergeblich, wertlos.* **θρησκεία** *Gottesverehrung; Gottesdienst, Frömmigkeit.* **27 καθαρός** *rein.* **ἀ-μίαν-** 27
τος[11] (< μιαίνω *besudeln,* beflecken) *unbefleckt, rein* (rituell od. sittl.). **παρὰ τῷ θεῷ** *bei Gott, nach Gottes Urteil, in Gottes Augen* (B II2b). **αὕτη ἐστίν** *besteht darin* (H-S §222). **ἐπι-σκέπτεσθαι** Inf. -σκέπτομαι *besuchen, aufsuchen* (um zu helfen); epexegetischer Inf. (A279; BDR §394,1). **ὀρφανός** *Waise.* **χήρα** *Witwe.* **ἄ-σπιλος**[11] *makellos, tadellos.* **τηρεῖν** Inf. τηρέω.

προσωπο-λημψία (< πρόσωπον + λαμβάνω) *Parteilichkeit, An-* **2**
sehen der Person. **ἔχετε** Imp.; **μὴ ἐν προσωπολημψίαις ἔχετε τὴν πίστιν τοῦ κυρίου** *habt/lebt den Glauben an den Herrn nicht so, daß ihr die Person anseht/daß ihr (bestimmte) Menschen bevorzugt.* **δόξης** *gehört zu* κυρίου.
2 εἰσ-έλθῃ Aor. Konj. -έρχομαι. **συν-αγωγή** *Synagoge;* hier (gottes- 2
dienstliche) *Versammlung* (B 5). **χρυσο-δακτύλιος**[11] *mit goldenen Ringen an den Fingern.* **ἐσθής**[3] ῆτος ἡ *Kleidung.* **λαμπρός** *strahlend, glänzend;* hier wohl *prächtig.* **πτωχός** *arm;* subst. *Armer.* **ῥυπαρός** *schmutzig, unsauber.* **3 ἐπι-βλέψητε** Aor. Konj. -βλέπω[41] *hinblicken auf, sich kümmern* 3
ἐπί τινα *um jmdn.* **φοροῦντα** Ptz. φορέω *tragen;* subst. **εἴπητε** Aor. Konj. λέγω. **κάθου** Imp. κάθημαι. **καλῶς** *schön, gut; vortrefflich;* **κάθου ὧδε καλῶς** *setze dich hier auf den guten/bequemen Platz* (B 1). **στῆθι** Wz.-Aor. Imp. ἵσταμαι. **ἐκεῖ** *dort, da.* **ὑπο-πόδιον** (< πούς) *Fußbank, Schemel;* **κάθου ὑπὸ τὸ ὑποπόδιόν μου** *setze dich unten an meine Fußbank.*
4 οὐ (οὐκ, οὐχ) *nicht;* erwartet als Frageeinleitung die Antwort „doch" 4
(A320). **δι-ε-κρίθητε** Aor. Pass. δια-κρίνω[127] *unterscheiden, einen Unterschied machen;* Med. *mit sich im Streit sein, Bedenken haben, zweifeln;* **οὐ διεκρίθητε ἐν ἑαυτοῖς** *habt ihr da nicht bei euch selbst* (in eurem Innern) bzw. *untereinander Unterschiede gemacht;* viell. *seid ihr dann nicht mit euch selbst in Widerspruch geraten* (Zür.). **ἐ-γένεσθε** Aor. Med. γίνομαι. **κριτής**[1] *Richter.* **δια-λογισμός** *Überlegung, Gedanke;* **κριταὶ διαλογισμῶν πονηρῶν** *Richter von schlechter Gesinnung; Richter, die üble Entscheidungen treffen* (B 1). **5 ἀκούσατε** Aor. Imp. ἀκούω. **οὐχ** V. 4. **ἐξ-ε-λέξατο** Aor. 5
Med. ἐκ-λέγομαι[66] *sich auswählen, erwählen.* **τῷ κόσμῳ** Dat. des Standpunktes (A175,2) *vor der Welt, in den Augen der Welt.* **πλούσιος** *reich;* subst. *Reicher;* **πλουσίους** (Obj.-Präd., A65; 49) **ἐν πίστει** *als Reiche im Glauben,*

reich zu sein im (viell. *durch den*) *Glauben.* **κληρο-νόμος** (< κλῆρος *Los;* Anteil + νέμομαι *besitzen*) *(der) Erbe.* ἧς *für* ἥν *Attraktion des Rel.-Pron.* (A360). **ἐπ-ηγγείλατο** *Aor. Med.* -αγγέλλομαι[111] *von sich ankündigen,*

6 *versprechen, verheißen.* **ἀγαπῶσιν** *Ptz.* ἀγαπάω, *subst.* **6 ἠ-τιμάσατε** *Aor.* ἀ-τιμάζω (vgl. A33[91ff]) *verachten; kränken, zurücksetzen.* **οὐχ** *V. 4.* **κατα-δυναστεύω** *gewalttätig behandeln, unterdrücken* τινός *jmdn.* **ἕλκω** *ziehen, schleppen.* **κριτήριον** *Gerichtshof, Gericht;* εἰς κριτήρια *vor Gericht*

7 *ziehen* (B 1). **7 οὐκ** *V. 4.* **βλασ-φημέω** *in üblen Ruf bzw. in Verruf bringen, verleumden; lästern.* **ἐπι-κληθέν** *Aor. Ptz. Pass. Ntr.* -καλέω[37] *anrufen; nennen;* attr.; τὸ καλὸν ὄνομα τὸ ἐπικληθὲν ἐφ᾽ ὑμᾶς *den guten Namen* (näml. der Name Jesus), *der über euch genannt/ausgerufen wurde* (B 1bβ).

8 **8 μέντοι** *wirklich, in der Tat; jedoch.* **τελέω** *beenden; ausführen, erfüllen.* **βασιλικός** *königlich.* **ἀγαπήσεις** *Fut.* ἀγαπάω, *Fut. bez. hier striktes Gebot* (A247d) *du sollst lieben.* **πλησίον** *Adv. nahe, nahe dabei, benachbart; subst. Nächster, Mitmensch.* **καλῶς** *schön, gut;* καλῶς ποιέω *recht*

9 *tun, richtig handeln* (B 4). **9 προσωπο-λημπτέω** *parteiisch urteilen, die Person ansehen, bestimmte Menschen bevorzugen.* **ἐλεγχόμενοι** *Ptz. Pass.*

10 ἐλέγχω *überführen; mod.* **ὡς** *als.* **παρα-βάτης**[1] *Übertreter.* **10 ὅσ-τις** *wer auch immer* (m. Konj. kond. Nebensinn, BDR §380[7]; A132; 371). **τηρήσῃ** *Aor. Konj.* τηρέω. **πταίσῃ** *Aor. Konj.* πταίω *anstoßen, straucheln; verfehlen, fehlen;* πταίσῃ δὲ ἐν ἑνί *aber in einem Stück fehlt* (B 1) = *aber gegen ein einziges Gebot verstößt.* **ἐν ἑνί** *in einem einzigen Stück.* **γέγονεν** *Pf.* γίνομαι, *viell. fut. Pf.* (BDR §344[1]). **ἔν-οχος**[11] *festgehalten in; schuldig;* γέγονεν πάντων ἔνοχος *er ist in allem schuldig, er hat gegen alle*

11 (Gebote) *gefehlt/verstoßen* (B 2bγ). **11 εἰπών** *Aor. Ptz.* λέγω, *subst.* **μοιχεύσῃς** *Aor. Konj.* μοιχεύω *ehebrechen, Ehebruch begehen;* prohibitiver Konj. (A256). **φονεύσῃς** *Aor. Konj.* φονεύω *morden, töten;* prohibitiver Konj. (A256). **δέ** (erstes) hier folgernd: *also, nun zwar.* **γέγονας** *Pf.* [Var. ἐ-γένου *Aor.*]. [Var. ἀπο-στάτης *Abtrünniger.*]

12 **12 λαλεῖτε** *Imp.* λαλέω. **ποιεῖτε** *Imp.* ποιέω. **ἐλευθερία** *Freiheit.* **μέλλοντες** *Ptz.* μέλλω, *subst.;* ὡς ... μέλλοντες κρίνεσθαι *als solche, die ... gerichtet werden.* **κρίνεσθαι** *Inf. Pass.* κρίνω. **13 ἀν-έλεος**[11]

13 *unbarmherzig;* erg. ἐστίν. **ποιήσαντι** *Aor. Ptz.* ποιέω, *subst.;* dat. incommodi (A173) ἀνέλεος τῷ μὴ ποιήσαντι ἔλεος *ist erbarmungslos gegen den, der keine Barmherzigkeit geübt hat.* **ἔλεος**[7] *Barmherzigkeit, Erbarmen.* **κατα-καυχάομαι** *sich rühmen gegen; triumphieren über,* m. Gen.; κατα-καυχᾶται ἔλεος κρίσεως *die Barmherzigkeit triumphiert über das Gericht.*

14 **14 ὄφελος**[7] *Nutzen;* τί τὸ ὄφελος *was nützt es?* **πίστιν** *betont vorangestellt* (Prolepsis, A373); ἐὰν πίστιν λέγῃ τις ἔχειν *wenn jemand behauptet, Glauben zu haben; wenn jemand sagt: Ich habe Glauben.* **λέγῃ** *Konj.* λέγω, m. Inf. als Obj. (A273); vgl. BDR §397[7]. **ἔχειν** *Inf.* ἔχῃ *Konj.* ἔχω.

μή *etwa* (verneinende Antwort angedeutet, A320). **σῶσαι** Aor. Inf. σῴζω.
15 ἀδελφή *Schwester* (eig. u. übertr. für die Angehörige desselben Glau- 15
bens). **γυμνός** *nackt; dürftig gekleidet* (B 3). **ὑπ-άρχωσιν** Konj. -άρχω
hier = *sein.* **λειπόμενοι** Ptz. Pass. λείπω *entbehren, Mangel haben,* m. Gen.
an etwas; wohl umschrieb. Präs., erg. viell. m. Var. ὦσιν (BDR §354²) [Var.
ὦσιν Konj. εἰμί]. **ἐφ-ήμερος**¹¹ *für den Tag bestimmt, täglich.* **τροφή**
Nahrung; λειπόμενοι τῆς ἐφημέρου τροφῆς *ihnen fehlt die tägliche Nah-*
rung. **16 εἴπῃ** Aor. Konj. λέγω. **ὑπ-άγετε** Imp. -άγω. **θερμαίνεσθε** 16
Imp. θερμαίνομαι *sich wärmen.* **χορτάζεσθε** Imp. Pass. χορτάζω *satt*
machen, sättigen; Pass. *sich sättigen,* hier *sich satt essen.* **δῶτε** Aor. Konj. δί-
δωμι. **ἐπι-τήδειος** *erforderlich, nötig;* τὰ ἐπιτήδεια τοῦ σώματος *das,*
was für den Leib nötig ist = das, was sie zum Leben brauchen (GN). **17 ἔχῃ** 17
V. 14, hier *nach sich ziehen* (B 14), *zur Folge haben.* **καθ᾽ ἑαυτήν** *für sich al-*
lein (B κατά II1c).
18 ἐρεῖ Fut. λέγω. **δεῖξον** Aor. Imp. δείκνυμι²¹² *zeigen;* hier *nach-* 18
weisen τινί τι jmdm. *etwas* (B 3). **δείξω** Fut., mod. Fut. (A247).
19 καλῶς V. 8; καλῶς ποιεῖς *du tust recht = damit hast du recht* (Einh.). 19
φρίσσω *schaudern, zittern.*
20 γνῶναι Aor. Inf. γινώσκω. **ὦ** steht vor Vok. m. Affekt (A142). 20
κενός *leer; eitel;* hier *töricht* (EWNT 2, Sp. 695). **ἀργός** *faul; nutzlos.*
21 Ἀβραάμ indekl., hier Nom. **οὐκ** V. 4. **ἐκ** *durch, auf Grund von* (vgl. 21
B 3f). **ἐ-δικαιώθη** Aor. Pass. δικαιόω *rechtfertigen, freisprechen; für gerecht*
erklären, gerecht machen. **ἀν-ενέγκας** Aor. Ptz. ἀνα-φέρω¹⁹⁸ *hinaufbrin-*
gen; (als Opfer) *darbringen;* mod. od. kaus. **Ἰσαάκ** indekl., hier Akk., *Isaak,*
Abrahams Sohn. **θυσιαστήριον** *Altar.* **22 συν-ήργει** Ipf. -εργέω *mit-* 22
wirken, unterstützen, helfen, zusammenwirken. **ἐ-τελειώθη** Aor. Pass. τελει-
όω *vollenden; zu Ende bzw. ans Ziel führen; zur Vollendung führen* (Pass. *gelan-*
gen). **23 ἐ-πληρώθη** Aor. Pass. πληρόω. **λέγουσα** Ptz. Fem. λέγω, 23
attr. **ἐ-πίστευσεν** Aor. πιστεύω. **ἐ-λογίσθη** Aor. Pass. λογίζομαι
(an)rechnen τινί τι εἴς τι jmdm. *etwas als etwas* (B 1a). **φίλος** *Freund.*
ἐ-κλήθη Aor. Pass. καλέω. **24 δικαιοῦται** Pass. **ἐκ** V. 21. **ἐκ πί-** 24
στεως μόνον *nicht durch den Glauben allein* (d.h. der Glaube ist nötig, aber
er muß Werke zur Folge haben). **25 ὁμοίως** *in gleicher Weise, ebenso.* 25
Ῥαάβ indekl., hier Nom., *Rahab,* Prostituierte aus Jericho. **πόρνη** *Prostitu-*
ierte, Dirne, Hure. **οὐκ** V. 4. **ὑπο-δεξαμένη** Aor. Ptz. Med. -δέχομαι⁶³
(gastlich) aufnehmen; mod. od. kaus. **ἄγγελος** hier *Bote, Abgesandter* (v.
Kundschaftern). **ἑτέρᾳ ὁδῷ** dat. modi (A180). **ἐκ-βαλοῦσα** Aor. Ptz.
Fem. -βάλλω hier *hinausführen, herauslassen.* **26 ὥσ-περ ... οὕτως καί** 26
geradeso wie/gleichwie ... so auch.
γίνεσθε Imp. Med. γίνομαι hier wohl *auftreten* (vgl. B II5); μὴ πολ- **3**
λοί διδάσκαλοι γίνεσθε *tretet nicht so zahlreich als Lehrer auf.* **εἰδότες**

Pf. (m. präs. Bdtg.) Ptz. οἶδα, kaus. **μείζων** hier *strenger.* **κρίμα**[3] *Gericht; Urteil.* **λημψόμεθα** Fut. Med. λαμβάνω; μεῖζον κρίμα λημψόμεθα
2 *wir* (Lehrer) *werden ein strengeres Urteil empfangen.* **2 πολλά** adv. Akk. (A150) *oftmals, vielfach* (B I2bβ), *in vieler Hinsicht.* **πταίω** *anstoßen, straucheln; verfehlen, fehlen;* πολλὰ γὰρ πταίομεν *wir verfehlen uns vielfach/in vieler Hinsicht, wir begehen viele Sünden* (B 1). **ἅ-πας** = πᾶς. **ἐν λόγῳ** *mit Worten, beim Reden* (B λόγος 1aβ). **οὗτος** erg. ἐστίν. **τέλειος** (< τέλος) *vollendet, vollkommen; erwachsen, reif.* **δυνατός** *stark, mächtig;* erg. ἐστίν *imstande sein, fähig sein,* m. flgd. Inf. [Var. δυνάμενος Ptz. δύναμαι, mod. od. kaus.]. **χαλιν-αγωγῆσαι** Aor. Inf. -αγωγέω *am Zügel führen, im Zaum halten; zügeln;* δυνατὸς χαλιναγωγῆσαι καὶ ὅλον τὸ σῶμα *er ist*
3 *fähig, auch den ganzen Körper im Zaum zu halten/zu beherrschen.* **3 ἵππος** *Pferd;* gen. poss. (A154) zu στόματα; εἰ τῶν ἵππων τοὺς χαλινοὺς εἰς τὰ στόματα βάλλομεν *wenn wir den Pferden das Zaumzeug ins Maul legen* (GN). **χαλινός** *Zaum, Zügel.* **εἰς τό** m. AcI fin. (A282) *damit.* **πείθεσθαι** Inf. Pass. πείθω; Präd. des AcI; εἰς τὸ πείθεσθαι αὐτοὺς ἡμῖν *damit sie uns gehorchen.* **καί** *leitet Dann-Satz ein* (A311,2; 342): *dann, (so).*
4 **μετ-άγω** *in eine andere Richtung lenken.* **4 τηλικ-οῦτος**[18] *so groß.* **ὄντα** Ptz. εἰμί, konz. **ἄνεμος** *Wind.* **σκληρός** *hart, rauh, heftig, stark.* **ἐλαυνόμενα** Ptz. Pass. ἐλαύνω *treiben;* konz. **μετ-άγεται** Pass. **ἐλάχιστος** (Superlativ zu μικρός) *kleinster;* hier elativisch (A119) *ganz klein.* **πηδάλιον** *Steuerruder.* **ὁρμή** *Drang, Eifer, Absicht.* **εὐθύνοντος** Ptz. εὐθύνω *gerade machen; gerade führen, lenken, steuern;* subst. *Steuermann* (B 2).
5 **βούλομαι** *wollen, wünschen.* **5 μέλος**[7] *Glied.* **καί** (zweites) *und (doch)* (A311,1). **αὐχέω** *rühmen, prahlen,* m. Akk.; καὶ μεγάλα αὐχεῖ *und sie rühmt sich doch großer Dinge* [Var. μεγαλ-αυχέω *stolz werden, sich brüsten*]. **ἡλίκος**[18] *wie groß;* (erstes) hier *wie klein* (B). **ὕλη** *Holz, Wald.* **ἀν-άπτω** *anzünden;* ἡλίκον πῦρ ἡλίκην ὕλην ἀνάπτει *welch kleines Feuer steckt welch/einen (so) großen Wald in Brand* (B ἡλίκος), *ein Feuer, so klein es auch*
6 *ist, setzt einen (so) großen Wald in Brand.* **6 πῦρ** erg. ἐστίν. **ἀ-δικία** *Unrecht; Ungerechtigkeit;* ὁ κόσμος τῆς ἀδικίας Gen. der Absicht (A162) *die Welt, die Unrecht tut,* od. gen. qualitatis (A160) *die ungerechte Welt;* viell. *der Inbegriff der Ungerechtigkeit* (Menge). **καθ-ίσταται** Med. od. Pass. -ίστημι/ίσταμαι *hinstellen; machen, bewirken;* Med. *sich hinstellen, sich aufstellen;* Pass. *werden* (B 3), *dastehen;* ὁ κόσμος τῆς ἀδικίας ἡ γλῶσσα καθίσταται ἐν τοῖς μέλεσιν ἡμῶν *als die Welt, die Unrecht tut, steht die Zunge unter unseren Gliedern da* (vgl. Mußner, Jak, S. 162f; BDR §273[3]). **σπιλοῦσα** Ptz. Fem. σπιλόω *beschmutzen;* attr. **φλογίζουσα** Ptz. Fem. φλογίζω *in Brand setzen;* attr. **τροχός** *Rad.* **γένεσις**[8] *Entstehung, Ursprung; Dasein;* ὁ τροχὸς τῆς γενέσεως *Rad des Werdens/Daseins,* hier wohl sprichwörtl. für *Umkreis des Lebens* (Mußner, Jak, S. 164f), *Lebenslauf* (B 4). **φλο-**

γιζομένη Ptz. Pass., attr. γέεννα Gehenna; Hölle.   7 φύσις[8] Natur;   7
Gattung, Art. θηρίον Tier; hier vierfüßige Tiere, Säugetiere od. Landtiere. πε-
τεινόν Vogel. ἑρπετόν Kriechtier. ἐν-άλιος[11] im Meer befindlich; subst.
Meerestier, Seetier. δαμάζεται Pass. δαμάζω (vgl. A33[91ff]) bändigen, zäh-
men. δε-δάμασται Pf. Pass. ἀνθρώπινος menschlich; τῇ φύσει τῇ
ἀνθρωπίνῃ dat. instr. (A176) durch die menschliche Art/Natur.   8 δαμάσαι   8
Aor. Inf. οὐδείς ... ἀνθρώπων gen. partitivus (A164) kein Mensch.
ἀ-κατά-στατος[11] unbeständig, unruhig, ruhelos; ἀκατάστατον κακόν
ein ruheloses Übel; App. (A70) zu γλῶσσαν. μεστός voll, erfüllt von, m.
Gen. (A165). ἰός Gift. θανατη-φόρος[11] todbringend, tödlich.   9 ἐν instr.   9
mit. κατ-αράομαι fluchen, verfluchen, m. Akk. ὁμοίωσις[8] Ähnlichkeit,
Übereinstimmung, Gleichheit. γε-γονότας Pf. Ptz. γίνομαι, attr.; οἱ καθ᾽
ὁμοίωσιν θεοῦ γεγονότες die, die gottähnlich/nach dem Bild Gottes geschaf-
fen sind.   10 εὐ-λογία Lobpreis; Segen. κατ-άρα Verwünschung, Fluch.   10
χρή es ist nötig, es muß, m. flgd. AcI. γίνεσθαι Inf. γίνομαι, Präd. des AcI;
οὐ χρή ... ταῦτα οὕτως γίνεσθαι das darf nicht so geschehen/sein.
11 μήτι etwa (verneinende Antwort angedeutet, A320), par. μή (V. 12).   11
πηγή Quelle. ὀπή Loch, Spalt, Öffnung. βρύω sprudeln lassen, (her-
vor)quellen lassen. γλυκύς[10] εἶα ύ süß; τὸ γλυκὺ καὶ τὸ πικρόν das
Süße und das Bittere = süßes und bitteres Wasser. πικρός bitter.   12 συκῇ   12
Feigenbaum. ἐλαία Ölbaum; hier Olive (B 2). ποιῆσαι Aor. Inf. ποιέω
hier tragen, hervorbringen (B I1bη). ἄμπελος Weinstock. σῦκον Feige.
οὔτε = οὐδέ und nicht. ἁλυκός salzig; hier Salz- bzw. Solequelle.
    13 σοφός weise. ἐπι-στήμων[11] kundig, verständig, gebildet. ἐν bei,   13
unter. δειξάτω Aor. Imp. 3. Sg. δείκνυμι[212] zeigen; erweisen, nachweisen.
ἀνα-στροφή Wandel, Lebenswandel, Lebensführung; δειξάτω ἐκ τῆς
καλῆς ἀναστροφῆς τὰ ἔργα αὐτοῦ er soll seine Werke nachweisen durch
seine gute/einwandfreie Lebensführung. πραΰτης[3] ητος ἡ Freundlichkeit, Be-
scheidenheit, Sanftmut; πραΰτης σοφίας gen. pertinentiae (A152ff) Beschei-
denheit/Freundlichkeit, die aus der Weisheit erwächst = weise Bescheidenheit/
Freundlichkeit.   14 ζῆλος[7] Eifer; Eifersucht. πικρός V. 11. ἐριθεία   14
Selbstsucht, Eigennutz; viell. Streitsucht. κατα-καυχᾶσθε Imp. -καυχάο-
μαι sich rühmen, sich überheben; μὴ κατακαυχᾶσθε καὶ (A311,7) ψεύδε-
σθε κατὰ τῆς ἀληθείας rühmt euch nicht (weise zu sein), und setzt euch da-
durch in Widerspruch zur Wahrheit. ψεύδεσθε Imp. ψεύδομαι lügen κατά
τινος gegen/wider etwas.   15 ἄνω-θεν von oben her. κατ-ερχομένη Ptz.   15
-έρχομαι herabkommen; umschrieb. Präs. (A249); οὐκ ἔστιν ... ἄνωθεν
κατερχομένη diese Weisheit kommt nicht von oben. ἐπί-γειος[11] irdisch;
erg. ἐστίν. ψυχικός seelisch; im NT stets natürlich, irdisch gesinnt. δαιμο-
νιώδης[7] dämonisch.   16 ἀ-κατα-στασία Unruhe; Unordnung; viell. Un-   16
frieden (Menge); erg. ἐστίν. πᾶς ohne Art. jede Art von (vgl. B 1aβ). φαῦ-

17 **λος** schlecht, schlimm, übel. **πρᾶγμα**³ (das) Tun; Sache. 17 **ἄνωθεν** attr. die von oben kommt. **πρῶτον μέν** zunächst (H-S §252,34). **ἁγνός** heilig, rein (rituell od. ethisch). **ἔπ-ειτα** dann, darauf. **εἰρηνικός** friedlich, friedfertig. **ἐπι-εικής**⁷ nachgiebig, gütig. **εὐ-πειθής**⁷ gehorsam, folgsam. **μεστός** V. 8. **ἔλεος**⁷ Barmherzigkeit, Erbarmen. **ἀ-διά-κριτος**¹¹ unpartei-

18 isch. **ἀν-υπό-κριτος**¹¹ ungeheuchelt, ohne Heuchelei. 18 **σπείρεται** Pass. **σπείρω**. **ποιοῦσιν** Ptz. ποιέω, subst.; ποιέω εἰρήνην Frieden stiften/schaffen (B I1bγ); τοῖς ποιοῦσιν εἰρήνην (wohl dat. commodi, A173) für die, die Frieden stiften/schaffen (BDR §188¹).

4 **πόθεν**¹⁸ woher? **πόλεμος** Kampf, Krieg; Streit. **μάχη** Kampf; hier Streit; erg. **εἰσίν** hier kommen. **ἐν** bei, unter. **οὐκ** nicht; erwartet als Frageeinleitung die Antwort „doch" (A320). **ἐντεῦ-θεν**¹⁸ von hier; οὐκ ἐντεῦθεν ἐκ ... nicht daher: aus ...? **ἡδονή** Lust, Vergnügen (negativ). **στρατευομένων** Ptz. στρατεύομαι Kriegsdienst tun; übertr. kämpfen, streiten; attr.

2 **μέλος**⁷ Glied. 2 **ἐπι-θυμέω** begehren, verlangen. **φονεύω** morden, töten. **ζηλόω** sich eifrig bemühen; mit Eifersucht/Neid erfüllt sein, eifern. **καί** (erstes u. drittes) adversativ (A311,1) und doch. **ἐπι-τυχεῖν** Aor. Inf. -τυγχάνω¹⁵⁶ erlangen, erreichen. **μάχομαι** kämpfen; streiten, zanken. **πολεμέω** Krieg führen, kämpfen. **διὰ τό** m. AcI kaus. (A282) weil. **αἰτεῖσθαι** Inf. Med.

3 αἰτέω, Präd. des AcI. 3 **καί** V. 2. **δι-ότι** denn, weil (A338). **κακῶς** schlecht, übel; in böser Absicht. **αἰτεῖσθε** Med. αἰτέω. **ἵνα** hier (nämlich) um zu. **δαπανήσητε** Aor. Konj. δαπανάω ausgeben, aufwenden **ἐν** für

4 (B 1). 4 **μοιχαλίς**³ ίδος ἡ Ehebrecherin; hier Adj. subst. im Pl. für beide Geschlechter; hier übertr. v. Verhältnis zu Gott. **οὐκ** V. 1. **φιλία** Freundschaft, Liebe; m. gen. obi. (A158). **ἔχθρα** Feindschaft; m. gen. obi.; ἡ φιλία τοῦ κόσμου ἔχθρα τοῦ θεοῦ ἐστιν die Freundschaft mit der Welt bedeutet Feindschaft gegen Gott. **ὃς ἐάν** = ὃς ἄν (A132; 371) wer (auch) immer bzw. hier jeder, der. **βουληθῇ** Aor. Konj. Pass. βούλομαι wollen, wünschen. **φίλος** Freund; präd. (Nom. m. Inf.; vgl. H-S §216e). **εἶναι** Inf. εἰμί. **ἐχθρός** Feind. **καθ-ίσταται** Med. od. Pass. -ίστημι/ίσταμαι hinstellen;

5 Med. sich hinstellen, sich aufstellen, sich erweisen; Pass. werden (B 3). 5 **κενῶς** leer, grundlos, umsonst. **φθόνος** Mißgunst, Neid, Eifersucht; πρὸς φθόνον wohl = φθονερῶς eifersüchtig (B πρός III6). **ἐπι-ποθέω** Sehnsucht haben, verlangen, m. Akk. etwas od. nach jmdm.; πρὸς φθόνον ἐπιποθεῖ τὸ πνεῦμα wohl eifersüchtig verlangt er (Gott) nach dem Geist (B). **κατ-ῴκισεν** Aor. -οικίζω (vgl. A33⁹¹ff) eine Wohnung anweisen; wohnen lassen.

6 6 **μείζονα** attr. **λέγει** Subj. ἡ γραφή. **ὑπερ-ήφανος**¹¹ hochmütig, stolz, arrogant; subst. **ἀντι-τάσσομαι** sich entgegenstellen, widerstehen. **ταπεινός** niedrig, gering, unbedeutend (v. Stellung, Macht u. Ansehen); hier

7 demütig, bescheiden (B 2b). 7 **ὑπο-τάγητε** Aor. Imp. Pass. -τάσσω⁷⁹ unterordnen, unterwerfen; Pass. sich unterordnen. **ἀντί-στητε** Wz.-Aor. Imp.

ἀνθ-ίσταμαι²⁰⁵ *sich entgegenstellen, entgegentreten, sich widersetzen, widerstehen.* **διά-βολος** (< διαβάλλω *verleumden*) subst. *Verleumder; Teufel.* **καί** kons. (A311,2) *(und) dann, so.* **φεύξεται** Fut. Med. φεύγω⁷² *fliehen.*

8 ἐγγίσατε Aor. Imp. ἐγγίζω. **καί** (erstes) V. 7. **ἐγγιεῖ** Fut. [Var. ἐγ- 8 γίσει Fut.]. **καθαρίσατε** Aor. Imp. καθαρίζω⁹⁵ *reinigen, säubern.* **ἁγνίσατε** Aor. Imp. ἁγνίζω *reinigen, heiligen, läutern* (EWNT 1, Sp. 54). **δί-ψυχος**¹¹ *zwei Seelen habend, unentschlossen, zweifelnd;* subst. **9 ταλαιπω-** 9 **ρήσατε** Aor. Imp. ταλαιπωρέω *bedrückt sein; wehklagen;* Aor. Imp. hier und im flgd. viell. ingr. (BDR §337¹). **πενθήσατε** Aor. Imp. πενθέω *klagen, trauern.* **κλαύσατε** Aor. Imp. κλαίω. **γέλως**³ ωτος ὁ *Lachen.* **πένθος**⁷ *Klage, Trauer.* **μετα-τραπήτω** Aor. Imp. Pass. 3. Sg. -τρέπω⁴⁸ *umkehren;* Pass. *sich verkehren, sich verwandeln* [Var. μετα-στραφήτω Aor. Imp. Pass. 3. Sg. -στρέφω *umkehren, verkehren, verwandeln*]. **κατήφεια** *Niedergeschlagenheit.* **10 ταπεινώθητε** Aor. Imp. Pass. ταπεινόω *niedrig* 10 *machen;* übertr. *erniedrigen; demütigen;* Pass. reflexiv. **καί** V. 7. **ὑψώσει** Fut. ὑψόω *erhöhen.*

11 κατα-λαλεῖτε Imp. -λαλέω *Übles reden gegen, schlecht machen,* 11 *verleumden* τινός *jmdn.* **κατα-λαλῶν** Ptz., subst. **κρίνων** Ptz., subst. **ποιητής**¹ *Täter* (der das Gesetz erfüllt). **κριτής**¹ *Richter* (über das Gesetz). **12 νομο-θέτης**¹ *Gesetzgeber.* **δυνάμενος** Ptz. δύναμαι, attr. **σῶσαι** 12 Aor. Inf. σῴζω. **ἀπ-ολέσαι** Aor. Inf. -όλλυμι. **σύ** betont vor dem τίς (BDR §475²). **κρίνων** Ptz., attr. bzw. subst. (App. zu σύ, A303); σὺ τίς εἶ ὁ κρίνων *wer bist du, der du ... verurteilst/richtest.* **πλησίον** Adv. *nahe, nahe dabei, benachbart;* subst. *Nächster, Mitmensch.*

13 ἄγε Imp. ἄγω; Imp. erstarrt zur Interjektion (H-S §252,63) *wohlan!* 13 **λέγοντες** Ptz. λέγω, subst.; Nom. m. Art. für Vok. (A142). **αὔριον** *morgen.* **πορευσόμεθα** Fut. Med. πορεύομαι; hier u. im flgd. mod. Futur (A247) *wir wollen reisen.* **ὅ-δε**¹⁸ *dieser;* εἰς τήνδε τὴν πόλιν *in die und die Stadt* (BDR §289,3). **ποιήσομεν** Fut. ποιέω, m. Akk. der Zeit *verweilen, zubringen* (B IIeδ) [Var. ποιήσωμεν Aor. Konj., adhortativ (A254)]. **ἐνι-αυτός** *Jahr.* **ἐμ-πορευσόμεθα** Fut. Med. -πορεύομαι *Handel treiben.* **κερδήσομεν** Fut. κερδαίνω¹²⁵ *gewinnen, Gewinn machen* (B 1a). **14 ἐπίσταμαι** *verstehen; wissen, kennen;* οἵτινες οὐκ ἐπίστασθε *ihr, die* 14 *ihr nicht wißt.* **τὸ τῆς αὔριον** *das, was zum morgigen Tag gehört = was morgen geschieht/sein wird;* AkkO zu ἐπίστασθε (H-S §292c) [Var. τῆς αὔριον (ποία ἡ ζωὴ ὑμῶν) *wie es morgen um euer Leben stehen wird* (Hyperbaton, τῆς αὔριον Attr. zu ζωή; H-S §292c)]. **ποῖος**¹⁸ *wie beschaffen? was für ein?* ποία ἡ ζωὴ ὑμῶν *wie es dann um euer Leben steht* (Menge) od. als direkte Frage: *was ist euer Leben* (vgl. B Iaγ). **ἀτμίς**³ ίδος ἡ *Dampf, Rauch.* **πρὸς ὀλίγον** *für kurze Zeit, für eine kurze Weile.* **φαινομένη** Ptz. Pass. φαίνομαι *scheinen, leuchten; sichtbar werden/sein* (B 2b); *sich zeigen, erscheinen;* attr.,

m. Art. bei artikellosem BW (vgl. A84 u. 303). **ἔπ-ειτα** *dann, darauf.* **ἀ-φα-νιζομένη** Ptz. Pass. ἀ-φανίζω *unsichtbar machen;* Pass. *zugrunde gehen, ver-*
15 *schwinden.* **15 ἀντί** m. Gen. *anstatt, für;* ἀντὶ τοῦ m. AcI (A282) *statt daß.*
λέγειν Inf., Präd. des AcI. **θελήσῃ** Aor. Konj. θέλω. **καί** V. 7. **ζήσο-μεν** Fut. ζάω; ἐὰν ὁ κύριος θελήσῃ καὶ ζήσομεν καὶ ποιήσομεν ...
wenn der Herr es will, so werden wir leben und ... tun. **ποιήσομεν** Fut.
16 ποιέω. **16 καυχάομαι** *sich rühmen* ἐν hier *mit/in* (B ἀλαζονεία).
ἀλαζονεία *Prahlerei, (das) Großtun* (in Wort u. Tat). **πᾶς** ohne Art. *jede*
17 *Art von* (vgl. B 1αβ). **καύχησις**[8] *(das) Rühmen, Prahlerei.* **17 εἰδότι** Pf.
(m. präs. Bdtg.) Ptz. οἶδα, subst. ohne Art. (A304). **καλόν** Adj. subst. ohne
Art. (BDR §264,2) *etwas Gutes.* **καί** adversativ (A311,1). **ποιεῖν** Inf.
ποιέω. **ποιοῦντι** Ptz., subst. ohne Art.; εἰδότι καλὸν ποιεῖν καὶ μὴ
ποιοῦντι, ἁμαρτία αὐτῷ ἐστιν *für den, der etwas Gutes zu tun weiß, es*
aber nicht tut, ist dies Sünde = wer das Gute tun kann und es doch nicht tut, der
sündigt (vgl. Einh.). **αὐτῷ** steht pleon. (BDR §297[3]).

5 **ἄγε** Imp. ἄγω; Imp. erstarrt zur Interjektion (H-S §252,63) *wohlan!*
πλούσιος *reich;* subst. *Reicher;* Nom. m. Art. für Vok. (A142). **κλαύσατε**
Aor. Imp. κλαίω. **ὀλολύζοντες** Ptz. ὀλολύζω *laut schreien/heulen;* mod.
ταλαιπωρία *Mühsal; Elend, Not.* **ἐπ-ερχομέναις** Ptz. -έρχομαι *her-*
2 *beikommen; bevorstehen* (zeitl.); *kommen über;* attr. **2 πλοῦτος** *Reichtum.*
σέ-σηπεν Pf. σήπω[46] *verfaulen, vermodern;* Pf. hier u. im flgd. fut. ge-
braucht (A244b). **σητό-βρωτος**[11] *von Motten zerfressen.* **γέ-γονεν** Pf.
3 γίνομαι. **3 χρυσός** *Gold.* **ἄργυρος** *Silber.* **κατ-ίωται** Pf. Pass. -ιόω
mit Rost überziehen; Pass. *rostig werden, verrosten.* **ἰός** *Gift;* hier *Rost* (B 2).
μαρτύριον *Zeugnis, Beweis.* **ὑμῖν** dat. incommodi (A173) *gegen euch.*
ἔσται Fut. εἰμί; ἔσται εἰς *wird dienen zu* (BDR §145[2]). **φάγεται** Fut.
Med. ἐσθίω. **ἐ-θησαυρίσατε** Aor. θησαυρίζω (vgl. A33[91ff]) *ansam-*
4 *meln; Schätze aufhäufen, Reichtümer sammeln.* **4 μισθός** *Lohn.* **ἐργάτης**[1]
Arbeiter. **ἀμησάντων** Aor. Ptz. ἀμάω *abmähen;* attr. **χώρα** *Land;* hier
Feld (B 4). **ἀπ-ε-στερημένος** Pf. Ptz. Pass. ἀπο-στερέω *berauben;* Pass.
(rechtswidrig) *vorenthalten;* attr. zu μισθός [Var. ἄφ-υστερημένος Pf. Ptz.
Pass. -υστερέω *vorenthalten;* attr.]. **ἀπό** = ὑπό (A189). **βοή** *Schrei, Ruf;*
hier *Klageruf.* **θερισάντων** Aor. Ptz. θερίζω (vgl. A33[91ff]) *ernten;* subst.
Schnitter, Erntearbeiter. **οὗς**[3] ὠτός τό *Ohr.* **σαβαώθ** (hebr. צְבָאוֹת
ṣəḇāʾôt, Pl. v. צָבָא ṣāḇāʾ *Heer*) indekl., hier Gen., *Zebaot;* κύριος σαβαώθ
(Gottesname im AT) übers. *der Herr* (im AT *Jahwe*) *der Heerscharen* od. dem
Sinn entsprechend *der Herr, der Allmächtige.* **εἰσ-εληλύθασιν** Pf. -έρχο-
μαι; εἰς τὰ ὦτα κυρίου ... εἰσεληλύθασιν *sind dem Herrn ... zu Ohren ge-*
5 *kommen* (B 2b). **5 ἐ-τρυφήσατε** Aor. τρυφάω *ein üppiges Leben führen,*
schwelgen. **ἐ-σπαταλήσατε** Aor. σπαταλάω *üppig leben, sich dem*
Vergnügen hingeben; ἐτρυφήσατε ἐπὶ τῆς γῆς καὶ ἐσπαταλήσατε *ihr*

habt auf Erden ein üppiges und ausschweifendes Leben geführt (Einh.). **ἐ-θρέ-**
ψατε Aor. τρέφω⁴⁹ *ernähren, füttern; mästen.* **σφαγή** *(das) Schlachten,*
Schlachtung; ἐν ἡμέρᾳ σφαγῆς *(noch) am Schlachttag* (hier der Tag des Ge-
richts Gottes). **6 κατ-ε-δικάσατε** Aor. κατα-δικάζω (vgl. A33⁹¹ᶠᶠ) *ver-* 6
urteilen. **ἐ-φονεύσατε** Aor. φονεύω *morden, töten.* **ἀντι-τάσσομαι**
sich entgegenstellen, Widerstand leisten.

    7 μακρο-θυμήσατε Aor. Imp. -θυμέω *Geduld haben, geduldig war-* 7
ten ἐπί τινι *auf etwas* (B 1). **παρ-ουσία** (< πάρειμι [εἰμί] *anwesend*
sein) *Anwesenheit, Gegenwart; Ankunft, (das) Kommen* (außerbibl. [helleni-
stisch] term. tech. für den offiziellen Besuch eines Kaisers od. sonstigen hohen
Amtsträgers in einer Provinzstadt sowie für die Epiphanie eines Gottes
[EWNT 3, Sp. 103]); im NT term. tech. für die *Wiederkunft* Christi. **γεωργός**
Bauer. **ἐκ-δέχομαι** *erwarten, warten.* **τίμιος** *teuer; kostbar; köstlich.* **μα-**
κρο-θυμῶν Ptz. -θυμέω, mod. **λάβῃ** Aor. Konj. (s. ἕως, A337)
λαμβάνω. **πρό-ϊμος** *früh,* (ellip., erg. ὑετός *Regen,* BDR §241⁷) hier
Frühregen (im Herbst). **ὄψιμος** *spät;* hier *Spätregen (im Frühjahr).* **8 στη-** 8
ρίξατε Aor. Imp. στηρίζω⁸⁵ *aufstellen, festmachen;* übertr. *stärken, beständig*
machen; Aor. Imp. **ἤγγικεν** Pf. ἐγγίζω. **9 στενάζετε** Imp. στενάζω⁸⁴ 9
seufzen, stöhnen, murren κατά τινος *gegen jmdn.* **κριθῆτε** Aor. Konj. Pass.
κρίνω. **κριτής**¹ *Richter.* **θύρα** *Tür;* Pl. formelhaft für eine Tür (BDR
§141,4). **ἕστηκεν** Pf. ἵστημι. **10 ὑπό-δειγμα**³ (< ὑποδείκνυμι *zei-* 10
gen) Beispiel, Vorbild, m. Gen. der Sache (B 1). **λάβετε** Aor. Imp.
λαμβάνω. **κακο-πάθια** *Leiden, Unglück;* τῆς κακοπαθίας καὶ τῆς
μακροθυμίας (wohl Hendiadyoin, A378) *des Ausharrens im Leiden* (BDR
§442²⁹); ὑπόδειγμα (Obj.-Präd., BDR §157³) λάβετε ... τῆς κακοπαθίας
καὶ τῆς μακροθυμίας τοὺς προφήτας (AkkO) *für das Ausharren im*
Leiden nehmt euch die Propheten zum Vorbild. **μακρο-θυμία** *Geduld, Stand-*
haftigkeit, Ausdauer. **ἐ-λάλησαν** Aor. λαλέω. **11 μακαρίζω** *glücklich* 11
preisen, seligpreisen. **ὑπο-μείναντας** Aor. Ptz. -μένω¹¹⁷ *bleiben; stand-*
halten, durchhalten, aushalten; subst. **ὑπο-μονή** *Geduld, Ausdauer,*
Standhaftigkeit. **Ἰώβ** indekl., hier Gen., *Hiob,* der leidende Gerechte im AT.
ἠκούσατε Aor. ἀκούω. **τὸ τέλος κυρίου** gen. auctoris (A153) *das*
Ende, das der Herr (bewirkte), etwa = *wie der Herr ihn am Ende belohnte* (GN).
πολύ-σπλαγχνος¹¹ *sehr barmherzig, voll Erbarmen.* **οἰκτίρμων**¹¹ *mit-*
leidig, barmherzig.

    12 πρὸ πάντων *vor allem* (B πᾶς 2aδ). **ὀμνύετε** Imp. ὀμνύω 12
schwören, m. Akk. bei. **μήτε ... μήτε** *weder ... noch.* **ὅρκος** *Eid;* μήτε ἄλ-
λον τινὰ ὅρκον *noch irgendeinen anderen Eid.* **ἤτω** Imp. 3. Sg. εἰμί. **ναί**
ja; ἤτω δὲ ὑμῶν τὸ ναὶ ναί *vielmehr soll euer Ja ein Ja sein;* analog zu οὔ
(B 5). **οὔ** *nein.* **πέσητε** Aor. Konj. πίπτω; ἵνα μὴ ὑπὸ κρίσιν πέσητε
damit ihr nicht dem Gericht verfallt (B 2aγ).

13   13 κακο-παθέω *(Unglück) erleiden.* ἐν *unter/bei.* προσ-ευχέσθω
Imp. 3. Sg. -εύχομαι. εὐ-θυμέω *guten Mutes sein;* hier viell. *gut gehen*
(Menge). ψαλλέτω Imp. 3. Sg. ψάλλω *lobsingend preisen, Loblieder singen.*

14   14 ἀ-σθενέω *schwach sein; krank sein* (B 1a). προσ-καλεσάσθω Aor.
Imp. Med. 3. Sg. -καλέομαι[37] *herbeirufen, kommen lassen.* προσ-ευξά-
σθωσαν Aor. Imp. Med. 3. Pl. -εύχομαι. ἐπ' αὐτόν *über ihn* (B ἐπί
III1aζ) od. *für ihn.* ἀλείψαντες Aor. Ptz. ἀλείφω[40] *salben;* temp. od. mod.

15   ἔλαιον *Öl;* dat. instr. (A176) *mit Öl.*   15 εὐχή *Gebet;* ἡ εὐχὴ τῆς πί-
στεως gen. pertinentiae (A152ff) *das Gebet, das aus Glauben geschieht,* od.
gen. qualitatis (A160) *das vertrauensvolle Gebet* (vgl. B 1). σώσει Fut. σῴζω.
κάμνοντα Ptz. κάμνω[148] *ermüden, ermatten; krank sein;* subst. *Kranker*
(B 2). ἐγερεῖ Fut. ἐγείρω. κἄν = καὶ ἐάν. ᾖ Konj. εἰμί. πε-ποιη-
κώς Pf. Ptz. ποιέω, umschrieb. Pf. (A249); κἄν ἁμαρτίας ᾖ πεποιηκώς
und wenn er Sünden begangen hat (B I1cγ). ἀφ-εθήσεται Fut. Pass. -ίημι.

16   16 ἐξ-ομο-λογεῖσθε Imp. Med. -λογέω *versprechen;* Med. *bekennen, ein-
gestehen.* εὔχεσθε Imp. εὔχομαι *beten* ὑπέρ τινος *für jmdn.* (B 1).
ὅπως hier *(dafür,) daß* (A328; bez. das Erbetene). ἰαθῆτε Aor. Konj. Pass.
ἰάομαι[17] *heilen; wiederherstellen.* ἰσχύω *stark sein, kräftig sein; vermögen,
können* (B 2). δέησις[8] *Bitte, Gebet.* ἐν-εργουμένη Ptz. Med. ἐν-εργέω
intr. *wirksam sein, sich als wirksam erweisen;* kaus. od. viell. attr.; πολὺ ἰσχύει
δέησις ... ἐνεργουμένη *viel vermag ein Gebet ... da es (ja) wirksam ist,* viell.

17   *viel vermag ein wirksames Gebet ...* (B 1b).   17 Ἠλίας[1] ου *Elija,* atl. Prophet.
ἦν Ipf. εἰμί. ὁμοιο-παθής[7] m. Dat. jmdm. *gleichgeartet, von gleicher Art
wie* jmd. προσ-ευχή *Gebet;* dat. modi (A180); προσευχῇ προσηύξατο
(Nachbildung des hebr. infinitivus absolutus; BDR §198[9]) *er betete inständig*
(B 1). προσ-ηύξατο Aor. Med. -εύχομαι. τοῦ m. Inf. bez. als GenO das
Erbetene (A281) *daß;* τοῦ μὴ βρέξαι *daß es nicht regne.* βρέξαι Aor. Inf.
βρέχω (vgl. A33[59ff]) *benetzen;* unpersönl. *es regnet* (B 2b). ἔ-βρεξεν Aor.
ἐνιαυτός *Jahr;* Akk. der zeitl. Ausdehnung (A148). μήν[4] μηνός ὁ *Monat.*

18   ἕξ[19] *sechs.*   18 ὑετός *Regen.* ἔ-δωκεν Aor. δίδωμι; ὑετὸν δίδωμι *reg-
nen lassen* (B 1bγ). ἐ-βλάστησεν Aor. βλαστάνω[147] *treiben;* tr. *wachsen
lassen, hervorbringen.*

19   19 ἐν V. 13. πλανηθῇ Aor. Konj. Pass. πλανάω (< πλάνη *Irrtum)
in die Irre führen, irreführen;* Pass. *in die Irre gehen, sich verirren; abirren* (B 2cβ).
ἐπι-στρέψῃ Aor. Konj. -στρέφω[47] tr. *hinwenden; zur Umkehr bringen, auf
20   den rechten Weg bringen.*   20 γινωσκέτω Imp. 3. Sg. γινώσκω. ἐπι-
στρέψας Aor. Ptz., subst. πλάνη *Irrtum, Verirrung;* πλάνη ὁδοῦ *Irrweg.*
σώσει Fut. σῴζω. καλύψει Fut. καλύπτω[54] *verhüllen, bedecken; zu-
decken.* πλῆθος[7] *Menge, große Anzahl;* πλῆθος ἁμαρτιῶν gen. partitivus
(A164) *eine Menge von Sünden = viele Sünden.*

1. Petrus

ἐκ-λεκτός[9] (< ἐκ-λέγομαι [für sich] auswählen) *ausgewählt;* im NT **1**
fast durchweg: *auserwählt* (ausgesondert, um zu Gott zu gehören bzw. ihm zu
dienen). **παρ-επί-δημος**[11] (für kurze Zeit) *an einem fremden Ort weilend;*
subst. *Fremder, Fremdling;* erg. ἐπιστέλλω *schreiben,* m. flgd. Dat. des Adres-
saten (A376a). **δια-σπορά** *Zerstreuung, Diaspora;* gen. locativus (A169) *in
der Zerstreuung.* **Πόντος** *Pontus,* röm. Provinz an der Nordküste Kleinasiens.
Γαλατία *Galatien,* Landschaft od. röm. Provinz im mittleren Kleinasien.
Καππαδοκία *Kappadozien,* Landschaft im östl. Kleinasien. **'Ασία** *Asia,*
röm. Provinz im westl. Kleinasien. **Βιθυνία** *Bithynien,* Landschaft im nördl.
Kleinasien. **2 πρό-γνωσις**[8] *Vorauswissen; Vorherbestimmung* (auf ἐκλεκ- **2**
τοῖς bezogen). **ἐν** *in* od. instr. *durch* (B III1a). **ἁγιασμός** *Heiligung.*
πνεύματος gen. auctoris (A153). **ὑπ-ακοή** *Gehorsam;* εἰς ὑπακοήν
zum Gehorsam (führend). **ῥαντισμός** *Besprengung;* ῥαντισμὸς αἵματος
(gen. obi., A158; H-S §160b) *Besprengung mit dem Blut.* **χάρις** christl. Form
des griech. Briefgrußes χαίρειν, kombiniert m. dem hebr. Gruß שָׁלוֹם *šālôm*
= εἰρήνη. **πληθυνθείη** Aor. Opt. Pass. πληθύνω (vgl. A33[132ff]) *vollma-
chen, vermehren;* Pass. *sich vermehren, zunehmen; reichlich zuteil werden;* kupiti-
ver Opt. (A259).

3 εὐ-λογητός *gepriesen, gelobt;* erg. εἴη (Opt. εἰμί) *sei* od. ἐστίν *ist* **3**
(BDR §128[8]). **πολύς** hier *groß* (B I1bβ). **ἔλεος**[7] *Mitleid, Erbarmen, Barm-
herzigkeit.* **ἀνα-γεννήσας** Aor. Ptz. -γεννάω *neu zeugen/gebären, wieder-
gebären;* Pass. *wiedergeboren werden;* attr. **ζῶσαν** Ptz. Fem. ζάω, attr.
4 κληρο-νομία (< κληρονόμος Erbe, Besitzer) *(das) Erbe, Erbteil.* **4**
ἄ-φθαρτος[11] *unverderblich, unvergänglich.* **ἀ-μίαντος**[11] (< μιαίνω
besudeln, beflecken) *unbefleckt, rein.* **ἀ-μάραντος**[11] *unverwelklich; unver-
gänglich.* **τε-τηρημένην** Pf. Ptz. Pass. τηρέω, attr. **εἰς** *für* (vgl. B 4g).
5 ἐν wohl instr. *durch.* **φρουρουμένους** Ptz. Pass. φρουρέω *bewachen;* **5**
bewahren, beschützen; attr. bzw. subst. (App. zu ὑμᾶς, A303). **ἕτοιμος**
bereit; m. fin. Inf. *im Begriff stehen* (B 1); εἰς σωτηρίαν ἑτοίμην ἀπο-
καλυφθῆναι *für das Heil, das bereit steht, um geoffenbart zu werden.* **ἀπο-
καλυφθῆναι** Aor. Inf. Pass. -καλύπτω[54] *enthüllen, offenbaren.* **καιρὸς**
ἔσχατος *letzte Zeit, Endzeit, Ende der Zeit.* **6 ἐν** ᾧ kaus. *darum, darüber* **6**
(bezogen auf V. 3-5) od. zeitl. (auf ἐν καιρῷ ἐσχάτῳ bezogen) *in ihr, dann*
(vgl. B ἐν IV6b/d). **ἀγαλλιάομαι** *jubeln, frohlocken, sich freuen;* wahr-
scheinl. nicht Imp., sondern Ind., viell. fut. Präs. (BDR §323), wenn ἐν ᾧ zeitl.
gebraucht ist. **ὀλίγον** Akk. der zeitl. Ausdehnung (A148) *eine kurze Zeit.*
ἄρτι *jetzt.* **δέον** Ptz. δεῖ; δέον ἐστίν *es muß sein, es ist nötig.* **λυπηθέν-
τες** Aor. Ptz. Pass. λυπέω *betrüben, in Trauer versetzen;* Pass. *traurig werden/*

sein; konz. od. temp. **ἐν** *instr. durch.* **ποικίλος** *sehr bunt;* übertr. *vielfältig,*

7 *mancherlei.* **πειρασμός** *Prüfung; Versuchung, Anfechtung.* **7 δοκίμιον** *Prüfstein; Echtheit, (das) Bewährte.* **πολυ-τιμότερος** Komp. v. **πολύτι-μος**[11] *sehr wertvoll, kostbar;* hier Adv. (H-S §53c). **χρυσίον** *Gold;* gen. comparationis (A168). **ἀπ-ολλυμένου** Ptz. -όλλυμαι, attr. (hier m. Art., obwohl BW unbest., A303; H-S §236b). **δοκιμαζομένου** Ptz. Pass. δοκιμάζω (< δόκιμος erprobt) *prüfen; bewähren, erproben; läutern;* konz. **εὑρεθῇ** Aor. Konj. Pass. εὑρίσκω, Pass. *sich erweisen als* (B 2); *ἵνα τὸ δοκίμον ὑμῶν τῆς πίστεως πολυτιμότερον χρυσίου ... εὑρεθῇ damit sich die Echtheit eures Glaubens (dadurch) als viel wertvoller erweist als Gold ...* **ἔπ-αινος** *Lob, Beifall;* εἰς ἔπαινον *zum Lob.* **ἐν** *bei* (B II2). **ἀπο-κάλυψις**[8]

8 *Enthüllung, Offenbarung.* **8 ὅν** (A364a) *ihn/diesen.* **ἰδόντες** Aor. Ptz. ὁράω, konz. **ὁρῶντες** Ptz. ὁράω, konz. **πιστεύοντες** Ptz. πιστεύω, kaus. od. mod.; *εἰς ὅν ἄρτι μὴ ὁρῶντες πιστεύοντες δὲ ἀγαλλιᾶσθε aber weil/indem ihr auf ihn (A364a) vertraut, ohne ihn jetzt zu schauen, jubelt ihr.* **χαρᾷ** dat. modi (A180) *mit/in Freude.* **ἀν-εκ-λάλητος**[11] *unaussprechlich.* **δε-δοξασμένη** Pf. Ptz. Pass. δοξάζω, attr. hier *von Herrlichkeit erfüllt*

9 (B 2), *verklärt.* **9 κομιζόμενοι** Ptz. Med. κομίζω *herbeibringen;* Med. *davontragen, erhalten, erlangen;* temp. *wenn ihr erlangt* od. kaus. *da ihr erlangt.* **ψυ-**

10 **χή** steht hier wohl für die Person. **10 ῆς** hier m. der Bdtg. eines Demonstrativpron. (vgl. H-S §142c). **ἐξ-ε-ζήτησαν** Aor. ἐκ-ζητέω *suchen, forschen* περί τινος *nach etwas* (B 1). **ἐξ-ηραύνησαν** Aor. ἐξ-εραυνάω *forschen, nachforschen.* **εἰς ὑμᾶς** *für euch (bestimmt)* (B 4d). **προ-φητεύ-σαντες** Aor. Ptz. -φητεύω *prophezeien, prophetisch reden; Zukünftiges voraussagen, weissagen* (B 3); attr. (hier m. Art., obwohl BW unbest., A303).

11 **11 ἐραυνῶντες** Ptz. ἐραυνάω *untersuchen, erforschen;* mod. **ποῖος**[18] *wie beschaffen? was für?* **ἐ-δήλου** Ipf. δηλόω *offenbar machen, kundtun; erklären, hinweisen* εἴς τι *auf etwas* (B). **τὸ ἐν αὐτοῖς πνεῦμα** *der in ihnen (wirkende) Geist.* **προ-μαρτυρόμενον** Ptz. -μαρτύρομαι *im voraus bezeugen;* mod. od. temp. **πάθημα**[3] (< πάσχω) *Leid, Leiden, Unglück;* τὰ εἰς Χριστὸν παθήματα *die für Christus (bestimmten) Leiden, die Leiden Christi* (B εἰς 4h). **αἱ μετὰ ταῦτα δόξαι** *die darauf folgende Herrlichkeit* (Pl.

12 wohl wegen παθήματα, B δόξα 1b). **12 οἷς** (A364a) *ihnen/diesen.* **ἀπ-ε-καλύφθη** Aor. Pass. ἀπο-καλύπτω V. 5. **δέ** *sondern.* **διηκόνουν** Ipf. διακονέω *dienen* τινί τι *jmdm. mit etwas* (αὐτά *mit diesen Dingen*) (B 2). **ἀν-ηγγέλη** Aor. Pass. -αγγέλλω[110] *berichten; eröffnen, verkündigen* (B 2); *οὐχ ἑαυτοῖς ὑμῖν δὲ διηκόνουν αὐτά, ἃ νῦν ἀνηγγέλη ὑμῖν sie dienten nicht sich selbst, sondern euch mit dem, was euch nun verkündigt worden ist.* **εὐ-αγγελισαμένων** Aor. Ptz. Med. -αγγελίζω, subst. **ἐν πνεύματι** *in (der Kraft) des Geistes.* **ἀπο-σταλέντι** Aor. Ptz. Pass. -στέλλω, attr. **ἐπι-θυμέω** *begehren, verlangen.* **παρα-κύψαι** Aor. Inf. -κύπτω

(vgl. A33⁵¹ᶠᶠ) *sich vorbeugen* (um etwas genau zu sehen); *hineinschauen* εἴς τι *in etwas,* hier *genauen Einblick gewinnen* od. *einen verstohlenen Blick werfen* (B 2).

13 ἀνα-ζωσάμενοι Aor. Ptz. Med. -ζώννυμι²²⁴ *schürzen, gürten;*   **13** mod., viell. temp. (A291,1/2 Anm. 1). **ὀσφύς**⁸ ύος ἡ *Hüfte, Lende.* **διά-νοια** *Verstand, Vernunft; Gesinnung, Sinn* (das Denken u. Wollen); ἀναζω-σάμενοι τὰς ὀσφύας τῆς διανοίας ὑμῶν *gürtet die Lenden eures Sinns* (ein Bild, das die Bereitschaft zum Aufbruch ausdrückt) etwa = *haltet euch bereit* (GN). **νήφοντες** Ptz. νήφω *nüchtern* (d.h. bei klarem Verstand) *sein;* mod. **τελείως** (Adv. zu ἐλπίσατε) *völlig, ganz und gar.* **ἐλπίσατε** Aor. Imp. ἐλπίζω⁹³ *hoffen, seine Hoffnung setzen* ἐπί *auf.* **φερομένην** Ptz. Pass. φέρω, Pass. hier *zuteil werden;* attr. **ἐν, ἀπο-κάλυψις** V. 7.   **14 ὑπ-**   **14** **ακοή** V. 2; τέκνα ὑπακοῆς gen. qualitatis (A160) *gehorsame Kinder.* **συ-σχηματιζόμενοι** Ptz. Pass. συ-σχηματίζω *nach etwas gestalten;* Pass. *die gleiche Gestalt annehmen wie, sich (im Wesen) anpassen an,* m. Dat. (B); mod. (A291,2 Anm. 1). **πρότερον** Adj. *einstiger, früherer.* **ἄ-γνοια** *Unwissenheit, Unkenntnis;* αἱ πρότερον ἐν τῇ ἀγνοίᾳ ὑμῶν ἐπιθυμίαι *die Begierden, die euch früher in (der Zeit) der Unwissenheit (beherrschten)* (Goppelt, 1Pt, S. 114). **ἐπι-θυμία** *Verlangen, Sehnsucht;* (sündige) *Begierde, Lust.* **15 κα-**   **15** **λέσαντα** Aor. Ptz. καλέω, attr.; κατὰ τὸν καλέσαντα ὑμᾶς ἅγιον *in Entsprechung zu dem Heiligen* (Gott), *der euch berufen hat.* **καὶ αὐτοί** *auch ihr selbst.* **ἀνα-στροφή** *Wandel, Lebenswandel, Lebensführung.* **γενήθητε** Aor. Imp. Pass. (ohne Pass.-Bdtg.) γίνομαι. **16 δι-ότι** (A338) = ὅτι *denn*   **16** (B 3). **γέ-γραπται** Pf. Pass. γράφω, Pf. Pass. term. tech. zur Einführung v. Schriftzitaten (B 2c): *in der Schrift heißt es/steht.* **ὅτι** recitativum = Doppelpunkt (A333). **ἔσεσθε** Fut. εἰμί; ἅγιοι ἔσεσθε Fut. hier zum Ausdruck strikter Gebote (A247d): *ihr sollt heilig sein.* **17 ἐπι-καλεῖσθε** Med. -κα-   **17** λέω³⁷ *anrufen, herbeirufen; nennen;* Med. *(für sich) anrufen;* εἰ πατέρα (Obj.-Präd., A65) ἐπικαλεῖσθε τόν ... κρίνοντα *wenn ihr den als Vater anruft, der ... richtet.* **ἀ-προσωπο-λήμπτως** *ohne Ansehen der Person, unparteiisch.* **κρίνοντα** Ptz. κρίνω, subst. **τὸ ἑκάστου ἔργον** *das Werk eines jeden.* **παρ-οικία** *Aufenthalt am fremden Ort, die Fremde* (gen. locativus, A169). **χρόνον** Akk. der zeitl. Ausdehnung (A148); ἐν φόβῳ τὸν τῆς παροικίας ὑμῶν χρόνον ἀναστράφητε *führt euer Leben in Furcht während der Zeit eures Aufenthalts in der Fremde* bzw. *eurer Fremdlingschaft.* **ἀνα-στράφητε** Aor. Imp. Pass. (ohne Pass.-Bdtg.) -στρέφω⁴⁷ *umkehren;* Pass. *sich aufhalten,* (in einer best. Weise) *leben.* **18 εἰδότες** Pf. (m. präs. Bdtg.) Ptz. οἶδα, kaus.   **18** **φθαρτός** *vergänglich;* τὰ φθαρτά *die vergänglichen Dinge;* dat. instr. (A176). **ἀργύριον** *Silber;* App. (A70). **χρυσίον** *Gold;* App. **ἐ-λυτρώθητε** Aor. Pass. λυτρόω *loskaufen, freikaufen; erlösen.* **μάταιος** *nichtig, vergeblich, sinnlos.* **πατρο-παρά-δοτος**¹¹ *vom Vater vererbt/überkommen* (B); *von den*

19 *Vorfahren überliefert/weitergegeben;* attr. ohne Art. (BDR §269,5). **19 τίμιος** *teuer; kostbar, wertvoll;* τιμίῳ αἵματι ὡς ἀμνοῦ ... Χριστοῦ dat. instr. (A176) *mit dem/durch das kostbare Blut Christi als eines ... Lammes* (B ὡς III1a). **ἀμνός** *Lamm.* **ἄ-μωμος**[11] *untadelig, fehlerfrei.* **ἄ-σπιλος**[11]

20 *fleckenlos, makellos, fehlerfrei.* **20 προ-ε-γνωσμένου** Pf. Ptz. Pass. προ-γινώσκω[166] *vorherwissen, vorher ausersehen;* attr. **κατα-βολή** *Grund-legung, Anfang, Erschaffung;* auch ohne Art. best. (A106a/d). **φανερωθέν-τος** Aor. Ptz. Pass. φανερόω, attr. **ἐπ᾽ ἐσχάτου τῶν χρόνων** *am Ende*

21 *der Zeiten.* **δι᾽ ὑμᾶς** *um euretwillen, euretwegen.* **21 τοὺς δι᾽ αὐτοῦ πιστοὺς εἰς θεόν** App. zu ὑμᾶς (V. 20) (A303) *die ihr durch ihn an Gott glaubt* [Var. πιστεύοντας Ptz. πιστεύω, subst.]. **ἐγείραντα** Aor. Ptz. ἐγείρω, attr. **δόντα** Aor. Ptz. δίδωμι, attr. **εἶναι** Inf. εἰμί; Präd. des AcI; ὥστε τὴν πίστιν ὑμῶν καὶ ἐλπίδα εἶναι εἰς θεόν *so daß sich euer Glaube und eure Hoffnung auf Gott richten,* evtl. *so daß euer Glaube zugleich Hoffnung auf Gott ist* (Menge).

22 **22 ἡγνικότες** Pf. Ptz. ἁγνίζω *reinigen, heiligen;* kaus. od. temp. **ὑπ-ακοή** V. 2; ἐν τῇ ὑπακοῇ τῆς ἀληθείας (gen. obi., A158) *im Gehorsam gegen die Wahrheit.* **φιλ-αδελφία** *Bruderliebe, Geschwisterliebe* (Liebe zu den Glaubensgeschwistern). **ἀν-υπό-κριτος**[11] *ungeheuchelt.* **καθαρός** *rein; unschuldig; lauter.* **ἀγαπήσατε** Aor. Imp. ἀγαπάω. **ἐκ-τενῶς** *be-*

23 *harrlich, eifrig, innig.* **23 ἀνα-γε-γεννημένοι** Pf. Ptz. Pass. ἀνα-γεννάω V. 3; kaus. **σπορά** *Same* [Var. φθορά *Verderben, Vernichtung, Untergang*]. **φθαρτός** V. 18. **ἄ-φθαρτος** V. 4. **ζῶντος** Ptz. ζάω, attr. zu λόγου.

24 **μένοντος** Ptz. μένω, attr., par. zu ζῶντος. **24 δι-ότι** V. 16. **πᾶσα σάρξ** (Hebr.) *alles Fleisch, jeder Mensch* (H-S §249a; A137c). **χόρτος** *Gras;* erg. ἐστίν. **ἄνθος**[7] *Blüte, Blume.* **ἐ-ξηράνθη** Aor. Pass. ξηραίνω[120] *austrocknen;* Pass. *vertrocknen, verdorrt sein;* gnomischer Aor. (H-S §199l; A241c), analog ἐξέπεσεν. **ἐξ-έ-πεσεν** Aor. ἐκ-πίπτω[194] *herausfallen, ab-*

25 *fallen.* **25 εὐ-αγγελισθέν** Aor. Ptz. Pass. Ntr. -αγγελίζω, attr. **εἰς ὑμᾶς** *euch* (B εἰς 1dβ).

2 **ἀπο-θέμενοι** Aor. Ptz. Med. -τίθημι[200] *ablegen;* übertr. *(etwas) able-gen;* Ptz. imp. (A294). **πᾶς** ohne Art. *jede Art von* (B 1aβ). **κακία** *Schlechtig-keit, Bosheit.* **δόλος** *Betrug, List.* **ὑπό-κρισις**[8] *Heuchelei, Verstellung.* **φθόνος** *Mißgunst, Neid.* **κατα-λαλία** *Verleumdung, üble Nachrede.*

2 **2 ἀρτι-γέννητος**[11] *eben geboren, neugeboren.* **βρέφος**[7] *Leibesfrucht; Säugling, ganz kleines Kind.* **λογικός** *vernünftig, geistig.* **ἄ-δολος**[11] *ohne Trug, echt; unverfälscht, rein;* übers. etwa *wahr,* viell. *geistlich.* **γάλα**[3] λακτος τό *Milch.* **ἐπι-ποθήσατε** Aor. Imp. -ποθέω *verlangen.* **ἐν** instr. *durch.* **αὐξηθῆτε** Aor. Konj. Pass. αὐξάνω[146] *vermehren, wachsen lassen;* Pass.

3 *wachsen, zunehmen.* **3 εἰ** der εἰ-Satz ist ohne Dann-Satz (Aposiopese, A377; H-S §293f). **ἐ-γεύσασθε** Aor. Med. γεύομαι (Speise) *kosten, schmecken;*

genießen, essen; übertr. *kennenlernen, erfahren;* εἰ ἐγεύσασθε *wenn ihr tatsächlich geschmeckt/erfahren habt* etwa = *da ihr ja geschmeckt/erfahren habt.* **χρηστός** *brauchbar, tüchtig, gut;* v. Pers. *gütig, freundlich.* **4 πρὸς ὅν** (A364a) *zu* 4 *ihm/diesem.* **προσ-ερχόμενοι** Ptz. -έρχομαι, mod., viell. temp (A291,1/2 Anm. 1). **ζῶντα** Ptz. ζάω, attr.; λίθον ζῶντα (App. zu ὅν; A70) *ihm ... dem lebendigen Stein.* **ἀπο-δε-δοκιμασμένοι** Pf. Ptz. Pass. ἀπο-δοκιμάζω (vgl. A33[91ff]) *verwerfen, für unbrauchbar erklären;* attr. **παρὰ τῷ θεῷ** *bei Gott, nach Gottes Urteil, in Gottes Augen* (B II2b). **ἐκ-λεκτός**[9] (< ἐκ-λέγομαι [für sich] auswählen) *ausgewählt;* im NT fast durchweg: *auserwählt* (ausgesondert, um zu Gott zu gehören bzw. ihm zu dienen); *auserlesen.* **ἔν-τιμος**[11] *kostbar, wertvoll.* **5 καὶ αὐτοί** *auch ihr selbst.* **ζῶντες** Ptz. ζάω, 5 attr. **οἰκο-δομεῖσθε** Imp. Pass. -δομέω; toleratives Pass. (A219) *sich aufbauen lassen;* ὡς λίθοι ζῶντες οἰκοδομεῖσθε οἶκος πνευματικός *als lebendige Steine laßt euch aufbauen als ein geistliches Haus* bzw. *zu einem geistlichen Haus* (B 2). **πνευματικός** *geistig, geistlich.* **εἰς** *(so daß ihr werdet) zu* (ZG). **ἱεράτευμα**[3] *Priesterschaft.* **ἀν-ενέγκαι** Aor. Inf. ἀναφέρω[198] *hinaufbringen, hinauftragen; (Opfer) darbringen* (B 2); fin. **θυσία** *Opfer.* **εὐ-πρόσ-δεκτος**[11] *annehmbar, angenehm, willkommen.* **6 δι-ότι** 6 (A338) = ὅτι *denn* (B 3). **περι-έχω** *umfassen, umgeben; enthalten;* περιέχει ἐν γραφῇ *es steht geschrieben* (BDR §308[5]), *in der Schrift heißt es.* **Σιών** ἡ indekl., hier Dat., *Zion,* Bezeichnung für Jerusalem (bes. als Wohnort Gottes [s. Tempel]). **ἀκρο-γωνιαῖος** *an der äußersten Ecke liegend;* λίθος ἀκρογωνιαῖος *Eckstein* (beim Fundament), *Grundstein* (EWNT 1, Sp. 646f). **πιστεύων** Ptz., subst. **οὐ μή** m. Aor. Konj. stärkste Verneinung zukünftigen Geschehens (A257). **κατ-αισχυνθῇ** Aor. Konj. Pass. -αισχύνω (vgl. A33[132ff]) *beschämen, schänden;* Pass. *zuschanden werden.* **7 ὑμῖν οὖν ἡ** 7 **τιμή** *(auf den wertvollen Stein bezogen) euch nun gilt sein Wert* od. *(als Gegensatz zur Schande) euch nun wird die Ehre zuteil* (vgl. B 2b). **πιστεύουσιν** Ptz. πιστεύω, attr. bzw. subst.; App. zu ὑμῖν (A303) *euch, die ihr glaubt.* **ἀ-πιστοῦσιν** Ptz. ἀ-πιστέω *ungläubig sein;* subst.; dat. commodi (A173). **ἀπ-ε-δοκίμασαν** Aor. ἀπο-δοκιμάζω V. 4. **οἰκο-δομοῦντες** Ptz. -δομέω, subst. *Bauleute.* **ἐ-γενήθη** Aor. Pass. γίνομαι. **εἰς** für Präd.-Nominativ (A81). **κεφαλή** hier übertr. v. Sachen: *Oberstes, Äußerstes, Ende, Spitze;* κεφαλὴ γωνίας *Eckstein* (Grundstein an der äußersten vorderen Ecke) (B 2b; EWNT 1, Sp. 646f). **γωνία** *Ecke; Winkel.* **8 πρόσ-κομμα**[3] 8 *Anstoß;* λίθος προσκόμματος *„Stein des Anstoßes"* (d.h. ein Stein, an dem man sich stößt, über den man stolpert; B 1a), eine Art Chiffre (H-S §295v) für Christus. **πέτρα** *Fels.* **σκάνδαλον** *Falle; Verführung* (das, was zu Fall bringt, zur Sünde, zum Abfall v. Gott veranlaßt); *Ärgernis,* (das) *Anstößige* (das, was Widerspruch, Entrüstung, Mißbilligung hervorruft). **οἵ** (A364a) *sie/diese.* **προσ-κόπτω** *anstoßen; Anstoß nehmen, ablehnen.* **ἀ-πειθοῦντες** Ptz.

ἀ-πειθέω *ungehorsam sein;* kaus.; τῷ λόγῳ ἀπειθοῦντες *da sie dem Wort* (dem Evangelium) *nicht gehorchen.* εἰς ὅ *wozu* (bezieht sich auf den vorhergehenden Satz). ἐ-τέθησαν Aor. Pass. τίθημι, Pass. hier *bestimmt sein* εἴς τι

9 *zu etwas* (B I2b). 9 ὑμεῖς erg. ἐστέ (vgl. BDR §128,2). γένος[7] *Geschlecht; Nation, Volk.* ἐκ-λεκτός V. 4. βασίλειος[11] *königlich.* ἱεράτευμα V. 5. περι-ποίησις[8] *Erwerbung; Besitz, Eigentum* (B 3); λαὸς εἰς περιποίησιν *ein Volk, das sein besonderes Eigentum wurde* (Einh.). ἀρετή *Tugend;* hier wohl *Wunder(tat), große Tat* (B 3), evtl. *Lob, Preis* (B 2). ἐξ-αγγείλητε Aor. Konj. -αγγέλλω[110] *verkünden.* σκότος[7] *Dunkelheit; Finsternis* (Bereich des Gottfeindlichen; Ggs.: φῶς). καλέσαντος Aor. Ptz. καλέω, subst. θαυμαστός *wunderbar;* εἰς τὸ θαυμαστὸν αὐτοῦ φῶς *in*

10 *sein wunderbares Licht.* 10 οἵ ποτε erg. ἦτε (Ipf. v. εἰμί); App. (A70) zu ὑμεῖς *ihr, die ihr einst ... wart.* ποτέ[18] *irgendeinmal, einst.* οὐ λαός *Nicht-Volk, kein Volk* (vgl. Hos 1,9; 2,25: Nicht-mein-Volk). λαὸς θεοῦ erg. ἐστέ (vgl. BDR §128,2). ἠλεημένοι Pf. Ptz. Pass. ἐλεέω *Mitleid haben, Barmherzigkeit üben;* Pass. *Erbarmen finden;* subst. *die kein Erbarmen fanden* (vgl. Hos 1,6; 2,25). ἐλεηθέντες Aor. Ptz. Pass. ἐλεέω, subst.

11 11 πάρ-οικος *benachbart; fremd;* subst. *Fremder* (ohne Bürgerrecht am Aufenthaltsort; Brox, 1Pt, S. 111); steht als Nebenbestimmung zum Subj. des AcI im Akk. (A269; BDR §410[2]). παρ-επί-δημος[11] (für kurze Zeit) *an einem fremden Ort weilend;* subst. *Fremder, Fremdling;* πάροικοι καὶ παρεπίδημοι übers. etwa *Fremde und Gäste.* ἀπ-έχεσθαι Inf. -έχομαι *sich fernhalten von, sich enthalten,* m. gen. separationis (A167); Präd. des AcI, als Subj. erg. ὑμᾶς [Var. ἀπ-έχεσθε Imp.]. σαρκικός *fleischlich* (im Sinn v. sündhaft, schwach). ἐπι-θυμία *Verlangen, Sehnsucht;* (sündige) *Begierde, Lust.* αἵ-τινες qualitativ-kausal (B 2b; A132b) *solche/sie, die doch.* στρατεύο-

12 μαι *Kriegsdienst tun;* übertr. *kämpfen, streiten.* 12 ἀνα-στροφή *Wandel, Lebenswandel, Lebensführung.* ἔχοντες Ptz. ἔχω, Ptz. imp. (A294); τὴν ἀναστροφὴν ὑμῶν ἐν τοῖς ἔθνεσιν ἔχοντες καλήν *führt unter den Heiden ein rechtschaffenes Leben* (H-S §231k). ἐν ᾧ = ἐν τούτῳ ἐν ᾧ (A358f). κατα-λαλέω *Übles reden gegen, schlecht machen, verleumden* τινός jmdn. κακο-ποιός *schlecht handelnd;* subst. *Übeltäter, Verbrecher;* ἵνα ἐν ᾧ καταλαλοῦσιν ὑμῶν ὡς κακοποιῶν ... δοξάσωσιν τὸν θεόν *damit sie in dem, worin sie euch (jetzt) als Übeltäter verleumden ... Gott preisen.* ἐκ *aus, auf Grund* (vgl. B 3gβ). ἐπ-οπτεύοντες Ptz. -οπτεύω *anschauen, beobachten;* temp.; ἐκ τῶν καλῶν ἔργων ἐποπτεύοντες *wenn sie auf Grund (eurer) guten Werke zur Einsicht kommen* (B). δοξάσωσιν Aor. Konj. δοξάζω. ἐπι-σκοπή *Besichtigung; Heimsuchung;* ἡμέρα ἐπισκοπῆς *Tag der Heimsuchung* (Tag des Gerichts od. der gnädigen Heimsuchung, die zur Bekehrung führen kann; EWNT 2; Sp. 88f).

13 13 ὑπο-τάγητε Aor. Imp. Pass. -τάσσω[79] *unterordnen, unterwerfen;*

Pass. *sich unterordnen.* **πᾶς** V. 1. **ἀνθρώπινος** *menschlich.* **κτίσις**[8] *Schöpfung; Geschöpf;* hier viell. *Instanz, (staatliche) Institution* (B 2). **βασι-λεύς**[8] ὁ *König;* hier der röm. Kaiser. **ὑπερ-έχοντι** Ptz. -έχω *hinausragen über; übergeordnet sein* (B 2a); attr. **14 ἡγεμών**[4] ὁνος ὁ *Statthalter, Proku-* **14** *rator.* **πεμπομένοις** Ptz. Pass. πέμπω[45] *senden; beauftragen;* attr. **ἐκ-δί-κησις**[8] *Rache, Bestrafung.* **κακο-ποιός** V. 12. **ἔπ-αινος** *Lob, Beifall, Anerkennung, Auszeichnung.* **ἀγαθο-ποιός** *gut handelnd, rechtschaffen;* subst. *Rechtschaffener;* εἰς ἐκδίκησιν κακοποιῶν ἔπαινον δὲ ἀγαθο-ποιῶν *um die Übeltäter/Verbrecher zu bestrafen, aber die Rechtschaffenen auszu-zeichnen.* **15 οὕτως** = τοιοῦτος (BDR §434[3]) *so; das.* **ἀγαθο-ποι-** **15** **οῦντας** Ptz. -ποιέω *Gutes tun, rechtschaffen sein;* mod.; steht als Nebenbe-stimmung zum Subj. des AcI im Akk. (A269; BDR §410[2]). **φιμοῦν** Inf. φι-μόω *zubinden; zum Schweigen bringen;* epexegetischer Inf. (H-S §272a); Präd. des AcI, als Subj. erg. ὑμᾶς; ἀγαθοποιοῦντας φιμοῦν *daß ihr durch gute Taten ... zum Schweigen bringt.* **ἄ-φρων**[11] ον *unverständig, töricht.* **ἀ-γνω-σία** *Unkenntnis, Unverstand.* **16 ἐλεύθερος** *frei,* subst.; Anakoluth (A375), **16** knüpft an ὑποτάγητε (V 13) an; ὡς ἐλεύθεροι *(tut dies) als Freie.* **ἐπι-κάλυμμα**[3] *Decke;* ἐπικάλυμμα τῆς κακίας *Deckmantel für die Bosheit/ Schlechtigkeit.* **ἔχοντες** Ptz. ἔχω hier etwa *machen, nehmen;* subst.; ὡς ἐπι-κάλυμμα ἔχοντες τῆς κακίας τὴν ἐλευθερίαν *als solche, die die Frei-heit als Deckmantel für die Bosheit nehmen/verwenden.* **κακία** V. 1. **ἐλευθε-ρία** *Freiheit.* **17 τιμήσατε** Aor. Imp. τιμάω *abschätzen; ehren; schätzen.* **17** **ἀδελφότης**[3] ητος ἡ *Bruderschaft* (= Glaubensgenossen; Glieder der christl. Gemeinde). **ἀγαπᾶτε** Imp. ἀγαπάω. **φοβεῖσθε** Imp. φοβέο-μαι. **τιμᾶτε** Imp.

 18 οἰκέτης[1] *Haussklave, Sklave;* Nom. m. Art. für Vok. (A142). **ὑπο-** **18** **τασσόμενοι** Ptz. Pass. -τάσσω V. 13; Ptz. imp. (A294). **ἐν παντὶ φόβῳ** *in aller Furcht/Ehrerbietung* (B φόβος 2bβ). **δεσπότης**[1] *Gebieter, Herr, Besitzer;* τοῖς δεσπόταις *euren* (A103) *Herren.* **ἐπι-εικής**[7] *nachgie-big, gütig, freundlich;* viell. hier *gerecht* (vgl. B). **σκολιός** *krumm;* übertr. *ver-dreht, verkehrt, falsch.* **19 τοῦτο** weist auf das Folgende voraus, erg. ἐστίν. **19** **συν-είδησις**[8] *Bewußtsein; Gewissen;* διὰ συνείδησιν θεοῦ *wegen der Gewissensbindung an Gott, weil er im Gewissen an Gott gebunden ist* (GN). **ὑπο-φέρω** *ertragen, aushalten, bestehen;* εἰ ... ὑποφέρει τις *wenn jemand ... erträgt = daß jemand ... erträgt* (BDR §372[4]). **λύπη** *Trauer, Kummer, Schweres.* **πάσχων** Ptz. πάσχω, mod. od. konz. **ἀ-δίκως** *ungerecht, ungerechterwei-se.* **20 ποῖος**[18] *wie beschaffen? was für ein?* erg. ἐστίν. **κλέος**[7] *Ruhm.* **εἰ** **20** (zweimal) hier *daß* (BDR §372[4]). **ἁμαρτάνοντες** Ptz. ἁμαρτάνω, kond. **κολαφιζόμενοι** Ptz. Pass. κολαφίζω *mit der Faust schlagen, ohrfeigen, mißhandeln;* kond. [Var. κολαζόμενοι Ptz. Pass. κολάζω *strafen, züchtigen*]. **ὑπο-μενεῖτε** Fut. -μένω[117] *bleiben; standhalten, aushalten, ertragen;* εἰ ἁμαρτάνοντες καὶ κολαφιζόμενοι ὑπομενεῖτε *daß ihr es ertragt, wenn ihr euch verfehlt und (dafür) mißhandelt werdet; daß ihr für Verfehlungen Mißhandlungen zu ertragen habt;* analog V. 20b. ἀγαθο-ποιοῦντας *Ptz.*

21 -ποιέω V. 15, kond. πάσχοντες *Ptz.*, kond. παρὰ θεῷ V. 4. **21** εἰς τοῦτο *dazu.* ἐ-κλήθητε *Aor. Pass.* καλέω. ἔ-παθεν *Aor.* πάσχω [*Var.* ἀπ-έ-θανεν *Aor.* ἀπο-θνῄσκω]. ὑπο-λιμπάνων *Ptz.* -λιμπάνω *hinterlassen, zurücklassen;* mod. ὑπο-γραμμός *Beispiel, Vorbild.* ἐπ-ακο-λουθήσητε *Aor. Konj.* -ακολουθέω *folgen, nachfolgen.* ἴχνος[7] *Fußspur,*

22 *Spur.* **22** ὅς (A364a) *er/dieser; ebenso in den flgd. Versen.* ἐ-ποίησεν *Aor.*

23 ποιέω. εὑρέθη *Aor. Pass.* εὑρίσκω. δόλος V. 1. **23** λοιδορούμε-νος *Ptz. Pass.* λοιδορέω *beschimpfen, schmähen;* temp., viell. konz. ἀντ-ε-λοιδόρει *Ipf.* ἀντι-λοιδορέω *wieder schmähen, zurückschimpfen, mit Beschimpfungen antworten.* πάσχων *Ptz., temp., viell. konz.* ἠπείλει *Ipf.* ἀπειλέω *drohen.* παρ-ε-δίδου *Ipf.* παρα-δίδωμι; παρεδίδου δὲ τῷ κρίνοντι δικαίως *sondern er überließ (alles/seine Sache) dem, der gerecht rich-*

24 *tet* (vgl. B 2). κρίνοντι *Ptz.* κρίνω, *subst.* δικαίως *gerecht.* **24** ἀν-ήνεγκεν *Aor.* ἀνα-φέρω V. 5. ἐν τῷ σώματι αὐτοῦ *an seinem (eige-nen) Leib.* ξύλον *Holz* (hier v. Kreuz). ἁμαρτίαις *dat. incommodi* (A173). ἀπο-γενόμενοι *Aor. Ptz. Med.* -γίνομαι[176] *sterben; temp. od. kaus.;* ταῖς ἁμαρτίαις ἀπογενόμενοι *nachdem/weil wir für die Sünden ge-storben sind* etwa = *nachdem/weil wir von den Sünden befreit worden sind.* δι-καιοσύνη *dat. commodi* (A173). ζήσωμεν *Aor. Konj.* ζάω. μώλωψ *Strieme, dat. instr.* (A176); οὗ τῷ μώλωπι *durch seine* (A154) *Strieme.* ἰά-

25 θητε *Aor. Pass.* ἰάομαι[17] *heilen.* **25** ἦτε *Ipf.* εἰμί. πρό-βατον *Schaf.* πλανώμενοι *Ptz. Pass.* πλανάω (< πλάνη *Irrtum*) *in die Irre führen; übertr. irreführen, verführen; Pass. in die Irre gehen, umherirren;* umschrieb. *Ipf.* (A249) od. attr.; ἦτε ὡς πρόβατα πλανώμενοι *ihr irrtet umher wie Schafe* od. *ihr wart wie umherirrende Schafe.* ἐπ-ε-στράφητε *Aor. Pass.* ἐπι-στρέ-φω[47] *intr. sich umwenden, umkehren; Med. (m. Aor. Pass.) sich umwenden, sich umdrehen; sich hinwenden, sich bekehren* (B 2b). ποιμήν[4] ἑνος ὁ *Hirte.* ἐπί-σκοπος (< ἐπισκοπέω *achtgeben auf, sorgen für*) *Aufseher, Hüter, Schützer; Vorsteher.*

3 ὁμοίως *gleich, in gleicher Weise, ebenso.* αἱ γυναῖκες *Nom. m. Art. für Vok.* (A142). ὑπο-τασσόμεναι *Ptz. Pass.* -τάσσω *unterordnen, unter-werfen; Pass. sich unterordnen; Ptz. imp.* (A294). ἵνα *hier m. Ind. Fut.* (A339). ἀ-πειθέω *ungehorsam sein, nicht gehorchen;* ἵνα καὶ εἴ τινες ἀπειθοῦσιν τῷ λόγῳ ... ἄνευ λόγου κερδηθήσονται *damit auch, wenn einige dem Wort* (d.h. Evangelium) *nicht gehorchen, sie ... ohne Worte gewonnen werden* = *damit auch die, die dem Wort nicht gehorchen ... ohne Worte gewonnen werden.* ἀνα-στροφή *Wandel, Lebenswandel, Lebensführung.* ἄνευ (uneig. Präp., A183) *ohne; ohne Beteiligung.* κερδηθήσονται *Fut. Pass.* κερδαίνω[125]

gewinnen. **2 ἐπ-οπτεύσαντες** Aor. Ptz. -οπτεύω *anschauen, beobachten;*   2
temp. **ἡ ἐν φόβῳ ... ἀναστροφή** *der in Ehrfurcht (vor* Gott) *(geführte) ...*
Lebenswandel od. *der vom Respekt* (gegenüber dem Ehemann) *(bestimmte) ...*
Lebenswandel. **ἅγνος** *heilig, rein* (rituell od. ethisch), *lauter.* **3 ὧν** Fem., gen.   3
poss. (A154) zu κόσμος *euer Schmuck.* **ἔστω** Imp. εἰμί. **ἔξω-θεν** *außen,*
draußen; äußerlich. **ἐμ-πλοκή** *(das) Flechten, Geflecht;* gen. epexegeticus
(A163). **θρίξ** τριχός ἡ *Haar;* ἐμπλοκὴ τριχῶν *(kunstvolles* bzw. *aufwendi-*
ges) Flechten der Haare = *aufwendige Frisuren* (GN). **περί-θεσις**[8] *(das) An-*
legen, Tragen; Gen. par. zu ἐμπλοκῆς. **χρυσίον** *Gold, Goldschmuck.* **ἔν-**
δυσις[8] *(das) Anziehen;* ἡ ἔνδυσις ἱματίων hier wohl *das Anziehen prächti-*
ger Kleider; Gen. par. zu ἐμπλοκῆς. **κόσμος** hier *Schmuck.* **4 κρυπτός**   4
verborgen, geheim; ὁ κρυπτὸς τῆς καρδίας ἄνθρωπος gen. pertinentiae
(A152ff) *der verborgene Mensch, der vom Herzen bestimmt wird,* od. gen. epexege-
ticus (A163) *der verborgene Mensch, nämlich das Herz* (der Mensch im Blick auf
sein Denken u. Entscheiden), evtl. gen. locativus (A169) *der im Herzen verborge-*
ne Mensch (B ἄνθρωπος 2cα). **ἄ-φθαρτος**[11] *unverderblich, unvergänglich;*
ἐν τῷ ἀφθάρτῳ *mit dem unvergänglichen Wesen.* **πραΰς**[10] πραεῖα πραΰ
sanftmütig, freundlich. **ἡσύχιος**[11] *ruhig, still.* **πολυ-τελής**[7] *sehr kostbar,*
wertvoll. **5 ποτέ**[18] *irgendeinmal, einst, früher.* **ἐλπίζουσαι** Ptz. Fem. ἐλ-   5
πίζω *hoffen, seine Hoffnung setzen* εἰς *auf;* attr. **ἐ-κόσμουν** Ipf. κοσμέω
schmücken. **ὑπο-τασσόμεναι** Ptz. Pass., mod. **6 Σάρρα** *Sara,* Abra-   6
hams Frau. **ὑπ-ήκουσεν** Aor. -ακούω[2] *hören auf, gehorchen* [Var. ὑπ-
ήκουεν Ipf.]. **καλοῦσα** Ptz. Fem. καλέω, mod.; κύριον (Obj.-Präd.,
A65) αὐτὸν καλοῦσα *indem sie ihn Herrn nannte* (B 1aβ). **ἐ-γενήθητε**
Aor. Pass. (ohne Pass.-Bdtg.) γίνομαι; ἧς (gen. poss., A154) ἐγενήθητε
τέκνα *ihre Kinder seid ihr geworden.* **ἀγαθο-ποιοῦσαι** Ptz. Fem. -ποιέω
Gutes tun, rechtschaffen sein; kond., evtl. mod. **φοβούμεναι** Ptz. Fem. φο-
βέομαι, kond., evtl. mod. **μὴ ... μηδεμίαν** Neg. verstärken einander
(A310). **πτόησις**[8] *(das) Erschrecken, Einschüchterung; Schrecken;* Akk. des
inneren Obj. (A145); μὴ φοβούμεναι μηδεμίαν πτόησιν *wenn ihr ...*
euch durch keine Drohung einschüchtern laßt (Menge). **7 οἱ ἄνδρες** Nom. m.   7
Art. für Vok. (A142). **ὁμοίως** V. 1. **συν-οικοῦντες** Ptz. -οικέω *zusam-*
menleben (als Ehepartner); Ptz. imp. (A294). **γνῶσις**[8] *Erkenntnis, Wissen,*
Einsicht; κατὰ γνῶσιν *mit Einsicht, verständnisvoll* (Brox, 1Pt, S. 141).
ἀ-σθενέστερος Komp. v. ἀσθενής[7] *schwach.* **σκεῦος**[7] *Gerät, Gefäß;*
hier bildl. für die Frau (B 2). **γυναικεῖος** *weiblich;* subst., Umschreibung
für *Frau,* übers. hier *eure* (A103) *Frauen.* **ἀπο-νέμοντες** Ptz. -νέμω *zutei-*
len, zukommen lassen; mod.; ἀπονέμοντες τιμήν *indem ihr ihnen Ehre er-*
weist bzw. *Achtung entgegenbringt.* **συγ-κληρο-νόμος**[11] *miterbend;* subst.
Miterbe; ὡς καὶ συγκληρονόμοις *als solchen, die auch Miterben sind* (B ὡς
III1a) od. *da sie ja auch Miterben sind* (vgl. B ὡς III1b). **ζωῆς** gen. epexegeti-

cus (A163) *(nämlich) des Lebens.* **εἰς τό** m. AcI fin. (A282) *damit.* **ἐγ-κό-πτεσθαι** Inf. Pass. *-κόπτω hemmen, hindern;* εἰς τὸ μὴ ἐγκόπτεσθαι τὰς προσευχὰς ὑμῶν *damit euren* (gemeinsamen) *Gebeten nichts im Weg steht* (Goppelt, 1Pt, S. 220) od. *damit eure Gebete nicht gehindert werden/vergeblich sind* (d.h. unerhört bleiben). **προσ-ευχή** *Gebet, Bitte.*

8 **8 τὸ τέλος** adv. Akk. (A150) *schließlich.* **ὁμό-φρων**[11] ον *gleichgesinnt, einträchtig, einig;* erg. **ἔστε** (Imp. v. εἰμί; BDR §128,6). **συμ-παθής**[7] *mitfühlend, voll Mitgefühl, teilnahmsvoll.* **φιλ-ά-δελφος**[11] *den Bruder* bzw. *die Schwester liebend* (übertr. auf die Glaubensgeschwister). **εὔ-σπλαγχνος**[11]
9 *barmherzig, mildtätig.* **ταπεινό-φρων**[11] ον *demütig, bescheiden.* **9 ἀπο-διδόντες** Ptz. *-δίδωμι,* Ptz. imp. (A294). **ἀντί** m. Gen. *anstatt, für;* μὴ ἀποδιδόντες κακὸν ἀντὶ κακοῦ *zahlt nicht Böses als Gegenleistung für Böses zurück; vergeltet nicht Böses mit Bösem.* **λοιδορία** *Schmähung, Beschimpfung.* **τοὐναντίον** = τὸ ἐναντίον adv. Akk. (A150) *im Gegenteil* (B ἐναντίον 2). **δέ** hier *sondern.* **εὐ-λογοῦντες** Ptz. *-λογέω,* Ptz. imp. (A294). **εἰς τοῦτο** *dazu.* **ἐ-κλήθητε** Aor. Pass. καλέω. **εὐ-λογία** *Lobpreis; Segen.* **κληρο-νομήσητε** Aor. Konj. *-νομέω* (< κληρονόμος Erbe, Besit-
10 zer) *erben, ererben.* **10 θέλων** Ptz., subst. **ἀγαπᾶν** Inf. ἀγαπάω. **ἰδεῖν** Aor. Inf. ὁράω. **παυσάτω** Aor. Imp. 3. Sg. παύω *aufhören lassen, beruhigen, τὶ ἀπό τινος etwas von etwas zurückhalten* (B 1). **χεῖλος**[7] *Lippe;* hier *(seine) Lippen* (A103). **λαλῆσαι** Aor. Inf. λαλέω, kons.; τοῦ μὴ λαλῆ-
11 σαι *(so) daß sie nicht reden.* **δόλος** *Betrug, List.* **11 ἐκ-κλινάτω** Aor. Imp. 3. Sg. *-κλίνω*[126] *ausweichen, sich abwenden.* **ποιησάτω** Aor. Imp. 3. Sg. ποιέω. **ζητησάτω** Aor. Imp. 3. Sg. ζητέω. **διωξάτω** Aor. Imp.
12 3. Sg. διώκω hier *erstreben, trachten nach* (B 4b). **12 ὀφθαλμοί** erg. etwa βλέπει *blicken* ἐπί *auf.* **οὖς**[3] ὠτός τό *Ohr;* erg. etwa ἀκούει *hören* εἰς *auf.* **δέησις**[8] *Bitte, Gebet.* **ποιοῦντας** Ptz. ποιέω, subst.; ἐπὶ ποιοῦντας κακά *(richtet sich) gegen die, die Böses tun;* die ersten zwei Zeilen des Verses stehen im synonymen, die dritte Zeile dazu im antithetischen Parallelismus (H-S §294bb).
13 **13 κακώσων** Fut. Ptz. κακόω *Böses zufügen, Schaden zufügen?* subst., mod. Fut. (A247); erg. ἐστίν; τίς ὁ κακώσων ὑμᾶς *wer wollte/könnte euch Schaden zufügen?* **ζηλωτής**[1] *Eiferer;* m. gen. obi. (A158). **γένησθε** Aor. Konj. Med. γίνομαι; ἐὰν τοῦ ἀγαθοῦ ζηλωταὶ γένησθε *wenn ihr Eiferer*
14 *für das Gute seid = wenn ihr euch eifrig bemüht, das Gute zu tun.* **14 εἰ** m. Opt. potentialer Kond.-NS (A344; H-S §283b). **πάσχοιτε** Opt. πάσχω; εἰ καὶ πάσχοιτε *wenn ihr auch leiden müßt.* **μακάριοι** erg. ἐστέ (BDR §128[2]). **φόβον** Akk. des inneren Obj. (A145), m. gen. obi. (A158). **φοβηθῆτε** Aor. Konj. Pass. φοβέομαι; τὸν δὲ φόβον αὐτῶν μὴ φοβηθῆτε *doch fürchtet euch nicht vor ihnen.* **ταραχθῆτε** Aor. Konj. Pass. ταράσσω (vgl. A33[74ff]) *durcheinanderschütteln;* übertr. *in Aufregung/Unruhe/Verwirrung versetzen;* Pass.

in Schrecken geraten, sich einschüchtern lassen (B 2). **15 κύριον** Obj.-Präd.   15
zum AkkO τὸν Χριστόν. **ἁγιάσατε** Aor. Imp. ἁγιάζω[91] *heiligen; als hei-*
lig behandeln, heilig halten. **ἕτοιμος** *bereit;* erg. ἔστε (Imp. v. εἰμί, A294).
ἀεί *immer, stets.* **ἀπο-λογία** *Verteidigung* (vor Gericht od. auch allgem.);
πρὸς ἀπολογίαν παντί *zur Verantwortung gegenüber jedem* (B 2). **πᾶς ὁ**
m. Ptz. *jeder, der* (A86). **αἰτοῦντι** Ptz. αἰτέω, subst.; αἰτέω τινὰ λόγον
von jmdm. Rechenschaft fordern (B λόγος 2[a]α). **ἡ ἐν ὑμῖν ἐλπίς** *die*
Hoffnung, die in euch ist = die Hoffnung, die euch erfüllt. **16 ἀλλά** erg. etwa *tut*   16
dies. **πραΰτης**[3] ητος ἡ *Sanftmut, Freundlichkeit.* **συν-είδησις**[8] *Bewußt-*
sein; Gewissen. **ἔχοντες** Ptz. ἔχω, mod. od. kaus. **ἐν ᾧ** = ἐν τούτῳ ἐν ᾧ
(A358f). **κατα-λαλεῖσθε** Pass. -λαλέω *Übles reden gegen, schlecht*
machen, verleumden. **κατ-αισχυνθῶσιν** Aor. Konj. Pass. -αισχύνω (vgl.
A33[132ff]) *beschämen, schänden;* Pass. *zuschanden werden;* ἵνα ἐν ᾧ καταλα-
λεῖσθε καταισχυνθῶσιν οἱ ... *damit die ... mit dem, womit sie euch verleum-*
den, beschämt/zuschanden werden. **ἐπ-ηρεάζοντες** Ptz. -ηρεάζω *bedrohen,*
beschimpfen, schmähen; subst. **ἀνα-στροφή** V. 1. **17 κρείττων**[11] ον   17
(Komp. zu ἀγαθός) *besser, vorteilhafter;* erg. ἐστίν, m. flgd. AcI, erg. als Subj.
des AcI ὑμᾶς. **ἀγαθο-ποιοῦντας** Ptz. -ποιέω V. 6, subst. ohne Art.
(Präd.-Nom. des AcI [A80]; BDR §410[2]); κρεῖττον ἀγαθοποιοῦντας ...
πάσχειν ἤ ... *es ist besser ... als solche zu leiden, die Gutes tun und nicht ...* **εἰ**
V. 14. **θέλοι** Opt. θέλω, potentialer Opt. (A260); εἰ θέλοι τὸ θέλημα τοῦ
θεοῦ *wenn es Gottes Wille sein sollte.* **κακο-ποιοῦντας** Ptz. -ποιέω *Böses*
tun, Verbrechen begehen; subst. ohne Art. (Präd.-Nom. des AcI). **18 ἅπαξ**[19]   18
einmal. **περί** *für.* **ἔ-παθεν** Aor. πάσχω [Var. ἀπ-έ-θανεν Aor.
ἀπο-θνῄσκω]. **ἄ-δικος**[11] *ungerecht;* subst.; δίκαιος (Artangabe zum
Subj., A65) ὑπὲρ ἀδίκων *als Gerechter für Ungerechte.* **προσ-αγάγῃ** Aor.
Konj. -άγω[59] *herbeibringen, (hin)führen* τινά τινι *jmdn. zu jmdm.* **θανατω-**
θείς Aor. Ptz. Pass. θανατόω *töten;* temp. od. kaus., viell. subst. ohne Art.
σαρκί, πνεύματι dat. resp. (A178). **ζῳο-ποιηθείς** Aor. Ptz. Pass.
-ποιέω *lebendig machen;* temp. od. kaus., viell. subst. ohne Art. **19 ἐν ᾧ** wohl   19
kaus. (vgl. B ἐν IV6d; BDR §219[2]): *darum, deswegen;* viell. auf πνεύματι be-
zogen (B ἐν IV6e): *in ihm.* **πνεύματα** *die Seelen der verstorbenen Men-*
schen der Sintflutgeneration, evtl. die gefallenen Engel in Gen 6. **πορευθείς**
Aor. Ptz. Pass. (ohne Pass.-Bdtg.) πορεύομαι, temp. od. mod. (A291,1/2
Anm. 1). **ἐ-κήρυξεν** Aor. κηρύσσω. **20 ἀ-πειθήσασιν** Aor. Ptz.   20
ἀ-πειθέω V. 1, temp. **ποτέ** V. 5. **ἀπ-εξ-ε-δέχετο** Ipf. ἀπ-εκ-δέχομαι
erwarten; warten, abwarten. **μακρο-θυμία** *Geduld, Ausdauer; Langmut.*
Νῶε indekl., hier Gen., *Noach,* atl. Frommer (Gen 6-9). **κατα-σκευαζο-**
μένης Ptz. Pass. -σκευάζω *zubereiten; herstellen, bauen;* gen. abs. (A288),
temp. **κιβωτός** ἡ *Kasten; Arche.* **εἰς ἥν** *in die (hinein).* **τοῦτ' ἔστιν**
Formel *das heißt, nämlich* (A93). **ὀκτώ**[19] *acht.* **ψυχαί** hier *Personen.* **δι-**

ἐ-σώθησαν Aor. Pass. δια-σώζω[106] *hindurchretten, retten.* **διά** hier lok.

21 (BDR §223[2]) *durch (... hindurch).* **21 ἀντί-τυπος**[11] *Abbild, Gegenbild* (was etwas anderem [hier Früherem] in Gestalt od. Struktur entspricht, hier jedoch eine entgegengesetzte Funktion hat); **ὅ** (vgl. A364a) **καὶ ὑμᾶς ἀντίτυπον νῦν σῴζει βάπτισμα** als *Gegenbild/im Gegensatz dazu rettet dieses* (das Wasser) *euch nun als Taufe.* **βάπτισμα**[3] *Taufe.* **ἀπό-θεσις**[8] *(das) Ablegen, Beseitigung;* App. (A70) zu βάπτισμα, analog ἐπερώτημα. **ῥύπος** *Schmutz;* σαρκός (gen. obi., A158) ... ῥύπου *des Schmutzes am Körper, des körperlichen Schmutzes.* **συν-είδησις**[8] V. 16, gen. obi. (A158); συνειδή-σεως ἀγαθῆς ἐπερώτημα εἰς θεόν *eine Bitte zu Gott um ein gutes/reines*
22 *Gewissen.* **ἐπ-ερώτημα**[3] *Frage; Bitte.* **22 πορευθείς** V. 19, Ptz. temp. **ὑπο-ταγέντων** Aor. Ptz. Pass. -τάσσω V. 1, gen. abs. (A288), temp. od. mod.

4   **παθόντος** Aor. Ptz. Pass. πάσχω, gen. abs. (A288), kaus. **σαρκί** dat. resp. (A178) *am Fleisch, am Leib, körperlich.* **ἔν-νοια** *Gedanke, Einsicht, Erkenntnis.* **ὁπλίσασθε** Aor. Imp. Med. ὁπλίζω (vgl. A33[91ff]) *bewaffnen, wappnen* τι *mit etwas.* **παθών** Aor. Ptz. Pass. πάσχω, subst. **πέ-παυται** Pf. Pass. od. Med. παύω *aufhören lassen, beruhigen;* Med. *aufhören;* Pass. *frei sein,* m. gen. separationis (A167); πέπαυται ἁμαρτίας *er ist frei von der*
2 *Sünde* od. *er hat von der Sünde abgelassen.* **2 εἰς τό** m. AcI fin. (A282) *damit;* erg. als Subj. des AcI ὑμᾶς; knüpft nach der Parenthese (A374) in V. 1b an V. 1a an. **μηκ-έτι** *nicht mehr, nicht länger.* **ἀνθρώπων** gen. qualitatis (A160) *menschlich.* **ἐπι-θυμία** *Verlangen, Sehnsucht;* (sündige) *Begierde, Lust* (dat. modi, A180); εἰς τὸ μηκέτι ἀνθρώπων ἐπιθυμίαις ἀλλὰ θε-λήματι θεοῦ ... βιῶσαι *damit ihr ... nicht mehr so lebt, daß ihr von den menschlichen Begierden, sondern vom Willen Gottes (bestimmt werdet).* **ἐπί-λοιπος**[11] *übrig.* **βιῶσαι** Aor. Inf. βιόω *leben.* **χρόνος** Akk. der zeitl. Ausdehnung (A148); τὸν ἐπίλοιπον ἐν σαρκί ... χρόνον *die noch im*
3 *Fleisch übrige Zeit* (B) = *solange ihr noch auf Erden lebt* (Einh.). **3 ἀρκετός** *genügend, hinreichend;* erg. ἐστίν; m. Nom. u. Inf. (BDR §405[5]); ἀρκετὸς γὰρ ὁ παρεληλυθὼς χρόνος τὸ βούλημα τῶν ἐθνῶν κατειργάσθαι *denn es ist genug, daß ihr in der Vergangenheit die Absichten/Ziele der Heiden verfolgt habt.* **παρ-εληλυθώς** Pf. Ptz. -έρχομαι[187] *vorbeigehen, vorübergehen; ver-gehen, verstreichen;* attr. **βούλημα**[3] *Vorhaben, Absicht, Wille.* **κατ-ειργά-σθαι** Pf. Inf. -εργάζομαι[92] *vollenden, ausführen.* **πε-πορευμένους** Pf. Ptz. πορεύομαι hier *wandeln, sein Leben führen, leben* (B 2c); mod.; steht als Nebenbestimmung zum Subj. des AcI (ὑμᾶς zu erg.) im Akk. (A269). **ἀσέλ-γεια** *Zügellosigkeit, Schwelgerei,* (geschlechtl.) *Ausschweifung.* **οἰνο-φλυ-γία** *Trunksucht.* **κῶμος** *Gelage, Schmauserei.* **πότος** *(das) Trinken;* Pl. *Trinkgelage.* **ἀ-θέμιτος**[11] *ungesetzlich, frevelhaft.* **εἰδωλο-λατρία** *Göt-*
4 *zendienst.* **4 ἐν ᾧ** wohl kaus. (vgl. B ἐν IV6d; BDR §219[2]) *darum, deswegen.*

ξενίζονται Pass. ξενίζω (< ξένος fremd) *gastlich aufnehmen; befremden;* Pass. *befremdet werden, sich wundern, unwillig werden* (B 2). συν-τρεχόν-των Ptz. -τρέχω *zusammenlaufen;* übertr. *zusammengehen, mitlaufen, mitmachen, übereinstimmen;* gen. abs. (A288), kaus. od. mod. ἀ-σωτία *Heillosigkeit, Liederlichkeit;* gen. qualitatis (A160); μὴ συντρεχόντων ὑμῶν εἰς τὴν αὐτὴν τῆς ἀσωτίας ἀνάχυσιν *daß ihr bei ihrem zügellosen Treiben nicht mehr mitmacht* (GN). ἀνά-χυσις[8] *Ausgießung; Strom;* übertr. *(das) Treiben.* βλασ-φημοῦντες Ptz. -φημέω *in üblen Ruf* bzw. *in Verruf bringen, verleumden; lästern;* mod. (A291,2 Anm. 1); erg. als AkkO viell. ὑμᾶς. **5** οἳ 5 (A364a) *sie/diese.* ἀπο-δώσουσιν Fut. -δίδωμι, mod. Fut. (A247d); ἀποδώσουσιν λόγον *sie werden Rechenschaft ablegen müssen* (B 1). ἑτοίμως *bereit;* ἑτοίμως ἔχειν *bereit sein,* m. flgd. Inf. ἔχοντι Ptz. ἔχω, subst. κρῖναι Aor. Inf. κρίνω. ζῶντας Ptz. ζάω, subst. **6** εἰς τοῦτο *dazu.* 6 εὐ-ηγγελίσθη Aor. Pass. -αγγελίζω. ἵνα *damit; so daß; daß* (B I5). κριθῶσι Aor. Konj. Pass. κρίνω. κατὰ ἀνθρώπους *wie es den Menschen entspricht.* σαρκί, πνεύματι dat. resp. (A178). ζῶσι Konj. ζάω.

7 ἤγγικεν Pf. ἐγγίζω. σω-φρονήσατε Aor. Imp. -φρονέω *ver-* 7 *nünftig sein; verständig/besonnen sein* bzw. *handeln.* νήψατε Aor. Imp. νήφω (vgl. A33[40ff]) *nüchtern* (d.h. *bei klarem Verstand) sein.* προσ-ευχή *Gebet, Bitte;* εἰς προσευχάς *im Hinblick auf (eure)* (A103) *Gebete; zum Gebet.* **8** πρὸ πάντων *vor allem, besonders* (B πρό 3). ἑαυτούς *für* ἀλλήλους 8 (A127). ἐκ-τενής[7] *beharrlich, eifrig, innig.* ἔχοντες Ptz. ἔχω; ἔχω ἀγά-πην *lieben* (B I2εβ); Ptz. hier u. im flgd. imp. (analog die Adj.; A294). ἀγά-πη auch ohne Art. best. (A106b). καλύπτω *verhüllen, bedecken; zudecken.* πλῆθος[7] *Menge, große Anzahl;* πλῆθος ἁμαρτιῶν (gen. partitivus, A164) *eine Menge von Sünden = viele Sünden.* **9** φιλό-ξενος[11] *gastfreundlich, gast-* 9 *frei;* imp. ἄνευ (uneig. Präp., A183) *ohne.* γογγυσμός *Unwille, (das) Murren.* **10** ἕκαστος *dem NS betont vorangestellt* (vgl. BDR §475,1a). 10 ἔ-λαβεν Aor. λαμβάνω. χάρισμα[3] *Gabe, Gnadengeschenk, Gnadengabe.* ἑαυτούς V. 8. διακονοῦντες Ptz. διακονέω *dienen,* m. Akk. der Sache (B 2); imp.; εἰς ἑαυτοὺς αὐτὸ διακονοῦντες *dient einander mit ihr* (d.h. *der Gnadengabe).* οἰκο-νόμος *Hausverwalter, Verwalter.* ποικίλος *sehr bunt;* übertr. *vielfältig, mancherlei.* **11** ὡς *enthält den Imp., übers. etwa* 11 *(seine Worte sollen sein) wie.* λόγιον *Spruch, Wort.* ἰσχύς[8] υος ἡ *Stärke, Kraft;* ὡς ἐξ ἰσχύος *(er tue es) aus der Kraft.* ἧς *für* ἥν *Attraktion des Rel.-Pron.* (A360). χορηγέω *die Kosten bestreiten; beschaffen, gewähren, verleihen.* ἐν πᾶσιν *in jeder Hinsicht* (B 2αδ). δοξάζηται Konj. Pass. δοξάζω. ᾧ *hier ihm* (A364a). κράτος[7] *Kraft, Macht; Herrschaft.*

12 ξενίζεσθε Imp. Pass. ξενίζω V. 4. πύρωσις[8] *Brand;* übertr. *Feu-* 12 *ersglut;* dat. causae (A177). πειρασμός *Prüfung; Versuchung, Anfechtung.*

γινομένη Ptz. γίνομαι, attr.; πρὸς πειρασμὸν ὑμῖν γινομένη *die zur Erprobung über euch gekommen ist.* **ὡς** *als ob.* **ξένος** *fremd; befremdlich, unpassend, ungewöhnlich, unerhört.* **συμ-βαίνοντος** Ptz. -βαίνω *zusammen einsteigen; zustoßen, begegnen, widerfahren;* gen. abs. (A288), mod. od. kaus.

13 **13 καθ-ό** *so wie; in dem Maße wie.* **κοινωνέω** *Anteil haben, erhalten* od. *nehmen an,* m. Dat. **πάθημα**[3] (< πάσχω) *Leid, Leiden.* **χαίρετε** Imp. χαίρω. **ἐν** *bei* (B II2). **ἀπο-κάλυψις**[8] *Enthüllung, Offenbarung.* **χαρῆτε** Aor. Konj. Pass. (m. Akt.-Bdtg.) χαίρω. **ἀγαλλιώμενοι** Ptz. ἀγαλλιάομαι *jubeln, frohlocken, sich freuen;* mod. (A291,2 Anm. 1).

14 **14 ὀνειδίζεσθε** Pass. ὀνειδίζω *schmähen, beschimpfen.* **ἐν** *wegen, um willen.* **μακάριοι** erg. ἐστέ (vgl. BDR §128[2]). **ἀνα-παύεται** Med. -παύω *aufhören machen, ausruhen lassen;* Med. *aufhören, ausruhen;* hier übertr. *ruhen* ἐπί τινα *auf jmdm.;* das Subj. τὸ πνεῦμα wird durch zwei Gen. näher

15 best. **15 πασχέτω** Imp. 3. Sg. πάσχω. **ὡς** hier *als.* **φονεύς**[8] ὁ *Totschläger, Mörder.* **κλέπτης**[1] *Dieb.* **κακο-ποιός** *schlecht handelnd;* subst. *Übeltäter, Verbrecher.* **ἀλλοτρι-επί-σκοπος** Bdtg. unklar, viell. *Hehler, Spitzel, Denunziant* od. allgem. *jmd., der sich in fremde Angelegenheiten*

16 *mischt* (B) od. *einer, der unterschlägt* bzw. *veruntreut* (EWNT 1, Sp. 154). **16 εἰ ὡς Χριστιανός** erg. πάσχει *wenn er als Christ leidet = wenn er leidet, weil er ein Christ ist.* **αἰσχυνέσθω** Imp. 3. Sg. Med. αἰσχύνομαι (vgl. A33[130]) (< αἶσχος *Schande*) *sich schämen.* **δοξαζέτω** Imp. 3. Sg. δοξάζω. **ὄνομα** hier viell. *Titel, Kategorie,* dann ἐν τῷ ὀνόματι τούτῳ *in dieser Ei-*

17 *genschaft* (als Christ) (B II). **17 καιρός** erg. ἐστίν od. ἔσται (Fut. v. εἰμί) (BDR §128[5]). **ἄρξασθαι** Aor. Inf. ἄρχομαι[61] *beginnen, anfangen;* Präd. des AcI; ὁ καιρὸς τοῦ ἄρξασθαι τὸ κρίμα *die Zeit kommt* bzw. *ist da, daß das Gericht beginnt.* **κρίμα**[3] *Entscheidung, Urteil; (das) Richten, Gericht.* **ἀπό** *bei.* **εἰ πρῶτον ἀφ' ἡμῶν** *wenn es zuerst bei uns (beginnt).* **τί τὸ τέλος** ... *was (wird) das Ende ... (sein)? wie (wird) das Ende ... (aussehen)?* **ἀ-πειθούντων** Ptz. ἀ-πειθέω *ungehorsam sein, nicht gehorchen;* subst.

18 **18 μόλις** Adv. *kaum.* **σῴζεται** Pass. σῴζω. **ἀ-σεβής**[7] *gottlos,* subst. **φανεῖται** Fut. Med. φαίνομαι[124] *scheinen, leuchten; zum Vorschein kommen, sichtbar werden* bzw. *sein; sich sehen lassen, erscheinen;* ... ποῦ φανεῖται; *wo wird (dann) ... zu sehen sein?* (B 2b) *wo wird sich (dann) ... wiederfinden?*

19 **19 πάσχοντες** Ptz. πάσχω, subst. **κτίστης**[1] *Schöpfer.* **παρα-τιθέσθωσαν** Imp. Med. 3. Pl. -τίθημι *vorsetzen;* Med. *übergeben, anvertrauen, anbefehlen* τινά τινι *jmdn. dem Schutz/der Sorge jmds.* (B 2bβ). **ἀγαθο-ποιΐα** *(das) Tun des Guten;* ἐν ἀγαθοποιΐᾳ *durch Tun des Guten/Rechten* (B), *und dabei das Gute/Rechte tun.*

5 **ἐν** *bei, unter.* **συμ-πρεσβύτερος** *Mitältester.* **μάρτυς** υρος ὁ *Zeuge.* **πάθημα**[3] (< πάσχω) *Leid, Leiden.* **μελλούσης** Ptz. Fem. μέλλω, attr., m. Inf. zur Umschreibung des Fut. (A250; BDR §356[4]). **ἀπο-καλύ-**

πτεσθαι Inf. Pass. -καλύπτω *enthüllen, offenbaren.* **κοινωνός** *Genosse, Teilhaber* τινός *an etwas;* App. (A70). **2 ποιμάνατε** Aor. Imp. ποιμαί- 2
νω[121] *weiden, hüten.* **ἐν ὑμῖν** *bei euch* (d.h. für die ihr verantwortl. seid).
ποίμνιον *Herde.* **ἐπι-σκοποῦντες** Ptz. -σκοπέω *schauen auf; Aufsicht ausüben, sorgen für;* mod. **ἀναγκαστῶς** *gezwungen.* **ἑκουσίως** *freiwillig.*
κατὰ θεόν *gemäß dem Auftrag Gottes* od. *entsprechend der Art und Weise Gottes.* **αἰσχρο-κερδῶς** *in schmutziger Gewinnsucht, aus Profitgier.* **προ-θύ-**
μως *bereitwillig, eifrig.* **3 κατα-κυριεύοντες** Ptz. -κυριεύω *überwälti-* 3
gen, unterdrücken; Herr sein; (gewalttätig) herrschen τινός *über jmdn.* (B 2);
mod. **κλῆρος** *Los; (das) Verloste, Anteil;* οἱ κλῆροι hier der Teil der Ge-
meinde bzw. die Einzelgemeinde, für die jmd. verantwortl. ist, übers. etwa *die
(euch) Anvertrauten.* **τύπος** *sichtbarer Eindruck; Vorbild* (B 5b). **γινόμε-**
νοι Ptz. γίνομαι, mod. **4 φανερωθέντος** Aor. Ptz. Pass. φανερόω, 4
gen. abs. (A288), temp. *wenn er erscheint.* **ἀρχι-ποίμην**[4] ενος ὁ *Oberhirte.*
κομεῖσθε Fut. Med. κομίζω (vgl. A33[91ff]) *herbeibringen; Med. erhalten,
empfangen.* **ἀ-μαράντινος** *unverwelklich.* **στέφανος** *Kranz, Siegeskranz.*
5 ὁμοίως *gleich, in gleicher Weise, ebenso.* **νεώτερος** Komp. v. νέος *neu,* 5
jung; subst. **ὑπο-τάγητε** Aor. Imp. Pass. -τάσσω[79] *unterordnen, unterwer-
fen; Pass. sich unterordnen.* **ἀλλήλοις** dat. resp. (A178) *in der Beziehung zu-
einander.* **ταπεινο-φροσύνη** *Bescheidenheit, Demut.* **ἐγ-κομβώσα-**
σθε Aor. Imp. -κομβόομαι *umbinden, anlegen, sich bekleiden (mit).* **ὑπερ-**
ήφανος[11] *hochmütig, stolz, arrogant.* **ἀντι-τάσσομαι** *sich entgegenstel-
len, widerstehen.* **ταπεινός** *niedrig, gering, unbedeutend* (v. Stellung, Macht u.
Ansehen); hier *demütig, bescheiden* (B 2b).

    6 ταπεινώθητε Aor. Imp. Pass. ταπεινόω *niedrig machen;* übertr. *er-* 6
niedrigen; demütigen; Pass. reflexiv. **κραταιός** *stark, mächtig.* **ὑψώσῃ** Aor.
Konj. ὑψόω *erhöhen.* **ἐν καιρῷ** *zur (letzten) Zeit* (v. der Endzeit, B 4).
7 μέριμνα *Sorge.* **ἐπι-ρίψαντες** Aor. Ptz. -ρίπτω[58] *werfen auf;* Ptz. 7
imp. (A294). **μέλει**[180] τινί *es liegt jmdm. daran;* αὐτῷ μέλει περὶ ὑμῶν
ihm liegt an euch; er kümmert sich um euch (B 2). **8 νήψατε** Aor. Imp. νήφω 8
(vgl. A33[40ff]) *nüchtern* (d.h. bei klarem Verstand) *sein.* **γρηγορήσατε** Aor.
Imp. γρηγορέω *wachen; wachsam sein.* **ἀντί-δικος** *Prozeßgegner; Feind,
Widersacher.* **διά-βολος** (< διαβάλλω *verleumden*) subst. *Verleumder;
Teufel;* App. (A70). **λέων**[5] οντος ὁ *Löwe.* **ὠρυόμενος** Ptz. ὠρύομαι
brüllen; mod. **ζητῶν** Ptz. ζητέω, mod. od. fin. **κατα-πιεῖν** Aor. Inf. -πί-
νω[141] *trinken, verschlucken;* übertr. *verschlingen, überwältigen.* **9 ᾧ** (A364a) 9
ihm/diesem. **ἀντί-στητε** Wz.-Aor. Imp. ἀνθ-ίσταμαι[205] *sich entgegenstel-
len; Widerstand leisten, widerstehen.* **στερεός** *fest, stark, dauerhaft;* übertr.
standhaft. **εἰδότες** Pf. (m. präs. Bdtg.) Ptz. οἶδα, kaus. **πάθημα** V. 1, gen.
partitivus (A164). **ἀδελφότης**[3] ητος ἡ *Bruderschaft* (= Glaubensgeschwi-
ster; Glieder der christl. Gemeinde). **ἐπι-τελεῖσθαι** Inf. Pass. -τελέω

beendigen, zu Ende bringen, vollenden; vollbringen, verwirklichen; auferlegen (B 4);
Präd. des AcI; τὰ αὐτὰ τῶν παθημάτων τῇ ἐν τῷ κόσμῳ ὑμῶν ἀδελ-
φότητι ἐπιτελεῖσθαι *daß die gleichen Leiden euren Brüdern in der (ganzen)*
10   *Welt auferlegt werden* (Menge) [Var. ἐπι-τελεῖσθε Ind.].   **10 πᾶς** ohne Art.
jede Art von (vgl. B 1aβ); ὁ θεὸς πάσης χάριτος *der Gott jeder Art von Gna-*
de, d.h. Gott als der Urheber jeder Art v. Gnade. **καλέσας** Aor. Ptz. καλέω,
attr. **ὀλίγον** Akk. der zeitl. Ausdehnung (A148) *eine kurze Zeit.* **παθόν-**
τας Aor. Ptz. πάσχω, temp., part. coni. (A287) zu ὑμᾶς; ὀλίγον παθόν-
τας αὐτὸς καταρτίσει *er wird euch, nachdem ihr eine kurze Zeit habt leiden*
müssen, ausrüsten/vollenden. **κατ-αρτίσει** Fut. -αρτίζω (vgl. A33[91ff]) *in*
Ordnung bringen; daher auch: *befähigen, ausrüsten, vollenden* [Var. 1 κατ-αρ-
τιεῖ att. Fut.; Var. 2 κατ-αρτίσαι Aor. Opt., kupitiver Opt. (A259)]. **στη-**
ρίξει Fut. στηρίζω[85] *festmachen; stärken.* **σθενώσει** Fut. σθενόω *stark*
machen, Kraft verleihen. **θεμελιώσει** Fut. θεμελιόω (< θεμέλιος Funda-
11   ment) *gründen;* übertr. *befestigen.*   **11 κράτος**[7] *Kraft, Macht; Herrschaft;*
αὐτῷ (dat. poss., A173) τὸ κράτος *ihm gehört/er hat die Macht.*
12   **12 Σιλουανός** *Silvanus,* Begleiter v. Petrus u. Paulus. **δι᾽ ὀλίγων**
kurz, in Kürze (B AIII1b). **ἔ-γραψα** Aor. γράφω. **παρα-καλῶν** Ptz.
-καλέω, mod., viell. fin. **ἐπι-μαρτυρῶν** Ptz. -μαρτυρέω *bezeugen;* mod.,
viell. fin.; m. flgd. AcI. **εἶναι** Inf. εἰμί, Präd. des AcI. **ἀληθής**[7] *wahrhaftig,*
aufrichtig; wahr. **χάριν** Präd.-Nom. des AcI (Subj. ταύτην; A93); ταύτην
εἶναι ἀληθῆ χάριν *daß dies die wahre Gnade ist.* **εἰς** für ἐν (BDR §205).
στῆτε Wz.-Aor. Imp. od. (adhortativer) Konj. (H-S §290e) ἵσταμαι; εἰς ἣν
13   στῆτε *in ihr/dieser sollt ihr feststehen.* **13 Βαβυλών**[4] ῶνος ἡ *Babylon,* hier
wohl Deckname für Rom. **συν-εκλεκτός** *mitauserwählt;* subst., bez. die Ge-
14   meinde. **Μᾶρκος** *Markus,* Begleiter v. Petrus u. Paulus. **14 ἀσπάσασθε**
Aor. Imp. Med. ἀσπάζομαι. **ἐν** *mit.* **φίλημα**[3] *Kuß.* **εἰρήνη** erg. εἴη
(Opt. v. εἰμί) *Friede sei.* **τοῖς ἐν Χριστῷ** App. (A70) zu ὑμῖν πᾶσιν,
euch allen, die ihr in (d.h. in der Gemeinschaft mit) *Christus (seid/lebt).*

2. Petrus

Συμεών indekl., hier Nom. (= Σιμών), *Simon,* Beiname v. Petrus. **1**
ἰσό-τιμος[11] (< ἴσος gleich + τιμή) *gleichberechtigt; gleichwertig;* τοῖς
ἰσότιμον ἡμῖν λαχοῦσιν πίστιν *an die, die den gleichen wertvollen/kost-
baren Glauben empfangen haben wie wir.* **ἡμῖν** dat. sociativus (A179). **λα-**
χοῦσιν Aor. Ptz. λαγχάνω[151] *zugeteilt erhalten, empfangen;* subst.; erg. ἐπι-
στέλλω *schreiben,* m. flgd. Dat. des Adressaten (A376a). **ἐν** *durch.* **σωτήρ**[6]
ῆρος ὁ (vgl. σῴζω) *Retter, Befreier* (im NT stets v. Christus bzw. Gott als dem-
jenigen, der Heil verleiht). **2 χάρις** christl. Form des griech. Briefgrußes **2**
χαίρειν, kombiniert m. dem hebr. Gruß שָׁלוֹם *šālôm* = εἰρήνη. **πληθυν-**
θείη Aor. Opt. Pass. πληθύνω (vgl. A33[132ff]) *vollmachen, vermehren;* Pass.
sich vermehren, zunehmen; reichlich zuteil werden; kupitiver Opt. (A259). **ἐν**
durch. **ἐπί-γνωσις**[8] *Erkenntnis.*

3 ὡς *weil (meiner Meinung nach);* kaus. (H-S §231f); die V. 3f begründen **3**
den Imp. in V. 5. **θεῖος** *göttlich.* **εὐ-σέβεια** *Frömmigkeit, Gottesfurcht.*
δε-δωρημένης Pf. Ptz. δωρέομαι *schenken;* gen. abs. (A288), kaus.; ὡς
πάντα ἡμῖν τῆς θείας δυνάμεως αὐτοῦ τὰ πρὸς ζωήν ... δεδωρη-
μένης *weil seine göttliche Macht/Kraft uns alles, was zum Leben ... (führt/nötig
ist), geschenkt hat.* **ἐπί-γνωσις** V. 2. **καλέσαντος** Aor. Ptz. καλέω,
subst.; gen. obi. (A158). **ἀρετή** *Tugend; Gotteskraft* (B 3), *Wundermacht;* dat.
causae (A177) bzw. instr. (A176) *in seiner* bzw. *durch seine Wundermacht.* **4 τί- 4**
μιος *teuer; kostbar; von hohem Wert, wertvoll.* **μέγιστος** (Superlativ zu μέ-
γας) *größter;* hier wohl elativische Bdtg. (A119) *sehr/überaus groß, übergroß*
(B 2bβ). **ἐπ-άγγελμα**[3] *Ankündigung, Versprechen; Verheißung.* **δε-δώρη-**
ται Pf. δωρέομαι. **γένησθε** Aor. Konj. Med. γίνομαι. **κοινωνός**
Genosse, Teilhaber; m. γίνομαι *Anteil erhalten an,* m. Gen. (B 1bα). **φύσις**[8]
Natur; natürliche Beschaffenheit, Wesen (B 2). **ἀπο-φυγόντες** Aor. Ptz.
-φεύγω[72] *entfliehen;* eff. Aor. (A230) *entkommen,* m. Gen. der Sache; temp. od.
mod. **ἐπι-θυμία** *Verlangen, Sehnsucht; (sündige) Begierde, Lust.* **φθορά**
Verderben, Vernichtung, Untergang; Vergänglichkeit; Verkommenheit (B 3); ἀπο-
φυγόντες τῆς ἐν τῷ κόσμῳ ἐν ἐπιθυμίᾳ φθορᾶς *nachdem ihr dem Ver-
derben, das durch die Begierde in der Welt (wirksam) ist, entflohen/entkommen
seid.* **5 αὐτὸ τοῦτο** adv. Akk. (A150) *eben darum* (B αὐτός 1h), *aus diesem* **5**
Grund. **σπουδή** *Eile, Hast; Eifer, Fleiß.* **παρ-εισ-ενέγκαντες** Aor. Ptz.
-φέρω[198] *heranbringen, aufwenden;* mod. **ἐπι-χορηγήσατε** Aor. Imp.
-χορηγέω *die Kosten bestreiten; darreichen, zur Verfügung stellen, gewähren;* hier
wohl *hinzufügen* (EWNT 2, Sp. 115); ἐπιχορηγήσατε ἐν τῇ πίστει ὑμῶν
τὴν ἀρετήν *fügt (in) eurem Glauben die Tugend hinzu; erweist in eurem Glau-
ben die Tugend* (vgl. Menge). **γνῶσις**[8] *Erkenntnis.* **6 ἐγ-κράτεια** *Selbst-* **6**

beherrschung, Enthaltsamkeit. **ὑπο-μονή** *Ausharren, Geduld, Ausdauer,*
7f *Standhaftigkeit.* **7 φιλ-αδελφία** *Bruderliebe, Geschwisterliebe.* **8 ὑμῖν**
dat. poss. (A173f). **ὑπ-άρχοντα** Ptz. -άρχω, kond.; ταῦτα ὑμῖν ὑπάρ-
χοντα *wenn diese bei euch vorhanden sind.* **πλεονάζοντα** Ptz. πλεονάζω
viel/groß sein/werden, wachsen, zunehmen; kond. **ἀργός** *arbeitslos; träge, faul;*
nutzlos, unbrauchbar. **ἄ-καρπος**[11] *unfruchtbar, ohne Frucht; unergiebig, un-*
wirksam. **καθ-ίστημι** *hinstellen; bestellen, einsetzen; machen, bewirken* (B 3);
οὐκ ἀργοὺς οὐδὲ ἀκάρπους καθίστησιν εἰς τήν ... ἐπίγνωσιν *las-*
sen sie/diese (Subj. ταῦτα) *euch nicht träge und fruchtlos/unwirksam sein hin-*
9 *sichtlich der Erkenntnis* ... **ἐπί-γνωσις** V. 2. **9 ᾧ** = τούτῳ ᾧ (A358); dat.
poss. (A174). **μή** im kond. Rel.-Satz (klass.) (BDR §428[4]). **πάρ-ειμι** *dabei-*
sein, zugegen sein, anwesend sein; ᾧ μὴ πάρεστιν ταῦτα *wer dies nicht hat*
(B 2), *wem dies fehlt.* **μυωπάζων** Ptz. μυωπάζω *kurzsichtig sein;* mod.;
τυφλός ἐστιν μυωπάζων *er sieht nichts vor Kurzsichtigkeit* (B). **λήθη** *Ver-*
gessen. **λαβών** Aor. Ptz. λαμβάνω, kaus. od. mod.; λήθην λαβών τοῦ
καθαρισμοῦ ... *weil er die Reinigung ... vergessen hat.* **καθαρισμός** *Reini-*
gung. **πάλαι** *vor langer Zeit, einst, früher* (B 1). [Var. ἁμάρτημα *Verfehlung,*
10 *Sünde.*] **10 σπουδάσατε** Aor. Imp. σπουδάζω (vgl. A33[91ff]) *sich beeilen;*
sich eifrig zeigen, sich bemühen, bestrebt sein. **βέβαιος** *fest, dauerhaft; zuverläs-*
sig, gewiß (Artangabe zum AkkO, A65). **κλῆσις**[8] *Berufung, Einladung.* **ἐκ-**
λογή *Erwählung.* **ποιεῖσθαι** Inf. Med. ποιέω *hier* m. doppeltem Akk.
(A97,15); βεβαίαν ὑμῶν τὴν κλῆσιν ... ποιεῖσθαι *eure Berufung ... fest-*
zumachen (B II2) [Var. ποιῆσθε Konj. Med. od. Pass. (Konj. v. eingefügtem
ἵνα abhängig)]. **ποιοῦντες** Ptz. ποιέω, kond. **οὐ μή** m. Aor. Konj.
stärkste Verneinung zukünftigen Geschehens (A257). **πταίσητε** Aor. Konj.
πταίω *anstoßen, straucheln; hier* zu Fall kommen, untergehen, verlorengehen
(B 2). **ποτέ**[18] *irgendeinmal, einst;* nach Neg. *jemals;* οὐ ... ποτέ *niemals* (B 1).
11 **11 πλουσίως** *reichlich, in reichem Maß.* **ἐπι-χορηγηθήσεται** Fut.
Pass. -χορηγέω V. 5; Pass. hier *gewährt werden.* **εἴσ-οδος** *(das) Eintreten,*
Zutritt, Einzug. **σωτήρ** V. 1.
12 **12 μελλήσω** Fut. μέλλω, m. Inf. als Umschreibung des Fut. (A250),
mod. Fut. (A247a); μελλήσω ἀεὶ ὑμᾶς ὑπομιμνῄσκειν περὶ τούτων
ich will euch immer wieder an diese Dinge erinnern. **ἀεί** *immer, stets; immer wie-*
der (B 3). **ὑπο-μιμνῄσκειν** Inf. -μιμνῄσκω *erinnern.* **καίπερ** *obwohl.*
εἰδότας Pf. (m. präs. Bdtg.) Ptz. οἶδα, konz. **ἐ-στηριγμένους** Pf. Ptz.
Pass. στηρίζω[85] *festmachen, befestigen; stärken;* konz. **παρ-ούσῃ** Ptz. πάρ-
ειμι V. 9; attr.; ἡ παροῦσα ἀλήθεια *die (bei euch) vorhandene Wahrheit*
13 (B 2). **13 ἡγέομαι** *führen, leiten; meinen, halten für;* δίκαιον ἡγοῦμαι ...
ich halte es für recht, daß ... (m. flgd. Inf.). **ἐφ' ὅσον** *solange (als)* (B ἐπί
III2b). **σκήνωμα**[3] *Zelt, Behausung, Wohnung;* übertr. v. Leib; ἐφ' ὅσον
εἰμὶ ἐν τούτῳ τῷ σκηνώματι *solange ich noch in diesem Zelt bin = solange*

ich noch bei euch lebe (GN). **δι-εγείρειν** Inf. -εγείρω *aufwecken; wachhal-*
ten, wachrufen. **ἐν** *instr. durch.* **ὑπό-μνησις**[8] *Erinnerung.* **14 εἰδώς** Pf.   **14**
(m. präs. Bdtg.) Ptz. οἶδα, kaus. **ταχινός** *schnell, eilig; bald eintretend, nahe*
bevorstehend. **ἀπό-θεσις**[8] *(das) Ablegen* (v. Kleidung; hier übertr. v. Ster-
ben). **ἐ-δήλωσεν** Aor. δηλόω[19] *offenbar machen, kundtun, erklären, deut-*
lich machen (B). **15 σπουδάσω** Fut. σπουδάζω V. 10; mod. Fut.   **15**
(A247a). **ἐκάσ-τοτε** Adv. *jederzeit.* **ἔχειν** Inf., Präd. des AcI. **ἔξ-οδος**
Ausgang; (Euphemismus, A385) *Hingang, Tod* (B 2). **μνήμη** *Erinnerung, Ge-*
dächtnis. **ποιεῖσθαι** Inf. Med. ποιέω; τὴν μνήμην τινὸς ποιέομαι
(Med. zur Umschreibung des einfachen Verbalbegriffs, B II1) *sich die Erinne-*
rung an etwas verschaffen, etwas im Gedächtnis bewahren (B μνήμη 1); σπου-
δάσω ... ἔχειν ὑμᾶς ... τὴν τούτων μνήμην ποιεῖσθαι *ich will mich*
bemühen, daß ihr euch ... an diese Dinge erinnern könnt.

16 σε-σοφισμένοις Pf. Ptz. Pass. σοφίζω (vgl. A33[91ff]) *mit Weisheit*   **16**
begaben; Med. *schlau ausdenken, ausklügeln* (B 2); attr. **μῦθος** *Mythos; erdich-*
tete Geschichte, Fabel. **ἐξ-ακολουθήσαντες** Aor. Ptz. -ακολουθέω
nachfolgen; übertr. *Folge leisten* (B 1), *folgen;* kaus. od. mod. **ἐ-γνωρίσαμεν**
Aor. γνωρίζω[98] *kundtun, mitteilen, offenbaren.* **παρ-ουσία** (< πάρειμι
[εἰμί] anwesend sein) *Anwesenheit, Gegenwart; Ankunft, (das) Kommen* (außer-
bibl. [hellenistisch] term. tech. für den offiziellen Besuch eines Kaisers od. son-
stigen hohen Amtsträgers in einer Provinzstadt sowie für die Epiphanie eines
Gottes [EWNT 3, Sp. 103]); im NT term. tech. für die *Wiederkunft* Christi; τὴν
... δύναμιν καὶ παρουσίαν wohl Hendiadyoin (A378; BDR §442[29]) *die*
Wiederkunft in Macht, die machtvolle Wiederkunft. **ἐπ-όπτης**[1] *Beobachter,*
Zeuge; Augenzeuge. **γενηθέντες** Aor. Ptz. Pass. γίνομαι, kaus. **ἐκείνου**
gen. poss. (A154) *seine.* **μεγαλειότης**[3] ητος ἡ *Großartigkeit, Größe, Maje-*
stät. **17 λαβών** V. 9, Ptz. kaus., übers. *denn er empfing.* **ἐνεχθείσης** Aor.   **17**
Ptz. Pass. Fem. φέρω hier *vorbringen, verkünden* (B 4αβ); gen. abs. (A288),
temp.; φωνῆς ἐνεχθείσης αὐτῷ τοιᾶσδε *als eine solche/diese Stimme ihm*
verkündete. **τοιᾶσδε** Gen. Fem. τοι-όσδε *derartig, so beschaffen;* hier *solche*
(weist auf das Folgende hin). **μεγαλο-πρεπής**[7] *großartig, erhaben, majestä-*
tisch; ἡ μεγαλοπρεπὴς δόξα *die erhabene Majestät,* Umschreibung für
Gott. **εὐ-δόκησα** Aor. -δοκέω *Wohlgefallen haben an; zufrieden sein mit,* m.
εἰς. **18 ἠκούσαμεν** Aor. ἀκούω. **ἐνεχθεῖσαν** Ptz., AcP (A300). **ὄν-**   **18**
τες Ptz. εἰμί, temp. **19 βεβαιότερος** Komp. v. βέβαιος *fest; gewiß, zu-*   **19**
verlässig; Artangabe zum AkkO (A65); καὶ ἔχομεν βεβαιότερον τὸν προ-
φητικὸν λόγον übers. etwa *so ist das prophetische Wort für uns noch gewisser*
geworden. **προ-φητικός** *prophetisch.* ᾧ (A364a) *ihm/diesem.* **καλῶς**
schön, gut; καλῶς ποιέω *recht tun, richtig handeln* (B 4). **προσ-έχοντες**
Ptz. -έχω *den Sinn richten auf; achten auf, hören auf, folgen,* m. Dat.; präd. bei
Verben des modifizierten Seins u. Tuns (A301; BDR §414[11]); ᾧ καλῶς ποι-

εἶτε προσέχοντες *ihr tut gut daran, ihm zu folgen od. darauf zu hören.* **λύχ-νος** *Lampe; Licht.* **φαίνοντι** Ptz. φαίνω *scheinen, leuchten;* attr. **αὐχ-μηρός** *wild, finster.* **ἕως οὗ** *bis,* m. Konj. **δι-αυγάσῃ** Aor. Konj. -αυ-γάζω (vgl. A33^{91ff}) *hindurchscheinen; aufleuchten, anbrechen.* **φωσ-φόρος** *Licht spendend;* subst. *der Morgenstern* (B). **ἀνα-τείλῃ** Aor. Konj. -τέλ-

20 λω^{114} intr. *aufgehen, aufstrahlen.* **20 τοῦτο** *weist auf das Folgende voraus.* **γινώσκοντες** Ptz. γινώσκω, Ptz. imp. (A294). **πᾶσα ... οὐ** (Hebr., A137c) *keine.* **προ-φητεία** *Weissagung, Prophetie.* **ἴδιος** *hier eigenmächtig* (B 1aβ). **ἐπί-λυσις**^{8} *Auflösung, Deutung, Auslegung;* πᾶσα προφητεία γραφῆς ἰδίας ἐπιλύσεως οὐ γίνεται *keine Prophetie/Weissagung der*

21 *Schrift läßt eine eigenmächtige Auslegung/Deutung zu.* **21 θελήματι ἀν-θρώπων** *durch/nach menschlichen/m Willen.* **ἠνέχθη** Aor. Pass. φέρω V. 17. **ποτέ** V. 10. **φερόμενοι** Ptz. Pass. φέρω *hier treiben* (B 3b); mod. od. kaus. **ἐ-λάλησαν** Aor. λαλέω. **ἀπὸ θεοῦ** *von Gott her.*

2   **ἐ-γένοντο** Aor. Med. γίνομαι *hier auftreten* (B 5). **ψευδο-προφή-της**^{1} *falscher Prophet.* **ἐν ὑμῖν** *bei/unter euch.* **ἔσονται** Fut. εἰμί. **ψευ-δο-διδάσκαλος** *falscher Lehrer, Irrlehrer.* **οἵ-τινες** *(solche,) die.* **παρ-εισ-άξουσιν** Fut. -άγω^{59} *einführen.* **αἵρεσις**^{8} *Schule, Partei; Lehrmei-nung* (B 2), hier viell. *Sonderlehre* (B ἀπώλεια 2). **ἀπ-ώλεια** (< ἀπ-όλ-λυμι) *Verderben, Untergang;* gen. qualitatis (A160) *verderblich* od. Gen. der Richtung (A162) *ins Verderben führend* (B 2). **καί** *sogar* (Menge). **ἀγορά-σαντα** Aor. Ptz. ἀγοράζω (vgl. A33^{91ff}) *kaufen;* hier wohl *loskaufen, freikaufen;* attr. **δεσπότης**^{1} *Gebieter, Herr, Besitzer.* **ἀρνούμενοι** Ptz. ἀρνέομαι *leugnen, bestreiten; verleugnen, sich lossagen von,* m. Akk.; mod. **ἐπ-άγοντες** Ptz. -άγω *herbeiführen, bewirken* τινί τι *etwas für jmdn.;* mod. **τα-**

2 **χινός** *schnell, eilig; bald eintretend, nahe bevorstehend.* **2 ἐξ-ακολουθή-σουσιν** Fut. -ακολουθέω m. Dat. *nachfolgen;* übertr. *Folge leisten, folgen* (B 2). **ἀσέλγεια** *Zügellosigkeit, Schwelgerei,* (geschlechtl.) *Ausschweifung.* **ἡ ὁδὸς τῆς ἀληθείας** gen. obi. (A158) *die Lehre von der Wahrheit* od. gen. qualitatis (A160) *die wahre Lehre* (vgl. B ὁδός 2c). **βλασ-φημηθήσεται** Fut. Pass. -φημέω *in üblen Ruf* bzw. *in Verruf bringen, verleumden; lästern.*

3 **3 πλεον-εξία** (< πλέον + ἔχω) *Gewinnsucht, Habgier, Geiz.* **πλαστός** *erdichtet, ausgedacht, erlogen.* **ἐμ-πορεύσονται** Fut. Med. -πορεύομαι tr. *einkaufen;* mod. Fut. (A247); ἐν πλεονεξίᾳ πλαστοῖς λόγοις (dat. instr., A176) ὑμᾶς ἐμπορεύσονται *in (ihrer) Habgier wollen sie euch durch ausgedachte Worte/erfundene Geschichten kaufen/ausbeuten.* **κρίμα**^{3} *Entschei-dung, Urteil; (das) Richten, Gericht.* **ἔκ-παλαι** Adv. *schon längst, seit langer Zeit.* **ἀργέω** *untätig sein, müßig sein* (d.h. es bereitet sich vor; B). **νυστάζω** *schläfrig werden, schlafen;* übertr. *träge sein* (d.h. es ist im Kommen/Anzug; B 2); οἷς (dat. incommodi, A173) τὸ κρίμα ἔκπαλαι οὐκ ἀργεῖ καὶ ἡ ἀπώ-λεια αὐτῶν οὐ νυστάζει *das Gericht über sie ist längst vorbereitet, und ihr*

Verderben ist nicht träge = ihre Bestrafung ist (bei Gott) schon seit langem be-schlossene Sache, und ihr Untergang wird nicht auf sich warten lassen (GN).

4 ἁμαρτησάντων Aor. Ptz. ἁμαρτάνω, attr. **ἐ-φείσατο** Aor. 4
Med. φείδομαι[89] *(ver)schonen* τινός *jmdn.* **σειρά** *Seil, Strick, Kette;* dat.
instr. (A176) [Var. σιρός bzw. σειρός *Grube, Höhle*]. **ζόφος** *Finsternis,*
Dunkel (bes. der Unterwelt). **ταρταρώσας** Aor. Ptz. ταρταρόω *im Tarta-*
rus (hier = *Hölle;* evtl. *Unterwelt) verwahren;* temp. od. mod. **παρ-έ-δωκεν**
Aor. παρα-δίδωμι, erg. als AkkO αὐτούς; παρέδωκεν εἰς κρίσιν τη-
ρουμένους *er hat (sie) aufbewahrt zum Gericht übergeben.* **τηρουμένους**
Ptz. Pass. τηρέω, attr. od. subst. ohne Art. (A304) als Obj.-Präd. (A50), viell.
mod. [Var. κολαζομένους τηρεῖν s. V. 9]. **5 καί** *und (wenn)* (setzt Kond.- 5
Satz v. V. 4 fort). **ἀρχαῖος** *ursprünglich, alt, früher.* **ὄγδοος**[19f] *achter* (Obj.-
Präd., A50) *als achten* (m. sieben anderen). **Νῶε** indekl., hier Akk., *Noach,*
atl. Frommer (Gen 6-9). **κῆρυξ**[3] υκος ὁ *Herold; Verkündiger, Prediger;* App.
(A70). **ἐ-φύλαξεν** Aor. φυλάσσω[80] *wachen, bewachen; bewahren, beschüt-*
zen. **κατα-κλυσμός** *Überschwemmung; Sintflut.* **ἀ-σεβής**[7] *gottlos.* **ἐπ-**
άξας Aor. Ptz. -άγω V. 1, temp.; κατακλυσμὸν κόσμῳ ἀσεβῶν ἐπά-
ξας *als er die Sintflut über die Welt der Gottlosen hereinbrechen ließ.* **6 Σόδο-** 6
μα ων τά *Sodom,* **Γόμορρα** τά u. ἡ *Gomorra,* zwei wegen ihrer Sünde un-
tergegangene Städte (Gen 19,24ff); gen. epexegeticus (A163). **τεφρώσας**
Aor. Ptz. τεφρόω *einäschern, in Schutt und Asche sinken lassen* (GN); mod.
κατα-στροφή *Zerstörung, Untergang.* **κατ-έ-κρινεν** Aor. κατα-κρί-
νω[127] *verurteilen;* καταστροφῇ κατέκρινεν *er verurteilte sie zum Untergang*
(B). **ὑπό-δειγμα**[3] (< ὑποδείκνυμι *zeigen*) *Beispiel, Vorbild* (hier als war-
nendes Beispiel). **μελλόντων** Ptz. μέλλω, subst. **ἀ-σεβέσιν** Dat. Pl.
ἀ-σεβής; dat. incommodi (A173); ὑπόδειγμα μελλόντων ἀσεβέσιν τε-
θεικώς *indem er ein (warnendes) Beispiel dessen, was für die Gottlosen kommt,*
gesetzt hat [Var. ἀ-σεβεῖν Inf. ἀ-σεβέω *gottlos handeln;* dann umschreibt
μελλόντων (gen. obi., A158) m. Inf. das Fut. (A250) *für künftig gottlos Han-*
delnde, für künftige Gottlose]. **τε-θεικώς** Pf. Ptz. τίθημι, mod. **7 Λώτ** in- 7
dekl., hier Akk., *Lot,* Neffe Abrahams. **κατα-πονούμενον** Ptz. Pass. -πο-
νέω *niederdrücken, quälen, zermürben;* attr. **ἄ-θεσμος** *gesetzlos, ruchlos;*
subst. *Frevler.* **ἀσέλγεια** V. 2. **ἀνα-στροφή** *Wandel, Lebenswandel, Le-*
bensführung; καταπονούμενον ὑπὸ τῆς ... ἐν ἀσελγείᾳ ἀναστροφῆς
der unter dem zügellosen Leben ... zu leiden hatte (GN). **ἐρ-ρύσατο** Aor. Med.
ῥύομαι[8] *retten, erretten, bewahren.* **8 βλέμμα**[3] *(das) Anblicken, Sehen;* dat. 8
instr. (A176). **ἀκοή** *(das) Anhören, Hören.* **ἐγ-κατ-οικῶν** Ptz. -οικέω
wohnen; temp. **ἐν αὐτοῖς** *unter/bei ihnen.* **ἡμέραν ἐξ ἡμέρας** Akk. der
zeitl. Ausdehnung (A148) *Tag für Tag; tagaus, tagein* (BDR §161[4]). **ἄ-νο-**
μος[11] *gesetzlos, gesetzeswidrig, gottlos* (B 3). **ἔργοις** dat. instr. (A176);
βλέμματι καὶ ἀκοῇ ... ἡμέραν ἐξ ἡμέρας ψυχὴν δικαίαν ἀνόμοις

ἔργοις ἐβασάνιζεν durch die gesetzlosen/gottlosen Taten, die er Tag für Tag sah und hörte ... bereitete er seiner gerechten Seele Qualen. ἐ-βασάνιζεν Ipf.

9 βασανίζω foltern, quälen; bedrängen.   9 εὐ-σεβής[7] gottesfürchtig, fromm; subst. πειρασμός Prüfung; Versuchung, Anfechtung. ῥύεσθαι Inf.; οἶδεν ... ῥύεσθαι er weiß ... zu retten, er kann ... retten (B οἶδα 3). ἄ-δικος[11] ungerecht; subst. εἰς für. κολαζομένους Ptz. Pass. κολάζω strafen, züchtigen;

10 fin. τηρεῖν Inf.   10 μάλιστα (Superlativ zu μᾶλλον) (ganz) besonders (elativisch, A119). ὀπίσω uneig. Präp. (A183) hinter. ἐν in, mit. ἐπι-θυμία Verlangen, Sehnsucht; (sündige) Begierde, Lust. μιασμός Befleckung, Verunreinigung; gen. qualitatis (A160); τοὺς ὀπίσω σαρκὸς ἐν ἐπιθυμίᾳ μιασμοῦ πορευομένους diejenigen, die mit schmutziger/schändlicher Begierde hinter (dem) Fleisch her sind etwa = die ihren schmutzigen Begierden folgen. πορευομένους Ptz. πορεύομαι, subst. κυριότης[3] ητος ἡ Herrschermacht, Herrschaftsgewalt; τοὺς ... κυριότητος καταφρονοῦντας wohl diejenigen, die die Herrschaft des Herrn (näml. Gottes) verachten; viell. Metonymie, Abstraktum für das Konkrete (A382c): diejenigen, die niemand als Herrn über sich anerkennen (Menge). κατα-φρονοῦντας Ptz. -φρονέω verachten, geringschätzen, verächtlich behandeln; subst. τολμητής[1] Wagemutiger, Verwegener. αὐθ-άδης[7] selbstgefällig, eigenmächtig, anmaßend. αἱ δόξαι hier Herrlichkeitsengel, Himmelswesen (B 4), überirdische Mächte. τρέμω beben, zittern; übertr. sich scheuen. βλασ-φημοῦντες Ptz. -φημέω V. 2; präd. bei Verben des modifizierten Seins u. Tuns (A301; H-S §234d); οὐ τρέμουσιν βλασφημοῦντες sie lästern ohne Scheu od. sie scheuen sich nicht ... zu lästern.

11   11 ὅπου wo (doch); da (BDR §456[8]). ἰσχύς[8] ύος ἡ Stärke, Kraft, dat. resp. (A178) an Kraft. ὄντες Ptz. εἰμί, attr. φέρω hier vorbringen (B 4aβ). παρὰ κυρίου wohl beim Herrn. βλάσ-φημος[11] lästerlich, lästernd. κρίσις hier Urteil (B 1bβ).

12   12 οὗτοι erg. εἰσίν. ἄ-λογος[11] unvernünftig, vernunftlos. ζῷον Lebewesen; Tier (B 2). γε-γεννημένα Pf. Ptz. Pass. γεννάω zeugen; gebären; attr. [Var. γε-γενημένα Pf. Ptz. Pass. γίνομαι]. φυσικός die Natur betreffend; der Natur gemäß, natürlich, angeboren; γεγεννημένα φυσικὰ εἰς ἅλωσιν καὶ φθοράν denen es angeboren ist, gefangen und getötet zu werden (vgl. B 2). ἅλωσις[8] (das) Einfangen. φθορά Verderben, Vernichtung, Untergang; Verkommenheit. ἐν οἷς = ἐν τούτοις ἅ Attraktion des Rel.-Pron. (A361). ἀ-γνοέω nicht erkennen, nicht wissen; nicht kennen, nicht verstehen. βλασ-φημοῦντες Ptz. -φημέω V. 2; mod.; ἐν οἷς ἀγνοοῦσιν βλασφημοῦντες indem sie da lästern, wo sie nichts wissen (B 2c; BDR §152[1]), indem sie über Dinge lästern, von denen sie nichts verstehen. φθαρήσονται Fut. Pass. φθείρω (vgl. A33[136]) zugrunde richten, vernichten, zerstören; Pass. zugrunde gehen, verderben; ἐν τῇ φθορᾷ αὐτῶν καὶ φθαρήσονται und durch ihre Verkommenheit werden sie zugrunde gehen od. und in ihrem (näml. den Tieren

entsprechenden) *Verderben werden auch sie zugrunde gehen.* **13 ἀ-δικούμε-**   13
νοι Ptz. Pass. ἀ-δικέω intr. *Unrecht tun;* tr. *ungerecht behandeln; schädigen*
(B 2b); mod.; ἀδικούμενοι μισθὸν ἀδικίας *indem sie um den Lohn für ihre*
Ungerechtigkeit gebracht werden (BDR §159²). **μισθός** *Lohn.* **ἀ-δικία** *Un-*
recht; Ungerechtigkeit; gen. obi. (A158). **ἡδονή** *Vergnügen, Genuß;* Obj.-Präd.
ἡγούμενοι Ptz. ἡγέομαι *führen, leiten; meinen, ansehen als, halten für,* m.
doppeltem Akk. (H-S §153b); mod., hier u. im flgd. wohl auf den Schluß v. V. 14
bezogen, übers. am besten die mod. Partizipien als Ind. **ἐν ἡμέρᾳ** *(schon)*
am (hellichten) Tag. **τρυφή** *Schwelgerei;* AkkO. **σπίλος** *Flecken, Schmutz-*
fleck. **μῶμος** *Gebrechen, Makel; Schandfleck;* σπίλοι καὶ μῶμοι *als*
Schmutz- und Schandflecken; Artangabe zum Subj. (A65). **ἐν-τρυφῶντες**
Ptz. -τρυφάω *schwelgen; es sich wohl sein lassen;* mod. **ἀπάτη** *Täuschung,*
Verführung, Betrug; Lust, Vergnügung; ἐντρυφῶντες ἐν ταῖς ἀπάταις αὐ-
τῶν *sie schwelgen in ihren Betrügereien* bzw. *Lüsten* (B 2). **συν-ευωχούμε-**
νοι Ptz. -ευωχέομαι *zusammen schmausen, gemeinsame Gelage halten,* m.
Dat.; *temp.* **14 ἔχοντες** Ptz. ἔχω, mod. **μεστός** *voll, erfüllt von etwas,* m.   14
Gen. (A165). **μοιχαλίς**³ ἴδος ἡ *Ehebrecherin;* ὀφθαλμοὺς ἔχοντες με-
στοὺς μοιχαλίδος *sie haben nur Augen für eine Ehebrecherin* (d.h. sie schau-
en dauernd nach einer Frau aus, mit der sie Ehebruch begehen können).
ἀ-κατά-παυστος¹¹ *unaufhörlich, ruhelos,* m. gen. separationis (A167);
ἀκαταπαύστους ἁμαρτίας *mit Sünde nicht aufhörend, (sie sind) im Sündi-*
gen unersättlich (Menge). **δελεάζοντες** Ptz. δελεάζω *ködern, verlocken;*
mod. **ἀ-στήρικτος**¹¹ *ungefestigt, schwach.* **γε-γυμνασμένην** Pf. Ptz.
Pass. γυμνάζω (vgl. A33⁹¹ᶠᶠ) eig. *(nackt) üben, trainieren;* übertr. (geistig-see-
lisch) *üben, gewöhnen,* hier m. Gen.; attr.; καρδίαν γεγυμνασμένην πλεο-
νεξίας ἔχοντες *sie haben ein in der Habgier geübtes Herz.* **πλεον-εξία**
V. 3. **ἔχοντες** Ptz., mod. **κατ-άρα** *Fluch;* κατάρας τέκνα erg. εἰσίν *sie*
sind Kinder des Fluchs, sie sind Verfluchte (vgl. A157). **15 κατα-λείποντες**   15
Ptz. -λείπω *zurücklassen; im Stich lassen; verlassen;* kaus. od. mod. [Var. κα-
τα-λίποντες Aor. Ptz.]. **εὐθύς**¹⁰ εῖα ύ *gerade;* ἡ εὐθεῖα ὁδός *der gerade*
Weg; hier wohl *die rechte Lehre* (B 2a). **ἐ-πλανήθησαν** Aor. Pass. πλα-
νάω (< πλάνη *Irrtum*) *in die Irre führen;* übertr. *irreführen, verführen;* Pass. *in*
die Irre gehen, umherirren. **ἐξ-ακολουθήσαντες** Aor. Ptz. -ακολουθέω
V. 2, mod. od. temp. **Βαλαάμ** indekl., *Bileam,* atl. Zauberer (Num 22ff).
Βοσόρ indekl., *Beor,* Vater Bileams; τοῦ Βοσόρ (A156) *des Sohnes Beors.*
ἠγάπησεν Aor. ἀγαπάω. **16 ἔλεγξις**⁸ *Überführung, Zurechtweisung.*   16
ἔ-σχεν Aor. ἔχω; ἔλεγξιν ἔσχεν ἰδίας παρανομίας *er empfing Zu-*
rechtweisung für seine Gesetzwidrigkeit (B ἔλεγξις). **παρα-νομία** *Gesetzwid-*
rigkeit, Unrecht. **ὑπο-ζύγιον** *Zugtier, Lasttier.* **ἄ-φωνος**¹¹ *stumm, sprach-*
los. **ἐν** instr. *mit.* **φθεγξάμενον** Aor. Ptz. Med. φθέγγομαι (vgl.
A33⁵⁹ᶠᶠ) *laut rufen; reden, verkünden;* mod. **ἐ-κώλυσεν** Aor. κωλύω *hindern,*

abhalten; verhindern, wehren. **παρα-φρονία** *Wahnsinn, Verrücktheit;* Metonymie, Abstraktum für das Konkrete (A382c): *das wahnwitzige/unsinnige Vorha-*

17 *ben.* **17 πηγή** *Quelle.* **ἄν-υδρος**[11] *wasserlos.* **ὁμίχλη** *Nebelwolke.* **λαῖλαψ**[3] απος ἡ *Sturmwind.* **ἐλαυνόμεναι** Ptz. Pass. ἐλαύνω *treiben;* attr. **οἷς** dat. commodi (A173) *für sie/diese* (A364a). **ζόφος** V. 4. **σκότος**[7] *Finsternis, Dunkel;* ὁ ζόφος τοῦ σκότους *die dunkelste/tiefste Finsternis,* viell.

18 *die finstere Hölle* (B 2). **τε-τήρηται** Pf. Pass. τηρέω. **18 ὑπέρ-ογκος**[11] *von zu großem Umfang, (sehr) geschwollen, hochtrabend.* **ματαιότης**[3] ητος ἡ *Eitelkeit, Nichtigkeit;* gen. qualitatis (A160) *ohne Inhalt, leer;* ὑπέρογκα ματαιότητος **φθεγγόμενοι** *indem sie Hochtrabendes ohne Inhalt reden, indem sie hochtrabende und nichtssagende Reden führen.* **φθεγγόμενοι** Ptz. φθέγγομαί τι *etwas reden;* mod. **ἐν** (erstes) instr. *mit, durch.* **ἐπι-θυμία** V. 10. **σαρκός** gen. qualitatis (A160). **ἀσέλγεια** V. 2, App. (A70). **ὀλίγως** *kaum* [Var. **ὄντως** adv. *in Wahrheit, wirklich;* attr. *wirklich, wahr*]. **ἀπο-φεύγοντας** Ptz. -φεύγω[72] *entfliehen, entkommen,* m. Akk.; subst. **πλάνη** *Irrtum, Täuschung.* **ἀνα-στρεφομένους** Ptz. Pass. (ohne Pass.-Bdtg.) -στρέφω *umkehren;* Pass. *sich aufhalten,* (in einer best. Weise) *leben;* subst.; οἱ ὀλίγως ἀποφεύγοντες τοὺς ἐν πλάνῃ ἀναστρεφομένους *diejenigen,*

19 *die kaum/eben erst denen entflohen sind, die im Irrtum leben.* **19 ἐλευθερία** *Freiheit.* **ἐπ-αγγελλόμενοι** Ptz. -αγγέλλομαι *von sich ankündigen; versprechen, verheißen;* mod. **ὑπ-άρχοντες** Ptz. -άρχω, konz.; αὐτοὶ δοῦλοι (Präd.-Nom.) ὑπάρχοντες τῆς φθορᾶς *obwohl sie selbst Sklaven des Verderbens sind* (vgl. B 2). **φθορά** V. 12. **ἥττηται** Pf. ἡττάομαι *besiegt werden, unterliegen* τινί *jmdm.* od. *etwas.* **δε-δούλωται** Pf. Pass. δουλόω *versklaven, zum Sklaven machen;* ᾧ γάρ τις ἥττηται, τούτῳ δεδούλωται *denn von wem jemand* (im Krieg) *besiegt worden ist, dem ist er als Sklave verfallen*

20 (B 1). **20 ἀπο-φυγόντες** Aor. Ptz. -φεύγω, hier eff. Aor. (A240c) *entkommen;* temp. **μίασμα**[3] *Befleckung; Schandtat, Verbrechen.* **ἐν** instr. *durch.* **ἐπί-γνωσις**[8] *Erkenntnis.* **σωτήρ**[6] ῆρος ὁ (vgl. σῴζω) *Retter, Befreier* (im NT stets v. Christus bzw. Gott als demjenigen, der Heil verleiht). **τούτοις** Ntr., bezieht sich auf μιάσματα. **ἐμ-πλακέντες** Aor. Ptz. Pass. -πλέκω[68] *verflechten, verstricken;* mod. **ἡττῶνται** Präs. ἡττάομαι; τούτοις πάλιν ἐμπλακέντες ἡττῶνται *sie lassen sich von diesen* (den alten Sünden) *besiegen, indem sie sich wieder (in sie) verstricken.* **γέγονεν** Pf. γίνομαι. **χείρων**[11] ον (Komp. zu κακός) *schlechter, schlimmer;* γέγονεν αὐτοῖς τὰ ἔσχατα χείρονα *die letzten Dinge sind für sie schlimmer geworden (als), der spätere Zustand ist für sie schlimmer (als).* **τῶν πρώτων** gen. comparationis

21 (A168) *als der frühere (Zustand).* **21 κρείττων**[11] ον (Komp. zu ἀγαθός) *besser, vorteilhafter;* κρεῖττον γὰρ ἦν αὐτοῖς *es wäre für sie besser gewesen,* m. flgd. Inf. **ἦν** Ipf. εἰμί. **ἐπ-ε-γνωκέναι** Pf. Inf. ἐπι-γινώσκω. **ἤ** *als* (beim Komp., A114). **ἐπι-γνοῦσιν** Aor. Ptz. -γινώσκω, temp. **ὑπο-**

στρέψαι Aor. Inf. -στρέφω⁴⁷ *zurückkehren, sich wieder abwenden.* **παρα-δοθείσης** Aor. Ptz. Pass. Fem. -δίδωμι, attr.   **22 συμ-βέ-βηκεν** Pf.   22
-βαίνω¹³⁹ *zusammen einsteigen; zustoßen, begegnen, widerfahren.* **ἀληθής⁷** *wahrhaftig, aufrichtig; wahr.* **παρ-οιμία** *Sprichwort;* τὸ τῆς ἀληθοῦς παρ-οιμίας *das, was das wahre Sprichwort sagt.* **κύων** *Hund.* **ἐπι-στρέψας** Aor. Ptz. -στρέφω⁴⁷ *intr. sich umwenden, umkehren, zurückkehren;* Ptz. als Ind. zu übers., analog λουσαμένη. **ἐξ-έραμα³** *Auswurf, Gespei.* **ὗς** *Schwein.* **λουσαμένη** Aor. Ptz. Med. λούω⁹ *waschen, baden;* Med. *sich waschen/baden.* **κυλισμός** *(das) Wälzen.* **βόρβορος** *Schlamm; Kot;* εἰς κυλισμὸν βορβόρου *um sich (wieder) im Kot zu wälzen;* ellip., erg. ἐπιστρέ-ψασα (Aor. Ptz. Fem.) (BDR §480⁸).

    ταύτην erg. ἐστίν. **ἐπι-στολή** *Brief.* **ἐν αἷς** *in ihnen/diesen* **3** (A364a), *bezieht sich auf beide Briefe.* **δι-εγείρω** *aufwecken; wachhalten, wachrufen;* hier konatives Präs. (A227) *ich versuche ... wachzurufen.* **ἐν** *(zweites) durch.* **ὑπό-μνησις⁸** *Erinnerung.* **εἰλι-κρινής⁷** *ungetrübt, rein.* **διά-νοια** *Verstand, Vernunft; Gesinnung.* **2 μνησθῆναι** Aor. Inf. Pass.   2 (ohne Pass.-Bdtg.) μιμνήσκομαι¹⁶⁸ *ins Gedächtnis zurückrufen, sich erinnern, gedenken,* m. Gen. **προ-ειρημένων** Pf. Ptz. Pass. -λέγω¹⁹¹ *im voraus sagen, vorhersagen;* attr. **τῆς τῶν ἀποστόλων ὑμῶν ἐντολῆς τοῦ κυρίου καὶ σωτῆρος** (die Gen. ἀποστόλων u. κυρίου sind v. ἐντολή abhängig; BDR §168¹) *das von euren Aposteln (euch überlieferte) Gebot des Herrn und Retters.* **σωτήρ⁶** ῆρος ὁ (vgl. σῴζω) *Retter, Befreier* (im NT stets v. Christus bzw. Gott als demjenigen, der Heil verleiht). **3 πρῶτον** adv. Akk.   3 (A150) *zunächst od. vor allem* (B 2c). **γινώσκοντες** Ptz. γινώσκω, als Ind. zu übers. (BDR §468³) *od. imp.* (A294). **ἐλεύσονται** Fut. Med. ἔρχομαι. **ἐπ' ἐσχάτων τῶν ἡμερῶν** *am Ende der Tage/Zeit, in der Endzeit* (B ἔσχατος 3b). **ἐν** mit. **ἐμ-παιγμονή** *Spott, Hohn.* **ἐμ-παίκτης¹** *Spötter, Betrüger.* **ἐπι-θυμία** *Verlangen, Sehnsucht;* (sündige) *Begierde, Lust.* **πο-ρευόμενοι** Ptz. πορεύομαι hier *wandeln, leben* (B 2c); attr.; κατὰ τὰς ἰδίας ἐπιθυμίας αὐτῶν πορευόμενοι *die nur nach ihren eigenen Begier-den/Lüsten leben.* **4 λέγοντες** Ptz. λέγω, attr. **ποῦ ἐστιν** *wo ist/bleibt?*   4 **παρ-ουσία** (< πάρειμι [εἰμί] *anwesend sein*) *Anwesenheit, Gegenwart; Ankunft, (das) Kommen* (außerbibl. [hellenistisch] term. tech. für den offiziellen Besuch eines Kaisers od. sonstigen hohen Amtsträgers in einer Provinzstadt so-wie für die Epiphanie eines Gottes [EWNT 3, Sp. 103]); im NT term. tech. für die *Wiederkunft* Christi. **ἀφ' ἧς** ellip., erg. ἡμέρας (BDR §241³) *seitdem.* **ἐ-κοιμήθησαν** Aor. Pass. κοιμάομαι Pass. *schlafen, einschlafen;* (Euphe-mismus, A385) *entschlafen, sterben.* **δια-μένω** *verharren, bleiben.* **κτίσις⁸** *Schöpfung.* **5 λανθάνω** *verborgen sein, unbemerkt bleiben;* λανθάνει τί τι-   5 να *es entgeht jmdm. etwas, es ist jmdm. etwas verborgen* (B). **θέλοντας** Ptz. θέλω hier *behaupten;* mod. *bei dieser Behauptung* (B 5). **ἦσαν** Ipf. εἰμί. **ἔκ-**

παλαι Adv. *schon längst, seit langer Zeit; seit alters.* **συν-ε-στῶσα** Pf. (Wz.-Pf., H-S §109a; m. präs. Bdtg.) Ptz. Fem. -ἵσταμαι[205] *zusammenbringen, vereinigen;* intr. *sich zusammensetzen; bestehen, existieren* (B II3); umschrieb. Plsqpf. (A249) ἦσαν ... συνεστῶσα (vgl. A95) *sie hatten Bestand.* **λόγῳ**
6 dat. causae (A177). **6 δι' ὦν** (A364a) *durch sie/diese* (Wasser u. Wort). **τότε** hier *damalig* (B 1a). **κατα-κλυσθείς** Aor. Ptz. Pass. -κλύζω (vgl. A33[91ff]) *überfluten;* mod. od. temp.; ὕδατι κατακλυσθείς *von Wasser überflutet* (B), *als sie vom Wasser überflutet wurde.* **ἀπ-ώλετο** Aor. Med. -όλλυ-
7 μαι. **7 οἱ νῦν οὐρανοὶ καὶ ἡ γῆ** *der jetzige/gegenwärtige Himmel und die (jetzige/gegenwärtige) Erde* (B νῦν 3a). **λόγῳ** dat. instr. (A176). **τε-θη-σαυρισμένοι** Pf. Ptz. Pass. θησαυρίζω (vgl. A33[91ff]) *ansammeln; aufbewahren, aufsparen* (B 2c); umschrieb. Pf. (A249). **πυρί** dat. commodi (A173) *für das Feuer.* **τηρούμενοι** Ptz. Pass. τηρέω, mod. **εἰς** *bis zum.* **ἀπ-ώλεια** (< ἀπ-όλλυμι) *Verderben, Untergang.* **ἀ-σεβής**[7] *gottlos.*

8 **8 ἐν δὲ τοῦτο** *aber dies eine* (Subj.). **λανθανέτω** Imp. λανθάνω V. 5. **ἡμέρα** erg. ἐστίν. **παρὰ κυρίῳ** *bei dem Herrn, nach dem Urteil des*
9 *Herrn, in den Augen des Herrn* (B II2b). **χίλιοι**[19] *tausend.* **9 βραδύνω** *zögern, säumen, verzögern,* m. gen. separationis (A167); οὐ βραδύνει κύριος τῆς ἐπαγγελίας *der Herr zögert (die Erfüllung) der Verheißung nicht hinaus.* **βραδύτης**[3] ητος ἡ *Saumseligkeit, Verzögerung.* **ἡγέομαι** *führen, leiten; meinen, ansehen als, halten für,* m. doppeltem Akk. (H-S §153b), hier nur m. Obj.-Präd. **μακρο-θυμέω** *Geduld haben, warten; langmütig sein* εἴς τινα *gegen jmdn.* (B 2). **βουλόμενος** Ptz. βούλομαι *wollen;* kaus., m. flgd. AcI. **ἀπ-ολέσθαι** Aor. Inf. Med. -όλλυμαι, Präd. des AcI. **μετά-νοια** *Sinnesänderung, Umkehr, Bekehrung.* **χωρῆσαι** Aor. Inf. χωρέω *Raum geben, Platz machen; (hin)gelangen;* Präd. des AcI.

10 **10 ἥξει** Fut. ἥκω (vgl. A33[187]) *gekommen sein, dasein; (außerhalb des* Präs.:) *kommen.* **κλέπτης**[1] *Dieb.* **ἐν ᾗ** (A364a) *an ihm/diesem.* **ῥοιζη-δόν** Adv. *mit Geprassel, mit (heftigem) Zischen, mit sausender Geschwindigkeit* (EWNT 3, Sp. 512). **παρ-ελεύσονται** Fut. Med. -έρχομαι[187] *vorbeigehen; vergehen, zu Ende gehen, zugrunde gehen.* **στοιχεῖον** *Urbestandteile, Elemente, Grundstoffe* (aus denen die Welt besteht); evtl. *Himmelskörper, Gestirne.* **καυσούμενα** Ptz. Pass. καυσόω *brennen;* Pass. *verbrennen;* mod. **λυθή-σεται** Fut. Pass. λύω hier *auflösen, zerstören.* **τὰ ἐν αὐτῇ ἔργα** *die Werke auf ihr* (wohl die menschl. Taten; viell. alles, was es auf der Erde gibt). **εὑρεθήσεται** Fut. Pass. εὑρίσκω; Pass. hier wohl (vgl. B 2) *sich zeigen, er-*
11 *scheinen, sich erweisen* (näml. im Gericht). **11 λυομένων** Ptz. Pass. λύω, gen. abs. (A288), kond. od. temp. **ποταπός** *wie beschaffen, von welcher Art.* **ὑπ-άρχειν** Inf., Präd. des AcI; ποταπούς δεῖ ὑπάρχειν ὑμᾶς *wie müßt ihr (dann) sein/leben* (B 2). **ἀνα-στροφή** *Wandel, Lebenswandel, Lebensfüh-*
12 *rung.* **εὐ-σέβεια** *Frömmigkeit, Gottesfurcht.* **12 προσ-δοκῶντας** Ptz.

-δοκάω *erwarten;* kaus. od. subst. ohne Art. (A303f); *weil ihr erwartet* od. *(als solche) die erwarten* (dann Subj.-Erg., A65). **σπεύδοντας** Ptz. σπεύδω intr. *sich beeilen;* hier tr. *beschleunigen* od. *erstreben* (B 2); kaus. od. subst. ohne Art. **παρ-ουσία** V. 4, hier *Ankunft, (das) Kommen.* **δι' ἥν** (BW παρουσίαν od. ἡμέρας) *um derent/dessentwillen.* **πυρούμενοι** Ptz. Pass. πυρόω *anzünden, verbrennen;* Pass. *brennen;* mod. **λυθήσονται** V. 10. **καυσούμενα** V. 10, Ptz. mod. **τήκεται** Pass. τήκω *schmelzen;* Pass. *zerschmelzen.* **13 ἐπ-άγγελμα**[3] *Ankündigung, Versprechen; Verheißung.* **κατ-** **οικέω** *wohnen.*   13

14 προσ-δοκῶντες V. 12, Ptz. kaus. **σπουδάσατε** Aor. Imp.   14 σπουδάζω (vgl. A33[91ff]) *sich beeilen; sich eifrig zeigen, sich bemühen, bestrebt sein.* **ἄ-σπιλος**[11] *fleckenlos, makellos, tadellos.* **ἀ-μώμητος** *untadelig, tadellos.* **αὐτῷ** Dat. des Standpunktes (A175,2) *vor ihm, in seinen Augen.* **εὑ-** **ρεθῆναι** Aor. Inf. Pass. εὑρίσκω V. 10; hier m. Präd.-Nom. *sich erweisen als, erfunden werden als* (B 2). **15 μακρο-θυμία** *Geduld, Ausdauer; Langmut.*   15 **ἡγεῖσθε** Imp. ἡγέομαι V. 9. **δοθεῖσαν** Aor. Ptz. Pass. δίδωμι, attr. **ἔ-γραψεν** Aor. γράφω. **16 ἐπι-στολή** V. 1. **λαλῶν** Ptz. λαλέω,   16 kond.; λαλῶν ἐν αὐταῖς περὶ τούτων *wenn er in ihnen davon spricht = in denen er davon spricht.* **περὶ τούτων** *darüber, davon, über dieses Thema* (GN). **δυσ-νόητος**[11] *schwer verständlich.* **ἀ-μαθής**[7] *unwissend;* subst. **ἀ-στήρικτος**[11] *ungefestigt, schwach;* subst. **στρεβλόω** *drehen, winden; verdrehen* [Var. στρεβλώσουσιν Fut.]. **ἀπ-ώλεια** V. 7.

17 προ-γινώσκοντες Ptz. -γινώσκω *vorherwissen, im voraus wissen;*   17 kaus. **φυλάσσεσθε** Imp. Med. φυλάσσω *wachen, beschützen;* Med. *sich hüten vor, sich in acht nehmen vor,* m. ἵνα μή *daß nicht* (A328; BDR §392[3b]). **ἄ-θεσμος** *gesetzlos, ruchlos;* subst. *Frevler.* **πλάνη** *Irrtum, Täuschung;* dat. instr. (A176). **συν-απ-αχθέντες** Aor. Ptz. Pass. -άγω[59] *mit wegführen;* Pass. *mitfortgerissen werden, sich mitreißen lassen;* mod. **ἐκ-πέσητε** Aor. Konj. -πίπτω[194] *herausfallen, hinfallen;* übertr. *verlieren,* m. Gen. **στηριγ-** **μός** *Festigkeit, fester Halt.* **18 αὐξάνετε** Imp. αὐξάνω *vermehren, zunehmen lassen;* intr. *wachsen, zunehmen.* **γνῶσις**[8] *Erkenntnis.* **σωτήρ** V. 2.   18 **αὐτῷ** erg. **ἐστίν** (dann dat. poss., A173) od. **εἴη** (Opt. v. εἰμί: *sei*) (BDR §128,5; A78). **καί ... καί** *sowohl ... als auch* (A312).

1. Johannes

1 ἦν Ipf. εἰμί. ἀπ᾽ ἀρχῆς *von (Ur-)Anfang an* (B ἀρχή 1c). ἀκηκόαμεν Pf. ἀκούω; „wir": der Schreiber u. alle Zeugen. ἑ-ωράκαμεν Pf. ὁράω; Pf.-Formen: *wir haben gehört und gesehen* (u. sind nun Zeugen; A242). ἐ-θεασάμεθα Aor. Med. θεάομαι *sehen, ansehen.* ἐ-ψηλάφησαν Aor. ψηλαφάω *betasten, berühren.* περὶ τοῦ λόγου τῆς ζωῆς App. zu ὅ ...: *was ... (nämlich) das, was „das Wort des Lebens" betrifft* (übers. evtl. einfach: *[nämlich] „das Wort des Lebens"*); *„das Wort des Lebens": die Botschaft von dem* (göttl.) *Leben* (das Jesus Christus ist u. das ergibt) od. *das Wort* (= Jesus Christus), *das* (göttl.) *Leben gibt* (vgl. Jh 1,1ff), viell. beides zugleich (gen. pertinen

2 tiae, A152ff; vgl. A170). **2** ἐ-φανερώθη Aor. Pass. φανερόω. ἥτις = ἥ
3 (A133). **πρός** m. Akk. hier = παρά m. Dat. (A200). **3** ὅ nimmt das viermalige ὅ in V. 1 (nach der Parenthese V. 2 [A374]) wieder auf, AkkO zu ἀπαγγέλλομεν. κοινωνία (< κοινωνός Genosse, Teilhaber) *Gemeinschaft.*
4 ἔχητε Konj. ἔχω. ἡμέτερος (A128) *unser.* **4** ᾖ Konj. εἰμί. πε-πληρωμένη Pf. (A231) Ptz. Pass. πληρόω, m. ᾖ umschrieb. Pf. Konj. (A249).
5 **5** ἀγγελία *Botschaft, Nachricht.* ἀκηκόαμεν V. 1. ἀπ᾽ αὐτοῦ *von ihm* (als Urheber [B ἀπό V4], Christus). ἀν-αγγέλλω *berichten, verkünden.* ὅτι *daß* bzw. ὅτι recitativum (= Doppelpunkt; vgl. A333; 353). φῶς hier u.a. v. seiner Vollkommenheit u. seinem die Wahrheit offenbarenden u. das Heil wirkenden Handeln (vgl. Marshall, 1-3Jh, S. 109). σκοτία *Dunkelheit; Finsternis* (Inbegriff all dessen, was im Ggs. zu Gottes Wesen steht). οὐκ ...
6 οὐδεμία *verstärkte Verneinung* (A310). **6** εἴπωμεν Aor. Konj. λέγω. κοινωνία V. 3. καί *wohl adversativ* (A311,1) *aber.* σκότος[7] = σκοτία; ἐν τῷ σκότει *in der Finsternis,* d.h. v. ihr best. περι-πατῶμεν Konj. -πατέω. ψεύδομαι *lügen.* ποιέω τὴν ἀλήθειαν *die Wahrheit tun,* d.h. in Übereinstimmung mit der v. Gott in Jesus geoffenbarten Wahrheit u. seinen
7 Geboten handeln. **7** ἐν τῷ φωτί *im Licht,* d.h. davon best. μετ᾽ ἀλλήλων *miteinander* (d.h. die Glaubenden untereinander). καθαρίζω[95] *reini
8 gen, säubern;* (kultisch bzw. sittl.-geistl.) *reinigen, rein machen.* **8** ἑαυτούς (= att. ἡμᾶς αὐτούς, A126). πλανάω (< πλάνη Irrtum) *in die Irre führen,*
9 *irreführen, betrügen.* ἐν *in* (als bestimmender Faktor). **9** ὁμο-λογῶμεν Konj. -λογέω (vgl. ὁμῶς zusammen, in gleicher Weise + λόγος) *sich (offen) als etwas od. zu etwas od. jmdm. bekennen;* etwas *zugeben, bekennen.* ἵνα hier kons. (A340) *(so) daß* (Auswirkung bzw. Äußerung seines Verläßlich- u. Gerechtseins). ἀφ-ῇ Aor. Konj. -ίημι. καθαρίσῃ Aor. Konj. ἀ-δικία *Un
10 recht; Ungerechtigkeit.* **10** ἡμαρτήκαμεν Pf. ἁμαρτάνω, Pf. *wir haben nicht gesündigt* (u. sind also ohne Schuld; A242). ψεύστης[1] (< ψεύδομαι *lügen) Lügner.* ἐν V. 8.

τεκνία (Diminutiv v. τέκνον) *Kind,* im NT stets in liebevoll vertrauter **2**
Anrede an geistl. Kinder (vgl. B). **ἁμάρτητε, ἁμάρτῃ** Aor. Konj. ἁμαρ-
τάνω. **καί** adversativ (A311,1) *aber.* **παρά-κλητος** (< παρακαλέω)
Helfer (d.h. der zugunsten eines anderen handelt), bes. auch *Anwalt* bzw. *Für-
sprecher.* **πρός** m. Akk. hier = παρά m. Dat. (A200). **Ἰησοῦν Χριστὸν
δίκαιον** zwei App. (A70) zu παράκλητον: *(nämlich) Jesus Christus, den
Gerechten* (zum „Fehlen" des Art. vgl. A80). **2 ἱλασμός** (< ἱλάσκομαι **2**
sühnen) *Sühne* (Beseitigung v. Schuld durch stellvertretende Lebenshingabe);
Sühnopfer. **περί** hier = ὑπέρ *für* (A184). **ἡμέτερος** (A128) *unser.*

3 ἐ-γνώκαμεν Pf. γινώσκω; ἐγνώκαμεν αὐτόν *wir haben ihn er-* **3**
kannt (als den, der er ist, u. kennen ihn jetzt [A242], d.h. es besteht nun eine
echte Beziehung zwischen uns u. Gott). **ἐάν** *wenn*-NS App. (A353) zu **ἐν**
τούτῳ; ἐν τούτῳ ... ἐάν *daran ... (näml.) wenn.* **τηρῶμεν** Konj. τηρέω,
dur. (A225ff). **4 λέγων** Ptz., hier *behaupten;* subst. **ὅτι** recitativum = Dop- **4**
pelpunkt (A333). **καί** wohl adversativ (A311,1) *aber.* **τηρῶν** Ptz. τηρέω
subst., dur. (A225ff). **ψεύστης**[1] (< ψεύδομαι lügen) *Lügner.* **ἐν** *in* (als be-
stimmender Faktor). **5 ὃς ἄν** *wer immer/jeder, der,* fast = *wenn jemand* **5**
(A371). **τηρῇ** Konj. τηρέω, dur. (A225ff). **ἀληθῶς** *wahrhaftig, wirklich,
tatsächlich.* **ἡ ἀγάπη τοῦ θεοῦ** *die Liebe zu Gott* (gen. obi., A158) od. *Got-
tes Liebe* zum Menschen (gen. subi.) od. *die göttliche* (Art der) *Liebe* (gen. quali-
tatis, A160), evtl. alle drei zugleich (vgl. A170). **τε-τελείωται** Pf. Pass. τε-
λειόω (< τέλειος vollendet, vollkommen) *vollenden; zu Ende* bzw. *ans Ziel
führen; zur Vollendung* bzw. *Vollkommenheit führen* (Pass. *gelangen*); ἡ ἀγάπη
τοῦ θεοῦ τετελείωται *die Liebe Gottes ist vollendet* (d.h. sie hat sich voll ent-
faltet, sie ist zur vollen Reife gelangt); *die Liebe Gottes hat ihr Ziel erreicht*
(GN). **ἐν τούτῳ** (zweites) weist wohl nach vorn (V. 6). **6 μένειν** Inf. **6**
ὀφείλω *schulden; verpflichtet sein, müssen.* **περι-ε-πάτησεν** Aor.
-πατέω. **περι-πατεῖν** Inf.; ὀφείλει καθὼς ἐκεῖνος περιεπάτησεν
καὶ αὐτὸς οὕτως περιπατεῖν *muß auch er selbst* (A124) *ebenso leben, wie
jener* (d.h. Jesus) *gelebt hat.*

7 παλαιός *alt* (schon lange vorhanden). **εἴχετε** Ipf. ἔχω. **ἀπ' ἀρ-** **7**
χῆς *von Anfang* (eures Christseins) *an.* **ἠκούσατε** Aor. ἀκούω. **8 ὅ** *was;* **8**
bezieht sich auf die Tatsache des Neuseins. **ἀληθής**[7] *wahr;* ὅ ἐστιν ἀληθὲς
ἐν αὐτῷ καὶ ἐν ὑμῖν *eine Tatsache, die sich in ihm* (Christus) *und in euch als
wahr erweist.* **σκοτία** *Dunkelheit; Finsternis* (vgl. 1,5). **παρ-άγεται** Pass.
-άγω *vorbeigehen;* (Akt. u. Pass.) *vergehen.* **ἀληθινός** *wahr; echt.* **φαίνω**
scheinen, leuchten. **9 λέγων** V. 4. **ἐν τῷ φωτί** *im Licht,* d.h. davon best. **9**
εἶναι Inf. εἰμί. **καί** V. 4. **μισῶν** Ptz. μισέω, subst., dur. (A225ff). **ἐν
τῇ σκοτίᾳ** *in der Finsternis,* d.h. v. ihr best. werden. **ἄρτι** *jetzt; eben erst;*
ἕως ἄρτι *bis jetzt, immer noch.* **10 ἀγαπῶν** Ptz. ἀγαπάω, subst. **σκάν-** **10**
δαλον *Falle; Verführung* (das, was zu Fall bringt, zur Sünde, zum Abfall v.

Gott veranlaßt); *Ärgernis, (das) Anstößige* (das, was Widerspruch, Entrüstung, Mißbilligung hervorruft); σκάνδαλον ἐν αὐτῷ οὐκ ἔστιν *es gibt nichts in*

11 *ihm, was ihn zu Fall bringt,* evtl. *was andere zu Fall bringt.* **11 οὐκ οἶδεν ποῦ ὑπάγει** *er weiß nicht, wohin er geht;* d.h. er hat die Orientierung für sein Leben verloren. **ἐ-τύφλωσεν** Aor. τυφλόω (< τυφλός) *blind machen; verblenden.*

12 **12** In den V. 12-14 werden die Adressaten nachdrückl. (daher wahrscheinl. die Wiederholungen) ihres Heilsstandes versichert. **τεκνία** (vgl. V. 1) u. **παιδία** (vgl. V. 18) sind wohl allgemeine Bezeichnungen (für die adressierten Christen). **πατέρες** u. **νεανίσκοι** beziehen sich viell. auf zwei geistl. Entwicklungsstufen (evtl. auf verschiedene Aspekte, die zwar für den erfahreneren bzw. den jüngeren Christen typisch, aber bei jedem echten Christen anzutreffen bzw. erstrebenswert sind); nach anderen ist von *drei* verschiedenen geistl. Entwicklungsstufen die Rede; wieder andere verstehen die Ausdrücke im wörtl. Sinn (vgl. Marshall, 1-3Jh, S. 137f). **τεκνίον** V. 1. **ἀφ-έωνται** Pf. Pass. -ίημι. **διὰ τὸ ὄνομα αὐτοῦ** *um seines Namens willen,* d.h. auf Grund des-

13 sen, was er ist u. was er getan hat (vgl. z.B. V. 1f). **13 ἐ-γνώκατε** V. 3. **ἀπ' ἀρχῆς** *von (Ur-)Anfang an* (B ἀρχή 1c). **νεανίσκος** *junger Mann* (bis etwa zum Alter v. 40 Jahren; B 1). **νε-νικήκατε** Pf. νικάω (< νίκη Sieg) *siegen; besiegen.* **τὸν πονηρόν** *den Bösen* (d.h. Satan; B πονηρός 2b).

14 **14 ἔ-γραψα** Aor. γράφω, wohl Aor. des Briefstils, als Präs. übersetzbar (A241). **ἰσχυρός** (< ἰσχύω stark sein) *stark.* **ἐν** *in* (als bestimmender Faktor).

15 **15 ἀγαπᾶτε** Imp. ἀγαπάω. **κόσμος** hier die Welt als gottfeindl. Bereich. **τὰ ἐν τῷ κόσμῳ** *das, was in der Welt ist,* d.h. das, was zu ihr gehört. **ἀγαπᾷ** Konj. **ἡ ἀγάπη τοῦ πατρός** vgl. V. 5, hier wohl gen. obi.

16 **16 ἐπι-θυμία** *Verlangen, Sehnsucht;* (sündige) *Begierde, Lust;* ἡ ἐπιθυμία ... βίου App. (A70) zu πᾶν. **σάρξ** *Fleisch* (hier wohl Kurzformel für den natürl. Menschen, der im Widerspruch zu Gott lebt). **ἐπιθυμία τῶν ὀφθαλμῶν** *die Begierde der Augen,* d.h. eine Haltung, die alles haben will, was sie sieht. **ἀλαζονεία** *Prahlerei, Großtun* (in Wort u. Tat). **βίος** *Leben* (in seiner Erscheinung u. seinen Äußerungen im Unterschied zu ζωή); *tägliches bzw. irdisches Leben; Lebensunterhalt,* speziell *Besitz;* ἀλαζονεία τοῦ βίου *das (nichtige) Prahlen mit dem Besitz.* **ἐκ ... ἐστίν** *kommt/stammt von* (B ἐκ 3b/c).

17 **17 παρ-άγεται** V. 8. **ἡ ἐπιθυμία αὐτοῦ** *ihre Begierde* (d.h. zu ihr gehörende), evtl. *die Begierde nach ihr* (gen. obi., A158). **ποιῶν** Ptz. ποιέω. subst.

18 **18 παιδίον** hier wie τεκνίον V. 1 gebraucht. **ἐσχάτη ὥρα** *die letzte „Stunde"* (auch ohne Art. best.: bei einzelnen Ausdrücken m. Ordinalzahlen o.ä., BDR §256^3) = *die letzte Zeit* (d.h. das durch das erste Kommen Jesu angebrochene neue Zeitalter od. die letzte Phase davon). **ἠκούσατε** V. 7. **ἀντί-**

χριστος *Antichrist, Christusfeind* (der, der sich als Christus ausgibt [ἀντί *an-statt;* vgl. A188] od. gegen ihn kämpft [ἀντί *gegen*]). ἔρχεται hier fut. (A234). καί (zweites) = οὕτως *so* (nach καθώς, A352). ἀντίχριστοι hier wohl Irrlehrer, die vom Geist des Antichrists/Christusfeindes best. sind. γε-γόνασιν Pf. γίνομαι hier *auftreten.* ὅθεν[18] *woher; woraus, weshalb* bzw. (vgl. A364a) *deshalb, daher;* hier *daran.* **19** ἐξ-ῆλθαν Aor. (vgl. H-S	**19** §105g) -έρχομαι. ἦσαν Ipf. εἰμί. ἐκ hier = gen. poss. (A151; 154); οὐκ ἦσαν ἐξ ἡμῶν *sie gehörten nicht (wirklich) zu uns.* με-μενήκεισαν Plsqpf. (hier ohne Aug.; vgl. A21; H-S §72h) μένω; εἰ γὰρ ἐξ ἡμῶν ἦσαν, μεμενήκεισαν ἂν μεθ' ἡμῶν irrealer Fall (A345) *wenn sie zu uns gehört hätten, wären sie bei uns geblieben* (und zwar bis jetzt; A231; 245). ἀλλ' ἵνα erg. (Ellipse, A376) τοῦτο γέγονεν o.ä. *doch (das ist geschehen,) damit ... = doch es sollte ...* (BDR §448,7). φανερωθῶσιν Aor. Konj. Pass. φανερόω, persönl. Pass. m. ὅτι (BDR §405[4]; att. m. Inf., vgl. H-S §218g) *es sollte an ihnen offenbar werden, daß* (vgl. Menge). ὅτι οὐκ εἰσὶν πάντες ἐξ ἡμῶν *daß nicht alle (aus unserer Mitte) (wirklich) zu uns gehören* od. eher: *daß keiner von ihnen* (A137) *(wirklich) zu uns gehörte.* **20** ὑμεῖς Subj. hervorgehoben	**20** (A122). χρῖσμα[3] (< χρίω *salben*) *Salbung* (Betrauung m. einer Aufgabe, damit verbunden: die dafür benötigte besondere Befähigung u. Ausrüstung), hier wohl der Heilige Geist. ἀπὸ τοῦ ἁγίου *vom Heiligen,* d.h. Gott od. Jesus. οἴδατε πάντες *ihr alle wißt (es)* od. *ihr alle kennt (die Wahrheit)* (V. 21). **21** ἔ-γραψα V. 14. ὅτι (erstes u. zweites) *weil;* (drittes) *(wißt), daß.*	**21** ἡ ἀλήθεια hier *die* (v. Gott in Jesus geoffenbarte) *Wahrheit* (vgl. B 2b). ψεῦδος[7] *Lüge;* πᾶν ψεῦδος ἐκ ... οὐκ ἔστιν daß *keine Lüge* (A137) *aus ... kommt/von ... stammt* (vgl. V. 16).

22 ψεύστης V. 4. ἀρνούμενος Ptz. ἀρνέομαι *leugnen, bestreiten;*	**22** *verleugnen;* jmdn. *ablehnen;* subst. οὐκ bleibt nach Verben des negativen Behauptens unübersetzt (A309). ὁ Χριστός Präd.-Nom. m. Art.: betonte Gleichsetzung m. dem Subj. (A80): *der* (einzigartige, göttl.) *Christus/Messias.* ἀντί-χριστος V. 18. ὁ ἀρνούμενος (zweites) App. (A70) zu οὗτος: *dies* ist ... *(nämlich) der, der ... leugnet/ablehnt.* **23** πᾶς ὁ m. Ptz. *jeder, der*	**23** (A86). ἔχω jmdn. *haben,* d.h. mit ihm in Gemeinschaft stehen (B I2bβ). ὁμο-λογῶν Ptz. -λογέω (1,9) *sich (offen) als etwas* od. *zu etwas* od. jmdm. *bekennen;* subst. **24** ὑμεῖς wohl nom. pendens (A141; BDR §466[3]) *für euch gilt:*	**24** *Was ihr ...* (Einh.); od. das Subj. des Rel.-Satzes wird hervorgehoben (A122; 373 [Prolepsis]). ἠκούσατε V. 7. ἀπ' ἀρχῆς V. 7. ἐν (erstes u. zweites) *in* (als bestimmender Faktor). μενέτω Imp. 3. Sg. μένω. μείνῃ Aor. Konj. καί apodotisch *so* od. *dann* (A311,2). μενεῖτε Fut. **25** αὐτός *er* (hervor-	**25** gehoben, A124). ἐπ-ηγγείλατο Aor. Med. -αγγέλλομαι[111] *versprechen, verheißen.* τὴν ζωὴν τὴν αἰώνιον App. zu αὕτη, kongruiert aber m. dem Rel.-Pron. (vgl. attractio inversa, A362), *(nämlich) das ewige Leben.*

26   **26 ἔ-γραψα** V. 14. **πλανώντων** Ptz. πλανάω (< πλάνη Irrtum) *in die Irre führen, irreführen;* subst., konativ (A227) *die, die versuchen,* euch *in die*
27   *Irre zu führen.* **27 ὑμεῖς** V. 24. **χρῖσμα** V. 20. **ἐ-λάβετε** Aor. λαμβά-
νω. **ἵνα** hier *daß* (A328), Adverbiale des Interesses (A64; 173; 272); οὐ χρεί-
αν ἔχετε ἵνα *ihr habt es nicht nötig, daß.* **διδάσκῃ** Konj. διδάσκω.
πάντων *alles* (d.h. wohl: alles, was sie wissen müssen). **ἀληθής**[7] *wahr, echt.*
ψεῦδος V. 21. **καί** (drittes) *so* (A352) od. einfach *und;* ὡς τὸ αὐτοῦ χρῖ-
σμα διδάσκει ὑμᾶς ... καὶ ἀληθές ἐστιν ... καὶ καθὼς ἐδίδαξεν
ὑμᾶς, μένετε *wie seine „Salbung" euch ... belehrt, so ist es wahr ... und wie sie*
euch belehrt hat, (so) bleibt od. dann *wie seine „Salbung" euch ... belehrt ... und*
(wie) es wahr ist ... und wie sie euch belehrt hat, (so) bleibt. **ἐ-δίδαξεν** Aor. δι-
δάσκω. **μένετε** wohl Imp. **ἐν αὐτῷ** *in ihm,* d.h. in Christus (s. V. 28).
28   **28 καὶ νῦν** *nun denn* (folgernd, bzw. es markiert den Übergang zu einem
neuen Gedanken, vgl. BDR §442[26]). **τεκνία** V. 1. **μένετε** Imp. **ἐάν** fast =
ὅταν (A346; B II d). **φανερωθῇ** Aor. Konj. (s. ἐάν) Pass. φανερόω.
σχῶμεν Aor. Konj. (s. ἵνα) ἔχω [Var. ἔχωμεν Konj.]. **παρ-ρησία**
(< πᾶν + ῥῆσις [das] Reden) *Redefreiheit; Freimütigkeit; Zuversicht;* ἵνα ...
σχῶμεν παρρησίαν *damit ... wir voll Zuversicht sind.* **αἰσχυνθῶμεν**
Aor. Konj. (s. ἐάν) Pass. αἰσχύνομαι (vgl. A33[130]) (< αἶσχος Schande)
sich schämen; Pass. *beschämt werden, zuschanden werden;* ἵνα ... μὴ αἰσχυν-
θῶμεν ἀπ' αὐτοῦ *damit wir ... nicht vor ihm beschämt werden* (B 2), evtl.
(ἀπό = ὑπό, A211) *damit wir ... nicht von ihm beschämt werden* (d.h. verurteilt
werden [vgl. GN]), viell. (ἀπό örtl. „von − weg", A185) *damit wir ... nicht be-*
schämt vor ihm zurückweichen müssen (vgl. Menge). **παρ-ουσία** (< πάρει-
μι [εἰμί] anwesend sein) *Anwesenheit, Gegenwart; Ankunft, (das) Kommen* (au-
ßerbibl. [hellenistisch] term. tech. für den offiziellen Besuch eines Kaisers od.
sonstigen hohen Amtsträgers in einer Provinzstadt sowie für die Epiphanie
eines Gottes [EWNT 3, Sp. 103]); im NT term. tech. für die *Wiederkunft* Christi.
29   **29 εἰδῆτε** Pf. (m. präs. Bdtg.) Konj. οἶδα. **ἐστίν** Subj. Jesus (V. 28) od.
Gott (vgl. ἐξ αὐτοῦ). **γινώσκετε** Imp. od. Ind. **πᾶς ὁ** V. 23. **ποιῶν** Ptz.
ποιέω, subst.; ποιέω τὴν δικαιοσύνην *die Gerechtigkeit üben, das Rechte*
tun (d.h. so handeln, wie es Gottes geoffenbartem Willen entspricht). **γε-γέν-**
νηται Pf. Pass. γεννάω; ἐξ αὐτοῦ γεγέννηται *ist von ihm gezeugt worden*
od. *aus ihm* (d.h. als sein Kind) *geboren worden;* das „Tun der Gerechtigkeit" ist
das Zeichen, die Folge (nicht etwa die Ursache od. die Vorbedingung) der Got-
teskindschaft (Marshall, 1-3Jh, S. 169).

3   **ἴδετε** Aor. Imp. ὁράω. **ποταπός** (etwa = [ὁ]ποῖος[18]; att. ποδα-
πός) *was für ein, von welcher Beschaffenheit/Art.* **δέ-δωκεν** Pf. δίδωμι.
κληθῶμεν Aor. Konj. Pass. καλέω; ἵνα τέκνα θεοῦ κληθῶμεν *daß wir*
Gottes Kinder heißen sollen (beabsichtigte Folge; A328; 340) od. *... Kinder heißen*
(eintretende Folge). **καὶ ἐσμέν** *und wir sind (es auch).* **διὰ τοῦτο** *des-*

wegen, deshalb, entweder zurückweisend (d.h. weil wir Gottes Kinder sind) od. (wohl besser) mit ὅτι-NS als App. (A353) dazu verbunden (διὰ τοῦτο ... ὅτι *deswegen* ... [näml.] *weil* ...). **κόσμος** hier die Menschen, die Gott unwissend od. feindlich gegenüberstehen. **ἔ-γνω** Aor. γινώσκω, in diesem Vers: jmdn. *erkennen* (als das, was er ist). **2 οὔ-πω** *noch nicht.* **ἐ-φανερώθη** Aor. Pass. φανερόω *es ist* noch nicht *offenbar geworden* (B 1b). **ἐσόμεθα** Fut. εἰμί. **ἐάν** fast = ὅταν (A346; B I1d). **φανερωθῇ** Aor. Konj. (s. ἐάν) Pass., wenn *er* (d.h. Jesus) *erscheint* (vgl. 2,28) od. wenn *es* (d.h. was wir sein werden) *offenbar wird* (vgl. V. 2a). **αὐτῷ** dat. sociativus (A179; DatO/2. Grades, A98,1). **ὅτι** (zweites) *weil/denn;* Begründung zu ἐσόμεθα od. zu οἴδαμεν. **ὀψόμεθα** Fut. ὁράω. **3 πᾶς ὁ** m. Ptz. *jeder, der* (A86). **ἔχων** Ptz., subst. **ἐπ᾿ αὐτῷ** *auf ihn (gesetzt).* **ἁγνίζω** *reinigen* (rituell od. ethisch). **ἐκεῖνος** *jener* (d.h. Jesus, vgl. 2,6). **ἁγνός** *rein* (rituell od. ethisch).

4 πᾶς ὁ V. 3. **ποιῶν** Ptz. ποιέω (dur.: gewohnheitsmäßig, A225ff), subst. **ἀ-νομία** *Gesetzlosigkeit* (als Gesinnung); *gesetzwidrige Tat;* hier die Auflehnung gegen Gott u. seinen geoffenbarten Willen bzw. das davon best. Handeln. **ἡ ἁμαρτία ἐστὶν ἡ ἀνομία** betonte Gleichsetzung v. Subj. u. Präd.-Nom. (A80). **5 ἐκεῖνος** *jener* (d.h. Jesus). **ἐ-φανερώθη** V. 2. **ἄρῃ** Aor. Konj. αἴρω hier *tilgen, aufheben, beseitigen* (B 4) od. *tragen,* d.h. wegnehmen, vergeben od. durch das Auf-sich-Nehmen der Folgen sühnen (vgl. Jh 1,19). **6 μένων** Ptz., subst. **ἁμαρτάνει** Ind. Präs. hier wahrscheinl. dur. (A225ff; vgl. Ptz. [3,4.6b.8.10] u. Inf. [V. 9]) zu verstehen: οὐχ ἁμαρτάνει *(er) sündigt nicht (ständig/bedenkenlos weiter),* d.h. er duldet in seinem Leben keine Sünde. **ἁμαρτάνων** Ptz., subst., dur. (A225ff). **ἑ-ώρακεν** Pf. ὁράω, *er hat* Gott nicht *gesehen* (durch Pf. signalisierte Folge [A242]: s. nächstes Verb). **ἔ-γνω-κεν** Pf. γινώσκω, vgl. 2,3.

7 τεκνία (Diminutiv v. τέκνον) *Kind,* im NT stets in liebevoll vertrauter Anrede an geistl. Kinder (vgl. B). **πλανάτω** Imp. 3. Sg. πλανάω (< πλάνη Irrtum) *in die Irre führen, irreführen;* μηδεὶς πλανάτω ὑμᾶς *niemand führe euch in die Irre, laßt euch von niemand irreführen.* **ὁ ποιῶν τὴν δικαιοσύνην** 2,29. **ἐκεῖνος** V. 3. **8 διά-βολος** (< διαβάλλω verleumden) subst. *Verleumder; Teufel;* ἐκ τοῦ διαβόλου ἐστίν *(er) gehört zum Teufel* (vgl. B ἐκ 3b) od. *(er) stammt vom Teufel* (B ἐκ 3a), d.h. er ist auf dessen Seite, steht unter dessen Einfluß bzw. ist v. dessen Wesen geprägt. **ἀπ᾿ ἀρχῆς** *von Anfang* (seines teuflischen Wirkens, vgl. Jh 8,44) *an.* **εἰς τοῦτο** wird erklärt durch ἵνα (statt Inf., A279; App. dazu, A353); εἰς τοῦτο ... ἵνα ... *dazu* ... (näml.) *um zu* ... **λύσῃ** Aor. Konj. λύω. **9 πᾶς ὁ** V. 3. **γε-γεννη-μένος** Pf. Ptz. Pass. γεννάω; ἐκ τοῦ θεοῦ γεγέννηται *ist von Gott gezeugt worden* od. *aus Gott* (d.h. als sein Kind) *geboren worden.* **σπέρμα αὐτοῦ** *sein Same,* d.h. das, was das göttl. Leben in ihm wirkt u. ihm die väterl. Wesenszüge vermittelt; gemeint ist wohl der Heilige Geist od. das Wort Gottes bzw.

beides zugleich (Marshall, 1-3Jh, S. 186f). **ἀμαρτάνειν** Inf.; οὐ δύναται
ἀμαρτάνειν *er kann nicht (ständig bzw. [bedenkenlos] weiter) sündigen*, d.h. er
10 kann in seinem Leben keine Sünde dulden. **γε-γέννηται** Pf. Pass. **10 ἐν**
τούτῳ *daran*, weist nach vorn u. wird durch den Satz πᾶς ὁ ... erklärt. **φα-**
νερός (< φαίνομαι *sichtbar werden*) *bekannt; offenbar, kenntlich, deutlich;*
sichtbar; ἐν τούτῳ φανερά ἐστιν ... *daran sind (A89) ... erkennbar/zu erken-*
nen. **καὶ ὁ μή** ... *auch nicht der, der nicht* ... bzw. *ebensowenig der, der nicht* ...
ἀγαπῶν Ptz. ἀγαπάω, subst., dur. (A225ff).

11 **11 ἀγγελία** *Botschaft, Nachricht.* **ἠκούσατε** Aor. ἀκούω. **ἀπ᾽**
ἀρχῆς *von Anfang* (eures Christseins) *an.* **ἵνα** hier *daß* (A328; 353). **ἀγα-**
12 **πῶμεν** Konj. ἀγαπάω. **12 Κάϊν** indekl., hier Nom., *Kain*, erster Bruder-
mörder; οὐ καθὼς Κάϊν erg. wohl ὦμεν (Konj. v. εἰμί [adhortativ, A254];
Ellipse [A376] o.ä. *nicht wie Kain sollen wir sein/soll es bei uns sein* (vgl. Winer,
S. 579). **ἦν** Ipf. εἰμί; ἐκ τοῦ πονηροῦ ἦν *(der) vom Bösen* (d.h. vom Teu-
fel) *stammte bzw. bestimmt war.* **ἔ-σφαξεν** Aor. σφάζω[86] *schlachten, ermor-*
den. **χάριν** uneig. Präp. (A183; meist nachgestellt) *wegen, um − willen;* χά-
ριν τίνος *weswegen? aus welchem Grund?*

13 **13 θαυμάζετε** Imp. **εἰ** *wenn* od. (nach Verben der Gemütsbewegung:)
14 *daß* (A327; B II). **κόσμος** V. 1. **14 ἡμεῖς** Subj. hervorgehoben (A122).
μετα-βε-βήκαμεν Pf. -βαίνω[139] (v. einem Ort) *weggehen* (um an einem
anderen Ort zu sein); übertr. (v. einem Zustand in einen anderen) *hinübergehen;*
μεταβεβήκαμεν ἐκ τοῦ θανάτου εἰς τὴν ζωήν *wir sind aus dem Tod*
(d.h. der Gottesferne) *in das* (göttl.) *Leben hinübergegangen.* **ὅτι** (zweites) be-
gründet wahrscheinl. οἴδαμεν. **ἀγαπῶμεν** Ind. ἀγαπάω. **ἀγαπῶν**
15 Ptz., subst. **15 πᾶς ὁ** m. Ptz. *jeder, der* (A86). **μισῶν** Ptz. μισέω, subst.
ἀνθρωπο-κτόνος (< [ἀπο]κτείνω) *Mörder.* **πᾶς** (zweites) ... **οὐκ** hier
kein (A137). **αὐτῷ** = ἑαυτῷ (A126). **μένουσαν** Ptz. Fem. μένω, wohl
Objektsartangabe (A65): hat ewiges Leben *bleibend* (d.h. als bleibenden Besitz)
16 in sich. **16 ἐ-γνώκαμεν** Pf. γινώσκω. **ὅτι** *daß*-NS App. (A353; vgl. 279)
zu ἐν τούτῳ; ἐν τούτῳ ... ὅτι *daran* ... (näml.) *daß.* **ἐκεῖνος** *jener* (d.h. Je-
sus). **ἔ-θηκεν** Aor. τίθημι; τίθημι τὴν ψυχήν *das Leben ablegen/hinge-*
ben/opfern (vgl. Jes 53,10). **ὀφείλω** *schulden; verpflichtet sein, müssen.* **θεῖ-**
17 **ναι** Aor. Inf. τίθημι (A29). **17 ὃς δ᾽ ἂν** *wer immer aber/jeder aber, der* fast
= *wenn aber jemand* (A371). **ἔχῃ** Konj. ἔχω. **βίος** *Leben* (in seiner Erschei-
nung u. seinen Äußerungen im Unterschied zu ζωή); *tägliches bzw. irdisches Le-*
ben; Lebensunterhalt, speziell *Besitz;* βίος τοῦ κόσμου *irdischer Besitz, irdi-*
sches Vermögen. **θεωρῇ** Konj. θεωρέω. **ἔχοντα** Ptz., AcP (A300). **κλεί-**
σῃ Aor. Konj. κλείω[6] *schließen; verschließen.* **σπλάγχνον** nur Pl. *Einge-*
weide; Herz (Sitz der Gefühle); *Zuneigung, Liebe.* **πῶς ... μένει** *wie bleibt da*
...? *rhetorische Frage = unmöglich bleibt* (vgl. A325; B πῶς 1d). **ἡ ἀγάπη**
τοῦ θεοῦ *Gottes Liebe* (gen. subi., A158), die sich durch uns an den Menschen

erweist, od. *die Liebe zu Gott* (gen. obi.) od. (wohl am besten) *die göttliche* (Art der) *Liebe* (gen. qualitatis, A160), evtl. alle drei zugleich (vgl. A170). **18 τεκ-** **18** **νία** V. 7. **ἀγαπῶμεν** Konj. (adhortativ, A254); μὴ ἀγαπῶμεν λόγῳ μηδὲ τῇ γλώσσῃ ἀλλὰ ἐν ἔργῳ καὶ ἀληθείᾳ (vgl. H-S §249b) *laßt uns nicht (nur) mit Worten oder* (vgl. A310) *mit der Zunge lieben, sondern (vor allem) mit der Tat und in (der) Wahrheit* (d.h. die wahrhaftige Liebe Gottes soll sich in den Taten der Christen widerspiegeln; vgl. Marshall, 1-3Jh, S. 196).

19 ἐν τούτῳ *daran,* weist zurück, evtl. nach vorne (vgl. A130). **19** **γνωσόμεθα** Fut. γινώσκω. **ἐκ** hier = gen. poss. (A151; 154); ἐκ τῆς ἀληθείας ἐσμέν *wir gehören zur Wahrheit* (als bestimmendem Faktor). **ἔμπροσθεν αὐτοῦ** *vor ihm, in seiner Gegenwart* (im Gebet, V. 22). **πείσομεν** Fut. πείθω hier wohl *besänftigen, beruhigen* (B 1d). **καρδία** hier so viel wie *Gewissen* (B 1bε). **20 ὅτι ἐάν** ... **ὅτι** am besten = ὅ τι **20** (A16) ἄν ... ὅτι (kaus.), (schließt an V. 19 an); ὅτι ἐὰν καταγινώσκῃ ἡμῶν ἡ καρδία, ὅτι μείζων ἐστὶν ὁ θεός *weswegen auch immer* (fast = *wenn/falls;* vgl. A371) *uns das Herz/Gewissen verurteilt, denn Gott ist größer;* weniger gute Alternativen (zweites ὅτι ignorieren bzw. davor ein Verb ergänzen): *denn, wenn uns das Herz/Gewissen verurteilt, ist Gott größer* bzw. *... verurteilt, (wissen wir,) daß Gott größer ist;* od. dann: überzeugen (statt: beruhigen), *daß, wenn uns das Herz/Gewissen verurteilt, Gott größer ist.* **κατα-γινώσκῃ** Konj. -γινώσκω τινός *jmdn. verurteilen.* **ἡμῶν** (erstes) wohl GenO zu καταγινώσκω (vgl. H-S §167i). **τῆς καρδίας ἡμῶν** gen. comparationis (A168) *als unser Herz/Gewissen.* **21 παρ-ρησία** (< πᾶν + ῥῆσις [das] **21** Reden) *Redefreiheit; Freimütigkeit; Zuversicht;* παρρησίαν ἔχομεν πρὸς τὸν θεόν *wir sind Gott gegenüber voll Zuversicht.* **22 ὃ ἐάν** = ὃ ἄν *was auch* **22** *immer* od. *alles, was* (A132; 371). **αἰτῶμεν** Konj. αἰτέω. **ἀρεστός** (< ἀρέσκω gefallen) *wohlgefällig, angenehm;* subst. (A105).

23 ἵνα V. 11. **πιστεύσωμεν** Aor. Konj. πιστεύω, evtl. ingr. **23** (A229); πιστεύω τῷ ὀνόματι (= εἰς τὸ ὄνομα) τοῦ υἱοῦ *an den Namen des Sohnes glauben,* d.h. an den Sohn glauben u. annehmen, was mit seinem Namen verbunden ist (B 2aα). **ἀγαπῶμεν** Konj. ἀγαπάω. **ἔ-δωκεν** Aor. δίδωμι. **24 τηρῶν** Ptz. τηρέω, subst. **ἐν αὐτῷ μένει καὶ αὐτὸς ἐν** **24** **αὐτῷ** (der Gehorsame) *bleibt in (Gott) und (Gott) in ihm,* d.h. sie stehen in engster Lebensverbindung miteinander. **ἐκ τοῦ πνεύματος** App. (A70) zu ἐν τούτῳ: *daran ... (nämlich) an dem Geist* (B γινώσκω 1c). **οὗ** für ὅ Attraktion des Rel.-Pron. (A360).

πιστεύετε Imp. **πνεῦμα** bez. hier wohl den Redner/Lehrer, der sich **4** auf bes. Inspiration durch Gottes Geist beruft (od. dann den hinter dieser Inspiration stehenden Geist; Marshall, 1-3Jh, S. 204). **δοκιμάζετε** Imp. (iter.; A226; 265) δοκιμάζω (< δόκιμος erprobt) *prüfen* (Echtheit, Tauglichkeit [oft durch direkte Erprobung] feststellen); (nach Prüfung) *für echt, geeignet,*

richtig, tauglich usw. *befinden.* ἐκ ... ἐστίν *kommen von.* ψευδο-προφή-
2 της¹ *falscher Prophet.* ἐξ-εληλύθασιν Pf. -ἔρχομαι. 2 ἐν τούτῳ *da-
ran,* weist nach vorn u. wird durch den Satz πᾶν ... erklärt. ὁμο-λογέω (1,9)
sich (offen) als etwas od. *zu* etwas od. jmdm. *bekennen.* ἐληλυθότα Pf. Ptz.
ἔρχομαι, subst. (hier als Objektsartangabe, A65); Ἰησοῦν Χριστὸν ἐν
σαρκὶ ἐληλυθότα *zu Jesus Christus als einem, der im Fleisch gekommen ist*
(d.h. daß Jesus Christus ein Mensch v. Fleisch u. Blut wurde) od. attr. (hier zur
App. [A70] Χριστόν) *zu Jesus als dem im Fleisch gekommenen Messias* (d.h.
3 daß Jesus der Messias ist, der ein Mensch ... wurde). 3 μή statt οὐ wie klass.
im kond. Rel.-Satz m. Ind. (BDR §428⁴; vgl. A371). τὸν Ἰησοῦν *zu dem*
(eben beschriebenen) *Jesus* (A103). τὸ τοῦ *der (Geist) des.* ἀντί-χριστος
Antichrist, Christusfeind (vgl. 2,18). ὅ (zweites) *über den/von dem* (d.h. vom
Geist) (H-S §167a Anm. 1 [2b]). ἀκηκόατε Pf. ἀκούω. ἔρχεται daß *er
4 kommen werde* (A234). 4 ὑμεῖς Subj. hervorgehoben (A122). ἐκ τοῦ
θεοῦ ἐστε *gehört zu Gott* od. *stammt von Gott* (als eurem Vater). τεκνία
(Diminutiv v. τέκνον) *Kind,* im NT stets in liebevoll vertrauter Anrede an
geistl. Kinder (vgl. B). νε-νικήκατε Pf. νικάω (< νίκη Sieg) *siegen; besie-
gen;* νενικήκατε αὐτούς *ihr habt sie* (wohl die falschen Propheten) *besiegt*
(d.h. wohl: euch erfolgreich gegen ihre Verführungskünste zur Wehr gesetzt u.
an der Wahrheit festgehalten). ὁ (A105) ἐν ὑμῖν *der, der in euch ist* (Gott). ὁ
5 ἐν τῷ κόσμῳ *der, der in der Welt ist* (der Teufel, vgl. 3,10). 5 αὐτοί Subj.
hervorgehoben (A122). ἐκ τοῦ κόσμου λαλοῦσιν *sie reden aus der Welt
heraus* = *was sie sagen, stammt aus der Welt* (vgl. Wilckens). αὐτῶν ἀκούει
6 *er hört auf sie* (GenO, A165). 6 ἡμεῖς Subj. hervorgehoben (A122): *wir* (im
Ggs. zu den falschen Propheten). γινώσκων Ptz., subst.; zu „Gott kennen"
vgl. 2,3. ἐκ τούτου *daran/so* (B 3gβ), weist zurück (A130). πλάνη *Irrtum,
Verirrung, Irreführung.*
7 7 ἀγαπῶμεν Konj. ἀγαπάω; adhortativer Konj. (A254). ἐκ ...
ἐστίν *kommt/stammt von* (B ἐκ 3b/c). πᾶς ὁ m. Ptz. *jeder, der* (A86). ἀγα-
πῶν Ptz., subst., dur. (A225ff). γε-γέννηται Pf. Pass. γεννάω; ἐκ τοῦ
θεοῦ γεγέννηται *ist von Gott gezeugt worden* od. *aus Gott* (d.h. als sein Kind)
geboren worden; die Liebe ist ein wichtiges Kennzeichen der Gotteskindschaft
8 (Marshall, 1-3Jh, S. 211f). 8 ἔ-γνω Aor. γινώσκω; zu „Gott kennen" vgl.
2,3. ὁ θεὸς ἀγάπη (Präd.-Nom., A48) ἐστίν *Gott ist Liebe,* d.h. die Liebe
9 gehört zum Wesen Gottes u. best. sein Handeln. 9 ἐ-φανερώθη Aor. Pass.
φανερόω, Pass. hier *sichtbar werden.* ἐν ἡμῖν *unter uns* (vgl. A193) od. *an
uns* (= Dat.; BDR §220²). ὅτι *daß-*NS App. (A353) zu ἐν τούτῳ; ἐν τούτῳ
... ὅτι *dadurch* ... (näml.) *daß.* μονο-γενής⁷ (< γένος Geschlecht, Art) *ein-
ziges* (Kind); *einzigartig.* ἀπ-έ-σταλκεν Pf. ἀπο-στέλλω. ζήσωμεν
10 Aor. Konj. ζάω. 10 ἐν τούτῳ ἐστίν *darin besteht* die/diese Liebe. οὐχ
ὅτι ... ἀλλ' ὅτι *nicht daß ... sondern daß;* App. (A353) zu ἐν τούτῳ.

ἡμεῖς, αὐτός Subj. hervorgehoben (A122). ἠγαπήκαμεν Pf. ἠγά-
πησεν Aor. ἀπ-έ-στειλεν Aor. ἱλασμός (< ἱλάσκομαι sühnen)
Sühne (Beseitigung v. Schuld durch stellvertretende Lebenshingabe); hier *als*
Sühne bzw. *als Sühnopfer* (Objektsartangabe, A65). περί hier = ὑπέρ *für*
(A184).

 11 ὀφείλω *schulden; verpflichtet sein, müssen.* ἀγαπᾶν Inf. ἀγα- 11
πάω. **12** πώ-ποτε (vgl. A18) *je(mals).* τε-θέαται Pf. Med. θεάομαι *se-* 12
hen, ansehen. ἀγαπῶμεν Konj. ὁ θεὸς ἐν ἡμῖν μένει vgl. 3,24. τε-
τελειωμένη Pf. Ptz. Pass. τελειόω *vollenden: zu Ende* bzw. *ans Ziel führen;*
zur Vollendung bzw. *Vollkommenheit führen* (Pass. *gelangen*); m. ἐστίν um-
schrieb. Pf. (A249); ἡ ἀγάπη αὐτοῦ ἐν ἡμῖν τετελειωμένη ἐστίν *seine*
Liebe ist vollendet (d.h. sie hat sich voll entfaltet, sie ist zur vollen Reife ge-
langt), *seine Liebe hat ihr Ziel bei uns erreicht* (GN). **13** ἐν αὐτῷ μένομεν 13
3,24. ὅτι (zweites) *daß*-NS App. (A353) zu ἐν τούτῳ; ἐν τούτῳ ... ὅτι *daran*
... (näml.) *daß.* ἐκ partitiv (A165) *von/Anteil an* seinem Geist. δέ-δωκεν Pf.
δίδωμι. **14** ἡμεῖς *wir* (hervorgehoben, A122): hier wohl in erster Linie die 14
apostolischen Zeugen (vgl. 1,1), die gleichzeitig die Gesamtheit der Gläubigen
repräsentieren. τε-θεάμεθα Pf. Med. θεάομαι V. 12, Pf.: *wir haben gesehen*
(u. sind jetzt Zeugen davon; A242). ἀπ-έ-σταλκεν V. 9. σωτήρ[6] ῆρος ὁ
(vgl. σῴζω) *Retter, Befreier* (im NT stets v. Christus bzw. Gott als demjenigen,
der Heil verleiht); hier *als Retter* (Objektsartangabe, A65). **15** ὃς ἐάν = ὃς 15
ἄν *wer auch immer* od. *jeder, der,* fast = *wenn jemand* (A132; 371). ὁμο-λο-
γήσῃ Aor. Konj. -λογέω V. 2. ὁ υἱός Präd.-Nom. m. Art.: betonte Gleich-
setzung m. dem Subj. (A80): *der* (einzigartige) *Sohn* Gottes. **16** ἐ-γνώκα- 16
μεν Pf. γινώσκω. πε-πιστεύκαμεν Pf. πιστεύω τι *etwas glauben;* Pf.
wir haben die Liebe *gläubig angenommen* (vgl. Einh.) bzw. (die Folge betonend,
A242) *wir sind* von der Liebe *überzeugt* (B 1aα). ἐν ἡμῖν hier wohl *zu uns*
(vgl. B ἀγάπη I2a). ὁ θεὸς ἀγάπη ἐστίν V. 8. ὁ μένων ἐν τῇ ἀγά-
πῃ *wer in der Liebe bleibt* (d.h. v. ihr in seinem Leben best. wird [Zeichen bzw.
Auswirkung der Gemeinschaft mit Gott; Marshall, 1-3Jh, S. 221]). **17** ἐν 17
τούτῳ weist wohl zurück (ἵνα dann kons. [A340]) *darin ... so daß* od. nach
vorn (ἵνα dann App. [A328; 354] dazu) *darin ...* (näml.) *daß.* τε-τελείωται
Pf. Pass. τελειόω vgl. V. 12. μεθ' ἡμῶν *bei uns, in unserer Mitte.* παρ-ρη-
σία (< πᾶν + ῥῆσις [das] Reden) *Redefreiheit; Freimütigkeit; Zuversicht;*
ἵνα παρρησίαν ἔχωμεν *so daß* bzw. *daß wir voll Zuversicht sind.* ἔχωμεν
Konj. ἔχω. ὅτι Begründung zu παρρησίαν. καθώς ... καί *wie ... so*
(A352); wahrscheinl. ist hier in erster Linie die enge Verbindung mit dem Vater
angesprochen, die das irdische Leben Jesu bestimmte (vgl. 2,6). **18** φόβος ... 18
ἐν τῇ ἀγάπῃ (sklavische) *Angst* (B φόβος 2aβ) (wohl vor drohendem
Strafgericht) gibt es nicht *in der Liebe* (d.h. wohl in der Beziehung gegenseitiger
Liebe zwischen Gott u. dem Gläubigen). τέλειος (< τέλος) *vollendet, voll-*

kommen. **ἔξω βάλλω** *vertreiben.* **κόλασις** ἡ⁸ *Strafe;* ὁ φόβος κόλασιν **ἔχει** *die Angst/Furcht hat es mit Strafe zu tun,* d.h. sie verursacht Strafe (Qual) (B κόλασις 2; ἔχω I4; Menge), od. sie ist vom Gedanken an die Strafe beherrscht (daher: *die Furcht sieht die Bestrafung vor sich* [Schnackenburg, 1-3Jh,

19 S. 245]). **φοβούμενος** Ptz. φοβέομαι, subst., dur. (A225ff). **19 ἀγα-**
20 **πῶμεν** Ind., evtl. Konj. (V. 7) ἀγαπάω. **ἠγάπησεν** Aor. **20 εἴπη** Aor. Konj. λέγω. **ὅτι** recitativum = Doppelpunkt (A333). **καί** wohl adversativ (A311,1) *aber.* **μισῇ** Konj. μισέω, dur. (A225ff). **ψεύστης**¹ (< ψεύδομαι lügen) *Lügner.* **ἀγαπῶν** Ptz., subst., dur. (A225ff). **ἑ-ώρακεν** Pf. ὁράω, Pf. (erstes) den *er (gesehen und) (ständig) vor Augen hat* (A242). **ἀγα-**
21 **πᾶν** V. 11, dur. (A225ff). **21 ἵνα** hier *daß* (A328), App. (A353) zu ἐντολήν; ταύτην τὴν ἐντολήν ... ἵνα ἀγαπᾷ καί *dieses Gebot ...* (näml.) *daß er auch ... lieben soll.* **ἀγαπᾷ** Konj.

5   **πᾶς ὁ** m. Ptz. *jeder, der* (A86). **πιστεύων** Ptz., subst. **ὁ Χριστός** Präd.-Nom. m. Art.: betonte Gleichsetzung m. dem Subj. (A80): *der (einzigartige, göttl.) Christus/Messias.* **γε-γέννηται** Pf. Pass. γεννάω; ἐκ τοῦ θεοῦ γεγέννηται *ist von Gott gezeugt worden* od. *aus Gott* (d.h. als sein Kind) *geboren worden.* **ἀγαπῶν** Ptz. ἀγαπάω, subst. **γεννήσαντα** Aor. Ptz., subst. *den, der gezeugt hat* = *den Vater* (gemeint ist irgendein Vater [genereller Art., A104] od. Gott). **γε-γεννημένον** Pf. Ptz. Pass., subst. *den, der von* (B ἐκ 3a) ihm *gezeugt ist* = dessen *Kind* (d.h. [falls m. „Vater" Gott gemeint ist]

2 Gottes Sohn u. die Glaubensgeschwister). **2 ἐν τούτῳ γινώσκομεν ὅτι ἀγαπῶμεν** ... **ὅταν** ... *daran erkennen wir, daß wir ... lieben: wenn* ... (ὅταν-NS App. zu ἐν τούτῳ [A353]; so die meisten) od.: *deswegen* (d.h. wegen des in V. 1 erwähnten Prinzips; τούτῳ weist zurück; Marshall, 1-3Jh, S. 227) *wissen wir, daß wir* (notwendigerweise) ... *lieben, wenn* ... **ἀγαπῶμεν** (zweites) Konj.

3 **ποιῶμεν** Konj. ποιέω [Var. τηρῶμεν Konj. τηρέω]. **3 τοῦ θεοῦ** gen. obi. (A158). **ἵνα** hier *daß* (A328), App. (A353) zu αὕτη; αὕτη ἐστίν ... ἵνα *dies ist/darin besteht ...* (näml.) *daß.* **τηρῶμεν** Konj. τηρέω. **βαρύς**¹⁰ εἶα

4 ὑ *schwer* (lastend bzw. [so hier] schwer zu erfüllen). **4 γε-γεννημένον** Ntr. Sg. bez. Personen im verallgemeinernden Sinn (verstärkt durch πᾶν; BDR §138¹) *alles, was aus Gott geboren ist* = *jedes Kind Gottes.* **νικάω** (< νίκη Sieg) *siegen; besiegen.* **κόσμος** hier die Welt als gottfeindl. Bereich. **νίκη** *Sieg;* hier wohl Metonymie, Abstraktum für das Konkrete (A381f): *Mittel, den Sieg zu erringen* bzw. *Siegesmacht* (vgl. B; Menge). **νικήσασα** Aor. Ptz. Fem., attr.: die *besiegt hat* (Aor. Ptz. häufiger vorzeitig), evtl. (A285): die *besiegt.* **ἡ πίστις ἡμῶν** App. zu αὕτη (A70).

5 **5 νικῶν** Ptz., subst. **τίς** ... **εἰ μή** *wer ... außer* (B τίς 1aα). **πιστεύ-**
6 **ων** V. 1. **ὁ υἱός** Präd.-Nom., vgl. V. 1. **6 ἐλθών** Aor. Ptz. ἔρχομαι, subst. *der, der ... gekommen ist* (bez. Menschwerdung, vgl. 4,2; B I1aη). **διά** *durch* ἐν wieder aufgenommen: möglicherweise Stilvarianten, die etwas das Kommen Be-

gleitendes bez.: *durch/in* = *mit* (begleitet von), viell. aber διά statt dessen: der, der *durch* Wasser u. Blut (gehend) gekommen ist. ὕδωρ u. αἷμα bez. wahrscheinl. Jesu Taufe u. seinen gewaltsamen Tod; gemeint ist: der, der am Kreuz starb, war so wirkl. Christus, der Sohn Gottes, wie der, der im Jordan getauft wurde (Hintergrund dazu ist wohl eine doketisch-frühgnostische Irrlehre, wie sie u.a. v. Cerinth [Ende 1. Jh.] verbreitet wurde; diese unterschied zwischen dem Menschen Jesus u. dem „Christus", der angebl. bei der Taufe auf Jesus herabkam u. ihn vor seinem Leiden wieder verließ [s. Irenäus, *Adversus haereses,* 1.26.1]). **μαρτυροῦν** Ptz. μαρτυρέω, subst., Präd.-Nom. m. Art. (A80; 103): (Gottes) Geist ist *der* (den Adressaten vertraute Zeuge), *der (dies) bezeugt.* **ἡ ἀλήθεια** ist *die Wahrheit;* in allem, was er uns vermittelt, sehen wir uns der Wahrheit u. Wirklichkeit Gottes gegenüber (vgl. Jh 15,26; 16,13). **7 μαρτυ-** **7** **ροῦντες** Ptz., subst., Präd.-Nom. (vgl. V. 6. **8 εἰς τὸ ἕν εἰσιν** = ἕν εἰ- **8** σιν (εἰς m. Akk. statt Nom., A81): *sind/bilden eine Einheit* (B εἰς 1b; BDR §145²); od. εἰς τὸ ἕν εἰσιν *sind auf das eine gerichtet, stimmen überein.* **9 εἰ** **9** hier *wenn* wir *schon* (fast = ἐπεί *da*; A346). **μαρτυρία** *Zeugnis* (das Bezeugen od. das Bezeugte). **ὅτι** (zweites) *daß,* App. zu αὕτη (A353; vgl. 279); αὕ- τη ἐστίν ... ὅτι *das ist/darin besteht* ... (näml.) *daß.* **με-μαρτύρηκεν** Pf. **10 ἔχει τὴν μαρτυρίαν ἐν ἑαυτῷ** *hat das/dieses Zeugnis in sich,* d.h. **10** das vom Geist Bezeugte bestimmt sein Leben (vgl. 1,8 zu ἐν), od. der Geist vermittelt ihm innere Gewißheit [Var. ἐν αὐτῷ entweder = ἐν ἑαυτῷ (A126) od. *in ihm/durch ihn* (d.h. den Sohn Gottes)]. **ψεύστης¹** (< ψεύδομαι lügen) *Lügner.* **πε-ποίηκεν** Pf. ποιέω. **πε-πίστευκεν** Pf. πιστεύω. **11 ὅτι** *daß*-NS App. zu αὕτη (V. 9); αὕτη ἐστίν ... ὅτι *darin besteht* ... **11** (näml.) *daß* (d.h. es geht bei diesem Zeugnis darum, daß). **ἔ-δωκεν** Aor. δί- δωμι. **12 ἔχων** Ptz., subst., jmdn. *haben,* d.h. mit ihm in Gemeinschaft ste- **12** hen (vgl. B I2bβ). **13 ἔ-γραψα** Aor. γράφω, wohl Aor. des Briefstils, als Präs. übersetzbar **13** (A241). **εἰδῆτε** Pf. (m. präs. Bdtg.) Konj. οἶδα. **πιστεύουσιν** Ptz. πι- στεύω, subst.; App. zu ὑμῖν (A70; H-S §129b); πιστεύω τῷ ὀνόματι (= εἰς τὸ ὄνομα) τοῦ υἱοῦ *an den Namen des Sohnes glauben,* d.h. an den Sohn glauben u. annehmen, was mit seinem Namen verbunden ist (B 2α). **14 παρ-ρησία** (< πᾶν + ῥῆσις [das] Reden) *Redefreiheit; Freimütigkeit;* **14** *Zuversicht.* **ὅτι** vgl. V. 11. **αἰτώμεθα** Konj. Med. (Bdtg. = Akt.; BDR §316³) αἰτέω. **ἀκούει ἡμῶν** *er hört* bzw. *er erhört uns* (B 5). **15 ἐάν** (er- **15** stes) m. Ind. bzw. ἐάν = εἰ (so im NT vereinzelt; BDR §373,3). **ὃ ἐάν** = ὃ ἄν *was auch immer* od. *alles, was* (A132; 371); Akk. der Sache zu ἀκούει (Z); ἀκούει ἡμῶν ὃ ἐὰν αἰτώμεθα *er hört/erhört uns bei allem, was wir erbitten.* **ἔχομεν** hier (*erfüllt bekommen) haben* (B I2g). **αἴτημα³** *Bitte* (das, worum man bittet). **ᾐτήκαμεν** Pf. αἰτέω. **16 ἴδῃ** Aor. Konj. ὁράω. **ἁμαρτάνοντα** Ptz. ἁμαρτάνω (dur., **16**

A225ff), AcP (A300). **πρὸς θάνατον** Sünde, *die zum Tod* (d.h. wohl zum geistl. Tod bzw. zum Todesurteil im Endgericht [vgl. Apk 20,14f]) *führt* (es ist unsicher, was gemeint ist; viell. die bewußte, anhaltende Ablehnung Jesu Christi, des Sohnes Gottes, bzw. seines Heilswegs u. seiner Ethik, zu der z.B. die antichristl. Irrlehrer verführten). **αἰτήσει** Fut., mod. (A247): so *soll er (für ihn) bitten.* **δώσει** Fut. δίδωμι, Subj. wahrscheinl. Gott. **ἀμαρτάνουσιν** Ptz., subst.; App. zu αὐτῷ (A70); αὐτῷ ... τοῖς ἀμαρτάνουσιν μὴ πρὸς θάνατον ihm ... (näml.) *denen, deren Sünde nicht zum Tod führt.* **ἔστιν** hier *es gibt* (nicht enklitisch, H-S §125b). **ἵνα** hier *daß ... soll* (A328; 273).

17 **ἐρωτήσῃ** Aor. Konj. ἐρωτάω. **17 ἀ-δικία** *Unrecht; Ungerechtigkeit.*

18 **18 πᾶς ὁ** m. Ptz. *jeder, der* (A86). **γε-γεννημένος** Pf. Ptz. Pass. γεννάω, subst.; πᾶς ὁ γεγεννημένος ἐκ τοῦ θεοῦ *jeder, der von Gott gezeugt worden ist* od. *aus Gott* (d.h. als Gottes Kind) *geboren worden ist.* **οὐχ ἁμαρτάνει** 3,6. **γεννηθείς** Aor. Ptz. Pass., subst.; ὁ γεννηθεὶς ἐκ τοῦ θεοῦ τηρεῖ αὐτόν wohl *der von Gott Gezeugte* (Christus) *bewahrt ihn/es* (das Kind Gottes), evtl. *wer von Gott gezeugt worden ist* (das Kind Gottes), *bewahrt sich* ([A126; vgl. Var.] d.h. hütet sich [vor Sünde]) od. (semantisch aber schwierig) *... hält an ihm* (Gott) *fest.* **ὁ πονηρός** *der Böse* (d.h. Satan; B πονηρός 2b). **ἅπτεται** Med. ἅπτω *anzünden;* Med. m. Gen. (A165) *berühren, anfassen, anrühren* (u.a. auch um jmdm. zu schaden). **19 ἐκ τοῦ θεοῦ ἐσμεν** *wir gehören zu Gott* od. *stammen von Gott* (als unserem Vater). **κεῖται** (A32, hier als Pf. Pass. zu τίθημι gebraucht) *liegen, gelegt sein; sich an einem Ort befinden;* ἐν τῷ πονηρῷ κεῖμαι *in der Gewalt des Bösen* (d.h. des Teufels) *sein* (B ἐν I5d).

20 **20 ἥκω** *gekommen sein, dasein.* **δέ-δωκεν** Pf. δίδωμι. **διά-νοια** *Denkvermögen, Verstand,* hier *Erkenntnisvermögen* (B 1). **γινώσκωμεν** Konj. γινώσκω, vgl. 2,3. **ἀληθινός** *wirklich; wahr, wahrhaftig; echt, aufrichtig;* τὸν ἀληθινόν *den Wahrhaftigen, den wahren Gott* (GN). **οὗτος** *dieser,* d.h. Jesus Christus od. (doch weniger sinnvoll, da Tautologie) Gott. **ὁ ἀληθινὸς θεός**

21 Präd.-Nom. m. Art.: betonte Gleichsetzung m. dem Subj. (A80). **21 τεκνία** (Diminutiv v. τέκνον) *Kind,* im NT stets in liebevoll vertrauter Anrede an geistl. Kinder (vgl. B). **φυλάξατε** Aor. Imp. φυλάσσω[80] (< φύλαξ Wächter) *bewachen; behüten; befolgen;* Med. *sich hüten* ἀπό τινος *vor jmdm./etwas.* **ἑαυτά** Ntr. s. τεκνία (= att. ὑμᾶς αὐτούς/αὐτά; vgl. A126). **εἴδωλον** (< εἶδος Aussehen, Gestalt) *Götterbild; falscher Gott, Götze* (hier viell. falsche [d.h. im Widerspruch zur Selbstoffenbarung Gottes in Christus stehende] Gottesvorstellungen, wie sie z.B. v. den antichristl. Irrlehrern verbreitet wurden; vgl. zu V. 16).

2. Johannes

1 **ὁ πρεσβύτερος** *der* (bekannte [A103]) *Älteste.* **ἐκ-λεκτός** (< ἐκ- 1
λέγομαι [für sich] auswählen) *ausgewählt;* im NT fast durchweg: *auserwählt*
(ausgesondert, um zu Gott zu gehören bzw. ihm zu dienen). **κυρία** *Herrin,*
hier wohl übertr. v. einer Gemeinde; erg. **ἐπιστέλλω** *schreiben,* m. flgd. Dat.
des Adressaten (A376a). **τέκνον** hier wohl v. Gemeindegliedern. **οὕς** be-
zieht sich wahrscheinl. sowohl auf „Herrin" wie auf „Kinder" (sinngemäße Kon-
struktion, A96). **ἐν ἀληθείᾳ** *wirklich, wahrhaftig* (B ἀλήθεια 3). **οὐκ**
ἐγὼ μόνος ἀλλὰ καί *nicht nur ich, sondern auch.* **ἐ-γνωκότες** Pf. Ptz.
γινώσκω, subst. **ἡ ἀλήθεια** hier *die* (v. Gott in Jesus geoffenbarte) *Wahr-
heit* (vgl. B 2). **2 μένουσαν** Ptz. Fem. μένω, attr. **ἔσται** Fut. εἰμί; τὴν 2
μένουσαν ... καί ... ἔσται Ptz.-Konstruktion durch καί + HS fortgeführt
(H-S §231j Anm. 1). **3 ἔλεος**[7] *Barmherzigkeit, Erbarmen, Mitleid.* **ἐν** weist 3
hier auf Vorbedingung, Folge od. Begleitumstände zu Gnade, Barmherzigkeit u.
Frieden.

4 ἐ-χάρην Aor. Pass. (m. Akt.-Bdtg.) χαίρω. **λίαν** *sehr, ganz.* **εὕρη-** 4
κα Pf. εὑρίσκω. **ἐκ τῶν** ... = τινάς m. gen. partitivus (A137) *einige unter.*
τέκνον V. 1. **περι-πατοῦντας** Ptz. -πατέω, subst. (hier ohne Art. un-
best.). **ἐ-λάβομεν** Aor. λαμβάνω; καθὼς ἐντολὴν ἐλάβομεν *wie wir
(es) als Gebot empfangen haben.* **5 καὶ νῦν** *nun denn* (folgernd, bzw. es mar- 5
kiert den Übergang zu einem neuen Gedanken, vgl. BDR §442[26]). **κυρία**
V. 1. **γράφων** Ptz., mod. m. ὡς: vorgestellter Vergleich (A291,2) *als ob ich
schriebe/als wollte ich schreiben.* **ἦν** = ταύτην ἦν (A358). **εἴχομεν** Ipf.
ἔχω. **ἀπ᾽ ἀρχῆς** *von Anfang* (unseres Christseins) *an.* **ἵνα** hier *daß* (A328;
273), AkkO zu ἐρωτῶ. **ἀγαπῶμεν** Konj. ἀγαπάω. **6 ἵνα** (zweimal) 6
hier *daß* (A328; 353). **περι-πατῶμεν** Konj. **ἠκούσατε** Aor. ἀκούω.
ἐν αὐτῇ *in ihr* (der Liebe). **περι-πατῆτε** Konj.

7 πλάνος[11] *irreführend;* subst. *Betrüger, Verführer.* **ἐξ-ῆλθον** Aor. -ἐρ- 7
χομαι. **ὁμο-λογοῦντες** Ptz. -λογέω (vgl. ὁμῶς zusammen, in gleicher
Weise + λόγος) *sich (offen) als* etwas od. *zu etwas od. jmdm. bekennen;* attr.
(hier m. Art., obwohl BW unbest., A303). **ἐρχόμενον** Ptz. ἔρχομαι, subst.
(hier als Objektsartangabe, A65); Ἰησοῦν Χριστὸν ἐρχόμενον ἐν σαρκί
zu Jesus Christus als einem, der im Fleisch gekommen ist (d.h. daß Jesus Christus
ein Mensch v. Fleisch u. Blut wurde). **ἀντί-χριστος** *Antichrist, Christusfeind*
(der, der sich als Christus ausgibt [ἀντί *anstatt*; vgl. A188] od. gegen ihn
kämpft [ἀντί *gegen*]). **8 βλέπετε** Imp. **ἑαυτούς** (= att. ὑμᾶς αὐτούς,
A126). **ἀπ-ολέσητε** Aor. Konj. -όλλυμι. **εἰργασάμεθα** Aor. Med. ἐρ-
γάζομαι. **μισθός** *Lohn; Belohnung.* **πλήρης**[7] *voll; vollständig, -zählig.*
ἀπο-λάβητε Aor. Konj. -λαμβάνω[152] *empfangen, erhalten.*

9   **9 πᾶς ὁ** m. Ptz. *jeder, der* (A86). **προ-άγων** Ptz. -άγω (örtl. od. zeitl.) *vorausgehen, vorangehen; (her)vorführen;* hier *darüber* (d.h. über die Begrenzungen der richtigen Lehre) *hinausgehen;* subst. **μένων** Ptz., subst. **διδαχή** *Lehre.* **τοῦ Χριστοῦ** die v. ihm kommende u. (evtl. od.) ihn betreffende Lehre (gen. pertinentiae, A152ff). **ἔχω** jmdn. *haben,* d.h. mit ihm in Verbindung stehen

10   (B I2bβ). **καί ... καί** *sowohl ... als auch.*   **10 εἰ** m. Ind. indefiniter Fall (A342). **λαμβάνετε** Imp. **εἰς οἰκίαν** *ins Haus* (auch ohne Art. best., A106). **χαίρειν** Inf.; hier als griech. Grußformel: χαίρειν τινὶ λέγειν *jmdm. den Gruß entbieten, jmdm. guten Tag sagen* (B 2a). **λέγετε** Imp.

11   **11 λέγων** subst. **κοινωνέω** *Anteil haben, erhalten* od. *nehmen τινί an etwas;* hier *sich mitschuldig machen an etwas* (B 1bβ).

12   **12 ἔχων** Ptz., konz. *obwohl ich habe.* **γράφειν** Inf. **ἐ-βουλήθην** Aor. Pass. (ohne Pass.-Bdtg.) βούλομαι[175] *wollen, wünschen;* wohl Aor. des Briefstils (A241): *ich will* (es) nicht (tun). **διά** mit (A190). **χάρτης**[1] *Papier* (d.i. Papyrus). **μέλαν**[4] ανος τό (eig. subst. Ntr. v. μέλας μέλαινα μέλαν schwarz [H-S §46b]) *Tinte.* **ἐλπίζω** *hoffen.* **γενέσθαι** Aor. Inf. Med. γίνομαι hier *kommen.* **στόμα πρὸς στόμα** *mündlich, persönlich* (B πρός III1e). **λαλῆσαι** Aor. Inf. λαλέω. **πεπληρωμένη** Pf. Ptz. Pass. πληρόω, umschrieb. Pf. Konj. (A249) m. ᾖ. ᾖ Konj. εἰμί.

13   **13 τὰ τέκνα** vgl. V. 1, Verb Sg. statt Pl. (A89). **ἀδελφή** *Schwester* (eig. u. übertr. [Angehörige desselben Glaubens]), hier v. einer Gemeinde wie κυρία V. 1. **ἐκ-λεκτός** V. 1.

3. Johannes

1 ὁ **πρεσβύτερος** der (bekannte [A103]) Älteste. **Γάιος** Gaius, sonst nicht erwähnter Christ; erg. ἐπιστέλλω schreiben, m. flgd. Dat. des Adressaten (A376a). **ἐν ἀληθείᾳ** wirklich, wahrhaftig (B ἀλήθεια 3).

2 περὶ πάντων in jeder Hinsicht (B περί 1e), best. εὐοδοῦσθαι näher. **εὔχομαι** beten, wünschen, m. flgd. AcI. **εὐ-οδοῦσθαι** Inf. -οδόομαι (wörtl.: einen guten Weg [ὁδός] geführt werden) sich eines guten Ergehens erfreuen; Gelingen haben; daher: εὐοδοῦμαι es geht mir gut, es gelingt mir; Präd. des AcI. **ὑγιαίνειν** Inf. ὑγιαίνω (< ὑγιής gesund) gesund sein; Präd. des AcI. **3 ἐ-χάρην** Aor. Pass. (m. Akt.-Bdtg.) χαίρω. **λίαν** sehr, ganz. **ἐρ-χομένων** Ptz. ἔρχομαι, gen. abs. (A288), temp. od. kaus. **μαρτυρούν-των** Ptz. μαρτυρέω, gen. abs., temp. od. kaus.; καὶ μαρτυρούντων σου τῇ ἀληθείᾳ und Zeugnis ablegten über deine Wahrheit (d.h. deine Erkenntnis der Wahrheit u. die ihr entsprechende Lebensführung). **καθώς** hier = ὡς wie od. daß (A326). **ἐν ἀληθείᾳ** = ἐν τῇ ἀληθείᾳ. **4 μειζοτέραν** volkssprachl. Komp. v. μείζων (BDR §61,2; Komp. zu μέγας). **τούτων** gen. comparationis (A168; v. ταῦτα). **ἵνα** hier daß (A328), App. (A353) zu τούτων; τούτων ... ἵνα ἀκούω als dies, daß ich höre bzw. als zu hören. **ἀκούω** Konj. **περι-πατοῦντα** Ptz. -πατέω, AcP (A300).

5 πιστὸν ποιέω treu handeln, mit Treue tun. **ὃ ἐάν** = ὃ ἄν was auch immer od. alles, was (A132; 371). **ἐργάσῃ** Aor. Konj. Med. ἐργάζομαι. **εἰς** für, an (B 4g). **ξένος** fremd; subst. Fremder; καὶ τοῦτο (erg. εἰς) ξένους und das (sogar) an Fremden. **6 οἵ** hier wohl diese (vgl. A364a). **ἐ-μαρ-τύρησαν** Aor. μαρτυρέω. **ἐνώπιον ἐκκλησίας** auch ohne Art. best. (wohl eigennamenartig, BDR §254,6). **οὓς** sie (A364a). **καλῶς** schön, gut. **ποιήσεις** Fut. ποιέω; καλῶς ποιεῖν m. flgd. Ptz. gut daran tun. **προ-πέμψας** Aor. Ptz. -πέμπω[45] zur (Weiter-)Reise aussenden bzw. (meist auch) ausstatten; präd. bei Verben des modifizierten Seins u. Tuns (A301); οὓς καλῶς ποιήσεις προπέμψας du wirst gut daran tun, sie auszustatten bzw. hier (2. Pers Fut.) höfl. Bitte: bitte, statte sie aus. **ἀξίως** m. gen. pretii (A161) einer Sache/Person würdig, in einer Weise, die ihr entspricht/angemessen ist. **7 τὸ ὄνομα** der Name (Jesu), d.h. Jesus selbst (B I4d). **ἐξ-ῆλθον** Aor. -ἔρχομαι. **λαμβάνοντες** Ptz. λαμβάνω, mod.; iter. (A226). **ἐθνικός** (< ἔθνη) heidnisch (d.h. meist nichtjüdisch); subst. Heide, hier v. Nichtchristen. **8 ὀφείλω** schulden; verpflichtet sein, müssen. **ὑπο-λαμβάνειν** Inf. -λαμβάνω aufnehmen; hier unterstützen, helfen. **οἱ τοιοῦτοι** die so Beschaffenen (vgl. B 3), diese/solche Menschen. **συν-εργός** Mitarbeiter. **γινώμεθα** Konj. γίνομαι hier werden od. sich erweisen als. **τῇ ἀληθείᾳ** dat. commodi (A173) od. sociativus (A179) für die od. (mit) der Wahrheit.

9 **9 ἔ-γραψα** Aor. γράφω. **τι** [Var. ἄν statt τι, also Irrealis: *ich hätte ge-schrieben*, A252]. **φιλο-πρωτεύων** Ptz. -πρωτεύω (< φίλος Freund + πρῶτος) *der Erste sein wollen, sich die Leitung anmaßen;* attr. **αὐτῶν** bezieht sich auf die Gemeinde(glieder). **Διοτρέφης** ους (vgl. A7) *Diotrephes.* **ἐπι-δέχομαι** *aufnehmen; annehmen* (= nicht zurückweisen); hier wohl *anneh-men,* (als Autorität) *anerkennen.* **ἡμᾶς** d.h. den „Ältesten" u. dessen Leute

10 od. „uns" statt „mich" (Autoritätsplural, BDR §280[5]). **10 διὰ τοῦτο** *darum, deshalb.* **ἔλθω** Aor. Konj. ἔρχομαι. **ὑπο-μνήσω** Fut. -μιμνήσκω[167] *erinnern an, ins Gedächtnis rufen;* hier etwa *zur Sprache bringen* (um den Mißstand zu beseitigen; GN: *ihm vorhalten*). **φλυαρῶν** Ptz. φλυαρέω *albernes Zeug schwatzen über;* mod.; λόγοις πονηροῖς φλυαρῶν ἡμᾶς *indem er mit bösen Worten gegen uns hetzt* (vgl. Einh.). **ἀρκούμενος** Ptz. Pass. ἀρκέω *genügen, ausreichen;* Pass. *sich zufrieden geben* (ἐπί) τινι *mit etwas;* kaus. **οὔτε ... καί** *(einerseits) nicht ... und (andererseits)* (BDR §445[4]). **ἐπι-δέχομαι** hier *aufnehmen.* **βουλομένους** Ptz. βούλομαι *wollen, wünschen;* subst. *die, die (es tun) wollen.* **κωλύω** *hindern, abhalten.* **ἐκ-βάλλω** hier wohl *(aus der Gemeinde) ausschließen.*

11 **11 μιμοῦ** Imp. μιμέομαι Med. *nachahmen.* **ἀγαθο-ποιῶν** Ptz. -ποιέω *Gutes* od. *das Gute/Richtige tun;* subst.; dur. (dieses Tun bestimmt sein Leben), analog κακοποιῶν. **ἐκ τοῦ θεοῦ ἐστιν** *gehört zu Gott* od. *stammt von Gott* (als seinem Vater), vgl. B ἐκ 3a/b. **κακο-ποιῶν** Ptz. -ποιέω *Böses/ Frevlerisches* bzw. *das Böse/Verkehrte tun;* subst.; dur. **ἑ-ώρακεν** Pf. ὁράω; οὐχ ἑώρακεν τὸν θεόν *er hat Gott nicht gesehen* (u. er kennt ihn daher nicht [vgl. Pf., A242], d.h. es besteht keine echte Beziehung zwischen ihm u. Gott; vgl.

12 1Jh 3,6). **12 Δημήτριος** *Demetrius.* **με-μαρτύρηται** Pf. Pass. μαρτυ-ρέω hier (Pass.): jmdm. *wird ein gutes Zeugnis ausgestellt.* **αὐτὴ ἡ ἀλήθεια** *die Wahrheit selbst,* d.h. der Herr (der auf seiner Seite steht, selbst wenn Diotre-phes u. dessen Leute ihn ablehnen sollten) od. die Wahrheit/Echtheit seines Christseins (GN: *sein Leben in der Wahrheit;* Marshall, 1-3Jh, S. 93). **ἡμεῖς** vgl. V. 9. **μαρτυρία** *Zeugnis* (das Bezeugen od. das Bezeugte). **ἀληθής**[7] *wahr, wahrhaftig.*

13 **13 εἶχον** Ipf. ἔχω, *ich hatte* (als ich mit dem Schreiben begann, ZG) od. *ich hätte* (A239). **γράψαι** Aor. Inf. γράφω. **μέλαν**[4] ανος τό (eig. subst. Ntr. v. μέλας μέλαινα μέλαν schwarz [H-S §46b]) *Tinte.* **κάλαμος**

14 *Schilfrohr; Schreibrohr* (antike Schreibfeder). **γράφειν** Inf. **14 ἐλπίζω** *hoffen.* **ἰδεῖν** Aor. Inf. ὁράω. **στόμα πρὸς στόμα** *mündlich, persönlich* (B πρός III1e). **λαλήσομεν** Fut. λαλέω.

15 **15 εἰρήνη σοι** erg. εἴη (Opt. v. εἰμί) *Friede sei mit dir.* **φίλος** *Freund.* **ἀσπάζου** Imp. ἀσπάζομαι. **κατ᾽ ὄνομα** (κατά distributiv; B II3b; A195) *einzeln beim Namen, jeden persönlich.*

Judas

1 ἐν θεῷ in (der Gemeinschaft mit) Gott; viell. in den Augen Gottes (B ἐν 1
I3; BDR §220[1]). **ἠγαπημένοις** Pf. Ptz. Pass. ἀγαπάω, attr. **Ἰησοῦ
Χριστῷ** wohl dat. commodi (A173) für Jesus Christus (vgl. B τηρέω 2b).
τε-τηρημένοις Pf. Ptz. Pass. τηρέω, attr. **κλητός** berufen, geladen;
subst.; erg. ἐπιστέλλω schreiben, m. flgd. Dat. des Adressaten (A376a).
2 ἔλεος[7] Mitleid, Erbarmen, Barmherzigkeit. **πληθυνθείη** Aor. Opt. Pass. 2
πληθύνω (vgl. A33[132ff]) vollmachen, vermehren; Pass. sich vermehren, zuneh-
men; reichlich zuteil werden; kupitiver Opt. (A259).

3 σπουδή Eile, Hast; Eifer, Fleiß. **ποιούμενος** Ptz. Med. ποιέω; 3
σπουδὴν ποιέομαι = σπουδάζω sich eifrig zeigen, sich bemühen (Med. zur
Umschreibung des einfachen Verbalbegriffs, B II1); kaus., temp. od. konz.; πᾶ-
σαν σπουδὴν ποιούμενος da ich allen Eifer darauf verwende, obwohl ich
mir eifrig vorgenommen hatte. **γράφειν** Inf. **κοινός** gemeinsam. **ἀνάγ-
κη** Nötigung, Zwang, Notwendigkeit. **ἔ-σχον** Aor. ἔχω; ἀνάγκην ἔσχον
es hat sich für mich die Notwendigkeit ergeben = ich hielt es für nötig. **γράψαι**
Aor. Inf. γράφω. **παρα-καλῶν** Ptz. -καλέω, mod. od. fin. **ἐπ-αγωνί-
ζεσθαι** Inf. -αγωνίζομαι kämpfen. **ἅπαξ**[19] einmal; ein für allemal (B 2).
παρα-δοθείσῃ Aor. Ptz. Pass. Fem. -δίδωμι, attr. **πίστει** dat. commodi
(A173). **4 παρ-εισ-έ-δυσαν** Aor. -εισ-δύνω[12] sich einschleichen, unbe- 4
merkt eindringen [Var. παρ-εισ-ε-δύησαν Aor. Pass. m. intr. Bdtg.]. **πά-
λαι** vor langer Zeit, einst; schon lange/längst (B 2a). **προ-γε-γραμμένοι**
Pf. Ptz. Pass. προ-γράφω[42] vorher schreiben; vormerken εἴς τι für etwas; attr.
κρίμα[3] Entscheidung, Urteil; (das) Richten, Gericht. **ἀ-σεβής**[7] gottlos;
subst., App. (A70). **χάριτα** statt χάριν (Akk. v. χάρις[3]; H-S §35e).
μετα-τιθέντες Ptz. -τίθημι an einen anderen Platz stellen; ändern, verwan-
deln, verkehren (B 2); subst., App.; τὴν ... χάριτα μετατιθέντες εἰς ἀσέλ-
γειαν solche, die die Gnade ... verkehren in Ausschweifung/Schwelgerei (d.h. dazu
mißbrauchen). **ἀ-σέλγεια** Zügellosigkeit, Schwelgerei, (geschlechtl.) Aus-
schweifung. **δεσπότης**[1] Gebieter, Herr, Besitzer. **ἀρνούμενοι** Ptz. ἀρ-
νέομαι leugnen, bestreiten; verleugnen, sich lossagen von, m. Akk.; subst., App.

5 ὑπο-μνῆσαι Aor. Inf. -μιμνήσκω[167] erinnern. **βούλομαι** wol- 5
len. **εἰδότας** Pf. (m. präs. Bdtg.) Ptz. οἶδα, konz. **ὅτι** erklärt πάντα: alles,
daß/wie (nämlich). **ἅπαξ** V. 3, adv. zu σώσας. **Αἴγυπτος** ἡ Ägypten.
σώσας Aor. Ptz. σώζω, temp. **τὸ δεύτερον** adv. Akk. (A150) das zweite
Mal (B 4), beim zweiten Mal (d.h. zu einem späteren Zeitpunkt). **πιστεύ-
σαντας** Aor. Ptz. πιστεύω, subst. **ἀπ-ώλεσεν** Aor. -όλλυμι. **6 τη- 6
ρήσαντας** Aor. Ptz. τηρέω, attr. **ἀρχή** hier Amt, Herrschaftsbereich, Wir-
kungskreis (B 4). **ἀπο-λιπόντας** Aor. Ptz. -λείπω[44] zurücklassen, verlas-

sen; attr. **οἰκητήριον** *Wohnsitz, Wohnbereich.* **εἰς κρίσιν μεγάλης ἡμέρας** *für das Gericht am großen Tag* (am Jüngsten Tag). **δεσμός** *Fessel;* dat. modi (A180) *in Fesseln.* **ἀΐδιος**[11] *ewig.* **ζόφος** *Finsternis, Dunkel* (bes. der Unterwelt); **ὑπὸ ζόφον** *von Finsternis bedeckt* (B 2), *in der Finsternis drun-*

7 *ten* (Menge). **τε-τήρηκεν** Pf. τηρέω. **7 ὡς** par. zu ὅτι V. 6. **Σόδομα** ων τά *Sodom,* **Γόμορρα** τά u. ἡ *Gomorra, zwei wegen ihrer Sünde untergegangene Städte* (Gen 19,24ff). **αἱ περὶ αὐτὰς πόλεις** *die umliegenden Städte.* **ὅμοιος** *gleichartig, ähnlich, gleich.* **τρόπος** *Art und Weise;* adv. Akk. (A150); **τὸν ὅμοιον τρόπον τούτοις** *auf ähnliche Weise wie sie.* **ἐκ-πορνεύσασαι** Aor. Ptz. Fem. -πορνεύω *huren, Unzucht* (= illegitimer Geschlechtsverkehr jeder Art) *treiben;* kaus., viell. temp. **ἀπ-ελθοῦσαι** Aor. Ptz. Fem. -έρχομαι, kaus., viell. temp.; **ἀπελθοῦσαι ὀπίσω σαρκὸς ἑτέρας** *da sie andersartigem Fleisch nachliefen* = *da sie mit Wesen anderer Art geschlechtlich verkehren wollten* (GN) (näml. mit Engeln; vgl. Gen 19). **ὀπίσω** uneig. Präp. (A183) *hinter.* **πρό-κειμαι** *vorliegen; vor Augen liegen/stehen* (B 1). **δεῖγμα**[3] *Beweis; (warnendes/abschreckendes) Beispiel;* Subj.-Erg. (A47ff). **δίκη** *Rechtsspruch; Strafe.* **ὑπ-έχουσαι** Ptz. Fem. -έχω *unterhalten; hinhalten, darreichen;* mod.; **δίκην ὑπέχω** *Strafe erleiden;* **πυρὸς αἰωνίου δίκην ὑπέχουσαι** *indem sie die Strafe ewigen Feuers zu erleiden haben.*

8 **8 ὁμοίως** *gleich, in gleicher Weise, ebenso.* **μέντοι** *wirklich; allerdings, jedoch;* hier *aber* (BDR §450[1]). **ἐν-υπνιαζόμενοι** Ptz. -υπνιάζομαι *träumen;* mod. **μέν ... δέ** *einerseits ... andererseits, sowohl ... als auch* (vgl. H-S §252,34). **μιαίνω** *besudeln, beflecken.* **κυριότης**[3] ητος ἡ *Herrschermacht, Herrschaftsgewalt;* viell. Metonymie, Abstraktum für das Konkrete (A382c): *Herr, die Macht des Herrn* (näml. Gottes). **ἀ-θετέω** *für ungültig erklären; verwerfen, nicht anerkennen, ablehnen.* **αἱ δόξαι** hier *Herrlichkeitsengel, Himmelswesen* (B 4). **βλασ-φημέω** *in üblen Ruf bzw. in Verruf bringen, verleum-*

9 *den; lästern.* **9 Μιχαήλ** indekl., *Michael, ein Erzengel.* **ἀρχ-άγγελος** *Erzengel* (d.h. ein Engelfürst). **διά-βολος** (< διαβάλλω *verleumden*) subst. *Verleumder; Teufel;* dat. sociativus (A179). **δια-κρινόμενος** Ptz. Med. -κρίνω *scheiden, aussondern; unterscheiden, beurteilen;* Med. *zweifeln, streiten* τινί *mit jmdm.;* mod. **δι-ε-λέγετο** Ipf. δια-λέγομαι *sich unterreden, sich unterhalten; reden;* **ὅτε τῷ διαβόλῳ διακρινόμενος διελέγετο περὶ τοῦ Μωϋσέως σώματος** *als er mit dem Teufel um den Leichnam Moses stritt.* **σῶμα** hier *Leichnam* (B 1a). **ἐ-τόλμησεν** Aor. τολμάω *wagen; sich erkühnen.* **ἐπ-ενεγκεῖν** Aor. Inf. ἐπι-φέρω[198] *herbeibringen; vorbringen.* **βλασ-φημία** *Verleumdung, Schmähung; Lästerung;* κρίσις βλασφημίας *ein schmähendes/lästerndes Urteil* (vgl. B κρίσις 1bβ). **ἐπι-τιμῆσαι** Aor. Opt. 3. Sg. -τιμάω *anfahren, tadeln, schelten; strafen,* m. Dat.; kupitiver

10 Opt. (A259). **10 ὅσα οὐκ οἴδασιν** *alles, was sie nicht kennen/verstehen.* **φυσικῶς** *auf natürliche Weise, von Natur aus.* **ἄ-λογος**[11] *unvernünftig,*

vernunftlos. ζῷον *Lebewesen; Tier* (B 2). ἐπίσταμαι *verstehen; wissen, kennen.* ἐν τούτοις *daran, dadurch.* φθείρονται Pass. φθείρω *zugrunde richten, vernichten, zerstören;* Pass. *zugrunde gehen, verderben.* 11 οὐαί *wehe!* 11 Κάϊν indekl., *Kain,* Sohn Adams, erster Brudermörder (Gen 4). ἐ-πορεύ-θησαν Aor. Pass. (ohne Pass.-Bdtg.) πορεύομαι hier *wandeln, sein Leben führen* (B 2c); τῇ ὁδῷ τοῦ Κάϊν ἐπορεύθησαν *sie haben den Weg Kains eingeschlagen* (GN), d.h. sie tun das gleiche wie er. πλάνη *Irrtum, Täuschung.* Βαλαάμ indekl., *Bileam,* atl. Zauberer (Num 22ff). μισθός *Lohn;* gen. pretii (A161) *um Lohn, gegen Bestechung* (B 1), *des Geldes wegen* (GN). ἐξ-ε-χύθησαν Aor. Pass. ἐκ-χέω[39] *ausgießen;* Pass. übertr. *sich völlig/ganz hingeben an,* m. Dat. ἀντι-λογία *Widerspruch; Auflehnung;* dat. instr. (A176). Κόρε indekl., *Korach,* Anführer eines gegen Mose gerichteten Aufstands (Num 16). ἀπ-ώλοντο Aor. Med. -όλλυμαι. 12 ἐν *bei.* 12 ἀγάπη *Liebesmahl* (wurde in Verbindung m. dem Herrnmahl gefeiert). σπιλάς[3] άδος ἡ *Klippe, Riff; Schmutzfleck, Schandfleck;* Subjektsartangabe (A65) *als Schandflecke.* συν-ευωχούμενοι Ptz. -ευωχέομαι *zusammen schmausen, mitschmausen;* subst., Präd.-Nom. (A48f). ἀ-φόβως *furchtlos; ohne Scheu* (B 1). ποιμαίνοντες Ptz. ποιμαίνω *weiden;* mod. od. subst., App. zum Präd.-Nom. (A70); ἑαυτοὺς ποιμαίνοντες *indem sie/solche, die sich selbst weiden, indem sie/solche, die nur für sich selbst sorgen.* νεφέλη *Wolke;* App. zum Präd.-Nom., ebenso flgd. Subst. ἄν-υδρος[11] *wasserlos.* ἄνεμος *Wind, Sturm.* παρα-φερόμεναι Ptz. Pass. -φέρω *herzutragen; fortführen, vorübertreiben;* subst., App. δένδρον *Baum.* φθιν-οπωρινός *spätherbstlich, im Spätherbst.* ἄ-καρπος[11] *unfruchtbar, ohne Frucht.* δίς[19] *zweimal, zweifach.* ἀπο-θανόντα Aor. Ptz. -θνήσκω, attr. ἐκ-ριζωθέντα Aor. Ptz. Pass. -ριζόω *entwurzeln;* attr. 13 κῦμα[3] *Woge.* 13 ἄγριος *auf freiem Feld befindlich, wild;* hier *stürmisch* (B 2). ἐπ-αφρί-ζοντα Ptz. -αφρίζω *wie Schaum aufspritzen lassen;* attr.; κύματα ἄγρια θαλάσσης ἐπαφρίζοντα τὰς ἑαυτῶν αἰσχύνας *stürmische Meereswogen, die ihre eigenen Schandtaten wie Gischt emporschleudern* (B) [Var. ἀπ-αφρίζοντα Ptz. -αφρίζω *abschäumen, ausschäumen*]. αἰσχύνη *Schamgefühl; Schande, Schmach; Schandtat* (B 3). ἀστήρ[6] έρος ὁ *Stern.* πλα-νήτης[1] *herumirrend;* ἀστέρες πλανῆται *Irrsterne, Wandelsterne, Planeten.* οἷς dat. incommodi (A173) *für welche/die.* ζόφος V. 6. σκότος[7] *Finsternis, Dunkel;* ὁ ζόφος τοῦ σκότους *die dunkelste/tiefste Finsternis,* viell. *die finstere Hölle* (B 2). τε-τήρηται Pf. Pass. τηρέω.

14 προ-ε-φήτευσεν Aor. (statt ἐ-προ-φήτευσεν, so in Var.) -φη-τεύω *prophezeien, prophetisch reden; Zukünftiges voraussagen, weissagen* (B 3); Subj. ist Henoch. ἕβδομος[19] *siebter.* ἀπό *von ... an* (B II3a); ἕβδομος ἀπὸ Ἀδάμ *der siebte von Adam an, der siebte Nachkomme Adams.* Ἀδάμ indekl., hier Gen., *Adam,* Stammvater der Menschheit. Ἐνώχ indekl., hier

Nom., *Henoch*, atl. Frommer (Gen 5,18ff). **ἐν** *mit.* **μυριάς** ἀδος ἡ *Myriade,*
15 *zehntausend;* Pl. etwa *Abertausende, viele Tausende.* **15 ποιῆσαι** Aor. Inf.
ποιέω; ποιῆσαι κρίσιν κατὰ πάντων *um Gericht zu halten über alle*
(Menschen). **ἐλέγξαι** Aor. Inf. ἐλέγχω (vgl. A33[59ff]) *ans Licht bringen;*
überführen, nachweisen (B 2); *strafen;* ἐλέγξαι πᾶσαν ψυχὴν περὶ πάν-
των τῶν ἔργων ἀσεβείας αὐτῶν *um jede Seele/jeden/alle zu bestrafen we-*
gen aller ihrer gottlosen Werke. [Var. ἀ-σεβής V. 4.] **ἀ-σέβεια**
Gottlosigkeit; wohl gen. qualitatis (A160). **ὧν** für ἇς Attraktion des Rel.-Pron.
(A360). **ἠ-σέβησαν** Aor. ἀ-σεβέω *gottlos handeln;* ἔργα ἀσεβείας
αὐτῶν ὧν ἠσέβησαν *ihre gottlosen Werke, die sie verübt haben.* **σκληρός**
hart, rauh; unerträglich, frech; übers. hier etwa *freche Reden, unerträgliche Worte.*
ὧν für ἇ Attraktion des Rel.-Pron. (A360). **ἐ-λάλησαν** Aor. λαλέω.
16 **ἀ-σεβής** V. 4. **16 γογγυστής**[1] *Murrender, Nörgler.* **μεμψί-μοιρος**[11]
mit dem Schicksal hadernd, unzufrieden. **ἐπι-θυμία** *Verlangen, Sehnsucht;*
(sündige) *Begierde, Lust.* **πορευόμενοι** Ptz. V. 11, attr. **ὑπέρ-ογκος**[11]
von zu großem Umfang, (sehr) geschwollen, hochtrabend; τὸ στόμα αὐτῶν
λαλεῖ ὑπέρογκα *ihr Mund redet Hochtrabendes = sie nehmen große/*
geschwollene Worte in den Mund (Einh.). **θαυμάζοντες** Ptz. θαυμάζω,
mod.; θαυμάζοντες πρόσωπα ὠφελείας χάριν *indem sie (den Leuten)*
ihre Bewunderung zollen zum eigenen Vorteil (B), *sie schmeicheln (den Leuten) um*
des eigenen Vorteils willen. **ὠφέλεια** *Nutzen, Vorteil.* **χάριν** uneig. Präp.
(A183) *um ... willen, wegen.*
17   **17 μνήσθητε** Aor. Imp. Pass. (ohne Pass.-Bdtg.) μιμνήσκομαι[168]
ins Gedächtnis zurückrufen, sich erinnern, gedenken, m. Gen. **προ-ειρημέ-**
18 **νων** Pf. Ptz. Pass. -λέγω[191] *im voraus sagen, vorhersagen;* attr. **18 ἔ-λεγον**
Ipf. λέγω. **ὅτι** (zweites) recitativum = Doppelpunkt (A333). **ἐπ’ ἐσχά-**
του τοῦ χρόνου *in der letzten Zeit, am Ende der Zeit, in der Endzeit* (B
ἔσχατος 3b). **ἔσονται** Fut. εἰμί. **ἐμ-παίκτης**[1] *Spötter, Betrüger.*
ἐπι-θυμία V. 16. **πορευόμενοι** Ptz. V. 11, umschrieb. Fut. (A249).
19 **ἀ-σέβεια** V. 15, gen. qualitatis (A160). **19 ἀπο-δι-ορίζοντες** Ptz.
-ορίζω *absondern, trennen; Spaltungen verursachen;* subst., Präd.-Nom. (A48f).
ψυχικός *seelisch;* im NT stets *natürlich, irdisch gesinnt;* App. (A70). **ἔχον-**
τες Ptz. ἔχω, subst., App.
20   **20 ἐπ-οικο-δομοῦντες** Ptz. -δομέω *aufbauen, weiterbauen;* übertr.
erbauen; mod. **ἁγιώτατος** Superlativ v. ἅγιος *heilig;* Superlativ *hochheilig*
(B ἅγιος 1aα). **τῇ πίστει** dat. causae od. instr. (A176f) *auf (dem) Grund*
des Glaubens od. *durch (den) Glauben.* **ἐν πνεύματι ἁγίῳ** *im Heiligen*
Geist od. *in der Kraft des Heiligen Geistes.* **προσ-ευχόμενοι** Ptz. -εὐχο-
21 μαι, mod. **21 τηρήσατε** Aor. Imp. τηρέω [Var. τηρήσωμεν Aor. Konj.,
adhortativ (A254)]. **προσ-δεχόμενοι** Ptz. -δέχομαι *aufnehmen, anneh-*
men; erwarten, warten, m. Akk.; mod. **ἔλεος** V. 2; τὸ ἔλεος ... εἰς ζωὴν

αἰώνιον *das Erbarmen ... (das euch) zum ewigen Leben (führt).* **22 ἐλεᾶτε**   **22**
Imp. ἐλεάω = ἐλεέω *Barmherzigkeit üben, sich erbarmen, m.* Akk. **δια-κρι-**
νομένους Ptz. Med. -κρίνω V. 9; attr. od. subst. ohne Art.; οὓς μὲν
(A133) ἐλεᾶτε διακρινομένους *den einen, die zweifeln, zeigt Erbarmen.*
23 σῴζετε Imp. **ἁρπάζοντες** Ptz. ἁρπάζω *rauben, fortschleppen; weg-*   **23**
führen, herausreißen (B 2a); mod. **οὓς δὲ ἐλεᾶτε ἐν φόβῳ** *wieder anderer*
erbarmt euch (, aber) mit Furcht (d.h. ohne m. ihnen Gemeinschaft zu haben).
μισοῦντες Ptz. μισέω *hassen, verabscheuen;* mod. **καί** *sogar* (A313).
ἐ-σπιλωμένον Pf. Ptz. Pass. σπιλόω *beschmutzen, beflecken;* attr. **χι-**
τών[4] ῶνος ὁ *Untergewand, Hemd; Gewand, Bekleidung.*

    24 δυναμένῳ Ptz. δύναμαι, subst. **φυλάξαι** Aor. Inf. φυλάσ-   **24**
σω[80] *wachen, bewachen, bewahren, beschützen.* **ἄ-πταιστος**[11] *ohne Strau-*
cheln; Obj.-Präd.; φυλάξαι ὑμᾶς ἀπταίστους *euch vor dem Straucheln be-*
wahren. **στῆσαι** Aor. Inf. ἵστημι. **κατ-εν-ώπιον** m. Gen. *im Angesicht*
von, vor. **ἄ-μωμος**[11] *untadelig, fehlerfrei;* Obj.-Präd. (A65). **ἀγαλλίασις**
Jubel; ἐν ἀγαλλιάσει *voll Jubel, voll Freude.* **25 μόνῳ θεῷ** *dem alleinigen*   **25**
Gott; App. zu τῷ δυναμένῳ (A70). **σωτήρ**[6] ῆρος ὁ (vgl. σῴζω) *Retter,*
Befreier (im NT stets v. Christus bzw. Gott als demjenigen, der Heil verleiht).
δόξα hier *Ehre;* τῷ δυναμένῳ ... δόξα ... erg. ἐστίν od. εἴη (Opt. v.
εἰμί) *ihm, der ... kann ... gehört* od. *gebührt die Ehre ...* **μεγαλωσύνη**
Erhabenheit, Majestät. **κράτος**[7] *Kraft, Macht; Herrschaft.* **πρὸ παντὸς**
τοῦ αἰῶνος *vor aller Zeit/Ewigkeit* (B αἰών 1a).

Offenbarung

1 **ἀπο-κάλυψις**[8] εως ἡ *Enthüllung, Offenbarung.* **ἔ-δωκεν** Aor.
δίδωμι. **δεῖξαι** Aor. Inf. δείκνυμι[212] *zeigen;* fin. **γενέσθαι** Aor. Inf.
γίνομαι, Präd. des AcI, abhängig v. δεῖ. **τάχος**[7] *Schnelligkeit, Geschwindig-*
keit; ἐν τάχει *in Kürze, bald.* **ἐ-σήμανεν** Aor. σημαίνω[122] *kundtun, mit-*
teilen. **ἀπο-στείλας** Aor. Ptz. -στέλλω, mod.; ἐσήμανεν ἀποστείλας
er tat (es) kund, indem er (es) absandte = *er ließ (es) kundtun* (B 2; A218).
2 **2 ἐ-μαρτύρησεν** Aor. μαρτυρέω. **μαρτυρία** *Zeugnis (das Bezeugen*
od. das Bezeugte); m. gen. subi. (A158). **ὅσα** *alles, was;* wohl App. (A70); ὅς
ἐμαρτύρησεν τὸν λόγον ... καὶ τὴν μαρτυρίαν ... ὅσα εἶδεν *der*
Zeugnis ablegte von dem Wort ... und dem Zeugnis ... (nämlich) von allem, was er
3 *gesehen hat.* **3 μακάριος** *glücklich/gesegnet (sind)* (A94). **ἀνα-γινώ-**
σκων Ptz. -γινώσκω *lesen; vorlesen;* subst. **ἀκούοντες** Ptz. ἀκούω,
subst. **προ-φητεία** *Weissagung, Prophetie.* **τηροῦντες** Ptz. τηρέω, subst.
die, die sich halten an (GN: *beherzigen*). **γε-γραμμένα** Pf. Ptz. Pass. γρά-
φω, subst. **ὁ καιρός** *die (gemeinte) Zeit* (vgl. A103), *die Zeit (der Erfüllung)*
(Menge). **ἐγγύς** *nahe.*
4 **4 Ἀσία** *Asia,* röm. Provinz (westl. Kleinasien). **χάρις**[3] christl. Form
des griech. Briefgrußes χαίρειν, kombiniert m. dem hebr. Gruß שָׁלוֹם *šālôm*
= εἰρήνη. **ὤν** Ptz. εἰμί, subst.; ὁ ὢν καὶ ὁ ἦν καὶ ὁ ἐρχόμενος eine an
Ex 3,14f anknüpfende Umschreibung des Gottesnamens, hier trotz ἀπό im
Nom. belassen (BDR §143[2]). **ἦν** Ipf. εἰμί; ὁ ἦν vertritt hier ein dur. Ptz. m.
5 Vergangenheitsbezug (ZG): *der war.* **ἐρχόμενος** Ptz., subst. **5 μάρτυς**[6]
υρος ὁ *Zeuge;* App. im Nom. statt Gen. (BDR §136[2]; vgl. A70); gilt analog für
die flgd. Nom. **πιστός** trotz des Kommas Attr. zu μάρτυς (vgl. A111).
πρωτό-τοκος[11] (< τίκτω *gebären*) *erstgeboren;* ὁ πρωτότοκος τῶν νε-
κρῶν *der Erstgeborene von den Toten,* d.h. der erste, der gestorben u. zu unver-
gängl. Leben auferstanden ist u. somit den Vorrang hat. **ἄρχων**[5] οντος ὁ
Herrscher, Fürst. **ἀγαπῶντι** Ptz. ἀγαπάω, subst. **λύσαντι** Aor. Ptz.
6 λύω, subst. **ἐν** instr. *durch.* **6 ἐ-ποίησεν** Aor. ποιέω; Fortsetzung der
Ptz.-Konstruktion durch ein finites Verb (BDR §468[6]; A293); ἐποίησεν (statt
ποιήσαντι) ἡμᾶς βασιλείαν *er hat uns gemacht zu einem Königtum* (d.h.
zu einem Volk, das ihn zum König hat; doppelter Akk., H-S §153b) od. *zu Köni-*
gen bzw. *zu Mitherrschern in seinem Reich* (GN). **ἱερεύς**[8] *Priester;* App. (A70)
zu βασιλείαν; m. flgd. dat. commodi (A173). **δόξα** erg. εἴη (Opt. v. εἰμί)
7 *Ehre sei.* **κράτος**[7] *Kraft, Macht, Gewalt; Herrschaft.* **7 ἔρχεται** fut. Präs.
(A234). **νεφέλη** *Wolke.* **ὄψεται** Fut. ὁράω. **ἐξ-ε-κέντησαν** Aor. ἐκ-
κεντέω *durchbohren.* **κόψονται** Fut. Med. κόπτω[56] *abschlagen;* Med. *sich*
(vor Trauer an die Brust) *schlagen; heftig trauern, jammern und klagen.* **ἐπί**

über (B III1bє). **φυλή** *Stamm; Volksstamm, Volk.* **ναί** *ja.* **8 τὸ ἄλφα** 8
καὶ τὸ ὦ erster u. letzter Buchstabe des griech. Alphabets zur Kennzeichnung
des Anfangs u. Endes, übers. *das Alpha und das Omega.* **παντο-κράτωρ**[6]
ορος ὁ *Allherrscher, Allmächtiger.*

9 συγ-κοινωνός *(mit)teilhabend;* subst. *Teilhaber, Genosse,* **ἔν τινι** 9
an etwas. **ὑπο-μονή** *Ausharren, Geduld, Ausdauer, Standhaftigkeit.* **ἐν**
Ἰησοῦ *in (Gemeinschaft mit) Jesus,* attr. zu allen drei davorstehenden Subst.,
evtl. nur zu ὑπομονῇ. **ἐ-γενόμην** Aor. γίνομαι hier *sein* (B II4a).
νῆσος ἡ *Insel.* **καλουμένη** Ptz. Pass. καλέω, attr. **Πάτμος** ἡ *Patmos,*
Insel im Ägäischen Meer. **μαρτυρία** V. 2, hier wohl m. gen. obi. (A158).

10 ἐν πνεύματι ein Zustand des Außer-sich-Seins (Ekstase) zum Zweck 10
des Offenbarungsempfangs; ἐγενόμην ἐν πνεύματι *ich geriet unter die*
Wirkung des Geistes (Gottes), ich wurde vom Geist ergriffen, der Geist nahm Besitz
von mir (GN). **κυριακός** *zum Herrn gehörig, Herrn-;* ἐν τῇ κυριακῇ
ἡμέρᾳ *am Herrntag, am Tag des Herrn* (d.h. am Sonntag). **ἤκουσα** Aor.
ἀκούω. **ὀπίσω** uneig. Präp. (A183) *hinter.* **μέγας**[12] hier *laut.* **σάλπιγξ**[3]
ιγγος ἡ *Trompete, Posaune.* **11 λεγούσης** Ptz. Fem. λέγω, attr. **γρά-** 11
ψον Aor. Imp. γράφω. **βιβλίον** *Buch.* **πέμψον** Aor. Imp. πέμπω; erg.
als Obj. „es". **Ἔφεσος** *Ephesus,* Hauptstadt der röm. Provinz Asia.
Σμύρνα *Smyrna,* Stadt an der Westküste Kleinasiens. **Πέργαμος** ἡ
Pergamon, Stadt in Mysien (westl. Kleinasien). **Θυάτειρα** τά *Thyatira,*
Σάρδεις εων ἡ *Sardes,* **Φιλαδέλφεια** *Philadelphia,* drei Städte in Lydien
(westl. Kleinasien). **Λαοδίκεια** *Laodizea,* Stadt in der röm. Provinz Asia.

12 ἐπ-έ-στρεψα Aor. ἐπι-στρέφω[47] *hinwenden;* intr. *sich umwenden.* 12
βλέπειν Inf.; fin. (A276). **ἥτις** = ἥ (H-S §59b; A133a). **ἐ-λάλει** Ipf.
λαλέω. **ἐπι-στρέψας** Aor. Ptz., temp. **λυχνία** *Leuchter.* **χρυσοῦς**
(H-S §44c) *golden.* **13 ἐν μέσῳ** *inmitten.* **υἱὸς ἀνθρώπου** *Menschen-* 13
sohn (Hebr. im Sinn v. Mensch od. christologischer Titel [vgl. Da 7,13f]); hier
Akk. statt Dat. (BDR §182[6]); **εἶδον** ... **ὅμοιον** υἱὸν ἀνθρώπου *ich erblickte*
... einen, der wie ein Mensch/der Menschensohn (A106d) *aussah.* **ἐν-δε-δυμέ-**
νον Pf. Ptz. Pass. ἐν-δύω[12] *anziehen, bekleiden;* attr. **ποδ-ήρης**[7] *bis zu den*
Füßen reichend; subst. ὁ ποδήρης (erg. χιτών) *das bis auf die Füße reichende*
Gewand, das lange Gewand (BDR §241[7]; B); ἐνδεδυμένον ποδήρη *bekleidet*
mit einem Gewand, das bis auf die Füße reicht (im Pass. bleibt das AkkO der
Sache erhalten; BDR §159[1]; A213; analog ζώνην χρυσᾶν). **περι-ε-ζω-**
σμένον Pf. Ptz. Pass. -ζώννυμαι[224] *sich umgürten;* attr. **πρός** hier wohl
um. **μαστός** *Brustwarze;* Pl. *Brust.* **ζώνη** *Gürtel.* **χρυσᾶν** statt χρυσῆν
(in Analogie zu ἀργυρᾶν; BDR §45[3]). **14 θρίξ**[3] τριχός ἡ *Haar.* **λευκός** 14
leuchtend; weiß; erg. ἦσαν (Ipf. v. εἰμί; analog im flgd. an verschiedenen Stel-
len). **ἔριον** *Wolle.* **χιών**[4] όνος ἡ *Schnee.* **φλόξ**[3] ογός ἡ *Flamme;* φλὸξ
πυρός *Feuerflammen* (gen. qualitatis, A160). **15 χαλκο-λίβανον** (od. -ος 15

ὁ, viell. ἡ [erg. μορφή Form, Gebilde o.ä.; BDR §241[9] u. 423[10]]) Bdtg. unsicher, wahrscheinl. etwa *Golderz*. **κάμινος** ἡ *Ofen, Schmelzofen*. **πε-πυρωμένης** Pf. Ptz. Pass. πυρόω *anzünden, verbrennen; glühend machen, ausglühen* (so beim Läuterungsprozeß); Pass. *brennen; glühen;* am ehesten gen. abs. (A288) statt part. coni. (A289) im Dat. (zu χαλκολιβάνῳ als Fem.; BDR §241[9]), mod. (vorgestellter Vergleich; A291,2); ὡς ἐν καμίνῳ πεπυρωμένης *als ob es in einem Schmelzofen glühte; wie wenn es in einem Schmelzofen geläutert worden wäre* bzw. *wie (es ist), wenn es in einem Schmelzofen geläutert ist* (BDR §423[10]) [Var. πε-πυρωμένοι Pf. Ptz. Pass., attr.]. **ὕδωρ**[3] Pl. *Gewässer* (B 1;

16 BDR §141[11]). **16 ἔχων** Ptz., wohl umschrieb. Ipf. (A249; erg. ἦν [vgl. V. 14]); analog das flgd. Ptz. (vgl. Z) [Var. εἶχεν Ipf.]. **ἀστήρ**[6] ἐρος ὁ *Stern*. **ῥομφαία** *Schwert*. **δί-στομος**[11] *zweischneidig*. **ὀξύς**[10] εῖα ύ *scharf*. **ἐκπορευομένη** Ptz. -πορεύομαι *hinausgehen; hervorgehen, herauskommen*. **ὄψις**[8] *(das) Sehen; äußere Erscheinung, Aussehen; Gesicht, Antlitz;* erg. wohl ἦν (Ipf. v. εἰμί) *war/leuchtete*. **ἥλιος** *Sonne*. **φαίνω** *scheinen, leuchten*. **ἐν τῇ δυνάμει αὐτοῦ** *in ihrer Kraft = machtvoll* od. *bei ihrem höchsten Stand/um die Mittagszeit*.

17 **17 ἔ-πεσα** Aor. πίπτω; ἔπεσα πρὸς τοὺς πόδας αὐτοῦ *ich fiel zu seinen Füßen nieder*. **ἔ-θηκεν** Aor. τίθημι. **λέγων** Ptz., mod. **φοβοῦ**
18 Imp. φοβέομαι. **18 ζῶν** Ptz. ζάω, subst. **ἐ-γενόμην** V. 9. **ζῶν** Ptz., umschrieb. Präs. (A249). **κλείς**[3] κλειδός ἡ *Schlüssel* (d.h. Macht [über]).
19 **ᾅδης**[1] *Hades, Unterwelt, Totenreich*. **19 γράψον** V. 11. **γενέσθαι** V. 1; ἃ μέλλει γενέσθαι μετὰ ταῦτα *was danach geschehen wird;* zum Numerus
20 des Präd. vgl. BDR §133[5] od. A89. **20 μυστήριον** *Geheimnis;* wohl Akk. der Beziehung (A149), erg. ἐστίν, übers. etwa *mit dem Geheimnis ... verhält es sich (so)*. **ἀστήρ** V. 16. **λυχνία** V. 12; τὰς ἑπτὰ λυχνίας τὰς χρυσᾶς wohl kurz für τὸ μυστήριον τῶν ἑπτὰ λυχνιῶν τῶν χρυσῶν. **χρυσοῦς** V. 12. **ἄγγελος** wird völlig unterschiedl. gedeutet; da in den Sendschreiben (2,1-3,22) die Gemeinden angeredet sind, kann ἄγγελος Symbolfigur für die Gemeinde sein (vgl. Pohl, Apk I, S. 97ff).

2 **ἄγγελος** 1,20. **Ἔφεσος** 1,11. **γράψον** Aor. Imp. γράφω. **ὅ-δε**[18] *dieser;* weist hier auf Folgendes hin (A130). **κρατῶν** Ptz. κρατέω, subst. **ἀστήρ**[6] ἐρος ὁ *Stern*. **περι-πατῶν** Ptz. -πατέω, subst. **ἐν μέσῳ** *inmit-*
2 *ten*. **λυχνία** *Leuchter*. **χρυσοῦς** (H-S §44c) *golden*. **2 κόπος** *Mühe; Anstrengung, Arbeit*. **ὑπο-μονή** *Ausharren, Geduld, Ausdauer, Standhaftigkeit*. **δύνῃ** 2. Sg. δύναμαι. **βαστάσαι** Aor. Inf. βαστάζω[108] *tragen;* übertr. *ertragen, aushalten*. **ἐ-πείρασας** Aor. πειράζω (vgl. A33[91ff]) *versuchen; prüfen, auf die Probe stellen*. **λέγοντας** Ptz. λέγω, subst.; doppelter Akk. (A147); Fortsetzung der Ptz.-Konstruktion durch ein finites Verb (A293); τοὺς λέγοντας ἑαυτοὺς ἀποστόλους καὶ οὐκ εἰσίν (statt ὄντας) *die sich Apostel nennen und es nicht sind*. **εὗρες** Aor. εὑρίσκω, hier m. doppeltem

Akk. (vgl. A147) *jmdn. befinden/erkennen als* (B 2). **ψευδής**[7] *lügnerisch, verlogen;* subst. *Lügner.* **3 ἐ-βάστασας** Aor. **κε-κοπίακες** (-ες statt -ας, vgl. BDR §83,2) Pf. κοπιάω *müde werden* [Var. ἐ-κοπίασας Aor.]. **4 τὴν ἀγάπην σου τὴν πρώτην** *die Liebe, die du früher hattest.* **ἀφ-ῆκες** Aor. (für -ῆκας, H-S §116[25]) ἀφ-ίημι. **5 μνημόνευε** Imp. μνημονεύω *sich erinnern, gedenken, denken an.* **πόθεν**[18] *woher; von wo* bzw. hier etwa *aus welcher Höhe.* **πέ-πτωκας** Pf. πίπτω. **μετα-νόησον** Aor. Imp. -νοέω *seinen Sinn ändern, umkehren.* **ποίησον** Aor. Imp. ποιέω. **εἰ δὲ μή** *andernfalls* (BDR §376[5]; A341). **ἔρχομαί σοι** *ich komme zu dir* od. dat. incommodi (A173; BDR §192: dat. „ethicus" [vgl. H-S §176c]) *ich komme dir = ich gehe gegen dich vor;* wohl fut. Präs. (A234). **κινήσω** Fut. κινέω *fortbewegen, entfernen.* **μετα-νοήσῃς** Aor. Konj. **6 τοῦτο ἔχεις, ὅτι** *du hast dies* (für dich), *daß; dies spricht für dich, daß* (Kraft, Apk. S. 55). **Νικολαῖτης**[1] *Nikolait,* Anhänger einer nicht näher bekannten Irrlehre. **7 ἔχων** Ptz., subst. **οὖς**[3] ὠτός τό *Ohr;* ὁ ἔχων οὖς *wer ein Ohr hat = wer hören kann* (GN). **ἀκουσάτω** Aor. Imp. 3. Sg. ἀκούω. **νικῶντι** Ptz. νικάω (< νίκη *Sieg*) *siegen, überwinden; Sieger sein* (perfektische Bdtg., A236); subst. **δώσω** Fut. δίδωμι hier *(das Recht) geben, erlauben.* **αὐτῷ** steht pleon. (BDR §297,2). **φαγεῖν** Aor. Inf. ἐσθίω. **ξύλον** *Holz; Baum.* **παράδεισος** eig. *Garten, Park;* LXX *(Gottes) Garten,* daher im NT: *Paradies* (Aufenthaltsort der Erlösten zwischen Tod u. Auferweckung; EWNT 3, Sp. 41).

8 ἄγγελος 1,20. **Σμύρνα** 1,11. **γράψον, ὅ-δε** V. 1. **ἐ-γένετο** Aor. γίνομαι hier *sein* (vgl. B II4a). **ἔ-ζησεν** Aor. ζάω, ingr. (A240b) *(der) lebendig geworden ist.* **9 πτωχεία** *Armut.* **ἀλλά ... εἶ** Parenthese (A374). **πλούσιος** *reich.* **βλασ-φημία** *Schmährede, Lästerung; üble Nachrede.* **λεγόντων** Ptz. λέγω, subst.; m. AcI (A273); Fortsetzung der Ptz.-Konstruktion durch ein finites Verb (A293); τῶν λεγόντων Ἰουδαίους εἶναι ἑαυτοὺς καὶ οὐκ εἰσίν (statt ὄντων) *die behaupten, Juden zu sein, und es nicht sind.* **εἶναι** Inf. εἰμί; Präd. des AcI. **συν-αγωγή** *Synagoge; Versammlung; Synagogengemeinde.* **σατανᾶς**[1] ᾶ *Satan, der Widersacher Gottes.* **10 μηδέν** *in keiner Weise* (B 2bβ; Akk. der Beziehung, A149). **φοβοῦ** Imp. φοβέομαι. **πάσχειν** Inf. πάσχω. **βάλλειν** Inf. **διά-βολος** (< διαβάλλω *verleumden*) subst. *Verleumder; Teufel.* **ἐξ ὑμῶν** erg. τινάς (A137a) *einige von euch.* **πειρασθῆτε** Aor. Konj. Pass. πειράζω V. 2. **ἔξετε** Fut. ἔχω [Var. ἔχητε Konj.]. **ἡμερῶν** gen. temp. (A166). **δέκα**[19] *zehn.* **γίνου** Imp. γίνομαι hier *sein* (vgl. B II4a). **δώσω** Fut. δίδωμι. **στέφανος** *Kranz, Siegeskranz;* τὸν στέφανον τῆς ζωῆς gen. epexegeticus (A163) *den Siegeskranz, nämlich das Leben* bzw. *das Leben als Siegeskranz.* **11 ἔχων, οὖς, ἀκουσάτω** V. 7. **νικῶν** Ptz. V. 7. **οὐ μή** m. Aor. Konj. stärkste Verneinung zukünftigen Geschehens (A257). **ἀ-δικηθῇ** Aor. Konj. Pass. ἀ-δικέω intr. *Unrecht tun;* tr. *ungerecht behandeln; schädigen;* οὐ μή

ἀδικηθῇ *ihm wird bestimmt kein Schade zugefügt werden.* ἐκ *hier von (seiten).*
ὁ θάνατος ὁ δεύτερος s. zur Vorstellung 21,8.

12 **12** ἄγγελος 1,20. Πέργαμος 1,11. γράψον, ὅ-δε V. 1. ἔχων
Ptz., subst. ῥομφαία *Schwert.* δί-στομος[11] *zweischneidig.* ὀξύς[10] εἶα ὑ
13 *scharf.* **13** ὅπου *erklärt das* ποῦ *(nämlich) dort, wo;* erg. ἐστίν *ist/steht.*
σατανᾶς V. 9. ἠρνήσω *Aor. 2. Sg.* ἀρνέομαι *leugnen, bestreiten; verleug-
nen, sich lossagen von,* m. Akk. μου *gen. obi.* (A158). καί *(drittes) auch, so-
gar* od. *epexegetisch und zwar, nämlich* (A311,7). Ἀντιπᾶς[1] ᾶ *Antipas,* hier
Nom. statt Gen. (ZG), *Christ, der den Märtyrertod starb.* μάρτυς[6] υρος ὁ
Zeuge. ἀπ-ε-κτάνθη *Aor. Pass.* ἀπο-κτείνω. παρ᾽ ὑμῖν *bei euch, in eu-
14 rer Stadt* (B παρά II1bβ). **14** ὀλίγα *(einiges) weniges, etwas.* κρα-
τοῦντας Ptz. κρατέω, subst. διδαχή *Lehre.* Βαλαάμ *indekl.,* hier
Gen., *Bileam,* atl. *Zauberer* (Num 22ff). ἐ-δίδασκεν Ipf. διδάσκω, hier m.
Dat. statt Akk. (BDR §155[1]). Βαλάκ *indekl., Balak, moabitischer König.*
βαλεῖν *Aor. Inf.* βάλλω. σκάνδαλον *Falle; Verführung (das, was zu Fall
bringt, zur Sünde, zum Abfall v. Gott veranlaßt); Ärgernis, (das) Anstößige (das,
was Widerspruch, Entrüstung, Mißbilligung hervorruft);* βαλεῖν σκάνδαλον
ἐνώπιον *eine Falle in den Weg zu legen, (zur Sünde) zu verführen.* Ἰσραήλ ὁ
indekl., hier Gen. φαγεῖν V. 7, Inf. fin.-kons. od. *epexegetisch* (A276; 278f)
(nämlich) ... zu essen. εἰδωλό-θυτος[11] *Ntr.* subst. *Götzenopfer, Götzenopfer-
fleisch.* πορνεῦσαι *Aor. Inf.* πορνεύω *huren, Unzucht (= illegitimer Ge-
15 schlechtsverkehr jeder Art) treiben.* **15** καί *auch.* κρατοῦντας Ptz., subst.
16 Νικολαΐτης V. 6. ὁμοίως *gleich, in gleicher Weise, ebenso.* **16** μετα-
νόησον, εἰ δὲ μή, ἔρχομαί σοι V. 5. ταχύς[10] εἶα ὑ *rasch, schnell;
Ntr. Sg. als Adv. schnell; ohne Verzug, bald.* πολεμήσω *Fut.* πολεμέω *Krieg
17 führen, kämpfen* μετά τινος *gegen jmdn.* (B 1a). ἐν *mit.* **17** ἔχων, οὖς,
ἀκουσάτω, νικῶντι V. 7. δώσω V. 10. αὐτῷ V. 7. μάννα τό
indekl. (hebr. מָן *mān;* aram. מַנָּא *mannāʾ) Manna (hier als Himmelsspeise),
gen. partitivus* (A165; BDR §169[5]). κε-κρυμμένου *Pf. Ptz. Pass.*
κρύπτω[57] *verbergen, verhüllen;* attr. ψῆφος ἡ *Steinchen, Stein (auch zur Ab-
stimmung verwandt, ein schwarzer Stein verurteilend, ein weißer freispre-
chend).* λευκός *leuchtend; weiß.* γε-γραμμένον *Pf. Ptz. Pass.* γράφω,
wohl umschrieb. Präs. (A249; erg. ἐστίν). εἰ μή *außer.* λαμβάνων Ptz.,
subst.

18 **18** ἄγγελος 1,20. Θυάτειρα 1,11. γράψον, ὅ-δε V. 1. ἔχων
Ptz., subst.; *Fortsetzung der Ptz.-Konstruktion durch ein finites Verb* (A293); ὁ
ἔχων ... καὶ οἱ πόδες αὐτοῦ ... *der, der ... hat und dessen Füße ... (sind).*
φλόξ[3] ογός ἡ *Flamme;* φλὸξ πυρός *Feuerflammen (gen. qualitatis,* A160).
χαλκο-λίβανον (od. -ος ὁ, *viell.* ἡ [erg. μορφή *Form, Gebilde o.ä.;* BDR
19 §241[9] u. 423[10]]) *Bdtg. unsicher, wahrscheinl. etwa Golderz.* **19** διακονία
Dienst. ὑπο-μονή V. 2. πλείονα *wohl AcP* (erg. ὄντα [Ptz. v. εἰμί];

A300; vgl. BDR §416,2[9]); οἶδα ... καὶ τὰ ἔργα σου τὰ ἔσχατα πλείονα *ich weiß ... und daß deine Werke in letzter Zeit zahlreicher sind/daß du in letzter Zeit mehr tust.* πρώτων gen. comparationis (A168). **20 ἀφ-εῖς** (< klass. 20 -ίεις [statt -ίης]; BDR §94[6]; H-S §115b[9]) 2. Sg. -ίημι hier *gewähren lassen.* Ἰεζάβελ indekl., hier Akk., *Isebel, falsche Prophetin.* **λέγουσα** Ptz. Fem. λέγω, attr.; App. im Nom. statt Akk. (BDR §136[2]); doppelter Akk. (A147); Fortsetzung der Ptz.-Konstruktion durch ein finites Verb (A293); ἡ λέγουσα ἑαυτὴν προφῆτιν καὶ διδάσκει καὶ πλανᾷ (statt διδάσκουσα καὶ πλανῶσα) *die sich als Prophetin ausgibt und lehrt und verführt.* **προ-φῆτις**[3] ιδος ἡ *Prophetin.* **πλανάω** (< πλάνη Irrtum) *in die Irre führen, irreführen, verführen.* **πορνεῦσαι, φαγεῖν, εἰδωλό-θυτος** V. 14. **21 ἔ-δωκα** 21 Aor. δίδωμι. **ἵνα** hier statt Inf. (A270 u. 328). **μετα-νοήσῃ** Aor. Konj. -νοέω V. 5. **μετα-νοῆσαι** Aor. Inf. **πορνεία** *Unzucht* (= illegitimer Geschlechtsverkehr jeder Art), *Hurerei.* **22 βάλλω** wohl fut. Präs. (A234). 22 **κλίνη** *Bett, Bahre;* hier *Krankenbett;* βάλλω αὐτὴν εἰς κλίνην καί ... εἰς θλῖψιν μεγάλην *ich werfe sie aufs Krankenbett und stürze ... in große Not.* **μοιχεύοντας** Ptz. μοιχεύω *Ehebruch begehen;* subst. **μετα-νοήσω- σιν** Aor. Konj. V. 5 [Var. μετα-νοήσουσιν Fut. (BDR §373[13])]. **23 ἀπο-** 23 **κτενῶ** Fut. -κτείνω. **ἐν** *durch.* **θάνατος** hier wohl *tödliche Krankheit* (B 1e). **γνώσονται** Fut. γινώσκω. **ἐραυνῶν** Ptz. ἐραυνάω *nachspü- ren, erforschen, untersuchen, prüfen;* subst.; ὁ ἐραυνῶν νεφροὺς καὶ καρ- δίας *der, der Nieren und Herzen erforscht/prüft* (d.h. der das Innerste des Men- schen kennt). **νεφρός** *Niere.* **δώσω** V. 10. **24 ὑμῖν ... τοῖς λοιποῖς** 24 *euch anderen* (App. beim Pers.-Pron., H-S §129b). **διδαχή** V. 14. **ἔ-γνω- σαν** Aor. γινώσκω. **βαθύς**[10] εῖα υ *tief;* Ntr. Pl. *die (verborgenen) Tiefen.* **σατανᾶς** V. 9. **ὡς λέγουσιν** *wie sie* [die Anhänger Isebels] *(es) nennen.* **βάρος**[7] *Last* (d.h. Auflage/Vorschrift od. Prüfung [GN]). **25 πλήν** *jedoch;* 25 *nur, jedenfalls.* **κρατήσατε** Aor. Imp. κρατέω. **ἄχρι οὗ** *bis, bis daß* (A337). **ἥξω** Fut. od. Aor. Konj. ἥκω (vgl. A33[187]) *gekommen sein, dasein;* (außerhalb des Präs.:) *kommen.* **26 νικῶν** Ptz. V. 7; subst.; hier nom. pen- 26 dens (A141) statt Dat., wobei αὐτῷ darauf zurückweist (BDR §466[5]); analog das fldg. Ptz. **τηρῶν** Ptz. τηρέω, subst. **τὰ ἔργα μου** *meine Werke = die Werke, die ich gebiete* (Einh.). **δώσω** V. 10. **27 ποιμανεῖ** Fut. ποι- 27 μαίνω[121] *weiden, hüten;* hier *herrschen, regieren* (B 2aβ). **ἐν** instr. *mit.* **ῥάβ- δος** ἡ *Rute, Stab, Stock.* **σιδηροῦς** (H-S §44c) *eisern.* **σκεῦος**[7] *Gerät; Gefäß.* **κεραμικός** *irden, tönern.* **συν-τρίβεται** Pass. -τρίβω *zerstoßen, zerschlagen.* **28 εἴληφα** Pf. λαμβάνω. **δώσω** V. 10. **ἀστήρ** V. 1. 28 **πρωϊνός** *früh, frühmorgens;* ὁ ἀστὴρ ὁ πρωϊνός *der Morgenstern.* **29 ἔχων, οὖς, ἀκουσάτω** V. 7. 29

ἄγγελος 1,20. **Σάρδεις** 1,11. **γράψον** Aor. Imp. γράφω. **ὅ-δε**[18] **3** *dieser;* weist hier auf Folgendes hin (A130). **ἔχων** Ptz., subst. **ἀστήρ**[6] ερος

ὁ *Stern*. **ζῇς** 2. Sg. ζάω; ὄνομα ἔχεις ὅτι ζῇς *du hast den Namen, du lebest;*
2 *man hält dich für lebendig.* **2 γίνου** Imp. γίνομαι. **γρηγορῶν** Ptz. γρη-
γορέω *wachen; wachsam sein;* umschrieb. Präs. (A249; BDR §354[1]) *werde*
wach. **στήρισον** Aor. Imp. στηρίζω[85] *aufstellen, festmachen;* übertr. *kräfti-*
gen, stärken. **ἔ-μελλον** Ipf. μέλλω; τὰ λοιπὰ ἃ ἔμελλον ἀποθανεῖν
der Rest (d.h. der Gemeindeglieder od. des christl. Lebens), *der zu sterben droht.*
ἀπο-θανεῖν Aor. Inf. -θνῄσκω. **εὕρηκα** Pf. εὑρίσκω. **πε-πλη-**
ρωμένα Pf. Ptz. Pass. πληρόω, AcP (A300); οὐ εὕρηκά σου τὰ ἔργα
πεπληρωμένα ... *ich habe deine Werke nicht als vollkommen/vollwertig ... be-*
funden; ich habe gefunden, daß dein Tun ... nicht bestehen kann (vgl. GN).
3 **3 μνημόνευε** Imp. μνημονεύω *sich erinnern, gedenken, denken an.* **εἴλη-**
φας Pf. λαμβάνω; erg. *das Evangelium* o.ä. **ἤκουσας** Aor. ἀκούω. **τή-**
ρει Imp. τηρέω. **μετα-νόησον** Aor. Imp. -νοέω *seinen Sinn ändern, um-*
kehren. **γρηγορήσῃς** Aor. Konj. γρηγορέω [Var. μετα-νοήσῃς Aor.
Konj.]. **ἤξω** Fut. ἤκω (vgl. A33[187]) *gekommen sein, dasein;* (außerhalb des
Präs.:) *kommen.* **κλέπτης**[1] *Dieb.* **οὐ μή** m. Aor. Konj. stärkste Verneinung
zukünftigen Geschehens (A257). **γνῷς** Aor. Konj. γινώσκω [Var. γνώσῃ
Fut.]. **ποῖος**[18] *wie (beschaffen)? was für ein? welcher?* **ὥραν** hier Akk. für
4 den Zeitpunkt (A148). **4 ὀνόματα** hier *Personen* (B III). **ἐ-μόλυναν**
Aor. μολύνω (vgl. A33[132ff]) *beflecken, besudeln, beschmutzen, verunreinigen.*
περι-πατήσουσιν Fut. -πατέω. **λευκός** *leuchtend; weiß;* erg. ἱμα-
5 τίοις. **ἄξιοί εἰσιν** *sie haben es verdient* (B ἄξιος 2a). **5 νικῶν** Ptz. νι-
κάω (< νίκη Sieg) *siegen, überwinden; Sieger sein* (perfektische Bdtg., A236);
subst. **περι-βαλεῖται** Fut. Med.-βάλλω[112] *herumlegen, umwerfen;* (Klei-
der) *anlegen, anziehen;* Med. *sich anziehen, sich bekleiden;* übers. *er wird bekleidet*
werden. **οὐ μή** V. 3. **ἐξ-αλείψω** Aor. Konj. -αλείφω[40] *abwischen; aus-*
löschen, ausstreichen. **βίβλος** ἡ (= βύβλος Papyrus) *Buch.* **ὁμο-λογήσω**
6 Fut. -λογέω *sich (offen) zu etwas od. jmdm. bekennen.* **6 ἔχων** Ptz., subst.
οὖς[3] ὠτός τό *Ohr;* ὁ ἔχων οὖς *wer ein Ohr hat = wer hören kann* (GN).
ἀκουσάτω Aor. Imp. 3. Sg. ἀκούω.
7 **7 ἄγγελος** 1,20. **Φιλαδέλφεια** 1,11. **γράψον, ὅ-δε** V. 1. **ἀλη-**
θινός *wirklich; wahr, wahrhaftig.* **ἔχων** V. 1. **κλείς**[3] κλειδός ἡ *Schlüssel.*
Δαυίδ *David,* indekl., hier Gen. **ἀν-οίγων** Ptz. -οίγω, subst. **καί** (zweites
u. viertes) kons. (A311) *daß, so daß.* **κλείσει** Fut. κλείω[6] *schließen; ver-*
schließen; Fortsetzung der Ptz.-Konstruktion durch ein finites Verb (BDR
8 §468[6]; A293); gilt auch für ἀνοίγει. **κλείων** Ptz., subst. **8 δέ-δωκα** Pf.
δίδωμι. **θύρα** *Tür;* offene Tür als Bild für eine Möglichkeit zur Mission. **ἠν-**
ε-ῳγμένην Pf. Ptz. Pass. ἀν-οίγω, attr. **κλεῖσαι** Aor. Inf. **αὐτήν** steht
pleon. (BDR §297,2; vgl. A123). **μικράν** Attr. zu δύναμιν. **καί** hier
adversativ (A311,1) *aber.* **ἐ-τήρησας** Aor. τηρέω. **ἠρνήσω** Aor. 2. Sg.
9 ἀρνέομαι *leugnen, bestreiten; verleugnen, sich lossagen von,* m. Akk. **9 διδῶ**

= δίδωμι (BDR §94³) *ich veranlasse, bewirke* [Var. δέ-δωκα Pf.]; anakoluthisch (A375), durch ἰδοὺ ποιήσω wieder aufgenommen. **ἐκ** erg. τινάς (A137a) *Leute aus.* **συν-αγωγή** *Synagoge; Versammlung; Synagogengemeinde.* **σατανᾶς**¹ ᾶ *Satan, der Widersacher Gottes.* **λεγόντων** Ptz. λέγω, subst.; m. AcI (A273); Fortsetzung der Ptz.-Konstruktion durch finite Verben (A293); τῶν λεγόντων ἑαυτοὺς Ἰουδαίους εἶναι καὶ οὐκ εἰσὶν ἀλλὰ ψεύδονται *die behaupten, Juden zu sein, und es nicht sind, sondern lügen.* **εἶναι** Inf. εἰμί; Präd. des AcI. **ψεύδομαι** *lügen, belügen.* **ποιήσω** Fut. ποιέω, wohl mod. Fut. (A247); ποιήσω αὐτοὺς ἵνα ἥξουσιν = ποιήσω ἵνα (αὐτοὶ) ἥξουσιν (Prolepse; A373; BDR §47 6²; ἵνα statt AcI [A272 u. 328; BDR §408³]) *ich will/werde sie dazu bringen, daß sie kommen.* **ἥξουσιν** Fut. ἥκω V. 3; hier Fut. nach ἵνα (BDR §369⁵; A339; analog das flgd. Fut.). **προσ-κυνήσουσιν** Fut. -κυνέω. **γνῶσιν** Aor. Konj. γινώσκω [Var. γνώσῃ Fut.]. **ἠγάπησα** Aor. ἀγαπάω. **10 ὑπο-μονή** *Ausharren,* 10 *Geduld, Ausdauer, Standhaftigkeit;* ὁ λόγος τῆς ὑπομονῆς μου *das Wort vom standhaften Warten auf mich* (μου gen. obi., A158) od. *mein Wort/Befehl, standhaft zu bleiben* (μου poss., A128,1). **τηρήσω** Fut. τηρέω. **ἐκ** *vor* (B 1c). **πειρασμός** *Prüfung; Versuchung, Anfechtung.* **μελλούσης** Ptz. Fem. μέλλω, attr. **ἔρχεσθαι** Inf. ἔρχομαι; τῆς μελλούσης ἔρχεσθαι *die kommen wird* (A250). **οἰκουμένη** (Ptz. Fem. Pass. οἰκέω *wohnen* + γῆ) *(bewohnte) Erde, Erdkreis.* **πειράσαι** Aor. Inf. πειράζω (vgl. A33⁹¹ᶠᶠ) *versuchen; prüfen, auf die Probe stellen.* **κατ-οικοῦντας** Ptz. -οικέω, subst. **11 ταχύς**¹⁰ εῖα ύ *rasch, schnell;* Ntr. Sg. als Adv. *schnell; ohne Verzug, bald.* 11 **κράτει** Imp. κρατέω. **λάβῃ** Aor. Konj. λαμβάνω. **στέφανος** *Kranz, Siegeskranz.* **12 νικῶν** V. 5; hier nom. pendens (A141) statt Akk., wobei 12 αὐτόν darauf zurückweist (BDR §466⁵). **ποιήσω** Fut. ποιέω, m. doppeltem Akk. (H-S §153b). **στῦλος** *Säule, Pfeiler.* **οὐ μή** V. 3. **ἐξ-έλθῃ** Aor. Konj. -έρχομαι. **γράψω** Fut. γράφω. **κατα-βαίνουσα** Ptz. Fem. -βαίνω, attr. im Nom. statt Gen. (BDR §136,1). **13 ἔχων, οὖς,** 13 **ἀκουσάτω** V. 6.

14 ἄγγελος 1,20. **Λαοδίκεια** 1,11. **γράψον, ὅ-δε** V. 1. **ἀμήν** 14 subst., gemeint ist Christus. **μάρτυς**⁶ υρος ὁ *Zeuge.* **ἀληθινός** V. 7. **κτίσις**⁸ *Schöpfung.* **15 ψυχρός** *kalt.* **ζεστός** *heiß.* **ὄφελον** Partikel 15 zum Ausdruck eines als unerfüllbar hingestellten Wunsches (A319b; BDR §359²), hier m. Ipf. *o daß doch.* **ἦς** Ipf. εἰμί. **16 οὕτως ὅτι** übers. etwa *so* 16 *aber, weil.* **χλιαρός** *lauwarm, lau.* **ἐμέσαι** Aor. Inf. ἐμέω *ausspeien;* μέλλω σε ἐμέσαι statt Fut. (A250) *ich werde dich ausspeien.* **17 ὅτι** (zweites) 17 ὅτι recitativum = Doppelpunkt (A333). **πλούσιος** *reich.* **πε-πλούτηκα** Pf. πλουτέω *reich sein; Überfluß haben.* **οὐδὲν χρείαν ἔχω** *mir fehlt nichts, ich leide in keiner Hinsicht Not.* **ταλαίπωρος**¹¹ *armselig, elend, unglücklich;* hier Art. beim Präd.-Nom. (BDR §273⁴); ὅτι σὺ εἶ ὁ ταλαίπωρος

daß gerade du armselig/elend (wörtl. *der, der armselig/elend ist) bist.* ἐλεεινός
18 *bemitleidenswert.* πτωχός *arm, armselig, dürftig.* γυμνός *nackt.* 18 συμ-
βουλεύω *einen Rat geben,* jmdm. *raten.* ἀγοράσαι Aor. Inf. ἀγοράζω
(vgl. A33^91ff) (< ἀγορᾷ Marktplatz) *kaufen.* χρυσίον *Gold.* πε-πυρω-
μένον Pf. Ptz. Pass. πυρόω *anzünden, verbrennen; glühend machen, ausglühen*
(so beim Läuterungsprozeß); Pass. *brennen; glühen;* attr.; χρυσίον πεπυρω-
μένον ἐκ πυρός *im Feuer geläutertes Gold.* πλουτήσῃς Aor. Konj.
πλουτέω. λευκός V. 4. περι-βάλῃ Aor. Konj. Med. -βάλλω V. 5.
φανερωθῇ Aor. Konj. Pass. φανερόω. αἰσχύνη *Schamgefühl; Schande,
Schmach.* γυμνότης^3 ητος ἡ *Nacktheit, Blöße.* κολλ(ο)ύριον *Augen-
salbe.* ἐγ-χρῖσαι Aor. Inf. -χρίω^4 *einsalben.* βλέπῃς Konj. βλέπω.
19 19 ὅσοι ἐάν = ὅσοι ἄν (A132; 371) *alle, die.* φιλῶ Konj. φιλέω *lieben,
gern haben.* ἐλέγχω *ans Licht bringen, überführen; tadeln, zurechtweisen;
strafen.* παιδεύω *erziehen; züchtigen.* ζήλευε Imp. ζηλεύω *eifrig sein* [Var.
ζήλωσον Aor. Imp. ζηλόω *sich eifrig bemühen, Eifer entfalten*]. μετα-
20 νόησον V. 3. 20 ἕστηκα Pf. (m. präs. Bdtg.) ἵσταμαι. ἐπί *vor.* θύρα
Tür. κρούω *anklopfen.* ἀκούσῃ Aor. Konj. ἀκούω. ἀν-οίξῃ Aor. Konj.
-οίγω. καί *apodotisch* (A311,2) *so/dann.* εἰσ-ελεύσομαι Fut.
-έρχομαι. δειπνήσω Fut. δειπνέω (< δεῖπνον Hauptmahlzeit [gegen
21 Abend]) *speisen.* 21 νικῶν V. 5; hier nom. pendens (A141) statt Dat., wobei
αὐτῷ darauf zurückweist (BDR §466^5). δώσω Fut. δίδωμι hier *(das Recht)
geben, erlauben.* καθίσαι Aor. Inf. καθίζω. ἐν *auf.* ἐ-νίκησα Aor.
22 νικάω V. 5. ἐ-κάθισα Aor. 22 ἔχων, οὕς, ἀκουσάτω V. 6.

4   μετὰ ταῦτα *danach.* εἶδον, καὶ ἰδού Verdoppelung ist Hebr. (vgl.
BDR §442,5a). θύρα *Tür.* ἠν-ε-ῳγμένη Pf. Ptz. Pass. ἀν-οίγω, attr. od.
umschrieb. Ipf. (A249; erg. ἦν [Ipf. v. εἰμί]). ἤκουσα Aor. ἀκούω. σάλ-
πιγξ^3 ιγγος ἡ *Trompete, Posaune.* λαλούσης Ptz. Fem. λαλέω, attr.; ὡς
σάλπιγγος λαλούσης μετ᾽ ἐμοῦ *wie von einer Trompete, die mit mir
sprach.* λέγων Ptz. λέγω, umschrieb. Ipf. (A249; erg. ἦν [analog im flgd. an
verschiedenen Stellen]); Mask. statt Fem. (BDR §136^5). ἀνά-βα Aor. Imp.
2. Sg. (= -βῆθι) -βαίνω. δείξω Fut. δείκνυμι^212 *zeigen.* γενέσθαι Aor.
2 Inf. γίνομαι, Präd. des AcI, abhängig v. δεῖ. 2 ἐ-γενόμην Aor. γίνομαι;
ἐγενόμην ἐν πνεύματι 1,10. ἔ-κειτο Ipf. κεῖμαι (A32) *liegen, gelegt
sein;* hier *dastehen.* καθήμενος Ptz. κάθημαι, subst.; ἐπὶ τὸν θρόνον
καθήμενος *auf dem Thron (war) einer, der saß = auf dem Thron saß einer.*
3 3 καθήμενος Ptz., subst. ὅρασις^8 *Sehorgan; (das) Aussehen;* dat. resp.
(A178); ὅμοιος ὁράσει λίθῳ ἰάσπιδι *er glich dem Aussehen nach einem
Jaspis, er sah aus wie ein Jaspis.* ἴασπις^3 ιδος ἡ *Jaspis* (Edelstein). σάρ-
διον *Karneol* (Edelstein). ἶρις^3 ιδος ἡ *Regenbogen.* κυκλόθεν uneig.
Präp. (A183) *rings um.* ὅμοιος (zweites) hier Fem. σμαράγδινος *Sma-
4 ragd.* 4 καί erg. εἶδον. εἴκοσι τέσσαρες^19f (erstes Mal: -ες Akk. statt.

-ας, BDR §46,2) *vierundzwanzig.* **καθημένους** Ptz. κάθημαι, AcP (A300). **περι-βε-βλημένους** Pf. Ptz. Pass. -βάλλω[112] *herumlegen, umwerfen;* (Kleider) *anlegen, anziehen;* Med. *sich anziehen, sich bekleiden;* attr. **λευκός** *leuchtend; weiß.* **στέφανος** *Kranz, Siegeskranz.* **χρυσοῦς** (H-S §44c) *golden.* **5 ἐκ-πορεύομαι** *hinausgehen; hervorgehen, ausgehen.* **ἀστραπή** *Blitz.* **φωναί** hier viell. *Getöse* (eines Sturms) od. φωναὶ καὶ βρονταί Hendiadyoin (A378) etwa *heftige Donnerschläge.* **βροντή** *Donner.* **λαμπάς**[3] ἄδος ἡ *Fackel.* **καιόμεναι** Ptz. Pass. καίω *anbrennen, anzünden; verbrennen;* Pass. *angezündet sein, brennen;* wohl umschrieb. Ipf./Präs. (A249; erg. ἦν/ἐστίν). **ἅ** kongruent m. Präd.-Nom. (A93). **6 ὡς** *etwas wie* (H-S §252,61). **ὑάλινος** *gläsern.* **κρύσταλλος** *Kristall, Bergkristall.* **ἐν μέσῳ τοῦ θρόνου** *mitten (vor) dem Thron* (B μέσος 2). **κύκλῳ** uneig. Präp. (A183) *ringsumher, rings um.* **ζῷον** *beseeltes Geschöpf, Lebewesen; Wesen* (bez. hier himmlische Wesen am Thron Gottes). **γέμοντα** Ptz. γέμω m. Gen. *voll sein;* attr.; γέμοντα ὀφθαλμῶν *voller Augen.* **ὄπισθεν** *von hinten her; hinten.* **7 λέων**[5] οντος ὁ *Löwe.* **μόσχος** *junger Stier, Kalb.* **ἔχων** Ptz. (Mask. statt Ntr., vgl. A96; im flgd. z.T. analog), umschrieb. Präs. (A249; erg. ἐστίν). **τέταρτος**[19] *vierter.* **ἀετός** *Adler.* **πετομένῳ.** Ptz. πέτομαι *fliegen;* attr. **8 ἐν καθ' ἕν**[19f] *ein jedes, eins wie das andere* (B εἷς 5e). **αὐτῶν** gen. partitivus (A164). **ἔχων** V. 7. **ἀνά** distributiv (BDR §248[1]) *je, jeweils.* **πτέρυξ**[3] υγος ἡ *Flügel.* **ἕξ**[19] *sechs.* **κυκλόθεν** Adv. *von allen Seiten, ringsherum.* **ἔσωθεν** *innen.* **ἀνά-παυσις**[8] *Aufhören; Ruhe.* **ἡμέρας καὶ νυκτός** gen. temp. (A166). **λέγοντες** Ptz. λέγω, präd. bei Verben (hier: Verb m. entsprechendem AkkO) des modifizierten Seins u. Tuns (A301); ἀνάπαυσιν οὐκ ἔχουσιν (praesens narrativum, A235) ... λέγοντες *sie sprechen/sprachen unaufhörlich.* **ὁ θεός** Nom. m. Art. für Vok. (A142). **παντο-κράτωρ**[6] οροος ὁ *Allherrscher, Allmächtiger;* App. (A70). **ἦν** Ipf. εἰμί; ὁ ἦν vertritt hier ein dur. Ptz. m. Vergangenheitsbezug (ZG): *der war;* ὁ ἦν καὶ ὁ ὢν καὶ ὁ ἐρχόμενος eine an Ex 3,14f anknüpfende Umschreibung des Gottesnamens. **ὤν** Ptz. εἰμί, subst. **ἐρχόμενος** Ptz. ἔρχομαι, subst. **9 ὅταν** m. Ind. Fut. spiegelt hier u. in V. 10 wohl die zeitlose Bdtg. des hebr. Ipf. wider (H-S §202i; A248b); *jedesmal, wenn.* **δώσουσιν** Fut. δίδωμι hier *darbringen* [Var. δώσωσιν Aor. Konj.]. **εὐ-χαριστία** *Dankbarkeit; Danksagung, Dank.* **καθημένῳ** Ptz. κάθημαι, subst. **ζῶντι** Ptz. ζάω, subst. **10 πεσοῦνται** Fut. πίπτω[194] *niederfallen.* **εἴκοσι τέσσαρες** V. 4. **καθημένου** Ptz., subst. **προσ-κυνήσουσιν** Fut. -κυνέω, m. Dat. **ζῶντι** Ptz., subst. **βαλοῦσιν** Fut. βάλλω. **στέφανος** V. 4. **λέγοντες** Ptz., mod. od. temp. **11 ὁ κύριος καὶ ὁ θεός** Nom. statt Vok. (A142). **λαβεῖν** Aor. Inf. λαμβάνω. **ἔ-κτισας** Aor. κτίζω[103] *schaffen.* **διά** gibt hier den Grund an: *kraft, infolge* (B BII1). **ἦσαν** Ipf. εἰμί. **ἐ-κτίσθησαν** Aor. Pass. κτίζω.

5 καθημένου Ptz. κάθημαι, subst. βιβλίον *Buch, Buchrolle.* γεγραμμένον Pf. Ptz. Pass. γράφω, attr. ἔσω-θεν Adv. *innen* [Var. ἔμπροσθεν *vor; vorne*]. ὄπι-σθεν Adv. *von hinten her, hinten;* hier *auf der Rückseite* (B 1b) [Var. ἔξω-θεν *von außen her; außen, draußen*]. κατ-ε-σφραγισμένον Pf. Ptz. Pass. κατα-σφραγίζω (vgl. A33^{91ff}) *versiegeln;*

2 mod. od. attr. σφραγίς^3 ῖδος ἡ *Siegel;* dat. instr. (A176). **2** ἰσχυρός (< ἰσχύω stark sein) *stark.* κηρύσσοντα Ptz. κηρύσσω, AcP (A300). ἐν *mit.* μέγας^{12} hier *laut.* ἀν-οῖξαι Aor. Inf. -οίγω. λῦσαι Aor. Inf.

3 λύω hier (Siegel) *brechen.* **3** ἐ-δύνατο Ipf. δύναμαι. ὑπο-κάτω uneig. Präp. (A183) *unten, unterhalb.* οὔ-τε *und nicht.* βλέπειν Inf. hier *hineinse-*

4 *hen,* m. Akk. (B 3). **4** ἔ-κλαιον Ipf. κλαίω. πολύ Adv. *sehr, laut* (B I2cβ). εὑρέθη Aor. Pass. εὑρίσκω; Pass. hier *befunden werden als, sich erweisen als*

5 (B 2). **5** κλαῖε Imp. κλαίω; μὴ κλαῖε *weine nicht länger* (A265a). ἐ-νί-κησεν Aor. νικάω (< νίκη Sieg) *siegen, überwinden.* λέων^5 οντος ὁ *Löwe.* φυλή *Stamm, Volksstamm.* Ἰούδας^1 α *Juda.* ῥίζα *Wurzel; Wurzel-sproß* (d.h. der aus dem Wurzelstock eines Baumes aufsprossende Schößling), *Sprößling.* Δαυίδ *David,* indekl., hier Gen.; ἡ ῥίζα Δαυίδ *der Wurzelsproß Davids,* d.h. der Messias. ἀν-οῖξαι Aor. Inf. der Folge (BDR §391^8).

6 **6** ἐν μέσῳ *inmitten, mitten;* Wiederholung ist Sem. u. bedeutet: *zwischen ... und* (ZG). ζῷον *beseeltes Geschöpf, Lebewesen; Wesen* (bez. hier himmlische Wesen am Thron Gottes). ἀρνίον *Schaf, Lamm* (Bezeichnung für Jesus). ἑστηκός Pf. (m. präs. Bdtg.) Ptz. Ntr. ἵσταμαι, AcP (A300). ἐ-σφαγμέ-νον Pf. Ptz. Pass. σφάζω^{86} *schlachten, ermorden;* attr.; εἶδον ... ἀρνίον ἑστηκὸς ὡς ἐσφαγμένον *ich sah ... ein geschlachtet aussehendes Lamm* (B ὡς II3b) *stehen* bzw. *ich sah ... ein Lamm stehen, das aussah, als ob es geschlach-tet wäre.* ἔχων Ptz., mod.; Mask. Nom. statt Ntr. (Akk.) (BDR §136^4). κέρας^3 ατος τό *Horn.* ἀπ-ε-σταλμένοι Pf. Ptz. Pass. ἀπο-στέλλω, hier wohl trotz Fehlens des Art. attr., Mask. statt Ntr. (A96). εἰς πᾶσαν

7 τὴν γῆν *in alle Welt.* **7** εἴληφεν Pf. λαμβάνω, evtl. (frühes Beispiel für später verbreitetes) erzählendes Pf. (H-S §200f); erg. als Obj. τὸ βιβλίον. καθημένου V. 1.

8 **8** ἔ-λαβεν Aor. λαμβάνω. βιβλίον V. 1. ζῷον V. 6. εἴκοσι τέσσαρες^{19f} *vierundzwanzig.* ἔ-πεσαν Aor. πίπτω *niederfallen.* ἀρνίον V. 6. ἔχοντες Ptz. ἔχω, mod. κιθάρα *Zither, Harfe* (harfenartiges Instru-ment). φιάλη *Schale, Opferschale.* χρυσοῦς (H-S §44c) *golden.* γεμού-σας Ptz. Fem. γέμω m. Gen. *voll sein;* attr. θυμίαμα^3 *Räucherwerk.* αἵ

9 kongruent m. Präd.-Nom. (A93). προσ-ευχή *Gebet.* **9** ᾄδω *singen;* wohl *praesens narrativum* (A235). ᾠδή *Lied.* λέγοντες Ptz. λέγω, mod. λα-βεῖν Aor. Inf. λαμβάνω. ἀν-οῖξαι V. 2. σφραγίς V. 1. ἐ-σφάγης Aor. Pass. σφάζω V. 6. ἠγόρασας Aor. ἀγοράζω (vgl. A33^{91ff}) (< ἀγορά *Marktplatz*) *kaufen;* hier wohl *los-, freikaufen.* θεῷ dat. commodi

(A173). **ἐν** *mit, durch;* statt gen. pretii (B III1a). **φυλή** *Stamm; Volksstamm, Volk.* **10 ἐ-ποίησας** Aor. ποιέω; ἐποίησας αὐτοὺς ... βασιλείαν *du*   10 *hast sie gemacht ... zu einem Königtum* (d.h. zu einem Volk, das Gott zum König hat; doppelter Akk., H-S §153b) od. *zu Königen* (GN). **θεῷ** V. 9. **ἱερεύς**[8] *ὁ Priester.* **βασιλεύσουσιν** Fut. βασιλεύω *König sein, herrschen.*

11 ἤκουσα Aor. ἀκούω. **κύκλῳ** uneig. Präp. (A183) *ringsumher,*   11 *rings um.* **ζῷον** V. 6. **ἦν** Ipf. εἰμί. **ἀριθμός** *Zahl.* **μυριάς**[3] ἄδος ἡ *Myriade, zehntausend;* μυριάδες μυριάδων gen. partitivus (A164) *unzählige Tausende* (B 2). **χιλιάς**[3] ἄδος ἡ *Anzahl von Tausend, Tausendschaft;* χιλιάδες χιλιάδων gen. partitivus (A164) *Tausende und Abertausende* (B). **12 λέγοντες** V. 9. **μέγας** V. 2. **ἀρνίον** V. 6. **ἐ-σφαγμένον** V. 6,   12 attr. **λαβεῖν** V. 9. **πλοῦτος** *Reichtum.* **ἰσχύς**[8] *ύος ἡ Stärke, Kraft.* **εὐ-λογία** *Lobpreis.* **13 κτίσμα**[3] *Geschöpf.* **ὑπο-κάτω** V. 3. **λέγοντας**   13 Ptz. (Mask. statt Ntr., vgl. A96), AcP (A300). **καθημένῳ** V. 1; erg. εἴη (Opt. v. εἰμί) *sei/gebührt.* **κράτος**[7] *Kraft, Macht; Herrschaft, Gewalt.* **14 ἔ-λεγον** Ipf. λέγω. **ἔ-πεσαν** V. 8. **προσ-ε-κύνησαν** Aor.   14 -κυνέω.

ἤν-οιξεν Aor. ἀν-οίγω. **ἀρνίον** *Schaf, Lamm* (Bezeichnung für Je-   **6** sus). **μία** (Fem. v. εἷς) = πρώτη (BDR §247[1]; A138,1). **σφραγίς**[3] *ἴδος ἡ Siegel.* **ἤκουσα** Aor. ἀκούω. **ζῷον** *beseeltes Geschöpf, Lebewesen; Wesen* (bez. hier himmlische Wesen am Thron Gottes). **λέγοντος** Ptz. λέγω, GcP (A300). **βροντή** *Donner;* φωνὴ βροντῆς *Donnerstimme.* **ἔρχου** Imp. ἔρχομαι. [Var. ἴδε Aor. Imp. ὁράω.] **2 εἶδον, καὶ ἰδού** Verdoppelung   2 ist Hebr. **ἵππος** *Pferd.* **λευκός** *leuchtend; weiß.* **καθήμενος** Ptz. κάθη-μαι, subst.; ὁ καθήμενος ἐπ' αὐτόν *sein Reiter.* **ἔχων** Ptz., umschrieb. Ipf. (A249; erg. ἦν [Ipf. v. εἰμί]). **τόξον** *Bogen* (Waffe). **ἐ-δόθη** Aor. Pass. δίδωμι. **στέφανος** *Kranz, Siegeskranz.* **ἐξ-ῆλθεν** Aor. -έρχομαι. **νι-κῶν** Ptz. νικάω (< νίκη *Sieg) siegen, überwinden; Sieger sein;* mod.; νικῶν καὶ ἵνα νικήσῃ *als Sieger und um zu siegen.* **νικήσῃ** Aor. Konj. νικάω [Var. ἐ-νίκησεν Aor.]. **3 λέγοντος** V. 1. **4 πυρρός** *feuerrot.* **καθη-**   3f **μένῳ** V. 2. **ἐδόθη αὐτῷ** m. flgd. Inf. *es wurde ihr* (der Sonne) *erlaubt/ gestattet* (v. Gott; vgl. B δίδωμι 1bβ). **λαβεῖν** Aor. Inf. λαμβάνω hier *(weg)nehmen.* **καί** (drittes) viell. epexegetisch (A311,7) *nämlich, und zwar.* **ἵνα** hier *daß* (statt Inf., A272 u. 328); καὶ ἵνα ἀλλήλους *und (zwar) (zu ver-anlassen), daß (die Menschen) einander.* **σφάξουσιν** Fut. σφάζω[86] *schlach-ten, ermorden;* hier Fut. nach ἵνα (BDR §369[5]) [Var. σφάξωσιν Aor. Konj.]. **μάχαιρα** *Schwert.* **5 λέγοντος** V. 1. **μέλας** (μέλαινα μέλαν)   5 *schwarz.* **καθήμενος, ἔχων** V. 2. **ζυγός** *Joch; Waage.* **6 ὡς** *etwas wie*   6 (H-S §252,61). **ἐν μέσῳ** *inmitten, mitten.* **λέγουσαν** Ptz. Fem. λέγω, AcP (A300). **χοῖνιξ**[3] *ικος ἡ ein Getreidemaß, das die Ration für einen Tag faßt, gut 1 Liter; Choinix, Maß.* **σῖτος** *Weizen;* gen. materiae (A159). **δηνά-**

ριον *Denar* (Lohn eines Arbeiters für einen Tag); gen. pretii (A161); gemeint ist offenbar eine sehr hohe Verteuerung. κριθή *Gerste.* καί (drittes) adversativ (A311,1) *doch.* ἔλαιον *Öl.* οἶνος *Wein.* ἀ-δικήσῃς Aor. Konj. ἀ-δικέω intr. *Unrecht tun;* tr. *ungerecht behandeln; schädigen* (hier wohl durch Vernichtung der Ernte bzw. Verteuerung); prohibitiver Konj. (A256).

7f **7 τέταρτος**[19] *vierter.* **λέγοντος** V. 1; hier temp. **8 χλωρός** *grünlich; fahl, blaß.* **καθήμενος** V. 2; hier nom. pendens (A141) statt Dat., wobei αὐτῷ darauf zurückweist (vgl. BDR §466[5]); ὁ καθήμενος ἐπάνω αὐτοῦ ὄνομα αὐτῷ (erg. ἦν, BDR §128[3]) *was seinen Reiter angeht, so war der Name = sein Reiter hieß.* ἐπ-άνω uneig. Präp. (A183) *über, auf.* **ᾅδης**[1] *Hades, Unterwelt, Totenreich.* **ἠκολούθει** Ipf. ἀκολουθέω, μετά τινος *jmdm. nachfolgen, mit jmdm. gehen* (B μετά III1a). **τὸ τέταρτον** *Viertel, vierter Teil.* **ἀπο-κτεῖναι** Aor. Inf. -κτείνω. **ἐν** instr. **ῥομφαία** *Schwert.* **λιμός** *Hunger; Hungersnot.* **θάνατος** hier wohl *tödliche Krankheit, Pest* (B 1e). **ὑπό** *durch* (B 1d). **θηρίον** *Tier, (wildes) Tier.*

9 **9 ἤν-οιξεν** V. 1. **πέμπτος**[19] *fünfter.* **σφραγίς** V. 1. **ὑπο-κάτω** uneig. Präp. (A183) *unten, unterhalb.* **θυσιαστήριον** *Altar.* **ἐ-σφαγμένων** Pf. Ptz. Pass. σφάζω V. 4, subst. **μαρτυρία** *Zeugnis* (das Bezeugen od.

10 das Bezeugte). **εἶχον** Ipf. ἔχω. **10 ἔ-κραξαν** Aor. κράζω. **φωνῇ** dat. instr. (A176). **μέγας**[12] hier *laut.* **λέγοντες** Ptz. λέγω, mod. **πότε**[18] *wann?* ἕως πότε *bis wann? wie lange?* **δεσπότης**[1] *Gebieter, Herr, Besitzer;* Nom. statt Vok. (A142). **ἀληθινός** *wirklich; wahr, wahrhaftig.* **ἐκ-δικέω** τινά *jmdn. rächen, jmdm. Recht verschaffen; Rache nehmen* τι *für etwas, etwas bestrafen;* ἐκδικέω τὸ αἷμά τινος ἔκ τινος *jmds. Blut an jmdm. rächen = jmdn. dafür bestrafen, daß er jmdn. getötet/ermordet hat.* **κατ-οικούντων** Ptz.

11 -οικέω, subst. **11 ἐ-δόθη** V. 2. **στολή** *Gewand.* **λευκός** V. 2. **ἐρ-ρέθη** Aor. Pass. λέγω. **ἵνα** hier statt Inf. (A270 u. 328). **ἀνα-παύσονται** Fut. Med. -παύω *aufhören machen, ausruhen lassen;* Med. *aufhören, ausruhen;* hier Fut. nach ἵνα (BDR §369[5]) [Var. ἀνα-παύσωνται Aor. Konj.]. **πληρωθῶσιν** Aor. Konj. (s. ἕως, A337) Pass. πληρόω hier *eine Zahl vollmachen;* Pass. *vollzählig werden* (B 6) [Var. πληρώσωσιν Aor. Konj., Bdtg. dann: *vollendet haben*]. **καί ... καί** *sowohl ... als auch.* **σύν-δουλος** *Mitsklave, Mitknecht.* **μέλλοντες** Ptz. μέλλω, attr. **ἀπο-κτέννεσθαι** Inf. Pass. -κτείνω/-κτέννω; οἱ μέλλοντες ἀποκτέννεσθαι *die noch getötet werden müssen.*

12 **12 ἤν-οιξεν, σφραγίς** V. 1. **ἕκτος**[19] *sechster.* **σεισμός** *Erdbeben.* ἐ-γένετο Aor. γίνομαι. **ἥλιος** *Sonne.* **μέλας** V. 5. **σάκκος** *Sack; Sackleinwand;* meist dunkel, als Trauergewand benutzt. **τρίχινος** *aus*

13 *Haaren gemacht, hären.* **σελήνη** *Mond.* **13 ἀστήρ**[6] έρος ὁ *Stern.* **ἔ-πεσαν** Aor. πίπτω. **συκῆ** *Feigenbaum.* **βάλλω** hier *abwerfen* [Var. βάλλουσα Ptz. Fem., attr.]. **ὄλυνθος** *(unreife) Winterfeige, Spätfeige.* **ἄνε-**

μος *Wind; Sturm.* σειομένη Ptz. Pass. σείω *schütteln, erschüttern;* kond.
14 ἀπ-ε-χωρίσθη Aor. Pass. ἀπο-χωρίζω (vgl. A33[91ff]) *(ab)trennen;* Pass. **14**
sich trennen, sich teilen, entschwinden. βιβλίον *Buch, Buchrolle.* ἑλισσό-
μενον Ptz. Pass. ἑλίσσω *aufrollen, zusammenrollen;* attr. od. temp. ὄρος[7]
Berg. νῆσος ἡ *Insel.* ἐ-κινήθησαν Aor. Pass. κινέω *bewegen; fortbe-
wegen, entfernen, wegrücken.* **15** μεγιστάν[4] ᾶνος ὁ stets Pl. *Vornehmer,* **15**
Großer, Würdenträger, Herrscher. χιλί-αρχος *Anführer einer Tausendschaft;*
Heerführer, Befehlshaber. πλούσιος *reich;* subst. ἰσχυρός (< ἰσχύω
stark sein) stark, mächtig; subst. ἐλεύθερος *frei;* subst. ἔ-κρυψαν Aor.
κρύπτω[57] *verbergen, verstecken.* σπήλαιον *Höhle.* πέτρα *Fels.* ὀρέων
unkontrahierter Gen. Pl. von ὄρος[7] (BDR §48,1; H-S 39b). **16** λέγουσιν **16**
praesens narrativum (A235). πέσετε Aor. Imp. πίπτω. κρύψατε Aor.
Imp. κρύπτω. καθημένου V. 2. ὀργή *Zorn; Zorngericht.* ἀρνίον V. 1.
17 σταθῆναι Aor. Inf. Pass. (= Med.) ἵσταμαι hier *bestehen.* **17**

μετὰ τοῦτο *danach.* ἑστῶτας Pf. (Wz.-Pf., H-S §109a; m. präs. **7**
Bdtg.) Ptz. ἵσταμαι, AcP (A300). γωνία *Ecke.* κρατοῦντας Ptz. κρα-
τέω, AcP (A300). ἄνεμος *Wind.* πνέῃ Konj. πνέω *wehen, blasen* [Var.
πνεύσῃ Aor. Konj.]. μή-τε *und nicht;* μή ... μήτε ... μήτε *nicht ... noch ...*
noch. δένδρον *Baum;* μήτε ἐπὶ πᾶν δένδρον *noch über irgendeinen*
Baum (Sem., H-S §249a; A137c). **2** ἀνα-βαίνοντα Ptz. -βαίνω *herauf-* **2**
kommen, heraufsteigen; AcP (A300). ἀνα-τολή *(das) Aufgehen; Sonnenauf-*
gang, Osten. ἥλιος *Sonne.* ἔχοντα Ptz. ἔχω, attr. σφραγίς[3] ῖδος ἡ *Sie-*
gel. ζῶντος Ptz. ζάω, attr. ἔ-κραξεν Aor. κράζω hier *zurufen* τινί *jmdm.*
(B 2a). φωνῇ dat. instr. (A176). μέγας[12] hier *laut.* ἐ-δόθη Aor. Pass. δί-
δωμι. αὐτοῖς steht pleon. (BDR §297[2]; A366). ἀ-δικῆσαι Aor. Inf.
ἀ-δικέω intr. *Unrecht tun;* tr. *ungerecht behandeln; schädigen.* **3** ἀ-δικήση- **3**
τε Aor. Konj. σφραγίσωμεν Aor. Konj. σφραγίζω (vgl. A33[91ff]) *versie-*
geln; übertr. *mit einem Erkennungszeichen versehen* (B 2b). μέτ-ωπον *Stirn.*

4 ἤκουσα Aor. ἀκούω. ἀριθμός *Zahl.* ἐ-σφραγισμένων Pf. **4**
Ptz. Pass. V. 3, subst. ἑκατὸν τεσσεράκοντα τέσσαρες[19f] *einhundert-*
vierundvierzig. χιλιάς[3] άδος ἡ *Anzahl von Tausend, Tausendschaft.* φυλή
Stamm; Volksstamm, Volk. Ἰσραήλ ὁ indekl., hier Gen. **5** Ἰούδας[1] α **5**
Juda, die Namen in V. 5-8 bez. die Söhne Jakobs u. zugleich die zwölf israeliti-
schen Stämme, sie stehen jeweils im Gen. ἐ-σφραγισμένοι Pf. Ptz. Pass.,
subst. Ῥουβήν, Γάδ beide indekl., *Ruben, Gad.* **6** Ἀσήρ, Νεφθαλίμ **6**
beide indekl., *Ascher, Naftali.* Μανασσῆς[1] *Manasse.* **7** Συμεών indekl., **7**
Simeon. Λευίς u. Λευί (H-S §26d; BDR §55e) *Levi.* Ἰσσαχάρ indekl.,
Issachar. **8** Ζαβουλών, Ἰωσήφ, Βενιαμίν alle indekl., *Sebulon, Josef,* **8**
Benjamin.

9 μετὰ ταῦτα *danach.* εἶδον, καὶ ἰδού Verdoppelung ist Hebr. **9**
ἀριθμῆσαι Aor. Inf. ἀριθμέω *zählen.* αὐτόν steht pleon. (BDR §297[2];

A366). **ἐ-δύνατο** Ipf. δύναμαι. **φυλή** V. 4. **ἑστῶτες** Pf. (Wz.-Pf., H-S §109a; m. präs. Bdtg.) Ptz. ἵσταμαι, Pl. statt Sg. (BW: ὄχλος; sinngemäß konstruiert, A96), umschrieb. Plsqpf. (A249; erg. ἦσαν [Ipf. v. εἰμί]). **ἀρνίον** *Schaf, Lamm* (Bezeichnung für Jesus). **περι-βε-βλημένους** Pf. Ptz. Pass. -βάλλω[112] *herumlegen, umwerfen;* (Kleider) *anlegen, anziehen* τι *etwas;* Med. *sich anziehen, sich bekleiden* τι *mit etwas;* Akk. statt Nom. (sozusagen AcP [A300], abhängig v. εἶδον [BDR §136³]). **στολή** *Gewand.* **λευκός** *leuchtend; weiß.* **φοῖνιξ**³ ικος ὁ *Palmbaum, Palme; Palmzweig;* erg. ἦσαν.

10 **10 φωνῇ, μέγας** V. 2. **λέγοντες** Ptz. λέγω, mod. **ἡ σωτηρία τῷ θεῷ ἡμῶν** dat. poss. (A173f) *das Heil gehört/ist bei unserem Gott* bzw. *kommt*
11 *von unserem Gott.* **καθημένῳ** Ptz. κάθημαι, attr. **11 εἰστήκεισαν** Plsqpf. ἵσταμαι, Plsqpf. m. Bdtg. *sie standen.* **κύκλῳ** uneig. Präp. (A183) *ringsumher, rings um.* **ζῷον** *beseeltes Geschöpf, Lebewesen; Wesen* (bez. hier himmlische Wesen am Thron Gottes). **ἔ-πεσαν** Aor. πίπτω[194] *niederfallen.*
12 **προσ-ε-κύνησαν** Aor. -κυνέω, m. Dat.. **12 λέγοντες** V. 10. **εὐλογία** *Lobpreis;* erg. εἴη (Opt. v. εἰμί) *sei/gebührt.* **εὐ-χαριστία** *Dankbarkeit; Danksagung, Dank.* **ἰσχύς**⁸ ύος ἡ *Stärke, Kraft.*
13 **13 ἀπ-ε-κρίθη** Aor. Pass. (ohne Pass.-Bdtg.) ἀπο-κρίνομαι. **περι-βε-βλημένοι** V. 9, Ptz. subst. **στολή, λευκός** V. 9. **πόθεν**[18] *woher?*
14 **14 εἴρηκα** Pf. λέγω, evtl. (frühes Beispiel für später verbreitetes) erzählendes Pf. (H-S §200f). **ἐρχόμενοι** Ptz. ἔρχομαι, subst. **ἔ-πλυναν** Aor. πλύνω (vgl. A33[132ff]) *waschen.* **ἐ-λεύκαναν** Aor. λευκαίνω (vgl.
15 A33[118ff]) *weiß machen.* **ἀρνίον** V. 9. **15 διὰ τοῦτο** *deshalb, darum.* **λατρεύω** (Gott) *dienen.* **ἡμέρας καὶ νυκτός** gen. temp. (A166). **ναός** *Tempel* (hier v. himmlischen Heiligtum). **καθήμενος** Ptz. κάθημαι, subst.
16 **σκηνώσει** Fut. σκηνόω *wohnen.* **16 πεινάσουσιν** Fut. πεινάω[34] *hungern.* **διψήσουσιν** Fut. διψάω[35] *dürsten.* **οὐδὲ μή** m. Aor. Konj. stärkste Verneinung zukünftigen Geschehens (A310). **πέσῃ** Aor. Konj. πίπτω. **ἥλιος** V. 2. **καῦμα**³ *Brand, Glut, Hitze;* οὐδὲ πᾶν καῦμα *noch*
17 *irgendeine Glut* (Sem., H-S §249a; A137c). **17 ἀνά** *auf, hinauf;* ἀνὰ μέσον *mitten hinein in, (in der Mitte) zwischen, mitten auf* (B ἀνά 1b). **ποιμανεῖ** Fut. ποιμαίνω[121] *weiden, hüten;* übertr. *sorgen für.* **ὁδηγήσει** Fut. ὁδηγέω *leiten, führen.* **πηγή** *Quelle;* hiervon sind beide Gen. abhängig (BDR §168¹); ἐπὶ ζωῆς πηγὰς ὑδάτων *zu den Quellen des Lebenswassers.* **ἐξαλείψει** Fut. -αλείφω[40] *abwischen.* **δάκρυον** *Träne.*

8 **ὅταν** hier = ὅτε *als* (BDR §367⁴). **ἤν-οιξεν** Aor. ἀν-οίγω; Subj. τὸ ἀρνίον [7,17]). **σφραγίς**³ ῖδος ἡ *Siegel.* **ἕβδομος**[19] *siebter.* **ἐ-γένετο** Aor. γίνομαι hier *eintreten* (B σιγή). **σιγή** *Schweigen, Stille.* **ἡμι-ώριον**
2 *halbe Stunde.* **2 ἑστήκασιν** Pf. (m. präs. Bdtg.) ἵσταμαι. **ἐ-δόθησαν**
3 Aor. Pass. δίδωμι. **σάλπιγξ**³ ιγγος ἡ *Trompete, Posaune.* **3 ἐ-στάθη** Aor. Pass. (= Med.) ἵσταμαι *hintreten.* **θυσιαστήριον** *Altar.* **ἔχων** Ptz.,

mod.; ἔχων λιβανωτόν *mit einer Räucherpfanne* (A292). **λιβανωτός** *Weihrauch; Räucherpfanne.* **χρυσοῦς** (H-S §44c) *golden.* **ἐ-δόθη** Aor. Pass. δίδωμι. **θυμίαμα**³ *Räucherwerk.* **δώσει** Fut. δίδωμι hier *hingeben, darbringen;* Fut. nach ἵνα (BDR §369⁵); erg. als Obj. „es". **προσ-ευχή** *Gebet;* dat. commodi (A173) *für die Gebete* od. dat. sociativus (A179) *zusammen mit den Gebeten.* **4 ἀν-έ-βη** Aor. ἀνα-βαίνω. **καπνός** *Rauch.* **5 εἴληφεν** 4f Pf. λαμβάνω, (frühes Beispiel für später verbreitetes) erzählendes Pf. (vgl. H-S §200f). **ἐ-γέμισεν** Aor. γεμίζω (vgl. A33⁹¹ᶠᶠ) *füllen;* ἐγέμισεν αὐτὸν ἐκ τοῦ πυρὸς τοῦ θυσιαστηρίου *er füllte sie mit Feuer* (vgl. B ἐκ 4αζ) *vom Altar* bzw. *mit glühenden Kohlen* (näml. aus dem Feuer) *vom Altar.* **ἔ-βαλεν** Aor. βάλλω. **ἐ-γένοντο** Aor. γίνομαι. **βροντή** *Donner.* **φωναί** hier viell. *Getöse* (eines Sturms) od. βρονταὶ καὶ φωναί Hendiadyoin (A378) etwa *heftige Donnerschläge.* **ἀστραπή** *Blitz.* **σεισμός** *Erdbeben.*

6 ἔχοντες Ptz. ἔχω, attr. **σάλπιγξ** V. 2. **ἡτοίμασαν** Aor. ἑτοι- 6 μάζω; m. flgd. ἵνα. **αὐτούς** für ἑαυτούς. **σαλπίσωσιν** Aor. Konj. σαλπίζω¹⁰² *trompeten, (Trompete) blasen, in die Posaune stoßen.* **7 ἐ-σάλ-** 7 **πισεν** Aor. **ἐ-γένετο** V. 1. **χάλαζα** *Hagel.* **με-μιγμένα** Pf. Ptz. Pass. μίγνυμι²¹⁵ *mischen; vermischen, vermengen;* wohl attr. **ἐν** instr. *mit.* **ἐ-βλή-θη** Aor. Pass. βάλλω. **εἰς** *auf.* **τὸ τρίτον** *das Drittel,* m. flgd. gen. partitivus (A164) (B 2). **κατ-ε-κάη** Aor. Pass. κατα-καίω¹⁰ *niederbrennen, verbrennen.* **δένδρον** *Baum.* **πᾶς** ohne Art. *jede Art von* (B 1αβ). **χόρτος** *Gras.* **χλωρός** *grünlich, grün.* **8 ὡς** *etwas wie* (H-S §252,61). **ὄρος**⁷ *Berg.* **πυρί** 8 dat. instr. (A176) *mit Feuer.* **καιόμενον** Ptz. Pass. καίω *anbrennen, anzünden; verbrennen;* Pass. *angezündet sein, brennen;* attr. **αἷμα** Präd.-Nom. *(zu) Blut.* **9 ἀπ-έ-θανεν** Aor. ἀπο-θνῄσκω. **κτίσμα**³ *Geschöpf.* **ἔχοντα** 9 Ptz. ἔχω, attr.; part. coni. im Nom. statt Gen. (BDR §136²); τὰ κτίσματα τὰ ἐν τῇ θαλάσσῃ τὰ ἔχοντα ψυχάς *die Geschöpfe, die im Meer leben* (Einh.). **δι-ε-φθάρησαν** Aor. Pass. δια-φθείρω (vgl. A33¹³⁶) *zerstören, vernichten.*

10 ἐ-σάλπισεν Aor. V. 6. **ἔ-πεσεν** Aor. πίπτω. **ἀστήρ**⁶ έρος ὁ 10 *Stern.* **καιόμενος** Ptz. Pass., attr. **λαμπάς**³ άδος ἡ *Fackel.* **τὸ τρίτον** V. 7. **ποταμός** *Fluß, Strom.* **πηγή** *Quelle.* **ὕδωρ**³ Pl. *Gewässer* (B 1; BDR §141¹¹). **11 λέγεται** Pass. λέγω, Pass. *heißen.* **ἄψινθος** *Wermut.* **ἐ-γέ-** 11 **νετο** V. 1. **εἰς** für Präd.-Nominativ (A81; BDR §145²). **ἀπ-έ-θανον** Aor. V. 9. **ἐκ** gibt die Ursache an: *durch, an* (B 3εβ). **ἐ-πικράνθησαν** Aor. Pass. πικραίνω (vgl. A33¹¹⁸ᶠᶠ) *bitter machen.*

12 τέταρτος¹⁹ *vierter.* **ἐ-σάλπισεν** Aor. V. 6. **ἐ-πλήγη** Aor. Pass. 12 πλήσσω⁷⁶ᶠ *schlagen;* Pass. *von Schlägen getroffen werden.* **τὸ τρίτον** V. 7. **ἥλιος** *Sonne.* **σελήνη** *Mond.* **ἀστήρ** V. 10. **ἵνα** hier kons. *so daß.* **σκοτισθῇ** Aor. Konj. Pass. σκοτίζω (vgl. A33⁹¹ᶠᶠ) *verdunkeln;* Pass. *sich verfinstern, finster werden;* ἵνα σκοτισθῇ τὸ τρίτον αὐτῶν gen. partitivus

(A164) *so daß ein Drittel von ihnen sich verfinsterte* od. *so daß sie ein Drittel ihrer Leuchtkraft verloren* (Einh.). **φάνῃ** Aor. Konj. φαίνω[123] *scheinen, leuchten;* ἵνα ... ἡ ἡμέρα μὴ φάνῃ τὸ τρίτον αὐτῆς Akk. der zeitl. Ausdehnung (A148) *so daß ... der Tag zu einem Drittel seiner Dauer kein Licht hatte,* viell. *so daß ... der Tag um ein Drittel dunkler wurde* (Einh.). **ὁμοίως** *gleich, in gleicher*

13 *Weise, ebenso.* **13 ἤκουσα** Aor. ἀκούω. **ἀετός** *Adler.* **πετομένου** Ptz. πέτομαι *fliegen;* attr. **μεσ-ουράνημα**[3] *Zenit;* ἐν μεσουρανήματι *hoch (oben) am Himmel* (B). **λέγοντος** Ptz., GcP (A300). **φωνῇ** dat. instr. (A176). **μέγας**[12] hier *laut.* **οὐαί** *wehe,* m. Akk. statt Dat. **κατ-οικοῦν-τας** Ptz. -οικέω, subst. **ἐκ** für den Grund: *auf Grund von, vor, wegen* (B 3f). **σάλπιγξ** V. 2; φωνὴ τῆς σάλπιγγος *Trompetenton, Posaunenstoß.* **μελλόντων** Ptz. μέλλω, attr. **σαλπίζειν** Inf.

9 **πέμπτος**[19] *fünfter.* **ἐ-σάλπισεν** Aor. σαλπίζω[102] *trompeten, (Trompete) blasen, in die Posaune stoßen.* **ἀστήρ**[6] έρος ὁ *Stern.* **πε-πτω-κότα** Pf. Ptz. πίπτω, AcP (A300). **εἰς** *auf.* **ἐ-δόθη** Aor. Pass. δίδωμι. **κλείς**[3] κλειδός ἡ *Schlüssel.* **φρέαρ**[3] ατος τό *Brunnen, Schacht;* ἡ κλεὶς τοῦ φρέατος gen. obi. (A158) *der Schlüssel zum Schacht.* **ἄ-βυσσος** ἡ *Ab-*

2 *grund, Tiefe, Unterwelt.* **2 ἤν-οιξεν** Aor. ἀν-οίγω. **ἀν-έ-βη** Aor. ἀνα-βαίνω. **καπνός** *Rauch.* **κάμινος** ἡ *Ofen, Schmelzofen.* **ἐ-σκοτώθη** Aor. Pass. σκοτόω *verfinstern;* Pass. *sich verfinstern, verfinstert werden* [Var. ἐ-σκοτίσθη Aor. Pass. σκοτίζω gleiche Bdtg.]. **ἥλιος** *Sonne.* **ἀήρ**[6] ἀέ-

3 ρος ὁ *Luft.* **ἐκ** *von, durch* (B 3εβ). **3 ἐξ-ῆλθον** Aor. -έρχομαι. **ἀκρίς**[3] ίδος ἡ *Heuschrecke.* **ἐξουσία** hier *Macht, Kraft.* **σκορπίος** *Skorpion.*

4 **4 ἐρ-ρέθη** Aor. Pass. λέγω. **ἵνα** hier *daß* (A328, bez. das Gebotene). **ἀ-δι-κήσουσιν** Fut. ἀ-δικέω intr. *Unrecht tun;* tr. *ungerecht behandeln; schädi-gen;* Fut. nach ἵνα (BDR §369[5]); mod. Fut. (A247) *Schaden zufügen sollen* [Var. ἀ-δικήσωσιν Aor. Konj.]. **χόρτος** *Gras.* **πᾶς** ohne Art. *jede Art von* (vgl. B 1αβ). **χλωρός** *grünlich, hellgrün;* subst. *das Grüne.* **δένδρον** *Baum.* **εἰ μή** *außer;* nach Neg. *sondern nur.* **σφραγίς**[3] ῖδος ἡ *Siegel.* **μέτ-ωπον**

5 *Stirn.* **5 ἀπο-κτείνωσιν** Aor. Konj. -κτείνω; ἐδόθη αὐτοῖς ἵνα μὴ ἀποκτείνωσιν αὐτούς *es wurde ihnen geboten, sie nicht zu töten* (B δίδωμι 1bβ). **βασανισθήσονται** Fut. Pass. βασανίζω (vgl. A33[91ff]) *foltern, quälen;* Fut. nach ἵνα (BDR §369[5]); mod. Fut. (A247). **μήν**[4] μηνός ὁ *Monat;* Akk. der zeitl. Ausdehnung (A148). **πέντε**[19] *fünf.* **βασανισμός** *Folterung, (das) Quälen; Qual, Schmerz.* **σκορπίου** gen. subi. (A158).

6 **παίσῃ** Aor. Konj. παίω *schlagen, stoßen;* hier *stechen* (B 1). **6 ζητήσου-σιν** Fut. ζητέω. **οὐ μή** m. Ind. Fut. (sonst meist Aor. Konj.) stärkste Verneinung zukünftigen Geschehens (A257). **εὑρήσουσιν** Fut. εὑρίσκω. **ἐπι-θυμήσουσιν** Fut. -θυμέω *begehren, verlangen.* **ἀπο-θανεῖν** Aor. Inf. -θνήσκω. **φεύγω** *fliehen, entfliehen;* φεύγει ὁ θάνατος ἀπ' αὐτῶν *der Tod flieht vor ihnen, der Tod zieht sich vor ihnen zurück* (B 1).

7 ὁμοίωμα³ *Gleichheit; Gestalt;* τὰ ὁμοιώματα τῶν ἀκρίδων *die*   7
Gestalten der Heuschrecken. **ἀκρίς** V. 3. **ἵππος** *Pferd.* **ἠτοιμασμένοις**
Pf. Ptz. Pass. **ἑτοιμάζω** hier *rüsten;* attr. **πόλεμος** *Kampf; Krieg; Schlacht.*
ὡς (erstes) *etwas wie* (B II3aα). **στέφανος** *Kranz, Siegeskranz;* ὡς στέφα-
νοι ὅμοιοι χρυσῷ *(sie trugen) etwas wie Kränze, die Gold gleichen = (sie tru-
gen) etwas wie goldschimmernde Kränze.* **χρυσός** *Gold.*   **8 εἶχον** Ipf. **ἔχω.**   8
θρίξ³ τριχός ἡ *Haar.* **ὀδούς**⁵ ὄντος ὁ *Zahn.* **λέων**⁵ οντος ὁ *Löwe;* erg.
ὀδόντες. **ἦσαν** Ipf. **εἰμί.**   **9 θώραξ**³ ακος ὁ *Brustpanzer, Panzer;* (erstes)   9
evtl. *Brust* (B 2). **σιδηροῦς** (H-S §44c) *eisern.* **πτέρυξ**³ υγος ἡ *Flügel.*
ἅρμα³ *Wagen* (bes. v. Streitwagen); ἅρματα ἵππων πολλῶν *mit vielen
Pferden bespannte (Streit-)Wagen, viele (Streit-)Wagen mit Pferden.* **τρεχόντων**
Ptz. **τρέχω** *laufen; eilen;* attr.   **10 οὐρά** *Schwanz.* **σκορπίος** V. 3.   **κέν-**   10
τρον *Stachel.* **ἐξουσία** V. 3; erg. *steckte.* **ἀ-δικῆσαι** Aor. Inf. ἀ-δικέω
V. 4. **μήν, πέντε** V. 5.   **11 ἐπ' αὐτῶν** *über sich.* **βασιλέα** Obj.-Erg. *als*   11
König. **ἄ-βυσσος** V. 1. **ὄνομα αὐτῷ** dat. poss. (A173), erg. **ἦν** (Ipf. v.
εἰμί; BDR §128³) *er hieß.* **Ἑβραϊστί** Adv. *auf hebräisch* bzw. *aramäisch*
(B). **Ἀβαδδών** *Abaddon,* indekl., hier Nom. **Ἑλληνικός** *griechisch;* ἐν
τῇ Ἑλληνικῇ erg. γλώσσῃ *in griechischer Sprache, auf griechisch* (B).
Ἀπολλύων⁴ ονος ὁ (< ἀπόλλυμι) *Verderber.*   **12 οὐαί** *wehe;* hier   12
subst. (vgl. das dreifache Wehe in 8,13). **μία** für πρώτη (H-S §145a). **ἀπ-**
ῆλθεν Aor. -έρχομαι hier *vorübergehen, vergehen* (B 1b). **ἔρχεται** Sg. statt
Pl. (BDR §136,5).

13 ἕκτος¹⁹ *sechster.* **ἐ-σάλπισεν** V. 1. **ἤκουσα** Aor. ἀκούω.   13
κέρας³ ατος τό *Horn.* **θυσιαστήριον** *Altar.* **χρυσοῦς** (H-S §44c)
golden.   **14 λέγοντα** Ptz. λέγω, AcP (A300); Mask. statt Fem. (BDR §136⁴)   14
[Var. λέγουσαν Ptz. Fem.]. **ἔχων** Ptz., attr.; part. coni. im Nom. statt Dat.
(BDR §136²). **σάλπιγξ**³ ιγγος ἡ *Trompete, Posaune.* **λῦσον** Aor. Imp.
λύω. **δε-δεμένους** Pf. Ptz. Pass. δέω, attr. **ποταμός** *Fluß, Strom.*
Εὐφράτης¹ *Eufrat,* Fluß in Mesopotamien.   **15 ἐ-λύθησαν** Aor. Pass.   15
λύω. **ἠτοιμασμένοι** Pf. Ptz. Pass. ἑτοιμάζω hier *bereitstehen* εἰς τὴν
ὥραν *für die Stunde* (B 2); attr. **μήν** V. 5. **ἐνιαυτός** *Jahr.* **ἀπο-κτεί-**
νωσιν V. 5. **τὸ τρίτον** *das Drittel,* m. flgd. gen. partitivus (A164) (B 2).
16 ἀριθμός *Zahl.* **στράτευμα**³ *Heer;* hier wohl kleinere Abteilung: 16
Truppe (B). **ἱππικός** *das Reiten betreffend;* στράτευμα τοῦ ἱππικοῦ
Reiterheer, berittene Truppe. **δισ-μυριάς**³ άδος ἡ *zwanzigtausend.*
μυριάς³ άδος ἡ *Myriade, zehntausend;* δισμυριὰς μυριάδων gen. parti-
tivus (A164) *zwanzigtausend mal zehntausend* (= 200 Millionen).   **17 ἵππος**   17
V. 7. **ὅρασις**⁸ *Sehorgan; (das) Aussehen; Gesicht, Vision.* **καθημένους**
Ptz. κάθημαι, subst.; οἱ καθήμενοι ἐπ' αὐτῶν *ihre Reiter.* [Var. ἐπ-άνω
oben; uneig. Präp. (A183) *über, auf.*] **ἔχοντας** Ptz. ἔχω, AcP (A300).
θώραξ V. 9. **πύρινος** *feurig, feuerrot.* **ὑακίνθινος** *hyazinthfarbig, hya-*

zinthblau (dunkelblau). **θειώδης**[7] *schwefelig, schwefelgelb.* **λέων** V. 8. **ἐκ-πορεύομαι** *hinausgehen;* übertr. *hervorgehen, ausgehen;* praesens narrativum

18 (A235). **καπνός** V. 2. **θεῖον** *Schwefel.* **18 πληγή** *Schlag, Hieb; Wunde;* hier *Plage, Unglück* (v. Gott gesandt; B 3), *Katastrophe* (GN). **ἀπ-ε-κτάνθη-σαν** Aor. Pass. ἀπο-κτείνω. **ἐκ** (erstes) *durch.* **ἐκ-πορευομένου** Ptz.,

19 attr. **19 ἐξουσία** V. 3. **οὐρά** V. 10. **ὄφις**[8] *εως ὁ Schlange.* **ἔχουσαι** Ptz. Fem. ἔχω, mod. (A291,2 Anm. 1) *und sie haben Köpfe.* **ἐν** (drittes) instr. *mit.* **ἀ-δικέω** V. 4, hier absolut *Schaden anrichten/zufügen.*

20 **20 ἀνθρώτων** gen. partitivus (A164). **ἀπ-ε-κτάνθησαν, πληγή** V. 18. **ἐν** instr. *durch.* **μετ-ε-νόησαν** Aor. μετα-νοέω *seinen Sinn ändern, umkehren.* **τὰ ἔργα τῶν χειρῶν αὐτῶν** *die Werke* (*Machwerke;* Einh.) *ihrer Hände* (wohl die selbstgefertigten Götzen). **ἵνα** hier kons. *so daß.* **προσ-κυνήσουσιν** Fut. -κυνέω; Fut. nach ἵνα (BDR §369[5]). **εἴδω-λον** (< **εἶδος** Aussehen, Gestalt) *Götterbild; falscher Gott, Götze.* **χρυσοῦς** V. 13. **ἀργυροῦς** (H-S §44c) *silbern.* **χαλκοῦς** (H-S §44c) *ehern, kupfern.* **λίθινος** *steinern.* **ξύλινος** *hölzern.* **βλέπειν** Inf. **ἀκούειν** Inf. **περι-**

21 **πατεῖν** Inf. -πατέω. **21 φόνος** *(das) Töten, Totschlag, Mord.* **φάρ-μακον** *Zaubermittel; Gift* [Var. φαρμακεία *Zauberei, Magie*]. **πορνεία** *Unzucht* (= illegitimer Geschlechtsverkehr jeder Art), *Hurerei* [Var. πονηρία *Schlechtigkeit, Bosheit, Sündhaftigkeit*]. **κλέμμα**[3] *(das) Stehlen, Diebstahl.*

10 **ἰσχυρός** (< ἰσχύω stark sein) *stark.* **κατα-βαίνοντα** Ptz. -βαίνω, AcP (A300). **περι-βε-βλημένον** Pf. Ptz. Pass. -βάλλω[112] *her-umlegen, umwerfen;* (Kleider) *anlegen, anziehen* τι *etwas;* Med. *sich anziehen, sich bekleiden* τι *mit etwas;* wohl attr., evtl. mod. **νεφέλη** *Wolke.* **ἶρις**[3] ιδος ἡ *Regenbogen;* nom. pendens (A141a), erg. *stand.* **ὡς** (war) *wie.* **ἥλιος** *Sonne.*

2 **στῦλος** *Säule, Pfeiler.* **πυρός** gen. qualitatis (A160). **2 ἔχων** Ptz., Ana-koluth (BDR §136[5]), als Ind. zu übers. **βιβλαρίδιον** *Büchlein, kleines Buch.* **ἠν-ε-ῳγμένον** Pf. Ptz. Pass. ἀν-οίγω, attr. **ἔ-θηκεν** Aor. τίθημι. **εὐ-**

3 **ώνυμος**[11] *links.* **3 ἔ-κραξεν** Aor. κράζω. **φωνῇ** dat. instr. (A176). **μέγας**[12] hier *laut.* **ὥσ-περ** *gleichwie, wie.* **λέων**[5] οντος ὁ *Löwe.* **μυκάομαι** *brüllen.* **ἐ-λάλησαν** Aor. λαλέω; ἐλάλησαν αἱ ἑπτὰ βρονταὶ τὰς ἑαυτῶν φωνάς *die sieben Donner ließen ihre Stimmen/kra-*

4 *chenden Schläge vernehmen* (B φωνή 2c). **βροντή** *Donner.* **4 ἤ-μελλον** Ipf. μέλλω hier *wollen.* **γράφειν** Inf. **ἤκουσα** Aor. ἀκούω. **λέγου-σαν** Ptz. Fem. λέγω, AcP (A300). **σφράγισον** Aor. Imp. σφραγίζω (vgl. A33[91ff]) *versiegeln, mit einem Siegel versehen.* **γράψῃς** Aor. Konj. γράφω, prohibitiver Konj. (A256).

5 **5 ἑστῶτα** Pf. (Wz.-Pf., H-S §109a; m. präs. Bdtg.) Ptz. ἵσταμαι, AcP

6 (A300). **ἦρεν** Aor. αἴρω. **εἰς** *zu.* **6 ὤμοσεν** Aor. ὀμνύω[220] *schwören* ἐν *bei* (B). **ζῶντι** Ptz. ζάω, subst. **ἔ-κτισεν** Aor. κτίζω[103] *schaffen.* **ὅτι** reci-tativum = Doppelpunkt (A333). **ἔσται** Fut. εἰμί; χρόνος οὐκέτι ἔσται

es wird keine Frist/keinen Aufschub mehr geben (B χρόνος). **7 ἕβδομος**[19] 7
siebter. **μέλλῃ** Konj. μέλλω. **σαλπίζειν** Inf. σαλπίζω *trompeten,*
(Trompete) blasen, in die Posaune stoßen. **καί** kons. (A311) *dann.* **ἐ-τελέ-**
σθη Aor. Pass. τελέω[27] *beenden, vollenden; ausführen, durchführen, erfüllen;*
Aor. hier für einen gegenwärtigen Zustand (BDR §333[6]): *ist vollendet.*
μυστήριον *Geheimnis.* **εὐ-ηγγέλισεν** Aor. -αγγελίζω. **τοὺς προ-**
φήτας App. (A70). **8 ἤκουσα** V. 4. **λαλοῦσαν** Ptz. Fem. λαλέω, 8
AcP (A300). **λέγουσαν** Ptz. Fem. λέγω, AcP (A300), erg. viell. ein zweites
ἤκουσα. **ὕπ-αγε** Imp. -άγω. **λάβε** Aor. Imp. λαμβάνω. **βιβλίον**
Buch. **ἠν-ε-ῳγμένον** V. 2. **ἑστῶτος** Pf. (Wz.-Pf., H-S §109a; m. präs.
Bdtg.) Ptz. ἵσταμαι, attr. **9 ἀπ-ῆλθα** Aor. (vgl. H-S §105g) -έρχομαι. 9
λέγων Ptz., mod. **δοῦναι** Aor. Inf. δίδωμι, Inf. nach Verben des Auffor-
derns (BDR §392[5b]); λέγων αὐτῷ δοῦναί μοι *indem ich ihn bat, mir ... zu*
geben. **βιβλαρίδιον** V. 2. **κατά-φαγε** Aor. Imp. κατ-εσθίω[188] *verzeh-*
ren, aufessen. **πικρανεῖ** Fut. πικραίνω (vgl. A33[118ff]) *bitter machen.* **κοι-**
λία *Bauch; Magen.* **γλυκύς**[10] εῖα ὑ *süß.* **μέλι**[3] ιτος τό *Honig.*
10 ἔ-λαβον Aor. λαμβάνω. **κατ-έ-φαγον** Aor. **ἦν** Ipf. εἰμί. **ἔ-φα-** 10
γον Aor. ἐσθίω. **ἐ-πικράνθη** Aor. Pass. πικραίνω. **11 προ-φητεῦ-** 11
σαι Aor. Inf. -φητεύω *Gottesoffenbarungen verkündigen; prophezeien, Zukünf-*
tiges voraussagen, weissagen; Präd. des AcI, abhängig v. δεῖ. **ἐπὶ λαοῖς καὶ**
ἔθνεσιν καὶ γλώσσαις καὶ βασιλεῦσιν πολλοῖς *über Völker,*
Nationen, Sprachen und viele Könige od. πολλοῖς gehört zu allen vier Subst.:
über viele Völker, Nationen, Sprachen und Könige.

ἐ-δόθη Aor. Pass. δίδωμι. **κάλαμος** *Schilfrohr; Rohrstab; Meßstab;* **11**
Schreibrohr (antike Schreibfeder). **ῥάβδος** ἡ *Rute, Stab, Stock.* **λέγων** Ptz.,
mod., part. coni. zum aktiv handelnden Subj. v. ἐδόθη; übers. etwa *mir wurde*
gesagt (vgl. A76). **ἔγειρε** Imp. ἐγείρω. **μέτρησον** Aor. Imp. μετρέω
messen; ausmessen. **θυσιαστήριον** *Altar.* **προσ-κυνοῦντας** Ptz.
-κυνέω, subst. **ἐν αὐτῷ** instr. *mit ihm* (dem Meßstab) (BDR §195[10]).
2 αὐλή *Hof; Vorhof.* **ἔξω-θεν** uneig. Präp. (A183) *von außen her; außen,* 2
draußen; nach außen, hinaus; hier *äußerer* (B 2b). **ἔκ-βαλε** Aor. Imp.
-βάλλω hier *auslassen* (B 3). **μετρήσῃς** Aor. Konj. μετρέω, prohibitiver
Konj. (A256). **πατήσουσιν** Fut. πατέω *treten; zertreten, zertrampeln*
(B 1aγ). **μήν**[4] μηνός ὁ *Monat;* Akk. der zeitl. Ausdehnung (A148).
τεσσεράκοντα καὶ δύο[19f] *zweiundvierzig.*

3 δώσω Fut. δίδωμι, hier wohl *Vollmacht/Auftrag geben* (vgl. B 1bβ). 3
δυσίν Dat. δύο. **μάρτυς**[6] υρος ὁ *Zeuge.* **καί** hier fin. (BDR §442[9])
damit. **προ-φητεύσουσιν** Fut. -φητεύω *Gottesoffenbarungen verkündi-*
gen; prophezeien, Zukünftiges voraussagen, weissagen. **ἡμέρας** Akk. der zeitl.
Ausdehnung (A148). **χίλιοι διακόσιοι ἐξήκοντα**[19] *eintausendzwei-*
hundertundsechzig. **περι-βε-βλημένοι** Pf. Ptz. Pass. -βάλλω[112] *her-*

umlegen, umwerfen; (Kleider) *anlegen, anziehen* τι *etwas;* Med. *sich anziehen, sich bekleiden* τι *mit etwas;* mod. **σάκκος** *Sack; Sackleinwand;* meist dunkel,
4　als Trauer- od. Bußgewand benutzt.　**4 ἐλαία** *Ölbaum.* **λυχνία** *Leuchter.*
ἑστῶτες Pf. (Wz.-Pf., H-S §109a; m. präs. Bdtg.) Ptz. ἵσταμαι, attr., Mask.
5　statt Fem. (BDR §136,3).　**5** [Var. θελήσει Fut. θέλω.]　**ἀ-δικῆσαι** Aor.
Inf. ἀ-δικέω intr. *Unrecht tun;* tr. *ungerecht behandeln; schädigen, Schaden zufü-*
gen.　**ἐκ-πορεύομαι** *hinausgehen;* übertr. *hervorgehen, ausgehen.* **κατ-**
εσθίω *verzehren, aufzehren, aufessen, verschlingen.* **ἐχθρός** *Feind.* **θελήσῃ**
Aor. Konj. θέλω; εἰ m. Konj. viell. statt Konj. m. ἐάν (BDR §372,4), dann
prospektiver Kond.-NS (A343).　**ἀπο-κτανθῆναι** Aor. Inf. Pass. -κτείνω,
Präd. des AcI, abhängig v. δεῖ; οὕτως δεῖ αὐτὸν ἀποκτανθῆναι *er muß*
6　*auf diese Weise* (d.h. durch Feuer) *umkommen.*　**6 κλεῖσαι** Aor. Inf. κλείω[6]
schließen; verschließen. **ὑετός** *Regen.* **βρέχῃ** Konj. βρέχω *benetzen;* ἵνα
μὴ ὑετὸς βρέχῃ *damit/so daß kein Regen fällt.* **ἡμέρας** V. 3. **προ-**
φητεία *Weissagung, Prophetie.* **ὕδωρ**[3] Pl. *Gewässer* (B 1; BDR §141[11]).
στρέφειν Inf. στρέφω tr. *hinwenden; verwandeln* τι εἴς τι *etwas in etwas*
(B 1aβ). **πατάξαι** Aor. Inf. πατάσσω (vgl. A33[74ff]) *schlagen, stoßen;* auch
übertr. **ἐν** instr. *mit.* **πᾶς** ohne Art. *jede Art von* (vgl. B 1aβ). **πληγή**
Schlag, Hieb; Wunde; hier *Plage, Unglück* (v. Gott gesandt; B 3), *Katastrophe*
(GN). **ὁσάκις**[18] Adv. *so oft (wie);* ὁσάκις ἐάν = ὁσάκις ἄν *wie/so oft*
(auch immer), jedesmal wenn (vgl. A132; 371). **θελήσωσιν** Aor. Konj. θέλω
7　[Var. θέλωσιν Konj.].　**7 τελέσωσιν** Aor. Konj. τελέω[27] *beenden, vollen-*
den; ausführen, durchführen, erfüllen. **μαρτυρία** (< μαρτυρέω) *Zeugnis*
(das Bezeugen od. das Bezeugte). **θηρίον** *Tier* (hier als eine Verkörperung
der antichristl. Bosheit; EWNT 2, Sp. 368f). **ἀνα-βαῖνον** Ptz.-βαίνω, attr.
ἄ-βυσσος ἡ *Abgrund, Tiefe, Unterwelt.* **ποιήσει** Fut. ποιέω; ποιέω
πόλεμον (klass. steht Med., H-S §189e) *Krieg führen.* **πόλεμος** *Kampf;*
Krieg; Schlacht. **νικήσει** Fut. νικάω (< νίκη Sieg) *siegen; besiegen.* **ἀπο-**
8　**κτενεῖ** Fut. -κτείνω.　**8 πτῶμα**[3] (< πίπτω) *Leichnam, Leiche;* τὸ
πτῶμα αὐτῶν (distributiver Sg., A101b) übers. als Pl. *ihre Leichen (werden*
liegen). **πλατεῖα** *Straße.* **ἥτις** = ἥ (A133; B 3). **καλεῖται** Pass. καλέω.
πνευματικῶς *auf geistige/geistliche Weise, geistlich verstanden, bildlich.*
Σόδομα ὢν τά *Sodom,* Stadt, die wegen ihrer Sünde unterging (Gen
19,24ff), Präd.-Nom. **Αἴγυπτος** ἡ *Ägypten;* Präd.-Nom. **ἐ-σταυρώθη**
9　Aor. Pass. σταυρόω.　**9 ἐκ τῶν λαῶν** die Umschreibung des gen. partitivus
(A164) m. ἐκ ist hier Subj. (BDR §164[6]), erg. ἄνθρωποι; βλέπουσιν ἐκ
τῶν λαῶν καὶ φυλῶν καὶ γλωσσῶν καὶ ἐθνῶν *Menschen aus (allen)*
Völkern, Stämmen, Sprachen und Nationen werden sehen. **φυλή** *Stamm; Volks-*
stamm, Volk. **ἥμισυς**[10] εια υ *halb;* subst. Ntr. *Hälfte;* ἡμέρας τρεῖς καὶ
ἥμισυ Akk. der zeitl. Ausdehnung (A148) *dreieinhalb Tage lang.* **ἀφ-ίημι**
hier *lassen, zulassen, erlauben, gestatten,* m. AcI (B 4). **τεθῆναι** Aor. Inf. Pass.

τίθημι, Präd. des AcI. **μνῆμα**³ *Grab.* **10 κατ-οικοῦντες** Ptz. -οικέω, 10
subst. **ἐπ' αὐτοῖς** *ihretwegen, über sie* (d.h. über ihren Tod). **εὐ-φραίνον-**
ται Pass. -φραίνω *erfreuen;* Pass. *sich freuen, froh sein.* **δῶρον** *Geschenk.*
πέμψουσιν Fut. πέμπω. **ἐ-βασάνισαν** Aor. βασανίζω (vgl.
A33⁹¹ᶠᶠ) *foltern, quälen.* **11 πνεῦμα ζωῆς** gen. qualitatis (A160) *Lebens-* 11
geist. **εἰσ-ῆλθεν** Aor. -έρχομαι. **ἐν** für εἰς. **ἔ-στησαν** Wz.-Aor.
ἵσταμαι *sich stellen.* **ἐπ-έ-πεσεν** Aor. ἐπι-πίπτω¹⁹⁴ *fallen auf; befallen*
ἐπί τινα *jmdn.* (B 2) [Var. ἔ-πεσεν Aor. πίπτω]. **θεωροῦντας** Ptz.
θεωρέω, subst. **12 ἤκουσαν** Aor. ἀκούω. **μέγας**¹² hier *laut, gewaltig.* 12
λεγούσης Ptz. Fem. λέγω, GcP (A300). **ἀνά-βατε** Aor. Imp. -βαίνω.
ἀν-έ-βησαν Aor. -βαίνω. **νεφέλη** *Wolke.* **ἐ-θεώρησαν** Aor.
ἐχθρός V. 5. **13 ἐ-γένετο** Aor. γίνομαι. **σεισμός** *Erdbeben.* **δέκα-** 13
τος¹⁹ *zehnter;* Ntr. subst. *Zehntel.* **ἔ-πεσεν** Aor. πίπτω hier *einstürzen.* **ἀπ-**
ε-κτάνθησαν Aor. Pass. ἀπο-κτείνω. **ἐν** (zweites) instr. *durch.*
ὀνόματα ἀνθρώπων hier *Personen, Menschen* (B ὄνομα III). **χιλιάς**³
άδος ἡ *Anzahl von Tausend, Tausendschaft;* χιλιάδες ἑπτά *siebentausend.*
ἔμ-φοβος¹¹ *erschrocken, in Furcht;* Präd.-Nom. **ἐ-γένοντο** Aor.
ἔ-δωκαν Aor. δίδωμι. **14 οὐαί** *wehe;* hier subst. (vgl. das dreifache Wehe 14
in 8,13). **ἀπ-ῆλθεν** Aor. -έρχομαι hier *vorübergehen, vergehen* (B 1b).
ταχύς¹⁰ εῖα ύ *rasch, schnell;* Ntr. Sg. als Adv. *schnell; bald.*

15 ἕβδομος¹⁹ *siebter.* **ἐ-σάλπισεν** Aor. σαλπίζω¹⁰² *trompeten,* 15
(Trompete) blasen, in die Posaune stoßen. **ἐ-γένοντο** V. 13. **λέγοντες** Ptz.
λέγω, mod., Mask. statt Fem. (BDR §136⁵) [Var. λέγουσαι Ptz. Fem.].
ἐ-γένετο V. 13; ἐγένετο ἡ βασιλεία τοῦ κόσμου (gen. obi., A158) τοῦ
κυρίου (gen. poss., A154) ἡμῶν *die Herrschaft über die Welt wurde unserem*
Herrn zuteil (H-S §159b) bzw. *gehört (jetzt) unserem Herrn.* **βασιλεύσει** Fut.
βασιλεύω *König sein, herrschen.* **16 εἴκοσι τέσσαρες**¹⁹ᶠ *vierundzwanzig.* 16
καθήμενοι Ptz. κάθημαι, attr. **ἔ-πεσαν** Aor. πίπτω. **προσ-ε-**
κύνησαν Aor. -κυνέω, m. Dat. **17 λέγοντες** Ptz., mod. **εὐ-χαρι-** 17
στέω *dankbar sein; Dank sagen, danken.* **ὁ θεός** Nom. m. Art. für Vok.
(A142). **παντο-κράτωρ**⁶ ορος ὁ *Allherrscher, Allmächtiger;* App. (A70).
ὤν Ptz. εἰμί, subst.; ὁ ὤν *der du bist;* ὁ ὤν καὶ ὁ ἦν *eine an Ex 3,14f*
anknüpfende Umschreibung des Gottesnamens; App. **ἦν** Ipf. εἰμί; ὁ ἦν ver-
tritt hier ein dur. Ptz. m. Vergangenheitsbezug (ZG): *der war.* **εἴληφας** Pf.
λαμβάνω. **ἐ-βασίλευσας** Aor., ingr. (A229): *König werden, die Herrschaft*
antreten. **18 ὠργίσθησαν** Aor. Pass. (ohne Pass.-Bdtg.) ὀργίζομαι (vgl. 18
A33⁹¹ᶠᶠ) *zürnen;* ingr. (A229): *zornig werden* (näml. über Gott). **ὀργή** *Zorn;*
Zorngericht. **κριθῆναι** Aor. Inf. Pass. κρίνω; ὁ καιρὸς τῶν νεκρῶν
κριθῆναι *die Zeit, daß die Toten gerichtet werden* (BDR §393⁵). **δοῦναι** Aor.
Inf. δίδωμι. **μισθός** *Lohn* (eig. Arbeitslohn; übertr. Belohnung).
φοβουμένοις Ptz. φοβέομαι, subst.; App. (A70), ebenso die beiden Dat.

vorher. **μικρούς, μεγάλους** App. im Akk. statt Dat. **δια-φθεῖραι**
Aor. Inf. -φθείρω (vgl. A33[136]) *zerstören, vernichten; verderben;* abhängig v.

19 καιρός. **δια-φθείροντας** Ptz., subst. **19 ἠν-οίγη** Aor. Pass. ἀν-οίγω.
ὤφθη Aor. Pass. ὁράω. **κιβωτός** ἡ *Kasten, Kiste;* ἡ κιβωτὸς τῆς δια-
θήκης *die Bundeslade.* **δια-θήκη** *Testament;* im NT meist: *Heilsverfügung,*
-setzung, Bund. **ἐ-γένοντο** V. 13. **ἀστραπή** *Blitz.* **φωναί** hier viell.
Getöse (eines Sturms) od. φωναὶ καὶ βρονταί Hendiadyoin (A378) etwa
heftige Donnerschläge. **βροντή** *Donner.* **σεισμός** *Erdbeben.* **χάλαζα**
Hagel.

12   **ὤφθη** Aor. Pass. ὁράω. **ἐν** *am* (B I1b). **γυνή** App. (A70) zu
σημεῖον. **περι-βε-βλημένη** Pf. Ptz. Pass. -βάλλω *herumlegen, umwer-*
fen; (Kleider) *anlegen, anziehen* τι *etwas;* Med. *sich anziehen, sich bekleiden* τι
mit etwas; attr. **ἥλιος** *Sonne.* **σελήνη** *Mond;* wohl App. zu σημεῖον,
übers. *der Mond (war).* **ὑπο-κάτω** uneig. Präp. (A183) *unter, unterhalb.*
στέφανος *Kranz, Siegeskranz.* **ἀστήρ**[6] έρος ὁ *Stern;* ἀστέρων δώδεκα

2 gen. obi. (A158) *von zwölf Sternen.* **2 γαστήρ**[6] τρός ἡ *Bauch; Mutterleib;* ἐν
γαστρὶ ἔχω *schwanger sein.* **ἔχουσα** Ptz. Fem. ἔχω, attr., übers. als Ind.
ὠδίνουσα Ptz. Fem. ὠδίνω *Geburtsschmerzen erleiden, Wehen haben, unter*
Schmerzen gebären; mod. od. kaus. **βασανιζομένη** Ptz. Pass. βασανίζω
(vgl. A33[91ff]) *foltern, quälen* (hier v. Geburtswehen, B 2a); mod. od. kaus. **τε-**
κεῖν Aor. Inf. τίκτω[195] *gebären;* κράζει ὠδίνουσα καὶ βασανιζομένη
τεκεῖν *sie schreit in Wehen und quält sich zu gebären;* viell. Hendiadyoin (A378)

3 *sie schreit vor Schmerzen in ihren Geburtswehen* (Einh.). **3 δράκων**[5] οντος ὁ
Drache (eine gottfeindl. apokalyptische Gestalt, die m. dem Teufel gleichgesetzt
wird [12,9; 20,2]). **πυρρός** *feuerrot.* **ἔχων** Ptz., attr. **κέρας**[3] ατος τό
Horn. **δέκα**[19] *zehn.* **διά-δημα**[3] *Stirnbinde, Diadem* (Zeichen königl.

4 Würde). **4 οὐρά** *Schwanz.* **σύρω** *ziehen, (fort)schleppen; hinwegfegen.* **τὸ**
τρίτον *das Drittel,* m. flgd. gen. partitivus (A164) (B 2). **ἔ-βαλεν** Aor.
βάλλω. **εἰς** *auf.* **ἕστηκεν** Pf. ἵσταμαι. **μελλούσης** Ptz. Fem.
μέλλω, attr., m. Inf. zur Umschreibung des Fut. (A250). **τέκη** Aor. Konj.
τίκτω; ὅταν τέκη ... *sobald sie ... geboren hatte.* **κατα-φάγῃ** Aor. Konj.
κατ-εσθίω[188] *verzehren, aufessen, verschlingen* (B 1), erg. *es* (das Kind).

5 **5 ἔ-τεκεν** Aor. **ἄρσην** εν (Gen. ενος) *männlich;* subst. Ntr. betont das
Geschlecht (aus LXX), App. (A70) zu υἱόν. **ποιμαίνειν** Inf. ποιμαίνω
weiden, hüten; hier *herrschen, regieren* (B 2αβ). **ἐν** instr. *mit.* **ῥάβδος** ἡ *Rute,*
Stab, Stock. **σιδηροῦς** (H-S §44c) *eisern.* **ἡρπάσθη** Aor. Pass.
ἁρπάζω[107] *rauben, fortschleppen; wegführen, entfernen;* hier *entrücken* (B 2b).

6 **6 ἔ-φυγεν** Aor. φεύγω[72] *fliehen, entfliehen.* **ἐκεῖ** nach ὅπου pleon. (H-S
§289i). **τόπος** hier *Zufluchtsort.* **ἡτοιμασμένον** Pf. Ptz. Pass. ἑτοι-
μάζω, attr. **ἀπό** hier = ὑπό. **τρέφωσιν** Konj. τρέφω *ernähren, mit*
Lebensunterhalt versehen; 3. Pl. unpersönl. (A76) *damit man sie ernährt/versorgt.*

ἡμέρας Akk. der zeitl. Ausdehnung (A148). **χίλιοι διακόσιοι ἑξή-κοντα**[19] *eintausendzweihundertundsechzig* (vgl. 11,3).

7 ἐ-γένετο Aor. γίνομαι hier *entstehen, ausbrechen* (B II bβ). **πόλε-** 7
μος *Kampf; Krieg; Schlacht.* **Μιχαήλ** indekl., *Michael, ein Erzengel* (d.h. ein Engelfürst). **πολεμῆσαι** Aor. Inf. πολεμέω *Krieg führen, kämpfen* μετά τινος *gegen jmdn.* (B 1a); τοῦ πολεμῆσαι (LXX-Ausdruck, der subst. Inf. drückt die Bereitschaft od. Verpflichtung zu einer Handlung aus, BDR §400[10]) *hatte zu kämpfen.* **δράκων** V. 3. **ἐ-πολέμησεν** Aor. **8 ἴσχυσεν** Aor. 8
ἰσχύω *stark sein, kräftig sein; Gewalt haben, mächtig sein;* οὐκ ἴσχυσεν *er konnte nicht die Oberhand gewinnen = er konnte nicht standhalten, er wurde besiegt* (GN). **εὑρέθη** Aor. Pass. εὑρίσκω; τόπος εὑρέθη αὐτῶν ἔτι *es fand sich für sie kein Platz mehr* (B 1b) = *für sie war kein Platz mehr.*
9 ἐ-βλήθη Aor. Pass. βάλλω hier *hinabstürzen.* **ὄφις**[8] εως ὁ *Schlange;* 9
App. (A70) zu δράκων. **ἀρχαῖος** *alt.* **καλούμενος** Ptz. Pass. καλέω, attr. **διά-βολος** (< διαβάλλω *verleumden*) subst. *Verleumder; Teufel;* App. **σατανᾶς**[1] ᾶ *Satan, der Widersacher Gottes.* **πλανῶν** Ptz. πλανάω (< πλάνη *Irrtum*) *in die Irre führen; irreführen, verführen, betrügen;* attr. bzw. subst. als App. **οἰκουμένη** (Ptz. Fem. Pass. οἰκέω *wohnen* + γῆ) *(bewohn-te) Erde, Erdkreis;* hier *Menschheit.* **εἰς** *auf.* **ἐ-βλήθησαν** Aor. Pass.
10 ἤκουσα Aor. ἀκούω. **μέγας**[12] hier *laut.* **λέγουσαν** P:z. Fem. 10
λέγω, AcP (A300). **ἄρτι** *jetzt.* **ἐ-γένετο** V. 7, Aor. hier *ist gekommen, ist angebrochen.* **κατ-ήγωρ**[6] ορος ὁ *Ankläger.* **κατ-ηγορῶν** Ptz. -ηγορέω *anklagen; beschuldigen;* attr. od. subst. als App. (A70). **ἡμέρας καὶ νυκτός** *Tag und Nacht,* gen. temp. (H-S §168a). **11 ἐ-νίκησαν** Aor. νικάω 11
(< νίκη *Sieg*) *siegen; besiegen.* **διά** m. Akk. gibt hier die wirksame Ursache an (BDR §222[3]; B BII4a) *kraft, durch.* **ἀρνίον** *Schaf, Lamm* (Bezeichnung für Jesus). **διά** m. Akk. *kraft* (BDR §222[3]). **μαρτυρία** *Zeugnis* (das Bezeugen od. das Bezeugte). **ἠγάπησαν** Aor. ἀγαπάω; οὐκ ἠγάπησαν τὴν ψυχὴν αὐτῶν *sie haben ihr Leben nicht geliebt* (d.h. sie waren bereit, es hinzu-geben). **12 διὰ τοῦτο** *darum, deshalb.* **εὐ-φραίνεσθε** Imp. Pass. 12
-φραίνω *erfreuen;* Pass. *sich freuen, froh sein.* **οὐρανοί** Nom. m. Art. für Vok. (A142). **σκηνοῦντες** Ptz. σκηνόω *wohnen;* subst. **οὐαί** hier m. Akk. (B 1c); οὐαὶ τὴν γῆν *wehe (aber) der Erde.* **κατ-έ-βη** Aor. κατα-βαίνω. **ἔχων** Ptz., mod. **θυμός** *Leidenschaft; Zorn, Wut.* **εἰδώς** Pf. (m. präs. Bdtg.) Ptz. οἶδα, kaus.
13 δράκων V. 3. **ἐ-βλήθη** V. 9. **ἐ-δίωξεν** Aor. διώκω. **ἥτις** = ἥ 13
(A133; B 3). **ἔ-τεκεν** Aor. τίκτω V. 2. **ἄρσην** V. 5, Mask. subst. *Junge, Knabe.* **14 ἐ-δόθησαν** Aor. Pass. δίδωμι. **πτέρυξ**[3] υγος ἡ *Flügel.* 14
ἀετός *Adler.* **πέτηται** Konj. πέτομαι *fliegen.* **τόπος** V. 6. **τρέφεται** Pass. V. 6. **ἐκεῖ** V. 6. **καιρούς** Akk. der zeitl. Ausdehnung (A148); Pl. als Dual zu verstehen (vgl. Da 7,25; 12,7): *(zwei) Zeiten* (B 4); καιρὸν καὶ

καιροὺς καὶ ἥμισυ καιροῦ *eine Zeit und zwei Zeiten und eine halbe Zeit*
(= dreieinhalb Jahre). ἥμισυς¹⁰ εια υ *halb;* subst. Ntr. *Hälfte.* καιροῦ
gen. partitivus (A164). ἀπὸ προσώπου Hebr. (BDR §217¹) *fern von.*
15 ὄφις V. 9. 15 ἔ-βαλεν Aor. βάλλω hier *ausspeien* (B 1b). ὀπίσω uneig.
Präp. (A183) *hinter, hinter … her.* ποταμός *Fluß, Strom.* ποταμο-
φόρητος¹¹ *vom Strom fortgerissen, vom Fluß weggeschwemmt/fortgespült.*
ποιήσῃ Aor. Konj. ποιέω, hier m. doppeltem Akk. (A97,15); ἵνα αὐτὴν
ποταμοφόρητον ποιήσῃ *um sie wegzuschwemmen, um sie von den Fluten*
16 *fortreißen zu lassen* (d.h. um sie zu ertränken). 16 καὶ adversativ (A311,1)
aber. ἐ-βοήθησεν Aor. βοηθέω *zu Hilfe kommen, helfen.* ἤν-οιξεν Aor.
ἀν-οίγω. κατ-έ-πιεν Aor. κατα-πίνω¹⁴¹ *trinken, verschlucken, hinunter-*
17 *schlucken.* 17 ὠργίσθη Aor. Pass. ὀργίζομαι (vgl. A33⁹¹ᶠᶠ) *zürnen;* ingr.
(A229): *zornig werden.* ἀπ-ῆλθεν Aor. -έρχομαι. ποιῆσαι Aor. Inf.
ποιέω, fin; ποιέω πόλεμον (klass. steht Med., H-S §189e) *Krieg führen.*
πόλεμος V. 7. οἱ λοιποὶ τοῦ σπέρματος αὐτῆς *die anderen von*
ihrer Nachkommenschaft (B λοιπός 2bα), *ihre übrigen Nachkommen* (d.h. die
Glaubenden). τηρούντων Ptz. τηρέω, attr. ἐχόντων Ptz. ἔχω, attr.
μαρτυρία V. 11; ἐχόντων τὴν μαρτυρίαν Ἰησοῦ gen. obi. (A158) *die*
das Zeugnis von Jesus festhalten (B ἔχω I1cβ; d.h. ihm treu bleiben), viell. gen.
18 subi. *die das Zeugnis Jesu (empfangen) haben.* 18 ἐ-στάθη Aor. Pass.
(= Med.) ἵσταμαι *hintreten, herzutreten* (B II1b). ἄμμος ἡ *Sand,* hier
Strand.

13 θηρίον *Tier* (hier als eine Verkörperung der antichristl. Bosheit;
EWNT 2, Sp. 368f). ἀνα-βαῖνον Ptz. -βαίνω, AcP (A300). ἔχον Ptz.
ἔχω, wohl attr., evtl. mod. κέρας³ ατος τό *Horn.* δέκα¹⁹ *zehn.* διά-
δημα³ *Stirnbinde, Diadem* (Zeichen königl. Würde). βλασ-φημία *Ver-*
leumdung, Schmähung, Lästerung; ὀνόματα βλασφημίας gen. qualitatis
2 (A160) *gotteslästerliche Namen.* 2 ἦν Ipf. εἰμί. πάρδαλις⁸ *Panther, Leo-*
pard. ἄρκος ὁ u. ἡ *Bär,* erg. πόδες. λέων⁵ οντος ὁ *Löwe.* ἔ-δωκεν
Aor. δίδωμι. δράκων⁵ οντος ὁ *Drache* (eine gottfeindl. apokalyptische
3 Gestalt, die m. dem Teufel gleichgesetzt wird [12,9; 20,2]). 3 μίαν ellip.
(A376), Akk. wohl v. zu ergänzendem εἶδον abhängig. ἐ-σφαγμένην Pf.
Ptz. Pass. σφάζω⁸⁶ *schlachten, ermorden;* attr. od. AcP (A300); μίαν ἐκ τῶν
κεφαλῶν αὐτοῦ ὡς ἐσφαγμένην εἰς θάνατον *(ich sah, daß) einer sei-*
ner Köpfe wie zu Tode getroffen war bzw. *tödlich verwundet war.* καὶ adversativ
(A311,1) *aber.* πληγή *Schlag, Hieb; Wunde;* ἡ πληγὴ τοῦ θανάτου gen.
qualitatis (A160) *die Todeswunde.* ἐ-θεραπεύθη Aor. Pass. θεραπεύω.

ἐ-θαυμάσθη Aor. Pass. θαυμάζω (vgl. A33⁹¹ᶠᶠ) intr. *sich (ver)wun-*
dern, erstaunen; Pass. als Dep. m. akt. Bdtg. (B 2) [Var. ἐ-θαύμασεν Aor.].
ὀπίσω uneig. Präp. (A183) *hinter; hinter … her;* ἐθαυμάσθη … ὀπίσω τοῦ
θηρίου ellip., prägnant für ἐθαυμάσθη … ἐπὶ τῷ θηρίῳ καὶ ἐπορεύθη

(BDR §196³) übers. etwa: alle Welt (d.h. alle Menschen) *lief staunend dem Tier*
nach. **4 προσ-ε-κύνησαν** Aor. -κυνέω, m. Dat.; Pl. sinngemäß kon- **4**
struiert (A96). **λέγοντες** Ptz. λέγω, mod. **τίς** erg. ἐστίν. **πολεμῆσαι**
Aor. Inf. πολεμέω *Krieg führen, kämpfen* μετά τινος *gegen jmdn.* (B 1a).
5 ἐ-δόθη Aor. Pass. δίδωμι; in V. 5 u. 7 wohl pass. divinum (A76), das die **5**
Erlaubnis Gottes ausdrückt. **λαλοῦν** Ptz. λαλέω, fin. **μεγάλα** *große*
(Worte/Reden). **βλασ-φημία** V. 1. **ποιῆσαι** Aor. Inf. ποιέω; ἐξουσία
ποιῆσαι *Vollmacht, es (so) zu treiben.* **μήν**⁴ μηνός ὁ *Monat;* Akk. der zeitl.
Ausdehnung (A148). **τεσσεράκοντα καὶ δύο**¹⁹ᶠ *zweiundvierzig.* **6 ἤν-** **6**
οιξεν Aor. ἀν-οίγω. **εἰς βλασφημίας πρὸς τὸν θεόν** *zu Lästerun-*
gen gegen Gott. **βλασ-φημῆσαι** Aor. Inf. -φημέω *in üblen Ruf* bzw. *in*
Verruf bringen, verleumden; lästern. **σκηνή** *Zelt; Wohnung.* **σκηνοῦντας**
Ptz. σκηνόω *wohnen;* subst.; τοὺς ἐν τῷ οὐρανῷ σκηνοῦντας *die, die im*
Himmel wohnen (wohl die Engel), viell. App. (A70) zu σκηνήν. **7 ἐδόθη** **7**
αὐτῷ *es wurde ihm erlaubt/gestattet* (B δίδωμι 1bβ), m. flgd. Inf. **ποιῆσαι**
Aor. Inf. ποιέω; ποιέω πόλεμον (klass. steht Med., H-S §189e) *Krieg führen*
μετά τινος *gegen jmdn.* **πόλεμος** *Kampf; Krieg; Schlacht.* **νικῆσαι** Aor.
Inf. νικάω (< νίκη *Sieg*) *siegen; besiegen.* **πᾶσαν** gehört zu allen vier
Subst. **φυλή** *Stamm; Volksstamm, Volk;* ἐπὶ πᾶσαν φυλὴν καὶ λαὸν
καὶ γλῶσσαν καὶ ἔθνος *über alle Stämme, Völker, Sprachen und Nationen*
(Einh.). **8 προσ-κυνήσουσιν** Fut. -κυνέω, m. Akk. (klass.). **αὐτόν** **8**
Mask. statt Ntr. (BDR §136⁴). **κατ-οικοῦντες** Ptz. -οικέω, subst. **οὗ** ...
τὸ ὄνομα αὐτοῦ *deren Namen;* αὐτοῦ nach οὗ pleon. (A366). **γέ-**
γραπται Pf. Pass. γράφω, Pf. Pass. hier *geschrieben stehen, aufgezeichnet sein*
(B 2b). **βιβλίον** *Buch;* τὸ βιβλίον τῆς ζωῆς τοῦ ἀρνίου gen. auctoris
od. poss. (A153f) *das Lebensbuch des Lammes* [Var. βίβλος ἡ *Buch*].
ἀρνίον *Schaf, Lamm* (Bezeichnung für Jesus). **ἐ-σφαγμένου** Pf. Ptz.
Pass. σφάζω⁸⁶ *schlachten, ermorden;* attr. **ἀπό** *seit;* adv. zu γέγραπται.
κατα-βολή *Grundlegung, Anfang, Erschaffung.*
9 οὖς³ ὠτός τό *Ohr;* εἴ τις ἔχει οὖς *wenn jemand ein Ohr hat* = *wer* **9**
hören kann (GN). **ἀκουσάτω** Aor. Imp. 3. Sg. ἀκούω. **10 αἰχμ-αλω-** **10**
σία *Kriegsgefangenschaft, Gefangenschaft;* εἴ τις εἰς αἰχμαλωσίαν *wenn*
jemand in Gefangenschaft (geführt werden soll). [Var. ἀπ-άγω *wegführen;* wenn
die schwach bezeugte Var. urspüngl. ist, ändert sich der Sinn: *wenn jemand*
(andere) in Gefangenschaft führt.] **ὑπ-άγω** *weggehen, hingehen, gehen.* **ἐν**
instr. *mit/durch.* **μάχαιρα** *Schwert.* **ἀπο-κτανθῆναι** Aor. Inf. Pass.
-κτείνω/-κτέννω¹³¹; εἴ τις ... ἀποκτανθῆναι *wenn jemand ... getötet wer-*
den (soll) [Var. 1 ἀπο-κτενεῖ Fut.; Var. 2 Präs.; beide Var. verändern m. akt.
Formen den Sinn]. **αὐτόν** Subj. des AcI. **ἀπο-κτανθῆναι** Aor. Inf. Pass.;
Präd. des AcI; Inf. für nicht vorhandenen Imp. des Fut. (ZG). **ἐστίν** *ist*
(nötig). **ὑπο-μονή** *Ausharren, Geduld, Ausdauer, Standhaftigkeit.*

11 **11 θηρίον, ἀνα-βαῖνον** V. 1. **εἶχεν** Ipf. ἔχω. **κέρας** V. 1.

12 **ἀρνίον** V. 8. **ἐ-λάλει** Ipf. λαλέω. **δράκων** V. 2. **12 ποιέω** (erstes) hier *ausüben* (B I1cα); τὴν ἐξουσίαν … πᾶσαν ποιεῖ *es übt die ganze Macht/alle Gewalt … aus.* **ποιέω** (zweites) hier *bewirken, veranlassen,* m. AcI (V. 13) od. Akk. m. ἵνα *daß* (B I1bθ); ποιεῖ τὴν γῆν … ἵνα προσκυνή-σουσιν … *es bewirkt, daß die Erde … anbeten, es bringt die Erde … dazu, … anzubeten.* **ἐνώπιον** hier wohl *im Auftrag* (EWNT 1, Sp. 1131). **ἐν** *auf.* **κατ-οικοῦντας** V. 8. **προσ-κυνήσουσιν** V. 8, hier (unklass.) Ind. Fut. nach ἵνα (BDR §369⁵). **ἐ-θεραπεύθη, πληγή** V. 3; οὗ … ἡ πληγὴ τοῦ θανάτου αὐτοῦ *dessen tödliche Wunde;* αὐτοῦ nach οὗ pleon. (A366).

13 **13 ἵνα** kons. *so daß* (B II2). **ποιῇ** Konj. ποιέω, m. AcI; ἵνα καὶ πῦρ ποιῇ … καταβαίνειν *so daß es auch bewirkt, daß Feuer … herabfällt; sogar Feuer läßt es … fallen* (Einh.). **κατα-βαίνειν** Inf. -βαίνω hier *herabfallen*

14 (B 1b); Präd. des AcI. **14 πλανάω** (< πλάνη Irrtum) *in die Irre führen;* übertr. *irreführen, verführen, betrügen.* **κατ-οικοῦντας, κατ-οικοῦσιν** Ptz. -οικέω, subst. **διά** m. Akk. gibt hier die wirksame Ursache an (BDR §222³; B BII4a) *kraft, durch.* **ἐ-δόθη** V. 5. **ποιῆσαι** V. 5. **ἐνώπιον** V. 12. **λέγων** Ptz., mod. zu πλανᾷ; Mask. statt Ntr. (BDR §136⁴). **εἰκών⁴** όνος ἡ *Bild; Abbild, Ebenbild;* hier *Standbild.* **τῷ θηρίῳ** dat. commodi (A173) *für das Tier.* **ὅς** Mask. statt Ntr. **μάχαιρα** V. 10; ἡ πληγὴ τῆς μαχαίρης *die Schwertwunde.* **ἔ-ζησεν** Aor. ζάω, ingr. (A240b) *(das) lebendig geworden ist.*

15 **15 ἐ-δόθη** V. 5 u. 7. **δοῦναι** Aor. Inf. δίδωμι. **πνεῦμα** hier *Geist* (als Lebenskraft), *Lebensgeist, Atem;* δοῦναι πνεῦμα τῇ εἰκόνι *dem Standbild Lebensgeist zu geben.* **εἰκών** V. 14. **θηρίον** V. 1. **ἵνα** (erstes) V. 13. **λαλήσῃ** Aor. Konj. λαλέω; ἵνα καὶ λαλήσῃ ἡ εἰκών *so daß das Standbild auch sprechen konnte.* **ποιήσῃ** Aor. Konj. ποιέω, m. ἵνα *bewir-ken/veranlassen, daß* (B I1bθ) [Var. ποιήσει Fut.]. **ὅσοι ἐάν** = ὅσοι ἄν *alle, die* (A132; 371). **προσ-κυνήσωσιν** Aor. Konj. -κυνέω, m. Dat. [Var. προσ-κυνήσουσιν Fut.]. **ἀπο-κτανθῶσιν** Aor. Konj. Pass. -κτείνω.

16 **16 ποιέω** V. 12; ποιεῖ πάντας … ἵνα δῶσιν αὐτοῖς χάραγμα *es bewirkt/veranlaßt, daß alle … sich ein Zeichen machen, es bringt alle … dazu, sich ein Zeichen zu machen.* **πλούσιος** *reich;* subst. als App. (A70) zu πάντας, analog die anderen Adj. **πτωχός** *arm.* **ἐλεύθερος** *frei.* **δῶσιν** Aor. Konj. δίδωμι. **αὐτοῖς** Pers.-Pron. statt Refl.-Pron. (H-S §139j). **χάραγ-μα³** (< χαράσσω kratzen, eingraben) *Zeichen, Stempel* (als charakteristi-

17 sches Merkmal). **μέτ-ωπον** *Stirn.* **17 ἵνα** v. ποιεῖ (V. 16) abhängig. **μή τις** *niemand, keiner.* **δύνηται** Konj. δύναμαι. **ἀγοράσαι** Aor. Inf. ἀγοράζω (vgl. A33⁹¹ᶠᶠ) (< ἀγορά Marktplatz) *kaufen.* **πωλῆσαι** Aor. Inf. πωλέω *verkaufen.* **εἰ μή** *außer; sondern nur.* **ἔχων** Ptz., subst. **ἀριθμός**

18 *Zahl;* App. (A70) zu χάραγμα. **18 ἐστίν** V. 10. **ἔχων** V. 17. **νοῦς**

(νοός νοΐ νοῦν) *Verstand, Vernunft.* ψηφισάτω Aor. Imp. 3. Sg. ψηφίζω (vgl. A33[91ff]) *berechnen.* ἑξακόσιοι ἑξήκοντα ἕξ[19] *sechshundertsechsundsechzig,* Präd.-Nom.

εἶδον, καὶ ἰδού *Verdoppelung ist Hebr.* (vgl. BDR §442,5a). ἀρνίον **14** *Schaf, Lamm* (Bezeichnung für Jesus); Nom. nach ἰδού, Ellipse etwa v. ἐστίν (H-S §256d). ἐστός Pf. (Wz.-Pf., H-S §109a; m. präs. Bdtg.) Ptz. Ntr. ἵσταμαι, umschrieb. Pf. (A249). Σιών ἡ indekl., hier Akk., *Zion,* Bezeichnung für Jerusalem (bes. als Wohnort Gottes [s. Tempel]). ἑκατὸν τεσσεράκοντα τέσσαρες[19f] *einhundertvierundvierzig.* χιλιάς[3] άδος ἡ *Anzahl von Tausend, Tausendschaft.* ἔχουσαι Ptz. Fem. ἔχω, attr. γε-γραμμένον Pf. Ptz. Pass. γράφω, mod. od. subst. ohne Art. (Obj.-Präd., A65) *als einen geschriebenen;* ἔχουσαι τὸ ὄνομα αὐτοῦ ... γεγραμμένον ἐπὶ τῶν μετώπων αὐτῶν *die seinen Namen ... auf ihrer Stirn geschrieben haben/ tragen.* μέτ-ωπον *Stirn.* **2** ἤκουσα Aor. ἀκούω. ὕδωρ[3] Pl. *Gewässer* **2** (B 1; BDR §141[11]); φωνὴ ὑδάτων πολλῶν *ein Rauschen vieler Gewässer* (B 1). βροντή *Donner;* φωνὴ βροντῆς μεγάλης *lautes Donnerrollen.* κιθαρ-ῳδός *Sänger, Zither-, Harfenspieler,* der seinen Gesang m. dem Instrument begleitet; erg. φωνή *Klang/Musik.* κιθαριζόντων Ptz. κιθαρίζω *Zither bzw. Harfe spielen/schlagen;* mod. od. temp. ἐν *auf.* κιθάρα *Zither, Harfe* (harfenartiges Instrument). **3** ᾄδω *singen.* ὡς *etwas wie* (B II3αβ). **3** ᾠδή *Lied.* ζῷον *beseeltes Geschöpf, Lebewesen; Wesen* (bez. hier himmlische Wesen am Thron Gottes). ἐ-δύνατο Ipf. δύναμαι. μαθεῖν Aor. Inf. μανθάνω[157] *lernen.* εἰ μή *außer.* ἠγορασμένοι Pf. Ptz. Pass. ἀγοράζω (vgl. A33[91ff]) (< ἀγορά *Marktplatz*) *kaufen;* hier wohl *los-, freikaufen;* attr.; Mask. sinngemäß konstruiert (A96). ἀπὸ τῆς γῆς entspricht ἀπὸ τῶν ἀνθρώπων (V. 4), wohl im Sinn v. „aus allen Völkern" (vgl. 5,9). **4** ἐ-μολύνθησαν Aor. Pass. μολύνω (vgl. A33[132ff]) *beflecken, verunreinigen.* **4** παρθένος ἡ *Jungfrau;* hier wohl für beide Geschlechter (vgl. B 2) *jungfräulich.* ἀκολουθοῦντες Ptz. ἀκολουθέω, subst.; οὗτοι (erg. εἰσίν) οἱ ἀκολουθοῦντες τῷ ἀρνίῳ *diese sind die dem Lamm Nachfolgenden = diese folgen dem Lamm nach.* ὅπου ἄν *wo/wohin immer.* ὑπ-άγῃ Konj. -άγω *weggehen, hingehen, gehen.* ἠγοράσθησαν Aor. Pass. ἀπὸ τῶν ἀνθρώπων s. V. 3. ἀπ-αρχή *Erstlingsgabe* (term. tech. der Opfersprache: der Jahwe geweihte erste Teil der Naturerträge, durch dessen Darbringung das Ganze geheiligt wurde); übertr. *Erstling* (hier wohl Christen, die herausragen); Subjektsartangabe (A65) *als Erstling.* θεῷ dat. commodi (A173). **5** εὑρέθη **5** Aor. Pass. εὑρίσκω. ψεῦδος[7] *Lüge.* ἄ-μωμος[11] *untadelig, tadellos.*

6 πετόμενον Ptz. πέτομαι *fliegen;* AcP (A300). μεσ-ουράνημα[3] **6** *Zenit;* ἐν μεσουρανήματι *hoch (oben) am Himmel* (B). ἔχοντα Ptz. ἔχω, wohl attr., evtl. mod. εὐ-αγγελίσαι Aor. Inf. -αγγελίζω, fin. [Var. εὐαγγελίσασθαι Aor. Med. Inf.]. ἐπί m. Akk. gibt die Richtung an (vgl.

B III1aδ). **καθημένους** Ptz. κάθημαι, subst.; εὐαγγελίσαι ἐπὶ τοὺς καθημένους ἐπὶ τῆς γῆς *um es zu verkündigen den Bewohnern der Erde.* **πᾶν** gehört zu allen vier Subst. **φυλή** *Stamm; Volksstamm, Volk;* ἐπὶ πᾶν ἔθνος καὶ φυλὴν καὶ γλῶσσαν καὶ λαόν *allen Nationen, Stämmen,*

7 *Sprachen und Völkern* (Einh.). **7 λέγων** Ptz., mod. ἐν mod. *mit.* **μέγας**[12] hier *laut.* **φοβήθητε** Aor. Imp. Pass. (ohne Pass.-Bdtg.) φοβέομαι. **δότε** Aor. Imp. δίδωμι. **προσ-κυνήσατε** Aor. Imp. -κυνέω, m. Dat. **ποιή-σαντι** Aor. Ptz. ποιέω hier *(er)schaffen* (B I1aβ); subst. **πηγή** *Quelle.*

8 **8 ἠκολούθησεν** Aor. ἀκολουθέω. **λέγων** Ptz., mod. **ἔ-πεσεν** Aor. πίπτω. **Βαβυλών**[4] ῶνος ἡ *Babylon;* die Deutung ist umstritten, aber wahrscheinl. bez. „Babylon" in der Apk keinen geographischen Ort, sondern wohl die Gesellschaft, die sich v. Gott abgewandt hat. **οἶνος** *Wein.* **θυμός** *Leidenschaft; Zorn, Wut;* τοῦ θυμοῦ ἡ πορνεία (gen. qualitatis, A160) *leidenschaftliche Unzucht* (B 1). **πορνεία** *Unzucht* (= *illegitimer Geschlechts-verkehr jeder Art*), *Hurerei.* **πε-πότικεν** Pf. ποτίζω (vgl. A33[91ff]) *trinken lassen, zu trinken geben; tränken,* m. Akk.

9 **9 ἠκολούθησεν** V. 8. **λέγων, μέγας** V. 7. **θηρίον** *Tier* (hier als eine Verkörperung der antichristl. Bosheit; EWNT 2, Sp. 368f). **εἰκών**[4] όνος ἡ *Bild; Abbild, Ebenbild;* hier *Standbild.* **χάραγμα**[3] (< χαράσσω kratzen, eingraben) *Zeichen, Stempel* (als charakteristisches Merkmal); λαμβάνω τὸ χάραγμα *sich mit einem Zeichen versehen lassen* (B λαμβάνω 2). **μέτ-**

10 **ωπον** *Stirn.* **10 καί** leitet Dann-Satz ein (A311,2) *so, dann.* **πίεται** Fut. Med. πίνω, wohl mod. Fut. (A247d) *er muß trinken.* **οἶνος, θυμός** V. 8; ὁ οἶνος τοῦ θυμοῦ (gen. qualitatis, A160; BDR §165[2]) τοῦ θεοῦ (gen. poss., A154) *der Zornwein Gottes.* **κε-κερασμένου** Pf. Ptz. Pass. κεράννυμι[225] *mischen* (im Sinn v. herstellen), (gemischten Wein) *einschenken;* attr. **ἄ-κρατος**[11] *ungemischt, rein; unverdünnt* (GN); Adj. als Adv. **ποτήριον** *Trinkgefäß, Becher, Kelch.* **ὀργή** *Zorn; Zorngericht.* **βασανισθήσεται** Fut. Pass. βασανίζω (vgl. A33[91ff]) *foltern, quälen.* **ἐν** instr. *mit.* **θεῖον**

11 *Schwefel.* **ἀρνίον** V. 1. **11 καπνός** *Rauch.* **βασανισμός** *Folterung, (das) Quälen; Qual, Schmerz.* **εἰς αἰῶνας αἰώνων** *in alle Ewigkeit.* **ἀνά-παυσις**[8] *(das) Aufhören; Ruhe;* ἔχω ἀνάπαυσιν *Ruhe haben* (B ἔχω I2g). **ἡμέρας καὶ νυκτός** *Tag und Nacht,* gen. temp. (H-S §168a). **προσ-**

12 **κυνοῦντες** Ptz. -κυνέω, subst. **12 ὑπο-μονή** *Ausharren, Geduld, Aus-dauer, Standhaftigkeit.* **ἐστίν** *ist (nötig).* **τηροῦντες** Ptz. τηρέω, subst.; part. coni. im Nom. statt im Gen. (BDR §136[2]). **Ἰησοῦ** gen. obi. (A158) *an*

13 *Jesus.* **13 ἤκουσα** V. 2. **λεγούσης** Ptz. Fem. λέγω, GcP (A300). **γρά-ψον** Aor. Imp. γράφω. **μακάριοι** erg. εἰσίν. **ἀπο-θνήσκοντες** Ptz. -θνήσκω, attr.; οἱ ἐν κυρίῳ ἀποθνήσκοντες *die im Herrn sterben* = *die in der Gemeinschaft mit dem bzw. im Glauben an den Herrn sterben.* **ἄρτι** *jetzt;* ἀπ' ἄρτι *von nun an.* **ναί** *ja; gewiß.* **ἵνα** hier selbständig (BDR §387[4]).

ἀνα-παήσονται Fut. Pass. ἀνα-παύω *aufhören machen, ausruhen lassen;* Med. *aufhören, ausruhen;* Pass. *ausruhen, erquickt werden;* hier Ind. Fut. nach ἵνα (BDR §369⁵); ἵνα ἀναπαήσονται *sie sollen ausruhen.* κόπος *Mühe; Anstrengung, Arbeit.* ἀκολουθεῖ μετ᾽ αὐτῶν *folgen ihnen nach, gehen mit ihnen* (B μετά II1a).

14 εἶδον, καὶ ἰδού V. 1. νεφέλη *Wolke;* Nom. nach ἰδού, Ellipse   **14**
etwa v. ἦν (Ipf. v. εἰμί); vgl. H-S §256d. λευκός *leuchtend; weiß.* καθή-
μενον Ptz. κάθημαι, AcP (A300). υἱὸς ἀνθρώπου *Menschensohn*
(Hebr. im Sinn v. *Mensch* od. christologischer Titel [vgl. Da 7,13f]); hier Akk.
statt Dat. nach ὅμοιον (BDR §182⁶); εἶδον ... ἐπὶ τὴν νεφέλην καθήμε-
νον ὅμοιον υἱὸν ἀνθρώπου *ich sah ... auf der Wolke einen sitzen, der wie ein
Mensch/der Menschensohn* (A106d) *aussah.* ἔχων Ptz., umschrieb. Ipf. (A249),
erg. ἦν (als Ind. zu übers.) od. mod.; Nom. statt Akk. (BDR §136²) [Var. ἔχον-
τα Ptz.]. στέφανος *Kranz, Siegeskranz.* χρυσοῦς (H-S §44c) *golden.*
δρέπανον *Sichel.* ὀξύς¹⁰ εἶα ὑ *scharf.* **15** ἐξ-ῆλθεν Aor. -έρχομαι.   **15**
κράζων Ptz. hier *zurufen* τινί *jmdm.* (B 2a); mod. od. temp. ἐν, μέγας
V. 7. καθημένῳ Ptz., subst. πέμψον Aor. Imp. πέμπω. καί hier wohl
fin. *damit du erntest* (BDR §442⁹). θέρισον Aor. Imp. θερίζω (vgl. A33⁹¹ff)
ernten. θερίσαι Aor. Inf., fin. ἐ-ξηράνθη Aor. Pass. ξηραίνω¹²⁰
austrocknen; Pass. *vertrocknen, dürr werden;* hier wohl *reif/überreif sein* (B θερισ-
μός 2b). θερισμός *Ernte;* übertr. *die zu erntende Frucht* (B 2b). **16** ἔ-βα-   **16**
λεν Aor. βάλλω. καθήμενος Ptz., subst. ἐ-θερίσθη Aor. Pass.

17 ἐξ-ῆλθεν V. 15. ἔχων Ptz., attr., viell. mod.; ἔχων καὶ αὐτὸς   **17**
δρέπανον ὀξύ *der gleichfalls eine scharfe Sichel hatte.* δρέπανον, ὀξύς
V. 14. **18** θυσιαστήριον *Altar.* ἔχων Ptz., attr. ἐ-φώνησεν Aor.   **18**
φωνέω *rufen, schreien, laut sprechen.* φωνῇ dat. instr. (A176) [Var. κραυγή
Geschrei; lautes Rufen]. μέγας V. 7. ἔχοντι Ptz., subst. πέμψον, καί
V. 15. τρύγησον Aor. Imp. τρυγάω *(ab)ernten; schneiden.* βότρυς⁸ υος
ὁ *Traube.* ἄμπελος ἡ *Weinstock.* γῆς viell. gen. epexegeticus (A163).
ἤκμασαν Aor. ἀκμάζω (vgl. A33⁹¹ff) *blühen; reif sein.* σταφυλή *Wein-
traube.* **19** ἔ-βαλεν V. 16. εἰς *auf.* ἐ-τρύγησεν Aor. τρυγάω. ληνός   **19**
ἡ *Kelter, Weinpresse.* θυμός *Leidenschaft; Zorn, Wut.* μέγαν Mask. statt
Fem. (BDR §136⁴). **20** ἐ-πατήθη Aor. Pass. πατέω *treten.* ἔξωθεν   **20**
uneig. Präp. (A183) *von außen her; außen, draußen, außerhalb.* ἐξ-ῆλθεν Aor.
-έρχομαι hier *(heraus)fließen.* χαλινός *Zaum, Zügel.* ἵππος *Pferd.* ἀπό
m. Gen. statt Akk. der örtl. Ausdehnung (BDR §161³). στάδιον *Stadion;*
hier Längenmaß, etwa 180 Meter. χίλιοι ἐξακόσιοι¹⁹ *eintausendsechs-
hundert;* ἀπὸ σταδίων χιλίων ἑξακοσίων *1600 Stadien* (= ca. 290 Kilo-
meter) *weit.*

θαυμαστός *wunderbar.* ἀγγέλους App. (A70) zu σημεῖον. **15**
ἔχοντας Ptz. ἔχω, attr., viell. AcP (A300). πληγή *Schlag, Hieb; Wunde;*

hier *Plage, Unglück* (v. Gott gesandt; B 3), *Katastrophe* (GN). ἐν (zweites) instr. *durch/mit.* ἐ-τελέσθη Aor. Pass. τελέω²⁷ *beenden, vollenden; ausführen, durchführen, erfüllen;* proleptischer Aor. (A241). θυμός *Leidenschaft;*

2 *Zorn, Wut.* 2 ὡς *etwas wie.* ὑάλινος *gläsern.* με-μιγμένην Pf. Ptz. Pass. μίγνυμι²¹⁵ *mischen, vermischen, vermengen;* attr., viell. AcP (A300). πυρί dat. instr. (A176) *mit Feuer.* νικῶντας Ptz. νικάω (< νίκη Sieg) *siegen; besiegen;* subst.; νικάω ἐκ *sich durch den Sieg befreien von* (B 1d). θηρίον *Tier* (hier als eine Verkörperung der antichristl. Bosheit; EWNT 2, Sp. 368f). εἰκών⁴ όνος ἡ *Bild; Abbild, Ebenbild;* hier *Standbild.* ἀριθμός *Zahl* (vgl. 13,17). ἑστῶτας Pf. (Wz.-Pf., H-S §109a; m. präs. Bdtg.) Ptz. ἵσταμαι, AcP (A300). ἔχοντας Ptz., mod.; ἔχοντας κιθάρας *mit Harfen*

3 (A292). κιθάρα *Zither, Harfe* (harfenartiges Instrument). 3 ἄδω *singen.* ᾠδή *Lied.* Μωϋσέως *Mose,* Gen. ἀρνίον *Schaf, Lamm* (Bezeichnung für Jesus). λέγοντες Ptz. mod., pleon. (A297). τὰ ἔργα, αἱ ὁδοί erg. εἰσίν, Nominalsätze (vgl. H-S §266a). ὁ θεός Nom. m. Art. für Vok. (A142), ebenso ὁ βασιλεύς. παντο-κράτωρ⁶ ορος ὁ *Allherrscher, Allmächtiger.*

4 ἀληθινός *wirklich; wahr, wahrhaftig.* 4 οὐ μή m. Aor. Konj. (seltener m. Ind. Fut.) stärkste Verneinung zukünftigen Geschehens (A257), erwartet als Frageeinleitung die Antwort „doch" (BDR §365⁵). φοβηθῇ Aor. Konj. Pass. (ohne Pass.-Bdtg.) φοβέομαι. δοξάσει Fut. δοξάζω [Var. δοξάσῃ Aor. Konj.]. ὅσιος v. Menschen: *fromm;* v. Gott: *heilig;* μόνος ὅσιος erg. εἶ (BDR §128²) *du allein bist heilig.* ἥξουσιν Fut. ἥκω (vgl. A33¹⁸⁷) *gekommen sein, dasein;* (außerhalb des Präs.:) *kommen.* προσ-κυνήσουσιν Fut. -κυνέω. δικαίωμα³ *Rechtssatzung, -forderung; Rechtstat, gerechte Tat.* ἐ-φανερώθησαν Aor. Pass. φανερόω.

5 5 μετὰ ταῦτα *danach.* καί hier *daß* (BDR §442¹³). ἠν-οίγη Aor. Pass. ἀν-οίγω. ὁ ναός nom. pendens (A141a). σκηνή *Zelt; Wohnung;* wohl gen. epexegeticus (A163) μαρτύριον *Zeugnis;* ἡ σκηνὴ τοῦ μαρτυ-

6 ρίου *das Zelt des Zeugnisses, die Stiftshütte* (LXX-Übers.). 6 ἐξ-ῆλθον Aor. -έρχομαι. ἔχοντες Ptz. ἔχω, attr. πληγή V. 1. ἐν-δε-δυμένοι Pf. Ptz. Pass. ἐν-δύω¹² *anziehen, bekleiden;* mod. λίνον *Flachs; Leinen, Leinengewand* [Var. λινοῦς (H-S §44c) *leinen, aus Leinen*]. καθαρός *rein.* λαμπρός *strahlend, glänzend, leuchtend* (bes. v. weißen Gewändern). περι-ε-ζωσμένοι Pf. Ptz. Pass. -ζώννυμι²²⁴ *umgürten;* Med. *sich umgürten* τι *mit etwas* (B 2b); mod. στῆθος⁷ *Brust.* ζώνη *Gürtel, Gurt;* Akk. der Sache beim

7 Pass. (BDR §159¹). χρυσοῦς (H-S §44c) *golden.* 7 ζῷον *beseeltes Geschöpf, Lebewesen; Wesen* (bez. hier himmlische Wesen am Thron Gottes). ἔ-δωκεν Aor. δίδωμι. φιάλη *Schale, Opferschale.* γεμούσας Ptz. Fem. γέμω *voll sein, erfüllt sein* τινός *mit etwas;* attr. θυμός V. 1. ζῶντος Ptz. ζάω, attr.; τοῦ θεοῦ τοῦ ζῶντος εἰς τοὺς αἰῶνας τῶν αἰώνων

8 *Gottes, der in alle Ewigkeit lebt.* 8 ἐ-γεμίσθη Aor. Pass. γεμίζω (vgl.

A33[91ff]) *füllen;* Pass. *sich füllen* τινός *mit etwas.* **καπνός** *Rauch.* **ἐ-δύ-νατο** Ipf. δύναμαι. **εἰσ-ελθεῖν** Aor. Inf. -έρχομαι. **τελεσθῶσιν** Aor. Konj. Pass. τελέω V. 1.

16   **ἤκουσα** Aor. ἀκούω. **μέγας**[12] hier *laut.* **λεγούσης** Ptz. Fem. λέγω, GcP (A300). **ὑπ-άγετε** Imp. -άγω *weggehen, hingehen, gehen.* **ἐκ-χέετε** Imp. ἐκ-χέω[39] *ausgießen; vergießen.* **φιάλη** *Schale, Opferschale.* **θυμός** *Leidenschaft; Zorn, Wut.* **εἰς** *auf.* **2** **ἀπ-ῆλθεν** Aor. -έρχομαι.
2   **ἐξ-έ-χεεν** Aor. ἐκ-χέω. **ἐ-γένετο** Aor. γίνομαι hier *befallen* ἐπί τινα *jmdn.* (B I4cγ). **ἕλκος**[7] *Geschwür.* **πονηρός** hier *bösartig* (B 1aβ). **ἔχον-τας** Ptz. ἔχω, attr. **χάραγμα**[3] (< χαράσσω *kratzen, eingraben) Zeichen, Stempel* (als charakteristisches Merkmal). **θηρίον** *Tier* (hier als eine Verkörperung der antichristl. Bosheit; EWNT 2, Sp. 368f). **προσ-κυνοῦντας** Ptz. -κυνέω, m. Dat.; attr. **εἰκών**[4] όνος ἡ *Bild; Abbild, Ebenbild;* hier *Standbild.*
3   **αἷμα** Präd.-Nom.; ἐγένετο αἷμα ὡς νεκροῦ *es wurde zu Blut wie von einem Toten/Leichnam.* **ψυχὴ ζωῆς** gen. qualitatis (A160) *Lebewesen* (B ψυχή 2) [Var. ζῶσα Ptz. Fem. ζάω, attr.]. **ἀπ-έ-θανεν** Aor. ἀπο-θνήσκω. **τά** statt ἡ, Konstruktion nach dem Sinn (A96). **4 ποταμός**
4   *Fluß, Strom.* **πηγή** *Quelle.* **ὕδωρ**[3] Pl. *Gewässer* (B 1; BDR §141[11]); ἡ πηγὴ τῶν ὑδάτων *die Wasserquelle.* **αἷμα** V. 3. **5 λέγοντος** Ptz., GcP (A300).
5   **ὤν** Ptz. εἰμί, subst.; ὁ ὢν καὶ ὁ ἦν *eine an* Ex 3,14f *anknüpfende Umschreibung des Gottesnamens;* Nom. m. Art. für Vok. (A142). **ἦν** Ipf. εἰμί; ὁ ἦν *vertritt hier ein dur.* Ptz. m. Vergangenheitsbezug (ZG): *der war.* **ὅσιος** v. Menschen: *fromm;* v. Gott: *heilig.* **ἔ-κρινας** Aor. κρίνω; ὅτι ταῦτα ἔκρινας *daß du so gerichtet/Recht gesprochen hast; daß du diese Strafen verhängt hast* (B 4bα). **6 ἐξ-έ-χεαν** Aor. ἐκ-χέω. **δέ-δωκας** Pf. δίδωμι [Var.
6   ἔ-δωκας Aor.]. **πιεῖν** Aor. Inf. πίνω. **ἄξιοί εἰσιν** *sie haben es verdient* (B ἄξιος 2a). **7 θυσιαστήριον** *Altar* (hier wohl: *eine Stimme vom Altar*).
7   **λέγοντος** V. 5. **ναί** *ja; gewiß, freilich.* **ὁ θεός** Nom. m. Art. für Vok. (A142). **παντο-κράτωρ**[6] ορος ὁ *Allherrscher, Allmächtiger.* **ἀληθινός** *wirklich; wahr, wahrhaftig.*

8 τέταρτος[19] *vierter.* **ἐξ-έ-χεεν** V. 2. **φιάλη** V. 1. **ἥλιος** *Sonne.*
8   **ἐ-δόθη** Aor. Pass. δίδωμι; ἐδόθη αὐτῷ m. flgd. Inf. *es wurde ihr* (der Sonne) *erlaubt/gestattet* (v. Gott; vgl. B 1bβ). **καυματίσαι** Aor. Inf. καυματίζω (vgl. A33[91ff]) *brennen, verbrennen, versengen.* **ἐν πυρί** *mit ihrem Feuer* (A103). **9 ἐ-καυματίσθησαν** Aor. Pass. **καῦμα**[3] *Brand, Glut,*
9   *Hitze;* Akk. des inneren Obj. (A145). **ἐ-βλασ-φήμησαν** Aor. -φημέω *in üblen Ruf bzw. in Verruf bringen, verleumden; lästern.* **ἔχοντος** Ptz. ἔχω, attr. **πληγή** *Schlag, Hieb; Wunde; Plage, Unglück* (v. Gott gesandt; B 3), *Katastrophe* (GN). **μετ-ε-νόησαν** Aor. μετα-νοέω *seinen Sinn ändern; Reue empfinden, umkehren.* **δοῦναι** Aor. Inf. δίδωμι, kons. (BDR §391[8]) *so daß sie ... gaben.* **10 πέμπτος**[19] *fünfter.* **θηρίον** V. 2. **ἐ-γένετο** Aor. γίνομαι. **10**

ἐ-σκοτωμένη Pf. Ptz. Pass. σκοτόω *verfinstern;* Pass. *sich verfinstern, verfinstert werden;* umschrieb. Plsqpf. (A249). ἐ-μασῶντο Ipf. μασάομαι *kauen, sich beißen, zerbeißen,* m. Akk. ἐκ *infolge, wegen, vor* (B 3f). πόνος *Arbeit,*
11 *Mühe; Mühsal, Schmerz.* 11 [Var. ἐ-βλασ-φήμουν Ipf. -φημέω.] ἕλκος V. 2. ἐκ τῶν ἔργων αὐτῶν *von ihren (bösen) Taten, von ihrem (bösen) Tun/Treiben.*
12   12 ἕκτος[19] *sechster.* ἐξ-έ-χεεν V. 2. φιάλη V. 1. ποταμός V. 4. Εὐφράτης 9,14; App. (A70). ἐ-ξηράνθη Aor. Pass. ξηραίνω[120] *austrocknen;* Pass. *vertrocknen, versiegen.* ἵνα hier wohl kons. *so daß.* ἐτοιμασθῇ Aor. Konj. Pass. ἑτοιμάζω; ἑτοιμάζω τὴν ὁδόν τινος *jmds. Weg bereiten/instand setzen* (B ὁδός 1a); ἵνα ἑτοιμασθῇ ἡ ὁδὸς τῶν βασιλέων ... *so daß den Königen ... ein Weg gebahnt wurde.* ἀνα-τολή *(das) Auf-*
13 *gehen; Sonnenaufgang, Osten.* ἥλιος V. 8. 13 δράκων[5] οντος ὁ *Drache* (eine gottfeindl. apokalyptische Gestalt, die m. dem Teufel gleichgesetzt wird [12,9; 20,2]). θηρίον V. 2. ψευδο-προφήτης[1] *falscher Prophet.* ἀ-κάθαρτος[11] *unrein, schmutzig;* erg. wohl ἐκπορευόμενα (Ptz., AcP [A300], s. V. 14). [Var. ὡσ-εί *gleichsam wie, wie.*] βάτραχος *Frosch;* nom.
14 pendens (A141a). 14 πνεύματα Präd.-Nom.; εἰσὶν γὰρ πνεύματα δαιμονίων *es sind nämlich (die) Geister von/der Dämonen.* ποιοῦντα Ptz. ποιέω, attr. ἐκ-πορεύομαι *hinausgehen; hervorgehen, ausgehen, ausziehen* ἐπί τινα *zu jmdm.* [Var. ἐκ-πορεύεσθαι Inf.]. οἰκουμένη (Ptz. Fem. Pass. οἰκέω *wohnen* + γῆ) *(bewohnte) Erde, Erdkreis.* συν-αγαγεῖν Aor. Inf. -άγω[59] *(ein)sammeln; zusammenbringen, versammeln;* fin. πόλεμος *Kampf; Krieg; Schlacht.* ἡμέρας gen. temp. (A166). παντο-κράτωρ[6]
15 ορος ὁ *Allherrscher, Allmächtiger.* 15 κλέπτης[1] *Dieb.* γρηγορῶν Ptz. γρηγορέω *wachen;* übertr. *wachsam sein;* subst. τηρῶν Ptz. τηρέω hier *festhalten = nicht verlieren* (B 3), *anbehalten;* subst. γυμνός *nackt.* περιπατῇ Konj. -πατέω. βλέπωσιν Konj. βλέπω, unpersönl. (A76) *man sieht.* ἀ-σχημοσύνη *Unschicklichkeit; Schande; Scham, Schamteile, Blöße.*
16 16 συν-ήγαγεν Aor. -άγω; Subj. πνεύματα (V 14). εἰς an. καλούμενον Ptz. Pass. καλέω, attr. Ἑβραϊστί Adv. *auf hebräisch bzw. aramäisch* (B). Ἀρμαγεδών indekl., hier Akk., *Harmagedon,* Ort des endzeitl. Krieges, der unterschiedl. gedeutet wird.
17 17 ἕβδομος[19] *siebter.* ἐξ-έ-χεεν V. 2. φιάλη V. 1. ἀήρ[6] ἀέρος ὁ *Luft.* ἐξ-ῆλθεν Aor. -έρχομαι. μέγας V. 1. λέγουσα Ptz. Fem. λέγω,
18 mod. γέ-γονεν Pf. γίνομαι *es ist geschehen.* 18 ἐ-γένοντο Aor. γίνομαι. ἀστραπή *Blitz.* φωναί hier viell. *Getöse* (eines Sturms) od. φωναὶ καὶ βρονταί Hendiadyoin (A378) etwa *heftige Donnerschläge.* βροντή *Donner.* σεισμός *Erdbeben.* οἷος[18] *welcher Art, wie beschaffen;* οἷος οὐκ ἐγένετο *wie noch keines geschehen ist.* ἀφ᾽ οὗ *seit, seitdem* (B II2c). γίνομαι (zweites) hier *existieren, vorhanden sein, leben* (B II5). τηλικ-οῦτος[18]

so groß; so gewaltig; τηλικοῦτος ... μέγας pleon. nach οἷος ... γῆς (BDR
§297²). οὕτω = οὕτως, Attr. zum Adj. μέγας (H-S §241b). **19** ἐ-γένετο 　19
Aor., hier etwa *gespalten werden, zerreißen;* ἐγένετο ἡ πόλις ... εἰς τρία
μέρη *die ... Stadt wurde in drei Teile gespalten* bzw. *brach in drei Teile auseinan-
der.* ἔ-πεσαν Aor. πίπτω hier *einstürzen.* **Βαβυλών** 14,8. ἐ-μνήσθη
Aor. Pass. μιμνήσκομαι¹⁶⁸ *sich erinnern, gedenken;* Pass. *erwähnt werden; in
Erinnerung gerufen werden, gedacht werden.* δοῦναι V. 9, fin. ποτήριον
Trinkgefäß, Becher, Kelch. οἶνος *Wein;* gen. materiae (A159). θυμός *Lei-
denschaft; Zorn, Wut;* gen. qualitatis (A160), entweder οἶνος τοῦ θυμοῦ
Zornwein od. τοῦ θυμοῦ τῆς ὀργῆς αὐτοῦ *seines leidenschaftlichen Zorns/
Zorngerichts* (B 1 u. 2). ὀργή *Zorn; Zorngericht;* gen. pertinentiae (A152ff).
20 νῆσος ἡ *Insel.* ἔ-φυγεν Aor. φεύγω⁷² *fliehen, entfliehen; verschwinden* 　20
(B 5). εὑρέθησαν Aor. Pass. εὑρίσκω; οὐχ εὑρέθησαν *sie waren ver-
schwunden* (B 1a). **21** χάλαζα *Hagel.* ταλαντιαῖος *ein Talent schwer* 　21
(ein Talent wiegt ca. 41 kg); ὡς ταλαντιαία etwa *zentnerschwer.* κατα-
βαίνω hier *herabfallen* (B 1b). ἐ-βλασ-φήμησαν V. 9. ἐκ V. 10. πλη-
γή V. 9. σφόδρα *heftig, gewaltig, sehr.*

ἐχόντων Ptz. ἔχω, attr. φιάλη *Schale, Opferschale.* ἐ-λάλησεν 　**17**
Aor. λαλέω. δεῦρο *hierher; komm, auf!* δείξω Fut. δείκνυμι²¹² *zeigen,
sehen lassen;* mod. Fut. (A247). κρίμα³ *Entscheidung, Urteil; (das) Richten,
Gericht.* πόρνη *Prostituierte, Dirne, Hure* (bez. die Weltstadt; sie wird in der
Apk m. Babylon [14,8] gleichgesetzt); gen. obi. (A158). καθημένης Ptz.
κάθημαι, attr. ὕδωρ³ Pl. *Gewässer* (B 1; BDR §141¹¹). **2** ἐ-πόρνευσαν 　2
Aor. πορνεύω *huren, Unzucht* (= illegitimer Geschlechtsverkehr jeder Art)
treiben. ἐ-μεθύσθησαν Aor. Pass. μεθύω *betrunken sein.* κατ-οικοῦν-
τες Ptz. -οικέω, subst. οἶνος *Wein.* πορνεία *Unzucht* (= illegitimer
Geschlechtsverkehr jeder Art), *Hurerei.* **3** ἀπ-ήνεγκεν Aor. ἀπο-φέρω¹⁹⁸ 　3
forttragen, wegbringen, hier *entrücken* (B 1aα). ἐν πνεύματι *im Geist* (d.h. in
einem Zustand des Außer-sich-Seins, vgl. 1,10) od. *durch (den) Geist* (Gottes).
καθημένην Ptz., AcP (A300). θηρίον *Tier* (hier als eine Verkörperung
der antichristl. Bosheit; EWNT 2, Sp. 368f). κόκκινος *scharlachrot;* V. 4 Ntr.
subst. *Scharlachstoff, Scharlachgewand.* γέμοντα Ptz. γέμω *voll sein,* hier m.
Akk.; wohl attr., evtl. mod.; Mask. statt Ntr. [Var. γέμον (Ptz. Ntr.) τὰ ὀνό-
ματα]. βλασ-φημία *Verleumdung, Schmähung, Lästerung;* gen. qualitatis
(A160). ἔχων Ptz., attr. od. mod., Nom. Mask. statt Akk. Ntr.; ἔχων κεφα-
λὰς ἑπτά *Tier ... mit sieben Köpfen* (A292). κέρας³ ατος τό *Horn.*
δέκα¹⁹ *zehn.* **4** ἦν Ipf. εἰμί. περι-βε-βλημένη Pf. Ptz. Pass. -βάλ- 　4
λω¹¹² *herumlegen, umwerfen;* (Kleider) *anlegen, anziehen* τι *etwas;* Med. *sich
anziehen, sich bekleiden* τι *mit etwas;* umschrieb. Plsqpf. (A249). πορφυροῦς
(H-S §44c) *purpurfarbig;* Ntr. subst. *Purpurgewand.* κε-χρυσωμένη Pf. Ptz.
Pass. χρυσόω *vergolden, mit Gold schmücken;* umschrieb. Plsqpf. (A249).

χρυσίον *Gold;* κεχρυσωμένη χρυσίῳ ... dat. instr. (A176) *sie war mit Gold ... reich geschmückt.* τίμιος *teuer; kostbar, wertvoll;* λίθος τίμιος *Edelstein.* μαργαρίτης[1] *Perle.* ἔχουσα Ptz. Fem. ἔχω, mod. ποτήριον *Trinkgefäß, Becher, Kelch.* χρυσοῦς (H-S §44c) *golden.* γέμον Ptz., attr. βδέλυγμα[3] *abscheuliche/verabscheuungswürdige Dinge, Greuel* (wie im AT von allem, was m. Götzendienst zusammenhängt; B 2); gen. materiae (A159). ἀ-κάθαρτος[11] *unrein, schmutzig;* Ntr. subst. *unsaubere/unanständige Dinge,*
5 *Unreinheit, Schmutz* (B 2). 5 μέτ-ωπον *Stirn.* γε-γραμμένον Pf. Ptz. Pass. γράφω, attr.; ὄνομα γεγραμμένον AkkO zu ἔχουσα (V 4). μυστήριον *Geheimnis;* App. (A70). Βαβυλών 14,8. πόρνη V. 1; viell. Metonymie, Konkretum für das Abstrakte (A382c): *Unzucht, Hurerei.*
6 6 μεθύουσαν Ptz. Fem. μεθύω V. 2; AcP (A300). ἐκ *von.* μάρτυς[6] υρος ὁ *Zeuge.* ἐ-θαύμασα Aor. θαυμάζω (vgl. A33[91ff]) intr. *sich (ver)wundern, erstaunen.* ἰδών Aor. Ptz. ὁράω, temp. θαῦμα[3] *Wunder; Verwunderung;* Akk. des inneren Obj. (A145); ἐθαύμασα ... θαῦμα μέγα *ich verwunderte mich gewaltig* (B 2).
7 7 εἶπέν Aor. λέγω. διὰ τί *warum?* ἐ-θαύμασας V. 6. ἐρῶ Fut. λέγω, viell. mod. Fut. (A247). μυστήριον V. 5. θηρίον V. 3. βαστάζοντος Ptz. βαστάζω *aufheben; tragen;* attr. (vgl. V. 3). ἔχοντος Ptz.
8 ἔχω, attr. δέκα, κέρας V. 3. 8 ἦν Ipf. εἰμί, hier *es war (früher da).* οὐκ ἔστιν hier *es ist (jetzt) nicht (da).* ἀνα-βαίνειν Inf. -βαίνω. ἄ-βυσσος ἡ *Abgrund, Tiefe, Unterwelt.* ἀπ-ώλεια (< ἀπ-όλλυμι) *Verderben.* ὑπ-άγω *weggehen, hingehen, gehen* [Var. ὑπ-άγειν Inf.]. θαυμασθήσονται Fut. Pass. (ohne Pass.-Bdtg.) θαυμάζω V. 6 [Var. θαυμάσονται Fut. Med.]. κατ-οικοῦντες Ptz. -οικέω, subst. ὧν ... τὸ ὄνομα *deren Namen ...* γέ-γραπται Pf. Pass. γράφω. βιβλίον *Buch.* ἀπό *seit.* κατα-βολή *Grundlegung, Anfang, Erschaffung.* βλεπόντων Ptz. βλέπω, gen. abs. (A288), erg. αὐτῶν (BDR §423[3/9]), temp. παρ-έσται Fut. πάρειμι (A32) *dasein, dabeisein, anwesend sein;* ὅτι ... παρέσται *daß es ...*
9 *(wieder) dasein wird.* 9 ὧδε erg. ἐστίν *hier ist (nötig).* νοῦς (νοός νοῖ νοῦν) *Verstand, Vernunft.* ἔχων Ptz., attr. εἰσίν (zweimal) *sie sind* bzw. *bedeuten.* ἐπ᾽ αὐτῶν pleon. nach ὅπου (BDR §297[2]). καί hier *auch.*
10 βασιλεῖς Präd.-Nom. 10 πέντε[19] *fünf.* ἔ-πεσαν Aor. πίπτω. ὁ εἷς ἔστιν *der eine* (d.h. der sechste) *ist (jetzt da).* ὁ ἄλλος οὔ-πω ἦλθεν *der andere* (d.h. der siebte) *ist noch nicht gekommen.* ἔλθῃ Aor. Konj. ἔρχομαι. ὀλίγον Akk. der zeitl. Ausdehnung (A148) *(nur) kurze Zeit.* μεῖναι Aor. Inf. μένω, Präd. des AcI, abhängig v. δεῖ; ὀλίγον αὐτὸν δεῖ μεῖναι *es ist notwendig, daß er (nur) kurze Zeit bleibt; er darf (nur) kurze Zeit bleiben* (vgl.
11 A270). 11 ὄγδοος[19f] *achter;* καὶ αὐτὸς ὄγδοός ἐστιν *das Tier ... bedeutet selbst einen achten* (König). καὶ ἐκ τῶν ἑπτά ἐστιν *zugleich ist es einer*
12 *von den sieben* (Königen). 12 δέκα, κέρας V. 3. εἰσίν V. 9. ἔ-λαβον

Aor. λαμβάνω; βασιλείαν οὔπω ἔλαβον *sie haben die Herrschaft noch nicht empfangen/erlangt/angetreten.* **ἐξουσία ὡς βασιλεῖς** *Gewalt wie Könige, königliche Macht.* **ὥραν** Akk. *der zeitl.* Ausdehnung (A148); μίαν ὥραν *für eine Stunde.* **μετά** *zusammen mit.* **13 γνώμη** *Sinn, Gesinnung; Meinung, Urteil; Absicht;* οὗτοι μίαν γνώμην ἔχουσιν *diese haben die gleiche Gesinnung; diese verfolgen dasselbe Ziel* (GN). **τὴν δύναμιν καὶ ἐξουσίαν** AkkO *zu* διδόασιν. **διδόασιν** 3. Pl. δίδωμι (A28). **14 ἀρνίον** *Schaf, Lamm* (Bezeichnung für Jesus). **πολεμήσουσιν** Fut. πολεμέω *Krieg führen, kämpfen* μετά τινος *gegen jmdn.* (B 1a). **νικήσει** Fut. νικάω (< νίκη *Sieg*) *siegen; besiegen.* **ὅτι κύριος** (Präd.-Nom.) **κυρίων ἐστίν** *denn es* (das Lamm) *ist der Herr der Herren* bzw. *der Herr über alle Herren* (GN); *analog* βασιλεὺς βασιλέων. **οἱ μετ᾽ αὐτοῦ** *seine Begleiter, seine Schar.* **κλητός** *berufen, geladen;* viell. subst.; Präd.-Nom., erg. εἰσίν; *analog die anderen Adj.* **ἐκ-λεκτός**[9] (< ἐκ-λέγομαι [für sich] auswählen) *ausgewählt;* im NT fast durchweg: *auserwählt* (ausgesondert, um zu Gott zu gehören bzw. ihm zu dienen).

15 ὕδωρ V. 1. **οὗ** *wo.* **πόρνη** V. 1. **εἰσίν** V. 9. **16 δέκα, κέρας, θηρίον** V. 3. **μισήσουσιν** Fut. μισέω. **ἠρημωμένην** Pf. Ptz. Pass. ἐρημόω *verwüsten, zerstören;* hier wohl bildl. *entblößen* (EWNT 2, Sp. 130), viell. *plündern;* subst. ohne Art. als Obj.-Präd. (A97,15); *analog das Adj.* γυμνήν. **ποιήσουσιν** Fut. ποιέω, m. doppeltem Akk. (H-S §153b) *jmdn. zu etwas machen.* **γυμνός** *nackt.* **φάγονται** Fut. Med. ἐσθίω. **κατα-καύσουσιν** Fut. -καίω[10] *nieder-, verbrennen.* **ἐν** instr. *mit.* **17 ἔ-δωκεν** Aor. δίδωμι; ἔδωκεν εἰς τὰς καρδίας αὐτῶν *er gab es ihnen ins Herz.* **ποιῆσαι** Aor. Inf. ποιέω. **γνώμη** V. 13; ποιῆσαι τὴν γνώμην αὐτοῦ *seine Absicht auszuführen;* ποιῆσαι μίαν γνώμην *in Übereinstimmung/gemeinsam zu handeln.* **δοῦναι** Aor. Inf. δίδωμι. **τελεσθήσονται** Fut. Pass. τελέω[27] *beenden, vollenden; ausführen, durchführen, erfüllen.* **18 ἔχουσα** Ptz. Fem. ἔχω, attr.

μετὰ ταῦτα *danach.* **κατα-βαίνοντα** Ptz. -βαίνω, AcP (A300). **ἔχοντα** Ptz. ἔχω, wohl attr., evtl. mod. **ἐ-φωτίσθη** Aor. Pass. φωτίζω (vgl. A33[91ff]) *erleuchten, beleuchten, erhellen.* **2 ἔ-κραξεν** Aor. κράζω. **ἐν** instr. *mit.* **ἰσχυρός** (< ἰσχύω *stark sein*) *stark, mächtig;* hier *laut, gewaltig.* **ἔ-πεσεν** Aor. πίπτω. **Βαβυλών** 14,8. **ἐ-γένετο** Aor. γίνομαι. **κατοικητήριον** *Wohnung, Behausung;* Präd.-Nom.; ἐγένετο κατοικητήριον δαιμονίων *sie ist zur Behausung von Dämonen geworden* (d.h. diese haben von ihr Besitz ergriffen; B). **πᾶς** ohne Art. *jede Art von* (vgl. B 1aβ). **ἀ-κάθαρτος**[11] *unrein, schmutzig.* **ὄρνεον** *Vogel.* **θηρίον** *Tier; (wildes) Tier.* **με-μισημένου** Pf. Ptz. Pass. μισέω, attr. **3 οἶνος** *Wein.* **θυμός** *Leidenschaft; Zorn, Wut;* τοῦ θυμοῦ ἡ πορνεία (gen. qualitatis, A160) *leidenschaftliche Unzucht* (B 1). **πορνεία** *Unzucht* (= illegitimer Geschlechtsverkehr jeder

13

14

15f

17

18

18

2

3

Art), *Hurerei.* **πέ-πωκαν** Pf. πίνω [Var. πε-πτώκασιν bzw. πε-πτώκαν Pf. πίπτω]. **ἐ-πόρνευσαν** Aor. πορνεύω *huren, Unzucht* (= illegitimer Geschlechtsverkehr jeder Art) *treiben.* **ἔμ-πορος** *Kaufmann.* **ἐκ** *auf Grund von, infolge* (vgl. B 3f). **δύναμις**[8] hier *Macht* (die das Geld gibt); *Einfluß, Reichtum;* ἡ δύναμις τοῦ στρήνους gen. qualitatis (A160) *der üppige Reichtum* (B 5), *der ungeheure Wohlstand* (GN). **στρῆνος**[7] *Kraft, Übermut; Üppigkeit, Luxus.* **ἐ-πλούτησαν** Aor. πλουτέω *reich sein;* ingr. (A229): *reich werden.*

4   **4 ἤκουσα** Aor. ἀκούω. **λέγουσαν** Ptz. Fem. λέγω, AcP (A300). **ἐξ-έλθατε** Aor. Imp. -έρχομαι; Pl. sinngemäß konstruiert (A96). **ὁ λαός** Nom. m. Art. für Vok. (A142). **συγ-κοινωνήσητε** Aor. Konj. -κοινω-νέω *zusammen Anteil haben, sich (zugleich) beteiligen an,* m. Dat. **πληγή** *Schlag, Hieb; Wunde; Plage, Unglück* (v. Gott gesandt; B 3), *Katastrophe;* ἐκ τῶν πληγῶν αὐτῆς betont dem NS vorangestellt (vgl. BDR §475,1a); ἐκ τῶν πληγῶν αὐτῆς ἵνα μὴ λάβητε *damit ihr nicht von ihren Plagen/Katastro-*
5   *phen mitgetroffen werdet.* **λάβητε** Aor. Konj. λαμβάνω. **5 ἐ-κολλή-θησαν** Aor. Pass. κολλάω (< κόλλα Leim) *(fest) zusammenfügen;* Pass. *haften an, eng berühren, reichen bis;* hier viell. *sind aufgehäuft/aufgetürmt.* **ἐ-μνημόνευσεν** Aor. μνημονεύω *gedenken, denken an, im Gedächtnis*
6   *behalten,* hier m. Akk. **ἀ-δίκημα**[3] *Unrecht, Vergehen.* **6 ἀπό-δοτε** Aor. Imp. -δίδωμι. **ἀπ-έ-δωκεν** Aor. ἀπο-δίδωμι; ἀπόδοτε αὐτῇ ὡς καὶ αὐτὴ ἀπέδωκεν *vergeltet ihr, wie sie selbst vergolten hat* (B 3). **διπλώσατε** Aor. Imp. διπλόω *verdoppeln.* **δι-πλοῦς** (H-S §44c) *doppelt, zweifach;* Akk. des inneren Obj. (A145); διπλώσατε τὰ διπλᾶ *zahlt es zweifach heim, ver-geltet es doppelt.* **ποτήριον** *Trinkgefäß, Becher, Kelch.* **ἐ-κέρασεν** Aor. κεράννυμι[225] *mischen;* viell. *einschenken* (B 1). **κεράσατε** Aor. Imp.; ἐν τῷ ποτηρίῳ ᾧ ἐκέρασεν κεράσατε αὐτῇ διπλοῦν *mischt ihr den Be-*
7   *cher, in dem/den sie gemischt hat, doppelt so stark* (Einh.). **7 ἐ-δόξασεν** Aor. δοξάζω; ἐδόξασεν αὐτήν *sie hat sich selbst geehrt/verherrlicht* (vgl. EWNT 1, Sp. 841f). **ἐ-στρηνίασεν** Aor. στρηνιάω *ein üppiges Leben füh-ren, im Luxus leben.* **τοσοῦτος**[18] *so groß, so viel;* ὅσος ... τοσοῦτος *wieviel ... so viel; entsprechend* (A352); ὅσα ἐδόξασεν αὐτὴν καὶ ἐστρηνίασεν, τοσοῦτον δότε αὐτῇ *im gleichen Maß, wie sie sich selbst verherrlicht/glänzend dargestellt hat und im Luxus gelebt hat, gebt ihr.* **δότε** Aor. Imp. δίδωμι. **βασανισμός** *(das) Quälen; Qual.* **πένθος**[7] *Leid, Klage, Kummer, Trauer.* **ὅτι** (zweites) recitativum = Doppelpunkt (A333). **κάθημαι** hier *thronen* (B 1ε). **βασίλισσα** *Königin;* Subj.-Erg. *als Königin.* **χήρα** *Witwe;* χήρα (Präd.-Nom.) οὐκ εἰμί *ich bin keine Witwe.* **οὐ μή** m. Aor. Konj. stärkste
8   Verneinung zukünftigen Geschehens (A257). **ἴδω** Aor. Konj. ὁράω. **8 διὰ τοῦτο** *darum, deshalb.* **ἐν μιᾷ ἡμέρα** temp. *an einem (einzigen) Tag.* **ἥξουσιν** Fut. ἥκω (vgl. A33[187]) *gekommen sein, dasein;* (außerhalb des

Präs.:) *kommen.* **λιμός** ὁ u. ἡ *Hunger; Hungersnot.* **ἐν** *(zweites) instr. mit.*
κατα-καυθήσεται Fut. Pass. -καίω[10] *niederbrennen, verbrennen.*
ἰσχυρός V. 2, Präd.-Nom., erg. ἐστίν. **κρίνας** Aor. Ptz. κρίνω, *attr.*

9 κλαύσουσιν Fut. κλαίω [Var. κλαύσονται *medial gebildetes* 9
Fut. m. akt. Bdtg.]. **κόψονται** Fut. Med. κόπτω[56] *abschlagen;* Med. *sich* (vor
Trauer an die Brust) *schlagen; heftig trauern* ἐπί τινα *über jmdn., jmdn. be-*
trauern (B 2). **πορνεύσαντες** Aor. Ptz. πορνεύω V. 3; *attr.* **στρηνιά-**
σαντες Aor. Ptz. V. 7; *attr.* **βλέπωσιν** Konj. βλέπω. **καπνός** *Rauch.*
πύρωσις[8] *(das) Verbranntwerden; Brand.* **10 μακρόθεν** *von weitem her,* 10
weit entfernt, aus der Ferne; ἀπὸ μακρόθεν *weit entfernt* (B). **ἐστηκότες** Pf.
Ptz. ἵσταμαι, *mod. od. temp.* **διὰ τὸν φόβον** *aus Furcht vor* (B φόβος
2α). **βασανισμός** V. 7. **λέγοντες** Ptz. λέγω, *mod. od. temp.* **οὐαί**
wehe. **ἡ πόλις** *Nom. m. Art. für Vok.* (A142). **Βαβυλών** 14,8. **ἰσχυρός**
V. 2. **μιᾷ ὥρᾳ** *dat. temp. in einer (einzigen) Stunde.*

11 ἔμ-πορος V. 3. **πενθέω** *klagen, trauern* ἐπί τινα *über jmdn.* 11
γόμος *Ladung, Last; Fracht* (hier v. Warenbestand). **οὐδενί ... οὐκέτι**
Neg. verstärken einander (A310). **ἀγοράζω** (< ἀγορά *Marktplatz*) *kaufen.*
12 γόμον App. (A70). **χρυσός** *Gold;* hier u. im flgd. *gen. materiae* (A159). 12
ἄργυρος *Silber.* **τίμιος** *teuer; kostbar, wertvoll;* λίθος τίμιος *Edelstein.*
μαργαρίτης[1] *Perle.* **βύσσινος** *aus feiner Leinwand gemacht; Leinen, Bys-*
susstoff. **πορφύρα** *Purpur(stoff), Purpurgewand.* **σιρικός** *seiden;* Ntr. subst.
Seide, Seidengewand. **κόκκινος** *scharlachrot;* Ntr. subst. *Scharlachstoff,*
Scharlachgewand. **πᾶς** *ohne Art. jede Art von* (vgl. B 1αβ). **ξύλον** *Holz;* hier
u. im flgd. AkkO zu ἀγοράζει (V 11). **θύϊνος** *vom Zitrusbaum;* πᾶν ξύ-
λον θύϊνον *allerlei Holz vom Zitrusbaum* (= wohlriechende Hölzer; EWNT 2,
Sp. 395), *all das (duftende) Thujaholz.* **σκεῦος**[7] *Gerät; Gefäß.* **ἐλεφάν-**
τινος *aus Elfenbein, elfenbeinern.* **τιμιώτατος** *Superlativ v.* τίμιος, hier
elativisch (A119; H-S §138b); ξύλον τιμιώτατον *sehr kostbares Holz, Edel-*
holz. **χαλκός** *Erz, Kupfer, Bronze.* **σίδηρος** *Eisen.* **μάρμαρος** *Marmor.*

13 κιννάμωμον *Zimt.* **ἄμωμον** *Amomum, Kardamon* (Gewürzpflanze). 13
θυμίαμα[3] *Räucherwerk.* **μύρον** *Salböl.* **λίβανος** *Weihrauch.* **οἶνος**
Wein. **ἔλαιον** *Öl.* **σεμίδαλις**[8] *Feinmehl.* **σῖτος** *Weizen.* **κτῆνος**[7]
Haustier, Herdentier; hier *Rind.* **πρό-βατον** *Schaf.* **ἵππος** *Pferd.* **ῥέδη**
(Lat.) *Wagen, (vierrädriger) Reisewagen.* **σῶμα** hier *Sklave* (B 2). **ψυχή**
viell. unter Anspielung auf Ez 27,13 *auch: Sklave;* σώματα καὶ ψυχαὶ
ἀνθρώπων *viell.* Hendiadyoin (A378) *menschliche Sklaven; sogar lebende*
Menschen (als Ware). **14 ὀπώρα** *eig. Spätsommer; Früchte, Obst* (B). **ἐπι-** 14
θυμία *Verlangen, Sehnsucht;* (sündige) *Begierde, Lust;* ἡ ὀπώρα σου τῆς
ἐπιθυμίας τῆς ψυχῆς *das Obst, nach dem dein Herz begehrte.* **ἀπ-ῆλθεν**
Aor. -ἔρχομαι; ἀπῆλθεν ἀπὸ σοῦ *das Obst ist von dir genommen.* **λιπα-**
ρός *glänzend, prächtig, kostbar;* Ntr. subst. *Kostbarkeit, Köstlichkeit.* **λαμ-**

πρός strahlend, glänzend, leuchtend; Ntr. subst. glänzende Dinge. ἀπ-ώλετο
Aor. Med. -όλλυμαι; ἀπώλετο ἀπὸ σοῦ es ist/sie sind dir verlorengegangen
= du hast es/sie verloren (Einh.). οὐ μή m. Ind. Fut. (sonst meist Aor. Konj.)
stärkste Verneinung zukünftigen Geschehens (A257). εὑρήσουσιν Fut.
εὑρίσκω, unpersönl. (A76); οὐκέτι οὐ μὴ αὐτὰ εὑρήσουσιν nie mehr
wird man es/sie finden.

15   15 ἔμ-πορος V. 3. τούτων gen. obi. (A158) die mit diesen Dingen
(Handel treiben). πλουτήσαντες Aor. Ptz. πλουτέω reich sein; ingr.
(A229) reich werden; attr. μακρόθεν V. 10. στήσονται Fut. Med.
ἵσταμαι. διὰ τὸν φόβον aus Furcht vor (B φόβος 2aα). βασα-
νισμός V. 7. κλαίοντες Ptz. κλαίω, mod. πενθοῦντες Ptz. πενθέω
16   V. 11, mod. 16 λέγοντες Ptz. λέγω, mod. ἡ πόλις V. 10. περι-βε-
βλημένη Pf. Ptz. Med. od. Pass. -βάλλω¹¹² herumlegen, umwerfen; (Kleider)
anlegen, anziehen τι etwas; Med. sich anziehen, sich bekleiden τι mit etwas; attr.
βύσσινος V. 12. πορφυροῦς (H-S §44c) purpurfarbig; Ntr. subst.
Purpurgewand. κόκκινος V. 12. κε-χρυσωμένη Pf. Ptz. Pass. χρυσόω
vergolden, mit Gold schmücken; attr.; κεχρυσωμένη ἐν χρυσίῳ die reich ge-
schmückt war mit Gold. χρυσίον Gold. τίμιος teuer; kostbar, wertvoll;
17   λίθος τίμιος Edelstein. μαργαρίτης¹ Perle. 17 μιᾷ ὥρᾳ V. 10.
ἠρημώθη Aor. Pass. ἐρημόω verwüsten, ruinieren. τοσοῦτος¹⁸ so groß;
nur hier bei einem Subst. m. Art. (BDR §274,2). πλοῦτος Reichtum.
κυβερνήτης¹ Steuermann, Kapitän (EWNT 2, Sp. 808). πᾶς ὁ m. Ptz. je-
der, der (A86). πλέων Ptz. πλέω zur See fahren, zu Schiff reisen, segeln; subst.;
ὁ ἐπὶ τόπον πλέων alle, die zur See fahren bzw. auf dem Meer reisen; evtl. Kü-
stenschiffer. ναύτης¹ Matrose. ὅσοι τὴν θάλασσαν ἐργάζονται
alle, die auf See arbeiten; alle Seeleute. μακρόθεν V. 10. ἔ-στησαν Wz.-
18   Aor. ἵσταμαι. 18 ἔ-κραζον Ipf. κράζω [Var. ἔ-κραξαν Aor.]. βλέ-
ποντες Ptz. βλέπω, temp. καπνός, πύρωσις V. 9. λέγοντες V. 16.
19   19 ἔ-βαλον Aor. βάλλω hier streuen (B 1b). χοῦς (Akk. χοῦν; vgl. H-S
§31) ὁ Staub; ἔβαλον χοῦν ἐπὶ τὰς κεφαλὰς αὐτῶν sie streuten sich
Staub auf ihre Köpfe (als Zeichen der Trauer). κλαίοντες, πενθοῦντες
V. 15. λέγοντες Ptz. V. 16, pleon. (A297). ἡ πόλις V. 10. ἐ-πλούτη-
σαν Aor. πλουτέω V. 3. πάντες οἱ m. Ptz. alle, die (A86). ἔχοντες
Ptz. ἔχω, subst. τιμιότης³ ητος ἡ Kostbarkeit; hier wohl Metonymie,
Abstraktum für das Konkrete (A382c): Fülle von Kostbarkeiten (B), Reichtum,
20   Wohlstand (EWNT 3, Sp. 860). μιᾷ ὥρᾳ V. 10. 20 εὐ-φραίνου Imp.
Pass. -φραίνω erfreuen; Pass. sich freuen, froh sein ἐπί τινι über jmdn./etwas
(B 2). ἐπ' αὐτῇ über sie (d.h. über ihren Untergang; GN). οἱ ἅγιοι Nom.
m. Art. für Vok. (A142); ebenso die flgd. Subst. ἔ-κρινεν Aor. κρίνω.
κρίμα³ Entscheidung, Urteil; (das) Richten, Gericht; Akk. des inneren Obj.
(A145); κρίνω τὸ κρίμα das Strafurteil/Gericht vollziehen; ἔκρινεν ὁ θεὸς

τὸ κρίμα ὑμῶν (gen. obi., A158) ἐξ αὐτῆς *Gott hat das Gericht für euch* (d.h. *für das, was sie euch angetan hat) an ihr vollzogen* (B ἐκ 6b).

21 ἦρεν Aor. αἴρω. **ἰσχυρός** (< ἰσχύω stark sein) *stark.* **μύλι-**   21
νος *zur Mühle gehörig;* λίθος μύλινος *Mühlstein;* ὡς μύλινον μέγαν *so groß wie ein Mühlstein.* **ἔ-βαλεν** Aor. βάλλω. **λέγων** Ptz., mod.
ὅρμημα[3] *heftige Bewegung, Ansturm, Sturz, Wucht;* dat. modi. (A180) *mit stürmischer Gewalt* (EWNT 2, Sp. 1303). **βληθήσεται** Fut. Pass. βάλλω.
Βαβυλών 14,8. **οὐ μή** V. 14. **εὑρεθῇ** Aor. Konj. Pass. εὑρίσκω.
22 **φωνή** hier *Klang/Musik.* **κιθαρ-ῳδός** *Sänger, Zither-, Harfenspieler, der*   22
seinen Gesang m. dem Instrument begleitet. **μουσικός** *die Musik betreffend;*
subst. *Musiker.* **αὐλητής**[1] *Flötenspieler.* **σαλπιστής**[1] *Trompeter.*
ἀκουσθῇ Aor. Konj. Pass. ἀκούω. **πᾶς ... οὐ** *kein* (Hebr., A137c). **τεχ-**
νίτης[1] *Künstler, Handwerker.* **τέχνη** *Kunst, Handwerk;* πάσης τέχνης m.
Neg. *irgendeines Gewerbes/Handwerks.* **μύλος** *Mühle.* **23** **λύχνος** *Lampe.*   23
φάνῃ Aor. Konj. φαίνω[123] *scheinen, leuchten.* **νυμφίος** *Bräutigam.*
νύμφη *Braut.* **ἔμ-πορος** V. 3. **ἦσαν** Ipf. εἰμί. **μεγιστάν**[4] ἄνος ὁ
stets Pl. *Vornehmer, Großer, Würdenträger, Herrscher;* Subj.-Erg. (A48). **ἐν**
instr. *mit/durch.* **φαρμακεία** *Zauberei, Magie.* **ἐ-πλανήθησαν** Aor.
Pass. πλανάω (< πλάνη Irrtum) *in die Irre führen;* übertr. *irreführen, verfüh-*
ren, betrügen. **24** **εὑρέθη** Aor. Pass. εὑρίσκω. **ἐ-σφαγμένων** Pf. Ptz.   24
Pass. σφάζω[86] *schlachten, ermorden;* subst.; αἶμα ... πάντων τῶν ἐσφαγ-
μένων ἐπὶ τῆς γῆς *das Blut ... aller, die auf der Erde hingeschlachtet/ ermordet*
wurden.

μετὰ ταῦτα *danach.* **ἤκουσα** Aor. ἀκούω. **ὡς** *etwas wie* (H-S   **19**
§252,61). **μέγας**[12] hier *laut.* **λεγόντων** Ptz. λέγω, GcP (A300). **ἀλλη-**
λουϊά *Halleluja;* hebr. Imp. m. der Bdtg. *lobpreist Jahwe/Gott.* **τοῦ θεοῦ**
gen. poss. (A154), erg. εἰσίν *gehören unserem Gott.* **2** **ἀληθινός** *wirklich;*   2
wahr, wahrhaftig. **ἔ-κρινεν** Aor. κρίνω. **πόρνη** *Prostituierte, Dirne, Hure*
(bez. die Weltstadt; sie wird in der Apk m. Babylon [14,8] gleichgesetzt). **ἥτις**
= ἥ (A133). **ἔ-φθειρεν** Aor. φθείρω (vgl. A33[136]) *zugrunde richten, ver-*
nichten, zerstören. **ἐν** instr. *durch/mit.* **πορνεία** *Unzucht* (= illegitimer
Geschlechtsverkehr jeder Art), *Hurerei.* **ἐξ-ε-δίκησεν** Aor. ἐκ-δικέω τινά
jmdn. rächen; jmdm. Recht verschaffen; Rache nehmen τι *für etwas, etwas bestra-*
fen; ἐκδικέω τὸ αἶμά τινος ἔκ τινος *jmds. Blut an jmdm. rächen = jmdn.*
dafür bestrafen, daß er jmdn. getötet/ermordet hat. **ἐκ** *an* (B 6b); ἐκ χειρὸς
αὐτῆς = ἐκ αὐτῆς *bez. die Person, an der Rache genommen wird* (B
ἐκδικέω 2). **3** **δεύτερος**[19] adv. Akk. (A150) *zum zweiten Mal* (B 4). **εἴρη-**   3
καν Pf. λέγω, (frühes Beispiel für später verbreitetes) *erzählendes Pf.* (BDR
§343,2; vgl. H-S §200f). **καπνός** *Rauch.* **4** **ἔ-πεσαν** Aor. πίπτω. **εἴ-**
κοσι τέσσαρες[19f] *vierundzwanzig.* **ζῷον** *beseeltes Geschöpf, Lebewesen;*
Wesen (bez. hier himmlische Wesen am Thron Gottes). **προσ-ε-κύνησαν**

Aor. -κυνέω. **καθημένῳ** Ptz. κάθημαι, attr. **λέγοντες** Ptz., mod.

5   **5 ἐξ-ῆλθεν** Aor. -έρχομαι. **λέγουσα** Ptz. Fem., mod. **αἰνεῖτε** Imp. αἰνέω[28] *loben, preisen,* m. Dat. **οἱ δοῦλοι** hier u. im flgd. Nom. m. Art. für

6   Vok. (A142). **φοβούμενοι** Ptz. φοβέομαι, subst. **6 ὡς** V. 1. **ὕδωρ**[3] Pl. *Gewässer* (B 1; BDR §141[11]). **βροντή** *Donner.* **ἰσχυρός** (< ἰσχύω *stark sein*) *stark;* hier *gewaltig, laut.* **λεγόντων** V. 1. **ἐ-βασίλευσεν** Aor. βασιλεύω *König sein, herrschen;* ingr. (A229): *König werden, die Herrschaft antreten.* **παντο-κράτωρ**[6] οραϛ ὁ *Allherrscher, Allmächtiger;* App. (A70).

7   **7 χαίρωμεν** Konj. χαίρω, adhortativer Konj. (A254), analog die flgd. Konj. **ἀγαλλιῶμεν** Konj. ἀγαλλιάω *jubeln, frohlocken, sich freuen.* **δώσωμεν** Aor. Konj. (vgl. BDR §95[2]) δίδωμι [Var. 1 δώσομεν Fut., mod. Fut. (A247a); Var. 2 δῶμεν Aor. Konj.]. **γάμος** *Hochzeitsfeier, Hochzeitsmahl; Hochzeit.* **ἀρνίον** *Schaf, Lamm* (Bezeichnung für Jesus). **γυνή** hier wohl: *Braut* (B 3). **ἠτοίμασεν** Aor. ἑτοιμάζω.

8   **8 ἐ-δόθη** Aor. Pass. δίδωμι; ἐδόθη αὐτῇ *ihr wurde erlaubt, sie durfte,* m. flgd. ἵνα *daß* (vgl. B 1bβ). **περι-βάληται** Aor. Konj. Med. -βάλλω[112] *herumlegen, umwerfen;* (Kleider) *anlegen, anziehen* τι *etwas;* Med. *sich anziehen, sich bekleiden* τι *mit etwas.* **βύσσι-νος** *aus feiner Leinwand gemacht; Leinen, Byssusstoff.* **λαμπρός** *strahlend, glänzend, leuchtend* (bes. v. weißen Gewändern). **καθαρός** *rein.* **δικαί-ωμα**[3] *Rechtssatzung, Rechtsforderung; Rechtsstat, rechte Tat.* **ἐστίν** hier *bedeutet.*

9   **9 γράψον** Aor. Imp. γράφω. **δεῖπνον** *Hauptmahlzeit* (gegen Abend); *Gastmahl;* τὸ δεῖπνον τοῦ γάμου *das Hochzeitsmahl.* **κε-κλημένοι** Pf. Ptz. Pass. καλέω, subst. **ἀληθινός** V. 2; Präd.-Nom.

10   **10 ἔ-πεσα** Aor. πίπτω; ἔπεσα ἔμπροσθεν τῶν ποδῶν αὐτοῦ *ich fiel ihm zu Füßen* (B ἔμπροσθεν 2a). **προσ-κυνῆσαι** Aor. Inf. -κυνέω, m. Dat. **ὅρα** Imp. ὁράω, vor Verboten m. μή: *sich vorsehen, sich hüten (vor);* ὅρα μή (ellip., erg. ποιήσῃς; BDR §480,5d) *tue es nicht! nicht doch!* **σύν-δουλος** *Mitsklave, Mitknecht.* **ἐχόντων** Ptz. ἔχω, attr. **μαρτυρία** *Zeugnis* (das Bezeugen od. das Bezeugte); ἡ μαρτυρία Ἰησοῦ hier wohl gen. subi. (A158) od. auctoris (A153) *das Zeugnis Jesu* (das Zeugnis, das Jesus ihnen gibt). **προσ-κύνησον** Aor. Imp. **προ-φητεία** *Weissagung, Prophetie.*

11   **11 ἠν-ε-ῳγμένον** Pf. Ptz. Pass. ἀν-οίγω, AcP (A300). **ἵππος** *Pferd.* **λευκός** *leuchtend; weiß.* **καθήμενος** Ptz. κάθημαι, subst.; Nom. nach ἰδού, Ellipse etwa v. ἐστίν (vgl. H-S §256d); ὁ καθήμενος ἐπ' αὐτόν *sein Reiter.* **καλούμενος** Ptz. Pass. καλέω, umschrieb. Präs. (A249); hier *(er) heißt.* **ἀληθινός** V. 2. **ἐν δικαιοσύνῃ** mod. *mit Gerechtigkeit, gerecht.*

12   **πολεμέω** *Krieg führen, kämpfen.* **12 φλόξ**[3] ογός ἡ *Flamme;* φλὸξ πυ-ρός *Feuerflammen* (gen. qualitatis, A160); erg. εἰσίν/ἦσαν (Ipf.); οἱ ὀφθαλ-μοὶ αὐτοῦ ὡς φλὸξ πυρός *seine Augen sind/waren wie Feuerflammen* (vgl. H-S §260i). **διά-δημα**[3] *Stirnbinde, Diadem* (Zeichen königl. Würde); erg.

ἔχει/εἶχεν (Ipf.). ἔχων Ptz., mod. γε-γραμμένον Pf. Ptz. Pass. γράφω, attr. εἰ μή *außer.* 13 περι-βε-βλημένος Pf. Ptz. Pass. -βάλλω V. 8; 13 wohl als Ind. zu übers. βε-βαμμένον Pf. Ptz. Pass. βάπτω⁵² *eintauchen;* attr.; ἱμάτιον βεβαμμένον αἵματι *einen in Blut getauchten Mantel, einen blutgetränkten Mantel* [Var. περι-ρε-ραμμένον Pf. Ptz. Pass. -(ρ)ραίνω *ringsum besprengen, von allen Seiten benetzen/bespritzen*]. κέ-κληται Pf. Pass. καλέω; κέκληται τὸ ὄνομα αὐτοῦ *er heißt* (H-S §200b). 14 στρά- 14 τευμα³ *Heer;* τὰ στρατεύματα τὰ ἐν τῷ οὐρανῷ *die Heere des Himmels.* ἠκολούθει Ipf. ἀκολουθέω. ἐν-δε-δυμένοι Pf. Ptz. Pass. -δύω¹² *anziehen;* Med. *sich bekleiden mit, sich anziehen* τι *etwas;* mod.; Mask. statt Ntr., sinngemäße Konstruktion (A96). βύσσινος, καθαρός V. 8. 15 ἐκ-πο- 15 ρεύομαι *hinausgehen;* übertr. *hervorgehen, ausgehen;* praesens narrativum (A235). ῥομφαία *Schwert.* ὀξύς¹⁰ εἶα ὑ *scharf.* ἐν (zweimal) instr. *mit.* πατάξῃ Aor. Konj. πατάσσω (vgl. A33⁷⁴ff) *schlagen, stoßen.* ποιμανεῖ Fut. ποιμαίνω¹²¹ *weiden, hüten;* hier *herrschen, regieren* (B 2αβ). ῥάβδος ἡ *Rute, Stab, Stock.* σιδηροῦς (H-S §44c) *eisern.* πατέω *treten.* ληνός ἡ *Kelter, Weinpresse.* οἶνος *Wein.* θυμός *Leidenschaft; Zorn, Wut;* gen. qualitatis (A160), entweder οἶνος τοῦ θυμοῦ *Zornwein* od. τοῦ θυμοῦ τῆς ὀργῆς αὐτοῦ *seines leidenschaftlichen Zorns/Zorngerichts* (B 1 u. 2). ὀργή *Zorn; Zorngericht;* gen. pertinentiae (A152ff). παντο-κράτωρ V. 6. 16 μηρός *Schenkel.* γε-γραμμένον V. 12. βασιλεὺς βασιλέων 16 *König der Könige* bzw. *König über alle Könige;* analog κύριος κυρίων.

17 ἑστῶτα Pf. (Wz.-Pf., H-S §109a; m. präs. Bdtg.) Ptz. ἵσταμαι, AcP 17 (A300). ἥλιος *Sonne.* ἔ-κραξεν Aor. κράζω. μέγας¹² hier *laut.* ὄρ- νεον *Vogel.* πετομένοις Ptz. πέτομαι *fliegen;* attr. μεσ-ουράνημα³ *Zenit;* ἐν μεσουρανήματι *hoch (oben) am Himmel* (B). δεῦτε Adv. beim Pl. *wohlan! auf!* beim Imp. *kommt her!* συν-άχθητε Aor. Imp. Pass. -άγω. δεῖπνον V. 9. 18 φάγητε Aor. Konj. ἐσθίω. χιλί-αρχος *Anführer* 18 *einer Tausendschaft; Heerführer, Befehlshaber.* ἰσχυρός V. 6, hier subst. ἵππος, καθημένων V. 11. ἐλεύθερος *frei;* subst. *Freier.*

19 θηρίον *Tier* (hier als eine Verkörperung der antichristl. Bosheit; 19 EWNT 2, Sp. 368f). στράτευμα V. 14. συν-ηγμένα Pf. Ptz. Pass. -άγω, AcP (A300). ποιῆσαι Aor. Inf. ποιέω; ποιέω πόλεμον (klass. steht Med., H-S §189e) *Krieg führen;* fin. πόλεμος *Kampf; Krieg; Schlacht.* καθημένου, ἵππος V. 11. 20 ἐ-πιάσθη Aor. Pass. πιάζω (vgl. 20 A33⁹¹ff) *halten, fassen, ergreifen; fangen.* ψευδο-προφήτης¹ *falscher Prophet.* ποιήσας Aor. Ptz. ποιέω, attr. ἐνώπιον hier wohl *im Auftrag* (EWNT 1, Sp. 1131). ἐν οἷς instr. *durch die, mit denen.* ἐ-πλάνησεν Aor. πλανάω (< πλάνη *Irrtum*) *in die Irre führen;* übertr. *irreführen, verführen, betrügen.* λαβόντας Aor. Ptz. λαμβάνω, subst.; λαμβάνω τὸ χάραγ-μα *sich mit einem Zeichen versehen lassen* (B 2). χάραγμα³ (< χαράσσω

kratzen, eingraben) *Zeichen, Stempel* (als charakteristisches Merkmal). **προσ-κυνοῦντας** Ptz. -κυνέω, subst. **εἰκών**[4] όνος ἡ *Bild; Abbild, Ebenbild;* hier *Standbild.* **ζῶντες** Ptz. ζάω, mod. *lebendig, bei lebendigem Leib.* **ἐ-βλή-θησαν** Aor. Pass. βάλλω. **λίμνη** *See, Teich, Sumpf;* λίμνη τοῦ πυρός (gen. materiae, A159) *Feuersumpf.* **καιομένης** Ptz. Pass. καίω[10] *anbrennen, anzünden;* Pass. *angezündet sein, brennen;* eig. müßte das Ptz. attr. zu λίμνην im Akk. stehen, viell. ist der Gen. Anpassung an πυρός (ZG), viell. steht der Art.

21 τῆς für αὐτῆς (BDR §423[10]). **ἐν** instr. *mit.* **θεῖον** *Schwefel.* **21 ἀπ-ε-κτάνθησαν** Aor. Pass. ἀπο-κτείνω. **ἐν** instr. *mit.* **ῥομφαία** V. 15. **καθημένου, ἵππος** V. 11. **ἐξ-ελθούσῃ** Aor. Ptz. Fem. -έρχομαι, attr. zu ῥομφαίᾳ. **ὄρνεον** V. 17. **ἐ-χορτάσθησαν** Aor. Pass. χορτάζω (vgl. A33[91ff]) *satt machen, sättigen;* Pass. *sich sättigen, satt werden.*

20 **κατα-βαίνοντα** Ptz. -βαίνω, AcP (A300). **ἔχοντα** Ptz. ἔχω, wohl attr., evtl. mod. **κλείς**[3] κλειδός ἡ *Schlüssel* (d.h. Macht [über]). **ἄ-βυσ-σος** ἡ *Abgrund, Tiefe, Unterwelt;* ἡ κλεὶς τῆς ἀβύσσου gen. obi. (A158) *der Schlüssel zum Abgrund* bzw. *zur Unterwelt.* **ἅλυσις**[8] *Kette.* **ἐπὶ τὴν χεῖρα**

2 *in der Hand* (B χείρ 1). **2 ἐ-κράτησεν** Aor. κρατέω hier *festnehmen, gefangennehmen* (B 1a), *ergreifen.* **δράκων**[5] οντος ὁ *Drache* (eine gottfeindl. apokalyptische Gestalt, die hier u. in 20,2 m. dem Teufel gleichgesetzt wird). **ὄφις**[8] εως ὁ *Schlange;* App. im Nom. statt Akk. (BDR §136[2]). **ἀρχαῖος** *ursprünglich, alt.* **διά-βολος** (< διαβάλλω *verleumden*) subst. *Verleumder; Teufel.* **σατανᾶς**[1] ᾶ *Satan, der Widersacher Gottes.* **ἔ-δησεν** Aor. δέω. **χίλιοι**[19] *tausend;* τὰ χίλια ἔτη Akk. der zeitl. Ausdehnung (A148) *für tausend Jahre.* **3 ἔ-βαλεν** Aor. βάλλω. **ἔ-κλεισεν** Aor. κλείω[6] *schlie-ßen; verschließen.* **ἐ-σφράγισεν** Aor. σφραγίζω (vgl. A33[91ff]) *versiegeln, mit einem Siegel versehen.* **ἐπ-άνω** *oben;* uneig. Präp. (A183) *über, auf.* **πλανήσῃ** Aor. Konj. πλανάω (< πλάνη *Irrtum*) *in die Irre führen;* übertr. *irreführen, verführen, betrügen.* **τελεσθῇ** Aor. Konj. Pass. τελέω[27] *beenden, vollenden.* **μετὰ ταῦτα** *danach.* **λυθῆναι** Aor. Inf. Pass. λύω hier *frei-lassen;* Präd. des AcI, abhängig v. δεῖ. **μικρόν** hier *kurz;* μικρὸν χρόνον Akk. der zeitl. Ausdehnung (A148) *für kurze Zeit.*

4 **4 ἐ-κάθισαν** Aor. καθίζω. **κρίμα**[3] *Entscheidung, Urteil; (das) Rich-ten, Gericht;* κρίμα ἐδόθη αὐτοῖς *es wurde ihnen Vollmacht zum Richten ver-liehen* (vgl. B κρίμα 3), viell. *es wurde ihnen ihr Recht verschafft* (Roloff, Apk, S. 188). **ἐ-δόθη** Aor. Pass. δίδωμι. **τὰς ψυχάς** AkkO zu εἶδον. **πε-πελεκισμένων** Pf. Ptz. Pass. πελεκίζω (vgl. A33[91ff]) *enthaupten;* subst. **μαρτυρία** *Zeugnis* (das Bezeugen od. das Bezeugte); διὰ τὴν μαρτυρίαν Ἰησοῦ wohl gen. obi. (A158) *wegen ihres* (A103) *Zeugnisses für Jesus = weil sie sich zu Jesus bekannt haben.* **προσ-ε-κύνησαν** Aor. -κυνέω. **θηρίον** *Tier* (hier als eine Verkörperung der antichristl. Bosheit; EWNT 2, Sp. 368f). **εἰκών**[4] όνος ἡ *Bild; Abbild, Ebenbild;* hier *Standbild.* **ἔ-λαβον** Aor.

λαμβάνω; λαμβάνω τὸ χάραγμα *sich mit einem Zeichen versehen lassen*
(B 2). **χάραγμα**³ (< χαράσσω kratzen, eingraben) *Zeichen, Stempel* (als
charakteristisches Merkmal). **μέτ-ωπον** *Stirn.* **ἔ-ζησαν** Aor. ζάω, wohl
ingr. (A240b) *sie wurden lebendig.* **ἐ-βασίλευσαν** Aor. βασιλεύω *König
sein, herrschen.* **χίλιοι** V. 2.   **5 τῶν νεκρῶν** gen. partitivus (A164).   5
ἔ-ζησαν V. 4.   **τελεσθῇ** V. 3.   **ἡ ἀνάστασις** Präd.-Nom.   **6 ἔχων**   6
Ptz., subst.; ἔχω μέρος ἔν τινι *teilhaben an etwas* (B I2a). **ὁ δεύτερος
θάνατος** s. zur Vorstellung 21,8. **ἐπί** m. Gen. *über* (H-S §184j). **ἔσονται**
Fut. εἰμί. **ἱερεύς**⁸ ὁ *Priester;* Präd.-Nom. **βασιλεύσουσιν** Fut.

7 τελεσθῇ V. 3.   **χίλιοι** V. 2.   **λυθήσεται** Fut. Pass. λύω V. 3.   7
σατανᾶς V. 2.   **8 ἐξ-ελεύσεται** Fut. Med. -έρχομαι.   **πλανῆσαι**   8
Aor. Inf. πλανάω V. 3; fin. **γωνία** *Ecke;* αἱ τέσσαρες γωνίαι τῆς γῆς
die vier Enden der Erde. **Γώγ** ὁ indekl., *Gog,* **Μαγώγ** ὁ indekl., *Magog,* hier
symbolische Namen für die Gott feindl. gegenüberstehenden Völker in der
Endzeit. **συν-αγαγεῖν** Aor. Inf. -άγω; fin. **πόλεμος** *Kampf; Krieg;
Schlacht.* **ὧν** gen. poss. (A154) *ihre Zahl.* **ἀριθμός** *Zahl.* **αὐτῶν** steht
pleon. nach ὧν (A366). **ἄμμος** ἡ *Sand;* ὧν ὁ ἀριθμὸς αὐτῶν ὡς ἡ
ἄμμος τῆς θαλάσσης *ihre Zahl ist wie die des Sandes am Meer = sie sind so
zahlreich wie die Sandkörner am Meer* (Einh.).   **9 ἀν-έ-βησαν** Aor. ἀνα-   9
βαίνω. **πλάτος**⁷ *Breite;* τὸ πλάτος τῆς γῆς Bdtg. unsicher, viell. *breite
Fläche/Hochebene der Erde* od. *die weite/ganze Erde.* **ἐ-κύκλευσαν** Aor. κυ-
κλεύω *rings umgeben, umringen, umzingeln* [Var. ἐ-κύκλωσαν Aor. κυκλόω
gleiche Bdtg.]. **παρ-εμ-βολή** *(befestigtes) Lager.* **ἠγαπημένην** Pf. Ptz.
Pass. ἀγαπάω, attr. **κατ-έ-βη** Aor. κατα-βαίνω. **κατ-έ-φαγεν** Aor.
κατ-εσθίω¹⁸⁸ *verzehren, aufzehren, aufessen, verschlingen.*   **10 διά-βολος**   10
V. 2. **πλανῶν** Ptz. πλανάω V. 3, attr.; Ptz. Präs. hier vorzeitig (BDR §339⁹;
vgl. A285). **ἐ-βλήθη** Aor. Pass. βάλλω. **λίμνη** *See, Teich, Sumpf;* λίμνη
τοῦ πυρός (gen. materiae, A159) *Feuersumpf.* **θεῖον** *Schwefel.* **θηρίον**
V. 4. **ψευδο-προφήτης**¹ *falscher Prophet;* erg. εἰσίν. **βασανι-
σθήσονται** Fut. Pass. βασανίζω (vgl. A33⁹¹ᶠᶠ) *foltern, quälen.* **ἡμέρας
καὶ νυκτός** *Tag und Nacht,* gen. temp. (H-S §168a).

11 λευκός *leuchtend; weiß.* **καθήμενον** Ptz. κάθημαι, subst. **οὗ**   11
ἀπὸ τοῦ προσώπου *vor seinem Angesicht, vor seiner Gegenwart* (vgl. B
πρόσωπον 1cα). **ἔ-φυγεν** Aor. φεύγω⁷² *fliehen, entfliehen.* **εὑρέθη** Aor.
Pass. εὑρίσκω; τόπος οὐχ εὑρέθη αὐτοῖς *es wurde keine Stätte/kein Ort*
(mehr) *für sie gefunden, es gab keinen Platz (mehr) für sie* (B τόπος 1f).
12 ἑστῶτας Pf. (Wz.-Pf., H-S §109a; m. präs. Bdtg.) Ptz. ἵσταμαι, AcP   12
(A300). **βιβλίον** *Buch.* **ἠν-οίχθησαν** Aor. Pass. ἀν-οίγω. **ἠν-οίχθη**
Aor. Pass. **τῆς ζωῆς** erg. τὸ βιβλίον. **ἐ-κρίθησαν** Aor. Pass. κρίνω.
ἐκ gibt hier den Maßstab an: *nach, gemäß, entsprechend* (B 3i). **γε-γραμ-
μένων** Pf. Ptz. Pass. γράφω, subst.   **13 ἔ-δωκεν** Aor. δίδωμι hier *zurück-*   13

geben, herausgeben (B 4). **ᾅδης**[1] *Hades, Unterwelt, Totenreich.* **ἔ-δωκαν**
14 Aor. **14 ἐ-βλήθησαν** Aor. Pass. βάλλω. **λίμνη** V. 10. **ὁ θάνατος**
15 Präd.-Nom.; s. V. 6. **ἡ λίμνη** App. (A70) zu οὗτος. **15 εὑρέθη** V. 11.
βίβλος ἡ (= βύβλος Papyrus) *Buch.* **γε-γραμμένος** Pf. Ptz. Pass.,
subst. ohne Art. als Subj.-Erg. (A304 u. 65; vgl. BDR §416[11]); **εἴ τις οὐχ
εὑρέθη ἐν τῇ βίβλῳ τῆς ζωῆς γεγραμμένος** *wenn jemand nicht im Buch
des Lebens verzeichnet gefunden wurde, wer nicht im Buch des Lebens verzeichnet
war* (Einh.). **ἐ-βλήθη** V. 10.

21 **ἀπ-ῆλθαν** Aor. -έρχομαι hier *vergehen* (B 1b). **2 κατα-βαί-
νουσαν** Ptz. Fem. -βαίνω, AcP (A300). **ἠτοιμασμένην** Pf. Ptz. Pass.
ἑτοιμάζω, wohl attr., evtl. mod. **νύμφη** *Braut.* **κε-κοσμημένην** Pf. Ptz.
3 Pass. κοσμέω *schmücken;* attr. **ἀνδρί** dat. commodi (A173). **3 ἤκουσα**
Aor. ἀκούω. **μέγας**[12] hier *laut.* **λεγούσης** Ptz. Fem. λέγω, GcP (A300).
σκηνή *Zelt, Hütte; Behausung, Wohnung;* Nom. nach ἰδού, Ellipse etwa v.
ἐστίν (H-S §256d). **σκηνώσει** Fut. σκηνόω *wohnen* [Var. ἐ-σκήνωσεν
Aor.]. **μετ᾽ αὐτῶν** *inmitten von ihnen* (B μετά AI), *in ihrer Mitte* (Einh.).
λαοί Pl. viell. Hinweis auf die Gemeinde aus allen Völkern; αὐτοὶ λαοὶ
αὐτοῦ ἔσονται *sie werden sein Volk sein.* **ἔσονται, ἔσται** Fut. εἰμί.
4 **αὐτῶν θεός** Präd.-Nom. *als ihr Gott.* **4 ἐξ-αλείψει** Fut. -αλείφω[40] *ab-
wischen;* (Tränen) *trocknen.* **δάκρυον** *Träne.* **πένθος**[7] *Leid, Trauer, Klage.*
κραυγή *Geschrei, lautes Rufen; Angstgeschrei, Jammerrufe.* **πόνος** *Arbeit,
Mühe; Mühsal, Schmerz.* **ἀπ-ῆλθαν** V. 1.
5 **5 καθήμενος** Ptz. κάθημαι, subst. **καινά** Obj.-Präd. (A49).
γράψον Aor. Imp. γράφω. **ἀληθινός** *wirklich; wahr, wahrhaftig.*
6 **6 γέγοναν** (statt γεγόνασιν) Pf. γίνομαι *sie sind geschehen, sie sind in
Erfüllung gegangen.* **τὸ ἄλφα καὶ τὸ ὦ** *erster u. letzter Buchstabe des
griech. Alphabets zur Kennzeichnung des Anfangs u. Endes,* übers. *das Alpha
und das Omega.* **διψῶντι** Ptz. διψάω *dürsten;* subst. **δώσω** Fut. δίδωμι,
viell. mod. Fut. (A247a). **πηγή** *Quelle.* **τὸ ὕδωρ τῆς ζωῆς** gen. qualitatis
(A160) *das Lebenswasser.* **δωρεάν** *geschenkweise, unentgeltlich, umsonst.*
7 **7 νικῶν** Ptz. νικάω (< νίκη Sieg) *siegen; besiegen;* subst. *wer siegt, der Sieger*
(B 1a). **κληρο-νομήσει** Fut. -νομέω (< κληρονόμος Erbe, Besitzer)
beerben, erben; als Anteil erhalten, als Besitz empfangen. **ἔσομαι** Fut. εἰμί;
ἔσομαι αὐτῷ θεός dat. poss. (A173) *ich werde sein Gott sein;* analog μοὶ
8 υἱός. **ἔσται** V. 3. **8 δειλός** *feige, verzagt;* hier u. im flgd. wohl dat. poss.
(A173). **ἄ-πιστος**[11] *treulos, ungläubig.* **ἐ-βδελυγμένοις** Pf. Ptz. Pass.
βδελύσσομαι (vgl. A33[74ff]) *verabscheuen, Abscheu empfinden;* hier
= βδελυκτός *abscheulich* (B), wohl v. Menschen, die sich mit (heidnischen)
Greueln befleckt haben (vgl. 17,4); subst. *(mit Greueln) Befleckter* (EWNT 1,
Sp. 504). **φονεύς**[8] ὁ *Totschläger, Mörder.* **πόρνος** *Unzüchtiger, der/die
Unzucht* (= illegitimer Geschlechtsverkehr jeder Art) *Treibende.* **φάρμακος**

Giftmischer, Zauberer. **εἰδωλο-λάτρης**[1] *Götzendiener.* **ψευδής**[7] *lügnerisch, verlogen;* subst. *Lügner.* **μέρος** hier *Anteil, Platz* (B 2); τοῖς δειλοῖς ... τὸ μέρος αὐτῶν ἐν ... (erg. ἔσται) *die Feigen ... werden ihren Anteil/Platz haben in ...* **λίμνη** *See, Teich, Sumpf.* **καιομένη** Ptz. Pass. καίω *anbrennen, anzünden; verbrennen;* Pass. *angezündet sein, brennen;* attr. **θεῖον** *Schwefel;* πυρὶ καὶ θείῳ dat. instr. (A176) *mit Feuer und Schwefel.* **ὅ** (A364a) *dies/das.*

9 ἐχόντων Ptz. ἔχω, attr. **φιάλη** *Schale, Opferschale.* **γεμόντων** Ptz. γέμω *voll sein, erfüllt sein* τινός *mit etwas;* attr.; Gen. Mask. statt Akk. Fem. γεμούσας (BDR §136,2). **πληγή** *Schlag, Hieb; Wunde; Plage, Unglück* (v. Gott gesandt; B 3), *Katastrophe* (GN). **ἐ-λάλησεν** Aor. λαλέω. **δεῦρο** *hierher; komm, auf!* **δείξω** Fut. δείκνυμι[212] *zeigen;* mod. Fut. (A247a). **νύμφη** *Braut.* **ἀρνίον** *Schaf, Lamm* (Bezeichnung für Jesus). **10 ἀπ-ήνεγκεν** Aor. ἀπο-φέρω[198] *forttragen, wegbringen;* viell. *entrücken* (B 1aα). **ἐν πνεύματι** *im Geist* (d.h. in einem Zustand des Außer-sich-Seins, vgl. 1,10). **ὑψηλός** *hoch.* **ἔ-δειξεν** Aor. δείκνυμι. **κατα-βαίνουσαν** V. 2. **11 ἔχουσαν** Ptz. Fem., mod. (A292); ἔχουσαν τὴν δόξαν τοῦ θεοῦ *mit der Herrlichkeit/dem Glanz Gottes.* **φωστήρ**[6] ῆρος ὁ *Leuchtkörper; Glanz;* nom. pendens (A141a). **τιμιώτατος** Superlativ v. τίμιος *teuer; kostbar, wertvoll;* λίθος τίμιος *Edelstein;* λίθος τιμιώτατος *kostbarster Edelstein* od. (elativisch) *sehr kostbarer Edelstein.* **ἴασπις**[3] ιδος ἡ *Jaspis* (Edelstein). **κρυσταλλίζοντι** Ptz. κρυσταλλίζω *wie Kristall glänzen, durchsichtig sein;* attr. **12 ἔχουσα** Ptz. Fem., übers. als Ind., Nom. statt Akk. (BDR §136[5]). **τεῖχος**[7] *Mauer, Stadtmauer.* **πυλών**[4] ῶνος ὁ *(das) Tor.* **ἐπι-γε-γραμμένα** Pf. Ptz. Pass. -γράφω[42] *beschreiben, darauf schreiben, eintragen;* attr. **φυλή** *Stamm; Volksstamm, Volk.* **Ἰσραήλ** indekl., hier Gen. **13 ἀνα-τολή** *(das) Aufgehen; Sonnenaufgang, Osten;* ἀπὸ ἀνατολῆς erg. εἰσίν *im Osten sind* (B ἀπό II1). **βορρᾶς**[1] ᾶ *Norden.* **νότος** *Südwind; Süden.* **δυσμή** *Untergang; Sonnenuntergang, Westen* (Pl. ist für Himmelsgegenden klass.; BDR §141[5]; A101c). **14 ἔχων** Ptz., übers. als Ind., Mask. statt Neutr. (BDR §136[5]). **θεμέλιος** (< τίθημι) *Grundlage; Grundstein, Fundament.* **ἐπ᾽ αὐτῶν** *auf ihnen (stehen).* **δώδεκα ὀνόματα** auch ohne Art. best. (A106c) *die zwölf Namen.*

15 λαλῶν Ptz. λαλέω, subst. **εἶχεν** Ipf. ἔχω. **μέτρον** *Maß* (als Werkzeug u. Ergebnis des Messens); Obj.-Präd. *als Maß.* **κάλαμος** *Schilfrohr; Rohrstab; Schreibrohr* (antike Schreibfeder). **χρυσοῦς** (H-S §44c) *golden.* **μετρήσῃ** Aor. Konj. μετρέω *messen; ausmessen.* **πυλών, τεῖχος** V. 12. **16 τετρά-γωνος**[11] *viereckig.* **κεῖμαι** (A32) *liegen, gelegt sein;* hier *angelegt sein* (B 1b). **μῆκος**[7] *Länge.* **πλάτος**[7] *Breite;* τὸ μῆκος αὐτῆς ὅσον καὶ τὸ πλάτος *ebenso lang wie breit* (Einh.). **ἐ-μέτρησεν** Aor. **καλάμῳ** dat. instr. (A176). **ἐπί** m. Gen. statt Akk. der örtl. Ausdehnung

(ZG). **στάδιον** *Stadion;* hier Längenmaß, etwa 180 Meter. **χιλιάς**[3] ἀδος ἡ *Anzahl von Tausend, Tausendschaft;* ἐπὶ σταδίων δώδεκα χιλιάδων *(es waren) zwölftausend Stadien* (ca. 2200 km). **ὕψος**[7] *Höhe.* **ἴσος** *gleich.*

17 **17 ἑκατὸν τεσσεράκοντα τέσσαρες**[19f] *einhundertvierundvierzig.* **πῆχυς**[8] εως ὁ *Elle;* gen. qualitatis (BDR §165[5]) *zu ... Ellen, (es waren) ... Ellen.* **μέτρον ἀνθρώπου** Akk. der Beziehung (A149) *nach Menschenmaß*

18 *(entsprechend der menschl. Elle).* **ἀγγέλου** erg. μέτρον. **18 ἐν-δώμησις**[8] *Einbau, Unterbau; Baumaterial.* **ἴασπις** V. 11, Präd.-Nom. **χρυσίον** *Gold.* **καθαρός** *rein;* ἡ πόλις χρυσίον καθαρόν *die Stadt war aus reinem/lauterem Gold.* **ὕαλος** ἡ *Glas, Kristall.* **καθαρός** hier *klar* (B 1).

19 **19 θεμέλιος** V. 14. **πᾶς** ohne Art. *jede Art von* (vgl. B 1aβ). **τίμιος** *teuer; kostbar, wertvoll;* λίθος τίμιος *Edelstein;* dat. instr. (A176). **κε-κοσμημένοι** Pf. Ptz. Pass. κοσμέω *schmücken;* umschrieb. Plqpf. (A249), erg. ἦσαν (Ipf. v. εἰμί). **σάπφιρος** ἡ *Saphir.* **χαλκηδών**[4] όνος ὁ *Chalze-*

20 *don.* **τέταρτος**[19] *vierter.* **σμάραγδος** *Smaragd.* **20 πέμπτος**[19] *fünfter.* **σαρδ-όνυξ**[3] υχος ὁ *Sardonyx.* **ἕκτος**[19] *sechster.* **σάρδιον** *Karneol.* **ἕβδομος**[19] *siebter.* **χρυσό-λιθος** *Chrysolith.* **ὄγδοος**[19] *achter.* **βήρυλλος** ὁ u. ἡ *Beryll.* **ἔνατος**[19] *neunter.* **τοπάζιον** *Topas.* **δέκατος**[19] *zehnter.* **χρυσό-πρασος** *Chrysopras.* **ἐν-δέκατος**[19] *elfter.* **ὑάκινθος**

21 *Hyazinth.* **δωδέκατος**[19] *zwölfter.* **ἀμέθυστος** *Amethyst.* **21 πυλών** V. 12. **μαργαρίτης**[1] *Perle;* Präd.-Nom. **ἀνά** *auf, hinauf; je* (distributiv, erstarrt zum Adv., H-S §183b; 184c); ἀνὰ εἷς ἕκαστος τῶν πυλώνων *jedes einzelne Tor.* **ἦν** Ipf. εἰμί. **πλατεῖα** *breiter Weg, Straße.* **δι-αυγής** *durchsichtig, rein.*

22 **22 παντο-κράτωρ**[6] ορος ὁ *Allherrscher, Allmächtiger;* App. (A70).

23 **ἀρνίον** V. 9. **23 οὐ χρείαν ἔχει** *sie hat nicht nötig, sie braucht nicht,* m. Gen. **ἥλιος** *Sonne.* **σελήνη** *Mond.* **φαίνωσιν** Konj. φαίνω *scheinen, leuchten.* **ἐ-φώτισεν** Aor. φωτίζω (vgl. A33[91ff]) *erleuchten, beleuchten,*

24 *bescheinen.* **λύχνος** *Lampe, Leuchte.* **τὸ ἀρνίον** Präd.-Nom. **24 περιπατήσουσιν** Fut. -πατέω. **διὰ τοῦ φωτὸς αὐτῆς** wohl *in ihrem*

25 *Licht* (vgl. B διά AI1). **25 πυλών** V. 12. **οὐ μή** m. Aor. Konj. stärkste Verneinung zukünftigen Geschehens (A257). **κλεισθῶσιν** Aor. Konj. Pass. κλείω[6] *schließen; verschließen.* **ἡμέρας** gen. temp. (A166) *während des Tages*

26 (B 1a); *den ganzen Tag.* **ἔσται** V. 3. **26 οἴσουσιν** Fut. φέρω *man wird bringen.* **τιμή** hier wohl Metonymie, Abstraktum für das Konkrete (A382c):

27 *Wertgegenstand* (B 2b), *Kostbarkeiten.* **27 οὐ μή** V. 25. **εἰσ-έλθῃ** Aor. Konj. -έρχομαι. **οὐ ... πᾶν** (Hebr., A137c) *nichts.* **κοινός** *gemeinsam; gemein, gewöhnlich, unrein* (kultisch). **ποιῶν** Ptz. ποιέω, subst. **βδέλυγμα**[3] *abscheuliche/verabscheuungswürdige Dinge, Greuel* (wie im AT von allem, was m. Götzendienst zusammenhängt; B 2). **ψεῦδος**[7] *Lüge.* **εἰ μή** *(außer)* statt ἀλλά (BDR §448[9]): *sondern nur.* **γε-γραμμένοι** Pf. Ptz. Pass. γράφω,

subst. **βιβλίον** *Buch;* τὸ βιβλίον τῆς ζωῆς τοῦ ἀρνίου gen. auctoris od. poss. (A153f) *das Lebensbuch des Lammes.*

ἔ-δειξεν Aor. δείκνυμι[212] *zeigen.* **ποταμός** *Fluß, Strom;* ποταμὸς **22** ὕδατος (gen. materiae, A159) ζωῆς (Gen. der Absicht, A162) *ein Strom mit Wasser des Lebens* (d.h. *das Leben spendet*). **λαμπρός** *strahlend, glänzend, leuchtend.* **κρύσταλλος** *Kristall, Bergkristall.* **ἐκ-πορευόμενον** Ptz. -πορεύομαι *hinausgehen;* übertr. *hervorgehen, ausgehen;* attr. zu ποταμόν.

ἀρνίον *Schaf, Lamm* (Bezeichnung für Jesus). **2** ἐν **μέσῳ** *inmitten, mitten,* **2** *in der Mitte.* **πλατεῖα** *breiter Weg, Straße.* **ἐντεῦθεν**[18] *von hier;* ἐντεῦθεν καὶ ἐκεῖθεν *von hier und von da, auf beiden Seiten* (des Flusses); ἐν μέσῳ τῆς πλατείας αὐτῆς (= τῆς πόλεως, s. 21,23) καὶ τοῦ ποταμοῦ ἐντεῦθεν καὶ ἐκεῖθεν ξύλον ζωῆς *in der Mitte ihrer Straße (fließt er), und auf beiden Seiten des Flusses (stehen) Lebensbäume od. in der Mitte zwischen ihrer Straße und dem Fluß (stehen) Lebensbäume auf beiden Seiten.* **ἐκεῖθεν**[18] *von dort, dorther.* **ξύλον** *Holz; Baum;* verallgemeinernder Sg. (A101a) *Bäume;* ξύλον ζωῆς gen. qualitatis (A160) *Lebensbäume.* **ποιοῦν** Ptz. ποιέω, attr.; ποιέω καρπούς *Frucht tragen/hervorbringen* (B I1bη). **δώδεκα** *zwölf;* viell. hier *zwölfmal* (vgl. BDR §248[4]). **μήν**[4] μηνός ὁ *Monat;* κατὰ μῆνα ἕκαστον *jeden Monat.* **ἀπο-διδοῦν** Ptz. -δίδωμι hier: *Frucht bringen;* mod. **φύλλον** *Blatt.* **θεραπεία** *Dienst; Heilung;* εἰς θεραπείαν *(dienen) zur Heilung.* **3** πᾶν ... οὐκ (Hebr., A137c) *nichts.* **κατά-θεμα**[3] *das (der* **3** *Gottheit) Überantwortete; das mit dem Bannfluch Belegte* (B). **ἔσται** Fut. εἰμί; πᾶν κατάθεμα οὐκ ἔσται ἔτι *es wird nichts mehr geben, was unter dem Fluch (Gottes) steht* (GN). **λατρεύσουσιν** Fut. λατρεύω (Gott) *dienen.* **4** **ὄψονται** Fut. Med. ὁράω. **μέτ-ωπον** *Stirn;* erg. ἐστίν. **5** οὐκ **ἔχου-** **4f** **σιν χρείαν** *sie haben nicht nötig, sie brauchen nicht,* m. Gen. **λύχνος** *Lampe, Leuchte.* **ἥλιος** *Sonne.* **φωτίσει** Fut. φωτίζω (vgl. A33[91ff]) intr. *leuchten;* tr. *erleuchten, beleuchten, bescheinen.* **βασιλεύσουσιν** Fut. βασιλεύω *König sein, herrschen.*

6 **ἀληθινός** *wirklich; wahr, wahrhaftig.* **ἀπ-έ-στειλεν** Aor. ἀπο- **6** στέλλω. **δεῖξαι** Aor. Inf. δείκνυμι V. 1; fin. **γενέσθαι** Aor. Inf. γίνο- μαι, Präd. des AcI, v. δεῖ abhängig; ἃ δεῖ γενέσθαι ἐν τάχει *was bald ge- schehen muß.* **τάχος**[7] *Schnelligkeit, Geschwindigkeit;* ἐν τάχει *in Kürze, bald.* **7** **ταχύς**[10] εῖα ύ *rasch, schnell; bald.* **τηρῶν** Ptz. **7** τηρέω, subst. *der, der sich hält an* (GN: *beherzigt*). **προ-φητεία** *Weissagung, Prophetie.* **βιβλίον** *Buch.* **8** **κἀγὼ Ἰωάννης** erg. ἐστίν *ich, Johannes,* **8** *bin es.* **ἀκούων** Ptz., attr., hier vorzeitig (vgl. A285), analog βλέπων. **βλέπων** Ptz., attr. **ἤκουσα** Aor. ἀκούω. **ἔ-βλεψα** Aor. βλέπω. **ἔ-πεσα** Aor. πίπτω; ἔπεσα ... ἔμπροσθεν τῶν ποδῶν τοῦ ἀγγέλου *ich fiel dem Engel zu Füßen* (B ἔμπροσθεν 2a). **προσ-κυνῆσαι** Aor. Inf. -κυνέω; fin. **δεικνύοντος** Ptz. δείκνυμι V. 1; attr. **9** **ὅρα** Imp. ὁράω, **9**

vor Verboten m. μή: *sich vorsehen, sich hüten (vor);* ὅρα μή (ellip., erg. ποιήσῃς, BDR §480,5d) *tue es nicht! nicht doch!* σύν-δουλος *Mitsklave, Mitknecht.* τῶν προφητῶν App. (A70). τηρούντων Ptz. τηρέω, subst. προσ-κύνησον Aor. Imp. -κυνέω, m. Dat.

10   **10** σφραγίσῃς Aor. Konj. σφραγίζω (vgl. A33[91ff]) *versiegeln, mit einem Siegel versehen;* prohibitiver Konj. (A256). προ-φητεία, βιβλίον

11   V. 7. ἐγγύς *nahe, nahe bevorstehend.* **11** ἀ-δικῶν Ptz. ἀ-δικέω intr. *Unrecht tun;* subst. ἀ-δικησάτω Aor. Imp. 3. Sg. ἀ-δικέω. ῥυπαρός *schmutzig, unsauber, befleckt* (eig. u. sittl.). ῥυπανθήτω Aor. Imp. Pass. 3. Sg. ῥυπαίνω (vgl. A33[118ff]) *beschmutzen, beflecken* (eig. u. sittl.). ποιησάτω Aor. Imp. 3. Sg. ποιέω; ποιέω δικαιοσύνην *Gerechtigkeit üben, das Rechte tun.* ἀγιασθήτω Aor. Imp. Pass. 3. Sg. ἀγιάζω[91] *heiligen;* Pass. *sich*

12   *heiligen, sich heilig halten.* **12** ταχύς V. 7. μισθός *Lohn* (eig. Arbeitslohn; übertr. Belohnung). ἀπο-δοῦναι Aor. Inf. -δίδωμι; fin. ἕκαστος ὡς *ein jeder (so) wie; je nachdem* (B ὡς I2c); ἑκάστῳ ὡς τὸ ἔργον (verallgemeinernder Sg., A101a) ἐστὶν αὐτοῦ *jedem, (so) wie es seinen Taten*

13   *entspricht.* **13** ἐγώ erg. εἰμί (BDR §128[2]). τὸ ἄλφα καὶ τὸ ὤ erster u. letzter Buchstabe des griech. Alphabets zur Kennzeichnung des Anfangs und

14   Endes, übers. *das Alpha und das Omega.* **14** πλύνοντες Ptz. πλύνω *waschen;* subst. στολή *Gewand.* ἵνα hier fin. (wohl nicht kaus., vgl. BDR §456[2]) m. Ind. Fut. statt Konj., fortgesetzt m. Aor. Konj. (BDR §369[5/6]). ἔσται Fut. εἰμί. ἐξ-ουσία hier *Anrecht* (B 1) ἐπί τι *an etwas;* ἵνα ἔσται ἡ ἐξουσία αὐτῶν (gen. poss., A154) *damit sie Anrecht bekommen/haben.* ξύλον V. 2. πυλών[4] ῶνος ὁ *(das) Tor;* τοῖς πυλῶσιν dat. instr. (A176)

15   *durch die Tore.* εἰσ-έλθωσιν Aor. Konj. -έρχομαι. **15** ἔξω *draußen (sind/müssen bleiben).* κύων κυνός ὁ *Hund.* φάρμακος *Giftmischer, Zauberer.* πόρνος *Unzüchtiger, der/die Unzucht* (= *illegitimer Geschlechtsverkehr jeder Art) Treibende.* φονεύς[8] ὁ *Totschläger, Mörder.* εἰδωλο-λάτρης[1] *Götzendiener.* φιλῶν Ptz. φιλέω *lieben, gern haben;* subst. ποιῶν Ptz. ποιέω, subst. ψεῦδος[7] *Lüge.*

16   **16** ἔ-πεμψα Aor. πέμπω. μαρτυρῆσαι Aor. Inf. μαρτυρέω. ἐπί m. Dat. *über* (B III1bδ); viell. *für; wegen, um willen.* ῥίζα *Wurzel; Wurzelsproß* (d.h. der aus dem Wurzelstock eines Baumes aufsprossende Schößling), *Sprößling.* γένος[7] *Geschlecht; Nachkommenschaft* (hier vom einzelnen *Abkömmling,* B 1). Δαυίδ *David,* indekl., hier Gen.; ἡ ῥίζα καὶ τὸ γένος Δαυίδ *der Wurzelsproß und Nachkomme Davids,* viell. Hendiadyoin (A378) *der Wurzelsproß aus dem Geschlecht Davids* (d.h. der Messias). ἀστήρ[6] έρος ὁ *Stern.* λαμπρός *strahlend, glänzend, leuchtend.* πρωϊνός *früh, frühmorgens;*

17   ὁ ἀστὴρ ὁ πρωϊνός *der Morgenstern.* **17** νύμφη *Braut.* ἔρχου Imp. ἔρχομαι. ἀκούων Ptz., subst. εἰπάτω Aor. (vgl. H-S §105g) Imp. 3. Sg. λέγω. διψῶν Ptz. διψάω *dürsten;* subst. ἐρχέσθω Imp. 3. Sg. θέλων

Ptz., subst.; ὁ θέλων *jeder, der will* (m. generellem Art., H-S §131b). **λαβέτω** Aor. Imp. 3. Sg. λαμβάνω. **ὕδωρ ζωῆς** gen. qualitatis (A160) *Lebenswasser.* **δωρεάν** *geschenkweise, unentgeltlich, umsonst.*

18 πᾶς ὁ m. Ptz. *jeder, der* (A86). **ἀκούοντι** Ptz. ἀκούω, subst. 18 **προ-φητεία, βιβλίον** V. 7. **ἐπι-θῇ** Aor. Konj. -τίθημι[200] *auflegen, darauflegen;* hier *(hin)zufügen* (B 1b). **ἐπι-θήσει** Fut. -τίθημι hier *auferlegen* (B 1aβ). **πληγή** *Schlag, Hieb; Wunde; Plage, Unglück* (v. Gott gesandt; B 3), *Katastrophe.* **γε-γραμμένας** Pf. Ptz. Pass. γράφω, attr. **19 ἀφ-έλῃ** 19 Aor. Konj. ἀφ-αιρέω[186] *wegnehmen.* **ἀφ-ελεῖ** Fut. -αιρέω. **ξύλον** V. 2. **γε-γραμμένων** Pf. Ptz. Pass. γράφω, subst.; als App. bezogen auf den „Lebensbaum" u. die „heilige Stadt" (ZG): *von denen geschrieben ist.* **20 μαρτυρῶν** Ptz. μαρτυρέω, subst. **ναί** *ja; gewiß; wahrhaftig* (B 4). 20 **ταχύς** V. 7. **ἔρχου** V. 17. **Ἰησοῦ** Vok. **21 χάρις** erg. εἴη (Opt. v. 21 εἰμί) *Gnade sei* (BDR §128,5).

Grammatischer Anhang

I. Flexionstabellen

I. Nomen

A. Erste oder A-Deklination

1

	τιμᾱ- *Ehre*	νῑκᾱ- *Sieg*	γλωσσᾰ- *Zunge*		τελωνᾱ- *Zöllner*	προφητᾱ- *Prophet*
ἡ	τιμή	νίκη	γλῶσσᾰ	ὁ	τελώνης	προφήτης
τῆς	τιμῆς	νίκης	γλώσσης	τοῦ	τελώνου	προφήτου
τῇ	τιμῇ	νίκῃ	γλώσσῃ	τῷ	τελώνῃ	προφήτῃ
τὴν	τιμήν	νίκην	γλῶσσᾰν	τὸν	τελώνην	προφήτην
(ὦ)	τιμή	νίκη	γλῶσσᾰ	(ὦ)	τελώνη	προφῆτᾰ
αἱ	τιμαί	νῖκαι	γλῶσσαι	οἱ	τελῶναι	προφῆται
τῶν	τιμῶν	νικῶν	γλωσσῶν	τῶν	τελωνῶν	προφητῶν
ταῖς	τιμαῖς	νίκαις	γλώσσαις	τοῖς	τελώναις	προφήταις
τὰς	τιμάς	νίκᾱς	γλώσσᾱς	τοὺς	τελώνᾱς	προφήτᾱς

	γενεᾱ- *Geschlecht*	χωρᾱ- *Land*	ἐνεργειᾱ- *Wirkung*		νεανιᾱ- *Jüngling*	Λουκᾱ- *Lukas*
ἡ	γενεᾱ́	χώρᾱ	ἐνέργειᾰ	ὁ	νεανίᾱς	Λουκᾶς
τῆς	γενεᾶς	χώρᾱς	ἐνεργείᾱς	τοῦ	νεανίου	Λουκᾶ
τῇ	γενεᾷ	χώρᾳ	ἐνεργείᾳ	τῷ	νεανίᾳ	Λουκᾷ
τὴν	γενεᾱ́ν	χώρᾱν	ἐνέργειᾰν	τὸν	νεανίᾱν	Λουκᾶν
(ὦ)	γενεᾱ́	χώρᾱ	ἐνέργειᾰ	(ὦ)	νεανίᾱ	Λουκᾶ
αἱ	γενεαί	χῶραι	ἐνέργειαι	οἱ	νεανίαι	
τῶν	γενεῶν	χωρῶν	ἐνεργειῶν	τῶν	νεανιῶν	
ταῖς	γενεαῖς	χώραις	ἐνεργείαις	τοῖς	νεανίαις	
τὰς	γενεᾱ́ς	χώρᾱς	ἐνεργείᾱς	τοὺς	νεανίᾱς	

B. Zweite oder O-Deklination

2

	υἱο- *Sohn*	κυριο- *Herr*	δουλο- *Knecht*		ἀμπελο- *Weinstock*		πλοιο- *Schiff*
ὁ	υἱός	κύριος	δοῦλος	ἡ	ἄμπελος	τὸ	πλοῖον
τοῦ	υἱοῦ	κυρίου	δούλου	τῆς	ἀμπέλου	τοῦ	πλοίου
τῷ	υἱῷ	κυρίῳ	δούλῳ	τῇ	ἀμπέλῳ	τῷ	πλοίῳ
τὸν	υἱόν	κύριον	δοῦλον	τὴν	ἄμπελον	τὸ	πλοῖον
(ὦ)	υἱέ	κύριε	δοῦλε	(ὦ)	ἄμπελε	(ὦ)	πλοῖον
οἱ	υἱοί	κύριοι	δοῦλοι	αἱ	ἄμπελοι	τὰ	πλοῖα
τῶν	υἱῶν	κυρίων	δούλων	τῶν	ἀμπέλων	τῶν	πλοίων
τοῖς	υἱοῖς	κυρίοις	δούλοις	ταῖς	ἀμπέλοις	τοῖς	πλοίοις
τοὺς	υἱούς	κυρίους	δούλους	τὰς	ἀμπέλους	τὰ	πλοῖα

C. Dritte Deklination

1. Konsonantische Stämme

3 a) Muta-Stämme

Labial-stämme P-Laut + σ > ψ κωνωπ- Mücke	Guttural-stämme K-Laut + σ > ξ φυλακ- Wächter	Dentalstämme T-Laut + σ > σ		Neutrum
		-ις betont ἐλπιδ- Hoffnung	-ις unbetont χαριτ- Gnade	σωματ- Körper
ὁ κώνωψ	φύλαξ	ἡ ἐλπίς	χάρις	τὸ σῶμα
τοῦ κώνωπος	φύλακος	τῆς ἐλπίδος	χάριτος	τοῦ σώματος
τῷ κώνωπι	φύλακι	τῇ ἐλπίδι	χάριτι	τῷ σώματι
τὸν κώνωπα	φύλακα	τὴν ἐλπίδα	χάριν	τὸ σῶμα
οἱ κώνωπες	φύλακες	αἱ ἐλπίδες	χάριτες	τὰ σώματα
τῶν κωνώπων	φυλάκων	τῶν ἐλπίδων	χαρίτων	τῶν σωμάτων
τοῖς κώνωψιν	φύλαξιν	ταῖς ἐλπίσιν	χάρισιν	τοῖς σώμασιν
τοὺς κώνωπας	φύλακας	τὰς ἐλπίδας	χάριτας	τὰ σώματα

Beachte: Wörter auf -μα sind stets Ntr. und gehen nach σῶμα, solche auf -της -τητος sind fast ausschließlich Fem. und haben die Endungen von ἐλπίς.

4/5 b) Nasal- (ν-) und ντ-Stämme

4 ν-Stämme (Dat. Pl. ohne Ersatzdehnung) Dehnstufe Nom. Sg. Mask. ποιμεν- Hirte	durchgängig ἀγων- Kampf	5 ντ-Stämme (ντ + σ > σ mit Ersatzdehnung) Nom. Sg. asigmatisch ἀρχοντ- Herrscher	Nom. Sg. sigmatisch ὀδοντ- Zahn
ὁ ποιμήν	ἀγών	ἄρχων	ὀδούς
τοῦ ποιμένος	ἀγῶνος	ἄρχοντος	ὀδόντος
τῷ ποιμένι	ἀγῶνι	ἄρχοντι	ὀδόντι
τὸν ποιμένα	ἀγῶνα	ἄρχοντα	ὀδόντα
οἱ ποιμένες	ἀγῶνες	ἄρχοντες	ὀδόντες
τῶν ποιμένων	ἀγώνων	ἀρχόντων	ὀδόντων
τοῖς ποιμέσιν	ἀγῶσιν	ἄρχουσιν	ὀδοῦσιν
τοὺς ποιμένας	ἀγῶνας	ἄρχοντας	ὀδόντας

c) Liquidastämme   6

| „Normale" Stämme | | Stämme mit drei Ablautstufen | | |
Dehnstufe Nom. Sg. ῥητορ- *Redner*	durchgängig σωτηρ- *Retter*	ἀνερ- *Mann*	πατερ- *Vater*	μητερ- *Mutter*
ὁ ῥήτωρ	σωτήρ	ἀνήρ	πατήρ	ἡ μήτηρ
τοῦ ῥήτορος	σωτῆρος	ἀνδρ·ός	πατρ·ός	τῆς μητρ·ός
τῷ ῥήτορι	σωτῆρι	ἀνδρ·ί	πατρ·ί	τῇ μητρ·ί
τὸν ῥήτορα	σωτῆρα	ἄνδρ·α	πατέρ·α	τὴν μητέρ·α
(ὦ) ῥῆτορ	σῶτερ !	ἄνερ	πάτερ	(ὦ) μῆτερ
οἱ ῥήτορες	σωτῆρες	ἄνδρ·ες	πατέρ·ες	αἱ μητέρ·ες
τῶν ῥητόρων	σωτήρων	ἀνδρ·ῶν	πατέρ·ων	τῶν μητέρ·ων
τοῖς ῥήτορσιν	σωτῆρσιν	ἀνδρά·σιν	πατρά·σιν	ταῖς μητρά·σιν
τοὺς ῥήτορας	σωτῆρας	ἄνδρ·ας	πατέρ·ας	τὰς μητέρ·ας

d) σ-Stämme   7

γενος (O-Stufe) γενε(σ)- (E-Stufe) *Geschlecht*		ἀληθε(σ)- *wahr* Mask./Fem. Ntr.	
τὸ γένος		ἀληθής	ἀληθές
τοῦ γένους	<γενε(σ)ος	ἀληθοῦς <ἀληθε(σ)ος	
τῷ γένει	<γενε(σ)ι	ἀληθεῖ <ἀληθε(σ)ι	
τὸ γένος		ἀληθῆ <ἀληθε(σ)α	ἀληθές
τὰ γένη	<γενε(σ)α	ἀληθεῖς <ἀληθε(σ)ες	ἀληθῆ <ἀληθε(σ)α
τῶν γενῶν	<γενε(σ)ων	ἀληθῶν <ἀληθε(σ)ων	
τοῖς γένεσιν	<γενε(σ)σιν	ἀληθέσιν <ἀληθε(σ)σιν	
τὰ γένη	<γενε(σ)α	ἀληθεῖς (= Nom.)	ἀληθῆ <ἀληθε(σ)α

2. Vokalische bzw. diphthongische Stämme   8

ι-Stämme Dehnstufe Gen. Sg. πολῐ-/ πολε(j)- *Stadt*	υ-Stämme reine υ-Stämme ἰχθυ- *Fisch*	Dehnstufe Gen. Sg. πηχυ-/ πηχε(ϝ)- *Elle*	ευ-Stämme Dehnstufe Gen./Akk. Sg. βασιλευ-/ βασιληυ(ϝ)- *König*	ου-Stämme βου-/βο(ϝ)- *Rind*
ἡ πόλις	ὁ ἰχθύς	πῆχυς	βασιλεύς	βοῦς
τῆς πόλεως !	τοῦ ἰχθύος	πήχεως !	βασιλέως	βοός
τῇ πόλει	τῷ ἰχθύι	πήχει	βασιλεῖ	βοΐ
τὴν πόλιν	τὸν ἰχθύν	πῆχυν	βασιλέᾱ	βοῦν
(ὦ) πόλι		πῆχυ	βασιλεῦ	(βοῦ)
αἱ πόλεις	οἱ ἰχθύες	πήχεις	βασιλεῖς	βόες
τῶν πόλεων !	τῶν ἰχθύων	πήχεων !	βασιλέων	βοῶν
ταῖς πόλεσιν	τοῖς ἰχθύσιν	πήχεσιν	βασιλεῦσιν	βουσίν
τὰς πόλεις	τοὺς ἰχθύας	πήχεις	βασιλεῖς	βόας

D. Adjektive und Partizipien
1. Mit drei Endungen

9 **a) Mask. u. Ntr.: Stamm auf -o**

ἅγιο-, ἁγιᾱ- *heilig*			καινο-, καινᾱ- *neu*		
ἅγιος	ἁγίᾱ	ἅγιον	καινός	καινή	καινόν
ἁγίου	ἁγίας	ἁγίου	καινοῦ	καινῆς	καινοῦ
ἁγίῳ	ἁγίᾳ	ἁγίῳ	καινῷ	καινῇ	καινῷ
ἅγιον	ἁγίᾱν	ἅγιον	καινόν	καινήν	καινόν
ἅγιε	ἁγίᾱ	ἅγιον	καινέ	καινή	καινόν
ἅγιοι	ἅγιαι	ἅγια	καινοί	καιναί	καινά
ἁγίων	ἁγίων	ἁγίων	καινῶν	καινῶν	καινῶν
ἁγίοις	ἁγίαις	ἁγίοις	καινοῖς	καιναῖς	καινοῖς
ἁγίους	ἁγίᾱς	ἅγια	καινούς	καινᾱς	καινά

λυομενο-, λυομενᾱ- *sich lösend*, Ptz. Präs. Med./Pass.		
λυόμενος	λυομένη	λυόμενον
λυομένου	λυομένης	λυομένου
λυομένῳ	λυομένη	λυομένῳ
λυόμενον	λυομένην	λυόμενον
λυόμενε	λυομένη	λυόμενον
λυόμενοι	λυόμεναι	λυόμενα
λυομένων	λυομένων	λυομένων
λυομένοις	λυομέναις	λυομένοις
λυομένους	λυομένᾱς	λυόμενα

10 **b) Mask. u. Ntr.: 3. Deklination (s.a. 7)**

παντ-, πᾱσα- *jeder, ganz, alle*			λυοντ-, λυουσα- *lösend*, Ptz. Präs. Akt.		
πᾱς	πᾱσα	πᾱν	λύων	λύουσα	λῦον
παντός	πάσης	παντός	λύοντος	λυούσης	λύοντος
παντί	πάσῃ	παντί	λύοντι	λυούσῃ	λύοντι
πάντα	πᾱσαν	πᾱν	λύοντα	λύουσαν	λῦον
πάντες	πᾱσαι	πάντα	λύοντες	λύουσαι	λύοντα
πάντων !	πασῶν	πάντων !	λυόντων	λυουσῶν	λυόντων
πᾶσιν !	πάσαις	πᾶσιν !	λύουσιν	λυούσαις	λύουσιν
πάντας	πάσᾱς	πάντα	λύοντας	λυούσᾱς	λύοντα

λυσαντ-, λυσασα- *lösend*, Ptz. Aor. Akt.			λυθεντ-, λυθεισα- *gelöst werdend*, Ptz. Aor. Pass.		
λύσᾱς	λύσασα	λῦσαν	λυθείς	λυθεῖσα	λυθέν
λύσαντος	λυσάσης	λύσαντος	λυθέντος	λυθείσης	λυθέντος
λύσαντι	λυσάσῃ	λύσαντι	λυθέντι	λυθείσῃ	λυθέντι
λύσαντα	λύσασαν	λῦσαν	λυθέντα	λυθεῖσαν	λυθέν
λύσαντες	λύσασαι	λύσαντα	λυθέντες	λυθεῖσαι	λυθέντα
λυσάντων	λυσασῶν	λυσάντων	λυθέντων	λυθεισῶν	λυθέντων
λύσᾱσιν	λυσάσαις	λύσᾱσιν	λυθεῖσιν	λυθείσαις	λυθεῖσιν
λύσαντας	λυσάσᾱς	λύσαντα	λυθέντας	λυθείσᾱς	λυθέντα

ἡδυ- u. ἡδε- (<ἡδεϝ-), ἡδεια- *süß*			λελυκοτ-, λελυκυια- *gelöst habend*, Ptz. Pf. Akt.		
ἡδύς	ἡδεῖα	ἡδύ	λελυκ·ώς	-υῖα	-ός
ἡδέως	ἡδείᾱς	ἡδέως	λελυκ·ότος	-υίας	-ότος
ἡδεῖ	ἡδείᾱ	ἡδεῖ	λελυκ·ότι	-υίᾳ	-ότι
ἡδύν	ἡδεῖαν	ἡδύ	λελυκ·ότα	-υῖαν	-ός
ἡδεῖς	ἡδεῖαι	ἡδέα !	λελυκ·ότες	-υῖαι	-ότα
ἡδέων	ἡδειῶν	ἡδέων	λελυκ·ότων	-υιῶν	-ότων
ἡδέσιν	ἡδείαις	ἡδέσιν	λελυκ·όσιν	-υίαις	-όσιν
ἡδεῖς	ἡδείᾱς	ἡδέα !	λελυκ·ότας	-υίᾱς	-ότα

2. Mit zwei Endungen   11

o-Stamm: ἀδικο- *ungerecht*				
ἄδικος		ἄδικον	ἄδικοι	ἄδικα
	ἀδίκου			ἀδίκων
	ἀδίκῳ			ἀδίκοις
ἄδικον		ἄδικον	ἀδίκους	ἄδικα
ἄδικε		ἄδικον	Vok. = Nom.	

ν-Stamm: gewöhnliches Adj. σωφρον- *verständig*				
σώφρων		σῶφρον	σώφρονες	σώφρονα
	σώφρονος			σωφρόνων
	σώφρονι			σώφροσιν
σώφρονα		σῶφρον	σώφρονας	σώφρονα
σῶφρον		σῶφρον	Vok. = Nom.	

ν-Stamm bzw. σ-Stamm: Komparativ auf -(ι)ων bzw. -οσ- μειζον-, μειζοσ- *größer*				
μείζων		μεῖζον	μείζονες od.	μείζονα od.
			μείζους <ο(σ)ες	μείζω <ο(σ)α
	μείζονος			μειζόνων
	μείζονι			μείζοσιν
μείζονα od.		μεῖζον	μείζονας od.	μείζονα od.
μείζω <ο(σ)α			μείζους (= Nom.)	μείζω <ο(σ)α
μεῖζον		μεῖζον	Vok. = Nom.	

12 3. Mit Besonderheiten

μεγα- μεγαλο- μεγαλᾱ *groß*	(Mask./Ntr. Nom./Akk. Sg.) (übrige Formen Mask./Ntr.) (Fem.)	πολυ- πολλο- πολλᾱ *viel*	(Mask./Ntr. Nom./Akk. Sg.) (übrige Formen Mask./Ntr.) (Fem.)
μέγας μεγάλη μέγα μεγάλου μεγάλης μεγάλου μεγάλῳ μεγάλῃ μεγάλῳ μέγαν μεγάλην μέγα μεγάλε μεγάλη μέγα		πολύς πολλή πολύ πολλοῦ πολλῆς πολλοῦ πολλῷ πολλῇ πολλῷ πολύν πολλήν πολύ	
μεγάλοι μεγάλαι μεγάλα μεγάλων μεγάλων μεγάλων μεγάλοις μεγάλαις μεγάλοις μεγάλους μεγάλᾱς μεγάλα		πολλοί πολλαί πολλά πολλῶν πολλῶν πολλῶν πολλοῖς πολλαῖς πολλοῖς πολλούς πολλάς πολλά	

E. Pronomina
13 1. Nichtreflexives Personalpronomen

ἐγώ *ich* ἐμοῦ μου *meiner* ἐμοί μοι *mir* ἐμέ με *mich*	σύ *du* σοῦ σου *deiner* σοί σοι *dir* σέ σε *dich*	αὐτός αὐτή αὐτό *er sie es* αὐτοῦ αὐτῆς αὐτοῦ *seiner ihrer seiner* αὐτῷ αὐτῇ αὐτῷ *ihm ihr ihm* αὐτόν αὐτήν αὐτό *ihn sie es*
ἡμεῖς *wir* ἡμῶν *unser* ἡμῖν *uns* ἡμᾶς *uns*	ὑμεῖς *ihr* ὑμῶν *euer* ὑμῖν *euch* ὑμᾶς *euch*	αὐτοί αὐταί αὐτά *sie* αὐτῶν αὐτῶν αὐτῶν *ihrer* αὐτοῖς αὐταῖς αὐτοῖς *ihnen* αὐτούς αὐτάς αὐτά *sie*

14 2. Reflexives Personalpronomen

ἐμαυτοῦ -ῆς *meiner* ἐμαυτῷ -ῇ *mir* ἐμαυτόν -ήν *mich* **(selbst)**	σεαυτοῦ -ῆς *deiner* σεαυτῷ -ῇ *dir* σεαυτόν -ήν *dich* **(selbst)**	ἑαυτοῦ -ῆς -οῦ *seiner ihrer seiner* ἑαυτῷ -ῇ -ῷ *sich* ἑαυτόν -ήν -ό *sich* **(selbst)**
ἑαυτῶν -ῶν -ῶν ἑαυτοῖς -αῖς -οῖς ἑαυτούς -ᾱς -ά	*unser = euer = ihrer* *uns = euch = sich* *uns = euch = sich*	*(selbst)* *(selbst)* *(selbst)*

15 3. Demonstrativpronomen

οὗτος *dieser* αὕτη τοῦτο τούτου ταύτης τούτου τούτῳ ταύτῃ τούτῳ τοῦτον ταύτην τοῦτο	οὗτοι αὗται ταῦτα τούτων τούτων τούτων τούτοις ταύταις τούτοις τούτους ταύτᾱς ταῦτα

4. Relativpronomen   16

ὅς	ἥ	ὅ	*welcher*	ὅστις	ἥτις	ὅ τι	*jeder, der*
οὗ	ἧς	οὗ		οὗτινος	ἧστινος	οὗτινος	
ᾧ	ᾗ	ᾧ		ᾧτινι	ᾗτινι	ᾧτινι	
ὅν	ἥν	ὅ		ὅντινα	ἥντινα	ὅ τι	
οἵ	αἵ	ἅ		οἵτινες	αἵτινες	ἅτινα	
ὧν	ὧν	ὧν		ὧντινων	ὧντινων	ὧντινων	
οἷς	αἷς	οἷς		οἷστισιν	αἷστισιν	οἷστισιν	
οὕς	ἅς	ἅ		οὕστινας	ἅστινας	ἅτινα	

5. Interrogativ- und Indefinitpronomina   17

τίς; τί; (Akut) *wer/welche(r)? was/welches?* — τις τι (enklitisch) *irgendeine(r)/jemand, irgendein/etwas*

τίς;		τίνες;	τίνα;	τις	τι	τινές	τινά
τίνος;		τίνων;		τινός		τινῶν	
τίνι;		τίσιν;		τινί		τισίν	
τίνα;	τί;	τίνας;	τίνα;	τινά	τι	τινάς	τινά

6. Korrelative Pronomina und („Pronominal"-)Adverbien   18

Interrogativa direkt/ indirekt (A322/331)	indirekt (A331)	Indefinita A17; abgesehen von τις im NT selten	Demonstrativa A15	Relativa individuell A16	generell
St. πο-	ὀπο-	πο-	(το-)	ὁ-	ὀπο-

a) Pronomina

τίς; *wer?*	(ὅστις) *(wer)*	τις *irgendeiner*	ὅδε/ οὗτος *dieser* ἐκεῖνος *jener*	ὅς *der*	ὅστις *wer auch immer*
ποῖος; *wie (beschaffen)?*	ὀποῖος *wie (beschaffen)*	(ποιός) *(irgendwie [beschaffen])*	τοιοῦτος *so (beschaffen)*	οἷος *wie (beschaffen)*	ὀποῖος *wie (beschaffen) auch immer*
πόσος; *wie groß?* πόσοι; *wie viele?*	(ὀπόσος) *(wie groß)* (ὀπόσοι) *(wie viele)*	(ποσός) *(irgendwie groß)* (ποσοί) *(irgendwie viele)*	τοσοῦτος *so groß* τοσοῦτοι *so viele*	ὅσος *wie groß* ὅσοι *wie viele*	(ὀπόσος) *(wie groß auch immer)* (ὀπόσοι) *(wie viele auch immer)*
πηλίκος; *wie groß/ bedeutend?*			τηλικοῦτος *so groß/ bedeutend*	ἡλίκος *wie groß/ bedeutend*	

b) („Pronominal"-)Adverbien

ποῦ; *wo(hin)?*	ὅπου *wo(hin)*	που *irgend- wo(hin)*	ἐνθάδε/ὧδε *hier(her)* ἐκεῖ *dort(hin)* αὐτοῦ *dort/hier* ἐκεῖσε *dorthin*	οὗ *wo(hin)*	ὅπου *wo(hin)* *auch immer*
πόθεν; *woher?*	(ὁπόθεν) *(woher)*	(ποθέν) *(irgend- woher)*	ἐντεῦθεν/ ἔνθεν *von hier* ἐκεῖθεν *von dort*	ὅθεν *woher*	(ὁπόθεν) *(woher auch immer)*
πότε; *wann?*	(ὁπότε) *(wann)*	ποτέ *irgendwann*	τότε *dann, damals* νῦν/νυνί *jetzt*	ὅτε *als, nachdem, wenn*	ὁπότε *wann auch immer*
ποσάκις; *wie oft?*				ὁσάκις *so oft wie*	
πῶς; *wie?*	ὅπως *wie*	πως *irgendwie*	οὕτως *so*	ὡς/ὥσπερ *wie*	ὅπως *wie auch immer*

F. Zahlwörter

19 **1. Kardinalzahlen, Ordinalzahlen und Zahladverbien**

Ziffern	Kardinalzahlen *eins* usw.	Ordinalzahlen *der erste* usw.	Zahladverbien *einmal* usw.
α´ 1	εἷς μία ἕν	πρῶτος	ἅπαξ
β´ 2	δύο	δεύτερος	δίς
γ´ 3	τρεῖς τρία	τρίτος	τρίς
δ´ 4	τέσσαρες τέσσερα	τέταρτος	τετράκις
ε´ 5	πέντε	πέμπτος	πεντάκις
ϛ´ 6	ἕξ	ἕκτος	ἑξάκις
ζ´ 7	ἑπτά	ἕβδομος	ἑπτάκις
η´ 8	ὀκτώ	ὄγδοος	ὀκτάκις
θ´ 9	ἐννέα	ἔνατος	ἐνάκις
ι´ 10	δέκα	δέκατος	δεκάκις
ια´ 11	ἕνδεκα	ἑνδέκατος	ἑνδεκάκις
ιβ´ 12	δώδεκα	δωδέκατος	usw.
ιγ´ 13	δεκατρεῖς -τρία	τρισκαιδέκατος	
ιδ´ 14	δεκατέσσαρες -ρα		
ιε´ 15	δεκαπέντε		
ιϛ´ 16	δεκαεξ (Var.)		
ιζ´ 17	δεκαεπτά		
ιη´ 18	δεκαοκτώ		
ιθ´ 19	δεκαεννέα		

κ΄	20	εἴκοσι	εἰκοστός	
λ΄	30	τριάκοντα	τριακοστός	
μ΄	40	τεσσεράκοντα	τεσσερακοστός	
ν΄	50	πεντήκοντα	πεντηκοστός	
ξ΄	60	ἑξήκοντα	usw.	
ο΄	70	ἑβδομήκοντα		ἑβδομηκοντάκις
π΄	80	ὀγδοήκοντα		
ϟ΄	90	ἐνενήκοντα		

ρ΄	100	ἑκατόν
ρνγ΄	153	ἑκατὸν πεντήκοντα τρεῖς (vgl. Jh 21,11)
σ΄	200	διακόσιοι -αι -α
σος΄	276	διακόσιοι ἑβδομήκοντα ἕξ (vgl. Apg 27,37)
τ΄	300	τριακόσιοι -αι -α
υ΄	400	τετρακόσιοι -αι -α
φ΄	500	πεντακόσιοι -αι -α
χ΄	600	ἑξακόσιοι -αι -α
χξς΄	666	ἑξακόσιοι ἑξήκοντα ἕξ (Apk 13,18)
ψ΄	700	ἑπτακόσιοι -αι -α
ω΄	800	ὀκτακόσιοι -αι -α
ϡ΄	900	ἐνακόσιοι -αι -α

,α	1.000	χίλιοι -αι -α, vgl. auch ἡ χιλιάς άδος das Tausend
,β	2.000	δισχίλοι -αι -α
,γ	3.000	τρισχίλιοι -αι -α
,δ	4.000	τετρασχίλιοι -αι -α
,ε	5.000	πεντασχίλιοι -αι -α od. χιλιάδες πέντε

,ι	10.000	μύριοι -αι -α od. δέκα χιλιάδες
		vgl. auch ἡ μυριάς άδος das Zehntausend
,ιβ	12.000	δώδεκα χιλιάδες
,κ	20.000	εἴκοσι χιλιάδες
,ν	50.000	μυριάδες πέντε

Beachte: Als **Ziffern/Zahlzeichen** dienen (seit 5.-3. Jh. v. Chr.) die Buchstaben mit beigesetztem Strich, ergänzt durch die älteren ς („Stigma", Zeichen für /st/, früher für Ϝ, vgl. hebr. Waw) für 6, durch ϟ („Koppa", vgl. hebr. Qof) für 90 und durch ϡ („Sampi") für 900. In den geläufigen Grundtextausgaben (und in vielen, auch frühesten Handschriften) des NT werden die Zahlen nicht in Ziffern, sondern durchweg in Zahlwörtern geschrieben.

2. Flexion der Kardinalzahlen eins bis vier   20

eins			*zwei*	*drei*		*vier*	
εἷς	μία	ἕν	δύο	τρεῖς	τρία	τέσσαρες	τέσσαρα
ἑνός	μιᾶς	ἑνός	δύο		τριῶν		τεσσάρων
ἑνί	μιᾷ	ἑνί	δυσίν		τρισίν		τέσσαρσιν
ἕνα	μίαν	ἕν	δύο	τρεῖς	τρία	τέσσαρας	τέσσαρα

II. Verb — A. Thematische oder ω-Konjugation

21 **1. Verba vocalia non-contracta — a) Aktiv** παιδεύω *ich erziehe*[1]

finites Verb

„Tempora" ↓	Indikativ ohne Aug.	Indikativ mit Aug.	Konjunktiv Moduszeichen ω/η
Präsens: Themavokal ε/ο	*ich erziehe* παιδεύω παιδεύεις παιδεύει παιδεύομεν παιδεύετε παιδεύουσιν	*erzog* **[Imperfekt]** ἐπαίδευον ἐπαίδευες ἐπαίδευεν ἐπαιδεύομεν ἐπαιδεύετε ἐπαίδευον[2]	*(damit) ich erziehe* παιδεύω παιδεύῃς παιδεύῃ παιδεύωμεν παιδεύητε παιδεύωσιν
Futur: Tempuszeichen σ; Themavokal ε/ο	*werde erziehen* παιδεύσω παιδεύσεις usw.		
Aorist 1: Tempuszeichen σ; meist Kennvokal α		*erzog* ἐπαίδευσα ἐπαίδευσας ἐπαίδευσεν ἐπαιδεύσαμεν ἐπαιδεύσατε ἐπαίδευσαν	*(damit) ich erziehe* παιδεύσω παιδεύσῃς παιδεύσῃ παιδεύσωμεν παιδεύσητε παιδεύσωσιν
Aorist 2: thematisch: Ausgänge wie Präs.-St.	(Bsp. zu βάλλω *werfen*)	*warf* ἔβαλον ἔβαλες usw.	*(damit) ich werfe* βάλω βάλῃς usw.
Wurzelaorist: Flexion wie Aor. Pass.	(Bsp. zu βαίνω [St. βη-/βα-] *schreiten*) u. zu γινώσκω [St. γνω-/γνο-] *erkennen*)	*schritt/erkannte* ἔβην ἔγνων ἔβης ἔγνως ἔβη ἔγνω ἔβημεν ἔγνωμεν ἔβητε ἔγνωτε ἔβησαν ἔγνωσαν	*(damit) ich schreite/erk.* βῶ (<ήω) γνῶ (<ώω) βῇς γνῷς βῇ γνῷ βῶμεν γνῶμεν βῆτε γνῶτε βῶσιν γνῶσιν
Perfekt 1: Reduplikation; Tempuszeichen κ; meist Kennvokal α	*habe erzogen* πεπαίδευκα πεπαίδευκας πεπαίδευκεν πεπαιδεύκαμεν πεπαιδεύκατε πεπαιδεύκασιν[3]	*hatte erz.* **[Plsqpf. 1]** (ἐ)πεπαιδεύκειν (ἐ)πεπαιδεύκεις (ἐ)πεπαιδεύκει (ἐ)πεπαιδεύκειμεν (ἐ)πεπαιδεύκειτε (ἐ)πεπαιδεύκεισαν	
Perfekt 2: = Pf. 1 ohne κ; Bsp. zu γράφω *schreiben*	*habe geschrieben* γέγραφα γέγραφας usw.	*hatte geschr.* **[Plsqpf. 2]** (ἐ)γεγράφειν (ἐ)γεγράφεις usw.	

[1] Ebenso Beispiele für „starke Tempora". [2] Selten -οσαν. [3] Selten -καν.

		infinites Verb
Optativ Moduszeichen ι (ιη)	Imperativ	Infinitiv u. Partizip
möge ich erziehen! παιδεύοιμι παιδεύοις παιδεύοι παιδεύοιμεν παιδεύοιτε παιδεύοιεν	παίδευε *erziehe!* παιδευέτω *er soll erz.!* παιδεύετε παιδευέτωσαν	*erziehen* παιδεύειν *einer, der erzieht usw.* παιδεύων -οντος παιδεύουσα -ούσης παιδεῦον -οντος
		künftig erziehen παιδεύσειν *einer, der künftig erzieht usw.* παιδεύσων -σοντος *usw.*
möge ich erziehen! παιδεύσαιμι παιδεύσαις παιδεύσαι παιδεύσαιμεν παιδεύσαιτε παιδεύσαιεν	παίδευσον *erziehe!* παιδευσάτω *er soll erz.!* παιδεύσατε παιδευσάτωσαν	*erziehen* παιδεῦσαι (!) *einer, der erzieht usw.* παιδεύσᾱς -σαντος παιδεύσασα -σάσης παιδεῦσαν -σαντος
möge ich werfen! βάλοιμι βάλοις *usw.*	βάλε *Wirf! usw.*	*werfen* βαλεῖν (!); *einer, der* *wirft usw.* βαλών (!) -όντος, -οῦσα -ούσης, -όν -όντος
möge ich schreiten/erk.! βαίην γνοίην βαίης γνοίης βαίη γνοίη βαίημεν γνοίημεν βαίητε γνοίητε βαίησαν γνοίησαν	*schreite/erkenne!* βῆθι[1] γνῶθι βήτω γνώτω βῆτε γνῶτε βήτωσαν γνώτωσαν	*schreiten/erkennen* βῆναι γνῶναι *einer, der schreitet/erkennt usw.* βάς βάντος γν·ούς -όντος βᾶσα/ γνοῦσα/ βάσης γνούσης βάν βάντος γν·όν -όντος
		erzogen haben πεπαιδευκέναι *einer, der erzogen hat usw.* πεπαιδευκώς -κότος πεπαιδευκυῖα -κυίας πεπαιδευκός -κότος
		g. haben γεγραφέναι; *einer, der* *g. hat usw.* γεγραφώς -ότος, -υῖα -υίας, -ός -ότος

[1] In Komposita Imp. auch -βα, -βάτω, -βατε.

22 **b) Medium/Passiv** παιδεύομαι *ich erziehe für mich/ich werde erzogen* usw.

finites Verb

„Tempora" ↓	Indikativ ohne Aug.	Indikativ mit Aug.	Konjunktiv: Modusz. ω/η
Präs. **Med./Pass.:** Themavokal ε/ο	*erziehe für mich/ werde erzogen* παιδεύομαι παιδεύῃ (z.T. -ει) παιδεύεται παιδευόμεθα παιδεύεσθε παιδεύονται	*erzog für mich/wurde erzogen* **[Imperfekt]** ἐπαιδευόμην ἐπαιδεύου ἐπαιδεύετο ἐπαιδευόμεθα ἐπαιδεύεσθε ἐπαιδεύοντο	*(damit) ich für mich erziehe/ erzogen werde* παιδεύωμαι παιδεύῃ παιδεύηται παιδευώμεθα παιδεύησθε παιδεύωνται
Fut. Med.: Tempusz. σ; Themav. ε/ο	*werde für m. erziehen* παιδεύσομαι παιδεύσῃ usw.		
Fut. Pass.: Tempusz. θησ; Themav. ε/ο	*werde erzogen werden* παιδευθήσομαι παιδευθήσῃ usw.		
Aor. 1 Med.: Tempuszeichen σ; meist Kennvokal α		*erzog für mich* ἐπαιδευσάμην ἐπαιδεύσω ἐπαιδεύσατο ἐπαιδευσάμεθα ἐπαιδεύσασθε ἐπαιδεύσαντο	*(damit) ich für mich erziehe* παιδεύσωμαι παιδεύσῃ παιδεύσηται παιδευσώμεθα παιδεύσησθε παιδεύσωνται
Aor. 2 Med.: Ausgänge wie Präs.-St.	(Bsp. zu βάλλω *werfen*)	*warf für mich* ἐβαλόμην ἐβάλου usw.	*(damit) ich für mich werfe* βάλωμαι βάλῃ usw.
Aor. 1 Pass.: Tempuszeichen θ; Kennvokal η/ε		*wurde erzogen* ἐπαιδεύθην ἐπαιδεύθης ἐπαιδεύθη ἐπαιδεύθημεν ἐπαιδεύθητε ἐπαιδεύθησαν	*(damit) ich erzogen werde* παιδευθῶ(<θέω) παιδευθῇς παιδευθῇ παιδευθῶμεν παιδευθῆτε παιδευθῶσιν
Aor. 2 Pass.: ohne θ	(Bsp. zu γράφω *schreiben*)	*wurde geschrieben* ἐγράφην ἐγράφης usw.	*(damit) ich geschrieben werde* γραφῶ (<έω) γραφῇς usw.
Perf. Med./ Pass.: Reduplikation; ohne Tempuszeichen	*habe f. m./bin erzogen* πεπαίδευμαι πεπαίδευσαι πεπαίδευται πεπαιδεύμεθα πεπαίδευσθε πεπαίδευνται	*hatte f. m./war e.* **[Plsqpf.]** (ἐ)πεπαιδεύμην (ἐ)πεπαίδευσο (ἐ)πεπαίδευτο (ἐ)πεπαιδεύμεθα (ἐ)πεπαίδευσθε (ἐ)πεπαίδευντο	

		infinites Verb
Optativ: Modusz. ι (ιη)	Imperativ	Infinitiv u. Partizip
möge ich für mich erzie- hen/erzogen werden! παιδευ**οίμην** παιδεύ**οιο** παιδεύ**οιτο** παιδευ**οίμεθα** παιδεύ**οισθε** παιδεύ**οιντο**	*erziehe für dich/werde erzogen!* παιδεύ**ου** παιδευ**έσθω** παιδεύ**εσθε** παιδευ**έσθωσαν**	*für sich erziehen/erzogen werden* παιδεύ**εσθαι** *einer, der für sich erzieht/erzogen wird usw.* παιδευ**όμενος** παιδευ**ομένη** παιδευ**όμενον**
		künftig f. s. e. παιδεύ**σεσθαι** *einer, der künftig f. s. erzieht usw.* παιδευ**σόμενος** usw.
		künftig erzogen werden παιδευ**θήσεσθαι** ... *werdend* παιδευ**θησόμενος** usw.
möge ich f. m. erziehen! παιδευ**σαίμην** παιδεύ**σαιο** παιδεύ**σαιτο** παιδευ**σαίμεθα** παιδεύ**σαισθε** παιδεύ**σαιντο**	*erziehe für dich!* παί**δευσαι** παιδευ**σάσθω** παιδεύ**σασθε** παιδευ**σάσθωσαν**	*für sich erziehen* παιδεύ**σασθαι** *einer, der für sich erzieht usw.* παιδευ**σάμενος** παιδευ**σαμένη** παιδευ**σάμενον**
möge ich f. m. werfen! βαλ**οίμην** βάλ**οιο** usw.	*wirf für dich!* βαλ**οῦ** (!), βαλ**έσθω** usw.	*für sich werfen* βαλ**έσθαι** (!) *einer, der für sich wirft usw.* βαλ**όμενος** usw.
möge ich e. werden! παιδευ**θείην** παιδευ**θείης** παιδευ**θείη** παιδευ**θείημεν** παιδευ**θείητε** παιδευ**θείησαν**	*werde erzogen!* παιδεύ**θητι** (<θηθι) παιδευ**θήτω** παιδεύ**θητε** παιδευ**θήτωσαν**	*erzogen werden* παιδευ**θῆναι** *einer, der erzogen wird usw.* παιδευ**θείς** -**θέντος** παιδευ**θεῖσα** -**θείσης** παιδευ**θέν** -**θέντος**
möge ich g. werden! γραφ**είην** γραφ**είης** usw.	*werde geschrieben!* γράφ**ηθι** -ήτω -ητε -ήτωσαν	*geschrieben werden* γραφ**ῆναι** *einer, der geschrieben wird usw.* γραφ**είς** -**έντος** usw.
	sei erzogen! πεπαίδευ**σο** πεπαιδεύ**σθω** πεπαίδευ**σθε**	*für sich erzogen haben/erzogen sein* πεπαιδεῦ**σθαι** (!) *einer, der f. s. erzogen hat/ einer, der erzogen ist usw.* πεπαιδευ**μένος** -**η** -**ον** (!)

2. Verba (vocalia) contracta

23 **a) Kontraktionsregeln**

Verben auf -άω:	ω (ῳ)		< α + O-Laut
	ᾱ (ᾳ)		< α + E-Laut
Verben auf -έω:	**Langvokal/Diphthong**		< ε + Langvokal/Diphthong
	ει	auch	< ε + ε
	ου	auch	< ε + ο
Verben auf -όω:	ου		< ο + ε, ο, ου
	οι		< ο + ι-Diphthong
	ω		< ο + ω, η
Verben auf -ήω:	ω (ῳ)		< η + O-Laut
	ῃ (ῃ)		< η + E-Laut

24 **b) Flexionsmuster des Präsensstammes**

Beispiele: τιμάω *ehren*, ποιέω *tun*, δηλόω *zeigen*

Ind. ohne Aug.	ω	τιμῶ	ποιῶ	δηλῶ	**Aktiv**
	εις	τιμᾷς	ποιεῖς	δηλοῖς	
	ει	τιμᾷ	ποιεῖ	δηλοῖ	
	ομεν	τιμῶμεν	ποιοῦμεν	δηλοῦμεν	
	ετε	τιμᾶτε	ποιεῖτε	δηλοῦτε	
	ουσιν	τιμῶσιν	ποιοῦσιν	δηλοῦσιν	
Ipf. Ind. mit Aug.	ον	ἐτίμων	ἐποίουν	ἐδήλουν	
	ες	ἐτίμας	ἐποίεις	ἐδήλους	
	ε![1]	ἐτίμα	ἐποίει	ἐδήλου	
	ομεν	ἐτιμῶμεν	ἐποιοῦμεν	ἐδηλοῦμεν	
	ετε	ἐτιμᾶτε	ἐποιεῖτε	ἐδηλοῦτε	
	ον	ἐτίμων	ἐποίουν	ἐδήλουν	
Konj.	ω	τιμῶ	ποιῶ	δηλῶ	
	ῃς	τιμᾷς	ποιῇς	δηλοῖς	
	ῃ	τιμᾷ	ποιῇ	δηλοῖ	
	ωμεν	τιμῶμεν	ποιῶμεν	δηλῶμεν	
	ητε	τιμᾶτε	ποιῆτε	δηλῶτε	
	ωσιν	τιμῶσιν	ποιῶσιν	δηλῶσιν	
Imp.	ε	τίμα	ποίει	δήλου	
	ετω	τιμάτω	ποιείτω	δηλούτω	
	ετε	τιμᾶτε	ποιεῖτε	δηλοῦτε	
	έτωσαν	τιμάτωσαν	ποιείτωσαν	δηλούτωσαν	
Inf.	ειν[2]	τιμᾶν	ποιεῖν	δηλοῦν	

[1] Ohne bewegliches -ν!

[2] ει wird als E-Laut ohne ι behandelt (da ειν < εεν)!

Ptz.	ων	τιμῶν	ποιῶν	δηλῶν
	οντος	τιμῶντος	ποιοῦντος	δηλοῦντος
	ουσα	τιμῶσα	ποιοῦσα	δηλοῦσα
	ούσης	τιμώσης	ποιούσης	δηλούσης
	ον	τιμῶν	ποιοῦν	δηλοῦν
	οντος	τιμῶντος	ποιοῦντος	δηλοῦντος

Ind. ohne Aug.	ομαι	τιμῶμαι	ποιοῦμαι	δηλοῦμαι Med./
	η	τιμᾷ	ποιῇ	δηλοῖ Pass.
	εται	τιμᾶται	ποιεῖται	δηλοῦται
	όμεθα	τιμώμεθα	ποιούμεθα	δηλούμεθα
	εσθε	τιμᾶσθε	ποιεῖσθε	δηλοῦσθε
	ονται	τιμῶνται	ποιοῦνται	δηλοῦνται

Ipf. Ind. mit Aug.	όμην	ἐτιμώμην	ἐποιούμην	ἐδηλούμην
	ου	ἐτιμῶ	ἐποιοῦ	ἐδηλοῦ
	ετο	ἐτιμᾶτο	ἐποιεῖτο	ἐδηλοῦτο
	όμεθα	ἐτιμώμεθα	ἐποιούμεθα	ἐδηλούμεθα
	εσθε	ἐτιμᾶσθε	ἐποιεῖσθε	ἐδηλοῦσθε
	οντο	ἐτιμῶντο	ἐποιοῦντο	ἐδηλοῦντο

Konj.	ωμαι	τιμῶμαι	ποιῶμαι	δηλῶμαι
	η	τιμᾷ	ποιῇ	δηλοῖ
	ηται	τιμᾶται	ποιῆται	δηλῶται
	ώμεθα	τιμώμεθα	ποιώμεθα	δηλώμεθα
	ησθε	τιμᾶσθε	ποιῆσθε	δηλῶσθε
	ωνται	τιμῶνται	ποιῶνται	δηλῶνται

Imp.	ου	τιμῶ	ποιοῦ	δηλοῦ
	έσθω	τιμάσθω	ποιείσθω	δηλούσθω
	εσθε	τιμᾶσθε	ποιεῖσθε	δηλοῦσθε
	έσθωσαν	τιμάσθωσαν	ποιείσθωσαν	δηλούσθωσαν

Inf.	εσθαι	τιμᾶσθαι	ποιεῖσθαι	δηλοῦσθαι

Ptz.	όμενος	τιμώμενος	ποιούμενος	δηλούμενος
	ομένη	τιμωμένη	ποιουμένη	δηλουμένη
	όμενον	τιμώμενον	ποιούμενον	δηλούμενον

3. Verba muta Pf./Plsqpf. Med./Pass.

25

Beispiele: βλέπω *sehen*, τήκω *schmelzen*, πείθω *überreden*

Ind. Pf.		Plsqpf.		Inf. u. Ptz.	
μαι	βέβλεμμαι	μην	(ἐ)βεβλέμμην	σθαι	βεβλέφθαι
σαι	βέβλεψαι	σο	(ἐ)βέβλεψο		
ται	βέβλεπται	το	(ἐ)βέβλεπτο	μενος	βεβλεμμένος
μεθα	βεβλέμμεθα	μεθα	(ἐ)βεβλέμμεθα	μενη	βεβλεμμένη
σθε	βέβλεφθε	σθε	(ἐ)βέβλεφθε	μενον	βεβλεμμένον
	βεβλεμμένοι		βεβλεμμένοι		
	εἰσίν		ἦσαν		

μαι	τέτηγμαι	μην	(ἐ)τετήγμην	σθαι	τετῆχθαι
σαι	τέτηξαι	σο	(ἐ)τέτηξο		
ται	τέτηκται	το	(ἐ)τέτηκτο	μενος	τετηγμένος
μεθα	τετήγμεθα	μεθα	(ἐ)τετήγμεθα	μενη	τετηγμένη
σθε	τέτηχθε	σθε	(ἐ)τέτηχθε	μενον	τετηγμένον
	τετηγμένοι εἰσίν		τετηγμένοι ἦσαν		

μαι	πέπεισμαι	μην	(ἐ)πεπείσμην	σθαι	πεπεῖσθαι
σαι	πέπεισαι	σο	(ἐ)πέπεισο		
ται	πέπεισται	το	(ἐ)πέπειστο	μενος	πεπεισμένος
μεθα	πεπείσμεθα	μεθα	(ἐ)πεπείσμεθα	μενη	πεπεισμένη
σθε	πέπεισθε	σθε	(ἐ)πέπεισθε	μενον	πεπεισμένον
	πεπεισμένοι εἰσίν		πεπεισμένοι ἦσαν		

26   4. Verba liquida – Pf./Plsqpf. Med./Pass.

Beispiele: ἀγγέλλω (St. ἀγγελ-) *melden*, μιαίνω (St. μιαν-) *beflecken*

Ind. Pf.		Plsqpf.		Inf. u. Ptz.	
μαι	ἤγγελμαι	μην	ἠγγέλμην	σθαι	ἠγγέλθαι
σαι	ἤγγελσαι	σο	ἤγγελσο		
ται	ἤγγελται	το	ἤγγελτο	μενος	ἠγγελμένος
μεθα	ἠγγέλμεθα	μεθα	ἠγγέλμεθα	μενη	ἠγγελμένη
σθε	ἤγγελθε	σθε	ἤγγελθε	μενον	ἠγγελμένον
	ἠγγελμένοι εἰσίν		ἠγγελμένοι ἦσαν		
μαι	μεμίαμμαι	μην	(ἐ)μεμιάμμην	σθαι	μεμιάνθαι
σαι	(μεμίανσαι)	σο	([ἐ]μεμίανσο)		
ται	μεμίανται	το	(ἐ)μεμίαντο	μενος	μεμιαμμένος
μεθα	μεμιάμμεθα	μεθα	(ἐ)μεμιάμμεθα	μενη	μεμιαμμένη
σθε	μεμίανθε	σθε	(ἐ)μεμίανθε	μενον	μεμιαμμένον
	μεμιαμμένοι εἰσίν		μεμιαμμένοι ἦσαν		

27   5. οἶδα *ich weiß*

Pf. (Präs.) Ind. NT/Koine	(att.)	Plsqpf. (Ipf.) NT/Koine	(att.)	Konj.	Imp.
οἶδα		ἤδειν	ἤδη	εἰδῶ	
οἶδας	οἶσθα	ἤδεις	ἤδησθα	εἰδῇς	ἴσθι
οἶδεν		ἤδει		εἰδῇ	ἴστω
οἴδαμεν	ἴσμεν	ἤδειμεν	ἤδεμεν	εἰδῶμεν	
οἴδατε	ἴστε (NT 1x)	ἤδειτε	usw.	εἰδῆτε	ἴστε
οἴδασιν	ἴσασιν (NT 1x)	ἤδεισαν		εἰδῶσιν	ἴστωσαν

Opt.: εἰδείην εἰδείης usw.
Ptz.: εἰδώς -ότος, εἰδυῖα -υίας, εἰδός -ότος
Inf.: εἰδέναι   Fut.: εἰδήσω

B. Athematische oder μι-Konjugation

1. Die Großen Vier auf -μι und die Verben auf -(ν)νυμι

a) Aktiv Präsens und Aorist

Präsens   28

	τίθημι *setzen* **τιθη/τιθε-**	ἵημι *senden* **ἱη/ἱε-**	δίδωμι *geben* **διδω/διδο-**	ἵστημι *stellen* **ἱστη/ἱστα-**	δείκνυμι *zeigen* **δεικ-νῡ/νῠ-**
Ind. ohne Aug.	τίθημι τίθης τίθησιν τίθεμεν τίθετε τιθέᾱσιν	ἵημι ἵης ἵησιν ἵεμεν ἵετε ἱᾶσιν	δίδωμι δίδως δίδωσιν δίδομεν δίδοτε διδόᾱσιν	ἵστημι ἵστης ἵστησιν ἵσταμεν ἵστατε ἱστᾶσιν	δείκνῡμι δείκνῡς δείκνῡσιν δείκνυμεν δείκνυτε δεικνύᾱσιν
Ipf. Ind. mit Aug. NT auch:	ἐτίθην ἐτίθεις ἐτίθει ἐτίθεμεν ἐτίθετε ἐτίθεσαν ἐτίθουν	ἵ·ειν ἵ·εις ἵ·ει ἵ·ε·μεν ἵ·ε·τε ἵ·ε·σαν	ἐδίδουν ἐδίδους ἐδίδου ἐδίδομεν ἐδίδοτε ἐδίδοσαν ἐδίδουν	ἵστην ἵστης ἵστη ἵσταμεν ἵστατε ἵστασαν	ἐδείκνῡν ἐδείκνῡς ἐδείκνῡ ἐδείκνυμεν ἐδείκνυτε ἐδείκνυσαν
Konj. Modus- zeichen ω/η	τιθῶ (<ηω) τιθῇς τιθῇ τιθῶμεν τιθῆτε τιθῶσιν	ἱῶ (<ηω) ἱῇς ἱῇ ἱῶμεν ἱῆτε ἱῶσιν	διδῶ (<ωω) διδῷς διδῷ διδῶμεν διδῶτε διδῶσιν	ἱστῶ (<ηω) ἱστῇς ἱστῇ ἱστῶμεν ἱστῆτε ἱστῶσιν	δεικνύω δεικνύῃς usw. wie 21
Opt. Modus- zeichen ιη (= Aor. Pass.)	τιθείην τιθείης τιθείη τιθείημεν τιθείητε τιθείησαν	ἱείην ἱείης ἱείη ἱείημεν ἱείητε ἱείησαν	διδοίην διδοίης διδοίη διδοίημεν διδοίητε διδοίησαν	ἱσταίην ἱσταίης ἱσταίη ἱσταίημεν ἱσταίητε ἱσταίησαν	δεικνύοιμι δεικνύοις usw. wie 21
Imp.	τίθει τιθέτω τίθετε τιθέτωσαν	ἵει ἱέτω ἵετε ἱέτωσαν	δίδου διδότω δίδοτε διδότωσαν	ἵστη ἱστάτω ἵστατε ἱστάτωσαν	δείκνυ δεικνύτω δείκνυτε δεικνύτωσαν
Inf.	τιθέναι	ἱέναι	διδόναι	ἱστάναι	δεικνύναι
Ptz.	τιθείς τιθέντος τιθεῖσα τιθείσης τιθέν τιθέντος	ἱείς ἱέντος ἱεῖσα ἱείσης ἱέν ἱέντος	διδούς διδόντος διδοῦσα διδούσης διδόν διδόντος	ἱστάς ἱστάντος ἱστᾶσα ἱστάσης ἱστάν ἱστάντος	δεικνύς δεικνύντος δεικνῦσα δεικνύσης δεικνύν δεικνύντος

29 Aorist

	τίθημι *setzen* θη/θε-	ἵημι *senden* ἡ/ἑ-	δίδωμι *geben* δω/δο-
Ind. mit Aug.; Tempuszeichen κ; meist Kenn- vokal α	ἔθηκα ἔθηκας ἔθηκεν ἐθήκαμεν[1] ἐθήκατε[1] ἔθηκαν[1]	ἧ·κα ἧ·κας ἧ·κεν ἧ·καμεν[1] ἧ·κατε[1] ἧ·καν[1]	ἔδωκα ἔδωκας ἔδωκεν ἐδώκαμεν[1] ἐδώκατε[1] ἔδωκαν[1]
Konj. = Präs. ohne Reduplikation	θῶ θῇς θῇ θῶμεν θῆτε θῶσιν	ὧ ἧς ᾗ ὧμεν ἧτε ὧσιν	δῶ δῷς od. δοῖς (NT) δῷ od. δοῖ/δώῃ (NT) δῶμεν δῶτε δῶσιν
Opt. = Präs. ohne Reduplikation	θείην θείης θείη θείημεν θείητε θείησαν	εἴην εἴης εἴη εἴημεν εἴητε εἴησαν	δοίην od. δῴην (NT/ion.) δοίης od. δῴης (NT/ion.) δοίη od. δῴη (NT/ion.) δοίημεν δοίητε δοίησαν
Imp. = Präs. ohne Reduplikation, doch 2. Sg. -ς!	θές θέτω θέτε θέτωσαν	ἕς ἕτω ἕτε ἕτωσαν	δός δότω δότε δότωσαν
Inf.	θεῖναι (<θεεναι)	εἷναι (<ἑεναι)	δοῦναι (<δοεναι)
Ptz. = Präs. ohne Reduplikation	θείς θέντος θεῖσα θείσης θέν θέντος	εἵς ἕντος εἷσα εἵσης ἕν ἕντος	δούς δόντος δοῦσα δούσης δόν δόντος

[1] Att. ἔθεμεν, ἔθετε, ἔθεσαν; εἷμεν, εἷτε, εἷσαν; ἔδομεν, ἔδοτε, ἔδοσαν.

b) Medium/Passiv Präsens und Medium Aorist

Präsens (Med./Pass.)   **30**

	τίθημι *setzen* τιθε-	ἵημι *senden* ἱε-	δίδωμι *geben* διδο-	ἵστημι *stellen* ἱστα-	δείκνυμι *zeigen* δεικ-νῡ-
Ind. ohne Aug.	τίθεμαι τίθεσαι τίθεται τιθέμεθα τίθεσθε τίθενται	ἵεμαι ἵεσαι ἵεται ἱέμεθα ἵεσθε ἵενται	δίδομαι δίδοσαι δίδοται διδόμεθα δίδοσθε δίδονται	ἵσταμαι ἵστασαι ἵσταται ἱστάμεθα ἵστασθε ἵστανται	δείκνυμαι δείκνυσαι δείκνυται δεικνύμεθα δείκνυσθε δείκνυνται
Ipf. **Ind.** mit Aug.	ἐτιθέμην ἐτίθεσο ἐτίθετο ἐτιθέμεθα ἐτίθεσθε ἐτίθεντο	ἱέμην ἵεσο ἵετο ἱέμεθα ἵεσθε ἵεντο	ἐδιδόμην ἐδίδοσο ἐδίδετο[1] ἐδιδόμεθα ἐδίδοσθε ἐδίδοντο	ἱστάμην ἵστασο ἵστατο ἱστάμεθα ἵστασθε ἵσταντο	ἐδεικνύμην ἐδείκνυσο ἐδείκνυτο ἐδεικνύμεθα ἐδείκνυσθε ἐδείκνυντο
Konj. ω/η	τιθῶμαι τιθῇ τιθῆται τιθώμεθα τιθῆσθε τιθῶνται	ἱῶμαι ἱῇ ἱῆται ἱώμεθα ἱῆσθε ἱῶνται	διδῶμαι διδῷ διδῶται διδώμεθα διδῶσθε διδῶνται	ἱστῶμαι ἱστῇ ἱστῆται ἱστώμεθα ἱστῆσθε ἱστῶνται	δεικνύωμαι δεικνύῃ usw. wie 22
Opt. ι	τιθείμην τιθεῖο τιθεῖτο τιθείμεθα τιθεῖσθε τιθεῖντο	ἱείμην ἱεῖο ἱεῖτο ἱείμεθα ἱεῖσθε ἱεῖντο	διδοίμην διδοῖο διδοῖτο διδοίμεθα διδοῖσθε διδοῖντο	ἱσταίμην ἱσταῖο ἱσταῖτο ἱσταίμεθα ἱσταῖσθε ἱσταῖντο	δεικνυοίμην δεικνύοιο usw. wie 22
Imp.	τίθεσο τιθέσθω τίθεσθε τιθέσθωσαν	ἵεσο ἱέσθω ἵεσθε ἱέσθωσαν	δίδοσο διδόσθω δίδοσθε διδόσθωσαν	ἵστασο ἱστάσθω ἵστασθε ἱστάσθωσαν	δείκνυσο δεικνύσθω δείκνυσθε δεικνύσθωσαν
Inf.	τίθεσθαι	ἵεσθαι	δίδοσθαι	ἵστασθαι	δείκνυσθαι
Ptz.	τιθέμενος τιθεμένη τιθέμενον	ἱέμενος ἱεμένη ἱέμενον	διδόμενος διδομένη διδόμενον	ἱστάμενος ἱσταμένη ἱστάμενον	δεικνύμενος δεικνυμένη δεικνύμενον

[1] Klass. ἐδίδοτο.

31   Aorist (Med.)

Beachte:

ἵσταμαι *treten* hat einen Wurzel-Aorist: ἔστην *ich trat* (Flexion wie ἔβην [21f]);

δείκνυμι *zeigen* hat auch im Medium einen regelmäßigen (schwachen) Aorist: ἐδειξάμην *ich zeigte für mich* (22).

meist = Präs.- Stamm ohne Reduplikation	τίθημι *setzen* θε-	ἵημι *senden* ἑ-	δίδωμι *geben* δο-
Ind.	ἐθέμην ἔθου (<εσο) ἔθετο ἐθέμεθα ἔθεσθε ἔθεντο	εἵμην εἷσο εἷτο εἵμεθα εἷσθε εἷντο	ἐδόμην ἔδου (<οσο) ἔδετο[1] ἐδόμεθα ἔδοσθε ἔδοντο
Konj.	θῶμαι θῇ θῆται θώμεθα θῆσθε θῶνται	ὦμαι ᾖ ἧται ὥμεθα ἧσθε ὧνται	δῶμαι δῷ δῶται δώμεθα δῶσθε δῶνται
Opt.	θείμην θεῖο θεῖτο θείμεθα θεῖσθε θεῖντο	εἵμην εἷο εἷτο εἵμεθα εἷσθε εἷντο	δοίμην δοῖο δοῖτο δοίμεθα δοῖσθε δοῖντο
Imp.	θοῦ (<θεσο) θέσθω θεσθε θέσθωσαν	οὗ (<ἑσο) ἔσθω ἔσθε ἔσθωσαν	δοῦ (<δοσο) δόσθω δόσθε δόσθωσαν
Inf.	θέσθαι	ἔσθαι	δόσθαι
Ptz.	θέμενος θεμένη θέμενον	ἕμενος ἑμένη ἕμενον	δόμενος δομένη δόμενον

[1] Klass. ἔδοτο.

2. Die Wurzelpräsentien auf -μι   32

	εἰμί *sein* ἐσ-	εἶμι *künftig gehen* εἰ/ἰ-	φημί *sagen* φη/φα-	κεῖμαι *liegen* κει-	κάθημαι *sitzen* καθη(σ)-
Ind. ohne Aug.	εἰμί εἶ ἐστίν ἐσμέν ἐστέ εἰσίν	(εἶμι) (εἶ) (εἶσιν) (ἴμεν) (ἴτε) ἴᾱσιν	φημί (φής/φής) φησίν (φαμέν) (φατέ) φᾱσίν	κεῖμαι (κεῖσαι) κεῖται κείμεθα (κεῖσθε) κεῖνται	κάθημαι κάθη κάθηται (καθήμεθα) (κάθησθε) κάθηνται
Ipf. Ind. mit Aug.	ἦ·μην ἦ·ς[2]/ἦ·σθα ἦ·ν ἦ·μεν/ ἦ·μεθα[2] ἦ·τε ἦ·σαν	(ᾖ·ειν/ᾖ·α[1]) (ᾖ·εις) ᾖ·ει (ᾖ·μεν) (ᾖ·τε) ᾖε·σαν	(ἔφην) (ἔφησθα) ἔφη (ἔφαμεν) (ἔφατε) (ἔφασαν)	(ἐκείμην) (ἔκεισο) ἔκειτο (ἐκείμεθα) (ἔκεισθε) ἔκειντο	(ἐκαθήμην) (ἐκάθησο) ἐκάθητο (ἐκαθήμεθα) (ἐκάθησθε) ἐκάθηντο
Konj. Modus- zeichen ω/η	ὦ (<ἔσω) ᾖς ᾖ ὦμεν ᾖτε ὦσιν	(ἴω) (ἴῃς) usw. usw.	(φῶ) (φῇς) usw. usw.		καθῶμαι καθῇ usw.
Opt. Modus- zeichen ιη	(εἴην) (εἴης) εἴη usw. wie Aor. Pass. (22)	(ἴοιμι) (ἴοις) usw.	(φαίην) (φαίης) usw.		
Imp.	ἴσθι ἔστω/ἤτω (ἔστε)[3] ἔστωσαν	(ἴθι) (ἴτω) usw.	(φάθι) (φάτω) usw.	(κεῖσο) (κείσθω) usw.	κάθου (καθήσθω) usw.
Inf.	εἶναι	ἰέναι	φάναι	κεῖσθαι	καθῆσθαι
Ptz.	ὤν ὄντος οὖσα οὔσης ὄν ὄντος	(ἰών ἰόντος) usw.	φάσκων φάσκοντος usw.	κείμενος usw.	καθήμενος usw.
Fut.	ἔσομαι usw., aber 3. Sg.: ἔσται		(φήσω) usw.	(κείσομαι) usw.	καθήσομαι usw.

[1] *ging.*   [2] Unatt.   [3] Dafür ἔσεσθε od. γίνεσθε.

33   II. Stammformenreihen wichtiger Verben

(s.a. alphabetisches Register am Ende des Verzeichnisses)

1. Verben der thematischen oder ω-Konjugation
a) verba vocalia
aa) verba vocalia non-contracta
— einfaches Verb:[1]
1 παιδεύω *erziehen*, παιδευ-, παιδεύσω, ἐπαίδευσα, πεπαίδευκα, πεπαίδευμαι, ἐπαιδεύθην
— Verben mit **Besonderheiten**:
(1) mit σ im Passivstamm (teils ursprünglich, teils durch Analogie [„wucherndes" σ] entstanden)
2 ἀκούω *hören*, ἀκοϝ/ἀκου(σ)-, ἀκούσω, ἤκουσα, **ἀκήκοα**, —, ἠκούσθην
3 σείω *erschüttern*, σει(σ)-, σείσω, ἔσεισα, —, —, ἐσείσθην
4 χρίω *salben*, χρῑ(σ)-, χρίσω, ἔχρισα, —, —, (ἐχρίσθην), χριστός *gesalbt*
5 κελεύω *befehlen*, κελευ(σ)-, —, ἐκέλευσα, —, —, (ἐκελεύσθην), τὸ κέλευσμα *Kommandoruf*
6 κλείω *schließen*, κλει(σ)-, κλείσω, ἔκλεισα, —, κέκλεισμαι, ἐκλείσθην
7 κρούω *anklopfen*, κρου(σ)-, —, ἔκρουσα, —, —, (ἐκρούσθην)
8 ῥύομαι *retten*, ῥυ(σ)-, ῥύσομαι, ἐρρυσάμην, —, —, ἐρρύσθην
9 λούω *waschen*, Med. *sich baden*, λου(σ)-, λούσω/λούσομαι, ἔλουσα, —, λέλου(σ)μαι, —
(2) mit ursprünglichem ϝ-Stamm (ϝ > υ vor konsonantischen Ausgängen; Präs.-St.: αϝj > αι)
10 καίω *verbrennen*, καϝ/καυ-, **καύσω**, ἔκαυσα, —, κέκαυμαι, ἐκαύθην/ἐκάην

---

[1] Zu jedem Verb werden folgende Angaben gemacht („ – " weist auf das Fehlen einer Form im NT hin): Präs. (z.B. παιδεύω *ich erziehe*), Hauptbdtg. des Verbs (*erziehen*), Verbalstamm (παιδευ-), Fut. Akt./Med. (παιδεύσω *ich werde erziehen*), Aor. Akt./Med. (ἐπαίδευσα *ich erzog*), Pf. Akt. (πεπαίδευκα *ich habe erzogen/bin Erzieher*), Pf. Med./Pass. (πεπαίδευμαι *ich habe für mich erzogen/ich bin erzogen*), Aor. Pass. (ἐπαιδεύθην *ich wurde erzogen*). Vereinzelte zusätzliche Hinweise sollen die formale Einordnung des Verbs verständlicher machen (z.B. zu Nr. 21 das Verbaladj. χρηστός *gütig*); demselben Zweck dienen die eingeklammerten außerntl. Formen.

11 κλαίω *weinen,* κλαϝ/κλαυ(σ)-, κλαύσω, ἔκλαυσα, –, –, –
(3) mit Kürzung des Stammvokals vom Pf. Akt. an (quantitativer Ablaut)
12 δύω/δύνω *versinken/versenken,* δῡ/δῠ-, –, ἔδῡσα/**ἔδῡν** (Wz.-Aor.), –,
δέδῠμαι, ἔδῠην (intr.)
13 θύω *opfern,* θῡ/θῠ-, –, ἔθῡσα, –, τέθῠμαι, ἐτύθην
14 λύω *lösen,* λῡ/λῠ-, λύσω, ἔλῡσα, –, λέλῠμαι, ἐλύθην
(4) Präs. Akt. mit aktivischem Aor. 2. Pass.
15 φύω *wachsen,* φυ-, –, –, –, ἐφύην *wuchs*

bb) verba vocalia contracta
– einfache Verben:
16 τιμάω *ehren,* τιμη-, τιμήσω, ἐτίμησα, τετίμηκα, τετίμημαι,
ἐτιμήθην
17 ἰάομαι *heilen,* ἰᾱ-, ἰάσομαι, ἰασάμην, –, ἴᾱμαι, ἰάθην
18 ποιέω *tun,* ποιη-, ποιήσω, ἐποίησα, πεποίηκα, πεποίημαι,
ἐποιήθην
19 δηλόω *zeigen,* δηλω-, δηλώσω, ἐδήλωσα, δεδήλωκα, δεδήλωμαι,
ἐδηλώθην
– Verben mit **Besonderheit**en:
(1) Verben auf -ηω (von manchen als ζάω bzw. χράομαι eingereiht)
20 ζήω *leben,* ζη-, ζήσω/ζήσομαι, ἔζησα/ἐβίωσα, –, –, –
21 χρήομαι *gebrauchen,* χρη(σ)-, –, ἐχρησάμην, –, κέχρημαι, –,
χρηστός *gütig*
(2) Verben mit durchgängig kurzem Stammauslaut (z.T. mit σ u. anderen Besonderheiten)
22 γελάω *lachen,* γελᾰ(σ)-, γελάσω, –, –, –, –
23 κλάω *brechen,* κλᾱ(σ)-, –, ἔκλασα, –, –, ἐκλάσθην
24 σπάω *ziehen,* σπᾱ(σ)-, σπάσω, ἔσπασα, –, ἔσπασμαι, ἐσπάσθην
25 χαλάω *herablassen,* χαλᾱ(σ)-, χαλάσω, ἐχάλασα, –, –, ἐχαλάσθην
26 ἀρκέω *genügen,* Pass. *sich genügen lassen,* ἀρκε(σ)-, ἀρκέσω, ἤρκεσα,
–, –, ἠρκέσθην
27 τελέω *vollenden,* τελε(σ)-, τελέσω, ἐτέλεσα, τετέλεκα, τετέλεσμαι, ἐτελέσθην
28 αἰνέω *loben,* αἰνε-, αἰνέσω, ᾔνεσα, –, –, –
29 φορέω *tragen,* φορε-, φορέσω, ἐφόρεσα, –, –, –
(3) mit ursprünglichem ϝ-Stamm (ϝ > υ vor konsonantischen Ausgängen)
30 πλέω *zur See fahren,* πλεϝ/πλευ-, –, ἔπλευσα, –
31 πνέω *wehen,* πνεϝ/πνευ-, –, ἔπνευσα, –
(4) mit anderen Besonderheiten
32 ἐάω (Ipf. **εἴ**ων) *zulassen,* ἐᾱ-, ἐάσω, **εἴ**ασα, –, –, –

33 διακονέω (Ipf. διη-) *dienen,* διακονη-, διακονήσω, διηκόνησα, —, —, διηκονήθην

34 πεινάω *hungern,* πεινᾱ-, πεινᾰσω, ἐπείνᾱσα, —

35 διψάω *dürsten,* διψη-, διψήσω, ἐδίψησα, —

36 δέω *binden,* δη/δε-, δήσω, ἔδησα, δέδεκα, δέδεμαι, ἐδέθην, für δέομαι bzw. δεῖ s. Nr. 177

37 καλέω *rufen,* καλε/κλη-, καλέσω, ἐκάλεσα, κέκληκα, κέκλημαι, ἐκλήθην

38 ῥέω *fließen,* ῥεϝ/ῥευ/ῥυη-, ῥεύσω, ἐρρύην (Wz.-Aor.), —

39 χέω/χύννω *gießen,* χεϝ/χυ-, **χεῶ, ἔχεα,** —, κέχυμαι, ἐχύθην

b) verba muta

aa) Labialstämme

(1) mit reinem Stamm im Präs.

40 ἀλείφω *salben,* ἀλειφ-, ἀλείψω, ἤλειψα, —, —, ἠλείφθην

41 βλέπω *blicken,* βλεπ-, βλέψω, ἔβλεψα, —, —, ἐβλέφθην

42 γράφω *schreiben,* γραφ-, γράψω, ἔγραψα, γέγραφα, γέγραμμαι, ἐγράφην

43 θλίβω *bedrücken,* θλιβ-, —, —, —, τέθλιμμαι, —

44 λείπω *lassen,* λειπ/λιπ-, λείψω, ἔλιπον/ἔλειψα, —, λέλειμμαι, ἐλείφθην

45 πέμπω *schicken,* πεμπ-, πέμψω, ἔπεμψα, —, —, ἐπέμφθην

46 σήπω *faulen,* σηπ-, —, ἔσηψα, σέσηπα, —, —

47 στρέφω *drehen,* bes. Pass. auch *sich umwenden,* στρεφ/στραφ-, στρέψω, ἔστρεψα, —, ἔστραμμαι, ἐστράφην

48 τρέπω *wenden,* τρεπ/τραπ-, —, ἔτρεψα, —, —, ἐτράπην

49 τρέφω *nähren,* θρεφ/θραφ-, —, ἔθρεψα, —, τέθραμμαι, ἐτράφην

50 τρίβω *reiben,* τριβ-, τρίψω, ἔτριψα, —, τέτριμμαι, ἐτρίβην

(2) mit Präs. auf -πτω

51 ἅπτω *anzünden,* Med. *anrühren,* ἀφ-, —, ἧψα, —, —, ἥφθην

52 βάπτω *eintauchen,* βαφ-, βάψω, ἔβαψα, —, βέβαμμαι, —

53 θάπτω *begraben,* θαφ-, —, ἔθαψα, —, —, ἐτάφην

54 καλύπτω *verhüllen,* καλυβ-, καλύψω, ἐκάλυψα, —, κεκάλυμμαι, ἐκαλύφθην

55 κλέπτω *stehlen,* κλεπ-, κλέψω, ἔκλεψα, —, —, —

56 κόπτω *schlagen,* κοπ-, κόψω, ἔκοψα, —, —, ἐκόπην

57 κρύπτω *verbergen,* κρυφ-, —, ἔκρυψα, —, κέκρυμμαι, ἐκρύβην

58 ῥίπτω/ῥιπτέω *werfen,* ῥῑπ-, ῥίψω, ἔρριψα, —, ἔρρῑμμαι, —

bb) Gutturalstämme

(1) mit reinem Stamm im Präs.

59 ἄγω *führen,* ἀγ-, ἄξω, **ἤγαγον,** —, ἦγμαι, ἤχθην

60 ἀνοίγω *öffnen,* -οιγ-, ἀνοίξω, ἤνοιξ-/ἀνέῳξ-/**ἠνέῳ**ξα, ἀνέῳγα *bin offen,* ἀνέῳγ-/**ἤ**νοιγ-/**ἠνέῳ**γμαι, ἠνοίχ-/ἀνεῴχ-/**ἠνεῴ**χθην/**ἠ**νοίγην

61 ἄρχω *herschen,* ἀρχ-, ἄρξω, ἦρξα, −, −, −

62 ἄρχομαι *anfangen,* ἀρχ-, ἄρξομαι, ἠρξάμην, −

63 δέχομαι *aufnehmen,* δεχ-, δέξομαι, ἐδεξάμην, δέδεγμαι, ἐδέχθην

64 διώκω *verfolgen,* διωκ-, διώξω, ἐδίωξα, −, δεδίωγμαι, ἐδιώχθην

65 διαλέγομαι *sich unterhalten,* -λεγ-, −, διελεξάμην/διελέχθην

66 ἐκλέγομαι *erwählen,* -λεγ-, ἐκλέξομαι, ἐξελεξάμην, ἐκλέλεγμαι, −

67 συλλέγω *sammeln,* -λεγ-, συλλέξω, συνέλεξα, −, συλλέλεγμαι, −

68 πλέκω *flechten,* πλεκ-, −, ἔπλεξα, −, −, ἐπλάκην

69 πνίγω *ersticken,* πνιγ-, −, ἔπνιξα, −, −, ἐπνίγην

70 προσεύχομαι *beten,* -ευχ-, προσεύξομαι, προσηυξάμην, −, −

71 τήκω *schmelzen,* τηκ-, −, −, −, −, ἐτάκην

72 φεύγω *fliehen,* φευγ/φυγ-, φεύξομαι, ἔφυγον, πέφευγα

73 ψύχω *hauchen/kühlen,* ψυχ-, −, ἔψυξα, −, −, ἐψύγην

(2) mit Präs. auf -σσω

74 ἀλλάσσω *ändern,* ἀλλαγ-, ἀλλάξω, ἤλλαξα, −, ἤλλαγμαι, ἠλλάγην

75 κηρύσσω *verkünden,* κηρυκ-, κηρύξω, ἐκήρυξα, −, −, ἐκηρύχθην

76 πλήσσω *schlagen,* πληγ-, −, ἔπληξα, −, −, ἐπλήγην

77 ἐκπλήσσομαι *erschrecken* (intr.), πληγ/πλαγ-, −, −, −, ἐξεπλάγην

78 πράσσω *tun,* πραγ-, πράξω, ἔπραξα, πέπραχα, πέπραγμαι, −

79 τάσσω *ordnen,* ταγ-, τάξω, ἔταξα, τέταχα, τέταγμαι, ἐτάγην/ἐτάχθην

80 φυλάσσω *bewachen,* φυλακ-, φυλάξω, ἐφύλαξα, −, −, −

(3) mit Präs. auf -ζω

81 κράζω *schreien,* κραγ-, κράξω, ἔκραξα/ἔκραγον, κέκραγα *rufe laut*

82 νυστάζω *einnicken/träge sein,* νυσταγ-, −, ἐνύσταξα, −

83 ἐμπαίζω *verspotten,* -παιγ-, ἐμπαίξω, ἐνέπαιξα, −, −, ἐνεπαίχθην

84 στενάζω *seufzen,* στεναγ-, −, ἐστέναξα, −, −

85 στηρίζω *stärken,* στηριγ/δ- (meist στηριγ-), στηρίξω, ἐστήριξα/-ισα, −, ἐστήριγμαι, ἐστηρίχθην

86 σφάζω *schlachten,* σφαγ-, σφάξω, ἔσφαξα, −, ἔσφαγμαι, ἐσφάγην

(4) defektives Verb

87 *εἴκω, ϝικ-, −, −, ἔοικα gleiche

cc) Dentalstämme

(1) mit reinem Stamm im Präs.

88 πείθω *überzeugen,* Pass. *sich überzeugen lassen, gehorchen,* πειθ-, πείσω, ἔπεισα, —, πέπεισμαι *bin überzeugt,* ἐπείσθην, Pf. 2: πέ**ποιθ**α *vertraue*

89 φείδομαι *(ver)schonen,* φειδ-, φείσομαι, ἐφεισάμην, —, —

90 ψεύδομαι *lügen,* ψευδ-, —, ἐψευσάμην, —, —

(2) mit Präs. auf -ζω

— auf -άζω

91 ἁγιάζω *heiligen,* ἁγιαδ-, ἁγιάσω, ἡγίασα, —, ἡγίασμαι, ἡγιάσθην

92 ἐργάζομαι *arbeiten,* ἐργαδ-, —, **εἰ**ργασάμην, **εἴ**ργασμαι, **εἰ**ργάσθην, Aug. auch ἠ-

— auf -ίζω mit futurum contractum

93 ἐλπίζω *hoffen,* ἐλπιδ-, ἐλπιῶ, ἤλπισα, ἤλπικα, —, —

94 ἐγγίζω *nahen,* ἐγγιδ-, ἐγγιῶ, ἤγγισα, ἤγγικα

95 καθαρίζω *reinigen,* καθαριδ-, καθαριῶ/-ίσω, ἐκαθάρισα, —, κεκαθάρισμαι, ἐκαθαρίσθην

96 ῥαντίζω *besprengen,* ῥαντιδ-, —, ἐρράντισα, —, **ῥεῤ**άντισμαι, —

— auf -ίζω mit sigmatischem Fut.

97 βαπτίζω *taufen,* βαπτιδ-, βαπτίσω, ἐβάπτισα, —, βεβάπτισμαι, ἐβαπτίσθην

98 γνωρίζω *kundtun,* γνωριδ-, γνωρίσω, ἐγνώρισα, —, —, ἐγνωρίσθην

99 εὐαγγελίζω od. (meist) εὐαγγελίζομαι *Gutes melden,* -αγγε-λιδ-, —, εὐηγγελισάμην, εὐηγγέλισμαι, εὐηγγελίσθην

100 καθίζω *(sich) setzen,* καθιδ-, καθίσω, ἐκάθισα, κεκάθικα

101 χαρίζομαι *Gefallen tun,* χαριδ-, χαρίσομαι, ἐχαρισάμην, κεχάρισμαι, ἐχαρίσθην

102 σαλπίζω *trompeten,* σαλπιγγ-/NT -ιδ-, σαλπίσω, ἐσάλπισα, —

103 κτίζω *erschaffen,* κτιδ-, —, ἔκτισα, —, ἔκτισμαι, ἐκτίσθην

— auf -ύζω

104 γογγύζω *murren,* γογγυδ-, —, ἐγόγγυσα, —

(3) mit Präs. auf -σσω

105 πλάσσω *formen,* πλαθ-, —, ἔπλασα, —, —, ἐπλάσθην

(4) mit zwei Stämmen

106 σῴζω *retten,* σωδ/σω-, σώσω, ἔσωσα, σέσωκα, σέσῳ(σ)μαι, ἐσώ**θ**ην

107 ἁρπάζω *rauben,* ἁρπαγ/ἁρπαδ-, ἁρπάσω, ἥρπασα, ἥρπακα, —, ἡρπάσθην

108 βαστάζω *tragen,* βασταδ-, βαστάσω, ἐβάστασα, —, —, —

(5) defektives Verb

109 *ἔθω, σϝεθ-, —, —, εἴωθα *bin gewohnt*

c) verba liquida

aa) Stämme auf -λ

110 ἀγγέλλω *melden,* ἀγγελ-, ἀγγελῶ, ἤγγειλα, —, ἤγγελμαι, ἠγγέλην

111 ἐπαγγέλλομαι *verheißen,* -αγγελ-, ἐπαγγελοῦμαι, ἐπηγγειλάμην, ἐπήγγελμαι, —

112 βάλλω *werfen,* βαλ/βλη-, βαλῶ, ἔβαλον, **βέβλη**κα, **βέβλη**μαι, **ἐβλή**θην

113 στέλλω *senden,* στελ/σταλ-, στελῶ, ἔστειλα, ἔσταλκα, ἔσταλμαι, ἐστάλην

114 ἀνατέλλω *aufgehen (lassen),* -τελ/ταλ-, —, ἀνέτειλα, ἀνατέταλκα, —

115 ἐντέλλομαι *beauftragen,* -τελ/ταλ-, ἐντελοῦμαι, ἐνετειλάμην, ἐντέταλμαι, —

116 ἄλλομαι *springen,* ἀλ-, —, ἡλάμην/ἡλόμην, —

bb) Stämme auf -ν

— mit reinem Stamm im Präs.

117 μένω *bleiben,* μεν(η)-, μενῶ, ἔμεινα, μεμέν**η**κα

— mit Kurzvokal (im Präs. u. Aor. Akt./Med. gedehnt bzw. ι eingefügt)

118 εὐφραίνομαι *sich freuen,* -φραν-, εὐφρανθήσομαι, —, —, ηὐφράνθην

119 μιαίνω *beflecken,* μιαν-, μιανῶ, —, —, μεμίαμμαι, ἐμιάνθην

120 ξηραίνω *dürr machen,* Pass. *vertrocknen,* ξηραν-, —, ἐξήρᾱνα, —, ἐξήραμμαι, ἐξηράνθην

121 ποιμαίνω *weiden,* ποιμαν-, ποιμανῶ, ἐποίμᾱνα, —

122 σημαίνω *ein Zeichen geben,* σημαν-, —, ἐσήμᾱνα, —, —, —

123 φαίνω *scheinen/leuchten,* φαν-, φανῶ, ἔφᾱνα, —, —, —

124 φαίνομαι *erscheinen,* φαν-, φανήσομαι, —, ἐφάνην

125 κερδαίνω *gewinnen,* κερδαν/-δη- (häufiger κερδη-), κερδανῶ/-δήσω, ἐκέρδᾱνα/ -δησα, —, —, ἐκερδήθην

126 κλίνω *lehnen, neigen,* κλῐ(ν)-, κλῑνῶ, ἔκλῑνα, κέκλῐκα, —, ἐκλίθην

127 κρίνω *richten,* κρῑ(ν)-, κρῑνῶ, ἔκρῑνα, κέκρῐκα, κέκρῐμαι, ἐκρίθην

128 ἀποκρίνομαι *antworten,* -κρῑ(ν)-, ἀποκρῐθήσομαι, —, ἀπεκρίθην (auch Med.)

129 σκληρύνω *verhärten,* σκληρύν-, —, ἐσκλήρῡνα, —, —, ἐσκληρύνθην

130 αἰσχύνομαι *s. schämen,* αἰσχῡν-, αἰσχῡνθήσομαι, —, ᾐσχύνθην

(2) mit Ablaut

131 ἀποκτείνω/-έννω *töten,* -κτεν/-κταν-, ἀποκτενῶ, ἀπέκτεινα, —, —, ἀπεκτάνθην

cc) Stämme auf -ρ

(1) mit α im Stamm ohne Ablaut

132 αἴρω *heben*, ἀρ-, ἀρῶ, ἦρα, ἦρκα, ἦρμαι, ἤρθην

133 καθαίρω *reinigen*, καθαρ-, –, ἐκάθᾱρα, –, κεκάθαρμαι, –

134 χαίρω *sich freuen*, χαρ-, χαρήσομαι, –, –, ἐχάρην *freute mich*

(2) mit ε im Stamm mit Ablaut (vom Pf. Akt. an)

135 δέρω *prügeln*, δερ/δαρ-, –, ἔδειρα, –, –, ἐδάρην

136 σπείρω *säen*, σπερ/σπαρ-, –, ἔσπειρα, –, ἔσπαρμαι, ἐσπάρην

(3) mit ε im Stamm ohne Ablaut

137 ἐγείρω *aufwecken/-richten*, ἐγερ-, ἐγερῶ, ἤγειρα, –, **ἐγήγε**ρμαι, ἠγέρθην

138 ἐγείρομαι *aufwachen*, ἐγερ-, ἐγερθήσομαι, –, –, **ἐγήγε**ρμαι, ἠγέρθην

d) Die „unregelmäßigen" Verben der thematischen Konjugation

aa) Verben mit Nasal im Präs.-Stamm

(1) mit vokalischem Stammauslaut

139 βαίνω *gehen*, βα/βη-, βήσομαι, **ἔβην**, βέβηκα

140 ἐλαύνω *treiben, rudern* auch *ziehen* (intr.), ἐλαϝ/ἐλα(υ)-, –, ἤλασα, **ἐλήλακα**, –, –

141 πίνω *trinken*, πι/πω-, πίομαι (2. Sg.: πίεσαι!), ἔπιον (Inf. π[ι]εῖν), πέπωκα, –, –

142 τίνω *bezahlen, Strafe leiden*, τι-, τίσω, –, –, –, –

143 φθάνω *zuvor-/ankommen*, φθα-, –, ἔφθασα, ἔφθακα, –, –

(2) mit konsonantischem u. vokalischem Stammauslaut

144 αἰσθάνομαι *wahrnehmen*, αἰσθ(η)-, –, ἠσθόμην, –, –

145 ἁμαρτάνω *sündigen*, ἁμαρτ(η)-, ἁμαρτήσω, ἥμαρτον/ἡμάρτησα, ἡμάρτηκα, –, –

146 αὐξάνω *wachsen lassen* (Pass. [selten Akt.] *wachsen*), αὐξ(η)-, αὐξήσω, ηὔξησα, –, –, ηὐξήθην

147 βλαστάνω *sprießen (lassen)*, βλαστ(η)-, –, ἐβλάστησα, –, –, –

148 κάμνω *ermüden*, καμ(ε)-, –, ἔκαμον, –

149 τέμνω *schneiden*, τεμ(ε)/τμη-, –, ἔτεμον, –, **τέτμη**μαι, ἐτμήθην

(3) Mutastämme mit Präs. auf -άνω u. Nasaleinschub u.a. Besonderheiten

150 θιγγάνω *berühren*, θιγ-, –, ἔθιγον, –, –, –

151 λαγχάνω *erlangen*, λαχ/ληχ-, –, ἔλαχον, –, –, –

152 λαμβάνω *nehmen*, λαβ/λη(μ)β-, **λήμψ**ομαι, ἔλαβον, **εἴληφα**, **εἴλημ**μαι, ἐλήμφθην

153 λανθάνω *verborgen sein*, λαθ-, –, ἔλαθον, –

154 ἐπιλανθάνομαι *vergessen*, -λαθ/ληθ-, –, ἐπελαθόμην, ἐπιλέλησμαι, –

155 πυνθάνομαι *sich erkundigen*, πυθ-, –, ἐπυθόμην, –

156 τυγχάνω *treffen, erlangen,* τυχ(η)/τευχ-, –, ἔτυχον, τέτυχα (Koine: τέτευχα; att.: τετύχηκα)

157 μανθάνω *lernen,* μαθ(η)-, –, ἔμαθον, μεμάθηκα, –, –

(4) Gutturalstamm mit Präs. auf -νε

158 ἀφικνέομαι *(hin)gelangen,* -ἱκ-, –, ἀφικόμην, –

bb) Verben mit Präs. auf -σκω

(1) ohne Präs.-Reduplikation

159 ἀρέσκω *gefallen,* ἀρε-, ἀρέσω, ἤρεσα, –

160 γηράσκω *altern,* γηρᾰ/ᾱ-, –, ἐγήρᾱσα, –

161 ἀποθνῄσκω (<*-θνῄσκω) *sterben,* -θαν/θνη-, ἀποθανοῦμαι, ἀπέθανον, **τέθνηκα**

162 εὑρίσκω *finden,* εὑρ(η/ε)-, εὑρήσω (auch Med.), εὗρον, εὕρηκα, –, εὑρέθην

163 διδάσκω *lehren,* διδαχ-, διδάξω, ἐδίδαξα, –, –, ἐδιδάχθην

164 ἀναλίσκω/-λόω *verzehren,* -(ϝ)αλ(ω)-, ἀνᾱλώσω, ἀνήλωσα, –, –, ἀνηλώθην

165 ἱλάσκομαι *(ver)sühnen,* ἱλα(σ)-, –, –, –, ἱλάσθην

(2) mit Präs.-Reduplikation

166 γῑνώσκω (att. **γῑγνω-**) *erkennen,* γνω(σ)-, γνώσομαι, **ἔγνων**, ἔγνωκα, ἔγνωσμαι, ἐγνώσθην

167 ἀναμιμνῄσκω (<*-μιμνῄσκω) *erinnern,* -μνη(σ)-, ἀναμνήσω, ἀνέμνησα, –, ἀνεμνήσθην

168 μιμνῄσκομαι *sich erinnern,* μνη(σ)-, μνησθήσομαι, –, μέμνημαι *gedenke,* ἐμνήσθην

169 πιπράσκω (dafür meist πωλέω od. ἀποδίδομαι) *verkaufen,* πρᾱ-, ἀποδώσομαι, ἀπεδόμην, πέπρᾱκα, πέπρᾱμαι, ἐπράθην

cc) „E-Klasse": Stamm z.T. durch einen E-Laut erweitert

(1) E-Laut nur im Präs.

170 δοκέω *meinen, scheinen,* δοκ(ε)-, –, ἔδοξα, –, –, – (εὐδοκέω *Wohlgefallen haben* aber ganz wie ποιέω [Nr. 18]!), δοκεῖ μοι *mir scheint*

171 ὠθέω *stoßen,* ὠθ(ε)-, –, ἔωσα, –, –, ἐώσθην

172 ἐξωθέω *vertreiben,* -ωθ(ε)-, ἐξῶσα, –, –

173 ἀπωθέομαι *verwerfen,* -ωθ(ε)-, –, ἀπωσάμην, –, –

(2) E-Laut im Präs. u. anderen Tempora

174 γαμέω *heiraten,* γαμ(ε/η)-, γαμῶ, ἔγημα/ἐγάμησα, γεγάμηκα, –, ἐγαμήθην, att.: Akt.: Mann eine Frau; Med.: Frau einen Mann – im NT: Akt.: für beide Fälle; Frau einen Mann auch Pass.

(3) E-Laut nur außerhalb des Präs.

175 βούλομαι (2. Sg. βούλει) *wollen,* βουλ(η)-, –, –, ἐβουλήθην

176 γίνομαι (att. **γῑγν-**) *werden,* γεν(η)/γον/γν-, γενήσομαι, ἐγενόμην, γέγονα, γεγένημαι, ἐγενήθην, Akt./Med./Pass. gleiche Bdtg.!

177 δέομαι *bitten,* δε(η)-, –, –, ἐδεήθην, δεῖ *es ist nötig*

178 θέλω *wollen* θελ(η)-, θελήσω, ἠθέλησα, –, –, –

179 μέλλω *im Begriff sein, müssen,* μελλ(η)-, μελλήσω, –, –, –, –, Ipf. ἤμελλον, auch ἔμελλον

180 μέλει μοι *mir liegt (an etw.)* μελ(η)- μελήσει ἐμέλησεν, –, –, –

181 μεταμέλομαι *bereuen,* -μελ(η)-, μεταμελήθήσομαι, –, μετεμελήθην

182 διανέμω *verteilen,* -νεμ(η)-, –, –, –, –, διενεμήθην

(4) E-Laut nur im Pf. Akt. (s.a. Nr. 117)

183 οἴχομαι *fortgehen,* οἰχ(η)-, –, –, ᾤχημαι

(5) mit υ(σ)-Erweiterung außerhalb des Präs.

184 ἕλκω *ziehen* (tr.), ἑλκυ(σ)-, ἑλκύσω, εἵλκυσα, –, –, –

dd) Mischklasse (mit wesentlich verschiedenen Tempusstämmen)

185 αἱρέω *nehmen,* Med. *wählen,* Pass. *genommen/gewählt werden,* αἱρε/η-/ἑλ-, αἱρήσω, εἷλον (Inf. ἑλεῖν), –, ᾕρημαι, ᾑρέθην

186 ἀναιρέω *beseitigen, töten,* -αιρε/η-/-ἑλ-, ἀνελῶ ἀνεῖλον, –, –, ἀνῃρέθην

187 ἔρχομαι *kommen,* ἐρχ/ἐλ(ε[υ])θ-, ἐλεύσομαι, ἦλθον (Imp. ἐλθέ, εἴσελθε), ἐλήλυθα *bin da* (Plspf. ἐληλύθειν), statt Pf. auch ἥκω

188 ἐσθίω/ἔσθω/βιβρώσκω *essen,* ἐσθ(ι)/φαγ/βρω-, φάγομαι (-εσαι), ἔφαγον, βέβρωκα, –, –

189 ἔχω *haben* (Ipf. εἶχον) ἐχ/ἐχ/σχ(η)-, ἕξω, ἔσχον (Inf. σχεῖν, Imp. σχές), ἔσχηκα, –, –

190 ἀνέχομαι *ertragen,* -ἐχ/ἐχ/σχ(η)-, ἀνέξομαι, ἀνεσχόμην (Imp. ἀνάσχου), –, –

191 λέγω (auch φημί) *sagen,* λεγ/ϝειπ/ϝερ/ϝρη-, ἐρῶ, εἶπον (Imp. εἰπέ), εἴρηκα, εἴρημαι, ἐρρέθην (Inf. ῥηθῆναι; Ptz. ῥηθείς); außer προ- u. ἀντιλέγω Komposita von λέγω nach Nrn. 65ff.

192 ὁράω (Ipf. ἑώρων) *sehen,* ὁρα/ὀπ/(ϝ)ιδ-, ὄψομαι, εἶδον (Inf. ἰδεῖν), ἑώρακα (od. ἑό-), ἑώραμαι, ὤφθην *wurde gesehen* od. *erschien*

193 πάσχω (<*παθσκω) *leiden,* παθ/πονθ-, –, ἔπαθον, πέπονθα

194 πίπτω *fallen,* πετ/πεσ(ε)/πτ(ω)-, πεσοῦμαι, ἔπεσον, πέπτωκα

195 τίκτω (<*τιτκω) *gebären,* τεκ/τκ/τοκ-, τέξομαι, ἔτεκον, –, –, ἐτέχθην

196 τρέχω *laufen,* θρεχ/δραμ(η)-, –, ἔδραμον, –

197 τύπτω *schlagen,* bildet nur Präs.; sonst ersetzt durch πατάσσω, παίω, πλήσσω

198 φέρω *tragen,* φερ/οἰ/ἐνε(γ)κ/ἐνοκ-, οἴσω, ἤνεγκον/ἤνεγκα (Imp. ἔνεγκε), ἐνήνοχα, –, ἠνέχθην

199 ἕπομαι (Ipf. εἱπόμην) *folgen* ἐπ/σπ-, –, –, –, –

2. Verben der athematischen oder μι-Konjugation

a) Die Großen Vier auf -μι

200 τίθημι *setzen*, θη/θε-, θήσω, ἔθηκα, τέθεικα, τέθειμαι/κεῖμαι, ἐτέθην

201 δίδωμι *geben*, δω/δο-, δώσω, ἔδωκα, δέδωκα, δέδομαι, ἐδόθην

202 ἵημι *senden*, ἡ/ἑ-, ἥσω, ἧκα , εἷκα, ἕωμαι, εἵθην

203 ἀφίημι *vergeben*, -ἡ/ἑ-, ἀφήσω, ἀφῆκα, ἀφεῖκα, ἀφέωμαι, ἀφέθην

204 ἵστημι *stellen*, στη/στα-, στήσω, ἔστησα, ἐστάθην

205 ἵσταμαι *treten*, στη/στα-, στήσομαι/σταθήσομαι, **ἔστην**, ἕστηκα *stehe* (**εἱ**στήκειν *stand*), ἐστάθην (Bdtg. = ἔστην)

b) Verben, die wie ἵστημι/ἵσταμαι flektiert werden

206 ὀνίνημι/ὀνίναμαι Akt. *nützen*, Med. *Nutzen/Freude haben*, ὀνη/ὀνα-, –, ὠνάμην, –, –

207 πίμπλημι (dafür auch πληρόω/γεμίζω) *anfüllen*, πλη(σ)-, –, ἔπλησα, –, πέπλησμαι, ἐπλήσθην

208 δύναμαι (2. Sg. δύνασαι/-ῃ) *können*, δυνη/δυνα(σ)-, δυνήσομαι, –, –, **ἠ**δυνήθην/ **ἠ**δυνάσθην, Aug. ἠ- od. ἐ-

209 ἐπίσταμαι *verstehen*, ἐπιστη/ἐπιστα-, –, –, –, –

210 πίμπρημι *verbrennen* (tr.), πρη(σ)/πρα-, –, ἔπρησα, –, –, –

211 κίχρημι *leihen*, χρη-, –, ἔχρησα, –, –, –

c) Verben auf -(ν)νυμι

aa) Gutturalstämme (Präs.: -νυμι)

212 δείκνυμι *zeigen*, δεικ-, δείξω, ἔδειξα, –, δέδειγμαι, ἐδείχθην

213 ζεύγνυμι *verbinden*, ζευγ-, –, ἔζευξα, –, –, –

214 ἄγνυμι, κατάγνυμι *zerbrechen*, (ϝ)αγ/ἐαγ-, κατ(ε)άξω, κατέαξα, κατέαγα *bin zerbrochen*, –, κατεάγην

215 μ(ε)ίγνυμι *mischen*, μ(ε)ιγ-, –, ἔμ(ε)ιξα, –, μέμ(ε)ιγμαι, –

216 πήγνυμι *befestigen*, πηγ/παγ-, –, ἔπηξα, –, –, –

217 ῥήγνυμι/ῥήσσω *(zer)reißen*, Pass. *(zer)reißen* (intr.), ῥηγ/ῥαγ-, ῥήξω, ἔρρηξα, –, –, –

bb) Liquidastämme (Präs.: -νυμι; -λνυμι > -λλυμι)

218 ἀπόλλυμι *zugrunde richten, verlieren*, -ὀλ(ε)-, ἀπολέσω, ἀπώλεσα, –, –, –

219 ἀπόλλυμαι *zugrunde gehen, verloren gehen*, -ὀλ(ε)-, ἀπολοῦμαι, ἀπωλόμην, ἀπόλωλα *bin verloren*, –

220 ὄμνυμι/ὀμνύω *schwören*, ὀμ(ο)-, –, ὤμοσα, –, –, –

cc) Stämme auf -σ (-σνυμι > -ννυμι)

221 ἀμφιέννυμι *bekleiden*, Med. *sich bekleiden*, (ϝ)εσ-, –, –, ἠμφ-ίεσμαι, –

222 σβέννυμι *löschen*, σβεσ/σβη-, σβέσω, ἔσβεσα, –, –, –

223 σβέννυμαι *erlöschen,* σβεσ/σβη-, –, –, –,

224 ζώννυμι *gürten,* Med. *sich gürten,* ζωσ-, ζώσω, ἔζωσα, ἔζωσμαι, –
dd) Stämme mit vokalischem Auslaut (z.T. mit -σ; Präs.: -ννυμι)

225 κεράννυμι *mischen* (Wein), κερα(σ)-, –, ἐκέρασα, –,
κεκέρασμαι, –

226 κρεμάννυμι *hängen* (tr.), Med./Pass. (κρέμαμαι [wie Nrn. 206ff
flektiert]), *hängen* (intr.), κρεμα(σ)-, –, –, –, –, ἐκρεμάσθην

227 ῥώννυμι *stärken,* ῥω(σ)-, –, –, –, ἔρρωμαι, –

228 στρώννυμι *ausbreiten,* στρω-, –, ἔστρωσα, –, ἔστρωμαι, ἐστρώ-
θην

Zu den Wurzelpräsentien s. A32.

Alphabetisches Register

εὐφραίνομαι
118
ἔχω 189
ζάω 20
ζεύγνυμι 213
ζήω 20
ζώννυμι 224
θάπτω 53
θέλω 178
θιγγάνω 150
θλίβω 43
θύω 13
ἰάομαι 17
ἵημι 202
ἱλάσκομαι 165
ἵσταμαι 205
ἵστημι 204
καθαίρω 133
καθαρίζω 95
καθίζω 100
καίω 10
καλέω 37
καλύπτω 54
κάμνω 148
κατάγνυμι 214
κελεύω 5
κεράννυμι 225
κερδαίνω 125
κηρύσσω 75
κίχρημι 211
κλαίω 11
κλάω 23
κλείω 6
κλέπτω 55
κλίνω 126
κόπτω 56
κράζω 81
κρεμάννυμι,
κρέμαμαι
226
κρίνω 127

κρούω 7
κρύπτω 57
κτίζω 103
λαγχάνω 151
λαμβάνω 152
λανθάνω 153
λέγω 191
λείπω 44
λούω 9
λύω 14
μανθάνω 157
μ(ε)ίγνυμι 215
μέλει μοι 180
μέλλω 179
μένω 117
μεταμέλομαι
181
μιαίνω 119
μιμνήσκομαι
168
νυστάζω 82
ξηραίνω 120
οἴχομαι 183
ὄμνυμι/ὀμνύω
220
ὀνίνημι 206
ὁράω 192
παιδεύω 1
πάσχω 193
πείθω 88
πεινάω 34
πέμπω 45
πήγνυμι 216
πίμπλημι 207
πίμπρημι 210
πίνω 141
πιπράσκω 169
πίπτω 194
πλάσσω 105
πλέκω 68
πλέω 30

πλήσσω 76
πνέω 31
πνίγω 69
ποιέω 18
ποιμαίνω 121
πράσσω 78
προσεύχομαι
70
πυνθάνομαι
155
ῥαντίζω 96
ῥέω 38
ῥήγνυμι/
ῥήσσω 217
ῥίπτω/ῥιπτέω
58
ῥύομαι 8
ῥώννυμι 227
σαλπίζω 102
σβέννυμαι 223
σβέννυμι 222
σείω 3
σημαίνω 122
σήπω 46
σκληρύνω 129
σπάω 24
σπείρω 136
στέλλω 113
στενάζω 84
στηρίζω 85
στρέφω 47
στρώννυμι 228
συλλέγω 67
σφάζω 86
σῴζω 106
τάσσω 79
τελέω 27
τέμνω 149
τήκω 71
τίθημι 200
τίκτω 195

τιμάω 16
τίνω 142
τρέπω 48
τρέφω 49
τρέχω 196
τρίβω 50
τυγχάνω 156
τύπτω 197
φαίνομαι 124
φαίνω 123
φείδομαι 89
φέρω 198
φεύγω 72
φημί 191
φθάνω 143
φορέω 29
φυλάσσω 80
φύω 15
χαίρω 134
χαλάω 25
χαρίζομαι 101
χέω 39
χράομαι 21
χρήομαι 21
χρίω 4
ψεύδομαι 90
ψύχω 73
ὠθέω 171

III. Abriß der Syntax

A. Der Satz und seine Bestandteile

I. Der Satz

1. Definition

34 **Sätze** bestehen aus Wörtern bzw. Wortformen — in einer bestimmten Weise angeordnet — (Satzform) und drücken einen vollständigen Gedanken (Satzinhalt) aus (vgl. H-S §127).

2. Einteilung der Sätze (H-S §266a)

35 Nach der **Art des Prädikats** bzw. Prädikatsverbandes: a) **Verbalsatz** (Präd. = Verb): ἐδάκρυσεν ὁ Ἰησοῦς *Jesus weinte* (Jh 11,35); b) **Nominalsatz** (Prädikatsverb [= „Kopula"] fehlt): κύριος _ Ἰησοῦς Χριστός *Jesus Christus (ist) der Herr* (Phil 2,11).

36 Nach ihrer **syntaktischen Verwendbarkeit**: a) **Hauptsätze** („HS") (unabhängige/selbständige Sätze, s. 317ff): ἐγώ εἰμι ἡ θύρα *ich bin die Tür* (Jh 10,9); b) **Nebensätze** („NS") (abhängige Glied- und Attributsätze, s. 326ff): ... ἵνα ζωὴν ἔχωσιν ... *damit sie das Leben haben* (Jh 10,10).

37 Nach ihrer **kommunikativen Funktion** (Satzinhalt): a) **Behauptungssätze** (HS: 317; NS: 326f): γινώσκω τὰ ἐμά *ich kenne die Meinen* (Jh 10,14); b) **Begehrungssätze** (HS: 318; NS: 328): ἀκολούθει μοι *folge mir nach!* (Mk 2,14); c) **Fragesätze** (HS: 320ff; NS: 329ff): πῶς δυνάμεθα τὴν ὁδὸν εἰδέναι; *wie können wir den Weg kennen?* (Jh 14,5).

3. Verbindung von Sätzen (H-S §266b)

38 **Satzreihe**: Aneinanderreihung von Hauptsätzen („syndetisch", wenn durch Konjunktionen verbunden; „asyndetisch", wenn ohne Verbindungswörter), z.B. Mk 6,1 (3x HS mit καί *und*).

39 **Satzgefüge**: Verbindung von Haupt- und Nebensätzen, z.B. Jh 3,16 (1x HS, 2x NS [ὥστε-NS und ἵνα-NS]).

II. Die Satzteile

40 Die Bestandteile von Sätzen (Wörter, Wortgruppen bzw. Nebensätze) lassen sich auf Grund der Art, wie sie beim Ausdrücken des Satzinhaltes verwendet werden, bestimmten Kategorien zuordnen. Die selbständigen Teile nennt man **Satzglieder**, eine wichtige Art unselbständiger Satzteile **Attribute** (H-S §127).

1. Die Satzglieder (H-S §254-260)

41 Ein grammatisch vollständiger Satz hat in der Regel folgende **notwendigen** Satzglieder (H-S §255-258):

42 1. **Subjekt** („Subj."), „Satzgegenstand" („Wer oder was tut oder ist?").

43 2. **Prädikat** („Präd."), „Satzaussage", bzw. **Prädikatsverband**, „Satzaussageglieder" („Was tut oder ist das Subjekt?"), entweder

a) ergänzungsloses Präd. (meist konjugiertes Verb): ὁ υἱός σου (Subj.) ζῇ   **44**
(Präd.) *dein Sohn lebt* (Jh 4,50), oder

b) **Prädikatsverband**, d.h. das Präd. (Verb) ist verbunden mit einer oder   **45**
mehreren dazu gehörenden obligatorischen[1] **Ergänzungen** („Erg."), d.h.

(1) mit **Objekten** („Obj.") (die vom Verbalvorgang mehr oder weniger direkt   **46**
betroffene Größe wird bezeichnet), d.h. Akkusativ- („Wen/Was?"), Genitiv-
(„Wessen?"), Dativ- („Wem?") bzw. Präpositionalobjekten (z.B. „Mit wem
oder was?"), „Akk/Gen/Dat/PräpO", z.B. δίδωμι (Subj./Präd.) **αὐτοῖς**
(DatO) **ζωὴν αἰώνιον** (AkkO) *ich gebe ihnen ewiges Leben* (Jh 10,28);

(2) mit **Subjekts-** oder **Objektsergänzungen** (das Subj. bzw. Obj. wird näher   **47**
bestimmt) — herkömmlich **Prädikatsnomen** („Präd.-Nom.") und **Objektsprädi-
kativ** („Obj.-Präd.") genannt:

— Subjekts- bzw. Objektsgröße und Ergänzungsgröße werden mehr oder   **48**
weniger gleichgesetzt („identifiziert": Identifikationsergänzungen): οὗτός
(Subj.) ἐστιν (Präd., „Kopula") ὁ υἱός μου (Präd.-Nom.: Subjekts[identifi-
kations]ergänzung) ... *dies ist mein ... Sohn* (volle Gleichsetzung) (Mt 3,17);
αὐτὴ (Subj.) ἦν (Präd., „Kopula") χήρα (Präd.-Nom.: Subjekts[identifika-
tions]ergänzung) *sie war Witwe* (Klassifizierung) (Lk 7,12); ἐκάλουν
(Präd./Subj.) ... τὸν Βαρναβᾶν (AkkO) Δία (Obj.-Präd.: Objekts[identifika-
tions]ergänzung) *sie nannten Barnabas Zeus* (wohl volle Gleichsetzung)
(Apg 14,12);

— die Beschaffenheit der Subjekts- bzw. Objektsgröße wird bezeichnet (Art-   **49**
ergänzungen): **μακάριοί** (Präd.-Nom.: Subjekts[art]ergänzung) εἰσιν
(Präd.: „Kopula") ἐκεῖνοι (Subj.) *jene sind glücklich* (Lk 12,38); **καινὰ**
(Obj.-Präd.: Objekts[art]ergänzung) ποιῶ (Präd./Subj.) πάντα (AkkO) *ich
mache alles neu* (Apk 21,5);

(3) mit **Umstandsergänzungen/notwendigen Adverbialien** (die Umstände des   **50**
vom Verb bezeichneten Geschehens werden bezeichnet) — herkömmlich z.T.
Prädikatsnomen und **Objektsprädikativ** genannt (vgl. oben 47-49) — des Ortes
(lokal: „notw. Lok.") („Wo?"); der Zeit (temporal: „notw. Temp.") („Wann?");
der Art und Weise (modal: „notw. Mod.") („Wie?"); der Begründung, d.h. des
Grundes (kausal: „notw. Kaus.") („Warum?"), der Bedingung (konditional;
„notw. Kond.") („In welchem Fall?"), der Folge (konsekutiv: „notw. Kons.")
(„Mit welcher Folge?"), der Absicht (final: „notw. Fin.") („Wozu?"), der
Einräumung (konzessiv: „notw. Konz.") („Trotz welcher Umstände?"), des
Mittels (instrumental: „notw. Instr.") („Womit/Wodurch?"), des Interesses
(„notw. Adverbiale des Interesses") („Zu wessen Vor- oder Nachteil?"), z.B.
σὺν ὑμῖν (notw. Lok./Präd.-Nom.) εἰμι (Präd./Subj.) *ich bin bei euch* (Kol
2,5).

---

[1] Es gibt auch Fälle mit fakultativen (wegstreichbaren) Ergänzungen.

51 Merke: Es gibt Ergänzungen, d.h. bestimmte Adjektive und Adverbien, die ihrerseits (ähnlich wie ihnen entsprechende Verben) Ergänzungen nach sich ziehen, z.B. das Adj. ἔνοχος *schuldig* und das Adv. ἀξίως *würdig* ein Genitivobjekt zweiten Grades („GenO/2. Grades"), z.B. in Mk 3,29 und Kol 1,10.

52 Die Grundstruktur des Satzes mit seinen notwendigen Satzgliedern nennen wir **Satzmuster**. Jedes Präd. (Verb) hat sein Satzmuster, in manchen Fällen auch mehrere, so z.B. πιστεύω *glauben* u.a. Subj.+Präd.+AkkO(Sache), Subj.+Präd.+DatO(Person) und Subj.+Präd.+PräpO(Person). Die durch Adjektive und Adverbien bedingten Ergänzungsstrukturen (vgl. oben 51) sollen „Muster zweiten Grades" heißen. Eine Übersicht über die wichtigeren Satzmuster und Muster zweiten Grades des neutestamentlichen Griechisch findet sich unten unter 97f.

53 Neben den notwendigen Satzgliedern können Sätze auch folgende **freie**, d.h. für die grammatische Vollständigkeit entbehrliche, wegstreichbare, **Satzglieder** enthalten (H-S §259):

54 1. **Umstandsangaben/freie Adverbialien** (die Umstände des vom Verb bezeichneten Geschehens werden bezeichnet, vgl. oben 17):

55 a) des **Ortes** („Lok.") („Wo?"): **ἐκεῖ** (Lok.) αὐτὸν (AkkO) ὄψεσθε (Präd./Subj.) *dort werdet ihr ihn sehen* (Mt 28,7);

56 b) der **Zeit** („Temp.") („Wann?"): ἐτέχθη (Präd.) ... **σήμερον** (Temp.) σωτήρ (Subj.) *heute ist ... ein Retter geboren worden* (Lk 2,11);

57 c) der **Art und Weise** (Mod.) („Wie?"): **ἀσμένως** (Mod.) ἀπεδέξαντο (Präd.) ἡμᾶς (AkkO) οἱ ἀδελφοί (Subj.) *die Brüder nahmen uns freudig auf* (Apg 21,17);

58 d) des **Grundes** (Kaus.) („Warum?"): **διὰ τοῦτο** (Kaus.) λέγω (Präd./Subj.) ὑμῖν (DatO) *deshalb sage ich euch* (Mt 6,25);

59 e) der **Bedingung** (Kond.) („In welchem Fall?"): **εἰ κεκοίμηται** (Kond.: NS) σωθήσεται (Präd./Subj.) *wenn er eingeschlafen ist, wird er gesund werden* (Jh 11,12);

60 f) der **Folge** (Kons.) („Mit welcher Folge?"): ἐθεράπευσεν (Präd./Subj.) αὐτόν (AkkO), **ὥστε τὸν κωφὸν λαλεῖν** (Kons.: NS) *er heilte ihn, so daß der Stumme redete* (Mt 12,22);

61 g) der **Absicht** (Fin.) („Wozu?"): ἦλθεν (Präd./Subj.) ... **ἵνα μαρτυρήσῃ** ... (Fin.: NS) *er kam ... um Zeugnis ... abzulegen* (Jh 1,7);

62 h) der **Einräumung** (Konz.) („Trotz welcher Umstände?"): **καίπερ ὢν υἱός** (Konz.: part. coni.), ἔμαθεν ... (Präd./Subj.) *obwohl er der Sohn war, lernte er ...* (Hb 5,8);

63 i) des **Mittels** (Instr.) („Womit/Wodurch?"): οἱ λαβόντες μάχαιραν (Subj.) **ἐν μαχαίρῃ** (Instr.) ἀπολοῦνται (Präd.) *die, die nach dem Schwert greifen, werden durch das Schwert umkommen* (Mt 26,52);

j) des **Interesses** („Zu wessen Vor- oder Nachteil?"): οὐδεὶς (Subj.) ...   **64**
ἑαυτῷ (Adverbiale des Interesses) ζῇ (Präd.) *keiner ... lebt für sich selbst*
(Röm 14,7).

2. **Subjekts-** oder **Objektsartangaben** (die Beschaffenheit der Subjekts- bzw.   **65**
Objektsgröße im Hinblick auf die Verwirklichung des Verbinhalts wird bezeich-
net) – herkömmlich oft „Prädikativ(um)" („Als was für ein ... /In welchem
Zustand ... ?"): οὗτος (Subj.) παρέστηκεν (Präd.) ἐνώπιον ὑμῶν (notw.
Lok.) ὑγιής (Subjektsartangabe) *dieser steht gesund vor euch* (Apg 4,10);
ἀπέστειλαν (Präd./Subj.) [αὐτὸν] (AkkO) κενόν (Objektsartangabe) *sie
jagten ihn mit leeren Händen fort* (Mk 12,3).

2. Die Attribute (H-S §260)

Attribute („Attr.") sind meist freie Bestimmungen, die bestehenden Satz-   **66**
gliedern beigefügt werden,

1. meist **substantivischen** Ausdrücken („Was für ein?"): ἀπέστειλέν (Präd.)   **67**
με (AkkO) ὁ ζῶν (Attr. zum Subj.) πατήρ (Subj.) *der lebendige Vater sandte
mich* (Jh 6,57); aber

2. auch **adjektivischen** Ausdrücken („Wie ... ?" usw.): ἦν (Präd./Subj.) ...   **68**
πλούσιος (Präd.-Nom.: Adj.) σφόδρα (Attr. zum Präd.-Nom.) ... *er war sehr
reich* (Lk 18,23); und

3. **Adverbien** oder entsprechenden Ausdrücken: νηστεύω (Präd./Subj.) δὶς   **69**
(Temp.: Adv.) τοῦ σαββάτου (Attr. zur Temp.) *ich faste zweimal in der
Woche* (Lk 18,12).

Apposition („App.") nennt man das substantivische Attribut, das im gleichen   **70**
Kasus wie das Bezugswort steht (manchmal mit ὡς *als/wie*): ἀσπάζεται
(Präd.) ὑμᾶς (AkkO) Γάϊος (Subj.) ὁ ξένος μου (App. zum Subj.) *Gaius,
mein Gastgeber, grüßt euch* (Röm 16,23).

3. Form der Satzteile

Satzglieder und Attribute können der Form nach Wörter, Wortgruppen bzw.   **71**
Infinitiv/AcI- oder Partizipialkonstruktionen oder Nebensätze (Konjunktional-
und Relativsätze in der Funktion von Glied- und Attributsätzen) sein (H-S
§255-260), ein notw. oder freies Adverbiale der Art und Weise ([notw.] Mod.)
z.B. (H-S § 259f):

1. ein **Wort** oder eine **Wortgruppe**: a) ein **Wort** (meist ein Adv., selten ein   **72**
Adj.): ἐτρέχετε καλῶς (Adv.) *ihr lieft gut* (Gal 5,7); ... ἐπιστῇ ἐφ᾽ ὑμᾶς
αἰφνίδιος (Adj.) ἡ ἡμέρα *(sonst) ... überfällt euch der Tag plötzlich* (Lk
21,34); b) ein **Präpositionalgefüge**: κεκλεισμένον ἐν πάσῃ ἀσφαλείᾳ
mit aller Sorgfalt verschlossen (Apg 5,23); c) eine **Kasuskonstruktion**: οὐδὲν
διαφέρει δούλου *er unterscheidet sich in keiner Weise von einem Sklaven* (Gal
4,1); d) **Inf./AcI** (selten): ἐν τῷ ἀποστρέφειν ἕκαστον *dadurch, daß*

sich ein jeder ... bekehrt (Apg 3,26); e) Ptz.-Konstruktion (part. coni. oder gen. abs.): διώξουσιν **παραδιδόντες** (part. coni.) εἰς ... *man wird euch verfolgen, indem man euch an ... ausliefert* (Lk 21,12);

73 2. ein Nebensatz (Gliedsatz): a) ein konjunktionaler Adverbialsatz: ἠγάπησας αὐτοὺς **καθὼς ἐμὲ ἠγάπησας** *du hast sie geliebt, wie du mich geliebt hast* (Jh 17,23); b) ein Relativsatz (ohne Bezugswort): **ἐν ᾧ ... κρίνεις τὸν ἕτερον**, σεαυτὸν κατακρίνεις ... *in welcher Hinsicht* (viele aber: *wenn) du den anderen richtest, verurteilst du dich selbst* (Röm 2,1).

74 Die wichtigsten Möglichkeiten der verschiedenen Satzteile im ntl. Griechisch zeigt die **Übersicht** auf den Seiten 454-457.

4. Bemerkenswertes zu den Satzgliedern und Attributen
a) Zum Subjekt (H-S §255)

75 1. Das **Subjektswort** bzw. die Subjektswortgruppe kann **fehlen** (Ellipse [376]): a) bei Witterungsausdrücken, Tageszeitangaben u.ä.: ἦν πρωῒ *es war frühmorgens* (Jh 18,28); b) bei Verben, die das Subj. leicht erkennen lassen: σαλπίσει (σαλπίζει) *es/(der Trompeter) wird trompeten* (1Kor 15,52); c) bei der Zitierformel λέγει o.ä., wo „Gott", „die Schrift" o.ä. zu ergänzen ist: λέγει γάρ· ... *denn es heißt = denn Gott/die Schrift sagt: ...* (2Kor 6,2).

76 2. Mögliche griech. Entsprechung zum deutschen „**man**": a) öfter 3. Pl. Akt. (nicht nur bei Verben des Sagens wie im Klass.): συνάγουσιν ... βάλλουσιν ... *man sammelt ... wirft ...* (Jh 15,6) (auch zur Umschreibung des Gottesnamens: δώσουσιν *man* [d.h. Gott] *wird geben*, z.B. Lk 6,38); b) manchmal das Pass.: ἠδύνατο ... τοῦτο ... πραθῆναι *dieses ... hätte man verkaufen können* (Mk 14,5), ganz selten das unpersönliche Pass.: καρδίᾳ πιστεύεται ... *mit dem Herzen glaubt man ...* (Röm 10,10) (auch zur Umschreibung des Gottesnamens [„passivum divinum"]: ... μετρηθήσεται ὑμῖν ... *wird man* [d.h. Gott] *euch messen* [Mt 7,2]); c) manchmal τις oder ἄνθρωπος (137): πόθεν τούτους δυνήσεταί τις ὧδε χορτάσαι ... *woher/wie sollte man diese hier ... sättigen können?* (Mk 8,4; s.a. 1Kor 4,1); d) das Subj. im Subjekts-Inf. (270), wenn es im Griech. nicht angegeben ist: πειθαρχεῖν δεῖ θεῷ ... *man muß Gott ... gehorchen ...* (Apg 5,29); e) im NT gelegentlich 2. Sg. Ind. Fut. (= klass. Opt. mit ἄν [260]): ἐρεῖς μοι οὖν ... *man wird/mag mir nun entgegenhalten ...* (Röm 9,19); f) manchmal 1. Pl.: ἃ δοκοῦμεν ἀτιμότερα εἶναι ... *welche man für weniger edel ansieht ...* (1Kor 12,23).

b) Zum Prädikat (43; H-S §256)

77 1. Das Präd. ist gewöhnlich einteilig; bei der umschreibenden Konjugation (302) und bei Verben wie παύομαι u.ä. (301) ist es **mehrteilig**: ἔσεσθε (1. Teil) μισούμενοι (2. Teil) *ihr werdet gehaßt werden* (Mt 10,22), ἐπέμενεν (1. Teil) κρούων (2. Teil) *er klopfte weiter* (Apg 12,16).

2. Die „Kopula", d.h. das Verb εἰμί *sein* (oder ὑπάρχω *dasein* bzw. γίνομαι **78** *werden*) in Verbindung mit Präd.-Nom. oder notw. Lok./Temp., kann **fehlen** (Ellipse [376]; am häufigsten ἐστίν *ist* und εἰσίν *sind*): a) oft bei einfachen Sätzen der Alltagssprache, besonders in lebhaften und affektischen Äußerungen: χάρις τῷ θεῷ *Gott sei Dank!* (2Kor 9,15 usw.); b) bei unpersönlichen Ausdrücken wie ἀνάγκη *es ist notwendig*, ἀδύνατον *es ist unmöglich* o.ä., z.B.: Mt 18,7 und Hb 11,6; c) in Sprichwörtern und Sentenzen: τὰ βρώματα τῇ κοιλίᾳ καὶ ἡ κοιλία τοῖς βρώμασιν *die Speise ist für den Bauch und der Bauch für die Speise* (1Kor 6,13); d) hinter ἰδού „siehe": ἰδοὺ ὕδωρ *hier ist Wasser* (Apg 8,36).

c) Zu den Ergänzungen (45ff; H-S §257/258)

1. Das als notw. einzustufende **Objekt** wird häufiger als im Deutschen **wegge- 79 lassen** (Ellipse), besonders dort, wo es sich leicht ergänzen läßt: οἱ δὲ ἀκούσαντες [erg. ταῦτα] διεπρίοντο ... *als sie (das) hörten, wurden sie wütend* ... (Apg 5,33).

2. Präd.-Nom. und Obj.-Präd. als **Identifikationsergänzung** zu Subj. bzw. Obj. **80** sind auch bei weitgehender Gleichsetzung in der Regel **ohne Artikel**, besonders mit der Wortstellung **Präd.-Nom.+(Präd.)+Subj.** (statt Subj.+Präd.+ **Präd.- Nom.**) bzw. **Obj.-Präd.+AkkO** ... (statt AkkO+Obj.-Präd. ...). Durch Setzen des Art. kann die Gleichsetzung jedoch hervorgehoben werden: εἰ ὁ θεὸς **πατὴρ ὑμῶν** ἦν ... *wenn Gott euer Vater wäre* ... (Jh 8,42); ἐκάλουν ... τὸν Βαρναβᾶν **Δία** *Barnabas nannten sie Zeus* (Apg 14,12); ἐγώ εἰμι **τὸ φῶς τοῦ κόσμου** *ich bin das Licht der Welt* (Jh 8,12).

Statt des Nom. bzw. Akk. kann beim Präd.-Nom./Obj.-Präd. εἰς stehen: **81** ἔσονται οἱ δύο **εἰς σάρκα μίαν** *die zwei werden ein Fleisch sein* (Mk 10,8; s.a. Mt 21,46).

3. Präd.-Nom. und Obj.-Präd. als **Artergänzung** zu Subj. bzw. Obj. (ebenso die **82** Artangabe/„Prädikativ", vgl. 65) und das **notwendige Adverbiale** sind im Gegensatz zum Attr. immer **ohne Artikel** („prädikative" [im Gegensatz zur „attributiven"] Wortstellung): ἡ ἐντολὴ _ **ἀγία** (Präd.-Nom.) *das Gebot ist heilig* (Röm 7,12); **εὐθείας** (Obj.-Präd.) ποιεῖτε τὰς τρίβους αὐτοῦ *ebnet* (wörtl. *macht eben*) *seine Pfade* (Mt 3,3), aber: εἰς **τὴν ἀγίαν** (Attr.) πόλιν *in die heilige Stadt* (Mt 4,5); _ **σὺν ὑμῖν** (notw. Lok.) εἰμι *ich bin bei euch* (Kol 2,5), aber: οἱ **σὺν αὐτῷ** (Attr.) τεχνῖται *die mit ihm (zusammenarbeitenden) Handwerker* (Apg 19,38).

Fortsetzung auf S. 458ff.

Satzteil	Wörter, Wortgruppen	Inf./AcI
Präd. (43ff; 77f)	konjugiertes Verb (206) ἠγέρθη *er ist auferstanden* (Mk 16,6)	(Inf. in der Inf./AcI-Konstruktion)
Subj./Obj. (42; 75f/ 46; 79)	a) Subst./Pron./subst. Ausdrücke (vgl. 105) — Subj.: Nom. (bei Inf./AcI: Akk.; bei Ptz. verschiedene Kasus) (140; 268; 286-304) — Obj.: Akk./Gen./Dat./ m. Präp. (143-203) ἐκεῖνος (Pron.: Subj.) ἐμὲ (Pron.: AkkO) δοξάσει *jener wird mich verherrlichen* (Jh 16,14) θέλω ὑμᾶς εἰδέναι (AcI: AkkO) ... *ich will, daß ihr wißt* ... (1Kor 11,3) b) Subj.: Personalendung des Verbs πιστεύω *ich glaube* (Jh 9,38)	(subst. m. od. ohne Art. [270; 273; 280ff])
Präd.- Nom./ Obj.-Präd./ Prädikativ (47ff; 80ff/ 50; 83)	wo möglich im Kasus von Subj./Obj.: a) Identifikationsergänzung: Subst./Pron./subst. Ausdrücke (m. Art.: Gleichsetzung hervorgehoben) (140; 143-203; 269) ἐστιν ἡ κεφαλή (Subst.: Präd.- Nom.) *er ist das Haupt* (Kol 2,10) (statt Nom./Akk. auch εἰς [81]) b) Artergänzung/-angabe: — Adj./adjektivisch bzw. prädi- kativ gebrauchte Ausdrücke (ohne Art.) (82; 113); καινὰ (Adj.: Obj.-Präd.) ποιῶ πάντα (AkkO) *ich mache alles neu* (Apk 21,5) — Subst./subst. Ausdrücke m. ὡς/ ὡσεί od. im Gen. (od. m. entspre- chender Präp.) od. im Dat. des Interesses (151; 154; 171; 173)	(subst. [279])

Ptz.	NS (Glied- bzw. Attr.-Satz)
präd. Ptz. (299ff): umschreib. Konjugation; bei παύομαι u.ä. ζῶν εἰμι *ich lebe* (Apk 1,18) (Ptz. in Ptz.-Konstruktionen)	—
(subst. [304])	a) konjunktionale Subjekt-Objektsätze (Behauptungs/Begehrungs/Frage-NS): *daß/ob*-NS m. ὅτι/ἵνα/εἰ o.ä. (326ff) συμφέρει ὑμῖν ἵνα ἐγὼ ἀπέλθω (Subj.) *es ist gut für euch, daß ich weggehe* (Jh 16,7) λέγετε ὅτι ἐγώ εἰμι (Obj.) *ihr sagt, daß ich es bin* (Lk 22,70) b) Rel.-Satz (ohne Bezugswort), eingeleitet durch Rel.-Pron. im Nom./Gen./Dat./Akk./ m. Präp. (356) ὃς οὐκ ἔστιν καθ᾽ ἡμῶν (Subj.), ὑπὲρ ἡμῶν ἐστιν *wer nicht gegen uns ist, ist für uns* (Mk 9,40) c) direkte Rede (eig. subst. HS) (333) ἐρρέθη· οὐ μοιχεύσεις (Subj.) *es ist gesagt worden: „Du sollst nicht die Ehe brechen!"* (Mt 5,27)
Objektsartergänzung (ohne Art.): präd. Ptz.: AcP/GcP (299f) βλέπει τὸν λίθον ἠρμένον (AcP) *sie sah, daß der Stein weggenommen war* (Jh 20,1) (auch subst.)	dasselbe wie bei Subj./Obj., aber seltener χάριτι δὲ θεοῦ εἰμι ὅ εἰμι (Rel.-Satz: Präd.-Nom.) *durch Gottes Gnade bin ich aber, was ich bin* (1Kor 15,10)

Satzteil	Wörter, Wortgruppen	Inf./AcI
Adverbia-lien (54ff; 83; auch 50)	a) Adv. **διό** (Kaus.) γρηγορεῖτε *darum seid wachsam!* (Apg 20,31) b) Präp.-Konstruktion (183ff) χαίρω **δι' ὑμᾶς** (Kaus.) *ich freue mich euretwegen* (Jh 11,15) c) Kasuskonstruktion: Lok./Temp./Mod. (Akk./Gen./Dat.), Kaus. (Dat./[Gen.]), Instr./Adverbiale des Interesses (Dat.) (143-182) **τῇ ἀπιστίᾳ** (Kaus.) ἐξεκλάσθησαν *wegen ihres Unglaubens wurden sie herausgebrochen* (Röm 11,20) d) Adj.: Lok., Temp., Mod. (113) **δευτεραῖοι** (Temp.) ἤλθομεν *am zweiten Tag kamen wir an* (Apg 28,13)	a) ohne Art. (276ff): Fin., Kons. (m. ὥστε), (selten:) Mod. b) mit τοῦ (281): Fin., Kons., (selten:) Mod. ... τοῦ σπείρειν (Fin.) ... *um zu säen* (Mt 13,3) c) m. Präp. u. Art. (282): Temp. (ἐν/μετά/πρό), Kaus. (διά), Fin./Kons./(evtl.:) Mod. (εἰς/πρός) μετὰ τὸ γενέσθαι με ἐκεῖ (Temp.) ... *nachdem ich dort gewesen bin* ... (Apg 19,21)
Attr. des Subst. (66f; 84ff)	(wenn BW best., meist m. Art.): a) im Kasus des BW: Art., Adj., adjektivisch gebrauchte Ausdrücke (113) **ἡ** (Art.) **καινὴ** (Adj.) διαθήκη *der neue Bund* (Lk 22,20) b) Subst./Pron./subst. Ausdrücke — im Gen. (pertinentiae [oft ohne Art.], partitivus [ohne Art.], häufig), Dat. (echter/respectus), (selten:) Akk. (der Beziehung) (151ff; 164; 171; 175; 178; 149) **πίστιν θεοῦ** (Subst. im Gen.) *Glauben an Gott* (Mk 11,22)	(subst. [279; 281])
(App. [70]**:)**	— im Kasus des BW (z.T. m. ὡς), meist nachgestellt u. m. Art. (vgl. auch gen. appositivus) Ἡρώδης **ὁ βασιλεύς** *König Herodes* (Apg 12,1)	subst. m. od. ohne Art. (auch m. τοῦ) (279; 281) ὁ ἁγιασμὸς ὑμῶν, **ἀπέχεσθαι ὑμᾶς** ... (ohne Art.) *eure Heiligung, daß ihr euch ... enthaltet* (1Thess 4,3)
Attr. zu Adj./Adv. (68f)	Adv., Präp.-/Kasuskonstruktion, m. ὡς, ἤ o.ä. (u.a. 114) **σεισμὸς οὕτω** (Adv.: Attr. zum Adj.) μέγας *so groß war das Erdbeben* (Apk 16,18)	

Ptz.	NS (Glied- bzw. Attr.-Satz)
part. coni./gen. abs. (286ff): Temp., Mod., Kaus., Kond., Konz., (nur part. coni. Fut./Präs.:) Fin. (ohne Art.) **ἰδὼν Σίμων Πέτρος** (part. coni.: Temp.) ... *als Simon Petrus das sah* ... (Lk 5,8) **δεηθέντων αὐτῶν** (gen. abs.: Temp.) ... *als sie gebetet hatten* ... (Apg 4,31)	a) konjunktionaler Adverbialsatz: Temp. (ὅτε ...), Mod. (ὡς ...), Kaus. (ὅτι ...), Kond. (εἰ/ἐάν ...), Kons. (ὥστε ...), Fin. (ἵνα ...), Konz. (εἰ καί ...) (336ff) ... **ὅτε ἐπείνασεν** (Temp.) ... *als er Hunger hatte* (Mt 12,3) b) Rel.-Satz als Gliedsatz (ohne BW:) eingeleitet durch Rel.-Adv. od. Rel.-Pron. (im entsprechenden Kasus, s. Kasuskonstruktionen), vor allem Lok., seltener Mod., Instr., Adverbiale des Interesses (356) (vgl. auch Rel.-Sätze m. adv. Nebensinn [367ff]) **ὅπου εἰμὶ ἐγώ** ... (Lok.) *wo ich bin* ... (Jh 14,3)
attr. Ptz. (303) (wie Adj. gebraucht; m. Art.) **ὁ ζῶν πατήρ** *der lebendige Vater* (Jh 6,57)	a) konjunktionaler Attr.-Satz („Subjekt/Objekt"- u. „Adverbial"-Satz als Attr. [relativ selten]) (353) **ἡ ἐντολὴ αὐτοῦ, ἵνα πιστεύσωμεν** ... *sein Befehl, daß wir ... glauben* (1Jh 3,23) b) Rel.-Satz als Attr.-Satz (m. BW) (355) **ἡ μαρτυρία** (BW) **ἣν μαρτυρεῖ περὶ ἐμοῦ** *das Zeugnis, das er von mir ablegt* (Jh 5,32)

d) Zu den (freien) Adverbialien und den Artangaben („Prädikativ") (54ff; H-S §259)

83 Fälle, bei denen die konjugierte Verbform die Umstände bezeichnet, die nicht konjugierte Form hingegen das Geschehen oder Sein: a) Verben wie παύομαι *aufhören* usw. mit Ptz. (301), b) φιλέω *etwas gern tun* und προστίθεμαι *etwas fernerhin/weiter tun* (Hebr.) mit Inf. (auch als Ptz.): φιλοῦσιν ... προσεύχεσθαι *sie beten gern* ... (Mt 6,5).

Zum Art. bei den Artangaben s.o. 82.

e) Zu den Attributen (66; H-S §260)

84 1. Das **Attribut** des Substantivs kann verschiedenster Form sein. Bei einem determinierten Subst. **steht** es entweder zwischen Art. und Subst. oder nach dem wiederholten Art. („attributive" Wortstellung, s.u. 111). Auch bei nicht determiniertem BW kann es nachgestellt zwecks Verdeutlichung des attributiven Verhältnisses den Art. haben: ἡ **εἰς Χριστὸν** πίστις *der Glaube an Christus* (vgl. Kol 2,5); ἡ πίστις ... **ἡ πρὸς τὸν θεόν** *der Glaube an Gott* (1Thess 1,8); **καλὸν** ἔργον *ein gutes Werk* (Mk 14,6); χαρὰν **μεγάλην** *große Freude* (Lk 2,10); _ στολὴν **τὴν πρώτην** *ein erstklassiges Gewand* (Lk 15,22).

85 2. Entgegen der allgemeinen Regel haben folgende **attributiv gebrauchten** Ausdrücke **„prädikative"** Wortstellung (s.u. 112, mißverständliche, aber übliche Bezeichnung): a) die Personalpronomina (im NT meist auch andere Ausdrücke) im possessiven Gen. (154): τὸ ὄνομα **αὐτοῦ** *sein Name* (Mt 1,21); b) die Demonstrativpronomina (130f): **οὗτος** ὁ τελώνης *dieser Zöllner* (Lk 18,11); c) die partitiven Gen. (164f): τοὺς πλείονας **τῶν ἀδελφῶν** *die meisten Brüder* (Phil 1,14); d) das Zweizahlpron. ἀμφότερα τὰ πλοῖα *beide Boote* (Lk 5,7).

3. Bei folgenden Wörtern sind **beide Stellungen** möglich; diese haben aber unterschiedliche Bedeutungen:

86 a) πᾶς/ὅλος: „prädikative" Wortstellung: Vollzähligkeit aller Teile wird betont; „attributive" Wortstellung: Vollzähligkeit als Einheit wird betont: **πᾶσα** ἡ κτίσις *die ganze Schöpfung* (Röm 8,22); **πᾶσαι** αἱ γενεαί *alle (soeben genannten) Geschlechter* (Mt 1,17); ὁ **πᾶς** νόμος *das gesamte Gesetz* (Gal 5,14); οἱ **πάντες** ἄνδρες *die Gesamtzahl der Männer* (Apg 19,7); beachte: beim subst. Ptz. normalerweise: **πᾶς** ὁ ἀκούων *jeder* (nicht: *der ganze*), *der hört* (Mt 7,26); ohne Art.: **πᾶν** δένδρον *jeder (beliebige) Baum* (Mt 3,10); **πάντες** ἄνθρωποι *alle beliebigen Menschen* bzw. *alles, was Mensch heißt* (vgl. Apg 22,15), doch nachklass., besonders bei Namen, manchmal: **πᾶσα** οἰκοδομή *der ganze Bau* (Eph 2,21).

87 b) αὐτός: „prädikative" Wortstellung *selbst*, „attributive" Wortstellung *derselbe:* **αὐτὸς** ὁ κύριος *der Herr selbst* (1Thess 4,16); τὸ **αὐτὸ** πνεῦμα *derselbe Geist* (1Kor 12,11).

4. Das attributive Adj. wird öfter **ohne Bezugswort** gebraucht (Ellipse [376]),   **88**
wenn dieses leicht zu ergänzen ist. Im NT werden am häufigsten weggelassen:
γῆ/χώρα *Erde/Land,* ἡμέρα *Tag,* ὥρα *Stunde,* χείρ *Hand;* Bsp.: τῇ ἐπι-
ούσῃ *am nächsten (Tag)* (Apg 21,18 usw.).

III. Die Kongruenz (H-S §261-265)
Für die formale Übereinstimmung zusammengehörender Teile im Satz („Kon-
gruenz") gilt:

1. Übereinstimmung im Numerus
a) Klass. Regel: Subj.[Ntr.Pl.]+Präd.[Sg.]: **τὰ φύλλα** (Subj.) **πίπτει** (Präd.)   **89**
die Blätter fallen; Koine: zunehmend +Präd.[Pl.]; b) Tendenz im NT:
(1) Subj.[Ntr.Pl.]+Präd.[Pl.], häufig, wenn Subj. = **Personen,** oft bei τὰ ἔθνη
Nationen/Heiden, seltener bei **τέκνα** *Kinder:* ἐνευλογηθήσονται (Präd.)
ἐν σοὶ **πάντα τὰ ἔθνη** (Subj.) *in dir sollen alle Völker gesegnet werden*
(Gal 3,8), s.a. 2Jh 13; (2) Subj.[Ntr.Pl.]+Präd.[Sg.], meist, wenn Subj. **unpersön-
lich,** noch häufiger, wenn Subj. = Abstraktum und Pronomen: ἄλλα ἦλθεν
(Präd.) **πλοῖα** (Subj.) *andere Schiffe kamen* (Jh 6,23); **ταῦτα πάντα**
(Subj.) προστεθήσεται ὑμῖν (Präd.) *dies alles wird euch dazugegeben wer-
den* (Mt 6,33).

2. Übereinstimmung in Genus, Numerus und Kasus
a) Das **Attribut** (einschließlich App. [66ff]) stimmt soweit möglich mit seinem   **90**
BW in Genus, Numerus und Kasus überein: **προφήτης** (BW) μέγας
(Attr.) *ein großer Prophet* (Lk 7,16).
b) Für **nichtattributive** Bestimmungen, d.h. Präd.-Nom/Obj.-Präd. und Artan-
gaben („Prädikativ") (47f; 65) sowie adverbial gebrauchte Partizipien und
Adjektive gilt (286ff; 113):
(1) Ein Adj. stimmt im Griech. (im Unterschied zum Deutschen) mit dem BW   **91**
in Genus, Numerus und Kasus überein, ein Subst. nur im Kasus: αἱ ἡμέραι
(BW) πονηραί (Präd.-Nom.) εἰσιν *die Tage sind böse* (Eph 5,16), s.a. Jh
17,17. In allgemeingültigen Sätzen kann das Adj. aber im Ntr. Sg. stehen (im NT
selten): οὐχὶ **ἡ ψυχὴ** (BW) πλεῖόν (Präd.-Nom.) ἐστιν τῆς τροφῆς *ist
das Leben nicht mehr als die Nahrung?* (Mt 6,25)
(2) Im AcI steht das Präd.-Nom. wie das Subj. im Akk. (268f): ἡ ἐπαγγελία   **92**
... τὸ κληρονόμον (AcI-Präd.-Nom.) **αὐτὸν** (BW: AcI-Subj.) εἶναι
κόσμου ... *die Verheißung ... daß er der Erbe der Welt sein werde ...* (Röm 4,13).
(3) Hat ein Demonstrativ- oder Rel.-Pron. (130-133) die Rolle des Subj. (42)   **93**
inne, so richtet es sich im Griech. (im Unterschied zum Deutschen) fast immer
nach dem Präd.-Nom.: **αὕτη** (Subj.) δέ ἐστιν **ἡ κρίσις** (Präd.-Nom.) ...
dies ist das Gericht ... (Jh 3,19). Bei Erklärungen bzw. Deutungen verwendet die

Koine die Wendungen ὅ ἐστιν und τοῦτ᾽ ἔστιν *das ist/heißt*, die ungeachtet der Form von BW und Präd.-Nom. immer im Ntr. Sg. stehen: ... **τὴν ἀγάπην** (BW) **ὅ** (Subj.) ἐστιν **σύνδεσμος τῆς τελειότητος** (Präd.-Nom.) ... *die Liebe, die das vollkommen zusammenschließende Band ist* (Kol 3,14), s.a. Hb 13,15.
Zur „Attraktion des Rel.-Pron." s. 360, zum „distributiven" Sg. s. 101.

3. Übereinstimmung bei mehreren durch καί *und* o.ä. koordinierten Ausdrücken

94 a) Besteht ein zweigliedriges Subj. aus Sg.+Sg. oder Sg.+Pl., so gilt in der Regel: Subj.[Sg.+Pl./Sg.]+Präd.[Pl.], aber Präd.[Sg.]+Subj.[Sg.+Pl./Sg.]: ἐκλήθη (Präd.) δὲ καὶ **ὁ Ἰησοῦς καὶ οἱ μαθηταὶ αὐτοῦ** ... (Subj.) *auch Jesus und seine Jünger wurden ... eingeladen* (Jh 2,2), s.a. Apg 12,25; 16,31.

95 b) Kongruierende Bestimmungen mit mehreren koordinierten Bezugswörtern richten sich in der Regel nach dem am nächsten dabeistehenden Element (im Genus geht aber das Mask. vor): ἀποκριθεὶς δὲ **Πέτρος καὶ οἱ ἀπόστολοι** (BW) εἶπαν *da antworteten Petrus und die (anderen) Apostel und sagten* (Apg 5,29).

4. Konstruktion nach dem Sinn („constructio ad sensum")

96 Handelt es sich beim BW (Subj. oder anderes Element) um ein Subst., das zwar formal im Sg. steht, aber eine Mehrzahl von Personen oder Dingen bezeichnet (einen Kollektivbegriff), so kann der dazugehörige Ausdruck (Präd. oder anderes Element) im Pl. stehen; die **Konstruktion** richtet sich nicht nach der Form, sondern **nach dem Sinn** (im Griech. häufig, im Deutschen selten): ὁ δὲ πλεῖστος **ὄχλος** (BW) ἔστρωσαν ἑαυτῶν τὰ ἱμάτια *die sehr große Volksmenge breitete ihre Mäntel aus* (Mt 21,8). Bei Pers.- und Rel.-Pron. kann auch die Übereinstimmung im Genus betroffen sein: Φίλιππος κατελθὼν εἰς τὴν **πόλιν** (BW) τῆς Σαμαρείας ἐκήρυσσεν αὐτοῖς τὸν Χριστόν *Philippus ging in die Stadt Samaria* (oder *Samarias*) *hinab und verkündete ihnen* (den Einwohnern) *den Messias* (Apg 8,5).

IV. Übersicht über die wichtigsten Satzmuster des neutestamentlichen Griechisch (vgl. oben 52)

97 **1. Satzmuster**

Der **ergänzungslose** Satz
1. Subj.+Präd.: ἠρίστησαν (ἀριστάω) *sie frühstückten* (Jh 21,15)

Sätze mit einer Ergänzung (Subj.+Präd.+Erg.)

2. Subj.+Präd.+AkkO: ὁ πατὴρ ἀγαπᾷ τὸν υἱόν *der Vater liebt den Sohn* (Jh 3,35)

3. Subj.+Präd.+DatO: ὑπακούουσιν αὐτῷ *sie gehorchen ihm* (Mk 1,27)

4. Subj.+Präd.+GenO: ἥψατο αὐτοῦ (ἅπτομαι) *er berührte ihn* (Lk 5,13)

5. Subj.+Präd.+PräpO: πέποιθεν ἐπὶ τὸν θεόν *er traut auf Gott* (Mt 27,43)

6. Subj.+(Präd.)+Präd.-Nom./Subj.Erg.: αὐτὴ ἦν χήρα *sie war Witwe* (Lk 7,12)

7. Subj.+(Präd.)+notw.Lok./Präd.-Nom.: ὁ θεὸς ἐν ὑμῖν ἐστιν *Gott ist in eurer Mitte* (1Kor 14,25)

8. Subj.+(Präd.)+notw.Temp./Präd.-Nom.: ὁ θρόνος σου ... εἰς τὸν αἰῶνα ... *dein Thron ... (bleibt) in ... Ewigkeit* (Hb 1,8)

9. Subj.+Präd.+notw.Mod.: εὐσχημόνως περιπατήσωμεν *laßt uns so leben, wie es sich ziemt* (Röm 13,13)

10. Subj.+(Präd.)+notw.Kaus./Präd.-Nom.: τὰ πάντα δι' ὑμᾶς *alles (geschieht) um euretwillen* (2Kor 4,15)

Sätze mit zwei Ergänzungen (Subj.+Präd.+Erg.+Erg.)

11. Subj.+Präd.+AkkO+DatO: δώσω σοι τὸν στέφανον ... *ich werde dir den Siegeskranz ... geben* (Apk 2,10)

12. Subj.+Präd.+AkkO+GenO: ὑμᾶς ἀξιώσει τῆς κλήσεως ... *(er) wird euch der Berufung würdig machen* (vgl. 2Thess 1,11)

13. Subj.+Präd.+AkkO+PräpO: τίς ἡμᾶς χωρίσει ἀπὸ τῆς ἀγάπης ...; *wer wird uns von der Liebe ... trennen?* (Röm 8,35)

14. Subj.+Präd.+AkkO+notw.Lok.: ἔθηκεν αὐτὸν ἐν μνήματι *er legte ihn in ein Grab* (Lk 23,53)

15. Subj.+Präd.+AkkO+Obj.-Präd.: ὑμᾶς εἴρηκα φίλους *ich habe euch Freunde genannt* (Jh 15,15)

16. Subj.+Präd.+AkkO+AkkO: ὑμᾶς διδάξει πάντα *er wird euch alles lehren* (Jh 14,26)

> 17. Subj.+Präd.+DatO+notw.Mod.: ἐποίησαν αὐτοῖς ὡσαύτως *sie*
> *behandelten sie in gleicher Weise* (Mt
> 21,36)
> usw.

98 **2. Sätze mit Mustern zweiten Grades** (Subj.+Präd.+Erg.+Erg./2. Grades)

> 1. Subj.+(Präd.)+Präd.-Nom.+DatO/2.G.: ... εὐάρεστος τῷ θεῷ ... *ist*
> *Gott wohlgefällig* (Röm 14,18)
> 2. Subj.+(Präd.)+Präd.-Nom.+GenO/2.G.: ἦτε ... ξένοι τῶν δια-
> θηκῶν *ihr wart ... den Bündnissen*
> *fremd* (Eph 2,12)
> 3. Subj.+(Präd.)+Präd.-Nom.+PräpO/2.G.: ἐλευθέρα ἐστὶν ἀπὸ τοῦ
> νόμου *sie ist frei vom Gesetz* (Röm
> 7,3)
> 4. Subj.+Präd.+notw.Mod.+DatO/2.G.: λατρεύωμεν εὐαρέστως τῷ
> θεῷ *wir wollen den Dienst Gott wohl-*
> *gefällig tun* (Hb 12,28)
> 5. Subj.+Präd.+notw.Mod.+GenO/2.G.: περιπατῆσαι ἀξίως τοῦ
> κυρίου *des Herrn würdig leben* (Kol
> 1,10)
> usw.

B. Wortarten und Wortformen im Satz

I. Syntax nominaler Wortarten und Wortformen (H-S §129-187)

1. Allgemeines

99 **Kategorien** der griech. Nominalflexion (Deklination; H-S §23 sowie S. 173f):
1. Drei Genera (Sg. „Genus"): Maskulin, Feminin, Neutrum. 2. Zwei Numeri:
Singular (Einzahl), Plural (Mehrzahl) (klass. zusätzlich Dual [Zweizahl]).
3. Fünf Kasus (Beugungsfälle): Nominativ (Werfall), Genitiv (Wesfall), Dativ
(Wemfall), Akkusativ (Wenfall), Vokativ (Anredefall).

Bemerkenswertes:

100 1. Zu den **Genera**: Das Mask. bezeichnet männliche Wesen sowie Flüsse,
Winde und Monate, das Fem. weibliche Wesen sowie Bäume, Länder, Inseln
und Städte und das Ntr. Phänomene ohne natürliches Geschlecht, als Verklei-
nerungsformen (Deminutiva, auf -ιον, -ιδιον auslautend) auch männliche und
weibliche Wesen.

101 2. Zu den **Numeri**: a) „kollektiver/genereller" (verallgemeinernder) Sg.: τί οὖν
τὸ περισσὸν τοῦ Ἰουδαίου ...; *welchen Vorzug hat nun der Jude ...?* (d.h.
der Jude als Jude) = ... *haben nun die Juden ...?* (Röm 3,1); b) „distributiver" Sg.

(seltener als im Deutschen): ἄνδρες δύο ἐπέστησαν αὐταῖς ἐν ἐσθῆτι ἀστραπτούσῃ *zwei Männer traten in leuchtenden Gewändern* (wörtl. „in leuchtendem Gewand") *zu ihnen* (Lk 24,4); c) auffälliger Pl. (statt Sg. wie im Deutschen): Himmelsgegenden: ἀπὸ ἀνατολῶν *aus dem Osten* (Mt 8,11 usw.), Richtungen: ἐκ δεξιῶν *rechts, zur Rechten* (Mt 20,21.23 usw.), Festnamen: τὰ ἐγκαίνια *das Tempelweihfest* (Jh 10,22 usw.), konkrete Erscheinungsformen zu Abstrakta: θυμός *Zorn*, θυμοί *Zornesausbrüche* (2Kor 12,20 usw.).

2. Syntax des Artikels (H-S §129-136)

1. **Pronominaler** Gebrauch: ὁ μέν ... ὁ δέ *der eine ... der andere* oder *einer ... ein anderer* (1Kor 7,7); οἱ μέν (ohne οἱ δέ) *sie* (Apg 5,41); ὁ δέ, οἱ δέ *dieser/der/er (aber)* (Mt 12,3), *diese/die/sie (aber)* (Lk 5,33).   **102**

2. **Allgemeiner** Gebrauch (ähnlich wie beim deutschen Art.):

a) **individuell** (von Erwähntem oder allgemein Bekanntem): τοὺς πέντε   **103**
ἄρτους *die* (erwähnten) *fünf Brote* (Mk 6,41); τὸ ἱερόν *das* (allgemein bekannte) *Heiligtum* (Apg 21,28); auch einem **Possessivpron.** (128) entsprechend: οὐκ ἔχει ποῦ τὴν κεφαλὴν κλίνῃ *er hat keinen Ort, wohin er sein Haupt legen kann* (Lk 9,58);

b) **generell**: (1) „kollektiver/genereller" Sg. (vgl. 101): οὐκ ἐπ᾽ ἄρτῳ μόνῳ   **104**
ζήσεται ὁ ἄνθρωπος *nicht vom Brot allein lebt der Mensch* (= *leben die Menschen*) (Mt 4,4); ὁ πιστεύων εἰς τὸν υἱόν ... *jeder, der an den Sohn glaubt* ... (Jh 3,36); (2) zur Bezeichnung einer besonderen Gruppe im Pl.: οἱ Φαρισαῖοι *die Pharisäer* (Mt 23,2);

c) **substantivierend** vor den verschiedensten Wortarten und Wortgruppen: οἱ   **105**
πτωχοί (Adj.) *die Armen* (Lk 6,20); τὸ θέλειν (Inf.) *das Wollen* (Röm 7,18); ὁ πλησίον (Adv.) *der Nächste* (vgl. Röm 15,2); οἱ μετ᾽ αὐτοῦ (Präp.-Konstruktion) *seine Begleiter* (Mt 12,3); τὰ Καίσαρος (Gen.-Konstruktion) *das, was dem Kaiser gehört* (Mt 22,21); τὸ εἰ δύνῃ ... (Satz) *das (Wort) „wenn du kannst"* ... (Mk 9,23). Merke besonders: οἱ πολλοί (neben *die vielen*) *die große Mehrzahl, die meisten* (vgl. Mt 24,12); οἱ πλείονες (πλείονες *mehrere*) *die meisten* (1Kor 15,6).

3. **„Fehlen"** des Art. vor Substantiven, die als determiniert zu betrachten sind: **106**
a) öfter in Präp.-Konstruktionen: ἐξ _ ἐθνῶν *aus den Völkern* (Apg 15,14);
b) oft bei Abstrakta: _ ἀγάπη καλύπτει ... *die Liebe deckt ... zu* (1Pt 4,8);
c) öfter (besonders in AT-Zitaten) vor einem Subst. im Gen. (= hebr. „status constructus"): _ δόξα κυρίου (κύριος = Jahwe, als Eigenname im Hebr. determiniert) *die Herrlichkeit des Herrn* (Lk 2,9; vgl. Ps 104,31); d) im NT normalerweise vor einem Subst. im Gen., das von einem artikellosen Subst. abhängt: λόγος _ θεοῦ *das Wort Gottes* (1Thess 2,13). S.a. 80 und 82.

Zu κύριος (= Jahwe) *Herr*: _ κύριος ὁ θεός kommt meist in AT-Zitaten vor   **107** (z.B. Mt 4,7.10). ὁ κύριος bezieht sich meist auf den erhöhten Jesus, kann aber auch in diesem Sinn bei einer Präp. ohne Art. stehen (z.B. 1Thess 3,8).

4. Der Artikel bei **Eigennamen**:

108 a) Entsprechend 103 gilt grundsätzlich: Beim Bezug auf erwähnte oder allgemein bekannte Personen steht der Art., sonst nicht. Im NT fehlt er aber häufig entgegen dieser Regel (weitgehend Semitismus: sem. Personennamen sind ohne Art.).

109 b) Nichtdeklinierbare Personennamen bekommen manchmal zur Verdeutlichung des Kasus den Art.: ἐγεῖραι τέκνα τῷ ᾿Αβραάμ *dem Abraham Kinder erwecken* (Mt 3,9).

110 c) Namen von Landschaften, Ländern und Flüssen stehen meist mit, Ortsnamen häufiger ohne, Völkernamen teils mit, teils ohne Art.

5. „Attributive" und „prädikative" **Wortstellung** (H-S §136):

111 a) „Attributive" Wortstellung (vgl. auch 84): ἡ **καλὴ** γῆ oder ἡ γῆ ἡ **καλή** *der gute Boden* (vgl. Mt 13,23.8); ἔργον **καλόν**, seltener **καλὸν** ἔργον *ein gutes Werk* (Mt 26,10; Mk 14,6).

112 b) „**Prädikative**" Wortstellung: (1) Subj.+(Präd.)+Präd.-Nom.: ὁ νόμος (Subj.) ἅγιος (Präd.-Nom.), seltener ἅγιος (Präd.-Nom.) κύριος ὁ θεός (Subj.) *das Gesetz/Gott, der Herr, ist heilig* (Röm 7,12/Apk 4,8); (2) Subj.+ Präd.+AkkO+Obj.-Präd. o.ä.: ἔχω (Präd./Subj.) τὴν μαρτυρίαν (AkkO) μείζω (Obj.-Präd.) = ἡ μαρτυρία ἣν ἔχω μείζων ἐστίν/ἔχω μαρτυρίαν ἣ μείζων ἐστίν wörtl. „ich habe das Zeugnis als ein größeres" = *das Zeugnis, das ich habe, ist größer* bzw. *ich habe ein Zeugnis, das größer ist* (Jh 5,36; vgl. auch Mk 8,17; Hb 7,24).
Zu den Attributen αὐτοῦ, οὗτος, πᾶς/ὅλος, αὐτός o.ä. mit „prädikativer" Wortstellung s.o. 85-87. S.a. 80 und 82.

3. Syntax des Adjektivs (H-S §137/138)

113 Das Adj. kann nicht nur, wie zu erwarten, attributiv (84; 111), „prädikativ" (Präd.-Nom., Obj.-Präd. bzw. Artangabe/„Prädikativ" [49; 65; 74], mit „prädikativer" Wortstellung [112]) und substantiviert (105), sondern in bestimmten Fällen auch **adverbial** (mit „prädikativer" Wortstellung [72; 74; 112]) gebraucht werden: **δευτεραῖοι** (Temp.) ἤλθομεν *am zweiten Tag kamen wir an* (Apg 28,13); **ἑκών** (Mod.) τοῦτο πράσσω *ich tue dies freiwillig* (1Kor 9,17).

4. Die Komparation (H-S §138)

114 1. Das „**als**" (beim Attr. zum komparativen Adj./Adv. [vgl. 68f]) wird meist durch Gen. (gen. comparationis [168]), seltener durch die Partikel ἤ ausgedrückt: μείζω (μείζονα) (Adj.) **τούτων** (Attr.) *Größeres als das* (Jh 1,50), μείζων (Adj.) ... **ἢ ὁ ἐν τῷ κόσμῳ** (Attr.) *größer ... als jener, der in der Welt ist* (1Jh 4,4), Beispiele mit Adv.: Jh 21,15; Apg 5,29.

Ebenfalls vorkommende Partikeln: παρά mit Akk., ὑπέρ mit Akk. (gelegent-   **115**
lich auch bei Subst. oder Verben ohne μᾶλλον *mehr* in komparativischem
Sinn), z.B. in Lk 3,13; Hb 4,12.

2. **Bemerkenswertes:**

a) Manchmal muß in der Übersetzung ein „weggelassener" Teil des „als"-Glie-   **116**
des ergänzt werden: ... τὴν μαρτυρίαν μείζω (Adj.) _ τοῦ Ἰωάννου
(Attr.) *das Zeugnis ... größer als (das) des Johannes* (Jh 5,36).

b) πολλῷ (πολύς im dat. differentiae/mensurae [Dat. des Unterschiedes oder   **117**
des Maßes]) kann den Komparativ (als Attr. zu Adj./Adv. [vgl. 68f]) verstärken:
πολλῷ πλείους (Adj.) ἐπίστευσαν *noch viel mehr (Leute) kamen zum
Glauben (an ihn)* (Jh 4,41).

c) Besonderheiten, die teils durch den sem. Hintergrund, teils durch den Volks-   **118**
sprachcharakter des neutestamentlichen Griech. bedingt sind: (1) der Positiv
steht manchmal **statt** des **Komparativs** oder statt des **Superlativs**: **καλόν**
ἐστίν σε εἰσελθεῖν ... *es ist besser für dich ... einzugehen* (Mk 9,45); ποία
ἐντολὴ **μεγάλη** ἐν τῷ νόμῳ *was für ein Gebot ist das größte im Gesetz?*
(Mt 22,36); (2) der Komparativ ersetzt im NT meist den Superlativ (Koine):
μείζων δὲ τούτων ἡ ἀγάπη *die größte unter diesen aber ist die Liebe* (1Kor
13,13).

d) Wie in anderen Sprachen kommt der Superlativ (oder dessen Ersatz) auch   **119**
elativisch vor (ein sehr hoher Grad wird bezeichnet): ἐκ ξύλου **τιμιω-
τάτου** *aus kostbarstem* (= aus sehr kostbarem, nicht dem absolut kostbarsten)
Holz (Apk 18,12); Beispiel mit Komparativ statt des elativischen Superlativs:
2Kor 8,17.

5. **Syntax der Pronomina** (H-S §139-144)

Die Pron. werden teils **substantivisch** (z.B. αὐτῷ *ihm*), teils **adjektivisch** (z.B.   **120**
ἐμός *mein*) verwendet mit dem für diese Wortarten geltenden syntaktischen
Gebrauch (74; 139ff).

Hauptsächlichste **Unterschiede** zum **Klass.**: 1. Pron. kommen häufiger vor und   **121**
sind dabei öfter pleonastisch (vgl. 379), 2. Die feineren klass. Unterschiede wer-
den nicht beachtet (s. z.B. 126; 133).

a) **Nichtreflexives (nichtrückbezügliches) Personalpronomen** (H-S §139a-e)

1. Zum **Nom.** (Subj.): In der Regel steht es nur zur Hervorhebung der Person   **122**
(vor allem bei Gegensätzen). Im NT gibt es aber Fälle, wo keine Hervorhebung
vorliegt. Bsp.: καὶ **σὺ** ἐξ αὐτῶν εἶ *auch du gehörst zu ihnen* (Hervorhebung)
(Lk 22,58); ἔθηκα ὑμᾶς ἵνα **ὑμεῖς** ὑπάγητε ... *ich habe euch dazu bestellt,
daß ihr hingeht ...* (wahrscheinlich keine Hervorhebung) (Jh 15,16).

2. Zu **Gen., Dat.** und **Akk.**: Die betonten Formen ἐμοῦ *meiner* usw. werden bei   **123**
Hervorhebungen, d.h. im Gegensatz und (meist) nach Präp., gebraucht; sonst

stehen die enklitischen Formen μου *meiner* usw. Im NT sind diese häufiger als im Klass. (öfter pleonastisch [121]): εἰ ἐμὲ ἐδίωξαν, καὶ ὑμᾶς διώξουσιν *wenn sie mich verfolgt haben, so werden sie auch euch verfolgen* (Jh 15,20); μάθετε ἀπ᾽ ἐμοῦ *lernt von mir!* (Mt 11,29); aber: ἐὰν θέλῃς δύνασαί με καθαρίσαι *wenn du willst, kannst du mich reinigen* (Mt 8,2).

124 3. Zur **dritten Person**: a) Nicht nur im Gen., Dat. und Akk. (wie im Klass.), sondern auch im **Nom.** (bei Hervorhebung entsprechend ἐγώ *ich,* σύ *du* usw. [122]) steht meist αὐτός (klass. dafür ἐκεῖνος *jener,* οὗτος *dieser*): **αὐτοὶ** **παρακληθήσονται** *sie werden getröstet werden* (Mt 5,4); „klass." Bsp.: Jh 7,11. Merke: αὐτὸς ὁ ...: ... *selbst,* ὁ αὐτός ...: *derselbe* ... (87), αὐτός *er.* Bei Lk manchmal αὐτός = αὐτὸς οὗτος/ἐκεῖνος *dieser/jener selbe* (z.B. Lk 24,13). b) Häufig steht der pronominal gebrauchte **Art.** (102; bzw. das entsprechend verwendete Rel.-Pron. [133c]).

b) Reflexives (rückbezügliches) Personalpronomen (H-S §139f-l)

125 1. Es bezieht sich auf das Subj.: μαρτυρῶ περὶ **ἐμαυτοῦ** *ich lege Zeugnis über mich (selbst) ab* (reflexiv: *ich ... mich*) (Jh 5,31); μαρτυρεῖ περὶ **ἐμοῦ** *er legt Zeugnis über mich ab* (nichtreflexiv: *er ... mich*) (Jh 5,32).

126 2. **Bemerkenswertes:** a) **1./2. Pl.:** Statt des klass. ἡμῶν/ὑμῶν αὐτῶν usw. steht in der Koine/im NT dasselbe wie in der 3. Pl., nämlich ἑαυτῶν usw.: ἐν **ἑαυτοῖς** στενάζομεν *wir seufzen in uns selbst* (Röm 8,23). b) **αὐτοῦ** *seiner selbst* usw. statt ἑαυτοῦ usw. treten im NT ganz zurück. c) Im NT steht an nicht wenigen Stellen statt des reflexiven das **nichtreflexive** Pers.-Pron., besonders beim gen. possessoris (154) der 3. Pers.: ἀράτω τὸν σταυρὸν **αὐτοῦ** *er ... nehme sein Kreuz auf sich* (Mt 16,24). d) ἑαυτῶν ersetzt manchmal das **Reziprok**pronomen ἀλλήλων (127).

127 **c) Reziprokpronomen (wechselbezügliches) Pronomen** (H-S §139m/n) Beispiel: ἵνα ἀγαπᾶτε **ἀλλήλους** *damit ihr einander liebt* (Jh 13,34). Statt ἀλλήλων usw. können **ἑαυτῶν** usw. (auch klass. [126]) sowie (im Akk.) **εἰς τὸν ἕνα** (s. 1Thess 5,13 und 11) stehen.

d) Possessivpronomen (besitzanzeigendes Pron.) (H-S §140)

128 Es tritt im NT zugunsten des Pers.-Pron. (122-124) im gen. possessoris (154) stark zurück. Es wird wie ein Adj. verwendet und betont das Besitzverhältnis stärker als das Pers.-Pron. im Gen. Beispiele: 1. Nicht reflexiv: ὁ παῖς **μου** *mein Knecht* (normal) (Mt 8,6); εἰς τὸ **ἐμὸν** ὄνομα *in meinem Namen* (stärker betont) (Mt 18,20); 2. reflexiv (vgl. 125; auch nichtreflexive Formen möglich): οὐ ζητῶ τὸ θέλημα **τὸ ἐμόν** (normal) *ich trachte nicht nach meinem eigenen Willen* (Jh 5,30); ... μὴ ζητῶν τὸ **ἐμαυτοῦ** σύμφορον (stärker betont) ... *ich suche nicht meinen eigenen Vorteil* (1Kor 10,33).

Merke: 1. Statt ἐμαυτοῦ usw., besonders in der 3. Pers., steht im NT oft ἴδιος **129**
eigen, eigentümlich: τὰ ἴδια πρόβατα φωνεῖ *er ruft seine Schafe* (Jh 10,3);
vgl. auch Lk 6,41; Jh 4,44; 1Kor 4,12. 2. Gelegentlich drückt das Possessivpro-
nomen einen gen. obi. (158) aus: εἰς τὴν ἐμὴν ἀνάμνησιν *zur Erinnerung
an mich* (1Kor 11,24f). Zum possessiv gebrauchten Art. s. 103.

e) Demonstrativpronomen (hinweisendes Pron.) (H-S §141)

1. Grundsätzlich gilt: a) „dieser" (Hinweise auf das räumlich, zeitlich oder **130**
gedanklich näher Liegende [„Nahdeixis"]): (1) οὗτος usw. *dieser* (Klass.: Hin-
weis auf schon Genanntes, Vorhergehendes, im NT auch auf gerade Vorliegen-
des oder Folgendes; 1391x im NT); (2) ὅδε usw. *der hier, dieser* (Hinweis auf
gerade Vorliegendes oder Folgendes; im NT nur 10x) b) „jener" (Hinweis auf
Entfernteres [„Ferndeixis"]): ἐκεῖνος usw. (265x im NT).
2. **Bemerkenswertes:** a) Auch als Attr. wird es mit „prädikativer" Wortstellung **131**
(85) verwendet: οὗτος ὁ λαός/ὁ λαὸς οὗτος *dieses Volk.* b) Es steht als
Bezugswort vor attributiven Konjunktional- (im Ntr. Sg.) und Relativsätzen
(353ff): τίς οὗτός ἐστιν ὅς ... *wer ist dieser, der ...* (Lk 7,49); λογίζῃ δὲ
τοῦτο ... ὅτι ... *rechnest du damit, daß ...* (Röm 2,3). Zur vergleichbaren Funk-
tion von Art. und Rel.-Pron. s. 102 und 133.

f) Relativpronomen (bezügliches Pron.) (H-S §142)

1. Es gibt grundsätzlich zwei Arten von Relativpronomina (und -adverbien): **132**
a) das **individuelle** (Bezug auf Bestimmtes): ὅς usw. *der/welcher* (analog auch
ὅσος *wie groß* usw. sowie οὗ *wo* usw.), b) das **generelle** (verallgemeinernde;
Bezug auf Unbestimmtes/Gattung): ὅστις usw. *wer auch immer/jeder, der* (Pl.
alle, die) (z.B. Mt 13,12) (analog auch ὁπόσος *wie groß auch immer* usw. sowie
ὅπου *wo auch immer* usw.), aber auch **qualitativ** im Sinn von *ein solcher, der*
bzw. *insofern, als er ...* (z.B. Mt 7,24). Merke: Durch ἄν/ἐάν mit Konj. kann die
Unbestimmtheit zusätzlich unterstrichen werden (vgl. 253; 371).
2. **Bemerkenswertes:** a) Im NT werden die beiden nicht immer streng auseinan- **133**
dergehalten (Bsp. Lk 2,4). b) Das Rel.-Pron. kann auch einen abhängigen Fra-
gesatz einleiten (vgl. z.B. Lk 9,33 und Mk 9,6) und (in der Koine) auch umge-
kehrt (vgl. z.B. Lk 17,8 und 11,6). S.a. 135. c) Wie der Art. (102) kann ὃς μέν
... ὃς δέ im Sinn von *der eine/dieser ... der andere/jener* verwendet werden (z.B.
Lk 23,33). S.a. unter 354ff.

g) Interrogativpronomen (Fragepron.) (H-S §143)

1. **Gebrauch** der Interrogativpronomina (und -adverbien): a) τίς; *wer?* τί; **134**
was? (ποῦ; *wo?* usw.) in direkten und indirekten Fragen (320; 329), attributiv
auch *welcher ...? was für ein ...?* (Lk 14,31; Jh 2,18); τί adverbial auch *warum?*
(Mt 6,28) oder sem. mit Adj. *wie ...!* (Mt 7,14); b) ὅστις *wer* ὅ τι *was* (ὅπου

wo usw.) in indirekten Fragen (im NT ganz selten, dort fast immer im Sinn von *wer auch immer/jeder, der* usw. [s.o. 132]); Beispiele: τίς εἶ; *wer bist du?* (direkte Frage) (Jh 1,22); εἰπὲ τίς ἐστιν *sage, wer es ist!* (indirekte Frage) (Jh 13,24 Handschriften BCL usw.); vgl. auch Jh 5,44 mit 1Thess 1,9 und Lk 24,19f.

135   2. **Bemerkenswertes**: Interrogativ- und Rel.-Pron. können sich gegenseitig ersetzen (133).

h) Indefinitpronomen (unbestimmtes Pron.) (H-S §144)

136   1. **Gebrauch**: a) τις substantivisch *(irgend-) einer/jemand* (Mt 12,29), adjektivisch/attributiv *ein (gewisser)* ... (Lk 1,5) (auch *eine Art* [mildernd] oder *nur ein* [verschärfend], s. Jak 1,18 und Hb 10,27); b) τι substantivisch *(irgend) etwas* (Mt 5,23); adjektivisch/attributiv *etwas* ... (Röm 9,11).

137   2. **Bemerkenswertes**: a) τις/τι steht substantivisch häufig mit gen. partitivus (bzw. ἐκ mit Gen., 164) (und ist dann manchmal zu ergänzen [Ellipse, 376]): τινὲς τῶν γραμματέων *einige (der) Schriftgelehrten* (Mt 9,3); b) statt τις kann stehen: εἷς „einer" (Sem.), ἄνθρωπος „(ein) Mensch", ἀνήρ „(ein) Mann"; c) οὐδείς/μηδείς *niemand/keiner* sind das negative Gegenstück zu τις. Dafür steht im NT (Sem.) manchmal οὐ (μή) ... πᾶς im Sinn von *keiner* (statt *nicht jeder*), z.B. Mt 24,22, ähnlich (auch Klass.) εἷς ... οὐ (Mt 10,29).

6. Syntax der Zahlwörter (H-S §145)

138   Im großen und ganzen werden Zahlwörter wie im Deutschen verwendet. Merke aber: 1. „**erster** (Tag)": neben πρώτη auch μία (Sem.) (Apg 20,7; Mk 16,9). 2. „**je**" (distributiv): ἀνά/κατά (wie klass.) sowie Doppelschreibung (Koine; auch zusätzlich mit ἀνά): ἀνὰ πεντήκοντα *je fünfzig* (Lk 9,14), s.a. 1Kor 14,27; Mk 6,7. 3. „**ungefähr**": ὡς/ὡσεί: ὡς δισχίλιοι *ungefähr zweitausend* (Mk 5,13).

7. Die Kasussyntax (H-S §146-182)

139   Wie und mit welchen inhaltlichen Nuancen den nominalen Wörtern u.a. ihre Rolle als Satzglied oder Attr. (vgl. 74) durch die Kasus zugeteilt wird, soll die folgende Übersicht zeigen:

a) Nominativ und Vokativ (H-S §147/148)

140   1. **Nom. = Kasus des Subj.** sowie aller formal damit übereinstimmenden Satzbestandteile (Attr., Präd.-Nom., z.T. Adverbiale, [Subj.-]Artangabe [„Prädikativ"], vgl. 74).

141   Merke auch den Nom. **außerhalb** der **Satzkonstruktion**: a) **nominativus pendens** („hängender", d.h. nicht in der Konstruktion stehender Nom.): ὁ νικῶν ... δώσω αὐτῷ ... *wer überwindet ... geben werde ich ihm* ... (Apk 2,26) (das, was im Dat. stehen sollte, ist zur Hervorhebung aus der Konstruktion herausgenommen und als Anakoluth [zusammenhangloser Satzteil, 375] im Nom. an die Spitze gestellt.), b) in Ausrufen (z.B. Röm 7,24); anstelle des Vok. und bei listenmäßigen Aufzählungen.

2. **Vok.** = Kasus der **Anrede** (fungiert syntaktisch als Einschub [374]). In der   142
Koine steht er meist ohne die attisch übliche **Interjektion** ὦ; wenn sie gebraucht wird, dann meist mit Affekt: **πάτερ ἅγιε** *heiliger Vater* (Jh 17,11); **ὦ ἄνθρωπε** θεοῦ *o Gottesmensch!* (1Tim 6,11). Oft ersetzt der Nom. den Vok. (dann mit Art.): **ναί, ὁ πατήρ** *ja, Vater* (Lk 10,21).

b) Akkusativ (H-S §149-157)

aa) Allgemeines

In erster Linie **Kasus des AkkO** sowie aller formal damit übereinstimmenden   143
Satzbestandteile (Attr., Obj.-Präd., z.T. Adverbiale, [Obj.-]Artangabe [„Prädikativ"]), daneben **seltener** in freierer, formal nicht damit übereinstimmender Weise **adverbial** gebraucht (als Adverbiale u.ä.). Vgl. 74.

bb) Objektsakkusativ (auf die Frage „Wen oder was?", AkkO)

1. **Gewöhnlicher** Objektsakkusativ: a) mit affiziertem (vom Vorgang direkt   144
betroffenem) AkkO: **κατέκλασεν τοὺς πέντε ἄρτους** *er brach die fünf Brote* (Mk 6,41); b) mit effiziertem AkkO (Bezug auf Ergebnis oder Inhalt des Vorgangs): **ᾠκοδόμησεν πύργον** *er baute einen Turm* (Mt 21,33).

2. Akk. des **inneren Objekts** (AkkO ist mit dem Verb form- [„figura etymologi-   145
ca"] oder sinnverwandt): **ἐφοβήθησαν φόβον μέγαν** *sie gerieten in große Furcht* (Mk 4,41); **ὅρκον ὃν** ὤμοσεν *den Eid, den er geschworen hat* (Lk 1,73).

3. **Einfacher** Akk. (Subj.+Präd.+AkkO [97,2]): **οὐδένα** ἠδικήσαμεν *wir*   146
haben niemand Unrecht getan (2Kor 7,2).

4. **Doppelter** Akk. (Subj.+Präd.+AkkO+AkkO/Obj.-Präd. [97,15f]): **γάλα**   147
(AkkO) **ὑμᾶς** (AkkO) ἐπότισα *ich gab euch Milch zu trinken* (1Kor 3,2); **τίς με** (AkkO) κατέστησεν **κριτήν** (Obj.-Präd.) *wer hat mich zum Richter ...* *eingesetzt?* (Lk 12,14).

Zum Akk. beim Pass. s. 212ff.

cc) Freierer Akkusativ

1. Akk. der **Ausdehnung** (auf die Frage „Wie weit/lange?", meist Lok./Temp.):   148
ἐληλακότες ... **ὡς σταδίους εἴκοσι πέντε** (Lok.) *als sie ungefähr 25 Stadien gerudert waren* (Jh 6,19); εἶδον τὰ ἔργα μου **τεσσεράκοντα ἔτη** (Temp.) *sie sahen meine Werke 40 Jahre lang* (Hb 3,9.10). Im NT auch auf die Frage „Wann?" möglich (Jh 4,52; Apg 20,16). Vgl. 182.

2. Akk. der **Beziehung** (respectūs/relationis) (auf die Frage „In welcher Hin-   149
sicht/Beziehung?"; Attr. oder Mod.): Sehr wenige Beispiele im NT dafür (durch dat. respectūs [178] ersetzt): ... οἱ ἄνδρες **τὸν ἀριθμὸν** (Attr.) ὡς πεντακισχίλιοι *die Männer ... an Zahl etwa 5000* (Jh 6,10).

150 3. **Adverbialer** Akk.: Im NT noch in Form von Adjektiven im Ntr. (praktisch zu Adverbien erstarrt) erhalten (Mod. oder Attr.): (τὸ) λοιπόν *im übrigen, weiterhin, endlich* (1Kor 4,2); u.a. in Form von Komparativen und Superlativen: τάχιον *schneller, bald* (Hb 13,19.23); τὸ πλεῖστον (auch ohne Art.) *höchstens* (1Kor 14,27); τὸ νῦν ἔχον *für jetzt* (Apg 24,25); ὃν τρόπον *auf welche Weise, wie* (Lk 13,34); τὸ καθ᾽ ἡμέραν (auch ohne Art.) *täglich* (Lk 11,3).

c) Genitiv (H-S §158-172)
aa) Allgemeines

151 Gen. = **Kasus des Bereichs** (Person oder Sache, „echter" Gen.) und des **Ausgangspunktes** (räumlich und übertragen, Ersatz für den indogermanischen Ablativ), abhängig von nominalen Wörtern oder von Verben als Attr., Obj.-Präd., GenO, Adverbiale sowie als damit formal übereinstimmende Satzbestandteile. Vgl. 74. Im NT ist der klass. Gen. (besonders beim Verb) oft durch ἐκ, ἀπό u.ä. ersetzt. Zum Inf. mit τοῦ s. 281, zum gen. abs. 288.

bb) Echter Gen. des Bereichs

152 1. Gen. **pertinentiae** (der Zugehörigkeit; auf die Frage „Zu welchem Bereich zugehörig?") mit folgenden wichtigeren Unterteilungen:

153 a) Gen. **auctoris** (des Urhebers; auf die Frage „Wessen?"; Attr.): ἐκλεκτοὶ **τοῦ θεοῦ** *von Gott Erwählte* (Kol 3,12).

154 b) Gen. **possessoris** (des Besitzers; auf die Frage „Wessen?"; Attr. [vgl. 85] oder Präd.-Nom.): ἐν τῇ οἰκίᾳ **τοῦ πατρός** (Attr.) *im Haus des Vaters* (Jh 14,2); τὰ **τοῦ θεοῦ** (subst. [105]) *was Gott gehört* (Lk 20,25); **τοῦ κυρίου** (Präd.-Nom. [vgl. 174]) ἐσμέν *wir gehören dem Herrn* (Röm 14,8).
Merke:

155 (1) Für den gen. possessoris in der Koine auch **κατά** mit Akk.: τὴν **καθ᾽ ὑμᾶς** πίστιν *euren Glauben* (Eph 1,15).

156 (2) Bei der Bezeichnung von **Verwandtschaftsverhältnissen** fehlt häufig das Bezugswort „Sohn", „Mutter", „Frau", „Leute" (Hausgenossen) u.ä.: Ἰάκωβος ὁ **τοῦ Ζεβεδαίου** *Jakobus, der (Sohn) des Zebedäus* (Mt 10,2); s.a. Mk 16,1 (Mutter), Jh 19,25 (Frau), 1Kor 1,11 (Leute).

157 (3) υἱός *Sohn* oder τέκνον *Kind* kann **übertragen** gebraucht eine enge Beziehung zu einer Person, Sache oder Eigenschaft bezeichnen (Sem.): οἱ υἱοὶ τῆς βασιλείας *die Menschen, die zur Königsherrschaft (Gottes) gehören/die von ihr bestimmt sind* (Mt 8,12); οἱ υἱοὶ τοῦ νυμφῶνος „die Söhne des Brautgemachs" = *die dem Bräutigam am nächsten stehenden Hochzeitsgäste, die Freunde des Bräutigams* (Mt 9,15); τέκνα φωτός *Kinder des Lichts* (= dem Bereich des Lichts angehörig) (Eph 5,8); τέκνα ὑπακοῆς *Kinder des Gehorsams* (= vom Gehorsam bestimmt) (1Pt 1,14).

158 c) **Genitivus subiectivus** und **genitivus obiectivus** (Attr.): ἡ ἀγάπη τοῦ θεοῦ gen. subi.: *die Liebe Gottes* (Gott liebt uns), gen. obi.: *die Liebe zu Gott* (wir lieben Gott). Bei einem Subst., das den Handelnden (z.B. σωτήρ *Retter*) oder die Handlung (z.B. καταλλαγή *Versöhnung*) bezeichnet („nomen agentis/actionis"), steht meist der gen. obi. Bei Paulus gibt es anscheinend Stellen, in denen gen. subi. und gen. obi. gleichsam kombiniert vorliegen (z.B. 2Kor 5,14). Vgl. auch 129.

d) Gen. **materiae** (des Stoffes und des Inhalts; auf die Frage „Aus welchem Stoff?" oder „Mit welchem Inhalt?"; Attr.): κεράμιον ὕδατος *einen Krug mit Wasser* (Mk 14,13).   **159**

e) Gen. **qualitatis** (der Eigenschaft; auf die Frage „Von welcher Art oder Eigenschaft?"; Attr., z.T. auch Präd.-Nom.). Während dieser Gen. im Klass. praktisch auf Maß- und Altersangaben (Präd.-Nom.) beschränkt war, ist er im NT recht verbreitet, vor allem zur Bezeichnung von Eigenschaften (Attr.); oft kommt er einem Adj. gleich (Sem., 384): ἦν **ἐτῶν δώδεκα** (Präd.-Nom.) *es war zwölf Jahre alt* (Mk 5,42); ... τὸν οἰκονόμον **τῆς ἀδικίας** (Attr.) (= τὸν **ἄδικον** οἰκονόμον) ... *den ungerechten Verwalter* (Lk 16,8); τὸ σῶμα **τῆς ἁμαρτίας** (Attr.) *der Leib der Sünde* (der von der Sünde beherrschte Leib) (Röm 6,6); καρδία πονηρὰ **ἀπιστίας** (Attr.) *ein böses Herz voll Unglauben* (Hb 3,12).   **160**

f) Gen. **pretii** (des Wertes und des Preises; auf die Frage „Für wieviel?"/„Wieviel wert?"; Adverbiale oder GenO): ἀγοράσωμεν **δηναρίων διακοσίων** (Mod.) ἄρτους ...; *sollen wir für 200 Denare Brot kaufen?* (Mk 6,37); καταξιωθῆναι ... **τῆς βασιλείας τοῦ θεοῦ** (GenO) *der Gottesherrschaft für würdig erachtet werden* (2Thess 1,5).   **161**

g) Gen. der **Richtung und der Absicht** (auf die Frage „Mit welcher Richtung/ Absicht?"; Attr.): τὴν **τῶν ἁγίων** ὁδόν *der Weg ins Heiligtum* (Hb 9,8).   **162**

h) Gen. **epexegeticus/appositivus** (erklärender Gen.; auf die Frage „Was für ein?"/„Worin bestehend?"; Attr.): ἡ δωρεὰ **τοῦ ἁγίου πνεύματος** *die im Heiligen Geist bestehende Gabe* (Apg 10,45). Oft erklärt dieser Gen. ein Bildwort: ὁ στέφανος **τῆς ζωῆς** *der Siegeskranz des Lebens* (Jak 1,12).   **163**

2. Der gen. **partitivus** (Gen. des geteilten Ganzen)

a) Abhängig von **nominalen Wörtern** (auf die Frage „Wovon/Von welchem Ganzen?"; öfter durch ἐκ/ἀπό ersetzt; Attr. [vgl. 85]), besonders von Ortsnamen verbunden mit Ländernamen oder von τις *jemand/einer* (137), ἕκαστος *jeder,* εἷς *ein,* und von Mengenbezeichnungen: ἐν Κανὰ **τῆς Γαλιλαίας** *in Kana in Galiläa* (Jh 2,1.11); ἓν **τῶν μελῶν** σου *eins deiner Glieder* (Mt 5,29); Ἰουδαίων τε καὶ Ἑλλήνων πολὺ πλῆθος *eine große Menge von Juden und Griechen* (Apg 14,1).   **164**

b) Abhängig von **Verben** (GenO) der Sinnestätigkeit (z.B. ἀκούω *hören,* ἅπτομαι *berühren*), des Ergreifens/Fassens/Haltens (κρατέω *fassen/halten* u.ä.), des Füllens/Vollseins (πίμπλημι *füllen* usw.; analog Adj. wie μεστός *voll*), des Teilnehmens/Anteilgebens (μετέχω *Anteil haben* usw.), des Erstre-   **165** bens/Begehrens (ἐπιθυμέω *begehren* usw.), des Affekts (ἀνέχομαι *aushalten, ertragen* usw.), des Herrschens (κυριεύω *Herr sein* usw.) (Subj.+Präd.+GenO [97,4]): ἐμοῦ (GenO) ἀκούει *(er) hört mich* (Lk 10,16).

166 3. Gen. **temporis** (der Zeit; auf die Frage „Wann allgemein?"/„Innerhalb welches Zeitraumes?"): a) in allgemeinen, artikellosen Wendungen (Temp.): χειμῶνος *während des Winters* (Mt 24,20); b) distributiv mit Zahladverb (Attr.): ἑπτάκις τῆς ἡμέρας *siebenmal am Tag* (Lk 17,4).

cc) Ablativischer Gen. (Gen. des Ausgangspunktes; Ersatz für den indogermanischen Ablativ)

167 1. Gen. **separationis** (der Trennung/des Ausgangspunktes; auf die Frage „Woher?" oder „Von wo weg?"; GenO). Im NT hat die Mehrzahl der Verben (und Adj.), die klass. mit diesem Gen. verbunden sind, gewöhnlich ein PräpO mit ἐκ oder ἀπό, z.B. ἀπέχω *entfernt sein*. Zu den Verben, die noch recht häufig den reinen Gen. nach sich ziehen, zählen διαφέρω *sich unterscheiden von/mehr sein als*, χρῄζω *nötig haben, bedürfen*, δέομαί τινός τι *jmdn. um etwas bitten* (Subj.+Präd.+GenO bzw. Subj.+Präd.+AkkO+GenO [97,4 und 12]): δεήθητε τοῦ κυρίου *bittet den Herrn ...* (Mt 9,38).

168 2. Gen. **comparationis** (des Vergleichs; auf die Frage „... als wer oder was?"; Attr. zum Komparativ [114]): μείζω (= μείζονα) τούτων *Größeres als dieses* (Jh 1,50).

169 3. Gen. **locativus** (des Ortes; auf die Frage „Wo?" oder „Woher?"; Lok.). Im NT ist er nur in ganz geringen Resten vorhanden (meist durch ἐκ, z.T. durch ἀπό ersetzt): ἐκείνης (erg. ὁδοῦ) ἤμελλεν διέρχεσθαι *er mußte dort (auf jenem Weg) vorbeikommen* (Lk 19,4).

170 **dd) Merke:** Bei Paulus finden sich Häufungen verschiedenartiger Gen., die nicht immer eindeutig erklärt werden können: τὸν φωτισμὸν τοῦ εὐαγγελίου τῆς δόξης τοῦ Χριστοῦ *das Leuchten des Evangeliums von der Herrlichkeit des Christus* (2Kor 4,4) (1. Gen.: gen. auctoris; 2. Gen.: gen. obi. bzw. materiae; 3. Gen.: gen. subi. bzw. possessoris).

d) Dativ (H-S §173-182)

aa) Allgemeines

171 Dat. = „echter" Dativ (etwa = deutscher Dat.), **instrumentaler** und **soziativer** Dat. (bezeichnet Mittel oder Begleitgröße; Ersatz für den indogermanischen Instrumentalis; vgl. lat. Ablativ) sowie **lokativischer Dat.** (gibt Ort oder Zeit an; Ersatz für den indogermanischen Lokativ; vgl. lat. Ablativ) als DatO (sowie als formal damit übereinstimmende Satzbestandteile), Präd.-Nom. (evtl. Obj.-Präd., Artangabe [„Prädikativ"], Adverbiale, Attr.). Vgl. 74. Im NT ist der klass. Dat. oft durch ἐν sowie u.a. durch διά mit Gen. und μετά mit Gen. ersetzt. Zum Inf. als Dat. s. 272.

bb) Echter Dat.

1. Objektsdat. (auf die Frage „Wem?"): a) **neben AkkO** als **indirektes**/entfernte-   **172**
res Obj. (Subj.+Präd.+AkkO+DatO [97,11]): ἔδωκεν **αὐτὸν** (AkkO) **τῇ
μητρὶ αὐτοῦ** (DatO) *er gab ihn seiner Mutter* (Lk 7,15); b) als **einziges Obj.**
(meist der Pers.: Subj.+Präd.+DatO[der Pers.] [97,3]): οὐδεὶς δύναται **δυ-
σὶ κυρίοις** δουλεύειν *niemand kann zwei Herren dienen* (Mt 6,24); c) als
DatO/2. Grades beim Adj. (Subj.+Präd.+Präd.-Nom.+DatO/2. Grades [98,1]
oder Subj.+Präd.+AkkO+Obj.-Präd.+DatO/2. Grades [97,15 und 98,1]):
πιστὴν **τῷ κυρίῳ** *gläubig an den Herrn* (Apg 16,15).

2. Dat. commodi et incommodi (des Interesses; auf die Frage „Für wen, d.h. in   **173**
wessen Interesse, zu wessen Vor- oder Nachteil?"; u.a. Adverbiale des Interes-
ses): a) als Adverbiale des Interesses: οὐδεὶς ἡμῶν **ἑαυτῷ** ζῇ *keiner von
uns lebt für sich* (Röm 14,7); b) als Präd.-Nom. mit Kopula („sein"/„werden")
im Sinn von „besitzen/haben" (manchmal „dat. possessoris" [des Besitzers] ge-
nannt): οὐκ ἦν **αὐτοῖς** τέκνον *sie hatten kein Kind* (Lk 1,7).

Merke: Gewöhnlich betont der Gen. (154) den Besitzer (= „gehören" o.ä.), der   **174**
Dat. den Besitz (= „haben" o.ä.), vgl. Mk 12,7; Lk 2,7.

c) Ganz selten im NT: (1) Dat. des Urhebers (**auctoris**) einer Handlung beim   **175**
Passiv statt ὑπό mit Gen. *von*, vor allem beim Pf. Pass. (1x im NT: Lk 23,15).
(2) Dat. des **Standpunktes** („für einen" oder „in jmds. Augen"; manchmal zum
„dat. ethicus" gezogen [H-S §176c]; adverbial oder attributiv): ἄσπιλοι καὶ
ἀμώμητοι **αὐτῷ** *fleckenlos und untadelig in seinen Augen* (2Pt 3,14).

cc) Instrumentaler Dat. (1. Bereich des „Sociativus-Instrumentalis")

1. Dat. instrumenti (des Mittels; auf die Frage „Womit/Wodurch?"; meist   **176**
Instr.; häufig dafür ἐν, auch διά mit Gen.): ἐργαζόμενοι **ταῖς ἰδίαις
χερσίν** *mit den eigenen Händen arbeitend* (1Kor 4,12).

2. Dat. causae (des Grundes; auf die Frage „Auf Grund/Infolge wovon?"; ge-   **177**
wöhnlich Kaus.): **λιμῷ** ἀπόλλυμαι *ich gehe an Hunger zugrunde* (Lk 15,17);
νεκροὺς **τοῖς παραπτώμασιν** *tot infolge der Übertretungen* (Eph 2,1).

3. Dat. respectūs/relationis (der Hinsicht oder Beziehung; auf die Frage „In   **178**
welcher Hinsicht/Beziehung?"; meist Attr., aber auch Mod.; dafür selten ἐν),
Standardersatz für den seltenen Akk. der Beziehung (149): πτωχοὶ **τῷ
πνεύματι** *die Armen im Geist* (Mt 5,3); σκηνοποιοὶ **τῇ τέχνῃ** *ihrem
Handwerk nach Zeltmacher* (Apg 18,3).

Zum dat. differentiae/mensurae (des Unterschiedes oder des Maßes) s. 117.

dd) Dat. der Gemeinschaft (2. Bereich des „Sociativus-Instrumentalis")

1. Dat. sociativus oder **comitativus** (der Gemeinschaft oder Begleitung; auf die   **179**
Frage „Wem?" oder „Mit wem zusammen?" o.ä.; meist DatO): Subj.+Präd.+-
DatO (97,3): ἀκολούθει **μοι** *folge mir nach!* (Mt 9,9); Subj.+Präd.+Präd.-
Nom.+ DatO/2. Grades (98,1): ὅμοιοι **αὐτῷ** ἐσόμεθα *wir werden ihm gleich
sein* (1Jh 3,2).

180 2. Dat. **modi** (der Art und Weise; auf die Frage „Wie?" oder „Unter welchen begleitenden Umständen?"; Mod.; dafür auch μετά mit Gen., part. coni., ἐν): a) (freies) Mod.: **παρρησίᾳ** τὸν λόγον ἐλάλει *ganz offen/mit Freimütigkeit redete er das Wort* (Mk 8,32), b) (obligatorisches) Mod. (Subj.+Präd.+notw. Mod. [97,9]) bei „wandeln" πορεύομαι, στοιχέω, περιπατέω o.ä. im NT: πορευομένη **τῷ φόβῳ τοῦ κυρίου** *wandelnd/lebend in der Furcht des Herrn* (Apg 9,31), c) vor allem in AT-Zitaten entsprechend dem hebr. infinitivus absolutus (zur Intensivierung des Verbinhalts, vgl. 298): **ἐπιθυμίᾳ** ἐπεθύμησα *ich habe mich sehr danach gesehnt* (Lk 22,15).

ee) Lokativischer Dat.

181 1. **Lokaler** Dat. (Dat. des Ortes; auf die Frage „Wo?"; Lok.): Im NT nur noch in κύκλῳ *im Kreise, ringsumher* (Mk 3,34 usw.; zum Adv. erstarrt) erhalten, sonst meist durch ἐν ersetzt.

182 2. **Temporaler** Dat. (Dat. der Zeit; auf die Frage „Wann?"; Temp.; dafür auch ἐν): τῇ τρίτῃ ἡμέρᾳ *am dritten Tag* (Mt 16,21). Im NT selten auch auf auf die Frage „Wie lange?" (Röm 16,25). Vgl. 148.

8. Die Präpositionen (H-S §183-187)

a) Vorbemerkungen

183 1. Präp.-Konstruktionen werden weitgehend **verwendet** wie die Kasuskonstruktionen (sie übernehmen deren Rolle häufig), als PräpO, Präd.-Nom., Adverbialien, (Subj.-)Artangaben („Prädikativ") oder Attr. Vgl. 74. **Eigentliche** Präp. kommen als Präfixe in Verbalkomposita vor (z.B. **προσ**-έρχομαι), **uneigentliche** nicht (z.B. χωρίς mit Gen. *getrennt von/ohne*). Uneigentliche ziehen fast ausschließlich den Gen. nach sich und erscheinen daneben auch als Adverbien (z.B. ἔξω *außerhalb von* und *draußen;* z.T. auch als Konjunktionen oder Nomina). Seltene Reste des ursprünglichen adverbialen Gebrauchs eigentlicher Präp.: Apk 21,21; Röm 12,5 (distributives ἀνά und κατά); 2Kor 11,23 (ὑπέρ *mehr*).

184 2. Gegenüber dem **Klass.** haben im **NT** Anzahl und Gebrauchsweisen der eig. Präp. abgenommen. Z.B. von sechs klass. Präp. mit drei Kasus gibt es nur noch deren drei; und folgende Präp. werden öfter im NT „verwechselt": a) Für ἐκ (Herkunft), ὑπό mit Gen. (Urheber beim Pass.) oder παρά mit Gen. *von ... her* steht manchmal ἀπό. b) Z.T. vermischt werden: ὑπέρ mit Gen. *für, im Interesse von* und περί mit Gen. *betreffs, über;* ἀντί *für, anstatt* und ὑπέρ mit Gen. *für, im Interesse von;* εἰς *in ... hinein* und πρός mit Akk. *zu ... hin;* εἰς *in* („Wohin?") und ἐν *in* („Wo?"); εἰς und ἐν in Mk, Lk, Apg, selten in Jh, nicht aber in Mt, den Briefen und der Apk.

185 b) **Übersicht** über die Hauptbedeutungen der eigentlichen Präpositionen (die klass. ἀμφί mit Akk. *um* und ὡς mit Akk. *zu* [bei Personen] fehlen im NT):

	mit Gen.	mit Dat.	mit Akk.
ἀνά			s.u. 187
ἀντί	*anstatt, für*		
ἀπό	*von ... weg, seit*		
διά	*durch ... hindurch, nach*		*wegen*
εἰς			*in* (Wohin?), *nach, zu*
ἐκ/ἐξ	*aus, heraus, seit*		
ἐν		*in* (Wo? Wann?), *durch*	
ἐπί	*auf/an* (Wo?) *zur Zeit von*	*auf/an* (Wo?) *wegen*	*auf/an* (Wohin?)
κατά	*von ... herab, gegen*		*über ... hin, gemäß/ nach*
μετά	*mit*		*nach* (zeitlich)
παρά	*von seiten, von ... her*	*bei, neben*	*neben ... hin, an ... vorbei, entlang*
περί	*betreffs, über*		*um ... herum, um*
πρό	*vor*		
πρός	*zugunsten* (1x)	*bei*	*auf ... hin, gegen*
σύν		*mit*	
ὑπέρ	*über, für*		*über ... hinaus*
ὑπό	*von* (beim Pass.)		*unter* (Wo?, NT auch Wohin?)

186 Im NT werden „jmds. **Angesicht**"/„jmds. **Hand**" hebraisierend mit präpositionalem Sinn gebraucht: ἀπὸ προσώπου statt ἀπό/παρά mit Gen. *von ... her/aus,* πρὸ προσώπου/κατὰ πρόσωπον statt πρό mit Gen.; εἰς χεῖρας *in jmds. Gewalt/jmdm.,* ἐκ χειρός *aus jmds. Gewalt,* ἐν χειρί/διὰ χειρός statt διά mit Gen. *durch.*

c) Bemerkenswertes:

187 1. **ἀνά**: Im NT nur in festen Ausdrücken und als Präfix: *hinauf-, auf-; zurück-, wieder-* (!): ἀνα-γεννάω *wieder/von neuem zeugen/gebären.* Vgl. auch 138.

188 2. **ἀντί**: Als Präfix: *entgegen-, wider-* (am häufigsten); reziprok: z.B. ἀντι-καλέω *(als Dank) wiedereinladen; anstatt, für* (vereinzelt): *in Stellvertretung ausfüllen* (Kol 1,24). S.a. 184 (= ὑπέρ).

189 3. **ἀπό**: ἀπό (Entfernung von der Außenseite) mit ἐκ (Entfernung von der Innenseite) z.T. vermischt; als Präfix: *ab-, weg-; zurück-,* z.B. ἀπο-δίδωμι *zurückgeben; völlig:* ἀπο-στερέω *berauben.* S.a. 151; 164 (oft = Gen.); 167; 169; 184 (auch = ἐκ/ὑπό/παρά).

190 4. **διά** mit Gen. übertragen *durch* (Vermittler, Vermittlung, Mittel, Werkzeug; relativ selten: Ursache, Urheber), *in/mit* (Art und Weise); als Präfix: *durch-* (örtlich); *durch-, bis zum Ende* (zeitlich); mit dem Gedanken der Trennung (vgl. deutsch *zer-*): δια-κρίνω *trennen, unterscheiden,* Med. *mit sich uneins sein, zweifeln; durch und durch* (Vollständigkeit): δια-φθείρω *durch und durch* (= *gänzlich*) *vernichten.* S.a. 171; 176.

191 5. **εἰς**: Übertragen: Bestimmung, Ziel einer Handlung *zu, für;* freundliche oder feindliche Gesinnung *zu, gegen;* Beziehung *zu, in bezug auf, hinsichtlich* (Apg 2,25). S.a. 184 (= ἐν; = πρός)

192 6. **ἐκ**: Übertragen: Ursprung, Ursache, Veranlassung, Beweggrund, auch Regel, Maßstab u.ä. *aus, von, auf Grund von, infolge, gemäß;* Art und Weise, z.B. ἐκ μέρους *teilweise* (1Kor 13,12); als Präfix: *heraus-, aus-; völlig:* ἐκ-θαυμάζω *sich sehr wundern.* S.a. 151; 164f; 167; 169 (oft = Gen.; z.T. = ἀπό).

193 7. **ἐν**: Örtlich *in, innerhalb, unter, inmitten von;* zeitlich *in, innerhalb, bei, während;* übertragen: Zustand, Situation, z.B. ἐν θλίψεσιν *in Bedrängnissen* (2Kor 6,4); vor allem bei Johannes und Paulus das durch Gottes Heilshandeln bewirkte neue Sein, z.B. ἐν Χριστῷ/ἐν κυρίῳ *in Christus/im Herrn* (1Kor 4,10; Phil 4,4 usw.) u.ä.; kausal/instrumental *mit* (*mittels*)*, durch;* die Art und Weise *mit, in;* als Präfix: örtlich *darin* oder *hinein-* (!); übertragen (feindlich): ἐγ-καλέω *anklagen.* S.a. 171; 176; 178; 180f (oft = Dat.) sowie 184 (= εἰς).

194 8. **ἐπί**: Zeitlich mit Dat./Akk. *während, an;* übertragen mit Dat.: Grund; Grundlage, vor allem bei Verben des Affekts *über, wegen;* Hinzufügung *zu ... (hinzu);* Zweck, Folge *zu/für* (Eph 2,10); mit Akk. feindlich *gegen;* als Präfix: *darauf-, heran-; hinzu-:* ἐπι-κερδαίνω *hinzugewinnen.*

195 9. **κατά** mit Akk. übertragen u.a. distributiv: κατὰ πόλιν *von Stadt zu Stadt* (Lk 8,1); καθ᾽ ἡμέραν *täglich* (Mk 14,49); *in Hinsicht auf, in Beziehung auf;*

modal: κατὰ ἄγνοιαν *unwissentlich* (Apg 3,17); *als Präfix: herab-; nieder-; völlig:* κατ-αναλίσκω *verzehren; gegen-, ver-:* κατα-λαλέω *verleumden; zurück-:* κατ-άγω *zurückführen.* Vgl. auch 138 („je"); 155 (possessiv).

10. **μετά**: Als Präfix: *teil-* (Gemeinschaft): μετ-έχω *teilhaben; um-* (Veränderung): μετα-βαίνω *umziehen.* S.a. 171; 180.   **196**

11. **παρά** mit Akk. *übertragen gegen:* παρὰ τὸν νόμον *gegen das Gesetz*   **197**
(Apg 18,13); *im Vergleich zu, mehr als;* als Präfix: *heran-; vorüber-, vorbei-; über-:* παρα-λαμβάνω *übernehmen, empfangen; wider:* παρά-δοξος *wider Erwarten.* S.a. 184.

12. **περί** mit Akk., zur örtlichen Bdtg. *um:* z.B. οἱ **περὶ αὐτόν** *diejenigen*   **198**
um ihn/seine Begleiter, aber auch *er und seine Begleiter* (vgl. Mk 4,10 und Apg 13,13); als Präfix *um- herum; über ... hinweg:* οἱ περι-λειπόμενοι *die Überlebenden; mehr als:* περι-εργάζομαι *überflüssige Betriebsamkeit entwickeln; völlig:* περί-λυπος *tiefbetrübt.* S.a. 184 (= ὑπέρ).

13. **πρό**: Übertragen: *Vorrang:* πρὸ πάντων *vor allem* (Jak 5,12); als Präfix: **199**
voran-, vorwärts-, voraus-, vorher- (zeitlich). Merke: Häufig wird πρό ersetzt durch ἐνώπιον, ἔμπροσθεν, ἐναντίον mit Gen. (oft hebraisierend entsprechend לִפְנֵי *lifnê,* בְּעֵינֵי *bə°ênê,* נֶגֶד *néġed,* häufig im Sinn eines klass. Dat. bzw. – z.T. – des Gen.).

14. **πρός** mit Akk. im NT oft auch auf auf die Frage „Wo?", bei Zustandsver-   **200**
ben wie γίνομαι *werden,* κεῖμαι *liegen* (statt παρά mit Dat.) *bei, an, neben* (z.B. Mt 3,10); übertragen: Ziel *zu;* Gemäßheit, Beziehung *gemäß, im Hinblick auf* (z.B. Gal 2,14; Mk 12,12); freundliches oder feindliches Verhältnis *mit, gegen(über).* S.a. 184 (= εἰς).

15. **σύν**: Als Präfix: *zusammen-; mit-; völlig:* συν-τελέω *vollenden.*   **201**

16. **ὑπέρ** mit Akk. *über ... hinaus, mehr als.* S.a. 184 (mit Gen. = περί; =   **202**
ἀντί).

17. **ὑπό**: Als Präfix *unter-; zurück:* ὑπο-στέλλω *zurückziehen; listig, heimlich:*   **203**
ὑπο-βάλλω *heimlich anstiften.* S.a. 184.

II. Syntax des Verbs

1. Kategorien des griechischen Verbalsystems (H-S §64/65):

1. Drei **Diathesen** (herkömmlich statt „Diathese" „genus verbi"): Aktiv,   **204**
Medium, Passiv (209ff).

2. Vier Arten von **Tempus-** bzw. **Aspektstämmen** (221ff) mit Ind.- und nicht-   **205**
indikativischen Formen (letztere ohne Zeitbdtg.): Präsens (durativ), Aorist (punktuell), Perfekt (resultativ); dazu Futur (zukunftsbezogen, ohne Aspektbedeutung).

3. Unterscheidung verbum finitum (finites Verb: konjugierte Formen) und ver-   **206**
bum infinitum (Verbalnomina): a) **finites Verb** (hat Rolle des Präd., die Personalendung auch die des Subj. [vgl. 74]): (1) drei Personen (wie im Deutschen);

(2) zwei Numeri (Sg., Pl., klass. auch Dual); (3) vier Modi (251ff): Ind., Konj. (Wollen/Erwarten), Opt. (Wunsch/Möglichkeit), Imp. (Befehl); im Ind. sechs Tempora (Formen mit Zeitbdtg., 232ff)): drei Haupttempora (präsentisch-futurisch): Präs. Ind., Fut. Ind., Pf. Ind.; drei Nebentempora (auch „Augmenttempora"; Vergangenheit): Ipf. (Präs.-Stamm), Aor. Ind., Plsqpf. (Pf.-Stamm).

b) **Verbalnomina** (verschiedenste Satzgliedrollen, 267ff): (1) Infinitiv, (2) Partizip.

Bemerkenswertes (H-S §139e):

207   1. Der **„schriftstellerische"** oder „soziative" **Pl.**: Der Schreibende (oder Redende) verwendet manchmal den Pl. statt des Sg., um die Leser (oder Hörer) in eine Gemeinschaft mit seinem eigenen Tun zu ziehen: πῶς ὁμοιώ**σωμεν** ... *womit sollen wir ... vergleichen?* (Mk 4,30).

208   2. Allgemeingültiges wird bei Paulus u.a. auch durch die 1. oder 2. Sg. dargestellt (Gal 2,18; Röm 2,17; 11,17).

2. Diathesen (H-S §188-191)

209   Die Diathese (auch das „genus verbi") — Aktionsform oder Handlungsrichtung — gibt an, in welcher Weise das Subj. am Verbinhalt beteiligt ist:

a) Aktiv

210   Meist wird ein Vorgang bezeichnet, bei dem das Subj. normalerweise dem Vorgangsträger (dem „Agens") entspricht;

b) Passiv

211   Das Subj. entspricht der vom Vorgang betroffenen Größe (dem „Patiens", dem Obj. der Aktivkonstruktion); der Vorgangsträger (der Agens, Subj. der Aktivkonstruktion) wird gewöhnlich durch ὑπό mit Gen. (seltener ἀπό, im NT vereinzelt auch durch διά mit Gen.; Kaus.) bezeichnet: πάντα (Subj./Patiens) μοι (DatO) παρεδόθη (Präd.) ὑπὸ τοῦ πατρός μου (Kaus./Agens) *alles ist mir von meinem Vater übergeben worden* (Lk 10,22).

Zur **Umwandlung** von Akt.- in Pass.-Konstruktionen merke:

212   1. Subj.+Präd.(Akt.)+AkkO(Patiens)+**Obj.-Präd.** (97,15), z.B. καλέω τινά **τι** *jmdn. etwas nennen,* > Subj.(Patiens)+Präd.(Pass.)+**Präd.-Nom.** (97,6): κληθήσονται (Präd./Subj.) **υἱοὶ θεοῦ ζῶντος** (**Präd.-Nom.**) *sie werden Söhne des lebendigen Gottes heißen* (wörtl. „genannt werden") (Röm 9,26).

213   2. Subj.+Präd.(Akt.)+AkkO(Pers.)+**AkkO(Sache)** (97,16), z.B. κατηχέω τινά **τι** *jmdn. in etwas unterrichten,* > Subj.(Pers.)+Präd.(Pass.)+ **AkkO(Sache)** (97,2): ἦν (Präd./Subj. der Pers.) κατηχημένος **τὴν ὁδὸν τοῦ κυρίου** (**AkkO der Sache**) *er war unterrichtet in der Lehre des Herrn* (Apg 18,25).

214   3. Subj.+Präd.(Akt.)+AkkO(Sache)+DatO(Pers.) (97,11), z.B. πιστεύω **τινί** τι *jmdm. etwas anvertrauen,* > **Subj.(Pers.)**+Präd.(Pass.)+AkkO (97,2): πεπίστευμαι (Präd./**Subj. der Pers.**) τὸ εὐαγγέλιον (AkkO der Sache) *mir ist die Heilsbotschaft ... anvertraut* (Gal 2,7). Beachte: Im Deutschen ist die

Umwandlung ins Pass. nur über eine unpersönliche Konstruktion möglich: „mir ist", nicht „ich bin"; oder es muß mit „bekommen" o.ä. umschrieben werden: „ich habe ... (z.B. anvertraut) bekommen".

Merke: Wendungen wie die folgende ordnet man am besten dem Akk. der **215** Beziehung (149; Mod.) zu: δεδεμένος **τοὺς πόδας** *gebunden an den Füßen* (Jh 11,44); s.a. Hb 10,22.

c) Medium

Der Verbinhalt wird als stärker mit dem Subj. verbunden bezeichnet. Wichti- **216** gere Verwendungsweisen: a) **indirekt-reflexiv** (im eigenen Interesse tun; vgl. dat. commodi [173]): ὃν καὶ σὺ **φυλάσσου** *ihn behalte auch du im eigenen Interesse im Auge = vor ihm hüte auch du dich* (2Tim 4,15); b) **am eigenen Körper**: τοὺς πόδας **νίψασθαι** *sich die Füße waschen* (Jh 13,10); c) ein **Empfangen**, wenn Akt. ein Geben ausdrückt: δανίζομαι *(Geld) entleihen, sich borgen* (Mt 5,42; Akt. *ausleihen* Lk 6,34f); d) **direkt-reflexiv** (vgl. Akk.): ἐνίψατο *er wusch sich* (Jh 9,7); e) **reziprok**: διαλέγομαί τινι *sich mit jmdm. unterreden* (Apg 17,17); f) **übertragen**: ἀποδίδομαι *verkaufen* (33,169; Akt. *abgeben*).

Bemerkenswertes:

1. Bei akt. Verben, die klass. ein mediales Fut. haben, steht oft das Akt. (z.B. bei **217** ἁμαρτάνω *sündigen* ἁμαρτήσω statt ἁμαρτήσομαι [33,145]), bei Deponentien (d.h. Verben ohne Aktivform) mit einem Aor. und Fut. Med. eher das Pass. (z.B. bei ἀποκρίνομαι *antworten* ἀπεκρίθην/ἀποκριθήσομαι statt ἀπεκρινάμην/ἀποκρινοῦμαι [33,128]).

2. „(veran)lassen" (**kausativ**) wird gewöhnlich durch das normale **Akt.** oder **218** **Med.** ausgedrückt (das „[veran]lassen" ergibt sich aus dem Kontext): ἀνεῖλεν Ἰάκωβον *er ließ Jakobus töten* (Apg 12,2). Dafür kann aber auch ἀπο- στέλλω *jmdn. absenden* stehen: ἀποστείλας ἀνεῖλεν ... *er ließ ... umbringen* (Mt 2,16).

Das **Pass.** kann sowohl im Sinn von „(veran)lassen" (**kausativ**) als auch im Sinn **219** von „(zu)lassen" (**tolerativ**) verwendet werden — toleratives Bsp.: διὰ τί οὐχὶ μᾶλλον **ἀδικεῖσθε** ... *warum laßt ihr euch nicht lieber Unrecht zufügen ...?* (1Kor 6,7).

3. Es gibt Verbformen, bei denen das Akt. einem Med. vergleichbar (oder **220** umgekehrt) bzw. das Pass. nichtpassivisch gebraucht wird: a) ἄγω (bzw. Komposita) neben *führen* auch *gehen* usw.; b) Pf. 2 Akt. gewisser transitiver Verben, z.B. zu κατάγνυμι *zerbrechen* κατέαγα *bin zerbrochen* (33,214); c) Aor. Pass. (oft auch Fut.) recht häufig bei Verben der körperlichen oder Gemütsbewegung neben passivischer auch intransitive Bdtg. gebräuchlich, z.B. zu πλανάω *irreführen* ἐπλανήθην neben *wurde irregeführt* auch *ging in die Irre*. Merke besonders: zu ὁράω *sehen* (33,192) ὤφθην neben *ich wurde gesehen* häufig *ich wurde sichtbar = ich erschien* (mit Dat. der Pers. *jmdm.*).

3. „Tempora" bzw. Aspekte (H-S §192-206)

a) Allgemeines

221 Mit Ausnahme des Fut.-Stammes haben die Tempusstämme **keinerlei Zeitbedeutung** (weder eine absolute, d.h. Gegenwart/Vergangenheit/Zukunft, noch eine relative, d.h. Gleich-/Vor-/Nachzeitigkeit), sondern grundsätzlich nur Aspektbedeutung.

222 Unter **„Aspekt"** (früher „Aktionsart") versteht man die subjektive „Betrachtungsweise", d.h. die Art, wie der Sprechende die Verwirklichung des Verbinhalts verstanden haben will, ob a) als etwas Nichtabgeschlossenes, sich noch Entwickelndes, Fortdauerndes, kurz als etwas Andauerndes (Präsensstamm: durativer Aspekt): ἀποθνῄσκειν *im Sterben liegen, hinsterben* (Jh 4,47); b) als etwas lediglich (d.h. ohne Rücksicht auf Dauer oder Ergebnis) zum Vollzug Kommendes (Aoriststamm: punktueller Aspekt): ἀποθανεῖν *sterben* (1Kor 9,15); oder c) als etwas im Ergebnis Vorliegendes (Perfektstamm: resultativer Aspekt): τεθνηκέναι *tot sein* (Apg 14,19).

b) Bemerkenswertes zu den Aspekten:

aa) Absolute Zeitbedeutung

223 Zusätzlich zur Aspektbdtg. haben die indikativischen und nur die indikativischen Formen noch (absolute) Zeitbedeutung, die Formen ohne Augment Gegenwartsbedeutung (im Pf. sind dabei gewöhnlich Vorgänge in der Vergangenheit vorausgesetzt), die Formen mit Augment Vergangenheitsbedeutung. Die nichtindikativischen Formen, d.h. Konj., Opt., Imp., Inf. und Ptz., sind an sich ohne Zeitbdtg.; der Zusammenhang (nicht die Verbform) entscheidet darüber, ob der Verbinhalt als gegenwärtig, vergangen oder zukünftig zu übersetzen ist. Das Futur hat hingegen in allen Formen futurische bzw. nachzeitige Bedeutung (s.a. 246ff).

bb) Relative Zeitbedeutung

224 Eine relative Zeitbedeutung kommt (außerhalb des Futurs) in keinem Fall durch Verbformen zum Ausdruck. Ob der Verbinhalt als gleichzeitig, vorzeitig oder nachzeitig zu einem anderen zu verstehen ist, ergibt sich auch hier aus dem sachlichen Zusammenhang.

cc) Unterteilungen der einzelnen Aspekte (vgl. 222):

(1) Durativer Aspekt (Formen des **Präsensstammes**), je nach Verbinhalt und Zusammenhang deutbar als:

225 1. **linear** (Verlauf, Andauern betont): ζητεῖν *(andauernd, ständig) suchen, auf der Suche sein* (Mt 2,13);

226 2. **iterativ** (Wiederholung ausgedrückt): ἔφερον *sie brachten (jeweils/immer wieder/wiederholt), sie pflegten zu bringen* (Apg 4,34);

227 3. **konativ** ([meist wiederholter] Versuch ausgedrückt; weniger häufig): ἀναγκάζουσιν *sie versuchen zu zwingen* (Gal 6,12).

(2) Punktueller Aspekt (Formen des **Aoriststammes**):

1. **Konstatierend-komplexiver** Aor.: Als (nicht markierte) Normalform stellt
der Aor. den bezeichneten Vorgang oder Zustand, ob in der Wirklichkeit
andauernd oder nicht, zwecks schlichter Nennung sozusagen als Punkt dar
(absolut häufigste Gebrauchsweise des Aor.): – von natürlicherweise momen-
tanen Vorgängen (sehr häufig): εὗρον *sie fanden* (Lk 2,46); – von natürli-
cherweise andauernden Vorgängen/Zuständen zwecks schlichter Nennung zu
einem Punkt zusammengefaßt („komplexiv"), „durch ein umgekehrtes Fern-
glas" betrachtet „gleichsam zu einem Punkt" zusammengeschrumpft (W. Jäkel,
s. H-S §194h): ποσάκις **ἠθέλησα** *wie oft wollte ich ...!* (Mt 23,37).
Daneben können folgende Nuancen vorkommen:

2. **Ingressiver** Aor.: Der Anfangspunkt eines natürlicherweise länger dauernden
Geschehens oder Zustands wird ins Auge gefaßt: ἐπίστευσαν *sie kamen zum
Glauben* (Apg 4,4).

3. **Effektiver** Aor.: Der Endpunkt, das Ziel eines meist zielgerichteten Gesche-
hens steht im Vordergrund: ἔφυγον *sie entkamen* (Hb 11,34).

(3) Resultativer Aspekt (Formen des **Perfektstammes**): (1) vom erreichten
Zustand, als einem Ergebnis eines vorhergehenden Geschehens: ἐγήγερται *er
ist auferweckt worden (und lebt jetzt)* (1Kor 15,4); (2) von einem Zustand, ohne
daß ein vorausgehender Vorgang mitausgedrückt wird: πεποίθαμεν ... *wir
vertrauen* (2Thess 3,4).

c) Indikativische Verbformen

aa) Indikativ Präsens (mangels einer Alternativform hat das durative Element
relativ wenig Gewicht)

1. **Gegenwart** (Normalfall): a) **linear** (engl. *-ing*): προσεύχεται *er betet
(gerade)* (Apg 9,11); b) **iterativ** (engl. „simple present"): **νηστεύω** δὶς τοῦ
σαββάτου *ich faste zweimal in der Woche* (Lk 18,12); c) **konativ** (weniger
häufig): διὰ ποῖον ... ἔργον ἐμὲ **λιθάζετε**; *für welches Werk wollt ihr mich
steinigen?* (Jh 10,32).

2. **„Zeitloses"**, gnomisches Präs. (von allgemein gültiger Wahrheit/Ordnung;
engl. „simple present"): πᾶν δένδρον ἀγαθὸν καρποὺς καλοὺς **ποιεῖ**
jeder gute Baum bringt gute Früchte hervor (Mt 7,17).

3. **Zukunft** (unmittelbar bevorstehende, wahrscheinliche, sichere oder drohende
Vorgänge; im NT recht häufig, besonders ἔρχομαι): πάλιν **ἔρχομαι** *ich
komme wieder* (Jh 14,3).

4. **Vergangenheit** („historisches Präs." [„praesens historicum/narrativum"]) in
lebhafter Erzählung (oft im Wechsel mit Ind. Aor. und Ipf.): **συνέρχονται**
πάντες *und alle ... versammelten sich* (Mk 14,53).

5. Selten **perfektisch**: νικάω *ich siege,* auch *ich bin Sieger* (= Pf. Ind.) (Apk 2,7);
ἀπέχω *ich habe bekommen* (Mt 6,2), ἥκω (= ἐλήλυθα) *ich bin gekommen,
ich bin da* (s. Lk 15,27).

(Randziffern: 228, 229, 230, 231, 232, 233, 234, 235, 236)

bb) Imperfekt (als Gegenstück zum Aor. Ind. ist der dur. Aspekt gewöhnlich, doch nicht immer, besonders wichtig)

237 1. **Vergangenheit:** a) **linear:** (1) länger anhaltend (vgl. engl. „simple past"): **ἠγάπα** ... Μάρθαν καί ... *er liebte Martha und* ... (Jh 11,5), (2) im Verlauf befindlich (vgl. engl. „-ing past"): ἀπέθνῃσκεν *sie lag im Sterben* (Lk 8,42); b) **iterativ:** **ἤρχετο** πρὸς αὐτόν ... *sie kam immer wieder zu ihm* ... (Lk 18,3); c) **konativ** (weniger häufig): **ἐπόρθουν** αὐτήν ... *ich suchte sie* (die Gemeinde) *zu vernichten* (Gal 1,13).

238 Zu dem von einigen Forschern angenommenen „inchoativen" Ipf., das sich auf das Einsetzen eines länger andauernden Geschehens bezieht (im Gegensatz zum effektiven Aor., der das Andauern offenläßt): Während es eine Reihe von Beispielen gibt, in denen eine Umschreibung durch *anfangen/beginnen* aus Kontext- bzw. Stilgründen sinnvoll erscheint (etwa Gal 2,12 ὑπέστελλεν *begann er sich zurückzuziehen,* vielleicht Apg 27,41 ἐλύετο *es fing an, sich zu lösen* oder Mt 5,2 ἐδίδασκεν *er fing an zu lehren*), lassen sich die meisten in Frage kommenden Fälle den bestehenden Kategorien zuordnen (z.B. Apg 27,41 *löste sich immer mehr* [lin.], Mt 5,2 *er lehrte ausführlich*), so daß auf diese Kategorie verzichtet werden kann.

239 2. **Nichtwirklichkeit:** Bei meist unpersönlichen Ausdrücken des **Müssens, Sollens** und **Könnens** u.ä. kann ausgedrückt werden, daß etwas tatsächlich notwendig usw. ist/war, aber doch nicht geschieht/geschah (vereinzelt ist im NT auch der Ind. Präs. so gebraucht, Eph 5,4): ταῦτα **ἔδει** ποιῆσαι *das hätte man tun ... sollen/das sollte man tun* ... (Mt 23,23).[1]
Zum Irrealis s. 252.

cc) Indikativ Aorist

240 1. **Vergangenheit:** a) **konstatierend-komplexiv:** (unmarkierte) Normalform der Vergangenheit, „historischer" oder „narrativer" Aor.: ... **ἀνῆλθον** ... **ἐπέμεινα** (komplexiv) ... ἡμέρας δεκαπέντε **εἶδον** ... *ich ging hinauf ... blieb fünfzehn Tage ... sah* (Gal 1,18-2,3); **daneben** auch: b) **ingressiv** (Anfangspunkt steht im Vordergrund): ἐπτώχευσεν *er wurde arm* (2Kor 8,9); c) **effektiv** (Endpunkt steht im Vordergrund; öfter im Gegensatz zum konativen Ipf.): **ἔπεισαν** τοὺς ὄχλους *sie überredeten die Volksmenge* (Mt 27,20; vgl. Apg 13,43).

241 2. **Seltenere** Gebrauchsweisen: a) Aor. des Briefstils („**epistolarischer**" Aor.; Standpunkt des Empfängers ist maßgebend [im Deutschen der des Schreibers]): **ἔπεμψα** αὐτόν *ich sende ihn (zurück)* (Phil 2,28); b) **proleptischer** (vorausnehmender oder „futurischer") Aor.: ἐὰν μή τις μένῃ ἐν ἐμοί, **ἐβλήθη**

---

[1] Beachte: Diese Ausdrücke können sich auch auf Verwirklichtes beziehen, also ἔδει *es war nötig* (z.B. Jh 4,4).

ἔξω ... *wenn jemand nicht in mir bleibt, wird er hinausgeworfen* (Jh 15,6);
c) „**gnomischer**" Aor., d.h. in Sprichwörtern und Sinnsprüchen angewandter
Aor. (im Gegensatz zum gnomischen Präs. [233] nicht durativisch) zum Aus-
druck einer zeitlosen Erfahrungstatsache: ἀνέτειλεν ὁ ἥλιος ... καὶ ἐξή-
ρανεν τὸν χόρτον ... *die Sonne geht auf ... und versengt das Gras* ... (Jak 1,11;
vielleicht liegt hier aber eine allzu wörtliche Übernahme des hebr. Perfekts in
dessen zeitloser Anwendung in der Poesie vor [Anspielung an Jes 40,6f LXX]);
d) „**dramatischer**" Aor.: 1. Sg. Ind. Aor. in Gesprächen des Alltags zur Bezeich-
nung eines Geisteszustandes oder einer davon bestimmten Handlung (präsen-
tisch zu übersetzen), vielleicht ἔγνων τί ποιήσω *ich weiß* (wörtl. „wußte/
merkte"), *was ich tun werde* (Lk 16,4).
Zum Irrealis s. 252.

dd) Indikativ Perfekt
1. **Gegenwärtiger Zustand** (das Subj. oder das Obj. betreffend), Normal-   **242**
gebrauch (keine wesentlichen Abweichungen vom Klass. nachweisbar), meist
als **Ergebnis eines Geschehens** in der Vergangenheit (für das Pass. gewöhnlich
deutsches Zustandspassiv [mit *sein* statt mit *werden*] verwenden): τετέλεσται
es ist vollbracht (Jh 19,30); s.a. Mk 6,14 (Ergebnis betrifft Subj.), Apg 5,28
(betrifft Obj.).
2. „**Präsentisches**" Pf. (das Geschehen der Vergangenheit tritt fast völlig in den   **243**
Hintergrund): U.a. κέκλημαι *ich heiße* (statt *ich bin genannt [worden]*). Bei
einzelnen (meist intransitiven) Perfekten scheint ein vorausgehender Vorgang
völlig zu fehlen; meist wird in solchen Fällen die Präs.-Bedeutung durch das Pf.
verstärkt („Intensivperfekta"); mögliches Bsp.: κέκραγεν *er schreit* (Jh 1,15).
3. Seltene Gebrauchsweisen: a) Zustände der **Vergangenheit** (vgl. historisches   **244**
Präs., 235), etwa ἐσχήκαμεν *wir hatten* (2Kor 1,9); b) **futurischer** Gebrauch
(vgl. proleptischer Aor., 241), etwa σέσηπεν *wird verfault sein* (Jak 5,2);
c) **gnomisches** Pf. (vgl. gnomisches/n Präs./Aor. [233; 241]), etwa τετελείωται
ist (jeweils) ... vollendet (1Jh 2,5).

ee) Plusquamperfekt: Erreichter **Zustand** in der **Vergangenheit**, teils Zustand   **245**
stärker im Vordergrund (zum Aspekt vgl. 231): ἡ πόλις ᾠκοδόμητο *die
Stadt war gebaut* (Lk 4,29), teils vorausgehendes Geschehen: συνετέθειντο
οἱ Ἰουδαῖοι *die Juden hatten beschlossen* (Jh 9,22).
Zum Irrealis s. 252.

ff) Indikativ Futur (ohne Aspektbedeutung)
1. **Zukunft**: ἀλλαγησόμεθα *wir werden verwandelt werden* (1Kor 15,51).   **246**
2. **Modaler** Gebrauch im Sinn von „wollen" und „sollen" (voluntativ, am   **247**
wichtigsten), besonders im NT auch von „können", „müssen": a) „**wollen**" (vgl.
adhortativen Konj. [254]): προσεύξομαι ... ψαλῶ *ich will beten ... ich will
singen* (1Kor 14,15); b) „**sollen**" (vgl. deliberativen Konj. [255]): πρὸς τίνα
ἀπελευσόμεθα *zu wem sollten wir weggehen* (Jh 6,68); c) „**können**" (vgl.

potentialen Opt. [260]): πῶς ἐρεῖς τῷ ἀδελφῷ σου ...; *wie kannst du zu deinem Bruder sagen ...?* (Mt 7,4); d) „müssen"/„nicht dürfen" (vgl. Imp. oder Konj. [263; 256]; vor allem in strikten bibelsprachlichen Geboten und Verboten [mit οὐ!]): οὐ φονεύσεις *du sollst/darfst nicht töten* (Mt 19,18); ἔσεσθε ... τέλειοι *ihr sollt/müßt ... vollkommen sein* (Mt 5,48).

248　　3. **Gelegentlich**: a) gnomisch (vgl. oben 233; 241; 244): μόλις ... τις ἀπο-θανεῖται *kaum ... wird einer ... sterben* (Röm 5,7); b) zeitloser durativischer Gebrauch (= sem. „Futur"/„Ipf."), etwa in Apk 4,9f.

　　　　gg) Umschreibende („periphrastische") Konjugation

249　　1. **εἰμί** *sein* mit Ptz. (oft zwecks Betonung des durativen Aspekts [225-227]; vgl. 302): a) Ptz. Präs. beim Präs., Ipf. bzw. Fut. von εἰμί für einfaches **Präs.**, **Ipf.** bzw. einfaches **Fut.**, z.B. ... ἦν ... προσευχόμενον ἔξω ... *betete/stand betend draußen* (Lk 1,10); b) Ptz. Pf. beim Präs., Ipf. bzw. Fut. von εἰμί für einfaches **Pf.**, **Plsqpf.** bzw. (im NT nicht bezeugtes) **Futurperfekt**, z.B. ἔσται λελυμένον ἐν τοῖς οὐρανοῖς *es wird im Himmel gelöst sein* (Mt 16,19). Merke: Statt εἰμί steht gelegentlich γίνομαι, allerdings, wie zu erwarten, im Sinn von *werden* (z.B. Apk 16,10).

250　　2. **μέλλω** *im Begriff sein, werden* mit Inf. für einfaches **Fut.**: μέλλει ... ἔρχεσθαι ... *er ... wird kommen ...* (Mt 16,27).

　　　　4. Modi (H-S §207-212)

251　　Modi drücken aus, wie der Sprechende das **Verhältnis** des Verbinhalts **zur Wirklichkeit** verstanden haben will.

　　　　a) Indikativ

252　　**Grundsätzlich** ist er der Modus der **Wirklichkeit** (s. 232-248; 317; 326). Doch kann **auch** die **Nichtwirklichkeit** bezeichnet werden, und zwar durch den Ind. eines Augmenttempus mit ἄν (Partikel fehlt im NT gelegentlich): Das Geschehen ist/war nicht wirklich, da bestimmte Voraussetzungen nicht gegeben sind/waren (**Irrealis** der Gegenwart [häufiger mit Ipf.], der Vergangenheit [häufiger mit Ind. Aor.], besonders in Konditionalperioden [345]): ἐπιστεύ-ετε ἄν ἐμοί *ihr würdet mir glauben* (Jh 5,46). S.a. 239; zum „hellenistischen Nebensatziterativ" s. 262.

　　　　b) Konjunktiv

253　　Man unterscheidet zwischen **voluntativem** Konj. (des Wollens) und **prospekti-vem** Konj. (der subjektiven Erwartung, fast nur im NS [in der Regel mit ἄν oder ἐάν]). Zu Tempus und Aspekt s. 221ff. Im HS steht er voluntativ (zum NS s. 326ff):

254　　1. **Adhortativ**: Selbstaufforderung an (vgl. 318) 1. Pers., meist Pl. (Neg. μή): ἀποθώμεθα ... *laßt uns/wir wollen ... ablegen ...!* (Röm 13,12); manchmal mit asyndetischem (38) ἄφες/ἄγετε *laß mich/laßt uns!*, δεῦρο *komm her!* davor: ἄφες ἐκβάλω ... *laß mich! ich will ... ziehen = laß mich ... ziehen* (Mt 7,4).

2. **Deliberativ**/dubitativ: In überlegenden/zweifelnden Fragen (324; 329), meist   **255**
an 1. Pers., häufiger Pl. (Neg. μή): δῶμεν ἢ μὴ δῶμεν; *sollen wir (die
Steuer)* zahlen oder nicht zahlen? (Mk 12,14); manchmal verstärkend asyndetisch
(38) mit θέλεις/θέλετε *willst du?/wollt ihr?* davor: θέλεις ... συλλέξωμεν
αὐτά; *willst du? sollen wir ... es zusammenlesen? = sollen wir ... es zusammen-
lesen?* (Mt 13,28).

3. **Prohibitiv** (Aor.): In Verboten (statt des negativen Imp. Aor. [vgl. 263]): μὴ   **256**
ἀποβάλητε τὴν παρρησίαν ὑμῶν *werft euer Vertrauen nicht fort!* (Hb
10,35); davor im NT öfter ὅρα/ὁρᾶτε *sieh/seht zu:* ὁρᾶτε μὴ κατα-
φρονήσητε ἑνὸς τῶν μικρῶν τούτων *seht zu, daß ihr keinen von diesen
Kleinen verachtet!* (Mt 18,10).

4. οὐ μή + Konj. Aor. (seltener mit Ind. Fut.): **stärkste Verneinung zukünf-**   **257**
tigen Geschehens: οἱ δὲ λόγοι μου οὐ μὴ παρέλθωσιν *aber meine
Worte werden auf keinen Fall vergehen* (Mt 24,35) (vgl. 317; 326).

c) Optativ
In der Koine am Aussterben, kommt er im NT nur ca. **67x** vor, selten im Präs.   **258**
(außer bei εἰμί *sein*). Zu Tempus und Aspekt s. 221ff. Gebrauchsweisen:

1. **Kupitiver** Opt. (des [erfüllbaren] Wunsches [318]); mehr als 50% der Opt.-   **259**
Stellen gehören dazu (Neg. μή; HS): ὁ θεὸς τῆς εἰρήνης ἁγιάσαι ὑμᾶς
der Gott des Friedens möge euch heiligen (1Thess 5,23); μὴ γένοιτο *auf keinen
Fall!* (Röm 3,4 u.ö.).

2. **Potentialer** Opt. (der Möglichkeit) mit ἄν (Neg. οὐ; HS): Eine der Gegen-   **260**
wart (oder Zukunft) angehörige oder zeitstufenlose Aussage wird als bloß mög-
lich hingestellt; im NT selten (nur Lk und Apg; Ind.Fut. dient als Ersatz [247]):
εὐξαίμην ἄν τῷ θεῷ ... οὐ μόνον σὲ ἀλλὰ καὶ πάντας ... *ich möch-
te/könnte wohl zu Gott beten, daß ... nicht nur du, sondern alle ...* (Apg 26,29).
Zum εἰ-NS s. 344. Zu den Behauptungssätzen s. 317; 326.

3. **Obliquer** Opt. (der indirekten Äußerung) ohne ἄν: Im NS, wenn im überge-   **261**
ordneten Satz eine Vergangenheitsform steht; das Geschehen wird als Gedanke
oder Stimmungsausdruck des Subj. des übergeordneten Satzes und nicht als
objektiv wahr dargestellt; im NT wenig gebräuchlich, nur bei Lk und Apg, so in
Apg 25,16. Bei den übrigen NT-Beispielen handelt es sich um indirekte Fragen;
in diesen Fällen ließe sich der Opt. als potential (Modus aus der direkten Frage
übernommen) mit volkstümlicher Weglassung von ἄν auffassen, z.B. Lk 1,29;
3,15.

4. **Iterativer** Opt. (Wiederholtes [der Vergangenheit] ausdrückend): Im NS; im   **262**
NT nicht vorhanden, ist er dort durch den sog. „hellenistischen Nebensatzitera-
tiv" ersetzt: Augmenttempus mit ἄν: ὅσοι ἂν ἥψαντο αὐτοῦ ἐσῴζοντο
alle, die ihn anrührten, wurden gesund (Mk 6,56).

d) Imperativ
Übersicht über den Imperativ und seine Entsprechungen in der 2. u. 1. Person: **263**

Gebot	Verbot		
	2./3. Pers.	2. Pers.	3. Pers.
Aor. (Normalform, daneben auch ingr. und eff.)	Imp.Aor.	μή+Konj.Aor.	μή+Imp.Aor. oder μή+Konj.Aor.
Präs. (dur.)	Imp.Präs.	μή+Imp.Präs.	

Hinweise zur Unterscheidung der „Tempora" (Aspekt-, nicht Zeitbdtg.! [221ff]):

264   1. **Aor.** (Standardform u.a. in Gebeten): **κήρυξον** τὸν λόγον *verkünde das Wort!* (2Tim 4,2); πρεσβυτέρῳ **μὴ ἐπιπλήξῃς** *einen älteren Mann fahre nicht hart an!* (1Tim 5,1); **ἄφες** ἡμῖν τὰ ὀφειλήματα ἡμῶν *vergib uns unsere Schulden!* (Mt 6,12). S.a. Apg 16,31 (ingr.).

265   2. **Präs.**: Aufforderung mit zwei möglichen Nuancen: a) mit der (bereits begonnenen) Handlung weiterzufahren bzw., negiert, aufzuhören (lin. oder iter.): μόνον **πίστευε** *glaube nur (weiter)!* (Mk 5,36); **μὴ κλαῖε** *weine nicht länger!* (Lk 7,13; Apk 5,5); b) eine Handlung ständig (lin.) oder wiederholt (iter.) bzw., negiert, niemals (auch: nicht ständig oder: nicht wiederholt) zu tun: αἰτεῖτε, ζητεῖτε, κρούετε *bittet (anhaltend), sucht (unermüdlich), klopft (immer wieder) an!* (Lk 11,9); **μὴ προμεριμνᾶτε** τί ... *sorgt euch (niemals) im voraus, was ...* (Mk 13,11).

266   **Bemerkenswertes:** a) Imp.-Präs.-Formen, bei denen der durative Aspekt zurückzutreten scheint: **ἔγειρε** *steh auf!* **ἔρχου** *komm!* **πορεύου/ὕπαγε** *gehe!* **φέρε** *bring!* (s. z.B. Mt 9,5f) b) Asyndetisch kann vor dem Imp. **δεῦρο/δεῦτε** *komme/kommt her!* stehen: **δεῦτε ἴδετε** τὸν τόπον *kommt her und seht die Stelle* (Mt 28,6).

5. Die Verbalnomina (H-S §213-240)
a) Infinitiv (Neg. μή)
aa) Allgemeines

267   1. Zahlreicher als im **Klass.** sind u.a. der Inf. der Absicht und bestimmte Formen des deklinierten Inf. mit und ohne Präp., besonders auch der Inf. mit τοῦ (270ff). Andererseits wird die Inf./AcI-Konstruktion öfter durch NS mit ἵνα (bei beabsichtigter oder eintretender Folge [328]) oder mit ὅτι (bei Aussagen meist über Vergangenes [326]) ersetzt.

268   2. Nach klass. Regel steht der **AcI** (accusativus cum infinitivo; seltener genitivus bzw. dativus cum infinitivo [„GcI/DcI"]) — die Inf.-Konstruktion mit Angabe

des Subjekts (im Akk. [seltener im Gen./Dat.]) — nur dort, wo das Subj. in der übergeordneten Konstruktion nicht schon enthalten ist, z.B.: ἐνόμιζεν συνιέναι τοὺς ἀδελφούς *er glaubte, seine Brüder verstünden* (Apg 7,25). Im NT kann es aber vorkommen, daß das Subj. im Akk. unklass. gesetzt (z.B. Röm 2,19) oder weggelassen (z.B. Lk 2,26) wird.

3. Nebenbestimmungen des Subj. des AcI (Präd.-Nom. und andere formal damit **269** übereinstimmende Elemente) stehen ebenfalls im Akk.: μή τίς **με** (Subj.) δόξῃ **ἄφρονα** (Präd.-Nom.) εἶναι *niemand soll meinen, ich sei nicht bei Sinnen* (2Kor 11,16). Beim GcI bzw. DcI steht in solchen Fällen entweder Gen. bzw. Dat. (z.B. Lk 9,59) oder Akk. (Lk 1,73.74).

bb) Infinitiv/AcI ohne Artikel

(1) Als Subjekt

Als Subj. (vgl. 42; 74) steht er nach unpersönlichen und gleichwertigen Aus- **270** drücken wie ἔξεστιν *es steht frei, es ist erlaubt,* δεῖ *es ist notwendig, man muß* (οὐ δεῖ *es ist nicht erlaubt, man darf nicht),* συμφέρει *es ist förderlich* usw.: οὐ συμφέρει (Präd.) **γαμῆσαι** (Subj.) *es ist nicht förderlich zu heiraten* (Mt 19,10).

Bemerkenswertes:

a) γίνεται mit AcI *es ereignet sich* (z.B. Mk 2,23) ist normales Griech.; ἐγέ- **271** νετο+Umstandsbestimmung+(καί)+finites Verb hingegen ist ein Hebr. (vgl. וַיְהִי *wajhî*+Umstandsbestimmung+imperfectum consecutivum), z.B. ἐγένετο δὲ ἐν μιᾷ τῶν ἡμερῶν καὶ αὐτὸς ἐνέβη εἰς πλοῖον *eines Tages stieg er in ein Boot* (Lk 8,22).

b) Ein Subst., das mit Inf./AcI verbunden ist, hat die Rolle eines Subj. inne; der **272** Inf./AcI entspricht dann einem Dat. ([notw.] Adverbiale des Interesses, s. 64): ὥρα (Subj.) ... **ὑμᾶς ἐξ ὕπνου ἐγερθῆναι** *es ist Zeit ... daß ihr vom Schlaf erwacht* (Röm 13,11).

(2) Als Objekt

Als Objekt (vgl. 46; 74) steht der Inf. oder AcI bei Verben des Begehrens und **273** Wünschens im engeren und weiteren Sinn sowie solchen des Könnens und Verstehens, des Lehrens und Lernens, des Wagens und Zauderns, des Müssens, Pflegens u.a., des Sagens (d.h. Behauptens) und Meinens, des Zeigens und Meldens sowie der sinnlichen und der geistigen Wahrnehmung: παρεκάλει ὁ Παῦλος **ἅπαντας μεταλαβεῖν τροφῆς** (AkkO) *Paulus bat alle, Speise zu sich zu nehmen* (Apg 27,33).

Bemerkenswertes:

a) Bei Verben des Sagens (d.h. Behauptens) und Meinens, des Zeigens und **274** Meldens sowie z.T. manchmal der sinnlichen und der geistigen Wahrnehmung ist das Geschehen des Inf./AcI beim Inf. Präs. gewöhnlich als gleichzeitig (Apg 4,32) (zuweilen als vorzeitig, nach μέλλω auch als nachzeitig [Apg 28,6]) zu verstehen, beim Inf. Pf. als vorzeitig (Lk 24,23) oder gleichzeitig (Apg 14,19), beim Inf. Aor. (!) und Inf. Fut. als nachzeitig (Mt 14,7; Hb 3,18). Im Unterschied zum Klass. bezeichnet der Inf. Aor. nie die Vorzeitigkeit! Vgl. auch 221ff.

275 b) Als Objekt 2. Grades (51) steht der Inf./AcI bei Adjektiven wie ἄξιος *würdig*: οὐκέτι εἰμὶ ἄξιος **κληθῆναι υἱός σου** (GenO/2. Grades) *ich bin nicht länger würdig, dein Sohn zu heißen* (Lk 15,19).

(3) Als Infinitiv der Absicht

276 Als Inf. der Absicht (oder „Inf. mit Dat.-Bdtg."; als Fin. [vgl. 61; 74]) steht er bei Verben der Bewegung, des Sendens, Gebens u.ä.: ἀνέβη ... **προσεύξα- σθαι** (Fin.) *er ging ... hinauf, um zu beten* (Lk 9,28).

277 **Bemerkenswertes:** a) Bei Verben des Gebens u.ä. ist der Inf. gelegentlich AkkO, z.B. in Lk 9,13. b) Gelegentlich begegnet man der modalen Bdtg. *indem/wobei* (Mod.) (vgl. hebr. לְ *lə* mit Inf.), z.B. in Lk 1,54.

(4) Als Infinitiv der Folge

278 Als Inf. der Folge (Kons.; im NT zuweilen auch Fin. [vgl. 60f; 74]) begegnet man ihm meist mit ὥστε (vgl. 340): ... **ὥστε θαυμάζειν τὸν ἡγεμόνα λίαν** (Kons.)... *so daß der Statthalter sich sehr verwunderte* (Mt 27,14).

(5) Als epexegetischer Infinitv

279 Als erklärender (epexegetischer) Inf./AcI (als App. [70]) kommt er bei einem Subst. oder Demonstrativpron. vor: θρησκεία καθαρά ... (Subj.) αὕτη (Präd.-Nom.) ἐστίν (Präd.) **ἐπισκέπτεσθαι ὀρφανούς** ... (App. zum Präd.-Nom) *reine ... Frömmigkeit ... besteht darin, Waisen ... zu helfen* ... (Jak 1,27).

cc) Infinitiv/AcI mit Artikel

(1) Ohne Präposition

280 Der Inf./AcI mit Art. kommt **ohne Präp.** als Subj. (s.u.), Obj. (Phil 2,6), Adverbiale (2Kor 2,13) und App. (Röm 4,13) vor: **τὸ δὲ ἀνίπτοις χερσὶν φαγεῖν** (Subj.) οὐ κοινοῖ τὸν ἄνθρωπον *aber mit ungewaschenen Händen essen, verunreinigt den Menschen nicht* (Mt 15,20). Vgl. auch 74.

(2) Mit τοῦ

281 Der Inf./AcI mit τοῦ (gen. pertinentiae, z.T. unklass.) kann als Attr. (Lk 1,57), als GenO/2. Grades bei einem Adj. (Lk 24,25) oder Adverbiale (Mt 24,45) stehen. Seine Bedeutung ist final (z.T. τοῦ pleonastisch; Mt 2,13) oder konsekutiv (1Kor 10,13). Man begegnet ihm auch als GenO bei Verben (klass. möglich, bei Lk und Apg wohl als Sem. dem reinen Inf./AcI öfter vorgezogen; 2Kor 1,8) sowie mit erklärender (epexegetischer) Funktion im Sinn von *indem* bzw. *das heißt* (Mod./App.; wohl auch ein Sem.; Apg 7,19; Röm 15,23): εἰσῆλθεν **τοῦ μεῖναι** (Fin.; τοῦ pleonastisch) *er ging hinein, um zu bleiben* (Lk 24,29). Vgl. auch 74.

282 **(3) Mit Präposition**

Der Inf./AcI mit Art. **und Präp.** steht gewöhnlich als Adverbiale (54ff; 74; oft einem deutschen NS entsprechend):

Präp.+Art.+ αὐτὸν (Subj.) ἔρχεσθαι/ ἐλθεῖν	häufigste Übersetzungsmöglichkeit als Nebensatz *weil/damit* usw. (s.u.) *er kommt/kam/kommen wird* (s. Tempus und Zusammenhang) (ntl. Bsp.)	adver-biale Bdtg.
διὰ τό ...	*weil* ... (vgl. Mt 13,6)	Kaus.
εἰς τό ...	*damit* ... /*um zu kommen* (vgl. Röm 12,2) *so daß* ... (vgl. Röm 1,20)	Fin. Kons.
ἐν τῷ ...	(wohl Hebr., häufig mit ἐγένετο, Lk 17,14) *während* ... (mit Inf. Präs.; vgl. Mt 13,25) *als/nachdem* ... (mit Inf. Aor. [nur Lk]: gleich-zeitig [vgl. 2,27] oder vorzeitig [vgl. 11,37]) bisweilen *indem/dadurch, daß* ... (vgl. Apg 3,26)	Temp. Mod.
μετὰ τό ...	*nachdem* ... (vgl. Mt 26,32)	Temp.
πρὸ τοῦ ...	*bevor/ehe* ... (vgl. Jh 17,5)	Temp.
πρὸς τό ...	*damit* ... /*um zu kommen* (Mt 6,1) *so daß* ... (Kons.; viell. Mt 5,28); evtl. auch *wobei/mit Bezug darauf, daß* ... (Mt 5,28/Lk 18,1)	Fin. Kons. Mod.

Nur einmal im NT kommen vor: ἀντί *statt daß* (Jak 4,15), διά mit Gen. *durch* (Hb 2,15; Temp.), ἐκ *infolge/gemäß* (2Kor 8,11; Kaus./Mod.), ἕνεκεν *damit* (2Kor 7,12; Fin.), ἕως *bis* (Apg 8,40; Temp.).

b) Partizip (Neg. meist μή)

aa) Allgemeines

1. Das Ptz. Fut. wird im NT meist durch Ptz. Präs. oder finale Alternativ-konstruktionen (276; 281f; 339) ersetzt.   **283**

2. μή hat οὐ fast ganz verdrängt, also auch bei Behauptungen und Beurtei-lungen sowie bei einfacher Negierung des Ptz.-Inhalts.: ... **μὴ εἰδυῖα** τὸ γε-γονὸς εἰσῆλθεν (klass. οὐ erwartet) ... *sie kam herein, ohne zu wissen, was vorgefallen war* (Apg 5,7).   **284**

3. Das Geschehen des Ptz. ist beim Ptz. **Präs.** gewöhnlich als **gleichzeitig** oder (statt des Ptz. Fut.) nachzeitig, weniger häufig als vorzeitig im Verhältnis zu dem Geschehen der übergeordneten Konstruktion zu verstehen, beim Ptz. **Aor.** gewöhnlich als **vorzeitig**, weniger häufig als gleichzeitig (das übergeordnete Verb steht dann meist im Ind. Aor.), beim Ptz. **Fut.** (selten) immer **nachzeitig**. Das Ptz. Aor. kommt nicht mit nachzeitiger Bdtg. vor. Vgl. auch 221ff.   **285**

bb) Syntaktischer Gebrauch des Partizips (zur Illustration konstruierte Beispiele verwendet)

(1) Adverbialer Gebrauch

286 Der adverbiale Gebrauch (die Partizipialkonstruktion ist Adverbiale des übergeordneten Satzes [54ff; 74]) hat zwei formale Ausprägungen — das Ptz. steht niemals mit Art. —:

287 a) Das **participium coniunctum** (part. coni.): Es ist formal mit einem nominalen Glied (im Nom., Gen., Dat. oder Akk.) der übergeordneten Konstruktion verbunden („coniunctum"), d.h. es stimmt in Genus, Numerus und Kasus damit überein: ὁ ἀνὴρ (BW) ἐλεύσεται πιστεύων (part. coni.: Nom.) *der Mann wird kommen, weil* (oder *wenn* usw.) *er glaubt* (vgl. Mt 6,17); ἡ γυνὴ φιλεῖ τὸν ἄνδρα (BW) πιστεύοντα (part. coni.: Akk.) *die Frau liebt den Mann, weil* (oder *wenn* usw.) *er glaubt* (vgl. Apg 3,26; Jak 1,5; Apg 3,12).

288 b) Der **genitivus absolutus** (gen. abs.): Er ist formal ohne Beziehungswort in der übergeordneten Konstruktion, ist also (formal, aber nicht inhaltlich) „losgelöst" (absolut) und besteht aus mindestens zwei Gliedern (Ptz. und Subj. dazu): ἡ γυνὴ ἐλεύσεται **τοῦ ἀνδρὸς πιστεύοντος** *die Frau wird kommen, weil* (oder *wenn* usw.) *der Mann glaubt* (vgl. Lk 22,60).

289 Im NT steht recht häufig der gen. abs. statt des part. coni., z.B.: **καταβάντος δὲ αὐτοῦ** ... ἠκολούθησαν αὐτῷ ὄχλοι πολλοί (klass. würde man καταβάντι δὲ αὐτῷ ... ἠκολούθησαν ὄχλοι πολλοί erwarten) *als er ... herabstieg, folgten ihm viele Menschen* (Mt 8,1).

290 Das adverbial gebrauchte Ptz. **übersetzt** man in der Regel am besten als adverbialen NS (daneben auch als Präp.-Gefüge oder beigeordneten HS, selten als Ptz.).

291 Die sechs wichtigsten möglichen **Sinnrichtungen** sind (keine festen griech. Kategorien, sondern von übersetzungstechnischen Überlegungen bestimmt; welche gemeint ist, ergibt sich aus Wortinhalt und Zusammenhang; am häufigsten sind Temp. und Mod.):

übergeordnete Konstruktion:	Ptz.-Konstruktion (Adverbiale):
ὁ ἀνὴρ ἐλεύσεται *Der Mann wird kommen,*	πιστεύων/πιστεύσας *wenn/weil* usw. (s.u.) *er glaubt/zum Glauben gekommen ist.* (part. coni.: Nom.)
ἡ γυνὴ φιλεῖ τὸν ἄνδρα *Die Frau liebt den Mann,*	πιστεύοντα/πιστεύσαντα *wenn/weil* usw. (s.u.) *er glaubt/zum Glauben gekommen ist.* (part. coni.: andere Kasus, hier Akk.)

ἡ γυνὴ ἐλεύσεται *Die Frau wird kommen,*	τοῦ ἀνδρὸς πιστεύοντος/ πιστεύσαντος *wenn/weil usw.* (s.u.) *der Mann glaubt/ zum Glauben gekommen ist.* (gen. abs.)
1. Temp. gleichzeitig (meist Ptz. Präs. [oder Pf.]) vorzeitig (meist Ptz. Aor.)	*während* (auch *als*) ... (vgl. Mt 4,18; Apg 10,44) *nachdem* (auch *als*)[1] ... (vgl. Jh 9,6; Apg 4,31)
2. Mod. genauere Beschreibung des Geschehens nähere Begleitumstände vorgestellter Vergleich negiert	*indem/dadurch, daß* ... (vgl. Mt 27,4; Hb 11,4) *wobei* (auch *während*)[1] ... (vgl. Lk 4,15; Hb 2,3.4) *wie wenn/als ob* ... (mit ὡς/ὥσπερ) (vgl. Kol 2,20; 1Pt 4,12) *ohne daß* ... /*ohne zu glauben* (vgl. Lk 4,35)
3. Kaus. objektiver Grund subjektiver Grund (mit ὡς)	*weil/da/zumal* (vgl. Apg 9,26; Hb 11,40) *weil (meiner Meinung nach)/in der Überzeugung, daß* (vgl. 1Kor 7,25; 2Kor 5,20)
4. Konz. (besonders mit καί/ καίπερ/καίτοι)	*obwohl/obgleich* ... /*wenn (er) auch glaubt* *wenngleich* ... (vgl. Hb 5,8; 4,3)
5. Kond.	*wenn/falls* ... (vgl. Lk 9,25; Hb 7,12)
6. Fin. (nur beim part. coni. Fut. oder Präs.; z.T. mit ὡς)	*damit/in der Erwartung, daß* ... (oder *um zu glauben*) (vgl. Apg 24,17; 1Thess 2,4)

---

[1] Oft gibt man die Ptz.-Konstruktion am besten als unselbständige „Und"-Kombination mit finitem Verb wieder: ἀναστάς ... εἶπεν ... *er stand auf und sagte* ... (statt *nachdem er aufgestanden war, sagte er* ...), vgl. Apg 1,15; ὑπέστρεψαν ... δοξάζοντες ... τὸν θεόν *sie kehrten zurück und priesen (dabei)* ... *Gott* (statt ... *zurück, wobei sie Gott priesen* ...), Lk 2,20.

Bemerkenswertes:

292   a) Formelhaft werden gelegentlich ἔχων/λαβών/παραλαβών/φέρων im Sinn von *mit* gebraucht (Lk 4,33; Mt 25,1; Jh 18,3; Apg 21,32; Jh 19,39).

293   b) Paulus verwendet öfter ein part. coni. **statt** eines **finiten Verbs**, z.B. in 2Kor 5,12 διδόντες statt δίδομεν. Umgekehrt wird besonders in der Apk manchmal die Ptz.-Konstruktion durch καί + finites Verb fortgeführt, z.B. in Apk 2,2 καὶ ... εἰσίν statt ὄντας.

294   c) Bei Paulus und Petrus erscheint das Ptz. gelegentlich **anstelle** eines **Imp.** (wohl Ellipse [376] des Imp. von „sein"): 1Pt 2,12; 3,1.7.9; Röm 12,9.16 (ähnlich auch Adjektive).

295   d) Erscheint in einer Konstruktion **mehr als ein Ptz.**, so haben die durch Konjunktionen wie καί *und* verbundenen denselben **Rang** (z.B. Apg 17,23), unverbundene (asyndetische) hingegen häufiger unterschiedlichen; welches Ptz. welchem übergeordnet ist, ergibt sich aus dem Zusammenhang (z.B. Apg 18,23).

296   e) **„Participium graphicum"** („beschreibendes Ptz.") nennt man das part. coni., das eine meist selbstverständliche Vorstufe oder Begleiterscheiung zum Inhalt des übergeordneten Verbs beschreibt (inhaltlich mindestens z.T. Sem.), besonders körperliche Bewegungen oder Haltungen, etwa ἀναστάς ... *er stand auf und (tat etwas)*, λαβών ... *er nahm und (tat etwas damit)* usw.: ἐκεῖθεν δὲ ἀναστὰς ἀπῆλθεν ... *er brach auf und ging von dort* ... (Mk 7,24).

297   f) Als **„pleonastisches"** Ptz. bezeichnet man das part. coni. des Sagens bzw. Antwortens bei einem finiten Verb des Sagens, Fragens, Antwortens, Überlegens o.ä. vor einer direkten Rede (wahrscheinlich Sem.): (1) εἶπεν (ἔλεγεν o.ä.) λέγων *er sagte: „...* (Mt 22,1 usw.); (2) ἀπεκρίθη λέγων (auch καὶ εἶπεν/λέγει) oder ἀποκριθεὶς εἶπεν/λέγει/ἐρεῖ/ἔφη usw. (häufig) *er antwortete/antwortet/wird antworten: „...* (Mt 25,9; 4,4 usw.).

298   g) Das part. coni. (Mod.) steht in AT-Zitaten auch entsprechend dem hebr. **infinitivus absolutus** (vgl. 180): βλέποντες βλέψετε *ihr werdet immerzu sehen* (Mt 13,14; Jes 6,9).

(2) Prädikativer Gebrauch

299   Prädikativ wird das Ptz. gebraucht, wenn es notwendiger Teil des Prädikatsverbands (43ff) ist. Im NT kommen drei Hauptvarianten vor (immer ohne Art. [82]):

300   a) Als Obj.-Präd. (47ff) abhängig von Verben der sinnlichen und der geistigen Wahrnehmung, **„AcP"** (accusativus cum participio; z.T. GcP [genitivus cum participio]) − deutsch dafür Inf./AcI oder *daß/wie*-NS: εἶδεν σχιζομένους (Obj.-Präd.) τοὺς οὐρανούς (AkkO) *er sah den Himmel sich spalten/sah, daß/wie der Himmel sich spaltete* (Mk 1,10); ἀκούομεν λαλούντων (Obj.-Präd.) αὐτῶν (GenO) *wir hören sie reden/hören, daß/wie sie reden* (Apg 2,11).

301   b) **Verben des modifizierten Seins und Tuns:** Bei einer Reihe von Verben, von denen ein Ptz. abhängig ist, wird das Geschehen oder Sein nicht vom konjugierten Verb, sondern vom Ptz. bezeichnet; das finite Verb hat die Aufgabe, dieses Geschehen oder Sein näher zu bestimmen. Im NT kommen diese Verben nur selten vor (sie haben ein mehrteiliges Präd., 77): ἐπέμενον (Präd. 1. Teil) ἐρωτῶντες (Präd. 2. Teil) *sie fragten weiter* (Jh 8,7). Am häufigsten sind im NT noch παύομαι *aufhören,* καλῶς ποιέω *gut daran tun:* ὁ ἄνθρωπος οὗτος οὐ παύεται λαλῶν *dieser Mensch hört nicht auf zu reden = dieser Mensch redet unaufhörlich* (Apg 6,13). S.a. Apg 10,33.

c) **Umschreibende Konjugation** (Ptz. ebenfalls als 2. Teil des Präd., s.a. 249).   302

(3) Attributiver (und substantivierender) Gebrauch

a) **Eig. attributiver** Gebrauch (mit Bezugswort), als Attr. wie ein Adj. mit „attri-   303
butiver" Wortstellung, also bei determiniertem Bezugswort (auch beim Pers.-Pron.) immer mit Art., bei nicht determiniertem ohne, z.T. aber mit Art. (84; 111): ὁ ἀνήρ ὁ πιστεύων/ὁ πιστεύων ἀνήρ *der Mann, der glaubt* (oder *der glaubende Mann*) (vgl. Mt 25,34.41); πιστεύων ἀνήρ/ἀνήρ (ὁ) πιστεύων *ein Mann, der glaubt* (oder *ein glaubender Mann*) (vgl. Lk 9,41; 1Pt 1,7); ἡμεῖς οἱ ζῶντες *wir, die wir leben/wir Lebende* (1Thess 4,15.17).

b) **Substantivierender** Gebrauch (ohne Bezugswort), meist mit individuellem   304
oder generellem Art. (103-105), mit den für das Subst. üblichen syntaktischen Funktionen (s. Syntax der Kasus und der Präp., 139-203; vgl. 74): ὁ βαπτίζων *der (bekannte) Täufer* (Mk 6,14); ὁ πιστεύων *der Glaubende/jeder, der glaubt* (Jh 3,36); καὶ στρατευόμενοι *auch Soldaten* (Lk 3,14).

III. Syntax der Partikeln (H-S §243-252)
Im NT werden erheblich weniger Partikeln gebraucht als im Klass.   305

1. Negationen
οὐ steht bei einzelnen Wörtern, z.B. οὐ πάντες *nicht alle* (Röm 10,16), bei   306
Wortgruppen, z.B. οὐκ ἐν σοφίᾳ λόγου *nicht mit kunstvoller Rede* (1Kor 1,17), und in einem ganzen Satz mit Ind.

μή steht in einem Satz meist mit nichtindikativischen Formen (bei Fragen als   307
„etwa" auch mit Ind., s.u. 320; beim Ptz. ganz vereinzelt aber οὐ [284]): μὴ καθεύδωμεν *laßt uns nicht schlafen!* (1Thess 5,6).

Bemerkenswertes:
1. μή *daß* bzw. μὴ οὐ *daß nicht* (vgl. 327f) nach Ausdrücken des **Fürchtens**   308
meist mit Konj. (seltener Ind., wenn die Furcht auf etwas schon Geschehenes gerichtet ist): φοβηθείς ... μὴ διασπασθῇ ὁ Παῦλος *er befürchtete, Paulus könnte ... zerrissen werden* (Apg 23,10); vgl. Gal 4,11 (mit Ind.). Manchmal ist der Ausdruck des Fürchtens zu ergänzen: ... μή πως εἰς κενὸν τρέχω ἢ ἔδραμον *(in der Besorgnis), daß ich vergeblich laufe oder gelaufen bin* (Gal 2,2; Vgl. auch 1Thess 3,5), so gelegentlich zum Ausdruck einer vorsichtigen Behauptung: μήποτε δώῃ αὐτοῖς ὁ θεός ... *vielleicht gibt Gott ihnen ...* (2Tim 2,25).

309 2. Ein ὅτι/ὡς-NS (vgl. 326) mit unübersetzbarem οὐ (oder Inf. mit unübersetzbarem μή) kann nach Verben des **negativen Behauptens** („bestreiten", „leugnen", „bezweifeln") stehen: ὁ ἀρνούμενος ὅτι Ἰησοῦς οὐκ ἔστιν ὁ χριστός *wer leugnet, daß Jesus der Messias ist* (1Jh 2,22).

310 3. Bei der **doppelten oder mehrfachen Verneinung** gilt: a) Ist das letzte Glied der Negationskette zusammengesetzt, so wird die Verneinung verstärkt (Normalfall): οὐκ ἐπίστευσεν οὐδείς *kein einziger glaubte* (vgl. Apg 4,12 usw.). b) Ist das letzte Glied einfach, so ist die Verneinung aufgehoben: οὐδεὶς οὐκ ἐπίστευσεν *jeder glaubte* (eig. „keiner glaubte nicht") (vgl. 1Kor 12,15). c) Merke: Das unklass. οὐδ᾽ (o.ä.) οὐ μή (statt οὐδὲ μή) mit Konj. Aor. (oder Fut.), z.B. in Hb 13,5, ist (entgegen der genannten Regel) stärkste Verneinung (zukünftigen Geschehens, vgl. 257).

2. Andere Partikeln

a) καί

aa) Als Konjunktion *und*

311 **Eingliedrig** zur Verbindung von Wörtern, Wortgruppen oder Sätzen; letzteres vor allem unter dem Einfluß der Volkssprache (z.T. auch Sem.) häufiger als im Klass. auch mit folgenden Nuancen: (1) „aber", „doch" (**adversatives καί**, vgl. δέ): καὶ οὐδείς *doch keiner* (Jh 7,30); (2) „so daß", „daß", „(und) dann", „daher" (**konsekutives καί** [vgl. 340]; logisch oder zeitlich, auch im Dann-Satz [**apodotisches καί**, vgl. 341]): ... καὶ λάμπει ... *dann leuchtet es* (Mt 5,15); (3) „damit" o.ä. (**finales καί** [vgl. 339]): ... καὶ παραλήμψομαι ὑμᾶς ... *um euch zu holen* (Jh 14,3); (4) **„als"**: ... καὶ ἐσταύρωσαν αὐτόν ... *als man ihn kreuzigte* (Mk 15,25); (5) **relativisches καί** (vgl. 354ff): ἦσαν πολλοὶ καὶ ἠκολούθουν αὐτῷ *viele waren es, die ihm nachfolgten* (Mk 2,15); (6) einem ὅτι oder Inf. („daß") entsprechend (vgl. 326): καὶ ἤκουσεν ... καὶ ἔλεγον *und er erfuhr ... daß man sagte* (Mk 6,14); (7) „und zwar", „nämlich" (epexegetisches/**explikatives**/erklärendes καί [vgl. 163 bzw. 70]): ... καὶ χάριν ἀντὶ χάριτος ... *und zwar Gnade über Gnade* (Jh 1,16); (8) unübersetzbares (pleonastisches [379]) καί nach einem πολύς *viel,* das vor einem anderen Adj. steht, oder nach einem Rel.-Pron. o.ä.: πολλὰ καὶ ἄλλα σημεῖα *viele andere Zeichen* (Jh 20,30); ... ὃς καὶ παρέδωκεν αὐτόν ... *der ihn verriet* (Mk 3,19).

312 **Mehrgliedrig:** καί ... καί *sowohl ... als auch; ebensowohl ... als* (Mt 10,28) (auch *obgleich ... dennoch* [Jh 15,24]).

313 **bb) Als Adverb *auch, sogar***

Beispiele: Mt 5,39 usw.; Mt 10,30 usw.; nach Fragewort *überhaupt, noch* (Lk 13,7).

314 **cc) Seltene Gebrauchsweisen:** (1) „oder" (**καί alternativum**) (2Kor 13,1); (2) bei Hendiadyoin (s.u. 378): περὶ ἐλπίδος καὶ ἀναστάσεως νεκρῶν *wegen der Hoffnung auf die Auferstehung der Toten* (Apg 23,6).

b) μέν

(1) in Verbindung mit anderen Partikeln: μέν ... δέ (im NT viel seltener als im Klass.; statt δέ seltener auch ἀλλά/πλήν) *(zwar) ... aber:* τὸ **μὲν** πνεῦμα ... ἡ **δὲ** σάρξ ... *der Geist zwar ... aber das Fleisch* ... (Mt 26,41); (2) ohne das zu erwartende δέ (Anakoluth [375]; **μέν** „solitarium", im NT z.T. unklass.): Kol 2,23; Röm 1,8; Lk 8,5; (3) μὲν οὖν folgernd oder fortleitend *also, nun* (besonders Apg.), z.B. Apg 5,41.

315

c) τε

(1) Eingliedrig zur engeren Verbindung von Sätzen, seltener von Wörtern oder Wortgruppen: und (Apg 2,37.40). (2) Mehrgliedrig: τε ... τε *sowohl ... als auch* (Sätze/Satzglieder: Röm 14,8), τε ... καί oder τε καί *sowohl ... als auch,* oft einfach *und* (meist Wörter): ὅ τε στρατηγός ... **καὶ** οἱ ἀρχιερεῖς ... *der Tempelhauptmann ... und die Hohenpriester* (Apg 5,24).

316

C. Zu den Sätzen

I. Unabhängiger Satz (Hauptsatz, HS) (H-S §267-269)

1. Der selbständige Behauptungssatz

Der selbständige Behauptungssatz stellt den Inhalt als wirklich („real", vor allem Ind., s.o. 252, aber auch 257), nicht wirklich (s. Irrealis, 252) oder möglich („potential", s.o. 260) hin.

317

2. Der selbständige Begehrungssatz

Der selbständige Begehrungssatz bedient sich vor allem des adhortativen und prohibitiven Konj. (254; 256) und des Imp. (263ff), auch des Ind.Fut. (247) und des kupitiven Opt. (259).

318

Gelegentlich begegnet man daneben auch: a) Als Ersatz für den Imp. dem „imperativischen" Inf. (Röm 12,15), dem Ptz. (294) und einem selbständigen ἵνα-Satz (Mk 5,23); b) zum Ausdruck eines als unerfüllbar hingestellten Wunsches dem partikelhaften ὄφελον mit Ipf./Ind.Aor., z.B. ὄφελον ἀνείχεσθε *möchtet ihr doch ertragen* (2Kor 11,1), eines als unerfüllbar oder erfüllbar hingestellten Wunsches: ἐβουλόμην/ἤθελον mit Inf., z.B. ἐβουλόμην ... κατέχειν *ich wollte eigentlich ... behalten* (Phm 13).

319

3. Der selbständige (direkte) Fragesatz

Die **Entscheidungsfragen** sind formal von den Behauptungssätzen recht häufig nicht unterschieden. Oft sind sie aber durch die Fragepartikeln ἆρα (nur 3x im NT), auch εἰ (im NT [nach einem Ausdruck des Fragens/Sagens]; meist = „:"), οὐ/οὐχί *nicht* oder μή/μήτι *etwa* gekennzeichnet: **ἆρα/εἰ** πιστεύει; *glaubt er?* (vgl. Apg 8,30; Mt 12,10); **οὐ** πιστεύει; *glaubt er nicht?* (angedeutete Antwort: *doch er glaubt*) = *er glaubt doch wohl* (vgl. Jh 11,40); **μὴ** πιστεύει; *glaubt er etwa?* (angedeutete Antwort: *nein, er glaubt nicht*) = *er glaubt doch wohl nicht* (vgl. Jh 6,67; Röm 10,18).

320

321 Möglichkeiten der **bejahenden** bzw. **verneinenden Antwort**: a) ναί *ja* bzw. οὔ/οὐχί *nein* (vgl. Mt 13,51; 13,29); b) Wiederholung des betonten Wortes bzw. verkürzte Sätze: δυνάμεθα *das können wir* (= *ja*) (Mt 20,22); σὺ εἶπας *ja, du* (wörtl. „du hast es gesagt") (Mt 26,25) u.ä.

322 Die **Ergänzungsfragen** (oder „Wortfragen") werden durch Fragewörter (Interrogativpronomina oder -adverbien [vgl. 18]) eingeleitet: τίνες εἰσὶν οἱ ἀδελφοί μου; *wer sind meine Brüder?* (Mt 12,48); πῶς ἀναγινώσκεις *wie liest du?* (Lk 10,26).

323 Bei **Wahlfragen** (oder „Doppelfragen") steht als disjunktive Konjunktion ἤ *oder:* ... ἐξ οὐρανοῦ ἢ ἐξ ἀνθρώπων; ... *vom Himmel oder von den Menschen?* (Mt 21,25).

324 **Deliberative** (oder dubitative) **Fragen** stehen mit entsprechendem Konj. (255; seltener Fut. [247]).

325 **Rhetorische Fragen** (verschiedenster Form) suchen das Gegenüber lediglich zur Anerkennung einer bereits vorhandenen Meinung zu bewegen; eine Antwort wird nicht erwartet (häufig bei Paulus), z.B. 1Kor 3,16.

II. Abhängiger Satz (Nebensatz, NS) (H-S §270-290)[1]

1. Konjunktionalsätze

a) Subjekt-Objektsätze (*daß*/*ob*-NS)

aa) NS mit ὅτι *daß* o.ä.

326 Ein NS mit ὅτι (weniger bestimmt, im NT selten, auch ὡς) *daß* (**abhängiger Behauptungssatz** [vgl. 317]) steht nach Verben (und anderen Ausdrücken) des Sagens (d.h. Behauptens) und Meinens u.ä., der sinnlichen und geistigen Wahrnehmung, des Zeigens und Meldens; er hat dasselbe Tempus (!) und denselben Modus wie der entsprechende HS (317): οὐκ οἶδας **ὅτι ἐξουσίαν ἔχω** ...; *weißt du nicht, daß ich die Macht habe ...?* (Jh 19,10). Vgl. auch 309.

327 Seltenere Formen: a) μή *daß* und μὴ οὐ *daß nicht* nach Ausdrücken des Fürchtens (308), b) εἰ *daß* nach Verben der Gemütsbewegung (z.B. Mk 15,44), c) εἰ *daß*/„:" *gewiß nicht* hebraisierend (= אִם *ʾim*) bei Schwüren (z.B. Hb 3,11 = Ps 95[94],11 LXX).

bb) NS mit ἵνα *daß* o.ä.

328 Ein NS mit ἵνα (seltener ὅπως) *daß* bzw. ἵνα μή oder μή/μήποτε mit Konj. (bisweilen im NT Ind.Fut.) kann in der Koine (im NT vor allem Jh, Mt, Mk; hingegen bei Lk, Apg, Jak, Pt und Hb kaum unklass. Bsp. vorhanden) fast überall den Inf./AcI ersetzen, wo dessen Inhalt als beabsichtigte oder eintretende Folge aufgefaßt werden kann. In der Funktion eines Subjekt-Objekt-

---

[1] Zum möglichen, im NT aber seltenen obliquen Opt. in innerlich abhängigen Nebensätzen vgl. 261.

satzes (nach Ausdrücken des Begehrens und Wünschens o.ä.) läßt er sich meist mehr oder weniger deutlich als **abhängigen Begehrungssatz** (vgl. 318f) verstehen: ἐκήρυξαν ἵνα μετανοῶσιν *sie forderten die Menschen auf umzukehren* (Mk 6,12).

cc) Abhängige (indirekte) Fragesätze

Abhängige (indirekte) Fragesätze (vgl. 320ff) stehen nach Ausdrücken des Wahrnehmens, Sagens, Wissens u.ä. Modus und Tempus entsprechen denjenigen der direkten Frage (selbstverständlich mit entsprechendem Personenwechsel). Selten steht (bei Lk und Apg) der oblique Opt. (261):   **329**

(1) Der NS mit εἰ *ob* bzw. εἰ ... εἰ *ob* ... *oder* kommt als **abhängige** (indirekte)   **330**
Entscheidungsfrage vor: ἐπηρώτησεν εἰ ... Γαλιλαῖός ἐστιν *er fragte, ob er ... ein Galiläer sei* (Lk 23,6).

(2) Der NS mit **direkten oder indirekten Fragepronomina und -adverbien**   **331**
(vgl. 18) bezeichnet abhängige (indirekte) Ergänzungsfragen (eig. Relativ- und nicht Konjunktionalsätze): οὐκ οἶδα τί λέγεις *ich weiß nicht, was du sagst* (Mt 26,70); λαληθήσεταί σοι ὅ τί σε δεῖ ποιεῖν *es wird dir gesagt werden, was du tun sollst* (Apg 9,6); μὴ προμεριμνᾶτε τί λαλήσητε (deliberativ) *sorgt euch nicht im voraus, was ihr sagen sollt* (Mk 13,11); vgl. Lk 1,29; Apg 21,33 (Opt.).

Bemerkenswert: εἰ *ob* leitet nicht nur eig. Fragesätze ein; es kann auch vor   **332**
einem NS stehen, der von einem Verb des Handelns abhängig ist, bei dem zusätzlich das Bedeutungselement des Versuchens „mitschwingt". In der Übersetzung ist ein entsprechender Ausdruck zu ergänzen: διώκω δὲ εἰ καὶ καταλάβω *aber ich jage ihm nach, (um zu versuchen), ob ich es ergreifen kann* oder *(mit dem Bestreben/in der Hoffnung), es zu ergreifen* (Phil 3,12); vgl. Mk 11,13, Röm 11,14.

dd) Direkte und indirekte Rede

(1) **Direkte Rede**: Äußerungen (oder Gedanken), die nach Ausdrücken des   **333**
Sagens (oder Denkens) im Wortlaut unmittelbar angeführt sind, meist ohne Einleitewort (asyndetisch [38]), z.B. Apg 22,28, häufig aber mit ὅτι recitativum, das unserem Doppelpunkt mit Anführungszeichen entspricht, z.B. Jh 9,9.

(2) **Indirekte Rede**: (a) Indirekte Rede im weiteren Sinn (Normalfall, s.o.   **334**
326-332 sowie 273f): Abhängige Behauptungs- (Lk 22,70), Begehrungs- (Mk 6,8) und Fragesätze (Jh 18,21; Lk 18,36) sowie entsprechende Inf./AcI-Konstruktionen (Apg 5,36; Lk 5,14), die formal (direkt) abhängig sind von Ausdrücken des Sagens (oder Denkens). (b) Indirekte Rede im engeren Sinn: Fälle, bei denen die Abhängigkeit indirekt bzw. formal nicht vorhanden ist (im NT kaum bezeugt, vgl. H-S §274e).

Merke: Von der **indirekten Rede** geht das Griech. bald einmal gern **in die**   **335**
direkte Rede über (häufig ist im NT ein ἔφη *er sagte* o.ä. zu ergänzen), z.B. Apg 1,4; 17,3.

b) Adverbialsätze (vgl. 74)

aa) Temporalsätze (vgl. 56)

336 (1) Auf die Frage „Wann?": (a) Mit Ind., eingeleitet durch ὅτε (seltener ἡνίκα/ὁπότε) *als, nachdem* (Vergangenheit), *wenn* (Gegenwart/Zukunft, seltener); oder durch ὡς *als, nachdem* (Vergangenheit, meist Ind.Aor.), *während* (Vergangenheit, meist Ipf.), *wenn* (Zukunft, selten); (b) mit prospektivem Konj. (253), eingeleitet durch ὅταν *wenn, sobald* (Zukunft, meist Konj.Aor.), *immer wenn* (Gegenwart/Allgemeingültiges, häufig Konj.Präs.; NT gelegentlich Ind., auch Aor.), seltener durch ἐπάν *sobald*, bei Paulus auch durch ὡς ἄν *wenn/sobald*; ferner durch πρίν *bevor* (fast immer mit Inf./AcI bzw. ἤ mit Inf./AcI.). Bsp.: ὅτε ἦς νεώτερος ... *als/während du jünger warst* ... (Jh 21,18). Vgl. auch 262; 372 zum (konditional-temporalen) „hellenistischen Nebensatziterativ".

337 (2) Auf die Frage „Wie lange?": Mit **Ind.** oder **prospektivem Konj.** (253) mit ἄν (NT öfter ohne), eingeleitet durch ἕως (οὗ/ὅτου) (seltener mit Ind.), durch ἄχρι(ς) (οὗ) *bis daß, solange als*, durch μέχρι(ς) (οὗ) *bis* oder durch ἐν ᾧ (auch ὡς) *während, solange*. Bsp.: ... ἄχρι οὗ ἀνέστη βασιλεὺς ἕτερος ... *bis ein anderer König an die Macht kam* (Apg 7,18).

bb) Kausalsätze („Warum/Weshalb?"; vgl. 58; 74)

338 Eingeleitet durch ὅτι, διότι (= διὰ τοῦτο ὅτι) *weil*, durch ἐπεί *da*, durch ἐπειδή *da ja*, oder durch καθώς/καθότι/ἐφ' ᾧ *da/weil*. Bsp.: ὅτι εἶπόν σοι ... *weil ich dir gesagt habe* ... (Jh 1,50).

cc) Finalsätze („Wozu/Mit welcher Absicht?"; vgl. 61; 74)

339 Eingeleitet durch ἵνα oder ὅπως (vereinzelt ὡς) *damit, um ... zu* bzw. durch ἵνα μή, ὅπως μή oder durch μή/μήποτε *damit nicht, um nicht ... zu*, gewöhnlich mit Konj. (vgl. 253, im NT bisweilen mit Ind.Fut.); Koine/NT selten auch eingeleitet durch ὥστε mit finitem Verb oder Inf./AcI *damit* (278; 340). Bsp.: ... ἵνα σωθῇ ὁ κόσμος δι' αὐτοῦ ... *damit die Welt durch ihn gerettet werde* (Jh 3,17).

dd) Konsekutivsätze („Mit welcher Folge?", vgl. 60; 74)

340 Eingeleitet durch ὥστε (vereinzelt ὡς) *so daß* (bei lockerer Unterordnung *daher/darum*), mit finitem Verb meist tatsächliche Folge (Neg. οὐ), mit Inf./AcI bei bloß gedachter (erwarteter, möglicher) Folge (Neg. μή), im NT auch bei tatsächlicher Folge (278); Koine/NT selten auch eingeleitet durch ἵνα mit Konj. *so daß* (vgl. 328). Bsp.: ... ὥστε τὸν υἱὸν τὸν μονογενῆ *so ... daß er seinen einzigen Sohn gab* (Jh 3,16); ὥστε ... ἑδραῖοι γίνεσθε ... *darum ... werdet fest ...* (1Kor 15,57f).

ee) Konditionalsätze („In welchem Fall/Unter welcher Bedingung?"; vgl. 59; 74)

(1) Allgemeines

341 Der **Wenn-Satz** (oder „Prótasis"/„Vordersatz", NS) wird eingeleitet durch εἰ oder ἐάν (selten ἄν) *wenn* (= *falls*), bei koordinierten Gefügen (1Kor 12,26;

2Kor 1,6) durch εἴτε ... εἴτε *ob ... oder* bzw. *wenn ... und wenn* (Neg. μή, doch beim indefiniten Fall [342] im NT meist οὐ). Häufige Verbindungen mit εἰ/ ἐάν: εἴ γε *wenn wirklich,* εἴπερ *wenn wirklich* (Annahme bestimmter als bei εἴ γε, z.T. fast kausal), εἰ μή *wenn nicht* (auch *doch,* nach Neg. auch *außer*), εἰ δέ μή γε *andernfalls,* εἰ καί *wenn auch,* ἐάν μή *wenn nicht* (auch *außer* [*wenn/daß*]), ἐάν καί *wenn auch,* ἐάνπερ *gesetzt den Fall, daß* (Hb 3,14). S.a. 262; 372 zum (konditional-temporalen) „hellenistischen Nebensatziterativ".

(2) Die vier Hauptfälle (von Konditionalperioden = Wenn-Satz [NS] + Dann-Satz [auch „Apódosis"/„Nachsatz", HS]):

(a) **Indefiniter Fall** (irreführend auch „Realis" genannt): Wenn-Satz: εἰ mit **342** Ind.; Dann-Satz: **beliebiger Modus.** Das Verhältnis des Wenn-Satzes zur Wirklichkeit ist unbestimmt („indefinit"), die Schlußfolgerung aber notwendig: εἰ τοῦτο ποιεῖς (ποιήσεις/ἐποίησας usw.) *Wenn du dies tust (tun wirst/getan hast* usw.) – ob es der Fall ist, lasse ich unentschieden –, ἡμᾶς βλάπτεις (βλάψεις/ἔβλαψας usw.) *schädigst du uns (wirst du uns schädigen/hast du uns geschädigt* usw.) – und zwar unweigerlich (vgl. Röm 8,9; Lk 11,19.20 usw.).

(b) **Prospektiver Fall** (auch „Eventualis" – Normalfall): Wenn-Satz: ἐάν mit **343** Konj. (253) (Tempuswahl aspektbedingt [222]); Dann-Satz: a) **futurischer** Ausdruck (häufig speziell) oder b) **präsentischer/zeitloser** Ausdruck (häufig generell). Der Wenn-Satz bezeichnet etwas, womit man rechnen kann oder muß, d.h. entweder (s. vor allem jeweiligen Textzusammenhang!): a) **speziell** etwas Zukünftiges: ἐάν τοῦτο ποιῇς/ποιήσῃς *Wenn du dies tun wirst* (besser *tust*) – damit kann oder muß man rechnen –, ἡμᾶς βλάψεις *wirst du uns schädigen* (vgl. Lk 19,31; Mt 9,21; Jh 13,8 usw.), b) **generell** etwas Allgemeingültiges: ἐάν τις τοῦτο ποιῇ/ποιήσῃ *Wenn/Immer wenn einer dies tut* – damit kann oder muß man rechnen –, χαίρουσιν οἱ ἄγγελοι τοῦ θεοῦ *freuen sich die Engel Gottes* (vgl. 2Tim 2,5; Jh 12,24; 7,17 usw.).

(c) **Potentialer Fall** („Potentialis"; im NT nur in Resten vorhanden): Wenn- **344** Satz: εἰ mit Opt.; Dann-Satz: **(potentialer) Opt. mit** ἄν (Tempuswahl aspektbedingt). Der Inhalt des Wenn-Satzes wird als möglich oder zumindest denkbar hingestellt, die Schlußfolgerung als bloße Möglichkeit: εἰ τοῦτο ποιοίης/ποιήσαις *Falls du dies tätest* – und das könnte ich mir zumindest vorstellen –, ἡμᾶς ἄν βλάπτοις/βλάψαις *würdest du uns wohl schädigen* (vgl. 1Pt 3,17 [nur Wenn-Satz]).

(d) **Irrealer Fall** („Irrealis"): Wenn-Satz: εἰ mit **Augmenttempus** (vgl. 252); **345** Dann-Satz: **Augmenttempus mit** ἄν (252, ἄν fehlt im NT gelegentlich) (Tempuswahl aspektbedingt). Der Wenn-Satz wird als unwirklich („irreal") hingestellt, die Schlußfolgerung aber als notwendig, daher der Dann-Satz-Inhalt ebenfalls als unwirklich: εἰ τοῦτο ἐποίεις (ἐποίησας/ἐπεποιήκεις) *Wenn du dies tätest* oder *getan hättest,* ἡμᾶς ἄν ἔβλαπτες (ἔβλαψας/ ἐβεβλάφεις) *würdest du uns schädigen* oder *hättest du uns geschädigt* – aber du tust es nicht, schädigst uns also auch nicht, oder: du tatest es nicht, schädigtest uns also auch nicht (vgl. Jh 9,41; Röm 9,29 usw.).

(3) Bemerkenswertes:

346 (a) In manchen Zusammenhängen berührt oder überschneidet der Bereich der Konditionalsätze den der Temporal- (336; besonders ἐάν und ὅταν) und Kausalsätze (diese in Zusammenhängen, in denen die Bedingung eindeutig erfüllt ist; vgl. 338).

347 (b) Da ἐάν das εἰ nachklass. zurückgedrängt hat, findet sich der prospektive Fall auch in Zusammenhängen, in denen das Klass. eher den potentialen (oder auch den irrealen) Fall hätte (z.B. in Jh 21,22f; 1Kor 4,15; 13,2).

348 (c) Die obigen Standardfälle kommen im NT auch vermischt vor (z.B. Lk 17,6; Apg 8,31).

349 (d) Es gibt einige Sonderfälle, z.B. Lk 12,49 (Form des indefiniten Falls, aber irrealer Sinn [s. Zusammenhang]), Lk 19,42 (Dann-Satz unterdrückt, vgl. 377).

ff) Konzessivsätze („Trotz welcher Umstände?"; vgl. 62; 74)

350 Eingeleitet durch **εἰ καί** oder **ἐὰν καί** (seltener καὶ εἰ/καὶ ἐάν [κἄν]) *wenn auch*; z.B.: **εἰ** γὰρ **καὶ** τῇ σαρκὶ ἄπειμι ... *denn wenn ich auch leiblich abwesend bin* ... (Kol 2,5).

351 Vgl. nach Neg. εἰ μή (im NT selten mit Verb) oder ἐὰν μή (auch εἰ μήτι, Koine/NT auch ἐκτὸς εἰ μή) *außer (wenn/daß)*: ... **οὐκ** ἐδύνατο ἐκεῖ ... **εἰ μή** ... ἐθεράπευσεν ... *er konnte nicht ... außer daß er ... heilte* (Mk 6,5).

gg) Komparativsätze („Wie/Auf welche Art und Weise?"; vgl. 57; 74)

352 Eingeleitet durch **ὡς** (verstärkend ὥσπερ) *wie,* durch καθάπερ, καθώς (seltener καθά/καθό/καθώσπερ) *ebenso wie* oder durch **ὡς** (ὥσπερ/καθώς/καθάπερ) ... **οὕτως** (oder καί) *wie ... so* (ähnlich ὅσος/ὅσοι ... τοσοῦτος/τοσοῦτοι *so groß/viele ... wie groß/viele*, οἷος ... τοιοῦτος *wie beschaffen ... so beschaffen* [18]). Z.B.: οὔπω ἔγνω **καθὼς** δεῖ γνῶναι *er hat noch nicht so erkannt, wie man erkennen muß* (1Kor 8,2).

c) Konjunktionaler Attributsatz (vgl. 74)

353 Gelegentlich haben „Subjekt-Objekt"- und „Adverbial"-Sätze die Rolle eines Attr. (meist App.) inne: ... διὰ τὴν χαρὰν (BW) **ὅτι ἐγεννήθη ἄνθρωπος** ... ... *über der Freude, daß ein Mensch geboren worden ist* ... (Jh 16,21); vgl. 1Jh 3,23 (ἵνα-NS); Mt 9,15 (ὅταν-NS).

2.Relativsätze

a) Allgemeines

354 **Eingeleitet** werden sie durch Relativpronomina und -adverbien (132 bzw. 18) und sind grundsätzlich wie HS **konstruiert** (317-325).

355 Mit Bezugswort hat der Relativsatz die Funktion eines Attr. (**Attributsatz** [vgl. 74]): ... ἡ μαρτυρία (BW) **ἣν μαρτυρεῖ περὶ ἐμοῦ** (Attr.) ... *das Zeugnis, das er von mir ablegt* (Jh 5,32).

Ohne Bezugswort ist er ein Satzglied der übergeordneten Konstruktion (Glied-   **356**
satz): ἀπαγγείλατε (Präd./Subj.) ... ἃ εἴδετε ... (AkkO) *berichtet ... was ihr*
gesehen ... habt (Lk 7,22).

b) Bemerkenswertes zu Relativum (Rel.) und Bezugselement (BW):

(1) Das **BW** wird oft **in den Rel.-Satz** hineingenommen; der Art. fällt dann weg: **357**
ᾧ γὰρ **μέτρῳ** μετρεῖτε (= τῷ γὰρ **μέτρῳ** ᾧ μετρεῖτε) ... *denn mit*
dem Maß, mit dem ihr zumeßt ... (Lk 6,38).

(2) Das **Demonstrativpron.** als BW „fehlt" häufig (im Deutschen zu ergänzen):   **358**
ᾧ δὲ ὀλίγον ἀφίεται, ὀλίγον ἀγαπᾷ (οὗτος „fehlt") *wem aber wenig*
vergeben wird, der zeigt auch wenig Liebe (Lk 7,47).

(3) Die **Präp.** vor dem Rel. gehört entweder zum „fehlenden" Demonstrativ-   **359**
pron. (Jh 6,29), zum Rel. (Röm 10,14), oder zu beiden: τί βλασφημοῦμαι
ὑπὲρ οὗ ... εὐχαριστῶ; (= ... **ὑπὲρ τούτου ὑπὲρ οὗ** ...) *warum werde*
ich verlästert wegen einer Sache, für die ich Dank sage? (1Kor 10,30). Die Präp.
vor dem BW braucht vor dem Rel. nicht wiederholt zu werden: ... εἰς τὸ ἔρ-
γον **ὃ** (= **εἰς ὃ**) προσκέκλημαι αὐτούς ... *zu dem Werk, zu dem ich sie be-*
rufen habe (Apg 13,2).

(4) ὅς *welcher* (nicht aber ὅστις) stimmt häufig nicht nur im Numerus und   **360**
Genus mit dem BW überein, sondern (im Unterschied zum Deutschen) auch im
Kasus, besonders wenn das BW den Gen. oder Dat. hat und das Rel. im Akk.
stehen müßte − die sog. „Attraktion" des Relativpronomens (**attractio rela-**
tivi): μνημονεύετε τοῦ **λόγου** (BW) **οὗ** (= **ὃν**) ἐγὼ εἶπον ὑμῖν
gedenkt an das Wort, das ich euch gesagt habe (Jh 15,20).

Wenn das BW im Rel.-Satz steht (vgl. 357): a) „Normalfall", z.B. Lk 19,37;   **361**
b) das BW steht direkt nach dem Rel., z.B. ἄχρι **ἧς ἡμέρας** ... (= ἄχρι
τῆς ἡμέρας ᾗ ...) *bis zu dem Tag, an dem* ... (Mt 24,38 usw.); c) mit „feh-
lendem" Demonstrativpron. als BW: ... οὐδὲν **ὧν** ἑώρακαν (= οὐδὲν
τούτων ἃ ἑώρακαν ...) *nichts von dem, was sie gesehen hatten* (Lk 9,36; vgl.
Jh 17,9 [mit Präp.]).

(5) Seltener kommt die umgekehrte Attraktion („attractio inversa") vor: Das   **362**
BW richtet sich nach dem Rel., z.B. Röm 6,17; 1Kor 10,16.

(6) Steht das Rel. im gen. possessoris (154), so steht (im Unterschied zum   **363**
Deutschen, aber wie im Französischen) vor dem davon bestimmten Subst. der
Art.: Μαριάμ ... **ἧς ὁ** ἀδελφός ... *Maria ... deren Bruder* (... *dont le frère*)
(Jh 11,2).

(7) Das Rel. ist im Deutschen gewöhnlich als Pers.- oder Demonstrativpron. zu   **364**
berücksichtigen: a) Beim **„relativischen Anschluß"** (seltener als im Lat.): Der
Rel.-Satz wird verselbständigt gebraucht: ᾧ ἀντίστητε ... *ihm/diesem wider-*
steht ... (1Pt 5,8.9). b) Bei der **„relativischen Verschränkung"**: Der Rel.-Satz
enthält eine ihm untergeordnete Konstruktion (NS, Ptz. od. AcI); dabei ist das
Rel. nicht (wie im Deutschen üblich) Satzglied des Rel.-Satzes, sondern der

untergeordneten Konstruktion: οἱ ἀδελφοί ... ἦλθαν ... **οὓς ἰδών** ... ἔλαβε θάρσος (Rel.-Satz ist mit der Partizipialkonstruktion verschränkt: οὕς ist AkkO von ἰδών) *die Brüder ... kamen. Als er sie/diese sah* (wörtl. „welche sehend") *... faßte er neuen Mut* (Apg 28,15).

365 (8) Sind zwei (oder mehr) Rel.-Sätze gleichgeordnet und ein zweites Rel. müßte in einem anderen Kasus als das erste stehen, so wird es weggelassen oder durch αὐτός im benötigten Kasus ersetzt: ὁ πατὴρ ἐξ οὗ τὰ πάντα **καὶ** ἡμεῖς **εἰς αὐτόν** (statt καὶ εἰς ὃν ἡμεῖς) *der Vater, von dem alles stammt und für den wir leben* (1Kor 8,6).

366 (9) Volkstümlich bzw. semitisierend ist das **pleonastische** (für das Verständnis entbehrliche, vgl. unten 379) **Pers.-Pron.** nach dem Rel.: γυνή ... ἧς ... τὸ θυγάτριον **αὐτῆς** *eine Frau ... deren kleine Tochter* (Mk 7,25); vgl. ähnlich auch bei Adv. (besonders Apk, so 12,6) und Ptz. (Apk 2,7.17).

c) Relativsätze mit adverbialem Nebensinn

367 Relativsätze können neben ihrer eigentlichen syntaktischen Rolle auch einen adverbialen Nebensinn haben (s. vor allem jeweiligen Textzusammenhang). Hauptfälle im NT:

368 (1) Mit **kausalem** Nebensinn (vgl. 338): Ind.; Rel. als *da ja, weil ja* zu übersetzen, z.B. Mt 7,15.

369 (2) Mit **finalem** Nebensinn (vgl. 339): Ind.Fut. (NT auch Konj.); als Rel.-Satz mit *sollen* oder als Finalsatz mit *damit/um ... zu* übersetzen, z.B. ἔχειν ... **ὃ προσενέγκῃ** *haben ... was er darbringen soll/... um es darzubringen* (Hb 8,3).

370 (3) Mit **qualitativ-konsekutivem** Nebensinn (vgl. 340): Ind. (NT auch Konj.); als Konsekutivsatz mit *daß* oder als Rel.-Satz mit *können* zu übersetzen, z.B. τίς οὗτός ἐστιν **ὃς καὶ ἁμαρτίας ἀφίησιν**; *wer ist dies, daß er sogar Sünden vergibt?* oder: *wer ist dieser, der sogar Sünden vergeben kann?* (Lk 7,49).

371 (4) Mit **konditionalem** Nebensinn (vgl. 341ff; im NT am häufigsten): **ὅς/ ὅστις/ὅσοι/ὅπου** mit **ἄν/ἐάν** mit Konj. (vgl. 253; seltener Ind.) *wer/wie viele/wo (auch immer)* (vgl. prospektiven Fall [343] bzw. indefiniten Fall [342]) zu übersetzen meist als Rel.-Satz: ... **ὃς δ᾽ ἂν εἴπῃ·** μωρέ ... (= ἐάν τις ... εἴπη ...) *wer ... sagt: „Du Narr" ...* (Mt 5,22).

372 (5) Mit **iterativem** (konditional-temporalem) Sinn: Der „hellenistische Nebensatziterativ" (262).

D. Ausgewählte Begriffe der syntaktischen und semantischen Stilistik (H-S §291-296)

I. Figuren der Wort- und Satzstellung

373 Die **Prolepsis** (Vorwegnahme „Antizipation"): Das Subj. (oder seltener das Obj.) eines NS wird oft zur Hervorhebung in die übergeordnete Konstruktion vorausgenommen: ἀλλὰ **τοῦτον** οἴδαμεν πόθεν ἐστίν *aber von diesem wissen wir, woher er kommt = aber wir wissen, woher dieser kommt* (Jh 7,27).

Die **Parenthese**: grammatisch selbständiger erklärender Einschub: ... ὁ ἀναγι-   **374**
νώσκων νοείτω ...... *der Leser merke auf!* ... (Mt 24,15); vgl. Mk 7,2; Röm
1,13. Der Vok. (142) ist auch hier einzureihen.

Das **Anakoluth**: ein Nichtdurchführen der begonnenen Satzkonstruktion, sei es   **375**
durch plötzliches Abbrechen mitten im Satz oder durch Übergang in eine
andere Konstruktion (in lebendiger Rede häufig): ὁ Μωϋσῆς οὗτος, ὅς ...
– οὐκ οἴδαμεν τί ἐγένετο αὐτῷ *dieser Mose, der* ... – *wir wissen nicht, was
ihm widerfahren ist* = *von diesem Mose ... wissen wir nicht* ... (Apg 7,40). Dazu
gehört der „casus pendens", meist im Nom. (141). S.a. Jh 7,38; Röm 2,17-19 und
5,12-14.

II. Figuren der Abkürzung

Die **Ellipse**: Auslassung normalerweise notwendiger Satzelemente: a) Formel-   **376**
hafter bzw. usueller Art. neben erwähnten Fällen (75; 78f; 88; 137; 156) auch die
häufige Auslassung von „andere", „überhaupt" o.ä.: ... εἴτε τι _ ποιεῖτε
... *oder (sonst) etwas tut* (1Kor 10,31); Πέτρος καὶ οἱ _ ἀπόστολοι *Petrus
und die (anderen) Apostel* (Apg 5,29); ebenso das „fehlende" ἐπιστέλλω
schreiben (m. Dat. des Adressaten) im Präskript von Briefen (BDR §480[7]):
Παῦλος ... Τιμοθέῳ *(ich,) Paulus ... (schreibe) an Timotheus* (1Tim 1,1f).
b) Sonderform: Das **Zeugma**: Ein Satzelement, meist ein Verb, ist auf zwei
andere, meist auf Objekte, bezogen, es paßt aber (formal oder inhaltlich) nur zu
einem der beiden: γάλα (1. AkkO der Sache) ὑμᾶς ἐπότισα (1. Präd.), οὐ
βρῶμα (2. AkkO der Sache) _ (2. Präd.) *Milch gab ich euch zu trinken, nicht
feste Kost (gab ich zu essen)* (1Kor 3,2).
Die **Aposiopese**: Abbruch der Rede aus Erregung, Scheu o.ä., z.B. Apg 23,9 (der   **377**
Dann-Satz bleibt unausgesprochen, etwa: *was können wir dagegen tun?*).

III. Figuren der Wiederholung und der Häufung

Das **Hendiadyoin**: Eine Bedeutungseinheit (ἕν *ein*) wird durch (διά) zwei   **378**
(δύο) gleichgeordnete Begriffe ausgedrückt: ὅς ἔσκαψεν καὶ ἐβάθυνεν
der gräbt und es tief macht (= *der tief gräbt*) (Lk 6,48). Vgl. 314.
Der **Pleonasmus**: Auf einen ersten Ausdruck folgt ein zweiter, der inhaltlich   **379**
nichts Neues hinzufügt, sondern etwas aussagt, was im ersten schon enthalten
ist (bes., wenn ohne rhetorische Absicht gebraucht): πάλιν ἀνακάμψω *ich
werde wieder zurückkehren* (Apg 18,21). Vgl. 121; 123; 297; 311; 366.

IV. Die Tropen („uneigentlicher" Gebrauch von Ausdrücken)

Die **Metapher** („Übertragung", metaphorisch „übertragen"): Das durch den eig.   **380**
(wörtlichen) Gebrauch Bezeichnete und das, was der „uneigentliche" (nicht
wörtliche) Gebrauch bezeichnet, haben eine bestimmte Zahl von gemeinsamen
Merkmalen, andere Merkmale werden hingegen in einer an sich (eig.) bedeu-

tungsmäßig unverträglichen Weise mit dem fraglichen Ausdruck verbunden: ... εἴπατε τῇ ἀλώπεκι ταύτῃ ... *sagt diesem Fuchs* ... (Lk 13,32) („Fuchs" [tierisch] wird in [eig.] unverträglicher Weise auf Herodes [Mensch] angewandt; „konventionell" verbindendes Merkmal: die Verschlagenheit).

381 Die **Metonymie**: Ein Ausdruck wird statt eines andern verwendet; bedeutungsmäßig sind die beiden aber näher beieinander als bei der Metapher (die Grenze zwischen Metonymie und Metapher ist fließend). Zur Metonymie zählen u.a.:

382 1. Die **Synekdoche**: Ein Ausdruck, der einen Teil des Gemeinten bezeichnet, wird zur Bezeichnung des Ganzen gebraucht und umgekehrt: a) **pars pro toto** (Teil für das Ganze): τὸν **ἄρτον** ἡμῶν τὸν ἐπιούσιον *unser tägliches Brot* (= lebensnotwendige Nahrung) (Mt 6,11); b) **totum pro parte** (Ganzes für einen Teil): ... ἐξεπορεύετο ... Ἰεροσόλυμα καὶ πᾶσα ἡ Ἰουδαία ... *es kamen ... Jerusalem und ganz Judäa* (= ... *es kam ein großer Teil der Bevölkerung Jerusalems und ganz Judäas*) (Mt 3,5); c) auch Stoff für das Verfertigte (Lk 16,19: „Purpur" für Purpurgewänder), Ursache für Wirkung (Mt 5,17: „Propheten" für Botschaft), Wirkung für Ursache (Mt 27,24: „Blut" für Mord), Gefäß (oder Raum) für den Inhalt (1Kor 11,26: „Kelch" für Inhalt), Abstraktum für das Konkrete (Apg 28,20: „Hoffnung" für den erhofften Messias), Konkretum für das Abstrakte (2Kor 3,2: „Empfehlungsschreiben" für Empfehlung) u.ä.

383 2. Die **Hyperbel** („Übertreibung"; Adj. hyperbolisch): Zur Verdeutlichung einer Sinnrichtung wird diese sozusagen ins Unendliche ausgezogen: ... τὴν δὲ **κάμηλον καταπίνοντες** ... *aber das Kamel verschluckt* (Mt 23,24).

384 3. Die **Enallage**: Eine Wortart oder Flexionsform wird durch eine andere Wortart oder Flexionsart ersetzt: ... διὰ τὸ μὴ ἔχειν **βάθος γῆς** ... *weil sie nicht tiefes Erdreich* (wörtl. „nicht Tiefe des Erdreichs") *haben* (Mt 13,5) (statt eines attributiven Adj. steht ein Subst. als Obj.); ... τὸν οἰκονόμον **τῆς ἀδικίας** ... *den ungerechten Verwalter* (wörtl. „den Verwalter der Ungerechtigkeit") (Lk 16,8) (statt eines attributiven Adj. steht ein Subst. im gen. qualitatis [160]).

V. Figuren der Verschleierung o.ä.

385 Der **Euphemismus** (beschönigende Ausdrucksweise): Anstößige Wörter werden durch harmlosere ersetzt: τινὲς δὲ **ἐκοιμήθησαν** *einige sind aber „eingeschlafen"* (= gestorben, „entschlafen") (1Kor 15,6).

386 Die **Litotes**: Untertreibend wird weniger gesagt, als wirklich gemeint ist, gewöhnlich dadurch, daß an die Stelle der positiven Aussage die Negation ihres Gegenteils gesetzt wird: ... ἐν τούτῳ **οὐκ ἐπαινῶ** ... *in dieser Sache lobe ich euch nicht* (= *muß ich euch tadeln*) (1Kor 11,22).

Literaturverzeichnis

Bauer, Walter, Griechisch-deutsches Wörterbuch zu den Schriften des Neuen Testaments und der frühchristlichen Literatur, hg. v. Kurt und Barbara Aland, Berlin [6]1988

Die Bibel. Einheitsübersetzung der Heiligen Schrift, Stuttgart [2]1982

Die Bibel in heutigem Deutsch. Die Gute Nachricht des Alten und Neuen Testaments, Stuttgart 1982

Blass, Friedrich/Debrunner, Albert, Grammatik des neutestamentlichen Griechisch, bearb. v. Friedrich Rehkopf, Göttingen [15]1979

Brox, Norbert, Der erste Petrusbrief, EKK XXI, Neukirchen-Vluyn 1979

Bruce, Frederick F., 1 & 2 Thessalonians, Word Biblical Commentary, Waco 1982

Ellingworth, Paul, The Epistle to the Hebrews. A Commentary on the Greek Text, New International Greek Testament Commentary, Grand Rapids 1993

Exegetisches Wörterbuch zum Neuen Testament (3 Bände), hg. v. Horst Balz und Gerhard Schneider, Stuttgart 1980-1983

Fee, Gordon D., The First Epistle to the Corinthians, The New International Commentary on the New Testament, Grand Rapids 1987

Goppelt, Leonhard, Der Erste Petrusbrief, KEK XII/1, Göttingen [8]1978

The Greek New Testament, hg. v. Barbara und Kurt Aland u.a., Stuttgart [4]1993

Harris, Murray J., Colossians & Philemon, Exegetical Guide to the Greek New Testament, Grand Rapids 1991

Die Heilige Schrift. Revidierte Elberfelder Bibel, Wuppertal 1985

Die Heilige Schrift Alten und Neuen Testaments, übers. von Hermann Menge, Stuttgart [11]1949

Die Heilige Schrift des Alten und Neuen Testaments (Zürcher Bibel), Zürich 1955

Hoffmann, Ernst G./von Siebenthal, Heinrich, Griechische Grammatik zum Neuen Testament, Riehen [2]1990

Jeremias, Joachim/Strathmann, Hermann, Die Briefe an Timotheus und Titus. Der Brief an die Hebräer, NTD 9, Göttingen [9]1968

Kraft, Heinrich, Die Offenbarung des Johannes, Handbuch zum NT 16a, Tübingen 1974

Kühner, Raphael/Gerth, Bernhard, Ausführliche Grammatik der griechischen Sprache. Zweiter Teil: Satzlehre (2 Bände), Hannover/Leipzig [3]1898 u. 1904

Lane, William L., Hebrews (2 Bände), Word Biblical Commentary, Waco 1991

Lang, Friedrich, Die Briefe an die Korinther, NTD 7, Göttingen [16]1986

Liddell, Henry George/Scott, Robert/Jones, Henry Stuart, A Greek-English Lexicon, Oxford [9]1968

Lohse, Eduard, Die Briefe an die Kolosser und an Philemon, KEK IX/2, Göttingen [15]1977

Louw, Johannes P./Nida, Eugene A., Greek-English Lexicon of the New Testament based on Semantic Domains (2 Bände), New York 1988

Marshall, Howard I., The Epistles of John, The New International Commentary on the New Testament, Grand Rapids 1978

Metzger, Bruce M., A Textual Commentary on the Greek New Testament, London 1971

Michel, Otto, Der Brief an die Römer, KEK IV, Göttingen [14]1978

Moulton, James Hope/Howard, Wilbert Francis, A Grammar of New Testament Greek. Vol. II Accidence and Word-Formation, Edinburgh 1920

Mußner, Franz, Der Galaterbrief, HThK IX, Freiburg [5]1988

Mußner, Franz, Der Jakobusbrief, HThK XIII/1, Freiburg [2]1967

Neue Genfer Übersetzung. Römerbrief, Genf 1991

Das Neue Testament, übers. von Ulrich Wilckens, Hamburg [3]1971

Novum Testamentum Graece, nach Eberhard und Erwin Nestle hg. v. Barbara und Kurt Aland u.a., Stuttgart [27]1993

Pohl, Adolf, Die Offenbarung des Johannes (2 Bände), Wuppertaler Studienbibel, Wuppertal 1969-71

Roloff, Jürgen, Der erste Brief an Timotheus, EKK XV, Neukirchen-Vluyn 1988

Roloff, Jürgen, Die Offenbarung des Johannes, Zürcher Bibelkommentare: NT 18, Zürich [2]1987

Schlier, Heinrich, Der Brief an die Epheser, Düsseldorf [7]1971

Schlier, Heinrich, Der Brief an die Galater, KEK VII, Göttingen [15]1989

Schnackenburg, Rudolf, Der Brief an die Epheser, EKK X, Neukirchen-Vluyn 1982

Schnackenburg, Rudolf, Die Johannesbriefe, HThK XIII/3, Freiburg [4]1970

Schrage, Wolfgang, Der erste Brief an die Korinther I, EKK VII/1, Neukirchen-Vluyn 1991

Schweizer, Eduard, Der Brief an die Kolosser, Neukirchen-Vluyn [3]1989

Stuhlmacher, Peter, Der Brief an die Römer, NTD 6, Göttingen [14]1989

Theologisches Begriffslexikon zum Neuen Testament (3 Bände), hg. v. Lothar Coenen, Erich Beyreuther und Hans Bietenhard, Wuppertal [3]1972

Theologisches Wörterbuch zum Neuen Testament (11 Bände), begr. v. Gerhard Kittel, hg. v. Gerhard Friedrich, Stuttgart 1933-1979

Wilckens, Ulrich, Der Brief an die Römer (3 Bände), EKK VI, Neukirchen-Vluyn [2]1987-1989.

Winer, Georg Benedict, Grammatik des neutestamentlichen Sprachidioms, bearb. v. Gottlieb Lünemann, Leipzig [7]1967

Zerwick, Max, Analysis philologica Novi Testamenti Graeci, Rom 1966

Zerwick, Maximilian, Biblical Greek. Illustrated by Examples, hg. v. Joseph Smith, Rom 1963

Zerwick, Max/Grosvenor, Mary, A Grammatical Analysis of the Greek New Testament, Rom 1984

Zorell, Francisco, Lexicon Graecum Novi Testamenti, Rom ^{2}1931

Thomas O. Lambdin
Herausgegeben von Heinrich v. Siebenthal
Lehrbuch Bibel-Hebräisch
356 Seiten. Fester Einband. 2. Auflage.
Bestell - Nr. 3-7655-9361-3

Das Lehrbuch Bibel-Hebräisch eignet sich hervorragend für den
Unterricht an Universitäten, theologischen Seminaren oder Gymnasien
und - dank der einfachen und ausführlichen Erklärungen - auch für das
Selbststudium.
In 55 geschickt aufeinander aufbauenden Lektionen wird der Lernende
gründlich in die Laut-, Schrift- und Formenlehre sowie die wichtigsten
Syntaxregeln und den Grundwortschatz der bibel-hebräischen Prosa
eingeführt.
Dabei wird zunächst jeweils das neue Grammatik- und
Wortschatzpensum vorgestellt und erläutert. Ein umfangreicher
Übungsteil dient der Aneignung des neuen und der Wiederholung des
alten Stoffes.
Den Abschluß bildet jeweils ein Lesestück. Weitere Lernhilfen finden
sich im Anhang.

Dr. von Siebenthal hat bei der Herausgabe besonders darauf geachtet,
daß das Lehrbuch in jeder Hinsicht den Bedürfnissen deutschsprachiger
Studenten entgegenkommt.

BRUNNEN VERLAG GIESSEN

Werner Stoy/Klaus Haag
Bibelgriechisch leichtgemacht
Lehrbuch des neutestamentlichen Griechisch

352 Seiten. Fester Einband. 3. Auflage
Bestell-Nr. 3-7655-9312-5

Bibelgriechisch lernen - dieses Buch will es leichtmachen. Es beschränkt sich deshalb auf das neutestamentliche Griechisch und beginnt so einfach, daß es auch der verstehen kann, der bisher keine Fremdsprache gelernt hat.
Der wichtigste Teil des Buches besteht aus 72 Lektionen, die vom einfachsten - den griechischen Schriftzeichen - langsam, aber sicher zu den wichtigsten griechischen Formen führen.
Jede Lektion enthält
- eine längere Erklärung der neuen grammatischen Erscheinung, damit man nicht "pauken" muß, ohne verstanden zu haben;
- Lernhilfen nach dem Prinzip der Mnemotechnik;
- eine ausführliche Einübung;
- eine dauernde Wiederholung noch vor der Durchnahme des neuen Stoffes, um auf ihn vorzubereiten und das schon Gelernte zu sichern;
- Lesestücke, die manchmal bis zu einem kleinen neutestamentlichen Text wachsen, und Erklärungen und Übungen dazu.
Sachregister, Wörterverzeichnisse und Tabellen helfen beim Lernen und Auffrischen, wenn man einmal etwas vergessen hat.
Zum Übungsteil jeder Lektion gibt es zur Kontrolle ein gesondertes Lösungsheft.
Der Inhalt des Buches wurde mehr als zwanzig Jahre lang erprobt und hat sich bewährt.

BRUNNEN VERLAG GIESSEN